T0288647

Diccionario Manual
Bíblico

Diccionario Manual Bíblico

Alfonso Ropero Berzosa

EDITORIAL CLIE
C/ Ferrocarril, 8
08232 VILADECAVALLS
(Barcelona) ESPAÑA
E-mail: clie@clie.es
http://www.clie.es

DICCIONARIO MANUAL BÍBLICO
ISBN: 978-84-8267-754-5
Depósito Legal: B 19309-2017
Obras de referencia
General
Referencia: 224933

Impreso en China / Printed in China

Presentación

Con esta obra queremos poner en manos de todo lector y lectora una herramienta tanto informativa como formativa. Es decir, pensamos en aquellos que se inician en el estudio bíblico y que necesitan una información rápida de un vocablo determinado, pero, sin de momento, profundizar en el mismo. También, en aquellos otros que, sin necesariamente ser estudiantes de la Biblia, buscan saber de los personajes o geografía bíblicos.

Esta obra satisface cumplidamente este uso, pero sin caer en la banalización ni simpleza. Para ello hemos sintetizado todo lo posible cada término de modo que, en pocas palabras, pero suficientes, se ofrezca una información rigurosa y completa, a la altura de las modernas investigaciones bíblicas.

También pensamos en las personas que quieren saber qué dice la Biblia respecto a una palabra, un término doctrinal, un concepto teológico contenidos en la misma, sea con fines de estudio o de cultura general.

Decimos que también es formativa porque además de informar de una manera sucinta sobre todos los aspectos del mundo bíblico, las voces más importantes, aquellas que tratan temas centrales, y a veces controversiales, son tratados con la extensión que se merecen, de modo que quienes ya conocen la Biblia y su mensaje, pueden adquirir una visión más amplia y profunda, favorecida por el sistema de referencias internas.

Además de esto, se definen conceptos extrabíblicos que tienen que ver con la cultura judía, como las diversas fiestas y su entorno histórico en cada período; con la civilización antigua del entorno bíblico, como "Amarna", "Hammurabi", "Elam", y con métodos de interpretación tanto judía, "Halaká", o "Haggadá", como cristiana "Exégesis", "Tipología", etc. Todo esto y mucho más es un valor añadido muy útil para seguir ahondando en el estudio personal o en grupo.

Pese a su carácter básico, no hemos dejado de reseñar ni un solo personaje, ciudad, país, accidente geográfico, río, monte, torrente, etc., costumbres, objetos, ideas, creencias, que aparecen en las páginas bíblicas. Naturalmente, de los personajes de los que el texto bíblico dice poco más que su nombre, no les hemos dedicado nada más que una nota que haga constancia de su existencia. Lo mismo se aplica a ciudades, lugares, animales o plantas de las que apenas si tenemos información.

Se presta atención especial a aquellos aspectos que pueden pasar desapercibidos al lector, como los símbolos y figuras retóricas de la Biblia, tan importantes para comprender el significado de su enseñanza.

La perspectiva es cristiana, y como tal se hace una lectura canónica de toda la Biblia, Antiguo y Nuevo Testamento como un todo, de modo que los acontecimientos y profecía de uno se relacionan con el otro, pero siempre respetando su contexto histórico y considerándolos como unidades autónomas que forman parte de un ser y un sentir homogéneo y a la vez en constante progreso. Este desarrollo se muestra comenzando por reseñar la primera vez que una palabra o enseñanza aparece en la Escritura y la evolución que tiene hasta llegar hasta Jesucristo y el fin del Nuevo Testamento. De este modo se correlacionan históricamente las creencias sobre el sacrificio, el sacerdocio, la adoración, la circuncisión o el destino eterno.

En resumen, esta es obra básica, en el sentido de fundamental, para tener un conocimiento completo y suficiente de la Biblia y su mundo. Imprescindible para no perderse en lecturas subjetivas o fuera de contexto. Útil para trasladarse a sus tierras y sus gentes, sus creencias y vida cotidiana. Sus batallas y sus esperanzas.

Esperamos que cumpla su cometido y anime a sus lectores a seguir profundizando en el inagotable contenido de este Libro universal que es la Biblia.

Alfonso Ropero, editor general.

Abreviaturas de libros

Libros aceptados en el Canon por todas la tradiciones eclesiales:

Antiguo Testamento

Génesis . . . . Gn
Éxodo . . . . Ex
Levítico Lv
Números . . . . Nm
Deuteronomio . . . . Dt
Josué. . . . . Jos
Jueces. . . . . Jue
Rut. Rt
1 Samuel . . . . 1 Sam
2 Samuel . . . . 2 Sam
1 Reyes . . . . 1 R
2 Reyes . . . . 2 R
1 Crónicas . . . . 1 Cro
2 Crónicas . . . . 2 Cro
Esdras. . . . . Esd
Nehemías . . . . Neh
Ester . . . . Est
Job . . . . Job / Jb
Salmos . . . . Sal
Proverbios . . . . Pr / Prov
Eclesiastés. . . . . Ecl
Cantares. . . . . Cant
Isaías . . . . Is
Jeremías . . . . Jer
Lamentaciones . . . . Lm
Ezequiel. . . . . Ez
Daniel . . . . Dn
Oseas . . . . Os
Joel . . . . Jl
Amós . . . . Am
Abdías . . . . Abd
Jonás . . . . Jon
Miqueas . . . . Miq
Nahúm . . . . Nah
Habacuc. . . . . Hab
Sofonías . . . . Sof
Hageo. . . . . Hag
Zacarías. . . . . Zac
Malaquías . . . . Mal

Nuevo Testamento

Mateo . . . . Mt
Marcos. . . . . Mc
Lucas. Lc
Juan . . . . Jn
Hechos. . . . . Hch
Romanos. . . . . Ro
1 Corintios . . . . 1 Cor
2 Corintios . . . . 2 Cor
Gálatas . . . . Gal
Efesios . . . . Ef
Filipenses . . . . Flp
Colosenses. . . . . Col
1 Tesalonicenses . . . . 1 Ts
2 Tesalonicenses . . . . 2 Ts
1 Timoteo . . . . 1 Tm
2 Timoteo . . . . 2 Tm
Tito . . . . Tit
Filemón. . . . . Flm
Hebreos . . . . Heb
Santiago . . . . Stg
1 Pedro. . . . . 1 P
2 Pedro. . . . . 2 P
1 Juan . . . . 1 Jn
2 Juan . . . . 2 Jn
3 Juan . . . . 3 Jn
Judas . . . . Jud
Apocalipsis . . . . Ap

Libros Deuterocanónicos o Apócrifos

Judit . . . . Jdt
Tobit . . . . Tb
1 Macabeos. . . . . 1 Mac
2 Macabeos. . . . . 2 Mac
Sabiduría . . . . Sab
Eclesiástico. . . . . Eclo
Baruc . . . . Bar

Siglas utilizadas en este diccionario

> remite a otras entradas en este diccionario
abrev. . . . . abreviatura
ac. . . . . acadio
adj.. . . . . Adjetivo
adv. . . . . adverbio
arm.. . . . . arameo
art. . . . . Artículo
AT . . . . Antiguo Testamento
cf. . . . . consultar
contr. . . . . contracción
deriv.. . . . . derivación
etm. . . . . etimología
fem. . . . . femenino
fig.. . . . . figurativamente
gr. . . . . griego
gral. . . . . generalmente
heb.. . . . . griego
hist. . . . . historia
impl.. . . . . implicación
lat. . . . . latín
lit. . . . . literal, literalmente
mas. . . . . Masculino
NT . . . . Nuevo Testamento
org. . . . . originalmente
p.ej. . . . . por ejemplo
pl. . . . . plural
prim.. . . . . primariamente
prob. . . . . probablemente
sig.. . . . . significa
sing. . . . . singular
suf.. . . . . sufijo
trans.. . . . . transliteración
v. . . . . variante
vb. . . . . verbo

A

A

Aarón. Hermano mayor de Moisés y María. Actuó de intérprete de Moisés ante el faraón de Egipto. Fue el primer sumo sacerdote consagrado (Éx. 28:29; Lv. 8), considerado en Israel como antecesor de todos los sacerdotes legítimos. Según las tradiciones hebreas nació el 1574 a.C. en Egipto y murió en el monte Hor a la edad de 123 años.

Era hijo de Amram y Jocabed del linaje levítico de Coat (Éx. 6:20). Nació en Egipto tres años antes que su hermano (Éx. 7:7). Tomó por esposa a Elisabet, con la que tuvo cuatro hijos: Nadab, Abiú, Eleazar e Itamar (Éx. 6:23). Asociado por Dios a Moisés como intérprete o portavoz de éste a causa de su elocuencia (Éx. 4:13-16), desempeñó esta misión tanto ante el pueblo (Éx. 4:27-31) como en presencia de Faraón (Éx. 5:1-5), ejerciendo, con su hermano, un oficio análogo al de profeta (Éx. 7:1-2). Bajo su dirección ejecutó prodigios superiores a los de los magos egipcios (Éx. 7:8-12).

Intervino en la producción de las plagas con que Dios quebrantó la resistencia de Faraón para que dejara libre a su pueblo, lo cual hizo exclamar a los sabios egipcios: «El dedo de Dios está aquí» (Éx. 7:1-2). Acompañó a Moisés, aunque no se le menciona expresamente más que en sus misiones ante el soberano (Éx. 8:21; 9:27; 10:3, 8, 16; 11:10; 12:1; Sal. 77:20).

Un mes después de la salida de Egipto, en el desierto de Sin, tuvo que escuchar, junto con su hermano, las murmuraciones del pueblo, al que apaciguaron con la promesa del maná y de las codornices, viendo Aarón reforzada su autoridad, mientras hablaba a la turba, con la aparición de la gloria de Yahvé en forma de nube (Éx. 16:1-10). Por orden de Moisés conservó una urna llena del maná, que colocó juntamente con las tablas de la Ley en el arca (Éx. 16:33-34). Defensor de su hermano también con la oración, nos lo encontramos sosteniendo los brazos de Moisés en alto hasta la puesta del sol, durante la batalla librada por Josué contra los amalecitas en Refidim (Éx. 17:8-13). En el banquete que el suegro de Moisés, Jetro, ofrece a los ancianos para estrechar los lazos familiares con Israel aparece también Aarón (Éx. 18:1-12).

Tuvo el raro privilegio de subir con Moisés al monte Sinaí, acompañado de sus hijos Nadab y Abiú y de los setenta ancianos de Israel, y de ver a Dios sin perder la vida, recibiendo el encargo, juntamente con Hur, de resolver las dificultades que se pudiesen presentar durante la ausencia del dirigente de Israel, que había de prolongarse durante cuarenta días y cuarenta noches (Éx. 24:9-18).

Aarón cedió ante las presiones del pueblo, temeroso de que Moisés no regresara, e hizo fabricar un becerro de oro que marchase al frente de la caravana. Con la esperanza de disuadirlos, les pidió los pendientes de oro que llevaban en las orejas, pero habiéndose desprendido todos de las joyas, Aarón las hizo fundir, en un simulacro muy semejante a los que habían conocido en Egipto, y el pueblo gritaba ante él: «He aquí tu Dios que te sacó de Egipto», mientras, se prepararon los enseres necesarios para un holocausto y sacrificio a la mañana siguiente (Éx. 32:1-6). Los cantos y las danzas fueron interrumpidos por la llegada imprevista de Moisés, que, montando en cólera, redujo el ídolo a cenizas y las arrojó al agua, que bebieron los culpables.

Moisés reprochó la conducta de su hermano Aarón por haber llevado al pueblo a semejante ocasión de pecado, y hubiese perecido él mismo víctima de la venganza de los sacerdotes, que pasaron a cuchillo a unos tres mil hombres, de no haber intervenido el mismo Moisés en su favor. Las palabras que dio como excusa de semejante proceder indican que obró por coacción del pueblo, enceguecido en su rebeldía (Éx. 32:17-29).

El relato de la promoción de Aarón y de sus hijos al sacerdocio da una idea de la importancia que el culto a Yahvé tenía en la Ley de Moisés. Se describen sus vestiduras con todo detalle (Éx. 39:1-31), y el ceremonial de su toma de posesión, que culminó con la bendición de Aarón al pueblo y la manifestación de la gloria de Yahvé (Lv. 8-9). Una falta de confianza en la Palabra de Dios en Cades atrajo sobre Aarón y Moisés el castigo de no entrar en la tierra prometida (Nm. 20:1-13). Murió a la edad de 123 años en el monte Hor, y el pueblo le lloró durante treinta días (Nm. 20:22-29; Dt. 10:6; 32:50-51).

La casa sacerdotal se designa con el nombre de «Casa de Aarón» (Sal. 115:10-12). Su carácter careció de la firmeza y de las dotes de dirigente de su hermano Moisés, habiendo pecado juntamente con el pueblo, aunque supo humillarse y reconocer su falta.

Dios usa a quienes, habiendo pecado, se arrepienten y reconocen sus errores. Su vara se guardó en el arca (He. 9:4). Su sacerdocio es una sombra del Sacerdocio de Cristo, que no termina, es eterno y perfecto (He. 5:1-10; 7:11-19).

A pesar de sus flaquezas, fue un tipo de Cristo por haber sido llamado por Dios y ungido; por haber llevado sobre su pecho los nombres de las doce tribus y por ser el intercesor del pueblo entrando en el santuario con la sangre expiatoria en el día de la expiación (He. 6:20).

Abadón (heb. «destrucción»). En Jb. 26:6; 28:22 y Prov. 15:11 denota simplemente la morada de los muertos, sin connotación negativa de su naturaleza. En la literatura rabínica, sin embargo, designa la región subterránea de los muertos, donde los pecadores son castigados. En Ap.

9:11 no se designa un lugar, sino al ángel del abismo infernal, que recibe el nombre de *Apolión*, equivalente al heb. Abadón. Es el espíritu gobernante del infierno que encabeza la horda invasora de los espíritus del mal que arrasan y destruyen todo cuanto se encuentra a su paso. Ver APOLIÓN.

Abana. Uno de los dos ríos de Siria mencionado por Naamán, general sirio, curado por el profeta Eliseo (2 R. 25:12). El militar sirio afirma que el Abana y el Farfar son cristalinos y mejores que todos los ríos de Israel, y se enoja con el siervo de Dios que le recomienda bañarse en el Jordán. Naamán no es curado hasta que no obedece al profeta. El río Abana, también llamado Amana (cf. Is. 23:16, Cnt. 4:8), se ha identificado con el actual Barada, que después de pasar por la ciudad de Damasco, desemboca en un lago pantanoso a 30 km al este de la ciudad.

Abarim (heb. «regiones de más allá»). Nombre dado por los habitantes de Canaán a la región montañosa situada al este del río Jordán (Nm. 33:47; Dt. 32:49; Jer. 22:20). Era una cadena de montañas (Nm. 33:47-48) que atravesaba el territorio de Moab asignado a la tribu de Rubén. Las cumbres de los montes Nebo, Pisga y Peor forman parte del Abarim (Nm. 27:12; 33:47-48; Dt. 32:49; 34:1). En su marcha por el desierto durante el éxodo, el pueblo de Israel acampó dos veces en un lugar llamado Ije-Abarim, cuando rodeaba la «tierra de Moab» (Nm. 21:11).

Abba. Palabra aramea que significa «padre». Jesús la emplea frecuentemente para dirigirse a Dios en tono de intimidad (Mc. 14:36). En Israel se usaba con extrema prudencia el nombre *padre* aplicado a Yahvé (cf. Dt. 32:6; 2 Sam. 7:14; Sal. 68:5; 89:27; Jer. 3:4.19; 31:9; Is. 63:15-16, 64:7: Mal. 1:6; 2:10), y cuando se hace es siempre exclusivamente en el contexto de la elección, de la alianza y de la salvación histórica, no del origen del cosmos o de la generación de la humanidad. Yahvé es un Dios único; no tiene hijos ni hijas, como en la religión cananea.

Jesús usó probablemente la palabra *Abba* muchas veces, aun en algunas en que los pasajes bíblicos han transmitido la versión griega «Padre», «Padre mío», y también «mi Padre». La expresión aparece más de 250 veces en el NT. Es una manifestación de plena confianza, intimidad y adhesión con la voluntad del Padre, que Jesús quiere comunicar a sus discípulos. La palabra se usaba solamente en el lenguaje familiar antes de Jesús. No aparece en la literatura profana ni rabínica de la época en el sentido utilizado por Jesús para referirse a Dios, se puede decir que es una característica del vocabulario de Cristo. Los judíos a veces invocaban a Dios como *abi*, mientras que al padre terreno le llamaban *abba*. Existía un verdadero cuidado en distinguir una paternidad de otra. Pero Jesús, de manera desconcertante, comienza a llamar *abba* a Dios. Según el Talmud de Babilonia, *abba* es la palabra que pronuncia el niño cuando rompe a hablar. Jesús es el revelador de Dios como Padre, es el que muestra a los hombres el corazón del Padre (Jn. 10:15). Jesús tiene un conocimiento íntimo del Padre, igual que el Padre lo tiene de él, por eso puede darle a conocer. Esta revelación de Jesús es superior a la de Moisés y a la de los profetas (cf. Jn. 1:17). La gran novedad de la revelación del nombre de Dios como Padre por parte de Jesús (Jn. 17:6) es que la palabra «Padre» no se refiere al hecho de que Dios sea el creador y señor del hombre y del universo, sino al hecho de que ha engendrado a su Hijo unigénito, Jesucristo, el cual se convierte en hermano mayor de todos los discípulos, adoptados mediante la fe en la familia de Dios (Ro. 8:28-30). Al ser hermanos en Cristo, los cristianos son hechos en Él hijos del Padre (cf. 1 Tes. 1:3; 3:11-13; 2 Tes. 1:1; 2:16), y por eso pueden invocar también ellos a Dios como Abba (cf. Gál. 4:6; Ro. 8:15).

Abdías, Libro de. Cuarto de los profetas menores. Su escrito es el más breve de todos los del AT, consta de un solo capítulo de 21 versículos. No se conoce nada del autor, procedencia, indicación cronológica, familia y otras circunstancias que ayudarían a ubicarlo correctamente en el tiempo y en la historia de Israel. El texto muestra que era un hombre piadoso, patriota, de naturaleza espiritual y emocional muy sensible, residente en Judea, quien puso en esta profecía algo de la llama patriótica y religiosa de su propia alma. Algunos exegetas creen que el v. 20 hace una referencia implícita a Abdías como uno de los cautivos en Babilonia.

La fecha de la redacción de esta profecía es bastante incierta, pero fue probablemente entre la destrucción de Jerusalén por Nabucodonosor (587 a.C.) y la conquista de Edom, que tuvo lugar cinco años después, pues los términos en que se expresan los vv. 11-14 pueden muy bien ser entendidos como referentes a la captura de Jerusalén por parte de Nabucodonosor. Algunos (E. B. Pusey y C. F. Keil) le asignan una fecha más antigua, cerca de trescientos años antes, en el 845 a.C. aprox., durante el reinado de Joram (2 R. 21:16, 17), cuando los árabes y los filisteos se unieron en batalla contra Judá. Otros autores le atribuyen una tercera fecha más reciente. Sostienen que los vv. 11-14 se refieren a la captura de Jerusalén por parte de Nabucodonosor, pero advierten que el v. 20 no prueba realmente que Abdías haya vivido durante el período babilónico del exilio. Pese a la diversidad de opiniones respecto a la fecha de composición del libro de Abdías, ninguna de ellas se en-

cuentra en conflicto con la naturaleza profética sobre la posterior ruina de Edom y los tiempos mesiánicos.
La profecía trata casi exclusivamente del destino condenatorio de Edom, pueblo hostil a Israel desde épocas inmemoriales. A este pueblo orgulloso y terrible con sus vecinos y parientes hebreos, Abdías anuncia la venida del «día de Yahvé», quien triunfará sobre todos sus enemigos y establecerá su Reino sobre la tierra. Es una de las profecías más tajantes y fuertes de la Biblia, sin posibilidad de reparación ni perdón. La razón de esta dureza es que los edomitas se alegraron cuando los judíos fueron derrotados; y además ayudaron a los enemigos, capturando a algunos de los fugitivos israelitas, entregando a algunos al enemigo, esclavizando a otros, vendiendo a los más y saqueando también a los vencidos, en lugar de ayudarlos en su calamidad. El estilo de Abdías presenta a veces cierta semejanza con el de Jeremías y Ezequiel, mientras que otros pasajes reproducirían el lenguaje de los profetas más antiguos, Joel y Amós, de aceptar la datación tardía, o por el contrario, éstos citarían a aquél, de aceptar la datación más temprana. Puesto que hasta diez de sus versículos se leen con pocas variantes en Jer. 49:7-22, cabe preguntar cuál de los dos textos es el original. No se excluye, sin embargo, que los dos dependan de otro texto que no ha llegado a nosotros, pues en aquella época eran muy frecuentes los oráculos contra Edom.

Abed-Nego. Nombre impuesto a Azarías, uno de los tres compañeros de Daniel en Babilonia (Dn. 1:7; 2:49; 3:12-30). Juntamente con Mesac y Sadrac, fue nombrado para servir al rey Nabucodonosor (Dn. 2:49). Cuando los tres jóvenes creyentes israelitas rehusaron adorar la estatua de oro que el rey había mandado levantar, se les condenó a morir en un horno de fuego (Dn. 3:13-22). Dios intervino para salvarlos (Dn. 3:24-26), y sus cargos oficiales les fueron restituidos (v. 30). La fe de estos tres jóvenes ha servido de ejemplo a través de las edades tanto para los judíos en el AT como para los cristianos, por saber resistir a quienes invitan a adorar ídolos o dioses falsos o a dar más respeto a los hombres que a Dios (cf. He. 11:33-34).

Abel. Segundo hijo de Adán, de oficio pastor, que por envidia fue asesinado por su hermano Caín, porque Yahvé le miró con agrado a él y a su ofrenda y rechazó la de éste (Gn. 4:1-16). Se han hecho muchas conjeturas acerca del porqué su ofrenda fue aceptada por Dios y no así la de Caín. Es difícil saberlo. Para algunos se trata de un relato que recuerda el antagonismo y la rivalidad entre los pueblos agrícolas y ganaderos. Desde el punto de vista teológico se ha adelantado la teoría de que el sacrificio de un cordero pudo haber sido mandato de Dios

como anticipo del «Cordero de Dios, que quita el pecado del mundo», o sea, el plan de la redención.
En el NT Abel es considerado como mártir (Mt. 23:35) de su fe (He. 11:4) y de su justicia (1 Jn. 3:12). El primero en morir de la raza humana y el primero en entrar en la gloria de Dios, prenda de las primicias que nadie puede enumerar.

Abel, del egipcio *íbr*, nombre de lugar que denota «pradera», «prado» o «llanura cubierta de hierba», presente en la composición de numerosos topónimos, entre otros Abel Keramín, «campo de viñas» (Jue. 11:33), y Abel-meholá, «campo donde se danza», patria del profeta Eliseo (Jue. 7:22; 1 R. 19:16).

Abel-Bet-Maacá. Ciudad-estado aramea en el norte de Israel. Joab le puso sitio porque Seba, en rebelión contra David, se había refugiado en ella (2 Sam. 20:14-22). La expresión «ciudad que es madre en Israel» (2 Sam. 20:19) parece indicar que tenía otros pueblos o aldeas bajo su jurisdicción. Fue conquistada y ocupada por Ben-adad, rey de Damasco, cuando firmó un pacto con Asa contra el reino del norte (1 R. 15:20). Posteriormente fue incorporada a Asiria por Tiglat-Piléser III en el 733 a.C. (2 R. 15:29). Se la identifica con Tell Abil, en una región regada por uno de los ríos tributarios del Jordán. En 2 Cro. 16:4 recibe el nombre de Abel-Maim.

Abel-Maim (heb. «pradera de agua»). Una de las ciudades almacenes de Neftalí en Israel, atacadas por la coalicion de Asa, rey de Juda y Benhadad, rey de Siria (2 Cro. 16:4; 1 R. 15:20), llamada también Abel-Bet-Maacá.

Abel-Mehola (heb. «pradera de la danza»). Ciudad de la tribu de Isacar, no lejos del Jordán, hasta donde llegaron los madianitas fugitivos, tras la derrota que les infligió Gedeón en su campamento establecido al norte de las colinas de Moreh (Jue. 7:22). Lugar del nacimiento del profeta Eliseo (1 R. 4:12; 19:16). Situación dudosa, probablemente en Transjordania, en Tell el-Maqlub. También podría localizarse en Abila de la Decápolis. Posiblemente Abel-Mehola sea la Yabilima de la carta de Tell el-Amarna, del norte de Galaad y de la Gaulanítide. La tradición rabínica presenta a Eliseo originario de Transjordania.

Abel-Sitim (heb. «valle de las acacias»). Valle de la llanura de Moab, cerca del monte Peor, al este del río Jordán. Fue lugar de uno de los campamentos de los israelitas en la peregrinación por el desierto antes de la muerte de Moisés (Nm. 33:49). A este sitio se le llama también simplemente Sitim en Jos. 2:1. Allí el pueblo fue seducido por la impureza de la idolatría de Baal-peor por las mujeres de Moab y de Madián y perecieron en gran número (Nm. 25).

Abías. Nombre bastante común en hebreo y que se usa también en su forma femenina. Entre los personajes principales así llamados están:

1. Segundo hijo de Samuel, que, juntamente con su hermano, fue juez de Israel por nombramiento de su padre. La corrupción y mala administración de la justicia hizo levantar al pueblo, que pidió un rey (1 Sam. 8:1-5).
2. Fundador de una familia entre la descendencia de Aarón y Eleazar. En tiempos de David, cuando se organizó el servicio del Templo, la octava división llevaba su nombre (1 Cro. 24:10). En el Nuevo Testamento se le llama con el nombre de Abía (Lc. 1:5). De la clase de Abías era el sacerdote Zacarías, padre de Juan el Bautista.
3. Uno de los hijos de Jeroboam, el primer rey de Israel. Era un joven apreciado y popular que fue llorado por el pueblo cuando murió siendo aún joven (1 R. 14:1-18).
4. Hijo de Roboam, el primer rey de Judá (Mt. 1:7); en 1 R. recibe el nombre de Abiam. Su reinado fue corto, solamente tres años, y subió al trono en el año 18 de Jeroboam, 958 a.C. Fue un militar de cierto ingenio y venció a Jeroboam en una memorable batalla (2 Cro. 13); a pesar de ello siguió los malos ejemplos de su padre (1 R. 14:23-24).
5. En su forma femenina lleva este nombre la hija de Zacarías y madre del rey Ezequías (2 Cro. 29:1), y consecuentemente la esposa de Acab, a quien sobrevivió, llamada en otros lugares en la forma abreviada de Abi (2 R. 18:2).

Abib (heb. «espigas jóvenes»). Antiguo nombre del primer mes del año en el calendario hebreo, correspondiente a marzo-abril en nuestro calendario y en el cual tuvo lugar el paso del mar Rojo (Éx. 13:4; 23:15; 34:18; Dt. 16:1), denominado más tarde Nisán, después del retomo de la cautividad (cf. Neh. 2:1). En este mes comenzaba la siega y se celebraba la Pascua (Éx. 12:15-23; Dt. 16:1).

Abilene, Abilinia. Tetrarquía gobernada por Lisanias al noroeste de Damasco, cuya capital era Abila (la actual Abil el-Suq), situada en la vertiente oriental del Antilibano, surcada por una de las rutas caravaneras que se dirigían de Damasco al Mediterráneo. País fértil y bien regado, abundante en pastos.

Abigail (heb. «nuestro padre es alegría»). Nombre de dos mujeres relacionadas con David:

1. Hermana del rey David y madre de Amasá (2 Sam. 17:25; 1 R. 2:16ss., 1 Cro. 2:16, 17).
2. Esposa de Nabal, que intervino con su sabio razonamiento y regalos cuando David iba a vengarse de Nabal por su mezquindad. David aceptó las razones de Abigail y se marchó sin derramar sangre. Diez días después murió Nabal y su viuda pasó a ser esposa de David (1 Sam. 25:3), con quien tuvo un hijo llamado Quileab (2 Sam. 3:3).

Abihú (heb. «padre [adorador] de Él»). Segundo hijo de Aarón tenido con Elisabet, hija de Aminadab (Éx. 6:23; Nm. 3:2; 26:60; 1 Cro. 6:3; 24:1). Elegido como sacerdote, junto con sus hermanos Nadab, Eleazar e Itamar (Éx. 28:1). Acompañó a su padre, a Moisés y a los setenta ancianos de Israel al monte Sinaí (Éx. 24:1.9). Murió a consecuencia de ofrecer delante de Dios fuego extraño (Lv. 10:1-11; cf. Nm. 3:4; 26:61; 1 Cro. 24:2). Ejemplo extremo de la importancia de observar el servicio ritual al detalle.

Abimelec (heb.«mi padre es rey»).

1. Hijo de Gedeón con una concubina cananea de Siquem (Jue. 8:31). A la muerte de su padre, indujo a los hombres de Siquem a que le eligieran como su rey, y a continuación dio muerte a 70 de sus hermanos. Solamente escapó Jotam, que lanzó una maldición contra los asesinos. Esta maldición se cumplió a raíz de la rebelión de los ciudadanos contra Abimelec; un tal Gaal fingió ser amigo suyo al principio y después le traicionó. Abimelec combatió y destruyó Siquem, incluyendo una famosa torre, la cual quemó con todos los que en ella se refugiaron. Luego sitió Tebes, donde murió cuando una mujer dejó caer desde la muralla una piedra de molino sobre su cabeza (Jue. 9:1-57; 2 Sam. 11:21).
2. Sacerdote de Nob que le dio hospitalidad a David en su huida de la corte de Saúl. Por este motivo fue asesinado, junto con todos los sacerdotes de Nob, menos Abiatar, su hijo, quien se escapó y se reunió con David (1 Sam. 21-22; 1 Cro. 18:16). También llamado Ahimelec (2 Sam. 8:17).

Abisag (heb. «padre de emigración»). Joven de la ciudad de Sunem, en Isacar, de gran hermosura, cuidó del rey David en su vejez. El rey, sin embargo, «nunca la conoció» (1 R. 1:4). Al morir él, Adonías, que ya había intentado arrebatar el trono para sí y había sido perdonado, la pidió a Salomón, por medio de la reina madre, para que fuera su mujer. Salomón no solamente negó su petición, sino que lo hizo ejecutar, detectando una aspiración al trono, pues las concubinas del fallecido habían de pasar a su heredero (1 R. 2:13-26).

Abisai (heb. «fuente de riqueza»). Hijo de Sarvia, la medio hermana de David, y hermano de Joab. Sirvió muchos años a David como uno de sus valientes más fieles. Fue con David al campamento de Saúl mientras Saúl dormía (1 Sam. 25:6-9), y expresó la intención de matarlo, a lo que David se opuso (1 Sam. 26:5-9). Juntamente con Joab, se vengó traicioneramente de Abner por la muerte de su hermano Asael, tenida en buena lid (2 Sam. 2:18-24; 3:30). Permaneció fiel a David durante la rebelión de Absalón (2 Sam. 18:2). Se le menciona como el más renombrado valiente de David (1 Cro. 11:21). Salvó a este monarca en un momento de peligro, cuando un gigante filisteo estuvo a punto de atravesarlo con una lanza (2 Sam. 21:16-17).

Abismo (heb. *tehôm*, «depósito de agua subterránea»; gr. *abyssos*, «hondura», «sin fondo»). Nombre desacralizado del «océano primordial» (Gn. 1:2). En la cosmogonía hebrea, el «abismo» es el «océano primordial» en conexión directa con la «tinieblas», envolviendo todo lo existente, cielo y tierra (Sal. 24:2; 136:6). Al separar Dios las aguas que están sobre el firmamento de las que están debajo, éstas reciben en adelante el nombre *tehôm* como el depósito de agua subterránea del que brotan las fuentes y los ríos (Gn. 7:11; 8:2; 49:25; Dt. 8:7; 33:13; Sal. 104:6).
Posteriormente, *tehôm* se asocia al Seol, donde están los muertos, en el fondo del abismo (Prov. 9:18); en las regiones oscuras donde son castigados los reyes de Tiro, Babilonia y Egipto por su crueldad y orgullo. Éste es el abismo al cual los espíritus inmundos rogaron a Jesús que no les enviara (Lc. 8:31; Ap. 9:1; 11:7; 20:1,3; 2 P. 2:4).

Ablución, del lat. *ablutione*, nombre dado al lavatorio ritual como símbolo de purificación espiritual o de especial consagración. Las abluciones han formado parte de los ritos religiosos desde los tiempos inmemoriales. Los antiguos griegos prescribían lavatorios ceremoniales para conseguir la purificación, especialmente después de ciertos actos relacionados con la efusión de sangre. Es una práctica universal observada por todas las religiones, unida a un momento especial. La Ley de Moisés prescribe diversos tipos de lavamiento ceremonial (Lv. 6:27, 28; 8:6; 11:25, 28, 40; 15:5, 6, 7, 11, etc.; cf. He. 9:10), que no hay que confundir con el lavado ordinario de las manos. Con estos lavamientos

el adorador israelita quedaba ceremonialmente puro de las contaminaciones legales que hubiera contraído (por lepra, contacto con cadáver, por emisión seminal, menstruación en la mujer o por contacto con los así contaminados, etc., y que eran un impedimento para participar en las actividades del culto), y era de nuevo apto para participar en el culto.
En el sacerdocio aarónico, así como en el ministerio levítico, había también una provisión de lavamientos o abluciones, tanto para su consagración (Lv. 8:6; Nm. 8:7) como en el ejercicio de sus funciones (Lv. 16:4; etc.). Debe notarse aquí distinción; Aarón y sus hijos fueron lavados «una vez» íntegramente por Moisés al ser consagrados (Éx. 40:12). Después se les demandó que se lavaran sólo los pies y las manos en la fuente de bronce (Éx. 40:30-32). En Nm. 19 se dan más detalles de la purificación de los contaminados. En la actualidad muchos judíos practican lavatorios rituales de manos antes de tomar ciertas clases de alimentos.
Jesús reacciona contra la costumbre farisea del lavamiento practicado con espíritu externo y no en función de su significado simbólico y espiritual. Jesús y los suyos no dejan de lavarse las manos (Mc. 7:2) no en el sentido literal, higiénico, sino en el ceremonial. El bautismo cristiano satisface en un plano superior y más integral el ansia de purificación humana expresada en los lavamientos rituales, en cuanto se relaciona con la fe y el efecto purificador de la sangre de Cristo que conducen a una nueva vida.

Abner (heb. «padre de luz»). Primo del rey Saúl (1 Sam. 14:51) y general de su ejército cuando David mató a Goliat, y presentó a éste a Saúl (1 Sam. 17:55, 57). Cuando Saúl acosaba a David en el desierto de Zif, Abner descuidó la protección del rey, y David le increpó como digno de muerte (1 Sam. 26:1-16). A la muerte de Saúl, Abner tomó partido de la hostilidad de las otras tribus contra la de Judá, y en Mahanáyim proclamó rey de Israel a un hijo de Saúl, Is-boset, enfrentándose abiertamente a David, proclamado rey en Judá (2 Sam. 2:8-10). Abner fue vencido en una de las batallas entre las dos casas, y Asael, hermano de Joab, se lanzó a la persecución de Abner, que se vio obligado, después de insistirle a que desistiera, a matarlo en defensa propia. Abner tomó por mujer a una anterior concubina de Saúl, Rizpá. Is-boset se lo reprochó, posiblemente pensando que esto indicaba un deseo de Abner de asumir él mismo el trono. Ello enfureció de tal manera a Abner que se rebeló contra su señor, e hizo pacto con David. Éste le puso por condición que le fuera devuelta Mical, su anterior esposa e hija de Saúl. Cumplida esta condición, David hizo una fiesta en honor de Abner y de sus hombres. En esto, Joab, que había estado ausente, al conocer lo sucedido, y posiblemente celoso y temeroso de que Abner le arrebatara el puesto, lo mató a traición, dando como razón que Abner había dado muerte a su hermano Asael. David quedó muy afectado por este hecho, y lanzó una maldición sobre Joab (2 Sam. 3:6-39) que se cumplió, bajo Salomón, que siguió la última voluntad de su padre (1 R. 2:5; 28-34).

Abogado, del lat. *advocatus*, gr. *paracletos*, persona legalmente autorizada para defender la causa de otro (1 Jn. 2:1). Hace referencia a la persona que *intercede*. En el NT se aplica tanto al Señor Jesús como al Espíritu Santo. Jesús es el Paracleto en el cielo, que intercede por el santo, y el Espíritu Santo es el Paracleto en la tierra, para asegurar el bienestar espiritual del pueblo de Dios (cf. Ro. 8:34; He. 7:25; 9:24).

Abominación desoladora. Hebraísmo equivalente a un superlativo utilizado por Daniel para describir la profanación del templo (Dn. 11:31; 12:11). Equivale a sacrilegio en grado superlativo (Dn. 9:27). Jesús hace referencia a ella en los Evangelios (Mt. 24:15; Mc. 13:14; Lc. 21:20), como una señal que marca el momento de abandonar Judea. A pesar de todos los esfuerzos de tratar de explicar estos términos en hebreo, los eruditos no se ponen de acuerdo respecto al significado preciso. Se admite comúnmente, y de hecho acertadamente, que la expresión hebrea se debe entender como un emblema de la idolatría, cuya imposición supone una profanación insoportable de la sacralidad del culto divino. Daniel hace referencia a los sucesos acontecidos durante el dominio del rey griego de la dinastía seléucida Antíoco IV. Mostró un absoluto desprecio por la nación de Israel. En el año 168 a.C. saqueó el Templo de Jerusalén, apoderándose del candelabro de siete brazos, del altar de oro y de todos los utensilios preciosos. Un año más tarde, el 15 de diciembre de 167, profanó el templo erigiendo un altar a Zeus Olímpico sobre el altar de los holocaustos, derramando sangre de cerdo sobre el propiciatorio (1 Mac. 1:54-57; 2 Mac. 6:2), auténtica «abominación de la desolación».

En el discurso escatológico de Jesús la «abominación desoladora» (Mt. 24:15; Mc. 13:13; Lc. 21:20) ha de servir a sus discípulos como señal para abandonar Judea. Se considera que se cumplió durante la guerra con Roma (años 66-70), cuando los soldados romanos introdujeron sus estandartes y enseñas en la Tierra Santa, y más en particular en la ciudad santa de Jerusalén, poco antes de la destrucción del Templo. Éste sería el evento profetizado por Jesús a sus discípulos, como señal de su partida.

Aborto. Las leyes del Antiguo Oriente —babilónicas y asirias— castigaban cuando se maltrataba a una mujer grávida, distinguiendo varios matices de pena, según fuesen las consecuencias sufridas por la lesionada. El *Código de Hammurabi* (arts. 209-214) castiga el aborto con una sanción económica, cuya importancia varía según la categoría social de la mujer; únicamente cuando ésta es hija de un gran señor y muere en el parto, la hija del causante del mismo es sentenciada a muerte. En las leyes asirias se trata solamente del aborto de la hija de un señor por causa de otro; éste pagará una crecida multa, recibirá cincuenta azotes y trabajará para el rey durante cincuenta días, o su mujer recibirá el mismo trato, compensando la pérdida del feto con su vida; si la accidentada muriera, el culpable recibirá la muerte. Como se ve hasta aquí, un aborto entre los antiguos era algo que trascendía los muros caseros y era considerado como una verdadera cuestión social.
Entre el pueblo de Dios la ley era todavía más tajante aún: «Cuando dos hombres riñen y chocan con una mujer encinta, de modo que pare, sin que resulte otro accidente, el culpable habrá de entregar la multa que el marido de la mujer le imponga, pagándola tras un arbitraje. Pero si resultare accidente, tendrá que dar vida por vida, ojo por ojo...» (Éx. 21:22-25). «Sin que resulte otro accidente» se refiere a que no resulten dañados ni la madre ni el niño expulsado antes de tiempo.
El cristianismo primitivo condenó el aborto en base a su elevado concepto del valor de la persona humana, hecha extensible al feto. Así Tertuliano afirma explícitamente que provocar un aborto es igual a cometer un asesinato, ya que el feto es un ser humano en potencia: «A nosotros, en cambio, una vez que el homicidio nos está prohibido, tampoco nos es lícito matar al infante concebido en el seno materno, cuando todavía la sangre va pasando al ser humano desde la madre. Es un homicidio anticipado impedir el nacer, sin que importe se quite la vida luego de nacer o que se destruya al que nace. Hombre es también el que ha de serlo, así como todo el fruto está ya en la simiente» (*Apología contra gentiles*, IX, 8), otro tanto dirán Agustín y el resto de los Padres de la Iglesia.

Abraham. Primero de los patriarcas y padre del pueblo elegido (cf. Is. 51:2), cuya historia se narra en catorce capítulos del Génesis, resumen y compendio de antiguas tradiciones de Israel (11:27-25:18). Aunque falte consenso entre los especialistas, la mayoría sitúa al clan de Abraham en Ur entre los siglos XIX y XVII a.C. Abraham no era un simple nómada errante, las referencias bíblicas indican que poseía notables riquezas y prestigio. Es muy verosímil que esta riqueza estuviese representada por una gran caravana cuando salió de Harán hacia Canaán.

Tenía entonces 75 años. Durante los primeros diez años de sus peregrinaciones en Canaán, Abraham plantó sus tiendas en Siquem, donde Dios le prometió aquella tierra para él y su descendencia. Allí edificó un altar a Yahvé. Pasó después a Bet-el, donde erigió otro altar, invocando el nombre de Yahvé (Gn. 12:6-8). Se desató el hambre, y Abraham descendió a Egipto, donde, temiendo por su vida y faltándole la fe entonces, dijo que Sara era su hermana; por su belleza, fue llevada a la casa del faraón, pero Dios la protegió, y Abraham y Sara fueron expulsados de Egipto después de una reprensión (Gn. 12:10-20). Volvió a Canaán y se asentó de nuevo en Bet-el, ante el altar que antes había erigido (Gn. 13:3). Visto el gran incremento de sus riquezas en ganado, surgieron riñas entre sus pastores y los de Lot, por lo que decidieron separarse. Abraham cedió a Lot el derecho de elegir a dónde dirigirse (Gn. 13:9), y éste eligió el valle del Jordán (Gn. 13:11). Abraham entonces se trasladó al encinar de Mamre, en Hebrón. Aquí el patriarca erigió un altar (Gn. 13 :18), recibió la visita divina, por la que se le prometió toda la tierra que podía ver y una innumerable descendencia (Gn. 13:14-17). Abraham habitó en Mamre al menos 15 años, quizá 23 ó 24. Adquirió una cueva del lugar, Macpela. Entró en alianza con unos príncipes amorreos (Gn. 14:13), junto a los cuales emprendió una expedición guerrera contra Quedorlaomer y otros reyes coligados con él; éstos habían invadido Sodoma y Gomorra, y las habían saqueado, llevándose cautivos a sus habitantes, incluyendo a Lot. Después de su victoria sobre estos reyes y de la liberación de Lot y de todos los demás, Abraham rehusó tomar ni un hilo del despojo que le ofrecía el rey de Sodoma; no quería enriquecerse de tal procedencia (Gn. 14:23); pero recibió la bendición de Melquisedec, rey de Salem, sacerdote del Dios Altísimo, que salió con pan y vino a recibirle: a él le dio Abraham diezmos de todo. Dios se le reveló ahora como su escudo y gran galardón.

Con el tiempo el patriarca se convirtió en lo que los árabes llaman un *sheij*, un jeque. Con sus tiendas, su ganado y centenares de hombres cruza las tierras de Canaán. Lamentándose Abraham de su falta de descendencia, Dios le confirma la promesa (Gn. 15:5). A su pregunta de cómo iba a saber él que iba a poseer la tierra, Dios dispuso con él un pacto con sacrificio, como era la costumbre en Oriente (Gn. 15:9-10). Sin embargo, este pacto no fue confirmado por las dos partes, sino únicamente por Dios (Gn. 15:17-21) al ser solamente Dios, bajo la apariencia de una antorcha de fuego, quien pasó entre los animales divididos, habiendo quedado Abraham sobrenaturalmente postrado. Así, Dios se ligó incondicional y unilateralmente a Abraham por este pacto. Por sugerencia de Sara, tomó a su criada Agar, cohabitando con ella, y teniendo de ella un hijo, Ismael. Esto según las costumbres de la tierra (cf. Gn. 16:2; cf. Gn. 30:3). La cuestión del heredero de Abraham refleja con exactitud las costumbres de la época. Al verse sin hijos, Abraham piensa que su siervo Eliezer será su heredero, literalmente «hijo de herencia», en heb. *ben meshek*. Sin embargo, 13 años después la promesa se verificaría fielmente. El «Dios Todopoderoso» (*El-Sadday*) se volvió a revelar a Abraham, cuando éste contaba ya 99 años de edad, como «el Dios Todopoderoso», nombre que indica que los recursos se hallan en el mismo Dios. Entonces cambió su nombre de Abraham por el de Abraham, debido a que iba a ser el padre de muchedumbre de gentes, o naciones. Yahvé, renovando su pacto con Abraham, le prescribió el signo de la circuncisión, que puso en práctica en el acto. También cambió Yahvé el nombre de Sarai por el de Sara, porque iba a ser una princesa, e iba a tener un hijo (Gn. 17).

Abraham acogió a tres visitantes. Dirigiéndose dos de ellos a Sodoma, el tercero dijo: «¿Encubriré yo a Abraham lo que voy a hacer?». Según Jn. 15:14, 15, aquí tenemos la razón de que Abraham sea llamado «el amigo de Dios» (2 Cro. 20:7; Is. 41:8; Stg. 2:23). Dios le reveló sus propósitos, y Abraham se vio con libertad para interceder por los justos en Sodoma, si los hubiera, en un número que va reduciendo hasta diez, pero como no los hay, Sodoma es destruida, y sólo Lot y sus hijas escapan al ser sacados de la ciudad por los ángeles (Gn. 18,19).

Al cabo de unos 15 años, durante la infancia de Ismael, en Gerar, nuevamente Abraham hace pasar a Sara por hermana suya. Por intervención de Dios se evita que la inclusión de Sara en el harén del rey de Gerar lleve al pecado, y Abraham es de nuevo reprendido, esta vez por Abimelec (Gn. 20:2). Nace Isaac (Gn. 21:2), surgen conflictos por su casa, Agar se burla y es expulsada junto a su hijo Ismael (Gn. 21:9-21). Después de varios incidentes con los hombres de Abimelec acerca de pozos abiertos por Abraham, hacen un pacto, y Abraham llama a su pozo Beerseba (Gn. 21:31), es decir, «pozo del juramento».

Habiendo ya crecido Isaac, Dios prueba la fe de Abraham; le ordena que se lo ofrezca en holocausto. Abraham obedece y a punto de sacrificar a su hijo es detenido por Dios, sacrificando un cordero en su lugar. Triunfante en la prueba, Dios le confirma la promesa incondicional de que en su simiente serán benditas todas las naciones de la Tierra (Gn. 22:18; cf. Gál. 3:14-18). Veinte años después, Sara muere a la edad de 127 años. Abraham, todavía nómada y peregrino en tierra extraña, la entierra en la cueva de Macpela (Gn. 23). Abraham pasó alrededor de 38 años en el Negev, después de la muerte de Sara, y se informa que tuvo otra esposa, Cetura, y varias concubinas, de las que tuvo hijos; a ellos les dio dones, y los envió a Oriente, para que

Isaac pudiera morar pacíficamente en la tierra prometida (Gn. 25). Murió a la edad de 175 años, y fue enterrado con Sara, en la cueva mencionada.

Abraham es más que un modelo de vida religiosa y moral, es propiamente el fundador de la religión de los hijos de Israel. Desde los días de Abraham, los hombres se acostumbraron a hablar de Dios como «el Dios de Abraham» (cf. Gn. 24:12; 26:24; 31:42). Para enseñar que la religión de Israel no comienza con Moisés, Dios dice a Moisés: «Yo soy el Dios de tus padres, el Dios de Abraham» (Éx. 3:6). La misma expresión se usa en los Salmos (Sal. 47:9) y es común en el AT (cf. 1 R. 18:36; 1 Cro. 29:18; 2 Cro. 30:6). Para los profetas, Abraham es el progenitor de los israelitas, llamados «raza de Abraham» (Is. 41:8; Jer. 33:26; cf. Mt. 3:9; Jn. 8:53.56; He. 7:2; 13:26), su vida se enmarca en la categoría del pacto o alianza con Dios, que garantiza el cumplimiento de las promesas respecto a la tierra y la descendencia (Eclo. 44:20-23). Según el apóstol Pablo, el pacto de Abraham es superior al pacto con Moisés en el Sinaí (Gál. 3:15-18). Éste tenía que ver con Israel; la promesa a Abraham con «todas las familias de la tierra» (cf. Gn. 12:3; 18:18; Is. 49:7). El primero es universal y según la promesa, el segundo, particular y según la Ley. En contraste con el judaísmo intertestamentario, Pablo demuestra que la justificación de Abraham se realizó por la fe, no por las obras (Gál. 3, 6-18; Ro. 4:2-3). Por eso, hijos de Abraham son solamente aquellos que tienen fe en la Palabra de la promesa (Ro. 4:16). Según la lógica de la historia bíblica, y conforme al método rabínico de interpretación del AT, Abraham recibió la señal de la circuncisión como sello de la justicia de la fe que tenía estando aún incircunciso, para que fuese padre de todos los creyentes no circuncidados, para que también a ellos les fuera conferida la justicia; de modo que vino a ser no solamente padre de la circuncisión, sino también de los que «siguen las pisadas de la fe que tuvo nuestro padre Abraham antes de ser circuncidado» (Ro. 4:12-13). Además, Pablo señala, que el término «simiente» o «descendencia» está en singular y se refiere a una sola persona, que es Cristo (Gál. 3:16). Por eso, solamente creyendo en Cristo se entra en posesión de los bienes anunciados y se hereda la promesa. Dado que esta promesa es gratuita y compromete sólo a Dios, hay que excluir que los herederos de los bienes prometidos sean los que observan la ley.

La historicidad de Abraham está generalmente demostrada por la evidencia arqueológica. Nombres, ciudades y costumbres aparecen en las inscripciones antiguas. El pensamiento de que el siervo herede las riquezas del señor, refleja las leyes de Nuzi, cuyas tablillas fueron descubiertas por la arqueología y dadas a la luz pública en 1925. Según estas leyes una pareja sin hijos podía adoptar como hijo a un sirviente fiel, que ostentaría los derechos legales y recibiría la herencia de sus padres adoptivos como recompensa por sus cuidados y el enterramiento en caso de fallecimiento. Las costumbres maritales de Nuzi, lo mismo que el código de Hammurabi, proveían también que si la esposa de un hombre casado no tenía hijos, el hijo de una criada podía ser reconocido como legítimo heredero; situación típica en el caso de Abraham, propia de las viejas costumbres de Mesopotamia, que nos remiten a un tiempo antiguo y a tradiciones históricas fidedignas.

Abraham, Seno de. Expresión simbólica de la época de Jesucristo, sinónima de «Paraíso». Es el lugar en que el alma de los justos disfrutaba del reposo ultraterreno (Lc. 16:22-23). La literatura rabínica usa esta expresión con el significado de ser feliz después de la muerte. En el lenguaje teológico posterior designa la porción del reino de los muertos en que los santos del AT aguardaban que Cristo los liberara después de la redención y los llevara a la bienaventuranza eterna.

Absalón («padre de paz»). Tercer hijo de David, fruto de su unión con Maaca, hija de Talmai, rey de Gesur (2 Sam. 3:2-3). Fue notable por su hermosura y por la abundancia de su cabello (2 Sam. 1:25, 26). Los pueblos orientales concedían extrema importancia a la larga cabellera, como señal de fuerza y vigor. Rodeado del afecto y veneración de sus amigos Absalón creció orgulloso y lleno de ambición. Cuando Amnón, el hijo mayor de David tenido con Ajinoam, de Jezreel (2 Sam. 3:2), se enamoró de Tamar, hermana de Absalón y hermanastra de Amnón, por parte de padre, éste, utilizando una estratagema «la forzó y se acostó con ella», para repudiarla acto seguido. En consecuencia y como venganza Absalón lo mató al cabo de dos años, después de albergar un intenso rencor interior (2 Sam. 13:1-29). Con la muerte del primogénito, Amnón, quedaba eliminado el heredero legítimo al trono de David. Absalón huyó a Gesur, donde su abuelo materno era rey (2 Sam. 13:37-39). Ahí esperó que pasase la ira de su padre. Después de tres años de destierro Absalón regresó a Jerusalén por la intercesión de Joab, pero no fue recibido por David sino hasta dos años después (2 Sam. 14:28), cuando tuvo lugar la reconciliación entre ambos. Restaurado a su anterior condición principesca Absalón comenzó a urdir una conspiración para acceder al trono de Israel. David fue cogido por sorpresa y obligado a huir de Jerusalén. Finalmente, habiendo querido darle batalla de una manera traidora al otro lado del Jordán, mientras huía, su cabellera se enredó en un árbol y fue muerto por Joab, uno de los hombres de David, sin hacer caso a los deseos del monarca que por todos los medios quería vivo a su hijo, y fue enterrado con deshonra en «un gran hoyo en el bosque y levantaron sobre él un gran montón de piedras» (2 Sam. 18:17, 18), cerca del lugar de batalla. Su padre sintió tanto su muerte que entró silencioso en Jerusalén como si hubiese perdido la batalla.

Acab (heb. «hermano del Padre»). Séptimo rey de Israel (873-854 a.C.), hijo de Omri. Reinó unos veinte años entre 918-897 a.C. de acuerdo a 1 R. 16:29, pero 875-854 de acuerdo a los documentos asirios. Desde el punto de vista político su reinado fue importante. Su política exterior estuvo dominada, sobre todo, por la defensa del peligro arameo. La política interna se caracterizó por el florecimiento económico. Obtuvo dos victorias contra Siria (1 R. 20:13-28), y concertó una alianza con el rey sirio Benadad a pesar de la amonestación profética (1 R. 20:33). En el sexto año de Salmanasar II los aliados fueron vencidos por los asirios cerca de Karkar, y terminó su pacto. Una inscripción monolítica de Salmanasar III, rey de Asiria, demuestra que Acab peleó contra los asirios en la antedicha batalla de Karcar en el año 853 a.C. Acab se alió entonces con Josafat, Rey de Judá, y comenzaron la guerra contra Siria para conquistar Ramot de Galaad, al otro lado del Jordán (1 R. 22:3ss.). Los profetas de Baal le predijeron una victoria, mientras Miqueas auguró una derrota. A pesar de su amonestación, la batalla comenzó con Acab disfrazado, pero una flecha le hirió entre los pulmones y el estómago (1 R. 22:34). Murió al anochecer, y al lavar su carro en el estanque de Samaria, los perros lamieron su sangre (1 R. 22:38). Fue sucedido por Ococías, su hijo.
En el terreno de lo religioso Acab favoreció el sincretismo religioso y debilitó el culto de Yahvé, debido a la influencia de su esposa Jezabel, hija de Ed-Baal, rey de Tiro, mujer ambiciosa y entusiasta del culto de Baal (Melkart) y de Asera (Astoret) de Tiro, que introdujo la idolatría (1 R. 16:31ss.).

Acad. Una de las cuatro ciudades-estado sumerias sobre las que reinó Nimrod (Gn. 10:10), situada en la tierra de Sinar = Babilonia. Fue fundada por Sargón, primer ministro del rey de Kish, y desde entonces el rey fue conocido como Sargón de Acad. En los días de este rey, alrededor del 2300 a.C., los acadios dominaron una extensa región de Mesopotamia que incluía a todo Sumer y que fue conocida como el Imperio acadio. Desde Acad, también conocida como Agade, Sargón gobernó su nuevo imperio, unificando el estado e integrando por la fuerza las ciudades conquistadas de Sumer. En los nombres de Acad y Sumer parece condensarse la más antigua civilización del Asia Menor.

«Reyes de Sumer y de Acad» se hacían llamar los soberanos más antiguos de Mesopotamia, los reyes asirios y más tarde los persas aqueménidas. Los pueblos de Acad sometieron a los de Sumer pero no destruyeron su cultura, más avanzada, antes bien fueron sus continuadores, mantienendo la lengua de Acad que aventaja a la sumeria. El acadio fue la lengua de todas las poblaciones semíticas que, desde la Mesopotamia meridional, se esparcieron por las regiones circundantes. En el segundo milenio a.C., se usaba como lengua internacional y diplomática, siendo adoptada incluso por la administración faraónica en sus relaciones con el extranjero. Precisamente en los archivos reales de Tell El-Amarna se descubrieron 378 tablillas acádicas.

Acaico (gr. «perteneciente a Acaya»). Miembro de la iglesia de Corinto que, con Estéfanas y Fortunato, visitó a Pablo en Éfeso (1 Co. 16:17). La nota al final de la epístola afirma que fue enviada a Corinto por mano de los tres mencionados, acompañados por Timoteo. Quizá era un liberto o cliente de la familia de los Mummios, cuyo antepasado L. Mummio, creador de la Acaya romana, recibió el sobrenombre de Acaico por haber conquistado a Corinto.

Acán (heb. «atribulador»). Hijo de Carmi, de la tribu de Judá, que desobedeció el mandato divino al tomar para sí una parte de los despojos de Jericó (Jos. 6:18-19; 7:1-26; 1 Cro. 2:7), por cuyo motivo el pueblo de Israel, hasta entonces victorioso en la conquista de Canaán, sufrió una derrota ante la ciudad de Hai. Descubierto, Dios ordenó que fuese castigado severamente. Él y toda su familia murieron apedreados y sus restos mortales quemados (Jos. 22:20; 1 Cro. 2:7).

Acaya. Provincia romana, originalmente un estado griego al norte del Peloponeso (la actual Morea); incluía a Corinto y su istmo. En el 146 a.C. fue convertida por Roma en provincia senatorial. Tiberio unió a los dos distritos en una provincia imperial bajo procuradores; pero Claudio devolvió Acaya al Senado bajo un procónsul. Así, Lucas estaba en lo cierto al mencionar a Galión como procónsul de Acaya (Hch. 18:12). El NT emplea esta designación en el sentido de la administración romana. Pablo la visitó en el curso de su segundo y tercer viaje misionero (Hch. 18:19). Epeneto fue el primer converso de Acaya (Ro. 16:5); Estéfanas, entre los primeros (1 Co. 16:15). (Ver también Hch. 18:27; 19:21; Ro. 15:26; 2 Co. 1:1; 9:2; 11:10; 1 Ts. 1:7, 8).

Acaz. Rey de Judá, hijo y sucesor de Jotam, que reinó dieciséis años, desde el año 734 a.C. (2 R. 16:1). Se distinguió por su idolatría y despre-

cio del verdadero Dios, y contra él se dirigen muchas profecías de Isaías (véanse 2 R. 7, 8, 9). Quemó a sus propios hijos consagrándolos a los ídolos. Levantó un altar en el templo de Jerusalén según el modelo sirio, y aun lo cerró enteramente, por lo cual perdió el favor de Yahvé y sufrió varias derrotas en la guerra con Peka y Rezín.
Peka, rey de Israel, le tomó varios cautivos que fueron liberados por intervención del profeta Obed (2 Cro. 28:5-15), y sufrió otros reveses a manos de los edomitas y los filisteos (2 Cro. 28:16-20). Desoyendo los consejos de Isaías, solicitó auxilio de Tiglat-Pileser, rey de Asiria, lo que éste aprovechó para hacerle tributario suyo. Fue tan aborrecido por sus propios súbditos que le negaron sepultura entre los reyes de Israel. Su nombre aparece en una inscripción de Tiglat-Pileser como uno de sus vasallos, y ello es una prueba de la historicidad del relato bíblico.

Acción de gracias. Expresión de gratitud a Dios por los beneficios recibidos (Lv. 7:12, 13; 22:29, etc.). En la ofrenda de acción de gracias, que era un sacrificio de paz, no se contemplaba la cuestión del pecado; el adorador daba gracias a Dios por sus bendiciones; no era para alcanzar la paz, sino que, en paz con Dios, se le ofrecía sacrificio en gozo y gratitud. Mediante el sacrificio de acción de gracias, Israel manifestaba a Dios su agradecimiento (Am. 4:5; Jer. 17:26; 33:11; Sal. 56:13; 100:3). En el NT se acentúa el llamado a la acción de gracias en todo (Ef. 5:4, 20; cf. Ro. 8:28); en esto se sigue el ejemplo de Jesús que expresaba su agradecimiento bendiciendo y alabando a su Padre (Mt. 11:25; Lc. 10:21; 11:41). La «acción de gracias» es una de las notas características de la institución de la Santa Cena, de donde recibe su nombre de Eucaristía (Mt. 26:27; Lc. 14:23).
Pablo es el apóstol de la «acción de gracias» en general. Dirige siempre sus saludos acompañados de una acción de gracias a Dios (Ro. 1:8; 1 Co. 1:4-6; 2 Co. 1:3-4; Ef. 1:15; Flp. 1:3-5; 1 Ts. 1:2-4; 2 Ts. 1:3). La acción de gracias es un deber para el cristiano (1 Ts. 5:18), la ingratitud es característica de la maldad de los últimos tiempos (2 Ti. 3:2). Las mismas peticiones deben ser hechas con acciones de gracias (Flp. 4:6), conscientes de «cuál sea la buena voluntad de Dios, agradable y perfecta» (Ro. 12:2), y aceptando la acción de Dios de enseñarnos a vivir mirando más allá de las circunstancias, reposando en Él (Flp. 4:12). La acción de gracias tiene como base el conocimiento de la aceptación por parte de Dios de quien a Él se allega por medio de Jesucristo, mediante su obra consumada en la cruz; y por la multiforme gracia de Dios que fluye libremente en base a esta reconciliación efectuada por Jesucristo. El Apocalipsis presenta la acción de gracias como la ocupación común de bienaventurados por toda la eternidad,

acompañada de la alabanza y maravillas de Dios (Ap. 4:9; 11:16; 15:3; 19:1-8).

Acéldama. Pequeña parcela de terreno en Jerusalén, que antes de la muerte de Cristo se llamaba «Campo del alfarero» (Jer. 19), comprado por los sacerdotes con el dinero devuelto por Judas, quienes lo destinaron a cementerio de extranjeros, ya que, considerándolo «precio de sangre» y, por tanto, contaminado, no podía dedicarse a sepultura de judíos (Mt. 27:7; Hch. 1:19). La voz popular, recordando el origen de dicho cementerio, hizo un fácil juego de palabras y convirtió su nombre en «akeldama», «campo de sangre». Puede localizarse casi con certeza en el lado sur del valle de Hinom donde existen multitud de tumbas de los cruzados.

Ácimos (heb. «sin levadura»). Panes en forma de tortas planas, carentes de levadura. Se mencionan por vez primera en la visita de los tres varones a Abraham (Gn. 19:3). En la institución de la Pascua y de la fiesta que seguía de siete días, se prohíbe totalmente la presencia de levadura en las casas (Éx. 12:8,15, 20), y de hecho esta fiesta fue popularmente designada la Fiesta del «pan sin levadura». Estaban ordenadas en todas las ofrendas en las que entraba el pan (Lv. 2:11-12), tipificando la ausencia de toda corrupción en el sacrificio, figura del de Cristo, a excepción de la ofrenda de panes ordenada en Lv. 7:13, de acción de gracias, donde se acepta la persona imperfecta del adorador.

A todo lo largo de las Escrituras, la levadura simboliza iniquidad; es por esto que, siguiendo el tipo de la fiesta de los ácimos, el cristiano es exhortado a celebrar la fiesta no con levadura de malicia y de maldad, sino con panes sin levadura, de sinceridad y de verdad (1 Co. 5:8).

Acor (heb. «angustia»). Nombre de un valle no lejos de Jericó, donde fue apedreado Acán, con todos los suyos, por haber atraído la maldición sobre Israel al haber tomado del anatema de Jericó para sí (Jos. 7). El valle se hallaba entre Jericó y Ai, en los límites de la tribu de Judá. Identificado con Wadi Kelt.

Acrópolis. Parte alta o elevada de la ciudad. Entre las de mayor renombre destacan la acrópolis por excelencia, es decir, la de Atenas; Acrocorinto en Corinto y Cadmea en Tebas. La acrópolis de Atenas está construida en una escarpada colina a 156 m de altura sobre el nivel del mar, domina la ciudad y en la actualidad guarda los restos de algunas de las muestras más admirables existentes de la arquitectura clásica, tales como el templo dórico llamado Partenón; los Propileos, un enorme pórtico de mármol en el oeste y entrada principal a la Acrópolis; el Erecteion, un templo famoso por sus excepcionales detalles jónicos y por su pórtico de cariátides, y el templo de Atenea Niké. Fue visitada por Pablo durante su estancia en Atenas (Hch. 17:15-34), donde primero predicó en la sinagoga, y después disputó con los filósofos epicúreos y estoicos en el foro y, sobre todo, ante los miembros del Areópago.

Adán (heb. «rojo»). Nombre dado al primer hombre creado por Dios y padre de todos los hombres. Dios lo creó primero a él y luego a su mujer Eva (Gn. 1:26-28). Los hijos de Adán y Eva nombrados en la Biblia son Caín, Abel y Set (Gn. 4:1, 2, 25), aunque engendró después otros anónimos. Al nacer Set, Adán tenía 130 años, y vivió hasta 930 años (Gn. 5:3-5). Adán fue el único entre los seres de la Tierra creado a la imagen y semejanza de Dios, con razón, con imaginación creativa y con inteligencia superior que le capacitaba para conocer, amar y comunicarse, no tan sólo con los demás seres inferiores, sino también con Dios. Fue la mayor y la última de las obras de la creación de Dios, y recibió dominio sobre todo lo que la Tierra contenía. Las referencias a Adán en el NT como un personaje histórico sólo ocurren en un pasaje (Lc. 3:38). En otras aparece en relación al primer hombre, no como nombre propio (Mt. 19:2-8; Mc. 10:6-8; Ro. 5:8, 15-19; 1 Co. 15:22, 45; 1 Ti. 2:13, 14; Jud. 14). Una en relación a Cristo (1 Co. 15:45). San Pablo formula la doctrina teológica sobre Adán, «cabeza de la humanidad caída», en analogía Jesucristo, «cabeza de la humanidad redimida» (Ro. 5:12-20), quien, por contraste, es el nuevo y «último Adán» (1 Co. 15, 22-45). Entendido en el sentido de que como el Adán original era la cabeza de toda la humanidad, el padre de todos según la carne, también Jesucristo es constituido principio y cabeza de la familia espiritual por el elegido, y potencialmente de toda la humanidad, ya que todos están invitados a compartir su salvación.

Adar. Sexto mes del año civil judío, y último del calendario religioso, aprox. comenzaba con la luna nueva en el mes de febrero y terminaba en la luna nueva de marzo. En este mes Dios libró a los judíos de la conspiración de Amán, en memoria de lo cual se celebraba la fiesta de Purim los días 14 y 15 del mes (Est. 3:7; Esd. 6:15).

Adonías (heb. «Yahvé es Señor»). Nombre de tres personajes del AT, entre ellos el cuarto hijo de David, nacido en Hebrón, y aspirante al trono después de muertos sus hermanos Amnón y Absalón. Contaba con el apoyo de Joab, Abiatar y parte de la población, para los que organizó una fiesta de autoafirmación. El profeta Natán y Betsabé, madre de Salomón, advirtieron la intención de Adonías y se lo hicieron saber al anciano David, que había prometido el reino a Salomón (1 R. 1:17, 30), por lo que la acción de Adonías era un claro acto de traición. De inmediato, David mandó coronar a Salomón. Al enterarse los partidarios de Adonías se dispersaron y él se refugió en el templo, asiéndose de los cuernos del altar. Salomón lo perdonó a condición de su lealtad. Muerto David, Adonías pidió en matrimonio a Abisag, una de las concubinas del harén de David, lo cual equivalía a un acto de traición, pues las concubinas del monarca muerto pertenecían en herencia al nuevo monarca. Por este motivo, Adonías fue condenado a muerte juntamente con Joab (2 R. 1-2).

Adoniram (heb. «el Señor es excelso»). Funcionario real bajo los reinados de David, Salomón y Roboam (2 Sam. 20:24; 1 R. 4:6). Tenía a su cargo la recaudación de impuestos y la formación de una leva de 30.000 hombres enviados a cortar madera en el Líbano (1 R. 5:14). Murió lapidado por el pueblo, cuando Roboam le envió a recaudar los tributos de las diez tribus rebeldes del norte. Fue una señal de descontento popular contra el rey y el inicio de la rebelión de Jeroboam (1 R. 12:18). También es conocido con el nombre de Adoram (2 Sam. 20:24; 1 R. 12:18; 2 Cro. 10:18).

Adonisedec (heb. «señor de justicia»). Rey cananeo de Jerusalén cuando los israelitas invadieron Palestina. Al saber que después de la conquista de Hai por parte de Josué los gabaonitas habían hecho las paces con Israel, Adonisedec se puso al frente de otros cuatro reyes para castigar a Gabaón. Josué, saliendo en ayuda de Gabaón, lo derrotó, y él y sus aliados fueron ahorcados (Jos. 10:1-27). Entre las tabletas de Tell El-Amarna se han hallado cartas de Adonisedec pidiendo al rey de Egipto que enviara soldados para que le defendieran de los «Abiri».

Adopción. Acto por el cual una familia recibe en su seno como hijo propio a uno que no lo es, confiriéndole todos los derechos y obligaciones de su nuevo estatus. La adopción se expresaba por un rito común practicado en muchos pueblos. El hijo a adoptar se ponía encima o en las rodillas de la persona que lo adoptaba. La ceremonia se efectuaba para adoptar a los hijos de una esclava (Gn. 30:3-8), y en el caso de un abuelo, con sus nietos (Gn. 48:5-12; 50:23; Rt. 4:16-17). El padre que carecía de hijo varón podía casar a su hija con un esclavo y considerar el hijo nacido del matrimonio como hijo propio (1 Cro. 2:35).

Los efectos de tal adopción (adopciones en sentido limitado, puesto que ocurrían dentro de la misma familia) eran limitados en cuanto a los derechos hereditarios. En el Derecho Romano la adopción era una especie de compra que se llevaba a cabo en presencia de testigos. San Pablo parece aludir a esta costumbre al escribir a los gálatas (Gál. 4:5). Es este apóstol quien usa la imagen de la adopción para ilustrar una verdad espiritual, por la que se denota un acto de libre gracia de Dios, mediante el cual el pecador justificado por la fe es recibido en la familia de Dios, hecho heredero con Cristo y hermano de Él. En Cristo Jesús, y mediante sus méritos expiatorios, los creyentes reciben la adopción «de hijos» (Gál. 4:4-5). El Espíritu Santo incorpora a Cristo a los nuevos miembros de la familia de Dios, y por eso es propiamente llamado el «Espíritu de adopción» (Ro. 8:15). Esta doctrina también se encuentra en los escritos de san Juan, fundada en haber nacido espiritualmente de Dios. Uno se convierte en hijo del Padre celestial, porque Dios le otorga ese privilegio cuando cree y acepta al Hijo unigénito de Dios, de tal modo que queda literal y moralmente transformado desde dentro, por el mismo Espíritu de Dios (Jn. 1:12; 3:3-5). Esta adopción al estado de hijos se distingue esencialmente de toda adopción terrena, ya que, en vez de excluir el haber nacido auténticamente de Dios, lo incluye e implica.

Adoración. Acción de reverencia y honor a Dios en el culto religioso. Originariamente, designaba un gesto que consistía en acercarse la mano a la boca delante de la divinidad para expresar simbólicamente el deseo de unirse a ella. Denota el reconocimiento de la suprema perfección y dominio de Dios y de la dependencia que de Él tienen las criaturas. Toda vez que hay más que un único Dios verdadero, sólo Yahvé tiene derecho a la adoración (Éx. 20:2; cf. Mt. 4:10). En la Ley mosaica se prohíbe rigurosamente todo gesto de adoración susceptible de prestar un valor religioso a los ídolos, astros (Dt. 4:19), dioses extranjeros (Éx. 34:14; Nm. 25:2). En el fondo de esta prohibición late la convicción de que el hombre es necesariamente adorador, que la adoración pertenece a su ser tan ineludiblemente que cuando no adora a Dios adora a los ídolos.

En el Evangelio Jesucristo recibe actos de homenaje reservados a Dios. El mismo título de «Señor», gr. *Adonái* era motivo de escándalo para los judíos (Hch. 2:36). Ante el nombre de Jesús se dobla la rodilla cuanto hay en los cielos, en la tierra y en los infiernos (Flp. 2:9ss.; Ap., 15:4). Este culto tiene por objeto a Cristo resucitado y exaltado (Mt. 28:9, 17; Lc. 24:52), pero la fe se anticipa reconociendo ya en los días de su carne al Hijo de Dios y lo adora (Mt. 14, 33; Jn. 9:38: cf. Mt. 2:2.11; Is. 49, 7).

Adramelec (heb. «Adar es rey»). Nombre de una divinidad y de un príncipe asirio.

1. Uno de los dioses de Sefarvaim, importado por los colonos asirios de Samaria. Los libros de los Reyes (2 R. 17:31) narran que quemaban a sus hijos como sacrificio a esta deidad y también a otra que llamaban Anamelec, venerado en la misma época en el noroeste de Mesopotamia, siendo una grafía variante del dios sirio Hadad. En el norte de Mesopotamia existen referencias al holocausto ritual de hijos en honor de Adad en documentos de los siglos X-VIII a.C.
2. Segundo nombre de uno de los hijos de Senaquerib, rey de Asiria. Las crónicas seculares hablan del asesinato de su padre, pero no mencionaban su nombre como uno de los asesinos, que la Biblia cita juntamente con el de su hermano Sarezer (2 R. 19:37; Is. 37:38; comp. 2 Cro. 32:21). Esto sucedió mientras Senaquerib adoraba a su dios en el templo de Nisroc.

Adramicio. Puerto de Asia Menor, en la provincia de Misia, situado en una bahía al pie del monte Ida y frente a la isla de Lesbos. La nave en que San Pablo embarcó en Cesarea para ir a Roma como prisionero partió de este lugar (Hch. 27:2). Hoy corresponde a la actual ciudad turca de Adremit.

Adriático. Nombre del mar que deriva su nombre de la ciudad de Adriá, en Cisalpina, en el río Po, ahora llamada Atri. Pablo fue llevado a uno y otro lado de este mar por una tempestad (Hch. 27:27). El término Adriático se halla en la actualidad limitado al mar que se extiende entre Italia, Dalmacia y Albania; anteriormente tenía una connotación más amplia, denotando la parte del Mediterráneo limitada por Sicilia, Italia, Grecia y África. Malta (Melita), donde Pablo y sus compañeros naufragaron, no se halla dentro del actual Adriático, aunque sí dentro de lo que recibía este nombre en el pasado.

Adulam (heb. «lugar cerrado»). Una de las ciudades reales de Canaán, integrada más tarde a la tribu de Judá (Jos. 12:15; 15:35). Fue reedificada o fortificada por Roboam (2 Cro. 11:7). Repoblada por algunos de los judíos retornados del exilio (Neh. 11:30; Miq. 1:15). Identificada con «Aid-el-ma», que mantiene similitud con la de Adulam. En una cueva próxima a la ciudad, David encontró refugio y, en cierta manera, la convirtió en su cuartel general. El lugar tradicional es una cueva en Wadi Khureitun, en la zona oriental de Judá, llegándose a ella por un estrecho sendero que podía ser defendido con suma facilidad; la cueva es muy grande.

Adulterio. En sentido particular y literal el adulterio se refiere a la relación sexual entre un hombre casado y una mujer casada que no es la suya, o entre una mujer casada y un hombre casado que no es su marido. Era considerado un delito muy grave en la antigüedad. El Código de Hammurabi aplica la pena de muerte a ambos cómplices (art. 129). El adulterio se consideraba como una violación del derecho de propiedad (cf. Éx. 21:22; Dt. 22:22).

La relación polígama con mujeres de pueblos extranjeros y de clase social inferior, en calidad de concubinas, no era considerada adulterio bajo la ley de Moisés, y, sin embargo, una debía ser siempre la mujer principal. El adúltero con mujer casada era castigado con pena de muerte por la ofensa que ello representaba para el marido legítimo; en cambio, la relación sexual con una joven soltera tenía como sanción el tener que tomarla forzosamente por concubina y tratarla con las mismas consideraciones que a la mujer propia o a las otras concubinas si las había (Éx. 22:15). En el caso de mujer casada la pena era de muerte, sentido indirecto (Éx. 20:14; Lv. 20:10; Dt. 5:21). Según Jesús, en el Sermón de la montaña, toda impureza sexual de pensamiento, palabra u obra es considerada como adulterio (Mt. 5:27-28). Sin embargo, la palabra aquí utilizada, «codiciar», tiene el sentido de desear intensamente y recrearse voluntariamente en pensamientos pecaminosos, y no significa una simple mirada a una mujer bella como admiramos las flores, las montañas o una puesta de sol. Jesús exige aquí un control voluntario de los sentidos, que nos podrían conducir a situaciones que más tarde querríamos haber evitado. No es que Cristo ponga al mismo nivel el adulterio carnal con la simple observación de una mujer, sino que previene a sus seguidores contra la tentación que entra por los ojos. Por otra parte, en el Evangelio de Juan, Jesús se distancia claramente de los que castigan con la muerte el delito de adulterio (Jn. 8:11).

Afec (heb. «fuerte», «fortaleza»). Nombre de varias ciudades de Canaán.

1. Ciudad real cananea, en la llanura de Sarón, conquistada por Josué (Jos. 12:18). Los filisteos acamparon varias veces frente a la ciudad para enfrentarse a los israelitas. En una ocasión se llevaron el arca de la Alianza (1 Sam. 4:1-10). En tiempos del rey Saúl se reunieron allí de nuevo para combatir (1 Sam. 29:1). Parece ser la misma Antipátride, al oriente del mar de Galilea, donde Pablo fue conducido para salvar su vida de la conspiración que buscaba asesinarle (Hch. 23:31).
2. Ciudad en la frontera de Canaán con la tierra de los amorreos que quedaba por conquistar cuando murió Josué (Jos. 13:4; Jue. 1:31).

3. Una ciudad de Aser (Jos. 19:31) nunca dominada por los israelitas, hoy es el Tell Kurdane en la llanura de Aco.
4. Ciudad en cuyas proximidades se libró una batalla entre los sirios y los israelitas en tiempos de Elías. Los hebreos se alzaron con la victoria en cumplimiento de la profecía de Eliseo (2 R. 13:17). Ben-adad, el rey sirio, se refugio en Afec, y luego pidió misericordia a Acab, de quien obtuvo su perdón, pero motivó la condena de parte de Dios (1 R. 20:6-43).

Agabo. Profeta cristiano que aparece en dos ocasiones distintas en el libro de Hechos, y es probable que se trate de la misma persona. En primer lugar se dice que llegó a Antioquia, procedente de Jerusalén, anunciando una gran hambre «en toda la tierra habitada» (Hch. 11:27), que no se puede aplicar al «mundo entero», ni siquiera al Imperio romano, sino a Judea solamente. Aparentemente esta hambruna se puede identificar con lo ocurrido en el cuarto año de Claudio, año 45 de la era cristiana, cuando hubo gran escasez de alimentos en varios lugares del Imperio y especialmente en Judea.
Un decenio después, en el año 58, aparece descendiendo de Judea a Cesarea para predecir a Pablo su futuro encarcelamiento si persistía en dirigirse a Jerusalén a pesar de las múltiples advertencias de Dios (Hch. 20:23; 21:4; 11, 12) de que no fuera. A pesar de esto no pudo inducir al Apóstol a mantenerse alejado de Jerusalén.

Agag. Nombre de dos reyes amalecitas. Al parecer, Agag no era nombre propio sino título dinástico de los reyes de Amalec, como Faraón de los egipcios, y prob. Aquis o Abimelec de los filisteos. Saúl venció y perdonó la vida a un Agag, monarca amalecita, pero fue muerto por Samuel, conforme a las leyes del *herem* (1 Sam. 15:9-33; cf. Éx. 17:14; Nm. 14:45).

Ágape. Palabra griega traducida por «amor», que designa la comida fraternal de los primeros cristianos, unida originalmente a la Cena del Señor (1 Co. 11:7-34). Constituyó una verdadera cena que seguía a la comunión. En su origen, el ágape expresaba el ideal del reino de Dios, en el cual se dejaban a un lado las desigualdades económicas, tan pronunciadas en aquella sociedad cada vez más estratificada; por eso la comida o banquete en común era una especie de metáfora de la salvación que expresaba el fin de los tiempos (cf. Lc. 22:30). Ver AMOR.

Agar. Esclava egipcia de Sara. Abraham la aceptó como concubina, según la costumbre semítica de entonces, debido a la esterilidad de Sara (Gn.

16:1). Cuando Agar, enorgullecida por estar encinta, se burló de Sara, ésta recurrió a Abraham, puesto que era ya esclava de él; éste terminó el concubinato y entregó la esclava a su dueña, quien la ultrajó de tal modo que Agar huyó al desierto; allí se le apareció un ángel, el cual le ordenó volver a casa de Sara y le anunció que el hijo de sus entrañas, Ismael, sería padre de pueblos y hombre fuerte (Gn. 16), antepasado de los beduinos. Después del nacimiento de Isaac la rivalidad continuó entre las dos mujeres y de nuevo Agar y su hijo marcharon al desierto, donde estaban a punto de morir de sed, cuando otra vez el ángel les mostró las fuentes de agua. Con la ayuda de Dios sobrevivieron en el desierto e Ismael creció allí (Gn. 21). El último pasaje que menciona a Agar en el AT nos muestra a ésta buscando mujer para su hijo en Egipto, país de donde ella misma había salido (Gn. 21:1-21).

Ágora. Espacio abierto en una ciudad, esta palabra se aplicó a una variedad de cosas, p. ej. a una asamblea judicial, un mercado e incluso a suministros, provisiones. El ágora griega, al igual que el foro romano, constituía el centro de la vida religiosa, comercial y política de la ciudad. En la época arcaica las ágoras se situaban en el cruce de las calles principales, adoptaban formas diversas y en ellas se levantaban estatuas, edificios, templos, almacenes y comercios, que se construían sin un orden preconcebido. Con el tiempo, los edificios característicos de las ágoras fueron los pórticos con tiendas que, en la época helenística, alcanzaron tanta importancia que circundaban toda la plaza. Las más famosas fueron las de Élida y Atenas. En el NT se mencionan la de Atenas (Hch. 17:17) y la de Filipos (Hch. 16:19), donde los amos de la sierva que tenía espíritu pitónico llevaron a Pablo y a Silas ante los magistrados. En los Evangelios *ágora* es traducido por «plaza» (Mt. 20:3; Mc. 12:38; Lc. 7:32), aunque los israelitas carecían de plazas propiamente dichas.

Ágrafa (gr. «[cosas] no escritas»). En teología neotestamentaria se emplea para referirse a los dichos y hechos atribuidos a Jesús no contenidos en los Evangelios canónicos. En este sentido fue empleado por primera vez por J.G. Körner en 1776. En su origen, algunos autores antiguos en lengua griega lo emplearon para designar la tradición oral. El uso técnico del vocablo llegó con el alemán Alfred Resch en un exhaustivo estudio sobre esta materia, publicado en 1889. Los ágrafa se refieren a citas y frases breves atribuidas a Cristo, cuya prueba de veracidad es difícil de determinar.

Es incuestionable, desde el punto de vista de la razón histórica y del mismo cuarto Evangelio (cf. Jn. 21:30; 22:25) que Jesús dijo e hizo mucho más de lo que sabemos por los Evangelios. Su vida pública, su magisterio, abarca un período de dos o tres años, mientras que las citas evangélicas se leen en unas pocas horas. Las ciencias bíblicas han recogido pacientemente y con diligencia los dichos y los hechos de Jesús que nos refieren las fuentes antiguas extrabíblicas, tanto de los Padres de la Iglesia como de los Evangelios apócrifos.

Ahicam (heb. «hermano del que se alza»). Príncipe de Judá que protegió a Jeremías (2 R. 22:12; Jer. 26:24) y que el rey Josías envió a Hulda la profetisa cuando se encontró en el Templo el libro de la ley (2 Cro. 34:20). Fue premiado cuando Nabucodonosor nombró a su hijo Gedalías gobernador de Judá (2 R. 25:22).

Ahimelec. Sacerdote en la época en que el arca estaba en Nob. Recibió a David en su huida de Saúl, y le dio el pan de la proposición y la espada de Goliat. Al ser informado de ello Saúl por Doeg el edomita, Ahimelec y los demás sacerdotes fueron asesinados, solamente escapando Abiatar (1 Sam. 21:1-8; 22:9-20; Sal. 52, «título»).

Ahitofel (heb. «hermano insensato»). Gilonita, abuelo de Betsabé, consejero del rey David tenido por muy sabio y prudente. Su palabra se aceptaba como palabra de Dios (2 Sam. 16:23). Con todo, se unió a la conspiración de Absalón, y le aconsejó que cohabitara en público con las concubinas de David, demostrando así lo radical de su rompimiento con su padre, y que lanzara de inmediato un ataque contra el rey. Al no ser seguido su último consejo, sino el de Husai, que estaba actuando en favor de David, y recomendaba esperar, Ahitofel comprendió que eso daría tiempo a David para cruzar el Jordán, recuperarse y reagrupar sus fuerzas, al ver el desastre que se le avecinaba, volvió a su casa, puso sus asuntos en orden, y se ahorcó (2 Sam. 15:12-34; 16:15-23; 17:1-23; 23:34).

Ahogado. La estrangulación o «ahogado» de animales estaba prohibida por la ley desde el principio, ya que entonces la sangre quedaba dentro del animal (cf. Gn. 9:4). La abstención de sangre y animales estrangulados se funda en la repugnancia de los judíos y de otros pueblos a comer la sangre separada del cuerpo o cuajada en él. Por esa razón la Iglesia cristiana extendió a los gentiles la prohibición de comer carne de animales «ahogados» (Hch. 15:20, 29; 21:25).
A Noé se le permitió por vez primera comer de la carne de los animales (Gn. 9:3), pero con una importante excepción: la ingestión de su sangre (Gn. 9:4). Esta prohibición se extiende a toda la humanidad. La

Ley de Moisés reafirma esta prohibición al pueblo del pacto: «Por tanto, he dicho a los hijos de Israel: No comeréis la sangre de ninguna carne, porque la vida de toda la carne es su sangre; cualquiera que la comiere será cortado» (Lv. 17:14); no se trata de una nueva prohibición, sino de una reiteración de una antigua orden general.

Ajenjo. Planta curativa y aromática que se emplea como condimento y crece en las zonas cálidas de Eurasia. Contiene un aceite esencial, rico en varias sustancias: tuyón, tuyo, felandreno y glucósidos amargos. Sirve para preparar tinturas, un vino amargo y para aromatizar licores. Precisamente su sabor amargo le convirtió en símbolo de dolor y de amargura.

En el AT volverse a la idolatría es comparado con una raíz que da hiel y ajenjo (Dt. 29:18; cf. Prov. 5:4; Jer. 9:15; 23:13; Lam. 3:15,19). Los había que convertían el juicio en ajenjo; esto alude probablemente a los jueces injustos (Am. 5:7). Debido a la maldad de su pueblo, Dios iba a darles ajenjo como comida, y hiel como bebida (Jer. 9:15; 23:15). Jeremías, al lamentarse de la condición de Israel, la comparó a esta bebida con ajenjo. Al sonar la tercera trompeta del Apocalipsis, cayó del cielo una estrella llamada «ajenjo», convirtiendo en ajenjo la tercera parte de las aguas de la Tierra, causando la muerte de muchos (Ap. 8:10, 11).

Alabar, Alabanza. Acción de proclamar, celebrar o reconocer el valor y las virtudes de algo o alguien. En sentido religioso, la alabanza es la acción de glorificar a Dios, de ensalzarlo y bendecirlo especialmente con himnos y cánticos (2 Cro. 7:6; Neh. 12:8; Sal. 28:7; 40:3; 95:1, 2; 149:1-3; 150), música y danza, para resaltar el aspecto festivo y alegre de la misma.

La alabanza surge de las experiencias de gracia y liberación de Dios, por la que el creyente encuentra en su vida motivos y ocasiones para alabar y glorificar a Dios. Es una manifestación de alegría por lo que Dios ha hecho, de gratitud y de reconocimiento de su amor (Sal. 104:33-34; cf. 77:8). Los Salmos, que registran intensas experiencias religiosas personales, pertenecen muchos de ellos al género de alabanza (Sal. 103:2). En realidad, en la Escritura, la alabanza se encuentra frecuentemente asociada a la acción de gracias, como pertenecientes a un mismo movimiento del alma, que se refleja en la poética de los mismos textos. La alabanza no es un ejercicio solitario, sino social, cósmico, incluye toda la Tierra (Sal. 69:35; 103:22; 145:21; 148; 150:6; Is. 44:23; 49:13; Hab. 3:3).

La alabanza cristiana hace suyos los motivos y razones de alabanza del AT, pero se distingue de ella porque queda referida al don supremo de

Dios en Cristo Jesús, que manifiesta su gracia, su poder y su amor en la redención del género humano y en la salvación individual de cada hombre. Tal es el sentido de la alabanza de los ángeles y de los pastores en la noche de Navidad (Lc. 2:13-20), como la alabanza que recibe Cristo de la boca de las multitudes después de las curaciones milagrosas (Mc. 7:36; Lc. 18:43; 19:37; Hch. 3:9); éste es el sentido de la alabanza de los judíos del día de Ramos, antes de su Pasión (Mt. 21:16), y éste es también el del cántico de Ap. 15:3.

Alegoría. Figura retórica por la que se dice una cosa a través de la cual el receptor puede entender otra. El sentido literal del texto bíblico contiene alegorías de esta clase, utilizadas para facilitar la comprensión de verdades inmateriales con las cuales el objeto material está conectado por analogía de proporcionalidad. Los rabinos de los tiempos de Cristo practicaban ampliamente la interpretación alegórica. Según la concepción cristiana de la historia de la salvación, el AT tiene un valor especial como libro de la Iglesia en cuanto preanuncia y testifica a Cristo. Esta convicción se manifiesta además en una serie de vocablos empleados para describir la relación de la historia de Israel con la historia evangélica: tipos, figuras, sombra, parábola. El apóstol Pablo ofrece ejemplos clásicos de interpretación alegórica, en especial en la carta a los Gálatas, donde aparece el verbo *allegoroumenos* (4:24). La utilización de esta expresión resultó decisiva para la exégesis cristiana posterior ya que Clemente, Orígenes y los otros autores alejandrinos apelaron precisamente a Pablo para legitimar en su base «apostólica» la aplicación del método alegórico. Además, dado que Pablo utiliza el término *allegoreuein* en el contexto de una exégesis tipológica, en tiempos posteriores la exégesis «alegórica» de la Biblia comprenderá también la tipología, siempre en el marco hermenéutico cristiano que comprende la historia bíblica bajo la categoría promesa-cumplimiento. Para el autor de Hebreos todo el AT (personas, hechos, sucesos) es esencialmente figurativo-alegórico. Más allá del contexto histórico descubre el sentido profundo de la Sagrada Escritura, dando a los hechos y a las personas una interpretación cristiana, porque, para él, en el AT está latente el Evangelio de Cristo.

Alejandría. Ciudad construida en el 332 a.C. bajo el mandato de Alejandro Magno por el arquitecto griego Dinócrates de Rodas, en el delta del Nilo, frente al mar Mediterráneo, para que fuera la capital de su imperio occidental. Tras la conquista de Jerusalén (312 a.C.) por Ptolomeo I muchos judíos fueron llevados a Egipto y sobre todo a Alejandría, dando así origen a una importante e influyente colonia israelita. Ptolomeo I les concedió establecerse en igualdad de derechos con los griegos. Éstos, como correspondía a los amos de la ciudad, habitaban en el centro, los judíos eran mayoría en dos de los cinco barrios de la ciudad, mezclados con la ciudadanía egipcia. Tenían jurisdicción propia, sus finanzas, su consejo de ancianos presidido por un etnarca. Allí se tradujo por primera vez la Biblia hebrea al idioma griego (Septuaginta); allí Filón reinterpretó las Escrituras judías a la luz de la civilización helénica. Alejandría se convirtió, después de Jerusalén, en el segundo hogar de irradiación judía en el mundo antiguo: los israelitas alejandrinos se extendieron más tarde hasta Cirene, en el Norte de África, así como hacia Etiopía. Quizá, como ocurrió en otros lugares durante la primera expansión misionera del cristianismo, del seno de la comunidad judía se formó la comunidad cristiana en la ciudad, cuya fundación se atribuyó al evangelista Marcos, de quien se dice que allí sufrió el martirio (año 59-60). Por el NT sabemos de la existencia de uno de los primeros judíos cristianos de Alejandría, llamado Apolos, varón elocuente, poderoso en las Escrituras (Hch. 18:24; 19:1).

Alejandro Magno. Hijo de Filipo II y de Olympias, nació en Pella en el año 356 a.C. Fue rey de Macedonia cuando su padre fue asesinado en el año 336; sometió a los griegos en el 335; a los persas en el 334; conquistó Tiro, Siria y Egipto en el 331; conquistó Partia, Media, Bactria e invadió la India en el 330-324. La derrota de Darío III en Iso (Cilicia, 333 a.C.) abrió un nuevo período en la historia judía. La victoria del joven conquistador de Persia puso, indudablemente, a los judíos de Palestina en contacto directo con la civilización griega. Al parecer Alejandro obtuvo pacíficamente la sumisión de los judíos (332 a.C.). Les mantuvo los derechos adquiridos en tiempos de los persas, por lo que se le consideró un nuevo Ciro; permitió a los judíos el libre disfrute de sus libertades civiles y religiosas. Alejandro no es mencionado por su nombre en las Escrituras canónicas, sí en la historia de los Macabeos (1 Mac. 1:1-9; 6:2). En la visión de Daniel aparece reflejado en la estatua del sueño de Nabucodonosor (Dn. 2) como vientre y muslos de bronce, como sucesor del Imperio Medo-Persa (el pecho y brazos de plata); igualmente es el tercer animal de la visión de Daniel (Dn. 7:6); el macho cabrío, en otra visión (Dn. 8:5); «un rey valiente» (Dn. 11:3). En Zac. 6:2, 3, donde se alude a los cuatro grandes imperios, el tercero, el reino de Grecia, es comparado a un carro con caballos blancos.

Aleluya (heb. «alabad a Yah [Yahvé]»). Exclamación hebrea de alabanza y alegría que la Iglesia ha heredado del AT a través de la sinagoga y, por tanto, constituye un nexo de unión con la liturgia del templo y la sinagoga. Es difícil captar con precisión su significado en una traducción, puesto que, más que un pensamiento, expresa un sentimiento religioso, evoca una atmósfera particular de alabanza y gozo. El *aleluya* ha sido siempre un canto, nunca mera frase litúrgica. Los Salmos 113 al 118 eran llamados por los judíos el *Halel*, y se cantaban en los primeros de mes, en la Fiesta de la Dedicación, en la Fiesta de los Tabernáculos, la de las Semanas y Pascua. Se cree que el canto entonado por Jesús y sus discípulos en la última cena (Mt. 26:30) era parte de este *Halel*, en especial los Sal. 113-114, que, según la escuela de Samai, se cantaban antes del ayuno. De modo que en la historia de Israel el aleluya acompaña como aclamación litúrgica del pueblo en sus fiestas y ceremonias y su recuerdo alegra el corazón de los desterrados en Babilonia (Tob. 13:18).

Alfa y Omega. Título metafórico de Dios y de Cristo tomado de la primera y la última letra del alfabeto griego. El Ap. lo aplica tres veces a Dios y Jesucristo, para indicar que son «el primero y el último»; «el comienzo y el fin»; «el que es, el que era y el que viene» (Ap. 1:8; 21:6; 22:13). Dicho de Jesucristo significa una confesión de su naturaleza divina. En cuanto título equivale al texto profético: «Yo Yahvé, el primero, y yo el mismo con los postreros» (Is. 41:4; 46:6).

Alfarero. Artesano del barro y de la arcilla empleados en todo tipo de vasijas y recipientes. El arte de la alfarería es uno de los más antiguos e importantes de todas las manufacturas de la humanidad, y por eso está preñado de significados simbólicos en la Escritura. En los relatos de la creación Yahvé Elohim procede como un alfarero que forma y modela el barro arcilla hasta que ésta adquiere la forma de un hombre (Gn. 2:7). «Yahvé es el alfarero de Israel» (Is. 64:7; cf. Jer. 18:1-2; Is. 45:9; Eclo. 33:13; Ro. 9:20ss.). Con ello se quiere señalar que la vida humana está totalmente en las manos de Dios como barro en manos del alfarero. Esta imagen de Dios viene a ser la representación popular de la trascendencia e inmanencia de Yahvé.

Alfeo. Nombre de los padres de dos apóstoles: Leví-Mateo, el recaudador de impuestos (Mt. 2:14), y Santiago, que es llamado también «el hijo de Alfeo» para distinguirlo de Santiago el hijo del Zebedeo (Mt. 10:3; Mc. 3:18; Lc. 6:15; Hch. 1:13).

Alianza (heb. *berit*, gr. *diatheke*, lat. *testamentum*). Contrato o acuerdo entre dos partes, cada una de las cuales se compromete a cumplir ciertos requisitos con la otra. En la Biblia se usa en sentido analógico para describir la relación de Dios con el hombre. Pertenece a la experiencia social de los hombres y Dios la toma para expresar su relación con su pueblo elegido. En el antiguo Oriente se practicaba corrientemente pactos o alianzas de vasallaje, en los que un señor poderoso prometía proteger al débil a cambio de un compromiso de servicio (Jos. 9:11-15; 1 Sam. 11:1; 2 Sam. 3, 12ss.). Las alianzas jamás se imponen, se limitan a consignar los deseos de quienes las contraen. Los contratantes se obligan a una fidelidad mutua y a una relación de amistad. Las partes se comprometían con juramento y se procedía a un rito, con maldiciones para los transgresores, p. ej., el paso de los contrayentes entre las dos mitades de animales sacrificados al efecto invocaba de modo gráfico idéntica suerte para quien fuese infiel al pacto. Las relaciones de los contratantes creadas por la alianza no son meramente jurídicas, sino que exigen esencialmente una actitud general que responda a un estado de ánimo amistoso, una solidaridad y lealtad, un favor y fidelidad. La infidelidad que viola la alianza es un crimen grave que exonera de sus obligaciones a la otra parte contrayente.

En el AT el tema de la alianza es el punto de partida de todo el pensamiento religioso, social y moral del pueblo de Israel. Esto es lo que distingue decisivamente la idea que tiene de su relación con Dios de todas las concepciones naturalistas y míticas de los pueblos paganos circundantes aun cuando haya utilizado para designar su relación con Dios algunas imágenes complementarias más cercanas a la naturaleza, tales como el matrimonio o las relaciones entre padre e hijo.

Los profetas predicen una «nueva alianza» con el resto de Israel (Jer. 31:31-34; 32:37-41; Ez. 16:60-63; 34:25-31; 37:15-28) que superará sustancialmente a la anterior. No será como la alianza en el Sinaí, escrita en tablas de piedra, sino que Dios pondrá su ley y su espíritu en el corazón (Jer. 31:33; Ez. 36,26s.). Esta nueva alianza es puramente por gracia de Dios, cuyo mediador es presentado como «Siervo sufriente» (cf. Is. 42:6s.; 49:6; 53) y abarcará a todos los hombres al acoger a los gentiles en esta alianza del «Siervo de Dios» (Is. 55:3-5; 49:6). En línea con el mensaje profético, el NT muestra que esta nueva alianza con Dios, de carácter mesiánico, se cumple en Cristo, que recapitula en sí todas las cosas desde los días de la creación y del llamamiento del patriarca Abraham (Gál. 3:16). La institución de la Santa Cena poco antes de la muerte de Jesús se sitúa en relación con el AT. Es un dato fundamental que figura en los cuatro relatos evangélicos (Mt. 26:28; Mc. 14:24; Lc. 26:28; Jn.). La «sangre de Cristo» sella el nuevo pacto o alianza de manera semejante a como la alianza del Sinaí fue concluida con la sangre de los animales sacrificados (cf. Éx. 24:8), substituidos ahora por un sacrificio más excelente (He. 8:2-12), el Hijo de Dios, cuya sangre realiza la unión definitiva entre Dios y los hombres. Cristo es la última víctima que representa a las dos partes: a Dios y al hombre, que recapitula en sí mismo todos los sacrificios del AT y los tratos de Dios con el hombre. La sangre de Cristo liga a los hombres con Dios, haciéndolos un pueblo nuevo, llamado a vivir en conformidad a la nueva vida del reinado de Dios en los corazones.

Alma (heb. *nefésh*, gr. *psychê*, lat. *anima*). Etimológicamente se relaciona con la respiración, con el aliento, entendidos como manifestación de la vitalidad del cuerpo. Por eso indica genéricamente el principio vital de todos los seres vivos, hombres y animales. La palabra *nefesh* tiene varios matices de significado y de traducción. El alma es, propiamente hablando, el principio animador del cuerpo, «lo que tiene vida» (Gn. 2:7), y es propiedad común de hombres y animales (Gn. 1:20, 24, 30; 9:12, 15, 16; Ez. 17:9). En Lv. 24:18, leemos: «El que hiere a algún animal ha de restituirlo, animal por animal». Literal.: «El que hiere el alma de un animal la recompensará; alma por alma». Se utiliza también con respecto a los animales inferiores en Gn. 1:21, 24; 2:19; Lv. 11:46, pasajes en los que se traduce «ser», «animal». El alma es así la fuente de animación del cuerpo, o sea, es la vida, tanto del hombre o del animal, por ello, *nefesh* se traduce «vida» en Gn. 19:17,19; 32:30; 44:30; Éx 21:23. El alma es inseparable del hombre total, es decir, que el alma expresa los hombres vivientes. Tal vez aquí radica el origen de la identificación del alma con la sangre (Sal. 72:14); el alma está en la sangre (Lv. 17:10s.), y a veces se dice metafóricamente que la sangre es la vida misma (Lv. 17:14; Dt. 12:23). De todos estos pasajes se puede deducir que la *nefesh* es el principio de vida vegetativa que se considera ligada a la sangre del ser vivo (Gn. 9:4-5; etc.). En el AT *nefesh* parte del cuerpo con la muerte (Gn. 25:18); pero el término no se aplica al espíritu de los muertos. «Ya que la psicología hebrea no tenía una terminología semejante a la nuestra»; la explicación debe buscarse en los pasajes donde las palabras hebreas traducidas por «corazón» y «espíritu» son usadas.

En el griego del NT la palabra *psychê* se usa como equivalente de la palabra hebrea *nefesh*, pero hay once casos en los Evangelios sinópticos en que se expresa la seguridad de la vida después de la muerte. En todos los cuatro Evangelios la palabra gr. *pneuma*, que es equivalente del heb. *ruah*, también se usa para indicar la vida espiritual. En el NT el alma es la parte invisible del hombre, en oposición con la sangre y la carne (Col. 2:5; 1 Co. 5:5; 7:34; Jn. 6:64); la *psychê*, el alma, es el principio de la voluntad y del querer (Mt. 26:41; Mc. 14:38), el centro de la personalidad íntima del hombre (1 Co. 2:1); el alma es nuestro propio yo (Ro. 8:16; 1 Co. 16:18; Gál. 6:18; Flp. 4:23). En el Nuevo Testamento, al contrario del Antiguo, el alma puede vivir separadamente del cuerpo y es el principio que le da vida (Lc. 8:55; 23:46; Hch. 7:59; Stg. 2:26). Claramente se habla de la supervivencia del alma (Lc. 23:46; 1 P. 3:19). Así que es sinónimo de espíritu, y cuando el apóstol Pablo habla de tres componentes del hombre, a saber: cuerpo, alma y espíritu, no debemos pensar en una verdadera tricotomía, sino en la distinción entre la vida biológica del hombre y su vida espiritual, y que son salvos juntamente con su cuerpo, porque Dios salva al hombre total (1 Ts. 5:23), que, si ahora está sometido a la muerte, será transformado y revestido de inmortalidad al final de los tiempos (1 Co. 15:53). Ver INMORTALIDAD.

Altar. Altura destinada a recibir las ofrendas y sacrificios. La elevación simboliza el ofrecimiento de las víctimas a la divinidad. Divinidad, sacrificio y altar van unidos desde los albores de la humanidad (cf. Gn. 3:3-4). En un principio los altares solían ser de caña entretejida o de barro cocido y hueco. En las alturas de Canaán se construían con piedras sin desbastar, sobre el que se colocaba la víctima u ofrenda. Solían tener hoyos para recoger la sangre o las bebidas de las libaciones. El altar no podía faltar nunca en un lugar de adoración, fuese templo, campo o camino. En el AT hay dos clases de altares. El uno, construido sencillamente con piedras y arcilla, para ser usado por personas o familias sin conexión con el sacerdocio. Ejemplos son el construido por Noé al abandonar el Arca; sobre el cual ofreció sacrificios de todo animal y ave puros (Gn. 8:20), y los construidos por Abraham, Isaac y Jacob. El otro tenía sus materiales y su forma prescritas por la ley mosaica, pues a Moisés se le mandó que en todos los lugares donde Dios hiciere estar la memoria de su nombre le deberían erigir un altar de madera, de tierra o de piedra, y ofrecer encima ovejas y bueyes como holocausto y ofrendas de paz; si los altares se hacían de piedra, no deberían ser de piedra labrada; si alzaban herramienta sobre él, quedaría contaminado (Éx. 20:25, 26). Este tipo de altar estuvo destinado al Tabernáculo primero, después al Templo, para uso de los sacerdotes, el cual albergaba dos altares, el de los holocaustos, o altar de bronce; y el de los perfumes, o del incienso, de acacia (o cedro, cf. 1 R. 6:20-22) recubierta de oro, también con cuatro cuernos en las cuatro esquinas. Estaba situado frente a la cortina que separaba el Lugar Santo del Lugar Santísimo. En este altar ofrecía incienso el sumo sacerdote mañana y tarde y una vez al año derramaba sobre sus cuernos la sangre de la expiación.

El altar de bronce debía hacerse de madera de acacia recubierta con bronce (Éx. 27:1-8). En el templo erigido por Salomón tenía 5 metros de altura y 10 metros de lado, el mismo tamaño que el lugar santísimo (2 Cro. 4:1). Se subía a él por una rampa en tres series de escalones, como el que sube a la «montaña de Dios», que es el término utilizado por Ezequiel (Ez. 43:15).
El altar de bronce recibía también el nombre de «altar del holocausto»; en él estaba el fuego encendido de continuo (Lv. 6:9), y era en él que se consumían las ofrendas, esto es, en la reja que estaba colocada en su medio. Tenía un cuerno en cada esquina, sobre los que se ponía sangre de la ofrenda por el pecado. Allí se acogían a refugiarse los que buscaban protección, aferrándose a los cuernos del altar (1 R. 1:50, 51; cf. Éx. 21:14). El altar de bronce estaba situado de manera que era lo primero que se hallaba al entrar en el patio, y señalaba que el único camino de entrada ante Yahvé era mediante el sacrificio. Tenía que haber muerte antes de que el hombre caído pudiera tener acceso a la morada de Dios.

Amalec. Uno de los nietos de Esaú e hijo de Elifaz (Gn. 36:12; 1 Cro. 1:36), jefe o cabecilla de una tribu idumena (Gn. 36:16), que probablemente no hay que identificar con los amalecitas. Su madre Timna, era miembro de los horritas, territorio conquistado por los descendientes de Esaú. En los días de Ezequías sólo queba un pequeño grupo en Edom, aniquilado por la tribu de Simeón: «Derrotaron a los sobrevivientes de Amalec que habían escapado, y han habitado allí hasta el día de hoy» (1 Cro. 4:43).

Amalecitas. Pueblo nómada que habitaba en la Arabia pétrea, entre el mar Muerto y el mar Rojo; «desde Havila hasta las inmediaciones de Shur, al este de Egipto» (1 Sam. 15:7). Generalmente se cree que los amalecitas son los descendientes de Amalec, pero Moisés habla de los amalecitas mucho antes de que Amalec naciera (Gn. 14:7). Durante mucho tiempo habitaron en las cercanías de Cades-barnea. Se hallaban por estos parajes en la época del éxodo (Nm. 13:29; 14:25). Desde las cumbres de los montes de Abarim se podía ver el territorio que dominaban (Nm. 24:20; Dt. 34:1-3). En su época jugaron un importante papel (Nm. 24:20).

Amán. Gran visir o primer ministro del rey persa Asuero, cuya historia está envuelta en la de Ester y Mardoqueo (Est. 3:1ss.). Es llamado «agageo» y puesto que Agag era una especie de título real de los amalecitas, la tradición judía interpreta que Amán estaba relacionado de alguna forma, quizá por descendencia, con Amalec y el rey Agag, al que Saúl perdonó la vida (cf. Josefo, *Ant.* 11, 6, 5). Se piensa así para explicar la radicalidad de su odio contra los judíos, característica de los amalecitas. Ese odio aumentó cuando vio que el judío Mardoqueo no le hacía la reverencia como los demás. Desde ese momento Amán tramó una conspiración que condujo a Asuero a decretar el exterminio de los judíos en sus dominios (Est. 3:6). Entera Ester, logró del monarca persa un edicto que permitía a los judíos defenderse de sus enemigos (Est. 8:8) y la condena a muerte de Amán, que fue colgado de la horca que había preparado para Mardoqueo (Est. 7:10).

Amarna (Tell El-Aamarna). Nombre actual de la antigua residencia del faraón Amenofis IV (Akhenatón), situada en la orilla oriental del Nilo, a casi mitad de camino entre Lúxor y El Cairo. Fue la efímera capital de Egipto durante la mayor parte del reinado del citado faraón y el centro de la nueva religión estatal introducida en aquella época, construída en el cuarto año de su reinado y a la que puso el nombre de Akhenatón: «Horizonte del Disco Solar». Hizo erigir grandes estelas para marcar los límites de la ciudad y construyó imponentes edificios. El palacio real era de suma importancia porque en él la pareja real distribuía favores a sus súbditos desde una construcción llamada «la ventana de las apariciones». Las residencias privadas eran de planta cuadrada, con la sala central algo más elevada.
Tell el-Amarna es una de las poquísimas ciudades egipcias que ha sido posible excavar en una amplia extensión. Su trazado y arquitectura se conocen perfectamente bien porque el sitio fue abandonado unos quince años después de su fundación, con lo cual la ciudad se libró de la destrucción que comporta la habitación continuada. Akhenatón la edificó en suelo virgen, no contaminado por la presencia anterior de otras gentes con sus dioses, aunque no se conozcan las razones exactas de su elección en la amplia extensión de terreno. Tell El-Amarna se hizo famosa por el hallazgo en 1887 de más de 370 tabletas de arcilla, en escritura cuneiforme, uno de los descubrimientos más importantes del siglo XX. Estas tabletas del archivo de Akhenatón comprenden, sobre todo, cartas de príncipes de ciudades sirias y palestinenses y de reyes asiáticos al faraón, que representan la fuente más importante para la historia de Canaán preisraelita (s. XIV a.C.). Resultan por ello muy útiles para el análisis del texto de la Biblia, la religión y la cultura de la época y su entorno.

Amasá (heb. «Yahvé ha tomado a su cargo»). Nombre de cinco personajes del AT, entre otros:

1. Hijo de Abigail, hermana de David, y del ismaelita Jeter o Yitrá. Era, por tanto, primo de Joab. Absalón, tras entrar en Jerusalén durante la rebelión contra su padre, nombró a Amasá general de su ejército en lugar de Joab (1 Cro. 2:17; 2 Sam. 17:25; 1 R. 2:5, 32). Derrotada la rebelión, David le ofreció su perdón y le puso al mando de una unidad de su ejército (2 Sam. 19:13). Job, resentido por este hecho, le asesinó traidoramente (2 Sam. 20:10-12). David no estuvo de acuerdo con este crimen. Cuando llegó el momento de traspasar el trono a su hijo Salomón, le recordó los asesinatos de Abner y Amasá, cometidos por Joab, recomendándole a su heredero que hiciera justicia (1 R. 2:5-6).
2. Hijo de Hadlai y príncipe de Efraín en tiempos del rey Peka de Israel. Amasá y otros jefes de Israel se opusieron vehementemente a la retención de prisioneros del reino de Judá tomados cautivos por Peka después de derrotar a Acaz y llevados a Samaria. El profeta Obed señaló que eso suponía un gran pecado, por lo cual los cautivos fueron bien tratados y devueltos a su tierra (2 Cro. 28:8-15).

Amasías (heb. «fortaleza de Yahvé»). Nombre de cinco personajes del AT.

1. Hijo de Zicri, que se ofreció voluntariamente a Yahvé, y con él, 200.000 hombres valientes, en apoyo del rey Josafat y sus reformas religiosas (2 Cro. 17:16).
2. Noveno rey de Judá, hijo de Joás, sucedió a su padre en el trono; reinó 29 años, desde el año 796 hasta el 767 a.C. Actuó bien al principio de su reinado. Llevó a cabo una gran reorganización del ejército, que incluyó el reclutamiento de cien mil hombres del Reino del Norte para hacer la guerra a Edom. Un profeta le dijo que no usara a esos mercenarios, a lo que hizo caso (2 Cro. 25:7). Consiguió una gran victoria sobre los edomitas; 10.000 de ellos fueron muertos a cuchillo, y 10.000 más arrojados desde una roca. Pero se trajo consigo los dioses de los hijos de Seir, y se postró ante ellos, por lo que cayó bajo el desagrado de Dios. Provocó una guerra contra el rey de Israel, pero fue derrotado, siendo Jerusalén saqueada, y parte de la ciudad destruida. El victorioso rey Joás regresó a Samaria con el oro y plata de Jerusalén y los hijos de Amasías como rehenes. Amasías aún se mantuvo en el trono por unos quince años. Murió en Laquis, a donde había huido para protegerse de una conspiración (2 R. 14:1-23; 2 Cro. 25:1-28).
3. Padre de Josías, descendiente de Simeón, quien posteriormente expulsó a los amalecitas del valle de Gedor en tiempo de Ezequías (1 Cro. 4:34).
4. Levita hijo de Hilcías, descendiente de Merari (1 Cro. 6:45).

5. Uno de los sacerdotes establecidos por Jeroboam II en el santuario de Bet-el. Se opuso a la predicación del profeta Amós, acusándole de conspirar contra el rey. Amós profetizó una desgracia que afectaría a la familia de este sacerdote, incluyendo su muerte (Am. 7:10-17).

Amén. Término hebreo que pasó sin modificación al griego y al latín. Indica una intensa afirmación o acuerdo con lo que otro dice. La primera mención de ella en las Escrituras es en el pasaje en el que la mujer de cuya fidelidad sospechaba el marido debía beber de las aguas amargas y dar su asentimiento a la maldición pronunciada sobre ella en caso de que fuera culpable, diciendo amén, amén (Nm. 5:22). También se usó como asentimiento por parte del pueblo, al pronunciarse las maldiciones desde el monte Ebal (Dt. 27:14-26).

Cuando David declaró que Salomón debía ser su sucesor, Benaías dijo: «Amén. Así lo diga Yahvé, Dios de mi señor el rey» (1 R. 1:36). Igualmente, cuando David trajo el arca, y cantó un salmo de acción de gracias, todo el pueblo dijo amén, y alabaron al Señor (1 Cro. 16:36; cf. también Neh. 5:13; 8:6).

En un caso la exclamación no significa más que «ojalá». Hananías había profetizado falsamente que en el espacio de dos años completos todos los vasos de la casa de Yahvé serían devueltos de Babilonia; a esto Jeremías dijo: «Amén, así lo diga Yahvé». Aunque sabía que se trataba de una falsa profecía, bien podía desear que pudiera ser así (Jer. 28:6, y ver el resto del pasaje).

Se añade amén al final de los primeros cuatro libros de los Salmos (Sal. 41:13; 72:19; 89:52; 106:48). En estos casos no se trata de un aceptar lo que se ha dicho, sino que el escritor añade amén al final, significando «sea esto así», y se repite tres veces.

Se traduce como «amén» siempre en el AT, excepto por dos ocasiones en Is. 65:16, donde se traduce «de verdad». Hay una palabra hebrea relacionada, que significa «creer», y que se usa en relación con Abraham (Gn. 15:6).

En el NT Jesús hace un uso peculiar del amén al principio de sus declaraciones para darle especial fuerza, reforzando así su autoridad y la fuerza de sus palabras, y que se traduce «de cierto» (p. ej. Jn. 6:26). No hay en la literatura judía ningún ejemplo que corresponda a este uso, por lo que hay que retrotraerlo al mismo Jesús, como la manera más propia y original de su hablar (cf. Mt. 5:18, 26; 6:2, 5; Jn. 1:51; 3:3, 5). En las comunidades apostólicas se añade frecuentemente a la adscripción de alabanza y de bendiciones (p. ej., He. 13:21, 25). Como respuesta se usa también en diversos pasajes (p. ej., 1 Co. 14:16; Ap.

5:14; 7:12; 22:20). Cristo es llamado simbólicamente *el Amén*: «Porque todas las promesas de Dios son en él sí (esto es, la confirmación), y en él amén (la verificación), por medio de nosotros, para la gloria de Dios» (2 Co. 1:20); también «He aquí el amén, el testigo fiel y verdadero, el principio de la creación de Dios» (Ap. 3:14). Así como hay respuestas en el cielo, como se ve en algunos de los pasajes anteriormente citados, así también debiera haber respuestas en la tierra en las congregaciones de los santos, no limitándose a una mera audición de la alabanza y de las oraciones.

Aminadab (heb. «el padre es generoso»). Nombre de tres personajes del AT.

1. Padre de Naasón, de la tribu de Judá (Nm. 1:7; 2:3; 7:12, 17; 10:14). Aparece en la genealogía de David (Rt. 4:19, 20; 1 Cro. 2:10) y de Jesús (Mt. 1:4; Lc. 3:33). Su hija Eliseba, fue esposa de Aarón (Éx. 6:23)
2. Hijo mayor de Coat, hijo segundo de Leví (1 Cro. 6:22).
3. Levita dirigente de 112 descendientes de Uziel, designados por David para trasladar el arca a Jerusalén (1 Cro. 15:10, 11).

Amnón (heb. «seguro», «fiel»). Nombre de dos personajes del AT.

1. Hijo primogénito de David y de Ahinoam la jezreelita, nacido en Hebrón. Enamorado de Tamar, hermana por parte de padre, se acostó con ella y luego la rechazó. Absalón, hermano de Tamar, juró vengarla. Después de dos años de larga meditación, invitó a todos sus hermanos a un convite con motivo del esquilado de ovejas, Amnón entre ellos. Los siervos de Absalón le dieron muerte durante el banquete por orden suya. (2 Sam. 3:2; 13:1-39).
2. Hijo primogénito de Simón, de la familia de Esdras y de la descendencia de Judá (1 Cro. 4:20).

Amón (heb. «el leal», «fiel»). Nombre de tres personajes del AT.

1. Gobernador de Samaria en tiempos de Acab, a quien se confió la custodia del profeta Miqueas (1 R. 22:26; 2 Cro. 18:25).
2. Decimoquinto rey de Judá, hijo y sucesor de Manasés. Reinó solamente dos años, entre el 642 y 640 a.C. Hizo lo malo a los ojos de Dios y sirvió a los ídolos que su padre había erigido. Sus siervos conspiraron en contra de él, matándolo en su propia casa (2 R. 21:18-25; 1 Cro. 3:14; 2 Cro. 33:20-25; Jer. 1:2; 25:3; Sof. 1:1). Le sucedió su hijo Josías.
3. Descendientes de los «siervos de Salomón» que regresaron de la cautividad bailónica en la época de Zorobabel (Neh. 7:59), llamado Ami en Esd. 2:57.

Amonitas. Tribu de pastores, descendiente de Ben-amí, segundo hijo de Lot y hermano de Moab. Eran vecinos de Israel al oriente, entre el Arnón y el Jaboc, y tuvieron mucha relación con el pueblo de Israel. Dios había ordenado a Moisés que no tocara a los amonitas; su tierra no podría ser poseída por Israel (Dt. 2:19, 37). Dios la había dado a los hijos de Amón. Su capital era Rabat-amón, que fuera quizá su única ciudad, puesto que eran una nación nómada. A nadie de esta nación se le debía permitir la entrada en la congregación de Israel hasta la décima generación (Dt. 23:3; Neh. 13:1), por haber solicitado los servicios de Balaam para que maldijera a los hebreos. Juntamente con Amelec, ayudaron al rey de Moab contra Israel, y Jericó cayó en su poder (Jue. 3:13). Israel sirvió a sus dioses, y Dios entregó a las tribus de ambas riberas del Jordán para que sirvieran a los amonitas. Al clamar los israelitas a Yahvé, los hijos de Amón fueron derrotados por Jefté. En los primeros días del rey Saúl asediaron Jabes-galaad, y solamente estaban dispuestos a firmar la paz bajo la condición de que se arrancaran los ojos derechos de sus habitantes, a fin de arrojar deshonra sobre Israel. Saúl se lanzó apresuradamente en su ayuda, y lanzó a los amonitas a la desbandada (1 Sam. 11:1-11; 12:12). El oro y la plata que les fue arrebatado en la batalla fueron dedicados a Yahvé por David. Su rey insultó a los siervos de David cuando envió mensajeros a consolarle por la muerte de su padre, de la misma manera que el mundo rehúsa la bondad del rey de parte de Dios, y ello atrae juicio sobre él (2 Sam. 10:1-10; 11:1; 12:26-31).

Por otra parte, Sobi, de Rabá, trajo provisiones cuando David huía de Absalón (2 Sam. 17:27), y Selec, amonita, es contado entre los treinta valientes de David (2 Sam. 23:37). Salomón amó a algunas de sus mujeres, y la madre de Roboam, su sucesor, fue Naama, amonita (1 R. 14:21, 31). Hostigaron a Israel con suerte diversa hasta los días de Joaquín (2 R. 24:2). Al ser Lot padre de Moab y de Amón, no es sorprendente que ambas naciones se coligaran con frecuencia en sus ataques contra Israel. El aborrecimiento del pueblo de Dios los unía en un deseo común de borrar el nombre de Israel como nación (Sal. 83:4-8). Tobías, un amonita, «siervo del rey persa», fue un perturbador adversario de los judíos a su retorno del cautiverio babilónico (Neh. 2:10, 19; 4:3, 7). En general se opusieron a la reconstrucción de las murallas de Jerusalén tras el exilio, uniéndose a los samaritanos (Neh. 4:2-8), sin embargo, celebraron matrimonios con los judíos, que fueron condenados por Esdras y Nehemías (Esd. 9:1, 2; Neh. 13:23-25).

Amor. En el heb. del AT el término común es *áhabah*, relacionado con el vb. *áhab*, o *áheb*, que la Sept. traduce por *agápê* y sus derivados.

Mediante los términos *raham* y *hesed*, el pensamiento bíblico expresa el amor benévolo y misericordioso. Se puede decir que el «amor» es la clave de la visión bíblica de Dios y su acción en el mundo que tiene su fundamento en la creación y en la redención, que son la máxima expresión del amor divino. En ambas Dios se da a la humanidad sin más razón que la de amar totalmente, sin posibilidad de recibir un intercambio equivalente a su amor. El pensamiento cristiano lo resume en una breve y significativa expresión: «Dios es amor» (1 Jn. 4:8). La historia de la revelación de Dios puede leerse a la luz de un amor que se expresa y se revela progresivamente hasta el don pleno y total de Dios mismo en Cristo. Yahvé ama su pueblo (Jer. 31:3; Os. 3:1; Sof. 3:17) con tal intensidad que se puede hablar analógicamente del celo divino. Nada tan conmovedor para el judío piadoso como la imagen de un Dios celoso del amor de sus criaturas, tan profundamente interesado por llenar su corazón como pueda estarlo un marido enamorado de su esposa.

Las vicisitudes que llevan a Israel a constituirse como pueblo manifiestan el *inmerecido* amor divino que escoge y elige, que defiende y libera, que protege y mantiene sus promesas (Dt. 4:34-38; 7:7; 10:15). A pesar de las repetidas infidelidades del pueblo, Dios corresponde siempre a través del perdón y de la protección que definen la praxis de su amor. Los profetas hablan en varias ocasiones del amor de Dios a Israel a partir de la misma experiencia del amor conyugal. Oseas lo hace desde el límite del amor, que es la infidelidad. Ezequiel utiliza la categoría de la fidelidad de Yahvé a su promesa y su intención de renovar su alianza con el pueblo.

El acontecimiento de la encarnación de Dios en Cristo pone de relieve el compromiso mismo de Dios en primera persona. Aquí no hay ya mediaciones, sino que Dios se revela directamente a sí mismo en la persona del Hijo (Jn. 3:16; 1 Jn. 4:9). Dios se da a conocer en Jesús (Jn. 1:18); manifiesta su amor en la salvación del pecador (Ro. 8:39; 1 Jn. 3:1). Jesús es el Hijo (Mc. 1:11; 9:7; 12:6), a quien el Padre ama (Jn. 3:35; 10:17; 15:9). Sorprendentemente, el amor de Dios en Cristo se revela de un modo intenso y paradójico en el sufrimiento de la cruz. Es el acto supremo del amor divino (Jn. 15:13). El escándalo de la cruz no es sino el escándalo del amor. En ella se manifiesta en su plenitud el amor del Dios que elige y se desposa con la humanidad pecadora (Ef. 5:25ss.; Gál. 2:20).

Tocante al ser humano, el amor a Dios es desde el principio el mandamiento fundamental, pues al ser Dios el ser supremo, a Él le corresponde en propiedad ser el primer objeto del amor religioso del hombre, y en especial de los que saben objeto de su gracia y misericordia

(Dt 6:4ss.; 11:1; 30:16; Jos. 22:5; 23:11; cf. Mt 22:38; Mc. 12:28). En el mensaje de Jesús el amor es el signo expresivo que tiene que caracterizar la vida de los cristianos (Jn. 13:35). Sin amor, el cristiano no es nada (cf. 1 Co. 13:1-13). La legislación mosaica contemplaba el precepto divino de amar al «prójimo» como a uno mismo (Lv. 19:18). Aquí, el «prójimo» es el israelita, muy distinto del gentil y del forastero. Mediante la parábola del buen samaritano Jesús enseña que el concepto de prójimo debe abrirse al extranjero, y abarcar incluso al enemigo (Lc. 10:29-36). Jesús revolucionó el mandamiento de la ley mosaica que ordenaba el amor al prójimo y permitía el odio al enemigo (Mt. 5:43-46; Lc. 6:27-35; cf. Ro. 12:20-21). En el precepto del amor universal se ve el cumplimiento pleno de la ley (Gál. 5:14; Ro. 13:8ss.).

Amorreo (heb. «montañés»). Designación bíblica de los descendientes de los hijos de Canaán (Gn. 10:16), llamados por ello cananeos (Jos. 24:15; Jue. 6:10; Ez. 16:3; etc.), englobando a toda la población preisraelita siro-palestina (Gn. 15:16; Am. 2:9; 2 Sam. 21:2).

Los amorreos eran nómadas procedentes del noroeste de Mesopotamia, de la región de *Martu*, «país del amorreo», que se llamaban a sí mismo *amurru* o amoritas, en honor de su dios del mismo nombre. Hacia el año 2200 a.C. invadieron Mesopotamia. En los textos neosumerios se les acusa de ser un pueblo incivilizado que no conoce el cultivo de grano, ni tiene casas, ni entierra a sus muertos. Se sabe muy poco de este pueblo, cuyo idioma es aún objeto de controversia entre los eruditos, aunque se acepta que su lengua era muy similar al acadio, lo que facilitó su asimilación. Sumu-abum fundó la primera dinastía amorrea de Babilonia, después del cual sus otros cuatro sucesores convirtieron Babilonia en el reino amorreo más importante. De esta ciudad recibieron su propio nombre gentilicio y el vocablo amorreo fue sustituido por el de babilonio. Alcanzaron su máximo poderío bajo el reinado de Hammurabi (1792-1750 a.C.). En 1850 a.C. tomaron la ciudad de Assur, que por aquel entonces era una próspera ciudad comercial, así como la ciudad de Eshnunna. Hacia el 1900 a.C. los amorreos se afirmaron en Siria y Palestina. Jerusalén es de origen amorreo como lo confirma su antiguo nombre de *Urusalim* y el de sus reyes. Desde el siglo XVI los amorreos tuvieron que retroceder ante el ataque inesperado de los hititas.

Grupos de amorreos habitaban en Hazezontamar, o En-gadí, al oeste del mar Muerto, y fueron atacados por Quedorlaomer en los días de Abraham (Gn. 14:7). Al ser la etnia dominante, algunas veces son tomados como representantes de los cananeos en general (Gn. 15:16;

1 R. 21:26). Cuando Abraham estuvo en Hebrón, algunos se confederaron con él (Gn. 14:13). Para el tiempo de la invasión hebrea de Canaán, los amorreos habían extendido sus dominios hacia el este, haciéndose fuertes en las montañas, mientras que los cananeos se situaban a lo largo de la costa y en las llanuras (Nm. 3:30; Dt. 1:7; Jos. 5:1). Los territorios amorreos fueron distribuidos entre las tribus de Rubén, Gad y Manasés. En época de Samuel, un nutrido grupo vivía en paz con los israelitas (1 Sam. 7:14). Salomón los hizo tributarios juntamente con los supervivientes de otros pueblos (1 R. 9:20, 21; 2 Cro. 8:7, 8). Los gabaonitas eran un resto de los amorreos (2 Sam. 21:1-2). Después de esto, nada más se oye de ellos; sólo queda el recuerdo de su idolatría (Esd. 9:1; Neh. 9:8). El profeta Ezequiel llama «amorreo» a Abraham (Ez. 16:3), donde en otro lugar se lee «arameo» (Dt. 26:5), toda vez que amorreo era una designación genérica de los semitas occidentales que incluía a los arameos.

Amós, Libro de. Amós es el más antiguo de los profetas escritores. Aunque nació en Tecoa, una pequeña aldea del reino de Judá, a unos 10 km de Belén, desarrolló su breve actividad en Betel, perteneciente al reino del norte, que contaba con un gran santuario, así como Guilgal. Eran los prósperos, pero engañosos, tiempos de Jeroboán II (786-746). Durante un corto período de tiempo, de dos a cuatro meses, ejerció su ministerio profético en Samaría, en Betel y en otros centros. Un choque con el rey le obligó a volver a la sombra después de una breve intervención de unos cuantos meses que puede situarse entre el 760 y el 750 a.C. Predicador popular con un lenguaje pintoresco, ataca el culto idolátrico del becerro adorado en Betel, pero, sobre todo, se siente impresionado por el lujo de las casas (Am. 3:13-4,3), y la injusticia de las clases dominantes (Am. 2:6-15; 8:4-8). A diferencia de Elías y de Eliseo, cuyas palabras fueron transmitidas por la tradición, Amós redactó personalmente la mayor parte de sus oráculos, de sus amenazas y de sus visiones. Después de él sus escritos tomaron la forma de libro gracias a sus discípulos, ya que creó escuela.

En la primera sección se introduce el género literario de los «oráculos contra las naciones», donde el autor se esfuerza en definir algunas leyes morales que se refieren a todo el pueblo. La sección está construida sobre un septenario de pueblos precedido por introducción constante: «Esto dice el Señor: Por tres crímenes de... y por cuatro» (1:3, 6, 9, 11, 13; 2:1, 4, 6). La expresión numérica, apreciada igualmente en la literatura sapiencial (Prv. 30:15, 18, 21, 29), expresa la plenitud de los delitos de las naciones, que están ya colmando el cáliz de la ira divina. Tres testigos servían para dar un testimonio adecuado; cuatro es

el rebosar de la copa, de lo cual pueden dar testimonio los cuatro puntos cardinales de la Tierra. Los juicios se proclaman contra: a) Siria, representada por Damasco, su capital, que se muestra tan feroz como un trillo de hierro que lo tritura todo: «Prenderé fuego a la casa de Jazael y devoraré los palacios de Ben Hadad» (1:4); b) Los filisteos, representados por Gaza; c) Tiro; d) Edom; e) Amón; f) Moab.
Antes de pronunciar el juicio sobre Israel, la tierra a la que ha sido enviado, el profeta ataca a Judá, el reino del sur del que procede, «por haber despreciado la ley del Señor» (2:4-5). A continuación Amós profiere su juicio sobre Israel (2:6-15). La lista de las apostasías es desoladora y las imágenes son violentas. Por consiguiente el castigo divino no puede ser más duro: escasez, hambre, sequía, plagas y mortandad. Amós predica en una situación donde la conversión parece imposible: «No os volvisteis a mí, dice Yahvé» (Am. 4:6), por eso invita a «ir al encuentro del Señor» y a romper con la negativa a adherirse a él, entregándose a la misericordia de Aquel que puede devolver la vida. «Buscad al Señor y viviréis» (Am. 5:6). Si Dios castiga, es para conducir a la conversión. Amós prevé que quedará un pequeño «resto» o «remanente» (Am. 3:12), lo cual permite mantener la esperanza. A través de las amenazas y de las esperanzas, el Dios de Amós se presenta como el Dios grande, cuyo poder y cuya justicia conciernen y gobiernan a todas las naciones.

Amplias (gr. «agrandado»). Cristiano de Roma mencionado por el apóstol Pablo como amigo muy amado en el Señor (Ro. 16:8).

Amrafel (heb. «guardián de los dioses»). Rey de Sinar, aliado de Quedorlaomer, rey de Elam, en la invasión de la región al sur del mar Muerto, en tiempos de Abraham. En el curso de esta expedición Lot fue hecho prisionero, pero después liberado al ser derrotados por Abraham (Gn. 14).

Amram (heb. «compañero de estirpe del exaltado [Dios]»). Nombre de tres personajes del AT.

1. Padre de Aarón, Moisés y Miriam (Éx. 6:18; Nm. 3:19) y fundador de la casa patriarcal de los amramitas (Nm. 3:27; 1 Cro. 26:23). Murió en Egipto a la edad de 137 años (Éx. 6:20). Era hijo de Coat, de la descendencia de Leví, esposo de Jocabed, hermana de su padre. Este tipo de matrimonios estaba permitido antes de la Ley, pero después fue prohibido (Lv. 18:12).
2. Un descendiente de Esaú (1 Cro. 1:41), llamado más correctamente Hemdán en Gn. 36:26.

3. Hijo o descendiente de Bani, que tomó una esposa extranjera, a quien Esdras ordenó que la despidiera (Esd. 10:34).

Ana (heb. «favorecida»). Nombre de varias mujeres hebreas.

1. Una de las dos esposas de Elcana y madre del profeta Samuel. Por la preferencia que mostraba su marido hacia ella, su rival la afrentaba, por ser estéril. Ana hizo el voto de que si el Señor le otorgaba un hijo varón, lo consagraría a Su servicio. Su petición fue concedida, y cumplió su promesa. Ella misma, inspirada por el Espíritu, dio la profecía mesiánica de que Yahvé daría poder a Su Rey y exaltaría el poderío de Su Ungido, la primera mención del Mesías de Dios en las Escrituras (1 Sam. 2:10).
2. Anciana profetisa, viuda, hija de Fanuel, de la tribu de Aser. Estuvo casada solamente siete años. Iba cada día al templo, y a la edad de 84 años pudo ver al niño Jesús cuando lo llevaron para la presentación. Siendo profetisa, discernió que se trataba del Mesías, y dio testimonio de Él (Lc. 2:36-38).

Anaceo. Pueblo de gran estatura, que habitaba en Canaán, cuya ciudad principal era Hebrón. Los expedicionarios enviados por los israelitas a explorar la tierra que habían de ocupar, volvieron alarmados al ver a estos gigantes, que en heb. se llamaban *nefilim* (Jos. 11:21, 22). Vencidos por los israelitas en la conquista de la tierra prometida (Jos. 14:6-14; 15:13-19; 21:11) quedó un resto de ellos en tierra de los filisteos. El gigante Goliat era probablemente uno de ellos (Nm. 13:32-33; Jos. 10:36; 11:22).

Ananías (heb. «Yahvé ha cubierto»). Nombre de varias personas y de una ciudad.

1. Abuelo de Azarías, que colaboró en la restauración del segundo Templo (Neh. 3:23).
2. Padre de uno de los funcionarios de Joacim, presente cuando se leyó el rollo escrito por Jeremías (Jer. 6:12).
3. Uno de los compañeros de Daniel, junto con Misael y Azarías (Dn. 1:3-6). Su nombre fue cambiado a Sadrac. Acompañó a Daniel en su propósito de no contaminarse (Dn. 1:7-8). Se negó a adorar la estatua del rey caldeo y fue echado en un horno, de donde salió ileso, sin «siquiera olor a fuego» (Dn. 3:27).
4. Ciudad habitada por los descendientes de Benjamín después del retorno del cautiverio (Neh. 11:32).
5. Sumo sacerdote (ca. 48-59 d.C.), designado como tal por Herodes Agripa II en el año 48 d.C. En el 53 asistió al consejo convocado por

Claudio Lisias para juzgar a Pablo en Jerusalén (Hch. 22:30-23:10). En el año 58 fue a Cesarea para acusar a Pablo ante el procurador Félix (Hch. 24:1-9). Fue asesinado por los sicarios judíos en el año 66 d.C., debido a su amistad con los romanos.

6. Miembro de la primitiva comunidad de Jerusalén, muerto de repente con su mujer Safira por haber retenido una parte de la venta de un terreno, pretendiendo haber dado todo el precio (Hch. 5:1-10). Su pecado lo cometió al mentir al Espíritu Santo.
7. Cristiano de Damasco que devolvió la vista y bautizó a Pablo, ciego a causa de su visión en el camino a Damasco (Hch. 9:10-19; 22:12-16).

Anás. Sumo sacerdote, designado como tal en el año 7 a.C. por Quirino, gobernador de Siria. Fue depuesto durante el reinado de Tiberio, y fue seguido a cortos intervalos por Ismael, Eleazar, hijo de Ananús o Anás, Simón y José Caifás, yerno de Anás (Lc. 3:2; Jn. 18:13, 24; Hch. 4:6). Jesús fue llevado ante él primeramente, quizá por ser suegro de Caifás. Josefo relata que los cinco hijos de Anás llegaron a ser sumos sacerdotes, y que bajo el último, que también se llamaba Anás, fue martirizado Jacobo, el hermano del Señor.

Anatema. Palabra que denota todo aquello consagrado a la destrucción (cf. Lv. 27:28, 29; Jos. 6:17; 7:1). Se relaciona con la noción de «guerra sagrada» (cf. Lv. 27: 28-29; Dt. 7:26; etc.), e indica que algo es objeto de maldición, que queda excluido de la comunión con Dios; implica la destrucción total de los enemigos de Dios y de sus bienes. El heb. *hérem* se deriva de un verbo cuyo significado primario es «encerrar», y de ahí «consagrar» o «dedicar» y «exterminar». Cualquier objeto consagrado a Dios carecía de redención; si se trataba de un objeto inanimado se daba a los sacerdotes (Nm. 18:14); si una criatura viviente, incluso un ser humano, había de ser matado (Lv. 27:28, 29); de aquí procede la idea de «exterminación» asociada a «consagración» (cf. Nm. 21:2; Jos. 6:17; Jue. 11:31). La idea principal es que una cosa o persona consagrada a Dios había de ser destruída como algo maldito. Así las ciudades cananeas fueron anatematizadas (Nm. 21:2, 3). La ciudad de Jericó fue hecha *anathema* por el Señor (Jos. 6:17); donde todos, menos Rahab y familia, fueron entregados a la muerte (v. 24). Posteriormente, el *hérem* fue entendido por los rabinos como excomunión o exclusión de la asamblea santa de Israel, acompañado de juicios severos y maldiciones. Los apóstoles utilizan el término anatema para referirse a la exclusión de la comunión de los santos, con la idea implicada de caer en la ira de Dios, o ser entregado al castigo divino (1 Co. 16:22).

Anatot. Ciudad asignada a los sacerdotes en el territorio de Benjamín (Jos. 21:18; 1 Cro. 6:60). Quizá fue sede del culto a la diosa cananeca Anat. Salomón exilió a Abiatar, el sumo sacerdote, a sus heredades en esta ciudad por su participación en el asunto de Adonías (1 R. 2:26). De los héroes de David, dos eran oriundos de Anatot, a saber, Abiezer (2 Sam. 23:27; 1 Cro. 11:28; 27:12) y Jehú (1 Cro. 12:3). En esta ciudad nació Jeremías, aunque sus habitantes persiguieron al profeta (Jer. 1:1; 11:21-23; 29:27; 32:7-9). En ella fijaron su residencia varios judíos que regresaron del exilio en Babilonia (Esd. 2:23; Neh. 7:27; 11:32).

Anciano. En el AT, magistrado, a la vez civil y religioso, que, hasta allí donde podemos saber, era nombrado en virtud de su derecho de edad, a la cabeza de una casa patriarcal, de una familia de la tribu, o de la misma tribu (1 R. 8:1-3; Jue. 8:14,16). Al tener la posición de jefe de una tribu o de las familias más grandes, el anciano tenía la autoridad de príncipe. Ordinariamente, sólo los hombres de edad madura accedían a estas funciones. Otros pueblos, como los madianitas y moabitas (Nm. 22:4, 7), organizados en tribus, tenían ancianos. Este título designa generalmente a altos funcionarios (Gn. 50:7) que: a) gobernaban al pueblo (Dt. 27:1; Esd. 10:8); b) representaban a la nación en las transacciones que la concernían (Éx. 3:18; Jue. 11:5-11; 1 Sam. 8:4); c) cuando se tenía que honrar a un huésped (Éx. 18:12); d) celebrar una alianza (2 Sam. 5:3), o e) celebrar actos religiosos (Lv. 4:13-15; Jos. 7:6).

En el NT los términos «anciano» y «epíscopos» (que significa supervisor u obispo) eran intercambiables (cf. Hch. 20:17, 28; Tit. 1:5, 7), pero no eran totalmente sinónimos. El término de «anciano» (*presbyteros*) denota la dignidad de su función, en tanto que *episcopos* denota aquellos deberes que ejercía. De hecho, el consejo de ancianos es traducido por la LXX por *presbyteroi*, que corresponde al latín *senes*, de donde procede la palabra castellana «senado». En el año 44 d.C. encontramos ya ancianos en la iglesia en Jerusalén (Hch. 11:30), según el modelo de la sinagoga. Durante su primer viaje misionero, Pablo nombró ancianos en cada iglesia (Hch. 14:23). De hecho, los ancianos en las iglesias de la gentilidad, hasta allí donde nos lo muestra el NT, fueron siempre nombrados por la irremplazable autoridad apostólica, ya ejercida personalmente, o bien delegada expresamente en unas personas determinadas (cf. 1 Ti. 3:1-15; Tit. 1:5). Las instrucciones para su establecimiento oficial nos vienen dadas en epístolas dirigidas a colaboradores apostólicos, en las llamadas Epístolas Pastorales. También cumplían sus funciones en las comunidades de cristianos de origen judío (Stg. 5:14; 1 P. 5:1). Eran los obispos o supervisores de las iglesias locales (Hch. 20:17, 28; Tit. 1:5), y su función era ocuparse del estado espiritual de la congregación, ejerciendo la disciplina, enseñando (1 Ti. 3:5; 5:17; Tit. 1:9; Stg. 5:14; 1 P. 5:1-4; cf. He. 13:17) y también gobernando, tal como aparece estrechamente ligado en He. 13:7.

Andrés (gr. «varonil»). Uno de los doce apóstoles. Hijo de Jonás (Mt. 16:17; Jn. 1:42), hermano de Simón Pedro (Mt. 10:2; Jn. 1:40), era natural de Betsaida de Galilea (Jn.1:44) y de oficio pescador (Mt. 4:18; Mc. 1:16). Según el cuarto Evangelio fue discípulo de Juan Bautista, cuyo testimonio le llevó a Jesús (Jn. 1:35-40). Desde un principio reconoció a Jesús como el Mesías y así lo hizo saber a su hermano Pedro (Jn. 1:37-42). Junto a Juan, pues, Andrés tuvo el alto honor de la primogenitura de los llamados por Jesús y el primero en reconocerlo y propagarlo. En las cuatro listas que poseemos de los doce apóstoles, Andrés forma parte del primer grupo, presidido por su hermano Pedro, que gozó de una mayor intimidad con Jesús. Pero Andrés fue el primero en seguir a Jesús, y con razón se llama «el primer llamado», aunque su hermano Pedro sea distinguido en prioridad de dignidad. En la primera multiplicación de los panes, Andrés completa las reflexiones de Felipe, diciendo a Jesús: «Hay un muchacho aquí que tiene cinco panes de cebada y dos pececillos; pero ¿qué es esto para tanta gente?» (Jn. 6:9). En otra ocasión es Felipe quien acude a él para pedir juntos a Jesús una entrevista en favor de unos griegos, escuchando con este motivo de boca de Jesús una misteriosa declaración sobre su muerte y glorificación, así como sobre el porvenir de sus discípulos (Jn. 12:20-32). Mencionado por última vez después de la ascensión, Andrés desaparece del escenario bíblico.

Andrónico (gr. «conquistador de hombres»). Judio cristiano de Roma, «pariente y compañero de cautiverio» de Pablo, a quien éste manda saludos (Ro. 16:7). No se sabe si era pariente carnal o meramente racial. Gozaba de «mucha estima entre los apóstoles»; y era cristiano antes que el propio Pablo.

Anfípolis. Ciudad capital de la antigua Macedonia oriental, situada cerca de la desembocadura del río Estrimón, que casi la rodeaba, de ahí su nombre, *Amfipolis*, que significa «ciudad rodeada por un río». Fue fundada en el siglo V a.C. por los atenienses. Ubicada sobre la *Vía Ignatia*, a unos 53 km de Filipos. Pablo y Silas pasaron por ella de camino a Filipos (Hch. 17:1). En la actualidad el barrio de Empoli, situado sobre el antiguo emplazamiento, recibe el nombre de Jeni-keni o Neckhorio, «ciudad nueva».

Ángel, en heb. *malák*, y gr. *ággelos*, en ambos casos significa «mensajero». Se aplica tanto a los seres humanos enviados por otros hombres como a los seres sobrenaturales enviados por Dios. Poco es lo que sabemos de la naturaleza de los ángeles. En el AT son frecuentes las referencias a unos peculiares «hijos de Dios» (cf. Gn. 6:4; Dt. 32:8; Jb. 1:6; 2:1; 38:7; Sal. 29:1; 89:7), con una variante ocasional y poética como «hijos del Altísimo» (Sal. 82:6). Todos juntos constituyen el «ejército del cielo» o de Yahvé (Jos. 5:14; 1 R. 22:19; Sal. 148:2), el cual es llamado, por consiguiente, «Señor de los ejércitos», no de los de Israel, sino de «los ejércitos celestiales» (1 Sam. 13:11; Sal. 25:10; Is. 1:9; 6:3; 48:3; Jer. 7:3; 9:14). Su número se calcula en «miles de millares le servían, millones y millones estaban de pie en su presencia» (Dn. 7:10; cf. Lc. 2:13; Ap. 5:11).

Los ángeles ocupan un lugar modesto en la enseñanza de Jesús, comparado con las especulaciones angelológicas de la literatura apocalíptica. En el Evangelio de Juan los ángeles juegan un papel muy discreto, sólo aparecen tres veces. Con todo, los ángeles marcan con su presencia los momentos más destacados de la vida y del destino de Jesús. En los evangelios de la infancia, el Ángel del Señor se aparece en varias ocasiones en sueños a José para aconsejarle y dirigirle (Mt. 1:20, 24; 2:13,19). No es un espíritu más del gran ejército celeste, sino que es su enviado peculiar. También el nacimiento de Juan Bautista es revelado antes de la hora a su padre Zacarías por un ángel del Señor, Gabriel (Lc. 1:11,19), el mismo que seis meses más tarde fue enviado a la virgen María en Nazaret (Lc. 1:26). El ángel del Señor se aparece también a los pastores en la noche de Belén para anunciar la gran alegría del nacimiento del Salvador, seguido por «una multitud del ejército celestial, que alababa a Dios» (Lc. 2:9-14).

Durante su ministerio público, Jesús se mantiene en continua y estrecha relación con los ángeles de Dios, que suben y bajan sobre él (Jn. 1:51), le atienden en la soledad del desierto (Mc. 1:13; Mt. 4:11), lo confortan en la agonía de Getsemaní (Lc. 22:43), están siempre a su disposición (Mt. 26:53) y proclaman su resurrección (Mc. 16:5-7; Mt. 28:2-3; Lc. 24:4; Jn. 20:12). Marcos alude, velada, sobriamente, a un joven, que evidentemente pertenece al mundo angélico, sentado a la derecha del sepulcro abierto, vestido de blanco, que transmite una palabra de Dios (Mc. 16:5). Lucas, quizá para fortalecer el testimonio (la ley exigía dos testigos), dice que dentro del sepulcro había dos varones resplandecientes que infundieron un miedo religioso a las mujeres (Lc. 24:4). Sólo Mateo les identifica claramente con el «Ángel del Señor», que bajó del cielo, movió la piedra, se apareció a las mujeres y les anunció la resurrección de Jesús (Mt. 28:1-7).

Jesús habla de ellos como de seres vivos y reales, inmunes de las exigencias de la naturaleza humana (Mt. 22:30; Mc. 12:25; Lc. 20:36) y que velan por el destino de los hombres (Mt. 18:10); como de seres que participan de la gloria de Dios y se alegran de su gozo (Lc. 15:10). Ignoran el día de su vuelta para el juicio final (Mt. 24:26), pero serán sus ejecutores (Mt. 13:39, 49; 24:31), lo precederán y lo acompañarán (Mt. 25:31; 2 Tes. 1:7; Ap. 14:14-16), reunirán a los elegidos de los cuatro ángulos de la tierra (Mt. 24:31; Mc. 13:27) y arrojarán lejos, al «horno ardiente», a todos los agentes de la iniquidad (Mt. 13:41-42).
En la primitiva Iglesia, los ángeles aparecen sobre todo en relación con la difusión de la palabra de Dios. Un ángel del Señor libera a los apóstoles de la cárcel (5:19; 12:7-10), invita al diácono Felipe a seguir el camino de Gaza para unirse al eunuco de la reina Candaces (8, 26), se le aparece al centurión Cornelio y le indica el camino de la salvación (10:3; 11,13), se le aparece también a Pablo en viaje hacia Roma y le asegura que se librará del naufragio junto con todos sus compañeros de viaje (27:23). Según el Apocalipsis, los ángeles presentan a Dios las oraciones de los santos (5:8; 8:3), protegen a la Iglesia y, junto con Miguel, combaten por su salvación (12:1-9).

Ángel de Yahvé. Todo ángel que Dios envía a ejecutar sus órdenes puede ser llamado ángel de Yahvé (2 Sam. 24:16; 1 R. 19:5, 7), pero no «el» ángel de Yahvé. Este misterioso ser llamado «el Ángel de Yahvé» es de un orden totalmente distinto al resto de los ángeles; es una figura singularísima que, tal como aparece y como actúa en muchos textos bíblicos, debe considerarse sin más como superior a todos los demás ángeles. Mientras que en algunos textos se presenta como claramente distinto de Dios y como intermediario suyo (Nm. 20:16; 2 R. 4:16), en otros parece confundirse con Él, actuando y hablando como si fuese Dios mismo (Gn. 16:7, 10; 18:10, 13-14, 33; 22:11-12, 15-16; 31:11, 13; Éx. 3:2, 4; Jos. 5:13-15; 6:2; Jue. 6:12-22; 13:13-22; Zac. 1:10-13; 3:1-2). Aparece por primera vez en la historia de Agar cuando huye de Sara (Gn. 16:7-13). Vagando Agar por el desierto, el Ángel sale a su encuentro y le promete que él la bendecirá y multiplicará su descendencia. Significativamente, el Ángel tiene poder y autoridad para pronunciar bendiciones. Aparece luego en el sacrificio de Isaac para evitar la muerte del mismo (Gn. 22:11-18) y a continuación cada vez con mayor frecuencia en los momentos más dramáticos de la historia de Israel (Éx. 3:2-6; 14:19; 23:23; Nm. 22:22; Jue. 6:11; 2 R. 1:3). Apareció a los profetas, en especial a Elías (cf. 2 R. 1:3-4,15). Es el protector por excelencia del pueblo de Dios (cf. Sal. 34:7; 2 R. 19:35-37; 2 Cro. 32:21; Is. 37:36). En la tradición judía posterior su papel parece ser bastante reducido, pero su figura vuelve a aparecer de nuevo en los evangelios de la infancia (Mt. 1:20, 24; 2:13,19; Lc. 1:11; 2:9). De todo ello se puede llegar a la conclusión de que el Ángel de Yahvé no sólo designa a un mensajero, sino a Yahvé mismo, en cuanto que interviene en el mundo. Es la «teofanía» o manifestación sagrada del Yahvé invisible, que nadie ha podido ver jamás (Éx. 33:20; cf. Jn. 1:18; 1 Ti. 6:16), pero que a veces se manifiesta en la experiencia de Israel. De modo que el Ángel de Yahvé, al igual que la «gloria» de Yahvé, es el punto de contacto, por decirlo de algún modo, entre Dios e Israel. Igual que el Ángel de Yahvé manifiesta visiblemente al Dios invisible en el AT, en el NT es el Hijo Unigénito quien lo ha manifestado en su encarnación; por lo que —desde la óptica cristiana— se piensa que el Ángel de Yahvé es una revelación del Logos, es decir, del Hijo de Dios preexistente, si bien simbólica o realmente no se pueda asegurar con certeza.

Anticristo. Antagonista o rival de Cristo. En la Escritura no hay una enseñanza formal sobre su persona, sólo ocasionalmente aparecen algunos rasgos de esta figura. El término «anticristo» sólo se halla en las Epístolas de Juan (1 Jn. 2:18, 22; 4:3; 2 Jn. 7) para indicar a los maestros de falsas doctrinas, pero el trasfondo se encuentra indudablemente en el pensamiento último del AT y concretamente en la apocalíptica judía, donde se había desarrollado la idea de un líder político que se declararía a sí mismo de naturaleza divina e incitaría a las naciones paganas a un asalto definitivo contra el pueblo de Dios. Ezequiel habla de un príncipe poderoso y violento a quien da el nombre enigmático de Gog (Ez. 38:2,14,16,18; 39:1,11,15). Jesús mismo habla de «falsos cristos y falsos profetas», que tratarán de engañar a los creyentes y hacer milagros (Mc. 13:21-22; Mt. 24:24). Estos pseudo-Cristos pueden engañar, de ser posible, a los escogidos, pero no son específicamente el Anticristo, sino pseudoprofetas, meras prefiguraciones del falso profeta final al que se refiere Ap. 16:14. El Anticristo es el gran impostor que se opone a Cristo con la intención de arrebatarle sus seguidores; es el perseguidor de los cristianos e instrumento del diablo, no el diablo mismo. Se trata de una figura individual de los últimos tiempos, cuyos precursores son los herejes en el curso del tiempo.

Antilíbano. Cadena montañosa paralela a los montes del Líbano, de los que está separada por el valle de la Bekka, antigua Cele-Siria. Sus crestas forman actualmente la línea fronteriza entre Siria y Líbano. Hoy es llamado Jabal Lubnân Ech Charqî. El monte Hermón es su pico más alto, con 2.814 m.

Antíoco. Título de diez reyes de Siria, de la dinastía de los seléucidas, de los cuales algunos son mencionados en los libros de los Macabeos. Reinaron sobre la pequeña provincia de Comagene, entre el Eufrates y los Montes Tauros, cuya capital era Samosata. Originalmente formaba parte del reino seléucida de Siria. El más conocido de ellos es Antíoco IV Epífanes, que sucedió a su hermano Seleuco IV Filopáter, que fue envenenado por Heliodoro, el cual a su vez fue asesinado por Antíoco IV, que arrebató el trono al heredero legal, hijo de su hermano (Dn. 11:21). Originalmente el nombre correspondía a uno de los generales de Filipo, cuyo hijo, Seleuco, con la ayuda del primer Ptolomeo, se estableció como rey en Babilonia. Hubo dieciséis reyes con el nombre de Antíoco, de especial interés para los estudiosos de la historia bíblica son:

1. Antíoco II Theos (261-246 a.C.), hijo de Antíoco I Soter (280-261 a.C.). Tras ser derrotado en una guerra contra Ptolomeo Filadelfo de Egipto, tuvo que hacer una alianza con éste casándose con su hija, Berenice, para lo cual tuvo que repudiar a su esposa anterior, llamada Laodicea. Generalmente se cree que es el rey mencionado en la profecía de Dn. 11:6, respecto a su boda con Berenice.
2. Antíoco III el Grande (223-187 a.C.). Sucedió en el trono a su hermano Seleuco III Keraunos. Consolidó su trono frente a los Ptolomeos de Egipto, bajo cuyo régimen estaban los judíos. Estos soportaron y sufrieron la guerra entre ambos contendientes durante unos veinte años. Finalmente, los judíos, simpatizantes de Antíoco III, le abrieron las puertas de Jerusalén y le ayudaron a expulsar la guarnición egipcia, por lo cual fueron recompensados con la reconstrucción de la ciudad, fondos para reparar el templo, exenciones de impuestos y el derecho de cierta autonomía administrativa.
3. Antíoco IV Epífanes (176-164 a.C.). Hizo la guerra a Egipto, lo invadió y logró controlarlo, con excepción de Alejandría. Trató de impulsar un fuerte proceso de helenización en todo su imperio, fundando numerosas ciudades griegas e introduciendo por todas partes su cultura. Esto le enfrentó a los judíos, que habían vivido con cierta autonomía desde los tiempos de Antíoco III. En Jerusalén había el partido conservador de los piadosos y el de los partidarios de la helenización. Estos consiguieron construir un gimnasio en la ciudad para introducir a la juventud en las costumbres helénicas respecto al deporte y la educación. Más tarde, Antíoco IV tomó Jerusalén por la fuerza y mató a miles de judíos y vendió como esclavos a mujeres y niños. Los muros fueron derruidos y la ciudad saqueada, prohibió la práctica del culto a Yahvé y llegó incluso a erigir en el templo una estatua dedicada a Júpiter Olímpico, al

que se ofrecieron sacrificios sobre el altar. Los judíos reaccionaron con valentía, comenzando por la familia de los macabeos, que logró humillar al tirano y expulsarle de su territorio. Los judíos, jugando con su sobrenombre, le llamaron *Epimanes*, es decir, «el loco». Fue equiparado al arquetipo del adversario de Dios (1 Mac.).

Antioquía de Psidia. Pequeña ciudad fronteriza entre Frigia y Pisidia, en la provincia romana de Galacia, que Augusto convirtió en colonia romana de derecho itálico, y que contaba con una importante colonia judía. Al principio fue misionada con éxito por Pablo y Bernabé (Hch. 13:11-49; cf. Hch. 13:50). Las conversiones fueron numerosas entre los gentiles, a quienes su mismo aislamiento hacía más accesibles a la nueva doctrina cristiana. Esta vez las enseñanzas de Pablo se dirigieron no sólo a las gentes de la ciudad, sino a toda la población de la comarca, rural en su mayoría. La insistencia de los judíos parece que logró obtener de los magistrados de la ciudad la orden de explusión de los misioneros. Pablo y Bernabé entonces, se refugiaron en Licaonia, país muy parecido en todos sus aspectos al que acababan de abandonar.

Antioquía de Siria. Ciudad siria situada junto al río Orontes al pie del monte Silpio, en la fértil Cilicia, hoy Antakya, en Turquía. Fue fundada el siglo III a.C. por Seleuco I Nicátor y dedicada a su padre Antíoco. La ciudad pasó a ser colonia romana de Siria en el año 66 a.C. Junto a Pérgamo y Alejandría era un importante centro de cultura helenística y la tercera gran ciudad del imperio romano. A veintidós kilómetros del mar Mediterráneo, mantenía una pujante actividad comercial. La ciudad tenía una gran vía con pórticos a ambos lados, con una anchura media de 30 metros, modelo de muchísimas ciudades del antiguo Oriente. Contaba con muchos teatros, fuente y lujosas casas. Los emperadores romanos construyeron numerosos edificios, palacios, anfiteatros, circos, estadios, acueductos y termas. La numerosa colonia judía, que se componía de miembros adinerados de la diáspora, conoció el Evangelio bien poco después de la muerte de Esteban (Hch. 11:19); y fue precisamente allí donde primero se predicó el mensaje cristiano a los gentiles, conviertiéndose en el centro misionero más importante del ala helenista del cristianismo, visitada primero por Bernabé solo, luego acompañado de Pablo (Hch. 13:1-3; 14:26-28; 15:35-40; 18:22). «Los discípulos fueron llamados cristianos primeramente en Antioquía» (Hch. 11:26).

Antipas. Nombre de dos personas del NT.

1. Hijo de Herodes el Grande y su esposa samaritana Maltace. Nombrado tetrarca de Galilea y Perea a la muerte de su padre en el 4 a.C., Jesucristo, por tanto, nació dentro de su jurisdicción territorial (Lc. 23:7). Ordenó la muerte de Juan el Bautista (Mt. 14:1-11). Fue destituido por Calígula en el año 29 d.C.
2. Cristiano de Pérgamo, que sufrió martirio (Ap. 2:13).

Antípater (gr. «en lugar de su padre»). Hijo de Jason y uno de los embajadores judíos enviados a Roma para renovar la alianza con los romanos y lacedemonios en tiempo de los Macabeos (1 Mac. 12:16; 14:22).

Antípatris. Ciudad entre Jerusalén y Cesarea, construida por Herodes el Grande en el emplazamiento de la antigua Afec (Jos. 12:18). Herodes la llamó Antípatris en honor de su padre (Josefo, *Ant.* 16, 5, 2; *Guerra*, 1, 21, 9). Pablo fue llevado por la noche de Jerusalén a Antípatris cuando le conducían preso a Cesarea (Hch. 23:31). En el siglo IV de nuestra era ya estaba en ruinas. El hombre sobrevive en la actual aldea Nar-abufutrus, al norte de la actual ciudad de Jafa.

Antonia. Torre fortaleza al norte del Templo de Jerusalén, reconstruida por Herodes el Grande sobre la antigua torre Baris de los Macabeos, que la llamó Antonia en honor de Marco Antonio. En ella residía el cuerpo de guardia del Templo para vigilar los accesos al recinto sagrado. Fue derruida por las tropas de Tito al tomarla en el año 70 d.C. Sólo se conserva la roca sobre la que estaba construida la fortaleza, y que tiene una altura máxima de once metros. En el NT es llamada «la fortaleza», a la que Pablo fue conducido por los soldados, donde, aprovechando sus grados, hizo una defensa de fe ante el pueblo (Hch. 21:31-40).

Año. Al principio el año judío era solar, pero los meses eran lunares, con 30 días cada uno, ya que la medida del tiempo estaba en relación con el movimiento de la Luna alrededor de la Tierra, de ahí que cada dos años o tres tenían que añadir un mes bisiesto para adecuar el cómputo de los meses lunares al año solar. Se regulaba de acuerdo con las cuatro fases mensuales de la Luna. La duración de la lunación natural es fija, pero no corresponde a un número entero de días cósmicos, el ciclo de la Luna corresponde a veintinueve días y doce horas. Este ciclo de la Luna determinó la sucesión de los meses, y la suma de las doce lunaciones constituyó el año lunar. Este cómputo de tiempo referido a la Luna es el más antiguo y predilecto del hombre arcaico, porque las fases lunares son más fácilmente observables.

El año judío puso su acento en la semana y estaba relacionada directamente con las fases de la Luna, de ritmo septenario. La agrupación en septenios que aparece en diversas páginas de la Biblia es de naturaleza litúrgica, ya que aparece en pasajes particularmente relacionados con las fiestas. Así es como se determina el aspecto religioso del sábado (Éx. 20:8-11; 23:12; Dt. 5:13-15); los siete días de la fiesta de los Ácimos (Éx. 12:15; 23,15, etc.); la fiesta de las Semanas (Lv. 23:15-18), y la fiesta de los Tabernáculos (Lv. 23:33-36; Nm. 29:12).
En la más remota antigüedad, los judíos empezaban el año entre los actuales septiembre y octubre, en el tiempo que fue llamado posteriormente Tisri (palabra de origen babilónico que significa «comienzo»). Más tarde el comienzo del año se situó en el principio de la primavera, y era común entre los pueblos del Medio Oriente (Éx. 12:2). El nombre de este mes es Abib o «mes de las espigas» (Éx. 23:15), y es el séptimo mes con respecto al cómputo anterior. Después del exilio aparece ese primer mes hebreo con los nombres babilónicos de Kisléu y Nisán (Nh 1:1; 2,1). Esta duplicidad en el comienzo del año de los hebreos se ha mantenido durante mucho tiempo. La designación que los judíos modernos dan al año nuevo aparece en el profeta Ezequiel (Ez. 40:1). Además del año astronómico o civil, el AT señala otras dos clases de años: el «Año sabático» y el «Año Jubilar».

Año nuevo, heb. *Rosh Hashana*. El año nuevo religioso judío empezaba el mes de Abib (Nisán en la nomenclatura babilónica), en base a la Ley de Moisés (Éx. 12:2). Es llamado «mes séptimo» en relación al año nuevo más antiguo, llamado Tisri, correspondiente a septiembre y octubre. El inicio deTisri, o año civil, prácticamente coincide con el tiempo de la siembra, mientras que el inicio del año religioso corresponde a la época de la cosecha. El primer día del mes de Tisri se tocaban las trompetas, que anunciaban el inicio del mismo, por eso se lo describe como una «conmemoración con estrépito» (Lv. 23:24), o «día de tocar» (Nm. 29:1); dando paso al ciclo anual de las Siete Fiestas de Yahvé, que comenzaba con el «Día de la Expiación» (Lv. 23:27), para el cual todos los israelitas debían prepararse.

Año jubilar. Segunda «fiesta de equilibrio social», relacionada como clímax con el año sabático en la legislación de Levítico 25. Así como el sábado —séptimo día de la semana— era el día de descanso; el séptimo año —o año sabático— también era año de descanso; el séptimo de siete años sabáticos —año jubilar o sábado de sábados— era año de descanso y restitución en los distintos órdenes de la vida económica de Israel. El año jubilar no es sino una extensión del mandamiento del sábado aplicado a la nueva realidad del Israel asentado en la tierra prometida (cf. Lv. 25:1). Se liberaban las propiedades; las tierras enajenadas voluntariamente o por necesidad volvían a ser propiedad de su legítimo dueño; las personas, aquellas que habían caído en esclavitud debían regresar a su familia (cf. Lv. 25:10). Siguiendo las mismas prescripciones que el año sabático la tierra guardaba descanso (Lv. 25:8-16). Con estas medidas se pretendía que cada cincuenta años todo el mundo tuviera la posibilidad de volver al equilibrio perdido, tanto en lo social como en lo económico, como un modo de corregir los abusos e impedir la acumulación de los bienes en manos de unos pocos.

Año sabático. Al igual que el año de jubileo, el año sabático debe considerarse como un año de descanso y equilibrio social que acontece cada siete años, a semejanza de lo que ocurre con el sábado respecto de los demás días de la semana. Este año repercutía en la agricultura, porque las tierras se dejaban en barbecho, sin plantar nada (Éx. 23:10,11; Lv. 25:1-7); en las personas pobres de la comunidad, que se podían alimentar libremente de lo que creciera espontáneamente (cf. Is. 37:30) en el campo y en los árboles: «para que coman los necesitados de tu pueblo y para que de lo que quede coman también los animales del campo» (Éx. 23:11; Lv. 25:7); y en las finanzas, ya que durante el año sabático se obligaba «perdonar las deudas» a cualquier hebreo: «Todo aquel que dio un préstamo con el cual obligó a su prójimo, perdonará a su deudor. No lo exigirá de su prójimo o de su hermano» (Dt. 15:2); la excepción era el extranjero (v. 3).

Apocalipsis. Trascripción del substantivo gr. *apokálypsis*, que significa «revelación». Atribuido tradicionalmente al apóstol Juan, el Apocalipsis es un libro de consolación y de esperanza, una gran profesión de fe en el señorío cósmico de Cristo Señor, vencedor del pecado y de la muerte. La fecha de su redacción es objeto de controversia, la mayoría de autores la sitúa a finales del siglo I, relacionándola con la persecución de Domiciano contra los cristianos, pero un número significativo la datan a finales de los sesenta, conectándola con la persecución de Nerón.

Su autor se presenta a sí mismo como Juan, «siervo de Dios» (1:2). No muestra ningún título eclesial ni apostólico. El único título que usa es: «Hermano y compañero en la tribulación» (1:9). Con todo, se presenta con autoridad y pide obediencia (22:18-19). Su autoridad viene de la Palabra de Dios (1:2; cf. 10:8-11) y por eso tiene autoridad para hablar. Parece ser que era el supervisor general de las comunidades del

Asia Menor, pues para ellas envía su libro (1:4,11), cuyas circunstancias y problemas no le son desconocidas (2:1-3,22). Dice haber sido desterrado por causa del Evangelio a la isla de Patmos (1:9). No existe hoy duda alguna de que este Juan es el mismo que nos dejó también el Cuarto Evangelio y las tres Cartas que llevan su nombre. La tradición cristiana, como hemos dicho, reconoce por autor del Apocalipsis al apóstol Juan, uno de los Doce (Papías, Justino, Ireneo, Teófilo, Cipriano, Tertuliano, Hipólito, Clemente Alejandrino, Orígenes, etc.) Que éste presenta puntos de contacto con el del Cuarto Evangelio resulta difícil de negar. En ambos casos, el Hijo es llamado el Verbo; se le identifica con el Cordero de Dios; y se habla de su victoria ligada a la de los que le siguen (cf. Jn. 16:33 y 1 Jn. 5:4). Añadamos a esto que las iglesias de Asia Menor se relacionan históricamente con el ministerio de Juan en la Diáspora.

Este conjunto de circunstancias conecta estrechamente a ambos autores, pero, pese a todo lo anterior, la diferencia de estilo literario entre ambas obras dificulta la identificación sin más del autor del Cuarto Evangelio con el del Apocalipsis. Se ha alegado que tales diferencias se deben al género literario o a la imposibilidad de pulir el estilo de la obra en Patmos, pero tales opciones distan de ser plenamente convincentes. Resulta, no obstante, difícil negar que ambos autores ofrecen indicios de moverse en un mismo ambiente doctrinal.

Apocalíptica, Literatura. Conjunto de obras de carácter escatológico referidas al final de la historia como la confrontación última entre las fuerzas celestes de Dios y el poder tiránico de los imperios, cuya llegada está próxima. La apocalíptica surge en el judaísmo, su orígen literario debe buscarse en la segunda mitad del libro de Daniel (caps. 7-12) donde se encuentra la más temprana *literatura apocalíptica* en sentido estricto; una clase de escritura que fue imitada y desarrollada hasta la destrucción del segundo Templo. Dicha escritura propone ser una revelación (gr. *apocalypsis*) del futuro, especialmente para el final del mundo, la cual fue dada algunos siglos anteriores y quedó oculta (gr. *apocrifon*) hasta la crisis presente.

Surgió a raíz de las conquistas de Alejandro Magno y del gobierno de sus sucesores sobre Israel, cuya política de helenización forzada y de la persecución subsiguiente originó la revuelta macabea. En ese turbulento período, el judaísmo comenzó a reflexionar sobre su destino de pueblo elegido, sometido políticamente por una parte, y preñado de expectativas gloriosas, por otra.

Es característico de la apocalíptica el uso de géneros literarios asombrosos, que los lectores antiguos eran capaces de descifrar mejor que los modernos: un rico simbolismo, visiones, sueños, metáforas fantásticas, enigmas y cifras simbólicas que comprenden objetos, animales, plantas, realidades astrales, etc., fórmulas cabalísticas, un fuerte dualismo entre el cielo y la tierra, la lucha escatológica entre el mundo divino y las fuerzas del mal, ángeles y demonios, etc. La escatología apocalíptica responde a un tiempo de lucha y exasperación que se revuelve contra los enemigos de la fe de Israel, lo cual explica la visión negativa de la historia presente, determinada por el dualismo cosmológico del eón actual y el eón futuro (cf. 2 Enoc 66:6; Ro. 12:2; 1 Co. 1:20; 2:6-8; 2 Co. 4:4; 2 Esd. 4:5-11; 5:5; 6:20). La apocalíptica considera al eón presente sometido al imperio del mal y espera el advenimiento del eón futuro como la ruina del presente y la liberación de los justos, cuya fecha sólo los entendidos conocen (Dn. 2; 7:1ss.; 9:22ss.; 1 Enoc 10:12; 89; 90:17; 91:15; 93:3).

Los primeros cristianos, de procedencia judaica, inmersos en ese ambiente imaginario, asociaron la venida del Reino con la venida triunfal de Jesús, cuya resurrección le había situado ya más allá de los poderes de este mundo, sentado a la diestra del supremo poder divino (cf. Mt. 26:64; Mc. 14:62; Lc. 22:69; Ef. 1:21; 4:10; Col. 3:1).

Es común a casi toda la apocalíptica el uso de «pseudonimia», consistente en atribuir la paternidad del escrito a un autor ilustre del pasado: Enoc, Moisés, Elías, Isaías, Esdras, etc., reconocido unánimemente como una autoridad profética.

Con respecto al NT y al libro del Apocalipsis, las semejanzas que se han señalado entre éste y la literatura apocalíptica son el trasfondo común de las profecías del AT, la visión gloriosa del triunfo del Reino de Dios y de su Mesías, el establecimiento del Reino teocrático. Sin embargo, los contrastes son acusados. El libro del Apocalipsis intenta, más que describir el drama escatológico, mostrar que cuantos se adhieren vivencialmente a Cristo comparten ya esa perspectiva de plenitud que la literatura apocalíptica asociará con el fin del mundo.

Apócrifos (gr. «escondidos», «secretos»). Escritos religiosos que contenían enseñanzas ocultas, demasiado sagradas para ser divulgadas o dadas a conocer a los profanos. Originalmente, «apócrifo» era un título de honor entre los gnósticos, y no de denigración. El cristianismo primitivo, en su lucha contra la herejía aplicó el término *apócrifo* a todos los escritos de origen desconocido, cuya adjudicación a autores próximos a Jesús o a los doce apóstoles era improbable y cuyo contenido era herético. En el transcurso del siglo XVI, adquirió un sentido distinto cuando la Reforma lo aplicó a todos los escritos extracanónicos del AT, concretamente la pequeña colección de libros que se encontraban en la Biblia Vulgata latina y que los católicos llaman «deuterocanónicos». En este último caso, apócrifo no significa necesariamente herético ni falso; simplemente «no inspirados», aunque relevantes en el campo de la historia y de la evolución religiosa del período intertestamentario. En una palabra, ni son secretos ni falsos, sino secundarios.

Apolión (gr. «destruir»). Nombre del ángel del abismo, rey de las langostas infernales (Ap. 9:1-11) equivalente del hebreo Abadón. Este nombre también se encuentra en la literatura apócrifa y prob. es una referencia al dios griego *Apólon*, Apolos, que tenía la doble propiedad de «belleza» y «fuego», que se expresaba en forma destructiva.

Apolos. Judío nacido en Alejandría, elocuente, decidido y versado en las Escrituras judías (Hch. 18:24). Al parecer, sólo tenía noticias del bautismo de Juan y algo de la vida de Jesús, a pesar de lo cual, enseñaba diligentemente todo lo que sabía relativo a Jesús, en especial los textos mesiánicos que él veía cumplidos en la persona y obra del maestro de Galilea (Hch. 18:28). En Éfeso fue instruido con mayor detalle por Priscila y Aquila (Hch. 18:25). Sin duda, Apolos era judío helenista, es decir, un hombre abierto a las corrientes culturales del mundo grecorromano, y tenía interés en ir a Grecia a extender el conocimiento del Evangelio. Recibió el respaldo y la aprobación de los hermanos (v. 27). Su ministerio le hizo muy popular en Corinto y debió formarse un grupo de discípulos en torno a su persona, al igual que otros en torno a la persona del apóstol Pablo, y también de Pedro, dando lugar a rivalidades inevitables (1 Co. 3:4-8). El apóstol Pablo les escribió disgustado, acusándoles de «carnales», ya que en el plan divino y la obra de Dios, «ni el que planta es algo, ni el que riega; sino Dios, quien da el crecimiento». Es evidente que la formación de estos grupos surgió sin el conocimiento ni la aprobación de los interesados (cf. 1 Co. 4:6). Aparte de unas breves referencias en 1 Co. 16:12 y Tit. 3:13, no sabemos nada más de Apolos. Muchos, entre ellos Lutero, piensan que fue el autor de la Espístola a los Hebreos.

Apostasía. Renuncia de la propia fe o religión, verbal o virtualmente, mediante hechos y acciones. En el AT se traduce en infidelidad a la Ley. La historia del pueblo de Israel se entreteje con una serie de traiciones —apostasías— que motivan los desastres nacionales, atribuidos por los profetas a la propia infidelidad de los israelitas que se apartan de los caminos de Dios, para seguir los suyos propios (cf. Sal. 125:5; Is. 56:11; Jer. 17:13; Sof. 1:6).

En el NT esta palabra se usa en Tesalonicenses, donde se enseña que el día del Señor no puede venir hasta que no venga «la apostasía» (2 Ts. 2:3), o abandono del cristianismo en relación con la manifestación del hombre de pecado. Con respecto a apostasía individual, se trata en pasajes como Hebreos (He. 3:12; 10:26, 28), y en la Epístola de Judas. Hay también advertencias de que este tipo de apostasía se irá generalizando al ir finalizando la presente dispensación (1 Ti. 4:1-3; 2 Ti. 2:5). Una apostasía implica necesariamente una posición de la que se puede caer, una profesión hecha que se abandona de manera deliberada. No se trata de un cristiano que cae en algún pecado, sino de un abandono definido del cristianismo por parte de un profesante no convertido, que no ha experimentado la regeneración de la conversión. Las Escrituras no ofrecen ninguna esperanza para tal estado.

Apóstol. A juzgar por el uso de la época, el «apóstol» no es en primer lugar un misionero, o un hombre del Espíritu, y ni siquiera un testigo, sino un «emisario», un «delegado», un «plenipotenciario», un «embajador». El sustantivo *apóstolos* aparece 80 veces el NT. Como título se aplica a numerosos personajes: los doce discípulos escogidos por Jesús para fundar su Iglesia (Mt. 10:2; cf. Ap. 21, 14), así como Pablo, «apóstol de los gentiles» por excelencia (Ro. 11:13). Pero hay además, según el uso constante de Pablo mismo, «los otros apóstoles, y los hermanos del Señor, y Cefas... y Bernabé». (1 Co. 9:5s.), todos los cuales llevan el mismo título; así pues, junto a Pedro y a los Doce tenemos a «Santiago y los apóstoles» (1 Co. 15:5ss.; cf. Gál. 1:19) —también se habla del carisma del apostolado (1 Co. 12:28; Ef. 4:11). El Apocalipsis previene contra «los que se dicen apóstoles, pero no lo son» (Ap. 2:2), y Pablo menciona a algunos «falsos apóstoles» (2 Co. 11:13; cf. 1 Co. 9:4-6).

Apóstolos se convirtió muy pronto en un término técnico para indicar a todos los «enviados», primero por el Jesús terreno y resucitado, y luego por las primeras comunidades cristianas; designa tanto a los Doce como a los otros enviados a las distintas comunidades judeocristianas y gentiles.

Apóstoles, Los Doce. En los Evangelios sinópticos se dice que desde el principio de su ministerio Jesús llamó a algunas personas, en número de doce, para instruirles de un modo especial con vistas a una misión (Mc. 3:14). El llamamiento de los doce apóstoles se describe casi con las mismas palabras en los sinópticos (Mt. 10:1-4; Mc. 3:13-19; Lc. 6:12-16), lo cual indica que son literariamente dependientes. El Evangelio de Juan, si bien menciona varias veces a «los doce», en ningún momento de su redacción recoge la lista de sus nombres, aunque algunos de ellos son citados en diversas partes de su texto por acontecimientos puntuales referidos a cada uno de ellos, pero sin darles el título de «apóstoles». Juan presupone que los lectores conocen el grupo tradicional de los doce, que se presentan como los elegidos por el mismo Jesús y de los cuales hay uno que lo traicionará (6:70-71). Conoce de nombre a ocho por lo menos de sus componentes: Simón, Andrés, Natanael, Tomás, Santiago, Judas de Santiago y Judas Iscariote (1:35-51; 6:5; 12:21-22; 14:22; 21:1-2).

El número doce no es caprichoso, sino que guarda relación con las doce tribus de Israel, con sus cabezas representativas, los Patriarcas. Por ello podemos decir que la elección de doce apóstoles, cuales padres de respectivas familias futuras, tiene un sentido escatológico claro. Representan a las doce tribus del nuevo Israel que se sentarán en el banquete del final de los tiempos para juzgar a las doce tribus del viejo Israel (Mt. 19:28). La elección de un duodécimo apóstol en sustitución del caído Judas aparece indispensable para que se descubra en la Iglesia naciente la figura del nuevo Israel (Hch. 1:15-26). Los Doce son para siempre el fundamento de la Iglesia: «El muro de la ciudad tenía doce hiladas, y sobre ellas los nombres de los doce apóstoles del cordero» (Ap. 21:14, cf. Ef. 2:20). Su especial significación dentro de la institución apostólica del primitivo cristianismo estriba en que ellos representan el eslabón entre el Jesús histórico y la Iglesia que se va constituyendo; en haber sido los primeros que recibieron la misión autoritativa y en ser, además, los testigos privilegiados de la salvación de Dios en Cristo.

El NT ofrece muy pocas noticias de los doce apóstoles y su actividad, exceptuando Pedro, Juan y Santiago el Menor. Lo que sabemos de ellos es debido en gran parte a tradiciones orales del siglo II recogidas en sus respectivas historias eclesiásticas por Eusebio, Hegesipo, Nicéforo y otros.

Según Hch. 8:1, parece ser que los Doce permanecieron en Jerusalén y actuaron solamente en Palestina (Hch. 8-11), a excepción de Pedro, de quien se dice expresamente que marchó «a otro lugar» (Hch. 12:17). El resto desaparece del horizonte de la historia (Hch. 16:4) después de ser mencionados con ocasión del llamado Concilio de Jerusalén (Hch. 15).

Aquila (lat. «águila»). Judío converso oriundo del Ponto, que adoptó el nombre latino de Aquila, probablemente en honor a la casa patricia romana de los Aquila. Su nombre aparece siempre junto al de su esposa Priscila. Pablo lo conoció en Corinto (Hch. 18:2), y juntos trabajaron como fabricantes de tiendas. Aquila y Priscila habían sido expulsados de Roma bajo el edicto de Claudio contra los judíos. Viajaron con Pablo a Éfeso, donde pudieron ayudar espiritualmente a Apolos (Hch. 18:18-26). Se hallaban todavía en Éfeso cuando Pablo escribió la primera epístola a los Corintios (1 Co. 16:19), y se hallaban en Roma cuando se escribió la epístola a los creyentes de allí. En ella dice Pablo que ellos habían arriesgado sus vidas por él, y que él y todas las iglesias de los gentiles se lo agradecían (Ro. 16:3, 4). En la última epístola de Pablo aún les envía saludos (2 Ti. 4:19).

Aquilón. Viento seco del norte (Lc. 13:29; Ap. 21:13) que en Israel generalmente soplaba desde junio hasta septiembre.

Aquis. Nombre de dos reyes filisteos.

1. Rey de Gat, en cuya corte se refugió David dos veces para protegerse de la persecución de que era objeto por parte de Saúl. La primera vez sus siervos le recordaron cómo David tenía fama de haber matado «sus diez miles». Al oír esto, David tuvo miedo y se fingió loco, y Aquis lo hizo expulsar (1 Sam. 21:10-15). La segunda vez que David huyó de Saúl, Aquis le dio la ciudad de Siclag. Al pedirle Aquis que le ayudara en su guerra contra Israel, David se vio obligado, muy a su pesar, a incluirse en el ejército filisteo. Sin embargo, los otros príncipes se negaron a aceptar su ayuda, temiendo que David se pasara al enemigo (1 Sam. 27, 28).
   Este rey es llamado en otro lugar Abimelec: «Salmo de David, cuando cambió su conducta ante Abimelec, y éste lo echó, y él se fue» (Sal. 34:1). Quizá se deba a una corrupción de «Aquis el rey», en heb. *Akis melek*.
2. Otro rey de Gat, sucesor del anterior, a quien acudieron en busca e refugio los siervos de Simei, que había maldecido a David cuando éste huía de Absalón. Esto llevó a la muerte de Simei, pues tenía prohibido salir de Jerusalén (1 R. 2:39-46).

Arabá (heb. «desierto»). Gran valle o depresión geológica que atraviesa Palestina de norte a sur, desde el monte Hermón hasta Eiliat, incluyendo el lago de Genesaret, la llanura del Jordán, el mar Muerto y la tierra más al sur de éste, hasta el mar Rojo. En la Biblia, el Arabá designa casi exclusivamente la hondonada del Jordán (Dt. 1:7; Jos. 18:8); hoy se llama así solamente la depresión del mar Muerto.

Árabes. Designación nacional de los habitantes de la región denominada Arabia, compuesta por tribus nómadas al sur y al este de Palestina. De origen semita, a partir del tercer milenio a.C. invadieron en tres oleadas sucesivas la actual Mesopotamia, Siria y el Asia anterior. Los que permanecieron en la Península Arábiga representan el fondo de esos pueblos. En la primitiva historia hebrea aparecen como parientes de los hebreos, descendientes de Isamael, hijo de Abraham con su sierva Cetura. Se alude a su vida pastoral en el desierto (Is. 13:20; Jer. 3:2; 2 Mac. 12:11); su territorio se asocia al país de Dedán, mercaderes caravaneros (Is. 21:13), Tema y Buz (Jer. 25:24), los cuales supuestamente ocupaban el norte de la Península Arábiga.

En los días de Salomón, todos los reyes o jeques de Arabia le rendían tributos (1 R. 10:15; 2 Cro. 9:14), posteriormente se rebelaron contra el dominio hebreo, atacaron la capital del reino de Judea, aliados con los etíopes, tomaron todos los bienes que hallaron en el palacio real, y también a los hijos y a las mujeres de Joram, excepto Ocozías, el menor de los hijos (2 Cro. 21:16-22:1). El rey Uzías sometió a los árabes que habitaban en Gur-baal (2 Cro. 26:7). Durante la cautividad, parece que se extendieron sobre todo el territorio palestino, ya que cuando se produjo el regreso de los exiliados judíos, los árabes se cuentan entre los principales opositores a la restauración de Jerusalén, entorpeciendo las obras de Nehemías (Neh. 4:7). En la historia posterior, los árabes sirvieron bajo Timoteo en su guerra con Judas Macabeo, pero fueron derrotados (1 Mac. 5:39; 2 Mac. 12:10).

Aram, arameos (heb. prob. «tierras altas»). Nombre de una nación y de varios personajes y pueblos del AT, en especial de uno de los hijos de Sem, progenitor de los arameos (Gn. 10:22ss.; 1 Cro. 1:17), primitivos moradores de Siria. Las inscripciones en escritura cuneiforme mencionan a los arameos a partir del año 1300 a.C. como nómadas de las estepas situadas entre Palestina y Mesopotamia, desde donde penetraron en los países cultivados, asimilando la cultura hurrítica, más antigua. En el AT se les menciona aprox. desde el año 1000 a.C., así como a pequeñas provincias arameas cuya importancia sería pronto superada por la del potente reino de Damasco, que mantuvo una rivalidad considerable durante dos siglos con Israel. Los asirios pusieron fin en el año 732 a.C. a la independencia de su reino y de sus tribus, incluyendo Damasco.

Arameo, Lengua. Lengua semítica noroccidental, relacionada con el hebreo y el fenicio, originariamente dialecto semítico de las tribus arameas, que hacia el año 1300 a.C. penetraron en la región de cultura siropalestinense, fundando allí varias ciudades. El arameo se hablaba desde el segundo milenio antes de Cristo. En la Biblia queda un indicio de que Labán hablaba arameo en el nombre *Jegar Sahaduta* que dio al monumento erigido para recordar la alianza con Jacob, al que este último llamó en hebreo Galaad (cf. Gn. 31:47). Llegó a ser la lengua comercial de casi toda el Asia Menor. Usada primero por las gentes cultas y en las relaciones diplomáticas (cf. 2 R. 18:25), se convirtió más tarde en la lengua del pueblo. En el siglo VIII a. C. el arameo era una especie de lengua común, especialmente por la influencia del Imperio persa. Éstos difundieron el arameo por toda la Mesopotamia, hasta Afganistán, Egipto y Norte de Arabia, de cuya época quedan documentos escritos en los monumentos y en distintas formas. A raíz del cautiverio babilónico los judíos sustituirán gradualmente el hebreo por el arameo, hasta derivar hacia el hebreo cuadrado o judaico que es una variante del arameo. Esta lengua era mucho más flexible que el hebreo, más apta para expresar los matices y circunstancias de un relato o las evoluciones del pensamiento. Las partes del AT que fueron escritas en arameo son: Esdras 4:8-6:18; 7:12-26; Daniel 2:4b-7:28; Jeremías 10:11 y dos palabaras en Génesis 31:47, mientras que sigue abierto el debate de si el Evangelio de Mateo fue originalmente escrito en arameo antes de su traducción al griego. En el NT aparecen varias expresiones arameas, p.ej.: «Talitha cumi», «Maranatha» y «Elí, Elí, lama sabactani». Investigadores recientes, sostienen la teoría de que no sólo los Evangelios fueron originalmente redactados en arameo, sino también las cartas de san Pablo.

Ararat. Topónimo de una región montañosa de Armenia junto al curso medio del Araxes, donde, según Gn. 8:4, se asentó el arca de Noé. El Ararat es probablemente el reino Urartu en los montes armenios, del que se habla en inscripciones cuneiformes, y cuyo florecimiento se desarrolló entre los siglos IX y VII a.C. Aquí huyeron los dos hijos de Senaquerib, después de asesinar a su padre (2 R. 19:37; cf. Tobit 1:21). En la actualidad reciben el nombre de Ararat dos montañas en la región montañosa del borde sur de la altiplanicie de Erivan, en Turquía. Los campesinos de la región tienen tradiciones sobre el arca de Noé. Durante la década de 1973 a 1983 se han efectuado muchas expediciones para explorar la región y los montes de Ararat.

Arauna. Jebuseo, propietario de una era junto a la cual se detuvo el ángel exterminador. Recibe también el nombre de Ornán (1 Cro. 21:15-28). Por mandato del profeta Gad, David compró dicha era y unos bueyes para ofrecer en sacrificio a Yahvé (2 Sam. 24:16-24). Posteriormente, Salomón construyó allí mismo el Templo (2 Sam. 24:16-25), es lo que hoy se conoce como el área del templo, en el sureste de Jerusalén.

Árbol. El árbol es uno de los símbolos más ricos de la Biblia en particular y de las religiones en general. La figura del árbol con su firme arraigo en la tierra, su fuerte tronco que crece derecho y sus ramas en tensión hacia el cielo, se ha considerado frecuentemente como símbolo de la unión entre la vida sobre la tierra y la vida del cielo. Algunos árboles del AT tienen un significado especial en la historia del pueblo de Dios, ya que cerca de ellos tuvo lugar algún acontecimiento de especial significación; así:la encina de More en Hebrón, donde el Señor se apareció dos veces a Abraham (Gn. 12:6-7; 18:1); el encinar de Mamre que está en Hebrón, donde Abraham edificó un altar (Gn. 13:8); el terebinto de Bet-el; la encina de Jabes, donde los habitantes de las cercanías enterraron a Saúl y a sus hijos; la encina de Ofra, donde el Señor se apareció a Gedeón; el valle de Ela, donde David mató a Goliat; el tamarisco de Beerseba, donde Abraham, después de establecer alianza con Abimelec, levantó un altar al Señor; el tamarisco de Gabaa, donde Saúl recibió la noticia de que habían descubierto a David; la palmera de Débora, donde ésta solía sentarse y donde los israelitas subían juntos para los juicios; el granado de Migrón, donde estaba sentado Saúl cuando Jonatán intentó cruzar las filas enemigas de los filisteos (Gn. 12:6-7; 18:1; Gn. 13:8; 1 R. 13:14; 1 Cro. 10:12; Jue. 6:11; 1 Sam. 17:2; Gn. 21:23-33; y 1 Sam. 22:6; Jue. 4:5; 1 Sam. 14:2). Estos pasajes y muchos otros nos indican hasta qué punto los árboles gozan de un carácter privilegiado, si bien accidental, en los hechos del pueblo de Dios. Los profetas y las leyes ordenan destruir todo árbol que pueda ser, aun indirectamente, objeto de veneración o de culto que solamente se debía rendir al Señor (Dt. 12:2-3; 16:21; Jer. 2:20).

Árbol de la ciencia del bien y del mal. Uno de los dos árboles que se encontraban en medio del Paraíso, la comida de cuyo fruto estaba prohibida a la primera pareja humana (Gn. 2:9). La locución «del bien y del mal» no parece referirse tanto a reglas morales como a la noción del universo, cuyo conocimiento está reservado a Dios. Una vez que la mujer y el hombre, seducidos por la insinuación de la serpiente, probaron su fruto, descubrieron su desnudez y conocieron la vergüenza, lo cual no significa un despertar de la conciencia sexual, que estaba ya implícita en Gn. 2:23-24.

Árbol de la vida. Árbol colocado por Dios en medio del Paraíso (Gn. 2:9), cuyo fruto le es vedado al ser humano después del pecado. Garantizaba, al parecer, la inmortalidad de la primera pareja comiendo regularmente de sus frutos. Para impedir que el hombre tienda su mano y coma de él después de haber pecado, Dios lo expulsa del Edén y protege el árbol con querubines de espada llameante. Este árbol ya no vuelve a mencionarse hasta la literatura sapiencial que fusiona ambas imágenes, la de «árbol de la vida» y «árbol de conocimiento», y las utiliza frecuentemente como imagen de la vida moral del hombre, que conduce a la felicidad y «abundancia de días» (Prov. 3:13-18; 11:30; 13:12; 15:4).

Arca de la alianza. Cofre sagrado del Tabernáculo y del Templo. Estaba hecho de madera de acacia, recubierto de oro puro por dentro y por fuera. Tenía 2-1/2 codos de longitud y 1-1/2 codos de anchura y de altura, con una corona o cornisa de oro a su alrededor. Tenía a cada lado anillas de oro donde se insertaban las barras con las que era transportada. Su cubierta, sobre la que había dos querubines totalmente de oro, recibía el nombre de propiciatorio. Durante el primer viaje de los hijos de Israel desde el monte Sinaí el arca del pacto fue delante de ellos, «buscándoles lugar de descanso», ejemplificando el bondadoso cuidado de Dios hacia ellos (Nm. 10:33). Cuando llegaron al Jordán, el arca era llevada por los sacerdotes 2.000 codos por delante de las huestes, para que supieran por dónde debían ir (Jos. 3:3, 4), y el arca permaneció sobre los hombros de los sacerdotes en el lecho del río, hasta que todos hubieron pasado (Jos. 3:17). El arca les acompañó en su primera victoria en Jericó. El tabernáculo fue plantado en Silo, e indudablemente el arca quedó allí (Jos. 18:1). En los días de Elí, al verse derrotado por los filisteos, los israelitas fueron a buscar el arca a Silo, para que ella los salvara. Se vieron de nuevo derrotados, y el arca, sobre la que habían depositado su confianza, en lugar de en Yahvé, fue tomada por los filisteos (1 Sam. 5:1). Pero el arca les provocó tales desgracias que decidieron devolverla a los israelitas y la dispusieron a bordo de un carro nuevo. Éste, tirado por dos vacas que criaban, sin conducción alguna, se alejó de sus terneros, milagrosamente, y se dirigieron a Bet-semes. Allí, Dios hirió a los hombres de aquel lugar por haber mirado dentro del arca. Quedó después en casa de Abinadab (1 Sam. 6; 7:1, 2), en Quiriat-jearim.

Años después David quiso llevar el arca a Jerusalén, imitando la manera en que lo habían hecho los filisteos, que ignoraban las instrucciones precisas de Dios en la ley acerca de cómo ésta debía ser llevada. De ello sobrevino una desgracia, pues David debía conocer la Ley, y fue culpable de descuido en las cosas sagradas, juntamente con aquellos que le rodeaban. Llevada a casa de Obed-edom, Dios bendijo esta casa. Entonces David hizo llevar el arca de nuevo, esta vez siguiendo el orden divino, a hombros de los levitas (2 Sam. 6).

Cuando Salomón hubo construido el templo, el arca fue llevada allí, y fueron quitadas las varas con que era llevada: el arca había hallado ahora su lugar de reposo en el reino de Salomón. Había en ella solamente las dos tablas de piedra de la Ley (1 R. 8:11). El maná había cesado cuando comieron del fruto de la tierra, que tipifica al Cristo celestial; y no se precisaba del testimonio de la vara de Aarón ahora que estaban en el reino teocrático. Las circunstancias del desierto, en las que eran tan precisos el maná y el sacerdocio de Cristo, habían ahora pasado. Esto se menciona en Hebreos (He. 9:4) porque allí lo que se considera es el tabernáculo y no el templo; la peregrinación y no el reposo.

No se hace más mención del arca; se supone que fue llevada con las vasijas sagradas a Babilonia y que nunca volvió. Si es así, no hubo arca en el segundo templo ni en el templo erigido por Herodes. Tampoco leemos de ningún arca en relación con el templo descrito por Ezequiel. El judaísmo esperaba la reaparición del arca al final de los tiempos (2 Mac. 2:4-8), lo cual, según el Apocalipsis tiene lugar en el cielo (Ap. 11:19). Según la interpretación cristiana, el sentido del arca ha hallado su cumplimiento o realización en Cristo, que es la Palabra de Dios que habita entre los hombres (Jn. 1:14; Col. 2:9), que obra la salvación (1 Ts. 2:13) y viene a ser el verdadero propiciatorio (Ro. 3:25; 1 Jn. 2:2; 4:10).

Arca de Noé. Embarcación que Noé construyó por orden de Dios (Gn. 6:1-9,19). Según el relato bíblico, el arca de Noé era una especie de caja enorme construida con el propósito de salvar a Noé, a su familia y a una pareja de animales impuros de cada especie y siete parejas de animales puros del diluvio que Dios iba a enviar sobre la tierra (Gn. 6:19; 7:2). Cuando Noé completó su construcción, él, su familia y los animales entraron el mismo día que «fueron rotas todas las fuentes, y las cataratas del cielo se abrieron, y hubo lluvia sobre la tierra cuarenta días y cuarenta noches». Sólo Noé y los que estaban con él en el arca sobrevivieron (Gn. 7:17-20). Después de unos 220 días, el arca se detuvo sobre los montes de Ararat, nombre de una región, concretamente Armenia. Cuando Noé, su familia y los animales salieron del arca, Noé ofreció un sacrificio a Yahvé, y éste decidió que nunca volvería a maldecir a la tierra debido al hombre, y que no volvería a destruir toda la vida en ella. En la simbología cristiana el arca, por la que ocho personas fueron salvadas de las aguas, simboliza el bautismo cristiano (1 Pd.). Más tarde, el arca tendrá la significación alegórica de la Iglesia, «arca de salvación». Ver DILUVIO.

Arcángel (gr. «jefe o príncipe de los ángeles»). Nombre que sólo aparece en el NT en Jud. 1:9 y Ap. 12:17 en relación a Miguel. En 1Ts. 4:16 hace referencia al sonido de la voz del Señor Jesús en su segunda venida. En la angelología del judaísmo postexilio aparecen siete «arcángeles», pero sólo tres, Gabriel, Miguel y Rafael son mencionados en las Escrituras canónicas. Los otros, de acuerdo al libro de Enoc, son Uriel, Raguel, Sariel y Jerahmeel (cap. 22), mientras que de otras fuentes apócrifas se obtienen los nombres de Izidkiel, Hanael y Kepharel, en vez de los últimos tres en la lista anterior. La categoría judía de los «arcángeles» es reconocida en el NT (1 Ts. 4:15), pero sólo Gabriel y Miguel son citados por nombre.

Arco (gr. «gobernante excelente). Macedonio de Tesalónica, compañero de Pablo en varios de sus viajes y en su ida a Roma. Compartió voluntariamente la prisión del apóstol en Roma (Hch. 19:29; 20:4; 27:2; Col. 4:10; Flm. 24).

Arco iris. Señal dada a Noé por parte de Dios como pacto de que no volvería a destruir el mundo con un diluvio (Gn. 9:13-16).

Areópago. Una de las colinas más bajas en la parte occidental de Acrópolis de Atenas, consagrada a Ares (Marte), el dios de la guerra. Allí se reunía la suprema corte de Atenas para dictar sus juicios y celebrar sus consejos. No hay seguridad sobre si Pablo (Hch. 17:16ss.) fue conducido a la colina de Ares en la vertiente oeste de la Acrópolis, lugar tradicional de reunión del Areópago, o si la confrontación tuvo lugar en el pórtico real del Ágora, donde el tribunal se reunía algunas veces en la época imperial romana. Hay que notar que Pablo no fue llevado ante el Areópago para ser juzgado, sino para informar al consejo de la ciudad sobre la naturaleza de sus enseñanzas. Uno de los miembros de la asamblea, Dionisio, llamado el Areopagita, se convirtió como resultado de la predicación de Pablo, si bien los demás se burlaron de él, y juzgaron la propaganda de Pablo inofensiva por absurda. Pablo no persistió en su enseñanza, sino que aguardó la llegada de Silas y Timoteo, marchando después de Corinto.

Aretas. Nombre dinástico de varios reyes nabateos, que en árabe significa «forjador». Lo poco que sabemos de los nabateos y sus reyes proviene de geógrafos e historiadores romanos.
El primero del que tenemos noticias es Aretas I, contemporáneo del sumo sacerdote judío Jasón, acusado de usurpar el cargo. Debido a sus buenas relaciones con los judíos, Aretas I persiguió a Jasón forzando

su huida a Egipto (2 Mac. 5:8). Aretas II se puso del lado de Gaza en su discordia con los macabeos. Gracias a la ayuda nabatea, la ciudad de Gaza, sitiada por los judíos, pudo resistir el ataque de sus enemigos (c. 100 a.C). Con Aretas IV el reino nabateo alcanza su máximo esplendor. Su hija estaba casada con Herodes Antipas, que reinó en Galilea y en Perea entre los años 4 a.C. a 39 d.C. Se ha supuesto que en este período ocurrieron los hechos a los que se refiere san Pablo en 2 Co. 11:32, cuando el gobernador o etnarca de Damasco, representante del rey Aretas IV, intentó prender al apóstol (cf. Hch. 9:24). En este caso, tenemos algunos datos para fijar la cronología de la vida de Pablo. De Gál. 1:18 se deduce que fue a Jerusalén desde Damasco tres años después de su conversión. El emperador Tiberio murió el 16 de marzo del 37, y la cuestión relativa al gobierno de Damasco se zanjó en el segundo año de Calígula, lo que nos lleva a principios de los años 40 para la visita del apóstol de la ciudad santa.

Arimatea. Población del territorio de Judá, patria de Samuel el profeta (1 Sam. 1:1) y aldea de donde era José, el discípulo secreto que pidió a Pilato el cuerpo de Cristo para darle sepultura (Mt. 27:50-60; Mc. 15:43; Lc. 23:51-53; Jn. 19:38). Entre las varias localizaciones propuestas, sólo dos rozan la probabilidad: Ramlah, al sur y cerca de Lida, y Rantis o Rentis, al nordeste y a unos 15 km de la misma.

Arioc (heb. «semejante a león»). Nombre de dos babilonios y de un lugar del AT.

1. Rey de Elasar, aliado de Quedarlaomer contra las ciudades de Sodoma y Gomorra (Gn. 14:1, 9). Nombre problemático durante mucho tiempo, ha sido asociado con Arriwaku, personaje mencionado en los archivos de Mari, al norte de Siria. Se trataría, pues, de Zimrilim, rey de Mari, contemporáneo de Hammurabi (s. XVIII a.C.).
2. Capitán de la guardia real de Nabucodonosor, a quien se confió la custodia de Daniel y sus compañeros (Dn. 2:14,15, 24, 25).
3. Llanura en la que tuvo lugar una batalla entre Nabucodonosor y Arfaxad y en la que intervino el rey de los elamitas, de la «llanura de Arioc» (Judit 1:6).

Aristóbulo (gr. «el mejor consejero»). Nombre de dos personajes bíblicos.

1. Filósofo judío residente en Alejandría de familia sacerdotal, maestro y consejero del rey de Egipto, Ptolomeo Filometor (2 Mac. 1:10). En una carta de Judas Macabeo aparece como representante del pueblo judío en Egipto y es llamado «maestro, consejero» del rey (2 Mac. 1:10-2:19).

2. Propietario de una casa, donde se reunía cierto número de creyentes, a quienes Pablo manda saludos (Ro. 16:10).

Armagedón (gr. «montaña de la destrucción»). Lugar apocalíptico donde los reyes de la Tierra y todas las naciones se reunirán para hacer guerra contra el Señor Jesús en el gran día del Dios Todopoderoso (Ap. 16:16). Parece ser una mención al gran campo de batalla de Palestina en el Esdraelón y a Meguido, al oeste del río Jordán, mencionado en diversos pasajes de las Escrituras (Jue. 5:19; 1 R. 4:12; 2 R. 23:29, 30; 2 Cro. 35:22; Zac. 12:11).

Armenia. País de Asia occidental en lo que hoy es el este de Turquía y el área limítrofe de la ex Unión Soviética con Irán. Armenia no es mencionado por nombre en la Escritura, pero generalmente se acepta que se alude a él, en su totalidad o parte, en los siguientes términos hebreos: *Ararat*, «tierra sobre las montañas», en una de las cuales reposó el arca de Noé después del Diluvio (Gn. 8:4). Los hijos de Senaquerib huyeron hacia esta región después de matar a su padre (2 R. 19:37; Is. 37:38). Aparece como uno de los tres reinos convocados a luchar contra Babilonia (Jer. 51:27). *Mini*, reino mencionado junto a los de Ararat y Asquenaz llamado a la lucha contra Babilonia (Jer. 51:27). *Togarmá*, que en la llamada tabla de las naciones aparece como el hijo pequeño de Gomer (Gn. 10:3; cf. 1 Cro. 1:6), a quien se atribuye la generación de los cimerios, armenios, georgianos y otros pueblos caucasianos. Después de la dispersión de Babel, los descendientes de Togarma se asentaron en las proximidades de Ararat, entre el mar Caspio y Euxino. El profeta Ezequiel dice que los de Bet-togarma pagaban las mercaderías de Tiro con caballos, corceles y mulos (Ez. 27:14); y se sabe que Armenia era famosa desde la Antigüedad por su cría de caballos.

Arnón (heb. «corriente estruendosa»). Río que antiguamente fue el límite entre el país de los amorreos, al norte, y el de los moabitas, al sur (Nm. 21:13, 26). Más tarde fue el límite entre la tribu de Rubén, al norte, y Moab, al sur (Dt. 3:8, 16; Jos. 13:16). Identificado con el actual Wadi el-Mogib constituye una enorme falla que se extiende de oeste a este y divide en dos secciones la espaciosa meseta de Transjordania, al oriente del mar Muerto.

Aroer (heb. «desnudez»). Nombre de tres poblaciones del AT.

1. Aldea junto a la ribera del río Arnón. Era el punto sur del reino de los amorreos gobernado por Sihón (Dt. 2:36; Jos. 12:2; Jue. 11:26),

y más tarde de la tribu de Rubén (Jos. 13:16); pero fue fortificado y ocupado por los gaditas (Nm. 32:34). Ahora se llama Arair y es un lugar desolado al sur de Dibón.

2. Una de las ciudades construidas por la tribu de Gad en Gilead (Nm. 32:34). Josué dice que «está enfrente de Rabá» (Jos. 13:25), en el territorio de los hijos de Amón.
3. Aldea al sur de Judá adonde David envió los despojos después de su victoria sobre los amalecitas (1 Sam. 30:28). Estaba situada en el Neguev y desempeñó un importante papel en las cartas de El-Amarna.

Arquelao (gr. «gobernante de pueblos»). Hijo de Herodes el Grande y Maltace la samaritana. Sucedió a su padre como etnarca de Idumea, Judea, Samaria y las ciudades marítimas de Palestina. Mt. 2:22 le llama «rey», gr. *basileo*, en el sentido de «príncipe», «regente». Debido a su carácter cruel, José temió llevar al niño Jesús a su territorio y se dirigió a Galilea, que se hallaba bajo la jurisdicción de su hermano Antipas (Mt. 2:22). Arquelao reinó 10 años. Josefo relata de él que poco después de su accesión al trono hizo dar muerte a 3.000 judíos. Al final fue depuesto por sus atrocidades y desterrado a Vienne en las Galias.

Arqueología. Ciencia histórica que estudia los materiales que en cualquier forma hayan dejado los hombres en épocas antiguas. Se llama arqueología «bíblica» a la que se realiza en lugares que están de alguna manera relacionados con las Sagradas Escrituras y que pueden por ello ayudar a comprender mejor cómo era la vida en los tiempos bíblicos, incluyendo las costumbres, la literatura, las creencias, etc. El precursor de la arqueología bíblica es sin duda el francés Paul-Emile Botta, cuyas excavaciones en el palacio de Khorsabad le llevaron a descubrir los restos del palacio del rey asirio Sargón II (721-705 a.C.), vencedor de Samaria (2 R. 17:6), donde encontró innumerables bajorrelieves e inscripciones que recordaban con todo detalle la deportación de los israelitas, que cifraban en 27.290 prisioneros y 50 carros. Su obra fue continuada por el inglés Layard que, a su vez, descubrió los grandiosos monumentos de la antigua Nínive. En ellos se puede contemplar a Salmasar III (858-824 a.C.) recibiendo el tributo de Jehú, rey de Israel (1 R. 19:16; 2 R. 9:10), y a Senaquerib asediando la ciudad palestinense de Lakis (año 701 a.C., 2 R. 18).

En 1802 el alemán Grotefrend sentó las bases para descifrar la escritura cuneiforme, fundándose en el texto persa de la inscripción trilingüe (iránica, elamita y acadia) de Behsitum. En 1873 el Louvre lograba la adquisición de la estela de Mesa, rey de Moab y temible adversario de Israel (2 R. 3:4). En 1880, en la salida del canal de Siloé,

se recogía la inscripción grabada en la roca que relataba «la perforación» mencionada en 2 R. 20:20, obra de Ezequías. En 1893 Sir Flinders Petrie descubría en Tebas (Egipto), en el templo funerario del faraón Meneftá (1234-1224 a.C.), una estela, conocida actualmente con el nombre de *Estela de Israel*, porque en ella aparece por primera y única vez en Egipto la mención de Israel a propósito de una de las campañas del rey. En 1867, el inglés Warren realizó excavaciones en Jerusalén, por cuenta de la Palestine Exploration Fund. Desde fines del siglo XIX hasta hoy, arqueólogos franceses, alemanes, americanos, ingleses e iraelitas han llevado a cabo sistemáticas excavaciones desde el Sinaí a la Siria septentrional, transformando nuestros conocimientos históricos, lingüísticos y culturales sobre la antigua región siria-palestina. El descubrimiento y desciframiento de los archivos reales de Boghazköy (la antigua Hattusha, capital del imperio hitita), desde 1907 en adelante, constituyen una etapa verdaderamente fundamental para el conocimiento del Próximo Oriente antiguo en general y de la Biblia en particular.
De 1929 a 1939 Ras Samra entregó a los excavadores sus tablillas mitológicas del siglo XIV a.C. y sus estatuillas de Baales Astartés y el Dios El, que los textos del AT mencionan con tanta frecuencia. De 1936 a 1939 se encontraron miles de tablillas cuneiformes en el palacio de Mario (s. XVIII a.C.), que formaban los archivos reales de la ciudad. En este caso, la época patriarcal aparece iluminada con nombres específicamente bíblicos: Nahor y Harran; la mención de Habiru y Benjamitas. Los hallazgos arqueológicos han dado nueva fuerza a los datos literarios de la Biblia, confirmando sus *hechos históricos*, pero sería imprudente pretender que *siempre* ha probado la exactitud escrupulosa de *todas* las indicaciones históricas conservadas por los textos bíblicos. La arqueología, como bien ha escrito André Parrot, «ha hecho algo más que confirmar la historia profana o sagrada, o localizar de nuevo ciertos lugares. Nos ha devuelto la misma alma de los pueblos desaparecidos, al permitirnos revivir su vida, gracias a los documentos extraídos del suelo. Nos ha mostrado cómo actuaba el Dios de la Revelación».

Arquipo (gr. «conductor de caballos»). Maestro entre los cristianos en Colosas, a quien Pablo llama su compañero de milicia y a quien exhorta a cumplir su ministerio (Col. 4:17; Flm. 2). Es probable que fuese un miembro de la familia de Filemón.

Arras. Objeto o suma de dinero que el comprador entrega al vendedor en el momento de hacer un contrato, para asegurar su ejecución.Tienen un valor jurídico: son una señal externa de consentimiento prestado y una garantía de ejecución del contrato. El término «arras» se usa de manera casi exclusiva al referirse al contrato matrimonial, indicando la donación que el esposo hace a la esposa como remuneración de la dote que ella aporta al matrimonio. Las arras se usaron en Israel desde los más remotos tiempos: Judá prometió a Tamar (sin saber que fuera su nuera) un cabrito si le permitía llegarse a ella. Tamar accedió a condición de que le diera una «prenda»; Judá le entregó a título de arras, de garantía, su sello, el cordón que lo sostenía y el bastón (Gn. 38:17-20). En el NT, San Pablo habla tres veces de las «arras del Espíritu» (2 Co. 1:22; 5:5; Ef. 1:14), como «don anticipado» que garantiza el cumplimiento de los prometidos. El apóstol recuerda la fidelidad de Dios en cumplir todas sus promesas, y luego añade que, en prueba de que cumplirá su promesa, nos ha dado el Espíritu a modo de arras. El Espíritu Santo es la garantía de que el creyente tiene la salvación, de que ya posee la herencia del reino de Dios, y sus dones y carismas son clarísima evidencia de que esta herencia empieza a dar sus frutos. Las arras del Espíritu son una prenda del cumplimiento de las promesas divinas.

Arrepentimiento. En teología se llama «arrepentimiento» al momento de la totalidad de la salvación individual, que, en la parte positiva, incluye la fe, en la negativa, el arrepentimiento o dolor por el pecado, que desemboca en la justificación y novedad de vida. Cuando al sentimiento de dolor o arrepentimiento le acompaña el propósito de cambio o conversión, el heb. utiliza el vb. *shûb*, «volver», que de más de las mil veces que aparece, unas 150 reviste un sentido religioso; la LXX lo traduce generalmente por *epistrépho*, que es la palabra gral. utilizada para representar el retorno del corazón a Dios o «conversión». El término común en el NT es *metánoia*, bien conocido en el griego clásico con el sentido de: cambiar de espíritu o intención; cambiar la orientación del propio pensamiento. La *metánoia* es un tema preponderante en la predicación de Juan el Bautista (cf. Mt. 3:4, 6, 8; Mc. 1:4; cf. Hch. 13:24) y del Señor Jesús (Mc. 1:15). A la *metánoia* son llamados los pecadores, no los justos (cf. Mt. 9:13; Mc. 2:17; Lc. 5:32). Entra, como necesario ingrediente, en el mensaje de la predicación del Evangelio (cf. Lc. 24:44-49; Hch. 2:38; 3:19; 17:30; 20:21). En la predicación de los apóstoles el arrepentimiento es uno de los temas centrales; el día de Pentecostés, Pedro termina invitando a los oyentes a arrepentirse de sus pecados y convertirse a Cristo (Hch. 3:19; cf. 2 Co. 7:9; He. 6:1; Ap. 2:21).

El arrepentimiento nace de la iniciativa divina, y por eso ha de ser concebido como una respuesta a la acción de Dios (cf. Jn. 6:44-45). El

arrepentimiento no causa la voluntad salvífica de Dios en Cristo, sino que la acepta y le da una respuesta, pero teniendo conciencia a la vez de que la misma aceptación libre es también obra de la voluntad salvífica de Dios. El arrepentimiento procede en último término de la gracia eficaz de Dios, la cual precede a todo mérito y obra del hombre. Dios mismo obra en la libertad del hombre lo que es digno de él en orden a la salvación (cf. Ro. 2:4; 2 Co. 7:9,10; 2 Ti. 2:25).
San Lucas registra con notable alborozo que la proclamación de arrepentimiento para la remisión de pecados, dirigida en principio a Israel (Hch. 5:31), se extiende, comenzando desde Jerusalén, a toda la Tierra (Lc. 24:47), pues Dios «también a los gentiles ha dado arrepentimiento para vida» (Hch. 11:18; 26:20).

Artajerjes. Nombre o título de varios reyes persas de la dinastía aqueménida. En la Biblia se mencionan varios Artajerjes. Según Esdras, un Artajerjes mandó parar las obras de Jerusalén (Esd. 4:7-23); esto coincide con las intrigas antijudías que reinaban en la corte de Babilonia. Este Artajerjes es, sin duda, Artajerjes I Longímano (465-424), que gobernaba cuando Esdras y Nehemías llegaron a Jerusalén (Esd. 4:7; 6:14; 7:1; 8:1; Neh. 2:1; 5:14; 13:6).

Artemas (gr. «don de Artemisa»). Cristiano de una de las comunidades fundadas por Pablo; según Tito (Tit. 3:2), Pablo lo envió a Creta, en compañía de Tíquico, para juntarse a Tito.

Artemisa. Diosa griega de la caza, más tarde asimilada a la diosa romana Diana, así como a la diosa madre de Éfeso, símbolo de la fecundidad. El templo de Éfeso está considerado una de las siete maravillas del mundo antiguo (cf. Hch. 19:23-35). Ver DIANA.

Arvad. Ciudad sobre una pequeña y rocosa isla de la costa norte de Siria, llamada Aradus por los griegos. Era famosa por sus actividades marinas; mantenía mucha relación con los fenicios, especialmente con Tiro. Su flota, así como sus habitantes, solían emplearse como mercenarios en otros pueblos (cf. Ez. 27:8, 11). Estuvo bajo el dominio de Egipto, pero al declinar su poder (1164 a.C.), Arvad se hizo independiente e incluso llegó a dominar algunas ciudades fenicias. En tiempo de Alejandro Magno los habitantes de Arvad se le sometieron y prestaron su flota para la conquista de Tiro. Después pasó a manos de los Ptolomeos, ganando su libertad bajo Seleuco Calinico (242 a.C.). Generalmente se considera que Arvad es la misma que Arfad.

Asa (heb. «sanador»). Nombre de dos personajes del AT.

1. Hijo de Elcana y padre de Berequias, morador de los poblados netofatitas. Su hijo fue uno de los que al regresar del exilio se establecieron en Jerusalén (1 Cro. 9:16).
Tercer rey de Judá y reformador de las costumbres del pueblo. Reinó 41 años (911-870). Eliminó los ídolos que habían introducido sus antepasados y favoreció el retorno del pueblo a la adoración del verdadero Dios (1 R. 15:12, 13; 2 Cro. 15:8, 17; 1 R. 15:15). Hizo un censo de la población, fortificó las fronteras y rechazó victoriosamente a los invasores etíopes mandados por Zerah cerca de Maresa (2 Cro. 14:9-13). También expulsó a Basá de Israel, concluyendo un pacto con Ben-hadad de Damasco. Este pacto fue desaprobado por el vidente Hanani, lo cual irritó al monarca (2 Cro. 15:7-10). Le sucedió su hijo Josafat (1 R. 15:17-22, 23). Mateo lo incluye entre los antepasados de Cristo (Mt. 1:7).

Asael (heb. «Dios ha creado»). Nombre de cuatro personajes del AT, entre ellos un sobrino de David, hijo de su hermana Servia y hermano menor de Joab y Abisai. Fue uno de los «campeones» de David (2 Sam. 23:24), jefe de las tropas que entraban de servicio al cuarto mes en la guardia de David. Era renombrado por su velocidad en la carrera, característica muy renombrada en la Antigüedad, cuando la fueza motriz humana decidía el intercambio de información y mensajes. Murió asesinado por Abner (2 Sam. 2:18-32).

Asaf (heb. «[Dios] reunió»). Levita director del coro en la época de David, que una vez es llamado «vidente» (2 Cro. 29:30). Descendía de Gersón (1 Cro. 6:39; 15:17, 19; 16:5, 7, 37, etc.). Se le atribuyen doce salmos (Sal. 50, 73-83). Sus hijos son mencionados como coristas del Templo, lo que puede indicar que su cargo era hereditario (1 Cro. 25:1, 2; Esd. 2:41; 3:10; Neh. 7:44, etc.), o que se le considera el fundador de la escuela de poetas y compositores musicales que siguieron sus pasos.

Ascalón. Una de las cinco ciudades reales de los filisteos, situada en la costa mediterránea, a mitad de camino entre Gaza y Asdod. Cayó en suerte a Judá, que tomó Ascalón y sus costas (Jue. 1:18), pero sin someterla realmente, porque seguía estando en manos de los filisteos cuando Sansón dio muerte a treinta hombres de la ciudad (Jue. 14:19). En tiempo de Elí y Samuel siguió perteneciendo a los filisteos (1 Sam. 6:17; 2 Sam. 1:20). Bien fortificada, albergó un templo dedicado a Derceto, la Venus siria. Representaba el principio pasivo de la naturaleza

y era venerada bajo la forma de pez con cabeza de mujer. La ciudad fue objeto de amenazas divinas (Jer. 25:20; 47:5, 7; Am. 1:8; Sof. 2:4, 7; Zac. 9:5).
Después de las conquistas de Alejandro Magno, Ascalón corrió la suerte de las ciudades fenicias y judías, convertidas en tributarias de Egipto en unas ocasiones, y de Siria en otras (1 Mac. 10:86; 11:60; 12:33). Herodes el Grande nació en Ascalón y aunque la ciudad nunca perteneció a sus dominios, la adornó con fuentes, baños y pórticos. La ciudad sufrió mucho durante la guerra de los judíos contra los romanos; sus habitantes eran notorios por su desprecio hacia los judíos, de quienes mataron a 2500 de los que residían allí.

Ascensión, de Cristo. Elevación de Jesucristo al cielo en presencia de sus discípulos 40 días después de su resurección (Mc. 16:19; Lc. 24:51; Hch. 1:9-12). Indica el coronamiento de la obra redentora de Jesús y la exaltación de su humanidad a la gloria de la vida divina. Jesús mismo la había anunciado en repetidas ocasiones (Lc. 9:31, 51; 19:12; Jn. 6:62; 7:33; 12:32; 14:12, 28; 16:5, 10, 17, 28; 17:5, 13; 20:17) y su predicho retorno sobre las nubes del cielo implica su ascensión previa (Mt. 24:30; 26:64). La predicación apostólica insistió desde el principio en la importancia de la ascensión de Cristo, como la victoria de su persona y obra, de modo que la ascensión adquiere un valor salvífico, porque alimenta la fe y la esperanza en Cristo, fundamento y meta de la salvación plena, escatológica (cf. Jn. 6:62; 7:33; 12:32; 14:12, 28; 16:5, 10, 17, 28; 17:5, 13; 20:17; Hch. 2:33-36; 3:21; 1 P. 3:22; Ef. 1:20-22; 2:6; 4:8, 10; Flp. 3:20; 1 Ts. 4:16; 2 Ts. 1:7; 1 Ti. 3:16; He. 1:3, 13; 2:9; 6:20; 9:11-12, 24, 28; Ap. 3:21; 5:6, 13). La ascensión al cielo pone de manifiesto que la redención es el paso de este mundo de pecado al mundo de la gloria del Padre, es decir, una vuelta del hombre a Dios, un tránsito del reino de pecado y muerte al reino de libertad y vida.
De cara a la vida de la Iglesia, los 40 días que Lucas interpone entre la Resurrección y la Ascensión parecen estar diciendo que todas las experiencias visionarias que puedan haber tenido los cristianos en los primeros tiempos de la Iglesia quedan cerradas y sometidas al canon de la experiencia de los apóstoles en relación con Cristo: «todo el tiempo que el Señor Jesús entró y salió entre nosotros, comenzando desde el bautismo de Juan, hasta el día que fue recibido arriba de entre nosotros» (Hch. 1:21-22).
La Ascensión de Cristo está estrechamente relacionada con su retorno al final de los tiempos. Desde su lugar en la gloria volverá para dar a su obra la forma definitiva. En un futuro impredecible Jesús volverá de

la misma manera que subió al cielo (Hch. 1:9-12), esto es: personalmente (Jn. 14:3), corporal y visiblemente (Mt. 24:30; Ap. 1:7), sobre las nubes (Ap. 1:7; cf. Dn. 7:13), repentinamente (1 Ts. 5:2-3), en gloria y con sus ángeles (Mt. 16:27; 24:30), aparentemente, sobre el monte de los Olivos (cf. Zac. 14:3-4). A la vez, sus discípulos subirán a su encuentro, también sobre las nubes (1 Ts. 4:17), como los dos testigos del Apocalipsis (Ap. 11:12).

Asdod (heb. «fortaleza»). Ciudad-estado filistea, habitada primeramente por los anaquitas (Jos. 11:22). Ciudad sagrada, era el centro del culto al dios Dagón (1 Sam. 5:2-5), en cuyo santuario fue mantenida en cautividad el arca de la Alianza (1 Sam. 5:1-8; 6:17). Ozías destruyó sus murallas (2 Cro. 26:6). El año 711 a.C., Sargón la ocupó (Is. 20:1). Según un relato de Herodoto, el faraón Psammético la sitió hacia el año 620 a.C. por espacio de 29 años. Destruida por los macabeos, Asdod fue reconstruida por el general romano Gabinio. Según Hch. 8:40, Felipe predicó en ella después de bautizar al eunuco etíope. Fue elevada más tarde a sede episcopal, con una floreciente comunidad cristiana durante los siglos IV-VI. Conocida en la actualidad por Esdud, está situada a unos 33 km al nornordeste de Gaza y a 5 km de la costa mediterránea.

Asenat. Nombre propio egipcio que significa «posesión de la diosa Neit». Nombre de la hija de Potifera, el sacerdote de la ciudad de On, que la dio por esposa a José (Gn. 41:45). Asenat fue madre de Manasés y de Efraín (Gn. 46:20).

Aser (heb. «feliz»). Octavo hijo de Jacob, su madre fue Zilpa, la criada de Lea, fundador de una de las doce tribus de Israel (Nm. 26:44-47). La razón de su nombre se explica en Gn. 30:13. Cuando Jacob llamó a sus hijos a su alrededor para contarles lo que les sucedería al final de los días (Keil-Delitzsch), esto es, el futuro escatológico relacionado con los días del Mesías, dijo: «El pan de Aser será substancioso, y él dará deleites al rey» (Gn. 49:1, 20). Aser tuvo cuatro hijos y una hija (Gn. 49:20; Dt. 33:24).

Aser, Tribu. La descendencia de Aser constituyó una de las Doce Tribus, mencionada en varias listas (Gn. 35, 46, Éx. 1, Nm. 1, 2, 13, etc.). Su herencia en la tierra se extendía desde el monte Carmelo hacia el norte, y limitada al este por Neftalí, y al sudeste por Zabulón. Es indudable que el territorio que hubieran debido poseer hubiera debido tocar el mar, pero no expulsaron a los habitantes de Aco, Sidón, Ahlab, Ac-

zib, Helba, Afec y Rehob (Jue. 1:31, 32). Así, Aser no entró en posesión de la franja costera, y vinieron entre los cananeos.
Débora y Barac tuvieron que lamentar que Aser no acudiera en apoyo de ellos en su lucha contra los cananeos (Jue. 5:17), pero cuando los madianitas y amalecitas invadieron el país, Aser respondió al llamamiento de Gedeón (Jue. 6:35; 7:23). Cuando tuvo lugar el cisma nacional, Aser vino a formar parte de Israel, el reino del norte, y es poco lo que se dice desde entonces de esta tribu. Ana, la profetisa que estuvo presente cuando el niño Jesús fue llevado al Templo para presentarlo al Señor y que dio gracias a Dios por haber visto al Salvador, era de la tribu de Aser (Lc. 2:36).

Asera. Diosa cananea-fenicia de la fertilidad, esposa del supremo Baal (en Ugarit *Él*, «padre de los dioses»). Este nombre sólo se encuentra en la Biblia y por eso se solía identificar con Astarté, pese a que ésta ostenta su propio nombre en la Biblia. Los descubrimientos de Ras Samrah-Ugarit han revelado que era una diosa con fisonomía propia independiente, bien caracterizada, llamada «Señora de Asherá del Mar» en cuanto patrona del mar, la que engendra y da a luz a los dioses en cuanto unida conyugalmente con el dios Él; también mencionada simplemente como «la diosa», para indicar su condición de consorte de Él, con quien constituía la pareja divina primordial, origen de los dioses. Generalmente se la representaba en figuras y relieves como una mujer desnuda, de pie sobre un león y sosteniendo un lirio en una mano y una serpiente en la otra. Parece haber sido adorada bajo el símbolo de un tronco de árbol («árbol ritual de Asera», Juec. 6:26), tenía un pequeño altar donde los fieles ofrecían sus sacrificios y libaciones relacionados con la fertilidad. Pronto fue aceptada entre los israelitas recién asentados en Canaán, quienes parecen haber adorado casi continuamente símbolos del culto dedicados a Asera hasta el mismo momento de su cautividad. Una y otra vez se ordena talar los *aseras* (Éx. 34:13), se exige repetidamente que sean cortados (Dt. 7:5), quemados (Dt. 12:3) o bien que ni siquiera sean plantados (Dt. 16:21). El culto a los *aseras* es condenado como profanación del lugar sagrado, tenido por adulterio e infidelidad para con el Dios de Israel (Éx. 34:12; Jue. 6:25; Miq. 5:13; Jer. 17:1-4, etc.). La reina Jezabel introdujo su culto en la tierra de Efraím (1 R. 16:33; 18:19), protegiendo y manteniedo a 400 sacerdotes de Asera; aunque en ocasiones también prevaleció en el reino de Judá (2 R. 18:4; 21:3; 23:4; 2 Cro. 31:1).

Asfalto. Sustancia producida de la oxidación del petróleo. Abunda en el Oriente Medio. Se utilizaba para calafatear barcos (cf. Éx. 2:3) e impermeabilizar paredes y como argamasa en la construcción de la torre de Babel (Gn. 11:2-3). El valle de Sidim, el extremo sur del mar Muerto, estaba lleno de pozos de brea (Gn. 14:10). También se encuentra asfalto en el fondo del extremo sur del mar Muerto, del que se desprende a causa de terremotos o de modo intermitente, y se endurece en la superficie, formando islotes en determinados lugares de la costa. Por esta razón el mar Muerto es llamado por los antiguos «lago del asfalto».

Asia. En los libros bíblicos no se refiere al continente que nosotros llamamos Asia, sino a una región de la Anatolia, hoy Turquía. En los libros de los Macabeos hace referencia a Asia Menor propiamente dicha. En el NT designa concretamente la provincia romana de *Asia proconsularis*, la parte occidental de Asia Menor. Esta provincia, de la que Éfeso era la capital, incluía Caria, Lidia y Misia. Inicalmente, el Espíritu Santo no permitió que Pablo predicara en Asia (Hch. 16:6), sino que dio prioridad a Macedonia. Pero luego el apóstol viajó a Éfeso y regiones aledañas, donde se quedó por espacio de dos años (Hch. 19:10). El resultado de las labores de Pablo en Asia fueron bastante alentadoras (cf. 1 Co. 16:19). Se puede observar en el mapa que las siete iglesias mencionadas en el Apocalipsis se hallan todas en la mencionada región de Asia Menor.

Asíncrito. Cristiano de Roma a quien Pablo envía saludos juntamente con Flegonte, Hermas, Patrobas y a los hermanos que están con ellos (Ro. 16:4), a juzgar por su nombre prob. esclavos de origen heleno.

Asiria. Hay que distinguir entre Asiria como país y Asiria como Imperio. Ambos son designados en heb. como *Assur*. El gran reino de Asiria estaba situado cerca del río Tigris, limitado al norte por Armenia, por el monte Zagros y Media al este, Babilonia al sur, Siria y el desierto de Siria al oeste. Pero es indudable que sus fronteras no fueron siempre las mismas. Nínive vino a ser su capital. Sus ruinas se hallan ahora dentro del territorio de Iraq.
El nombre de Asiria deriva de su primera capital, Assur, emplazada en una orilla del río Tigris, y llamada así en honor de su deidad principal. Los semitas la ocuparon en el segundo milenio a.C. No se sabe con certeza si sirios y asirios son dos ramas de una misma nación que se dividió, difundiéndose los primeros por la costa y el alto valle del Eufrates y los segundos más por el sur, en una comarca algo accidentada atravesada por el Tigris. Los gobernadores asirios se mantuvieron en una honorífica dependencia de los reyes de Babilonia, hasta que las

conquistas de los egipcios perturbaron el equilibrio de los pueblos de Asia. La dinastía de Salmansar (alrededor de 1300 a.C.) mantuvo el trono asirio durante seis generaciones, hasta Tiglat-pileser I (alrededor de 1130 a.C.). Este último puede ser considerado como el fundador del primer Imperio Asirio. Hermoseó Nínive y acaudilló sus ejércitos en varias direcciones. Después de él, el reino entró en decadencia bajo Rimón-nirari II (911 a.C.), pero el hijo de éste, Assurnatsir-pal (883 a.C.), volvió a reforzar el reino, arrebatando territorio de los fenicios y de los «Kaldu» (caldeos). Le sucedió Salmansar III (858 a.C.), que expandió aún más sus fronteras. En la batalla de Karkar (853 a.C) derrotó las fuerzas coaligadas de Ben-adad, rey de Siria, y de Acab, rey de Israel. Se hizo con Damasco y recibió tributo de Jehú de Judá. Rimón-nirari III siguió la estela de su ilustre predecesor e impuso tributo sobre los fenicios, israelitas, edomitas, filisteos y damascenos. Después de esto el poder de Asiria se desvaneció por un tiempo.

El siguiente rey notable fue Tiglat-pileser II o III (745 a.C.), que es considerado como el fundador del segundo Imperio asirio. Consolidó las colonias, deportó a las poblaciones turbulentas y dividió al país en provincias, cada una de las cuales pagaba un tributo anual fijo. En sus inscripciones aparecen los nombres de Joacaz (Acaz) de Judá; Peka y Oseas, de Israel; Reson (Rezín), de Damasco, e Hiram, de Tiro. También se halla el nombre de Merodac-baladán. Tomó Hamat y tuvo toda Palestina bajo su dominio. Atacó a las tribus del otro lado del Jordán, y llevó al exilio a los rubenitas, gaditas y a la media tribu de Manasés (1 Cro. 5:26). Se adueñó asimismo de Babilonia, que posteriormente recuperó su independencia bajo Merodac-baladán. Salmansar IV accedió al trono en el año 727 a.C. Oseas, rey de Israel, era tributario suyo; al descubrirse que se había aliado con el rey de Egipto, Samaria fue asediada (1 R. 20:1; 2 R. 17:3-5). Sargón le sucedió en el año 722 a.C., y es él quien conquistó Samaria. Le sucedió su hijo Senaquerib (705 a.C.). Ezequías, confiando en el poder renaciente de Egipto, se rebeló contra los asirios. Senaquerib respondió tomando por decenas las ciudades amuralladas de Judá, y a punto estuvo de tomar Jerusalén, cuando una gran mortandad se extendió entre los asaltantes. Senaquerib volvió a su tierra y fue asesinado por dos de sus hijos (2 R. 18:13-19:37). Asarhadon le sucedió en el año 681 a.C. Se dice de él que reinó del Eufrates al Nilo. También conquistó Egipto y lo dividió en 20 provincias, gobernadas por asirios. Según una inscripción, reclamó la soberanía sobre Babilonia, y tuvo allí su corte. Esto explica que él, como rey de Asiria, llevara a Manasés cautivo a Babilonia (2 Cro. 33:11). Es mencionado también en Esdras (Esd. 4:2) como habiendo enviado colonizadores a Judea. Después de reinar durante 10 años, murió durante una expedición contra Egipto (669 a.C.). Alrededor del año 606-609 a.C. Nínive fue asaltada y destruida, con ello Asiria dejó de existir y su territorio fue tomado por los babilonios. Para los profetas hebreos Asiria fue sin duda el instrumento usado por Dios como su vara para castigar a su pueblo Israel por sus pecados. También esta misma vara, por su soberbia y maldad tuvo que sufrir el juicio de Dios (cf. Is. 10:5-19; 14:25; Ez. 31:3-17; Nah. 3:18, 19; Sof. 2:13).

Askenaz. Primogénito de Gomer, nieto de Jafet (Gn. 10:3; 1 Cro. 1:6) y progenitor de una tribu que daría lugar a lo que hoy es Armenia, y diversos pueblos escitas. Jeremías menciona el reino de Askenaz entre los de Ararat y Mini (Jer. 51:27), como uno de los pueblos que guerrearán contra Babel.

Asmoneos. Denominación adoptada por Flavio Josefo para designar la dinastía judía del sacerdote Matatías—conocida como los Macabeos—, desde Simón (143-135 a.C.) hasta Antígono (40-37), de acuerdo con el nombre de un antepasado de la familia, Hasmon o Asmoneo (*Ant.* 12, 6, 1). La principal fuente para la historia de los Asmoneos es Flavio Josefo, pues los dos libros del AT sobre los Macabeos sólo abarcan desde Seleuco IV (187 a.C.) hasta el asesinato de Simón Macabeo (134 a.C.).

Aspenaz. Jefe de los eunucos de Nabucodonosor u oficial principal de la corte, a quien se le dio la orden de enseñar en la lengua y escritura de los caldeos a algunos de los jóvenes traídos cautivos de Judea, entre los que se encontraban Daniel y sus compañeros, a quienes cambió sus nombres hebreos por otros caldeos (Dn. 1:3, 7). La negativa a ingerir alimentos servidos de la cocina real llenó a Aspenaz de aprehensión, ya que infringir la voluntad del soberano suponía ser castigado con la pena capital. Aspenaz, sin embargo, supo ser generoso y accedió a la petición de Daniel y de sus compañeros (ver. 8-16).

Assur. Ciudad junto al Tigris, la más antigua del Imperio asirio. Se fundó tres mil años antes de la era cristiana, debe su nombre al de su dios protector, fue la primera capital de Asiria. Fue una ciudad próspera, codiciada por su vecinos; al principio fue la sede de un gobernador feudatario de Babilonia. Cuando la capitalidad del Imperio asirio se trasladó a Nínive, conservó su capitalidad religiosa, con grandes templos dedicados a Assur, Anu y Adad. El templo mayor se llamaba Ekarsagukurkura, que quiere decir la «casa de la montaña de toda la tierra». Tenía una pirámide escalonada y estaba cerca del palacio real.

Astarot. Ciudad de Basán en el reino de Og, al este del Jordán, último representante de la gigantesca raza de los refaím. Fue dada a la media tribu de Manasés y después fue hecha ciudad levítica (Dt. 1:4; Jos. 9:10; 12:4; 13:12, 31; 1 Cro. 6:71). Pudiera tratarse de Beestera = «casa de Astoret», la ciudad dada a los hijos de Gersón (Jos. 21:27). Identificada con Tell Astarah.

Astarté, forma gr. del heb. Astoret. Diosa semítica de la fertilidad, venerada principalmente por los cananeos. Parte esencial de su culto era la prostitución sagrada. Por eso se cree que el nombre heb. Astoret responde a la pronunciación desfigurada del original Astarté, mediante la inclusión de las vocales de la palabra *boshet*, es decir, «vergüenza», según una costumbre común de los rabinos para desprestigiar a las divinidades paganas. A menudo se la presenta como el complemento femenino de Baal (Jue. 2:13; 10.6; 1 Sam. 7:3, 4; 12:10). En Canaán era adorada por fenicios, sidonios (1 R. 11:5) y filisteos (1 Sam. 31:10). Fue adorada por Israel después de la muerte de Josué (Jue. 2:13; 1 Sam. 7:4) y también por Salomón (1 R. 11:5), Acab y Manasés (1 R. 21:5; 18:19), lo cual fue motivo de constante escándalo para los profetas (Jer. 7:18; 44:15-26). Los niños recogían leña por las calles a fin de encender fogatas en su honor; las mujeres hacían tortas sacramentales con su figura; se quemaba incienso y se hacían libaciones para tenerla propicia, pues se creía que de esta forma no faltarían los alimentos y los asuntos colectivos marcharían mejor. Josías, finalmente, decidió acabar con estas prácticas y destruyó sus imágenes (2 R. 23:4-13).

Astrología (gr. «ciencia de las estrellas»). Mencionada en el AT juntamente con otras formas de adivinación, siempre en los más intensos términos de condenación. Queda totalmente prohibida al pueblo santo de Yahvé (Dt. 4:19; 18:9-11; Lv. 19:26; Is. 47:13-14). El creyente en Dios no debe temer las señales del cielo (Jer. 10:2), toda vez que Dios es el creador y señor de los astros (Sal. 104:19) y el único que controla el tiempo y todos los tiempos (Sal. 31:15). Es a Yahvé a quien hay que preguntar por el futuro, pues Él hizo «los cielos y a todo su ejército mandé» (Is. 45:11-13, cf. 46:9-10). Dios cuenta el número de las estrellas y a todas las llama por su nombre (Sal. 147:4; Is. 40:26; Jer. 33:22), dando a entender que sólo Dios tiene pleno poder y conocimiento de las leyes que gobiernan al cielo, y el poder de regular la acción que éste ejerce sobre la tierra (Jb. 38:33).

El NT reitera la condena de toda forma de magia y adivinación (Hch. 8:9-25; 13: 6-12; 19:19-20). El cristianismo primitivo fue particularmente enemigo de la astrología, enseñando la libertad humana frente a todo determinismo astral. Un astro anunció el nacimiento de Cristo (Mt. 2:2), mostrando que Jesús es la estrella de la mañana por excelencia (Ap. 2:28; 22:16), que surge en los corazones de los creyentes (2 P. 1:19). Cristo es el Señor que libera a los hombres de la angustia astral, despojando a los principados y potestades de este mundo (Col. 2:8, 15-18; Gál. 4:3).

Asuero. Nombre, o más bien «título» de varios monarcas medos y persas. Con este nombre los hebreos designan a varios reyes, de los cuales tres aparecen en el AT.

1. Mencionado en Esd. 4:6, prob. Jerjes I, que reinó del 485 al 465 a.C. Otros creen que se trata de Cambises. Los adversarios de los judíos le escribieron para delatar que estaban reconstruyendo el muro, algo que debía tomarse como principio de rebelión.
2. Incidentalmente mencionado en Dn. 9:1 como padre de Darío el meda, el Astiages, de la historia secular.
3. Esposo de la reina Ester, después de haber repudiado a Wasti (Est. 4:6). Suele identificarse con Jerjes (485-465 a.C.), siguiendo la nomenclatura griega. El intervalo de cuatro años entre la deposición de Wasti y la coronación de Ester corresponde aproximadamente a la época de la expedición de Jerjes contra los griegos, los cuales le derrotaron en la famosa batalla de las Termópilas. Sin embargo, según Herodoto, la esposa de Asuero no era Wasti ni Ester, sino Amestris, hija de un general persa y casada con Jerjes ya antes del tercer año del reinado; Ester antes del sexto. Dick Wilson cree que Amestris pudiera ser el nombre griego de Ammi-Istar, tomando Istar por Ester. Algunos eruditos creen que se trata de Artajerjes II Mnemón, a quien por razones políticas se le habría cambiado el primitivo nombre de Jerjes; la razón de la persecución judía sería la oposición de éstos al culto idolátrico de la diosa Anahita. La índole pasional y el carácter irresoluto de Asuero corresponden bien con Jerjes, pero también con otros monarcas persas.

Asurbanipal. Rey de Asiria (669-631 a.C.), bajo su reinado Nínive alcanzó su mayor esplendor. Dejó la más importante colección de literatura asirio-babilónica en su biblioteca de Nínive: 25.000 tablillas de arcilla con textos cuneiformes. Realizó numerosas campañas contra Egipto, Elam y los cimerios; el resultado de sus victorias fue la ampliación de los dominios de Asiria. Restauró a Manasés en el trono de Judá, llamado Minse por Asurbanipal, probablemente con el único fin de mantener abierta la ruta a Egipto.

Atad (heb. «espino»). Nombre de un personaje dueño de una era al otro lado del Jordán, adonde se llevaron los restos mortales de Jacob desde Egipto. José y los suyos realizaron en este lugar los últimos honores debidos a su padre, los cuales duraron siete días (Gn. 50:10,11), por lo cual se le puso el nombre de Abel-Mizraim: «Lamento de los egipcios». Después el cuerpo de Jacob fue llevado a la cueva de Macpela para su entierro.

Atalaya (heb. «observatorio»). Torre elevada destinada a observar o vigilar las fronteras y el movimiento de las tropas enemigas. La persona encargada de vigilar desde la misma, el centinela, también recibía el nombre de atalaya. Por esta razón, se aplica en sentido figurado a la labor profética, que tiene mucho que ver con la «videncia», observación y vigilancia: «Sobre la atalaya estoy yo continuamente» (Is. 21:8). El profeta Ezequiel es comisionado por Dios mismo a ser «atalaya para la casa de Israel. Oirás, pues, las palabras de mi boca y les advertirás de mi parte» (Ez. 3:17).

Atalia. Puerto marítimo de Panfilia en la desembocadura del Cataraktes (hoy llamado Absu). Su nombre deriva de su fundador, el rey Atalo II de Pérgamo (159-138 a.C.). Pablo pasó por este lugar en su primer viaje misionero, partiendo luego por la vía marítima hacia Antioquía (Hch. 14:25). En la actualidad se llama Adalía, perteneciente a Turquía.

Atalía (heb. «afligida por Yahvé»). Hija de Acab y nieta de Omri, reyes de Israel (2 Cro. 22:2), esposa de Joram, rey de Judá y madre de Ocozías. El matrimonio de Atalía con Joram selló una alianza entre los dos reinos. Atalía introdujo en Judá la idolatría, especialmente el culto a Baal, induciendo al mismo a su esposo (2 R. 8:18, 26; 2 Cro. 21:6; 22:2). A la muerte de éste reinó su hijo Ocozías, cuyo reinado sólo duró un año. Muerto Ocozías, Atalía mató a la familia real y reinó sobre Judá (842-836 a.C.). Seis años después, su hijo pequeño, Joás, salvado por el sumo sacerdote Joiada, fue elevado al trono por una rebelión encabezada por los sacerdotes, con Joida al frente. Dieron muerte a Atalía en el lugar por donde entraban los de a caballo en la casa del rey y el templo de Baal fue destruido (2 R. 11:1-18; 2 Cro. 22-23).

Atardecer. Los judíos, en conformidad con la Ley de Moisés, contaban el día desde el anochecer al anochecer, dividido en seis partes desiguales. El Génesis concluye la creación del primer día diciendo: «fue el atardecer y fue la mañana del primer día» (Gn. 1:5), y lo mismo se repite para el resto de días de la creación. El hebreo suponía que el anochecer precedía a la mañana. «Tarde y mañana y a medio día oraré y clamaré; y él oirá mi voz» (Sal. 55:17). Aquí la tarde precede a la mañana y al mediodía.

En todas las fiestas del AT que tenían que durar uno o más días enteros, se empezaba al atardecer. Así el descanso del sábado duraba desde el atardecer de un día hasta el atardecer del día siguiente. Lo mismo en cuanto a la fiesta del Yom Kipur o día de la expiación (Lv. 23:32) y la fiesta de los panes ácimos, que empezaba en el primer mes el día 14 al atardecer y terminaba con el día 21 al atardecer (Éx. 12:18). Todavía hoy las comunidades israelitas empiezan el día ritual al atardecer.

Atenas. Ciudad principal del Estado de la Ática, y capital de la cultura y del arte griego. Según la historia mitológica de sus orígenes, la ciudad fue fundada por Cécrope, hijo de la diosa Atenea y de Hefesto, dios herrero. Los atenienses consolidaron el sistema político de la democracia. La Constitución, reformada hacia una democracia interna, contenía cláusulas tales como el pago por los servicios del jurado, lo que permitía a los ciudadanos más pobres ser parte de tal institución. En el 146 a.C. Grecia fue anexionada en su totalidad por Roma, sólo Atenas, Esparta y Delfos escaparon a esta situación, convirtiéndose en ciudades federadas.

Cuando Pablo visitó Atenas, la ciudad estaba totalmente entregada a la idolatría, y el nivel cultural había decaído mucho, tanto como su influencia política. Sus ciudadanos ya no creaban pensamiento, sino que pasaban el tiempo buscando novedades, escépticos e irónicos. Pablo predicó en el Areópago, mientras esperaba a Silas y a Timoteo, y trató de razonar con los judíos en su sinagoga y a diario en el mercado. Hubo un cierto fruto de todas estas labores (Hch. 17:15-22; 18:1; 1 Ts. 3:1).

Atrio. Espacio descubierto, y por lo común cercado de pórticos, que hay en algunos edificios oficiales, como palacios o templos; en lo particular designa el patio interior de las casas romanas en comunicación directa con las habitaciones. En el espacio ocupado por el Templo de Salomón había dos patios llamados atrios: uno, el interior, donde se encontraba una gran piscina llamada «mar de bronce», y que servía para las purificaciones rituales (1 R. 6:36); otro, el grande, aquel en el cual se encontraba el Templo y el palacio de Salomón (1 R. 7:12). El Templo conocido en la época de Jesús, o sea el herodiano, conservó la estructura salomónica, pero tuvo una altura mayor y unas adiciones considerables. Se amplió la doble la explanada que lo rodeaba para que tuviese tres nuevos atrios. El del exterior era accesible a todos, por lo cual era llamado «atrio de los gentiles», y estaba construido en piedra, y contaba con inscripciones en griego y latín, amenazando con la pena capital a quien traspasase los límites reservados a los paganos. Dos de estas inscripciones han sido recuperadas. Sus lados oriental y meridional estaban cubiertos por suntuosos pórticos, a los que se daba el nombre de «Pórtico de Salomón» y «Pórtico Real» (Jn. 10:23; Hch. 3:11; 5:12).

El atrio interior, rodeado de fuertes muros, estaba reservado a los judíos. Se dividía en «atrio de mujeres» y «atrio de los israelitas». Más allá se encontraba «el atrio de los sacerdotes» y en él el altar de los holocaustos.

Augusto (lat. «venerable»). Título imperial dado a Cayo Julio César Octavio, primer emperador romano (63 a.C. al 14 d.C.), hijo de Cayo Octavio y Atia, sobrino de Julio César, el cual lo adoptó y nombró heredero. Bajo su reinado nació Jesús (Lc. 2:1).

Aurora. Parte del día marcada por la luz sonrosada que precede inmediatamente a la salida del sol. Su resplandor está preñado de promesas en cuanto apertura de un nuevo día, y ha sido utilizada metafóricamente para referirse a la venida del Mesías: «Para vosotros, los que teméis mi nombre, nacerá el Sol de justicia» (Mal. 4:2); «¡Levántate! ¡Resplandece! Porque ha llegado tu luz, y la gloria de Yahvé ha resplandecido sobre ti» (Is. 60:1-3, cf. 2 Co. 4:6).

Aveos. Pueblo cananeo que originalmente ocupaba la parte sur del territorio palestino a lo largo de la costa mediterránea, ocupada posteriormente por los caftoreos o filisteos (Dt. 2:23). Por lo general se les considera una rama de los heveos, pueblo descendiente de Canaán (Gn. 10:17). El territorio de los aveos es mencionado en Jos. 13:3, en adición a cinco estados filisteos, de lo que se podría concluir que no estaban incluidos en ellos, y que la expulsión de los aveos fue causada por una previa invasión filistea, anterior a la fundación de las citadas cinco localidades. Su territorio comenzaba en Gaza y se extendía hasta el «río de Egipto» (Dt. 2:23). Según algunos autores, los aveos eran los aborígenes de la Palestina antigua.

Ayo, «guía, guardián, o instructor de muchachos». Originalmente se trata de un esclavo encargado de la instrucción de los hijos de la casa; no era un maestro, sino un tutor que llevaba los niños a la escuela. No instruía a los niños, pero sí ejercitaba una supervisión general sobre ellos y era responsable de su bienestar moral y físico. En sentido metafórico, Pablo dice que la Ley de Moisés fue un ayo para los judíos hasta que vino Cristo (Gál. 3:26). Por esta razón, venido el maestro, el cristiano ya está bajo el ayo de la ley, que ejercía la función provisional de custodio, «pero como ha venido la fe, ya no estamos bajo tutor» (Gál. 3:24,25; cf. Ro. 6:14), es decir, la ley ha sido abolida como camino que conduce a Dios y subsumida en la nueva ética que dimana del Evangelio.

Ayuno. Abstención de tomar alimento, período de tiempo dentro del cual se da esta abstinencia. En la ley mosaica no se evidencia ninguna orden de ayunar, no aparece ni el verbo ni los términos referidos a ayunar o abstinencia de comida, salvo el ejemplo de Moisés en el Sinaí, donde estuvo cuarenta días y cuarenta noches sin comer pan ni beber agua (Éx. 24:28; Dt. 9:9). La primera mención de ayuno se halla en la época de los jueces (Jue. 20:26), en un tiempo de gran aflicción nacional. Los últimos libros del AT presentan numerosos ejemplos de ayunos no prescritos (Esd. 8:21; Neh. 9:1; Est. 4:3; Sal. 35:13; 69:11; 109:24; Dn. 6:18; 9:3). En ocasiones se proclamaban ayunos en tiempos de calamidades (Jer. 36:9; Jl. 1:14); el objeto de esta abstinencia era el de afligir el alma (Sal. 35:13; 69:11), y de dar más fuerza a la oración (Is. 58:3, 4). El ayuno público significaba que el pueblo, consciente de un gran peso de culpa, se humillaba ante Dios (1 Sam. 7:6). El verdadero ayuno no se limita a una mera práctica exterior: implica el abandono del mal y de los placeres prohibidos (Is. 58). En la época de Zacarías se proclamaron ayunos en los meses 4.°, 5.°, 7.° y 10.° (Zac. 8:19). Esto era para conmemorar el inicio del asedio de Jerusalén en el 10.° mes (2 R. 25:1); su caída al mes 4.° (2 R. 25:3, 4; Jer. 52:6, 7), la destrucción del Templo en el mes 5.° (2 R. 25:8, 9), el asesinato de Gedalías y de sus compañeros judíos en el 7.° mes (2 R. 25:25).

En el Sermón del Monte, Jesús ataca duramente la práctica hipócrita del ayuno (Mt. 6:16-18), lo que, también aquí, sitúa a Jesús en la línea de los profetas (cf. Is. 58:4; Jer. 14:12; Zc. 7:5). Los discípulos de Juan el Bautista ayunaban; los de Jesús no lo hicieron durante su presencia personal en la tierra (Mt. 9:14, 15; Mc. 2:18-20; Lc. 5:33-35), pero sí después de su partida, bajo ciertas circunstancias (Hch. 13:2-3; 14:23; 2 Co. 6:5).

Azareel (heb. «Dios ha ayudado»). Nombre de cinco personajes del AT.

1. Guerrero de la tribu de Benjamín, la misma que la de Saúl, pero que se unió a David en Siclag, experto en honda y arco (1 Cro. 12:6).

2. Músico entre los hijos de Hemán, que junto a once miembros de la misma familia tenía a su cargo la onceava suerte en los turnos que se distribuyeron en el templo (1 Cro. 25:18), llamado Uzíel en el v. 4.
3. Hijo de Jeroham y jefe de la tribu de Dan bajo David y Salomón (1 Cro. 27:22).
4. Uno de los que se casaron con mujeres extranjeras en tiempo de Esdras después del regreso de Babilonia, obligado a divorciarse (Esd. 10:41).
5. Hijo de Azai y padre de Amasai, uno de los jefes de 128 sacerdotes que sirvieron en el templo bajo la supervisión de Zabdiel, después del regreso de Babilonia (Neh. 11:13). Prob. es el mismo que recorrió el muro recién restaurado de Jerusalén con instrumentos musicales en una marcha encabezada por Esdras (Neh. 12:36).

Azarías (heb. «ayudado por Yahvé»). Nombre muy común en el AT.
1. Entre otros, corresponde a un profeta que salió al encuentro del rey Asa cuando éste regresaba de su gran victoria sobre el numeroso ejército etíope Zera (2 Cro. 15:1), para desafiar al pueblo a mantenerse libre y alejado de la contaminación idolátrica y restaurar el culto de Yahvé, durante mucho tiempo abandonado por Israel. Asa actuó consecuentemente y quitó los ídolos de toda la tierra de Judá y de Benjamín, así como de las ciudades que él había tomado en la región montañosa de Efraín.
2. Sumo sacerdote que se opuso al rey Uzías cuando éste intentó quemar incienso en el altar de los perfumes. En el momento en que el rey despreció esta prohibición, la tierra tembló y quedó leproso al instante (2 Cro. 26:16-21).
3. Para Azarías, último rey de Judá, llamado igualmente Uzías (2 R. 15:1-27; 1 Cro. 3:12), ver UZÍAS.

Azazel. El nombre Azazel aparece únicamente en relación a la fiesta de la Expiación o Yom Kipur, cuando se presentaba al sumo sacerdote un par de machos cabríos, uno para Yahvé y otro para Azazel. El sumo sacerdote ataba un hilo de lana roja a la cabeza del macho cabrío destinado a Azazel y otro al cuello del reservado a Yahvé. Presentaba el primero al pueblo y, colocando las manos sobre la cabeza del animal, confesaba los pecados de la comunidad. Este acto simbólico transmitía la culpa al animal, que entonces era conducido por un hombre así designado al desierto, donde lo soltaba o despeñaba. En cuanto regresaba el encargado de la operación lavaba sus vestidos y se bañaba a fin de librarse de las impurezas que hubiese adquirido en su contacto con el macho cabrío (Lev. 16:7-10; 15, 18, 20-22, 26-28).

La tradición judía en general ha tomado el nombre Azazel por el lugar donde era enviado el macho cabrío, al parecer en una colina cercana al monte Sinaí. Otros creen que se refiere al despeñadero desde el cual el animal era arrojado para evitar que regresase al campamento cargado con sus pecados. Sin embargo tal lugar como Azazel no es mencionado en ningún sitio, de haber existido como tal no hubiera sido omitido. En el libro apócrifo de Enoch, Azazel o Azael es el jefe de los ángeles rebeldes por cuya doctrina e influencia la tierra ha sido corrompida. También se encuentra en el apócrifo *Apocalipsis de Abraham*, en donde toma la forma de un ángel caído. Hengstenberg afirma que Azazel probablemente no puede ser otro que el nombre de Satán, pero rechaza la opinión de que se le hiciera ningún sacrificio. El macho cabrío era enviado al desierto como una mofa contra el enemigo de Dios, interpretación muy semejante a la tradición judía que asegura que el macho cabrío «burla» a Satanás, no dejando pecado en el pueblo de Israel que él pueda utilizar para dominarlo.

Azeca (heb. «arado»). Ciudad del territorio de Judá (Jos. 15:35). En sus alrededores tuvieron lugar varias batallas. Tras su victoria sobre Adonisedec, rey de Jerusalén, Josué persiguió al enemigo hasta Azeca (Jos. 10:10,11). Cuando David mató a Goliat, los filisteos estaban acampados entre Soco y Azeca (1 Sam. 17:1). Fue fortificada por Roboam (2 Cro. 11:9), y resistió momentáneamente el avance del ejército de Nabucodonosor en su marcha hacia Jerusalén (Jer. 34:7). Volvió a ser habitada por los judíos después de su retorno de la cautividad en Babilonia (Neh. 11:30). Se la identifica con el Tell ez-Zakarîyah, a unos 42 km al noroeste de Hebrón.

Azmávet. Nombre de cuatro personajes y de una aldea del AT.

1. Benjaminita, padre de dos expertos en el arte del arco y la honda, que se presentaron a David en Siclag cuando estaba huyendo de Saúl (1 Cro. 12:3).
2. Hijo segundo de Joada (1 Cro. 8:36) o Jara (1 Cro. 9:42), del linaje de Saúl y Jonatán.
3. Barhumita, uno de los valientes de David (2 Sam. 23:31; 1 Cro. 11:33).
4. Hijo de Adiel, tesorero bajo los reinados de David y Salomón (1 Cro. 27:25).
5. Aldea próxima a Jerusalén, a la que regresaron cuarenta y dos habitantes con Zorobabel. Fue la residencia de los cantores del Templo (Esd. 2:24; Neh. 7:28, 42; 12:29). Se identifica con la Hizmá actual, situada a 2 km al norte de Anata.

Azote. Forma de castigo que solía aplicarse con una vara en el judaísmo del AT y también con un látigo en los días del NT. En general el azote fue un instrumento utilizado en principio para conducir rebaños y dominar animales, convertido también en instrumento de tortura y de castigo aplicado a los delincuentes y a los esclavos, utilizado todavía en muchas naciones como un medio de aplicar justicia. El azote también era utilizado por los capataces contra los obreros libres, para obligarles a rendir más, y por los maestros con los alumnos descuidados. Los documentos antiguos nos enseñan que era utilizado con mucha frecuencia en todas las circunstancia de la vida.

La ley mosaica permitía azotar con una vara al culpable, el cual era tendido en el suelo, sobre la espalda, en número no superior a cuarenta, «no sea que, si se le dan más azotes que éstos, tu hermano quede envilecido ante tus ojos» (Dt. 25:2-3). Antíoco Epifanes empleó el suplicio de azotes con bastones para obligar a los judíos a comer carne de cerdo, pero ellos se resistieron, prefiriendo morir bajo los azotes antes que violar la Ley de Moisés (2 Mac. 6:18-31; 7:1-42).

Al parecer, los azotes judíos con varas fueron sustituidos poco a poco por los azotes romanos con látigos. La práctica posterior judía fue evolucionando de forma que la flagelación constaba de tres correas y así cada golpe valía por tres y podía limitarse a trece golpes. La *Misná* habla de treinta y nueve golpes, trece sobre el pecho desnudo y trece en cada lado de la espalda.

B

Baal. Término semítico común que significa «amo», «señor», «esposo», «poseedor», y cuyo uso es muy frecuente en la Biblia como prefijo de varias ciudades y lugares geográficos de Palestina. Aplicado a la deidad, el apelativo «baal» se convierte en nombre colectivo de los dioses semitas. En el oeste y el sur de Canaán se usa la palabra Baal, en Asiria, Bel; Bal o Bol en Palmira, siempre expresando el señorío de la deidad sobre una región, ciudad, lugar o acción. p.ej., los documentos hablan de los baales de Tiro, de Harran, de Tarso, de Hermón, de Líbano, de Tamar y de los cielos. Por otra parte, varios «baales» gozaban de atributos especiales: había un «baal del pacto o alianza» (Baal-Berith, Jue. 8:33; 9:4); otro de las moscas (Baal-Zebub, 2 R. 1:2-3, 6,16).

El culto a Baal adquiría formas diversas en las distintas naciones. Cada una de ellas tenía su propio Baal o «Señor», que frecuentemente asumía el nombre de la ciudad o nación a la que pertenecía. Todas estas formas eran conocidas colectivamente con el nombre de Baalim, o «Baales». Baal satisfacía así las necesidades regionalistas y además era, frecuentemente, el dios de la fecundidad, el que protegía las cosechas de trigo, de uva o de olivo (cf. Os. 2:7). En la pareja Baal-Astarté, Baal es el principio divino masculino, mientras que Astarté representa el principio femenino del amor y de la fecundidad.

Aunque Baal no era el dios principal, papel que le correspondía a Él, desempeñaba un papel sumamente importante en el panteón cananeo. Era un dios de la tempestad, como el Hadad de los arameos; habitaba en las alturas de Tsaphón, cuyo significado quizá es «Nube tenebrosa». Se creía que traía la fertilidad a la tierra de Canaán, cuya agricultura dependía enteramente de la lluvia. Al principio de la estación seca, sus devotos suponían que Baal era asesinado por el dios maligno Mot, y la fiesta anual de su resurrección, cuando caía probablemente la primera lluvia, era una ocasión de gran regocijo y festejos. En tiempos de Elías, cuando Israel se volvió al culto de Baal, su falta de poder quedó claramente demostrada cuando no llovió durante tres años. Dios quería que su pueblo aprendiese que la introducción del culto de Baal no aumentaría la fertilidad de su tierra, sino que, al contrario, traería hambre. En el monte Carmelo Elías demostró terminantemente que Baal, como dios de la lluvia, no poseía poder alguno (1 R. 18).

El culto de Baal se efectuaba en recintos sagrados (Nm. 22:41; 33:52; Dt. 12:2; etc.), o en templos como los de Samaria (1 R. 16:32; 2 R. 10:21-27) y Jerusalén (2 R. 9:18) e inclusive en terrazas sobre las casas (2 R. 23:12; Jer. 32:29). Es posible que el mobiliario de dichos santuarios variara según los baales honrados ahí. Cerca del altar, que en todos los casos existía (Jue. 6:25; 1 R. 18:26; 2 R. 11:18; Jer. 11:13; etc.), se podía encontrar, según la ciudad o el sitio de que se tratara, una imagen de la deidad (Hadad era representado por un ternero) o bien un betilo o piedra sagrada, que en Canaán, por lo regular, tenía forma cónica; originalmente pretendía representar al mundo, morada del dios, el *hammanim* (posiblemente cipos o pilastras; Lv. 26:30; 2 Cro. 24:4; etc.) y la *asherah* (Jue. 6:25; 1 R. 14:23; 2 R. 17:19; Jer. 17:2; etc.), un poste sagrado, algunas veces quizá un árbol, cuyo significado original está lejos de estar claro, junto con el de la estela de ofrenda o conmemorativa con más o menos ornamento. Se quemaban incienso y esencias (2 R. 22:5; Jer. 7:9; 11:13), se servían bebidas (Jer. 19:13) y se ofrecían al baal sacrificios de bueyes y otros animales; sabemos que no era raro que se quemaran niños de ambos sexos en sacrificio a Mélek, Moloc o Molech. En 2 Cro. 28:3 se dice que ocasionalmente, en tiempo de grandes calamidades, eran elegidos jóvenes príncipes para el sacrificio, que representaban lo mejor que podía

ofrendar un pueblo. En varios santuarios, grandes grupos de sacerdotes, distribuidos en varias clases (1R. 18:19; 2 R. 10:19; 23:5; Sof. 1:4) y vestidos con atuendo especial (2 R. 10:22) llevaban a cabo la función sagrada; rogaban a gritos al baal, dirigían danzas alrededor del altar y en su frenesí se cortaban con cuchillos y lancetas hasta quedar completamente cubiertos de sangre (1 R. 18:26-28). Mientras tanto el pueblo se arrodillaba y rendía homenaje besando a las imágenes o símbolos del baal (1 R. 19:18; Os. 13:2). A esto hay que añadir los ritos de la fecundidad practicados en varios santuarios, que tan inmorales parecieron a los hebreos (1 R. 14:24; 2 R. 23:7; Dt. 23:18).
Al entrar en Canaán los israelitas hallaron templos, arboledas, altares, y lugares altos consagrados a Baal, con un ritual seductor y gran número de sacerdotes (Nm. 22:41; 1 R. 18:22; Jer. 11:13; 19:5; 32:29). Pronto fueron seducidos a la adoración de Baal (Jue. 2:11, 13; 3:7; 6:31, 32; 8:33; 10:6, 10). Aunque bajo Samuel y durante los reinados de de Saúl y David, los israelitas en su totalidad abandonaron este culto (1 Sam. 7:4; 12:10), después de la división del reino fue totalmente establecido en Israel por Acab, casado con la princesa sidonia Jezabel (1 R. 16:31-32). Sin embargo, después de Elías, los profetas combatieron enérgicamente este culto (1 R. 8:17-40), especialmente Jeremías y Oseas. Pero la idolatría persistió hasta los días de Jehú, que dio muerte a sus adoradores y destruyó su templo e imágenes (2 R. 10:18-28). A pesar de esto, volvió a avivarse en Israel, y bajo Ocozías, hijo de Acab y Jezabel, se extendió también por Judá, durante los reinados de Acaz y de Manasés (2 R. 11:18; 16:3, 4; 17:16, 17; 21:3). Paradójicamente serán las invasiones de los babilonios las que asestarán un golpe de muerte al culto a Baal entre el pueblo hebreo. Con los repatriados Baal se convierte en historia, en cosa del pasado, pues a partir de entonces: «Ellos serán mi pueblo, y yo seré su Dios, dice el Señor Yahvé, para que los de la casa de Israel no se desvíen más de en pos de mí, ni se contaminen más con todas sus transgresiones» (Ez. 14:1).

Baalat-Beer. Ciudad asignada a la tribu de Simeón, también llamada Ramat-néguev (Jos. 19:8), aparentemente idéntica a Ramot en el Néguev. También recibe el nombre de Bealot en Jos. 15:24.

Baal-Gad. Ciudad cananea, probablemente en el valle del Líbano, en el nacimiento del Jordán, al pie del monte Hermón, cuyos reyes fueron derrotados por Josué, aunque la ciudad se mantuvo invencible en su día, marcando así el límite máximo de las conquistas de Josué (Jos. 11:17; 12:7; 13:5).

Baal-Hamón. Lugar donde Salomón tenía una gran viña (Cnt. 8:11). Algunos la han identificado con Baal-gaad o Heliopolis, ya que Hamón era la divinidad principal fenicia, quizá el mismo que el Amón-Ra egipcio. La mayoría de los expertos rechaza cualquier intento de identificación.

Baal-Meón. Antigua ciudad amorrea, en las fronteras de Moab, al este del Jordán, que fue asignada a Rubén. Llamada también Bet-meón; Bet-baal-meón; Beón (Jos. 13:17; Nm. 32:3; 38; Jer. 48:23), y Baal-maón. Posiblemente el «Bet» añadido a su nombre en Jeremías (48:23) sea para suprimir el nombre original de Baal. En los tiempos de Ezequiel se encontraba en posesión del rey Mesa de Moab, después de haberla arrebatado a Israel; y se habla de ella como una ciudad que era de «las tierras deseables» (Ez. 25:9). En la actualidad se trata de una aldea llamada Maain, ubicada en la parte superior de una colina situada a 1.261 m sobre el nivel del mar Muerto, a unos 7 km al suroeste de Mádaba.

Baal-Peor. Nombre propio de una divinidad fenicia venerada en el territorio de Moab (Nm. 25:1-9; Dt. 4:3; Jos. 22:17; Sal. 106:28; Os. 9:10), y lugar donde se le tributaba culto.
Casi todos lo expertos concuerdan en situar Baal-Peor, en una región en los montes de Abarim, al noreste del mar Muerto.
Los usos y ritos del culto al dios de Baal-Peor, que algunos lo identifican con Quemos, eran célebres por la obscenidad de sus prácticas (cf. Nm. 25), como corresponde a los cultos agrarios de la fecundidad. En la región se acumulan como en ningún otro punto de Palestina betilos o monumentos de piedra de simbología fálica, como el célebre menhir llamado por los árabes Hagar el-Mansub. El betilo cónico pasaba en los pueblos siro-fenicios como forma diminutiva de una montaña, por lo que su culto iba unido al dios de este nombre y en Siria se guardaba en un templo una gran piedra fálica llamada *Elgabad* = «el dios de la montaña», que siglos después el emperador romano Heliogábalo trasladó a la capital del imperio.

Baal-Perazim. Nombre dado por David a un lugar de Judá cerca del valle de Refaim, donde derrotó a un ejército de filisteos: «David llegó a Baal-perazim, y allí los derrotó David. Entonces dijo: ¡Jehová ha irrumpido contra mis enemigos delante de mí, como irrumpen las aguas! Por eso llamó el nombre de aquel lugar Baal-perazim» (2 Sam. 5:20; 1 Cro. 14:11), es decir; «lugar de rompiento o destrucción».
Se alude a ello en Is. 28:21 como «monte Perazim», quizá consagrado originalmente al culto a Baal.

Estaba al suroeste de Jerusalén, y se le identifica con Seib Bedr, santuario de Ras el-Nadir.

Baal-Salisa. Lugar mencionado en relación a la estancia de Eliseo en Gálgala (2 R. 4:42). Un hombre procedente de Baal-Salisa entregó al profeta la primicia de veinte panes de cebada y espigas nuevas, con ellos Eliseo dio de comer milagrosamente a cien personas, en una época en que había una gran hambre por toda la región.
Esta ciudad se encontraba en la tierra o país de Salisa, en la región montañosa de Efraín (1 Sam. 9:4), y algunos la han identificado con la actual Hirbet Sirisiah, a 22 km al noreste de Lidda. Eusebio y Jerónimo dicen que en su tiempo llevaba el nombre de Bethsalisa, siendo común el intercambio de *bet* por *baal.*

Baal-Tamar. Localidad cercana a Gabaa, en la tribu de Benjamín, donde se reunió el grueso de las tropas de los israelitas para atacar la ciudad de Gabaa, en venganza por la violación de la mujer de un levita (Jue. 20:33). Sin duda deriva su nombre de uno de los santuarios o arboledas santas de Baal. La palmera de Débora (Jue. 4:5) estaba situada en algún lugar de la localidad, y posiblemente se alude a ella.

Baal-Zebub. Dios de Ecrón, una de las cinco ciudades filisteas, cuyo oráculo fue consultado por el rey Ocozías, con motivo de su enfermedad (2 R. 1:2, 3, 16). Aunque el nombre pueda sonar un poco a burla, era un título de Baal como protector contra las picaduras de los insectos. Según Pausanias y Clemente de Alejandría, Zeus también recibía el nombre de «Zeus espantamoscas». En el NT recibe el nombre Beelzebú (Mt. 10:25), corrupción de Baal Zebub, y se refire al príncipe supremo de los demonios, según la progresiva demonización de los dioses paganos realizada por los hagiógrafos hebreos. Jesús lo identifica con Satanás (Mc. 3:24: Lc. 11:18) y le reconoce como rey del infierno (Mt. 12:25; 26:29; Mc. 3:24-27; Lc. 11:17-22).

Baal-Zefón. Lugar de los límites de Egipto, cerca del golfo de Suez. Los israelitas acamparon en sus cercanías antes de cruzar el mar Rojo (Éx. 14:2, 9; Nm. 33:7).

Baana. Capitán del ejército de Is-boset, hijo de Saúl. Él y su hermano Recab conspiraron y mataron a Is-boset cuando éste supo que Abner había muerto. Llevaron su cabeza a David creyendo que así conseguirían su favor, pero él los mandó ejecutar (2 Sam. 4:2-12).

Baasa. Tercer monarca de Israel o reino de Israel y fundador de su segunda dinastía. Hijo de Ahías, de la casa de Isacar. Conspiró contra el rey legímito, Nadab, y le dio muerte para reinar en su lugar (953-930 a.C.). Inmediatamente después mató a toda la familia real de Jeroboam, según la palabra del Señor por el profeta Ahías, de que toda la descendencia de Jeroboam sería destruida, debido a su maldad. Pero Baasa no fue mejor, y su posteridad cayó bajo un juicio similar (1 R. 15:16-33; 16:1-13; 21:22; 2 R. 9:9; 2 Cro. 16:1-6; Jer. 41:9). Baasa intentó fortificar Ramá, a unos 6 km de Jerusalén, para evitar que la gente de Israel fuera a adorar al templo, por las posibles consecuencias políticas derivadas de ello. Asá, rey de Judá, hizo alianza con Ben-adad, rey de Siria, para atacar a Israel. Entonces Baasa dejó de edificar Ramá, pero fue derrotado y muerto. Su hijo Ela reinó en su lugar (1 R. 16:8-10).

Babel. Palabra derivada del babilónico *bab-ilu,* que significa «puerta de Dios»; el autor sagrado polemiza irónicamente con este significado y ofrece uno nuevo, tomado como contracción del heb. *balbel,* derivado de *balal,* «confundir» (Gn. 11:9). Este nombre se aplicó en principio a la torre de Babel, extendido posteriormente a la ciudad de Babilonia (Gn. 10:10), y después a toda la región babilónica (Ez. 23:17), pues para Israel, Babel (Babilonia) constituía un símbolo permanente de maldad y opresión. Igual que Nínive, se ha complacido en su propia fuerza (Is. 47:7-10; cf. 9:7-14). Se ha erguido ante Yahvé con soberbia e insolencia (Jer. 50:29-32, cf. Is. 14:13s.). Ha multiplicado los crímenes: hechicería (Is. 47:12), idolatría (Is. 46:1; Jer. 51:44-52) y crueldades de toda suerte. Ha llegado a ser verdaderamente el templo de la malicia (Zac. 5:5-11).

Babel, Torre de. Según el relato bíblico los descendientes de Noé habían emigrado primero del este (Armenia) hacia el sur, a lo largo del Tigris y luego hacia el oeste a través del Tigris hacia «una llanura en el país de Sinar», donde edificaron una ciudad y una torre con la cúspide en los cielos. El trabajo progresó correctamente hasta que Dios confundió su lenguaje, de tal manera que no entendía cada cual el de su prójimo y desde aquel punto se desperdigaron por la tierra y dejaron de edificar la ciudad (Gn. 11:1-9). En el texto original no se encuentra el verbo «llegar», que ha sido suplido para dar sentido a la traducción. Era una torre «para» o «hacia» el cielo. Posiblemente el sentido fuera el de una torre de observación y culto a los cielos, como un «zigurat», que fuera el centro religioso unificador de aquella ciudad en construcción. Cualquier intento real de alcanzar el cielo está fuera de cuestión, las montañas de Elam estaban demasiado cerca como para mostrarles que unos pocos metros más o menos no tenían importancia a la hora de conseguir tocar el cielo. Los zigurats se citan con frecuencia en la literatura babilónica. Su más antigua atestación epigráfica se remonta a Gudea, gobernador de Lagas (s. XXII a.C.), en la baja Mesopotamia, a unos 80 km de Ur. Es interesante constatar que en las narraciones cuneiformes aparecen expresiones bíblicas como ladrillos cocidos, asfalto y altitud del edificio, «semejante al cielo» (cf. Herodoto, *Hist.* I, 179).

Babilonia. País de Asia occidental, en el extremo oriental del Creciente Fértil. Babilonia era su capital. El país de Babilonia era denominado Sinar (Gn. 10:10; 11:2), y en los textos posteriores Caldea, o «país de los caldeos» (Jer. 24:5; Ez. 12:13). El país se extiende diagonalmente del noroeste al sudeste, desde la actual ciudad de Bagdad al Golfo Pérsico, desde las vertientes de Khuzistán al este hasta el desierto Arábigo al oeste, y estaba sustancialmente contenido entre los ríos Eufrates y Tigris, aunque se debe añadir al oeste una estrecha franja de cultivo a la orilla derecha del Eufrates. Es una frontera natural, que separa la llanura septentrional, ligeramente elevada, de formación secundaria, de la parte meridional, deprimida, formada por aluviones de las cuencas del Eufrates y del Tigris. No se sabe casi nada de los primeros habitantes de esta tierra, los más antiguos conocidos se llamaron sumerios, o habitantes de Sumer, Sungir, Senaar. Inventaron la escritura cuneiforme, construyeron las ciudades más antiguas, y condujeron al país a una alta cumbre de pacífica prosperidad. Fueron gradualmente vencidos, desposeídos y absorbidos por una nueva cultura, la semita, que entró en la llanura por el norte, desde el reino de Acad. Los invasores semíticos, sin embargo, adoptaron, mejoraron y extendieron con amplitud la civilización del pueblo que habían conquistado.

La ciudad de Babilonia debe su grandeza sobre todo al rey y legislador Hammurabi (hacia 1700 a.C.). Llegó a ser un centro cultural y religioso de primera importancia. Después de la caída del Imperio asirio, el rey caldeo Nabopolasar fundó el Imperio de la Nueva Babilonia. Uno de sus sucesores, Nabucodonosor II restauró la capital en Babilonia, destruida en 689 y 648 a.C. Extendió los límites de su reino hasta la frontera egipcia, destruyó Jerusalén y exilió a los judíos en Babilonia (586 a.C.). El último monarca de la dinastía fue Nabonido, en cuyo lugar, como regente, reinó Baltasar (cf. Dn. 5). En el año 539, Ciro, rey de los persas, conquistó Babilonia y permitió a los exiliados judíos regresar a su tierra y reconstruir su Templo.

Para los profetas hebreos, Babilonia es «el azote de Dios» por los pecados del pueblo rebelde e idólatra (Jer. 21:3-7). Yahvé los ha entregado a todos en manos del rey babilonio Nabucodonosor, cuyo yugo deben llevar (Jer. 27:1-28). Es el cáliz de oro con que Yahvé embriaga a los pueblos (Jer. 25:15,29; 51:7). Es el martillo de que se sirve para machacar a la tierra entera (Jer. 50:23; 51:20ss.). En el exilio y cautividad babilónicos Dios recogerá el resto de su pueblo (Jer. 29:1-20). Allí los judíos deportados conocen el sufrimiento purificador, que prepara la restauración futura, pero este papel providencial de Babilonia no le impide ser la ciudad del mal por excelencia, el «templo de la idolatría» (Is. 46:1; Jer. 51:44-52). Si el exilio ha sido un justo castigo para Israel culpable, ahora, para el pequeño resto convertido por la prueba, es un destierro intolerable e incluso una morada peligrosa. Una vez pasados los 70 años predichos (Jer. 25:11; 29:10), llega el año de la remisión (Is. 61:2; cf. Lv. 25:10) y los desterrados son invitados a abandonar la malvada ciudad (Is. 48:20; Jer. 50:8; 52:11). La salida de Babilonia será de nuevo para Israel, como un nuevo éxodo liberador. El llamado a «salir de Babilonia» se convertirá en un proverbio que llama a separarse de lo impuro (Is. 48:20; Jer. 50:8; cf. 2 Co. 6:17; Ap. 18:4) .

Balaam. Mago-vidente oriundo de Petor, ciudad sita a orillas del Eufrates superior. Después de que los israelitas derrotaran a los amorreos, Balac, rey de Moab, sospechando que su pueblo pudiera correr la misma suerte que sus vecinos y conforme a las leyes de guerra antigua, antes de emprender un enfrentamiento directo decidió contratar los servicios de Balaam, mago de renombre, que ocupa una larga sección en la primitiva historia israelita (Nm. 22-24). Al parecer Balaam gozaba de gran y temible reputación, como dan a entender los motes o significados de su nombre y del de su padre: «devorador», «tragador» y «destructor», respectivamente, que hacen referencia al poder destructivo de sus conjuros. Balac llevó a Balaam a un monte consagrado a la deidad local, Bamot-Baal, un santuario o lugar alto, próximo al monte Nebo, desde cuya cumbre el adivino contempló las numerosas tiendas del pueblo israelita y admitió que era un pueblo singular, por lo que no se atrevió a maldecirlo (Nm. 23:20-24), sino todo lo contrario, lo bendijo, para ira de Balac (Nm. 24:5-10). A pesar de esto, y sin que conozcamos detalles, y sin que se den razones, Balaam aparece alineado con las madianitas y muerto en batalla: «Los hijos de Israel también mataron a espada, entre otros, al *adivino* Balaam hijo de Beor» (Jos. 13:22; Nm. 31:8).

Balaam, sintiéndose inspirado por el espíritu del Señor Altísimo anuncia la aparición de una estrella de Jacob que aplastará a Moab y dominará sobre Edom. Lo predice como algo lejano. «Lo veo, mas no ahora, lo miro, mas no de cerca» (Nm. 24:17). Balaam predice aquí la victoria de un futuro rey de Israel que se enseñoreará sobre Moab y Edom, pues estrella y cetro simbolizan un personaje regio. La tradición judía da un sentido netamente mesiánico al vaticinio, así como tradición cristiana. Moab y Edom se consideran sólo *tipo* de los enemigos de Israel que han de ser vencidos por el Mesías. En el Evangelio de Mateo la «estrella» vista por los magos es una señal del nacimiento del Mesías, cuyo antepasado David fue sólo su primer e imperfecto cumplimiento (Mt. 2:2). Desde Justino e Ireneo en adelante, la tradición cristiana tomó esta profecía de Balaam como un preanuncio de Cristo.

Balac. Rey de Moab, hijo de Zipor. Gobernaba en el momento en que los israelitas terminaban su peregrinación de cuarenta años por el desierto y avanzando hacia Transjordania derrotaban a los reyes amorreos de Hesbón y Basán. Dominado por el temor ante el avance israelita, buscó el auxilio de los ancianos de Madián, en otro lugar llamados «reyes» o «príncipes», y que serían jefes de clan o tribu; juntos establecieron una especie de alianza contra Israel. Conforme a las leyes de guerra antigua, antes de emprender un enfrentamiento directo deciden recurrir a un mago de renombre, llamado Balaam, que ocupa una larga sección en la primitiva historia, para maldecir al pueblo acampado a lo largo del río Arnón (Nm. 22, 23, 24; Jos. 24:9; Jud. 11:25; Miq. 5:6). Conjuros y encantamientos tenían tanta o más importancia que el arsenal bélico de los combatientes de la época. Muy extraño era el rey que se decidía a emprender una campaña sin consultar primero a los hechiceros y sacerdotes de sus templos. Israel había recibido la orden divina de no invadir el territorio moabita ni atacar a sus moradores, por ser descendientes de Lot, sobrino de Abraham, pero al rey de Moab la vecindad del campamento hebreo le parecía peligrosa. Sobre tres montañas diferentes, Balac y sus príncipes prepararon ofrendas para proporcionar una atmósfera de maldición, pero cada vez que iba a hacerlo, Balaam pronunciaba palabras de bendición. Profundamente decepcionado, el rey moabita le increpó y le ordenó que cesara. Aunque Balac le despachó sin ninguna recompensa, Balaam profirió una cuarta profecía antes de irse. En ella, delineó claramente la futura victoria de Israel sobre Moab, Edom y Amalec. Con todo, Moab quedó a salvo y no fue atacado por Israel.

Baladán. Nombre semítico que corresponde al fenicio Baal-Adonis, o Ba'al-Adón, encontrado en algunas monedas, pero también se asocia a Merodac, que prob. no es semítico, por lo que quizá Baladán se pueda derivar del sánscrito *bala*, «fuerza» y *dhana*, «riqueza», con el sentido de valiente y rico. Lleva este nombre el padre Merodac-baladán, rey de Babilonia, en tiempo del rey Ezequías (2 R. 20:12; Is. 39:1).

Bálsamo. Resina del arbusto de bálsamo, de propiedades medicinales. Galaad era famoso por su producción. Se usa como proverbio para exponer la sanidad que Dios tenía para su pueblo si en verdad se volvían a Él (Jer. 8:22; 46:11; 51:8). Era uno de los mejores profuctos de Palestina (Gn. 43:11), exportados al exterior: «una caravana de ismaelitas venía de Galaad con sus camellos cargados de perfumes, bálsamo y mirra para llevarlos a Egipto» (Gn. 37:25; cf. Ez. 27:17). Jacob envió un poco a José en Egipto (Gn. 43:11). Se usaba especialmente para aplicar a las heridas (Jer. 8:22; 46:11).

Bandera. Emblema militar bajo el cual se agrupan los soldados en tiempo de combate. En heb. se utilizan tres términos para referirse a la bandera, estandarte o enseña: *déguel*, bandera o estandarte de buen tamaño, utilizada para mantener unidas la tribus (Nm. 1:52; 2:2 ss.; 10:14 ss.); *ot*, «enseña», que era una bandera pequeña que servía de signo distintivo para cada una de las tribus (Nm. 2:2, 34); *nas*, enseña sencilla fijada al suelo que sirve de orientación y punto de referencia de los soldados (Nm. 21:8, 9; Sal. 60:4; Is. 5:26; 11:12; 13:2; 18:3; 30:17; 49:22; 62:10; Jer. 4:6, 21; 51:12, 27; Ez. 27:7). La Escritura no especifica la forma de las banderas ni de las enseñas. Tampoco tenemos equivalentes en ninguna representación egipcia o asiria. Según los rabinos, la bandera de Judá se asemejaba a un «león» (cf. Gn. 49:9; Ap. 5:5), la de Rubén a un «hombre», la de Efraín a un «buey» (cf. Dt. 33:17); y la de Dan, a un «águila», pero se trata de meras conjeturas, ya que carecemos de información sobre la naturaleza de las banderas militares israelitas, que propiamente serían estandartes con emblemas. Era costumbre entregar una bandera al bando derrotado como prenda de protección y firme señal de fidelidad. Simbólicamente se dice que Dios extiende su bandera sobre los suyos, para expresar su presencia, su protección y su paz (Sal. 20:5; 60:4; Cnt. 2:4).

Barac (heb. «relámpago»). Hijo de Abinoam, de la ciudad de Cades-Neftalí (Jue. 4:6, cf. Jos. 19:37; 21:32), probablemente perteneció a la tribu de Isacar (Jue. 5:15). Cuando, tras la muerte del juez Ehod, «los hijos de Israel volvieron a hacer lo que desagradaba a Yahveh» (Jue. 4:1), fueron puestos en manos del rey canaanita Jabín de Jasor, quien los oprimió con crueldad por veinte años (Jue. 4:3). Bajo órdenes de la profetisa Débora, reunió a 10.000 hombres de Neftalí y de Zabulón, con los que derrotó a Sísara, general del ejército de Jabín, y destruyó a su ejército (Jue. 4:1-24; 5:1,12). Esta significativa victoria de Barac puso fin al poderío y opresión de Jabín y fue seguida por un período de cuarenta años de paz, conmemorada en el cántico triunfal de Débora y Baraq (Jue. 5). En el NT consta como uno de los héroes de la fe (He. 11:32).

Barba. Símbolo de virilidad y de fuerza, la barba larga es a menudo símbolo de sabiduría y dignidad. Por eso dioses y héroes son representados generalmente barbados. En la cultura oriental se tiene en gran estima y valor la barba y se considera como una ofensa grave cortarle la barba al enemigo y una manera de privarle de su gloria y poder (cf. 2 Sam. 10:4-5; 19:24; 20:9; Is. 7:20); en cambio, cortarse uno mismo la barba es signo de aflicción: p. ej. Mefi-boseth, que salió a recibir a David sin lavarse ni cortarse la barba (2 Sam. 19:24, cf. Is. 15:2; Jer. 41:5). Asirios y persas prestaron una atención al cuidado de su barba, tal como se evidencia en las inscripciones arqueológicas. La forma de la barba distinguía a un pueblo de otro: «No cortaréis en redondo las extremidades de vuestro cabello, ni dañarás la punta de tu barba» (Lv. 19:27). Para los hebreos, una barba abundante y rizada era símbolo de hombría y adorno muy preciado (Esd. 9:3; Sal. 113:8; Is. 19:2; Jer. 48:37; Dn. 10:3).

Bárbaro. Nombre de formación onomatopéyica, derivado de «bar-bar» con que los antiguos griegos denominaban a los extranjeros que chapurreaban su idioma. Bárbaro, pues, es extranjero en la acepción que le dieron los griegos y los romanos. El NT mantiene este uso para referirse al «extranjero de lengua desconocida» (cf. Ro. 1:14; 1 Co. 14:11; Hch. 28:2-4). En Col. 3:11, «bárbaro» se refiere sin duda a las naciones del Imperio romano que no hablaban griego, mientras que «escita» define a las naciones no sometidas al imperio.

Barbecho. Porción de tierra que se ha arado y se ha revuelto con el rastrillo, pero dejada sin sembrar para que recupere su fertilidad. La Ley de Moisés ordenaba que el israelita dejara su tierra en barbecho un año de cada siete, enseñando así que la tierra realmente pertenecía a Dios y estaba al servicio no sólo del propietario, sino de los menos agraciados de la comunidad: «los pobres del pueblo» (Éx. 23:11), por lo que se levantaban voces críticas cuando no se observaba esta ley. «En el campo arado de los pobres hay abundancia de comida, pero es arrasada cuando no hay derecho» (Prov. 13:23). Esto se hacía en el llamado año sabático. No debían preocuparse por qué comer en ese año, ya que la promesa de Dios que acompañaba a este mandamiento aseguraba una

amplia cosecha en el año sexto que sería suficiente para todo el séptimo, hasta comenzar a sembrar en el octavo (Lv. 25:20-21). Pero esta ley fue descartada durante 490 años, lo que condujo a Israel al cautiverio babilónico (cf. Lv. 26:33; 2 Cro. 36:21). Sin embargo, cuando se puso en práctica después del exilio, se oyeron quejas de la carestía sufrida por la observancia del año sabático (cf. 1 Mac. 6:49).
La razón del año sabático para los campos era la misma que la impuesta para el descanso del hombre. No sólo para dejar en barbecho, de modo que así la tierra descansara y se enriqueciera para mejores cosechas, sino para reconocer religiosamente la propiedad de Yahvé sobre los campos, aprendiendo a temerle y guardar sus mandamientos (Dt. 31:10-12). En los terrenos pobres y de secano, como los de Palestina, hay que dejar descansar las tierras para que puedan rendir algo de tiempo en tiempo, de lo contrario se empobrece y se vuelve estéril todos los años. A esta razón práctica, el legislador añade la razón religiosa de reconocer la soberanía de Dios. También se usa en sentido espiritual: Jer. 4:3; Os. 10:12.

Barjesús (aram. «hijo de Josué»). Patronímico de Elimas, el falso profeta judío de la corte del procónsul Sergio Pablo (Hch. 13:6-12). Pablo y Bernabé se enfrentaron a él durante su estancia en Pafos, Chipe (Hch. 13:6-12). Debido a su oposición a la conversión del procónsul al cristianismo, Barjesús fue cegado de repente por Pablo. Lucas dice que el nombre Elimas se traduce por «mago», acepción del árabe, *álim* = «sabio».

Barjonás (aram. «hijo de Jonás»). Patronímico del apóstol Pedro (cf. Mt. 16:17; cf. Jn. 1:42).

Bar Kochba (aram. «hijo de la estrella»). Nombre dado a Simón ben Kosiba, en referencia a la profecía de Balaam (Nm. 24:17), cabecilla de la resistencia judía contra Roma entre el 132-135 d.C. Saludado como «Mesías» por sus compatriotas, en especial por el más famoso de los doctos de esa época, rabí Akiba. Posteriormente a la desastrosa rebelión, que trajo tantos males a Israel, fue apodado por los amargados rabinos «Bar Koziba», que significa «hijo de la mentira».
La segunda guerra judía contra Roma encabezada por Bar Kochba comenzó con la provocación del emperador Adriano, que promulgó un edicto prohibiendo la circuncisión, la lectura de la Ley y la observancia del Sábado. A continuación dio a conocer su intención de establecer una colonia romana en Jerusalén y de erigir un santuario a Júpiter en el lugar en el que se levantaba el destruido templo a Yahvé. En ta-

les circunstancias aparece la figura de Bar Kochba como «mesías». Guerrilleros judíos de todos los países se reunieron en torno a él. Al principio sus victorias parecían milagrosas. La gente decía ver a Bar Kochba montado sobre un león. Luchaba en primera línea y en los lugares más peligrosos. La guerra se prolongó por espacio de tres años y puso a dura prueba los recursos militares del Imperio romano, que perdió una legión entera antes de acabar con Bar Kochba. Cuando finalizó la lucha, la población judía fue muerta, sometida a esclavitud o desarraigada. Muchos abandonaron el país y millares fueron vendidos como esclavos en el exterior. Jerusalén y sus alrededores se poblaron con no judíos y sólo la Galilea quedó como un bastión del judaísmo. Adriano les prohibió la práctica de su religión.
Bar Kochba cayó en combate y su cabeza fue llevada al campo romano. Akiba y muchos otros rabinos, considerados responsables de la rebelión, murieron en medio de crueles torturas. De las ruinas de Jerusalén surgió una nueva ciudad llamada Elia Capitolina, en honor del emperador victorioso, Elio Adriano, que fue habitada por una colonia de extranjeros. A los judíos no se les permitió residir en ella, ni siquiera acercarse a sus alrededores. A partir de ese momento, los obispos cristianos de Jerusalén son todos de origen gentil.
A finales de 1951 los beduinos descubrieron un lote de textos, al que siguieron otros en los primeros meses del año siguiente, que se encontraban escondidos en las cuevas de Wadi Murabba`at y Nahal Hever. Entre los documentos fueron halladas algunas cartas de Bar Kochba, que nos ofrecen una imagen menos negativa que la ofrecida por sus detractores tanto judíos como cristianos.

Barrabás (aram. «hijo de Abba [padre]»). Es poco lo que se sabe de él. Descrito como «salteador» en Jn. 18:40 y «preso famoso» en Mt. 27:16. Había encabezado una insurrección y cometido homicidio (Mc. 15:7; Lc. 23:1). Pilato ofreció la oportunidad de salvar a Jesús según la costumbre de liberar a un preso con ocasión de la fiesta de Pascua, pero el pueblo, instigado por los principales sacerdotes y por los ancianos, pidió la liberación de Barrabás, y la muerte para Jesús (Mt. 27:16-26; Mc. 15:7-15; Lc. 23:18-25; Jn. 18:40), que consecuentemente fue puesto en libertad (Hch. 3:14). Esta elección pone de manifiesto no tanto la impiedad y dureza del corazón del pueblo judío, como su preferencia por un «prisionero notable» (Mt. 27:16). Los datos dispersos que ofrecen los Evangelios indican que Barrabás no era un simple «bandolero», sino una persona distinguida. Algunos lo identifican como un guerrillero en armas contra Roma, un «héroe nacionalista», que habiendo tomado parte en un acto de terror que costó vidas humanas fue detenido y encarcelado. Para los romanos, y algunos judíos, estas personas no eran otra cosa que bandidos, ladrones, salteadores, pues en los actos de resistencia los límites con el bandidaje se borran fácilmente (Josefo, *Ant.* 17, 285). Otros, basándose en la múltiple grafía de su nombre en los diversos manuscritos griegos: sería el hijo de un famoso doctor de la ley, no conectado con los sediciosos, pero que había sido capturado en el tumulto junto con ellos. Esto explicaría la disposición de Pilato a exponerle como candidato a la liberación, lo que nunca haría con un rebelde condenado.

Barsabás (ar. «hijo de Sabbá»). Sobrenombre de dos personajes del NT.

1. José, también llamado Justo, que fue nombrado candidato, juntamente con Matías, para ocupar la vacante dejada por Judas Iscariote (Hch. 1:23).
2. Sobrenombre de Judas, que con Silas fue enviado a Antioquía con la decisión a la que había llegado la iglesia de Jerusalén con respecto a la controversia de la circuncisión de los gentiles. Él y Silas son llamados «principales entre los hermanos» y «profetas» que exhortaron a los hermanos y los confirmaron (Hch. 15:22, 27, 32).

Bartimeo (aram. «hijo de Timeo»). Uno de los dos mendigos ciegos de Jericó, a quien el Señor dio la vista (Mt. 20:29-34; Mc. 10:46-52; Lc. 18:35-43). Según Mt. y Mc. el milagro tuvo lugar «al salir de Jericó»; según Lc. «al acercarse a la ciudad». La cuestión ha sido muy discutida y se han propuesto diversas soluciones. Quizás Lucas atiende sólo a la sustancia del hecho y de forma vaga al lugar. En cuanto al número de ciegos, si uno o dos, la mayor parte de los exegetas están de acuerdo en que eran dos, de los cuales quizá el más conocido sería Bartimeo. La mención del nombre del ciego es extraordinaria, pues en los Evangelios no tiene lugar para los demás fuera de los discípulos, excepto en el caso de Jairo (Mc. 5:22) y Zaqueo (Lc. 19:2). Esta mención del nombre del ciego probaría que se trata de una auténtica tradición histórica, debido a un testigo ocular.

Bartolomé (aram. «hijo de Tolmai»). Uno de los doce apóstoles, mencionado únicamente en las listas de los Doce (Mt. 10:3; Mc. 3:18; Lc. 6:14; Hch. 1:13) y desconocido para Juan, en su lugar habla de un tal Natanael, relacionado con Felipe (cf. Jn. 1:43-51). Se cree que se trata de la misma persona, según se deduce de un análisis comparativo de los textos evangélicos. Puesto que los sinópticos no mencionan a Natanael en sus listas de los Doce, se cree que el Bartolomé que parece ocupar su lugar recibe este nombre por su filiación familiar, en arameo *Bar-Tolmai* = hijo de Tolmai, de modo que Bartolomé es el patronímico y Natanael el propio. El hecho de que Bartolomé siempre es mencionado en relación con Felipe en la lista de los Doce confirma la identificación de ambos nombres en un mismo personaje.

Bartolomé es uno de los primeros discípulos de Jesús, llevado por Felipe, de quien quizá era hermano (Jn. 1:43-51). En las listas de los apóstoles aparece en sexto lugar asociado a Felipe (Mt. 10:3; Lc. 6:14). Jesús reconoció en él al israelita verdadero, en quien no hay engaño, que había de presenciar maravillas (Jn. 1:45-51) y ser testigo de la vida y resurrección del Señor Jesús (Jn. 21:2; Hch. 1:21-22). Según esta hipótesis, con sólido fundamento exegético en el Evangelio, el apóstol sería oriundo de Caná de Galilea, donde una iglesia dedicada a su nombre recuerda a un mismo tiempo el primer milagro de Jesús, convirtiendo el agua en vino (Jn. 2:1-11), y la figura de Bartolomé-Natanael.

Jesús se le manifestó después de la resurrección en el mar de Tiberias (Jn. 21:2); fue testigo de la ascensión, regresando después a Jerusalén con los apóstoles (Hch. 1:4, 12, 13). A partir de entonces, nada más sabemos de su vida, excepto las contradictorias tradiciones que nos han llegado.

Baruc (heb. «bendito»). Amigo y discípulo de Jeremías. Pertenecía a la nobleza o a la alta sociedad de Jerusalén, su hermano Seraías disponía de un alto cargo en la corte del rey Sedequías (Jer. 51:59). Era fiel discípulo del profeta Jeremías (Jer. 36:4, 18), y actuaba como su amanuense o secretario (Jer. 36:32) y como tal escribía las profecías amenazadoras de su místico maestro (Jer 45:4), y le vemos junto al profeta comprando el campo de Anatot (Jer. 32:12). Según Jer. 36:4 ss., escribió las profecías de Jeremías en el año 605 a.C. para leérselas al pueblo. Cuando el rey Joacim mandó quemar el rollo, Baruc volvió a transcribir las profecías para desarrollar la obra (Jer. 36:23; 36:32). Con Jeremías vivió en Jerusalén y después de la caída de la ciudad (586 a.C.), fue llevado con el profeta Jeremías a Egipto (Jer. 43:6 ss.) por los sediciosos nacionalistas judíos. Después de la muerte de su maestro y quizás por insinuación del mismo, se fue a Babilonia a consolar a los judíos de la cautividad. De acuerdo con el historiador Flavio Josefo, Nabucodonosor llevó a Babilonia al profeta Jeremías y a Baruc después de haber conquistado Egipto (*Ant.* 10, 6, 2; 9, 1-6).

En 1975 se encontró en Israel una colección de casi 250 sellos de barro en los que se encontraron los nombres de cuatro personajes mencionados en el capítulo 36 del libro de Jeremías, entre ellos el de Baruc, que aparece en la inscripción de varios sellos.

Barzilai (heb. «corazón de hierro», «fuerte»). Nombre de varios personajes del AT, entre ellos:

1. Rico galaadita amigo y partidario de David. Procuró víveres y otras provisiones a David y sus hombres durante su campaña contra Absalón. Poco antes de morir, entre las últimas instrucciones dadas por David a Salomón, figuraba que debía tratar con benevolencia a Barzilai y a sus hijos (2 Sam. 17:27-29; 19:31-40; 1 R. 2:7).
2. Sacerdote que tomó por mujer a una hija de Barzilai, el amigo de David, cuyo nombre adoptó, en consecuencia su genealogía quedó obscurecida y sus descendientes quedaron excluidos del sacerdocio al regreso del exilio en tiempos de Esdras (Esd. 2:61-62; Neh. 7:63).

Basán (heb. «llanura de tierra fértil»). Región fértil situada en la parte oriental del Jordán en el centro superior del Yarmuk. Famosa por sus ricos pastos (Miq. 7:14; Jer. 50:19; Nah. 1:4) sus encinas (Is. 2:13; Ez. 27:6), su ganado mayor (Dt. 32:14; Sal. 22:13; Ez. 39:18; Am. 4:1). Basan perteneció, sucesivamente, al imperio de David y al reino del norte, Israel; después fue posesión aramea (2 R. 10:33); bajo Tiglat-pileser III, asiria; en el siglo II a.C., nabatea; finalmente perteneció al reino de Herodes y de sus sucesores. El relato de la victoria sobre el rey Og de Basán acentúa los derechos de Israel sobre esta región (Nm. 21:33-35).

Basemat (heb. «fragante»). Una de las esposas de Esaú, hija de Ismael y madre de Reuel (Gn. 36:3, 4). En la narración anterior (Gn. 26:34; 28:9), los nombres de las esposas de Esaú difieren de los dados en el capítulo 36. Las mujeres pudieron haber tenido dos nombres, o cambiarlo al casarse. Parece probable que Basemat, hija de Elón, sea la misma que Ada, hija de Elón; y que Basemat, hija de Ismael, sea la misma que Mahalat, hija de Ismael, traducida por Basemat en el texto samaritano. Judit, hija de Beeri, pudiera ser la misma que Aholibama, hija de Aná, si Beeri es el nombre de su padre, y Aná el de su madre.

Batalla. Desde su fundación como nación, Israel estuvo inmerso en infinidad de batallas, que marcan sus períodos fundacionales desde la entrada a Canaán hasta la monarquía. A lo largo de su historia los hebreos modificaron sus formas de combatir y presentar batalla en consonancia con los descubrimientos y avances de la ténica militar de sus vecinos. Sin caballos ni carros de combate, tuvieron éxito en las montañas y lugares escarpados, no así en las llanuras. Con una metalurgia inexistente, durante el período de los jueces fueron militarmente superados por sus vecinos filisteos, conocedores de la técnica del hierro. La monarquía dio origen a un sistema de guerra organizada cuya máxi-

ma consistía en evitar a los combatientes fatigas innecesarias antes de la batalla y proveerles de suficientes alimentos. Con el tiempo se introdujo el uso de la caballería y de los carros de combate.
Antes de entrar en batalla los primeros hebreos buscaban la asistencia divina mediante la consulta del Urim y Tumin (Jue. 1:1; 20:27, 28; 1 Sam. 14:37; 23:2; 28:6; 30:8); o de algún profeta reconocido (1 R. 22:6; 2 R. 19:2; 2 Cro. 18:5); en épocas posteriores tenía lugar un solemne acto de sacrificio (cf. 1 R. 8:44ss.). En los momentos críticos de la campaña se volvía a consultar a profetas y oráculos, de modo que no había ejército que se considerara completo si no disponía de sacerdotes que se dedicasen profesionalmente a la adivinación.
Yahvé fue llamado «varón de guerra» a raíz de la destrucción del ejército de Faraón en el mar Rojo, y esta y otras victorias fueron registradas en «el libro de las batallas de Yahvé» (Éx. 15:3; Nm. 21:14). David se refirió a Yahvé como «quien adiestra mis manos para la batalla» (2 Sam. 22:35; Sal. 18:34), pues Él es el «Dios de los escuadrones de Israel» (1 Sam. 17:45). La idea implícita es que Dios dirigía al pueblo en sus batallas.

Batallas de Yahvé, Libro de las. Nombre de un libro hebreo perdido. Se cita solamente en Nm. 21:14: «Por eso se dice en el libro de las batallas de Yahvé». Aparentemente estaba formado por una colección de poemas que celebraban las victorias de Israel en distintos momentos de su devenir histórico, colección de la que formarían parte otros poemas o canciones citados en esta misma obra (cf. Nm. 21:17-18 y 27-30).

Bato. Medida para líquidos, como vino y aceite, equivalente a unos 37 litros. Es mencionada en 1 R. 7:26, 38; 2 Cro. 2:10; 4:5; Is. 5:10; Ez. 45:10,14 y Esd. 7:22, equivalente a una efa seca, siendo cada cual la décima parte del homer (Ez. 45:10-11).

Bautismo. Sacramento de iniciación en el Nuevo Pacto, cuyo origen remoto se encuentra en los diversos lavamientos rituales ordenados en el AT (Lv. 6:27, 28; 8:6; 11; 13; 14; 15; 16; 17; 22:6; Nm. 8:7, 21; 19, etc.). El apóstol Pedro ve en el agua del diluvio un signo o tipo que prefiguraba el bautismo cristiano (1 P. 3:20-21). El agua, que una vez fue medio de condenación, ahora en Cristo es medio de salvación. Refiriéndose a los israelitas, Pablo dice: «Todos en Moisés fueron bautizados en la nube y en el mar» (1 Co. 10:2). Entonces el pueblo de Dios fue salvado de la esclavitud de Egipto, ahora es salvado de la condenación del pecado. En Colosenses el bautismo cristiano está en

relación análoga con el rito judío de la circuncisión, por el que se pasa a formar parte del pueblo de Dios (Col. 2:11).
En tiempos de Jesús los judíos ya practicaban un bautismo administrado a los conversos procedentes del paganismo consistente en un baño de inmersión que limpiaba ritualmente a los prosélitos de cualquier impureza cultual inherente a su paganismo. Se les exigía una catequesis preparatoria, siendo interrogados sobre los motivos de su conversión. En las sectas judías, por ejemplo, entre los esenios de Qumram, los nuevos miembros eran sometidos a una larga prueba. Un primer examen decidía, a título de postulante, la admisión del candidato. Durante un año, el aspirante debía ejercitarse en la vida esenia, pero no podía participar plenamente de la comunidad. Al final del segundo año ingresaba en las aguas santas de purificación y participaba del banquete sagrado. El bautizado se comprometía a observar la Ley de Moisés, empezaba una vida nueva para dar frutos de conversión. El bautismo practicado por Juan es totalmente distinto del de las abluciones judías y del bautismo de prosélitos. Tenía lugar en el Jordán, al que acudían las multitudes de candidatos (Mc. 1:4, 5). Se trataba de un bautismo «escatológico», con él proclamaba que estaban a punto de llegar los últimos tiempos y el juicio venidero (Mc. 1:4; Lc. 3:3; Hch. 13:24; 19:4). Exigía confesión de pecados (Mt. 3:6) y frutos dignos de verdadero cambio (Mt. 3:8; Lc. 3:8). Jesús recibió el bautismo de manos de Juan, en su caso no para confesión de pecados, sino para asociarse en gracia con el «remante» arrepentido, para cumplir toda justicia (Mt. 3:15). Fue también la ocasión de su ungimiento por el Espíritu Santo para su ministerio público. Después de la resurrección, Jesús comisiona a sus discípulos a predicar el Evangelio en todo el mundo y bautizar a los creyentes (Mc. 16:16). El bautismo cristiano implica la confesión de Cristo como Salvador y el arrepentimiento (Hch. 2:38, 40; 8:16). El bautismo es en agua, precedido generalmente de la imposición de manos de los apóstoles para otorgar el Espíritu Santo (Hch. 2:38; 8:12, 36; 9:18; 16:15, 33, etc.), excepto en el caso de Cornelio, que primero recibe el Espíritu Santo y después «el agua» (Hch. 10:47). Sólo Mateo menciona que el bautismo ha de administrarse «en el nombre del Padre, del Hijo y del Espíritu Santo» (Mt. 28:19). Lucas habla de ser bautizado «en el nombre de Jesús» (Hch. 2:38), expresión que ha dado lugar a diversas controversias. No se trata de una fórmula que contradiga la trinitaria, como si en la Iglesia primitiva hubiese habido un bautismo en el nombre de la Trinidad y otro en nombre de Jesús solamente. «En el nombre de Jesucristo» equivale a «invocando su nombre», o sea, atestiguando la fe en él, que es capaz de remitir los pecados. La fórmula

remite claramente a la cita de Joel 3:5, que hace el mismo Pedro en el sermón de Pentecostés: «Sucederá que todo el que invocare el nombre del Señor se salvará» (Hch. 2:21). En ambos casos, el bautismo en el nombre del Padre, del Hijo y del Espíritu, y en el Cristo, indican un movimiento «hacia», una inserción en la vida divina, no sólo la de Cristo mismo, sino también la de las tres personas de la Trinidad. Por su parte, Pablo enseña que el bautismo significa una inmersión en la muerte de Cristo, «para que así como Cristo ha resucitado de entre los muertos por el poder del Padre, así también nosotros llevemos una vida nueva» (Ro. 6:4). Por otra parte, el Espíritu convierte el bautismo-inmersión en la muerte de Cristo, en signo de pertenencia a su cuerpo, como comunidad nueva, espiritual y radicalmente diferente al concepto nacionalista del viejo Israel: «Por un solo Espíritu fuimos bautizados todos en un solo cuerpo, tanto judíos como griegos, tanto esclavos como libres; y a todos se nos dio a beber de un solo Espíritu» (1 Co. 12:13).

En el NT todos los bautismos registrados se refieren a personas adultas que confiesan el nombre de Cristo. No se menciona para nada el bautismo de niños como tal; en las conversiones de Lidia, del carcelero de Filipos, y de Estéfanas (Hch. 16:15, 33; 1 Co. 1:16), se afirma que con ellos se bautizó «toda su casa», lo cual incluye en el término griego a todos aquellos que estaban sometidos a la autoridad del cabeza de familia, menores y esclavos, incluyendo posiblemente a niños lactantes.

Becerro. Toro de menos de un año, de ahí sus nombres sinónimos «ternero» y «novillo». En el caso de la «becerra», gr. *damalis*, etimológicamente denota un animal de edad apropiada para domar bajo el yugo. Aparecen con frecuencia en la Escritura debido a su uso común en los sacrificios (Éx. 29:1-14; Lv. 22:27; 27:26; Nm. 7, etc.) y en los banquetes (1 Sam. 28:24; Am. 6:4; Lc. 15:23, 27, 30; He. 9:12,19; Ap. 4:7). Muchas casas tenían y cuidaban un «becerro gordo», el cual se engordaba en el pesebre. Comía todo lo que podía y aún más. Toda la familia y especialmente los niños, se interesaban en alimentarlo. Es engordado para matarlo en alguna ocasión especial. Hay dos ocasiones en que puede matarse este animal. Primero, si se va a recibir y honrar a un huésped especial, entonces se mata el becerro. Cuando la pitonisa de Endor agasajó al rey Saúl con una comida, el relato dice de ella: «La mujer tenía en la casa un ternero engordado, y se apresuró a matarlo» (1 Sam. 28:24). Es bien conocido el ejemplo del NT cuando el padre del hijo pródigo mandó a sus siervos matar el becerro grueso para celebrar la vuelta del hijo (Lc. 15:23).

Becerro de Oro. Estatua que Aarón hizo modelar con oro fundido recogido a este efecto a petición del pueblo y que fue venerado cerca del monte Sinaí, mientras Moisés recibía las Tablas de la Ley (Éx. 32:1-7; Dt. 9:16; Neh. 9:19; cf. Sal. 106:19; Hch. 7:39ss.). Su culto vuelve a aparecer ocasionalmente durante el reinado de Jeroboam I, rey de Israel, que fabricó dos: uno en Bet-el y otro en Dan con ocasión de la división del reino, para evitar que el pueblo acudiese a Jerusalén (1 R. 12:28-29). Culto vigorosamente condenado por Oseas (Os. 8:5-6; 13:2). En todo el Oriente antiguo (Babilonia, Sumeria, Egipto) el toro, por su fuerza y fecundidad, era considerado símbolo de la divinidad. Moisés condenó esta práctica, lo que explica su indignación y severidad en el castigo de los culpables. Aarón pudo salvar su vida gracias a que su participación en la rebelión fue obligada.

Bedán. Juez de Israel, juntamente con Gedeón y Jefté, mencionado en 1 Sam. 12:11. Dado que Bedán no se menciona en el libro de los Jueces, algunos creen que los copistas cometieron un error y confundieron sus letras; otros que es una forma abreviada de Abdon. El Targúm de Onquelos lo traduce por Sansón, y el de Babilonia propone la etimología de «hijo de Dan». La LXX, siríaca y arábiga, traduce Barac, que muchos consideran que es la lectura más correcta (cf. He. 11:32).

Bedelio. Resina de un arbusto balsámico en forma de granos pequeños amarillentos, semejantes a la cera, que es sin duda un árbol resinoso que crecía en Arabia, Media y la India.
En Gn. se dice que procedía de la tierra de Havila (Gn. 2:12). En Nm. 11:7 se dice que el maná tenía la apariencia del bedelio.

Beelzebú. Nombre que se da en varios pasajes del NT al «príncipe de los demonios» (Mc. 3:22; Mt. 10:25; 12:26). Al parecer los judíos tomaron este nombre para escarnio del dios de Ecrón, Baal-Zebub, «señor de las moscas», transformándolo en Baal-Zebel, «señor del estercolero», que en la forma griega queda Beelzebul, el Belcebú de la grafía castellana.

Beerseba (heb. «pozo del juramento»). Nombre dado al lugar en el que Abraham y Abimelec, rey filisteo, pactaron no hostigarse mutuamente, confirmando el pacto con juramento (Gn. 21:31). Parece ser un lugar preferido de los patriarcas, pues vino a ser la morada de Abraham, allí cavó un pozo y «plantó un árbol de tamarisco en Beerseba e invocó allí el nombre de Yahvé, el Dios eterno» (Gn. 21:33), convirtiéndolo así en lugar de culto.

En el reparto de Canaán pasó a formar parte de la herencia de Simeón (Jos. 19:1, 2); después del establecimiento de los israelitas en la tierra, se menciona constantemente como la frontera meridional de la tierra, así como Dan es mencionada como el límite septentrional; así, decir «de Dan a Beerseba» era dar expresión a la totalidad del territorio, incluso en los días de Salomón (1 R. 4:25).
Se trata de una antigua ciudad construida en una baja colina a orillas de un *wadi* (lecho de río seco) que lleva agua de crecidas durante los meses del invierno. Un acuífero junto a la superficie a lo largo del *wadi* aseguraba el abastecimiento de agua durante todo el año. Una gran área del lugar fue excavada entre 1969 y 1976 revelando varias capas de los restos de asentamientos, incluyendo ciudades fortificadas del antiguo período israelita y del período monárquico de Judea, cubiertos por ruinas de pequeñas fortalezas de los diferentes períodos, desde el persa hasta el romano. Los más antiguos vestigios de un asentamiento en Beerseba son algunas habitaciones cavadas en la roca (siglos XII-XI a.C.) y un pozo de 20 metros de profundidad que abastecía de agua a los habitantes del primer asentamiento permanente no fortificado de israelitas de la tribu de Simón. (Jos. 19:2). Hacia fines del siglo XI a.C., se estableció en Beerseba un asentamiento fortificado con las casas construidas una cerca de la otra, en la cima de la colina, formando un muro defensivo exterior circular con sólo una estrecha apertura como portal. Las casas daban hacia el interior, hacia una plaza central, donde se mantenía el ganado. A mediados del siglo X a.C., durante el período de la monarquía, se estableció la primera gran ciudad fortificada en Beerseba, que servía como centro administrativo de la región sur del reino. Su superficie era de casi una hectárea en la cima de la colina. Era una ciudad planificada, fortificada por un sólido muro de ladrillos de barro sobre cimientos de piedra. La entrada de la ciudad, con una construcción de portón de cuatro cámaras, es típica de la arquitectura militar israelita de ese período. El plano de esta ciudad, en líneas generales, se conservó durante los siguientes 300 años, a lo largo de los cuales fue reconstruida varias veces.
El área de la ciudad amurallada estaba dividida en barrios, calles circulares periféricas seguían el curso del muro de la ciudad y una calle principal cortaba hacia el centro de la ciudad; todas las calles se encontraban en la plaza dentro de su puerta. Un planificado sistema de drenaje se construyó debajo de las calles de la ciudad para juntar el agua de lluvia en un canal central que la transportaba por debajo de la puerta de la ciudad y afuera al pozo. Un impresionante sistema de aguas se construyó también en el noreste de la ciudad, dentro de la muralla, con una escalinata de piedra que conducía abajo a una cámara de agua labrada

profundamente en la roca. Este sofisticado sistema aseguraba el abastecimiento regular de agua, incluso en épocas de un asedio prolongado. La ciudad fue destruida por Senaquerib de Asiria durante su campaña contra Judea en el año 701 a.C. Durante el siglo VII a. C. existió un pequeño asentamiento en el lugar, de pobre y dispersa construcción. Concluyó cuando los babilonios conquistaron el reino de Judea en el 587-6 a.C.

Behemot (heb. «[bestia] muda»). Nombre de un gran animal descrito en Jb. 40:15-24. Durante siglos se creyó que se trataba de un «elefante» (así Grotio, Schultens y Michaelis). Según las tradiciones midrásicas, pastaba en el país de las mil montañas y bebía del río de Edén. La opinión actual bastante generalizada es que se refiere al «hipopótamo», ya que se trata de un animal anfibio, no terrestre (vv. 38,39). Es probable que *behemot* proceda de una palabra egipcia para referirse al «buey de mar», usada como singular para designar poéticamente al hipopótamo. Si el animal que se cita a continuación, Leviatán (Jb. 41:1), se refiere al cocodrilo, entonces la anterior identificación se hace más segura, ya que ambos animales son nativos de Egipto y constantemente se les menciona juntos.

Bela (heb. «trago», «destrucción»). Nombre de una ciudad y de tres personajes del AT.

1. Pequeña ciudad a orillas del mar Muerto, no lejos de Sodoma, después llamada Zoar (Gn. 14:2), la única de la cinco ciudades de la región que fue salvada gracias a la intercesión de Lot (Gn. 19:20-30). Situada en la frontera de Moab con Palestina, en la ruta a Egipto (Is. 15:5; Jer. 48:34; Gn. 13:10). Quizá deba su nombre al rey edomita mencionado en Gn. 36:32.
2. Hijo mayor de Benjamín (Gn. 46:2; Nm. 26:38; 1 Cro. 7:6; 8:1), fundador de la familia de su nombre, cuyas casas fueron Adar, Gera, Abihud, Abisúa, Naamán, Ajóaj, Gera, Sefufán y Huram (1 Cro. 8:3-5).
3. Rey de Edom, hijo de Beor. El nombre de su ciudad fue Dinaba (Gn. 36:32, 33; 1 Cro. 1:43). Algunos comentaristas judíos identifican a este Bela con Balaam, hijo de Beor, pero los datos geográficos y cronológicos se oponen a ello.
4. Hijo de Azaz, jefe de una familia de la tribu de Rubén (1 Cro. 5:8), cuyos descendientes habitaron Aroer hasta Nebo y Baal-maón. «También habitó hacia el oriente hasta la entrada del desierto desde el río Eufrates, porque sus ganados se habían multiplicado en la tierra de Galaad» (vv. 8,9).

Belén (heb. «casa de pan»). Nombre de dos ciudades:

1. *Belén de Judá.* Ciudad de la tribu de Judá (Jue. 17:7-9; 19:1,18; Rt. 1:1; 1 Sam. 17:12), situada a 8 km al sur de Jerusalén y al este de la ruta Jerusalén-Hebrón, en el antiguo camino de caravanas. Situada a 716 m sobre el nivel del mar, en medio de fértiles valles y rodeada por onduladas colinas encaminadas hacia el este del desierto de Judea, Belén provee una hermosa vista de un antiguo paisaje de viñedos, olivos y pequeñas aldeas históricas. Sus habitantes son mayoritariamente cristianos y musulmanes que se dedican al pastoreo, a la agricultura y a trabajos artesanales con madera de olivo tallada a mano, tarjetas decoradas con hojas secas coloreadas, joyería de madreperla y bordados.
   La ciudad bíblica de Belén es uno de los pueblos más antiguos de Palestina, siendo mencionada por vez primera en el libro de Génesis 35:19, en donde se dice que Raquel murió cuando dio a luz a Benjamín cerca de Belén camino a Efrata y que Jacob erigió allí un pilar en su sepulcro (hoy el lugar de la sepultura de Raquel, en las afueras de Belén, es un lugar sagrado para los judíos, siendo un lugar de peregrinaje y de plegaria). En el libro de Jueces se menciona a Belén como hogar del joven levita hospedado por Micá (Jue. 17:7s.) y de una joven (19:1s.) cuya muerte causó la expedición contra la tribu de Benjamín. No obstante, Belén es más conocida en la tradición judía por ser el pueblo en donde nació el rey David (1 Sam. 16-17,12). La ciudad fue embellecida y restaurada por el rey Roboam (2 Cro. 11:6). El profeta Miqueas la hace objeto de una famosa profecía: «Pero tú, Belén Efrata, pequeña para estar entre las familias de Judá, de ti me saldrá el que será Señor en Israel; y sus salidas son desde el principio, desde los días de la eternidad» (Miq. 5:2). El cumplimiento que tiene lugar en Jesús remite a la Antigua Alianza para superarla con creces (cf. Mt. 2:5ss.; Jn. 7:41s.).
2. *Belén de Zabulón.* Mencionada en Josué 19:15 como una de las doce ciudades pertenecientes a la tribu de Zabulón. Es apenas un pequeño pueblo sin demasiada importancia a unos 11 km al suroeste de Séforis, y 11 km al noroeste de Nazaret. La importancia de esta ciudad nunca fue grande; sólo los reparos de algunos críticos modernos han obligado a prestarle atención. Éstos niegan como históricos los relatos del nacimiento de Jesús en Belén de Judá, esforzándose por explicar los relatos canónicos como leyendas surgidas de la tradición judía de que el Mesías debía nacer en Belén de Zabulón, según una referencia del Talmud (Megilla, 70).

Belial. Se usa generalmente en la expresión «hijo de Belial», y quiere decir: «brusco», «perverso», «impío», «destruidor», según el contexto (1 Sam. 1:16; 25:25; 30:32; Sal. 18:4; Prov. 19:28; Nah. 2:1). Pablo lo nombra como personificación del mal, es decir, Satanás (2 Co. 6:15).

Belsasar (heb. y aram. «el conductor del señor»). Último rey de la dinastía caldea del imperio babilónico, cuando la ciudad de Babilonia fue tomada por las fuerzas conjuntas de los persas y los medos (Dn. 5:1; 7:1; 8).

Hijo primogénito de Nabonido, no de Nabucodonosor, como se pudiera deducir de Daniel, que dice: «Y en el corazón de Belsasar, mi hijo primogénito, vástago de mis entrañas» (Dn. 5:2). La palabra traducida «hijo» simplemente puede significar «descendiente de». La *Crónica de Nabonido* dice que éste encargó el reino a Belsasar y dejó al ejército bajo su mando mientras él salía con unas tropas a conquistar en el oeste. Su excursión militar lo llevó a Tema, donde permaneció muchos años. Allí dio muerte al príncipe de Tema, edificó un palacio como el de Babilonia y embelleció la ciudad. De ello se deduce que Belsasar era príncipe heredero y que compartió con su padre el reino mientras éste estaba fuera. Que Belsasar fuese regente de Babilonia bajo su padre Nabonido explica las intrigantes palabras de Belsasar al ofrecer al que le interpretara la escritura en la pared que sería «el tercer señor en el reino» (Dn. 5:7, 16, 29); sólo podía ofrecer el tercer puesto de autoridad, pues el segundo lo ocupaba él mismo.

Durante un banquete, Belsasar profanó los vasos sagrados del templo de Jerusalén, y fue advertido por Dios con la escritura en la pared. Había sido pesado por Dios, y hallado falto. Aunque fue reprendido por Daniel, no dio señales de arrepentimiento, y en medio de las fiestas la parte de la ciudad gobernada por Belsasar fue tomada por las tropas de Ciro.

Ben-Adad (heb. «hijo de Hadad»). Nombre de tres reyes arameos de Damasco. Por Hadad hay que entender sin duda la divinidad siria Hadad, dios del tiempo (el Baal cananeo), todavía adorado en Damasco en los días de Josefo (*Ant.* 9, 4, 6). Las «casas de Ben-hadad» llegaron a ser sinónimo de Damasco (cf. Jer. 49:27; Am. 1:4).

1. Ben-Adad I (875 a.C.), hijo de Tabrimón, nieto de Hezión, rey de Siria, el cual residía en Damasco. Reinó en la primera mitad del siglo IX a.C. en tiempos de Basa, rey de Israel, y Asa, rey de Judá (1 R. 15:18ss.). La guerra entre ambos reinos judíos, el del Sur y el del Norte, permitió a Siria, bajo Ben-Adad I, la oportunidad de emerger

como la nación más fuerte en la región. Ben-Adad I debió de ser un gobernante enérgico y poderoso, pues cuando el rey Baasa comenzó a fortificar la ciudad fronteriza de Rama, a sólo 8 km al norte de Jerusalén, Asa envió los tesoros del templo a Ben-Adad como un soborno, haciendo una alianza con él y contra el reino del Norte. Aunque esto hizo que se cumpliese el inmediato propósito de Asa y fuese relevado de la presión militar procedente de Baasa, en realidad dio a Siria la superioridad, de tal forma que los dos reinos israelitas fueron con el tiempo amenazados de invasión desde el norte. Tomando posesión de una parte del reino de Israel en el norte, Ben-Adad estuvo en condiciones de controlar las rutas de las caravanas a Fenicia, que proporcionó una inmensa riqueza a Damasco, reforzando así el reino de Siria.

2. Ben-Adad II, quizás hijo o nieto del anterior, reinó a mediados del siglo IX a.C. Puso sitio a Samaria, pero al fin fue vencido por Acab (1 R. 20:1-34). En el 853 a. C., sin embargo, Acab y Ben-Adad II unieron sus fuerzas en la famosa batalla de Qarqar en el valle de Orontes, al norte de Hamat. Acab es nombrado en una inscripción de Salmanasar III, y aunque éste afirmó haber obtenido una gran victoria es dudoso de que esto fuese efectivo, puesto que no avanzó a Hamat ni a Damasco hasta varios años más tarde. Inmediatamente tras esto, la hostilidad sirio-efraimítica continuó, siendo muerto Acab en una batalla. Como Asiría renovó sus ataques contra Siria, Ben-Adad no pudo tener el apoyo de Joram. Cuando murió Ben-Adad, aproximadamente por el 843 a.C., Siria fue fuertemente presionada por los invasores asirios, al igual que sufrió la falta de apoyo del reino del Norte.
3. Ben-Adad III (ca. 801 a.C.), hijo de Hazael, uno de los reyes sirios más poderosos, reinó a fines del siglo IX a.C. en tiempos de Joacaz y Joás, reyes de Israel. En sus días los arameos lograron imponerse de nuevo a Israel y tomar algunas de sus ciudades. Pero durante los últimos años de su reinado, Adad-nirari III de Asiria sometió a Damasco lo bastante como para exigirle un fuerte tributo. Además de todo esto, Ben-Adad tuvo que enfrentarse con una hostil oposición procedente de los estados sirios del norte. Esto dejó a Damasco en una condición tan débil que cuando la presión asiria continuó, Joás reclamó para Israel mucho del territorio tomado por los sirios (2 R. 3:22-25). El profeta Amós se hace eco de las desgracias de Ben-Adad III y de su pueblo: «Así ha dicho Yahvé: Por tres pecados de Damasco, y por cuatro, no revocaré su castigo. Porque trillaron a Galaad con trillos de hierro, enviaré fuego a la casa de Hazael, el cual devorará los palacios de Ben-hadad» (Am. 1:4).

Benaía (heb. «Yahvé ha construido»). Nombre de varios personajes del AT.

1. Levita nativo de Cabseel, hijo de Joiada, de Cabseel de Judá (2 Sam. 23:20). Su padre era sacerdote (1 Cro. 27:5); si Joiada estaba al servicio del altar, fue probablemente el principal de los sacerdotes que se unieron al ejército para poner a David sobre el trono (1 Cro. 12:27). Figura como una persona valiente. Descendió a un foso en tiempo de nieve para dar muerte a un león. Abatió a dos héroes moabitas (=«leones de Dios»). Armado tan sólo de un cayado, se midió con un gigante egipcio y, arrebatándole su lanza, le dio muerte con ella (2 Sam. 23:20, 21; 1 Cro. 11:22, 23). Mandaba a los cereteos y a los peleteos, la guardia personal del rey David (2 Sam. 8:18). Mandaba también al tercer ejército durante el tercer mes (1 Cro. 27:5, 6). Benaía y la guardia permanecieron fieles a David durante la rebelión de Absalón (cf. 2 Sam. 15:18; 20:23) y de Adonías (1 R. 1:10). David le ordenó que escoltara a Salomón, con la guardia, hasta Gihón, para que fuera ungido rey (1 R. 1:32-38); como jefe de la guardia, dio muerte a Adonías (1 R. 2:25), a Joab (1 R. 2:29-34) y a Simei (1 R. 2:46). A la muerte de estos conspiradores, Benaía fue ascendido a general en jefe de los ejércitos de Salomón (1 R. 2:35).

Ben-Ammi (heb. «hijo de mi estirpe» o «hijo de mi clan»). Hijo incestuoso de Lot tenido con su hija menor, padre de los ammonitas (Gn. 19:38), cuyo nombre original era Ammón. Para algunos intérpretes el pasaje tiene un significado político degradante respecto al origen vergonzoso de los ammonitas y moabitas. Pero es más correcto entender que en el sentido de este relato subyace una tradición originariamente moabita que nunca se avergonzó lo más mínimo de las hijas de Lot por el origen de sus hijos.

Bendición. La raíz heb. de esta palabra se encuentra en otras lenguas semíticas, las cuales, como la hebrea, la usan con mayor frecuencia en relación a la divinidad. Bendecir a alguien es dotarle de una fuerza saludable. Desde el punto de vista religioso, la bendición es una palabra creadora, eficaz, que opera lo que anuncia: p.ej. Isaac no es capaz de retirar la bendición que equivocadamente ha dado a Jacob y transferirla a su primogénito Esaú; todo lo que puede hacer es darle otra, manifiestamente inferior (Gn. 27). Su antítesis, la maldición propiamente dicha (cf. Gn. 27:12) es una palabra también eficaz pero destructora, que realiza aquello con que amenaza (p.ej. Mt. 21:18-19; Mc. 11:12-14.20-21; la higuera estéril, maldecida por Jesús se seca).

Benjamín (heb. «hijo de mi diestra»). Hijo menor Jacob y Raquel, el único de los trece que nació en Palestina (Gn. 35:18). Su nacimiento tuvo lugar a medio camino entre Betel y Belén, próximo a ésta. Raquel inmediatamente después de darle a luz, aunque con su último aliento, le puso el nombre de Benoni, «hijo de mi aflicción», que Jacob cambió por Benjamín = «hijo de mi diestra» (Gn. 35:16-20), aludiendo quizá a la protección que este hijo tenido en su vejez podría reportarle. Fue muy amado de su padre, particularmente después de la pérdida de José. Jacob se resistió mucho a que acompañara a sus hermanos a Egipto. Judá temía que si alguna desgracia le sucedía a Benjamín, su padre podría morir de dolor (Gn. 43:1-17). José también amaba mucho a Benjamín (Gn. 43:29-34; 44:1-34).

Benjamín, Tribu. Nombre de las familias que descendieron de Benjamín, y del territorio que les fue asignado. Después de la distribución de la tierra, en Silo, a continuación de Judá y Efraín, la primera suerte recayó en Benjamín, que recibió el distrito situado entre estas dos tribus. Su frontera norte corría por Bet-el, e iba desde el Jordán hasta Atarot-adar, al sur de Bet-horón de Abajo. Saliendo de allí, su límite occidental iba hasta Quiriat-jearim. De este lugar la frontera meridional se dirigía hasta el valle de Ben-Hinom, directamente al sur de Jerusalén, llegando al extremo norte del mar Muerto. La frontera oriental era el Jordán (Jos. 18:11-20). El espacio así delimitado medía 45 km de este a oeste, y poco más de 20 km de norte a sur. Aunque era montañoso, era un distrito muy feraz, y había muchas ciudades, entre las que las principales eran Jerusalén, Bet-el, Gabaón, Gabaa, Mizpa (Jos. 18:21-28).

Esta tribu dio un liberador a Israel, Aod, que terminó con los dieciocho años de la dominación moabita (Jue. 3:15), y fue casi exterminada por proteger a los habitantes de Gabaa, que habían cometido un execrable crimen, origen de la primera guerra civil israelita. Los benjaminitas dispusieron una fuerza combativa de 26.000 hombres, incluyendo una división de honderos. Por dos veces las fuerzas israelitas fueron derrotadas en su ataque a Gabaa. La tercera vez, la conquistaron y quemaron la ciudad, matando a todos los benjaminitas excepto a 600 que huyeron y encontraron refugio en la roca de Rimón. La destrucción y devastación de Benjamín fue completa, hasta el punto del exterminio. Tras cuatro meses, se efectuó una reconciliación con los 600 hombres que quedaban. Entonces se tomaron medidas para la restauración y el matrimonio de aquellos hombres, de forma tal que los benjaminitas pudiesen ser reinstaurados en la nación de Israel (Jue. 19-21).

El primer rey de Israel, Saúl, fue benjamita, y la tribu de Benjamín estuvo durante mucho tiempo ligada a la casa de Saúl (2 Sam. 2:9, 15; 1 Cro. 12:29). Con posterioridad a la accesión de David al trono, los benjamitas expresaron en diversas ocasiones su descontento (2 Sam. 16:5; 20:1-22; Sal. 7:1), sin embargo una gran parte de Benjamín permaneció fiel a la casa de David en la persona de Roboam, hijo de Salomón, cuando encabezadas por Jeroboam las diez tribus se separaron de Judá (1 R. 12:21). Esta fracción fiel a David siguió la suerte de la tribu de Judá hasta el fin (Esd. 4:1).

Pablo, el apóstol de los gentiles, era de la tribu de Benjamín (Flp. 3:5). Dos puertas de Jerusalén llevaban el nombre de Benjamín. La puerta superior o la gran puerta de Benjamín estaba dentro del templo (Jer. 20:2).

Beraca (heb. «bendición»). Valle de Judá cercano a Tecoa. Josafat le dio este nombre porque allí dio gracias a Dios por la gran victoria providencial sobre los ejércitos coaligados de amonitas, moabitas y edomitas, invasores del reino de Judá, que causó gran alarma en la nación (2 Cro. 20:26). El ejército de Josafat, alentado por los cánticos sagrados de los levitas, se encontraron en este valle el suelo cubierto de cadáveres de sus enemigos, aniquilados entre sí por alguna desavenencia o por recelos políticos. Fue tal la cantidad de muertos, que la tropa de Josafat estuvo tres días recogiendo el botín. Se hallan vestigios de este nombre en Bereikut, a unos 6 km al norte de Tecoa, a 10 km al suroeste de Belén, en Wadi el Arrub.

Berea. Nombre de dos ciudades, una al norte de Siria (actualmente Alepo), cerca de la cual hubo la batalla en que pereció Judas Macabeo, combatiendo contra las tropas de Báquides, general de Demetrio I Soter (1 Mac. 9:4-18); otra, en la antigua Macedonia, a 80 km al oeste de Tesalónica, y a 38 km del mar, en la vertiente norte de los montes del Olimpo. Los judíos de allí son alabados por su nobleza al buscar en las Escrituras si ciertamente eran así las cosas que Pablo les anunciaba, y como resultado de lo cual muchos de ellos creyeron (Hch. 17:10, 13; 20:4). Lugar de origen de Sopáter, hijo de Pirro, compañero de san Pablo en uno de sus viajes a Macedonia (Hch. 20:4). Se identifica con la actual Vérroia, pronunciada Verria, en Grecia.

Ciudad de Macedonia, a 80 km al oeste de Tesalónica, y a 38 km del mar, en la vertiente norte de los montes del Olimpo. Los judíos de allí son alabados por su nobleza al buscar en las Escrituras si ciertamente eran así las cosas que Pablo les anunciaba, y como resultado de lo cual muchos de ellos creyeron (Hch. 17:10, 13; 20:4). Lugar de origen de

Sopáter, hijo de Pirro, compañero de san Pablo en uno de sus viajes a Macedonia (Hch. 20:4). Se identifica con la actual Verroia, pronunciada Verria, en Grecia.

Berenice (gr. «portadora de victoria»). Nombre de varias princesas egipcias así como de algunas princesas judías, una de las cuales en mencionada en el NT, hija de Herodes Agripa I y hermana de Agripa, casada con su tío Herodes, rey de Calcis, de quien tuvo dos hijos. Al quedar viuda a los veintiún años se fue a vivir incestuosamente con su propio hermano Agripa II, lo que causó gran escándalo. Entonces contrajo matrimonio con Polemo, rey de Cilicia, pero lo abandonó para volver al lado de su hermano, con quien estaba cuando Pablo compareció ante éste (Hch. 25:13, 23; 26:27-30).
Junto a su hermano Agripa procuró disuadir a sus conciudadanos de rebelarse contra Roma. En su estancia en Cesarea de Filipo conoció a Vespasiano y Tito, en guerra contra los judíos nacionalistas. Tito se enamoró de Berenice, aunque ella tenía ya casi 40 años, pero seguía conservando la exótica belleza y tormentosas pasiones de sus antepasados. La relación se prolongó durante muchos años. Berenice —con su inseparabable hermano Agripa— acompañó a Tito en su viaje triunfal a Roma. Para evitar ofender a los romanos, éste la alejó de la corte pese a la atracción que sentía por ella. Poco o nada sabemos de sus últimos años.

Bernabé (forma gr. del sirio-aram. «hijo de exhortación»). Levita de nombre José, a quien los apóstoles dieron el sobrenombre de Barnabás, «hijo de la exhortación». Aparece por primera vez cuando vende su tierra y pone el precio de ella a los pies de los apóstoles (Hch. 4:36, 37). Era nativo de Chipre, pero hijo de padres judíos. Bernabé es presentado en la Iglesia primitiva como figura relevante, que, sin pertenecer al grupo de los Doce, merece al lado de Pablo el título de «apóstol» (Hch. 14:4-14). Su vocación al apostolado hubo de ser anterior al episodio de la imposición de manos en Antioquía, antes de partir para la misión de Chipre (Hch. 13:2-4). Cuando los apóstoles y discípulos de Jerusalén mostraron temor acerca de Pablo, fue él quien lo tomó y lo presentó ante los apóstoles (Hch. 9:26, 27), sin que podamos saber cuándo se conocieron e hicieron amistad. Cuando los gentiles se convirtieron en Antioquía (Hch. 11:19-26), Bernabé fue enviado allí desde Jerusalén. Se regocijó en la realidad de la obra, y los exhortó a que se aferraran al Señor; de él dice Lucas que era «varón bueno, y lleno del Espíritu Santo y de fe» (Hch. 11:24). Fue después en busca de Pablo en Tarso, y lo llevó consigo a Antioquía, donde trabajaron durante un

año entero en la organización de la comunidad. Después visitaron juntos Jerusalén, llevando socorros a los hermanos de la Iglesia madre, víctimas del hambre (Hch. 11:22-30). «Una vez cumplido su encargo, tomando también consigo a Juan que tenía por sobrenombre Marcos» (Hch. 12:24-25) y regresaron a Antioquía. Allí, por expresa intervención del Espíritu Santo, Bernabé y Saulo fueron apartados para la obra misionera, empezando lo que recibe el nombre del primer viaje misionero de Pablo (Hch. 13:2-4). Predicaron en Salamina y Pafos. Les acompañaba como auxiliar Juan Marcos. Terminada la misión de Chipre, navegaron a Perge de Panfilia. donde Marcos los abandonó, regresando a Jerusalén. Siguieron hacia Antioquía de Pisidia (Hch. 13:14-52), en Iconio (Hch. 14:1-7) y en Listra (Hch. 14:8-20), donde curaron milagrosamente a un paralítico y entonces la gente creyó que ellos eran dos dioses. A Bernabé lo tomaron por Júpiter, y a Pablo por Mercurio, por ser «el que llevaba la palabra» (Hch. 14:12), logrando con dificultad impedir que les ofreciesen el sacrificio que el sacerdote de Júpiter había preparado (Hch. 14,13-18). Después de evangelizar también Derbe, regresaron a Antioquía de Siria, recorriendo en sentido inverso las regiones y ciudades evangelizadas anteriormente (Hch. 14:21-28).
Durante la polémica sobre la circuncisión, Pablo y Bernabé subieron a Jerusalén para tratar el asunto (Hch. 15:1-41). Después de esto Pablo propuso volver a visitar a los hermanos en las ciudades en las que habían predicado. Bernabé quiso llevar con ellos a su sobrino Juan Marcos; al expresar Pablo su desacuerdo, por cuanto Marcos había abandonado antes la obra, se suscitó una viva discusión, y Bernabé, separándose de Pablo, embarcó con Marcos para Chipre (Hch. 15:36-41). No sabemos nada de las posteriores actividades de Bernabé. Pablo alude a él como habiendo sido arrastrado, por su espíritu bondadoso y conciliador, a la actuación de Pedro, que se retraía del trato con los hermanos venidos de la gentilidad por miedo a los de la circuncisión (Gál. 2:11-14); pero por otra parte habla afectuosamente de él (1 Co. 9:6). Más tarde Pablo demostrará para con Juan Marcos la mayor estima (Col. 4:10; Flp. 24; 2 Ti. 4:11), lo cual indica que la discusión entre ellos no fue por motivos personales, sino doctrinales, que afectaban al carácter universal del Evangelio predicado por ellos, siendo Pablo el primero en cortar las amarras limitadoras del judaísmo.

Besar, Beso. El beso aparece en la Antigüedad como la expresión connatural del afecto entre padres e hijos (Gn. 27:26, 27; 31:28, 55; 48:10; Éx. 18:7; Rt. 1:9, 14; 2 Sam. 14:33; 1 R. 19:20; Lc. 15:20), entre hermanos y parientes más o menos lejanos (Gn. 29:13; 33:4; 45:15; Éx. 4:27; Tob. 7:6; 10:12; Lc. 7:45; 15:20; Hch. 20:37; Mt. 26:48; 2

Sam. 20:9, 41). Expresa cariño y respeto, como en el caso de Labán y Jacob (Gn. 29:13; cf. 27:26, 27). Como rito, Samuel besó a Saúl después de ungirle rey de Israel (1 Sam. 10:1); y un beso sella la reconciliación entre David y su hijo Absalón (2 Sam. 14:33).

El beso, según los casos, se daba en la boca o labios (Prov. 24:26; cf. Gn. 33:4; Éx. 4:27; 18:7; 1 Sam. 20:41); en la barba y en la cabeza, tomada entre las manos (2 Sam. 20:9). El beso en los pies indica sumisión y busca de favores (cf. Lc. 7:38). En el caso de los príncipes y reyes se llegaba a besar hasta el suelo que pisaba, dando a entender que era sagrado lo que tocaba o que el siervo no era digno ni de besar los pies del señor (cf. Is. 49:23; Miq. 7:17; Sal. 72:9). Era costumbre lanzar un beso en dirección a las imágenes veneradas, al Sol y la Luna (cf. 1 R. 19:18; Os. 13:2).

En el NT el beso sigue conservando su importancia social y religiosa. Pablo exhorta a las iglesias: « Saludaos unos a otros con un beso santo» (Ro. 16:16). De hecho, cinco de las Epístolas finalizan con la exhortación a saludarse unos a otros con ósculo de amor (Ro. 16:16; 1 Co. 16:20; 2 Co. 13:12; 1 Ts. 5:26; 1 P. 5:14). El beso servía como saludo y como despedida (cf. Hch. 20:37).

Betania (nombre gr. del aram. «casa de dátiles», o «casa de higos»). Nombre de dos ciudades del NT.

1. Localidad en la ladera oriental del monte de los Olivos, a unos 3 km de Jerusalén, cerca del camino de Jericó y al borde del desierto (Mc. 11:1; Lc. 19:29; Jn. 11:18). Lugar de residencia de Lázaro, Marta y María (Jn. 11:1; 12:1). El aislamiento y tranquilidad de la aldea, junto a la presencia de sus amigos, hicieron de ella uno de los lugares de Jesús. Estando en casa de Simón el leproso, una mujer ungió a Jesús en señal de afecto (Mt. 26:6ss.; Mc. 14:3). También María, hermana de Lázaro, ungió con humildad los pies de Jesús (Jn. 12:4-6). También cerca de Betania fue que el Señor Jesús ascendió al cielo (Mt. 21:17; 26:6; Mc. 11:1,11,12; 14:3; Lc. 19:29; 24:50; Jn. 11:1, 18; 12:1).
2. Localidad al este del Jordán, el pueblo donde Juan bautizaba cuando el Señor Jesús volvió después de la tentación (Jn. 1:28; cf. 10:40). Aparentemente se trata de la Bet-arabá del AT (Jue. 7:24).

Bet-Arabá (heb. «casa del desierto»). Una de las seis ciudades de Judá situadas en el Arabá, el valle formado entre el Jordán y el mar Muerto (Jos. 15:61), en la frontera entre Judá y Benjamín (Jos. 15:6), tribu esta última a la que fue posteriormente adjudicada (Jos. 18:22). En otros lugares es llamada simplemente Arabá (Jos. 18:18).

Bet-Arbel (heb. «casa de la corte de Dios»), Lugar solamente mencionado por el profeta Oseas (10:14), escena de un enfrentamiento militar no registrado en ningún otro lugar de la Escritura probable referencia a la victoria de Salmán o Salmanazar contra el rey Oseas de Israel (2 R. 17:3).
Se ha propuesto identifcarla con la Arbela de Josefo, localidad al oeste del mar de Galilea, cercana a ciertas cuevas fortificadas. Son mencionadas primeramente en relación a la marcha de Báquides contra Judá, en cuya ocasión fueron ocupadas por muchos judíos fugitivos. El general sirio acampó en el lugar hasta someterlos (Josefo, *Ant.* 12,11,1; 1 Mac. 9:2). Más tarde, una banda de guerrilleros se refugió en las cuevas, situadas en medio de un acantilado, y Herodes tuvo que hacer bajar a sus hombres en cestos para luchar con ellos; a base de garfios consiguieron desalojar a la mayoría de los defensores y al resto los ahumaron para que se vieran obligados a salir (Josefo, *Ant.* 14, 15, 4, 5; *Guerras*, 1, 16, 2-4). Estas cuevas han sido identificadas y las ruinas adyacentes llamadas Irbid, en la Transjordania, corresponden sin duda a Arbela.

Bet-Avén (heb. «casa de idolatría», «casa de la nada»). Localidad situada en las montañas de Benjamín cerca de Bet-el (Jos. 7:2; 18:12; 1 Sam. 13:5; 14:23; Os. 4:15; 5:8; 10:5). Aunque se dice que está al este de Bet-el, en Oseas aparece como sobrenombre despectivo aplicado irónicamente a Bet-el, lugar de culto frecuentado por los patriarcas, que, por su degeneración, ya no era más la «casa de Dios», sino «casa de iniquidad» debido a los ídolos allí presentes. Bet-avén, sin embargo, era una localidad distinta a Bet-el (cf. Jos. 7:2).

Bet-Baal-Meón (heb. «casa de Baal-Meón»). Antigua ciudad amorrea, en las fronteras de Moab, asignada a la tribu de Rubén, cuyo nombre original era Baal-meón (Nm. 32:38), situada en la meseta de Mádaba, al este de Jordán (Jos. 13:17). Posteriormente, a mediados del siglo IX a.C. pasó a pertenecer a Moab, después de haberla arrebatado a Israel, según reza la línea 9 de la estela del rey Mesa, y ser conocida como Betmeón (Jer. 48:23) o Baal-meón (Ez. 25:9). Es posible que su nombre haga referencia a la tribu o nación de Meón. Corresponde a la aldea actual de Main, que ocupa la parte superior de una colina a unos 7 km al suroeste de Mádaba.

Bet-Bara (heb. «casa del vado»). Localidad en el valle del Jordán, que Gedeón hizo ocupar a los efraimitas para cortar la retirada de los madianitas: «Descended al encuentro de los madianitas y tomad antes que ellos los vados hasta Bet-bara y el Jordán. Y convocados todos los hombres de Efraín, tomaron los vados hasta Bet-bara y el Jordán» (Jue. 7:24). Los «vados» o «aguas» de Bet-bara bien pueden referirse a una localidad así llamada todavía en los días de Orígenes, que es considerada escenario del bautismo de Juan (Jn. 1:28), pues al tratarse de un vado el nombre bien podía aplicarse a ambas orillas. El agua llegaba hasta las rodillas y podía cruzarse con facilidad. Se conservan la ruinas de un viejo puente romano, testimonio de haber sido un frecuente lugar de tránsito.

Bet-Car (heb. «casa de ovejas», «pastos»). Lugar donde los filisteos fueron derrotados por los hijos de Israel en una ocasión memorable (1 Sam. 7:11). Probablemente se trataba de una fortaleza filistea ubicada en una montaña, según se desprende de la poco usual expresión «hasta abajo de Betcar», en cuyo lugar Samuel tomó una piedra y la puso entre Mizpa y Sen, y la llamó Eben-ezer, diciendo: «Hasta aquí nos ayudó el Señor» (1 Sam. 7:12).

Bet-Dagón (heb. «casa [templo] de Dagon»). Nombre de dos ciudades israelitas.

1. Ciudad de la tribu de Judá, ubicada «en las llanuras» entre Gederot y Naama (Jos. 15:41), cercana al territorio filisteo, mencionada en los textos asirios y egipcios. Existía aún en el siglo IV d.C. entre Dióspolis y Jamnia. Se identifica con el Hibet Degun, al suroeste de la moderna Beit Dagan, en la carretera de Ramlah a Jaffa.
2. Población situada al pie del Carmelo, en el territorio de Aser, cerca de Zabulon (Jos. 19:27), posición que coincide con la ciudad moderna de Gelamet el-Atqa, cerca de Esfiya. Su nombre y su proximidad a la costa indican que se trataba de una colonia filistea.

Bet-El (heb. «casa de Dios»). Nombre de dos ciudades y de una montaña de Palestina.

1. Antigua población cananea situada a unos 18 km al norte de Jerusalén, a la derecha del camino que conduce a Nablus. Fue el primer santuario dedicado a Yahvé por Abraham nada más entrar en Canaán (Gn. 12:8), al que se volvió a dirigir después de su regreso de Egipto (Gn. 28:19; 39:6). Sin embargo fue Jacob quien puso nombre al lugar para distinguirlo de la población cananea original de los alrededores: «Llamó el nombre de aquel lugar Betel, aunque el nombre antiguo de la ciudad era Luz» (Gn. 28:19). Jacob tomó la piedra que había usado como cabecera y la puso como memorial de la sobrecogedora visión de Dios tenida durante la noche, y derramó

aceite sobre ella para consagrarla (Gn. 28:18). El texto bíblico distingue entre «lugar» y «ciudad» para reconocer su proximidad con la población cananea pero a la vez señalar la diferencia introducida por Jacob con motivo de su visión y sólo marcada con una piedra o pilar consagrada, en un principio inseparables (cf. Gn. 35:76-7).

La siguiente narración nos dice que al volver de Padán-aram Jacob —transformado ya en Israel— confirmó el nombre dado a este lugar, volviendo a erigir una piedra memorial sobre la que como en el caso anterior derramó una libación, y echó sobre ella aceite (Gn. 35:1-15; Os. 12:5). Según una tradición judía, la piedra memorial fue llevada al segundo Templo, donde sirvió como pedestal del arca de la Alianza.

Los primitivos habitantes de esta ciudad ayudaron a los de Hai durante el segundo ataque de Josué (Jos. 8:9, 12, 17). Más tarde Josué y los israelitas se apoderaron de Bet-el dando muerte a su rey (Jos. 12:9, 16). Entonces, la ciudad, que todavía conserva su nombre de Luz, fue asignada a Benjamín y se hallaba en el límite norte de esta tribu, en la frontera con Efraín (Jos. 16:2; 18:13, 22).

Los hombres de Efraín entraron y pasaron a cuchillo a todos sus habitantes cananeos, cuando se estaban instalando en los territorios recientemente conquistados (Jue. 1:22-25); al final, la ciudad quedó, de hecho, en poder de los efrainitas (1 Cro. 7:28). Cuando los israelitas se reunieron en Mizpa, cerca de Gabaa, para combatir contra Benjamín, sacaron el arca de Silo, a 29 km de distancia; de Mizpa fue después llevada a Bet-el, a unos 13 Km (Jue. 20:1, 27). Los hombres de Israel acudían allí para consultar a Yahvé; erigieron allí un altar provisional, ofreciendo sacrificios sobre él (Jue. 20:18-26). Al final de la guerra, volvieron a Bet-el, presentándose ante Yahvé, y construyeron un nuevo altar, o repararon el antiguo, y ofrecieron holocaustos (Jue. 21:2-4). Cuando ya no había servicio sacerdotal en Silo, a causa de la pérdida y de la recuperación del arca, Bet-el fue uno de los lugares en el circuito que Samuel recorría juzgando a Israel; allí se presentaban las ofrendas a Dios (1 Sam. 7:16; 10:3).

Después de la separación del reino judío, Bet-el quedó incluida en el de Israel. Jeroboam puso en el santuario de la ciudad un becerro de oro (1 R. 12:29-33), para impedir que los israelitas fueran a Jerusalén a adorar. La elección del lugar debió estar determinada por fama de lugar sagrado entre los israelitas, consagrado por los patriarcas y la presencia del arca, sólo así podía constituir un verdadero rival de Jerusalén, más reciente en la estimación israelita. Un varón de Dios condenó este movimiento idolátrico y rompió el altar (1 R.

12:29-33; 13:1-32; Am. 7:10, 13). Los profetas denunciaron igualmente el culto idolátrico de Bet-el, y a los que lo practicaban (Jer. 48:13; Os. 10:15; Am. 3:14; 4:4; 5:5, 6). Fue entonces que le pusieron el nombre de Bet-avén, o «casa de iniquidad, o de vanidad» (cf. Os. 4:15; 5:8; 10:5).

Después de la destrucción del reino del norte por los asirios, uno de los sacerdotes que habían sido llevados cautivos de Samaria habitó en Bet-el por orden expresa del rey asirio, con el propósito de enseñar a los nuevos moradores cómo debían reverenciar a Yahvé, «el Dios del país» (2 R. 17:28, 29). Josías, rey de Judá, o reino del sur, destruyó los altares y lugares altos de Bet-el y quemó, conforme a lo predicho por el profeta Abías, los huesos sacados de los sepulcros de los sacerdotes de Baal (2 R. 23:4,15-20). Algunos habitantes de Bet-el retornaron del exilio babilónico con Zorobabel (Esd. 2:28; Neh. 7:32); esta ciudad volvió entonces a manos de los benjamitas (Neh. 11:31). En el tiempo de los macabeos, la ciudad fue fortificada por Báquides para el rey de Siria (Josefo, *Ant.* 13, 1, 13). No es mencionada en el NT, aunque sabemos de su existencia, pues fue capturada por Vespasiano. Las ruinas de Bet-el, llamada Beitin, se encuentran en la línea de división de las vertientes de Palestina, a 18 km al norte de Jerusalén, en la cumbre de una colina que desciende hacia el sudeste, ocupando unas 80 Ha. Existen allí abundantes restos arqueológicos e históricos.

2. Ciudad del sur de Palestina, citada en Jos. 12:16; 1 R. 30:27. El rey de esta ciudad fue vencido por Josué y a ella envió David parte del botín conquistado a los amalecitas. Es probable que sea la misma ciudad que con el nombre de Betuel aparece en otros pasajes, perteneciente a la tribu de Simeón (1 Sam. 30:27).

Betesda (nombre gr. del aram. «casa de misericordia»). Nombre de un estanque de agua o piscina con cinco «pórticos», situado junto a la puerta de las ovejas de Jerusalén (Jn. 5:2), cerca de la actual Puerta de San Esteban, al norte del área del templo. Los pórticos eran suficientemente amplios para albergar «una multitud de enfermos, ciegos, cojos y paralíticos que esperaban el movimiento del agua» (v. 3). Según la creencia popular un ángel del Señor removía las aguas que sanaban al primero que se introducía en las mismas, lo que indica que el agua no era medicinal en sí misma (v. 4). Excavaciones efectuadas en otoño de 1888 en la parte nororiental de Jerusalén, a causa de la restauración de la iglesia de Santa Ana, descubrieron un estanque de cinco pórticos de forma rectangular, de unos 50 m de longitud por 60 m de anchura, dividido en dos partes iguales por un muro, sobre el cual había una galería que completaba los cinco pórticos. Sobre la pared, un fresco medio borrado representaba un ángel, y el agua da evidencia de que el cristianismo primitivo situó Betesda en este estanque.

Bet-Fagé (gr. «casa de las brevas»). Aldea situada en las faldas del monte de los Olivos; tan próxima a Jerusalén, que aun estando extramuros, se la consideraba como parte de la ciudad. Se llamó así probablemente por las muchas higueras que había en sus alrededores. Estaba situada en el camino de Jerusalén a Jericó, cerca de Betania. Es mencionada en los Evangelios como el lugar de donde partió la comitiva para la entrada triunfal de Jesús en Jerusalén. Por el Evangelio de Lucas vemos que Jesús se encontraba en las inmediaciones de «Betfagé y de Betania, en el monte que se llama de los Olivos» cuando encomendó a varios de sus discípulos ir «a la aldea de enfrente» en busca de un pollino (Lc. 19:29-30). Se la identifica con la moderna población de Sbu-Dis.

Bet-Haram (heb. «casa de la altura»). Ciudad amorrea situada al este del Jordán, que tocó en el reparto a la tribu de Gad y fue reconstruida y fortificada por ella (Nm. 32:36). Edificada sobre un monte en el valle (Jos. 13:27) al este del Jordán, no debe confundirse con el valle de Arabá, o valle del Jordán. Rica en aguas termales, Herodes edificó en su lugar un palacio que fue incendiado a su muerte por los rebeldes de Perea. Su hijo Herodes Agripa, al tomar posesión de su tetrarquía, fortificó Séforis y la ciudad de Betharamhtha, construyendo una muralla alrededor de la misma (Josefo, *Ant.* 18, 2,1). Los restos de las ciudad todavía reciben el nombre de Beit-Haran.

Bet-Horón (heb. «casa del [dios] Horón», despectivamente «casa de falsedad»). Nombre de dos ciudades gemelas de Efraín, distanciadas 3 km la una de la otra, y con una diferencia de altura de 190 m, llamadas «la alta» y «la baja» respectivamente (Jos. 16:3, 5). Es digno de notar que ambas ciudades fueron construidas por una mujer, Seera, hija de Bería, «la cual edificó Bet-horón Baja y Alta, y Uzen-seera» (1 Cro. 7:24). Dominaban un desfiladero muy estratégico, y fueron fortificadas por Salomón (2 Cro. 8:5). Los jefes militares reforzaron sobre todo los muros de Bet-horón la alta, debido a que tenía la posición clave (1 R. 9:17; 1 Cro. 9:50). Las guerras se ensañaron en este lugar. Los amorreos huyeron ante Josué por este desfiladero (Jos. 10:10 ss.). Los filisteos las tomaron para combatir a Saúl (1 R. 13:18).

Judas Macabeo libró allí dos sonadas batallas contra el sirio Nicanor, siendo fortificadas por Báquidas después de sofocado el alzamiento macabeo (1 Mac. 3:15; 7:39; 9:50; Josefo, *Ant.* 12,10, 5; 13:1, 3), lo que muestra la importancia estratégica del lugar. El ejército de Cestio Galio, procónsul romano de Siria, en su camino de Cesarea a Jerusalén fue casi aniquilado en este lugar por los judíos (Josefo, *Guerras* 2:19, 8). Estos dos pueblos siguen existiendo, con los nombres de Ur et-Tahta y Ur et-Foqa a 18 y 16 km respectivamente de Jerusalén.

Bet-Peor (heb. «casa de Peor», es decir, «templo de Baal-Peor»). Localidad moabita dedicada al culto de Baal-peor, situada al este del Jordán según Eusebio y Jerónimo, frente a Jericó y a unos diez km de Bet-haram. Quedó en posesión de la tribu de Rubén (Jos. 13:20). En su éxodo de Egipto y camino a Canaán, los hebreos, al parecer, hicieron un alto en sus inmediaciones (Dt. 3:29; 4:46). Mosiés prob. fue enterrado en este valle (Dt. 34:6). Aquí, como en otros casos, el prefijo Bet puede ser una sustitución de Baal.

Betsabé (heb. «hija del juramento»). Hija de Eliam (2 Sam. 11:3) o Amiel (1 Cro. 3:5), nieta de Ahithofel (2 Sam. 23:34), y esposa de Urías heteo. Fue seducida por el rey David durante la ausencia de su marido, en el frente de Rabah (2 Sam. 11:4, 5; Sal. 511), el cual, posteriormente puesto en el lugar de mayor peligro murió. Reconvenido por el profeta Natán, el hijo tenido del adulterio enfermó de gravedad y murió (2 Sam. 12:15-18). Después de la muerte de Urías, David la tomó como esposa (2 Sam. 11:27), y fue la madre de Salomón y de otros hijos de David: Samúa, Sobab y Natán (1 Cro. 3:5; 2 Sam. 12:24; 1 R. 1:11; 2:13).

Cuando Adonías, hijo de Haguit, intentó proclamarse rey, Betsabé, impulsada por el profeta Natán, apeló a David para que éste cumpliera su promesa de que Salomón fuera su sucesor (1 R. 1:11, 15, 23). Siendo Salomón rey, Adonías rogó a Betsabé que usara su influencia para conseguirle a Abisag la sunaminita como esposa para sí (2 Sam. 11:3; 12:24; 1 R. 1:11-31; 2:13-19), lo cual le costó la vida.

Betsaida (nombre gr. del heb. y aram. «casa de pescadores»). Ciudad de Galilea situada al norte del lago de Genesaret (Mc. 6:45). Estaba cerca de la costa al oeste del mar de Galilea (también llamado lago de Tiberíades), en las cercanías de la desembocadura del río Jordán, en el mismo distrito que Capernaum y Corazín. Las excavaciones y las inspecciones geológicas iniciadas en 1987 demuestran que, aunque el lugar se encuentre ahora a varios kilómetros del mar de Galilea, eso no impide su identificación con Betsaida, ya que en la antigüedad el mar de Galilea era más grande que ahora, con lo que la ciudad estuvo situada

en su orilla. La población era asiento de una industria pesquera y, según el Talmud, se servían trescientas clases diferentes de pescado en un platillo.
De ella son nativos varios de los discípulos más próximos a Jesús: Felipe, Andrés y Pedro (Jn. 1:44; 12:21). Parece ser que Betsaida fue el lugar de retiro favorito de Jesús. En un monte cercano a la ciudad (Lc. 9:10) tuvo lugar la primera multiplicación de los panes y los peces, cuando Jesús alimentó a 5.000 personas (Mt. 14:13; Mc. 6:45). Después de este milagro, Jesús obligó a sus discípulos a pasar a la otra orilla del lago, frente a Betsaida, hacia Cafarnaum, mientras Él despedía a las multitudes (Mc. 6:45; Jn. 6:17; Mt. 14:34). En Betsaida Jesús realizó un nuevo milagro dando vista a un ciego de nacimiento (Mc. 8:22). También es una de las ciudades que Jesús denunció por falta de fe en su ministerio (Mt. 11:21), quizá por aquello de «no hay profeta en su propia tierra».
En tiempos de Jesús la ciudad pertenecía a los territorios administrados por Filipo el Tetrarca, hijo de Herodes, que hizo de la aldea una ciudad helenística mediante importantes obras de embellecimiento, extensión y fortificación de su recinto, dándole el nombre de *Julias*, en honor de Julia, la hija de Augusto, y haciéndola capital de la baja Gaulantide. Aquí murió Filipo y aquí fue enterrado en un costoso mausoleo. Betsaida no fue localizada hasta 1987 por el arqueólogo Rami Arav. Además de descubrir la Betsaida romana realizó el descubrimiento de una fase de la ciudad correspondiente a la Edad del Hierro. Se cree que durante ese período Betsaida fue la capital del reino de Gesur. La investigación arqueológica ha revelado que Betsaida era probablemente una ciudad fortificada conocida como Zer y mencionada en Jos. 19:35.

Bet-Seán (heb. «casa de reposo» o prob. «casa de Shaan», diosa serpiente de los sumerios). Antigua ciudad cananea en el valle del Jordán, a unos 30 km al sur del Mar de Galilea, situada en una fértil región agraria, habitada desde el quinto milenio a.C. Suponía un punto estratégico en el camino de Egipto a Siria, y era un centro administrativo egipcio durante las dinastías XVII y XVIII. El dominio egipcio sobre Bet-Seán finalizó a mediados del siglo XII a.C., cuando la ciudad fue destruida por un incendio. La decadencia del control egipcio sobre Canaán causó intranquilidad política, y tanto los llamados «Pueblos del Mar» como las tribus israelitas entraron en este período en la región.
En un principio fue asignada a Manasés en el reparto de la tierra prometida, pero parece que quedó en poder de los cananeos durante mucho tiempo, sin ser conquistada por los israelitas bajo la dirección

de Josué (Jue. 1:27; Jos. 17:11-16). La ciudad es mencionada en relación a la derrota del ejército del rey Saúl por parte de los filisteos en Gilboé, los cuales colgaron en su plaza los cuerpos y las armas de Saúl y Jonatán (1 Sam. 31:10; 1 Cro. 10:10; 2 Sam. 21:12). David la anexionó al imperio israelita y Salomón la incluyó en uno de los doce distritos administrativos (1 R. 4:12). De este período fueron descubiertos edificios administrativos. Uno de ellos, una gran estructura con numerosas habitaciones que indudablemente servía como centro administrativo regional.
La ciudad fue destruida hasta sus cimientos por Tiglat Pileser III de Asiria cuando conquistó el reino de Israel en el año 732 a.C. No se vuelve a tener noticias de Bet-Seán hasta la época de los macabeos. Alejandro Janeo se entrevistó allí con Cleopatra (Josefo, *Ant.* 13, 13, 3); Pompeyo marchó por ella en su camino de Damasco a Jerusalén (*Ant.* 14, 3, 4); Gabinio la fortificó y en la guerra judía 13.000 judíos fueron asesinados por sus habitantes (Josefo, *Guerras*, 2:18, 3). El alto número de judíos entre su población se explica porque en tiempos del profeta Jeremías y del rey Josías (631 a.C.) los escitas se apoderaron de la ciudad, a la que pusieron el nombre de *Scitópolis* (2 Mac. 12:29), o «Ciudad de los escitas», la cual retuvieron en su poder hasta el 300 a.C.

Bet-Semes (heb. «casa del sol»). Nombre de cuatro localidades del AT. La más importante es la antigua ciudad cananea cuyo nombre, «casa del sol», sugiere la deidad que fuera adorada por sus antiguos habitantes. Fue asignada a los levitas en la tribu de Judá (Jos. 21:16; 1 Sam. 6:15; 1 Cro. 6:59), en la frontera norte del territorio filisteo (Jos. 15:10; 1 Sam. 6:9,12), probablemente situada en un valle (2 R. 14:11). El arca de la Alianza fue milagrosamente conducida por Dios a esta ciudad cuando fue enviada por los filisteos, que la habían capturado en la batalla de Even-Ezer. El arca fue colocada en un carro tirado por vacas en la ciudad filistea de Ecrón y enviada a Bet-Semes (1 Sam. 6:12), cuyos habitantes fueron castigados por mirar dentro de ella (1 Sam. 6:19). En Bet-Semes tuvo lugar la batalla entre Amasías, rey de Judá, y Joás, rey de Israel, quien derrotó al primero (2 R. 14:11,13; 2 Cro. 25:21, 23). Poco después, en los días de Acab, la ciudad pasó a control filisteo (2 Cro. 28:18), pero volvió al reino de Judá bajo Ezequías. La ciudad fue destruida por Senaquerib en su campaña contra Judá en el año 701 a.C. y abandonada. Pero en el siglo VII a.C. algunas familias judías regresaron, restauraron el depósito de agua y vivieron durante un tiempo en su vecindad. Este asentamiento molestó a los vecinos que, para asegurar el abandono de la ciudad, bloquearon deliberadamente la entrada del embalse con 150 toneladas de tierra y escombros. La aldea árabe Ein Shams conserva el antiguo nombre, muy cerca de la moderna Beit Shemesh, a unos 20 km al oeste de Jerusalén.

Betsur (heb. «casa sobre la roca»). Ciudad en la región montañosa de Judá, entre Jaljul y Gedor (Jos. 15:58), fortificada por el rey Roboam (2 Cro. 11:7). Después de la cautividad los habitantes de Betsur ayudaron a Nehemías en la reconstrucción de las murallas de Jerusalén (Neh. 3:16). En las guerras macabeas desempeñó un papel muy importante debido a su situación estratégica, situada en una colina aislada y de difícil acceso que dominaba la calzada que discurría a lo largo de la línea divisoria de las aguas de Hebrón a Jerusalén, sirviendo de puesto fronterizo con los idumeos. Fue el lugar más fuerte de Judea según Josefo (*Ant.* 13, 5, 6). Judas Macabeo obtuvo allí una gran victoria contra el gobernador seleucida Lisias (1 Mac. 4:29). El lugar quedó deshabitado ya en el siglo I a.C. Hoy sólo ruinas dan testimonio de la ciudad más alta de Palestina (1000 m sobre el nivel del mar).

Betuel (heb. «casa de Dios»).

1. Hijo de Nacor con Milca; padre de Labán y de Rebeca y sobrino de Abraham (Gn. 22:20, 22, 23; 24:15, 29). En Gn. 25:20 y 28:5 es llamado «Betuel el arameo». La tradición judía dice que murió la misma mañana de la llegada del siervo de Abraham, debido a la ingestión en la noche de la víspera de una sopa que contenía veneno, motivo por el cual Labán pidió que la marcha de su hermana se retrasase un año o diez meses.
2. Ciudad de la tribu de Simeón (Jos. 19:4; 1 Cro. 4:30), también llamada Betul, contracción de Betuel.

Betulia (nombre gr. del heb. «casa de Dios Yahvé»). Lugar mencionado únicamente en el libro de Judit, como patria de la heroína (4:6; 6:10, 11, 14; 7:1,3, 6, 13, 20; 8:3, 11; 10:6; 11:19; 12:7; 13:10; 15:3, 6; 16:21, 23). La ciudad se encontraba en la llanura de Dotain, delante de Esdrelón, a cuyos habitantes envió el sumo sacerdote Joaquín una carta en la que les encargaba que guardasen bien las laderas de las montañas ante el avance de Holofernes. La posición era tan fuerte que Holofernes abandonó la idea de tomarla mediante un asalto, de modo que optó por reducirla por sed al tomar posesión de los dos pozos que se encontraban bajo la ciudad, al pie de la ladera sobre la que estaba la ciudad y de los cuales sus habitantes se abastecían de agua (Jud. 6:11; 7:7, 13, 21).

Bezaleel (heb. «sombra de Dios», es decir, «bajo protección divina»). Sabio artífice a quien se confió la confección del Tabernáculo en el desierto (Éx. 31:2; 35:30; 37:1; 2 Cro. 1:5), labrado en oro, plata, bronce, cobre y piedras preciosas. Fabricó además los objetos sagrados de culto. Asimismo construyó el arca de la Alianza con madera de acacia, la cual revistió con oro (Éx. 37:1; 38:23). Fue ayudado por Oholiab en la parte textil (Éx. 36:1:2; 38:22). Bezaleel era miembro de la tribu de Judá, por la casa de Caleb, hijo de Uri (1 Cro. 2:20, 50); uno de sus hijos o descendientes fue Salma o Salmón, bisabuelo de Boaz, progenitor directo del rey David (1 Cro. 2:51, 54; Rt. 4:21).

Biblia (gr. «libros»). Colección de los libros que componen las Sagradas Escrituras, divididas en Antiguo y Nuevo Testamento. Los judíos se referían a ellas como la «escritura», *Kethib*, cuya raíz es la misma que la palabra árabe para el *Korán*, «recitación». En el NT, siguiendo la tradición judía, la Biblia hebrea también es la *grafé* o «Escritura» (2 Ti. 3:16; Hch. 8:32; Gál. 3:22), o en plural: «las Escrituras» (Mt. 21:42; Lc. 24:27; Jn. 10:35; Hch. 8:32); a veces acompañada del adjetivo «santa» (Ro. 1:2; 2 Ti. 3:15).

El número exacto de los libros que componen esta colección sagrada varía según quién los determine en lo que respecta al AT. Los judíos, indudablemente, no reconocen como santos los 27 escritos apostólicos del NT. Su canon está compuesto por 24 libros (que corresponden a nuestros 39 protocanónicos) divididos en tres secciones: La *Tora*, o sea el Pentateuco o «cinco libros de Moisés»: Génesis, Éxodo, Levítico, Números y Deuteronomio; los *Nebiim*, «Profetas», en la que ponen algunos de los libros históricos, dividos en dos grupos: los profetas «anteriores» (Josué, Jueces, Reyes y Samuel) y los profetas «posteriores», que a su vez se dividen en «mayores» (Isaías, Jeremías y Ezequiel) y «menores» (el Libro de los Doce); y los *Ketubiim*, «Escritos», que incluye once libros: Salmos, Proverbios y Job; un grupo de cinco libros llamados *Megilot* o «rollos»: Cantar de los Cantares, Rut, Lamentaciones, Eclesiastés y Ester; y finalmente Daniel, Esdras-Nehemías y Crónicas. Los cristianos en general dividen los libros del AT según la clasificación realizada por los LXX, en cuatro partes: Pentateuco, Históricos, Sapienciales y Proféticos. Para ello se sigue como criterio fundamental el género literario de los libros en cuestión. La Iglesia católica admite 46 libros para el AT, mientras que los protestantes, siguiendo el canon judío, sólo 39. Los libros en disputa son siete: Baruc, Tobías, Judit, 1 y 2 Macabeos, Sabiduría, Eclesiástico (= Sirácida), llamados «deuterocanónicos» por los católicos e impropiamente «apócrifos» por los protestantes. Es más correcto referirse a «protocanónicos» y «deuterocanónicos», entendiendo que aquéllos son los que desde un primer momento (*protos*, «primero») fueron admitidos como revelados; y éstos son los que fueron aceptados sólo en un segundo momento (*deuteros*, «segundo»).

La división entre Antiguo y Nuevo Testamento se emplea desde finales del siglo II con el fin de distinguir las Escrituras cristianas de las judías. El primero en utilizar la expresión «antiguo pacto» es el apóstol Pablo (2 Co. 3:14), tomada prob. de Éx. 4:7 y 1 Mac. 1:57, donde se habla del «libro del pacto», que pasó a designar toda la Escritura. Como sabemos, la palabra gr. *diatheke*, que traduce el heb. *berit*, significa tanto pacto o alianza como testamento. A este «antiguo pacto» o alianza de Dios con Moisés en el Sinaí, los profetas hebreos contrapusieron una «nueva alianza», que no estaría escrita, como la antigua, sobre tablas de piedra, sino en el corazón de los creyentes por el Espíritu del Señor (cf. Jer. 31:31-34; Ez. 36:26-27). De ahí la distinción lógica y *escritural* entre el «nuevo» y «antiguo pacto». El primero sellado en el Sinaí y ratificado con sacrificios de animales; el segundo, incomparablemente superior, establecido con la sangre de Cristo (cf. Mt. 26:28; Mc. 14:24: Lc. 22:20; He. 7:22; 8:6; 9:15).

El NT se formó a partir del acontecimiento absolutamente extraordinario y fundamental de la resurrección de Cristo. Como judíos que eran, los discípulos no dejaron de meditar la Escritura hebrea que les lleva a descubrir en el Resucitado al Mesías que tenía que venir. Entonces se da un doble movimiento. Por una parte, la Escritura ilumina la vida de Jesús y, por otra, la vida de Jesús aclara el sentido de las Escrituras. Teniendo en cuenta estos dos factores determinantes, podemos distinguir, en la formación de los libros del Nuevo Testamento, los siguientes momentos:

a) *Las palabras de Jesús*. Es evidente que es la persona de Jesús, sus palabras y sus hechos, la que está en la base de nuestros textos. Jesús ha recibido como misión principal la de «anunciar la buena noticia a los pobres, el proclamar la liberación a los oprimidos» (Lc. 4:18-19). Jesús no escribió nada, su misión la realizará a través de su vida y de su enseñanza (cf. Mc. 2:2; 4:33; 8:32), lo que le convertirá en «Maestro» (cf. Mc. 4:8; 5:35; 9:17, 38; 10:17), en torno al cual hay siempre un grupo de discípulos (cf. Mt. 10:1-4; Mc. 3:13-19; Lc. 6:12-16). El carácter carismático de su persona suscita entusiasmo y admiración (cf. Mc. 1:21-22; Mt. 7:28ss.; Lc. 4:21-22.32). Las técnicas que utiliza en su predicación favorecen la fácil retención, a lo que hay que añadir la novedad de su predicación (cf. Mt. 12:46ss.; Lc. 11, 27-28) y la autoridad con que la propone (cf. Mt. 7:29; Mc. 1:27), todo lo cual hace que los oyentes conservaran en su mente y corazón las enseñanzas de Jesús.

b) *La predicación apostólica*. Después del escándalo de la cruz, que motivó la negación y el abandono de todos los seguidores de Jesús, gracias a la experiencia pascual se les abrieron los ojos, ciegos por el miedo (cf. Lc. 24:31) y comenzaron a dar solemne testimonio, no sólo entre ellos mismos (cf. Lc. 24:34), sino también ante todos los hombres (cf. Hch. 2:22ss.). En un principio no hay nada escrito, todo se reduce a la proclamación de la buena nueva: «Dios ha resucitado a Jesús y le ha constituido Señor y Cristo» (cf. Hch. 2:23, 32; 3:14-15; 4:10; Ro. 1:3; 1 Tes. 4,14). Este anuncio es el principio de su predicación universal, transmitido de viva voz por los testigos «que habían visto y oído» todo lo relacionado con Jesús (cf. Lc. 1:2). Pero a medida que va aumentando la comunidad y disminuye el número de los testigos oculares, se siente la necesidad de poner por escrito esos recuerdos. Esa necesidad aumenta por exigencias de la vida misma de la comunidad: el culto, la catequesis y la predicación misional. Lo específico del culto cristiano residía en la fracción del pan y en la enseñanza apostólica (cf. Hch. 2:42). Poco a poco, por razones prácticas, se originan las primeras colecciones de relatos, como el de la cena y la pasión del Señor, a los que se le fueron añadiendo nuevos materiales: el bautismo de Juan, el ministerio en Judea, el ministerio en Galilea, y el ministerio en Jerusalén (cf. Hch. 10:37-41). Se llega así a la redacción de los cuatro Evangelios canónicos.

c) *Las cartas apostólicas*. Los escritos cristianos más antiguos que conocemos son las cartas de Pablo. Éstas presentan las varias etapas del desarrollo doctrinal y moral del mensaje cristiano, adaptado a las circunstancias y necesidades de las comunidades destinatarias. En ellas se recoge desde la primera proclamación del Evangelio hasta cuestiones teológicas complejas, surgidas por la necesidad de profundizar en la fe y de aclarar el mensaje auténtico y sus implicaciones frente a desviaciones, errores o polémicas intra y extracomunitarias. A través de estas cartas, podemos distinguir cuatro etapas en el pensamiento de Pablo o, lo que es lo mismo, en el desarrollo teológico de la primitiva Iglesia. Una primera etapa está marcada por la espera inmediata del Salvador. En las 1 y 2 Tesalonicenses, redactadas en Corinto entre el 50 y el 52, Pablo hace vivir a sus cristianos en la esperanza de la venida próxima de Jesús. En un segundo momento, la preocupación de Pablo es esclarecer el significado de la salvación por Jesucristo en la Iglesia. De esto se ocupa en las cartas a los Corintios, redactadas en torno al año 56; en la carta a los Gálatas, enviada a la comunidad en plena crisis por los años 56-57; en la carta a los Romanos, que podría ser de los años 57-58, y en la carta a los Filipenses, escrita durante un período pasado en la cárcel, no sabemos si hacia el año 56 ó 61-63. En las cartas a los Colosenses, Efesios y Filemón, escritas durante la cautividad (61-63), Pablo desarrolla el tema de Jesucristo, señor del mundo y de la historia. Las cartas 1 y 2 Timoteo y Tito, independientemente de si han sido escritas por Pablo o sus discípulos, recogen el testamento de Pablo y en ellas se muestra una gran preocupación por guardar el depósito de la fe. Por los años 60 se escriben la carta de Santiago y la 1 Pedro. En torno al año 70 pudo haber sido escrita la carta a los Hebreos, y un poco más tarde la carta de Judas, 1, 2 y 3 Juan y Apocalipsis. Finalmente, a comienzos del s. II, se escribió la carta 2 Pedro, que es el último escrito del NT.

Desde el principio se considera que ambos Testamentos tienen a Dios por autor fundamental y último. Pablo es el primer autor del NT en usar el término «inspiración» para referirse al fenómeno de la inspiración divina de los autores sagrados (2 Ti. 3:16; cf. 2 P. 1:21). Explicar la inspiración es uno de las cuestiones más difíciles y polémicas de la teología bíblica, sea para evitar la «inspiración mecánica» —que anula al autor humano—; o la «inspiración poética» —que elimina al autor divino—; sea para explicar la correlación divino-humana: «inspiración orgánica»: el hagiógrafo como parte vital de proceso final del escrito sagrado, imprimiéndole su personalidad, perspectiva y mentalidad, de tal modo que Dios se acomoda al lenguaje humano y a su situación histórica, pero expresando siempre lo que Dios quiere comunicar a los hombres en cada momento histórico, o «economía de la salvación».

Consecuencia de la inspiración de la Escritura es su autoridad divina en toda cuestión de fe y práctica, patente en ambos Testamentos, no una autoridad cualquiera, sino la autoridad del mismo Dios que, a través de estos escritos, se revelaba al pueblo, con sus exigencias y promesas, pidiendo la fidelidad. Esto explica que se guardaran con tanta veneración y sin correcciones ni añadidos (Dt. 31:9-26; Jos. 24:26). A la autoridad de la Biblia, se añaden las siguientes propiedades que califican sus límites y extensiones: a) *Unidad* b) *Inerrancia* c) *Veracidad,* y d) *Santidad.*

Biblos. Antigua ciudad cananeo-fenicia mencionada en textos egipcios y en las cartas de El Amarna, y sólo dos veces en el AT como «la tierra de los gibleos» (Jos. 13:5), de la que nunca tomaron posesión; cuyos «ancianos de Gebal y sus sabios repararon tus hendiduras: todas las galeras de la mar y los remeros de ellas fueron en ti para hacer contigo intercambio» (Ez. 27:9).

Aparece en la historia como el centro urbano más importante y principal de la costa sirio-libanesa. Fundada hacia 3200 a.C., mantuvo estrechas relaciones con los grandes imperios de Oriente y del Mediterráneo y fue uno de los centros culturales de la Antigüedad, capaz de tratar en un mismo plano de importancia política a la poderosa Ebla y de intercambiar en matrimonio a los miembros de sus respectivas casas reales. Los egipcios mantenían estrechas relaciones comerciales con Biblos en busca de los cedros del Líbano, el betún y las resinas indispensables para el proceso de momificación, así como de los metales y obsidianas del Asia Menor. Biblos gozó del protectorado egipcio, a cuya autoridad siempre fue leal. En el año 875 a.C. Asurnarsipal, rey de Asiria, impuso tributo a la ciudad, junto al resto de ciudades fenicias, Tiro, Sidón y Arvad, marcando así el fin de su independencia, sometida primero a los asirios y después a los persas. Bajo dominio persa, Biblos se convirtió en un punto estratégico del sistema defensivo de ese imperio en el Mediterráneo oriental. Después de la conquista de Alejandro Magno, la ciudad alcanzó extraordinaria proyección como el centro de culto a Adonis, divinidad fenicia que iba a entrar más tarde en el panteón mitológico griego. Según Tolomeo, el santuario dedicado a Adonis hacía resaltar la ciudad por encima del resto de las ciudades. Durante el período romano se multiplicaron los templos y los edificios públicos.

El nombre actual de la ciudad es Djébail, a 30 km al norte de Beirut, sin duda la ciudad más antigua del mundo habitada ininterrumpidamente hasta el día de hoy.

Bienaventuranzas. Nombre generalmente dado a las nueve afirmaciones de bendición pronunciadas por Jesús en el Sermón del Monte, mostrando el carácter y la porción de aquellos que entran en el reino (Mt. 5:1-11). La «bienaventuranza» es una forma literaria bíblica que comunica la idea de prosperidad y felicidad, presente en todo el AT, especialmente en los pasajes poéticos (Jb.. 5:17; 29:11; Sal. 1:1; 32:1; 32:2; 34:8; 40:4; 41:1, 2; 65:4; 72:17; 84:5; 84:12; 89:15; 94:12; 112; 127:5 ; 128:1, 2; 137:8, 9; 144:15; 146:5; Prov. 3:13; 8:34; 14:21; 16:20; 28:14; 29:18; Is. 56:2). Se caracteriza por empezar con la expresión «Bienaventurado el que...». En el lenguaje popular primitivo era una forma de felicitar a alguien, como en el espontáneo elogio que una mujer hizo a Jesús a través de su madre: «¡Bienaventurado el vientre que te llevó y los pechos que mamaste!» (Lc. 11:27).

En la mayoría de los textos del AT, quien otorga el favor es Dios mismo (Dt. 33:29). En el NT es Jesucristo quien pronuncia las bienaventuranzas, la cuales en el relato de Mateo son ocho (Mt. 5:3-12), y se reducen a cuatro en Lucas: la primera, segunda, cuarta y octava de Mateo (Lc. 6:20-23). Mateo da a algunas un sentido espiritual o interior, mientras Lucas marca más el sentido literal o actitud externa. P. ej., donde Lucas dice simplemente «pobres», Mateo dice «pobres en espíritu»; el «los que tienen hambre» de Lucas es «los que tienen hambre y sed de justicia» en Mateo. Las bienaventuranzas en Lucas tienen ciertas resonancias materiales y las de Mateo actitudes espirituales. No hay duda que Jesús repitió muchas veces las bienaventuranzas en distintas formas y contextos, a cuya causa se deben las variantes observadas en los evangelistas. Las bienaventuranzas presuponen una toma de posición previa por Jesús y por el reino de Dios. Jesús se dirige exclusivamente a los que han tomado posición por Él y por el reino, «a los discípulos». Por eso reflejan una ética de gracia y expresan los nuevos valores de la comunidad cristiana.

Bilha (heb. «despreocupación»). Sierva que Labán concedió a Raquel al casarse con Jacob (Gn. 29:29). Por indicación de ésta aceptó el concubinato con el patriarca para obtener la descendencia que Raquel no le daba. Bilha fue así la madre de Dan y Neftalí (Gn. 30:3-8; 35:25; 46:25; 1 Cro. 7:13). Su hijastro Rubén se acostó después con ella (Gn. 35:22), incurriendo en la desaprobación de su padre Jacob (Gn. 49:4).

Birsa (heb. «hijo de maldad»). Uno de los reyes de Gomorra, que participó en la coalición contra Quedarlaomer, rey de Elam. Pereció en un pozo de betún y su ciudad fue saqueada (Gn. 14:2).

Bitia (heb. «hija [adoradora] de Yahvé»). Hija del faraón y esposa de Mered, descendiente de Judá (1 Cro. 4:18). Sus hijos son prob. los enumerados en la última parte del v. 18: María, Samai y Isba, padre de Estemoa. La Escritura, al igual que los documentos egipcios, muestra que los faraones de Egipto casaron a sus hijas con extranjeros, pero sólo entre familias reales, por lo que es prob. que Mered fuera una persona distinguida. El nombre de Bitia parece indicar que se trata de una conversa, cuyo nombre precede a la «esposa judía» de Mered.

Bitinia. Provincia de Asia Menor, que forma parte de la actual Anatolia, limita al norte con el mar Negro, al sur con Frigia y Galacia, al este con Paflagonia, al oeste con Misia y el Propóntido; aunque sus límites han variado a lo largo de las épocas. Se trata de un país montañoso, de tierra fértil, con extensos viñedos, y con una variada población forestal, incluyendo el nogal y el castaño. Según Estrabón, los tracios bitinianos que colonizaron esta parte de Asia, no vivían en ciudades sino en aldeas, siendo un pueblo rudo y nada civilizado. Bajo el Imperio persa, Bitinia vino a ser una satrapía. Nicomedes III, el último de una lista de reyes independientes, la legó a los romanos en el año 74 a.C. A la muerte de Mitridates, rey del Ponto, en el 63 a.C., la parte oeste del reino póntico fue añadida a Bitinia, de modo que a veces esta provincia es llamada «Ponto-Bitinia» en algunas inscripciones y en las cartas de Plinio.

Pablo y Silas trataron de ir a Bitinia, pero les fue impedido por el Espíritu Santo (Hch. 16:7), sin embargo el Evangelio pronto se hizo camino en el país por otros medios, ya que Pedro, en su primera epístola escribe una carta a los cristianos «del Ponto, Capadocia, Asia y Bitinia» (1Pd. 1:1), implicando la existencia de iglesias de cierta antigüedad, con un ministerio organizado (5:1-3) y que han padecido persecución o están amenazadas de ella (4:14-16). Les habla como a amigos suyos personales, conocidos quizá en su viaje a Occidente, aunque no tenemos datos exactos del itinerario de Pedro.

Blanca (gr. *leptón*, «delgado, fino, pequeño, ligero»). Moneda judía de cobre, la del valor más pequeño que se acuñaba en tiempos de Jesús. Era la mitad del «cuadrante» romano (Mc. 12:42), pero no igual al leptón de los griegos, ligeramente de más valor. Como era moneda judía, debida prob. a Juan Hircano o a algún otro macabeo, el leptón tenía curso legal en el Templo, donde no se aceptaban monedas extranjeras. Dos blancas era lo mínimo que requerían los rabinos como ofrenda, lo que explica en parte la acción de la viuda pobre, que echó dos blancas, equivalente a un cuadrante (Mc. 12:42; Lc. 21:2). La expresión «no saldrás de allí hasta que hayas pagado la última blanca» (Lc. 12:59; cf. Mt. 5:26), equivale a nuestro «hasta el último centavo».

Blanco. Este color se ha tomado desde la antigüedad por símbolo de luz, vida y pureza, en contraste con el negro, color de tinieblas, luto y maldad. En cuanto símbolo de pureza pone de relieve el resplandor, la santidad de los seres celestiales, ya se trate del hombre vestido de blanco de Ez. 9:2, o de los ángeles, mensajeros de Dios, de «vestidura resplandeciente» (Lc. 24:4; Hch. 10:30), o de los 24 ancianos de la corte celestial (Ap. 4:4), o del «Hijo del hombre» (Ap. 1:13s.), Cristo mismo, al que anunciaba el anciano de días «con una vestidura blanca como la nieve y cabellos puros como lana» (Dn. 7:9). Color celestial por excelencia, en el momento de la transfiguración, hasta las vestiduras de Cristo «se volvieron resplandecientes, muy blancas, como no las puede blanquear lavandero sobre la tierra» (Mc. 9:3).

Dios promete a los que se acercan a Él con justicia blanquear sus pecados, de modo que, «aunque sean rojos como el carmesí, vendrán a ser como blanca lana» (Is. 1:18; Sal. 51:7). En el NT los creyentes en Cristo son presentados como blanqueados en la sangre del Cordero (Ap. 7:14), de este modo participan del ser glorioso de Dios (Ap. 7:9-13). Forman la «blanca escolta» del vencedor (Ap. 3:4), una multitud inmensa y triunfante que clama su gozo en una eterna fiesta de luz. El Cordero se une a la esposa revestida de «lino de una blancura resplandeciente» (19:1-14).

Blasfemia. Hablar ofensivo, lenguaje impío e irreverente respecto a Dios. En el AT la blasfemia contra el nombre de Yahvé se castigaba con la muerte: «El que blasfeme el nombre de Yahvé morirá irremisiblemente. Toda la congregación lo apedreará. Sea extranjero o natural, morirá el que blasfeme el nombre» (Lv. 24:16). Los judíos interpretaron este texto como una ley que prohíbe pronunciar el nombre de Dios bajo ninguna circunstancia; hecha extensiva al nombre de otros dioses: «No mencionaréis los nombres de otros dioses, ni se los oiga en vuestros labios» (Éx. 23:13), lo que llevó a los judíos a poner motes a las divinidades extranjeras, p.ej. Beelzebul por Beelzebub; Betaven por Betel.

Cuando alguien escuchaba una blasfemia, ponía su mano sobre la cabeza del ofensor, levantaba un pie y rompía su túnica, que ya no volvía a arreglar (cf. Mt. 26:65; Hch. 7:51). Por extensión, se consideraba blasfemia cualquier palabra o acto ofensivo no sólo a la majestad divina, sino la usurpación por parte del hombre de las prerrogativas divinas, acusación de la que fue objeto Jesús (Mt. 19:26; Jn. 10:36), ya que sus jueces no reconocían su deidad. Por su parte, los evangelistas consideran blasfemia toda injuria a Cristo, según el cual, la blasfemia más grave, que no admite perdón, es la que va contra el Espíritu Santo (Mt. 12:31, 32; Mc. 3:28, 29; Lc. 12:10). Esta blasfemia particular consistió en atribuir la obra de Jesucristo de expulsar demonios a un poder satánico, frente a la evidencia innegable de su poder divino. No hay verdadera conexión teológica entre este pecado y el mencionado en He. 6:4-8; 10:26-31, aunque sí proximidad psicológica. La frase «ni en este siglo, ni en el venidero» es una alusión a una expresión judía de la época, según la cual la persona que blasfemaba el nombre de Dios no sería perdonado ni ofreciendo un sacrificio, ni siquiera en el día de la expiación, únicamente podía ser absuelta mediante la muerte. Jesús refuta esta creencia y, según Lightfoot, les advierte que la blasfemia contra el Espíritu Santo no será perdonada antes de la muerte, ni como ellos vanamente piensan, después de la muerte.

Boanerges (nombre gr. del aram. «hijos del trueno»). Nombre dado por Jesús a Jacobo (Santiago) y Juan, los hijos de Zebedeo (Mc. 3:17), cuando les escogió para ser apóstoles suyos. Jerónimo suponía que este apodo se refería a su fiera elocuencia. Se ha sugerido que antes de su conversión hubiesen sido zelotas revolucionarios, pero no hay prueba de ello. Lo único que se puede decir es que este sobrenombre apunta a su origen galileo, lo que en cierto grado puede explicar el fuerte temperamento y la vehemente personalidad de que hacen gala. El pueblo galileo era devoto, fuerte, laborioso, valiente, y el más firme defensor de la nación judía. Cuando Juan el Bautista proclamó el reino del Mesías, Juan y Santiago fueron de los primeros en abrazarlo.
Varios incidentes repartidos a través de los Sinópticos sugieren que Santiago y Juan tenían una personalidad particular, impetuosa y apasionada en su celo evangélico y eran fuertes de carácter. Los dos hermanos mostraron su fiero temperamento en contra de «cierto hombre que expulsaba demonios» en el nombre de Cristo; Juan contestó, diciendo: «Nosotros (Santiago es probablemente incluido) le prohibimos, porque él no andaba con nosotros» (Lc. 9:49). Cuando los samaritanos rehusaron recibir a Cristo, Santiago y Juan dijeron:«Señor, quieres que mandemos que llueva fuego del cielo y los devore?» (Lc. 9:54). A este ímpetu no le faltaban ambiciones, lo que les costó la reacción de los demás apóstoles al pedir para ellos los primeros puestos en el Reino proclamado por Jesús. Al mismo tiempo, fueron de los discípulos más cercanos a Jesús, testigos de la Transfiguración, de la Agonía en el huerto; de la Resurrección y de la Ascensión del Señor.

Boda. Ceremonia de casamiento. Se celebraba comúnmente un miércoles por la tarde, lo que dejaba los primeros días de la semana para su preparación y permitía una holgada fiesta de boda sin poner en peligro el reposo sabático. Vestido y engalanado como la ocasión merecía, el novio iba acompañado de sus amigos a buscar a la novia a casa de los padres de ella (cf. Mt. 25:7). La novia se cubría con un velo y la acompañaban sus damas de honor y, a veces, las doncellas particulares, si procedía de una familia adinerada. Las doncellas formaban parte de la dote que le daba el padre. Las joyas eran regalo del novio, según, al parecer, exigía la costumbre. La comitiva nupcial regresaba a casa del novio y comenzaba la fiesta de boda que, normalmente, duraba siete días (Gn. 29:27; Jue. 14:12; Tob. 11:20), pero podían prolongarse durante dos semanas (Jue.14:12; Tob. 8:20; 10:8). Se servía un banquete en la casa del esposo o de sus padres (Mt. 22:1-10; Jn. 2:1, 9) o en casa de la joven, si el marido vivía lejos (Mt. 25:1). Él mismo o los padres de la novia hacían los agasajos (Gn. 29:22; Jue. 14:10;

Tob. 8:19). Según parece, el vestido de boda de los huéspedes no era en sí un traje especial; pero el que convidaba tenía derecho a que los huéspedes aparecieran en el banquete con vestidos de fiesta. La costumbre de un velo nupcial sólo para la novia, o bien extendido sobre la pareja, provenía de tiempos antiguos. Fue prohibida por un tiempo por los rabinos tras la destrucción de Jerusalén en el año 70 d.C.
En el NT, el libro del Apocalipsis ofrece una visión de las «bodas místicas del Cordero». Allí se celebran las bodas del Cordero (Cristo) con la nueva Jerusalén (la Iglesia): «Gocémonos, alegrémonos y démosle gloria, porque han llegado las bodas del Cordero, y su novia se ha preparado. Y a ella se le ha concedido que se vista de lino fino, resplandeciente y limpio» (Ap. 19:7-8); «Y vi la ciudad santa, la nueva Jerusalén, que descendía del cielo, enviada por Dios, arreglada como una novia que se adorna para su esposo» (Ap. 21:2).

Bofetada. Golpe propinado en el rostro con la mano abierta. En el AT se menciona un único caso de este género de afrenta, una de las más graves que el oriental podía sufrir: la que Sedecías infirió al profeta Miqueas cuando éste anunció el fracaso de la empresa de Josafat y de Acab (1 R. 22:24; 2 Cro. 18:23).
En el NT Jesús aconseja a sus discípulos ofrecer la otra mejilla cuando es abofeteado (Mt. 5:39; Lc. 6:29). Mateo dice explícitamente que se trata de la mejilla «derecha». Esto es significativo en el contexto oriental. Para poder pegarle a alguien en la mejilla derecha, el agresor ha de golpearlo con el dorso de la mano. Un golpe tal era considerado una ofensa extremadamente grave. En este caso, el énfasis no es tanto en el daño físico que se le causa a la persona abofeteada, sino en la forma humillante en que ha sido tratada. Jesús enseña, pues, que sus discípulos acepten un insulto sin responder con otro. Esta actitud concuerda con la visión profética del Siervo de Yahvé (cf. Is. 50:6), y el comportamiento posterior de Jesús, soportando con mansedumbre las bofetadas de los guardias de Anás y de los legionarios romanos (Jn. 18:22; 19:3; Mt. 26:27; 27:30; Mc. 14:65; Lc. 22:64). Ananías mandó golpear la boca de san Pablo (Hch. 23:2) y san Pedro se refiere a las bofetadas al hablar de la paciencia con que hay que aceptar los golpes de la injusticia humana (1 P. 2:20).

Booz (heb. «firmeza», «ingenioso»). Personaje de clase alta, notable y rico, oriundo de Belén, de la familia de Elimelec (Rt. 2:1), marido de Rut la moabita, que se casó con ésta cuando quedó viuda, valiéndose de las disposiciones y del derecho que le concedía la ley del levirato (Rt. 2-4; Mt. 1:5; Lc. 3:32). Como antepasado de David, es uno de los antepasados de Cristo (Mt. 1:5).

Bosora. Ciudad fuerte en Galaad, tomada por Judas Macabeo (1 Mac. 5:26, 28). Es la Bostra de la época grecorromana, embellecida por Trajano y convertida en capital de la provincia de Arabia desde el 105-106 a.C. y cuartel general de la III Legión Cirenaica, después de haber pertenecido al reino nabateo y sido un importante nudo de los caminos de caravanas que se dirigían al Mediterráneo, Damasco, mar Rojo y golfo Pérsico.

Bosra (heb. «lugar fortificado»). Nombre de varias ciudades del AT.

1. Ciudad levítica en Manasés, más allá del Jordán (Jos. 21:27), llamada Astarot en 1 Cro. 6:71.
2. Capital de Edom, ciudad antigua e importante que guardaba el camino a las minas de cobre en el Arabá (Gn. 36:33; 1 Cro. 1:44). Para los profetas era símbolo de oposición, su destrucción, anunciada repetidamente, equivalía a la destrucción de todo el reino odiado de Edom (Is. 34:6; 63:1; Am. 1:12; Jer. 49:13, 22; Am. 1:12); notable por sus ovejas (Miq. 2:12); hoy Buseira, a unos 32 km al sudeste del mar Muerto.
3. Ciudad de Moab (Jer. 48:24), ubicada en «la tierra de la llanura», probablemente idéntica con Bosora de 1 Mac. 5:26-28.

Botín. Despojo de guerra, que incluía cualquier cosa y todo lo que los soldados capturaban y tomaban del enemigo. Podían ser personas, principalmente mujeres y niños (Dt. 20:14); una nación (Jer. 50:10), animales y todo tipo de bienes, como oro y plata. En la guerra santa emprendida por los israelitas contra los cananeos no debía tomarse ningún botín ni hacer cautivos (Dt. 20:14,16); fuera de los límites de Canaán, mujeres y niños eran tomados como botín, mientras que a los hombres se les daba muerte.

La ley sobre el botín estipulaba sólo el oro, la plata, el bronce, el hierro, el estaño y el plomo, todo lo que resiste el fuego tenía que pasar por fuego para ser limpio. Después había que sacar la cuenta de lo tomado cautivo, tanto de las personas como del ganado y entonces repartir lo capturado por partes iguales entre los combatientes que fueron a la guerra y toda la congregación. A Yahvé, como tributo de los hombres de guerra que fueron a la campaña, se le entregaba uno por cada quinientos, tanto de las personas como del ganado vacuno, de los asnos y de las ovejas, que engrosaba la propiedad de los levitas (Nm. 31:26-47). David añadió que el botín debía repartirse a partes iguales en el ejército entre los que descienden a la batalla y los que se quedan con el equipaje. «Y sucedió que desde aquel día en adelante él hizo que esto fuera ley y decreto en Israel, hasta el día de hoy». El envío de parte del botín a sus amigos, los ancianos de Judá, fue solamente un acto de cortesía por parte de David. Del mismo modo, los despojos dedicados al templo se consideraban una ofrenda de buena voluntad (cf. 1 Sam. 30:24-26; 2 Sam. 8:11; 1 Cro. 26:27).

En el NT se usa respecto a Cristo y su obra contra las fuerzas del mal en su parábola sobre el hombre fuerte y armado que guarda su casa y sus posesiones, referencia al diablo señor del mundo presente, hasta que viene uno más fuerte que él, a saber, Jesús, y le vence y le toma todas sus armas en que confiaba y reparte sus despojos (Lc. 11:22).

Brazalete. Adorno muy común en el antiguo Oriente, llevado tanto por hombres como por mujeres. Muchos de ellos presentan un diseño muy elaborado y una gran destreza en su ejecución. Ya se mencionan en Génesis (Gn. 24:22). Los brazaletes siempre han sido muy comunes entre las mujeres orientales, a menudo de peso considerable y bulto destacado. Los materiales varían según la posición social o la riqueza del poseedor, desde el oro y el bronce al hueso, cobre y madera. Los brazaletes figuran en la ofrenda del pueblo de Israel para hacer los instrumentos del Tabernáculo (Éx. 35:22).

Brazo. Extremidad del cuerpo capaz de levantar cargas y de defender a la persona. Se usa simbólicamente como el poder y fortaleza de Dios en favor de los suyos (Éx. 15:16; Sal. 89:13; 48:2; 77:15; Is. 51:9; 53:1; Jn. 12:38). Es también símbolo de fuerza humana (1 Sam. 2:31), de ahí que «quebrar» o «romper el brazo» es castigar y destruir el poder del enemigo (Sal. 10:15; Ez. 30:21; Jer. 48:25).

El «brazo extendido» (Éx. 6:5; Dt. 4:34), aplicado metafóricamente a Dios, significa la plenitud de su poder, figura que se corresponde al soldado que levanta su brazo armado para la lucha (Is. 52:10; Sal. 98:1). Con su «brazo fuerte» (Jer. 21:5) Dios reúne a los suyos (Is. 40:11); los gobierna (Is. 40:10). El brazo de Yahvé se revela allí donde hay arrepentimiento y fe en el anuncio que Dios envía (Is. 53:1; Ro. 10:16). En él confiarán incluso en las islas de los gentiles, esto es, los pecadores en toda la creación (Is. 51:5).

Bronce. En los libros más antiguos de la Biblia, significa «cobre» (Gn. 4:22) pues los hebreos no estaban familiarizados con la fabricación del bronce, hecho a partir de cobre y zinc. Por ello la traducción más correcta debe ser cobre en lugar de bronce. El cobre se extraía por fusión del mineral (Dt. 8:9; Jb. 28:2). Todavía hay en el Líbano y en el país de Edom vestigios de antiguas fundiciones de cobre; se conseguía especialmente en la península del Sinaí, en Chipre, en Mesec y Tubal (Ez.

27:13). Se utilizaba para la fabricación de utensilios como vasos, calderos, tenazas, tazones, garfios (Éx. 38:3; Jer. 52:18), armaduras y sus piezas, cascos, cotas de malla, escudos, puntas de lanza, e incluso, arcos (2 Sam. 21:16; 22:35; 2 Cro. 12:10), cadenas, espejos, refuerzos de puertas de ciudades, instrumentos musicales, y más tarde monedas (Éx. 38:8; 2 R. 25:7, 13; Is. 45:2; Mt. 10:9; 1 Co. 13:1; Ap. 9:20).
Para piezas de fundición se usaba el bronce, p.ej., el revestimiento del altar y el «mar» o gran fuente, con su pedestal de bueyes, así como las dos grandes columnas del templo de Salomón (1 R. 7:41-46; 2 Cro. 4:1-17). El empleo de bronce en los objetos de culto se debe al brillo reluciente del mismo, convertido en símbolo de justicia en relación a las demandas de pureza de Dios (cf. Éx. 27:1-8; 38:1.7).

Buenos Puertos. Puerto en la isla de Creta, cercano a la ciudad de Lasea. No se menciona en ningún documento antiguo, sólo en el NT: «Y costeándola con dificultad, llegamos a un lugar llamado Buenos Puertos, cerca del cual estaba la ciudad de Lasea» (Hch. 27:8). Retenidos en el lugar mucho tiempo, debido a lo peligrosa de la navegación, Pablo advirtió al capitán sobre la prudencia de permanecer en Buenos Puertos, pero ya que era un puerto y era incómodo para pasar el invierno, la mayoría acordó zarpar de allí, por si de alguna manera pudiesen arribar a Fenice, un puerto de Creta que mira al suroeste y al noroeste, para invernar allí. Después de zarpar la nave tuvo que hacer frente al viento huracanado llamado Euraquilón, hasta que al final naufragó en las costas de Malta (cf. Hch. 27).

Buey. Macho adulto de ganado bovino. Era muy apreciado en la época bíblica como animal de trabajo para arar (Dt. 22:10; 1 R. 19:10) y para trillar (Dt. 25:4; Os. 10:11). La prohibición de codiciar el buey del vecino (Éx. 20:17) indica su alta estima y valor económico. La ley prohibía arar con buey y asno en una misma yunta (Dt. 22:10), o poner bozal al buey mientras trilla (Dt. 25:4), lo que muestra un alto grado de consideración hacia el animal. Era animal limpio y se podía comer (Dt. 14:4). Su carne se servía principalmente en ocasiones festivas (1 R. 4:23; Neh. 5:18). También se usaba como animal de sacrificio (Lv. 9:4; 22:23).

C

Cábala. Nombre de un sistema místico judío, que pretende ser una enseñanza esotérica que se remonta a los principios de la historia patriarcal y a la entrega de la *Torá* a Moisés en el Sinaí, cuya *enseñanza oral*

sobre los misterios del universo fue «transmitida» a Josué, y de él en adelante, en contraposición a la *enseñanza escrita*. La diferencia de la Cábala respecto a las Escrituras, es que aquélla sólo es dada a conocer a unos pocos elegidos. Según el apócrifo IV Esdras 15:6, al recibir Moisés en el Monte Sinaí la Ley y el conocimiento de los misterios, le dijo el Señor: «Estas palabras tienes que declarar y éstas que ocultar». El espíritu de la Cábala está presente en el judaísmo desde los días del regreso de la cautividad babilónica. Fruto de las circunstancias de la época, el misticismo judío primitivo recoge elementos apocalípticos y gnósticos, y el dualismo patente en el zoroastrismo. Al cabalista le interesa la cosmogonía y la teosofía, para cuya expresión recurrirá, aparte de la Biblia, al pitagorismo y al platonismo. Para los cabalistas, el hombre ha sido creado a imagen de Dios y mantiene sus atributos, la creación ha sido hecha por medio del pensamiento y de la voz del Inconcebible, el Inmutable *Ein Sof* (Infinito), que ha contado a modo de auxiliares con los números y las letras, porque éstos poseen unas ciertas virtudes.
En el transcurso de la historia, la renovación de la tradición cabalística confirió un sentido a la existencia del pueblo judío amenazado de violencia y exterminio en muchos de los países donde llevaba una vida amenazada e insegura. En este sentido, el misticismo cabalístico medieval judío fue una respuesta a las difíciles pruebas a las que se vieron sometidos los judíos en época de cruzadas y expulsiones masivas. En el momento en que más precisaba la comunidad judía, la renovación de su vida religiosa y espiritual justifica su esperanza en el advenimiento de la era mesiánica al final de los tiempos.

Caballo. Animal domesticado por nómadas indoeuropeos en un pasado muy remoto en una zona al oriente del mar Caspio. La cría de caballos ya era conocida en el III milenio a.C. en Armenia y en las zonas montañosas de Irán. Prob. fueron introducidos en Egipto por los hicsos, ya que no aparecen representados en los monumentos anteriores a la XVIII Dinastía. No se mencionan entre los presentes ofrecidos por el faraón a Abraham (Gn. 12:16). En el AT son mencionados por primera vez como moneda de cambio en tiempo de José (Gn. 47:17). Ramsés II, en el año 1300 a.C. alentó la cría de caballos en todos sus aspectos. En las cercanías de las principales ciudades egipcias operaron importantes centros de cría equina. Testimonio de la abundancia de caballos son los acontecimientos del éxodo, cuando los israelitas son perseguidos por «toda la caballería y carros de Faraón, y gente de a caballo, y todo su ejército» (Éx. 14:9, 23; Dt. 17:17). Un dato éste que contribuye a fechar el éxodo en el tiempo de Ramsés II. Años más tar-

de Egipto fue el principal proveedor de caballos de Salomón y sus sucesores (1 R. 10:28, 29).
El caballo era usado básicamente con fines militares y para ningún otro propósito más (cf. la poética descripción de Jb. 39:19-25). Se valoraba especialmente su «fuerza» (cf. Sal. 33:17; 147:10), lo que precisamente los convertía en formidables fuerzas de choque (cf. Jer. 8:16; 47:3). La caballería es sinónimo de conquista rápida (cf. Dt. 32:13; Sal. 56:12; Is. 58:14; Jer. 4:13). Por ley los israelitas tenían prohibido el uso de caballos para la guerra (Dt. 17:16), ya que su utilización denotaba falta de confianza en Dios, tal como se registra en la acusación de Isaías (Is. 31:1; cf. Os. 14:3). Por ello, al principio desjarretaban los caballos de sus enemigos, y quemaban sus carros (Jos. 11:6-9). Sin embargo, David introdujo el uso de la caballería en Israel después de la derrota de Hadad-ezer, cuando se reservó 100 caballos para carros de guerra (2 Sam. 8:4). Poco después de esto Absalón contaba con algunos (2 Sam. 15:1). Salomón llegó a tener 40.000 establos para los caballos de sus carros, y 12.000 jinetes (1 R. 4:26). La primera cifra puede tratarse de un error del copista, ya que en otro lugar se menciona el número exacto de carros, 1.400 en total (1 R. 10:26; 2 Cro. 1:14), que a razón de tres caballos por carro —dos en uso y uno en reserva, como era costumbre— dan 4.200, o 4.000 en números redondos, que es prob. la lectura correcta.La caballería y los carros fueron mantenidos por los reyes subsiguientes (cf. 2 R. 9:21, 33; 11:16; Is. 2:7). Después del exilio de Babilonía los judíos contaban con 736 caballos (Neh. 7:68).

Cabaña. Refugio temporal hecho de ramas de árbol, como las utilizadas por Jacob en sus desplazamientos (cf. Gn. 33:17). Tales eran las improvisadas cabañas erigidas para celebrar la Fiesta de los Tabernáculos (Lv. 23:42, 43), que habían de recordar a Israel su estancia en el desierto. Aunque es evidente que los israelitas usaron más tiendas que cabañas propiamente dichas, debido a la dificultad de encontrar ramas o madera en parajes desérticos, pero apropiadas para celebrar el carácter errante y peregrino del pueblo elegido.

Cabello. Cada uno de los pelos característicos del hombre que recubren las partes superior y posterior de la cabeza. Los egipcios se rasuraban la cabeza, pero se dejaban crecer el cabello en señal de luto, según Herodoto. Los esclavos llevados a Egipto eran obligados a raparse y afeitarse por motivos de higiene y conformidad con sus señores (cf. Gn. 41:14). Los asirios, por el contrario, se dejaban crecer el pelo hasta los hombros, y daban mucha importancia a la barba ornamental. Los griegos admiraban el pelo largo tanto en hombres como en mujeres, y tenían fama de «bien peinados». Ésta fue la práctica común entre los primeros romanos, pero la introducción de barberos introdujo la costumbre del pelo corto y la cara afeitada.

Los israelitas varones se lo recortaban para no llevarlo muy largo (Nm. 6:5); pero las mujeres se lo dejaban crecer (Cnt. 7:5; 1 Cro. 11:15). De Absalón se dice que tenía el pelo largo, pero como un gusto extravagante (2 Sam. 14:26). Se prohibía a los sacerdotes rasurarse la cabeza, quizá para evitar toda semejanza con sus homólogos egipcios (Lv. 21:5) y, prob. por la misma razón, a todo israelita le estaba prohibido afeitarse el entrecejo en señal de luto (Dt. 14:1, cf. Jer. 9:26; 25:23; 49:32), y sin embargo, los levitas tenían que someterse a una depilación completa para su consagración (Lv. 14:8). El leproso debía rasurarse el día de su purificación todo el cabello, así como la barba y las cejas (Lv 14:8, 9). La mujer cautiva escogida para esposa de un hebreo tenía que raparse la cabeza (Dt. 21:12). Los nazireos gozaban de un estatuto especial en medio del pueblo, que como señal, entre otras cosas, se dejaban creecer el cabello hasta el día que terminaba su voto, cuando era cortado y presentado al sacerdote (Nm. 6:18).

El pelo, para los hebreos, era sin duda un elemento de belleza personal (cf. Cnt. 5:11; Prov. 16:31); el color normal y preferido era el negro (Cnt. 5:11); el pelo puramente blanco era señal de majestad (Dn. 7:9; Ap. 1:14). Las canas eran símbolo del respeto debido a la edad (Lv. 19:22; Prov. 16:31). Piénsese en la blancura deslumbrante de la cabeza y del cabello del Hijo del Hombre en la visión de Ap. 1:14, que evoca la santidad y sabiduría del «Anciano de Días».

Sólo en tiempo de desgracia nacional se cortaba el pelo en señal de duelo (Is. 3:17, 24; 15:2; 22:12; Jer. 7:29; 48:37; Am. 8:10), contrariamente a los egipcios que se lo dejaban crecer en la aflicción y se lo cortaban al final de la misma. Arrancarse el pelo era señal de grave consternación (Esd. 9:3). La tonsura, o cortarse el pelo en señal de luto por parientes muertos trascendía la apariencia primera de condolencia, venía a significar la participación, de los unidos por la sangre, en la muerte de uno de ellos.

En los tiempos apostólicos el cabello largo de las mujeres es atributo de su sexo y una especie de modesto velo provisto por la naturaleza, que no hay que complicar con tocados y adornos como las gentiles (1 Ti. 2:9; 1 P. 3:3). El cabello largo es gloria a una mujer y llevarlo suelto es una deshonra, a pesar de ello la mujer que secó los cabellos de Cristo con su cabello despreció la vergüenza en su devoción al Señor (Lc. 7:38, 44). Para los hombres, dejarse crecer el cabello se considera antinatural (1 Co. 11:14-16), aprobando así la moda grecorromana del cabello corto.

Cabeza. En la Escritura la cabeza y el corazón significan a veces toda la persona (Is. 1:5). Es la parte más digna del hombre, cuyo dolor se manifiesta arrojando cenizas sobre ella, o cortando su cabellera (cf. Am. 8:10; Jb. 1:20; Lv. 21:5; Dt. 14:1; 2 Sam. 13:10; Est. 4:1); por el contrario, perfumarse y ungirse la cabeza es señal de alegría y felicidad (cf. Ecl. 9:8; Sal. 23:5; Lc. 7:46). Era común jurar por la propia cabeza (Mt. 5:36). Levantar la cabeza era señal de exaltación (Sal. 3:3; 110:7). El mal recae metafóricamente sobre las cabezas (cf. Sal. 7:16; Jl. 3:4; Ez. 9:10; 11:21; 16:43; 17:19; 22:31; Hch. 18:6).

En el NT Cristo es el cabeza de la Iglesia, que es su cuerpo (1 Co. 12:27; 11:3; Ef. 1:22; 4:15; 5:23; Col. 1:18; 2:10,19), designando así su autoridad y su condición especial entre el resto de los miembros, a modo de principio vital (Col. 2:19). La Iglesia está sometida a Cristo como Cabeza, porque es también su Señor (Ef. 5:22-24). Como Cabeza, Cristo es al mismo tiempo fundamento y raíz del crecimiento de la Iglesia (Ef. 4:16; Col. 2:19). Ambos forman un organismo vivo, en una unión tan perfecta, que no tiene paralelo en ninguna otra religión. Por su resurrección y triunfo sobre la muerte, Cristo es también cabeza de principados y potestades (Col. 2:10).

Cabra. Animal rumiante de la subfamilia de los caprinos y perteneciente a la gran familia de los bóvidos, en general muy extendido por todo el mundo y fácilmente domesticable. Abunda en Palestina, tiene un cuerpo fino y ágil, patas delgadas, cráneo estrecho con cuernos huecos, falciformes, curvados hacia atrás y cola corta y pilosa. El pelo es largo y liso, algunas especies presentan una espesa barba, particularmente desarrollada en los machos. Considerado animal limpio en el ceremonial levítico, tenía una gran presencia en los sacrificios. Su leche era una parte importante del alimento israelita, así como su carne. Matar un cabrito era señal de hospitalidad para el extranjero, pero por tres veces se prohíbe cocer el cabrito en la leche de su madre (Éx. 23:19; 34:26; Dt. 14:21). Su pelo fue utilizado para confeccionar las cortinas del Tabernáculo (Éx. 26:7; 36:14). El número de cabras indicaba la importancia del patrimonio de los patriarcas.

Cabul. Nombre de una región de «veinte ciudades» que Salomón dio a Hiram, el rey de Tiro, por sus servicios prestados en la construcción del Templo de Jerusalén (1 R. 9:13). Hiram, después de haberlas visto y examinado, disgustado por la pobreza de esta tierra, mandó decir a Salomón que no la necesitaba. Josefo la sitúa al noroeste de Galilea, próxima a Tiro (*Ant.* 8:5,3).

Cadáver. Cuerpo muerto de animal u hombre (Jos. 8:29; Is. 14:19; He. 3:17, etc.). Según la ley mosaica, cualquier israelita que entrase en contacto con un cadáver de animal (Lv. 5:2; 11:8; Dt. 14:8) quedaba automática y ceremonialmente impuro durante siete días (Nm. 19:11, cf. Hag. 2:14). La creencia en la contaminación por contacto de un cadáver estaba muy extendida en la cultura egipcia y el resto de los pueblos de la Antigüedad. El cadáver, por su descomposición natural, es causa de pestes y contaminaciones, y quizá en esto radiquen las precauciones higiénicas —lavados— y el simbolismo de la muerte como corrupción. Los soldados, que por su oficio estaban en contacto inmediato con personas muertas, también incurrían en impureza ceremonial y debían permanecer fuera del campamento (Nm. 31:19-20). En estas circunstancias necesitaban el agua lustral mencionada en Nm. 19:9, compuesta de agua mezclada con las cenizas de una novilla roja.Los sacerdotes debían abstenerse estrictamente de contacto con los difuntos, salvo en ciertos grados de parentesco. El sumo sacerdote y los nazireos sólo podían acercarse al cadáver de sus padres. Un cuerpo muerto sin recibir sepultura era considerado como el mayor grado de indignidad y desgracia (cf. Jer. 36:30; Sal. 79:3).

Cademot (heb. «principios»). Ciudad del reyezuelo amorreo Sehón, muy cercana al desierto del mismo nombre. Fue conquistada por los israelitas (Dt. 2:26-36) y asignada a la tribu de Rubén (Jos. 13:18). Llegó a ser una de las ciudades levíticas (Jos. 21:37; 1 Cro. 6:79).

Cadena. Conjunto de eslabones metálicos ensartados uno en otro con el fin de formar un cuerpo resistente a la tracción. Entre otros usos se utilizaba para atar a los prisioneros. Entre los romanos era costumbre atar al prisionero con una cadena ligera unida al soldado encargado de su custodia. En un extremo se ataba la mano derecha del preso y en la otra la mano izquierda del soldado. A esta cadena se refiere Pablo con bastante frecuencia (Hch. 28:20; Ef. 6:20; 2 Ti. 1:16). En casos que exigían mayor seguridad, el prisionero era sujetado por dos cadenas a dos soldados, tal como vemos en el caso del apóstol Pedro (Hch. 12:6).

Cades (heb. «santuario»). Nombre de tres ciudades bíblicas, en especial Cades-Barnea, mencionada por primera vez en relación con la batalla de los reyes, en la que Lot fue hecho cautivo (Gn. 14:7; 16:14; 20:1). Fue una de las etapas de los israelitas. Estuvieron allí detenidos durante bastante tiempo (Nm. 13:26; 20:1,14,16, 22; 27:14; 33:36, 37; Dt. 1:46; 32:51; Jue. 11:16, 17; Sal. 29:8). De allí salieron los doce espías a reconocer la tierra de Canaán. Después de pasar 38 días recorriendo la tierra, volvieron a Cades (Nm. 13:26). Miriam murió en el lugar y Moisés envió mensajeros al rey de Edom informándole de su estancia allí (Nm. 20:14-29). En Cades Moisés golpeó la roca cuando el pueblo murmuró ante la falta de agua. El agua entonces obtenida se conoce como el «agua de Meriba», o «contienda» (Nm. 20:13; 27:14; Sal. 81:7), y las «aguas de las rencillas en Cades» (Ez. 47:19; 48:28). Estaba en el desierto de Parán, en el extremo meridional de la tierra de Canaán, desde donde Josué atacó a sus moradores, y vino a formar parte del límite de la posesión de Judá (Nm. 13:26; 20:1-22; 32:8; Dt. 1:2,19, 46; 9:23; 32:51). El lugar está identificado como Ain Qedeis, a unos 124 km al sur de Hebrón, y a 100 km al sur de Beerseba, en el fondo de un reducido valle al nordeste de la península del Sinaí, en el desierto de Parán y Sin y al occidente de Wadi el-Arabah. Una serie de montículos caracteriza el lugar, uno de ellos es conocido como la Roc de Cades, de la cual se cree que brotaron las aguas milagrosas. Al pie se hallan hoy una media docena de pozos con agua inexhausta. El manantial principal brota a pocos pasos de allí a flor de tierra, en medio de una alfombra verde de césped.

Cafarnaum, Capernaum (gr. «ciudad de Nahum», o también «ciudad de consuelo»). Ciudad en la ribera noroeste del lago de Galilea, en la región de Zabulón y Neftalí, en la frontera de los estados de Filipo y Herodes Antipas (Mt. 4:13-16; cf. Lc. 4:31; Jn. 6:17-24). No es mencionada en al AT, siendo posible que no existiera sino hasta después de la cautividad. El Evangelio de Mt. 11:23 la relaciona con Is. 9:1. El prefijo *Caper* en el nombre quizá indica que el lugar fue de fundación tardía, debido a que este término es más común en la historia postbíblica. Josefo menciona una fuente notable llamada por los nativos Cafarnaum, que regaba la llanura de Genesaret (*Guerras*, 3, 10, 8) —tal como lo hace en la actualidad—; y cita también una aldea de nombre Cefarnome en la misma región (*Autobiografía*, 72). Era un centro de comercio referente a la pesca y un control de aduana, debido a encontrase en la ruta comercial que discurría desde Siria al Mediterráneo. Indudablemente contaba con una guarnición romana, al mando de un centurión, que había construido la sinagoga del lugar, a quien Jesús sanó su criado (Mt. 8:5-13; Lc. 7:1-10). Al comienzo de su ministerio, y después de su expulsión de Nazaret, Jesús fue a Capernaum, e hizo de esta ciudad su lugar de residencia habitual, que vino a ser llamada «su ciudad» (Mt. 9:1) y su «casa» (Mc. 2:1). Jesús frecuentó su sinagoga con bastante regularidad para enseñar en ella (Jn. 6:59; Mc. 1:21; Lc. 4:33, 38). Allí escogió Jesús a Mateo (también llamado Leví) mientras estaba en el despacho de recogida de impuestos (Mt. 9:9-13; Mc. 2:14-17;

Lc. 5:27-32; cf. Mt. 17:24). Allí fue que Jesús sanó de fiebre a la suegra de Pedro (Mt. 8:14-17; Mc. 1:29, 31) y a un endemoniado (Mc. 1:21-28; Lc. 4:31-37); así como a un paralítico portado por cuatro hombres (Mc. 2:1-13; cf. Mt. 9:1-8); al hijo de un oficial real (Jn. 4:46-54), y a un gran número de otros enfermos (Mt. 8:16, 17; Mc. 1:32-34; Lc. 4:23, 40, 41). El discurso recogido en Jn. 6:24-7 fue pronunciado en la sinagoga de Capernaum o en algún otro lugar de la ciudad (Mc. 9:33-50). A pesar de las enseñanzas y de las obras de Jesús, los habitantes de Capernaum no aceptaron su mensaje. El Señor anunció la ruina total de su ciudad (Mt. 11:23, 24; Lc. 10:15), que efectivamente se cumplió.

Por lo general se sitúa Capernaum en *Tell Hum*, a unos 4 km al suroeste de la desembocadura del Jordán en el lago. Se han hallado ruinas importantes, próximas a Betsaida y a Tabgha.

Caftor (heb. «capitel»). Isla o costa de donde eran originarios los filisteos (Dt. 2:23; Jer. 47:4; Am. 9:7). Algunos la han identificado con la isla de Creta, en base al original hebreo, donde el lugar de procedencia es referido como «isla», y el nombre propio los filisteos aparece como «quereteos» (*kerethim*, Ez. 25:16; Sof. 2:5; 1 Sam. 10:14). La LXX, sin embargo, distingue entre caftoreos y quereteos, y es improbable que una pequeña isla como Creta haya sido capaz de enviar una expedición tan grande de emigrantes como para desembarcar en Avin y expulsar a los aveos de su país (cf. Gn. 10:14; Dt. 2:23; 1 Cro. 1:12). Otros proponen la isla de Chipre, cuyos habitantes llegaron al sur de Palestina bordeando Egipto. Por último, se identifica con ciertas partes de Egipto, ya en la costa, ya en el delta del Nilo. La expresión «la isla de Caftor» (Jer. 47:4) tiene un sentido más amplio que una localidad insular, porque el término heb. empleado denota cualquier tierra marítima, sea en la costa o una isla en el mar; sin olvidar que se habla del Nilo como «mar» (Nah. 3:8).

Caifás. Sobrenombre de José, sumo sacerdote de Jerusalén durante el reinado de Tiberio, designado por el gobernador de Judea Valerio Grato. Para mantener su cargo, Caifás apoyó a Pilato en todo momento, lo que le acarreó el odio del pueblo. Cruel e intolerante, pronunció las injustas palabras, que resultaron proféticas, de que más valía que un hombre muriera por toda la nación, que no que pereciera la nación entera, pero sin darse cuenta del verdadero alcance de su dicho (Jn. 11:50, 51). Presidió el juicio del Señor Jesús (Mt. 26:3, 57; Lc. 3:2; Jn. 11:49; 18:13, 28), y estaba presente cuando Pedro y Juan comparecieron ante el Sanedrín (Hch. 4:6), y era miembro de la secta o partido de los saduceos (Hch. 5:17).

Caín. Primogénito de Adán y Eva, agricultor y primer homicida (Gn. 4:1,12). Desde el asesinato de su hermano Abel, Caín anduvo errante y fue separado del pueblo, retirándose a la tierra de Nod, al oriente del paraíso (Gn. 4:16). Dios le puso una señal o marca para que nadie lo matase, pero se desconoce en qué consistía dicha señal. Posiblemente no era otra que la misma declaración divina contra quien quisiese herirle. Así parece que lo entendió su descendiente, Lamec (cf. Gn. 4:24). En la tierra de Nod, Caín construyó una ciudad, sin que sea posible localizar su sitio geográfico. El nombre, en heb. significa «huida», «exilio». La indicación «al este del Edén» (Gn. 4:16) es una referencia a Gn. 3:24, que señala el lugar opuesto a la entrada al paraíso.

Cala (heb. «firme», «vigorosa»). Una de las ciudades más antiguas de Asiria, cuya fundación se atribuye a Nimrod (Gn. 10:11). Formaba parte de un grupo de ciudades que los hebreos englobaban dentro del nombre de «gran ciudad». Después de Assurbanipal, Cala fue edificada, o reedificada, hermoseada y fortificada por Salmansar I.
Al comenzar el siglo IX a.C., Cala estaba en franca decadencia. Assurnazirbal la restauró, erigió un palacio, e hizo de ella la residencia real. Durante más de 150 años, Cala fue la residencia favorita de los monarcas asirios. Sus ruinas, que son conocidas en la actualidad con el nombre de Nimrod, se hallan a unos 32 km al sur de Nínive.

Calabozo. «Pozo, agujero, cisterna» utilizado para mantener a los prisioneros. Se distingue de la prisión ordinaria en que el calabozo es más severo, gral. consistía en una celda profunda o una cisterna seca (cf. Jer. 38:6), semejante al «calabozo de más adentro» de los romanos (Hch. 16:24).

Calcedonia. Variedad de cuarzo que se encuentra en la naturaleza en forma de agregados fibrosos de microcristales. Su color es variable, pero siempre dentro de tonos grises y azulados. Se usa como piedra de adorno, generalmente trabajada. Se conocen muchas variedades del calcedonia, las más comunes son el ónice y el ágata, otros tipos son el jaspe sanguíneo, la cornalina, el prasio y la crisóprasa. Se menciona únicamente en Ap. 21:19, como piedra preciosa en el tercer muro de la Jerusalén celestial.

Caldeos. Gentilicio de los habitantes de Caldea, región sur de Babilonia que limitaba con el golfo Pérsico. En los textos asirios de Asurnasirpal II (884-859) se mencionan a los caldeos como fundadores de varios estados en esa zona. Los caldeos se mencionan en las inscripciones cuneiformes y aparecen por primera vez en la Escritura a raíz del cautiverio judío en Babilona. Eran semita arameos y habitaron estas tierras desde el siglo X a.C. Durante mucho tiempo no se sometieron a la vida urbana, sino que continuaron su organización tribal. Esto les hizo foco de resistencia a la dominación asiria, que descendía de la alta Mesopotamia. Al declinar el Imperio asirio y con la muerte de Asurbanipal, los caldeos llenaron el vacío político producido en la región de Babilonia. El jefe caldeo Nabopolasar reclamó el reino de Babilonia y logró echar a los asirios de la ciudad en el 625 a.C., dando origen así al vasto Imperio neobabilónico o caldeo, que se extendía hasta las fronteras de Egipto, cuyo ejército fue prácticamente destruido por Nabucodonosor en Carquemis. Es entonces cuando se construyen los jardines colgantes de Babilonia (para que la esposa del rey babilonio, hija de Ciaxares no echara de menos las montañas boscosas de su tierra natal) y las enormes murallas de Babilonia (aunque ya disponía de murallas desde hacia por lo menos 1500 años). A este período pertenecen Nabucodonosor o Nabónido. Posteriormente, hacia el año 530 a.C. Ciro accede al trono persa, toma el poder del Imperio medo en Ecbatana, conquista el reino lidio de Creso, extiende sus dominios por oriente hasta el Indo y finalmente toma Babilonia sin lucha, donde es aclamado por las masas como libertador, acabando así con el dominio caldeo.

El Imperio caldeo aparece como la primera de las cuatro bestias de la visión de Daniel, cuyo símbolo es el león con alas de águila (Dn. 7:3), que en el 587 a.C. destruyó el pequeño estado israelita de Jerusalén. La ciudad y el templo fueron saqueados y la población deportada en cautiverio a Babilonia. Nabucodonosor tenía por sistema oprimir brutalmente a los pueblos sometidos, siguiendo la estela dejada por los asirios.

Caleb (heb. «temerario, impetuoso»). Hijo de Jefone, también llamado por su nombre gentilicio «el quenezeo» (Nm. 32:12; Jos. 14:6,14), de lo que algunos han deducido que se trataba de un extranjero —edomita— adoptado por la tribu de Judá, puesto que ni Quenez ni Jefone aparecen en las listas genealógicas de Judá (cf. 1 Cro. 2), mientras que un Quenaz es mencionado entre los descendientes de Esaú (Gn. 36:11,15, 42), así como la tribu correspondiente a este personaje: «la tierra de quenezeos» (Gn. 15:19).

Caleb es mencionado en primer lugar en la lista de los «príncipes» o «cabezas» de las tribus como uno que fue enviado a reconocer la tierra de Canaán en el segundo año del éxodo. Confiado con el poder de Dios, dio un informe alentador sobre la posibilidad de la conquista. El pueblo, no queriendo creer que el Dios que les había recientemente liberado de la esclavitud de Egipto fuese también capaz de conquistar y ocupar la tierra prometida, promovió una rebelión, amenazando con apedrear a Caleb y a Josué.

A sus 85 años reclamó la posesión del territorio que Dios le había asignado (cf. Jos. 14:12-14), arrebatándolo de las manos de los gigantes anaceos (Jos. 15:13-14). Así, recibió Quiriat-arba, o Hebrón, ocupado por Caleb y sus descendientes, llamados calebitas (1 Sam. 25:3). Una región del mismo fue llamado «Néguev de Caleb» (1 Sam. 30:14), es probable que se trate de la llanura entre Hebrón y el sur del Carmelo, ya que dio esta tierra a su hija Acsa como dote (Jos. 15:9). En tiempo de David encontramos al calebita Nabal, esposo de Abigaíl, habitando en Maón y con posesiones en Carmel, a unos pocos km al sur de Hebrón (1Sam. 25:2-3).

Calendario. Sistema de dividir el tiempo, presente, de un modo u otro, en todos los pueblos civilizados. El cómputo del tiempo para los judíos se basó primeramente en el mes lunar. El año constaba normalmente de doce meses que tenían alternativamente entre 29 y 30 días. Tal año, no obstante, tiene 354 días, lo que no concuerda de ninguna manera con el número de días del calendario solar, por lo que pronto se pasó a usar el año lunisolar, como se hacía en Babilonia. De haberse seguido el año lunar, sin atención alguna al solar, las fiestas, a lo largo de unos 40 años, hubieran recorrido del principio al fin todo el año. Para evitarlo se añadía cada dos o tres años un mes bisiesto para adecuar el cómputo de los meses lunares al año solar, como se venía haciendo en Mesopotamia; el AT no dice nada sobre esto. Algunos grupos judíos tenían otras divisiones del año: 1 año = 364 días = 52 semanas de 7 días cada una. Esta división mantenía consecuentemente la división semanal; las fiestas caían cada año en el mismo día de la semana. Pero como no se admitían días de compensación, las fiestas se movían a través del año lo mismo que en el calendario lunar, pero unas diez veces más despacio. Finalmente existió un sistema que dividía el año en 7 partes de 50 días cada una, a las que se añadían cada vez 16 días (cf. 50 días de Pascua a Pentecostés).

El calendario judío actual comienza a contar desde la creación del mundo, según el relato de Génesis, que se calcula sumando las edades de las distintas generaciones mencionadas en la Biblia, y que se estableció 3760 años antes que la era cristiana. Los años comunes tienen 12 meses y los años embolismales tienen un mes adicional. Un año embolismal es aquel que se compone de 13 lunaciones, añadiéndose una sobre las 12 de que consta el año puramente lunar, para ajustar los

años lunares con los solares. El calendario judío consta de ciclos de 19 años, de los cuales 7 son embolismales, el 3, 6, 9, 11, 14, 17 y 19. La correspondencia con el calendario cristiano es difícil, pero en la práctica cada año judío se corresponde con un año cristiano, aunque el año judío comienza un día entre el 25 de agosto y el 5 de octubre.
Los nombres más antiguos de meses conocidos por las Sagradas Escrituras, que prob. se remontan a los cananeos, son:

Abib	mes de las espigas, Marzo/Abril (Éx. 14:4; Lv. 10:1, 2).
Ziv	mes de las flores, Abril/Mayo (1 R. 6:1), llamado el segundo mes.
Etanim	mes de la cosecha, Septiembre/Octubre (1 R. 8:2), llamado el séptimo mes.
Bul	mes de las lluvias, Octubre/Noviembre (1 R. 6:38), conocido como el octavo mes.

A partir de la cautividad empezaron a usarse los nombres asirio-babilónicos de los meses:

Nisán	Marzo/Abril (Est. 3:7; Neh. 2:1).
Iyyar	Abril/Mayo (no se encuentra en la Biblia).
Siván	Mayo/Junio (Est. 8:9; Baruc 1:8).
Tammuz	Junio/Julio (Ez. 8:14).
Ab	Julio/Agosto (no se encuentra en la Biblia).
Elul	Agosto/Septiembre (Neh. 6:15; 1 Mac. 14:27).
Tisrí	Septiembre/Octubre (no se encuentra en la Biblia).
Maresván	Octubre/Noviembre (no se encuentra en la Biblia).
Kisleu	Noviembre/Diciembre (Zac. 7:1; Neh. 1:1).
Tébet	Diciembre/Enero (Est. 2:16).
Sebat	Enero/Febrero (Zac. 1:7; 1 Mac. 16:14).
Adar	Febrero/Marzo (Esd. 6:15; Est. 8:12).

De estos doce nombres presentes en el actual calendario judío sólo siete se encuentran en el texto hebreo, pero todos aparecen como las divisiones principales del *Megillath Ta'anith* o *Rollo del Ayuno*, el cual en su forma original data de una época anterior a la era cristiana.
Como mes de compensación se añadía o bien un segundo *elul* o un segundo *adar*. Estos nombres no fueron suprimidos cuando más tarde se introdujeron los nombres macedonios.

Calvario. Nombre latino del lugar donde Jesús fue crucificado (Lc. 23:33), no lejos de las murallas de Jerusalén, pero fuera del recinto de la ciudad (Jn. 19:17, 20; Mt. 27:33; Mc. 15:22; He. 13:12). En el mismo lugar había un jardín privado y un sepulcro en que estuvo tendido el cuerpo de Jesucristo hasta su resurrección (Jn. 19:41, 42). El NT no dice nada con respecto a que el Calvario fuera una colina o «monte», fue Cirilo de Jerusalén uno de los primeros que comenzó a llamarlo así, sino una pequeña protuberancia en el terreno, una roca de unos 5 m de altura, con la forma de la parte superior de un cráneo. Ver GÓLGOTA.

Calzado. El calzado de los hebreos consistía generalmente en sandalias de cuero, que se ataban mediante correas. El uso de calzado no era general en la antigüedad. Los personajes importantes de Egipto o Asiria aparecen con sandalias o botas cortas, pero frecuentemente los pobres andaban descalzos, algunos llevaban sencillas sandalias de madera o de cuero de vaca, fijadas al pie mediante una larga tira que pasaba a través de la suela, entre el dedo gordo del pie y su contiguo, y se ataba alrededor del tobillo (cf. Lc. 3:16). Los griegos acostumbraban a caminar descalzos, entre los romanos sólo los esclavos iban con los pies desnudos.
No se da la descripción del calzado en la relación de las prendas sacerdotales, lo que permite suponer que los sacerdotes llevaban a cabo sus funciones en el santuario descalzos, debido a que, en general, todos debían descalzarse antes de entrar en un lugar santo (Éx. 3:5; Jos. 5:15), costumbre muy común en los pueblos orientales, semejante a descubrirse la cabeza en los occidentales.

Cam (heb. «caliente»). Hijo menor de Noé (Gn. 5:32; 9:24); padre de Cus, Mizraím, Fut y Canaán. Nada se sabe personalmente de Cam, excepto en ocasión de la embriaguez y desnudez de Noé en medio de su tienda. Lo cual, como hubiese visto Cam, salió fuera a contárselo a sus hermanos. Pero Sem y Jafet, echándole una capa o manta sobre sus hombros, y caminando hacia atrás, cubrieron la desnudez de su padre; tuvieron vueltos sus rostros, y así no vieron las vergüenzas de su padre. Luego que despertó Noé de la embriaguez, sabido lo que había hecho con él su hijo menor, dijo: «Maldito sea Canaán, esclavo será de los esclavos de sus hermanos. Y añadió: Bendito el Señor Dios de Sem, sea Canaán esclavo suyo. Dilate Dios a Jafet, y habite en las tiendas de Sem, y sea Canaán su esclavo» (Gn. 9:18-27). Vemos que la maldición de Noé no recae propiamente sobre Cam, sino sobre su hijo Canaán, excluyendo a los otros tres. La maldición se cumplió en la subsiguiente historia judía, con la subyugación y exterminio de los canaanitas. Los esclavistas europeos pretendieron interpretar el episodio de la maldición de Cam, adjudicándole la correspondencia con los pueblos del África negra para así justificar bíblicamente sus prácticas esclavistas y racistas. Creían que la piel «negra» es la marca de la maldición de Cam. Este estigma, pretendidamente «bíblico» es un tema recurrente en la descalificación del negro, raza de siervos, pero en la Escritura no se insinúa denigración alguna de la piel negra. Cam puede haber recibido ese nombre como progenitor de los egipcios y de los cusitas. El AT a menudo se refiere a Egipto como «la tierra de Cam» (Sal. 78:51; 105:23, 27; 106:22), y aunque no se prueba la identidad del nombre egipcio con el del patriarca, indicaría que Egipto fue el territorio especial de los hijos de Cam. Fut es el nombre hebreo para Libia. Así se traduce tres veces en el AT. El antiguo río Fut estaba en Libia. Josefo dice: «Fut fue también el fundador de Libia y llamó a sus habitantes futitas, por sí mismo» (*Ant.* 1 ,6, 2). Canaán, el siguiente hijo, es el nombre hebreo para la región Palestina, la moderna Israel y Jordania.

Cambista. Persona dedicada a cambiar dinero. Según la ley mosaica cada isarelita, rico o pobre, de veinte años para arriba, tenía que pagar un tributo en «ofrenda alzada para Yahvé», a fin de hacer expiación por su persona, «el rico no dará más, ni el pobre dará menos del medio siclo» (Éx. 30:12-15). Maimónides (siglo XII d.C.) dice que había de pagarse anualmente, y que ni siquiera los mendigos estaban exentos de ello. El Talmud hace una excepción con los sacerdotes y las mujeres. En todo caso el tributo había de pagarse con una moneda exacta al medio siclo hebreo. Esta exigencia obligó a crear la institución de los «cambistas», primer remedo de los banqueros modernos, que hicieran posible el cambio de las monedas extranjeras (dracmas griegas, denarios romanos, etc.) de los judíos provenientes de la diáspora. Según testimonios rabínicos, en el cambio de dinero había un recargo de 2,1 ó 4,2 por ciento.

Jesús expulsó a los cambistas del recinto del Templo, así como a los vendedores de palomas, no tanto debido al abuso de unos y otros, sino como un acto de purificación (Mt. 21:12; Mc. 11:15).

Camello. Mamífero rumiante capaz de recorrer más de 100 km por día sin comer ni beber, adaptado por eso para sobrevivir en zonas donde otros animales perecerían. Brinda además leche, carne, grasa, piel y pelo; sus mismos huesos se utilizan como sustitutos del marfil. Por sus múltiples utilidades es el elemento clave en muchas regiones del mundo que se pueden clasificar de «civilizaciones del camello».

Hay dos especies de camello: el camello propiamente dicho, o camello de dos jorobas (*camelus bactrianus*), originario de Asia central, y el dromedario (*camelus dromedarius*), de una sola joroba. Esta se corresponde con la joroba posterior del *bactrianus*, aunque, en realidad, tiene otra más pequeña, que pasa casi inadvertida, y que se corresponde con la anterior del dicho *bactrianus*. El dromedario, heb. *be'ker*, recibe también el nombre de «camello árabe» por los naturalistas debido a su lugar de origen, y es el camello que se usaba en las tierras bíblicas. Después del elefante y de la jirafa es el mayor de los mamíferos terrestres. Por lo general mide unos 3 m desde la cabeza hasta la cola, y otros 2 m de altura. Sus largas patas terminan en dos únicos dedos unidos por una almohadilla plantar y provistos de uñas. Esta constitución del pie está admirablemente ajustada para la marcha por la arena del desierto. Las jorobas están constituidas por una abundante reserva de grasa que va disminuyendo al ir pasando por un ayuno prolongado. Tiene también, debajo de la panza, un conjunto de celdas acuíferas que le proveen de una reserva de agua metabólica. Llamado también «nave del desierto», cuando olfatea un pozo de agua levanta la cabeza, entorna los ojos y se dirige al galope hacia él sin que su jinete o guía pueda contenerlo.

La figura del camello, de gran tamaño en Israel, servía para ponderar lo imposible de ciertas cosas, p. ej. «Le es más fácil a un camello pasar por el ojo de una aguja, que a un rico entrar en el reino de Dios» (Mt. 19:24); o una gran desproporción, p. ej. «¡Guías ciegos, que coláis el mosquito pero tragáis el camello!» (Mt. 23:24). Frases similares aparecen en el Talmud y en el Corán.

Camino. Vía o sendero para comunicarse y desplazarse de un lugar a otro. Desde la antigüedad más remota las vías de comunicación, caminos, carreteras, veredas, han sido lo más importante para el comercio entre los pueblos; rutas, que por otra parte, servían también para los ejércitos invasores. Los romanos son especialmente recordados por la construcción de caminos en toda la vastedad de su imperio, algunos de los cuales todavía están en uso, que si bien, en principio, sirvieron para facilitar el paso rápido del ejército, también fueron apovechados por los primeros misioneros cristianos para extender su mensaje, dando como resultado la creación de numerosas iglesias en las ciudades atravesadas por las vías o calzadas romanas.

El camino es quizá el símbolo más universal de la existencia humana, la metáfora que define mejor que ninguna otra la dinámica de la vida, a la que se asocia la idea de peregrinación. Abraham, el padre de los creyentes, aparece desde el principio como un «nómada de Dios», el primero que hace de su obediencia al llamado de Dios un diario caminar. En el AT es frecuente el uso metafórico del camino para describir la vida humana en su paso por la tierra (Sal. 37:5), camino en el que el hombre es guiado por Dios (Éx. 13:21) y que cada cual puede aceptar o rechazar (Jb. 23:11; Sal. 1:6; Prov. 15:19). Los profetas exhortan a apartarse de los falsos caminos (Jer. 25:5) y a dirigirse por los caminos verdaderos (Jer. 31:21). El piadoso pide a Dios que le muestre el camino, que le haga entender la rectitud del mismo (cf. Sal. 25:8, 12; 32:8; 119). La aurora de la nueva Alianza comienza con la llamada de Juan el Bautista a preparar un camino para el Señor (Mc. 1:3).

En el NT el «camino» se usa repetidamente como figura de una manera de proceder, o de pensar, p. ej., «camino de justicia» (Mt. 21:32; 2 P. 2:21); «de Dios» (Mt. 22:16; Hch. 18:26); «del Señor» (Hch. 18:25); «que lleva a la perdición» (Mt. 7:13); «a la vida» (Mt. 7:14); «de paz» (Lc. 1:79; Ro. 3:17); el más excelente del amor (1 Co. 12:31); «de verdad» (2 P. 2:2); «de Balaam; de Caín» (Jud. 11).

Cristo es la personificación del «camino» que da acceso al Padre, y, por ende, a la vida eterna (Jn. 14:6; cf. He. 10:19). La vía abierta entre Dios y los hombres (1 Ti. 2:5). Pero la idea va más allá del mero trámite y remite a un modo de vida que se hace camino siguiendo las huellas dejadas por Jesús, en la imitación de su ejemplo y en el cumplimiento de su palabra (cf. Jn. 13:15; 8:31). Cristo como camino vivo, que se va haciendo al andar. Los cristianos tienen en él la senda modélica de vida: «Por tanto, de la manera que habéis recibido al Señor Jesucristo, andad en él» (Col. 2:6). De los apóstoles Pedro y de Juan se dice que la gente reconocía que habían andando con Jesús (Hch. 4:13). De hecho, los seguidores de Cristo fueron conocidos originalmente como los del Camino (Hch. 9:2; 19:9, 23; 24:22).

Camón. Localidad donde fue sepultado el juez Jaír (Jue. 10:5). Puesto que todas las referencias bíblicas a Jaír se refieren a la región este del Jordán, hay justificada razón para aceptar el dicho de Josefo, de que Camón era una ciudad de Galaad, prob. la actual Qamm.

Campamento. Expresión común para referirse a Israel en el desierto: el tabernáculo en el centro y las doce tribus, cada una en su lugar señalado, dispuestas a su alrededor constituían el campamento. Todo estaba ordenado por Dios, y cada tribu debía plantar sus tiendas en los lugares a ellas designadas (Nm. 2). Como sería de esperar, Moisés, Aarón y los sacerdotes eran quienes estaban más cerca de la puerta del tabernáculo, y los levitas rodeaban los otros tres lados.

Ciertas impurezas excluían a quienes las contraían hasta que quedaban purificados, y muchas cosas tenían que ser llevadas afuera como indignas del lugar en medio del cual Dios moraba. Cuando el mismo campamento quedó contaminado por el becerro de oro, Moisés «tomó el tabernáculo, y lo levantó lejos, fuera del campamento, y lo llamó el Tabernáculo de la reunión». No se trataba realmente del Tabernáculo, porque no había sido todavía erigido entonces. La palabra significa «tienda», e indudablemente se trataba de una tienda que anticipaba el Tabernáculo, sacado significativamente fuera del campamento, para mostrar que la morada de Dios no podía estar donde estaba un ídolo, porque se añade, «y cualquiera que buscaba a Jehová, salía al tabernáculo de reunión que estaba fuera del campamento» (Éx. 33:7). Los cuerpos de los animales cuya sangre era introducida en el santuario por parte del sumo sacerdote por el pecado eran quemados fuera del campamento (Éx. 29:14; Lv. 4:11, 12; He. 13:11). Con esto se relaciona el hecho de que Jesús también «padeció fuera de la puerta» (de Jerusalén, que entonces respondía al campamento); sobre todo se basa la exhortación a los cristianos: «salgamos, pues, a él, fuera del campamento, llevando su vituperio» (He. 13:12,13).

Caná. Nombre de un arroyo y de dos ciudades.

1. Arroyo que hace de frontera entre Efraín y Manasés (cf. Jos. 16:8; 17:9). Actualmente Wadi Qana, al norte de Jaffa.
2. Ciudad al sureste de Tiro. De acuerdo con Jos. 19:28, esta ciudad fue dada a la tribu de Aser.
3. Ciudad de Galilea, mencionada sólo en el Evangelio de Juan (Jn. 2:1,11; 4:46; 21:2), escena del primer milagro de Jesús, cuando convirtió el agua en vino en la celebración de las bodas (Jn. 2:1-11). Es mencionada también en relación con la curación del hijo del funcionario real a distancia, y como el lugar de nacimiento de Natanael, o Bartolomé. No se han podido reunir las indicaciones directas de su ubicación, excepto que no estaba muy lejos o de Nazaret o de Cafarnaún, y a más altura que la última ciudad, como toda la tierra occidental del llano de Genesaret, y que un viajero cualquiera de Jerusalén a Nazaret pasaría a través o cerca de ella. No se le menciona en ninguno de los Sinópticos, ni en ningún otro pasaje de la Escritura. Una vieja tradición identifica el lugar de Caná con la actual *Kefra Kanna*, una villa de aproximadamente 8.000 habitantes, ubicada a 7 km al noreste de Nazaret, en el camino a Tiberias, a las faldas de una pequeña y empinada montaña. Otra identificación probable es Kenet-el-Jalil, a diez km al norte, en el declive de una colina, de la que sólo existen ruinas, algunos restos de cisternas entre ellas.

Canaán (heb. «bajo, llano»). Hijo de Cam, nieto de Noé (Gn. 9:18-27). De Canaán dijo Noé: «Maldito sea Canaán; siervo de siervos será a sus hermanos», y después se añade que será siervo de Sem y de Jafet. Resulta extraño a primera vista que Noé no maldijera a Cam personalmente, puesto que había sido él quien no había respetado a su padre; pero la maldición y deshonra sobre el hijo recaía también sobre el padre. Añádase a esto que Dios ya había bendecido a Cam juntamente con Noé, y había hecho pacto con Él. ¿Cómo podría llevar a Noé a maldecirle directamente? (Gn. 9:1, 8). Además, no todos los hijos de Cam vinieron a ser siervos de Sem; fue sólo sobre Canaán que cayó la maldición. Nimrod, hijo de Cam, fue el fundador de los grandes reinos de Oriente, y no leemos que nunca fuera tributario de Israel como sí lo fue Canaán. Canaán tuvo una numerosa descendencia, que dio origen a muchas tribus y ciudades de Palestina y Siria (Gn. 10:15-19; 1 Cro. 1:13), agrupadas en las distintas ramas de los jebuseos, amorreos, gergeseos, heveos, araceos, sineos, arvadeos, zemareos, y hamateos (Éx. 3:8,17; 23:23; 33:2; 34:11; Dt. 20:17; Jos. 9:1; 12:8; Jue. 3:5). Su territorio iba «desde Sidón, en dirección a Gerar, hasta Gaza; y en dirección de Sodoma, Gomorra, Adma y Zeboim, hasta Lasa» (Gn. 10:15-19). Los hebreos recibieron la orden de exterminarlos a todos (Éx. 23:23; Nm. 33:53; Dt. 20:16, 17), aunque ésta no se cumplió de inmediato. En el reinado de Salomón, cuando la nación israelita alcanzó la cumbre de su poder y estabilidad, hizo tributarios a los remantes de aquellos pueblos (1 R. 9:20). Al igual que los fenicios, los cananeos se dedicaban al comercio, de tal modo que su nombre vino a ser sinónimo de «mercader» (cf. Jb. 41:6; Prov. 31:24; Is. 23:8, 11; Os. 12:2; Sof. 1:11).

Canaán, País (heb. «tierra baja, llana»). El nombre de Canaán no fue dado inicialmente más que a la costa baja de Palestina entre el río Jordán y el mar Muerto y el mar Mediterráneo, para distinguirla de la región montañosa vecina, «la tierra de Galaad» (Nm. 32:26, 32; 33:51; Jos. 22:32; cf. Gn. 12:5; 23:2,19; 31:18; 33:18; 35:6; 37:1; 48:4, 7; 49:30; Nm. 13:2,17; 33:40, 51; Jos. 16:2; Jue. 21:12). Más tarde, esta designación llegó a comprender el valle del Jordán, y finalmente toda la Palestina al oeste del río. Los hebreos conquistaron la mayor parte de Canaán y se establecieron en la parte montañosa del país y en el valle del Jordán, y en una insignificante sección de la costa marítima, pero no conquistaron todo el territorio (Gn. 11:31; Nm. 13:2).

Debido a su variedad topográfica, Canaán puede ser dividida en cuatro áreas principales: a) la llanura marítima, b) la zona montañosa, c) el valle del Jordán y d) la meseta oriental.

a) La línea de la costa o franja litoral estaba separada en dos por el Monte Carmelo. Al sur era tierra de filisteos con sus cinco ciudades-estado: Ascalón, Acarón, Gaza, Azoto y Gat. Al norte estaban los fenicios con sus ciudades Tiro y Sidón. Es una tierra plana y fértil, poco aprovechable en el sur para facilidades portuarias; consecuentemente el comercio, en su totalidad, era dirigido hacia Sidón y Tiro, en el norte. Incluso Gaza, que fue uno de los más grandes centros de comercio de la antigua Palestina y situada sólo a cinco kms del Mediterráneo, no tuvo tampoco facilidades portuarias. Quizá por esta razón, los griegos, en su comercio con Canaán, durante el primer milenio a.C. se refieren a sus habitantes como «fenicios», un nombre que probablemente tiene su origen en la palabra griega para designar la «púrpura», referida al color rojizo de un tinte textil desarrollado en Canaán a partir de ciertos moluscos y conchas. En ese sentido aparece su nombre en monumentos egipcios y en monedas fenicias.

b) La región montañosa, situada entre el Jordán y su valle y la llanura marítima, es la más importante sección del país. Las tres zonas más importantes, Galilea, Samaria y Judea, tienen una elevación aproximada que varía desde 610 a 1.220 m sobre el nivel del mar. En esta región están asentados los principales santuarios, y las ciudades más importantes del AT, todos ellos lugares elevados famosos, son: Siquem (Gn. 33:18), Hebrón (Gn. 23:19), Betel (Gn. 35:6), Belén (Gn. 48:7), Silo (Jos. 21:2; Jue. 21:12) y Jerusalén.

c) El Valle del Jordán, con sus lagos: el Hule (a 68 m), el de Galilea (a -212 m), y el mar Muerto (a -392 m). En torno al mar Muerto la tierra es desértica y tan intolerablemente cálido que no es propicio a establecimiento humano. La única ciudad importante es Jericó, en la actual Jordania. Adquirió importancia debido a su posición como guardián del camino principal que conduce a la meseta central y asimismo a los vados que servían de paso ordinario al país de Moab.

d) La alta meseta oriental, al este del Jordán, representó un papel relativamente pequeño en la historia hebrea.

Hacia el segundo milenio se sabe que la tierra de Canaán estaba ocupada por poblaciones de lengua semita que habían llegado en grandes procesos migratorios durante dos mil años, entre ellos los patriarcas hebreos. Abraham llegó como inmigrante extranjero o residente en Canaán, no como habitante. Isaac es el único de los tres patriarcas que nace y muere en Canaán, pero se casa con una mujer del pueblo natal de Abraham, y su propio hijo Jacob a su vez hace lo mismo. Jacob, el nieto de Abraham, huye de Canaán quedándose veinte años en el pueblo natal de su abuelo, luego vuelve a Canaán con toda su familia. A continuación, su gran familia emigra en masa a Egipto, y Jacob se va con ellos para quedarse.

Canaán es principalmente una tierra de paso y de acogida, muchos nómadas encontraron en ella su nicho o vivienda. Entre los pueblos

que la habitaban, el AT nombra repetidas veces a amorreos, cananeos, guirgaseos, pereceos, hurritas, jiveos, jebuseos.
«Puente natural» de dos grandes civilizaciones: Mesopotamia y Egipto, Canaán se vio sometida a los vaivenes de las respectivas políticas de los grandes. Con los pueblos indoeuropeos, que a partir del III milenio aparecieron en Asia, uno de los cuales formará el Imperio hitita, Canaán se vio sometida a un nuevo vasallaje. Tras la caída de este Imperio (siglo XIII a.C.) aparecen una serie de ciudades estado de mayoría aramea o hurrita e hitita, que vivían del comercio y se mantenían independientes gracias al juego político de Egipto y Mesopotamia. Mientras tanto, mucho antes del 1500 a.C. el pueblo de Caftor quedó establecido sobre la llanura marítima: los famosos filisteos.

Cananeo. Sobrenombre del apóstol Simón «el cananeo» (Mt. 10:4; Mc. 3:18), también llamado «el zelota» (Lc. 6:15; Hch. 1:13), para distinguirlo de Simón Pedro. El apelativo cananeo, o cananita, no quiere decir procedente de Canaán o de la ciudad de Caná, como durante mucho tiempo se pensó, sino que corresponde a la palabra aramea *qan´ana*, que significa «celoso», de ahí que los sobrenombres «zelota» y «cananita» pertenezcan a un mismo personaje, pues Lucas no hace sino traducir correctamente el término arameo. Ver SIMÓN, Apóstol.

Candace. Título de la reina de los etíopes, cuyo tesorero, o «eunuco» fue convertido al cristianismo por la predicción de Felipe el diácono-evangelista (Hch. 8:27). El nombre de «Candance» aparece en los restos de una antigua pirámide cerca de Meroe, al sur de Nubia, acompañando a una figura femenina, con las insignias reales en su cabeza, que arrastra a un grupo de cautivos en ofrenda a los dioses.
Según Plinio, Candance no es nombre propio, sino común de varias reinas de Etiopía, como Faraón o Ptolomeo de Egipto, o César de Roma. Todavía en el siglo IV d.C. Eusebio dice que las reinas de Etiopía continuaban llamándose «Candace». Se desconoce el significado exacto del título *Candance*, aunque algunos han propuesto el de «reina madre».

Candelabro (heb. *menorá*). Prop. «candelero» o soporte de lámparas. Es uno de los objetos sagrados más importantes del Tabernáculo, hecho completamente de oro puro «batido», es decir, no fundido, sino modelado a fuerza de golpes de martillo (Éx. 25:31-40; 37:17-24). Constaba de siete brazos: un tronco o tallo que hacía de base, del cual salían simétricos tres brazos a cada lado. Cada brazo estaba formado por tres cálices a modo de flor de almendro, con un botón y una flor; el central tenía cuatro. Siete lámparas remataban los siete brazos, que debían arder continuamente, alimentadas con aceite de oliva. Todas las mañanas era deber de los sacerdotes limpiarlas y renovar el aceite (Éx. 27:21; 30:7, 8; Lv. 24:3; 1 Sam. 3:3; 2 Cro. 13:11). A la hora de ser transportado, tenía que cubrirse con «un paño azul», junto al resto de sus accesorios (Nm. 4:9).

En el templo de Salomón, había no uno sino diez candeleros de oro puro, cinco a la izquierda y cinco a la derecha de ambas paredes (1 R. 7:49; 2 Cro. 4:7). Fueron robados y llevados a Babilonia por Nabucodonosor después de la destrucción del Templo el año 586 a.C. (Jer. 52:19).

En el segundo templo, llamado de Zorobabel (520-515 a.C.), hubo de nuevo un solo candelabro de oro que fue robado y mutilado por Antíoco IV Epífanes (175-164 a.C.), el cual fue repuesto y restaurado poco después por Judas Macabeo (1 Mac. 1:23; 4:49). Se conservó en el Templo de Herodes, hasta que fue llevado a Roma por Tito, después de la toma y destrucción de Jerusalén (70 d.C.) fue llevado como trofeo a Roma. Su imagen se puede ver todavía en una reproducción esculpida en el Arco de Tito, pero el original desapareció durante el saqueo de Roma por las tropas de Genserico, que lo llevó a Cartago. Belisario lo reconquistó de manos de los vándalos y lo llevó a Constantinopla, y de aquí fue llevado a Jerusalén, de donde desapareció finalmente.

Canon. Lista de libros que se consideran inspirados y son «norma» autorizada de fe y práctica. En algunos pasajes del AT hay referencias a una lista de libros sagrados. Una de las más claras es la del libro del Eclesiástico (1:1-2), donde se habla de la Ley, los Profetas y los otros escritos. Estas tres partes conforman la Biblia de los judíos, conocida por *Tanak*, debido al acrónimo formado por sus iniciales. En el NT hay otras alusiones a la división de la Biblia hebrea en tres secciones. En uno de los relatos de la resurrección de Jesús, se dice que el Señor le recordó a los discípulos en Jerusalén lo que de Él decían «la Ley de Moisés, los profetas y los Salmos» (Lc. 24:44). Hay que tener en cuenta que los Salmos constituyen el primer libro de los *Ketubim*, la tercera sección de la Biblia hebrea. Otras referencias a las Escrituras judías en el NT aluden a «la ley y los profetas» (Mt. 7:12; Ro. 3:21) o simplemente a «la ley» (Jn. 10:34; 1 Co. 14:21). Posiblemente ya para el comienzo de la era cristiana había un acuerdo básico entre los diferentes grupos judíos respecto a los libros que se reconocían como autoritativos. Lo más probable es que, con relación al canon judío, durante el siglo I d.C. se aceptaran como sagrados los 24 ó 22 libros de la *Tanak*, pero la lista no se fijó de forma permanente hasta el final del siglo II o a comienzos del III de la era cristiana. Además de este canon judío, llamado Palestinense, se habla del canon Alejandrino que, al parecer, incluía los libros que después se llamarán «deuterocanónicos», a saber: Tobías, Judit, Baruc, Sabiduría, Eclesiástico, 1 y 2 Macabeos, y algunos pasajes en los libros de Ester y Daniel. Pero hay que señalar que los judíos de Alejandría no pretendían fijar ningún canon, sólo dar a conocer al mundo heleno los libros religiosos del judaísmo. La verdad es que cuando los judíos alejandrinos aceptaron finalmente un canon, ellos, al igual que todos los judíos de otras partes, aceptaron el único canon fijado, a lo largo de varias discusiones, a finales del s. II en las escuelas rabínicas de Palestina.

La Iglesia occidental aceptó, a fines del siglo IV, un número fijo de libros del AT, entre los cuales se encuentran los deuterocanónicos que aparecen en la versión cristiana de la LXX, exceptuando 3 y 4 Esdras y la Oración de Manasés. Los teólogos orientales, por su parte, seguían por regla general el canon hebreo de las Escrituras. Posteriormente, en el Concilio de Trento, el tema del canon se abordó de forma directa y dogmática, debido a los debates originados por la Reforma protestante. En 1546 promulgó un decreto con el catálogo de libros que estaban en el cuerpo de las Escrituras y tenían autoridad dogmática y moral para los fieles. El Concilio aceptó con igual autoridad religiosa y moral los libros protocanónicos y deuterocanónicos, según se encontraban en la *Vulgata*. Entre los reformadores siempre hubo serias dudas y reservas en torno a los libros deuterocanónicos. Finalmente, los rechazaron en abierta polémica con los católicos. En la actualidad las iglesias cristianas han superado muchas de las dificultades que las separaban anteriormente y la polémica y la hostilidad han cedido el paso al diálogo y al entendimiento de que esta literatura, lejos de ser un obstáculo para la comprensión de la «Historia de la Salvación», que es el núcleo del canon, es un recurso importante para estudiar la historia, las costumbres y las ideas religiosas del período que precedió al ministerio de Jesús de Nazaret y a la actividad apostólica de los primeros cristianos.

Respecto al canon del NT, todas las iglesias están de acuerdo en su forma actual. Al principio hubo dudas y debates sobre algunos libros, pero se puede decir que en el siglo III casi todos los libros del NT eran recibidos en el canon.

Cantar de los Cantares. El título heb. *shir haschshirim* equivale al superlativo: «El más bello de los cánticos». En el canon hebreo forma parte de los *Ketubim*, y se le sitúa entre Rut y Eclesiastés. Este libro era uno

de los cinco pequeños rollos (*megillot*) considerados como un todo, debido a que eran leídos durante las cinco grandes solemnidades conmemorativas. El Cantar era leído el 8.º día de la Pascua, siendo interpretado alegóricamente, con relación al tema histórico del Éxodo.
A nivel interno existe el problema del nombre de los personajes principales. Como las formas gramaticales del original hebreo indican el género y el número, los interlocutores se distinguen claramente. Sin embargo, a pesar de que generalmente se ha sostenido la existencia de dos protagonistas, la Sulamita y el rey Salomón, está tomando cuerpo en la actualidad la teoría de que hay en este libro tres protagonistas, y que recibe el nombre de «teoría del pastor». Según ella, los principales interlocutores son: una joven campesina, su prometido (un pastor), y Salomón. Durante un viaje al norte del país, Salomón y su séquito ven a la joven (Cnt. 6:10-13), se la llevan a Jerusalén, y la dejan entre las mujeres del palacio. El rey trata de seducirla, pero sin conseguirlo. La Sulamita responde a sus adulaciones con alabanzas dirigidas a su prometido, el pastor. Durante el día ella anhela verle, durante la noche se mantiene en vela. Se acuerda sin cesar de sus palabras y le permanece fiel. Finalmente, los desposados vuelven a reunirse (Cnt. 8:5-7). Los hermanos de la joven alaban su resistencia frente a la tentación. En todo el poema, Salomón, según esta teoría, jugaría un papel deslucido, esforzándose en llevar a la prometida a la infidelidad (Cnt. 7:1-9). Según esta teoría de tres protagonistas, el poema canta un amor puro que resiste a las seducciones de la corte y del monarca. La interpretación «del pastor» afirma que las exclamaciones apasionadas de la Sulamita se dirigen al prometido de quien está separada (Cnt. 1:4, 7; 2:16). Pero todos estos pasajes, y todo el conjunto del poema, son mucho más fáciles de comprender con solamente dos protagonistas, y si las palabras de amor de la Sulamita se dirigen a Salomón. La campesina piensa en el rey como pastor del pueblo (cf. Jer. 23:4). La imaginería de la joven campesina de Sunem está sacada de la vida rural.
La forma del poema ha sido variamente apreciada; esta apreciación tiene importancia, puesto que de ella depende en parte la interpretación de la obra. Se cree habitualmente, y creemos que con razón, que se trata de un poema lírico con una forma dramatizada y dialogada. Otros asimilan el cántico a un verdadero drama. Estos autores dividen el Cantar en una cantidad variable de actos y de escenas (descubriendo 4, 5, o incluso 7 actos, variando entre 2 hasta 13 escenas). La objeción principal a esta opinión es la ausencia de acción y de desarrollo dramático. El poema no presenta argumento. Los comentaristas han impuesto transiciones para religar divisiones artificiales relativas a episodios bien distintos.

Tres son los principales métodos de interpretación de este libro: literal, alegórico y simbólico. Los judíos siempre han considerado el Cantar de los Cantares como una alegoría espiritual destinada únicamente a mostrar el amor de Dios hacia Israel, su pueblo. El esposo representa a Yahvé. La amada es Israel. La interpretación alegórica fue introducida en la Iglesia cristiana por Orígenes, cuyo comentario sobre el Cantar es un clásico: Cristo viene a ser el esposo; la Iglesia o el alma individual es la amada. La interpretación literal ve en este poema un relato histórico que describe el amor de Salomón por una Sulamita y, por extensión, un canto sublime al amor del hombre y la mujer; un cancionero de bodas, que canta la belleza de la esposa y del esposo, y la alegría de su amor. La interpretación simbólica armoniza los dos métodos anteriores. El amor recíproco de un gran rey y de una joven representa el afecto que une al Señor con su pueblo. Así como la institución del matrimonio es expresión de la verdad relativa a la relación de Cristo con la Iglesia (Ef. 5:31-32), este cántico literalmente referido al amor conyugal creado y querido por Dios pasa a ser también la expresión tipológica de la relación del Señor con los suyos.

Tradicionalmente se atribuye a Salomón, según se afirma en el título: «Cantar de los Cantares el cual es de Salomón» (Cnt. 1:1). Esta afirmación se puede entender en hebreo de dos maneras: una, Salomón es el autor del Cantar (cf. He. 3:1); dos, Salomón es el tema del poema (cf. Is. 5:1). El ánimo expresado por el autor del poema se corresponde con lo que conocemos de este monarca. Las imágenes que emplea el rey le son inspiradas por las plantas exóticas de sus jardines. Se transparenta su gusto por la botánica y por la zoología. El poema presenta en miniatura una descripción exacta de la época de Salomón. Los partidarios de una fecha tardía de redacción posterior a Salomón alegan el empleo de términos arameos. Pero el Cantar no contiene más que tres arameismos, y las particularidades de la sintaxis se limitan al empleo de un pronombre relativo, que figura también en otros escritos, p. ej., en el cántico de Débora y en la historia de Eliseo. Y desde luego no hay duda de que el cántico de Débora es una obra redactada muchos siglos antes de Salomón, y el relato de Eliseo es una obra hebrea antigua, preexílica.

Capadocia. Provincia de Asia Menor, limita al norte con el Ponto; al sur con Cilicia, Siria y Armenia; al oeste con Licaonia. Famosa por su trigo y caballos. En el año 17 a.C., se convirtió en provincia romana. La región se benefició de una relativa libertad y fue administrada por dinastías locales. Ni los romanos ni sus sucesores bizantinos encontraron interés a asimilar esta región a su propia cultura. Su única preocupación fue controlar las principales vías de comunicación y mantener en pie las rutas comerciales.

A mediados del siglo II a.C. ya existía una colonia judía en Capadocia. El senado romano dirigió una carta al rey Ariarates intercediendo por ellos (1 Mac. 15:22). En el día de Pentecostés judíos capadocios estaban presentes en Jerusalén (Hch. 2:9). Como en otros lugares, la comunidad judía en esta región fue sin duda el origen de los primeros núcleos cristianos. Pedro se refiere a ellos en el saludo de su carta (1 P. 1:1). A finales del siglo II Capadocia contaba con un gran número de comunidades cristianas; ya en el concilio de Nicea presentó siete obispos. La ciudad de Kayseri se convirtió en un importante centro del cristianismo, hasta la llegada de los musulmanes seléucidas.

Cárcel. Los códigos penales antiguos no contemplaban la cárcel como castigo legal, sólo se usaba como medida policíaca para mantener al transgresor a disposición de las autoridades hasta que se aplicase la sentencia. Los egipcios conocían la cárcel como lugar de confinamiento (cf. Gn. 39:21; 40:15; 41:14; Éx. 12:29), pero durante mucho tiempo no estaban bajo el control del monarca. Durante la peregrinación por el desierto son puestos temporalmente en prisión, en espera de sentencia, un blasfemador y un violador del sábado, que acaban siendo apedreados (Lv. 2:10-16; Nm. 15:34). Sansón fue cargado de cadenas y puesto en la cárcel por los filisteos (Jue. 16:21).

En tiempos de la monarquía aparece el encarcelamiento por decisión regia, y los textos dan a entender que existía la cárcel permanente, en que los presidiarios eran puestos en cepos y mal alimentados (cf. 1 R. 22:26; 2 Cro. 16:10; 18:26). La agitadísima historia del profeta Jeremías incluyó también esta dura prueba y nos menciona la existencia de tales cárceles junto al Templo y cerca de la Puerta de Benjamín, para las que solían habilitarse cisternas secas (Jer. 20:2, 29:26; 32:2; 37:16; 38:6; cf. Gn. 37:24; Zac. 9:11; Is. 24:22), y también casas particulares: «Los magistrados se enfurecieron contra Jeremías y le azotaron. Luego lo pusieron en la prisión en casa del escriba Jonatán, porque habían convertido aquella casa en cárcel» (Jer. 37:15).

Isaías, en un pasaje profético, menciona las mazmorras como elemento primitivo del juicio de Dios (Is. 24:22). Después del destierro aparece como pena legislativa para los transgresores de la ley (Esd. 7:26). En tiempos del NT es castigo frecuente en la vida civil de Palestina por influjo de la legislación romana (Mt. 11:2; Lc. 7:18). Herodes cuenta con cárceles adosadas al palacio o a las fortalezas reales (Lc. 3:20; Hch. 12:4,10). La fortaleza Antonia fue usada por los romanos como una prisión en Jerusalén (Hch. 23:10), y en Cesarea el *praetorium* de

Herodes (Hch. 23:35). Las autoridades sacerdotales también tenían cárceles bajo la supervisión de oficiales determinados, a veces traducido alguaciles o ministros (cf. Hch. 5:18-23; 8:3; 26:10). Los apóstoles (especialmente Pablo) conocen la cárcel por Cristo y por el Evangelio y en ella dan testimonio de su fe (Hch. 4:3; 5:18; 12:6; 16:24; 26:29; 28:30). En la cárcel Pablo conoce a un esclavo fugitivo de su dueño y le convierte al evangelio, haciéndole su hijo espiritual y enviándolo de nuevo a su casa ya libre (Filemón). Cristo manda a los suyos que visiten y socorran a los encarcelados (Mt. 25:36).

Carisma. Término procedente del vocabulario del NT —no aparece en el griego clásico—, se puede decir que es una creación de san Pablo, que se vale de él como un común denominador de una serie de manifestaciones espirituales de cáracter sobrenatural. Aparece dieciséis veces en las cartas paulinas (Romanos, seis veces; 1 Corintos, siete; una vez en 2 Corintios, 1 y 2 Timoteo) y una vez en 1 Pedro 4:10. Tiene el sentido de «mostrarse agradable», «hacer un favor»; supone una gracia o don que procede de la «gracia». gr. *cháris* (cf. Ro. 5:15-16; 12,6; 1 Co. 1:4-7; 1 P. 4:10). Es, pues, un «don generoso de gracia». Nunca designa un don hecho por un hombre a otro, sino siempre un don divino, que Dios reparte libremente (1 Co. 12:11). Los dones han sido dados individualmente para bien de todos (1 Co. 12:7), lo que quiere decir que su uso está determinado por el servicio a la comunidad; por esto Pablo prefiere el don de profecía, que es inteligible para todos y sirve a la edificación de la comunidad, al don de lenguas, que sólo sirve para la edificación y devoción propias (1 Co. 14). Es posible que un don espiritual recibido por gracia no sea nada útil al que lo ha recibido, sino sólo a otras personas. Tal es el caso referido por Jesús sobre algunos «carismáticos» que realizaron muchos prodigios y hasta echaron demonios, pero que no fueron personalmente obedientes a Dios, y que, por tanto, serán rechazados por el Señor como «agentes de injusticia» (Mt. 7:21-23). Pablo adopta una perspectiva análoga cuando observa que sin amor los dones más extraordinarios no tienen la más mínima utilidad para quien los ejerce (1 Co. 13:1-3). Por sí sola, una actividad carismática no garantiza una relación auténtica con Cristo y su salvación. Pedro exhorta que «cada uno ponga al servicio de los demás el don que ha recibido, como buenos administradores de la multiforme gracia de Dios. Si alguien habla, hable conforme a las palabras de Dios. Si alguien presta servicio, sirva conforme al poder que Dios le da, para que en todas las cosas Dios sea glorificado por medio de Jesucristo» (1 P. 4:10-11).

Carmelo (heb. «campo fructuoso» o «parque»). Nombre de un monte y de una ciudad.

1. Cordillera de unos 22 km de largo, que termina en un promontorio que se introduce en el mar Mediterráneo (Jer. 46:18). Constituye el límite sur de la bahía de San Juan de Acre y corre al este-noroeste del valle de Esdraelón. Antiguamente debió ser notable por su vegetación (Is. 33:9; Cnt. 7:5). En el reparto de la tierra prometida, el Monte Carmelo cayó en suerte a la tribu de Aser (Jos. 19:26), después de haber derrotado el ejército de Josué al rey Jocneam del Carmelo (Jos. 12:22).
   De los datos bíblicos se puede deducir que su cima se consideró desde los primeros días como un lugar sagrado, puesto que había contado con un altar de Yahvé que cayó en ruinas (cf. 1 1 R. 18:30). Abunda en cuevas, en las que el rey Abdías escondió a cien profetas de Yahvé, para librarlos de la persecución de Jezabel, y los sustentó con pan y agua (1 R. 18:4). También Elías y Eliseo recurrieron a las numerosas grutas del Monte Carmelo (1 R. 18:19,42; 2 R. 2:25; 4:25). En la actualidad una gruta recibe el nombre de «cueva de Elías», un poco más abajo de la Cueva de los Monjes, convertida en un santuario islámico. Elías desafió en la cumbre del monte a 850 sacerdotes de Baal, todos los cuales perecieron a manos del pueblo al comprobarse la ineficacia de su dios (1 R. 18:17-46). Según algunos viajeros, ninguna montaña de Israel conserva hoy tanta de su antigua belleza como el Monte Carmelo.
2. Ciudad de las montañas de Judá (Jos. 15:55), a unos 12 km al sudeste de Hebrón (1 Sam. 25; 30:5; 2 Sam. 23:35). Fue allí que el rey Saul erigió el trofeo de la victoria sobre Amalec (1 Sam. 15:12). Residencia de Nabal (1 Sam. 25:2, 5, 7, 40), y lugar de nacimiento de Abigail (1 Sam. 27:3; 1 Cro. 3:1), esposa de Nabal y luego del rey David. Este Carmelo de Judá, y no la montaña del norte, era donde el rey Osias, hijo de Amasias, tuvo tierras cultivables y viñedos (2 Cro. 26:10). Estos datos bíblicos bastan para entender cómo esta ciudad y su comarca fueron llamados «Carmelo», en contraste con el desierto, y la región apareció como un «jardín» para los hebreos.

Carne. El heb. *básar* designa el cuerpo en sentido físico, sea humano (Gn. 40:19) o animal, y también la «parte carnosa o blanda del cuerpo humano», lo exterior, contrapuesta a los huesos, lo interior (Gn. 2:21, 23; 9:4; Éx. 16:8.12), o también el cuerpo animado contrapuesto a la materia inorgánica o inerte (Nm. 8:7; Éx. 30:32). A menudo se refiere a la «parte comestible» de los animales.

En general nunca se concibe la carne como fuente de pecado. En el judaísmo posterior, aunque se va abriendo paso a nuevas significaciones, puede designar tanto el cuerpo como a todo el hombre, especialmente sus debilidades (Is. 31:3) y su transitoriedad: «Toda carne es hierba, y toda su gloria como flor del campo» (Is. 40:6). El cuerpo ha sido creado por Dios y por eso no puede ser causa del pecado, sólo el judaísmo helenístico enseñará el dualismo característico de Platón.
El gr. del NT *sárx* designa la naturaleza humana, conservando las significaciones de *básar* (Jn. 1:14; 1 Ti. 3:16; 1 Jn. 4:2), a la que añade nuevos contenidos. *Sárx* denota el elemento más débil del hombre (Mt. 26:41; Ro. 5:19; 8:3); y designa el estado irregenerado del hombre (Ro. 7:5; 8:8, 9); asiento del pecado (2 P. 2:18; 1 Jn. 2:16).
En sentido moral, la «carne» significa la oposición a Dios. Designa a aquel que quiere obrar su salvación solo, por sí mismo, sin Dios, que pone su esperanza en ventajas terrenas (2 Co. 11:18), en su propia ascesis (Col. 2:18, 23); que cae en pecado en el momento menos pensado (Ro. 7:14), en enemistad con Dios (Ro. 8:7), en toda forma posible de fracaso (Gál. 5:19 ss.). Está condenada a muerte (Ro. 8:13), por sí misma no puede conocer los misterios de Dios (Mt. 16:17), cae en la tentación (Mt. 26:41); es el ámbito por lo que respecta a la manera de pensar (1 Co. 2:1-16; 2 Co. 5:16) y de vivir (Flp. 1:22, 24), propio del hombre «terreno» meramente «humano». Pero desde su conversión el cristiano tiene crucificada su carne en Cristo (Gál. 5:24) y se encuentra en espera de la resurrección gloriosa de su cuerpo (1 Co. 15:44). Mientras tanto, carne y espíritu están enfrentados (Jn. 3:6; 1 P. 3:18); Pablo describe la «carne» como un poder personal con sentimiento y actividad propios (Ro. 8:5 ss.; Col. 2:18), contrario al Espíritu de Dios (Gál. 5:17, 24); que actúa arbitrariamente según sus propios instintos. Los cristianos son aquellos que andan, no según la carne, sino según el Espíritu. Andar según la carne es opuesto a vivir según el Espíritu (Gál. 4:3; Col. 2:8-20), según el Señor (2 Co. 11:2), según el amor de Dios (Ro. 14:15). Los elementos de este mundo son contrarios, es decir, claramente designan actitud contraria a Dios.

Carnero. Animal muy citado en la Biblia, perfectamente adaptado a las estepas y regiones semidesérticas. Su carne era un artículo preferido de alimento (Gn. 31:38; Ez. 39:18) y de más valor para los sacrificios que las ovejas y los corderos (Gn. 15:9, Nm. 15:5, 6; 23:1; 28:11ss.; Miq. 6:7). Se ofrecía como holocausto (Lv. 8:18, 21; 9:2; 16:3; 29:18; Nm. 7:15; Sal. 46:15; Is. 1:11; Ez. 45:23) y a veces en acción de gracias (Lv. 9:4,18; Nm. 6:14, 17; 7:17; 28:11). El sacrificio de reparación por un yerro tenía que ser un carnero (Lv. 5:15; 6:6; cf. Lv. 19:21; Nm. 5:8;

Esd. 10:19). También se presentaba en el ritual de purificación de los nazireos (Nm. 6:14) y en la consagración de los sacerdotes
Las pieles de los carneros, teñidas de rojo, servían, entre otras cosas, como cubiertas del Tabernáculo (Éx. 26:14). En la época de Josué, las bocinas de guerra y las trompetas del Jubileo estaban hechas de cuernos de carnero (Jos. 6:4-6, 8, 13).
El carnero de dos cuernos de la visión profética de Daniel representaba el poderío del imperio medo-persa. El primer cuerno, el más pequeño, simboliza el imperio de Media; el segundo, de mayor tamaño, que salió después, era el poderío persa (Dn. 8:3-7, 20).

Carpintero (heb. «artesano de la madera»). Los hebreos no distinguían entre las profesiones afines a la carpintería como los leñadores, ebanistas, entalladores, albañiles y artesanos en general. Prob. aprendieron este oficio durante su larga estancia en Egipto (cf. Éx. 35:30-35), a pesar de que durante el reinado de David y Salomón los profesionales de la ebanistería eran extranjeros, sobre todo fenicios que colaboraron en la construcción del palacio de David (2 Sam. 5:11; 1 Cro. 14:1) y del Templo (1 R. 5:6). En el caso del Segundo Templo, reconstruido bajo Zorobabel, no se menciona ningún extranjero. Los carpinteros construyeron el arca de la Alianza, el Tabernáculo y diversas partes del Templo bajo la dirección de Bezaleel (Éx. 25:10; 31:1-11; 35:10-18; 36:1; 38:1; 2 Sam. 5:11; 2 Cro. 2:14).
En el NT se dice que Jesús ejerció el oficio de carpintero, siguiendo los pasos de José, y como tal fue conocido entre los suyos (Mt. 13:55; Mc. 6:3). Esto significa que, socialmente, Jesús pertenecería a la clase de los artesanos, el grupo situado entre los campesinos con tierras y los jornaleros, esclavos y desposeídos.

Carpo. Cristiano de Tróade, en cuya casa se alojó Pablo y donde, al parecer, dejó una capa. En su segunda epístola a Timoteo, Pablo pide a éste que le traiga el capote, algunos escritos y los pergaminos que estaban también en casa de Carpo (2 Ti. 4:13; cf. Hch. 16:8; 20:5; y 2 Co. 2:12).

Carquemis (heb. prob. «fortaleza de Quemós»). Ciudad de los heteos en la ribera occidental del Eufrates, 100 km al noroeste de Alepo (Is. 10:9). Fue lugar de residencia habitual del rey hitita de Siria entre el 1100 y el 850 a.C., incorporada después al Imperio asirio. En una inscripción hitita de alrededor del 900 a.C., que narra la dedicación del templo de la diosa Kubaba por Katuwas, rey de Carquemis, podemos leer: «Yo soy Katuwas, el caudillo, amado de los dioses, señor de la tierra de Karkemish, hijo de Sukhi... Por esas tierras mis padres y los padres de mis padres no habían marchado nunca, pero los dioses Tarkhunta, Karkhukha y Kubaba marcharon delante de mí, y yo he conducido por ella el [mi] carro». En sus inmediaciones Nabucodonosor obtuvo una gran victoria sobre el faraón Necao en el año 605 a.C. (Jer. 46:2; 2 Cro. 35:20), lo que supuso la ascensión al poder de los caldeos y el principio del fin del reino judío del sur.

Carro. Vehículo de dos ruedas de diversas formas, tirado por caballos (2 Sam. 8:4), empleado principalmente con fines bélicos (Éx. 14:9; 1 Sam. 15:1; 1 R. 1:5); por los dignatarios (Gn. 41:43; 2 Sam. 15:1; 1 R. 1:5); y, en menor medida, para fines privados y de transporte (Gn. 46:29; 2 R. 5:9; Hch. 8:28).

Los carros empleados para combate fueron el arma más importante en las guerras de la antigüedad. En su conquista de Canaán los israelitas ocuparon las zonas montañosas, pero no pudieron echar a los habitantes del valle, precisamente porque tenían «carros de hierro» (Jue. 1:19). Los nuevos pobladores hebreos no apreciaron las ventajas militares de estos carros, pues tan pronto caían en sus manos los quemaban sin tratar de emplearlos a su favor (Jos. 11:6-9). Salomón fue el primero en apreciar todo el valor que tenían, hasta el punto de crear un poderoso ejército provisto con un importante número de carros de combate, mil cuatrocientos en total, los cuales repartió estratégicamente por las diversas guarniciones (1 R. 10:25; 2 Cro. 1:14). Meguido fue una de las principales «ciudades de los carros» de Salomón. Igual que en la actualidad ciertas naciones compran sus armas de las naciones técnicamente más avanzadas, Salomón adquiría sus carros de combate de Egipto: «Cada carro que era importado de Egipto costaba 600 siclos de plata» (1 R. 10:29).

Los carros de combate llevaban generalmente un conductor (2 Cro. 18:33), un arquero y el escudero que les protegía. En el caso del carro real, en lugar del arquero iba un asistente para el rey, bien para sostener la sombrilla, bien para que el rey pudiera apoyarse en él cuando el carro sufría sacudidas más fuertes al pasar por desigualdades del terreno. Un segundo carro solía acompañar al rey en la batalla para usarse en caso de necesidad (2 Cro. 35:34). Los profetas aluden con frecuencia a los carros de guerra como símbolos de poder (Sal. 20:7; 104:3; Jer. 51:21; Zc. 6:1). En la profecía de Nahúm, uno de los primeros en ser llevado cautivo a Asiria, ha dejado una vívida imagen de los carros de combate asirios (Nah. 2:3-4). Poéticamente se dice que Dios «monta sobre su carro» para designar la rapidez de su agencia en la historia y en la naturaleza (Sal. 104:3; 68:17; Is. 66:15; Hab. 3:8).

Cauda, Clauda. Islote a unos 37 km al oeste del Cabo Matala de la isla de Creta, y a 26 km al sur del puerto Fenice. Es mencionado en relación al viaje en barco del apóstol Pablo a Roma, cuando la mayoría de la tripulación acordó zarpar de Buenos Puertos hasta Fenice, para invernar allí. Fueron costeando Creta muy de cerca, pero un viento huracanado les obligó a navegar a la deriva, pasando entonces por la pequeña isla de Cauda, «y apenas pudimos retener el esquife» (Hch. 27:16).

Cautividad, heb. *golá*, «deportación», «destierro», equivalente a nuestra «expatriación», por la que pueblos enteros son llevados de sus lugares de origen a otras tierras como medida política. Al parecer los asirios descubrieron que si la población sometida era desarraigada de sus tierras y desplazada a otro lugar, perdía entonces fuerza la voluntad de afirmación de su independencia. Por otro lado, las gentes procedentes de otros lugares para reemplazarlas sabían de ese modo que su única posibilidad de supervivencia era obedecer al gran rey. Pese a su inhumanidad, la documentación de Asiria prueba que los reyes deseaban que los deportados estuvieran suficientemente alimentados y vestidos. A veces los cautivos deportados formaron colonias florecientes allí donde fueron trasladados.

La experiencia de destierro fue muy frecuente en Israel. Toda la Biblia está llena de referencias a situaciones de exilio, expulsión, huida y expatriación. Parece que el exilio marca el tema principal del AT y a la vez de la historia judía, comenzando desde el padre Abraham: «Vete de tu tierra, de tu parentela y de la casa de tu padre, a la tierra que te mostraré» (Gn. 12:1). La estancia y esclavitud en Egipto, la subyugación en seis ocasiones diferentes a los filisteos y otros pueblos, no pertenecen propiamente al término «cautividad». En el AT se conocen dos cautividades que marcaron para siempre la mentalidad y conciencia judías, sólo comparables al destierro dictado por los romanos en el año 70 de la era cristiana: la asiria y la babilónica.

El reino del Norte fue invadido sucesivamente por tres o cuatro reyes asirios. En un primer momento, una parte de las tribus del reino del Norte fue deportada por Tiglat-Pileser III en el año 740 a.C. (2 R. 15:29; 1 Cro. 5:26). Las tribus al este del Jordán, con elementos de Neftalí y Zabulón, fueron los primeros en sufrir (1 Cro. 5:26; 2 R. 15:29; Is. 9:1). Cuando murió Tiglat-Pileser III en el 727 a.C. y creyendo que su sucesor Salmanasar no estaría en condiciones de mantener el control de su extenso territorio, el rey Oseas buscó el apoyo de Egipto para interrumpir sus pagos tributarios a Asiria. Salmanasar V puso en marcha sus ejércitos contra Israel, poniendo sitio a la ciudad más fuertemente fortificada de

Samaria en el 725 a.C. Durante tres años, Oseas fue capaz de soportar la tremenda presión del poderoso ejército asirio, pero finalmente se rindió en el 722. Salmanasar se llevó el resto de Israel (2 R. 17:6), colocándolo en varias ciudades asirias, probablemente cerca del mar Caspio, siendo su propia tierra poblada con colonos persas y babilónicos (2 R. 17:6-24). Así terminó el reino del Norte. Al reino del Sur se le reconocen tres cautividades importantes:

1. Bajo Joacim, en el año 607 a.C., cuando Daniel y sus compañeros fueron deportados a Babilonia (2 R. 24:1, 2; Dn. 1:1). Joacim dependía del faraón egipcio Necao, cuando éste fue derrotado en Carquemis por los caldeos de Nabucodonosor, el cual avanzó hacia el sur de Palestina para reclamar tesoros y rehenes en Jerusalén. Aunque Joacim retuvo su trono, la vuelta de los babilonios a Siria en el 604, y a Asquelón en el 603, y un choque con Necao en las fronteras de Egipto, en el 601, frustraron cualquier intento de terminar con el vasallaje babilónico.
2. Bajo Joaquín o Jeconías, hijo de Joacim, en el año 598 a.C., cuando Nabucodonosor deportó más de 3.000 judíos (2 R. 24:12; Jer. 52:28).
3. Bajo Sedequías, el último rey de Judá, considerado como un rey marioneta de los babilonios, cuando Jerusalén fue destruida en el 586 a.C. y todos los tesoros llevados a Babilonia, unos 132 años después de la deportación de las diez tribus. En el verano del año 586 los babilonios entraron en la ciudad de Jerusalén a través de una brecha abierta en sus murallas. Sedequías intentó escapar pero fue capturado y llevado a Ribla. Tras la ejecución de sus hijos, Sedequías, el último rey de Judá, fue cegado y atado con cadenas para llevarlo a Babilonia. El gran templo de Salomón, que había sido el orgullo y la gloria de Israel por casi cuatro siglos, fue reducido a cenizas, la ciudad de Jerusalén quedó hecha un montón de ruinas y la mayoría de su población conducida al cautiverio. El nuevo hogar de los judíos fue Babilonia. Cuando ésta fue conquistada por los medo-persas en el 539 a.C. a los judíos se les garantizó el privilegio de reestablecerse en Palestina.

La última cautividad y total dispersión de los judíos entre los gentiles se verificó con la toma de Jerusalén por el general romano Tito en el 70 d.C. Durante el sitio pereció, según Josefo, más de un millón de judíos. Una destrucción semejante le siguió en el 133 d.C. durante el reinado de Adriano, cuando los seguidores de Bar Kochba se rebelaron contra Roma. La población judía fue erradicada por entero de Israel, como nunca antes había ocurrido, castigando con la pena de muerte el regreso a Jerusalén. Muchos judíos huyeron a

Babilonia, que se convirtió en el centro de gravedad de la historia del pueblo judío hasta el siglo X d.C.

Cedro. Árbol poderoso con unas ramas largas, extendidas y retorcidas, con hojas perennes; aunque ha sido talado sin control ni previsión y en la actualidad quedan muy pocos ejemplares, sigue creciendo en estado silvestre en el Líbano y en los montes Tauro, declarados monumentos históricos, bajo la protección del patriarca maronita. La madera de cedro era apreciada por su fuerte consistencia; de ella se tallaban columnas, vigas, tablones (1 R. 6:9, 10, 18; 7:2, 7); mástiles para navíos (Ez. 27:5), y también ídolos (Is. 34:14). Los maronitas lo denominan *Arz-el-rab*, «árbol de Dios». Los vocablos Líbano y cedro son sinónimos. De todos los árboles de la tierra, el cedro es el más longevo. Su madera es brillante y rojiza, de una finura soberbia y, al envejecer, adopta la dureza de la piedra y el bruñido del marfil. Su resina exhala un agradable perfume a incienso y deja en la lengua un sabor amargo. Precisamente ese sabor amargo preserva a la madera de cedro de la carcoma y la hace prácticamente incorruptible. Entre las ruinas de ciudades milenarias se ha encontrado madera de cedro.
El cedro es mencionado por primera vez en Lv. 14:4, 6 en relación con la limpieza ritual del leproso y de su casa: «El sacerdote mandará traer para el que se purifica dos pájaros vivos y limpios, madera de cedro, tinte escarlata e hisopo» (cf. vv. 49, 51, 52). La madera de cedro también había de emplearse en el sacrificio de la novilla roja: «El sacerdote tomará madera de cedro, hisopo y lana carmesí, y los echará en el fuego en que arde la vaca» (Nm. 19:6). La madera de cedro y su resina fue empleada desde la Antigüedad por el perfume que desprende (cf. Cnt. 4:11; Os. 14:6). Se utilizaba especialmente en los funerales.

Cedrón (heb. «turbio»). Nombre de un arroyo o torrente que en invierno desciende por el valle de Josafat, conocido como el «torrente negro». Nace al noroeste de Jerusalén, cuyos muros bordea, para seguir hacia el sur entre el monte Moria y el de los Olivos, donde se hace muy estrecho. Sigue su curso frente a Siloé y la fuente Rogel, regando los «jardines del rey» (Neh. 3:15) y va a unirse con las corrientes que vienen de los estanques de Gihón, en el valle de Hinom. Después de atravesar estrechas y hondas cañadas en el desierto de Judá, descendiendo más de 1.000 m desemboca en el mar Muerto. David probablemente huyó por este sitio de la traición de Absalón (2 Sam. 15:23, 30). Ahí existe hoy un puente de un sólo arco, entre la puerta de San Esteban y Getsemaní. Jesús y sus discípulos lo pasaban con frecuencia en sus entradas y salidas de Jerusalén, en su camino al Monte de los Olivos y Betania (Lc. 22:39; Jn. 18:1).

Cefas (arameo «piedra», «roca»). Sobrenombre puesto por Cristo a Simón, hijo de Jonás (Jn. 1:42), traducido por los griegos como *Pétros*, y por latinos, *Petrus*. Ver PEDRO.

Ceguera. Enfermedad extremadamente frecuente en Oriente; sus causas esenciales son la viruela y sobre todo la inflamación de los ojos, agravada por la intensa luz solar, la abundancia de un polvo tan fino como la harina y las minúsculas moscas. La ceguera, total o parcial, solía afectar a los ancianos (Gn. 27:1; 1 Sam. 4:15; 1 R. 14:4).

En el AT se amenaza con la ceguera como un castigo por la desobediencia idolátrica (cf. Dt. 28:28; Lv. 26:16; Sof. 1:17). La práctica de cegar a los enemigos era un castigo bastante común en Oriente. Podía ser total o parcial (1 Sam. 11:2). Los amonitas, filisteos, asirios y babilonios sacaban los ojos a sus prisioneros de guerra (Jue. 16:21; 1 Sam. 11:2; 2 R. 25:7; Jer. 52:11). Los filisteos sacaron los ojos de Sansón (Jue. 16:21). Otro tanto le ocurrió a Sedequías, respecto a los babilonios (2 R. 25:7). También se aplicaba como castigo entre los antiguos persas, práctica que, junto a otras amputaciones corporales, se ha matenido hasta nuestros días en muchos pueblos. Algunas personas quedaron cegadas sobrenaturalmente por un cierto tiempo (Gn. 19:11; 2 R. 6:18-22; Hch. 9:9; 13:11).

La ceguera se utiliza metafóricamente para describir la total ausencia de sentimiento moral, sinónimo de dureza de corazón (cf. Ef. 4:18; Ro. 11:25); el estado del alma privada del conocimiento salvífico (2 Co. 4:4); el estado del creyente profeso que aborrece a su hermano (1 Jn. 2:11).

El simbolismo ceguera-oscuridad y luz-tinieblas recorre toda la Biblia, desde la creación del mundo en Génesis 1:2 a la nueva creación predicada por el Evangelio: «El mismo Dios que dijo: De las tinieblas brille la luz, ha hecho brillar la luz en nuestros corazones» (2 Co. 4:6). Jesús es la luz del mundo. Quien no ha visto esa luz, es ciego (Jn. 9). Quien sigue a Jesús, no camina en la oscuridad, sino que tiene la luz de la vida (Jn. 8:12).

Celesiria. Nombre dado por los griegos del tiempo de los Seleucidas, al gran valle o hondanada entre las montañas del Líbano y el Antilíbano, con una extensión de 160 km aprox. En su llanura se encuentran las ruinas de Baalbek o Heliópolis. En los días de David, Celesiria prob. estaba incluida en la «Siria de Damasco», conquistada por el monarca hebreo (2 Sam. 8:6); posteriormente recuperada de manos de Salomón por Rezón, hijo de Eliada (1 R. 11:23). En tiempo del NT incluía Damasco, Traconite, Perea e Idumea hasta la frontera con Egipto.

Celos. Sentimiento intenso a menudo semejante a la ira (Dt. 29:19), hace pensar en el fuego (Is. 26:11). Puede tener una valoración tanto positiva como negativa, e ir desde el amor desinteresado hasta la sórdida envidia (Ecl. 9:6). Emocionalmente puede ser furor, turbación, pasión vehemente, interés por la dicha del pueblo, o por la honra de Dios (Nm. 25:11; 2 Cro. 11:2). El celo irracional puede invadir el corazón del hombre y conducir a la ira (Pr. 27:4) o al asesinato (cf. Gn. 4:5, 8; Nm. 25:7 ss.). El celo bien intencionado puede ocultar una real estrechez de espíritu (cf. Nm. 11:29), pero existe, no obstante, también un celo altruista, pasional, que se confunde con el puro amor (Cnt. 8:6).

La Escritura abunda en textos sobre los «celos de Dios» y es común presentar la imagen de un «Dios celoso». Expresa en términos humanos su profundo rechazo de la injusticia y la intensidad de su solicitud por su pueblo (2 R. 19:31; Ez. 36:6; 38:19; Is. 9:7; 26:11). Dios no tiene celos, es decir, envidia, de algún «otro» como si pudiera serle igual, pero exige una adoración exclusiva por parte del hombre, al que ha creado a su imagen; esto se traduce en celos con los «otros dioses» (Éx. 20:5; 34:14; Dt. 6:l4 ss.). Esta «intransigencia», sin analogía en las religiones paganas, refleja los textos antiguos y recientes de la Escritura; equivale al «fuego devorador» (Dt. 4:24). A Dios le ponen celoso los ídolos (Sal. 78:58; Dt. 32:16-21; 1 R. 14:22), a los que fácilmente se designa como «ídolos de envidia» (Ez. 8:3-5; 2 R. 21:7). Dios es celoso debido a su santidad, y no puede tolerar que se atente contra su honor, ni que se desvíe de Sí a aquellos que Él ama.

Los seguidores de Cristo van a verse expuestos con frecuencia a los ataques del celo de los enemigos que quieren exterminarlos (Hch. 5:17; 13:45; 17:5); los mismos celos auténticamente religiosos, pero poco iluminados (Ro. 10:2), animaban a Saulo cuando perseguía a la Iglesia de Dios (Flp. 3:6; Gál. 1:14; Hch. 22:3). Los cristianos no pueden dejarse contaminar por este celo. El celo cristiano correcto es la solicitud y la preocupación por el bienestar ajeno, semejante al celo mostrado por Pablo con las iglesias por él fundadas, como amigo del esposo (2 Co. 11:2).

Cena del Señor. Nombre dado por san Pablo al acto que conmemora la muerte de Jesús, por haber sido instituida en el curso de una cena durante la Pascua judía (1 Co. 11:20); sinónima es la frase «mesa del Señor» (1 Co. 10:21). Entre los términos más comunes para esta celebración en la Iglesia primitiva está «comunión», en el sentido de «fiesta común», también tomado del apóstol Pablo (1 Co. 10:16). El nombre que llegó a imponerse en los primeros siglos es Eucaristía, «acción de gracias», por la oraciones que acompañaban el acto.

Los Evangelios sinópticos relatan la última cena de Jesús con los apóstoles como la institución de un memorial transcendental para la futura comunidad de creyentes: memorial de la pasión de Cristo y sello de la nueva alianza en su sangre (Mt. 26:26-29; Mc. 14:22-25; Lc. 22:14-20). Descrita sobre el fondo de la Pascua judía, es un reflejo de la celebración por la Iglesia primitiva. La forma más antigua de la narración es la de Pablo y Lucas, tal como se desprende de la temprana fijación del texto de 1 Corintios, entre el año 54 y el 57. La fórmula «sangre del nuevo pacto, que será derramada por muchos» (Mt. 26:28; Mc. 14:24), guarda un estrecho paralelismo con Éx. 24:8, cuando Moisés, con motivo de la inauguración de la alianza del Sinaí, tomó la sangre del sacrificio y roció con ella al pueblo.
Juan parece desconocer la institución del memorial de la Cena, poniendo en su lugar la escena del lavatorio de los pies, con la cual enseña la eliminación de las diferencias de rango o posición social, es la praxis concreta del final de las desigualdades en la comunidad del reino, en el contexto del banquete o comida fraternal. La doctrina de Juan acerca de la Cena del Señor la presenta en diversos textos de sus escritos (Jn 6:26-63; 13-17; 19:34; 1 Jn. 5:6-8). En ellos profundiza en el misterio del «alimento espiritual» que es la «cane y la sangre» de Cristo. La no inclusión de la escena de la institución de la eucaristía no obedece a un olvido, sino que Juan realiza aquí una omisión consciente y deliberada, para prevenir el peligro de una interpretación mágica e individualista.

Cencrea. Puerto oriental de Corinto, a 11 km de la ciudad, hoy Kenkries. Pablo partió de allí cuando regresaba de su segundo viaje misionero procedente de Siria, acompañado por Priscila y Aquilas. Allí se rapó la cabeza siguiendo un voto que había hecho (Hch. 18:18). Cuando escribió su carta a los Romanos, en el curso de su tercer viaje misionero, parece que ya existía una congregación establecida, prob. en conexión con la iglesia de Corinto. Febe, a quien Pablo debió conocer personalmente, era la diaconisa (Ro. 16:1).

Censo. Padrón o lista de personas pertenecientes a la nación, a una determinada tribu o clase social. Es una realidad estadística bien presente en la historia bíblica. Tanto en Egipto como en Mesopotamia era común hacer censos y catastros de personas, animales y campos. El primer censo fue ordenado por Moisés en el tercer o cuarto mes después de la salida de Egipto y tuvo por escenario el monte Sinaí (Éx. 38:26); el segundo, un año después, durante el viaje por el desierto, con el propósito de saber el número de combatientes con los que se podía contar (Nm. 2:32); y el tercero, treinta y ocho años después, al entrar en Canaán (Nm. 26). El siguiente censo tuvo lugar durante el reinado de David (2 Sam. 24:1-9) y no fue del agrado divino. Fue completado por Salomón, en este caso se incluyeron los extranjeros y residentes en Palestina (1 R. 5:15; 9:20, 21; 1 Cro. 22:2; 2 Cro. 2:17, 18). Después del cautiverio babilónico, Esdras y Nehemías llevaron a cabo nuevos censos de los repatriados (Esd. 2:64; 5:64; 8:1-14).

Los romanos hacían censos más o menos regulares en las provincias, cuyo cálculo debía proporcionar la base para la fijación de impuestos. En el NT se menciona el censo ordenado por Augusto César, siendo Quirino o Cirenio gobernador, en el momento de nacer Jesús (Lc. 2:1).

Centurión. Oficial del ejército romano al mando de cien hombres (cf. Hch. 21:32; 22:26). De todos modos, el número de soldados de la centuria no era siempre uniforme, sino que aumentaba o disminuía según las circunstancias (cf. Hch. 23:23). Cornelio es el primer gentil convertido al cristianismo de este rango (Hch. 10:1, 22). Además de Cornelio, se mencionan otros centuriones, dos centuriones que manifestaron su fe: uno en Capernaum (Mt. 8:5-13; Lc. 7:2-6), y otro cercano a la cruz (Mt. 27:54; Lc. 23:47), cuyo nombre dice la tradición que era Longino. Otro centurión, llamado Julio, condujo a Pablo a Roma, junto con otros presos, tratándolos con benevolencia (Hch. 27:1, 3, 43).

Cerdo. Animal clasificado entre los impuros por la Ley de Moisés y, por tanto, prohibida su carne como alimento humano (Lv. 11:7; Dt. 14:8). Los idólatras son representados por los profetas como aquellos que se alimentan de carne de cerdo: «Comen carne de cerdo, y en sus ollas hay caldo de cosas contaminadas» (Is. 65:4; 66:3, 17). Antíoco Epífanes, en su deseo de subyugar la resistencia judía e imponer las costumbres griegas en Israel, ordenó a los judíos que ofrecieran cerdos en sacrificio y que comieran su carne. De esta manera quería descubrir quiénes eran los judíos fieles y los indiferentes, dispuestos a aceptar la religión de los conquistadores (1 Mac. 1:47, 50; 2 Mac. 6:18, 21; 7:1, 7).

Para los israelitas el cerdo simbolizaba la impureza y la villanía (Prov. 11:22; Mt. 7:6; 2 P. 2:22). Guardar cerdos era a su ojos la ocupación más menospreciable (Lc. 15:15) e impropia. Aunque los judíos no eran cuidadores de cerdos, es evidente, a juzgar por los Evangelios, que gente extranjera en territorio palestino sí se dedicaba a ese oficio. En una ocasión, estando Jesús en el país de Gadara, encontró un gran hato de cerdos que pastaban (Mc. 5:11-13). No hay razones para suponer que los dueños de estos hatos fueran judíos, puesto que en esta región había colonias griegas; en el caso del hijo pródigo de la parábola, se dice, como un motivo más de extrañeza y distanciamiento, que guardaba cerdos en un país lejano (Lc. 15:13).

César. Título adoptado por los emperadores romanos posteriores a Julio César, de quien se dice que nació mediante una operación quirúrgica o *cesárea*. Octavio, hijo adoptivo y sobrino nieto suyo, asumió esta denominación genérica, así como los emperadores que le siguieron, a causa de su parentesco con el dictador. La palabra llegó a usarse como título para referirse al emperador reinante, y tal es el uso que hacen de ella los escritores del NT (cf. Mt. 22:17; Lc. 20:22; 23:2; Jn. 19:15; Hch. 17:7). El NT menciona por nombre a los césares Augusto, en cuyo tiempo nace Jesús (Lc. 2:1), Tiberio, inicio de la vida pública de Jesús (Lc. 3:1; 20:22), Claudio, mencionado en relación con un hambre que había de sobrevenir sobre Palestina (Hch. 11:28) y con la expulsión de los judíos de Roma (Hch. 18:2); y Nerón, a quien apela Pablo (Hch. 25:1ss.). Los cristianos de la corte imperial que saludan a los filipenses (Flp. 4:22) eran libertos o esclavos del palacio de Nerón.

Cesarea. Ciudad portuaria de Judea 40 km al noroeste de Samaria, en el camino de Tiro a Egipto. Asentamiento originalmente fenicio, llamado la Torre de Estraton, bajo el dominio romano fue entregado por Augusto a su protegido Herodes el Grande (30 a.C.), quien construyó en ella el puerto más grande de la costa este del Mediterráneo. Además la ciudad fue dotada de un teatro, un anfiteatro y un templo dedicado a César con una colosal estatuta de Octavio, que dominaba la bahía, y al que se ascendía por un amplio tramo de escalones. En el año 6 d.C., Cesarea pasó a ser la sede de los procuradores romanos de la provincia de Judea y de los cuarteles de la X Legión romana. Cuando el prefecto se desplazaba de Cesarea a Jerusalén, con ocasión de las fiestas más importantes, como la Pascua, le acompañaban sus tropas en previsión de posibles disturbios.

Cesarea era una ciudad de población mayoritariamente gentil o pagana, como las demás ciudades costeras, pero también contaba con una comunidad judía que ocupaba el norte de la ciudad, en el antiguo emplazamiento de la Torre de Estratón. Se han encontrado allí los cimientos de una sinagoga. A Cesarea acudió el apóstol Pedro por primera vez para encontrarse con Cornelio, el centurión romano convertido al cristianismo, a quien bautizó, primicia de la cristiandad gentil (Hch. 10:1-5, 25-28). Felipe el evangelista hizo de la ciudad un centro de sus actividades (Hch. 8:40; 21:8). También el apóstol Pablo desembarcó en el puerto de Cesarea al volver de su segundo viaje (Hch. 18:22), y pasó un tiempo en la ciudad después del tercero (Hch. 21:8, 16). Estuvo dos años prisionero bajo el procurador Festo y Félix, hasta que salió rumbo a Roma, apelando a su ciudadanía (Hch. 23:23, 33; 25:1, 4, 6, 13).

Fue en el anfiteatro de Cesarea que cierta mañana, Herodes Agripa entró al amanecer vestido con ropas tejidas con hilos de plata, sobre las cuales brillaba el sol haciendo parecer que le rodeaba un aura. Sus seguidores, admirados, le aclamaron como a un dios, cosa que él no rechazó. Cinco días después moría, y tanto judíos como cristianos quedaron convencidos de que se trataba de un castigo divino a su soberbia (Hch. 12:21-23).

Cesarea de Filipo. Antigua ciudad de Paneas, llamada así debido a la proximidad de la montaña Panio. Ubicada en el territorio del reino de Herodes que Filipo recibió, consistente en las zonas al norte y al este del mar de Galilea, donde los sirios y los griegos superaban a la población judía. Estaba situada en el extremo norte de Palestina, en las laderas del monte Hermón, en el territorio donde nace el Jordán, al pie del Líbano, cuyas dos fuentes, lor y Dan, al unirse forman el nombre del Jordán. Allí Pedro declaró que Jesús era el Mesías (Mt. 16:13-17), confesión que marcó un nuevo punto de partida en la enseñanza de Jesús (cf. Jn. 17:11; 18:36).

Cetro. Signo de realeza utilizado desde los orígenes de la historia de Egipto, Babilonia y Asiria. El faraón se convertía en tal cuando se le imponían los cetros del Alto y Bajo Egipto; en Asiria el monarca recibía el cetro de manos del sacerdote en el momento de la coronación. El cetro no se menciona en la consagración de los monarcas israelitas, quizá por la fuerza de la autoridad patriarcal que ostentaba la vara o cetro de cada tribu (cf. Jue. 5:14; Sal. 2:9; Is. 14:5).

Chacal. Animal salvaje de la familia canina, muy abundante en Persia, Armenia, Arabia, Siria y Palestina. Vive en el desierto en grupos gral. poco numerosos. Es nocturno y lanza penetrantes aullidos. De gran velocidad, frecuenta los lugares habitados por el hombre y en su extremada voracidad llega a desenterrar las tumbas.

Chester Beatty, Papiros. Célebre colección de papiros reunidos por Alfred Chester Beatty, un magnate americano dedicado a la industria de la minería. Coleccionista apasionado, de 1930 a 1931 adquirió en Egipto un lote de nueve grupos de papiros que provenían tal vez de las ruinas de un antiguo monasterio. Fueron editados por F.G. Kenyon de 1933 a 1937 y saludados como el descubrimiento más sensacional después del famoso códice sinaítico. La importancia se debe al buen estado de conservación, a su considerable extensión y a su antigüedad. El número 6 recoge en 33 folios completos y 22 fragmentos el texto griego de Números y de Deuteronomio, que es el más antiguo de la colección; se remonta al siglo II d.C. Otros dos grupos de los siglos III-IV recogen la parte del Génesis que falta en el códice Vaticano y en el Sinaítico.

Respecto al NT los papiros nos ofrecen tres grandes códices, que datan de la primera mitad del siglo III, conocidos oficialmente como P. 45, 46, 47. P 45 pertenece a un código de 28 hojas que contenía los cuatro Evangelios y los Hechos de los apóstoles. P 46 pertenece a un código de 86 hojas que contiene las epístolas de san Pablo prácticamente íntegras, a excepción de las pastorales. Es conocido por el particular orden dado a los escritos, coloca la epístola a los Hebreos entre Romanos y 1 Corintios. P 47, de un código formado por 10 hojas, contiene gran parte del Apocalipsis (9:10-17:2). Es el testimonio más antiguo que se conoce de este libro.

Chipre (gr. «cobre»). Una de la mayores islas del mar Mediterráneo, con una superficie de 9.280 km^2, con una longitud máxima de 225 km y una anchura media de 80 km Gracias a la fertilidad de su suelo, abunda en cereales, aceite, vino y miel. También cuenta con minas de cobre, metal raro y muy apreciado por los antiguos, cuyo nombre deriva de la isla. Los asirios la conocían por *Yavnan* y los hebreos por *Kitim*. Colonizada por griegos y fenicios, en el año 700 a.C. cayó bajo la zona de influencia de Sargón II de Asiria. Un siglo después pasó a manos del faraón Ahmosis. Tras la conquista de Egipto por Cambises, Chipre pasó a formar parte del Imperio persa, incluido en la quinta satrapia. Después de pertenecer a Alejandro Magno y a los Ptolomeos, fue conquistada por Roma.

Chipre aparece citada en el NT en relación a José el levita, llamado Bernabé por los apóstoles, natural de la isla (Hch. 4:36). Debido a su colonia judía, el cristianismo hizo pronto acto de presencia en sus costas. Después de la muerte de Esteban, los discípulos esparcidos de Jerusalén se dirigieron a Chipre (Hch. 11:19-20). El primer lugar donde predicaron Pablo y Bernabé, en compañía de Marcos, fue en esta isla, en las sinagogas de los judíos de Salamina y Pafos, donde por primera vez una autoridad romana, el procónsul Sergio Paulo, se interesa por el Evangelio, interés que es resistido por un falso profeta judío, llamado Barjesús. De Pafos los misioneros partieron hacia la costa de Asia

Menor (Hch. 13:4-12). Más tarde volvieron a la isla Bernabé y Marcos, consumada la separación de Pablo, cuya visión se dirigía hacia los gentiles (Hch. 15:39). Uno de los primeros conversos de Chipre, fue un tal Mnasón, cuya casa servía hospitalariamente a los misioneros (Hch. 21:16).

Chivo Expiatorio. Expresión extrabíblica para designar al «macho cabrío», heb. *azazel*, sobre el que, según Lv. 16:20 ss., el sumo sacerdote imponía las manos en el Día de la Expiación, cargando así sobre él, simbólicamente, los pecados del pueblo; el animal era luego expulsado al desierto. Ver AZAZEL.

Cielo (heb. «altura»). El cielo es concebido como la morada de Dios, en contraposición a la tierra, que es su estrado (Is. 66:1), y residencia de los hombres (Sal. 115:15; Ecl. 5:1). En lenguaje figurativo se dice que Dios «desciende» del cielo (Gn. 11:5; Éx. 19:11; Miq. 1:3; Sal. 144:4) y «asciende» de nuevo a él (Gn. 17:22). La nube es su vehículo (Nm. 11:25; Sal. 18:9; Is. 19:1). Los ángeles por su parte, que habitan el cielo con Dios (1 R. 22:19; Jb. 1:6; Tob. 12:15; Mt. 18:10), descienden ocasionalmente para desempeñar sus misiones (Dn. 4:10; Mt. 28:2; Lc. 22:43) y luego vuelven a ascender (Jue. 13:20; Tob. 12:20). El Cristo preexistente bajó del cielo (Jn. 6:33, 38, 41, 50, 58) y subió en la ascensión (Jn 3:13; 6:62). «Subida» y «bajada» establecen desde la óptica humana el enlace entre cielo y tierra (Gn. 28:12; Jn. 1:51).

El cielo puede bajar a los hombres, pero a éstos les es imposible acceder a él, es un salto imposible (Prov. 30:4, cf. Jn. 3:13). Hablar de subir al cielo equivale a una expresión de orgullo insensato, como en el caso de la torre de Babel (Gn. 11:4; Is. 14:14; Jer. 51:53; Jb. 20:6; Mt. 11:23). En otro sentido expresa la búsqueda de lo inaccesible (Dt. 30:12; Sal. 139:7; Prov. 30:4; Bar. 3:29). Sólo elegidos, como Enoc (Gn. 5:24; Eclo. 44:16; 49:14) o Elías (2 R. 2:11; Eclo. 48:9-12; 1 Mac. 2:58) tuvieron el privilegio de ser arrebatados al cielo por el poder divino, y por encima de todos, Jesucristo (Hch. 2:34; Ro. 8:34; Ef. 1:20; 1 P. 3:22). Para conectar con el hombre en este mundo, Dios le envía su Espíritu o su Palabra, que «desciende» sobre la tierra antes de volver a Dios (Is. 32:15; Mt. 3:16; 1 P. 1:12; Is. 55:10; Sab. 18:15).

Los rabinos distinguían tres clases de cielo: «supremo», «medio» y «bajo». El apóstol Pablo hace referencia a un «tercer cielo» (1 Co. 12:2) o pluralidad de cielos (cf. Ef. 4:10).

Ciervo. En la actualidad no existen ciervos en Palestina, aunque debió conocerse en los tiempos bíblicos. En la legislación hebrea era considerado animal limpio y comestible (Dt. 12:15; 1 R. 4:23; Sal. 42:1; Cnt. 8:14). Es célebre la imagen del ciervo que anhela las corrientes de agua (Sal. 42:1). De Neftalí dice Jacob que es una cierva en libertad (Gn. 49:21). En la poesía hebrea este animal aparece como una imagen perfecta de la agilidad (2 Sam. 22:34; Sal. 18:33; Hab. 3:19); belleza: «como una preciosa cierva o una graciosa gacela» (Prov. 5:19); modestia femenina (Cnt. 2:7; 3:5) y afecto maternal (Jer. 14:5).

Cigüeña. Ave zancuda de grandes dimensiones, con pico muy largo, recto y cónico. En la legislación hebrea está clasificada entre los animales impuros, no aptos como alimento humano (Lv. 11:19; Dt. 14:18). Las cigüeñas abundan en Palestina junto al Jordán. Se dice que anidan en las hayas y cipreses (Sal. 104:17) y se sabe que emigraban anualmente (Jer. 8:7).

Cilicia. Región marítima de Asia Menor, en la actual Turquía; limita con Capadocia al norte, con la cordillera del Tauro como límite; con Licaonia e Isauria al este, siendo el límite el monte Amano; el Mediterráneo la bordea por el sur, y linda con Panfilia al oeste. Habitada por pueblos anatólicos, fue colonizada por hititas, después y sucesivamente, fue ocupada por asirios y persas. Conquistada y helenizada por Alejandro Magno, se convirtió en provincia romana en el 63 a.C. Tarso, la capital, era la ciudad más importante de la llanura. De allí procedía el apóstol Pablo (Hch. 21:39; 22:3; 23:34), y allí regresó poco después de su conversión al cristianismo (Gál. 1:21; Hch. 9:30), aprovechando la ocasión para establecer una nueva comunidad, que visitó en su segundo viaje misionero (Hch. 15:41). Los habitantes de Tarso poseían la ciudadanía romana que les había otorgado el emperador Marco Antonio. Otras ciudades importantes eran Sole, lugar de nacimiento del poeta cómico Menandro (262 a.C.), y del filósofo estoico Crisipo (206 a.C.).

Los judíos residían en Cilicia desde el día que pasaron a formar parte del reino de Siria (cf. 1 Mac. 11:14; 2 Mac. 4:36; Jdt. 1:7, 12; 2:21, 25). Judíos procedentes de esta provincia discutieron con Esteban (Hch. 6:9). El Evangelio llegó pronto a Cilicia (Hch. 15:23); es indudable que Pablo tuvo buena parte en ello (Hch. 9:30; Gál. 1:21). Recorriendo Cilicia, fortaleció las iglesias que había fundado (Hch. 15:41). Más tarde, ya preso y dirigiéndose a Roma, navegó por el mar de Cilicia (Hch. 27:5).

Cilicio. Vestido de tosco paño, tejido con pelo de cabra y de camello. Los romanos le dieron el nombre de *cilicium* por las cabras negras de

Cilicia con las que se confeccionaba. Esta vestimenta se parecía probablemente a un saco, hendido por delante, y con aberturas para la cabeza y los brazos. Los israelitas los usaban en ocasiones para cubrirse con ellos (Gn. 37:34; 1 R. 20:31), se los ceñían (2 Sam. 3:31; Ez. 7:18; Jl. 1:8), poniéndolos normalmente sobre otra prenda de vestir (Jn. 3:6; cf. 2 Sam. 21:10), pero en ocasiones directamente sobre la piel (1 R. 21:27; 2 R. 6:30; Jb. 16:15; Is. 32:11). Se llevaba en señal de duelo, de aflicción (2 Sam. 3:31; 2 R. 19:1, 2), y usado con frecuencia, si no habitualmente, por los profetas (Is. 20:2; Mt. 3:4; Ap. 11:3) y por los cautivos (1 R. 20:31; cf. Is. 3:24).

Címbalo. Instrumento musical de gran variedad de tamaños, desde los que se tocaban con los dedos hasta los que precisaban de todo el esfuerzo de los brazos. Se componía de dos piezas, básicamente de dos discos cóncavos de bronce (1 Cro. 15:19), que se golpeaban uno contra el otro. No producían melodía, sino que debían usarse como acompañamiento para otros instrumentos.

Cinturón. Artículo esencial de la vestimenta usado tanto por hombres como por mujeres. Los cinturones se remontan a la Edad del Bronce y representan uno de los primeros objetos de vestuario usados por la humanidad. Generalmente era de cuero (2 R. 1:8; Mt. 3:4), tal como se sigue utilizando en la actualidad. Los cintos más lujosos eran de seda, y algunas veces bordado (cf. Prov. 31:24; Dn. 10:5; Ap. 15:6). A menudo era largo y ancho, dándosele varias vueltas. Por su anchura eran aptos para guardar dinero o alimentos (cf. Mc. 10:9).
En los cintos se portaban a veces cuchillos o puñales prendidos del cinturón (2 Sam. 20:8). Allí también los escribientes llevaban colgando sus tinteros de cuerno, y los carpinteros sus reglas (cf. Ez. 9:2). Los soldados asirios llevaban cintos anchos que les protegían los riñones, tal como se observa en los bajorrelieves de Nínive, de los cuales pendía una espada y además dos o incluso tres puñales metidos entre los cintos y la ropa, de modo que la expresión «ceñirse los riñones» era la consigna para prepararse para la batalla (cf. 1 R. 18:46; 2 R. 4:29; Jb. 38:3; Prov. 31:17; Jer. 1:17; Lc. 12:35; 1 P. 1:13), utilizada también para denotar figurativamente la entrega total al servicio de Dios (Jer. 13:11). El cinturón es utilizado a menudo como símbolo de actividad, poder y eficiencia (1 Sam. 2:4; 1 R. 20:11; Jb. 12:18, 21; 30:11; Sal. 109:19; Is. 23:10; 45:15; Hch. 12:8; Ef. 6:14; 1 P. 1:15).

Ciprés. Árbol de hoja perenne, cuya madera, muy duradera y fragante, se usaba para construir naves, viviendas, puertas, instrumentos musicales, etc. (2 Sam. 6:5; 1 R. 5:8, 10; 6:15, 34, 9:11; 2 R. 9:23; 2 Cro. 2:8; 3:5; Sal. 104:17; Is. 14:8; 37:24; 41:19; 55:13; 60:13; Ez. 27:5; 31:8; Os. 14:8; Nah. 2:3; Zac. 11:2). Abundaba en el Líbano.

Circuncisión. Pequeña operación quirúrgica practicada en el varón con el corte circular de una porción del prepucio. Se trata de una práctica muy difundida en Palestina y regiones colindantes desde la más remota antigüedad. La circuncisión fue practicada por primera vez por la familia de Abraham, después de su asentamiento en Canaán, convirtiéndose en el rito de alianza con Dios. Es la marca irrevocable de los descendientes de Abraham como miembros del pueblo escogido (Gn. 17:9-14.23-27). Abraham mismo se circuncidó a la edad de noventa y nueve años (Gn. 21:4). La sangre que se derrama con motivo de esta pequeña operación puede compararse con la sangre de la alianza: ratifica el pacto de sangre. A los ocho días del nacimiento todo varón debía ser cincuncidado.

Mediante la circuncisión el pueblo se consagraba a Dios física y espiritualmente (Éx. 6:12; Lv. 19:25; Dt. 10:16; 30:6; Is. 52:1; Jer. 4:4; 6:10; Ro. 2:25-29; Col. 2:11). La circuncisión es condición indispensable para participar en el banquete de la alianza, que es el banquete pascual (Éx. 12:48). Los gentiles convertidos al judaísmo, o prosélitos, habían de observar este ritual. En los adultos la operación resultaba peculiarmente dolorosa (Gn. 34:25; Jos. 5:8), precisaba tres días de reposo para que la inflamación bajase.

En sus primeros años de existencia, la Iglesia cristiana, de origen judío, pero abierta al mundo gentil, debatió el problema de la necesidad de circuncidar a los creyentes venidos del paganismo. El apóstol Pablo demostró con claridad que la circuncisión estaba ligada a la antigua Alianza: por eso la fe en Cristo la hace innecesaria (Ro. 2:25-29; Gál. 5:2-6; 1 Co. 7:19). Cristo es la verdadera circuncisión del cristiano (cf. Col. 2:11; Flp. 3:3). Ésta posición se encontró con la fuerte oposición de los elementos judíos dentro de las primeras comunidades cristianas, librando una batalla personal contra el apóstol de los gentiles, hasta la decisión del llamado Concilio de Jerusalén (Hch. 15:1). Pablo argumentó hábilmente que Abraham, «padre de todos los creyentes», recibió la justicia de Dios antes de su circuncisión (Ro. 4:11-12). Conforme al espíritu de la ley y del llamiento original del pueblo a ser un «pueblo santo», Pablo considera que ni la circuncisión ni la incircuncisión valen nada, sino la «nueva criatura» (Gál. 6:15). Esta es la verdadera «circuncisión de corazón y de espíritu». Para el mismo Pablo, que quizá busca un equivalente cristiano a la circuncisión, ésta guarda cierta relación con el bautismo, en cuanto ambos son ritos de iniciación y señales de pertenencia al pueblo de Dios, símbolos de pureza interior y renacimiento. Bautismo y circuncisión se corresponden en el significado espiritual. En Cristo el creyente es circuncidado, despojándose del cuerpo pecaminoso mediante la circuncisión que viene de Cristo, o sea, el bautismo, rito de sepultura y resurrección (cf. Col. 2:11-12).

Cirene. Colonia griega establecida en el siglo IV a.C. en las costas de África del norte, la actual Libia. Llegó a ser una ciudad grande e importante que dio nombre a la región: Cirenaica. Fue una de las cinco poblaciones griegas que formaban parte de la Pentápolis —«cinco ciudades»— griega en África. Desde el siglo III a.C. hasta la época romana estuvo bajo el dominio de los Ptolomeo lágidas de Egipto, y en el reinado de Ptolomeo I Sóter se establecieron en ella numerosos judíos que se organizaron en una colonia aparte, con sinagoga propia. En el año 75 a.C. la ciudad fue cedida a los romanos, que hicieron de ella una provincia. Simón, el que ayudó a Jesús con la cruz, parece que era judío cireneo (Mt. 27:32; Mc. 15:21; Lc. 23:26). Habitantes de Cirene se encontraban en Jerusalén el día de Pentecostés (Hch. 2:10), y dieron nombre a una sinagoga de Jerusalén; algunos convertidos de Cirene contribuyeron a fundar la iglesia gentil de Antioquía, donde Lucio de Cirene era miembro prominente de la comunidad (Hch. 6:9; 11:20; 13:1).

Ciro. Fundador del Imperio persa (c. 559-530 a.C.). Según la versión oficial, Ciro era hijo del príncipe persa Cambises I de Anshan, de la dinastía aqueménida, y de Mandane, hija de Astiages, rey del Imperio medo. En su persona se unifican los reinos medo y persa (555 a.C.), con capital en Pasargada, y como capital alternativa, Susa, antiguo centro urbano del sudoeste de Elam. A partir de ese momento inicia una carrera de conquistas que le convertirá en el héroe de Persia, pasando a ser conocido como Ciro el Grande, el Alejandro de Oriente, según los relatos embellecidos de Jonofonte.

Entre otros muchos, derrotó a Nabónido y tomó Babilonia (538 a.C.). En contrastre con los asirios y babilonios, Ciro alentó a pueblos desarraigados a que volviesen a sus países de origen y restaurasen los dioses en sus templos. Los judíos, cuya capital y cuyo templo yacían en ruinas, se encontraron entre aquellos a quienes benefició la benevolencia de Ciro. El cap. primero del libro de Esdras ofrece una versión del edicto de Ciro que pone fin al exilio judío en Babilonia (538 a.C.). Al hacerlo, Ciro no les concedió la independencia política, debían obedecer a los gobernadores designados por él en la región (cf. Neh. 3:7).

Judá pasó a formar parte de la satrapía de «más allá del río» (Esd. 8:36), que comprendía a Siria, Palestina, Fenicia y Chipre. Ciro murió durante una campaña contra los masagetas invasores, dejando a su hijo Cambises II como heredero. Ciro fue enterrado en Pasagarda, cuya tumba persiste hasta nuestros días en el moderno Irán.
Ciro es el rey no hebreo más celebrado del AT debido a su edicto del regreso de los judíos a su propia tierra y la reconstrucción del templo de Jerusalén. Los profetas lo presentan como «ungido» (*mesías*) y «pastor» de Dios (Is. 44:28; 45:1).

Cisterna. Estanque artificial cavado en tierra o en piedra para recoger y almacenar agua de lluvia o de un manantial (Prov. 5:15; Jer. 2:13). En Siria y Palestina la prolongada estación seca —de mayo a septiembre— obliga a almacenar el agua de lluvia en cisternas, para lo cual el suelo calcáreo de Israel facilita su construcción. Cisternas, tanques o pozos servían para la comodidad de los viajeros (Sal. 84:6) y abundaban en la rutas comerciales y pertenecían a su constructor o herederos (cf. (Nm. 21:22). Su destrucción o la expoliación de su rico tesoro, ponía en grave peligro a los pastores y sus rebaños, así como a los viajeros ocasionales (Is. 41:17,18; 44:3).

Ciudad. La ciudad antigua se distingue básicamente del poblado no por su número de habitantes, que podía ser igual o inferior, sino por sus «murallas», que protegían a los moradores y los bienes de la ciudad. La aldea se diferencia de la ciudad en que carece de defensas (cf. Lv. 25:29-31). Al principio los israelitas destruyeron y reconstruyeron las casas y los edificios de las ciudades que tomaron de los cananeos. Debido a su pasado nómada, tuvieron que aprender de sus vecinos el arte de edificar. Hasta los días de Salomón, en que el gobierno se centralizó, la ciudad no adquirió gran importancia en Israel como centro administrativo. Las casas se edificaban pobremente y adosadas unas a otras. No había pavimentación. Los desagües eran canales al aire libre. El principal espacio abierto era la puerta fortificada, que siempre se cerraba de noche para evitar la intrusión de enemigos.

Ciudad de Refugio. Ciudad en la cual una persona que hubiera matado a alguien involuntariamente podía ponerse a salvo del «vengador de sangre» y gozar del derecho de asilo (Nm.35:9ss.; Jos. 20:1ss.). A este fin se señalaron seis ciudades de refugio, tres a cada lado del Jordán. Fueron dadas a los levitas, y los ancianos de estas ciudades debían determinar si la muerte había sido causada por accidente o no; en caso afirmativo, el vengador de la sangre no estaba autorizado a dar muerte al homicida. Sin embargo, éste debía permanecer en la ciudad de refugio hasta la muerte del sumo sacerdote; sólo después podía volver a sus posesiones. Si salía de la ciudad antes de ello, y el vengador de la sangre le hallaba, éste podría darle muerte (Nm. 35:6-32; Jos. 20:2-9; 21:13-38; 1 Cro. 6:57, 67).

Cizaña. Planta de la familia de las gramíneas que crece entre el trigo y la cebada, a los que se parece mucho en su primera fase de crecimiento. Se acep_taba entre los judíos que se trataba de una especie degenerada de trigo. Las semillas de esta planta son venenosas para el hombre y para los animales herbívoros, sólo las aves están inmunes a su veneno. Las plantas pueden separarse, pero la costumbre es dejar la limpieza hasta que se aproxima la época de la cosecha (cf. Mt. 13:25-40).

Claudio. Cuarto emperador romano (41-54 d.C.), sobrino deTiberio, sucedió a su sobrino Calígula a la muerte de éste. Puso los cimientos de la edad de oro del Imperio y llevó a Roma a lo más alto de su historia. En el NT es mencionado en relación a la carestía y al hambre que sufrió el imperio a causa de una sequía prolongada. San Pablo organizó colectas en las iglesias de Asía y Siria a fin de socorrer a los cristianos podres de Jerusalén (Hch. 11:28). Más tarde se dice que expulsó de Roma a todos los judíos por causa de los disturbios de un tal Cresto; por cuyo motivo Aquila y Priscila se trasladaron a Corinto (Hch. 18:2).

Claudio Lisias. Comandante del ejército romano. Griego de origen, había comprado la ciudadanía romana (Hch. 22:28), llegó a tribuno o jefe de la guarnición de Jerusalén y encargado de la cohorte que guardaba la torre Antonia. Cuando Pablo fue arrestado, Lisias le protegió y actuó con presteza en apartarle de los que le rodeaban con intención de matarle. Aprovechando la noche envió a Pablo a Cesarea custodiado por dos centuriones. Allí fue entregado al procurador romano Félix (Hch. 23:26; 24:7, 22).

Clemente (lat. «benévolo, misericordioso»). Colaborador de Pablo en Filipos, al que el apóstol elogia, declarando que su nombre está registrado en el libro de la vida (Flp. 4:3). Una antigua tradición lo identifica con el obispo de Roma del mismo nombre (Eusebio, *Hist. ecl.* 3, 4; *Constitut. apost.* 7, 46).

Cleofás. Uno de los dos discípulos con los que Jesús habló en el camino de Emaús el día de su resurrección (Lc. 24:18).

Clopas. A menudo identificado con Alfeo, marido de una de las tres Marías y padre de Santiago el Menor (Mt. 10:3; Mc. 3:18; Lc. 6:16; Jn. 19:25; Hch. 1:13). Etimológicamente la identificación de los dos nombres ofrece serias dificultades. La Escritura no proporciona datos suficientes y la pregunta de la identidad de Alfeo y Clopas está aún abierta.

Cloé (gr. «pequeño brote»). Mujer cristiana de Corinto, en cuya casa se reunían los creyentes (1 Co. 1:11). Por ellos Pablo quedó informado de las contiendas y divisiones de la iglesia en la ciudad de Corinto.

Coat (heb. «asamblea» o «aliado»). Hijo segundo de Leví (Gn. 46:11; Nm. 3:19), del que poco se sabe. Entró en Egipto al bajar allí Jacob, y murió a la edad de 133 años (Éx. 6:18). Sus descendientes formaron una de las tres grandes divisiones de la tribu levítica, los coatitas (Nm. 3:27, 30; 4:18, 34, 37; 10:21; 26:57; 2 Cro. 34:12). Tenían a su cargo el transporte del Arca y de los objetos sagrados (Éx. 6:16; Nm. 4:4-6). La herencia de los coatitas, que no eran sacerdotes, cayó en la media tribu de Manasés, en Efraín (1 Cro. 6:61-70) y Dan (Jos. 21:5, 20-26).

Cobre. Metal conocido desde la prehistoria, lo utilizaron mucho los griegos y romanos, sobre todo en aleación con el estaño, de la que resulta el bronce. El cobre es un metal rojo claro, muy dúctil y maleable. Faltan datos para fijar el proceso de la metalurgia antigua, con todo, cabe sospechar que los primeros metales conocidos serían los que se encuentran en estado nativo o son de fácil obtención de los minerales que los contienen. Acaso el oro fuera el primero y el cobre se descubriría al buscarse aquél.

Cocodrilo. Animal referido en heb. bajo el nombre de *Leviatan* en Jb. 41. Se han hallado restos de cocodrilo en las cuevas del monte Carmelo. En Egipto era tenido por una animal sagrado, al que se atribuían dotes vaticinadoras y contaba con centros de culto en Ombos, Copto y Tebas.

Códice (lat. «tronco de árbol»). El *códice* fue en su origen un simple cuaderno de dos o más tablillas enceradas utilizado en usos domésticos, del que se derivan nuestros libros modernos formados por *cuadernillos* cosidos o pegados. La adopción cristiana del códice como soporte para sus obras literarias fue una medida muy útil no sólo para la comunidad cristiana en particular, sino para la humanidad en general. El códice garantizaba una más larga duración porque estaba protegido por la encuadernación, su almacenamiento era más fácil, lo mismo que su transporte por ser plano y tener menos volumen, favorecía una capacidad muy superior, pues admitía la escritura por las dos caras y en él resultaba fácil encontrar un pasaje (por eso fue adoptado también por los profesionales del derecho).

Códices Bíblicos. Casi la totalidad del AT fue escrita en hebreo, excepto algunos fragmentos arameos, de él se hicieron diversas versiones griegas de las que se conservan varios códices de importancia en función de su antigüedad. No se conserva ningún códice hebreo antiguo, debido a la costumbre judía de dejar que los manuscritos en desuso se destruyan en la genizah. Suelen constar, además del texto consonántico, de los signos vocálicos, los acentos y la masora, que estaban prohibidos en los rollos rituales del Pentateuco. En los márgenes de los códices bíblicos conservados se encuentran a veces referencias a otros códices que exhibían un texto diferente en ciertos pasajes, tales signos considerados de gran autoridad, pero sólo han llegado a nosotros las referencias. Sólo el descubrimiento en 1948 de los manuscritos de Qumrán introdujo un nuevo capítulo en la historia del texto hebreo, que se remonta a los siglos II a.C. y I d.C.
El NT fue escrito completamente en griego, y los códices griegos existentes se dividen por el tipo de letra en *unciales* y *cursivos*. Los primeros están escritos con letras mayúsculas, y son los más antiguos, los segundos, con minúsculas, más tardíos, comienzan en el siglo IX.

Codorniz. Ave migratoria que abandona Europa en otoño y en grandes bandadas cruza Palestina y la península de Sinaí, y se establece en África, de la que regresa a millares en marzo. Es la más pequeña de las perdices; vuela rápidamente a favor del viento; pero si éste cambia de dirección, o si las aves se han extenuado por un largo vuelo, caen al suelo aturdidas y pueden ser capturadas en grandes cantidades. Los árabes conservan su carne seca y salada. Los israelitas tuvieron providencialmente gran abundancia de ellas para alimentarse en el desierto (Éx. 16:12, 13; Nm. 11:31-34).

Cohorte. Unidad romana de tropa de cerca de 500 hombres al mando de un tribuno. Se la cita en diversos lugares del NT, aunque la voz original se traduce de diferentes formas (Mt. 21:27; Mc. 15:16; Jn. 18:3,12; Hch. 21:31).

Cojo. La cojera, como todas las demás enfermedades, deformidades o carencias, se consideraba resultado del pecado. Por ello se explica la prohibición del ejercicio del sacerdocio, en la economía mosaica, a los cojos, como a los que sufrían otras dolencias (Lv. 21:18). La cojera, como imperfección, era también causa de exclusión de cualquier animal para el sacrificio. Mefi-boset, hijo de Jonatán, quedó cojo en su niñez (2 Sam. 4:4), lo que le inhabilitaba para el ejército, ya que los soldados estaban obligados a realizar largas marchas y rápidas maniobras. En la evangelización de Jesús se cumplen las señales esperadas, lo que parecía impensable, lo que anunciaron los profetas respecto al Mesías (Is. 35:6). Por la palabra de Jesús los paralíticos se levantan y los cojos andan (Mt. 11:5). Generalmente la palabra de perdón de los pecados precede a la curación, perdón que es sentido por los fariseos como una blasfemia (Mc. 2:12). Por la autoridad de Jesucristo, los apóstoles también sanaron a varios cojos (Hch. 3:1-10; 14:8-10).

Colaborador. Nombre dado a quienes trabajaron juntamente con el apóstol Pablo en sus labores misioneras, a quienes él asocia en su ministerio como «colaboradores» (Ro. 16:3, 9, 21; 1 Co. 3:9; 2 Co. 1:24), y «ayudadores» (1 Co. 8:23; Flp. 2:25; 4:3; Col. 4:11; 1 Ts. 3:2; Flm. 1, 24).

Colgar. Forma de castigo muy común en Egipto y Palestina; después de ejecutado el criminal, se colgaba su cadáver en un árbol o poste. Si el cadáver se dejaba a merced de las aves de rapiña era aún más denigrante el castigo, y ejemplar para el pueblo. Los restos del colgado se sepultaban secretamente y de noche (Dt. 21:23). Colgar o crucificar a una persona viva era un castigo persa (cf. Esd. 6:11), no común en Israel hasta el reinado de los Herodes, que introdujeron esta costumbre entre los judíos, según Josefo. También era un modo de suicidarse (2 Sam. 17:23; Mt. 27:5).

Colosas (gr. «colosal»). Ciudad situada al suroeste de la antigua Frigia, emplazada en el pintoresco valle del Lico, afluente del Meandro y cercana a su desembocadura. Próxima a la ciudad de Éfeso, de la que distaba unos 180 km, limitaba con Laodicea y Hierápolis. Colosas fue una ciudad rica y muy poblada en época de Herodoto, en tiempos de san Pablo, sin embargo, era sólo una pequeña población casi sin importancia. Pablo no misionó personalmente en Colosas (cf. Col. 2:1). Parece que Epafras, un discípulo de Pablo, había fundado una iglesia en la ciudad, o que, al menos, ayudó a establecerla (Col. 1:7); pudo haberse fundado mientras el apóstol Pablo trabajaba en Éfeso (Hch. 19:10).

Colosenses, Carta. Carta del *corpus paulino*, del grupo de las «cartas de la cautividad» (Flp., Col., Ef., Flm.), relacionada ciertamente con el círculo de Pablo, pero que muchos autores consideran no auténtica, aunque no hay pruebas suficientes que lo demuestren. Los escritores antiguos siempre la atribuyeron a Pablo: Justino Mártir (*Dial. con Trifón*); Teófilo (*ad Autol.* 2); Ireneo (*Adv. Haer.* III,14,1); Clemente de Alejandría (*Strom.* I); Tertuliano (*de Praescr.* 7; *de Resurr.* 23); Orígenes (*Contra Celso*, V, 8).

Algunos historiadores piensan que esta epístola fue escrita durante la prisión de Pablo en Cesarea (Hch. 23:35; 24:27), pero es inconsistente con los datos que tenemos sobre la naturaleza de la prisión, que al parecer no dejaba demasiado margen de libertad a Pablo. Más correcto parece ser que la carta haya sido redactada en el año 63 cuando Pablo se encontraba en una prisión romana (Col. 4:3.18 cf. Hch. 28:16, 30) y gozaba de relativa libertad de movimientos.

Esta carta tiene una gran importancia teológica por su desarrollo acerca de la obra cósmica de Cristo. Pone en evidencia la relación que existe entre la historia de la salvación y la creación entera. Extendiendo así el horizonte cristiano al universo, aborda un problema de gran actualidad en la antigüedad y en nuestros días, y los trata sin traicionar la esencia del Evangelio en beneficio de una filosofía determinada.

La carta comienza con el acostumbrado saludo (1:1-3). Dice el apóstol que tiene siempre presente a la Iglesia en sus oraciones, y da gracias a Dios por su fe, caridad y esperanza en los bienes futuros que le promete el verdadero Evangelio, el cual se anuncia ya en todo el mundo (1:23), fructifica y crece de continuo, y fue anunciado a los colosenses por medio de Epafras; éste, que se encuentra con el apóstol prisionero, le ha narrado el buen estado de la Iglesia, pero también los peligros que corre (1:4-8; cf. 4:12 s.). A sus acciones de gracia añade el apóstol constantemente una súplica: que Dios conceda a los colosenses pleno conocimiento y sabiduría, para que den fruto de buenas obras, soporten animosos las penalidades de la vida y sean agradecidos a Dios por la gloria que les tiene preparada, puesto que ya aquí abajo les ha sacado de las tinieblas del mundo al reino de su Hijo, «en quien tenemos redención por su sangre, el perdón de los pecados» (1:4-14).

En la parte dogmática (1:15 a 2:3) ilustra el apóstol a sus lectores acerca de la persona de Jesucristo, que descuella sobre todos los coros angélicos (cf. (He. 1:1ss.). Él es la figura visible del Padre invisible, el Creador increado y el conservador del mundo, principio y fin del universo, del mundo terreno y del celeste, cabeza de la Iglesia (1:15-29). En Él encontrarán los colosenses la salvación, si perseveran en la fe y permanecen inconmovibles en la «esperanza del Evangelio» (1:21-23). Al añadir aquí el apóstol las palabras: «del cual yo Pablo fui hecho ministro» (1:23), les llama la atención sobre los lazos que con ellos les unen, lo cual le da aliento y valor para escribirles, por más que él no ha fundado personalmente su iglesia. Él es «ministro del Evangelio», por el cual padece; y padece con alegría, porque sus padecimientos redundan en bien de los colosenses, tienen la virtud de corroborarlos y fortalecerlos en la fe, y sobre todo contribuyen a que se colme la medida de las tribulaciones que ha de sufrir en este mundo el Cristo místico; es decir, la Iglesia, hasta el fin de los siglos. Pues precisamente para servir a la Iglesia en calidad de «ministro del Evangelio» fue llamado; está, pues, obligado a llevar a feliz término la Palabra de Dios, predicándola a los gentiles. El fondo de estas palabras de Dios es el divino decreto, oculto antes, pero ahora manifiesto, de la redención por Cristo, sólo en el cual podemos esperar la gloria futura. Anuncien otros —los falsos doctores— lo que quieran; pero nosotros anunciamos con fatigas, penalidades y cuidado, pero con la virtud de la gracia, sólo a Cristo, en el cual están encerrados todos los tesoros de la sabiduría y de la ciencia (1:24-2:3).

En la parte polémica (2:4-23) les exhorta el apóstol a estar firmes en la fe, como el árbol que tiene sus raíces en el suelo, como la casa que sustenta en los cimientos (2:4-7). Nadie os deslumbre con doctrinas de una «filosofía» inútil y falaz y con vanas sutilezas, con doctrinas fundadas en opiniones de los hombres, con máximas que no pasan de los elementos religiosos, teóricos y prácticos (cf. Gál. 4:3, 9:10) y que no tienen por norma y fin a Cristo. ¡Qué desatino, si os dejaseis en gañar! Porque en Él habita corporalmente toda la plenitud de la Deidad; en Él ha tomado figura corpórea el Dios invisible (cf. Tit. 2:11; 3:4). En Él habéis sido hechos partícipes de esta plenitud (cf. Jn. 1:16). Él es la cabeza de todo principado y potestad; y no tienen razón los herejes cuando os hablan de otras potestades celestiales superiores a Cristo. En Él fuisteis circuncidados en una circuncisión, no carnal o hecha por mano que cercene la carne del cuerpo, a la cual dan mucha importancia los herejes, sino espiritual, por la virtud de Dios; pues con Él fuisteis sepultados en el bautismo, en el cual fuisteis también resucitados con Él, mediante la fe en el poder de Dios que le levantó de los muertos. Y a vosotros, estando muertos en pecados y en la incircuncisión de vuestra carne, os dio vida juntamente con Él, perdonándoos todos los pecados. Porque con la sangre que derramó en la cruz Cristo borró la cédula de culpabilidad que hablaba contra vosotros. Con esto despojó a los principados y potestades, los sacó a la pública vergüenza triunfando de ellos por su propia virtud; y los herejes no tienen razón al establecer principados y potestades superiores a Cristo (2:8-15).

La piedad externa (fiestas, luna nueva, día de reposo), y el ascetismo de los herejes (templanza en la comida y bebida, probablemente en lo tocante a carne y vino, acaso como preparación para el trato con el mundo superior) son desechados por el apóstol como engaño y quimera, pues por la unión con Cristo, su cabeza, reciben los creyentes las gracias necesarias, forman un cuerpo vivo y crecen en verdad, como Dios quiere (2:16-23).

En la parte parenética expone el apóstol la vida moral del cristiano: «Si, pues, habéis resucitado con Cristo, buscad las cosas de arriba, donde está Cristo sentado a la diestra de Dios. Poned la mira en las cosas de arriba, no en las de la tierra. Porque habéis muerto, y vuestra vida está escondida con Cristo en Dios. Cuando Cristo, vuestra vida, se manifieste, entonces vosotros también seréis manifestados con Él en gloria (3:1-4)».

Por esto es preciso frenar la naturaleza pecadora y todo apetito pecaminoso: «Despojaos del viejo hombre con sus hechos, y revestíos del nuevo, el cual conforme a la imagen del que lo creó, se va renovando hasta el conocimiento pleno» (3:9-10).

Ande cada uno en el amor y busque la perfección en su estado: los casados, los hijos y los padres, los esclavos y los señores (3:18-4:1; cf. exhortaciones análogas y más por menudo en Efesios 5:22-6:9). Siguen luego avisos particulares (4:2-6).

Las observaciones de carácter personal nos permiten conocer las amistades de Pablo en la prisión de Roma. Se termina la carta con un saludo de su propio puño y con la bendición apostólica.

Ha habido mucha discusión acerca de ésta. Prob. era una mezcla de doctrinas judías y de teorías que más tarde cristalizaron en el gnosticismo. Parece ser que estas comunidades de Asia eran un terreno fértil para esta clase de especulaciones. El elemento judaico aportaría el ceremonial que el apóstol refuta (2:16) y el elemento gnóstico introduciría las especulaciones filosóficas, el culto a los ángeles y el ascetismo (vv. 8,18, 20-23). Términos como pleroma-plenitud; gnosis-conocimiento; epignosis-pleno conocimiento; sofía-sabiduría, etc., eran corrientes en el gnosticismo para describir los misterios vedados a la mayoría de los fieles; Pablo, según su peculiar método misionero, emplea estos mismos términos para hacer ver que son para todos los creyentes en Cristo, al mismo tiempo que les da un significado mucho más elevado.

Comercio. Actividad casi tan antigua como la humanidad, por la que unos grupos sociales cambian bienes con otros, dando lugar, como un efecto colateral, al trasvase de ideas culturales. La primera mención que se hace en la Biblia de una transacción comercial es la compra de un campo por Abraham a Efrón heteo (Gn. 23:3-20). En el v. 16 se menciona el dinero a peso, el siclo, de curso aceptado entre los mercaderes. Con todo, los judíos no destacaron por ser grandes comerciantes, dedicados durante siglos al pastoreo y la agricultura. Canaán, sin embargo, era una encrucijada de las rutas mercantiles, uniendo Mesopotamia con Egipto (cf. Gn. 37:25, 28). De ello sacó gran partido Salomón, al controlar esta ruta (1 R. 10:14-29; 1 Cro. 9:13-28). Posteriormente, Judá se dedicó a comerciar con Egipto (Os. 12:1), mientras Israel traficaba con sus vecinos del norte (1 R. 20:34). Después del exilio se hace mención de los feriantes que iban a Jerusalén (Neh. 13:16ss.). Los judíos exportaban trigo, miel, aceite y resina (Ez. 27:17), entre otras cosas.

No se establecía ningún precio fijo sobre las mercancías. Ordinariamente el comprador y el vendedor se enzarbaban en una larga y a veces acalorada acción de regateo. El comerciante comenzaba pidiendo un alto precio y el comprador ofreciendo un precio bajo. A partir de ese momento el regateo seguía con toda seriedad. Cuando se concertaba la venta, el comprador se alejaba proclamando su espléndido ajuste de precio, y era grandemente admirado por el vendedor (cf. Prov. 20:14). Ni los profetas ni los libros sapienciales condenan la actividad comercial en sí misma, sino los peligros morales de la profesión dada al abuso, el engaño y el robo en la transacción (cf. Lv._19:36; Eclo. 26:29; 27; 2; 42:5).

Comunión. Relación dentro de la cual dos partes tienen alguna cosa en común, asociación. Los creyentes tienen comunión con el Padre y con el Hijo (1 Jn. 1:3), con el Espíritu Santo (2 Co. 13:13), y unos con otros (1 Jn. 1:7). Por ello deben andar en la luz, practicar la verdad, dejarse así purificar de todo pecado (1 Jn. 1:6-7). El mismo Dios nos llama a esta comunión de su Hijo (1 Co. 1:9), basada en la comunión con el sacrificio de su cuerpo y de su sangre (1 Co. 10:16), yendo también hasta la comunión de sus sufrimientos (Flp. 3:10; 1 P. 4:13).

Estando así unidos al Señor, los primitivos cristianos perseveraban en la comunión fraternal, poseyéndolo todo en común, hasta el punto de ser todos de un corazón y de un alma, e incluso una sola bolsa (Hch. 2:42, 44-45; 4:32). Pablo puede exhortar de manera semejante a los filipenses: «si hay alguna comunión del Espíritu», a tener un mismo amor, una misma alma, y un solo y mismo pensamiento (Flp. 2:1-2). Así, la *koinonía* no es solamente «espiritual», sino que se extiende al dominio de lo más práctico. De hecho, el mismo término griego significa también «ofrenda» (Ro. 15:26), «ayuda», «participar», «libertad»

(2 Co. 9:4; 9:13; He. 13:16). Aparte de esto último, la comunión no sería más que una entelequia teórica y carente de significado. El adjetivo *koinonos* significa también «socio» (Lc. 5:10; 2 Co. 8:23; Flm. 17). Los socios participan en una empresa y/o en unos bienes comunes. De ahí la utilización del término *koinonos* en expresiones como «participantes de la gloria» (1 P. 5:1); y «participantes de la naturaleza divina» (2 P. 1:4).

Concilio (gr. *synedrion*, «sentados juntos»). Asamblea formal o senado. En el NT se refiere siempre a los «concilios» judíos, en especial el Sanedrín, el Gran Concilio de Jerusalén, o Corte Suprema de la nación, compuesto de 71 miembros prominentes de las familias del Sumo Sacerdote, de los ancianos y de los escribas. En plural hace referencia a los «tribunales» locales subordinados al Sanedrín (Mt.10:17; Mc. 13:9). El judaísmo rabínico afirma que su origen está en los setenta ancianos elegidos para asistir a Moisés (Nm. 9:16,17, cf. Dt. 16:18; 2 Cro. 19:5); pero nada se dice de tal concilio en la época del reino. Su origen parece estar en la época de los Macabeos. En el tiempo de Cristo, la función del Concilio de Jerusalén estaba restringida a dictar excomulgaciones o anatemas (cf. Jn 16:2), y también a infligir castigos corporales (2 Co. 11:24). En ocasiones los gobernantes romanos permitían que el Sanedrín juzgara causas importantes y pronunciara sentencias de muerte, con la condición de que tal sentencia fuera validada por el procurador romano (Jn. 18:31).

Concilio de Jerusalén. Se denomina así a la reunión apostólica de la comunidad cristiana en Jerusalén para dilucidar el problema de la integración de creyentes venidos de la gentilidad en el movimiento judeocristiano y la responsabilidad de la labor misionera entre ellos (Hch. 15). Muchos de los judíos que habían creído en Cristo insistían en que los creyentes procedentes de la gentilidad debían circuncidarse y guardar toda la Ley de Moisés (Hch. 15:1). Si bien no lograron imponer sus ideas en Jerusalén, no cejaron en su intento de introducirlas en otras iglesias, y así lo hicieron en Antioquía. Alegando ir «de parte de Jacabo» (Gál. 2:12), enseñaban como requisito indispensable para ser salvo someterse al rito de la circuncisión y la observancia de la ley. A su regreso de su primer viaje misionero por los años 49-50, Pablo y Bernabé hallaron perturbados y confundidos a los cristianos antioquenos. El confrontamiento fue inevitable. Al parecer, no siendo posible conciliar las posturas, se decidió consultar con los apóstoles y dirigentes eclesiásticos residentes en Jerusalén. Pablo y «algunos otros» fueron encomendados y dirigidos a reunirse con ellos. Fue así ésta la primera vez que los cristianos celebraron una consulta teológica, a la que, desde

entonces se ha denominado «Concilio de Jerusalén». Tan transcendental encuentro no fue convocado ni por los apóstoles ni por la Iglesia «madre» de Jerusalén, sino por los cristianos antioquenos.
Después de las vivas discusiones que debieron tener lugar, Jacobo dio la decisión final y definitiva de parte de Dios, de que los creyentes procedentes de la gentilidad quedaban exentos totalmente de la ley. Solamente debían guardar aquellos preceptos referidos a la idolatría; a comer sangre y a la fornicación (Hch. 15:20, 28). Fuera de estas cosas «necesarias» los creyentes de la gentilidad quedaban libres de todas las cargas en la libertad de Cristo.

Concubinato. Costumbre de formar una especie de unión duradera con una mujer que no es la esposa, practicada en el contexto de la poligamia. Las concubinas eran como esposas secundarias, consortes de rango inferior respecto a la esposa principal. La concubina podía ser una esclava o una prisionera de guerra (Gn. 16:3; 22:24; 36:12; Dt. 21:10-11; Jue. 5:30; 2 Sam. 5:13; etc.), por lo que su posición social siempre era inferior a la de la esposa legal, por lo general perteneciente a la misma tribu. Los hijos de las concubinas, aunque plenamente reconocidos, no tenían el mismo derecho a la herencia que los hijos de la esposa principal (Gn. 25:6; cf. Gál. 4:30).
En ocasiones eran esclavas dadas por las esposas infértiles a sus maridos para tener descendencia (Gn. 16:2, 3; 36:12). Tal fue el caso de Abraham, Jacob y Nacor. Pero también obedecía a una costumbre generalizada en el Próximo Oriente. Bastaba codiciar a mujer cautiva para tenerla: «Si entre los cautivos ves alguna mujer hermosa y la deseas y la quieres tomar para ti como mujer» (Dt. 21:11).
Abraham tuvo una concubina (Gn. 25:6), así como Jacob (Gn. 35:22), Elifaz (Gn. 36:12), Gedeon (Jue. 8:3) y Saúl (2 Sam. 3:7). David tuvo nueve mujeres y varias concubinas (1 Sam. 5:13; 15:16; 16:21), Salomón, una multitud (1 R. 11:3). El harén era índice de un alto nivel económico, social o político. Tras la cautividad, la monogamia es la regla general, aunque la legislación hebrea reconoce la bigamia como un hecho legal (Dt. 21:15) y distingue entre esposa y concubina. El judaísmo rabínico considera que la concubina está legalmente casada.
El cristianismo rechaza esta práctica, reconociendo la relación conyugal monógama tal como Dios la estableció «al principio» (Mt. 19:8, 9; cf. Gn. 2:23, 24; 1 Ti. 3:2, 12; Tit. 1:6), y por ende la santidad del lazo matrimonial en aquellos que Dios ha unido entre sí.

Congregación. Nombre común dado a la agrupación colectiva del pueblo de Israel, a partir de su salida de Egipto, unida por vínculos religiosos más bien que políticos (Éx. 12:3; 16:1-2; Lv. 4:13-15; Nm. 1:2, 16; etc.) A veces se usa en un sentido amplio, que incluye a los extranjeros afincados (Éx. 12:19), pero es propiamente un término para referirse única y exclusivamente a los elementos hebreos de la población (Nm. 15:15); en ambos casos expresa la idea romana de *civitas* y la griega de *politeia*. Todo hebreo circunciso «natural de la tierra» (Éx. 12:19; Lv. 16:29; Nm. 9:14) era miembro de la congregación y tomaba parte en sus vicisitudes, prob. desde el tiempo en que era capaz de portar armas. Pero a diferencia de griegos y romanos, el hebreo no adquiría derechos políticos en cuando individuo, sino solamente como miembro de una familia, unidad básica de la política hebrea. Los «forasteros» asentados en la tierra, también eran admitidos en la congregación de Israel siempre y cuando estuvieran circuncidado (Éx. 12:19; Nm. 9:14; 15:15).

Social y políticamente la congregación era un sistema de representación patriarcal; cada familia, cada tribu estaba representada por su cabeza o padre. Estos delegados eran llamados «ancianos» o «príncipes» y a veces «hombres de renombre» (Nm. 16:2). Su número era tan grande que Moisés creyó conveniente hacer una selección de 70 de ellos, que compusieron una especie de cuerpo especial (Nm. 11:16). Cuando la ocasión lo requería, la totalidad del pueblo era convocado mediante el sonido de dos trompetas de plata al lugar de reunión, en la puerta del Tabernáculo (Nm. 10:3). Las ocasiones de tales asambleas generales eran solemnes servicios religiosos (Éx. 12:47; Nm. 25:6; Jl. 2:15), o la recepción de nuevos preceptos (Éx. 19:7, 8; cf. Hch. 7:38 y la práctica del Concilio de Jerusalén, Hch. 15:22).

Los ancianos eran convocados por el toque de una trompeta, a la orden del sumo sacerdote (Nm. 10:4); ellos representaban a toda la congregación y actuaban como un tribunal de justicia para casos de delitos capitales (Éx. 3:16; 12:21; 17:5; 24:1; Nm. 15:32; 35:12). Estaban comisionados para ejecutar la sentencia (Lv. 24:14; Nm. 15:35). Ejercían su soberanía estableciendo tratados, haciendo la paz o declarando la guerra (Jos. 9:15). El pueblo quedaba ligado absolutamente a los hechos de sus representantes, incluso en los casos en que no estaban de acuerdo (Jos. 9:18). Después de la ocupación de Canaán, la congregación sólo fue convocada para asuntos de máxima importancia. Los delegados eran convocados por mensajeros (2 Cro. 30:6) a reunirse en los lugares señalados, frecuentemente en Mizpa (Jue. 10:17; 11:11; 20:1; 1 Sam. 7:5; 10:17; 1 Mac. 3:46).

La congregación ocupó un puesto importante durante la teocracia. Toda la congregación o pueblo de Israel participó en la elección de reyes como Saúl (1 Sam. 10:17), David (2 Sam. 5:1), Jeroboam (1 R.

12:20), Josías (2 R. 21:24), Joacaz (2 R. 23:30), y Uzías (2 Cro. 26:1). Después de la cautividad, la congregación estuvo representada por el Sanedrín y la sinagoga.

Consagrar. Acto por el que una persona o un objeto son separados para el servicio y el culto del Señor. En el antiguo Israel todos los primogénitos de los hombres y de los animales eran así santificados y consagrados a Dios (Éx. 13:2). Toda la descendencia de Abraham debía llegar a ser un «reino de sacerdotes, y gente santa» (Éx. 19:5-6; 1 P. 2:9). Debido a la caída de Israel en la idolatría tras el becerro de oro, solamente la tribu de Leví y la casa de Aarón heredaron el sacerdocio (Éx. 32:29, etc.). Así fue como en un sentido inmediato los levitas fueron sacados de entre el resto de Israel y dedicados sacralmente al servicio del santuario (Nm. 3:12). Ana ofreció su hijo a Dios para servirle de por vida en el santuario (1 Sam. 1:11; cf. Lc. 1:15).
Aparte de estas consagraciones personales para el culto, el pueblo estaba obligado a consagrar los diezmos y las primicias (Lv. 19:24; 27:30, 32), al botín tomado en batalla (Lv. 27:28, 29; Jos. 6:19), las ofrendas dadas voluntariamente al Señor (1 Cro. 29:2-5; 2 Cro. 31:6).
Siguiendo esta línea de pensamiento, los autores del NT también presentan a la nueva comunidad cristiana como el pueblo adquirido por Dios y consagrado para anunciar el mensaje glorioso del Evangelio (1 P. 2:9).

Constelación. Conjunto de estrellas. Los hebreos no se preocuparon mucho por conocer las constelaciones en particular, ni la cosmología en general. Todas las fuentes se reducen a contados pasajes bíblicos, principalmente del libro de Job y de Amós (Jb. 9:9; 38:31; Am. 5:8).

Conversión. Desde el punto de vista religioso, es la vuelta o retorno a Dios. Se habla de conversión, porque se presupone una situación errada, un camino equivocado. Hay necesidad de conversión cuando la relación con Dios está afectada por el pecado y precisa de ser restaurada. La predicación de conversión es central en el mensaje profético, que ahonda en la dimensión interior de la religiosidad y su dimensión social de justicia. Los profetas claman contra Israel porque, sin dejar de ser religiosos, ha dado la espalda al Dios que llama a la justicia entre los semejantes. Israel no tiene que ofrecer más sacrificios, sino volverse, convertirse de corazón, para escapar al castigo colectivo (Os. 6:1-3; 7:10-12; Am. 4:6,11). La insensibilidad de corazón del pueblo es ya una evidencia de juicio divino, para que no «entienda con su corazón, y se vuelva a mí, y yo lo sane» (Is. 6:10). Jeremías y Ezequiel, en especial, enfatizan esa dimensión interior y personal de la conversión como una aceptación de la alianza de Dios grabada en el corazón (Jer. 31:33; 32:37-41; Ez. 11:19; 18:19-32; 36:24-2), lo cual preludia y anticipa el mensaje de Jesús de Nazaret. La crítica profética ataca el culto y el ritual cuando éstos ocultan la falta de compromiso y misericordia (cf. Is. 58:5-7). De este modo los profetas indican tanto el aspecto interior, personal, de la conversión, como el aspecto social, de justicia (Is. 55:6-7).

La necesidad de conversión es absolutamente fundamental en el mensaje de Jesús; implica primeramente un arrepentimiento que se manifiesta en el deseo de abandonar el pecado y obrar de acuerdo a la nueva fe, por la que uno se entrega totalmente a Dios (Mt. 3:8; Mc. 1:15; Hch. 20:21; 26:18; He. 6:1). A partir de este momento, algunos apóstoles utilizan el lenguaje de la nueva vida o nueva creación. La persona convertida «ha pasado de muerte a vida» (Jn. 5:24). En un sentido muy real, «ha nacido de nuevo» en virtud del poder del Espíritu Santo (cf. Jn. 3:3ss.). «De modo que si alguno está en Cristo, nueva criatura es; las cosas viejas pasaron; he aquí todas son hechas nuevas» (2 Co. 5:17; cf. Gál. 6:15).

Como en el caso de Pablo, aunque no siempre con el mismo dramatismo, la conversión es una orientación total de la propia vida referida a la persona del Señor Jesús. En sentido espiritual, la conversión es un encuentro con Jesús, unida invariablemente al seguimiento de Jesús, en cuanto encarnación de la salvación y del reino de Dios (cf. Mt. 9:9; Lc. 19:9). Jesucristo, que es el centro de la fe, será también el fundamento y alma de la conversión y seguimiento de los creyentes en Él, llamados a participar en el misterio de su vida resucitada y glorificada.

Corazín. Ciudad en la que Jesús efectuó algunas de sus poderosas obras, y sobre la que se pronunció una denuncia o «¡ay!» (Mt. 11:21; Lc. 10:13), extensiva a las ciudades vecinas de Betsaida y Capernaum, próximas todas al mar de Galilea. Corazín está identificada con las ruinas de Kerazeh.

Corazón. Órgano central de la vida física, que es necesario sustentar como se sustenta el cuerpo (Gn. 18:5; Jue. 19:5; Sal. 104:15). A la vez, el corazón es el asiento de la fuerzas del alma, inteligencia y facultades espirituales; y de los sentimientos y las pasiones. Es lo «interior» del hombre, que sólo Dios conoce (1 Sam. 16:7; Jer. 17:10). En el corazón habitan los pensamientos del hombre (Jue. 5:15ss.); con él se es sabio y entendido por la gracia de Dios (Éx. 36:2; 1 R. 3:12; Prov. 16:21); en

él reside el dolor (Jer. 4:19; Is. 65:14) y la alegría (Dt. 28:47; Jue. 19:9; Zac. 10:7; Jb.. 29:13). En cuanto designa la totalidad del ser humano, «con todo el corazón», equivale a «con toda el alma» (Dt. 4:29; 6:5; 10:12; 30:2, 6, 10; cf. Mt. 22:37; Mc. 12:30; Lc. 10:27).
El corazón puede endurecerse hasta el punto del olvido de Dios y su justicia (Éx. 4:21; 9:7; Prov. 28:14; 2 Cro. 36:13), equivalente a «cerrarlo» (Is. 44:18); de ahí el constante llamado profético a su apertura y «conversión de corazón» (Dt. 30:2,10; Jer. 24:7; 29:13; Ez. 11:19; Jl. 2:12-13; Mal. 4:6), a la «circuncisión espiritual», no física (Dt. 10:16; 30:6; Jer. 4:4).
Jesucristo, haciéndose eco de los profetas del AT se refiere con frecuencia a la «dureza de corazón» (Mt. 19:8; Mc. 10:5; 16:14). En principio el mensaje predicado por Jesús y sus apóstoles corresponde al cumplimiento de las profecías que hablaban de un «corazón nuevo» como la esencia del culto a Dios y del cumplimiento de su Ley. De la primitiva comunidad se dice que era un «un solo corazón y una sola alma» (Hch. 4:32). El Evangelio tiene que aceptarse en el corazón (Ro. 10:9), y Dios da la capacidad al oyente de recibir las buenas nuevas con un «corazón bueno y recto», lo cual da fruto (Lc. 8:15). También los apóstoles se preocupan de exhortar sobre la necesidad de «purificar los corazones» (Stg. 4:8), cuyo resultado es «el amor fraternal no fingido, amaos los unos a los otros ardientemente y de corazón puro». En la nueva creación hay un «puro corazón», siendo conducido el cristiano por el Espíritu Santo (1 Ti. 1:5; 2 Ti. 2:22; 1 P. 1:22). Lo que era el Templo en la antigua dispensación para los adoradores, es ahora el corazón para los creyentes del nuevo pacto, el templo por excelencia (1 Co. 3:16).

Corbán, transcripción del heb. *corban* «ofrenda», que denota cualquier cosa consagrada u ofrecida a Dios, y particularmente la pronunciación de un voto. Los fariseos permitían, y quizá alentaban, a los hijos que consagraran sus propiedades a Dios, y que después rehusaran ayudar a sus padres, bajo la excusa de que sus bienes eran «corbán», o consagrados, pasando a formar parte del «tesoro de las ofrendas» o *korbanas* (cf. Mt. 27:6). Un dicho rabínico decía: «Es duro para los padres, pero la ley es clara, hay que guardar los votos». Jesús reprocha a las autoridades judías religiosas por este tipo de votos como una de las tradiciones por las que anulaban la palabra de Dios (Mc. 7:11).

Cordero. Cría de oveja de uno a tres años de edad. Por su mansedumbre e inocencia era el animal predilecto para la realización de sacrificios. Era la ofrenda diaria sobre el altar, uno por la mañana y otro por la tarde: «Esto es lo que ofrecerás sobre el altar cada día, continuamente: dos corderos de un año. Ofrecerás uno de los corderos al amanecer, y el otro cordero lo ofrecerás al atardecer» (Éx. 29:38-41); sin faltar en el día Sábado (Nm. 28:9), que ascendían a siete cada comienzo de mes o «luna nueva»: «Al principio de cada mes ofrecerás como holocausto a Yahvé dos novillos, un carnero y siete corderos de un año» (Nm. 28:11). Otros tantos se sacrificaban en la fiesta de las trompetas (Nm. 29:1-2), Pentecostés (Lv. 23:18-20) y el doble en la de los tabernáculos (Nm. 29:13-40). En la fiesta de Pascua cada familia debía ofrecer un cordero «sin defecto ni tacha» (Éx. 12:5).

El sacrificio de corderos está presente en todas las ofrendas: en la dedicación del Tabernáculo (Nm. 7); en la consagración de Aarón (Lv. 9:3), en la coronación de Salomón (1 Cro. 29:21), en la purificación del Templo bajo Ezequías (2 Cro. 29:21), y en la gran Pascua celebrada en el reinado de Josía (2 Cro. 35:7). También están presentes en el sacrificio de la purificación de la mujer después del parto (Lv. 12:6), de la purificación del leproso (Lv. 14:10-25) y de las primicias de la cosecha (Lv. 23:12).

Los nazireos comenzaban el período de su consagración ofreciendo un cordero por la culpa (Nm. 6:12), y otro al término del mismo, por el pecado (Nm. 6:14). El cristianismo verá en la figura del cordero pascual un tipo de Jesucristo: «Cristo, nuestro Cordero pascual, ha sido sacrificado» (1 Co. 5:7).

Cordero Dios. Título mesiánico aplicado a Jesucristo en el momento de su bautismo por Juan Bautista (Jn. 1:29, 36). Establece una clara relación entre el bautismo de Jesús y el sufrimiento vicario, como lo indica la voz del cielo que refiere a Jesús las palabras de Is. 42:1 dirigidas al «Siervo de Yahvé». Juan juega con el doble significado del arameo *talya*, que denota a la vez cordero y siervo. En la peculiar fusión de las imágenes de siervo y cordero se encierra toda la obra de la salvación de Jesús (Hch. 8:32; 1 Co. 5:7; 1 P. 1:19; He. 9:28).

Juan utiliza en especial el término *amnos* (Jn. 1:29, 36) para referirse al cordero que Dios provee (cf. Gn. 22:8), al cordero Pascual señalado por Dios para el sacrificio en Israel (cf. Éx. 12:5, 14, 27; Nm. 6:12; Lv. 4:32; 5:6, 18; 14:12-17). El cordero a ofrecer en sacrificio tenía que ser sin tacha (Éx. 12:5), un tipo muy adecuado de la vida inmaculada de Jesús (1 P. 1:19; Jn. 8:46; 1 Jn. 3:5; He. 9:14), siervo y cordero a la vez, «llevado al matadero», para quitar el pecado del mundo» (Jn. 1:29), cumpliendo así los tipos de la ley de los profetas (Jer. 11:19; cf. Is. 53:7,12). En el Apocalipsis el Cordero inmolado es una de las figuras características y centrales, imagen del sacrificio de Cristo que perdura para la eternidad. A él se le rinde adoración universal (Ap. 5:8-14; cf. 1 Co. 15:25; Flp. 2:9-11; 1 Jn. 3:8; He. 10:5-17), pues por su muerte ha resultado vencedor y juez de sus enemigos (Ap. 6:1,16; 13:8; 17:14). De esta manera se expresa la identidad del Señor crucificado y del glorificado, a quien pertenece la victoria final. Comparte el trono de Dios en un plano de igualdad con el Padre (Ap. 22:1, 3), siendo el centro de los seres angélicos y de los redimidos, y el objeto de la adoración de ellos (Ap. 5:6, 8, 12, 13; 15:3), el Conductor y Pastor de sus santos (Ap. 7:17; 14:4); el Cabeza de la Iglesia, su Novia espiritual (Ap. 21:9), la luminaria de la ciudad celestial y eterna (Ap. 21:23), Aquél a quien ha sido entregado todo juicio (Ap. 6:1,16; 13:8), Conquistador de los enemigos de Dios y de su pueblo (Ap. 17:14). El cántico que celebra el triunfo de aquellos que «habían alcanzado la victoria sobre la bestia y su imagen» es el cántico de Moisés, y del Cordero, cuya sangre salva a quienes han blanqueado sus vestiduras en ella (Ap. 15:3).

Coré. Nombre de un levita, hijo de Izjar, hermano de Amram, padre de Moisés y Aaron, quienes, por tanto, eran sobrinos de Coré (Éx. 6:21). Descontento con su papel de escasa relevancia, se opuso al liderazgo de Moisés, contra el que dirigió una rebelión (Nm. 16). Ha pasado a la historia cristiana como ejemplo de «contradicción» (Jd. 11).

Corintios, 1ª Epístola. Carta escrita por el apóstol Pablo a la comunidad cristiana de la ciudad de Corinto. En su calidad de fundador, Pablo conocía muy bien la génesis, carácter y problemática de la comunidad. La primera carta es la que provee la mayoría de los detalles dentro del *corpus* paulino, que tiene que ver con la aplicación del apóstol de sus conceptos teológicos, especialmente su cristología y escatología, a los desafíos prácticos que la iglesia de Corinto tuvo que afrontar.

La autoría paulina de 1 y 2 de Corintios es indisputable. Está abundantemente atestiguada desde principios del siglo II. Toda la epístola se corresponde con el relato de Hechos y con lo que conocemos de una parte de la iglesia y de la ciudad de Corinto, y por otra de la vida y de las enseñanzas de Pablo. El apóstol fundó la iglesia de Corinto después de haber trabajado en la ciudad de Filipo, Tesalónica, Berea, y Atenas en el año 50.

Primera de Corintios fue escrita durante la prolongada estancia del apóstol en Éfeso (1 Co. 16:8; cf. Ef. 16:8, 9, 19; Hch. 19), alrededor de la época de la Pascua (1 Co. 5:7-8). Los planes del apóstol Pablo (1 Co. 16: 5-8) apuntan a el último año de su estadía en Corinto como el año en el cual la carta fue compuesta, primavera del 55 d.C. Pablo estaba muy preocupado por el estado de los hermanos de Corinto. Sabemos que recibió una delegación de los hermanos de Corinto (1 Co. 16:17), y también informes acerca de las divisiones que desgarraban la iglesia (1 Co. 1:11). Antes había enviado a Timoteo a Corinto por Macedonia (1 Co. 4:17; 16:10), pero las últimas noticias le hicieron escribir esta epístola de inmediato.

Debido a la división racial y religiosa que existía en la congregación, creyentes procedentes del judaísmo, por una parte, y del paganismo, por otra, el apóstol Pablo escribió sobre la «unidad de la Iglesia» fundada en Cristo Jesús por encima de barreras y diferencias de orden y clase social y racial. En 1 de Co. 1:18 Pablo critica la actitud individualista de los corintios y su concepción teológica de la cruz. La cruz destruye toda supuesta seguridad de la sabiduría humana y la torna en locura de Dios. Para Pablo la verdad del Evangelio no se encuentra en la sabiduría, sino que está anclada en la fe en Cristo y la identidad con Él, con su muerte y su cruz. Mediante el bautismo, los corintios han llegado a ser una comunidad justificada en Cristo Jesús (1 Co. 6:11), miembros del cuerpo de Cristo, y como tales debían rechazar la manera antigua de vivir (1 Co. 6:15,19). Inmoralidad, disputas en la asamblea, adulterio, todo ello amenazaba la unidad de la Iglesia e iba directamente contra el espíritu de Cristo (1 Co. 5-7). En toda la epístola destaca la idea fundamental de la unidad de la iglesia, creencia que domina y sirve de guía del pensamiento del apóstol en las cuestiones controversiales, como, por ejemplo, los dones espirituales (1 Co. 12-14). Para el apóstol, la variedad y la cantidad de dones espirituales deben usarse en la unidad de la Iglesia, que, en su riqueza por identificación con Cristo, promueve esa diversidad de Dios mediante un único Espíritu. La Iglesia es el cuerpo de Cristo en su plenitud salvífica (1 Co. 12: 27), el cual es uno, y como tal, una su Iglesia. Ésta es la razón porque los dones no están al servicio de los individuos en particular, sino del desarrollo y edificacion de la Iglesia de Cristo (1 Co. 14: 3-5, 17, 26). Pablo valora los dones espirtuales, pero les ofrece a los corintios un mejor camino: el amor. No es por accidente que 1 de Corintios 13 aparece en medio de los dos capítulos que hablan del mal uso de los dones espirituales.

Después de los saludos (1 Co. 1:1-9), se abordan las siguientes cuestiones:

1)Las divisiones dentro de la Iglesia (1 Co. 1:10-4:21). 2) El deber de ejercer y de hacer observar la disciplina eclesiástica (1 Co. 5; 6), sobre todo en los casos de los pecados de inmoralidad: la iglesia de Corinto toleraba en su seno un ejemplo humillante. 3) Instrucciones con respecto al matrimonio y al divorcio (1 Co. 7). 4) La libertad cristiana y las restricciones voluntarias en cuanto a los alimentos sacrificados a los ídolos (1 Co. 8-11:1). 5) Advertencias contra ciertos abusos en el culto público, y el comportamiento de las mujeres en base a la posición relativa de Dios, Cristo, el varón, y la mujer (1 Co. 11:2-34), y en cuanto a la manera de celebrar la Cena del Señor. 6) Instrucciones con respecto a la apreciación, el ejercicio, y la disciplina en la utilización de los dones espirituales, y el valor supremo del amor (1 Co. 12-14). 7) Instrucción tocante a la doctrina de la resurrección de los muertos, acerca de la cual había algunos inclinados a la duda (1 Co. 15). 8) Forma de actuar en cuanto a las colectas hechas para los cristianos de Judea, y conclusión a propósito de los viajes del apóstol y de sus circunstancias personales (1 Co. 16).

Corintios, 2ª Epístola. Carta paulina cuya autenticidad está abundantemente demostrada por su propio contenido. Son evidentes los elementos esenciales de la teología y de la escatología de Pablo. El apóstol defiende su apostolado, y subraya el carácter glorioso del ministerio cristiano. Más que en otra cualquier ocasión da rienda suelta a su corazón, explicando las razones de su conducta en difíciles circunstancias de debilidad física y de persecución por parte de los legalistas judaizantes. Nadie hubiera podido inventar una serie tan completa de circunstancias con tantas evidencias de veracidad.

Fue redactada en Macedonia (2 Co. 2:13; 7:5; 9:2, 4), poco después de que Pablo hubiera salido de Éfeso (Hch. 20:1), quizás el mismo año en que fue redactada 1ª Corintios, o en otoño del año siguiente. Timoteo volvía a estar con el apóstol (2 Co. 1:1). Tito y otro cristiano habían vuelto después de haber sido enviados de Éfeso a Corinto (2 Co. 2:13; 7:6, 7, 13, 14, 15; 12:18) con instrucciones para que la Iglesia tomara en el acto medidas disciplinarias contra un hombre culpable, probablemente de incesto (1 Co. 5:1). Este hombre había desafiado públicamente la autoridad del apóstol, obstinándose en su pecado, y comprometiendo el equilibrio de la Iglesia. Tito tenía que reunirse con Pablo en Troas; no habiéndole encontrado allí, el apóstol se inquietó sumamente, y partió hacia Macedonia. Tito le dio en Macedonia las nuevas de que los Corintios habían actuado firmemente en cuanto al culpable, quien había reconocido humildemente su pecado. El apóstol escribió entonces la epístola que Tito, acompañado de otros dos discípulos, llevó a Corinto (2 Co. 8:16-24). Esta epístola revela el tormento del apóstol a la idea de que los corintios pudieran mostrársele desleales; lleva la impronta de la terrible tensión a que estuvo sometido debido a los peligros espirituales que les acosaban.

Esta epístola tiene tres secciones esenciales:

1) En los capítulos 1 al 7 Pablo rinde homenaje a la bondad de Dios que le ha librado de la prueba (2 Co. 1:1-14); rechaza la acusación de ligereza (2 Co. 1:15-2:4); ordena a los corintios que no sobrepasen los límites de la disciplina ejercida contra el culpable (2 Co. 2:5-11), después describe el ministerio que le ha sido encomendado: éste es un ministerio espiritual (2 Co. 3); sincero (2 Co. 4:1-6); acompañado de sufrimientos (2 Co. 4:7-18), pero también de esperanza (2 Co. 5:1-10). Inspirado por el mismo Cristo (2 Co. 5:11-17), es un ministerio esencialmente de reconciliación (2 Co. 5:18-6:2). Pablo resume lo que ha significado para él este ministerio (2 Co. 6:3-10), y sobre esta base apelaba a los corintios (2 Co. 6:11-18). El apóstol se alienta y se goza (2 Co. 6) por cuanto los corintios han reconocido lo bien fundado de su ministerio.
2) En los caps. 8-9, Pablo habla de la colecta organizada en favor de los cristianos de Judea, y desarrolla el tema de la liberalidad.
3) Caps. 10-12: Pablo defiende de nuevo, de una manera conmovedora pero firme, la autoridad de su apostolado. Termina volviendo a poner en guardia a los corintios contra sus pecados habituales, y declara que, durante su próxima visita, no los va a tratar con miramiento alguno si persisten en su anterior manera de conducirse.

Corinto. Ciudad griega sobre el canal que divide el istmo del mismo nombre, en la divisoria entre el Peloponeso y la Hélade. Era la capital de la provincia de Acaya. La Corintio del NT era prácticamente una ciudad nueva, habiendo sido reconstruida por Roma y colonizada por hombres libres de Roma, poco antes del asesinato de Julio César. Pablo visitó la ciudad fundada por Julio César un siglo después de la caída de una Corinto anterior en la misma localidad. Era un gran centro de tráfico comercial en la ruta de Roma hacia Oriente, con dos puertos. Era también rica y muy inmoral debido al culto a Venus —que incluía la prostitución sagrada—, tanto que para designar la manera licenciosa de vivir de sus habitantes, se acuñó el término «corintizar». En su primera visita Pablo se detuvo allí dieciocho meses (52-53 d.C.), y desde allí escribió las dos epístolas a los Tesalonicenses. Galio, hermano del filósofo Séneca, ejercía entonces las funciones de procónsul, durante el reinado de Claudio.

Allí creció una iglesia, a la que Pablo escribió sus dos epístolas a los Corintios. Volvió a visitar Corinto en el año 58 d.C., permaneciendo allí tres meses (Hch. 20:2, 3), escribiendo entonces la Epístola a los Romanos. Los judíos tramaron un complot contra su vida, y dejó entonces la ciudad (Hch. 18:1, 11; 19:1; 1 Co. 1:2; 2 Co. 1:1, 23; 2 Ti. 4:20). En tiempos de Pablo tenía unos 300.000 ciudadanos libres y 500.000 esclavos.

Cornelio. Centurión romano destinado en Cesarea (Hch. 10). Prob. pertenecía a la distinguida y noble familia *Cornelii* de Roma. Juliano, llamado el Apóstota, dice que Cornelio fue una de las pocas personas distinguidas que abrazó el cristianismo.

Se dice que era «piadoso y temeroso de Dios, junto con toda su casa. Hacía muchas obras de misericordia para el pueblo y oraba a Dios constantemente» (Hch. 10:2). «Temeroso de Dios» es una expresión utilizada para describir un prosélito del judaísmo. Al parecer conocía el AT, pues Pedro le cita a los profetas (Hch. 10:43).

Dios le habló mediante una visión, e hizo llamar a Pedro, creyendo en el Señor por su predicación; recibió el Espíritu Santo, junto con los amigos que estaban con él, y fue bautizado. El descenso del Espíritu Santo sobre Cornelio es de inmensa importancia para la Iglesia primitiva, por cuanto marcó la entrada de los gentiles en su seno (los samaritanos de Hch. 8 eran medio judíos). En lo sucesivo el Espíritu era dado a todos aquellos que, fuera cual fuera su origen, oyeran con fe las buenas nuevas del Señor Jesucristo. Pero precisa a este respecto que Cornelio y sus amigos, en el momento de su conversión fueron bautizados con el Espíritu Santo como los discípulos en Pentecostés (Hch. 11:15-17); esto es, que, según 1 Co. 12:13, fueron por ello unidos al cuerpo de Cristo, borrándose toda distinción anterior de raza, religión y situación social.

Coro. Medida de áridos (harina, trigo, cebada, etc.) y líquidos, equivalente al «homer», alrededor de 370 litros (1 R. 4:22; 2 Cro. 2:10; Esd. 7:22; Ez. 45:14). Ocasionalmente se menciona también como medida de líquidos (1 R. 5:11, para aceite).

Correo. Servicio de mensajeros encargados de hacer llegar las órdenes del monarca a su territorio (cf. 2 Cro. 30:6,10; Est. 3:13, 15; 8:10, 14; Jb. 9:25; Jer. 51:31). En un principio, *ruts* se aplicaba al «corredor» que formaba parte de la escolta y la guardia reales.

Se tienen noticias, aunque incompletas, de un servicio postal entre los asirios y entre los babilonios. Algunos historiadores atribuyen a los persas el origen del uso de «postas» como un sistema que les permitía controlar sus vastos dominios. Los correos llevaban paquetes de mensajes sin descanso, de día y de noche, bajo cualquier circunstancia climática, desplazándose con asombrosa velocidad, que se hizo proverbial: «Mis días han sido más ligeros que un correo» (Jb. 9:25). A veces el jinete que llegaba era sustituido por otro descansado, el cual se hacía cargo del mensaje y cumplía su cometido. Similar fue el correo romano, con postas cada 8 ó 10 km, provistas con 40 caballos, lo que nos da una importancia del valor que se le concedía, a causa de la extensión del Imperio y la necesidad de rápidos enlaces entre las provincias y Roma.

Creciente Fértil. Expresión usada para designar las ricas tierras de Egipto y Mesopotamia, unidas, por sus tierras fértiles, con la costa del Mediterráneo. También recibe el nombre de Media Luna Fértil debido a que geográficamente es como una media-luna que, partiendo desde el Golfo Pérsico, asciende siguiendo el curso del Eufrates a través de Mesopotamia, para descender después por la costa mediterránea hasta el País del Nilo. Corresponde a los actuales estados de Irak, Siria, Turquía, Líbano, Israel, Jordania, prolongándose hasta Egipto. Allí se desarrollaron en la antigüedad grandes civilizaciones y ejercieron su dominio poderosos imperios, con los que los hebreos estuvieron en contacto constante, influyendo profundamente en su mentalidad y en su vida. La zona del Creciente Fértil fue la región del planeta donde primero se produjeron ciertos cambios sustanciales en la evolución cultural de la humanidad así como las transformaciones que fomentaron un progreso económico y social. Allí se desarrolló la llamada Revolución Neolítica. Los hombres comenzaron a domesticar animales y a crear rebaños controlados. Otro de los grandes descubrimientos de la época fue la metalurgia, sobre todo en el uso y el tratamiento del cobre aunque se siguiese utilizando la piedra. Las aleaciones de cobre con otros metales permitieron la fabricación de armas y otros instrumentos. Entre los hallazgos transcendentales estuvo el de la rueda, que permitió mejoras en la alfarería y el transporte. El descubrimiento del calendario colaboró a la mejora del conocimiento de los astros y la aplicación para la agricultura, especialmente en lo relacionado con las crecidas de los grandes ríos.Tras estos descubrimientos fueron naciendo civilizaciones, imperios y pueblos. Limitando la parte oeste de Palestina se hallaban los filisteos, fenicios y en la zona suroeste los egipcios.

Crescente (gr. «creciente»). Compañero y ayudante del apóstol Pablo durante su segundo cautiverio romano, del cual se separó para llevar a cabo una misión en Galacia (2 Ti. 4:10).

Creta. Segunda isla del Mediterráneo oriental después de Chipre, tiene una superficie de 8.275 km^2. Su longitud es de 260 km y su ancho oscila entre los 60 y los 12 km En la Antigüedad, Creta gozaba de una justa reputación por sus prados y sus pastos, sus bosques de encinas y cipreses, sus vinos y la abundancia de buenos puertos en la costa norte y oriental. Actualmente es un territorio inhóspito y en gran parte desierto a causa del abuso humano.

Algunos identifican Creta con Caftor, de donde procedían los filisteos (Jer. 47:4; Am. 9:7). La isla contaba con una colonia judía, algunos de cuyos miembros estaban presentes el día de Pentecostés (Hch. 2:11), preludiando la rápida y temprana extensión del cristianismo en la isla. Pablo visitó Creta después de recibir la libertad en Roma, acompañado de Tito, el cual se quedó en la isla encargado por Pablo de poner las cosas en orden, constituir por las ciudades presbíteros y de neutralizar las enseñanzas de los judaizantes (Tit. 1:5, 10, 14). Al parecer los cretenses fueron proverbialmente famosos, como dice Pablo, citando al poeta Epiménides, por ser «siempre mentirosos, malas bestias, glotones, ociosos» (Tit. 1:12).

Crisólito. Nombre de una piedra preciosa a la que los hebreos daban el hombre de *tarshish* por proceder de Tarsis, y que a veces se traduce «berilo». Aparece en el pectoral del sacerdote, adornando la cuarta hilera, que tenía «un crisólito, un ónice y un jaspe», montadas en engastes de oro (Éx. 28:20; 39:13). La visión de la rueda celestial es comparada por Ezequiel a un crisólito (Ezq. 1:16; 10:9); del mismo modo, se dice que el rey de Tiro tenía vestiduras adornadas de toda clase de piedras preciosas: rubí, topacio, diamante, crisólito, ónice, jaspe, zafiro, turquesa y berilo (Ezq. 28:13). El hombre vestido de lino la visión de Daniel, tenía un cuerpo semejante al crisólito (Dn. 10:6). En el NT se dice que es uno de los fundamentos de la ciudad celestial (Ap. 21:20).

Crispo. Principal de la sinagoga de Corinto, que como tantos otros en aquel tiempo, llevaba un nombre romano. Cuando en 50-51 d.C. san Pablo empezó su apostolado en aquella ciudad, Crispo creyó en el Señor juntamente con toda su casa (Hch. 18:8), recibiendo de él el bautismo. Pablo asegura que no bautizó personalmente a nadie de Corinto, sino a Crispo y a Gayo (1 Co. 1:14). Dada su posición en el seno del judaísmo, su conversión, ciertamente debe haber tenido gran publicidad y eficacia, estimulando la conversión de otros judíos: «muchos de los corintios que oían, creían y eran bautizados» (Hch. 18:8). Al parecer, Cristo fue reemplazado en la sinagoga por Sóstenes (cf. Hch. 18:17), que después sigue el ejemplo de Crispo su predecesor, convirtiéndose al cristianisimo y llegando a ser uno de los compañeros de san Pablo, que en la Epístola a los Corintios lo llama «hermano» (1 Co. 1:1).

Cristo (gr. «ungido», correspondiente al heb. *mashiakj*). Título oficial de Jesús, que vino a usarse como nombre propio. Denota su consagración como Salvador a partir de su bautismo en el Jordán y el descenso del Espíritu Santo en forma de paloma. Añadido al nombre Jesús, que hace referencia a su humanidad, le distingue de cualquier otro individuo con ese mismo nombre. Jesucristo, o mejor, Jesús el Cristo, no es estrictamente un nombre propio sino la designación de un oficio, en el mismo sentido que Juan el Bautista; pero sin olvidar que este título vino a usarse como una designación estrictamente personal de Jesús. Incluso el término heb. *Mashiakj* ya se venía utilizando como nombre propio desde hacía tiempo, repecto al redentor esperado. Ya que Jesús no fue desde el principio reconocido como el Mesías prometido, en los Evangelios encontramos prefijado a *Christos* el artículo «el», pero después de la resurrección, cuando han desaparecido las dudas respecto al carácter mesiánico de Jesús, el título *Christos* aparece en casi todas las espístolas sin artículo prefijado, utilizado como nombre personal. Habiendo sido rechazado como Mesías en la tierra, Jesús ha sido hecho, ya resucitado de los muertos, Señor y Cristo (Hch. 2:36). En el lenguaje sencillo y directo del NT, decir «Jesús es el Cristo», equivale a confesar que Jesús es Dios manifestado en carne (1 Ti. 3:16), el Hijo de Dios en naturaleza humana que por su obediencia, pasión y muerte por los pecados de su pueblo, ha obtenido la salvación y el poder dar vida eterna a todos los se allegan al Padre mediante Él.

Crónicas, 1 y 2. En hebreo reciben el nombre de *Sepher dibrey hayyamím*, «Libro de la palabras [o hechos] de los días»; la LXX le dio el nombre de *Paraleipómena*, «cosas omitidas», como si fuera un suplemento del resto de la historia registrada en el AT; de ahí que en muchas versiones católicas reciban el nombre de *Paralipómenos*. En la Biblia hebrea 1 y 2 Crónicas formaban un solo libro. Es evidente que ambos presentan una unidad de plan y de propósito. En la LXX quedó dividido en dos, división que finalmente fue admitida en las ediciones impresas del canon hebreo. El autor narra de nuevo la historia del pueblo elegido partiendo de Adán hasta la restauración posterior al destierro. La exposición de 1 y 2 Crónicas corre paralela a Génesis y 1 y 2 Reyes, con la omisión de casi todos los datos relativos al reino del Norte. El Cronista suprime muchos aspectos negativos de David, Salomón y otros reyes del reino del Sur.

En la primera parte ofrece sobre todo las genealogías de Judá, Benjamín y Leví, desde la creación hasta el regreso de los exiliados en Babilonia (1 Cro. 1-8), con una lista de los que moraban en Jerusalén probablemente antes del exilio (1 Cro. 9:1-34). La genealogía de Saúl y de Jonatán, y el relato de su muerte (1 Cro. 9:35-10:14) forman la transición entre ambas secciones.

La segunda parte contiene esencialmente la historia del reino de Judá, desde la consagración de David hasta el retorno de los exiliados en Babilonia (2 Cro. 11-36). El brusco final de Crónicas, la analogía de sus últimos versículos con los de Esdras 1, han hecho pensar que Crónicas y el libro de Esdras habían sido originalmente una sola obra ininterrumpida. Pero la tradición más antigua jamás los ha considerado como un solo libro aunque hubieran podido ser escritos por un mismo autor.

El primer dato que tenemos acerca de la fecha de las Crónicas se halla en las genealogías. La descendencia de David queda indicada hasta una fecha más reciente que cualquier otra genealogía. Al mencionarse los nietos de Zorobabel (1 Cro. 3:19-21), esta obra no puede haber sido mencionada mucho tiempo antes de la época de Esdras. Otros detalles indican asimismo la época de Esdras. La suma ofrecida para el templo se da en moneda persa y no griega; 1 Cro. 29:7 habla de dáricos, lo que revela que el Imperio griego no había todavía suplantado al persa cuando las Crónicas fueron redactadas. La tradición atribuye la autoría de Crónicas a Esdras. El vocabulario del cronista es semejante al de Esdras y de Nehemías, y data de la misma época.

Crucifixión. Forma de castigo muy usual en la antigüedad, con unas u otras variantes, pero siempre relacionado con la fijación del reo a un palo, atado, colgado, clavado o empalado. Al parecer, los iniciadores de la práctica de la crucifixión fueron los persas. Esta forma de dar muerte probablemente tenía un sentido religioso, ya que de este modo la tierra, dedicada a Ormuzd, no se contaminaba por no estar el cuerpo del ajusticiado en contacto con ella. La práctica pasó de los persas a los griegos, a los cartagineses y a los romanos. Se sabe que la practicaban también los asirios y los egipcios. Se discute si este método de ejecución fue practicado por los judíos. La ley mosaica establecía la pena capital mediante la espada (Éx. 21); la soga o ahorcamiento; el fuego (Lv. 20); y la lapidación (Dt. 21), pero los hebreos nunca aplicaron el empalamiento o crucifixión a nadie como un medio de suplicio, excepto después del regreso del cautiverio (cf. Esd. 6:11). Cuando se colgaba a alguien, era el cuerpo muerto expuesto a vergüenza, señal de una maldición especial (Dt. 21:22-23), nunca un ser vivo para prolongar su agonía.

Los romanos solamente aplicaban este castigo a los rebeldes y los bandidos, a los esclavos y a los extranjeros, o a los hombres libres culpables de los crímenes más execrables; una ley formal prohibía la crucifixión de cualquier ciudadano romano; aparte de esto, este afrentoso castigo se empleaba abundantemente, siempre como un medio de

intimidación. En tiempos de Jesús en Judea, sólo las autoridades romanas de ocupación condenaban a la crucifixión y llevaban a cabo este tipo de ejecución. Según la ley romana, después del juicio y sentencia, el condenado era arrastrado al lugar de ejecución, por lo general llevaba el travesaño (*patíbulo*) de la cruz sobre el que sería clavado. Una vez en el lugar señalado, la mayoría de las veces fuera de la ciudad, era desnudado por completo, despojado así de toda apariencia de personalidad jurídica, y flagelado duramente con vistas a vencer su última resistencia. Los brazos de la víctima eran extendidos en el patíbulo y atados o clavados al mismo por las muñecas. Los pies se fijaban con cuerdas o se clavaban con uno o dos clavos. Los horrores de la crucifixión, el peor y más afrentoso de los tormentos (Cicerón, Tácito), se alargaban hasta días enteros. Las sed, debida a la pérdida de sangre, la deshidratación del organismo por el sudor y la temperatura ambiente, era otro de los grandes tormentos (cf. Jn. 19:28). Era imposible no moverse en un esfuerzo vano de aliviar el dolor, pero cada movimiento llevaba consigo una nueva y excesiva agonía. La muerte sobrevenía por calambres tetánicos y por sofocación, ya que la sangre del crucificado no podía circular por sus miembros, violentamente extendidos y, por lo mismo, era retenida en los pulmones y contreñía el corazón, causándole grandes dolores hasta que lo paralizaba, y todo con pleno conocimiento. Los crucificados eran custodiados por los soldados y después de muertos permanecían sin sepultura, presa de las fieras y de las aves, para que sirviese de ejemplo y advertencia al pueblo. También existen testimonios según los cuales ocasionalmente el cadáver era entregado a la familia o conocidos. A veces se aceleraba la muerte de los supliciados mediante *transfixión*: ahogándoles con humo; o *crurifragium*: rotura de las piernas (cf. Jn. 19:31-33).
Jesucristo fue ejecutado por Poncio Pilatos mediante el suplicio de la crucifixión. Para Jesús, como interpretará después la teología cristiana, la cruz, instrumento de tortura, es el acontecimiento salvífico por excelencia. Según el relato evangélico Jesús fue clavado a la cruz, dando cumplimiento a las profecías al respecto (Jn. 20:25, 27; cf. Zac. 12:10; Sal. 22:16).

Cuadrante. Moneda romana de cobre, de ínfimo valor (Mt. 5:26; Mc. 12:42). El cuadrante era la suma mínima monetaria. Era la cuarta parte de un *as*, y equivalía a una dieciseisava parte de un *denario*; éste era el sueldo diario de un jornalero, y equivalía a casi 4 gramos de plata. Entre los judíos, el cuadrante valía dos blancas, que fue la ofrenda que echó la viuda en el tesoro del Templo.

Cuerpo. El AT carece de un término que corresponda a nuestro vocablo «cuerpo», la palabra heb. *basar* es un término vago que se aplica generalmente a toda la creación cuya materia es «carne»; llega incluso a significar el cadáver, tanto el de un hombre como el de un animal (Gn. 40:19; Dt. 21:23: Jue. 14:8; 1 Sam. 31:32). Al no existir el dualismo alma-cuerpo, sucede que en ocasiones *basar* designa a toda la persona. En este sentido *basar* es sinónimo de *nefés*, la parte más espiritual del hombre. El cuerpo material, por tanto, más que una parte del hombre es una de sus dimensiones. Todo él es *basar* y todo él es *nefés*, criatura de la tierra provista de un dinamismo vital, cuyo origen se encuentra en el aliento divino.

Basar expresa también la debilidad y caducidad del hombre, su finitud de criatura (Is. 40:6; Ecl. 12:7). Frente a la infinitud de Dios, a quien nunca se aplica el término *basar*, está la finitud y debilidad del hombre y sus fuerzas (Sal. 56:11; Jer. 17:5, 7). El cuerpo depende plenamente de la fuerza vital de Dios (Jb. 31:14ss.), de modo que el hombre abandonado a su *basar* es caduco en sí mismo. Ni siquiera puede ponerse frente al Señor (Dt. 5:26). Dada su debilidad el hombre cae en conductas pecaminosas (Gn. 6:12), por lo que está ética y ontológicamente limitado.

En el NT, el término heb. *basar* corresponde indistintamente al gr. *sôma*, «cuerpo» y *sárx*, «carne», que denotan el cuerpo como un todo, el instrumento de la vida, tanto si es de hombre (cf. Mt. 6:22); como de animal (cf. He. 13:11). En la doctrina de san Pablo el cuerpo alcanza valores inusitados en el pensamiento bíblico. Ante todo, Pablo no concibe el cuerpo como algo secundario que se añade al hombre, cuyo elemento esencial sería el alma. El hombre no tiene cuerpo, sino que es cuerpo. El cuerpo está relacionado estrechamente con la personalidad (Ro. 6:12), y, por tanto, no es concebible que no participe de la vida futura. El hombre resucitará en su cuerpo de carne (1 Co. 15), ya que el cuerpo garantiza la identidad personal. Por eso es preciso que Dios someta el cuerpo a un proceso de transformación por el que la muerte sea absorvida por la vida, cuyo resultado será un cuerpo glorioso a imagen del de Cristo (Flp. 3:21). Al cuerpo humano no le cabe mayor honor que, aquí en la tierra, ser «templo del Espíritu Santo» en el que Dios mora (1 Co. 6:19).

Culto. Homenaje que el ser humano tributa a Dios por medio de ceremonias y actos reverentes. A través del AT puede notarse la centralidad del culto a Yahvé en la vida del pueblo de Israel. Sus festividades, ceremonias y sacrificios muestran una conciencia de adoración al ser supremo que veneraban. Esta conciencia de adoración iba íntimamente ligada a rituales y ceremonias que los israelitas comenzaron a desarrollar durante su peregrinaje por el desierto. Así lo vemos desde el éxodo cuando se definen las tres fiestas que todo israelita debía guardar: la pascua (Dt. 16:1-9), la fiesta de las semanas o Pentecostés (Dt. 16:10-12), y la fiesta de los tabernáculos (Dt. 16: 13). Además de celebrar estas fiestas, el pueblo israelita también tomó tiempo para bendecir al Dios que acababa de libertarlos poderosamente de manos de los egipcios (Éx. 15:1-21), y más tarde construyó el Tabernáculo y el Arca que servirían para simbolizar la presencia de Jehová en medio de ellos (Éx. 25-27).

Tiempo después, los israelitas reemplazaron el tabernáculo por el templo, siendo Salomón el encargado de construirlo (2 Cro. 4-5). De esta manera, el templo llegaría a ser sinónimo de la morada permanente de Dios (2 Cro. 6:2), y centro de la vida cultual del pueblo de Israel.

Es justamente en la inauguración del templo cuando podemos percibir la dinámica entre lo que es ceremonia y lo que es adoración a Dios, dinámica que creemos siempre debe estar presente en todo culto.

En el período de la monarquía fueron los profetas quienes se encargaron de velar por la vida espiritual del pueblo israelita. Parte de su labor consistía en establecer el verdadero culto y servicio a Yahvé, el Dios que los había libertado de Egipto y ahora los había adoptado como hijos (Is. 43:1-4). Es en este contexto que el profeta Elías se enfrenta a los sacerdotes del dios Baal para demostrar la supremacía de Yahvé sobre otros dioses (1 R. 18), y el profeta Oseas predica en contra del culto establecido, porque los rituales israelitas habían llegado a ser simplemente ceremonias cargadas de festividades, sacrificios y cantos, pero carentes de un verdadero sentido de adoración a Dios (Os. 5:21-26).

Por su parte, en el período de la cautividad notamos que también hubo interés por parte de Nehemías de reconstruir la vida religiosa de los israelitas que, porque ellos habían permanecido muchos años en el destierro, habían olvidado lo que significaba adorar a Jehová. En medio de la tarea de reconstrucción de los muros de Jerusalén, el grupo que había salido de la cautividad babilónica se reúne como «un solo hombre» en la plaza principal de la ciudad, para escuchar por labios del sacerdote Esdras la lectura del Libro de la Ley (Neh. 8). Y en lo que podríamos llamar un gran «culto al aire libre», Esdras y los levitas realizan la difícil tarea de hacer comprender las Escrituras a toda esa gente. Los resultados son claros. El pueblo se da cuenta de que había olvidado de celebrar la fiesta de los tabernáculos (Neh. 8:14), y en decisión unánime retoman esta tradición, celebrando y adorando a Dios con alegría tal como la ley lo estipulaba (Neh. 8:18).

El culto de la sinagoga tuvo gran influencia en la vida de adoración de los primeros cristianos. Las sinagogas eran centros de estudio de la Palabra del pueblo judío (Hch. 6:9), y se diferenciaban del templo en el sentido de que sólo servían para estudiar las Escrituras y para orar, y no para realizar sacrificios. Las sinagogas, por tanto, funcionaban como instituciones laicas pues no se requería la presencia de sacerdotes para oficiar los cultos, sino que cualquier persona podía participar de él (Lc. 4:16-20; Hch. 9:20; 18:4). Evidentemente, la comunidad cristiana copió ese estilo de culto, poniendo énfasis en la enseñanza y la oración, elementos que llegaron a ser señales características de la Iglesia del primer siglo.

Cuneiforme. Del lat. *cuneus*, «cuña», «ranura». Se da este nombre al sistema de escritura descubierto por los sumerios cuyos signos tienen la forma de una cuña, pues se realizaban mediante el uso de un estilete de caña aplicado a una tablilla de arcilla blanda como material para la escritura, que luego se endurecía por cocción. Los inicios de esta escritura se remontan al año 3000 a.C. Sir Austin H. Layard descubrió la antigua Nínive y, entre las ruinas del palacio del rey Asurbanipal (668-626 a.C.), halló una gran biblioteca constituida por miles de tablas de arcilla así como muchos diccionarios completos igualmente fabricados con el mismo material y en los que figuraban palabras sumerias con sus significados semítico-asirios. Las tablas de arcilla contenían copias y colecciones de textos datados a partir del 2000 a.C. Entre ella se encontró el valioso tesoro de la *Leyenda de Gilgamés*, versión mesopotámica de la historia del diluvio universal. La escritura cuneiforme es muy diferente de los jeroglíficos egipcios, los cuales representan generalmente animales y cosas. Ciertamente los signos cuneiformes fueron en su origen pictográficos, pero pronto evolucionaron debido al material utilizado. Sobre pequeñas tabletas de arcilla blanda se grababan los signos con una especie de punzón de caña o de hueso. Al escribir de ese modo era más fácil combinar líneas rectas que trazar la curva de un contorno. Por ello, se fue simplificando poco a poco el signo primitivo, reduciéndolo a una combinación de caracteres rectos, horizontales, verticales y oblicuos, cuyo aspecto de cuña se explica por la forma de la base del punzón y por la manera de apoyarlo sobre la tableta: con más fuerza al empezar el signo, para hendir la arcilla. La escritura cuneiforme se generalizó, y fue empleada no sólo por los pueblos de Mesopotamia, sus inventores, sino también por los de Siria, Palestina, Egipto, Asia Menor y Persia. Al parecer dejó de utilizarse después de la conquista de Babilonia por Alejandro Magno.

Cus. Nombre de un hijo de Cam y del lugar habitado por sus descendientes, quienes dieron origen a varios pueblos de Arabia y de la costa africana (Gn. 10:6-8), a saber, Etiopía, o la Abisinia actual (Gn. 2:13; 2 R. 19:9; Est. 1:1; 8:9; Jb. 28:19; Sal. 68:31; 78:31; 87:4; Is. 18:1; 20:3, 5; 37:9; 43:3; 45:14), aunque propiamente Cus se encontraba en Sudán. Los nativos son llamados «cusitas» (Is. 20:4; Jer. 46:9; Ez. 30:9); traducido al gr. por «etiopes», que era la designación griega para todos los hombres de piel negra.

D

Dagón. Deidad principal de los filisteos, con templos en Gaza y Asdod entre otros. En el de Gaza los filisteos celebraron su triunfo sobre Sansón, pero éste asió las columnas y lo derribó, muriendo él con todos los que había dentro (Jue. 16:21-30). En otra ocasión, los filisteos derrotaron a Saúl y expusieron su cabeza en el santuario de Dagón (1 Cro. 10:10), sin que sepamos a ciencia cierta de cuál se trata, prob. el de Asdod, donde los filisteos también llevaron el Arca de la alianza conquistada a los israelitas. A raíz de este incidente, Dagón cayó dos veces milagrosamente ante el arca de Dios; y en la segunda caída se le rompieron la cabeza y las manos, quedándole sólo el cuerpo, que tenía la forma de un gran pescado con cabeza humana (1 Sam. 5:1-7). Este templo existía aún en tiempo de los macabeos, hasta que Jonatán lo incendió con la ciudad (1 Mac. 10:83-84; 11:4).

Dalila. Amante filistea de Sansón, al que entregó a sus enemigos después de haber llegado a conocer el secreto de su fuerza (Jue. 16:4-18). Habitaba en la villa de Sorec, que estaba cerca de Saraa, hogar de Sansón. Dalila aparece en el texto sagrado en conexión con la tercera y última aventura amorosa de Sansón. Prob. era una meretriz, lo que explica la facilidad con la cual los filisteos entraban en su casa, sin mencionar la pronta disposición de ella para traicionar al héroe israelita.

Dalmacia. Distrito de Ilírico, al este del mar Adriático, visitado por Tito, y quizá por Pablo, al ir «por los alrededores hasta Ilírico» (Ro. 15:19). Deriva del pueblo aguerrido de los dálmatas, de origen tracio, expertos en navegación a lo largo de las costas. Era una región marítima abundante en islas y archipiélagos, situada en la costa oriental del mar Adriático. Formó parte de la Iliria, con cuyo nombre se refirió a ella san Pablo (Ro. 15:19). En el año 10 de nuestra era pasó a formar parte de la provincia romana de Ilírico después de la expedición de Tibero. Sus ciudades principales eran Salona, Epidauro, Lisso, etc. Durante el segundo encarcelamiento de Pablo en Roma, Tito le dejó para visitar Dalmacia (2 Ti. 4:10), sin que podamos saber el motivo de su viaje, aunque es probable que tuviera que ver con los asuntos de la Iglesia en esa zona, en la que Pablo había predicado (Ro. 15:19).

Dalmanuta. Región junto al lago de Genesaret a la que se retiró Jesús después de la segunda multiplicación de los panes (Mc. 8:10). El lugar es totalmente desconocido y sigue siendo un enigma sin solución convincente. Mateo menciona la tierra de Magadán en el texto paralelo (Mt. 15:39), mientras algunos manuscritos han introducido el nombre conocido de Magdala, que sólo puede ser una corrección posterior. Prob. Dalmanuta representa una antigua corrupción del texto, siendo exacta la corrección Magdala, ciudad situada a 4 km al noroeste de Tiberíades.

Dámaris. Mujer ateniense que se convirtió al cristianismo por la predicación de Pablo en el Areópago, juntamente con otras personas, entre las cuales también estaba Dionisio el areopagita (Hch. 17:34).

Damasco. Ciudad de Siria, situada al este del Antilíbano y al suroeste del monte Hermón, en una fértil meseta regada por los ríos Abana y Farfar (2 R. 5:12), región que forma un vasto oasis y donde convergían las rutas caravaneras de Egipto, Arabia y Bagdad. Es una de las más antiguas ciudades del mundo, habitada desde tiempos prehistóricos. Fue conquistada por David y obligada a recibir una guarnición militar judía después de derrotar a las tropas que Damasco había aportado en apoyo de Hadad-ezer, rey de Soba (2 Sam. 8.5s.; 1 Cro. 18.5). Rezón de Soba, que pudo escapar de esta batalla, entró bajo el reinado de Salomón en la ciudad, que se convirtió en capital del nuevo reino arameo independiente de Aram-Siria (1 R. 11:23-25). Desde esta época Damasco entró frecuentemente en guerra con los reyes de Israel, y se apoyó en los reyes de Judá, que buscaban con su ayuda debilitar a sus rivales de Samaria. El más famoso de estos enemigos de Israel fue Hazael, noble damasceno, que había ascendido al trono de Damasco con la ayuda de Elías y Eliseo (1 R. 19:15; 2 R. 8:28; 10:32; 13:3). Mientras gobernó en Siria existieron problemas y dificultades para Jehú y sus sucesores. Hazael no sólo invadió Basan y Galaad, sino que también avanzó hacia el sur en Palestina para capturar Gat. Además, amenazó con la conquista de Jerusalén (2 R. 12:17). En el 841 a.C. Hazael debió enfrentar renovados ataques por parte de los asirios bajo el mando de Salmanasar III. En los años 805-803 a.C. Adad-nirari III dirigió nuevos ataques asirios contra Hazael y Damasco. Otra campaña emprendida en el 797 a.C. por Adad-nirari debilitó Damasco de tal forma que Joás de Israel pudo recuperar ciudades en su frontera norte que habían sido capturadas anteriormente por Hazael (2 R. 13.25).

En el reinado de Rezín, Damasco nuevamente oprimió a Judá (2 R. 16:6), y en el 738 fue, juntamente con Manahem de Israel, vasallo de Tiglat-pileser III de Asiria. Al poco tiempo Rezín se sublevó, capturó Elat, y llevó muchos habitantes de Judá a Damasco como cautivos (2 Cro. 28:5). Entonces Acaz, rey de Judá, pidió ayuda a Asiria, la que respondió iniciando una serie de incursiones punitivas en el 734-732 a.C., las que culminaron en el fin del reino de Damasco, de acuerdo a las profecías de Isaías (Is. 17:1) y Amós (Am. 1:4-5). Los asirios asolaron más de 590 ciudades y 16 distritos, y deportaron a casi todo el pueblo (cf. Is. 8:4; 2 R. 16.9). Damasco fue reducida a la categoría de ciudad subsidiaria dentro de la provincia asiria de Hamat y desde entonces perdió su influencia política, aunque no totalmente la económica (Ez. 27:18). La captura de Nínive por los medos (625 a.C.) puso fin al dominio asirio de Damasco. La ciudad estuvo sucesivamente en manos de los egipcios, los babilonios y los persas, sin que tengamos muchos detalles de ese período. Existía en ella una numerosa colonia judía, que jugó un papel importante en la historia de la conversión de Pablo (Hch. 9:2, 3, 10, 24, 25). Se calcula que en la época de Pablo había en Damasco cerca de 50.000 judíos. La mayoría de las mujeres de la clase alta habían abrazado el judaísmo. La ciudad tenía muchas sinagogas (Hch. 9:2) y en ellas, después de ser conducido a la casa de Judas en la calle la Derecha (hoy Souk el-Taouil; Hch. 9:10-12), donde fue visitado y bautizado por Ananías, Pablo comenzó a predicar. La oposición que se levantó en su contra lo obligó a escapar descolgándose del muro de la ciudad (Hch. 9:19-27), pero regresó después de pasar un período en la vecina Arabia (Gál. 1:17). Entonces la ciudad estaba bajo el dominio de Aretas IV, rey de la Arabia Pétrea (2 Co. 11:32). En la época de Nerón los ciudadanos de origen gentil asesinaron a traición a 10.000 judíos en el gimnasio de Herodes.

Dan (heb. «[Dios] juzga»). Nombre de un personaje del AT y su tribu y de una ciudad.

1. Quinto hijo de Jacob y primero de Bilha, sierva de Raquel, padre de la tribu del mismo nombre. El pequeño Dan aparece como fruto del juicio de Dios a favor de Raquel. Fue hermano consanguíneo de Neftalí, con quien se le menciona simultáneamente en las listas genealógicas. Aparte de esto, la Biblia brinda muy poca información relativa a Dn.

2. Ciudad de Palestina, cuyo nombre original era Lais, o Lesem (Jos. 19:47), que pasó a llamarse Dan luego de ser destruida y reconstruida por los seiscientos emisarios de la tribu de ese nombre (Jue. 1:34, 35; 18). Situada en un fértil valle cerca del Líbano, en el extremo norte (Jue. 20:1; 1 Cro. 21:2), su lugar marcaba la frontera septentrional de Palestina, como Bersabé marcaba el extremo sur. De ahí surge la famosa expresión: «De Dan a Bersabé», que se usa para designar la extensión total del país (cf. Jue. 20:1; 1 Sam. 3:20; 2 Sam. 3:10; 17:11; 24:2, 15; 1 R. 4:25).

Daniel (heb. y aram. «Dios es mi juez»). Cuarto de los llamados «profetas mayores»; personaje principal del libro que lleva su nombre, muy estimado entre los judíos de todos los tiempos (Mt. 24:15), probable descendiente de la familia real de David (Dn. 1:3), que fue llevado cautivo a Babilonia cuando era jovencito, en el año tercero del reinado de Joacim de Judá (605 a.C.), donde recibió el nombre de Beltsasar, según la costumbre oriental de cambiar de nombre cuando cambian las circunstancias de la persona.

Fue escogido con tres compañeros suyos (Ananías, Misael y Azarías) para residir en la corte de Nabucodonosor, en donde halló favor como José en Egipto, e hizo grandes progresos en las ciencias de los caldeos, así como en la lengua sagrada (Dn. 1:4) pero rehusó contaminarse comiendo de las provisiones de la mesa del rey (Dn. 1:8-16), que eran a menudo ceremonialmente impuras para un judío o estaban manchadas por haber estado en contacto con el culto idólatra.

Al fin de unos tres años de educación (Dn. 1:5,18), Daniel y sus compañeros aventajaron a todos los demás y recibieron buenos empleos en el servicio real. Algún tiempo después interpretó otro sueño de Nabucodonosor. El monarca no solamente le dio muchos regalos, sino que lo hizo regente de la «provincia completa de Babilonia y jefe gobernador de todos los sabios» (Dn. 2:48). Nada se dice de la suerte de Daniel a la muerte de Nabucodonosor (561 a.C.), simplemente se menciona que perdió su alto cargo en la corte y vivió una vida de retiro.

Daniel aparece de nuevo en el palacio de Belsasar, en las vísperas de la conquista de Babilonia por el ejército de Ciro (538 a.C.). Mientras Belsasar y su corte disfrutaban de un banquete y bebían vino en los preciosos vasos que habían tomado del Templo de Jerusalén, aparecieron los dedos de un hombre escribiendo en los muros: «Mane, Thecel, Farel». Daniel continuó una vida próspera durante el resto del reinado de Darío y de su sucesor Ciro de Persia. Durante este período trabajó fervorosamente, con ayunos y oraciones, así como tomando medidas oportunas para asegurar la vuelta de los judíos a su propia tierra, habiendo llegado para ellos el tiempo prometido (Dn. 9).

Daniel, Libro. Narra la vida y las visiones de un israelita llamado Daniel, que en el tercer año del reino de Joacim (605 a.C.) fue deportado con otros compatriotas suyos a Babilonia por Nabucodonosor. El libro comienza en hebreo, continúa en arameo y termina de nuevo en hebreo. Sigue un apéndice en griego, considerado deuterocanónico. Las secciones hebrea y aramea son las únicas que aparecen en la Biblia hebrea y que son reconocidas como sagradas y canónicas por los protestantes. La LXX y la Vulgata contienen la parte griega deuterocanónica, que contiene la oración de Azarías y el canto de los tres jóvenes; la historia de Susana y la historia de la destrucción de Bel y del dragón, finalizando el libro como capítulo 14.

Daniel marca el final del profetismo y el nacimiento de la apocalíptica judía. El libro, destinado a sostener la fe y la esperanza de los judíos perseguidos, anuncia el final de las desgracias y la llegada del reino de los santos, gobernado por un «Hijo de hombre», cuyo imperio eterno (cap. 7) sustituirá a los reinos humanos (caps. 4-5). El reino esperado se extenderá a todos los pueblos, no tendrá fin, será el Reino de Dios.

El Libro de Daniel se divide generalmente en dos partes principales. La primera incluye una serie de narraciones sobre Daniel y sus compañeros hechas en tercera persona (caps. 1-6), y la segunda una serie de visiones, descritas en primera persona (caps. 7-12). La primera de esas visiones (cap. 7) se refiere al primer año del reino de Baltasar, y ofrece un cercano paralelo al sueño que se narra y explica en el capítulo segundo del libro. La visión nocturna versaba sobre cuatro bestias que salían del mar, simbolizando las fuerzas gentiles que serán juzgadas a su debido tiempo por el «Anciano de días» y finalmente substituidas por el reino mesiánico, universal y eterno. Del mismo modo que la primera, la segunda visión (cap. 8) se atribuye al reino de Baltasar y representa las fuerzas mundanas bajo figuras animales. Daniel ve un carnero con dos cuernos (los medos y los persas) que avanza victorioso hacia el occidente, al norte y al sur, hasta que es atacado por el macho cabrío (los griegos) con un gran cuerno (Alejandro) que tiene entre los ojos. Este cuerno da origen a otros cuatro (los reinos griegos de Egipto, Siria, Macedonia y Tracia), y de uno de ellos crece un «cuerno pequeño», a saber, Antíoco Epífanes. Definitivamente este príncipe no es mencionado por el ángel Gabriel, quien explica la visión a Daniel, pero sí está claramente señalado por la descripción de las acciones del «pequeño cuerno» contra los ejércitos celestiales y su príncipe, profanando el santuario, interrumpiendo los sacrificios diarios por tres años y medio y, finalmente aplastado «sin intervención de mano alguna».

El siguiente capítulo contiene la profecía de las setenta semanas, refiriéndose al primer año de Darío, el hijo de Asuero. Mientras Daniel suplicaba a Dios que cumpliera las promesas de misericordia que había hecho en Jeremías (29:10ss., 25:11), fue favorecido con la visión del ángel Gabriel. El celestial mensajero le explicó cómo debían entenderse los setenta años de desolación anunciados por Jeremías. Se trata de setenta semanas de años, que caen en tres períodos de siete, sesenta y dos y una semana de años, respectivamente. El primer período de siete semanas, o 49 años, se extenderá desde la promulgación del edicto para reconstruir Jerusalén hasta la unción «del príncipe». Durante la segunda semana la ciudad Santa y sus murallas serán reconstruidas, aunque en tiempos de angustia. Después hay 62 semanas entre esta época y la manifestación del Mesías, seguida de su muerte. Ello suma, para los dos primeros períodos, un total de 69 semanas, o 483 años. Al final de ese período un príncipe vendrá y «destruirá» la ciudad y el santuario. Él hará alianza con muchos durante una semana (7 años) y durante la mitad de la misma hará que cesen el sacrificio y la oblación y que reine la abominación de la desolación, hasta que encuentre su destino. La última visión, ubicada en el tercer año del reinado de Ciro, se narra en los capítulos 10-12. Su parte inicial (10-11,1) describe la visión con una referencia a Media, Persia y Grecia. La parte segunda (11) anuncia muchos eventos relacionados con los cuatro reyes persas, con Alejandro y sus sucesores y, más particularmente, con los hechos de un rey del norte, i.e. Antíoco Epífanes, contra Egipto, los judíos, el Templo, etc., hasta que llegue a su fin. La conclusión de la visión (12) declara cómo Miguel (el ángel guardián de Israel) salvará al pueblo. Se hace mención de la resurrección de los muertos, seguida de premios y castigos. Durante 1.290 días, o cerca de tres años y medio, cesará el sacrificio diario y se establecerá la abominación de la desolación. Bendito aquel que se mantenga firme por 1.335 días.

La posición tradicional afirma que toda la obra, según se encuentra en la Biblia hebrea, debe ser adjudicada directamente a Daniel, cuyo nombre detenta, escrita entre el 570 y el 536 a.C. La crítica contemporánea, basada principalmente en aspectos lingüísticos e históricos, refiere el origen del Libro de Daniel, en su forma actual, a un escritor y a un período más tardíos. Afirma que este escrito apocalíptico es obra de un autor desconocido quien lo habría compuesto durante el período de los Macabeos, más específicamente durante el reinado de Antíoco IV, Epifanes (175-164 a.C.).

En el NT vemos que Jesús eligió el título «Hijo del hombre», tomado de las visiones de Daniel (7:13,14), en preferencia a cualquier otro. Advirtió a sus oyentes que la abominación de la desolación, de la que había hablado el profeta Daniel, sería puesta en el lugar santo (Mt. 24:15; Mc. 13:14; cf. Dn. 11:31; 12:11). Se deduce de las palabras de Cristo, que estas profecías no hallaron su pleno cumplimiento cuando Antíoco Epifanes (1 Mac. 1:54) erigió un altar idólatra en el templo de Jerusalén. La profecía comporta frecuentemente cumplimientos sucesivos en ciclos históricos, más y más inclusivos, y el concepto de la «abominación de la desolación» parece materializarse cada vez que aparece en la historia como principio de violencia. Para los apóstoles, el rey que profiere palabras inicuas contra Dios (Dn. 11:36) pertenecen al futuro, y tienen que revelarse todavía (2 Ts. 2:4; Ap. 13:5, 6). En Apocalipsis, Juan no vio a los cuatro imperios de Daniel de forma aislada, sino que percibió de forma colectiva todos los reinos del mundo a la vez. Los considera como un solo imperio, a pesar de sus diferencias externas. Los poderes mundiales no les son presentados ni a Daniel ni a Juan bajo su aspecto político, sino solamente como la expresión de la hostilidad del mundo hacia el reino de Dios. El principal objetivo de la profecía no es precisamente el destino de las naciones, sino su relación con el reino de Dios. Este hecho importante permite descubrir el sentido de la revelación de los capítulos 11 y 12 del libro de Daniel. En efecto, el objeto de estos capítulos no es el de exponer la historia política de los hombres, sino especialmente el de bosquejar, en estilo apocalíptico, los grandes movimientos de este mundo en relación con el reino de Dios. Daniel habla de los tiempos del fin, el de la consumación. Es el tiempo final de la cólera divina (Dn. 8:19; cf. Dn. 11:36); el juicio de los poderes mundiales tiene entonces lugar, y se instaura el reino eterno de Dios (cf. Dn. 10:14) a lo que sigue la consumación final (Dn. 12:1-3). Es el último tiempo de enfrentamiento entre los poderes de este mundo y el reino de Dios, con una victoria total por parte de este último (Dn. 11:40-12:4). Los apóstoles hablan asimismo de este período, que ellos denominan la hora final, los últimos tiempos, o los días postreros. Dicen que ya había empezado en tiempo de ellos, que no ha escapado, y que llegará a una manifestación del Anticristo (2 Ts. 2:2-4; 2 Ti. 3:11; 1 Jn. 2:18; Jud. 18).

Danza. En todas las culturas antiguas la danza, siempre conectada a lo sagrado, servía para expresar emociones de dolor o gozo y para acompañar los acontecimientos más señalados del individuo o de la comunidad, p. ej. una boda, una cosecha, una victoria, el regreso de seres amados. Los movimientos y gestos del cuerpo equivalían a un ritual religioso minuciosamente regulado. La danza servía para provocar el éxtasis en algunas ocasiones (1 Sam. 10:5,10; 2 Sam. 6:16); o para venerar a los ídolos (Éx. 32:19). Los sacerdotes de Baal danzaban alrededor del altar de su dios (1 R. 18:26). Las danzas sagradas formaban parte de las procesiones anuales de los dioses. Los hebreos, en común con el resto de las naciones, tenían sus propias danzas que eran ejecutadas para celebrar efemérides nacionales (Éx. 15:20, 21), recibir a los héroes (Jue. 11:34; 1 Sam.18:6) y para manifestar regocijo por alguna bendición especial (2 Sam. 6:14; Jer. 31:4, 13; Lc. 15:25). También figuraba en los servicios religiosos y actividades que tenían que ver con expresiones de la fe (Sal. 149:3; 150:4). En general la Sagrada Escritura se refiere a la danza como una señal de gozo y alegría en contraste con el duelo: «tiempo de estar de duelo y tiempo de bailar» (Ecl. 3:4, cf. Sal. 30:11; Mt. 11:17). Las mujeres participaban conspicuamente (Éx. 15:20; Jue. 11:34; 21:21; 1 Sam. 18:6, 7; Jer. 31:4, 13); a veces los hombres solos (2 Sam. 6:14-23; Sal. 30:11; 49:3; Lam. 5:15; Lc. 15:25). Conocidas son también las danzas de guerra, tan comunes en muchos pueblos e introducidas para engrandecer los ritos de las festividades públicas entre los griegos y romanos. En los bailes sociales, las danzantes femeninas eran las preferidas por su belleza y modales indiferentes. La danzarinas eran comunes en los tiempos antiguos de Grecia e Italia, no tanto en Palestina, aunque debido a la influencia helénica, debió ser común en la corte, a juzgar por la danza de la hija de Herodías (Mt. 14:6).

Darío. Título, más bien que nombre, de tres soberanos persas pertenecientes a una de las ramas de la familia imperial aqueménida.

1. Darío I (521-485 a.C.). Hijo de Histaspes, sátrapa de Partia. Fue un destacado gobernante y organizador del Imperio, revisando el sistema administrativo persa, así como su código legal. Dividió el Imperio en 20 provincias o satrapías. Palestina formaba parte de la quinta, cuyo nombre, en la lengua aramea de la administración, era Abar-Nahara. Darío procuraba obtener el bienestar de las naciones súbditas del Imperio, y con este objetivo fomentó las ayudas a sus diferentes castas sacerdotales. Confirmó el decreto de Ciro en favor de los judíos y de la construcción del templo, favoreciendo la salida de un segundo contingente judío (Esd. 4:5, 24; 5:5-7; 6:1-15; Hag. 1:1, 15; 2:10; Zac. 1:1, 7; 7:1). Recibió el sobrenombre de «Rey de reyes».
2. Darío II (424-405 a.C.). Hijo bastardo de Artajerjes I. En los primeros años de su reinado tuvo que hacer frente a la rebelión del sátrapa Pisutnes y a las conspiraciones del eunuco Artoxares. Es

el Darío «el persa» mencionado por Nehemías (Neh. 12:22).
3. Darío III (335-330 a.C.), último rey de la dinastía aqueménida. Recibió un imperio inestable, en el cual muchos de sus territorios eran gobernados por sátrapas celosos de sus prerrogativas y poco leales. Trató de afirmar el poderío persa de cara al exterior. Enfrentado a los griegos, fue derrotado por Alejandro Magno (333 a.C.) y asesinado por sus nobles.

Datán (heb. «lleno de vigor»). Uno de los jefes de la rebelión de Coré, de la tribu de Rubén, cuya supremacía pretendía. Juntamente con sus cómplices fue tragado por la tierra (Nm. 16:1-35; 26:7-11; Dt. 11:6; Sal. 106:17; cf. Eclo. 45:18).

David (heb. «bienamado», «querido»). Segundo rey de Israel (1012-972 a.C.). Hijo de Isaí o Jesé (1 R. 16:8; cf. 1 Cro 2:13), de la tribu de Judá, su infancia y juventud transcurrió en Belén de Judá. Fue el menor de ocho hermanos (1 Sam. 16:10,11; 17:12-14). Dotado de una capacidad notable para la música, tocaba el arpa con gran virtuosidad; más tarde compuso cánticos. Durante un período de enfermedad, cuando un espíritu maligno atormentaba al rey Saúl, sometido a depresiones y a crisis de demencia, sus servidores le aconsejaron que se sirviera de un arpista, cuya música le calmaría su agitado ánimo. Alguien recomendó a David como excelente músico y joven valiente (1 Sam. 16:14-18). La música de David apaciguó al rey e hizo de él uno de sus escuderos (1 Sam. 16:16-23). Posteriormente se le permitió enfrentarse al gigante filisteo Goliat, al que mató con su honda y cinco piedras (1 Sam. 17:52-54). Esta victoria le ganó la amistad entrañable de Jonatán, hijo de Saúl (1 Sam. 18:1) y obtuvo un lugar permanente en palacio (1 Sam. 18:2). Pero su gran popularidad y las imprudentes canciones de las mujeres excitaron los celos del rey, que se hizo enemigo de David, e intentó matarlo en varias ocasiones (1 Sam. 18:6-11; 19:1). Fue entonces que David huyó y se convirtió en un desterrado (1 Sam. 20). Buscó la protección de Aquis, rey de Gat, enemigo de Saúl. Pero los príncipes filisteos rehusaron dar asilo a aquel que los había humillado. Una compañía de hombres, algunos parientes suyos, otros proscritos o endeudados, descontentos, empezó a unirse a David; este grupo, de unos 400 hombres, acabó siendo de unos 600. Saúl empezó la búsqueda de David por el desierto vecino de En-gadí (1 Sam. 24; Sal. 57; 142). David y su cuadrilla de guerreros defendieron las propiedades israelitas, que estaban expuestas a incursiones (1 Sam. 23:1; 25:16, 21; 27:8). Cansado de huir de Saúl, David se fue del territorio de Judá y obtuvo permiso de Aquis para ocupar Siclag, una ciudad fronteriza, que lindaba con el desierto de Neguev. Estuvo allí un año y 4 meses, protegiendo a los filisteos de las tribus del desierto, y devastaba ciudades alejadas, incluso en la misma tierra filistea (1 Sam. 27). Cuando los filisteos se reunieron en Gilboa para atacar a Saúl, sus príncipes no quisieron que David les acompañara (1 Sam. 28:1, 2; 29). Volviendo a Siclag, David descubrió que los amalecitas la habían saqueado e incendiado. Los persiguió, y recobró todo el botín. Cuando supo el resultado de la batalla de Gilboa, compuso una elegía acerca de la suerte de Saúl y de Jonatán (2 Sam. 1).

Después de la muerte de Saúl, los hombres de Judá lo aceptaron como rey y fue ungido solemne y públicamente en Hebrón (2 Sam. 2:1-10) a la edad de 30 años (2 Sam. 5:4). El resto de las tribus, dirigidas por Abner, una de las personalidades con mayor capacidad de Israel, proclamó rey a Is-boset, hijo de Saúl. Durante los dos años siguientes hubo guerra abierta entre los partidarios de Is-boset y los de David. A la muerte de Is-boset, David fue elegido rey por todas las tribus (2 Sam. 5:1-5) y se dispuso de inmediato a consolidar la monarquía. Diversas ciudades del territorio de Israel estaban tomadas por guarniciones de los filisteos, y otras estaban tomadas por los cananeos. David comenzó el asedio de Jerusalén, fortaleza de los jebuseos. Sus habitantes la consideraban inexpugnable, pero David la tomó al asalto; hizo de ella su capital. Al arrebatar la ciudad a los cananeos, David abrió la importante ruta de comunicación entre el norte y el sur, facilitando los intercambios, y coadyuvando a la unificación del reino. Los filisteos invadieron dos veces el país, sufriendo dos derrotas cerca de Jerusalén (2 Sam. 5:17-25; 1 Cro. 14:8-17). Después de su segunda victoria sobre los filisteos, el rey invadió su país, apoderándose de Gat. Esta conquista seguida de breves expediciones (2 Sam. 21:15-22) sometió de tal manera a los filisteos que estos enemigos hereditarios dejaron de inquietar a Israel durante siglos. Cuando el reino quedó consolidado, David se ocupó de la cuestión espiritual. Hizo traer el Arca del Pacto, que estaba en Quiriat-jearim, con solemnes fiestas, sacrificios y acciones de gracias (Jos. 15:9; 2 Cro. 13:1-14; 15:1-3). Después organizó el culto de una manera grandiosa (1 Cro. 17:1-27; 22:7-10). La gracia divina colmó a David de bendiciones. Con el fin de afirmar la seguridad de la nación y de preservarla de idolatrías, así como de vengar los insultos de los que la amenazaban, David guerreó contra pueblos vecinos, sometiendo a los moabitas, a los arameos de Soba y de Damas, a los amonitas, a los edomitas y los amalecitas, aunque no se dan detalles sobre estas diversas guerras (2 Sam. 8:1-18; 10:1-19; 12:26-31). El reino llegó de esta manera a los límites prometidos a Abraham mucho tiempo antes (Gn. 15:18).

Los últimos días de David se vieron perturbados por la ambición de Adonías, cuyos planes para la sucesión fueron frustrados por Natán, el profeta, y Betsabé, la madre de Salomón. El hijo que nació después del arrepentimiento de David fue elegido con preferencia sobre sus hermanos mayores. Para asegurarse de que Salomón le sucedería en el trono, David lo había ungido públicamente. Las últimas palabras recogidas del anciano rey son una exhortación a Salomón a ser fiel a Dios, premiar a los sirvientes fieles y castigar a los malos.
Cuando el Arca fue llevada a Jerusalén, David emprendió la organización del culto religioso. Las funciones sagradas se confiaron a 24.000 levitas; además 6.000 fueron escribas y jueces, 4.000 porteros, y 4.000 cantores. Organizó las diversas partes de los ritos, y asignó a cada sección sus tareas. Los sacerdotes estaban divididos en veinticuatro familias; los músicos en veinticuatro coros. A Salomón había sido reservado el privilegio de construir la casa de Dios; pero David hizo amplias preparaciones para el trabajo reuniendo tesoros y materiales para la construcción del templo, así como transmitiendo a su hijo un plan para el edificio y todo sus detalles (1 R. 1). También le encargó que castigara a aquellos que bajo su reinado habían escapado a la justicia (1 R. 2:1-11). David murió a los 71 años; había reinado 40 años o, más exactamente, 40,5; 7,5 de ellos en Hebrón, y 33 en Jerusalén (2 Sam. 2:11; 5:4, 5; 1 Cro. 29:27). Sobre todo, se le llama a David «el dulce cantor de Israel» (2 Sam. 23:1). La tradición hebrea atribuye a este rey la composición de 73 salmos.

Debir (heb. «santuario»). Nombre de un personaje y de tres ciudades del AT.

1. Rey amorreo de Eglób, aliado de Adonisedec, rey de Jerusalén (Jos. 10:3), en la lucha contra los gabaonitas y los israelitas capitaneados por Josué. Derrotado fue colgado por Josué (Jos. 10:23, 26).
2. Ciudad en las montañas de Judá (Jos. 15:49), al suroeste de Hebrón. Fue una de las ciudades de los amorreos destruida por Josué (Jos. 11:21). En el libro de Jueces vemos que realmente la tomó Otoniel (Jue. 1:11-15), a quien Caleb dio su hija Acsa como esposa por haber tomado la ciudad. Posiblemente quedaron reductos sin dominar o volvió a recobrar su independencia, según se desprende del relato en que se describe la conquista llevada a cabo por Otoniel. La ciudad pasó a formar parte de las ciudades levíticas (Jos. 21:15; 1 Cro. 6:58). Su nombre anterior había sido Quiriat-sefer (Jos. 15:15; Jue. 1:11) o Quiriat-sana (Jos. 15:49). Identificada con Tell Beit Mirsim, a unos 8 km al sur de el-Daweimah y unos 20 km al suroeste de Hebrón.

3. Lugar en el límite septentrional de Judá, cerca del valle de Acor (Jos. 15:7). Identificada con la actual Tograt el-Debir, localizada de una manera vaga en las inmediaciones del valle de Acor.
4. «Término de Debir», es decir, «frontera». Lugar en el límite de Gad, mencionado después de Mahanaim (Jos. 13:26). Puede también leerse como Lo-debir (RVA), y puede ser la misma que Lo-debar (2 Sam. 9:4), que se escribe de modo parecido y queda en la misma vecindad.

Débora (heb. «abeja»). Profetisa y esposa de Lapidot, que acaudilló a los israelitas y habitó prob. en una tienda bajo una célebre, y acaso, solitaria palmera entre Rama y Bet-el (Jue. 4:4, 5). Además de su carácter de «gobernadora», Débora era, en virtud de su inspiración, una «madre de Israel», en línea con Miriam, Hulda, Ana, Noadía (2 R. 22:14; Neh. 6:14). Debido a su carácter profético, gozaba de gran autoridad e influencia y de alguna manera se la consideraba cabeza de la nación, a quien se referían los problemas y dificultades del momento: «Los hijos de Israel acudían a ella para juicio» (Jue. 4:5). Cuando los judíos, especialmente los de las tribus del norte, sufrían bajo la tiranía de Jabín (1296 a.C.), como profetisa se empeñó en levantarlos de su abatimiento, y enviando por Barac lo indujo a atacar a Sísara y le prometió la victoria. Barac, sin embargo, rehusó ir a menos que ésta le acompañase, cosa a que Débora accedió; pero le dijo que el éxito de la expedición sería imputado a una mujer y no a él. Después de la aplastante victoria compuso un espléndido canto triunfal, que se conserva en Jue. 5 y que es una de las páginas más antiguas de la literatura bíblica. Se cuenta entre lo mejor de la poesía hebrea.

Decálogo. Nombre generalmente dado por los Padres griegos a las dos tablas de la Ley o Diez Mandamientos (Éx. 34:28; Dt. 4:13; 10:4). El Decálogo abarca lo que en teología cristiana se llama «la ley moral» (Éx. 20:3-17; Dt. 5:7-21), expresión no del todo correcta, ya que su cometido es condensar los principios que deben regir la vida del pueblo elegido conforme a las condiciones del pacto sinaítico. Ver DIEZ MANDAMIENTOS.

Decapitar. Método de ejecución practicado por los antiguos egipcios (cf. Gn. 40:17-19), no existente en la legislación hebrea, aunque sí practicado por los judíos con sus enemigos políticos (2 Sam. 4:8; 20:21, 22; 2 R. 10:68). Los relieves mesopotámicos muestran gráficamente la costumbre de decapitar a los prisioneros, cuyas cabezas formaban montañas de gran tamaño.

Herodes el tetrarca mandó degollar a san Juan Bautista, a petición de Herodías y de su hija (Mt. 14:3-11). Agripa I decapitó al apóstol Santiago (Hch. 12:2), y se cree que san Pablo sufrió el martirio por decapitación, toda vez que en su día no era conforme a la ley matar a un ciudadano romano con otro tipo de suplicio, considerado ignominioso y aplicado sólo a los esclavos y extranjeros.

Decápolis (gr. «diez ciudades»). Federación de diez ciudades griegas al oriente de Galilea. Después de la conquista de Palestina por parte de los romanos, estas ciudades fueron reconstruidas y parcialmente colonizadas por elementos gentiles, poseyendo privilegios particulares (Josefo, *Ant.* 15, 7, 3; 17, 11, 4). Es generalmente aceptado que las diez ciudades eran Hipos, Gadara, Pella, Filadelfia, Gerasa, Dion, Canata, Damasco, Rafana y Escitópolis. Todas se hallaban al este del Jordán excepto Escitópolis, pero parece que el nombre Decápolis designaba también un distrito al oeste del Jordán además del oriental (Mt. 4:25; Mc. 5:20; 7:31). La confederación así formada se mantuvo en existencia desde el 63 a.C. al siglo II d.C. incluso con el añadido de nuevas ciudades.

Jesús atrajo una gran muchedumbre de los pobladores de Decápolis (Mt. 4:25) y en su territorio efectuó algunas operaciones milagrosas (Mc. 5:2-20). Partiendo de Sidón, camino del lago Genesaret, Jesús cruzó todo el territorio de la Decápolis y sanó a un sordomudo (Mc. 7:31-37). La población, llegada en época seleucida y ptolemaica, eran paganos de religión y de lengua griega. Los judíos carecían de ciudadanía, pero disfrutaban de libertad religiosa. A la ciudad de Pella huyeron los cristianos justo antes de la destrucción de Jerusalén.

Décima. Unidad de medida, de harina en especial, que se había de ofrecer en los sacrificios por el pecado, juntamente con los animales y libaciones (Éx. 29:40; Lv. 5:11; 14:21; Nm. 5:15; 28:13, 21; 29:4, 10).

Dedán (heb. «querido»). Descendiente de Cam, hijo de Raama y nieto de Cus (Gn. 10:7; 1 Cro. 1:9). Sus descendientes fueron un importante pueblo de Arabia, asentado en la región noroeste del golfo Pérsico. Varias profecías hacen referencia a su actividad comercial (Is. 21:13; Ez. 27:20; 38:13; 25:13).

Demas (gr. «hombre del pueblo»). Cristiano de Roma, a quien Pablo llama su «colaborador» (Flp. 24; cf. Col. 4:14) durante su primer encarcelamiento romano. Unos cinco años más tarde, el mismo apóstol tiene que constatar que ha sido abandonado por Demas, «amando este mundo, y se ha ido a Tesalónica» (2 Ti. 4:10). Esto puede significar no que hubiera apostatado, como ha venido interpretándose tradicionalmente, sino el enfriamiento de su primer amor al dar su afecto a las cosas de este siglo presente

Demetrio (gr. «consagrado a Deméter»). Nombre de varios personajes bíblicos, de algunos generales de Alejandro y príncipes macedónicos y sirios.

1. Demetrio I *Sóter*, rey de Siria entre el 160-150 a.C., reprimió provisionalmente la rebelión de los macabeos y nombró sumo sacerdote a Alcimo (1 Mac. 7:5-20).
2. Demetrio II *Nicator*, hijo mayor del anterior, rey de Siria entre el 145-138 y el 129-125 a.C. Bajo su reinado Judá se hizo prácticamente independiente (1 Mac. 10-14).
3. Platero de Éfeso que instigó un motín contra Pablo, al ver reducidos sus beneficios obtenidos de la venta de reproducciones de plata del famoso templo de Diana o Artemisa de dicha ciudad (Hch. 19:24-41).
4. Cristiano de reputación, recomendado por san Juan (3 Jn. 12).

Demonio, gr. *daimon*. Entre los griegos este término designaba un dios o una divinidad en general; el genio o espíritu familiar que acompañaba a uno; el hado o el destino, de ordinario con sentido peyorativo, como infortunio; una divinidad tutelar o un dios de categoría inferior. También se creía en *daimones* maléficos, demonios auténticos según la acepción cristiana, que participaban en ritos crueles y obscenos. En el lenguajes iraní, la palabra *daeva*, correspondiente a demonio, define a los espíritus del mal. En el pensamiento judío y en la teología cristiana esta palabra denota siempre a los espíritus malignos o ángeles caídos.

La creencia en los demonios no aparece en la literatura hebrea antes del exilio babilónico. Apenas si juega un papel importante en el AT. No existe ningún dios del mal opuesto a Yahvé. Todo está sometido al señorío absoluto de Dios sobre las realidades creadas. El bien y el mal tienen en Él su fuente (cf. Is. 45:7; Am. 3:6). La insitencia en los demonios ocupa un lugar prominente en la literatura apocalíptica del judaísmo tardío. El mundo cultural y religioso del NT está dominado por la preocupación por los demonios, sus actividades y sus influencias en las vidas de los hombres. En este contexto de angustia, los apóstoles presentan a Jesús como aquel que ha venido a luchar y a vencer a las potencias malignas que afligen al hombre (cf. 1 Jn. 3:18) y a establecer un dominio positivo: el Reino de Dios. Cristo combate el reino de los demonios desde el principio. Los hebreos asociaban a los demonios con el desierto salvaje; los hombres no podían sobrevivir mucho en semejante ambiente inhóspito, que produce un estado de ánimo por el que uno se siente perdido, privado de guía, perplejo y a merced de fuerzas extrañas, misteriosas y malvadas. La identificación de las tierras áridas con la maldición de Dios llevó a creer que las regiones salvajes eran no sólo el lugar de las bestias feroces, sino el dominio del mal, poblado de espíritus malignos (Dt. 8:15). Al principio de su ministerio, Jesús es «arrebatado» por el Espíritu y llevado al desierto, donde tiene un enfrentamiento probatorio con esas fuerzas hostiles, de las que sale victorioso. Sus cuarenta días pasados en el desierto recuerdan los cuarenta años de la tentación y de la tribulación que Israel hubo de soportar en las tierras desoladas del Sinaí. Allí Jesús venció los males de la condición de desierto en que el hombre se siente perdido y extraviado. La historia de Jesús subraya la lucha del Mesías contra la presencia destructora del Diablo que actúa en los hombres más miserables de todos: los posesos. Las narraciones de curación de endemoniados prolongan la lucha entablada entre Jesús y Satán. Los exorcismos vienen a ser para Jesús una demostración de que el reino de Dios ha llegado (Mt. 12:28; Lc. 11:20). Los exorcismos suponen un destronamiento del reinado del maligno: «He visto a Satán caer del cielo como un rayo» (Lc. 10:18). El Diablo ya está vencido. Era el fuerte, dominaba la casa de este mundo, pero ahora ha llegado uno más fuerte y le ha quitado sus poderes (cf. Mt. 12:29-30).

La teología paulina interpreta la esfera de lo demoniaco en perspectiva cósmica y cristológica; a partir de ella entiende la victoria de Cristo sobre los poderes destructores, victoria que es el toque de liberación de los cautivos (2 Ti. 2:26, cf. Lc. 4:18). Cristo «despojó a los principados y autoridades, y los exhibió como espectáculo público, habiendo triunfado sobre ellos en la cruz» (Col. 2:15; cf. Flp. 2:10-11). Los creyentes no se encuentran sometidos a poderes de este mundo, a los ritmos de la luna, las comidas especiales, las semanas y los días (cf. Col. 2:16-17). Cristo es el liberador cósmico que se sienta por encima de todo principado y poder, fuerza y soberanía (Ef. 1:21).

Denario (gr. «decena»). Moneda de plata romana equivalente a diez *ases*, que era la unidad monetaria, y a un dracma griego. Fue moneda de uso corriente entre los judíos. Se menciona muchas veces en el NT, especialmente como el salario diario de un jornalero (Mt. 20:2, 9, 13; cf. Tobias 5:15); y algo menos el de un soldado romano (Tácito, *Anales* 1, 17). Los apóstoles estimaron que serían necesarios al menos 200 denarios de pan para alimentar a la multitud de 5.000 hombres

(Mc. 6:37) lo que hubiera equivalido a 1 denario para cada 25 personas. Los precios de Ap. 6:6 evidencian un período de penuria.

Derbe. Pequeña ciudad de Licaonia en Asia Menor, ubicada en la ruta que iba de Antioquía a Iconio. Los romanos la incorporaron a Capadocia hacia el 65 a.C., pero fue reconquistada por Antípater, nativo de la región y amigo de Cicerón. En 41 d.C. el emperador Claudio la incorporó a la provincia romana de Galacia. Pablo y Bernabé la visitaron en su primer viaje misionero, después de haber sido apedreados en Listra (Hch. 14:6, 20-21). No se registra ningún incidente en Derbe. Pablo volvió a visitarla en su segundo viaje. Allí, o en Listra, conoció a Timoteo (Hch. 16:1-3; 18:23). Gayo, colaborador de Pablo, era natural de Derbe (Hch. 20:4).

Descenso de Jesús a los infiernos. Frase bien conocida que aparece en el evangelio apócrifo de Nicodemo y que fue incorporada al llamado Credo de los Apóstoles en el siglo IV, en ocasión de la herejía de Apolinar, que negaba a Jesucristo una verdadera alma humana. Mediante esta expresión se quiere enseñar la estancia de Jesús en el reino de los muertos durante el tiempo que media entre su muerte y resurrección. En el NT tenemos la más temprana referencia a esta creencia en el primer sermón de Pedro (Hch. 2:24-31), en dos textos de Pablo (Ro. 10:7; Ef. 4:9) y en uno de Pedro que ha sido objeto de todo tipo de teorías e interpretaciones diversas (1 P. 3:18-20). No se trata del «infierno» de los condenados, sino del *sheol* o «morada de los muertos», donde «predicó a los espíritus encarcelados» (1 P. 3:19), quedando manifiesto que la esperanza de todo el género humano se ordenaba a Jesucristo y su sacrificio en la cruz, cuyo fruto era la salvación de los creyentes de todos los tiempos. Al descender a los infiernos Cristo se hizo solidario con los muertos, y, en cuanto vencedor de la muerte, como aquél que estaba a punto de entrar en su gloria y de llevar consigo a los que se hallaban dispuestos.

Desierto. En la Palestina bíblica se entendía por desierto no la típica región arenosa, sino los suelos desprovistos de vegetación, o dicho de otro modo, la zona de transición entre el campo cultivado o cultivable y el totalmente inculto, debido a sus características geólogicas o falta de lluvia.

Desierto es el nombre comúnmente aplicado al territorio que dista entre Palestina y Egipto, incluyendo la Península del Sinaí, en el cual los israelitas peregrinaron durante años (cf. Gn. 21:14, 21; Éx. 3:1; 4:27; 5:3; 19:2; Nm. 33:15,16; Jos. 1:6, Jer. 2:2-6; etc.). Este último lugar no es arenoso sino montañoso, su escaso suelo apenas si produce algo de hierba y vegetación. El agua escasea y las fuentes son raras. Se sabe que hubo un tiempo cuando esta península era más fértil y albergaba buen número de pueblos nómadas.

El desierto de Judá se refiere a la región montañosa en el lado oeste de la orilla del mar Muerto, donde David alimentaba los rebaños de su padre, y donde se escondió de Saúl (1 Sam. 17:28; 26:2 ss.). Juan el Bautista predicaba en el «desierto», es decir, en terreno abierto y despoblado, igual que Jesús alimentó a las multitudes en el desierto de la región del mar Muerto (Mt. 3:3; 15:33).

En el lenguaje bíblico, la aridez del desierto es símbolo de una tierra a la que Dios niega su bendición, privándola de la lluvia y de la fertilidad. Lugar de prueba, el desierto es símbolo de tentación y aprendizaje para mostrar lo que hay en el corazón (Dt. 8:2).

Los antiguos asociaban el desierto con los demonios, la poesía árabe de los beduinos preislámicos canta el desafío entre el desierto, que rechaza al hombre, y el hombre, que conquista el desierto. La identificación de las tierras áridas con la maldición de Dios llevó a creer que las regiones salvajes eran el medio natural del mal; una especie de infierno poblado de espíritus malignos (cf. Dt. 8:15; Mt. 12:43; Lc. 11:24). Jesús fue llevado por el Espíritu al desierto como una parte esencial de la prueba de su carácter mesiánico y su lucha con las fuerzas hostiles del diablo (Mt. 4:1). Sus cuarenta días pasados en el desierto recuerdan los cuarenta años de la tentación y de la tribulación que Israel hubo de soportar en las tierras desoladas del Sinaí (Dt. 8:2-4, 6, 16; 6:13). En esta experiencia del desierto es donde Jesús se enfrenta con las fuerzas malignas que asedian a toda la humanidad en un auténtico período de prueba y de sufrimiento. Jesús se enfrenta victoriosamente con Satanás, el cual se aleja «hasta el tiempo oportuno» (Lc. 4:13). Allí Jesús venció los males de la condición de desierto en que el hombre se encuentra perdido y extraño en un mundo hostil. Allí donde el pueblo elegido sucumbió, Cristo triunfó en tres victorias sucesivas.

Deuterocanónicos, del gr. «secundariamente canónicos». Canon es el término técnico en los manuales bíblicos para indicar la lista oficial de los libros reconocidos como autoridad, que tienen a Dios por autor. Deuterocanónico es el nombre dado por la Iglesia católica a algunos libros que pertenecen al canon bíblico, pero cuya canonicidad y carácter inspirado son puestos en duda por la Iglesia primitiva en ocasiones. Los deuterocanónicos son siete para el AT: Tobías, Judit, Sabiduría, Eclesiástico, Baruc, 1 y 2 Macabeos. Hay que añadir a ellos algunas perícopas veterotestamentarias: Est. 10, 4-16, 24 (según la versión Vulgata), Dn. 3, 24-90; 13-14. Los protestantes los denominan apócrifos. Para el NT todos los cristianos aceptan como inspirados solamente 27 libros.

Deuteronomio. Último de los cinco libros del Pentateuco. En hebreo se le indica con las palabras iniciales *Ele Haddevarim*, «éstas son las palabras», en griego se le llama Deuteronomio , «segunda ley», traducción imperfecta del pasaje de Dt. 17:18, en el que se ordena al rey que haga para su uso personal una «copia de esta ley», no una segunda.
En el Éxodo, Levítico y Números, la legislación es presentada en ocasión de su promulgación. La ocasión o fecha de la recepción de las sucesivas secciones son ordinariamente indicadas, y se declara de cada grupo de estatutos por separado, que proviene de Dios. Por el contrario, en Deuteronomio la ley es presentada como un conjunto, y comentada hasta cierto punto. Se organiza en torno a varios discursos de Moisés poco antes de llegar a la tierra prometida (1:1-5). En el primer discurso introductorio se evoca una vez más los acontecimientos desde el Sinaí hasta el momento actual, y pasa luego a exhortar a la observación de la Ley. Tras dos noticias de carácter histórico (4:41-43) viene un segundo y largo discurso (4:4-26:19), donde Moisés recuerda de nuevo la ley del Sinaí, propone de nuevo el decálogo, se detiene en exhortaciones y advertencias y finalmente presenta el código central (caps. 12-26), que contiene la legislación moral y religiosa. Es la parte más importante del libro, el llamado «código deuteronómico», el «libro de la ley» encontrado en los tiempos del reinado de Josías (cf. 2 R. 22-23). Estos estatutos son, por lo general, leyes positivas, implicando derechos y deberes. En los capítulos 27 y 28 Moisés ordena que, una vez pasado el Jordán, se promulgue la Ley. Sobre todo pronuncia las bendiciones para todos los que la observen y las maldiciones para los transgresores. Después de estas tres exposiciones que forman lo esencial del Deuteronomio, Moisés designa públicamente a Josué como su sucesor, y le confiere una precisa misión. Los capítulos 31-34 contienen trozos narrativos, que sirven de marco respecto a los últimos sucesos de la vida de Moisés, la elección de Josué y las disposiciones testamentarias para Israel. Finalmente, el Legislador reúne a los ancianos del pueblo, pronuncia su célebre cántico, contempla desde lejos la Tierra prometida, bendice a Israel, muere y es sepultado.
Deuteronomio se caracteriza por el cambio que se produce en la sociedad hebrea, instalada en Canaán. Ya no es un pueblo nómada, sino sedentario, y el campamento deja de ser mencionado, en tanto que ocupaba un gran espacio en la primera legislación; no se habla más de

él que con respecto a guerras futuras, o con respecto al hecho de que en este momento está situado en Sitim. Por otra parte hace alusión a las casas, a las ciudades y a sus «puertas».
Se aprecian modificaciones poco importantes de leyes en vigor, a fin de adaptarlas a los nuevos modos de existencia. Por ejemplo, se cambió la ley que demandaba que los animales sacrificados para su consumo fueran llevados a la entrada del tabernáculo; podrían ser muertos en cada localidad donde vivieran (Dt. 12:15, 21; Lv. 17:3, 4); por la misma razón, ya no será necesario ofrecer a Dios al 8.º día los primogénitos de los animales; se podrá diferir su sacrificio hasta que el propietario, si reside muy lejos del santuario, venga a las fiestas anuales (Dt. 15:20; cf. Éx. 22:30). Cuando el esclavo hebreo prefiera quedar unido a la casa de su dueño en lugar de reclamar su derecho legal a la libertad, será suficiente la ceremonia de la puerta, no siendo preciso que vaya a presentarse delante de Dios (Dt. 15:17, cf. Éx. 21:6).
Se toman nuevas medidas para la salvaguarda de las clases dependientes: levitas, viudas, huérfanos, extranjeros. El código deuteronómico los protege contra el daño que les pudiera causar el egoísmo y la indiferencia de los israelitas, ya bien demostrados con demasiada frecuencia durante la peregrinación en el desierto.
La nación tendrá un único altar, en el lugar elegido por Jehová para poner allí su nombre. Este altar único debería neutralizar la tendencia a la idolatría, al impedir que el pueblo celebrara su culto en los numerosos santuarios de los cananeos. Así, las ceremonias en honor de Yahvé vendrían a ser infinitamente más solemnes y magníficas que los ritos idólatras de Canaán, por cuanto los hebreos deberían congregarse en grandes núcleos, aportando al Señor el homenaje de todos sus recursos. Este culto, celebrado por el conjunto de la nación, debía por otra parte potenciar la comunidad, contribuyendo a unificar la nación. El código deuteronómico subraya con una nueva insistencia la ley ya antigua de la unidad del lugar de culto. La cohesión nacional y el mantenimiento de la teocracia dependían de ello.
De la forma más explícita, y quizá con mayor insistencia que las otras partes del Pentateuco, este libro designa a Moisés como su autor (Dt. 1:1). Se dan detalles precisos de fecha y lugar (Dt. 1:2-6; 4:44-46). Moisés es mencionado más de 40 veces, en general como la fuente autorizada de tal o cual declaración. El Deuteronomio es citado mucho en el NT, sobre todo en el evangelio de Mateo y en la carta a los Hebreos.

Día de Yahvé. Expresión que aparece por primera vez en los escritos de Amós, y que remite a una creencia popular de corte nacionalista que esperaba la intervención de Dios a favor de Israel, independientemente de su conducta y fidelidad a Yahvé, pero que el profeta se encarga de desvanecer esa mentalidad, haciéndoles ver que el día que todos anhelan (Am. 5:18) será un tiempo de oscuridad y no resplandor (v. 20). Dios no va a liberar a Israel de todos sus males e introducirlo en el bienestar sin fin, sino todo lo contrario, en cada plaza habrá llanto, y en todas las ciudades lamentación, porque Yahvé conoce las muchas rebeliones y los grandes pecados de su pueblo: «Que hostilizáis al justo, que tomáis soborno y que hacéis perder su causa a los pobres en el tribunal» (5:12). Las descripciones de ese día son terribles: «Día de tinieblas, y no de luz» (Am. 5:18); «día de nublado y de densa niebla... grande es el día de Yahvé, y muy terrible» (Jl. 2:2, 11, 31; Mal. 4:1; cf. Is. 13:9; 22:5; Sof. 1:14-16). Como en tantos otros casos, los autores del NT identificaron este día de Yahvé con el «día del Señor» Jesús en su Segunda Venida (cf. 1 Ts. 5:2; 2 Ts. 2:2). Día de juicio y de renovación de la tierra, «las obras que en ella hay serán quemadas» (2 P. 3:10), y entonces se dará lugar a los nuevos cielos y la nueva tierra (Ap. 21:1).

Diablo, del gr. *diábolos*, traducción del heb. *shatan* (Jb. 1:6-8,12; 2:1-7; Zac. 3:1, 2), significa «calumniador», «acusador» (Ap. 12:10) y se aplica a Satanás, en cuanto constantemente está impugnando el carácter de los justos delante de Dios (cf. Jb. 1:6; Zac. 3:1; Ap. 12:10; Zc. 3:1). El diablo se encuentra también en otras religiones bajo figuras análogas. En Babilonia recibía el nombre de *Beldababi*, «el enemigo», el espíritu del mal que acusa a los hombres delante de los dioses; en Persia, *Angramainyo*, hostil a los hombres y a la creación. Aflige a los hombres con sufrimientos físicos (Hch. 10:38). Tienta al hombre a que haga lo malo (Ef. 4:27; 6:11), alentándole con engaños a hacerlo (Ef. 2:2). Al haber sido introducida la muerte en el mundo a causa del pecado, el diablo tenía el poder de la muerte, pero Cristo, por su propia muerte, ha triunfado sobre él, y lo anulará totalmente (He. 2:14). Si los creyentes lo resisten, huirá de ellos (Stg. 4:7).

Diaconisa. Título de un ministerio femenino en la Iglesia primitiva. Sólo conocemos de su existencia por el nombre de una de ellas, a saber, Febe (Ro. 16:1). Sin lugar a dudas se trata de una orden de mujeres que llevaba este título y que ejercían, en relación a su sexo, funciones análogas a sus homólogos masculinos. Sobre esta hipótesis se ha inferido que las mujeres mencionadas en Ro. 16:6,12, pertenecían a tal orden. La reglas dadas sobre la conducta de las mujeres en 1 Ti. 3:11 y Tit. 2:3 se han interpretado igualmente como referidas a las diaconisas. Algunos autores creen que las «viudas» de 1 Ti. 5:3-10 eran diaconisas.

Diácono. Los términos «diácono» y «diaconía» se usan constantemente en el NT en el sentido general de «servidor» y de «servicio». En un principio, el término se utilizó en el cristianismo en sentido genérico, p. ej. Pablo se considera «siervo» de Dios para el anuncio del Evangelio de Cristo (1 Co. 3:5; 2 Co. 6:3) y de los hombres (Ro. 15:25; 2 Co. 11:8), pero después adquirió el sentido técnico que designa una función particular, un ministerio eclesial, asociado siempre a los obispos o presbíteros (Flp. 1:1; 1 Ti. 3:8-13).

Se admite generalmente que los primeros diáconos son los siete que fueron elegidos para supervisar la distribución de los fondos de la Iglesia en Hch. 6:1-6; aunque allí no se les llama diáconos, sino «los siete» (Hch. 21:8), ni se limiten a servir, sino que en sus actividades destaca la labor «espiritual» de predicación, p. ej. Esteban y Felipe.

En sus escritos de alrededor del año 63 d.C. san Pablo se dirige «a todos los santos que viven en Filipos, junto con los obispos y los diáconos» (Flp. 1:1). Unos pocos años más tarde insiste en que «los diáconos deben ser castos, no mal hablados, no dados a beber mucho vino ni a negocios deshonestos, que guarden el misterio de la fe con una conciencia pura» (1 Ti. 3:8ss.).

Diana. Nombre latino de una de las principales diosas griegas, a saber, *Artemisa*, diosa de la fecundidad asociada a los bosques, a las mujeres, al parto y a la luna. Era adorada en toda Asia. Su santuario principal se encontraba en Aricia, montes Albanos, cerca del lago Nemi. Tenía otros santuarios en Italia y provincias del Imperio. El más célebre de todos es el monte Aventino de Roma. Famoso es el que se hallaba en Éfeso, construido de mármol escogido y tenido por una de las maravillas del mundo. En el Museo Británico se halla una moneda romana con una representación del templo y la imagen de la diosa en el centro (Hch. 19:24-35). Una vez al año se celebraba en Éfeso una fiesta en honor de la diosa, a la que se ofrecían ricos presentes para asegurarse su favor.

Diáspora (gr. «dispersión»). Nombre colectivo dado a los descendientes de las doce tribus de Israel (Stg. 1:1; Hch. 26:7). Después del exilio babilónico se convirtió en un nombre técnico para referirse a los judíos residentes en países extranjeros, los de «la Dispersión» (2 Mac. 1:27; Jdt. 5:19; Josefo, *Ant*. 12, 13, etc.); «los expatriados de la dispersión» (1 P. 1:1), originalmente llamados «hijos del cautiverio» (Esd. 6:16, cf. Jer. 24:5; 28:4). En la versión griega del AT, p. ej. en Dt. 28:25; 30:4, la dispersión del pueblo judío es considerada un castigo a la apostasía.

En los textos judíos no es raro encontrar expresiones que muestran paradójicamente la diáspora como un hecho provechoso, al menos porque de esa manera los hebreos no podrían ya ser exterminados de un solo golpe de la faz de la tierra. Este mismo sentimiento de sano orgullo se vislumbra en Hch. 2:9-11, donde se describe la reunión de todos los pueblos del mundo en la fiesta de Pentecostés. En los días apostólicos no había prácticamente ningún país en la tierra que no contara con judíos residentes. El autor judío de los *Oráculos Sibilinos* (siglo II a.C.) pudo decir de sus compatriotas: «Cada tierra y cada mar están llenos de ellos» (*Or. Sib*. 3, 27; cf. Josefo. *Guerras*, 7, 3, 3; *Ant*. 14, 7, 2). En Jerusalén había no menos de 380 sinagogas pertenecientes a las comunidades de la diáspora, lo que pone de manifiesto la influencia de este judaísmo geográficamente disperso y poderoso, económicamente hablando (cf. Hch. 6:9). En perspectiva cristiana, la «diáspora» es una de las formas de aparición y de existencia del pueblo de Dios en el mundo, «desterrados y peregrinos» (cf. Stg. 1:1; 1 P. 1:1), no pendiente de una tierra única ni de una ciudad terrenal, sino únicamente de la acción de Dios y de la ciudad celeste de Jerusalén (cf. Gál. 4:26: Flp. 3:20).

La diáspora fue el resultado de las varias deportaciones de judíos que invariablemente siguieron las invasiones o conquistas de Palestina, situada en territorio de paso entre los grandes imperios de la antigüedad: Egipto y Mesopotamia.

Dibón (heb. «desfallecimiento»). Ciudad originalmente moabita al norte del torrente Arnón, habitada desde el 3000 a.C., llegó a ser un importante centro amurallado, con una vasta construcción, quizá con templo o templo-palacio. Fue una de las últimas etapas del itinerario israelita hacia Canaán. Conquistada y reconstruida por los miembros de la tribu de Gad (Nm. 21:30; 32:34) y por eso llamada también Dibón-Gad (Nm. 33:45, 46). Después pasó a la tribu de Rubén (Jos. 13:9, 17) y más tarde a los moabitas (Is. 15:2; Jer. 48:18, 22). Existen ruinas con el mismo nombre y en ellas Clermont-Ganneau descubrió la famosa Piedra Moabita o estela del rey Mesa.

Dídimo (gr. «gemelo»). Apodo del apóstol Tomás (Jn. 11:16). Ver TOMÁS.

Diez Mandamientos, en heb. «las diez palabras» (Éx. 34:28; Dt. 4:13; 10:4), también conocidos por Decálogo. Los estudiosos modernos hacen notar desde el principio que la Biblia no habla de «Diez Mandamientos», sino que habla siempre de «Diez Palabras», entendidas éstas como palabras de salvación; por eso el AT sitúa estas diez palabras en un contexto de la alianza que Dios concertó con su pueblo. El sentido ligeramente negativo que tiene la palabra «mandamiento» no existe en el texto original. Estas diez palabras se pronunciaron sólo para el bien del hombre, según se desprende de los argumentos aportados en su promulgación: «Yahvé nos mandó que pusiéramos por obra todas estas leyes y que temiésemos a Yahvé nuestro Dios, para que nos fuera bien todos los días y para conservarnos la vida, como en el día de hoy» (Dt. 6:24).

Se habla de diez palabras, o mandamientos (cf. Éx. 34:28; Dt. 4:13; 10:4), para seguir la denominación tradicional, pero no son numerados en ninguno de los textos en que aparecen (Éx. 20 y Dt. 5). Comprenden dos tablas (cf. Éx. 24,:12; 32:15; 34:1); pero tampoco se dice cómo hay que dividir esos diez mandamientos en ambas tablas. Como razón de tal división suele aducirse que los cuatro primeros mandamientos hacen referencia a la relación del hombre con Dios, mientras que los demás se refieren a las relaciones de los hombres entre sí. El orden se encuentra casi idéntico en ambas fuentes, salvo las prohibiciones finales pronunciadas contra la codicia o concupiscencia en Dt. 5:21. El sistema de numeración tradicional fue hecho por san Agustín (*Questionum en libri de Heptateuchum*), adoptado por el Concilio de Trento. Según otra manera de ordenar, el mandamiento que prohíbe el uso del nombre de Dios en vano viene segundo en orden, el número diez se mantiene al dividir el mandamiento final en concupiscencia —pecados de la carne— y codicia, deseo de los bienes ajenos.

El mismo AT presenta el decálogo bajo dos formulaciones diferentes en algún detalle (Éx. 20:1-21). En ambas versiones, es Dios mismo quien se manifesta en el Sinaí y da a conocer al pueblo la ley por la que debe regir su conducta: «Cara a cara habló Yahvé con vosotros en el monte, de en medio del fuego» (Dt. 5:4). Las diferencias entre ambas se refieren a las motivaciones del precepto sabático con la referencia al descanso de Dios después de la creación en Éx. y a la liberación de Egipto en Dt. «No codiciar la mujer de tu prójimo» se distingue en Dt. de la prohibición de desear la casa, el campo, etc., mientras que en Éx. «la mujer» forma parte de los bienes del prójimo que no hay que codiciar.

Ambas versiones coinciden en la misma formulación, mientras las primeras prohibiciones están completadas con explicaciones o motivaciones, las últimas son breves y carentes de argumentación, como si se impusiesen por sí solas. Esto se entiende perfectamente cuando tenemos en cuenta que el monoteísmo y el reposo sabático estaban lejos de ser verdades aceptadas universalmente, como pudieran ser el robo o el asesinato.

En el NT se citan uno o más mandamientos, nunca todos ellos, extrañamente se mencionan de un modo muy general los primeros, que tratan de Dios, mientras que aparecen con más frecuencia los segundos, de carácter ético y social. Esto se explica porque Jesús pide la fidelidad a su persona y su palabra que antes era exclusiva de Yahvé. Jesús resume los mandamientos, y en sí toda la ley, según había sido desarrollada por las diferentes escuelas rabínicas de su época, a dos mandamientos que, en su relación, forman una unidad: «Amarás al Señor tu Dios con todo tu corazón, con toda tu alma, con todas tus fuerzas y con toda tu mente; y a tu prójimo como a ti mismo» (Lc. 10:27; Mt. 22:38; Mc. 12:2). Jesús rechaza toda solución unilateral que suponga introducir una cuña entre Dios y prójimo, como si fuera posible la disyuntiva Dios o el prójimo. El amor que incluye a Dios, engloba igualmente al prójimo y resume toda la ley y los profetas. La interpretación ofrecida por Jesús, a pesar de que proclama la validez de la ley (cf. Mt. 5:17), se percibe inmediatamente como radicalmente distinta de la de los maestros de la ley, como una «doctrina nueva» (cf. Mc. 1:27). Los mandamientos no quedan abolidos, sino que son asumidos en una ley superior, la del amor (Jn. 13:34). En la misma línea, el apóstol san Pablo afirma que el amor (*agapé*) constituye el pleno cumplimiento de la ley y su compendio (Ro. 13:9-10; comp. Lv. 19:18).

Diezmo (heb. «diez»; gr. «décimo»). Décima parte de cualquier producto o fruto agrícola, así como del ganado que se dedicaba al santuario, a los pobres y a los necesitados de Israel (Lv. 27:30-33; Nm. 18:21-32; Dt. 12:5-18; 14:22-29; 26:12-14). La costumbre de pagar voluntaria u obligatoriamente un diezmo de los bienes a las autoridades religiosas y civiles se encuentra en muchas naciones de la antigüedad. La noción y práctica del diezmo se basa en el concepto de que Dios es señor de la tierra y dador de todos los bienes, por lo que hay que entregarle las primicias y lo más selecto de los productos de la tierra (Dt. 26:8-10). En la historia bíblica los casos más tempranos y conocidos son el diezmo que Abraham pagó a Melquisedec del botín cobrado a los reyes confederados (Gn. 14:20), y el de Jacob, que estando en la ciudad de Luz prometió a Dios el diezmo de todas sus propiedades para que le cuidase de regreso a casa (Gn. 28:22). No se nos dice quién instruyó a Abraham y a los patriarcas a pagar el diezmo, el autor sagrado presupone esta costumbre que atribuye al origen de los primeros padres, cuando Abel «llevó al Señor las primeras y mejores crías de sus ovejas» (Gn. 4:4).

En la ley mosaica la primera ordenanza respecto al diezmo se refiere a los productos de la tierra y de las crías del ganado, que debían dedicarse al Señor. Cuando alguien quería, por una razón especial, rescatar algo del diezmo, debía agregar la quinta parte del precio (Lv. 27:30-33). En la segunda mención del diezmo, se indica que ha de entregarse a los levitas de cada distrito como una numeración por su servicio en el santuario, ya que ellos fueron excluidos de la heredad y reparto de la tierra de Canaán, en compensación a lo cual se les entregaba el diezmo que podían «comer en cualquier lugar vosotros y vuestras familias, pues es vuestra remuneración por vuestro trabajo en el tabernáculo de reunión» (Nm. 18:21-22). Los levitas, a su vez, debían dedicar en ofrenda a Dios el diezmo de los diezmos, presentándolo delante de Aarón (Nm. 18:26-28). En la tercera legislación sobre este asunto, se recuerda que cada israelita tiene que ofrendar una décima parte de todo lo que ofrece la tierra cada año, es decir, el diezmo sobre los productos agrarios, y también el de las crías del ganado, que se convertía en un motivo de fiesta y banquete comunal en el lugar elegido por Dios, con especial atención al levita (Dt. 12:5-19; 14:22-29), que también incluía a los desheredados de la comunidad (Dt. 26:12-15). Además de esto, había un segundo diezmo conectado con el ciclo de la cosecha, que se dedicaba a propósitos festivos y sociales, consumido en compañía de los levitas, los extranjeros, las viudas y los huérfanos. Los diezmos que pertenecen a Yahvé son destinados para el sostenimiento de sus ministros y de sus pobres (Dt. 26:12-15).

En tiempo de Cristo y de los apóstoles estaban vigentes los principios del AT que habían regulado el pago del diezmo. En los Evangelios el diezmo se menciona tres veces referido a los fariseos que lo daban (Mt. 23:23; Lc. 11:42) y al citado caso de Abraham y Melquisedec, que era parte de un «botín» de guerra (He. 7:5). En el NT no se mencionaba el diezmo como un práctica cristiana, en su lugar se habla de ayuda, colecta, apoyo, ofrendas y legados voluntarios (cf. Hch. 5:1). En sus labores misioneras el apóstol Pablo argumenta en favor de «cosechar bienes materiales» a cambio de su «siembra de cosas espirituales» (1 Co. 9:11), derecho que parecía reconocerse a otros apóstoles, pero no a él y a Bernabé. El apóstol recurre a la vida militar y al AT para mostrar, mediante ilustraciones, que el soldado no sirve a sus propias expensas, que el viñero come del fruto de la viña plantada por él, y el pastor toma la leche del rebaño que apacienta. Las comunidades se ayudaban mutuamente en tiempo de necesidad, no en base a una ley, sino a un mismo sentir, que lleva a socorrer a los hermanos en situaciones difíciles. Para ello el apóstol espera de todo creyente que aporte con corazón bien dispuesto (2 Co. 9:7). No está obligado a dar por una norma impuesta, sino por una voluntad bien dispuesta, siguiendo ejemplo

de gracia del mismo Señor Jesucristo, «que por amor a vosotros se hizo pobre, siendo rico» (2 Co. 8:9). La promesa es que el Dios que «da semilla al que siembra y pan para comer, proveerá y multiplicará vuestra semilla y aumentará los frutos de vuestra justicia» (2 Co. 9:10).
Una vez estrablecidas las comunidades y presididas por ancianos u obispos, se estableció la norma de recompensarles por su trabajo «en la palabra y en la enseñanza», pues el obrero es digno de su salario (1 Ti. 5:18). Debido a la aparición de «hombres de mente corrompida y privados de la verdad, que tienen la piedad como fuente de ganancia» (1 Ti. 6:5; cf. Tit. 1:11), se exigía de los ministros eclesiales no ser «amante del dinero» (1 Ti. 3:3), ni ávidos de ganancias deshonestas (v. 8; Tit. 1:7; 1 P. 5:2).

Diluvio (heb. «inundación»). Término especialmente utilizado para designar el «Diluvio de Noé»; la misma palabra aparece en el libro de los Salmos: «Yahvé preside en el diluvio» (Sal. 29:10), donde el salmista canta la majestad de Dios tal como aparece en la tormenta. En otro lugar se habla de «las aguas de Noé», donde se recuerda la promesa divina de no enviar más diluvios sobre la tierra, «así he jurado que no me enojaré contra ti, ni te reprenderé» (Is. 54:9). Jesús se refirió a este evento para ilustrar la urgencia de su mensaje de salvación (Mt. 24:37; Lc. 17:26). En la 2 P. 2:5 se hace referencia al castigo del mundo antiguo, cuando trajo el diluvio sobre el mundo de los impíos, que anegó a todos, excepto a Noé, heraldo de justicia, junto con otras siete personas (cf. 1 P. 3:20).
Como razón del gran cataclismo representado por el diluvio, la Escritura aduce la corrupción de la humanidad en esa época (Gn. 6:5,11,12). Es por ello que Dios ordenó el juicio por medio de las aguas destructoras (v. 13). Pero en medio de tantos pecadores fue hallado un hombre justo y perfecto, Noé (v. 9; 7:1), que se ganó la misericordia divina. Gracias a él, el género humano no pereció totalmente, sino que una porción escogida, un resto, sobrevivió y pobló de nuevo la tierra. El lenguaje del relato bíblico presenta el diluvio como una catástrofe de carácter universal, que afecta a todo ser vivo de la «tierra», que hay debajo de los «cielos» (Gn. 6:17).
El cataclismo del diluvio fue un complejo de eventos en el que «fueron rotas todas las fuentes del gran abismo y las cataratas de los cielos fueron abiertas y hubo lluvia sobre la tierra cuarenta días y cuarenta noches» (Gn. 7:11,12). «Toda carne» (término que incluye a todos los seres terrestres incluyendo al hombre, Gn. 7:21-23) fue destruida. Según 7:4.12, la lluvia duró 40 días y 40 noches, y el agua resultante permaneció «150 días sobre la tierra» (v. 24); al cabo de los cuales empe-

zaron a bajar. El 17 del mes séptimo el arca descansó sobre los montes de Ararat (8:4), apareciendo las cimas de los montes el día primero del mes séptimo (8:5); «el año 601, en el primer mes, el primero del mes, comenzó a secarse la superficie de la tierra» (8:13), y estaba totalmente seca el 27 del segundo mes (8:14). Así pues, las aguas del diluvio permanecieron desde el 17 del segundo mes del 600 de la vida de Noé hasta el 27 del segundo mes del 601 de Noé, es decir, un año lunar de 354 días, que con la adición de los 11 días suplementarios, se llega al año solar de 365 días (Arnaldich).

Numerosas culturas y pueblos alrededor de todo el mundo han conservado relatos de un diluvio de dimensiones universales. Esta leyenda aparece en Irán, Siria, India, Siberia, Indonesia, Australia, América del Sur, China, etc. Los textos más conocidos con relatos sobre el diluvio son el del sacerdote babilónico Beroso (280-270 a.C.), el de Nippur, la Epopeya de Atramkhasis (escrita hacia el 1600 a.C. en acadio) y, sobre todo, el Poema de Gilgamesh (escrito hacia el 2000 a.C.), contemporáneo o ligeramente anterior a Abraham. Las principales analogías entre éste y el relato bíblico son la razón del envío del diluvio: castigar a la humanidad pecadora. La orden de construir un barco según unas dimensiones determinadas. La salvación en el arca del héroe con su familia y animales de toda clase. La suelta de una paloma, que regresa al arca. El asentamiento sobre un monte, el Nisir. El ofrecimiento después del diluvio de un sacrificio. Las diferencias tienen que ver con el carácter eminentemente monoteísta del relato bíblico. Lo que se atribuía al capricho de los dioses celosos aparece como obra justa del Dios único; la idea de desastre cede el puesto a la de depuración con miras a una salvación, representada por el arca liberadora; más allá de las fuerzas irresponsables resalta un juicio divino que hiere al pecador y hace del justo la simiente de una humanidad nueva.

Dina. Hija de Jacob y Lea (Gn. 30:21); deshonrada por Siquem, hijo del rey Hamor el hivita, que ostentaba el dominio sobre aquellas tierras (Gn. 34:25-31). Sus hermanos Simeón y Leví se vengaron de una manera sangrienta, no sólo de Siquem, sino de toda la ciudad hivita. El resultado fue tal que Jacob consideró que «los moradores de la tierra lo tendrían por abominable», y tuvo que huir de Betel (Gn. 34:7-24). Ambos hermanos se ganaron la fama y el reproche de violentos (Gn. 49:5).

Dintel. Parte superior del hueco de la puerta. La ley ordenaba a los israelitas que empapasen de sangre el dintel y los postes de la puerta, tal como lo hicieron en la primera Pascua para proteger a sus primogénitos del ángel destructor (Éx. 12:7, 22-23).

Dionisio, el Areopagita, miembro del tribunal supremo de Atenas, convertido por la predicación del apóstol Pablo (Hch. 17:34), de quien no se dan más detalles en el NT.

Dióscuros. Nombre dado a los hijos gemelos de Júpiter, Cástor y Pólux, héroes míticos, cuyo culto se difundió por Grecia y Roma. Eran invocados por griegos y romanos como dioses tutelares de los marineros (cf. Hch. 28:11).

Diótrefes (gr. «nutrido por Zeus»). Personaje influyente de una iglesia de Asia Menor, condenado en la tercera carta de Juan como un maestro falso y dominante. Rehusaba recibir a ciertos hermanos, y expulsaba a otros (3 Jn. 9). Neander sugería que podía tratarse del cabecilla de un partido ultra-paulino, precursor de Marción.

Discípulo. Persona que sigue la enseñanza de un maestro, o es enseñado por él. Así los doce apóstoles son llamados discípulos (Mt. 10:1), al igual que otro grupo más numeroso de partidarios de Jesús (Jn. 6:66; cf. Lc. 10:1-12). También se habla de los discípulos de Juan Bautista (Mt. 9:14); de los fariseos (Mt. 22:16); y de Moisés (Jn. 9:28), que se diferencian de los discípulos de Jesús. En los Evangelios los discípulos por excelencia son los Doce apóstoles (Mt. 10:1), a los que hay que sumar otro grupo más numeroso de partidarios de Jesús (Jn. 6:66; cf. Lc. 10:1-12). En la primera comunidad, «discípulo» equivale a «cristiano» (cf. Hch. 6:1; 11:26; 26:28); por eso aplican a todos los creyentes lo que en los Evangelios se dice de los discípulos.

En contraste con el judaísmo de la época, el discípulo cristiano no escoge la escuela o el maestro, sino que es elegido por Jesús. Jesús destaca por tomar la iniciativa, sólo Él llama autoritativamente a los que quiere y ellos obedecen incondicionalmente, del mismo modo que Dios llamaba a los profetas del AT, y les fija las condiciones para su seguimiento (Mc. 1:17; Lc. 9:57-62).

Los discípulos acompañan a Jesús, según la costumbre de la época (Mc. 1:16-17; 3:13-15; Jn. 1:37-51), conviven con Él (Mt. 5:18; 9:38; Lc. 9:59), le siguen (Mc. 6:1; Mt. 8:23; Lc. 22:39), le sirven (Mc. 6:35-44; 11:1-7; 14:12-16; 15:40-41; Lc. 8:1-3; 9:52), reciben una enseñanza especial (Mc. 7:17; 9:28.33; 10:10; Mt. 17:25), le hacen preguntas (Mt. 13:10.36; 17:19; 18:1, 21; 24:3), discuten algunos puntos (Mc. 8:27; 10:52). Comparten su vida con la del maestro y participan de su misión, al servicio del reino de Dios (Mc. 3:14-15; Lc. 9:59-60). El discípulo recibe autoridad, para proclamar la palabra, curar las enfermedades, y actuar sobre los demonios (Lc. 10:1-17). Después de la muerte y resurrección de Jesús, la participación en la vida y misión del maestro se traduce en una manera cristiana de vivir conforme al ejemplo y enseñanzas de Jesús, a veces en medio de dificultades (Mt. 8:18-27; 14, 22-23); lo que supone llevar su yugo y aprender de él (Mt. 11:29). El discípulo verdadero permanece en la palabra de Jesús (Jn. 8:31), y la comunica a otros, continuando así la acción salvífica de Jesús (Jn. 14:2; 17:18.20).

Divorcio. El divorcio es una institución conocida prácticamente en todos los pueblos desde la más remota antigüedad, siendo en algunos un derecho que correspondía al marido sin necesidad de alegar causa. La legislación mosaica trató de poner un freno a la práctica ilimitada del divorcio. La ley permite el repudio, pero sólo para ciertos casos: «Cuando alguno toma una mujer y se casa con ella, si sucede que no halla gracia ante sus ojos porque ha encontrado algo reprochable en ella, y le escribe certificado de amputación [divorcio], lo pone en la mano de ella y la despide de su casa, y ella sale de su casa y llega a ser de otro hombre; si el segundo marido la aborrece y le escribe certificado de amputación [divorcio], lo pone en la mano de ella y la despide de su casa, o si muere este último marido que la tomó para ser su mujer, al primer marido que la despidió no le es permitido tomarla nuevamente por mujer, porque ha sido manchada [despreciada], pues eso es abominación ante Yahvé. No traerás pecado sobre la tierra que Yahvé tu Dios te da por heredad» (Dt. 24:1-4). Esta ley va dirigida contra la posibilidad de que el primer marido quiera volver a casarse con ella, quiere impedir a todo trance que la mujer sea objeto del capricho cambiante del hombre. Esta ley servía como un obstáculo a divorcios apresurados. Hay que notar que esta cláusula legal trata del divorcio, no de una mera separación y, por eso, el original hebreo habla de «amputación» o «desgarro», lo que presupone la creencia en la estrecha relación existente entre el esposo y la esposa (Gn. 2:24). Las palabras «algo reprochable» han sido objeto de debate entre los exégetas, cuya interpretación no es de fácil solución. El ideal del matrimonio monogámico con la intención de permanecer unidos de por vida con la exclusión de otra persona aparece de modo ideal en los textos proféticos y sapienciales en analogía al amor único e indisoluble de Yahvé con Israel (cf. Is. 54:5; Jer. 3:14), pero incluso en estos casos, también se admite el divorcio en este plano, y se usa simbólicamente para expresar la acción de Dios al repudiar a Israel, que había sido muy infiel, dándole carta de divorcio (Is. 50:1; Jer. 3:8). En la enseñanza de Jesús el divorcio de una pareja supone el abandono del proyecto original de Dios, y que si la ley lo permite se debe a la «dureza de corazón» (Mc. 10:5). El hombre no tiene derecho a divorciarse de su mujer, pero también admite una excepción, a saber, «fornicación» (gr. *porneia*) por la cual la esposa misma disuelve el lazo matrimonial, pecando de infidelidad (Mt. 5:31, 32; 19:3-9). La determinación del sentido que ha de darse al término *porneia* ha dado lugar a muchos estudios y debates exegéticos, con distintos resultados y conclusiones. Para unos se trata de «fornicación» o «adulterio», para otros, indica «unión conyugal ilegítima», en la línea de Lv. 18:7-10. En el primer caso, se dice que no hay que reducir el «adulterio» únicamente al sentido carnal del término sino que incluiría igualmente aquellas situaciones que pueden llevar a una persona a cometer también adulterio espiritual contra Dios.

En el caso de Jesús, es evidente que se enfrentaba a una pregunta trampa, pero Él no se deja atrapar por las respuestas legalistas que sus detractores esperaban de Él, sino que en su lugar, «elevó toda la cuestión al nivel de los grandes principios morales, espirituales y humanos» (Alan Walker). Jesús «cumple» la Ley de Moisés, profundizando en ella. Como en sus ejemplos anteriores sobre este tema (leyes sobre homicidio y adulterio) Jesús halla que la realidad moral que hay detrás de la ley es mucho más profunda que lo que su mera obediencia legalista podía sugerir.

De manera semejante, el apóstol Pablo reafirma la voluntad original del Creador sobre la indisolubilidad del matrimonio como precepto divino (1 Co. 7:10-16.39; Ro. 7:2-3). También él entiende que el divorcio no es deseable, todo lo contrario, pero conociendo la naturaleza como la conoce, admite que a veces se producen situaciones que abocan en la separación y el divorcio. P. ej., en el caso de un matrimonio mixto. Si el cónyuge no cristiano está dispuesto a mantener ese matrimonio en paz, debería esperarse del cristiano que lo mantuviera, entre otras cosas porque podría mantener a los hijos en un contexto cristiano y porque, quizá, podría lograr la conversión del cónyuge. Si, por el contrario, el no cristiano decidiera divorciarse, el cristiano no debería oponerse ya que, por encima de la conservación del vínculo matrimonial, estaba el vivir en paz. Entonces, el cónyuge liberado mediante divorcio quedaba libre para volver a casarse.

Doce. Número perfecto por excelencia, representado en los doce los patriarcas y las doce las tribus; doce los panes de la proposición, doce piedras del pectoral del sumo sacerdote; doce piedras sacadas del lecho del Jordán; doce espías enviados a Canaán. El Templo de Salomón tenía el número doce como factor predominante, en contraste con el Tabernáculo, que tenía el cinco. En el NT este número aparece en los doce apóstoles de Jesús; los doce cimientos de la nueva Jerusalén, que a su vez tiene doce puertas y doce perlas. El número de los sellados es múltiplo de las doce tribus (Ap. 7:4) y doce son las estrellas que aparecen en la corona (Ap. 12:1). Doce años tenía Jesús cuando apareció en público por primera vez (Lc. 2:42). Doce legiones de ángeles marcan la perfección de los poderes angélicos (Mt. 26:53).

Doeg (heb. «ansioso»). Edomita, jefe de los pastores de Saúl, cargo de importancia en las cortes orientales. En la ciudad de Nob fue testigo de cómo el sacerdote Ahimelec ayudó a David, entregándole el pan sagrado para él y sus compañeros. Doeg refirió a Saúl lo ocurrido, el cual mandó que trajesen a su presencia a Ahimelec, sus familiares y todos los sacerdotes de Nob. Después de reprocharles su conducta, ordenó que los ajusticiasen por traidores, pero ninguno de los oficiales del rey se atrevió a ejecutar la orden. Entonces, Doeg se encargó de efectuar el crimen con presteza y crueldad. Acuchilló a ochenta y cinco varones sacerdotales y luego exterminó a los habitantes y animales de Nob (1 Sam. 22:11-23). Enterado de lo ocurrido, David expresó su dolor e indignación en el Sal. 52.

Domingo (lat. «día del Señor»). Nombre dado al día de la semana en que resucitó Jesucristo, citado en Ap. 1:10, y que debía ser para entonces una expresión familiar en fechas más antiguas (cf. 1 Co. 16:2). En un principio los cristianos carecían de una palabra especial para designarlo. Los Hechos de los Apóstoles se sirven de la terminología judía: «El primer día de la semana» (Hch. 20:7). Los cuatro Evangelios, tan parcos en ofrecer datos cronológicos, son unánimes en datar la resurrección del Señor y sus apariciones en el «primer día de la semana sabática» (cf. Mt. 28:1; Mc. 16:2; Lc. 24:1,13; Jn. 20:1, 19, 26). Significativamente, el Señor resucitado se aparece siempre en domingo a los discípulos cuando éstos están reunidos (Lc. 24:33; Jn. 20:19, 26; Hch. 2:1), toma con ellos la comida mesiánica (Mc. 16:14; Lc. 24:30, 41-43; Jn. 21:9-13) y les transmite los poderes mesiánicos (Mt. 28:18-21; Jn. 20:21, 22-23). No hay duda de que este «primer día de la semana sabática» revestía un significado particular para la Iglesia apostólica, separado para celebrar sus cultos, fundamento de la teología pastoral del domingo. Pablo se detuvo siete días en Troas con la comunidad de la ciudad, hasta «el primer día de la semana, cuando estábamos reunidos para partir el pan» (Hch. 20:6-7), lo que sugiere que la celebración eucarística precisamente ese «primer día» era ya una regla fija. En 1 Corintios el apóstol exhorta a los creyentes de la ciudad a que «el primer día de la semana» pongan aparte sus ofertas para los santos de Jerusalén (1 Co. 16:2), dando a entender que era el día de reunión de la asamblea de la comunidad de Corinto. Ya la *Didaché* refiere la siguiente exhortación: «Reuníos el día del Señor, partid el pan y dad gracias, después de confesar vuestros pecados, a fin de que sea puro vuestro sacrificio» (14, 1-2).

Dones Espirituales (gr. *charísmata*). Provisión espiritual y moral de orden superior, otorgada por el Espíritu para el bien de la comunidad (1 Co. 12:7); o sea, para su edificación (1 Co. 14:12; cf. Ef. 4:12). Es el Espíritu Santo quien los imparte y los distribuye. Ver CARISMAS.

Dor (heb. «habitación»). Antigua ciudad real cananea situada al sur del Carmelo a orillas del Mediterráneo; habitada desde los años 1550-1200 a.C., un autor antiguo dice que la ciudad fue fundada por Dorus, un hijo de Neptuno, mientras que otro afirma que fue construida por los fenicios, porque en las inmediaciones de su costa abunda el pez pequeño del que extraían el preciado tinte púrpura. Contaba con un muro de defensa, que le permitió conservar su independencia frente a los israelitas (Jos. 12:23; 17:11; Jue. 1:27). Salomón la hizo tributaria, pero sin someterla totalmente (1 R. 4:11).

Dorcas (gr. «gacela»). Mujer cristiana de Jope, muy caritativa, resucitada por Pedro (Hch. 9:36-41). Es descrita como «cierta discípula llamada Tabita, que traducido es Dorcas» (v. 36), la razón de esto es probable que se deba al origen judío de la mujer, llamada Dorcas por sus conciudadanos gentiles, pero Tabita por sus connacionales.

Dos. Número de simbología ambivalente, por una parte simboliza el dualismo y el antagonismo, la diferencia respecto al uno: luz y tinieblas, macho y hembra, húmedo y seco, etc.; por otra, la unión y la fuerza, lo doble: «Si uno es atacado por alguien, si son dos, prevalecerán contra él» (Ec. 4:12; cf. 9, 11). Dos pueden ser diferentes en carácter, pero uno en cuanto a cooperación y ayuda, la pareja en armonía (cf. Mt. 19:5; Ef. 5:31).

Lamec tomó para sí dos mujeres (Gn. 4:19), también Elcana, padre de Samuel (1 Sam. 1:2). Dos de cada especie de todo animal viviente entraron en el arca (Gn. 6:19) y de dos en dos entraron en ella (7:9, 15). Dos ángeles llegaron a Sodoma al anochecer para encontrase con Lot (19:1), el cual tenía dos hijas (v. 8, 15, 16, 30, 36). Rebeca quedó embarazada de dos hijos, «dos naciones... dos pueblos que estarán separados desde tus entrañas» (25:23). Dos veces suplantó Jacob a Esaú (27:36). Dos eran las hijas de Labán, que casó, mediante artimañas, con Jacob (29:16; 31:41). A José le nacieron dos hijos en Egipto (41:50; 44:27; 48:1), y dos fueron también los de Moisés (Éx. 18:3, 6; Hch. 7:29), y Elí (1 Sam. 4:11), estos últimos muertos prematuramente, como otros dos hijos de Aarón (Lv. 16:1). Dos querubines adornaban el arca (Éx. 25:18; Nm. 7:89) y el templo de Salomón (1 R. 6:23). En dos piedras de ónice llevaba grabados el sumo sacerdote los nombres de los hijos de Israel (Éx. 28:9). Dos carneros eran necesarios para el sacrificio de consagración de los sacerdotes (Éx. 29:1), y dos corderos para el sacrificio diario (Éx. 29:38; Nm. 28:3). Los pobres que no tenían lo suficiente para un cordero ofrecían dos tórtolas o dos pichones de paloma (Lv. 12:8; 14:22). Dos machos cabríos eran necesarios para el sacrificio por el pecado (Lv. 16:5, 6, 7, 8). Dos panes de dos décimas de efa de harina fina eran la ofrenda mecida a Yahvé (Lv. 23:17; 23:20). Estaba prohibido hacer copular dos animales de especies diferentes, sembrar el campo con una mezcla de dos clases de semillas y tampoco se podía poner un vestido tejido con hilos de dos materiales distintos (Lv. 19:19). Dos eran las tablas del testimonio escritas con el dedo de Dios (Éx. 31:18; 32:15; Dt. 5:22). Dos trompetas de plata servían para convocar a la congregación y para poner en marcha los campamentos (Nm. 10:2).

Dos testigos, al menos, son necesarios en un juicio (Nm. 35:30; Dt. 17:6: 19:15; Mt. 18:16; Jn. 8:17; 2 Co. 13:1; 1 Ti. 5:19; (He. 10:28). Toda la ley se resume en dos mandamientos (Mt. 22:40). La historia de la salvación se divide en dos pactos (Gál. 4:24). Jesús envió a los doce de dos en dos con autoridad sobre los espíritus inmundos (Mc. 6:7), así como a otros setenta, enviados delante de sí de dos en dos, a toda ciudad y lugar a donde Jesús había de ir (Lc. 10:1). En el momento de su muerte, el velo del templo se rasgó en dos, de arriba abajo (Mc. 15:38).

Dotán (heb. «dos fuentes»). Ciudad palestina a 21 km al norte de Siquem, donde vendieron a José (Gn. 37:17) y donde Eliseo tuvo la visión de los carros y caballos de fuego rodeando la montaña en la que estaba la ciudad, mientras los sirios eran afectados de ceguera por la palabra de Eliseo (2 R. 6:13-23). No vuelve a mencionarse en el AT hasta la campaña de Holofernes contra Betulia (Jdt. 4:6; 7:3, 18; 8:3).

Dote. Conjunto de bienes aportados al matrimonio por parte de la familia de la esposa. En Israel y en las naciones vecinas, era el marido o su padre quien pagaba al padre de la prometida a fin de que le fuera dada en casamiento (cf. Gn. 29:15-20; 34:12; Éx. 22:17; 1 Sam. 18:25). En algunos casos era el padre de la novia quien hacía un regalo a ésta, el cual era aportado al matrimonio como dote (Jos. 15:19; Jue. 1:15; 1 R. 9:16). Era una costumbre establecida que al menos algo del precio de la dote sería dado a la novia, además de cualquiera otra dádiva personal de los padres (cf. Jos. 15:19; 1 R. 9:16).

Dracma. Moneda griega de plata, cuyo valor y peso dependen de las épocas. El dracma ático de la época de Solón pesaba nominalmente 4,39 (g y equivalía a 100 partes de la mina y a 6.000 partes del talento. La dracma fenicia era algo más ligera y pesaba unos 3,4 g En tiempos de Herodes y de los procuradores romanos equivalía a un denario. El dracma más en uso en Palestina fue el ático (2 Mac. 4:19; 10:20; 12:43; Lc. 15:8-9), que por entonces se había reducido casi al mismo peso del denario romano.

Drusila. Hija menor de Herodes Agripa I y de Cippros, hermana de Agripa II, nacida en el 37-38 d.C. Famosa por su belleza, se casó con Aciz, rey de Emesa, después de convertirse éste al judaísmo (Josefo, *Ant*. 10, 7, 1). Félix, procurador de Judea, se enamoró de ella y la convenció para que abandonase a su marido y, contra la ley que prohibía a una judía casarse con un pagano, consintió en lo que se considera un concubinato, del cual nació Agripa. Drusila estaba presente cuando Pablo habló ante Félix (Hch. 24:24). Como toda judía de familia noble, estaría instruida e interesada en cuestiones religiosas, por lo que no tiene nada de extraño que fuera ella quien pidiera a su esposo autorización para oir a Pablo, en cuanto predicador de una nueva religión nacida del judaísmo. Drusila murió con su hijo Agripa en una erupción del Vesubio (Josefo, *Ant*. 19, 7; 20, 5).

Duelo. Manifestación de dolor ante la pérdida de un familiar o ser querido. Era costumbre de los hebreos, como sigue siéndolo en Oriente, hacer una gran exhibición de duelo, consistente en golpes de pecho, ayuno, polvo o cenizas sobre la cabeza, rotura de vestiduras, etc. Por lo general el duelo se prolongaba durante una semana (Gn. 50:10; 1 Sam. 31:13; 1 Cro. 10:12; Jdt. 16:29), que se alargaba en el caso de personas importantes: 70 días para José (Gn. 50:3), 30 para Moisés (Dt. 34:8). Los miembros de la familia y sus amigos se reunían alrededor del difunto y se daban a lamentaciones rayanas en la histeria. El llanto estridente era el anuncio al vecindario de que había tenido lugar una muerte. Miqueas dice que el sonido de estas lamentaciones era como el chillido de los chacales y de los búhos (Miq. 1:8). Al mismo tiempo se rasgaban las ropas, se ponían burdos vestidos y se desfiguraban con polvo y cenizas; se afeitaban los cabellos y las barbas y hasta se hacían sangrar, haciéndose cortes o arañazos (cf. Jer. 16:6). Estos ritos estaban asociados, más allá de la expresión natural del dolor, al temor a los espíritus de los difuntos, como si los vivos quisieran asegurar a la sombra de los muertos que estaban realmente tristes, lo que explica el recurso de contratar a plañideras profesionales para colaborar con la familia en sus llantos (cf. Jer. 9:17-18 cf. 2 Sam. 14:2; Am. 5:16).

Durante todo el período del duelo se mantenía el ayuno, interrumpiéndose solamente durante el festín fúnebre, el «pan por luto» (Jer. 16:7). Éste tenía lugar prob. en la tumba misma el día del entierro y, posiblemente se trataba de una tradición que en tiempos habría tenido un significado religioso. En los círculos ortodoxos que habían ya abandonado la costumbre de sacrificar a los muertos, el único acto de piedad filial que quedaba era la erección de un monumento, por lo menos entre las familias pudientes, p. ej. Absalom procuró en vida hacerse una columna monumental para el día de su muerte, según este razonamiento: «Yo no tengo hijo que conserve la memoria de mi nombre. Y llamó a aquella columna con su nombre» (2 Sam. 18:18).

Dura. Llanura al sudeste de Babilonia, donde Nabucodonosor levantó su estatua de oro (Dn. 3:1). Varios lugares llevaban ese nombre, por lo que es difícil localizar su ubicación. Es evidente por el contexto que el lugar no puede ser otro que la llanura en la que Babilonia misma estaba edificada. El elemento *dûru* en la actualidad se aplica a cualquier llanura, frecuente en la toponimia mesopotámica.

E

Ebal. Monte localizado en la parte norte de la tribu de Efraín, cerca de Siquem, actual Nablus, en Samaria, de 938 m de altura sobre el nivel del mar. Desde él se proclamaron las maldiciones que caerían sobre Israel si desobedecía al Señor. En él, también, se levantaron grandes piedras encaladas, sobre las que se había escrito la ley. Así, la ley y la maldición quedaron unidas en la misma montaña (Dt. 11:29; 27:4, 13); pero junto con estas piedras, Josué también erigió un altar a Yahvé, Dios de Israel, antes de que se proclamaran las bendiciones desde el monte Gerizim y las maldiciones desde el monte Ebal. Las bendiciones y las maldiciones fueron proferidas por los levitas, que permanecieron con el arca en el centro (cf. Dt. 27:11-26; Jos. 8:30-35). Ambos montes están separados por un valle muy estrecho, y se puede oír con mucha claridad de un monte al otro.

Eben-Ezer (heb. «piedra del auxilio» o «piedra de ayuda»). Nombre dado a un lugar marcado con una piedra conmemorativa que Samuel erigió después de obtener la victoria sobre los filisteos, como memorial de la ayuda recibida de parte de Dios (1 Sam. 4:1; 5:1; 7:12). Veinte años antes los israelitas habían acampado en este mismo lugar cuando iban al encuentro de los filisteos, los cuales establecieron su campamento en Afec. Los israelitas fueron derrotados por los filisteos, quienes arrebataron y transportaron el Arca de la Alianza a Asdod (1 Sam. 4:1; 5:1). La palabra ha venido a ser simbólica de la expresión: «Hasta aquí nos ayudó el Señor».

Ecbátana. Nombre griego de la antigua capital de la Gran Media, situada junto al monte Elvend, residencia de verano de los reyes de Persia, para lo cual construyeron varios palacios. Su nombre persa era *Hagmatana*, Acmeta en hebreo (Esd. 6:2; 2 Mac. 9:3; Tob. 6-7; Jdt. 1:1-3), la actual Hamadán.

Eclesiastés, transliteración del gr. *ekklesiastes*, nombre dado por la LXX, al libro del AT que en hebreo se llama *Qõhelet*. En ambos casos hace referencia al que toma la palabra en una asamblea o congregación. El autor se presenta como «hijo de David, rey sobre Israel en Jerusalén» (Ec. 1:1), pero sin mencionar el nombre. Se ha pretendido identificar con Salomón, ya que se alude a la sabiduría, los placeres, las construcciones, los servidores, las riquezas, y las mujeres, en lo cual sobrepasó a todos los que habían estado antes que él en Jerusalén (Ec. 1:16; 2:1-9), pero qué duda cabe de que es un recurso literario. La Biblia hebrea lo coloca entre los *kettubim* («escritos»), y la cristiana entre los «sapienciales». Los judíos lo leen durante la fiesta de Sukkot o de las «cabañas», que se celebra en otoño al terminar la cosecha, como invitación a gozar de los bienes sin olvidarse de la mano de Dios que los ha dado.

La obra trata del sentido de la vida y la muerte, para lo cual relata los sentimientos, las experiencias, las observaciones de un sabio en la situación de Salomón. Su mensaje no se relaciona con otra cosa que con la vida terrena. El autor se pregunta si el hombre consigue un provecho real de todos sus esfuerzos (Ec. 1:3). El método empleado para desentrañar este problema es el de la sabiduría humana (Ec. 1:13). El predicador descubre, por la observación y la experiencia, que la única fuente de satisfacción se halla en el mismo hombre, en el ejercicio pleno de las facultades de su cuerpo y de su espíritu, pero en conformidad a las leyes físicas y morales del mundo donde vive (Ec. 2:24; 3:12, 13, 22; 5:18; 9:7-10).

El seguimiento de la sabiduría (Ec. 1:12-18) y del placer (Ec. 2:1-11) no da la felicidad. Estas cosas, no obstante, tienen valor; ésta es la razón de que el predicador se sienta inclinado a comparar la sabiduría con la necedad (Ec. 2:12-23). Llega a la conclusión de que los goces del trabajo y de la vida sencilla son los que dan aquí abajo las mayores satisfacciones (Ec. 2:24; cf. Ec. 5:11). Esto queda confirmado por el hecho de que las actividades humanas quedan ligadas a las etapas de la vida de cada individuo. Hay un tiempo determinado, inexorable, para el ejercicio de toda facultad intelectual y física: todo es hermoso en su tiempo (Ec. 3:1-11), pero la injusticia y la opresión impiden frecuentemente que uno goce de ello (Ec. 3:16-4:3). El formalismo y la iniquidad son lo contrario a la sabiduría; las riquezas son frecuentemente perniciosas y, en todo caso, menos deseables que la salud (Ec. 5:1-6:9). El predicador habla de la buena fama y de la manera de obtenerla (Ec. 7:1-10); del valor de la sabiduría, que es una protección (Ec. 7:11-22), y del comportamiento ante los reyes. Declara con insistencia que la piedad constituye la mejor línea de conducta; que es, si se puede decir de esta manera, una buena política (Ec. 7:11-15). La muerte llega indistintamente a todos; ¡a menos que el hombre llegue a gozar de los placeres de la existencia normal! Ésta es su parte (Ec. 9:2-10).

Después de otras observaciones llenas de agudeza, el predicador retorna a su tema esencial: a exhortar a los jóvenes a gozarse en su fuerza, pero sometiéndose a las leyes morales. Conjura a los jóvenes a que se acuerden de Dios, y lo resume en una concisa máxima: «Teme a Dios, y guarda sus mandamientos; porque esto es el todo del hombre. Porque Dios traerá toda obra a juicio, juntamente con toda cosa encubierta, sea buena o mala» (Ec. 12:1-14).

La argumentación del autor se basa en las relaciones del hombre con Dios, sólo en la medida en que Él es conocido a través de la naturaleza y la experiencia. Se sitúa sobre el terreno de la sabiduría, de lo que el hombre cree conocer por sus razonamientos, considerando los problemas desde una perspectiva esencialmente terrena. Esto queda expresamente patente por lo que respecta al más allá. Todo vuelve al polvo, tanto el hombre como la bestia (Ec. 3:19-21). Los muertos están bien apartados de los vivientes, nada saben, su memoria es puesta en olvido, y nunca más volverán a tomar parte en lo que se hace debajo del sol (Ec. 9:5-6); ello se debe a que no hay ni obras ni trabajo, ni ciencia, ni sabiduría (humanas y terrenas) en la morada de los muertos (Ec. 9:10). Nada se lleva allí (Ec. 5:15), y al hombre le desespera abandonar, al morir, todo aquello que constituía su orgullo, su riqueza, y su vida aquí abajo.

Eclesiástico. Libro deuterocanónico para los católicos, apócrifo para los protestantes, y sospechoso para los judíos, gozó en su día de estima universal. El título original de este libro, según la autoridad de los escritores judíos y de san Jerónimo era «Proverbios», o más completo, «Proverbios de Jesús, hijo de Sira». Muchos autores lo llaman simplemente «Sabiduría». El nombre «Eclesiástico» procede de san Cipriano. Su autor es un ciudadano de Jerusalén, nacido por el año 250 a.C. y muerto antes del 175, después de haber conocido al sumo sacerdote Simón, hijo de Onías (50:1-24), que vivió entre el 200 y el 187, y antes de la sublevación de los Macabeos (167-164 a.C.). Se llama Jesús ben Sirac, hijo de Eleazar, de Jerusalén (Eclo. 50:27), maestro «de la sabiduría» hebraica, instruido y fiel a la Ley; el cual lo escribió en hebreo en Jerusalén entre los años 190-180 a.C. Su nieto, emigrado a Alejandría (Egipto) hacia el año 132 a.C. se llevó consigo la obra y la tradujo al griego, en beneficio de cuantos no conocían el hebreo.
El autor, Ben Sirac, es un representante destacado de aquellos *hasidim* o «hombres piadosos» (43:33-44:1; cf. 1 Mac. 2:42) a los que se celebra en el elogio a los padres (44:1,10) y se considera a sí mismo sucesor de los profetas (24:33) y último representante de una gran tradición: «rebuscador tras los vendimiadores» (33:16). De familia acomodada, viajó por el Imperio griego, y, como todas las clases dirigentes del tiempo, fue seducido por la cultura helenística. Durante sus numerosos viajes (34:1; 51:13) parece ser que pasó grandes peligros, pero se salvó gracias a la vasta experiencia y a la protección divina (34:12-17). Se dedicó con espíritu misionero a la formación de los jóvenes en una escuela de Jerusalén (51:23), fomentando el aprecio por el templo y una liturgia renovada, vital, no ritualista. No parece que fuera sacerdote, sino más bien un hombre casado, buscador asiduo de la sabiduría (51:13s.), y escriba de profesión (38:24-39:11)
El libro no está compuesto según un plan lógico, le falta un plan sistemático, por lo cual su división no puede hacerse rigurosamente. Parte del principio de que «toda sabiduría viene de Dios y está con Él eternamente». Es la primera frase del libro y la clave de todo lo restante.La sabiduría está indisolublemente ligada al temor de Dios (1:17). La sabiduría es la primera criatura de Dios: la empleó para crear el universo y la infundió en sus criaturas (1:9-10). Aparece, por tanto, en los libros sapienciales como un saber personificado, una especie de mediador entre Dios y el mundo. Al mismo tiempo es algo de que los seres vivientes participan, algo que les descubre desde den-

tro un orden «sabio» de obrar. En este preludio de Ben Sirac se percibe como un anuncio del prólogo de san Juan (Jn. 1:3, 16). La sabiduría no es solamente un dato universal, sino que esta sabiduría se identifica con la Ley proclamada por Moisés (24:23-24). La ley y la sabiduría tienen las mismas cualidades: el mismo origen divino, la misma función en la creación: las dos están personificadas. La sabiduría se da a los que meditan los mandamientos (1:26; 6:37) y viven en el temor de Dios: «Toda la sabiduría es temor de Dios y en toda sabiduría está la práctica de la ley» (1:19, 20). Ante la cultura griega, Ben Sirac adopta una posición equilibrada y prudente, no la rechaza en absoluto, ni la abraza sin condiciones. Fiel a la tradición judía se porta como un conservador ilustrado, sin temer aceptar lo que hay de bueno en el mundo griego, pero reivindicando la superioridad de la fe de Israel.

Ecrón (heb. «desarraigado»). Una de las cinco ciudades filisteas mencionadas en el AT, cuyo emplazamiento se encuentra a tres kilómetros de Jerusalén. Originalmente una gran ciudad cananea, ocupada con posteridad por los filisteos (cf. Jos. 13:3). Como el resto de las ciudades filisteas, Ecrón se ubicaba en el llano marítimo. Era una ciudad grande, bien planeada y fortificada que existió durante 200 años. En la distribución general de la tierra de Canaán, conquistada o por conquistar, Ecrón fue asignada a la tribu de Judá (Jos. 13:3), por encontrarse en su frontera norte, entre Bet-semes y Jabneel (Jos. 15:11, 45), pero aparentemente fue dada después a la tribu de Dan, aunque conquistada por Judá (Jos. 15:11, 45; 19:43; Jue. 1:18). Es posible que la conquista israelita hubiera sido sólo una imposición de tributo, ya que en el tiempo de la monarquía (1 Sam. 5:10) los profetas la consideran siempre como ciudad filistea (Jer. 25:20; Am. 1:8; Sof. 2:4; Zac. 9:5).
Cuando el Arca de la Alianza cayó en manos filisteas, fue exhibida en el Templo de Dagón en Asdod, desde donde fue llevada a Ecron (1 Sam. 5:10). Al parecer, la mortalidad dada allí fue, en consecuencia, más grande que en Asdod o Gat. Después de la victoria de David sobre Goliat en el Valle de Elá, en la frontera entre Filistea y Judá, los israelitas persiguieron a los filisteos hasta las puertas de Ecrón (1 Sam. 17:52). La ciudad fue prob. destruida por el rey David durante su campaña contra Filistea a principios del 1.000 a.C. De sus restos surgió una ciudad más pequeña y se produjo una mezcla filistea con las tradiciones locales y culturales con influencias fenicias e israelitas. El templo filisteo albergaba a Baal-Zebub (2 R. 1:2, 3, 6, 16). Durante un tiempo corto, en el 705 a.C., Ecrón cayó bajo el control del rey de Judá, Ezequías (715-687 a.C.).

Edén (heb. «delicia»). Nombre de la región o territorio en el cual Yahvé Dios plantó el «jardín» o «huerto» donde moraron Adán y Eva durante el espacio de tiempo anterior a su acto de desobediencia. Allí Dios hizo crecer todo árbol placentero a la vista y bueno para comer. Allí se hallaban también el árbol de la vida y el árbol del conocimiento del bien y del mal (Gn. 2:8-15).

Algunos exégetas creen que Edén no puede entenderse como nombre propio, sino como apelativo que caracterizaría el jardín como lugar de abundancia y de gozo, tal como hacen algunos textos proféticos (cf. Is. 51:3; Ez. 36:35; Jl. 2:3). Según el relato bíblico, Adán fue puesto en el huerto de Edén para cuidarlo; pero por su desobediencia fue echado fuera, y fueron puestos querubines para cerrar el acceso al árbol de vida (Gn. 3:23, 24). El Edén ha de imaginarse como una arboleda plantada por Dios: «todos los árboles en Edén, el jardín de Dios» (Ez. 31:8). En el antiguo Oriente estaba extendido por doquier el cultivo de huertos frutales, así como de parques plantados por los grandes reyes. El jardín es «de Dios» (Ez. 28:13; 31:9), no en el sentido de ser «morada de los dioses», sino que fue plantado sólo para el hombre, como una donación nacida del gracioso cuidado que Dios tiene con su criatura.

El Edén era regado por un río que luego se dividía en cuatro «brazos» (Gn. 2:10). Se han hecho muchos intentos de identificarlos, pero han fracasado, lo mismo que los intentos de situar el Paraíso. La palabra traducida «río» se refiere más a una corriente o curso de un río desde su fuente que desciende hacia su desembocadura (cf. Ez. 47:1). En Oriente el agua es la base por antonomasia de toda vida y cultura, lo que hace más dolorosa la expulsión de la primera pareja humana de aquella ininterumpida corriente de agua paradisíaca.

Edom (heb. «pelirrojo»). Hijo de Isaac, hermano gemelo de Jacob, generalmente llamado Esaú, a cuyos descendientes se aplica el nombre de edomitas (Gn. 36:1-19), debido a la tierra de Edom que Esaú ocupó «tan pronto como Jacob regresó de Mesopotamia» (Gn. 32:3; Dt. 2:4, 5). Edom era región montañosa (Ab. 8, 9, 19, 21) y extremadamente abrupta al sur de Moab, llamada también «la tierra de Edom» (Gn. 36:16, 21; Nm. 33:37); «los campos de Edom» (Gn. 32:3; Jue. 5:4) y, posteriormente, según el nombre griego, Idumea. A pesar de su topografía montañosa, con frecuentes hendiduras en la roca, la región era fértil en pastos. En tiempos de Moisés tenía campos, viñedos, pozos y una carretera (Nm. 20:17-19). Sus ciudades importantes fueron Sela (2 R. 14:7), la capital, Ezión-geber y Elat. Edom se encontraba al sur de Israel (Jos. 11:17; 12:7), próximo al desierto de Negev o Negeb, y particularmente próximo a la tribu de Judá (Jos. 15:1, 21), limitando con los moabitas (Jue. 11:18; Is. 11:14; 2 R. 3:8). Los israelitas marcharon a través de Edom al dirigirse a la tierra de Canaán después de haber estado cautivos en Egipto. Al llegar a ésta tuvieron problemas con los edomitas, que eran enemigos de Israel desde el principio mismo, por lo que tuvieron que dar un extenso rodeo para evitar enfrentamientos (Nm. 20:15-21; 21:4; cf. Jue. 11:17ss.).

Edrei (heb. «fuerte»). Nombre de dos ciudades del AT.

1. Una de las dos capitales de Basán, al otro lado del Jordán (Jos. 12:4, 5; 13:12; Dt. 3:10). Allí los israelitas libraron una gran batalla con Og, el rey gigante de Basán, al que derrotaron (Nm. 21:33-35). Junto con el de los amorreos, es uno de los dos grandes dominios transjordánicos de que se apoderó Israel (Dt. 1:4; 3:1,10; Jos. 12:4; 13:12). Edrei pasó a pertenecer a la media tribu de Manasés, asentada en Transjordania (Jos. 13:31; Nm. 32:33). Al parecer no permaneció mucho tiempo en posesión de los israelitas, debido a la dificultad estratégica de su posición y a encontrase infestada de bandidos. En los primeros siglos del cristianismo contó con una sede episcopal, y uno de sus obispos participó en al Concilio de Seleucia (381 d.C.). Una antigua iglesia situada en la parte norte de la ciudad todavía conserva la inscripción griega que nos informa que originalmente fue un templo pagano convertido en iglesia y dedicado a San Jorge en el 516 d.C. También permanecen los restos de la muralla de una iglesia dedicada a San Elías.
2. Ciudad fortificada en el norte de Palestina, asignada a la tribu de Neftalí, mencionada entre Quedes y En-hazor (Jos. 19:37). La situación exacta es imprecisa, quizá se pueda identificar con Tell Hureibah, al sur de Cades.

Efa (heb. «oscuridad»). Nombre de tres personas del AT:

1. Primer hijo de Abraham tenido con Cétura en Madián (Gn. 25:4; 1 Cro. 1:33). Es el epónimo de una tribu o clan madianita relacionado con Saba y descrito como un país muy rico en camellos, oro y especias aromáticas, con los que traficaba (Is. 60:6, 7). Estaba situado al norte de Arabia, en la costa del golfo Elanítico. El nombre quizá se conserve en el-Guafah, templo arruinado que hay en el-Hesmah, en la región mencionada.
2. Concubina de Caleb, de la tribu de Judá, con la que tuvo varios hijos: Harán, Mosa y Gazez (1 Cro. 2:46).
3. Quinto hijo de Jahdai, mencionado entre los personajes que figuran en la genealogía de Judá (1 Cro. 2:47).

Efa. Medida básica para harina y granos, de probable origen egipcio, que significa «medida». Es la de empleo más corriente para los sólidos (Dt. 25:14; Jue. 6:19; Rt. 2:18), y equivalía a una décima parte del homer. La ley y los profetas exigen que la efa sea justa (Lev. 19:36; Dt. 25:15; Am. 8:5). En la visión de Ezequiel la efa es un gran recipiente tapado que puede dar cabida a una mujer (Ez. 45:11). El nombre designa tanto el instrumento de medida como la propia medida.

Efes-Damín (heb. «límite de gotas de sangre»). Lugar del campo filisteo entre Soco y Azeka donde se libró el combate entre David y Goliat (1 Sam. 17:1). No se puede fijar con mayor exactitud el sitio. Llamado Pasdamim en 1 Cro. 11:13. El nombre se deriva prob. de un escenario de frecuentes encuentros entre israelitas y filisteos.

Efesios, Epístola. Carta del *corpus* paulino, del grupo de las «cartas de la cautividad» (Filipenses, Colosenses, Efesios y Filemón). Es muy parecida a la de los Colosenses, de la que probablemente depende. Según los datos sumistrados por la misma carta, Pablo la redactó estando preso (Ef. 3:1; 4:1; 6:20), probablemente en Roma, el año 62 de nuestra era. Unos pocos comentaristas sitúan la redacción en la época de su cautiverio en Cesarea (Hch. 24:27), pero en este caso no cuadraría que el apóstol escribiera en la misma época a los filipenses (Flp. 2:23-24) y a Filemón (Flm. 22) que esperaba ser dejado pronto en libertad. Esta esperanza no se hubiera dado en Cesarea, donde había apelado a César. Por otra parte, tenía una libertad suficiente para predicar el Evangelio (Hch. 28:30; Ef. 6:19-20; Col. 4:3-4), y el pretorio, así como la casa de César de que habla, se hallan evidentemente en Roma (Flp. 1:13; 4:22). Finalmente, la frase «soy embajador» (Ef. 6:20) puede sugerir su presencia en la capital imperial.

La epístola está dirigida a la comunidad cristiana de Éfeso, aunque algunos mss. muy antiguos omiten la palabra «en Éfeso». ¿Quiénes eran entonces los verdaderos destinatarios de la epístola? La explicación más plausible es que se trata de una carta circular enviada a todas las iglesias de la provincia de Asia; Éfeso era la principal ciudad, quedando así su nombre en ella. La ausencia de alusiones a una situación concreta y a dificultades locales parece confirmar esta opinión. Se trata, en suma, de un tratado de doctrina y de moral, bajo la forma de epístola. Al igual que la carta a los Colosenses, la remitida a los Efesios fue enviada por medio de Tíquico (Ef. 6:21; Col. 4:7-8). La analogía de lenguaje y de pensamiento revela que las dos epístolas fueron redactadas en la misma época.

El tema principal de la epístola a los Colosenses es la preeminencia de la persona y de la obra de Cristo; el de Efesios, los privilegios y responsabilidad de la Iglesia, que reúne «en Cristo» a todos los redimidos del NT. La epístola a los Efesios resume, por así decirlo, toda la anterior enseñanza de Pablo; desarrolla el maravilloso plan que Dios ha puesto en marcha al enviar a su Hijo, la liberación de sus elegidos, la redención que debe manifestar al universo entero las riquezas de su gracia. Exponiendo la salvación por la fe, el llamamiento a los gentiles, la divinidad de Jesús, su obra perfectamente consumada, la santificación, la plenitud y la victoria concedidas a los santos, la epístola a los Efesios constituye un completo tratado teológico.
El capítulo 1 expone la obra divina consumada en favor de la Iglesia, constituida según los designios eternos del soberano Dios (Ef. 1:3-6); la obra de Cristo llevó a cabo estos designios (Ef. 1:7-12), que han quedado confirmados mediante el sello del Espíritu Santo (Ef. 1:13, 14). Pablo ora para que los efesios puedan comprender cuál es la grandiosa esperanza que ilumina la vocación cristiana, de la cual el Salvador resucitado y glorificado es a la vez las primicias y la garantía (Ef. 1:15-23).
El capítulo 2 presenta el lado humano de la experiencia de la salvación: una gracia inmerecida libera a los elegidos del pecado y de la condenación (Ef. 2:1-10). Unidos por Cristo, judíos y gentiles forman un templo espiritual (Ef. 2:11-22).
En el capítulo 3 el apóstol afirma su propia posición en el seno de la Iglesia: él es el revelador del misterio divino (Ef. 3:1-13); ora a fin de que los convertidos lleguen a conocer por la fe lo que Dios les ha preparado, y sean llenados por el Espíritu en toda su plenitud (Ef. 3:14-21).
Los capítulos 4 a 6 son una exhortación a caminar en todas las circunstancias de la vida presente de una manera digna de su sublime llamamiento. Para empezar se debe conservar la unidad del Espíritu (Ef. 4:1-3) sobre una base séptuple claramente definida (Ef. 4:6); esta unidad comporta la diversidad de los dones y de los ministerios, así como la coordinación y el crecimiento conjunto de todos los miembros del cuerpo de Cristo (Ef. 4:7-16). Pablo aborda a continuación el tema de la santificación práctica en el dominio de las acciones, de las palabras y de los sentimientos, sobre el plan positivo y negativo, en la vida personal (Ef. 4:17-5:19), comunitaria (Ef. 4:19-21), conyugal (Ef. 4:22-33), familiar (Ef. 6:1-4) y social (Ef. 6:5-9). Finalmente el apóstol muestra que la lucha contra el enemigo conduce a la victoria gracias a toda la armadura de Dios, a la Palabra y a la oración (Ef. 6:10-24).

Éfeso. Ciudad griega de Jonia, en la costa occidental de Asia Menor, a mitad de camino entre Mileto al sur y Esmirna al norte. Éfeso estaba situada en la encrucijada de caminos comerciales naturales, sobre la arteria principal que iba de Roma a Oriente. Poseía el célebre templo de Artemisa (Diana), que representaba a una diosa madre cuyo torso estaba totalmente cubierto de pechos. Los romanos hicieron de ella la capital de la provincia romana de Asia. Tiberio la reconstruyó después del terremoto sufrido en el año 29 d.C. Numerosos judíos que poseían el título de ciudadanos romanos residían en la ciudad, manteniendo allí una sinagoga (Hch. 18:19; 19:17; *Ant*. 14:10, 11 y 13). Al finalizar su segundo viaje misionero, Pablo, de camino hacia Jerusalén, hizo una breve visita a Éfeso, y predicó en su sinagoga. Dejó a Aquila y a Priscila en esta ciudad, para que ellos prosiguieran con la obra (Hch. 18:18-21). En la época de su tercer viaje, Pablo estuvo trabajando en Éfeso por lo menos 2 años y 3 meses. Dejó la ciudad después del motín provocado por Demetrio, el platero fabricante de templecillos de plata de Diana, que vio disminuir sus beneficios debido a la predicación del apóstol (Hch. 19; cf. 1 Co. 15:32; 16:8; 2 Ti. 1:1-18). Pablo dejó a Timoteo en Éfeso, a fin de que impidiera que la iglesia quedara corrompida por las falsas doctrinas (1 Ti. 1:3). Más tarde, no pudiendo pasar por Éfeso al volver de Europa, Pablo llamó a los ancianos de Éfeso a Mileto (Hch. 20:15, 16, 17). Tíquico, portador de la epístola a los Efesios, fue después enviado a Éfeso (Ef. 1:1; 6:21; 2 Ti. 4:12).
La iglesia de Éfeso es una de las 7 iglesias de Asia a las que se dirigieron las cartas del Apocalipsis de Juan (Ap. 1:11; 2:1-7). Según la tradición, el apóstol Juan pasó los últimos años de su vida en Éfeso. En la actualidad, el mar se ha retirado de la ciudad debido a depósitos aluviales del río Caístro, que desembocaba junto a ella. Sólo quedan ruinas de lo que fuera una gran ciudad.

Efod. Especie de chaleco o peto que cubría los hombros y el pecho, atado a la cintura, empleado en el ejercicio de ciertas funciones sacerdotales, originalmente llevado por el sumo sacerdote (Éx. 28:4), y después por la generalidad de los sacerdotes (Éx. 29:5; 35:9, 27; 39:2-22; Lv. 8:7; 1 Sam. 22:18). También Samuel llevó cierta clase de efod (1 Sam. 2:18), así como el rey David, cuando llevó el Arca a Jerusalén (2 Sam. 6:14; 1 Cro. 15:27). Al parecer se distinguía del efod de los sacerdotes en la calidad de su confección, de lino basto (*bad*) en el caso de los primeros, y de lino fino (*sesh*) bordado y policromado en el de los segundos.
El efod del sumo sacerdote estaba unido por bandas policromas al cuello. Su confección estaba sometida a minuciosas instrucciones. Tenía

que ser hecho de oro, azul, púrpura, carmesí y lino torcido, trabajado con primor. El oro era batido para formar delgadas chapas, y después se cortaba en hilos, que eran entretejidos en la tela. El cinto o ceñidor debía ser de los mismos materiales bordados. Sobre las hombreras se colocaban dos piedras de ónice, con los nombres de las doce tribus grabados en ellas, seis en cada una; así, siempre que Aarón llevaba el efod, estaba representando a las doce tribus.

Gedeón se hizo un efod de oro, púrpura y ornamentos tomados de los madianitas, detrás del cual se extravió Israel, y que vino a ser tropiezo para Gedeón mismo y toda su casa (Jue. 8:27; 17:5; 18:14ss.). Aún peor fue el caso de Micaía que, habiéndose hecho un santuario de dioses, hizo un efod, y consagró a uno de sus hijos como sacerdote. Un levita que llegó a la casa se involucró en todo ello, y pretendía inquirir de Dios mediante el efod. Cuando los ídolos fueron robados por los danitas, el levita los acompañó con mucho gusto, para, con los ídolos y el efod, llegar a ser el sacerdote de esta tribu. De esta manera quedó asociada con la idolatría una vestimenta sacerdotal que hubiera debido estar asociada con el culto a Yahvé (Jue. 17:5; 18:14-20).

Efraín (heb. «doble fructífero»). Hijo menor de José y Asenat, hija de Potifera, sacerdote de On. Nació cuando José era primer ministro de Egipto, durante los siete años de abundancia, a cuya circunstancia hace referencia su nombre (Gn. 41:45-52). Jacob profetizó que Efraín sería padre de muchas gentes (Gn. 48:8-20).

Efraín, Tribu de. Tribu israelita de la cual Efraín fue el progenitor (Jos. 16:4,10; Jue. 5:14). En el primer censo en el desierto, los efrainitas ascendían a 40.500; durante la peregrinación se redujeron a 32.500 (Nm. 26:37). La tribu adquirió gran reputación cuando Josué fue caudillo de Israel, por ser él de dicha tribu (Jos. 19:50; 24:30). Jeroboam era de la tribu de Efraín y cuando fue rey edificó Siquem en el monte Efraín, constituyéndola en capital (1 R. 12:25).

Efrata (heb. «fructífera», es decir, «tierra fértil»). Antiguo nombre de Belén de Judá, donde se enterró a Raquel, mujer de Jacob (Gn. 35:16). Miqueas anunció que el Mesías nacería en Belén Efratá, tradición admitida también por el judaísmo (Miq. 5:2; cf. Mt. 2:6).

Efrón. Nombre de un cananeo y de varios lugares israelitas:

1. Heteo o hitita residente en Hebrón y propietario de la cueva de Macpela, la cual vendió a Abraham, que la necesitaba para sepultar a Sara (Gn. 23:8, 9; 25:9; 49:29, 30).

2. Región montañosa en la frontera de la tribu de Judá con la de Benjamín, entre Neftóaj y Baala (Jos. 15:9).
3. Ciudad a unos 21 km al nordeste de Jerusalén, conquistada por Abías, rey de Judá, a Jeroboam, rey de Israel (2 Cro. 13:19). Estaba fuertemente fortificada, perteneciente al territorio de Galaad, enclavada en un estrecho desfiladero en el camino de Carnaim a Beisán, al este del Jordán. En el tiempo de los macabeos, era la residencia de Lisias y contaba con numerosos hombres para su defensa. Judas Macabeo pidió a sus moradores licencia para cruzarla con los judíos que había librado en Galaad y, al no conseguirla, la sitió y pasó a cuchillo a sus habitantes (1 Mac. 5:46-52; 2 Mac. 12:27, 28). Se identifica con el-Taiyibah, gran aldea situada en Transjordania, entre Wadi Somar al norte y Wadi el-Taiyibah al sur, frente a Beisán y al sudeste del lago Genesaret.

Egipto. País del norte de África frente al Mediterráneo. La configuración geográfica de Egipto es peculiar. El Nilo forma, en su desembocadura en el Mediterráneo, un delta; éste había llegado a tener siete brazos (Is. 11:15), pero ahora tiene sólo dos ramas. A cada lado del valle por el que corre el río se halla una cadena de montes, a partir de los cuales reina el desierto. El valle del Nilo tiene una anchura pocas veces superior a los 20 km El delta y el valle son muy fértiles, aunque han surgido problemas desde la construcción de la presa de Asuán, que retiene gran parte de los sedimentos que el Nilo arrastra en sus crecidas anuales.

El delta, y hasta Noph (Menfis), constituyen el Bajo Egipto; desde Noph hasta la primera catarata es el Alto Egipto, aunque el límite político del Egipto actual se extienda más hacia el sur. Las coronas emblemáticas que representaban a ambos distritos no eran iguales, pero las dos quedaron unidas en una sola cuando un rey reinó sobre todo Egipto.

En los múltiples cambios en las diferentes dinastías hubo también cambios en los límites. Cus o Etiopía, se extendía mucho más al sur, pero en las Escrituras se menciona frecuentemente junto con Egipto (Sal. 68:31; Is. 11:11; 20:4; 43:3; 44:14; Nah. 3:9). Reyes etíopes reinaron sobre Egipto, y se hallan incluidos en sus listas de reyes.

Los antiguos egipcios eran descendientes de Cam, pero sus descendientes eran numerosos y diversos. Por lo que su nombre implica, Egipto se asocia naturalmente con Mizraim; pero se cree que los egipcios de la época de los monumentos más antiguos eran del tipo circasiano, y que aparentemente descendían de Cus y no de Mizraim. El examen de las momias del Imperio Antiguo muestra que su estructura no concuerda con la raza negra, descendiente también de Cam. Los antiguos egipcios están clasificados entre las razas blancas; los etíopes eran más oscuros, y los que se hallaban más al sur eran considerablemente más oscuros. Los coptos del moderno Egipto son considerados los descendientes de la raza antigua. Los monumentos muestran que los antiguos egipcios eran un pueblo sumamente civilizado y educado desde sus mismos orígenes; no hay indicio alguno de ningún origen procedente de la barbarie; sus primeras magnas obras están entre las mejores.

Por lo general, la historia del antiguo Egipto se divide en tres partes.

1. Imperio Antiguo, desde su comienzo a la invasión de Egipto por los hicsos o Reyes Pastores. Esto, en base al modelo comúnmente aceptado, abarcaría las once primeras dinastías. En algunas de estas dinastías los reyes residían en Menfis, y los de otras en Tebas. Ello suscita la importante cuestión de si algunas de las dinastías fueron contemporáneas en su existencia. A las primeras cuatro dinastías les son atribuidas la construcción de la Gran Pirámide y las pirámides segunda y tercera, y también la construcción de la Esfinge de Gizeh.
2. El Imperio Medio empezó, en el modelo comúnmente aceptado, con la XII dinastía. Algunos hicsos se habían establecido en el Bajo Egipto ya bajo la sexta dinastía; extendieron su poder en la decimocuarta dinastía, y reinaron supremos durante la decimoquinta, decimosexta y decimoséptima dinastías. Eran semitas de Asia. Se establecieron en el norte de Egipto en Zoam, o Tanis y Avaris, mientras que en el sur reinaban reyes egipcios. Se supone que mantuvieron el poder en el norte durante unos 500 años, pero otros creen que su dominio fue mucho más corto.
3. El Imperio Nuevo fue inaugurado por la expulsión de los hicsos en la XVIII dinastía, cuando Egipto recuperó su anterior poder, tal como lo vemos por el AT.

La primera mención de Egipto en las Escrituras es cuando Abraham fue a morar allí debido a un período de hambre. Se dirigió al mundo en busca de ayuda, y ello condujo al patriarca a una conducta por la que fue reprendido por Faraón, el príncipe del mundo (Gn. 12:10-20). Toda la temática cronológica de este período es muy debatida, entrando en juego distintas variables y diferentes métodos de cálculo. Se puede calcular, sin embargo, que alrededor del año 1700 a.C. José fue llevado a Egipto, y vendido a Potifar. Luego Jacob y toda su familia descendieron a Egipto. Al final se levantó un rey que no conocía a José, y los hijos de Israel quedaron reducidos a la esclavitud. A la muerte de los primogénitos de los egipcios, Israel abandonó Egipto.

El primer faraón que hallamos mencionado por su nombre en las Escrituras es Sisac (1 R. 11:40; 14:25, 26: 2 Cro. 12:2-9). Dio refugio a

Jeroboam cuando huyó de Salomón, y después de la muerte de Salomón invadió Judea con 1.200 carros, 60.000 jinetes y tropa innumerable. Tomó las ciudades fortificadas y saqueó Jerusalén y el templo. Comúnmente se le identifica con Sesonk I, primer faraón de la XXII dinastía. Sin embargo, el peso de la evidencia monumental y de las inscripciones identifica a Sisac con Tutmose III. Posteriormente, la alianza de Oseas, rey de Israel, con So, provocó el ataque de Asiria contra el reino de Israel y su aniquilación. Otro rey de Egipto mencionado en las Escrituras es Tirhaca o Taharka (el Tehrak de los monumentos), que se lanzó contra Asiria en el año 14 de Ezequías. Senaquerib estaba atacando Libna cuando oyó que el rey de Etiopía (clasificado en la XXV dinastía) había salido a luchar contra él. Senaquerib envió una segunda carta amenazadora a Ezequías; sin embargo, Dios destruyó su ejército por la noche, de una manera milagrosa. Pero Tirhaca fue después derrotado por Senaquerib, y una vez más en la conquista de Egipto por Essar-hadón (681-669). Egipto intentó recuperarse de su postración bajo Psamético I de Sais, y en los días de Josías, el faraón Necao, ansioso de rivalizar las glorias de las dinastías decimoctava y decimonovena, se dispuso a atacar al rey de Asiria y a recobrar la influencia tanto tiempo perdida de Egipto sobre Siria. Josías se opuso a Necao, pero murió en la batalla de Meguido. Necao prosiguió hasta Carquemis, y volviendo a Jerusalén depuso a Joacaz y lo llevó a Egipto (donde murió), poniendo en su lugar a su hermano Eliaquim, y dándole el nombre de Joacim. Impuso un tributo de cien talentos de plata y un talento de oro (2 R. 23:29-34; 2 Cro. 35:20-24; Jer. 26:20-23). Que Necao fuera capaz de atacar al rey de Asiria en un lugar tan lejano como Carquemis muestra el poder de Egipto en aquel entonces, pero el poder de Babilonia estaba creciendo, y después de tres años Nabucodonosor derrotaba al ejército de Necao en Carquemis, recuperando todo el terreno entre el río de Egipto y el Eufrates. «Y nunca más el rey de Egipto salió de su tierra» (2 R. 24:7; Jer. 46:2-12). El Necao de las Escrituras es el Nekau de los monumentos, un rey de la XXVI dinastía.

Cuando Nabucodonosor hubo destruido Jerusalén, dejó a algunos judíos en la tierra de Palestina bajo Gedalías el gobernador; pero al ser asesinado Gedalías, huyeron a Egipto, llevando consigo a Jeremías a Tafnes (Jer. 43:5-7). El profeta pronunció desde allí profecías contra Egipto (Jer. 43-44). La serie de profecías da una fecha aproximada para la devastación de Egipto por parte de Nabucodonosor. Al tomar Tiro «no tuvieron paga» (salvaron sus tesoros huyendo por mar), y por ello iba a tener Egipto como recompensa. Tiro fue tomada en el año 572 a.C., y Nabucodonosor murió el 562 a.C., lo que deja un margen de diez años (Ez. 29:17-20). Después de Nabucodonosor, Egipto quedó tributario de Ciro. Cambises fue su primer rey persa de la dinastía XXVII. Al caer el imperio persa, Alejandro Magno se apoderó de Egipto y fundó Alejandría. A la muerte de Alejandro los Ptolomeos reinaron sobre Egipto durante 300 años. Algunos de los actos de los Ptolomeos fueron profetizados por Daniel (Dn. 11). En el 30 a.C., Octavio César entró en Egipto, y vino a ser una provincia romana.

La marcha de los hebreos a Egipto se puede fechar indistintamente, en base a la cronología, según se tome un tiempo de estancia de 215 años en Egipto, o de 430 años. Así, podría tomarse la fecha como alrededor del año 1875 a.C., por una parte, o de 1660 a.C. Ya Abraham, en una época de hambre, había buscado refugio en este país (Gn. 12:10-20). Jacob y sus hijos hicieron lo mismo en circunstancias análogas. El total de personas que fueron a Egipto fue de 70 (Gn. 46:27; Éx. 1:5; Dt. 10:22) o 75 según la versión griega (LXX). Esta cantidad se obtiene al añadir a la cifra de Gn. 46:27 los 3 nietos y 2 biznietos de José nombrados en Nm. 26:29, 35ss. José, elevado por Faraón al segundo lugar del reino, apremió a su padre y familia a que fueran a instalarse provisionalmente con él (Gn. 45:9-11; 47:4, 29, 30: 48:21; 50:24). Israel y su clan se establecieron con sus rebaños y manadas en la fértil región de Gosén, y allí permanecieron hasta el éxodo (Gn. 47:6, 11; Éx. 8:22; 9:26; 12:37).

La estancia en Egipto dejó una impronta en la conciencia nacional. La ida de Jacob y de su familia a Egipto, su multiplicación allí, su esclavización, sus sufrimientos y su éxodo colectivo han quedado consignados en sus documentos históricos (Gn. 46:4, 28-34; 47:27; Éx. 1:9, 11, 15-22; 2:11; 12:31-37; 13:21). La fiesta de la Pascua y, en menor grado, la de los tabernáculos, dan testimonio de estos sucesos, y mantienen vivo su recuerdo en el seno del pueblo. Los salmistas y los profetas consideraron como hechos históricos experimentados por la nación tanto su estancia en Egipto como el éxodo. En cuanto a nosotros, la esclavitud de Israel en Egipto y su liberación de aquel horno de aflicción son una permanente ilustración de la opresión de la Iglesia en el mundo así como el poder redentor del amor de Dios. Esta tradición no concierne solamente a una sola tribu de entre los hebreos que, a solas, hubiera sufrido esta esclavitud en Egipto. La aflicción de la esclavitud no tocó solamente a Judá, sino también a Efraín. Los profetas de los dos reinos dan testimonio de ello: en Judá, Isaías, Miqueas y Jeremías (Is. 11:16; Miq. 6:4; 7:15; Jer. 2:6; 7:22); en el reino de Samaria, Oseas y Amós (Os. 2:16; 8:13; 9:3; 11:1; 12:10, 14; Am. 2:10; 3:1; 9:7). Todo Israel poseía un origen y una tradición común: todo el pueblo había sufrido la opresión en la tierra de Egipto.

Egla (heb.«ternera»). Una de las mujeres de David durante su estancia en Hebrón, con quien tuvo su hijo Itream (2 Sam. 3:5). Es la única esposa del rey que recibe el nombre de «mujer de David» (1 Cro. 3:3).

Eglaim (heb. «dos estanques»). Localidad de la región meridional de Moab, citada en Is. 15:8, aparentemente situada en la parte más remota de la frontera de Moab, para significar la totalidad del reino. Prob. es la misma que la En-eglaim de Ez. 47:10. No se ha identificado con seguridad.

Eglón (heb. «lugar de becerros»). Ciudad cananea de la Sefela situada entre Gaza y Laquis (Jos. 10:3, 5, 23; 12:12); cuyo rey Debir se unió a la coalición encabezada por el rey de Jerusalén, Adonisedec, contra los gabaonitas, aliados de los hijos de Israel. Josué derrotó y ejecutó a los confederados en la batalla de Gabaón y conquistó seis ciudades enemigas, entre ellas Eglón (Jos. 10:36, 37; 12:12), que asignó a la tribu de Judá (Jos. 15:39). Es difícil de identificar.

Eglón, Rey. Antiguo rey de Moab que arrebató Jericó a los israelitas con la ayuda de los amalecitas y ammonitas y la retuvo con sus alrededores durante dieciocho años, obligando a Israel a pagar un tributo anual, hasta que fue asesinado por Ehud, portador del tributo (Jue. 3:12-21).

Ehud (heb. «unidos»). Uno de los jueces menores, hijo de Gera, de la tribu de Benjamín, suscitado por Yahvé como libertador del pueblo de Israel del yugo moabita, mediante el asesinato del rey Eglón (Jue. 3:15). Parece ser que Ehud era zurdo. Durante dieciocho años los israelitas hubieron de pagar un atributo anual a Eglón. Ehud fue con otros hombres a entregar el tributo al rey, con la intención de acabar con el mismo. Llevaba una espada oculta debajo de sus vestiduras y aprovechando un momento a solas con el soberano le dio muerte con su arma oculta y se reunió de inmediato con sus compañeros. Ehud se trasladó a Seirat, donde reunió a los israelitas y los organizó para poder acabar con el ejército de sus enemigos, desmoralizado por la pérdida de su rey (Jue. 3:27-29). Por medio del buen gobierno de Ehud el pueblo tuvo ochenta años de paz (Jue. 3:30).

Ela (heb. «grande y frondoso árbol», «terebinto», «roble»). Nombre de seis personajes bíblicos; entre ellos un rey de Israel (1 R. 16:6, 8-10; Gn. 36:41; 2 R. 15:30; 1 Cro. 4:15; 9:8; 1 R. 4:18).

1. Uno de los jeques o jefes tribales edomitas de la monataña de Seir (Gn. 36:41; 1 Cro. 1:52).
2. Hijo de Caleb, hijo de Jefone (1 Cro. 4:15), padre de Quenaz. La mención genealógica discrepa de otras denominaciones del mismo tipo sobre el padre y el abuelo (Nm. 32:12; Jos. 14:6; Jue. 1:13; 1 Cro. 1:36). Se ha intentado enmendar por medio de distintas correcciones textuales, mas puede explicarse atendiendo a la fusión y las relaciones de los calebitas con la tribu de Judá.
3. Padre de Simei, uno de los doce gobernadores o prefectos de Salomón, de origen benjaminita (1 R. 4:18).
4. Cuarto rey de Israel, hijo de Baasa (1 R. 16:8-10), estableció su capital en Tirsa e imitó la conducta culpable de sus padres. Su reinado duró poco más de un año. Fue asesinado por su servidor Zimri, jefe de la mitad de los carros, estando Ela bebiendo hasta embriagarse en casa de Arsa, administrador del palacio en Tirsahis, prob. cómplice en la conspiración. Esta muerte violenta cumplió las predicciones del profeta Jehú (1 R. 16:6, 7, 11-14). Con Ela perecieron sus parientes y cuantos por lazo de amistad hubieran podido vengarle.
5. Padre de Oseas, último rey de Israel (2 R. 15:30; 17:1).
6. Segundo hijo de Uzi, cabeza de una familia de la tribu de Benjamín, bien llevada cautiva a Babilonia o bien que moró en Jerusalén después del exilio (1 Cro. 9:8).

Elam (heb. «altiplanicie»). Originalmente, como en el caso de Aram, nombre de un personaje, a saber, el hijo de Sem (Gn. 10:22; 1 Cro. 1:17), pero usado por lo general para referirse al país de ese nombre (Gn. 14:1, 9; Is. 11:11; 21:2; Jer. 25:25; 49:34-39; Ez. 32:24; Dn. 8:2). Comprendía la región habitada por los descendientes de Elam, desde el este de Babilonia, en la llanura sur del alto Irán, al pie de la región montañosa de Ansahn. Fue el asiento de un imperio antiquísimo (Gn. 14:1-11), con capital en Susán o Susa. Entre los años 3100 y 2400 a.C. estuvo bajo la dominación de Babilonia, pero Elam la conquistó en el siglo XII a.C. Después de repetidas campañas estuvo subyugada bajo los reyes asirios Sargón, Senaquerib y Assurbanipal. Los elamitas prestaron servicio militar a los asirios en la invasión de Judá (Is. 22:6). Con la captura de Nínive por los babilonios y la caída del Imperio asirio, Elam se unió a Media para capturar Babilonia (Is. 21:2). Más tarde fue una provincia, y Susán una capital del Imperio persa (Dn. 8:2). Los elamitas se opusieron a la reconstrucción del templo y de la ciudad de Jerusalén (Esd. 4:9). Algunos elamitas judíos estuvieron presentes en el día de Pentecostés (Hch. 2:9).

Elasar. Ciudad de Mesopotamia donde residía el rey Arioc (Gn. 14:1, 9); considerada antiguamente idéntica con la ciudad babilónica de Larsa. La asociación de este rey con los de Elam y Sinar indica la vecindad de babilonios y elamitas como la región en la que debe buscarse este reino, aparte de esto no se conoce nada más sobre Elasar. Rawlinson creyó que Elasar es la representante hebrea de la vieja ciudad caldea llamada en el dialecto nativo Larsa o Larancha y conocida por los griegos como *Larissa*. Se trata de una ciudad de la baja Babilonia, situada a mitad de camino entre Ur y Erec, en la orilla izquierda del Eufrates. Los restos arqueológicos demuestran que se trata de una antigua capital de la región, anterior prob. a Babilonia misma. De Gn. 14, se puede deducir que en tiempo de Abraham era la capital de un reino distinto del de Sinar, pero obligado a obedecer a la monarquía superior de Elam. El silencio que posteriormente cayó sobre esta ciudad se debe a su absorción en Babilonia, que tuvo lugar poco tiempo después.

Elat (heb. «arboleda»). Ciudad portuaria edomita, en el extremo norte del golfo elanítico. El nombre procede prob. de uno o varios árboles sagrados. Figura en el itinerario de los hebreos por el desierto, al lado Ezión-geber, cuando se aproximaban poco a poco hacia el lado oriental del mar Muerto, después de la frustada tentativa de invadir Canaán por el sur (cf. Dt. 2:8).

Elat ofrecía una buena salida al mar y era el punto de partida del tráfico con el sur de Arabia y las costa de África (Ofir), lo que la hacía especialmente deseable a los israelitas. Pero este acceso al mar pasaba por la sumisión de los edomitas, lograda por el rey David (cf. 2 Sam. 8:13). Desde el momento que Salomón y Josafat construyeron un puerto en Ezión-geber, situada junto a Elat, y organizaron una flota mercante, esta ciudad deja de mencionarse (1 R. 9:26; 22:48ss. 2 Cro. 8:17ss.). Bajo Acaz los israelitas perdieron Elat definitivamente, volviendo de nuevo a poder de los edomitas bajo dominio sirio (2 R. 16:6).

Elcana (heb. «Dios poseyó»). Nombre de diez personajes del AT, aparentemente todos levitas, entre ellos del padre de Samuel, hombre devoto, esposo de Ana y Peninná (1 Sam. 1:1: 2:20).

Eldad (heb. «Dios amó»). Uno de los setenta ancianos escogidos por Moisés como auxiliares en el gobierno de Israel en el desierto (Nm. 11:24-29). Se le menciona junto a Medad, otro anciano con el que en una ocasión particular se quedó en el campamento por razones ignoradas, mientras que Moisés y el resto de los ancianos se reunían a la puerta del Tabernáculo, donde el Espíritu descendió sobre ellos y comenzaron a profetizar. Eldad y Medad profetizaron también, pero en el campamento, cuando los visitó el Espíritu del Señor. Se comunicó el suceso a Moisés, a quien Josué pidió que impidiera aquella manifestación independiente que parecía desafiar su autoridad, pero Moisés le tranquilizó, deseando que no sólo ellos, sino todo el pueblo recibiera el Espíritu de Dios (Nm. 11:24-29).

Eleale (heb. «Dios [está] subiendo»). Localidad al este del Jordán, en la meseta de Moab, tomada y reconstruida por la tribu de Rubén (Nm. 32:3, 37). No se vuelve a mencionar en la Escritura hasta el tiempo de los profetas Isaías y Jeremías, quienes se refieren a ella como una ciudad ocupada por los moabitas (Is. 15:4; 16:9; Jer. 48:34). Corresponde a la actual Elal, 2 km al norte de Hesbón. Las abundantes ruinas del lugar muestran todavía su nombre antiguo El-A'al, aunque con significado moderno: «el alto».

Eleazar (heb. «Dios es ayudador»). Nombre frecuente en el AT, entre otros:

1. Tercer hijo de Aarón y Elisabet (Éx. 6:23) y padre de Fineas (Éx. 6:25). Con sus hermanos y su padre fue consagrado sacerdote y más tarde actuó como tal (Lv. 10:6-20; Nm. 3:32; 20:25-28; Jos. 24:33; Jue. 20:28). A la muerte de Nadab y Abihu, sin hijos (Lv. 10:1; Nm. 3:4), Eleazar fue nombrado el principal de los jefes de los levitas al cuidado del Tabernáculo. Se casó con una de las hijas de Putiel, la cual le dio a luz a Fineas (Éx. 6:25). Presintiendo su muerte, Aarón invistió a Eleazar como Sumo Sacerdote en el monte Hor (Nm. 20:28). Una de sus primeras funciones, en colaboración con Moisés, fue supervisar el censo del pueblo (Nm. 26:3). Después de la conquista de Canaán tomó parte en la distribución de la tierra (Jos. 14:1).
2. Habitante de una casa en la «colina» de Quiriat-jearim, consagrado por sus conciudadanos para que guardase el arca de Yahvé, después de haber sido recuperado de los filisteos (1 Sam. 7:1, 2). No hay evidencia de que perteneciera al orden sacerdotal, pero su función se justifica por las circunstancias. Al parecer se mantuvo en este cargo durante veinte años, hasta la intervención de Samuel (1 Sam. 7:2), aunque el arca permaneció en ese lugar mucho más tiempo (1 Cro. 13:7).
3. Levita, hijo de Majli y nieto de Merari. Se dice que sólo tuvo hijas, a quienes sus primos las tomaron por mujeres (1 Cro. 23:21, 22; 24:28).
4. Hijo de Dodo, el ajojita (prob. descendiente de Ajóaj, de la tribu de Benjamín, 1 Cro. 8:4); uno de los tres guerreros más eminentes de

los treinta héroes de David (1 Cro. 11:12). Él estaba con David cuando desafiaron a los filisteos que se reunieron allí para la batalla, y se retiraron los hombres de Israel. Elazar se levantó e hirió a los filisteos hasta que su mano se cansó y se le quedó pegada a la espada (2 Sam. 23:9, 10, 13).

5. Hijo de Fineas, asociado con los levitas en el encargo de la plata, el oro y los utensilios, entregados a Meremot hijo del sacerdote Urías y llevados a Jerusalén después del cautiverio (Esd. 8:33).
6. Uno de los hijos de Paros, un israelita que se divorció de su esposa gentil con la que había contraído matrimonio después de su regreso de Babilonia (Esd. 10:25). Prob. es el mismo que el anterior.
7. Cuarto hijo de Matatías y hermano de Juan, Jonatán, Judas y Simón Macabeo. En una batalla anterior a su muerte leyó por orden de Judas Macabeo el libro sagrado en presencia de las tropas que iban a enfrentarse con los seleúcidas, mandadas por Nicanor (2 Mac. 8:23). Murió en el combate de Betzakaria a causa de su heroico arrojo, aplastado por un elefante (1 Mac. 6:43ss.).
8. Escriba distinguido, uno de los principales doctores de la ley, de edad avanzada, a pesar de lo cual sufrió el martirio durante la persecución de Antíoco IV Epifanes por haberse negado incluso a simular que comía la carne de cerdo que la ley prohibía consumir. Cuando a la fuerza le metieron en la boca un pedazo de carne lo escupió y voluntariamente se entregó al tormento (2 Mac. 6:18-31). Los cristianos le distinguieron con el título de «Protomártir del Antiguo Pacto», «fundamento del martirio» (Juan Crisóstomo, Ambrosio).
9. Padre de Jasón, uno de los embajadroes que Judas Macabeo envió a Roma (1 Mac. 8:18).
10. Hijo de Eliud y padre de Matán, citado por san Mateo entre los antepasados de José, esposo de María (Mt. 1:15).

Elí (heb. «Dios es ensalzado»). Prob. descendiente de Aarón por el linaje de Itamar (cf. Lv. 10:1, 2, 12; 1 R. 2:27; 1 Cro. 24:3, 6), último o penúltimo juez de Israel después de la muerte de Sansón, y sumo sacerdote. Se sabe muy poco de su judicatura, excepto que duró cuatro largas décadas (1 Sam. 4:18). El futuro profeta Samuel estuvo bajo su servicio en el santuario de Silo (1 Sam. 7:6, 15-17). Los dos hijos de Elí, Ofni y Finees, ayudaban a su padre, pero interferían en las ofrendas de la gente del pueblo, y pecaban en gran manera ante el pueblo (1 Sam. 2:27-36; 1 R. 2:27). Elí habló con sus hijos acerca de las malas acciones que estaban cometiendo, pero no con la necesaria energía para impedir que deshonraran al Señor (1 Sam. 2:22-25; 3:13). La responsa-

bilidad de mantener al pueblo de Dios ante Él residía en la casa sacerdotal. De ahí lo enorme del pecado de los jóvenes, y la gran responsabilidad de Elí por su negligencia. Un hombre de Dios fue a Elí, y le dijo claramente que estaba honrando a sus hijos antes que a Dios, detallándole algunos de los juicios que iban a abatirse sobre su casa, y que sus dos hijos morirían en un mismo día.
Como Elí permitió que sus hijos siguieran en sus malas acciones, Dios le envió un mensaje por medio de Samuel, recordándole los juicios de los que le había advertido el hombre de Dios, y repitiendo que era debido a que «sus hijos han blasfemado a Dios, y él no los ha estorbado». Elí se sometió piadosamente a Dios, diciendo: «Yahvé es; haga lo que bien le pareciere». Pero siguió sin corregir el mal, para lo cual ya posiblemente fuera impotente. Éste fue el gran fracaso de Elí, aunque es evidente que por otra parte buscaba mantener el honor de Dios. Temblaba de temor cuando el arca fue llevada al campo de batalla, lo que terminó con el desastre de la captura del arca por parte de los filisteos y la muerte de sus dos hijos. «Ichabod» es el nombre que marca el estado de Israel debido al pecado de Elí: «Traspasada es la gloria». Al oír estas tristes noticias, Elí cayó hacia atrás de la silla en que estaba sentado y murió desnucado. Había juzgado a Israel durante cuarenta años y tenía 98 años (1 Sam. 1-4). Su descendiente Abiatar fue echado del sacerdocio por Salomón en cumplimiento de la palabra del Señor con respecto a la casa de Elí en Silo (1 R. 2:27), volviendo el sumo sacerdocio a la familia de Eleazar en la persona de Sadoc (1 R. 2:35).

Eliab (heb. «Dios es mi padre»). Nombre propio de siete israelitas, entre ellos el hermano de David. Era alto y de aspecto hermoso (1 Sam. 16:6; 1 Cro. 2:13). Se unió al ejército de Saúl para combatir contra los filisteos (1 Sam. 17:13).

Eliada (heb. «Dios conoce»). Nombre de tres israelitas, entre ellos un ijo de David, nacido en Jerusalén (2 Sam. 5:16; 1 Cro. 3:8), no de una concubina sino de una esposa. En 1 Cro. 14:7, recibe el nombre de Beeliada, «conocido por el Maestro», equivalente sirio del heb. Señor.

Eliam (heb. «Dios es [mi] pariente». Nombre de dos personajes del AT.
1. Padre de Betsabé, esposa de Urías y después del rey David (2 Sam. 11:3). En la lista de 1 Cro. 3:5 los nombres de ambos, padre e hija, aparecen cambiados, el primero es equivalente a Amiel y el segundo a Beth-sua, ambos de origen hitita (cf. Gn. 38:12; 1 Cro. 2:3; 2 Sam. 17:27).

2. Hijo de Ahitofel el gilonita, uno de los treinta valientes de David (2 Sam. 23:34). Se omite en la lista de 1 Cro. 11, aunque es prob. que se trate de Ajías el pelonita (v. 36).

Eliaquim (heb. «Dios establece»). Nombre propio de cuatro personajes del AT.

1. Hijo de Hilquías, administrador del palacio del rey Ezequías; éste lo mandó primero a negociar con los invasores asirios (2 R. 18:17-37) y después a procurar la ayuda de Isaías el profeta (Is. 37:2). La descripción de esta persona implica su eminencia, poder y grandeza de espíritu (cf. Is. 22:22).
2. Nombre original del rey Joacim, rey de Judá (2 R. 23:34; 2 Cro. 36:4). Ver JOACIM.
3. Sacerdote del tiempo de Nehemías, que intervino en la ceremonia de la dedicación de las murallas de Jerusalén (Neh. 12:41).
4. Antepasado de Jesús, descendiente de Zorobabel, hijo de Abiud y padre Azor; (Mt. 1:13), es prob. el mismo que el hijo de Melea y padre de Jonan, en la genealogía de Jesús (Lc. 3:30); prob. nieto de Natán.

Elías (heb. «mi Dios es Yahvé»). Uno de los mayores profetas de Israel, apodado «el Tisbita». Lo que conocemos de su vida pública está esbozado en algunas narrativas populares, especialmente, en el primer Libro de Reyes. Estas narrativas que llevan el sello de una edad casi contemporánea, tomaron forma, muy probablemente, en el norte de Israel, y están llenas de detalles muy gráficos e interesantes. Sobre el origen de Elías se conoce poco, sólo que era de Tisbe. Aparece abruptamente en la escena de la historia para anunciar a Acab, que Yahvé había determinado vengar la apostasía de Israel y su rey, trayendo una larga sequía en la tierra. Después de que entregó su mensaje, el profeta desapareció tan de repente como apareció. Llevaba una vestimenta de pelo de camello ceñida con un cinto de cuero (2 R. 1:8). Cuando Acab, bajo la influencia de Jezabel, su esposa tiria, se convirtió en un adorador del Baal de Tiro, Elías se presentó delante del soberano, y le anunció una sequía de duración indeterminada, como castigo por la apostasía. Siguió una época de hambre. Elías se retiró al principio al arroyo de Querit, donde le alimentaron los cuervos enviados por el Señor. Cuando el arroyo de Querit se secó, Elías fue a Sarepta, en la costa mediterránea, al norte de Tiro. Allí vivía una viuda que puso su confianza en Dios, y que compartió su comida con Elías. El hijo de la viuda murió; entonces la oración del profeta lo volvió a la vida (1 R. 17:1-24; Lc. 4:24-26). Pasado mucho tiempo, al tercer año (1 R. 18:1),

Elías recibió de Yahvé la orden de presentarse ante Acab. Siguió la escena del monte Carmelo. Los sacerdotes paganos intentaron demostrar la divinidad de Baal, pero todos sus esfuerzos fueron vanos. Elías congregó al pueblo alrededor del altar que los israelitas piadosos del norte habían indudablemente levantado a Yahvé, ya que debido al cisma de las 10 tribus ya no podían ir a Jerusalén. Este altar había sido derruido. Al reconstruirlo con 12 piedras, Elías dio silencioso testimonio de que el cisma de las 12 tribus en 2 reinos era contrario a la voluntad de Dios. Para evidenciar la imposibilidad de todo fraude, ordenó al pueblo que arrojara agua sobre el holocausto y sobre el altar. A continuación oró al Señor, y cayó fuego del cielo, consumiendo el holocausto sobre el altar y el mismo altar. Así el Señor manifestó Su existencia y poder. Los profetas de Baal, convictos de fraude, fueron llevados al arroyo de Cisón; Elías ordenó el degüello de todos ellos (1 R. 18:1-40; cf. Dt. 17:2-5; 13:13-16). El pueblo reconoció que Yahvé es Dios, y obedeció la orden de su profeta. Aparecieron nubes, anunciando la lluvia y el retorno del favor divino. El profeta, para honrar al soberano del pueblo elegido de Dios, se ciñó y corrió delante del carro de Acab hasta llegar a Jezreel (1 R. 18:41-46). Jezabel, furiosa por la muerte de sus profetas, juró matar a Elías, que, atemorizado, huyó. Como Moisés, fue divinamente sustentado por 40 días y 40 noches, hasta llegar al monte Horeb (Éx. 24:18; 34; Dt. 9:9, 18; 1 R. 19:8). Con una tremenda exhibición de poder y de suavidad, Elías fue reprendido y después devuelto a su misión. Dios le ordenó que ungiera a Hazael rey de Siria, y a Jehú rey de Israel, para que castigaran la idolatría de Israel. También iba a ungir a Eliseo como profeta en su lugar, para anunciar el juicio. Elías arrojó su manto sobre Eliseo, y le dio la misión de llevar a cabo el resto de su misión (1 R. 19:1-21).

Al profeta Elías se le dio el privilegio de ser traspasado al cielo sin pasar por la muerte. Un carro de fuego tirado por caballos de fuego se le apareció a Elías, que había ido al otro lado del Jordán con su siervo Eliseo. Este prodigio les separó, y Elías subió al cielo en un torbellino (2 R. 2:1-12) Este acontecimiento tuvo lugar, según parece, poco antes de la accesión de Joram al trono de Israel (2 R. 2; cf. 2 R. 1:18 y 3:1). Los dos últimos versículos del AT anuncian que Dios enviará a Elías antes de la venida del día grande y terrible del Señor (Mal. 4:5-6). En el NT Juan el Bautista vino «en el espíritu y poder de Elías», humilde y lleno de celo como el tisbita (Mt. 3:4; Mc. 1:6), y encargado de un ministerio semejante al suyo (Mt. 11:1-14; 17:10-12; Lc. 1:17).

Eliasib (heb. «Dios restaura»). Nombre israelita común, especialmente del último período del AT.

1. Sacerdote de los días de David, descendiente de Aarón y jefe de la undécima clase sacerdotal de las veinticuatro instauradas por David para servir en el Templo
2. Levita cantor que repudió a su mujer por orden de Esdras después del exilio (Esd. 10:24).
3. Israelita del linaje de Zatu, que hizo lo mismo (Esd. 10:27).
4. Israelita del linaje de Bani, que hizo lo mismo (Esd. 10:36).
5. Sumo sacerdote del tiempo de Nehemías (Neh. 12:28). Con la ayuda de los sacerdotes reconstruyó la Puerta de las Ovejas y otras puertas desde la torre Centena hasta la de Hananeel (Neh. 3:1). Era padre de Yehonanan, en cuya habitación, situada en el Templo, se albergó Esdras para ayunar por los pecados del pueblo. Estaba aliado por matrimonio con Tobías el ammonita, y su yerno fue yerno de Sanbalat el horonita (Neh. 13:28). Dada su amplitud de miras respecto a los gentiles, llegó a reservar una habitación en el Templo para Tobías, lo que indignó al piadoso Nehemías (Neh. 13:4, 7).
6. Hijo de Elioenai, miembro de la última familia del linaje de Zorobabel mencionada en el AT (1 Cro. 3:24).

Eliezer (heb. «Dios es mi ayuda»). Nombre de once personajes del AT, entre los que destacan:

1. Damasceno que tenía el cargo de administrador de Abraham (Gn. 15:2; cf. Gn. 24:2). Se cree que era un esclavo nacido en la familia del patriarca, adoptado como heredero: «A mí no me has dado descendencia, y he aquí me heredará un criado nacido en mi casa» (v. 3), lit. «un hijo de mi casa». Con toda seguridad fue Eliezer el enviado a Mesopotamia a buscar esposa para Isaac. Evidentemente, se trataba de un hombre devoto, que se confió a Dios para que diera éxito a su viaje.
2. Segundo hijo de Moisés y Séfora nacido Madián. Él, junto con su madre y hermano, fueron dejados al cuidado de Jetro hasta después del Éxodo, uniéndose a Moisés en el desierto (Éx. 18:4; 1 Cro. 23:15, 17; 26:25).
3. Hijo de Dodova. Fue el profeta que reprendió a Josafat por aliarse con Ocozías rey de Israel, porque Ocozías «era dado a la impiedad» (2 Cro. 20:35-37).
4. Uno de los judíos principales enviado por Esdras a buscar levitas que le acompañaran a Jerusalén (Esd. 8:16).

Elifaz (heb. «Dios de fueza»). Uno de los tres amigos de Job (Jb. 4:11). En su discurso atribuye las aflicciones de Job a los pecados que éste supuestamente había cometido. Es llamado el temanita, por lo que se supone que procedía de Teman, región de Idumea. Elifaz es el primero de los tres amigos en entrar en el debate con Job. Su lenguaje es más suave y delicado que el de los otros.

Elihú (heb. «Él es Dios», o «mi Dios es Él»). Nombre de varios personajes del AT, entre ellos uno de los amigos de Job, descrito como «hijo de Beraquel el buzita, de la familia de Ram» (Jb. 32:2; cf. Jer. 25:23), el último en intervenir, en consideración a los que «eran mayores que él en edad», cuya ira «se encendió contra Job, por cuanto se justificaba más a sí mismo que a Dios», lo que indica que era el más joven de los interlocutores del grupo.

Elim (heb. «árboles grandes», quizás palmeras). Segundo lugar donde acamparon los israelitas en el desierto, después de cruzar el mar Rojo (Éx. 15:27; Nm. 33:9). Se trata de un oasis imponente por su abundante y fresca vegetación, así como por la cantidad de manantiales, en contraste con la aridez del desierto circundante, por eso el texto bíblico habla de «doce fuentes de agua y setenta palmeras» (Éx. 15:27). Se identifica con el wadi Garandel. El nombre Elim evoca un lugar de culto, localizado quizá junto a un manantial de agua sulfurosa cerca de la desembocadura en el mar Rojo.

Elimas (gr. «sabio», que Lucas interpreta por «mago»). Sobrenombre arábigo de Bar-jesús, de la comitiva de Sergio Paulo, el procónsul romano, en Pafos (Chipre). Fue severamente reprendido por Pablo y castigado con la ceguera (Hch. 13:6-12).

Elimelec (heb. «mi Dios es rey»). Personaje de la tribu de Judá, pariente de Booz y marido de Noemí y suegro de Rut. Tuvo que emigrar de su ciudad, Belén, a causa del hambre que asoló la región, acompañado de su mujer y sus hijos, y marchar a Moab, donde murió. Sus posesiones en Belén pasaron a su pariente Booz, que se casó con su nuera moabita, viuda (Rt. 1:2, 3; 2:1, 3; 4:3, 9).

Elisabet (heb. «Dios del juramento»). Nombre de dos mujeres israelitas.

1. Hija de Aminadab y esposa de Aarón (Éx. 6:23). Era de la tribu de Judá, y su casamiento con Aarón unió a las tribus sacerdotal y real (Éx. 6:23; Nm. 2:3).
2. Mujer justa, del linaje de Aarón, esposa de Zacarías y madre de Juan el Bautista. Al ser visitada por María, fue llenada por el Espíritu Santo, y saludó a María como «la madre de mi Señor» (Lc. 1:5-57). Formaba parte del remanente temeroso de Dios, del que se nos da un

atisbo en los primeros capítulos del evangelio de Lucas. El mismo evangelista la llama «prima», gr. *syggenis*, de María, lo cual parece contradecir la descendencia aaronita de Elisabet. El problema se podría resolver adoptando la lectura que se da en una antigua versión persa, donde se lee «hermana de la madre», *metradelphe*, en vez de «prima».

Eliseo (heb. «Dios es salvación»). Sucesor del profeta Elías en el reino del norte. Hijo de Safat; vivía en Abel-Mehola, en el valle del Jordán, y pertenecía a una familia de buena posición económica; eran propietarios de 12 pares de bueyes que laboraban en sus campos. Dios lo designó como sucesor de Elías que, al encontrarlo tras el arado, echó sobre él su manto (1 R. 19:16, 19). Eliseo comprendió el significado de este gesto simbólico. Volviendo a los suyos, ofreció un sacrificio y dio a su gente un festín de despedida, y después siguió a Elías y le sirvió (1 R. 19:19-21). Elías, antes de ser arrebatado, cruzó el Jordán, y Eliseo rehusó separarse de él. Elías le dijo que pidiera lo que quisiera. Entonces Eliseo tuvo la sabiduría de solicitar una doble porción de la sabiduría de Elías. Vio cómo el carro de fuego arrebataba a su amo; tomó el manto que Elías había dejado caer, y con él golpeó el Jordán, el cual se abrió. Eliseo atravesó el río, y pasó a la ribera occidental (2 R. 2:1-18). Una serie de hechos sobrenaturales marca la carrera de su ministerio: milagros de conocimiento, o milagros de poder, todos ellos cumplidos expresamente en nombre del Señor. En la historia de la redención, forma parte del segundo grupo de milagros. Los milagros de Eliseo tuvieron lugar en una época en que la religión de Yahvé estaba enfrentada de una manera total contra el culto a Baal. De la misma manera que los milagros de Elías, los de Eliseo tenían el propósito de manifestar la autoridad del profeta y de presentar al Dios viviente.
Unos muchachos que se burlaban de la persona del profeta del eterno recibieron una maldición de Eliseo en nombre del Señor. Dos osos descuartizaron a 42 de estos jóvenes (2 R. 2:23-25). Predijo el éxito de la expedición en contra de Moab (2 R. 3:11-27); multiplicó el aceite de una viuda (2 R. 4:1-7); anunció el nacimiento de un hijo a una sunamita; cuando este hijo murió, la oración de Eliseo lo reclamó a la vida (2 R. 4:8-37); indicó un antídoto contra la planta venenosa que estaba en el alimento de los profetas (2 R. 4:38-41). Durante una hambre, el profeta alimentó a 100 hombres con 20 panes de cebada y algunas espigas nuevas (2 R. 4:42-44). Ordenó a Naamán que se bañara en el Jordán para sanarse de la lepra (2 R. 5:1-19), y anunció a Gizei que esta lepra se quedaría pegada siempre a él debido a su codicia (2 R. 5:20-27). Hizo flotar a la superficie del Jordán el hierro de un hacha que ha-

bía caído al río (2 R. 6:1-7), y reveló al rey de Israel los movimientos e intenciones de sus enemigos, los sirios (2 R. 6:8-12). En respuesta a la oración de Eliseo, el Señor abrió los ojos de su siervo para que viera los carros y caballos de fuego que los protegían (2 R. 6:13-17). Eliseo hirió de ceguera a los hombres que el rey de Siria había enviado para que lo detuvieran (2 R. 6:18-23). Declaró, antes de que se lo dijera nadie, que un emisario del rey de Israel estaba a la puerta para quitarle la vida (2 R. 6:32, 33). Durante el hambre del cerco de Samaria, predijo que al día siguiente los víveres serían abundantes y baratos, añadiendo que el oficial incrédulo, que se burló de esta profecía, lo vería pero no lo disfrutaría. Una multitud aplastó a este oficial, que murió ante la puerta de Samaria (2 R. 7). Eliseo hizo saber que Ben-adad, rey de Siria, moriría (2 R. 8:7-15). Anunció la destrucción de Acab y de toda su casa; envió a un joven profeta a que ungiera a Jehú, que debería ejecutar el juicio predicho (2 R. 9:1-10:28). Reveló por adelantado que habría 3 victorias sobre los sirios (2 R. 13:14-19). Finalmente, un cadáver que había sido arrojado apresuradamente en la tumba de Eliseo volvió a la vida al tocar los huesos de Eliseo (2 R. 13:20, 21).

Elohim. Nombre común para designar la divinidad en general, tanto el Dios de Israel como los dioses paganos de otras naciones (cf. Éx. 12:2; Dt. 6:14, 13:7, 8; Jos. 24:15, Jue. 6:10); analógicamente también se aplica a jueces, ángeles y reyes. Es una forma en plural de referirse a Dios, cuando se aplica al Dios de Israel tiene el sentido de majestad o rango, de magnitud.

Elón (heb. «terebinto»). Nombre de varias personas y de una o dos ciudades del AT.

1. Hitita, suegro de Esaú por ser padre de Basemat (Gn. 26:34) o Ada (Gn. 36:2), primera esposa de Esaú.
2. Hijo segundo de Zabulón (Gn. 46:14) y fundador de la familia de los elonitas (Nm. 26:26).
3. Juez, miembro de la tribu de Zabulón, quizá emparentado por el anterior, que gobernó a Israel durante diez años, tras los cuales murió y fue enterrado en Ajalón, en la tierra de Zabulón (Jue. 12:11,12).
4. Ciudad que correspondió en suerte a la tribu de Dan, mencionada entre Jetla y Timnat (Jos. 19:43); prob. la misma llamada por su nombre completo Elon-bet-janán (1 R. 4:9).

Elteque (heb. «Dios es sagrado»). Ciudad de la tribu de Dan, en la región de Ecrón, asignada a los levitas de la familia de Cohat como ciudad de refugio (Jos. 21:23; Jos. 19:44), aunque es omitida en la lista paralela de 1 Cro. 6. En el prisma de Senaquerib se dice que fue tomada *Altaqu* junto con Tamna en su campaña del 701 a.C. contra los egipcios. Elteque aparece mencionada en los textos egipcios a partir del 1350 a.C.

Eltecón (heb. «Dios es recto»). Ciudad de la tribu de Judá encuadrada en el cuarto grupo de la montaña (Jos. 15:59), no lejos de Hebrón, hacia el norte. Quizá sea la actual Hirbet el-Deir, que se halla al oeste de Belén y encima de Ain el-Taqah.

Eltolad (heb. «Dios es generador»). Ciudad de Simeón, mencionada entre Ezem, Quesil y Betul, próxima a la frontera de Edom (Jos. 15:30); 19:4). Permaneció en posesión de la tribu de Simeón hasta el tiempo de David, cuando es llamada simplemente Tolad (1 Cro. 4:29).

Elul. Sexto mes del año religioso hebreo (Neh. 6:15; 1 Mac. 14:27) y doceavo del año civil; se correspondía aproximadamente con agosto-septiembre, mes de la cosecha por excelencia. El nombre está tomado de los babilonios. Tenía 29 días y los rabinos lo consideraban como el principio de año en el caso del diezmo de ganado. Según el Talmud, los siguientes días estaban consagrados a servicios religiosos:

Día 1. Luna nueva. Oraciones propiciatorias ofrecidas al caer la tarde.

Día 2. Fiesta de la dedicación de las murallas de Jerusalén por Nehamías.

Día 3. Día de ayuno por la mortandad ocasionada por el informe negativo de los espías enviados a reconocer la tierra prometida (Nm. 14:36, 37).

Día 4. Fiesta de la ofrenda de lana.

Día 5. Ayuno en memoria del castigo de los israelitas injustos e incorregibles.

Día 6. Último día del mes, cuando se contaba el número de los animales nacidos, con el fin de apartar el diezmo para Dios. Esto se debía a que el primer día del mes de Tisri era fiesta y, por lo tanto, no podían diezmar del rebaño en ese día. Ver CALENDARIO JUDÍO.

Emanuel (heb. «Dios con nosotros»). Nombre propio simbólico empleado por Isaías en sus profecías mesiánicas (Is. 7:14; 8:8), y aplicado a Cristo por Mateo (Mt. 1:20-23). Se relaciona con el nacimiento milagroso y la unión en la persona del Salvador de las dos naturalezas, divina y humana.

El profeta lo utilizó en primer lugar alrededor del año 735 a.C. con motivo del ataque contra Acaz, rey de Judá, por parte de Rezín, rey de Siria y por Peka, rey de Israel (Is. 7:14,15).

Emaús. Célebre ciudad en la llanura filistea al pie de las montañas de Judá, según Jerónimo. El nombre de esta ciudad no aparece en el NT, pero llegó a cobrar importancia en el último período de la historia judía en relación con la guerra macabea contra los invasores asmoneos. Judas Macabeo consiguió una victoria aplastante sobre las huestes sirias de Nicanor y de Gorgia en el 165 a.C. (1 Mac. 3:57; 4:3; 9:50). Fue fortificada en el 160 a.C. por Báquides, general de Antíoco Epífanes, en su lucha contra Jonatán Macabeo (Josefo, *Ant.* 13, 1, 3; 1 Mac. 9:50). Bajo los romanos, Emaús se convirtió en el año 47 a.C. en la capital de una toparquía, en detrimento de Gézer. En el 44, al negarse a pagar un impuesto exorbitante exigido por Casio, el asesino de César, es castigada sin piedad y todos sus habitantes vendidos como esclavos. Marco Antonio, vencedor de Casio, le devuelve la libertad en el 42, pero el sirio Maqueras la diezma el año 38 y el general romano Varo, en represalia de los crímenes del bandido Atronges, la arrasa y la quema en el 4 a.C. Esto explicaría que en la época evangélica Lucas se refiera a ella como «aldea» o «caserío» (Lc. 24:13).

Embalsamar (heb. «sazonar con especias»). Arte practicado por los egipcios desde la antigüedad. Consistía en abrir el cadáver por el abdomen y extraer las vísceras. Se lavaba luego la cavidad y era rellenada de plantas y aceites aromáticos. También se extraía el cerebro por las fosas nasales, y se lavaba el cráneo con aceite de palma. Incluso se rellenaban las mejillas y los ojos para que resultara natural. Los egipcios nunca sacaban ni el corazón ni los riñones de los cadáveres. El corazón por motivos religiosos, mientras que los riñones se cree que no los vieron y nunca supieron que existían. Se sumergía el cuerpo en una baño de natrón (sodio) durante 70 días. Luego se vendaba con largas tiras de lino, entre las cuales colocaban amuletos con fines religiosos. Finalmente era puesto en un sarcófago, que tenía una forma parecida a la del difunto. Jacob fue embalsamado por José, según el arte egipcio (Gn. 50:2). El mismo José fue embalsamado y puesto en «un ataúd en Egipto» (v. 26).

Embriaguez. «Beber hasta la saciedad», «emborracharse». El primer caso de embriaguez registrado en la Biblia es el de Noé (Gn. 9:21), que prob. ignoraba los efectos del zumo fermentado de uva. Aunque la bebida alcohólica más frecuentemente mencionada en el AT es el vino, también se habla de *shará* (Jue. 13:4, 14; Nm. 28:7), traducido por «licor», bebida fermentada, prob. a base de cereales, manzanas, dátiles, etc. Tanto los profetas como los libros sapienciales condenan todo exceso y ponen en guardia contra los peligros de la embriaguez, que no necesariamente llega a la borrachera, pero que se excede en euforia y abandona la moderación. Quien se emborracha echa a perder toda su sabiduría (Sal. 107:27; cf. Is. 5:11; 24:20; 49:26; 51:17-22; Prov. 21:1; Hab. 2:15, 16). El NT clasifica a los bebedores entre los fornicarios, ladrones, idólatras, etc., llegando a la tajante declaración de que los borrachos no heredarán el reino de Dios (cf. Ro. 13:13; 1 Co. 6:9, 10; Ef. 5:18; 1 Ts. 5:7, 8).

Encantamiento (heb. «susurrar de una manera suave y gentil»). Conjuro o sortilegio por el que se pretende dominar los poderes sobrenaturales mediante fórmulas, signos, gestos e instrumentos secretos. La creencia en el poder de ciertas fórmulas mágicas es tan antigua y universal como el mundo. Se llegaron a utilizar como medios sanadores para curar las enfermades. Los griegos los utilizaron entre los principales recursos de su farmacopea, especialmente para los trastornos mentales. El filósofo judío Maimónides define al «encantador» como quien usa palabras extrañas y sinsentido, con las que impresiona la necedad de los crédulos. La Escritura condena frontalmente cualquier práctica relacionada con los encantadores, magos y hechiceros (Lv. 19:26; Is. 47:9, etc.), aunque erradicar esta tendencia fue casi imposible (2 R. 17:17; 2 Cro. 33:6).

Endemoniado (gr. «poseído por un espíritu del mal» o demonio). El AT no menciona casos de posesión demoniaca. En tiempo de Cristo ciertas enfermedades como la epilepsia se atribuían a la influencia de demonios, y por eso los rabinos utilizaban en estos enfermos ritos exorcistas. Sólo los saduceos se negaban a secundar estas creencias. En los Evangelios los «posesos» se mencionan con frecuencia, en grupo o aisladamente (Mt. 8:16; Lc. 7:21). La posesión demoniaca suele ir acompañada de determinadas enfermedades, tales como la epilepsia (Mt. 4:24; 17:15; cf. Mt. 12:22, con Mc. 7:32); sordera o pérdida de la palabra (Mc. 9:14-29). Los posesos suelen tener una fuerza sobrehumana, difícil de controlar (Mc. 5:3; Hch. 19:16). Al expulsar Jesús a los malos espíritus los posesos suelen recuperar el dominio de sí mismos (Mc. 5:16; 17:17). Los demonios al salir de sus víctimas reconocen el poder sobrenatural de Jesús y dan testimonio público de ello (Mc. 1:34). Para las autoridades y el pueblo de Israel Jesús es un endemoniado (cf. Jn. 7:20; 10:20), una especie de encarnación de Satán. Jesús

responde que no es un poseso o emisario de Satán, sino enviado de Dios; por eso tiene un poder que es superior, el mismo poder de lo divino, el Espíritu de Dios (Mt. 12:28; cf. Lc. 11:20).
Los apóstoles también tienen el poder de echar demonios en nombre de Jesús, es parte de su misión al mundo (Lc. 10:17-20; Hch. 5:16, 8:7; 16:16, 18; 19:12). Representa la victoria de las fuerzas del Reino de Dios sobre el reino de las tinieblas, la «caída de Satán» (Lc. 10:18). Satán ya está vencido, era el «hombre fuerte» que dominaba la casa de este mundo, pero ahora ha llegado uno más fuerte y le ha quitado sus poderes (Mt. 12:25-30).

Endor (heb. «fuente de Dor»). Ciudad en el territorio de Isacar, pero en posesión de Manasés (Jos. 17:11). Éste fue el caso de otros cinco lugares situados en parte en Aser, en parte en Isacar, que parecen haber formado una clase de distrito. Los israelitas fueron incapaces de expulsar a los canaanitas de él hasta mucho tiempo después. Los fugitivos del ejército derrotado de Sísara y Jabín perecieron en sus cercanías, derrotados por Débora y Barac, en el arroyo de Quisón (Sal. 83:9-10).
En Endor vivía la «pitonisa» a quien consultó Saúl (1 Sam. 28:7). La ciudad no vuelve a ser mencionada en la Escritura. Se suele identificar con el actual Ein Dor, a 6 km al sur del monte Tabor.

Enfermedad. Las enfermedades más serias y comunes en los días del AT se mencionan en las listas de Lv. 26:16 y Dt. 28:22. Durante el verano se dan casos de disentería (2 Cro. 21:15, 18, 19; Hch. 28:8); en primavera y otoño, la fiebre (Mt. 8:14; Lc. 4:39; Jn. 4:52; Hch. 28:8). Abundaban las enfermedades de la piel, especialmente la lepra (Lv. 13:6-8, 30, 39). La ceguera también era bastante común; sin olvidar las úlceras (Éx. 9:9; Jb. 2:7); loa hemorroides (Dt. 28:27; 1 Sam. 5:6); la parálisis (Mt. 8:6; 9:2; Hch. 9:33); la sordera (Mc. 7:32) y la mudez (Mt. 15:30-31).
El mundo antiguo consideraba la enfermedad desde un punto de vista religioso, más que en sus causas naturales. La enfermedad del cuerpo no es sino una parte de la dolencia general que afecta la vida del hombre en la tierra. Desde esta perspectiva lo externo delata la enfermedad del alma, así la enfermedad del cuerpo tiende a mirarse tan sólo como una consecuencia necesaria del pecado. En este sentido el AT considera que la enfermedad es una consecuencia por los pecados cometidos, descrita como «castigo» de Dios (Nm. 12:9-13; 1 Sam. 16:14). Por el pecado, la muerte hizo su aparición, con las enfermedades y dolencias que llevan a ella (Ro. 5:12). Entre los castigos con los cuales Dios amenazaba al pueblo por su infidelidad, se encuentran las

enfermedades (cf. Dt 28:21-22, 27-29, 35). El enfermo que implora de Dios la curación confiesa que ha sido justamente castigado por sus pecados (cf. Sal. 38; 41; 107:17-21).
La enfermedad puede ser el castigo de un pecado concreto (Dt. 28:58-61: 2 Sam. 24:15; 2 R. 5:27), puede provenir de las faltas de los padres (Éx. 20:5), y puede también alcanzar a los cristianos que no se juzgan a sí mismos abandonando sus desobediencias (1 Co. 11:30-32), pero el enfermo no es siempre un pecador, igual que el pecador no siempre se presenta como hombre enfermo. Ésta es la lucha y la polémica del libro de Job: la enfermedad también alcanza a los justos por causas ajenas a las acciones de los mismos. Job era íntegro, recto, temeroso de Dios, apartado del mal, hasta el punto de que no había ninguno como él en toda la tierra. Según Jesús, ni el ciego de nacimiento ni sus padres habían provocado por sus pecados esta ceguera, que hizo manifestar la gloria de Dios (Jn. 9:2-3). A Pablo le fue puesto un aguijón en la carne, no porque hubiera pecado, sino para guardarle del orgullo debido a las revelaciones inauditas del Señor (2 Co. 12:7-9). Timoteo, que sufría constantemente del estómago (1 Ti. 5:23), y Trófimo, que fue dejado enfermo por Pablo en Mileto (2 Ti. 4:20).
Según Is. 53:4-5, el Mesías llevará sobre sí las enfermedades de su pueblo, y sufrirá sus dolores, y por sus llagas será curado. Un primer cumplimiento de esta profecía estuvo en el ministerio de sanidad de Jesús en Palestina (Mt. 8:16-17). Las curaciones son signo de su misión mesiánica (cf. Lc 7:20-23). Ellas manifiestan la victoria del Reino de Dios.

Empalamiento. Medio de ejecución bastante común en el antiguo Próximo Oriente, sobre todo durante las guerras, el cual consistía en clavar a un individuo por su mismo peso en una estaca afilada, colocada entre las piernas o asestada contra el plexo solar. Los asirios y los persas lo aplicaban también como castigo de faltas graves, tanto militares como civiles y contra la honestidad. Sólo en dos casos se menciona que los israelitas recurrieran a este castigo. Uno en relación a las hijas de Moab, que indujeron a los hebreos a sacrificar a los dioses, por lo cual Moisés dio orden a los jueces de que los mataran y empalaran «a la luz del sol, delante de Yahvé» (Nm. 25:1-5). Otro obedece a una petición de los gabaonitas que solicitaron de Saúl siete hombres «para que los ahorquemos delante de Yahvé» (2 Sam. 21:6).

En-Gadi (heb. «fuente del pequeño»). Localidad en un oasis de fuentes calientes en el desierto de Judá, a medio camino de la orilla occidental del mar Muerto, a 25 km al sureste de Hebrón (Jos. 15:62; 1 Sam. 24:1-4; Ez. 47:10), originalmente llamada Hazezón-tamar (2 Cro.

20:2). Por este nombre es mencionada antes de la destrucción de Sodoma y se la describe como una ciudad habitada por amorreos, próxima a las ciudades de la llanura (Gn. 14:7). De rica vegetación debido al agua de una cascada formada por una roca de 90 m de alto. David se refugió en sus cercanías (1 Sam. 23:29; 24:1-22). Posteriormente numerosos esenios vivieron allí.

En-Ganim (heb. «fuente de jardines»). Nombre de dos ciudades, una situada en el territorio de Judá (Jos. 15:34), de la que no se sabe nada más; y otra, en Isacar, perteneciente a los levitas, situada a 30 km de Tabor (Jos. 19:21; 21:29), la actual Jenin al oeste de Bet-San.

En-Mispat (heb. «fuente del juicio»). Antiguo nombre de Cades (Gn. 14:7), en la frontera de Idumea (cf. Nm. 20:13,14).

Enoc (heb. «iniciado, consagrado»). Patriarca antediluviano, hijo de Jared y padre de Matusalén. Es el más ilustre portador del nombre. En tiempos del nacimiento de Matusalén, Enoc tenía sesenta y cinco años de edad, vivió trescientos sesenta y cinco años (Gn. 5:23), que coinciden con los días del año solar. Esta circunstancia ha llevado a algunos estudiosos a considerar que existe en su caso un probable mito solar, pero se trata sólo de una especulación. Obras apócrifas del siglo I a.C. crearon la leyenda de un Enoc creador de la astrología y la astronomía e inventor de la escritura (Eusebio, *Precp. Ev.* 9, 17). Se dice que llenó 300 libros con los mensajes apocalípticos que recibió.
Contrario a la expresión «y murió» utilizada en los demás patriarcas, de Enoc el texto dice: «Y anduvo en la presencia de Dios, y desapareció, pues se lo llevó Dios» (Gn. 5:24). «Caminó con Dios» sólo se vuelve a usar en el caso de Noé (Gn. 6:9), que hace referencia a una santidad extraordinaria. El autor de la epístola a los Hebreos añade: «Por la fe Enoc fue trasladado para no ver muerte» (He. 11:5).

Enós (heb. «hombre»). Patriarca antediluviano, hijo de Set y nieto de Adán. Vivió 905 años (Gn. 4:26; 5:6-11; 1 Cro. 1:1); citado en la genealogía de Jesucristo (Lc. 3:38). El texto bíblico dice que en tiempos de Enós se empezó a invocar el nombre de Yahvé, dando a entender de un modo general que el culto a Yahvé es la religión del Israel primitivo.

En-Rimón (heb. «fuente del granado»). Ciudad ocupada por los descendiente de Judá después del exilio (Neh. 11:29). Parece estar asociada con Ayin y Rimón de Jos. 15:32, situada en el Negev, ciudad de Judá que más tarde se asignó a la tribu de Simeón (Jos. 19:7; 1 Cro. 4:32). En Zac. 14:10 se llama simplemente Rimmón.

En-Rogel (heb. «fuente del batanero», o «fuente del espía»). Fuente situada en la frontera de las tribus de Judá y Benjamín (Jos. 15:7; 18:16), muy próxima a Jerusalén, en un nivel inferior, como es evidente por las expresiones «subir» o ascender y «bajar» o descender. Josefo la sitúa en los Jardines del Rey. Muchos críticos la han identificado con la Fuente de la Virgen; modernamente se identifica con Bir-Eyb, o «fuente Job», como hace la versión árabe. En ella permanecieron escondidos Jonatán y Ajimaas durante la rebelión de Absalón contra David: «Una criada había de ir e informarles, porque ellos no debían exponerse yendo a la ciudad. Y ellos habían de ir e informar al rey David» (2 Sam. 17:17). Adonías ofreció allí un banquete a sus partidarios cuando preparaba la sublevación contra David, y se menciona su cercanía a la peña de Zojélet, «que está *cerca* de En-rogel» (1 R. 1:9).

En-Semes (heb. «fuente del Sol»). Localidad asignada a la tribu de Judá (Jos. 15:7), en la frontera de Bejamín (Jos. 18:17). Aparece mencionada entre la subida de Adummim al este y En-Rogel al oeste, en el valle de Cedrón. De ello se desprende la identificación generalmente admitida de Ain el-Hod, también conocida por el nombre de «fuente de los apóstoles», al pie de el-Eizariyah, en la carretera de Jerusalén a Jericó.

Entierro. Costumbre universalmente practicada y la única entre los hebreos (cf. Gn. 23:19; 25:95; 35:8, 1, 9; Jue. 2:9; 8:32; 1 Sam. 25:1, etc.; Jn. 11:17; Mt. 27:60, etc.). El enterramiento tenía una gran importancia en el antiguo Próximo Oriente, como dan abundante testimonio los restos arqueológicos hallados dentro y fuera de Palestina y la solicitud de Abraham por adquirir un lugar donde ser enterrado. La palabra heb. *qeburá* denota el acto de inhumar el cadáver y el lugar en que la inhumación se lleva a cabo, o sea, la «sepultura» (Gn. 47:30; Dt. 34:6; 2 R. 9:28; 21:26; 23:30; Is. 14:20; Jer. 22:19, etc.). La incineración, común a otros pueblos, aunque nunca con carácter universal, jamás fue practicada en Israel, excepto en un caso excepcional, en relación a los cuerpos decapitados y mancillados de Saúl y sus hijos, cuando «todos los hombres valientes se levantaron, caminaron toda aquella noche y tomaron del muro de Bet-seán el cadáver de Saúl y los cadáveres de sus hijos. Cuando llegaron a Jabes, los incineraron allí» (1 Sam. 31:12). Dar sepultura a los muertos era considerado un acto de misericordia, el último honor rendido, y un deber imperativo de los familiares (Gn.

25:9; 35:29; 1 Mac. 2:70; Tob. 1:17-18; 6:15); lo contrario era un acto de crueldad, consecuencia de las atrocidades de la guerra (2 Sam. 21:9, 14; 2 R. 11:11-16; Sal. 79:2; Ec. 6:3), lo peor que podía ocurrir y lo más temido (cf. 1 R. 13:22; 14:11; 16:4; 21:24; Jer. 7:33; 8:2; 9:22; 14:16; 16:4; 25:33; Ez. 29:5; Sal. 79:3).

El lugar en que el cuerpo era depositado podía ser una cueva (Gn. 23:19; 25:9; 49:31; 50:13); una ciudad o un paraje determinado (Dt. 10:6; 34:6; Jos. 24:30; Jue. 12:7; 16:31; 2 Sam. 21:14; 1 R. 2:10; 11:43, etc.); al pie de un árbol, un casa, un jardín o huerto privado (Gn. 35:8; 1 Sam. 25:1; 1 R. 2:34; 2 Cro. 32:20; 2 R. 21:18, 26; Jn. 19:41). El ideal de un hombre era que le «reunieran» con sus padres, en el sentido más literal, enterrándole en la tumba familiar, pero, sin duda, sólo los ricos podían permitirse tal lujo.

Entrañas. En sentido literal o físico se trata de las vísceras, es decir, los órganos internos del cuerpo, especialmente los contenidos en la cavidad abdominal; p.ej. el vientre (Nm. 5:22; Cnt. 5:14); los intestinos (2 Sam. 20:10); la sede de la digestión (Ez. 3:3; Jb. 20:14); la sede de la generación de los hijos en el padre o en la madre (Gn. 15:4; 25:23; 2 Sam. 7:12; Rt. 1:1). Son mencionadas especialmente en las muertes trágicas de Antíoco IV Epífanes (2 Mac. 9:5) y Judas (Hch. 1:18).

En sentido metafórico denota el sentimiento «compasivo», y es el uso más frecuente en la Biblia. Las entrañas equivalen en el pensamiento antiguo a nuestro concepto del corazón como sede de los afectos y sentimientos tiernos en general; de la misericordia, del amor, de la compasión, etc. (Gn. 43:30; 1 R. 3:26; Eclo. 30:7; cf. Lc. 1:78; 2 Co. 6:12); y también de los sentimientos opuestos de ira y crueldad (Prov. 12:10). Era del todo natural escoger el vientre como expresión de tiernos sentimientos compasivos, toda vez que hace referencia a la ternura y amor afectuoso que distingue el carácter femenino, especialmente con sus hijos, fruto de su viente o de sus entrañas. La compasión y la clemencia son las notas más distintivas de Dios, aquellas que mejor definen su relación amorosa y misericordiosa con su pueblo. En el NT el apóstol Pablo usa con frecuencia la imagen de las entrañas para referirse al amor tierno y afectuoso de Dios y al suyo propio hacia los hermanos (2 Co. 6:12; 7:15; Flp. 1:8).

Epafras (gr. «encantador»). Colaborador y compañero de Pablo, originario de Colosas. Es presentado como «siervo de Cristo», que vive en desvelo y oraciones por los creyentes de Colosas (Col. 1:7; 4:12), lo que hace suponer que fundó la comunidad cristiana de Colosas, y también las de Laodicea y Hierápolis. Visitó a Pablo durante su encarcelamiento en Roma, el apóstol le llama «mi compañero de prisiones» (Flm. 23).

Epafrodito (gr. «de Afrodita»). Mensajero de la Iglesia de Filipo, de quien Pablo dice que fue su «hermano, colaborador y compañero de lucha» (Flp. 2:25), epítetos que indican la alta estima que el apóstol tenía por su persona y por su indudable labor misionera, pues como otros propagadores del Evangelio recibe el calificativo de «enviado», gr. *apóstolos*, que se daba a todos los que entonces se dedicaban al trabajo misionero. Visitó a Pablo durante su encarcelamiento en Roma, portando dones de los filipenses para él. Estando en Roma enfermó muy gravemente, «cercano a la muerte». El profundo afecto que existía entre él y los creyentes en Filipos queda evidenciado por su dolor al saber que ellos se habían enterado de su enfermedad (Flp. 4:18). De regreso a Filipo, Epafrodito llevó la carta de Pablo que hoy forma parte del canon.

Epéneto (gr. «elogiable»). Cristiano de Roma saludado por Pablo como «amado mío, que es el primer fruto de Acaya para Cristo» (Ro. 16:5). Epéneto era tal vez de Éfeso y primer converso de Pablo en la provincia romana de Asia. Ningún judío llevó el nombre de Epéneto, pero era bastante corriente en el mundo grecorromano.

Epicúreos. Escuela ético-filosófica fundada en Atenas por Epicuro (341-270 a.C.), oriundo de Samos. Sus seguidores formaban una comunidad cerrada que incluía mujeres y esclavos y, a pesar de su forma austera de vida, el carácter privado de la misma y la doctrina del hedonismo que Epicuro enseñaba despertaron una suspicacia y una hostilidad por completo injustificable. El apóstol san Pablo disputó con algunos filósofos epicúreos mientras esperaba en Atenas a Silas y Timoteo (Hch. 17:18).

Epifanía (gr. «aparición»). Término religioso empleado en el NT casi siempre para indicar la aparición de Cristo al final de los tiempos (cf. 2 Tes. 2:8; 1 Ti. 6:14; 2 Ti. 4:1.8; Tit. 2:13). Cuando la vida terrena de Cristo se contempla a la luz de su significado soteriológico universal, se designa también como «epifanía», entendida como manifestación de Dios: «La gracia que nos ha sido dada desde la eternidad en Jesucristo. Esta gracia se ha manifestado ahora por la aparición de nuestro Salvador Jesucristo» (2 Tm. 1:9-10).

Epístola (gr. «mensaje escrito, enviado»). Género literario utilizado por los escritores del NT para expresar sus ideas y comunicar sus instruc-

ciones. La literatura epistolar del NT comprende 21 escritos, distribuidos en dos colecciones: 13 epístolas paulinas y 7 epístolas católicas, más la epístola a los Hebreos, atribuidas a distintos apóstoles. Del primer grupo suelen distinguirse las llamadas «epístolas de la cautividad», a saber, Colosenses, Efesios, Filipenses y Filemón, por la circunstancia de haber sido escritas durante el cautiverio de Pablo. Y también las «epístolas pastorales», a saber, 1 y 2 de Timoteo y Tito, que tratan de la obra pastoral, con instrucciones sobre el ministerio, el culto y la doctrina de la Iglesia.
La mayor parte de las epístolas fueron escritas a iglesias concretas, tratando cuestiones de doctrina y de orden; a un individuo y a todos los creyentes en general, no a una sola persona o iglesia; para dar respuesta a cuestiones debatidas o para resolver problemas de ciertas iglesias (cf. 1 Co. 1:11; 2 Co. 7:5-7; 1 Ts. 3:5, 6). Los títulos de las epístolas no figuraban en la redacción original; se añadieron más tarde. Las más antiguas son anteriores a los Evangelios, tal como los conocemos en su redacción final.

Era. Espacio abierto en los extrarradios de la ciudad, nivelado y debidamente endurecido para su uso en tiempo de la recolección de cereales, donde cada propietario amontona y trilla su cosecha. Durante el resto del año, en cuanto formaba una «plaza» bien asentada alrededor de las puertas de las ciudades antiguas, servía, entre otras cosas, para juegos, juicios y acontecimientos sociales (1 R. 22:10; 2 Cro. 18:9).

Erasto (gr. «bienamado»). Colaborador de Pablo que fue enviado a Macedonia con Timoteo, mientras él permanecía en Éfeso (Hch. 19:22). Quizá el mismo que Pablo cita como tesorero o administrador (gr. *oikonómos*) de la ciudad de Corinto, y que figura entre las personas destacadas de la comunidad corintia (Ro. 16:23), y el mismo a quien saluda diciendo que se quedó en Corinto (2 Ti. 4:20). Si en todos los casos se trata de la misma persona, lo difícil es entender su desplazamiento a Macedonia, ya que su cargo no le permitiría ausentarse de la ciudad.

Erec (heb. «longitud»). Nombre hebreo de la ciudad de Uruk en la Babilonia meridional, mencionada en Gn. 10:10 como parte del reinado de Nimrod. Según los documentos sumero-acádicos, Uruk fue una de las principales ciudades reales después del diluvio. Existía en los días de Esdras, ya que habitantes de esta ciudad fueron trasladados por Asurbanipal a la ciudad de Samaria y a otras partes del Imperio persa al oeste del Eufrates (Esd. 4:8-9; cf. 2 R. 17:24). Se ha identificado con los montículos de Warqa, al sur de Babilonia, a unos 65 km al noroeste de Ur.

Esaú (heb. «velludo»). Hijo de Isaac y Rebeca, hermano gemelo de Jacob. Esaú había sido el primero en nacer. Es descrito como «pelirrojo, y era todo velludo como una pelliza» (Gn. 25:25), de ahí su nombre. Lo primero que leemos acerca de él es su venta de su derecho de primogenitura a su astuto hermano Jacob por un plato de potaje de lentejas. Debido a esto se le califica en el NT de profano, porque no le dio valor a lo que era un don de Dios. Después procuró anhelante la bendición, pero ya no hubo oportunidad para el arrepentimiento (Gn. 25:29-34; He. 12:16,17).
Jacob, por falta de fe en Dios, obtuvo la bendición mediante una artimaña, arrancándola con engaño a su padre (el cual, en contra de la elección de Dios, quería dársela a Esaú). En esta bendición, Isaac hizo de Jacob el señor de sus hermanos. La bendición a Esaú fue la grosura de la tierra, y el rocío del cielo; viviría por la espada, y serviría a su hermano, aunque quebrantaría el yugo de su cuello (Gn. 27:37-40). Esaú aborreció a su hermano, y afirmó la intención de dar muerte a Jacob cuando llegaran los días de luto por su padre.
Esaú tuvo tres esposas y una numerosa descendencia, que llegó a ser una tribu poderosa. Cuando fue a encontrar a Jacob, iba acompañado de 400 hombres con ánimos belicosos; pero cuando se acercaron ambos hermanos, Esaú corrió al encuentro de Jacob, «y le abrazó, y se echó sobre su cuello, y le besó; y lloraron». Así quedaron felizmente reconciliados, y a la muerte de Isaac sus dos hijos le sepultaron (Gn. 33:4; 35:29).

Escándalo (gr. «tropiezo», «ocasión de caer»). En el NT *skándalon* se emplea siempre metafóricamente, y por lo general de cualquier cosa que suscite prejuicios, o que venga a ser un obstáculo para otros, o que les haga caer por el camino. En ocasiones el obstáculo es en sí mismo algo bueno, y los que encuentran en ello causa de tropiezo son los malvados, p. ej. temer a Dios es de sabios, pero es piedra de tropiezo y roca de escándalo para los desobedientes (Is. 8:13-14; Ro. 9:33; 1 Co. 1:23; 1 P. 2:8); la cruz de Cristo puede ser «tropiezo y condenación» (Gál. 5:11) para los incrédulos, pero motivo de salvación y gloria para los creyentes. El empleo que haga el cristiano de su libertad puede resultar un obstáculo para otro, en especial los prejuicios relativos a la comida (Ro. 14:13, 20; 1 Co. 8:13). Cuando uno se cierra a una comprensión superior puede convertirse en «tropiezo», como cuando Pedro intentó disuadir a Jesús de su camino de obediencia que debía llevarlo a la cruz (Mt. 16:23), o los judaizantes que no comprendían la nueva libertad traída por el Evangelio respecto a los mandamientos judíos. Por esta razón, el cristiano debe evitar ser motivo de tropiezo a los demás: «Sed sin ofensa a judíos, y a gentiles, y a la iglesia de Dios» (1 Co. 10:32; cf. Hch. 24:16; Flp. 1:10).

Escatología (gr. «doctrina de las últimas cosas»). Lo escatológico pertenece a la original concepción hebrea de la historia como un proceso que iniciado por Dios al principio de los tiempos culmina en el fin de los mismos como un retorno al orden y equilibrio perdidos. En el mismo momento de la caída se anuncia la promesa de la liberación futura de esa condición de excluídos del paraíso, sometidos al dolor, la fatiga y la muerte (cf. Gn. 3:14-15). Es el germen escatológico, que va ampliándose en círculos que abarcan cada vez más y más, a través de la promesa dada a Abraham, de que en su simiente serían benditas todas las naciones de la tierra (Gn. 12:3; 22:18). Se suceden diversas promesas, dándose el cetro del reino a la descendencia de Judá (Gn. 49:10). Éste queda después circunscrito a la descendencia de David, con la promesa de un trono eterno (2 Sam. 7:8-29; 1 Cro. 17:7-27), el cual es confirmado con el nuevo pacto (Jer. 31:31-37; 33:14-17), el cual se cumple en Jesús, hijo de David según la carne (Lc. 1:30-33).
Muchas predicciones escatológicas del AT situaban el «fin de los días» en un futuro lejano, aunque también es frecuente que el «Día de Yahvé» se encuentre muy próximo (cf. Is. 13:6; Jer. 30:7; 46:10; Lam. 2:22; Ez. 30:3; Jl. 1:15; 2:1). Basados en la historia pasada de su pueblo y en sus grandes figuras, los profetas hebreos contemplaron el reino de los cielos establecido en el momento adecuado de Dios, inaugurado por las figuras mesiánicas de un nuevo Moisés o David (cf. Gn. 49:10; Nm. 24:17; Sal. 2; Is. 9:6; Jer. 23:5-6; Dn. 7:9-14; Zac. 9:9). El reino escatológico esperado tiene todas las características de un reino que tiene a Dios por autor que se sitúa en esta tierra, no en un cielo lejano y remoto. Una tierra renovada y transformada a su condición paradisíaca primigenia, con Israel como centro u «ombligo» del mundo, del que irradia la luz y la justicia que como un faro atrae a todas las naciones del mundo (cf. Is. 11:9; 54:13; Jer. 31:34; Hab. 2:14).
Los visionarios apocalípticos añadieron nuevos elementos a la escatología del AT. La salvación dejó de considerarse como un asunto general y nacional, y comenzó a incluir la inmortalidad individual y la consiguiente recompensa o castigo de cada acto individual. Aparece en Daniel y, especialmente, en los escritos apócrifos y apocalípticos. Esta literatura incluye la idea de una resurrección general al comienzo de la nueva era de Dios, seguida por un día de juicio en el que el impío

es condenado, en tanto que el justo recibirá como recompensa la gloria eterna.

El NT en general se presenta como el cumplimiento final de las antiguas profecías en cuanto al advenimiento del reino de Dios (cf. Mt. 12:28; Mc. 1:15; Lc. 11:20 y Dn. 7:22). Jesús afirma claramente que con él ha llegado ya el fin de los tiempos. El profeta más repetido y explícitamente citado es Isaías. En la sinagoga de Nazaret y en la respuesta a los mensajeros del Bautista Jesús se atribuye las señales anunciadas para el fin de los tiempos (Lc. 4:17-21; 7:22). Jesús proclama desde el principio la llegada inminente del Reino (Mt. 4:17). Algunos textos parecen afirmar su inmediata culminación cronológica; pero en realidad son expresiones proféticas que presentan la urgencia de la conversión (Mt. 10:23; 16:28; 24:34). El reino se ha instaurado «con poder», pero su plena manifestación pertenece al futuro (cf. Mt. 6:10,13; Mc. 13:26; Lc. 11:2). La comunidad de Jerusalén experimenta en su espíritu las señales de la salvación cumplida por el perdón de los pecados, y también sus exigencias de conversión, de oración y de comunión (Hch. 2:37ss.; 5:31; 10:43); pero conoce al propio tiempo que la plenitud salvadora no ha llegado todavía y que debe vivir en actitud incesante de esperanza (Hch. 1:11; 3,20). Esta experiencia dará origen así a la doctrina sobre el «doble» cumplimiento de la profecía respecto al Mesías: una presente, en humillación, otra, futura, en gloria. Jesús enseña que el reino ya ha llegado, se ha iniciado en el interior de quienes le reciben, aunque no se ha cumplido totalmente. Para el apóstol Pablo hay una «tensión» escatológica resultante de la redención realizada por una parte y de la salvación todavía no consumada por otra. El bautizado está ya resucitado y el Espíritu es en él la primicia del mundo venidero (Ro. 6:1-7; Col. 3:1; 2 Co. 5:5). Librado ya a este perverso mundo (Gál. 1:4), no obstante, el cristiano debe permanecer todavía en él, pero como si no estuviese en él (1 Co. 7:29ss.; Ro. 12:2). Por eso, el apóstol une la esperanza a la tribulación y la paciencia (Ro. 5:3-4; 1 Ts. 1:3); la creación misma gime en espera de la plena liberación de los hijos de Dios (Ro. 8:20ss.). Pero el primer y decisivo paso ya ha sido dado en la batalla de la cruz, en la que Satanás pierde su poder (cf. Col. 2:15). El segundo paso será cuando el Jesús resucitado, que «destruyó mediante la muerte al que tenía el imperio de la muerte, es a saber, el diablo» (He. 2:14), venga a hacer efectiva su victoria, y a tomar el dominio que ya le pertenece en virtud de la redención consumada por Él.

Esceva. Jefe de los sacerdotes, perteneciente a una familia de sumos sacerdotes judíos, residente en Éfeso cuando Pablo visitó la ciudad por segunda vez; sus siete hijos eran exorcistas e intentaron hacer uso del nombre de Jesús para sus exorcismos, con graves consecuencias para ellos (Hch. 19:14-17).

Escitas (gr. «rudo», «salvaje»). Pueblo indoeuropeo procedente de las estepas situadas al sur de Rusia y entre los mares Negro y Caspio. Los antiguos los consideraban como muy inferiores en inteligencia y cultura, por ello se usa como término sinónimo «bárbaro» en Col. 3:11. Los escitas son los antiguos representantes de los modernos tártaros. Expulsados de su territorio en el Cáucaso entraron en oleadas en las regiones del Creciente Fértil hacia el siglo VIII a.C.

Esclavitud. Institución que data de la más remota antigüedad y prob. tiene su origen en el cambio producido en el trato a los vencidos en combate, en lugar de degollarlos se consideró una medida más «humanitaria» hacerlos prisioneros de por vida al servicio de sus vencedores. De estos tenemos varios testimonios bíblicos durante la conquista de Canaán y tiempos posteriores (Nm. 21:16; 31:9; Jue. 5:30; 1 Sam. 4:9; 2 R. 5:2); pero también había otras causas por las que una persona libre era reducida a esclavitud: por delitos menores y por deudas: el ladrón, incapaz de restituir lo que había robado, era vendido como esclavo; también el deudor insolvente, o sus hijos (Éx. 22:3; 2 R. 4:1; Neh. 5:5, 8; Am. 2:6; Mt. 18:25). Los israelitas indigentes podían venderse voluntariamente, o vender a sus hijos para no morir de hambre (Éx. 21:2, 7; Lv. 25:39, 47). Otro tanto ocurría en el resto de las naciones.

En los pueblos semitas no se conocía apenas la esclavitud y esto por motivos económicos y su dedicación al pastoreo; la extensión relativamente reducida de sus propiedades les permitía cultivarlas con la ayuda de sus familiares. Esto explicaría en parte la secular práctica del *herem* o exterminio generalizado de los pueblos derrotados. Con la aparición de estados poderosos y belicosos se hizo necesario la disponibilidad de abundante mano de obra barata para la construcción de obras monumentales, calzadas, canales, minas y molinos, de ahí que muchas guerras se emprendieran con el decidido propósito de reducir problaciones enteras a la esclavitud.

Los israelitas no permitían la esclavitud entre sí; en un sentido ideal todos son considerados «esclavos de Dios», sacados de la tierra de Egipto hacia la libertad, por lo que ningún miembro del pueblo elegido podía ser vendido como esclavo a su compatriota (Lv. 25:42). Sin embargo, se aceptaba la esclavitud cuando se refería a pueblos extranjeros: «Tus esclavos o esclavas provendrán de las naciones de alrededor. De ellas podréis comprar esclavos y esclavas» (Lv. 25:44-45). También podían comprar esclavos de los hijos de los forasteros que vivían entre ellos, y de sus familias: «Éstos podrán ser propiedad vuestra, y los podréis dejar en herencia a vuestros hijos después de vosotros, como posesión hereditaria» (v. 46). Pero en cuanto a sus hermanos, los hijos de Israel, no podían ser reducidos a esclavitud «perpetua». El esclavo hebreo, reducido a esa condición por pobreza o por deudas, tenía que recibir la libertad al cabo de seis años de servicio: «Cuando compres un esclavo hebreo, seis años te servirá; pero al séptimo saldrá libre, gratuitamente» (Éx. 21:2). Con esta medida se trataba de preservar a los hebreos de una esclavitud prolongada y de evitar que los miembros de un pueblo libre sean reducidos a esclavitud perpetua. Aquí el componente religioso es más fuerte que los intereses económicos. Israel confiesa que si Dios liberó definitivamente a todos los israelitas de la esclavitud de Egipto, entonces ningún israelita podía permanecer en situación de esclavitud de modo duradero; lo cual supone una concepción extraordinariamente desarrollada de la libertad del pueblo y de solidaridad entre sus miembros. La liberación de los esclavos, y la consiguiente remisión de deudas, pasa a ser una prescripción religiosa que ha de practicarse como un eco de la liberación de Egipto, a la que el pueblo debe cuanto es (Dt. 16:15). Se pone en libertad al esclavo y se perdonan las deudas del pobre porque cada uno fue pobre y esclavo liberado. Por no haber cumplido con estas normas, el profeta Jeremías anuncia a Israel como castigo su sometimiento a la espada de naciones extranjeras (cf. Jer. 34:9-17).

Jesús nunca se manifestó contra la esclavitud. En Palestina el problema de la esclavitud seguramente no fue tan acuciante como fuera de ella, de ahí que no aparezcan preguntas o cuestiones que exigieran la respuesta de Jesús. San Pablo, en cambio, en cuyas comunidades no faltaban esclavos, tiene que enfrentarse al problema de la esclavitud, y lo hace en términos religiosos, no políticos ni legales. Los escritos paulinos ponen en evidencia el elevado número de esclavos integrados en la comunidad de Roma. Pablo exhorta expresamente a los siervos o esclavos a ser obedientes a sus amos (cf. Ef. 6:5-8; Col. 3:22-25; 1 Ti. 6:1, 2; 1 P. 2:18-21). Por otra parte, demanda del amo cristiano que acepte al esclavo fugitivo sin represalias (Flm. 10-16). El apóstol, como en tantas otras cuestiones, argumenta su defensa del orden establecido en base a un principio superior, donde la libertad se entiende en principios cristocéntricos. Así, aunque en principio no le preocupa la condición social del esclavo, no tiene reparos en que si está en su mano busque el modo de salir de su estado, es más, lo estimula (1 Co. 7:21), pero recuerda que en la nueva sociedad creada mediante la fe en Cristo no hay esclavos y libres, el cristianismo introduce en el mundo una transmutación de valores (1 Co. 7:22-23).

Escorpión. Arácnido abundante en Palestina, donde se han encontrado ocho especies. Viven bajo las piedras, en las grietas de los muros o en la maleza; son carnívoros y se nutren de insectos y arañas. El más conocido es el alacrán. Su aguijón, situado en el extremo de su cola, tiene en su base una glándula que secreta un fluido venenoso, causando un dolor extremo a sus víctimas, con fatales resultados, sean hombres o animales. El desierto del Sinaí es especialmente recordado por la abundancia de sus escorpiones en el tiempo del Éxodo (Dt. 8:15).

Escriba. Originalmente el título heb. de *sofer* se aplicaba a las personas encargadas de escribir o copiar las leyes, oficio para el que se formaban desde pequeños en una escuela especial a modo de academia de secretarios. En los registros más antiguos del AT, se llama *sofer* a «los que solían manejar punzón de escribiente» (Jue. 5:14), corresponde a los funcionarios reales que tenían por misión escribir las cartas del rey, sus decretos y disposiciones (2 Sam. 8:17; 20:25; 1 R. 4:3; 2 R. 12:10; 2 Cro. 24:11; Est. 3:12; Is. 36:3), pero sus funciones debieron ser múltiples, como las de jefe de la milicia, llevar la cuenta de los combatientes y prisioneros (2 R. 25:19; Is. 33:18; Jer. 52:25). El escriba real era uno de los puestos más elevados, a juzgar por su mención junto al sumo sacerdote (2 R. 12:10; 2 Cro. 24:11).
De modo que los escribas evolucionaron en todas partes de simples escribientes y lectores en depositarios del saber religioso, militar, literario y científico que se conservaba en los viejos textos y que se iba acrecentando con los nuevos que se fueron escribiendo o transcribiendo. Después de la cautividad, sin estado independiente, sin monarquía, la función de los escribas en Israel se concretó en la interpretación y enseñanza de las Sagradas Escrituras al servicio del renacimiento de la fe de Israel, gracias a la labor de Esdras, cuyo ideal fue «preparar su corazón para escudriñar la ley de Yahvé y para cumplirla, a fin de enseñar a Israel los estatutos y los decretos» (Esd. 7:10; cf. Jer. 8:8; Esd. 8:6,12; Neh. 8:1). A Esdras se le llama escriba o doctor muy diestro en la Ley de Moisés (Esd. 7:6, 12; Neh. 8:1-13). Los escribas colaboradores y continuadores de Esdras no fueron simples juristas, como en los tiempos posteriores, sino «hombres sabios» y «justos» a los que se refieren ciertos libros bíblicos (Eclo. 38:24; Dn. 11:33, 35; 12:3), y a los que la tradición de los siglos siguientes denomina en ocasiones «hombres de la Gran Asamblea». A ellos se debe el cambio de la escritura hebrea antigua, que apenas

se entendía, por la aramea cuadrada en que se perpetuó el Texto Masorético.

Su labor esencial consistió en la función de maestros y comentaristas de la Torá o Ley. Leían la Ley al pueblo en las sinagogas todos los sábados o en ocasiones señaladas. Como intérpretes trataron de salvar las diferencias que había entre la legislación mosaica y los hechos y circunstancias de la vida contemporánea. Se constituyó así la «ley oral», o «medida de los escribas», también conocida por «tradición de los ancianos» en el NT (Mt. 15:2; Mc. 7:3; cf. Gál. 1:14). En todo fueron diligentes, escrupulosos, humildes y evitaron dogmatizar, temerosos de disminuir la dignidad de la Escritura. En el NT, el término gr. equivalente al heb. *sofer*, es *grammateús*, en el sentido de registrador y guardián de los documentos públicos, custodios e intérpretes de la Escritura. En los días de Jesucristo los escribas se conocían con el nombre de «doctores de la Ley». Se dice de ellos que se sientan en la cátedra de Moisés (cf. Mt. 7:29; 23:2, 13-33). La mayoría de ellos fueron fariseos, de ahí el binomino evangélico «escribas y fariseos» (Mt. 23; Lc. 5:30), y en cuanto tales tuvieron muchos enfrentamientos con Jesús. El texto de Mateo contiene los ayes más explícitos contra ellos (cf. Mt. 23:13, 14, 15, 23, 25, 27, 29).

Escrituras, «Santas Escrituras». Términos utilizados en el NT para referirse exclusivamente a los escritos del AT. Alrededor del 180 d.C. el término «Santas Escrituras» es usado por Teófilo, incluyendo los Evangelios (*Ad Autolico*, 3,12). Ireneo llama a la colección de libros del Antiguo y del NT «Divinas Escrituras». Antes de la cautividad el apelativo «Escritura» o «Escrituras» no tenía ningún sentido distintivo. En los libros del AT anteriores al regreso del cautiverio sólo se encuentran expresiones relativas a la Ley o libros de la Ley. En Éx. 32:16 se dice que los mandamientos fueron escritos por «el dedo de Dios», pero sin que el término tenga un sentido especial en sí mismo. En Dn. 10:21 se habla de «la escritura de verdad», pero en el sentido de «libro verdadero», como traducen las versiones modernas. La idea de la Escritura como un todo aparece por vez primera en 2 Cro. 30:5,18 en la expresión: «al modo que está escrito», semejante a la fórmula neotestamentaria «está escrito» para referirse al AT (Mt. 4:4, 6; 21:13; 26:24).

El uso del sing. «Escritura» hace referencia a un pasaje particular del AT (cf. Mc. 12:10; Jn. 7:38; 13:18; 19:37; Lc. 4:21; Ro. 9:17; Gál. 3:8), aunque aplicable a la totalidad. El plural destaca el sentido colectivo (Mt. 21:42; Jn. 5:39; Hch. 17:11; 18:24; Ro. 1:2). En 2 P. 3:16 hay una referencia a las epístolas de Pablo, puestas en el mismo nivel de «las otras Escrituras». No es seguro si éstas son las Escrituras del AT exclusivamente o incluyen otros escritos que cubren los mismos temas.

Esdrelón. Nombre griego de la mayor llanura de Palestina, situada a casi todo lo ancho del país, y más precisamente, en la parte occidental del valle de Jezreel, de cuyo topónimo heb. no es más que una corrupcón o derivación (cf. Jdt. 1:8; 3:9; 4:5, 6; 7:3). Ver JEZREEL

Esdras (heb. «Dios es ayuda»). Funcionario palaciego del rey persa Artajerjes, encargado de los asuntos judíos. Era hijo de Seraías y descendiente de Aarón, sacerdote y escriba. Estaba entre los cautivos judíos nacidos en Babilonia. Gracias a su influencia en la corte persa, logró un permiso para hacer una visita a la tierra de sus padres. «Había preparado su corazón para escudriñar la ley de Yahvé y para cumplirla, y para enseñar a Israel sus estatutos y decretos» (Esd. 7:10). Por decreto del rey Artajerjes, se dio autoridad a Esdras para reorganizar sobre la base de la Ley de Moisés la comunidad judía retornada a Judea y Jerusalén después del exilio babilónico (Esd. 7:11-26). En base al anterior decreto se devolvieron también los utensilios del templo y se le entregó a Esdras plata y oro de los tesoros del rey. Se confió a Dios, no pidiendo escolta para el viaje (Esd. 8:21-23). Reprendió a los retornados al descubrir los numerosos matrimonios de judíos con mujeres paganas, y logrando la anulación de éstos (Esd. 9:1-10:44). Doce años más tarde volvió a visitar Jerusalén, enseñando públicamente la Ley (Neh. 9:1-9), y presidiendo la celebración de la fiesta de los tabernáculos, con un esplendor como no se había conocido desde la época de Josué (Neh. 8:17-18). Después de esto las Escrituras guardan silencio acerca de Esdras. Josefo dice que murió en Jerusalén a una edad avanzada.

Esdras, Libro de. En la Biblia hebrea, los libros de Esdras y Nehemías forman un todo. Según la tradición Esdras mismo fue el autor del libro. El libro se divide en dos secciones principales: Primera, retorno de los primeros judíos exiliados a Babilonia conducidos por Zorobabel y reconstrucción del templo (538 a.C.). Laguna histórica de 58 años, después de la cual comienza la segunda sección, con el retomo de una segunda expedición de exiliados, bajo el liderazgo de Esdras (458-457 a.C.). El texto relata también las enérgicas acciones que emprendió Esdras para poner punto final a los matrimonios de los israelitas con mujeres extranjeras (Esd. 7-10).

El libro contiene además copias de anales y de documentos oficiales. Los documentos provinciales e históricos están redactados en arameo

(Esd. 4:8-6:18; 7:12-26). Éstos son: las copias de las cartas de los reyes de Persia que recibieron de funcionarios de la provincia «del otro lado del río» (Esd. 4:8-15; 5:8-17; 6:6-12); las respuestas del rey y los decretos impuestos a estos funcionarios (Esd. 4:17-22; 6:3-5; 7:12-16; cf. 7:21, 24); el breve relato histórico trata sobre todo de cuestiones provinciales (Esd. 4:23-5:5; 6:1, 2, 13-18).

El arameo había sido ya durante años la lengua comercial y diplomática. El resto del libro, redactado en hebreo, relata la historia interna de Judea, basado en diversos documentos históricos. Esta sección contiene: el edicto real de Ciro en favor de los judíos (Esd. 1:2-4); la relación de los utensilios del templo (Esd. 1:7-11); las copias de archivos judíos (Esd. 2:1-67; 8; 10:18-44), con la historia relacionada con todo ello.

El empleo del pronombre personal y de la primera persona en singular (Esd. 7:27-9:15) permite identificar las memorias personales de Esdras. Las secciones donde aparece el relato en primera persona del plural, «nosotros», procede también de estas memorias. En estos pasajes, Esdras habla tanto en nombre de los exiliados como en nombre propio.

Esenios. Miembros de una hermandad religiosa judía, organizada en torno a bases comunitarias, acerca de la que existe poca información histórica clara. Josefo habla de ellos en la versión griega de sus escritos; así como Filón de Alejandría y Plinio el Viejo. Los tratados del Talmud guardan silencio sobre su existencia, igual que hacen los Evangelios y el resto del NT, a pesar de que estos escritos mencionan frecuentemente otros grupos judíos de la época. La situación documental cambió por completo cuando en 1947 salió a la luz de la mano de la arqueología el mundo de los esenios, gracias al descubrimiento de unos antiguos manuscritos hebreos, cerca del mar Muerto, en Qirbet Qumrán (Ruinas de Qumrán), lugar que puede haber sido, en el siglo I d.C., el sitio de asentamiento de alguna comunidad esenia. Los descubrimientos incluyeron grandes partes o fragmentos de casi todos los libros del AT y de las escrituras apócrifas pseudoepigráficas y, comentarios, himnos, escrituras apocalípticas y proféticas peculiares de la comunidad. Todo este material ha reivindicado la fiabilidad histórica de los tres relatos clásicos conocidos. La comunidad de Qumrán aparece descrita en el *Manual de Disciplina* como una especie de «casa de Israel modelo», organizada con el objeto de preparar el camino para la inminente llegada del reino de Dios y el día del juicio. Con la batalla final y el juicio divino, este mundo terminará en una conflagración universal, y los muertos que hayan sido justos resucitarán, mientras que los vivos serán transformados; pero todos, muertos o vivos, quedarán revestidos de la gloria de Adán, como una vuelta al paraíso.

El movimiento esenio aparentemente se originó en el siglo II a.C. —en torno al año 172—, y parece haber desaparecido con la destrucción de Jerusalén, cuando las legiones romanas asolaron sus asentamientos y masacraron a todos los habitantes judíos del desierto, pacifistas, esenios, y zelotes por igual. No se conocen muchos datos concretos sobre ellos, toda vez que rehuyeron todo contacto con las poblaciones donde se constituyeron en colonias separadas. Sus principales asentamientos se encontraban a orillas del mar Muerto, de donde proviene casi toda la información de que se dispone, referida al grupo de Qumrán. Vivían, vestían y se alimentaban de forma sencilla. Se dedicaban a la agricultura y a otros trabajos útiles. Tenían prohibido jurar, emitir votos (salvo los exigidos para ser miembros de la orden), fabricar armas y participar en el comercio o hacer negocios. Subvenían sus propias necesidades, y prácticamente podían vivir sin utilizar el dinero. Cuando viajaban, eran hospedados y alimentados gratuitamente por los miembros de la comunidad en los otros lugares. No menospreciaban el matrimonio, pero se abstenían de él, a excepción de algunos de ellos, según se puede apreciar por los muchos esqueletos de mujeres encontrados en el cementerio de Qumrán.

Los esenios no aparecen en la vida pública de Jesús, no por algún motivo interesado, sino, simplemente, porque nunca se personaron como partes interesadas, retirados como vivían en su mundo. Por ello, no es de sorprender su ausencia en los Evangelios. Con todo, en los Evangelios hay ciertas frases que bien se pueden entender como alusión expresa a las prácticas de los esenios. Por ejemplo, Jesús se refiere a los eunucos «que a sí mismos se hicieron eunucos por causa del reino de los cielos» (Mt. 9:12), y ya el único grupo judío que renunciaba voluntariamente al matrimonio para dedicarse completamente al servicio de Dios era el esenio, es bastante probable que aquí se aluda a ellos (a esta luz también se podría considerar el texto paulino de 1 Co. 7). La prohibición absoluta de hacer juramentos (Mt. 5:34; cf. Stg. 5:12) aparece por vez primera entre los esenios. La orden de no llevar nada para el camino durante un viaje de misión (Mc. 6:8-10) guarda un estrecho paralelismo con la regla esenia al respecto. Del mismo modo, la práctica de los primeros cristianos de vender sus posesiones y ponerlas a disposición de los apóstoles (Hch. 4:32-34) era común a los esenios. Por vía de contraste, el mandamiento de Jesús de amar a los enemigos se encuentra en relación opuesta al mandato esenio de aborrecerlos (cf. Mt. 5:43-44).

Esmirna (gr. «mirra»). Ciudad en Asia Menor de gran antigüedad. Situada sobre un magnífico puerto natural, y sobre una importante vía de comunicación, Esmirna vino a ser una gran ciudad comercial, de calles bien trazadas de ángulo recto y bien pavimentadas; contaba con varias plazas, pórticos y una biblioteca pública, así como numerosos templos y otros edificios públicos. Durante la guerra entre Roma y Mitrídates, Esmirna se mantuvo fiel a la primera, por lo que fue recompensada con privilegios y concesiones. Su diosa principal era Cibeles y muchas calles llevaban los nombres de otras divinidades. En el 195 a.C. dedicó un templo a la diosa de Roma y en 26 de nuestra era, durante el reinado de Tiberio, obtuvo, con preferencia a Éfeso y Sardes, el derecho de eregir un templo dedicado al emperador, a Livia y al Senado, el primero en Asia Menor. Tenía además un templo dedicado a Zeus Olímpico, a cuyo culto estaban asociados los emperadores romanos. Los juegos olímpicos se celebraron aquí, donde eran seguidos con gran afición. Las escuelas de filosofía y retórica de Esmirna gozaban de tanta reputación como su mercado. El cristianismo alcanzó pronto la ciudad, prob. desde la vecina Éfeso, y para el siglo segundo la iglesia florecía bajo la dirección y celo de su primer obispo, Policarpo, que fue martirizado en el *Stadium* de la ciudad (c. 156 d.C.). Por entonces la población de la ciudad ascendería a 200.000 habitantes.
Esmirna es la segunda de las siete iglesias de Asia Menor a las que se dirige una carta en el Apocalipsis. No le reprocha nada, sino que la exhorta a permanecer firme en la persecución (Ap. 1:11; 2:8-11). El título que se aplica a Jesús en relación a la iglesia en Esmirna: «El primero y el último, el que estuvo muerto y vivió» (Ap. 2:8), se cree que hace alusión al mito de Dionisios, que sufrió una muerte violenta para revivir después, cuyo culto gozaba de mucho favor en la ciudad.

Espada. Arma ofensiva mencionada por primera vez en Gn. 34:25 en relación a la matanza de Siquem. No tenemos muchos datos sobre el material de las espadas israelitas, en principio debían estar hechas de pedernal, como los cuchillos. Los arqueólogos han desenterrado varias espadas y puñales en forma de hoz de los períodos más antiguos, pero con el filo hacia afuera, a modo de cimitarra, la cual debió ser el arma que se usó hasta la conquista de Palestina y durante ella. Los llamados Pueblos del Mar introdujeron una nueva arma más poderosa y resistente, larga y de doble filo, hecha de hierro. David se apoderó de la espada del filisteo Goliat y le cortó la cabeza. Por este incidente sabemos que era de doble filo y se llevaba en una funda o vaina (1 Sam. 13:19; 17:51), para proteger los muslos de su corte (2 Sam. 20:8; Cnt. 3:8).

En sentido figurado la espada es el símbolo por excelencia de guerras y matanzas (Lv. 26:25; 2 Sam. 2:28; 12:10; Is. 34:5; Jer. 42:16; Ap. 19:17,18); divisiones (Mt. 10:34); palabras violentas (Sal. 55:22); juicio y castigo divino (Nm. 22:23; Dt. 32:41; Sal. 17:13; Jer. 12:12; Ap. 1:16; 2:17); poder y autoridad (Ro. 13:4). Por su poder de penetración, es imagen de la Palabra de Dios, «espada del Espíritu», que sondea la conciencia y somete los impulsos pecaminosos (Ef. 6:17; He. 4:12).

España. País del Mediterráneo, mencionado expresamente sólo por el apóstol Pablo (Ro. 15:24, 28). Se discute si el nombre heb. Tarsis (1 R. 10:21-22; Ez. 27:25) es una referencia a España, correspondiente a la civilización del sur de la Península conocida hoy como Tartessos. Los judíos medievales siempre entendieron que el Sefarad del profeta Abdías (1:20) designaba a España, y por eso los descendientes de los judíos asentados en la Península se llaman hasta el día de hoy «sefarditas». El deseo de Pablo de dirigirse a España (Ro. 15:24, 28) puede indicar la existencia de comunidades judías en la Península. Quienes mantienen un único encarcelamiento del apóstol en Roma, a saber, el relatado en Hechos, niegan que cumpliera su propósito. Quienes creen que Pablo fue liberado del mismo y ejerció todavía un ministerio misionero, no tienen dudas en situar su pretendido viaje a España en esa época. De hecho, hay testimonios extrabíblicas que aseguran el cumplimiento de su deseo. Clemente de Roma, que escribía «en Italia» hacia el año 96 d.C., dice que Pablo «visitó los límites de occidente». En el fragmento de Muratori, redactado alrededor del año 170 d.C., se afirma igualmente que el apóstol estuvo en España.

Espigar. Operación de rebusca y recolección de los restos de cereales que van dejando los segadores. Tanto en la siega como en la vendimia se prohibía que los propietarios apuraran hasta el máximo la recolección. Se tenían que dejar las esquinas de los campos y el dueño no podía espigar la tierra segada, ni rebuscar las viñas después de la vendimia. Debía dejarse para que los pobres lo recogieran libremente para su sustento (Lv. 19:9, 10; 23:22; Dt. 24:21; Jue. 20:45; Rt. 2:2-23, etc.). El privilegio de espigar o rebuscar era concebido no como una cuestión de derecho, sino como un favor concedido a personas particulares con las que el dueño quería congraciarse, o también obedecía a una simple petición, como en el caso de Rut: «Permite que yo espigue y recoja entre las gavillas, detrás de los segadores» (Rt. 2:6, 8, 9).

Espíritu, heb. *rûah*, literal. «viento», «hálito», «aliento», «respiración»; gr. *pneúma*, sig. primordialmente «aliento»; luego, de forma especial, «espíritu», que, a semejanza del viento, es invisible y mantiene con vida a todos los seres vivos. El hálito respiratorio es la fuerza que sostiene y anima al cuerpo tanto de hombres como de animales. Cuando *rûah* se relaciona con la naturaleza, el significado más ordinario es el del soplo o brisa del viento (Gn. 3.8; Éx. 10:13, 19; Jer. 4:11; Os. 8:7); cuando se refiere al hombre, designa el aspecto vital, esencial del hombre, el alma o espíritu; y a nivel psicológico denota los sentimientos y las emociones (cf. Jos. 2:11; 5:1; Jb. 15:13; Ecl. 10:4; Sal. 51:12), siendo además la intimidad del hombre, algo así como su corazón. En tanto que el soplo divino o aliento se mantiene en el hombre, vive (Jb. 27:3); cuando parte, vuelve a Dios, su dador, y el hombre muere (Jb. 34:14; Sal. 146:4; Ecl. 12:7; Sab. 15:11). Como el viento, pero una forma mucho más inmediata, el aliento procede de Dios y hace del hombre una criatura «viviente» (Gn. 2:7; Jb. 33:4). Todo lo que afecta a este ser viviente, impresiones y emociones, se expresa por la respiración: el miedo (Gn. 41:8), la ira (Jue. 8:3), el gozo (Gn. 45:27; el orgullo; todo se mide por la intensidad del «resuello», el «suspiro». Así, del mismo modo que la «sangre» representa la vida animal, el «aliento» representa el elemento espiritual de la vida, la conciencia humana. El viento es considerado en la Escritura como un emblema apropiado del gran y penetrante poder del Dios invisible (cf. Jn. 3:8). Únicamente Dios tiene la facultad de comunicar su espíritu o vida a sus criaturas, que quedan así capacitadas para sentir, pensar y actuar (Sal. 104:29-30).

El espíritu es, característicamente, la parte más elevada del hombre, denota la individualidad consciente, su corazón y su conciencia. Los términos usados, respectivamente *rûah* y *pneuma*, son los mismos que se usan constantemente para denotar el Espíritu de Dios o Espíritu Santo, y los ángeles como espíritus, así como los espíritus malos. Se dice que la Palabra de Dios es cortante y penetra hasta partir el alma y el espíritu del hombre (He. 4:12), aunque pueda no ser fácil para el hombre ver esta división. El apóstol oraba por los tesalonicenses para que el espíritu (que probablemente es contemplado como el asiento de la obra de Dios), así como el alma y el cuerpo, fueran santificados (1 Ts. 5:23). En la Epístola a los Hebreos se habla de los «espíritus» de los justos hechos perfectos: su puesto es con Dios por medio de la redención. Aquí, es evidente que «espíritus» significa las personas fuera de sus cuerpos.

Espíritu Santo. En el AT no aparece con claridad y distinción la persona del Espíritu Santo, como tampoco las del Padre y del Hijo. Sin embargo, hay multitud de indicios y vestigios que, a la luz del NT, aparecen como claras alusiones al Espíritu Santo. Es, entre otras cosas, el «soplo creativo» de Dios que hace salir al mundo de la nada (Gn. 1:2; Sal. 33:6). El Espíritu de Yahvé es percibido como una «fuerza divina» que transforma personalidades humanas y las hace capaces de gestos excepcionales al servicio del pueblo de Israel. La misma fuerza física de Sansón se llama fuerza del Espíritu de Dios, en cuanto unió al pueblo (Jue. 13:25; 14:6-19; 15:14). Sobre todo, la inspiración profética, recibida individual o colectivamente, de modo transitorio o también permanente (1 Sam. 10:5-13; 19:24; 2 Sam. 23:1-2; 2 R. 2:9-15; Ez. 11:5; Zac. 7:12). En tercer lugar, el Espíritu de Yahvé se muestra como un «soplo de santidad». Sus efectos son firmeza, buena voluntad, arrepentimiento y humildad, sumisión a la voluntad de Dios, rectitud, justicia y sabiduría. Sin embargo, los rebeldes, que no tienen en cuenta ese Espíritu, acumulan pecados y contristan al Espíritu Santo de Dios (Sal. 51:11-14; 143:10; Is. 30:1; 32:15-17; 57:15; 63:10). Finalmente, el Espíritu de Yahvé se presenta como un fenómeno esencialmente mesiánico; los poemas del *Siervo de Yahvé* atribuyen al Espíritu, que era considerado siempre como propio de Dios, al Mesías en términos personales, individuales, es decir, todo el Espíritu reposa sobre su Mesías. El Espíritu le da al Mesías la función profética y regia de «proclamar el derecho», y «traer la justicia y la liberación» (Is. 11:2ss.).

En el NT se habla del Espíritu Santo siempre en relación con Jesús, el Espíritu Santo está siempre ligado a Jesús, porque el Espíritu Santo ha sido derramado sobre Jesús. Por eso Jesús es el hombre del Espíritu, el carismático por excelencia. Toda la obra de Cristo es misión conjunta del Hijo y del Espíritu Santo. Jesús es llevado por el Espíritu al desierto (Mc. 1:12-13; Mt. 4:1); ungido por Él en el bautismo (Hch. 10:38); capacitado para realizar milagros; ayudado en la lucha contra el mal; inspirado para la obra evangelizadora (cf. Lc. 4:14-15). Cuando llega la hora en que va a ser glorificado, Jesús promete la venida del Espíritu Santo, ya que su Muerte y su Resurrección serán el cumplimiento de la promesa hecha a los Padres (cf. Jn. 14:16-17, 26; 15:26; 16:7-15; 17:26): El Espíritu de Verdad será dado por el Padre en virtud de la oración de Jesús; será enviado por el Padre en nombre de Jesús; Jesús lo enviará de junto al Padre porque él ha salido del Padre. El Espíritu Santo vendrá y estará con los discípulos para siempre, permanecerá con ellos hasta el fin del mundo; enseñará y recordará todo lo que Cristo ha dicho y dará testimonio de él; conducirá a la verdad completa y glorificará a Cristo (Jn. 14:26; 16:13-14).

Estaciones. La división general del año hebreo consistía en dos estaciones: verano e invierno (Sal. 74:17; Zac. 14:8); descritas mediante unos paralelismos de la siguiente manera: la siembra y la siega, el frío y el calor, el verano y el invierno (cf. Gn. 8:22). De octubre a marzo era el tiempo de la sementera, el frío, el invierno propiamente dicho. De abril a septiembre era el tiempo de la siega, el calor, el verano propiamente. La misma división aparece en muchos países orientales hasta el día de hoy, del mismo modo que en los trópicos se habla de la «estación seca», correspondiente al verano, y la «estación de las lluvias», correspondiente al invierno, pero sin referencia a la temperatura que, en ambos casos, es calurosa.

Estadio. Nombre de una medida griega de longitud y de un lugar para carreras deportivas. En cuanto unidad de medida, equivalía a unos 185 m aprox., utilizada en Oriente desde el tiempo de Alejandro (2 Mac. 10:16, 29; 11:5; 12:9, 17; Lc. 24:13; Jn. 6:19; 11:18; Ap. 14:20).

En cuanto nombre de un lugar, denotaba la pista donde se celebraban las carreras (cf. 1 Co. 9:24, cf. He. 12:1). Tomó este nombre porque el famoso de Olimpia tenía exactamente un estadio de longitud. La forma del estadio era una pista alargada y estrecha, cuyas extremidades fueron posteriormente semicirculares, dando lugar a los anfiteatros. Aprovechando una depresión del terreno, tenía a ambos lados pendientes naturales y escalonadas, cubiertas de césped, piedra o mármol, donde se sentaban los espectadores. En el estadio se efectuaban carreras sencillas, dobles y de resistencia; en éstas se daba dos veces la vuelta al estadio. También tenían lugar en él la lucha, el pugilato y el pancracio. Quien llegaba primero a meta recibía un premio de manos del árbitro (1 Co. 9:24; Flp. 3:14), a saber, una «corona» de laurel (1 Co. 9:25). Cada ciudad griega de importancia y cada colonia griega en Asia Menor tenía su propio estadio, bien unido al *gymnasio* o bien separado de él.

Estanque. Cavidad para la recogida de agua de lluvia o de manantial. Abundaban en Israel; conocidos son los grandes estanques de Gabaón (2 Sam. 2:13), Hebrón (2 Sam. 4:12), Samaria (1 R. 22:38) y el estanque de Jerusalén (2 R. 18:17; Is. 7:3; 34:2). Seguramente que se debe identificar el estanque del Rey (Neh. 2:14; 3:15; 2 R. 3:20) con el de Siloé (Jn. 9:7), en cuyas proximidades se hallaban los huertos del rey (2 R. 25:4; Jer. 39:4; 52:7). Con toda probabilidad, este parque se hallaba justo afuera de las murallas, irrigado por los excedentes del estanque de Siloé. Los estanques tenían una gran importancia en un país con un nivel muy bajo de precipitaciones de lluvia. De este modo se podían almacenar grandes reservas de agua.

Estaño. Metal conocido por los herreros hebreos como una aleación de otros metales: plata, cobre, hierro, plomo (Is. 1:25; Ez. 22:18, 20). No se encuentra en Palestina y tenía que ser adquirido en otros países. Los tirios lo importaban de Tarsis (Ez. 27:12). España y Portugal eran abundantes en estaño. Los fenicios establecieron un enclave en Cádiz, antigua Gades, para proveerse del mismo.

Estaol. Ciudad de la Sefela en las tierras bajas de Judá, que tocó a la tribu de Dan (Jos. 15:33; 19:41). Sansón pasó sus primeros años cerca de esta ciudad, y en ella fue enterrado (Jue. 13:25; 16:31; 18:2, 8, 11). Sus habitantes, junto a los de Zora, tenían fama de «valientes» (Jue. 19:2). Seiscientos de ellos tomaron la ciudad filistea de Lais, a la que pusieron el nombre de Dan (Jue. 19:7-29). Identificada con Eswa o Iswa, a unos 4 km al suroeste de Bab el-Wad y a unos 20 al este de Jerusalén.

Esteban (gr. «corona»). Uno de los primeros siete diáconos de la comunidad de Jerusalén y protomártir del cristianismo. Debió ser una personalidad excepcional, Lucas dice que estaba «lleno de gracia y de poder, hacía grandes prodigios y milagros en el pueblo» (Hch. 6:8). No era un simple diácono, en sentido ordinario de servidor dedicado a los menesteres prácticos de la comunidad: «servir a las mesas» (Hch. 6:2-3). Ejercía una función de servicio doméstico, indudablemente, pero ésta incluía todos los aspectos de un predicador y un celoso defensor de la visión cristiana sobre el nuevo sentido de la ley y la adoración espiritual enseñada por Cristo. Los judíos de la Dispersión, también llamados «los libertos» iniciaron la primera persecución cristiana después de una discusión con Esteban (Hch. 6:9-11). Esteban fue presentado ante el Sanedrín y pronunció el discurso recogido en Hch. 7:2-53. En este único discurso que poseemos de Esteban, el más largo de los conservados en los Hechos, equivale a los tres sermones de Pablo juntos, se hace un resumen de la historia de Israel en la clave profética. Aunque la acusación de haber predicado contra la Ley y el templo (Hch. 6:13) era infundada, por su defensa se deduce cómo pudo originarse tal acusación, que guarda un paralelismo con la de Cristo (cf. Mt 26:61), y posteriormente con la de Pablo (cf. Hch. 21:28). Como en su discurso Esteban no dijo nada contra la religión de Israel, no tenían fundamento para condenarle, pero cuando Esteban añadió que veía a Jesús en la gloria del cielo a la diestra de Dios, les pareció que se trataba de una blasfemia. Entonces, arrastrado fuera de la ciudad, fue apedreado hasta la muerte, convirtiéndose así en el primer mártir de la Iglesia, quizá hacia el año 36. El joven Saulo fue testigo de aquel mártir (Hch. 8:1).

Estéfanas (gr. «coronado»). Converso cristiano de Corinto, que fue bautizado por Pablo con su familia, se cuenta entre «las primicias de Acaya». Sus miembros se dedicaron al «servicio de los santos», expresión que tal vez indique una obra de asistencia oficial. Estéfanas estaba con Pablo cuando escribió la primera epístola a los Corintios (1 Co. 1:16; 16:15, 17).

Estemoa (heb. «obediencia»). Localidad de los montes de Judá, asignada a la tribu de Judá (Jos. 21:14; 1 Cro. 6:57), y asignada posteriormente a los levitas (Jos. 21:14; 1 Cro. 6:57). El rey David envió a sus ancianos parte del botín obtenido al derrotar a los amalecitas, que en su ausencia habían saqueado Siclag, con el fin de pagar su anterior amistad y congraciarse con ellos (1 Sam. 30:28).

Ester (heb. «estrella»). Doncella judía, heroína del libro que lleva su nombre. Huérfana desde muy joven, fue llevada a Susa, metrópolis persa, por Mardoqueo, su primo, que la adoptó. Asuero, rey de Persia identificado por Jerjes, ordenó, en estado de embriaguez, que la reina Vasti compareciera en la sala de fiestas para mostrar su belleza a los invitados. Enfurecido por su negativa, el rey siguió el consejo de sus cortesanos: ordenó la reclusión de Vasti y, para reemplazarla, hizo que se le buscara por todo el reino una joven de suma belleza.

En el séptimo año de Jerjes, Ester fue elegida e instalada en el palacio en calidad de reina; en aquel entonces, nadie sabía que era de la raza de los judíos. Accedió al trono en una época muy crítica. Amán era entonces el favorito del rey. Cinco años después de la entronización de Ester (Est. 2:16; 3:7), Amán, enfurecido por el desdén de Mardoqueo, quiso vengarse dando muerte no sólo a éste, sino a todos los judíos diseminados por todo el imperio. Prometiendo entregar al Tesoro gran cantidad de oro, y alegando la adhesión peligrosa de los judíos a sus leyes y costumbres peculiares, Amán obtuvo el consentimiento del rey. En preparación de la matanza, trató de asegurar la participación del populacho, incitando su codicia (Est. 2:5-3:15). Mardoqueo exhortó a Ester a que interviniera para salvar a su pueblo. La reina quedó atemorizada pero, después de oír las palabras solemnes de su pariente, se dio al ayuno, y arriesgó su vida presentándose ante el soberano sin haber sido llamada. Con una gran prudencia y tacto, creó una situación favorable, con el fin de revelar al rey la trama de Amán, que afectaba al palacio y a la persona de la reina. Al no poderse abrogar el edicto de destrucción, Ester obtuvo para los judíos el permiso de defenderse, y aun de tomar la iniciativa contra sus enemigos. El relato acaba sin narrar el resto de la vida de Ester ni su muerte.

Ester, Libro. De autor anónimo, su redacción se sitúa frecuentemente alrededor de la época de Artajerjes Longímano (alrededor del año 464-425 a.C.). Se explica de esta manera el hecho de que su lenguaje y estilo sean semejantes al de los libros tardíos como Esdras, Nehemías y Crónicas. Se hallan muchos términos persas. El autor debió de tener acceso al relato dejado por Mardoqueo (Est. 9:20, 32). La redacción del libro parece haber sido hecha algo después de los acontecimientos. La fiesta del Purim ya había sido instituida (Est. 9:23); el rey Asuero es presentado como habiendo reinado en el pasado (Est. 1:1; 10:2); la descripción del Imperio persa, de sus costumbres y funcionamiento, lleva a pensar que el autor estaba escribiendo en todo caso antes de su destrucción por Alejandro Magno (alrededor del año 330 a.C.).
En nuestras Biblias, Ester es el último libro histórico del AT. En el canon hebreo, figura entre los hagiógrafos, con otros 4 rollos leídos durante las 5 fiestas solemnes; la última de estas fiestas era la de Purim. En este libro no aparece el nombre de Dios ni una sola vez de forma manifiesta. La principal enseñanza es que Dios estaba vigilando y cuidando a su pueblo durante el cautiverio, totalmente aparte de su fidelidad hacia Él, o del deseo de ellos de volver a la tierra prometida, ciertamente dejado a un lado por aquellos que se habían aposentado en el Imperio persa, entre gentiles. Había grandes cantidades de judíos esparcidos por todo el reino, y no se revela cómo vivían. Los únicos judíos descritos en este libro son Mardoqueo y Ester. Dios era el Dios de ellos, y ellos eran su pueblo, y, sin que su nombre sea abiertamente mencionado en el libro, Él estaba ciertamente cuidando de ellos en secreto, haciendo que todo coadyuvara en la protección de ellos. Que el rey no pudiera dormir la noche misma en que era necesario que recordara a Mardoqueo (Est. 6:1-10) constituye un signo de su cuidado constante. Puede que Ester y Mardoqueo no actuaran bien al desear un segundo día de venganza. El buen comportamiento de los judíos no entra en este libro: son protegidos, sean buenos o malos. En su gobierno llegará el día en que Dios lo traerá todo a juicio e impondrá toda justicia.

Esterilidad. Incapacidad para tener hijos, considerada en Israel, y en todo el antiguo Oriente, como un mal, lo peor que puede acontecer a una mujer, tomada por una especie de castigo enviado por Dios (Gn. 16:2; 30:1-23; 1 Sam. 1:6, 29; Is. 47:9; 49:21; Lc. 1:25), en tanto que la fecundidad era una bendición del cielo (Sal. 127:3-5; 128:1-4). Se atribuye tal valor a la fecundidad que se encuentra entre las bendiciones prometidas por la Ley de Moisés: «No habrá en tu tierra mujer que aborte ni mujer estéril» (Éx. 23:26; Dt. 7:1). Con la venida de Jesús y su exaltación de los valores religiosos de la entrega incondicional al servicio del reino de los cielos, y a las exigencias absorbentes del amor divino, se abre camino la esterilidad religiosa y voluntaria (Mt. 19:12). Lo que se soportaba y sufría como una maldición o un mal, se convierte en un carisma a los ojos de Pablo (cf. 1 Co. 7:7).

Estoicismo. Uno de los movimientos filosóficos de mayor importancia y difusión en el mundo grecorromano. Fundado por Zenón de Citio, chipriota nacido hacia el 333 a.C., autor de numerosas obras. Para los estoicos no hay un Dios fuera de la naturaleza o del mundo; es el mismo mundo en su totalidad el que es divino, lo que justifica que la creencia en los dioses, pese a su heterogeneidad, sea universal. La concepción de un cosmos dotado de un principio rector inteligente desemboca en una visión determinista del mundo donde nada ocurre por azar: todo está gobernado por una ley racional que es inmanente y necesaria; el destino no es más que la estricta cadena de los acontecimientos ligados entre sí: los sucesos anteriores son causa de aquellos que les siguen, y de esta manera todas las cosas van ligadas unas a las otras, y así no sucede cosa alguna en el mundo que no sea enteramente consecuencia de aquélla y ligada a la misma como a su causa. El azar no existe; es el simple desconocimiento causal de los acontecimientos. El *lógos* que todo lo anima está presente en las cosas como *lógoi spermatikoi* = «razones seminales» de todo lo que acontecerá. El mundo se desenvuelve en grandes ciclos cósmicos, de duración determinada, al final de los cuales todo volverá a comenzar de nuevo, incluso nosotros mismos. Cada ciclo acaba con una conflagración universal o consumición por el fuego de donde brotarán de nuevo los elementos (aire, agua y tierra) que componen todos los cuerpos, comenzando así un nuevo ciclo. Los primeros apologetas y escritores cristianos combatieron frontalmente el concepto cíclico del tiempo, especialmente Orígenes en su *Tratado de los principios*. Pablo discutió con algunos estoicos presentes en la audiencia a la que se dirigió en Atenas (Hch. 17:18).

Estrella. Los primeros hebreos conocían muy poco del cielo estelar a juzgar por las indicaciones que ofrece la Biblia, que no contiene ninguna traza de astronomía científica; lo más que encontramos son observaciones de hombres ordinarios, especialmente pastores y nómadas que, como tales, observarían los cielos en sus desplazamientos. Las indicaciones contenidas en el AT hablan de lo contemplado a simple vista, p.ej. la inmensidad del número de las estrellas (Gn. 22:17; Éx. 32:13; Nah. 3:16, etc.), o su brillo (cf. Nm. 24:17; Is. 14:12). El Sol y la Luna, naturalmente, fueron distinguidos de otras luminarias por su obvia superioridad en tamaño y brillo (Gn. 1:16; Sal. 136:7; Jer. 31:35). Israel siempre huyó del culto idolátrico de las estrellas, consideradas dioses o moradas de los mismos, aunque cayeron en la tentación de darle culto en determinados períodos de su historia, en el período asirio, erigiendo altares y quemando perfumes en honor de los astros (2 R. 21:5; 23:5, 12; Jer. 14:13; Ez. 8:16; Sof. 1:5). Creían que las estrellas influenciaban no solamente a la naturaleza (cf. Jb. 38:31), sino también a las empresas humanas. Se imaginaban también que indicaban el futuro. La legislación mosaica condena absolutamente la astrolatría (cf. Dt. 4:19; 17:3). Ver ASTROLOGÍA

Estrella de Oriente o Estrella de Belén, avistada por unos magos con ocasión del nacimiento de Jesús (Mt. 2:1,2). Curiosamente, el Evangelio de San Lucas (que también habla de la Natividad) no menciona la Estrella. La única información adicional procede del protoevangelio de Santiago (Evangelios Apócrifos): «Vimos como una estrella indescriptiblemente grande apareció de entre estas estrellas y las deslumbró de tal manera que ya no lucían y así supimos que un Rey había nacido en Israel». Por lo tanto, sabemos realmente poco acerca del fenómeno celeste que vieron los magos.

Existía una creencia muy extendida en Oriente al comienzo de nuestra era respecto al nacimiento de un gran y victorioso príncipe o Mesías, debida quizá a los judíos de la diáspora. Influenciados posiblemente por estas creencias y por la profecía de Balaam (Nm. 24:17) o por otras predicciones, los magos pensaron que el fenómeno anunciaba el nacimiento del rey esperado. Cuando estos sabios salieron de Jerusalén, después de su consulta a Herodes, se les apareció nuevamente la estrella, y fue «delante de ello, hasta que llegó y se detuvo encima del lugar donde estaba el niño» (Mt. 2:9).

Etam (heb. «tierra del halcón»). Nombre de varios lugares del AT.

1. Lugar del primer campamento israelita durante el éxodo, después de haber partido de Sucot (Éx. 13:20; Nm. 33:6, 7). Estaba junto al desierto sirio-árabe llamado de Shur, en la frontera egipcia (Éx. 15:22), por un lado, y Etam, por el otro (Nm. 33:8).
2. Aldea de la Sefela asignada a la tribu de Simeón (1 Cro. 4:32). Cerca de este lugar prob. estaba situada la «roca» o «peña» en cuya cueva se escondió Sansón después de la matanza de los filisteos en venganza por el asesinato de la mujer que había sido su esposa (Jue. 15:8, 11). Se trata de una «fortaleza natural» próxima a la frontera filistea.

3. Ciudad de la tribu de Judá próxima a Belén (1 Cro. 4:3). Después de la división del reino, Roboam fortificó sus fronteras como medida defensiva, bien contra Israel, bien contra los egipcios y filisteos (2 Cro. 11:6). El Talmud habla de la existencia de agua en Etam, que era conducida a Jerusalén. Los actuales estanques de Salomón, situados al sur de Belén, estaban destinados a recoger el agua que era conducida a Jerusalén por un largo acueducto. Se identifica con Hirbet el-Hoh, a unos 3 km al suroeste de Belén y muy próximo a Aim Atán, lugar que aún conserva el nombre primitivo.

Etán («longevidad»). Nombre de tres personajes del AT.
1. Descendientes de Judá , de la familia de Zéraj, a quien se elogia por su sabiduría (1 Cro. 2:6; 1 R. 4:31; título del Sal. 89).
2. Levita descendiente de Gersón y antepasado de Asaf el cantor (1 Cro. 6:42-43). En la genealogía de los gersonitas parece sustituirle Jóaj, padre de Ido (1 Cro. 6:21).
3. Levita de la familia de Merari, nombrado por David juntamente con sus hermanos como cantor del Templo (1 Cro. 6:44), «con instrumentos musicales, liras, arpas y címbalos resonantes, y que levantasen la voz con alegría» (1 Cro. 15:17, 19). En otros pasajes parece ser la misma persona llamada Jedutún (1 Cro. 25:1, 6).

Etanim (heb. «arroyos permanentes»). Nombre cananeo de un mes correspondiente al hebreo Tisri: septiembre-octubre, así llamado por la plenitud de los arroyos que se producía en esa época del año, al ser enriquecidos con la lluvia otoñal (1 R. 8:2).

Etbaal (heb. «con Baal», es decir, «protegido de Baal»). Rey de Sidón, y padre de Jezabel, esposa de Acab (1 R. 16:31). Según Josefo reinó en Sidón y Tiro. El nombre Etbaal era frecuente entre los fenicios, figura en el sarcófago de Ahiram, rey de Babilonia.

Eternidad. Tanto el heb. *olám* como el gr. *aión* se refieren a la misma realidad del tiempo pasado como imagen de duración indefinida, perpetua (cf. Jer. 6:16; 18:15; Jb. 22:15; Am. 9:11; Dt. 32:7; Prov. 22:28; Sal. 24:7; 143:3; Ez. 26:20). Los hebreos no distinguían entre tiempo y eternidad. Lo «eterno» es simplemente lo que no está limitado al presente y pertenece a una categoría de tiempo más extenso, vasto. De Dios se dice que es «antiquísimo», y se traduce por «eterno» (Gn. 21:33; cf. Is. 40:28; 41:1; 44:6; Dn. 12:7). Con ello se dice que Él es superior al hombre y a su existencia. Dios existía ya antes de que fuera creado el mundo de los hombres (Gn. 1:1; Sal. 90:2; 102:25-29; Jb. 38:4). Mil años son para Él son como un día (Sal. 90:4). Sus años no tienen fin (Sal. 102:26ss.); lo cual viene a decir que Dios no está limitado por el tiempo, indicando así su superioridad a ese elemento ante el que hasta los dioses del paganismo se inclinaban. La eternidad es la característica de Dios que da a entender la plena posesión que Él tiene de la realidad y su soberanía supratemporal.

Etiopía (gr. «quemado por el sol»). País del África oriental, al sur de Asuán, en la cuenca superior del Nilo, que no debe confundirse con el país actual. A principios de la era cristiana, Etiopía comprendía la parte sur de Egipto, entre la primera y sexta catarata del Nilo, esto es, el reino de Nubia, cuya capital fue primero Napata y después Meroe. En el AT Etiopía es citada frecuentemente en relación con Egipto (Sal. 68:31, 32; Is. 20:3-5; Ez. 30:4, 5; Dn. 11:43; Nah. 3:9), y en ocasiones con Libia o con los libios (2 Cro. 16:8; Éx. 30:5; 38:5; Dn. 11:43; Nah. 3:9), ya que los hebreos no tenían conocimiento de primera mano de Etiopía, cuyos contactos se limitaban al comercio de piedras preciosas como el topacio (cf. Jb. 28:19; 45:14).

Etnarca (gr. «jefe de un grupo étnico»). Título dado a quien tiene autoridad sin estar investido de la dignidad real. Era muy frecuente en el helenismo semítico. En Alejandría existía un etnarca con grandes poderes civiles que le permitía tratar con los funcionarios romanos impriales. Demetrio II nombró a Simón Macabeo etnarca del estado judío y admitió su categoría de sumo sacerdote y general (1 Mac. 14:47, 15:1, 2). El mismo título otorgado por Roma, tuvieron el asmoneo Hircano II y Arquelao, hijo de Herodes el Grande. El etnarca de Damasco, nombrado por el rey nabateo Aretas, ordenó cerrar las puertas de la ciudad para evitar que san Pablo huyera de ella (2 Co. 11:02; Hch. 9:24).

Eubulo (gr. «buen consejero»). Cristiano que vivía en Roma, citado en los saludos que Pablo envía a Timoteo de parte de la comunidad romana (2 Ti. 4:21).

Eucaristía (gr. «acción de gracias»). Nombre dado a la Cena del Señor (1 Co. 11:20). «Eucaristía» es el antiguo título que aparece en autores tan tempranos como Ignacio, Justino e Ireneo, que acabó por imponerse en la terminología de la Iglesia y sus teólogos. La *eucaristía* se refiere propiamente a la acción de gracias que acompaña al acto de la cena y corresponde a la *berakah* que los judíos pronuncian sobre todas las cosas. Ver CENA DEL SEÑOR.

Eufrates. Uno de los grandes ríos del Asia occidental y del mundo, con más de 2.700 km de largo. Está formado por la unión de dos afluentes: el Murad, que nace en Armenia, entre el lago Van y el monte Ararat, y el Frat o Kara, que nace cerca de 65 km al nordeste de Erzeroum. Constituye la frontera oeste de Mesopotamia. También fue la frontera nordeste del dominio hebreo cuando éste llegó al máximo de su grandeza (2 Sam. 8:3; 1 Cro. 18:3; 1 R. 4:21, 24). A los 31 grados de latitud norte y 47 de longitud este el Tigris se une al este para formar lo que ahora se llama el Shat el-Arab, que después de un recorrido de cerca de 145 km desemboca en el golfo Pérsico. Fue uno de los ríos del Paraíso (Gn. 2:14). Los autores bíblicos lo consideran como el río por excelencia (Dt. 1:7; Jos. 24:2; 1 R. 4:21). Por su confluencia con el Tigris y su serie de canales hizo posibles las brillantes culturas sumeria, babilónica y asiria.

Eumenes (gr. «bien dispuesto»). Eumenes II, rey de Pérgamo (197-159 a.C.), cuya fama y dotes de mando impresionó a los judíos (1 Mac. 8:8). Se mantuvo fiel a la alianza que su padre estableció con Roma y participó en las guerras de ésta contra Esparta y Antíoco III el Grande.

Eunice (gr. «buena victoria»). Madre de Timoteo e hija de Loida. Era judía piadosa casada con un marido griego (Hch. 16:1; 2 Ti. 1:5). Es alabada por el apóstol Pablo.

Eunuco. Funcionario encargado del harén real sometido a una operación de castración. Después se dio el nombre de eunucos a otros empleados de la corte sin que lo fueran físicamente. Tanto en Israel como en Babilonia, Egipto y Persia aparecen con tal denominación militares, embajadores, etc. Los judíos, según Josefo, no practicaban la castración ni en hombres ni en animales. La ley mosaica se oponía a tal práctica en Israel (Dt. 23:1, cf. Lv. 22:24). De hecho, se trataba de una bárbara costumbre que se tenía en Oriente en el trato de los cautivos, no solamente sobre los aún jóvenes, sino también, según parece, en la época misma de la pubertad, lo que causaba irreparables daños en su carácter y psicología. Aunque los eunucos estaban legalmente excluidos de la congregación de Yahvé (Dt. 23:1), los había en la corte de David (1 Cro. 28:1). En los días postreros de la monarquía, había también eunucos en la envilecida corte de los sucesores de Josías (2 R. 24:15; 25:19; Jer. 29:2). Todos los eunucos en Judá, o la mayor parte de ellos, eran extranjeros (Jer. 38:7). La ley prohibía al eunuco ofrecer sacrificios (Lv. 21:20), reducido a la suerte de los bastardos (Dt. 23:3). Hay que entender esta prohibición a la luz de la costumbre religiosa de algunos cultos paganos, que contemplaban cierta mutilación de los testículos e incluso del miembro viril, lo cual era tenido por abominable en Israel. En el NT Jesús distingue tres tipos de eunucos: los que son de nacimiento, los que han sufrido una intervención violenta y los que se «mutilaron» a sí mismos por el reino de los cielos (Mt. 19:12), es decir, renunciaron voluntariamente al matrimonio para consagrarse al Reino de Dios, llevando vidas célibes, como hicieron en Israel los esenios por primera vez.

Euraquilón. Viento del Mediterráneo, que sopla del este-nordeste. Lucas describe el arranque de este viento, tempestuoso y súbito, con gran precisión en los detalles y efectos (Hch. 27:14).

Eutico (gr. «buena fortuna», o sea, «el próspero»). Joven de Troas que se durmió sentado en una ventana durante un discurso de Pablo, cayendo desde un tercer piso. Fue levantado muerto, pero el apóstol lo volvió milagrosamente a la vida, a semejanza de los profetas antiguos (Hch. 20:9-10; cf. 1 R. 17:21; 2 R. 4:34).

Eva (heb. «viviente»). Nombre dado por Adán a su esposa después de la caída, y después que Dios hubiera hablado de la simiente de ella y de haberle dicho que con dolor daría a luz a los hijos (Gn. 3:20; 4:1). Los datos bíblicos relativos a Eva se limitan casi exclusivamente a los capítulos segundo, tercero y cuarto del Gn. El cap. 1 expone la creación de la humanidad en general, y afirma simplemente que fueron creados hombre y mujer. En el cap. 2 la narración es más explícita y detallada. Eva, tanto como Adán, es objeto de un acto especial de creación, una circunstancia que indica su igualdad natural con él, mientras que por otro lado el ser sacada de su costado implica no sólo su papel secundario en el estado conyugal (cf. 1 Co. 11:9), sino que también subraya la íntima unión entre marido y mujer, y la dependencia de esta última respecto del primero. A continuación el texto procede a narrar cómo la serpiente tienta a Eva, y ella a su vez tienta a Adán, que se rinde a su seducción. Inmediatamente sus ojos se abren, pero en una forma inesperada. La vergüenza y el remordimiento se apoderaron de ellos, y buscaron ocultarse de la vista del Señor.

Eva —y la condición femenina con ella— es condenada a una vida de dolor y trabajo, y a estar bajo el dominio de su marido. Indudablemente esto último no implicaba que la condición de igualdad esencial con el hombre quede abolida, sino que la relación ahora se ve alterada por el pecado y sus consecuencias. Pero si la mujer fue la ocasión de la trasgresión y la caída del hombre, es también el canal de la promesa. En la misma promulgación de la condena sobre la serpiente y la mujer, Dios promete la liberación futura. La mujer ha sufrido una derrota y sus consecuencias son infinitamente dolorosas, pero en adelante habrá enemistad entre ella y la serpiente, entre su descendencia y la suya, hasta que por medio de esta última, en la persona del Redentor, aplastará la cabeza de la serpiente, y la vencida será la vencedora.

Evangelio (gr. «buenas noticias»). En el NT la palabra *euaggelion* aparece 76 veces e indica las buenas nuevas del Reino de Dios y de la salvación a través de Cristo. Es una palabra muy utilizada por san Pablo, y curiosamente aparece más en sus escritos que en los Evangelios. En total la usa 60 veces. Con aplomo y rotundidad, el apóstol se refiere a su predicación como «mi evangelio» (Ro. 2:16), asociado estrechamente a su llamado, es la expresión de su vocación pues Cristo lo ha enviado a «anunciar el evangelio». De hecho el primer «Evangelio escrito» de la Iglesia primitiva fueron los escritos de Pablo. La diferencia con los Evangelios canónicos es que Pablo escribe cartas en primera persona y los Evangelios son escritos en tercera persona. En los Evangelios siempre aparece la persona de Jesús que dice o hace algo. Sin embargo podemos leer algunos capítulos de Pablo sin oír el nombre de Jesús. Existe un problema en donde algunos opinan que Pablo sólo parte del Jesús celestial y no del Jesús de la historia. Se puede decir, que la diferencia radica en que al promover el mensaje de Cristo y buscar la adhesión al mismo, los Evangelios utilizan una trama narrativa que tiene a Jesús por actor, mientras que Pablo, que utiliza el género epistolar, se apoya en la tradición que viene de Jesús y la desarrolla según sus intereses de su misión y las circunstancias que están en el trasfondo de sus escritos. Para el NT en general el evangelio es la grata proclamación de la actividad redentora en Cristo Jesús en favor del hombre esclavizado por el pecado y alejado de Dios. El evangelio constituye las buenas nuevas de que Dios en Jesucristo es como un Padre que sale al encuentro del hijo descarriado, de la oveja perdida, del que ha perdido toda esperanza. Es mensaje de consuelo y liberación centrado en una persona, pues el Reino de Dios se hace dinámicamente presente con y en la persona de Jesús (Mt. 12:28). En Cristo se cumplen las promesas veterotestamentarias del perdón universal y se abre un camino de salvación para todos, que Jesús asume desde el principio y desarrolla en sus parábolas (Lc. 4: 16-21; cf. Is. 61:1-2). Si éstas proclaman el Reino por medio de las símiles y pequeñas historias de carácter local, los milagros lo hace activamente presente (cf. Mt. 11:3-5; Lc. 7 18-22). El evangelio no es, pues, el producto de los primeros discípulos tratando de evaluar el significado teológico de la vida y pasión de Jesús, es más bien el resultado de un desarrollo natural que tuvo sus orígenes en las mismas enseñanzas del Maestro.

Evangelios. Nombre aplicado a los cuatro libros canónicos que narran la vida y enseñanza de Jesús. Jesús no escribió nada, cuanto sabemos de Él proviene de los testigos que le acompañaron desde el principio en Galilea, hasta el final en Jerusalén, pero tampoco ellos se dedicaron a escribir las «memorias» del Maestro, sino que los escritos de sus palabras y sus gestos fueron apareciendo muy lentamente: veinte, treinta, cuarenta años después de la muerte de Jesús. Los Evangelios no son propiamente biografías o «vidas» de Jesús, sino relatos recogidos, ordenados y elaborados teológicamente, satisfaciendo de ese modo no todos los interrogantes históricos que pudieran interesar al historiador, sino aquellos que eran considerados vitales para la vida y pensamientos de las comunidades a las que se dirigían. Esta «limitación», desde el punto de vista histórico y biográfico, es lo que, a su manera, se propusieron remediar los Evangelios apócrifos, revistiendo el relato de la vida de Jesús con caracteres legendarios y mitológicos, acertadamente rechazados por la Iglesia en general. Los Evangelios canónicos niegan explícitamente la intención de ofrecer un relato completo de Jesús desde el principio al final. P.ej. Juan dice: «Hizo Jesús muchas otras señales en presencia de sus discípulos que no están escritas en este libro» (Jn. 20:30), y Lc. 1:1: «Muchos han intentado poner en orden la historia de las cosas que entre nosotros han sido certísimas» (cf. Mt. 1:1; Mc. 1:1). Cada Evangelio contiene el material selectivo que a juicio del autor cumple mejor su propósito, y cada uno se considera completo en el sentido de que lo realiza.

Se puede decir con certeza que los recuerdos que sustentan los relatos evangélicos, que se remontan a Jesús, fueron transmitidos oralmente obedeciendo a una doble fidelidad: la memoria de Jesús, a la cual permanecen fieles, y a su propia época, a la cual se dirigen. Los Evangelios son, pues, una mezcla de historia y fe, recuerdo y teología; ambos aspectos están indisolublemente unidos, por otra parte nada desemejante a lo que los historiadores contemporáneos solían hacer desde el punto de vista político. Por todo ello, en los Evangelios se escucha la voz de Jesús, así como la voz de la Iglesia en la que pervive su memoria y actualización, e, igualmente, la voz del mismo evangelista, que consignó por escrito, actualizándola a su vez, aquella misma tradición eclesial recibida de los apóstoles.

La datación de los Evangelios ha ocupado los últimos doscientos años de los estudios bíblicos. Las fechas propuestas han ido fluctuando desde dataciones muy cercanas a los hechos hasta fechas bastante alejadas de ellos. La opinión más generalizada es la de que Marcos compuso su Evangelio en torno al año 70, Mateo y Lucas entre el 80-90 y Juan entre el 95-10. Últimamente tales fechas están siendo revisadas y son cada vez más los especialistas que vuelven a retrotraer la composición de los Evangelios a fechas anteriores al año 70.

Evi. Uno de los cinco príncipes madianitas derrotados y muertos por los israelitas en la guerra contra la idolatría de Baal-peor, en la que también mataron a Balaam hijo de Beor (Nm. 31:8). Las tierras de Evi fueron entregadas después a la tribu de Rubén (Jos. 13:21).

Evil-Merodac. Hijo y sucesor de Nabucodonosor, rey de Babilonia. Ascendió al trono en el año 562 a.C. y reinó solamente dos años. En el primer año de su reinado indultó a Joaquín, rey de Judá, y lo sacó de la cárcel. Lo trató con distinción y amabilidad y lo sentó en su corte por encima de otros reyes conquistados y retenidos en Babilonia (2 R. 25:27; Jer. 52:31-34). Su cuñado Neriglisar encabezó una conspiración contra él acusándole de violar la ley y de ser intemperante, fue condenado a muerte en el año 560 a.C. Neriglisar ocupó entonces el trono.

Evodia (gr. «perfume»). Cristiana de Filipos. Dañó su buena reputación al querellarse con Síntique; Pablo tuvo que exhortar a ambas a ser «de un mismo sentir en el Señor» (Flp. 4:2, 3).

Excomunión. Exclusión temporal o permanente de una comunidad por una falta grave. Se practicó tanto entre los judíos como entre las primitivas comunidades cristianas. Es indicación de que algunas faltas son ofensas personales contra Dios, además de causar escándalo, disensión, divisiones en la comunidad. El Pentateuco menciona las causas y la pena en la que incurrían los excomulgados de Israel o «cortados del pueblo» (cf. Gn. 17:14; Éx. 12:15-19; 30:33-38; 31:14; Lv. 7:20, 21, 25, 27; 18:19; 20:3-18). El caso de Coré, Datán, y Abiram (Nm. 16), la maldición de Meroz (Jue. 5:23), y las medidas de Esdras contra los casados con mujeres extranjeras que persistieran en ello (Esd. 7:26; 10:8) son tomados como precedentes por los talmudistas para sus propias regulaciones al respecto. Los esenios de Qumrán practicaban la excomunión temporal o definitiva, detallando los delitos y las penas correspondientes.

En el NT el caso más notorio de excomunión es el del ciego de nacimiento a quien Jesús sanó. Conminado por las autoridades a renegar de Jesús, el ciego se negó, quedando expulsado oficialmente de la sinagoga: «Lo echaron fuera» (Jn. 9:34, 35). Jesús anuncia sus seguidores que por su causa estarán expuestos a «ser expulsados de las sinagogas», que para un judío representaba un grave inconveniente tanto en el plano social como religioso (cf. Jn. 9:22; 12:42; 16:2; Lc. 6:22). El miedo a esta medida es presentado en el Evangelio de Juan como razón para que algunos no profesasen abiertamente su fe en Cristo (cf. Jn. 12:42). Jesús declara que es una bendición ser objeto de la maldición por causa del Evangelio: «Bienaventurados sois cuando los hombres os aborrecen, cuando os apartan de sí y os vituperan, y desechan vuestro nombre como si fuera malo, por causa del Hijo del Hombre» (Lc. 6:22).

Las comunidades cristianas primitivas, a su vez, usaron la excomunión como medida preventiva, disciplinaria y curativa, con la esperanza de que el pecador se arrepintiese antes de caer en el poder absoluto del mal. Las palabras con que Jesús concede a Pedro la potestad de «atar y desatar» (Mt. 16:19), suponen evidentemente el poder de pronunciar la excomunión y el de absolverla; potestad que recibirán el resto de los apóstoles lo mismo que Pedro (Mt. 18:18). En el caso de que un hermano ofenda a otro y se niegue a atender las amonestaciones del ofendido, primero, de dos o tres hermanos, después, y de la comunidad entera, por último, se le considera «excomulgado», equiparado a un «gentil y publicano», que equivale al tercer grado de excomunión judía. Pablo frecuentemente apela a su derecho apostólico a ejercitar disciplina sobre sus conversos (2 Co. 1:23; 13:10). En dos casos utiliza esta facultad para desechar de la Iglesia al incestuoso de Corinto (1 Co. 5:2-5); y a los infieles y blasfemos Himmeno y Alejandro, «entregados igualmente a Satanás» (1 Ti. 1:19-20). No sólo en su práctica, sino también en sus preceptos Pablo ordena que no se tenga trato con los desobedientes (2 Ts. 3:14-15) y causantes de divisiones (Ro. 16:17; cf. Gál. 5:12; 1. Ti. 6:3; Tit. 3:10). Por su parte, en la segunda carta de Juan se ordena la excomunión de Diótrefes y de cualquier hereje (cf. 2 Jn. 10; 3 Jn.9, 10). En las cartas a las Iglesias de Apocalipsis, se reprende a la Iglesia de Pérgamo y Tiatira por tolerar la presencia de ciertos seductores (Ap. 2:20).

Éxodo. Transliteración del griego *éxodos*, que significa «camino de salida»; «partida»; en la Biblia designa especialmente la salida de los hebreos de Egipto, que también comprende la larga peregrinación de cuarenta años que los condujo de Egipto a la tierra prometida a través del desierto (Éx. 3:7-10). Hay considerables dificultades para determinar el itinerario preciso de este viaje. Los milagros que llevó Moisés a cabo tuvieron lugar en Zoán, o Tanis (Sal. 78:12). Ramesés se hallaba en las cercanías de esta capital. De allí, los israelitas pasaron a Sucot (Éx. 12:37), lugar que o bien se corresponde con Pitón o se hallaba cerca de estos parajes. Esta localidad está ocupada en la actualidad por Tell el-Maskhutah, en el oasis Tumilat, a unos 51 km al sursureste de Tanis y a 18 km al oeste de Ismailía. Para llegar a Palestina, los israelitas no tomaron la ruta más corta, que atravesaba el país de los filisteos, sino el camino del desierto, hacia el mar Rojo (Éx. 13:17, 18). Después de Sucot, su primer campamento fue Etam. Este lugar no ha sido identificado, pero se sabe que se hallaba en la linde del desierto (Éx. 13:20). De allí, los israelitas retrocedieron y acamparon entre Migdol y el mar hacia Baal-zefón, en Pi-hahirot (Éx. 14:2; Nm. 33:7). No se ha podido determinar la situación de este campamento. Estaba en la orilla occidental del mar Rojo; es por este sitio que atravesaron a pie el mar para llegar al desierto de Shur (Éx. 15:4, 22; Nm. 33:8); después se dirigieron hacia el monte Sinaí siguiendo la costa del mar Rojo (Éx. 16:1; Nm. 33:10, 15).

Dos fechas se han dado respecto al año en que el éxodo tuvo lugar, una hacia el año 1441 a.C. bajo el reinado de Amenofis II de la XVIII dinastía; otra en el año 1290 a.C. bajo Ramsés II de la XIX dinastía.

El acontecimiento del éxodo marcó el verdadero nacimiento del pueblo de Dios como pueblo santo, especialmente dedicado a Dios. Fue cuando engendró Dios a Israel (Dt. 32:5-10). Dios demostró la potencia de su nombre realizando milagros, guiándoles fuera del lugar de esclavitud y conduciéndolos a través del desierto hasta la tierra prometida. En todo el proceso Moisés jugó un papel transcendental como canal instrumental del poder divino. La liberación de la esclavitud faraónica es signo fundamental del amor divino, convertida para siempre en símbolo del interés salvífico de Dios por el pueblo sufriente. El mismo Dios que libró una vez a su pueblo de la cautividad del poderío Egipto, lo salvará todavía en los momentos en que se vea amenazado por otros poderíos (cf. Sal. 107:31-35; Is. 10:25ss.; 63-64; Jer. 16, 14s.; Miq. 7:14ss.). La memoria del éxodo se mantiene viva en Israel a modo de credo fundamental (cf. Dt. 26:5-9), del que brota la esperanza inamovible en un futuro liberador. La importancia religiosa del acontecimiento del éxodo es también indiscutible para el cristianismo. Dios salva al mundo mediante Jesucristo, cordero pascual (Jn. 1:29) y nuevo Moisés (cf. Hch. 3:15.22; 5:31; 7:35ss.) al mismo tiempo, y forma el pueblo la nueva alianza, extraído de todos los rincones de la tierra, para ponerles en el camino hacia la Jerusalén celestial.

Éxodo, Libro. Segundo libro de la Biblia cristiana, uno de los cinco que constituyen el Pentateuco. En la Biblia hebrea este libro se titula *semot*,

los «Nombres», por la primera palabra del texto, mientras que la LXX y la tradición cristiana lo titulan Éxodo, por su contenido central, tan decisiva en la historia de Israel en particular, y de la historia de la salvación en general.
Está compuesto de 40 capítulos y puede dividirse en tres secciones principales:

1) Desde la esclavitud de Israel en Egipto hasta el gran acontecimiento de la liberación (caps. 1-15), precedido por la lucha contra Faraón, las 10 plagas, la institución de la Pascua y la travesía del mar Rojo o «mar de las cañas».
2) Marcha por el desierto hasta el monte Sinaí (caps. 16-34), con el hecho central de la Alianza y la entrega a Moisés de los Diez Mandamientos, prenda y garantía de esa Alianza. Episodios reseñables son las aguas amargas en Mara, el maná, y las codornices (Éx. 15:22-16:36); el agua brotando de la roca de Horeb, la victoria sobre Amalec y la visita de Jetro, suegro de Moisés (Éx. 17-18), con el lamentable episodio del becerro de oro, en el que estuvo involucrado todo el pueblo, arrastrando al mismo Aarón (Éx. 32-33).
3) Construcción y montaje del tabernáculo, anticipación del templo de Jerusalén (Éx. 35-40).

Para la teología cristiana las experiencias de Israel durante el éxodo son ejemplos escritos con el propósito de instrucción futura (1 Co. 10:1-6, 11; Ro. 15:4), de manera que el Éxodo es citado como el libro de la redención por excelencia. El pueblo de Israel, cautivo, esclavizado e impotente, es liberado por Dios mediante Moisés, que arranca al pueblo de la tiranía de Faraón, salvándolo del destructor mediante el sacrificio del cordero pascual, le revela su ley y le otorga su presencia permanente en el tabernáculo. Del mismo modo, los cristianos, cautivos del pecado y sometidos a la esclavitud del príncipe de este mundo, son liberados por Cristo el Salvador a costa de su propia vida, aparta para sí un pueblo redimido y por su Espíritu pone su ley y presencia en sus corazones.
Pocos libros del AT son más cristocéntricos que el Éxodo. Está repleto de tipos y de imágenes que preanuncian la persona y la obra de Cristo. Las grandes imágenes y episodios del Éxodo son citadas en el NT. Moisés prefigura al Hijo que sería puesto sobre toda la casa de Dios (He. 3:1-6). Cristo es el cordero inmolado por la salvación (1 Co. 5:6-8; Jn. 1:29). El paso del mar Rojo representa la liberación del cristiano del poder del diablo mediante la muerte y resurrección del Señor Jesús (He. 2:14). El maná es el tipo del Pan viviente que bajó del cielo (Éx. 16; Jn. 6:31-34 ss.). La roca golpeada de la que brotó agua «era Cristo» (Éx. 17:1-7; 1 Co. 10:4). El culto mosaico, los sacrificios y las

diversas partes del tabernáculo, todo ello, era «figura y sombra de las cosas celestiales» (He. 8:4-5; 9:23-24, etc.).

Expiación (heb. «cubrir»). El verbo heb. *kafár*, «cubrir», se usa en relación con el holocausto (cf. Lv. 1:4; 14:20; 16:24), la ofrenda por la culpa (cf. Lv. 5:16, 18), la ofrenda por el pecado (Lv. 4:20, 26, 31, 35), la ofrenda por el pecado y el holocausto conjuntamente (Lv. 5:10; 9:7), las ofrendas de harina y de paz (cf. Ez. 45:15, 17), así como en otros respectos. Expresa le creencia en la necesidad de pago como elemento expiatorio, mediante el cual se satisface al ofendido, y así se cubre la ofensa, hay purificación, perdón, y favor. Los términos «reconciliar» y «reconciliación» han sido adoptados por los traductores en ciertos pasajes en lugar de «expiar» y «expiación», y tienen que ser considerados como idénticos (Lv. 8:15; 9:7; 10:17; 14:21, 29; 16:6, 10, 11; 19:22; 23:28; Nm. 8:19; 15:28; 28:22; 29:5; 2 Cro. 29:24). En Is. 6:7 se dice: «He aquí que esto tocó tus labios, y es quitada tu culpa, y limpio tu pecado», lo que indica que a partir de ese momento el pecado es tenido por inexistente: ésta es la manera en que Dios «cubre» el pecado, o en el vívido lenguaje bíblico, «lo arroja detrás de su espalda». Dios perdona, lit. cubre por la expiación los pecados de su pueblo. Y esto lo hace «por amor de su nombre» (Sal. 79:9), expresión que aparece con frecuencia en el AT, y que no hace referencia al sacrificio u ofrenda por el pecado en sí, sino a la misericordia divina que fundamenta todo el obrar divino en relación al hombre (Sal 78:38; cf. Prov. 16:6). De modo que el perdón, esto es, la expiación, proviene sólo de la misericordia de Dios.

Expiación, Día de la. Fiesta sabática solemne (Lv. 16:31; 23:32), conocida en la actualidad con el nombre de Yom Kipur. Tenían que guardarla como un día de reposo, absteniéndose de todo trabajo servil. Se observaba anualmente, para humillación del pueblo y expiación de sus pecados, esto significaba el arrepentimiento, sin el cual no hay salvación. Algunos comentaristas entienden que «afligir el alma» incluía también el ayuno. De ser así, es el único ayuno ordenado en la Ley de Moisés. Ese día el sumo sacerdote ofrecía dos machos cabríos como purificación del santuario y rescate simbólico de los pecados, de los sacerdotes y de la nación (cf. Éx. 30;10; Lv. 16; 23:27-31; 25:9; Nm. 29:7-11). Era el día santo más importante del año judío, se celebraba el día 10 de Tishrí, equivalente a nuestro septiembre/octubre, cinco días antes de la Fiesta de los Tabernáculos.

El autor de la Epístola a los Hebreos ve en el dia de la expiación como un cuadro lleno de simbolismos que señalan la obra del Señor y

Salvador Jesucristo. Observa que la entrada del sumo sacerdote en el lugar santísimo una vez al año, y no sin sangre, prefiguró la entrada de Jesús, el gran Sumo Sacerdote, una vez por todas en los cielos, habiendo adquirido para nosotros la salvación (He. 9:1-12; 9:24-28), y con ella el perdón de los pecados y la justificación del pecador, anulando en su cuerpo los sacrificios de expiación. Así pues, el sacrificio de la cruz fue el *Yom hakkippurim* de la comunidad mesiánica, día de perdón «de una vez por todas». Los sacrificios en el día de la expiación proporcionaban una «cobertura» del pecado, no una eliminación del mismo; sin embargo, la sangre de Cristo derramada en la cruz es la suprema expiación de Dios por el género humano y quita el pecado de manera permanente (cf. He. 10:4, 9, 11), pues Cristo es el sacrificio perfecto (He. 9:26; 10:5-10). El santuario adonde entraba el sumo sacerdote con la sangre para hacer la expiación representa el trono de Dios en el cielo; Cristo entró en ese Lugar Santísimo del cielo después de su muerte, llevando su propia sangre para hacer expiación por el creyente delante del trono de Dios (He. 9:7-8, 11-12, 24-28; cf. Éx. 30:10). En cuanto los sacrificios de animales eran un tipo del sacrificio de Cristo, llegaron a su fin en el sacrificio perfecto de Cristo, de modo que ya no hay necesidad de más sacrificios (He. 9:12- 18).

Extranjero. En el AT se distingue cuidadosamente entre el extranjero que pertenece a otra nación (heb. *gêr*), pero cuya existencia está más o menos asociada a la vida del pueblo; el extranjero residente (heb. *tôsháb*) de modo permanente en la tierra de adopción, y el extranjero de paso (heb. *nokrí*), considerado inasimilable (Éx. 20:10; Lv. 16:29; 17:8; 2 Sam. 1:13; Ez. 14:7).

El *gêr* o *tôsháb* era considerado casi como ciudadano, tenía sus derechos y deberes bien definidos (Lv. 19:33, 34; Dt. 10:18, 19). La ley salvaguardaba sus intereses, juntamente con la viuda y el huérfano (Éx. 22:21; 23:9; Dt. 24:19, 20), pues Dios no hace acepción de personas y ama al *gêr*, proporcionándole vestidos y pan (Dt. 10:18; Lv. 19:33). La ley exhortaba a Israel a invitar al extranjero a las comidas solemnes de los sacrificios (Dt. 16:11, 14). Tenía derecho a ofrecer sacrificios a Yahvé; si caía en un pecado involuntario, se beneficiaba del perdón concedido al individuo o a la colectividad; las ciudades de refugio le protegían contra el vengador de la sangre (Lc. 17:8; Nm. 15:14, 26, 29; 35:15). A los jueces se les manda juzgar con equidad al *gêr* (Dt. 27:19). Cuando quedaba contaminado, tenía que someterse a los ritos de la purificación (Lv. 17:15; Nm. 19:10). Si el *gêr* y los varones de su casa estaban circuncidados, podían participar de la Pascua (Éx. 12:48, 49).

Pero el año del Jubileo no traía la libertad al extranjero que había caído en la esclavitud. Podía ser vendido y llegar a ser, por herencia, propiedad de los hijos de su dueño (Lv. 25:45, 46).
El extranjero no asimilado, el *nokrí*, se encontraba con algunas prescripciones negativas, porque Israel debía seguir siendo el pueblo santo, separado para Dios (Dt. 14:2). Los matrimonios mixtos estaban prohibidos (Éx. 34:16; Dt. 7:3; Jos. 23:12). No se podía permitir que ningún *nokrí* subiera al trono (Dt. 17:15), ni que entrara en el santuario (Ez. 44:9; Hch. 21:28; cf. Dt. 23:3, 7-8).
En la era mesiánica los extranjeros pasarán a formar parte del pueblo elegido de Dios (cf. Is. 14:1; Ez. 47:22). Pablo dirá que en Cristo, el Mesías, «ya no hay judío ni griego, no hay esclavo ni libre, no hay varón ni mujer» (Gál. 3:28), porque en el tiempo anterior al evangelio, los gentiles estaban «apartados de la ciudadanía de Israel y ajenos a los pactos de la promesa, estando sin esperanza y sin Dios en el mundo. Pero ahora en Cristo Jesús, vosotros que en otro tiempo estabais lejos habéis sido acercados por la sangre de Cristo. Porque Él es nuestra paz, quien de ambos nos hizo uno. Él derribó en su carne la barrera de división, es decir, la hostilidad» (Ef. 2:12-14). Los seguidores de Cristo confiesan ser «extranjeros y peregrinos sobre la tierra» (He. 11:13; 1 P. 2:11). Su ciudadanía se halla en el cielo, y esta tierra ya no es su hogar ni su reposo (cf. Flp. 3:20). Ver GENTILES.

Ezequías (heb. «fortalecido por Yahvé»). Nombre de un rey y de un profeta, que dio su nombre a un libro bíblico que contiene sus oráculos. Fue llevado al exilio con el rey Joaquín el año 597 a.C., once años antes de la destrucción de Jerusalén, y se dedicó a la labor de alentar a los cautivos durante veintidós años. Cumplió fielmente sus deberes, pronunciando en ocasiones duras reprensiones, pero dando aliento con palabras llenas de gracia. Su profecía está llena de simbolismos y de imaginería. A la muerte de su mujer, le fue prohibido, como señal profética, que expresara ningún dolor ni que llevara duelo (Ez. 24:15-18). No solamente proclamó sus profecías, sino que se le ordenó que representara alguna de ellas, a fin de que fueran vistas, además de oídas. Su estilo es vigoroso y rápido. Para más detalles cronológicos de su ministerio, ver el artículo acerca de su libro.
El rey Ezequías nació el 751-750 a.C. (2 R. 18:2; 2 Cro. 29:1). Estuvo asociado con su padre en el gobierno del reino de Judá desde el año 728 a.C. En su juventud fue testigo de la gradual desintegración del reino del Norte y la conquista asiria de Samaria, comenzada por Salmanasar en el 724 y completada por Sargón en el 722 a.C. Éste se llevó a las diez tribus israelitas en cautividad (2 Cro. 18:9, 10). Con la

certera constatación de que la cautividad de Israel era la consecuencia de una alianza rota y de la desobediencia a Dios (2 R. 18:9-12), Ezequías colocó toda su confianza en el Dios de Israel. Durante los primeros años de su gobierno, llevó a efecto una efectiva reforma, no solamente en Judá sino en partes de Israel. Puesto que Judá ya era un vasallo de Asiria, Ezequías reconoció la soberanía de Sargón II (721-705 a.C.).

Ezequías inmediatamente volvió a abrir las puertas del templo. Los levitas fueron llamados para reparar y limpiar el lugar del culto. Lo que había sido utilizado para los ídolos fue suprimido y arrojado al valle de Cedrón, mientras que los vasos sagrados que habían sido profanados por Acaz, fueron santificados. En dieciséis días el templo estuvo dispuesto para el culto. Ezequías y los oficiales de Jerusalén iniciaron los sacrificios en el templo. Grupos musicales con sus arpas, címbales y liras participaron, como había sido la costumbre en tiempos de David. Los cantos litúrgicos fueron acompañados de la presentación de los holocaustos. Quitó los lugares altos, derribó las imágenes e hizo pedazos la serpiente de metal que Moisés había hecho, pero que se había convertido en objeto de idolatría (2 R. 18:4ss.). Fue un paso enérgico y una drástica reacción a la deliberada idolatría de su padre.

En un intento de cicatrizar la brecha que había separado a Judá e Israel, desde la muerte de Salomón, el rey envió cartas por todo el país invitando a todos a venir a Jerusalén para celebrar la pascua judía. Aunque algunos ignoraron el llamamiento de Ezequías, muchos, en cambio, acudieron desde Aser, Manasés, Efraín e Isacar, al igual que en Judá, para celebrar las fiestas sagradas (2 Cro. 29:1-30:13). Reunido en consejo con aquellos que iniciaron el culto en el templo, Ezequías anunció la celebración de la pascua un mes más tarde de lo que estaba prescrito, para dar tiempo para una adecuada celebración. Por otra parte, la observancia fue llevada a cabo de acuerdo con la Ley de Moisés. El haber propuesto la fecha fue más bien una medida conciliatoria para ganar la participación de las tribus del norte que habían seguido la observancia de la fecha instituida por Jeroboam (1 R. 12:32).

Con la muerte de Sargón II (705) la rebelión estalló en muchos lugares del Imperio asirio. En Egipto resurgió el nacionalismo, bajo la enérgica acción de Sabako, faraón etíope que había fundado la XXV Dinastía (ca. 710 a.C.) y que estaba reuniendo fuerzas para aniquilar a Asiria. Ezequías, interpretando la muerte de Sargón y la convulsión de los pueblos sometidos como indicios de la posible independencia de Asiria, suspendió el tributo debido a los asirios, acto equivalente a una rebelión. Anticipado el ataque asirio, Ezequías se concentró en un programa de defensa, en consejo con sus más importantes oficiales del gobierno. Se reforzaron las fortificaciones existentes alrededor de Jerusalén. Para asegurar a Jerusalén un adecuado suministro de agua durante un asedio prolongado, se mandó construir un túnel para proveer la ciudad de agua potable. A través de 533 m de sólida roca, los ingenieros judíos canalizaron agua fresca y potable desde el manantial de Gihón, en las afueras de Jerusalén, hasta el otro extremo de la ciudad, en cuya desembocadura fue construido al mismo tiempo el estanque de Siloé (cf. 2 R. 20:20; 2 Cro. 32:30). La amenaza asiria al reino de Judá se hizo realidad en el 701 a.C. Los asirios, bajo el mando de Senaquerib, sucesor de Sargón, entraron en Palestina procedentes del norte, tomando Sidón, Jope y otras ciudades de la ruta de penetración. Mientras estaba sitiando Laquis, a sólo 50 km de Jerusalén, Ezequías le envió una comisión de rendición, prometiendo pagar lo que el asirio impusiese. Ezequías fue forzado a pagar un fuerte tributo despojando al templo de grandes cantidades de oro y plata (2 R. 18:14). Con todo, el avance asirio prosiguió hacia la capital, Jerusalén. Isaías aseguró al rey y al pueblo de su seguridad. Era preciso resistir. En ese tiempo a Senaquerib le llegaron rumores de una revuelta babilónica, las tropas interrumpieron la marcha y partieron inmediatamente de regreso a Mesopotamia. La noticia de la retirada del agresor asirio fue recibida como un milagro divino debido «al ángel de Yahvé» que durante la noche mató a 185.000 en el campamento de los asirios (2 R. 18:13-19:37; Is. 17:14), que algunos interpretan como una enfermedad extendida entre los soldados, quizás peste bubónica.

Posiblemente fue durante este período de la presión asiria que Ezequías cayó gravemente enfermo. Isaías, durante tanto tiempo contrario a la alianza con Egipto y la revuelta contra Asiria, advirtió al rey de que se preparase para la muerte, pero Ezequías se arrepintió con gran llanto y alcanzó a vivir otros quince años (2 R. 20:1-11; 2 Cro. 32:24; Is. 38:4-6). Excepto por la amenaza e invasión asiria, Ezequías gozó de un reinado pacífico, aunque Judá ya era un reino en decadencia. Murió en el año 691y fue enterrado con honores reales y con sincera devoción por su dedicación a la gran reforma religiosa de Judá. Le sucedió su hijo Manasés (2 R. 20:21; 2 Cro. 32:33).

Ezequiel, Libro de. Profeta posexílico cuya actividad se puede colocar en la primera parte del destierro que va del 593 al 571 a.C. En la Biblia cristiana su libro figura entre Lamentaciones y Daniel, en la hebrea, a continuación de Jeremías. Ezequiel era sacerdote (Ez. 1:3) y fue contemporáneo de Jeremías. Durante cerca de siete años, hasta la ca-

ída de Jerusalén, su ministerio profético consistió en anunciar su destrucción como consecuencia de las transgresiones de la nación (Ez. 3:22-8). La caída de Jerusalén confirmó la validez de sus profecías.
El libro presenta una estructura bien ordenada en tres secciones. La primera contiene su llamamiento profético (Ez. 1:1-3:21). A continuación, Ezequiel recibe la orden de predecir la destrucción de la ciudad y de interpretar unas actuaciones simbólicas (Ez. 3:22-7:27). Ezequiel alienta a los deportados: siguen siendo el pueblo del Señor, que será para ellos un santuario (Ez. 11:16), los devolverá a la tierra de Israel (Ez. 11:17) y les dará un nuevo corazón a los que rectifiquen sus caminos (Ez. 11:18-21). Yahvé abandona su ciudad por cuanto ella se ha entregado a la incredulidad y a los falsos profetas (Ez. 12-24). Se abatirán los juicios sobre la ciudad (Ez. 15-17), pero Dios otorgará su gracia a los que se arrepienten (Ez. 18). El capítulo 19 es una lamentación sobre los príncipes de Israel. En el séptimo año del cautiverio de Joaquín, Ezequiel predice el juicio sobre Israel, que ha profanado el nombre de Yahvé ante los gentiles. Hay sin embargo promesas para el futuro; Dios volverá a aceptarlos a causa de su nombre (Ez. 20:1-44). Sin embargo, se acuerda de sus rebeliones, cuyo castigo se avecina (Ez. 20:44-23:49). En la segunda sección se encuentran las profecías contra los países extranjeros; Amón, Moab, Edom, Filistea, Tiro, Sidón y Egipto (caps. 25-32). La tercera sección contiene las profecías acerca de la restauración de Israel y de su glorioso futuro. El año 12.° del cautiverio de Joaquín, la tarde antes de que llegaran las nuevas de la caída de Jerusalén a Ezequiel, recibió un segundo llamamiento de parte de Dios. La mano del Señor vino sobre él; el momento en que supo la caída de la ciudad coincidió con el inicio de una nueva etapa de su misión (Ez. 33:1-22). Se le revela que los israelitas reconocerían, después del juicio, que Yahvé es Dios, y que un verdadero profeta había estado en medio de ellos (Ez. 33:23-33). Yahvé les dará un buen pastor, prefigurado por David (Ez. 34); sus enemigos serán castigados (Ez. 35); el pueblo será santificado y será restaurado a su tierra (Ez. 36). Será como una resurrección; las doce tribus serán reunificadas (Ez. 37), y sus adversarios serán destruidos (Ez. 38-39).
En el año 25.° de la cautividad de Joaquín, Ezequiel tiene una visión de la restauración del pueblo de Dios: el templo será reconstruido, más grande y totalmente santo. El pueblo, purificado, es aceptado por Yahvé (Ez. 40-43). El culto será renovado (Ez. 44-46), saliendo el río de la vida del mismo templo, haciendo florecer los lugares desiertos (Ez. 47); finalmente, habrá el reparto del país entre las tribus y la ciudad santa, que recibe el nombre de Yahvé-Sama (Yahvé está allí). Se establecerá la Teocracia, en la que la realidad se ajustará al ideal divino.

Retomando un pensamiento que Jeremías había ya presentado en su enseñanza, Ezequiel insiste en la responsabilidad individual (Ez. 18; 33:1-20), en la regeneración del pueblo y en la santidad del reino, que tendrá su glorioso cumplimiento en tiempos futuros (Ez. 11:19, 20; 36:24-29).

Ezión-Geber (heb. «columna vertebral del gigante»). Uno de los campamentos de los hijos de Israel en el golfo de Elat, a orillas del mar Rojo, en la tierra de Edom; desde allí, cambiando de dirección se dirigieron rumbo al desierto de Moab (Nm. 33:35, 36; Dt. 2:8). En su puerto Salomón equipó una flota naviera dedicada al comercio (1 R. 9:26; 22:48; 2 Cro. 8:17), y Josafat, rey de Judá, se asoció con Ocozías, rey de Israel, para hacer barcos que fueran de Ezión-Geber a Tarsis (2 Cro. 20:35-36). Muy cerca de Elat, se identifica con esta última desde la época de Uzías. No se halla ningún rastro de Ezión-Geber en la línea costera actual. Sin embargo, es probable que en tiempos pasados el mar cubriera una considerable extensión de una llanura formada por sedimentos en el extremo meridional de Wadi el-'Arabah, y que las ruinas de Ezión-Geber se hallen cerca de la fuente de Ain el-Ghudyan a unos 22 km de la actual cabecera del golfo de Ákaba.

F

Familia. La familia del antiguo Medio Oriente fue patriarcal en carácter y organización, típica de la cultura agrícola. La descendencia se trazaba solamente a través del padre, y la *bet-ab*, «casa del padre» (Gn. 12:1), comprendía a toda la familia: padre, madre, hijos, esposas de los hijos y niños. Convivían bajo un mismo techo, en torno a un mismo patrimonio y bajo la autoridad común del padre, cabeza de familia. En el segundo milenio a.C. Asiria, Siria y Palestina dotaron al padre de una autoridad casi ilimitada sobre los hijos; en los antiguos tiempos se le reconoce incluso el derecho de vida y de muerte (cf. Gn. 38:24). Al padre están sujetos la mujer o las mujeres, los hijos no casados y los casados con sus esposas y sus hijos. La fuerte estructura estatal bajo Hammurabi, en Babilonia, fue limitando gradualmente sus prerrogativas.

La familia israelita comprendía no sólo a aquellos que se encontraban unidos por la sangre y la habitación, sino también a los siervos, a las esclavas y concubinas (cf. Gn. 7:1ss.; 46:8-26; Éx. 20:7) y a los extranjeros residentes. Una familia podía constituir un grupo numeroso, en cierto sentido parecido a un clan, o «familia extensa». El cabeza de familia era el responsable único del culto religioso (Jue. 17:5), tenía po-

der judicial (Gn. 42:37) y debía asegurar el porvenir de la familia. Esta «fuerte» posición del padre correspondía a los usos de un tiempo en el que una autoridad superior apenas podía ser eficaz. Sin monarquía durante siglos, la sociedad judía descansaba de manera convincente en la obediencia a los padres (cf. Éx. 20:12; 21:15; Dt. 5:16; Lv. 19:3).
La madre, subordinada en cuanto mujer al varón, tenía que ser respetada y honrada por los hijos, igual que el padre (Éx. 20:12; Dt. 5:16; cf. Mt. 15:4; 19:19; Mc. 7:10; 10:19; Lc. 18:20; Ef. 6:2). Si el padre representaba el poder, el juicio y la autoridad, la madre personificaba el amor, la lealtad, la devoción y la humildad. El primero era el «mandamiento», la segunda, la «instrucción», la «enseñanza» (cf. Prov. 1:8; 6:20; 10:1; Eclo. 7:29). El prestigio de una madre de familia crecía con el número de sus hijos.
Los hermanos ejercían una influencia decisiva en la sociedad israelita. De hecho, todos los miembros de la tribu eran designados «hermanos», cada uno de los cuales tenía la obligación de prestar ayuda y protección a los otros. El *goel* o «redentor» era un pariente próximo que había de redimir a su hermano de la esclavitud, comprar el patrimonio vendido por necesidad y dar sepultura digna a su hermano fallecido. «Después que se hubiere vendido, podrá ser rescatado: uno de sus hermanos lo rescatará; o su tío, o el hijo de su tío lo rescatará, o el cercano de su carne, de su linaje» (Lv. 25:48-49). La ley del levirato, o sea, redimir la propiedad de un hermano fallecido sin descendencia y, además, desposarse con la viuda, tenía por fin salvar la familia (cf. Rt. 3:12; 4:3). La obligación más grave la constituía el santiguo deber tribal de la «venganza de sangre» en el caso de un hermano asesinado (2 Sam. 3:27; 14:11).
La familia patriarcal era endógama, exigía que la esposa perteneciese al mismo clan que el marido. Los matrimonios exógamos son reprobados porque se consideran un peligro (cf. Jue. 3:6; 1 R. 11:1-8; 16:31-32) para la existencia y la pureza de la fe (Éx. 34:16; Dt. 7:3-4; Jos. 23:12-13). La supremacía del varón en la familia bíblica destaca sobre todo en la poligamia y en el concubinato.
Después de la conquista de Canaán y el asentamiento urbano la familia patriarcal fue perdiendo poco a poco la mayor parte de sus características. Las excavaciones han revelado que comenzaron a utilizarse casas pequeñas. Un hijo, cuando se casaba, ya no vivía bajo el mismo techo, sino que se edificaba una casa. La autoridad del cabeza de familia o clan pasó a los ancianos de la localidad y, en última instancia, al monarca. La autoridad del padre seguía teniendo mucha importancia, pero limitada. Esta evolución acentuó el papel del individuo frente al grupo, aunque la relación entre ambos siempre fue estrecha

y solidariamente responsable. La venganza de sangre fue remplazada por los progresos de la ley y la justicia.
En la familia se educaba a los hijos y se les introducía en el culto y en el trabajo profesional (Dt. 6:20ss.; Sir. 7:23ss.; 30:1-30). La familia debía cuidar de sus miembros ancianos y enfermos. Los libros sapienciales están llenos de consejos en cuanto a las obligaciones de los hijos para con los padres (Prov. 17:1; 19:26; 20:20; 28:24; 31:10-31).
En tiempo del NT la familia es generalmente monógama, sometida a la indiscutible autoridad del padre. Si Jesús durante un tiempo se somete a las obligaciones impuestas por el deber familiar, vemos que sus exigencias respecto al discipulado muestran una clara relativización de todo modelo familiar: «El que ama a su padre o a su madre más que a mí, no es digno de mí: y el que ama a su hijo o a su hija más que a mí, no es digno de mí» (Mt. 10:37; Mc. 6:4; 10:29; Lc. 14:26). Como ocurre con otros sectores de la vida social, el seguimiento de Jesús representa un conjunto de valores en orden a los cuales puede y tiene que ser juzgado todo modelo familiar. Los vínculos familiares tienen que pasar a un segundo plano frente a la llamada de Dios y no pueden ser un obstáculo para la propia salvación. Jesús relativiza todo concepto «sanguíneo» de pertenencia a la familia y, en su lugar, propone un concepto más amplio de la familia, fundamentado en los lazos del espíritu (cf. Mt. 12:48; Mc. 3:33). En virtud de la fe y práctica de la voluntad de Dios, expresada en los valores del Reino: «Todos vosotros sois hermanos» (Mt. 23:8). Consciente de las dificultades que supone su concepto del seguimiento de la vida del Reino en una sociedad estrictamente conformada por lazos familiares, con sus exigencias de fidelidad y continuidad a la religión del cabeza de familia, Jesús anima a sus discípulos frente a la eventualidad de verse sin casa ni familia, prometiendo una compensación presente y eterna mediante la comunidad cristiana naciente (Lc. 18:30; Mc. 10:30).
A partir de los valores del Reino asentados por Jesús, los apóstoles ofrecen reglas de comportamiento general a las que tienen que someterse respectivamente los padres y los hijos. Éstas consisten en amor recíproco (Col. 3:18ss.); sumisión del hombre respecto a la mujer (Ef. 5:21; 1 P. 3, 9), aunque no absoluta, sino entendida siempre según la lógica del Reino, que relativiza todo modelo familiar, sin imponer ninguno. La Iglesia es la familia, o más exactamente, la «casa de Dios» (1Ti. 3:15; cf. 1P. 4:17), que ya venía tipificada en el AT por la «casa de Israel» como la gran familia de Dios (cf. He. 3:1-6).

Faraón. Título de los reyes del antiguo Egipto, usado como nombre propio en el AT. Los faraones estaban investidos con la más alta dignidad divina y como tales ejercían de sumos sacerdotes. Se creía que tenía poder sobre el Nilo y que podía sustentar y proteger a la nación. Así, la persona del faraón se identificaba con el bienestar del país. La primera mención de un faraón en la Escritura es con ocasión de la visita de Abraham a Egipto a causa de la hambruna de Canaán (Gn. 12:10); pero la narración no ofrece suficientes detalles para determinar el nombre del faraón, ni el tiempo preciso, por lo que es totalmente imposible intentar su identificación. Tanto la cronología de la primera parte de la Biblia como la cronología egipcia es demasiado compleja para alcanzar alguna certeza.

Fares (heb. «ruptura»). Hijo de Judá y de su nuera Tamar; hermano gemelo de Zéraj (Gn. 38:24-30). Padre de Hesrón y Hamul (1 Cro. 2:4, 5), fundó el clan que lleva su nombre, los faresitas (Nm. 26:20). La importancia de sus hijos y, por lo tanto, de Fares, se refleja en el hecho de ser antepasado de David (Rt. 4:12-18), y eventualmente de Cristo (Mt. 1:3; Lc. 3:33). Lo extraordinario de su nacimiento explica la etimología popular de su nombre. Su caso, junto con su hermano gemelo Zéraj, puede considerarse como el primer ejemplo bíblico de la aplicación de la costumbre del levirato, que Moisés elevaría más tarde al rango de precepto normativo

Fariseos (del arm. «separados»). Los orígenes de los fariseos, juntamente con el de los saduceos y los esenios, son oscuros. Las fuentes principales para nuestro conocimiento son las obras de Josefo y las sentencias de los rabinos tanaíticos, conservadas en la Mishná, el Talmud y el Midrás, juntamente con el NT. Los fariseos aparecen de repente en la historia judía en la última mitad del siglo II a.C., aunque representan tendencias que se pueden seguir mucho más atrás en la historia del judaísmo, especialmente entre los hasideos de la época macabea. El principio fundamental de los hasideos era una separación completa de los elementos no judíos, y llegaron finalmente a ser el partido más popular e influyente. Al desatar la persecución contra ellos, Antíoco Epifanes (175-163 a.C.) dio lugar a que se organizaran como partido de resistencia. El término «fariseos» aparece en la época de Juan Hircano (135-105 a.C.). Él mismo era fariseo, pero abandonó su partido, uniéndose a los saduceos (Josefo, *Ant.* 13, 10, 5-6). Su hijo y sucesor, Alejandro Janneo (103-176 a.C.), intentó exterminar a los fariseos. Entonces la gran masa del pueblo se adhirió a ellos, ya que los fariseos negaban la legitimidad de los sumos sacerdotes asmoneos.
Los fariseos vivían juntos en pueblos separados y en las ciudades grandes se reunían en comunidades aisladas. Desde ahí desplegaban una

intensa actividad proselitista (cf. Mt 23:15), encaminada a incrementar el número de seguidores y la conciencia de las tradiciones judías y la observancia religiosa. Su modo de vida exigía una dedicación total a los detalles de los preceptos sobre la pureza ritual. Cada comunidad tenía su jefe, que era «escriba», pues no todos los fariseos eran escribas ni viceversa. A diferencia de los esenios, retirados en las soledades de los desiertos, los fariseos no se disociaron totalmente de la vida de la nación ni del culto del Templo, del que tomaban parte. Sus maestros nunca aprobaron el retiro ascético, para ellos el servicio de Dios formaba parte de una vida normal de trabajo diario y descanso entre la propia familia del individuo y entre sus vecinos. Los fariseos constituían el grupo más numeroso de la época.

El Evangelio de Mateo es particularmente duro con los fariseos. Los eruditos creen que se debe al tiempo y las circunstancias en que fue escrito, cuando la polémica entre cristianos y fariseos estaba a punto de terminar en una ruptura definitiva entre ambos. Mateo, sin embargo, concede que los fariseos y los escribas están sentados en la cátedra de Moisés y que su enseñanza tiene autoridad (Mt. 23:2ss.); lo que se les reprocha no es su doctrina, sino su hipocresía. Lucas presenta a Jesús invitado por Simón el fariseo a comer en su casa, ofreciendo una escena de cortesía, y tal vez de verdadera amistad (Lc. 7:36-50); en otro lugar también recibido por un fariseo anónimo (Lc. 11:31) y todavía en casa de otro más, «de uno de los principales de los fariseos» (Lc. 14:1). En un texto memorable, los fariseos aparecen como amigos interesados por el futuro de Jesús, advirtiéndole de las maquinaciones de Herodes contra Él (Lc. 13:31). Ciertamente Jesús arremetió contra las interpretaciones de la Ley ofrecidas por los fariseos. Llenas de generosidad, de piedad profunda, estas interpretaciones se volvían torpemente rigoristas, inhumanas, más atentas a la letra que al sentido profundo, hasta el punto de conceder más importancia a la tradición de los comentaristas que al contenido obvio de la Palabra de Dios (Mt. 15:9; Mc. 7:7; cf. Is. 29:13; Tit. 1:14). Pablo es el fariseo converso más conocido de la historia, «fariseo, hijo de fariseos» (Hch. 23, 6).

Fe. Concepto fundamental de la relación del hombre con Dios, fuente y origen de la vida religiosa. Por la riqueza y complejidad que encierra la experiencia de la fe, hay una gran variedad de giros y formas para expresarla. Dos raíces dominan el vocabulario hebreo de la fe, *âman*, que evoca la firmeza y la seguridad; y *batah*; la seguridad y la confianza. En el AT la palabra «fe» sólo aparece dos veces en sentido propio, una en Dt. 32:20; y otra en Hab. 2:4. En el NT la palabra gr.

utilizada con más frecuencia es *pistis*, que primariamente significa firme persuasión, convicción basada en lo oído. En cuanto confianza, *pistis* se relaciona con la convicción basada en esa confianza, p.ej. tener fe en una cosa. En este sentido *pistis* se usa en la esfera de la religión como fe o confianza en Dios (Ro. 3:25; 1 Co. 2:5; 15:14, 17; 2 Co. 1:24; Gál. 3:23; Flp. 1:25; 2:17; 1 Ts. 3:2; 2 Ts. 1:3; 3:2). Es el apóstol Pablo quien más enfatiza y desarrolla el concepto de la fe como confianza en Dios, el Dios confiable (Ro. 3:3).

Tener fe, creer, es para el AT apoyarse en Dios (Gn. 15:6; Éx. 14:31; Nm. 14:11), abandonarse a la palabra salvadora de un Dios que conduce la historia y que establece su alianza primero con los padres y luego con «su pueblo, Israel». Así Abraham se fía sin reservas de la promesa de Dios, plenamente convencido de que se cumplirá: «Abraham creyó a Yahvé y le fue contado por justicia» (Gn. 15:6). En la historia del patriarca la fe aparece de modo ejemplar y modélico, Pablo le llama «padre de la fe» (Ro. 4:11); y es clasificado entre los «héroes de la fe» (He. 11:8-12). En el Evangelio de Juan, la fe en Jesucristo es el cumplimiento de la fe de Abraham (Jn. 8:33ss.).

Un texto clave para la teología paulina es Hab. 2:4, donde se dice que «el justo por su fe vivirá». Es la confianza en Dios puesta en su palabra; es confiar en la persona divina, que en el NT se refiere a Jesucristo: «El que cree en el Hijo tiene vida eterna» (Jn. 3:36). De manera que la fe es «confianza absoluta» en un hecho revelado y «convicción» de lo que se espera (cf. He. 11:1). Convicción y confianza combinadas frente a la duda (Mt. 21:21; Stg. 1:6; He. 10:39), y el temor (Mc. 4:40; He. 6:12; Ap. 13:10). En ambos Testamentos es la promesa divina la que establece las condiciones de la relación y la salvación resultante de esa relación. En ningún modo la fe del hombre es la que realiza la salvación, sino la que se la apropia, la que la hace suya, de ahí las graves protestas de los autores sagrados contra la incredulidad, entendida como infidelidad, que es rechazo y menosprecio de la voluntad salvífica de Dios (cf. Dt. 9:23; 2 R. 17:14; Is. 7:9; 53:1; Nm. 14:11) desconfianza en la liberación prometida (Sal. 78:22, 32; 106:24). Para el apóstol san Pablo, la historia de Israel se puede escribir bajo el signo de la incredulidad (Ro. 3:3; 9:19-10:13).

La fe es ciertamente don de Dios (Ef. 2:8). La salvación se recibe mediante la fe, en contraste con las obras bajo la ley mosaica (Ro. 10:9). El hombre es justificado por la fe sin la observancia de las obras de la ley (Ro. 3:28; Gál. 2:16). Pero la fe se manifiesta por las buenas obras. Si alguien dice que tiene fe, es cosa razonable decirle: «muéstrame tu fe» por tus obras (Stg. 2:14-26). Si, por otra parte, la fe no da evidencia de sí misma, es descrita como «muerta», totalmente diferente de la fe verdadera y activa por su poder transformador. La fe que se alza a la gracia de la salvación opera en el que la recibe «un nuevo ser», «una nueva creación», un nuevo estado, que sólo se puede describir como el paso de la muerte a la vida, vida que es resultado del don del Espíritu, que pasa a morar en los creyentes, porque «si alguno no tiene el Espíritu de Cristo, no es de él» (Ro. 8:9). Dios es el que justifica (v. 33), Cristo el que muere y resucita (v. 34), el Espíritu el que da vida (v. 11), cuyo resultado es la creación de hombres y mujeres hechos «conformes a la imagen de su Hijo» (v. 29). Y puesto que la imagen del Hijo es básicamente el amor, que es Dios y el primer y más grande mandamiento, «la fe obra por el amor» (Gál. 5:6).

Febe (gr. «brillante»). Mujer cristiana recomendada por el apóstol Pablo a los santos de Roma como «diaconisa» de la iglesia en Cencrea, situada al sureste de Corinto. Había ayudado a muchos, y al mismo Pablo (Ro. 16:1-2). Febe fue prob. la portadora de la Epístola de Pablo a los romanos. Su mención es una señal de la diaconía de las mujeres en las comunidades primitivas.

Felipe, Apóstol. Uno de los doce apóstoles, perteneciente al grupo oriundo de Betsaida (Galilea), como Pedro, Andrés y Santiago (Jn. 1:44). Frecuentaba las predicaciones de Juan Bautista y fue llamado directamente por Jesús a seguirle (Jn. 1:43). Obediente a la llamada, inmediatamente se encuentra con Natanael, identificado con el apóstol Bartolomé de los sinópticos, probablemente su hermano, a quien trata de convencer que Jesús es el Mesías esperado (Jn. 1:43-45). El nombre de Felipe aparece en quinto lugar en la lista sinóptica de los doce (Mt. 10:2-4; Mc. 3:14-19; Lc. 6:13-16). Aparte de esta sucinta mención sólo hace acto de presencia en el Evangelio de Juan, que registra tres incidentes relacionados con él. Uno, inmediatamente anterior a la alimentación milagrosa de una multitud (cf. Jn. 6:5-7). Dos, con motivo de la presencia de unos griegos que querían ver a Jesús (cf. Jn. 12:20-23). Tres, en relación a la extraordinaria sentencia de Cristo: «Yo soy el camino, la verdad y la vida» (Jn. 14:6-9). Ninguna característica adicional se da en los Evangelios ni en los Hechos, excepto su presencia con los apóstoles después de la ascensión de Jesús (Hch. 1:13) y en el día de Pentecostés.

Felipe, Evangelista. Uno de los siete varones de buena reputación, llenos del Espíritu Santo y de sabiduría, elegidos para administrar el socorro a las viudas judías de habla griega y a los pobres de la iglesia de

Jerusalén. Felipe evangelizó Samaria, efectuando milagros, logrando la conversión de muchos (Hch. 8:4-8; 21:8), y confundiendo a Simón el Mago (Hch. 8:9-25). Un ángel ordenó a Felipe que siguiera el camino que llevaba de Jerusalén a Gaza. Obedeciendo, encontró al eunuco etíope, a quien le habló de Cristo, conforme a las profecías, y le bautizó en el momento en respuesta a su fe (Hch. 8:26-39). A continuación, Felipe evangelizó Azoto (Asdod) y las ciudades de la región, hasta Cesarea (Hch. 8:40), donde moraba cuando Pablo pasó por allí para ir a Jerusalén por última vez. El evangelista tenía cuatro hijas vírgenes que profetizaban (Hch. 21:8, 9).

Félix (gr. «feliz»). Procurador o gobernador de Judea desde el 52 hasta el 59 a.C., nombrado por el emperador Claudio I. Tácito dice que Félix gobernó la provincia de una manera mezquina y cruel, ejerciendo el poder real con la disposición de un esclavo. Los abusos de su gobierno favorecieron el activismo de los zelotes, que fueron ganando cada vez más influencia entre el pueblo. En medio de esta tensión y violencia surgieron abundantes mesías, a los que Félix fue asesinando. Finalmente, Félix fue acusado ante Nerón por los judíos, y tan sólo escapó al castigo por intercesión de su hermano Pallas, favorito del emperador. Fue sustituido por Porcio Festo el año 55 d.C.

Cuando Pablo fue enviado preso a Cesarea, compareció primero ante Félix, y después ante él y su esposa Drusila. Félix mostró su espíritu mezquino e injusto al mantener a Pablo preso en la esperanza de que podría ser sobornado para darle la libertad, y dejarlo encerrado para complacer a los judíos (Hch. 23:24, 26; 24:3-27; 25:14).

Fenice (gr. «palmera»). Puerto de la costa meridional de Creta, a donde la tripulación del barco que llevaba preso a Pablo a Roma pretendía pasar el invierno, pero fue imposible por causa del viento huracanado llamado Euraquilón (Hch. 27:12-14). Actualmente llamado Puerto Lutro.

Fenicia. Larga y estrecha región, con una profundidad máxima de 50 km, situada en el extremo este del Mediterráneo, y que se extiende desde ese mar al oeste, hasta las estribaciones de los montes del Líbano al este. Sus límites norte y sur son, respectivamente, el río Orontes y el monte Carmelo, que abarcaba la mayor parte del litoral de la actual Siria. Culturalmente los habitantes del país, los fenicios, son los mismos que los históricamente denominados cananeos, aunque desplazados por otros pueblos e invasiones. En el AT no aparece el nombre de Fenicia, dado su origen griego tardío, en los libros de Macabeos recibe el nombre de Celesiria (2 Mac. 3:5, 8; 8:8; 10:11; 3 Mac.

3:15). En el NT sólo aparece en tres ocasiones: una, debido a la persecución que siguió al martirio de Esteban, que obligó a muchos cristianos a buscar refugio en Fenicia (Hch. 11:19). Otra, durante un viaje de Pablo y Bernabé de Antioquía a Jerusalén, que atravesaron Fenicia (Hch. 15:3). Tres, en su último viaje a Jerusalén, Pablo se embarca en una nave fenicia que lo llevó a Tiro (Hch. 21:2, 3; Hch. 11:19; 15:3; 21:2).

Regada por dos únicos ríos importantes, el Orontes al norte y el Jordán, que discurre por el sur, Fenicia era una región fértil que producía cereales, trigo y cebada, hortalizas y frutales, vides, olivos, higueras, sicomoros, palmeras datileras y granadas. La sal, la pesca y el murex del cual se obtenía la púrpura completaban los elementos de la economía fenicia, junto al comercio, su principal fuente de riqueza y en la que fueron verdaderos maestros. Al amparo de sus recortadas costas y de sus islotes, pronto nacieron toda una serie de ciudades marítimas bien conocidas en la historia bíblica: Biblos (Gebal), Tiro, Sidón, Aco (Acre) y Arvad, que era probablemente su límite septentrional. A pesar de las dudas al respecto, a los fenicios se atribuye la invención del alfabeto, antecedente de todos los modernos.

Ferezeos. Antigua tribu de Canaán. En tiempo de Abraham ocupaban una región montañosa (Gn. 13:7; cf. 15:20), conquistada por Efraín y Judá (Jos. 11:3; 17:15; Jue. 1:4, 5). Aparecen unidos a los cananeos, e identificados con ellos (Éx. 23:23; Jue. 1:45); mientras que en otros lugares, los ferezeos son enumerados con tribus de otro grupo (Gn. 15:20; Éx. 3:8, 17; Dt. 7:1, etc.). No se mencionan en la lista de Gn. 10; de modo que su origen, como el de otras tribus pequeñas, permanece en la oscuridad. Aparecen continuamente en la fórmula que describe a los moradores de la tierra prometida (Gn. 15:20; Éx. 3:8, 17; 23:23; 33:2; 34:11; Dt. 7:1; 20:17; Jos. 3:10; 9:1; 24:11; Jue. 3:5; Esd. 9:1; Neh. 9:8). Pueblo de montaña, rodeado por bosques (cf. Jos. 17:15-18), no fue exterminado por los israelitas, sino que permaneció como un elemento de la antigua población, reducida a la esclavitud por Salomón (1 R. 9:20; 2 Cro. 8:7). Durante siglos los hijos de Israel habitaron entre los cananeos, los heteos, los amorreos, los ferezeos, los heveos y los jebuseos, tomando a sus hijas por mujeres y dando a sus hijas a los hijos de ellos y sirviendo a sus dioses (Jue. 3:5, 6; cf. Esd. 9:1).

Festo (gr. «festivo»). Procurador de Judea, designado por Nerón como sucesor de Félix en el año 60 d.C. Se sabe poco sobre el gobierno de Festo. Parece que la crisis económica iniciada 30 años antes siguió empeorando y esto agravó la situación política. Continuaron los asesinatos de los sicarios y apareció otro nuevo mesías, que murió, con sus seguidores, a manos de los romanos. Festo murió a los dos años de tomar posesión de su cargo y transcurrieron algunos meses antes de que llegara el nuevo gobernador, Albino. El Sumo Sacerdote Anás aprovechó este lapso para deshacerse de sus enemigos, entre los cuales figuraba la comunidad cristiana de Jerusalén. Santiago, el pariente de Jesús, y otros disconformes, murieron apedreados.

Informado Festo por los judíos en contra de Pablo, que había sido dejado en prisión por Félix, no queriendo desairarlos del todo, pidió a Pablo su consentimiento para ser llevado a juicio a Jerusalén. Éste, sabedor de las intenciones de los judíos de darle muerte, apeló a César como ciudadano romano (Hch. 25:26). En consecuencia, Festo le envió a Roma.

Fiel. Uno de los atributos destacados de Dios en el AT relacionado con el amor y la solicitud por su pueblo (Dt. 7:9; cf. 32:4). La fidelidad de Dios está implicada en su mismo nombre del pacto, Yahvé (cf. Éx. 3:13-15), que no sólo expresa su ser existente, sino también su inmutabilidad en relación especial a sus promesas (Dt. 32:4; Neh. 9:33; Sal. 25:10; 36:5; 89:2-3; Is. 11:5). Es el «Redentor de Israel», «Yahvé, quien es fiel» (Is. 49:7), por tanto, restablecerá la tierra desolada de Israel para volver a ser habitada por el pueblo elegido. Los verdaderos siervos de Dios se caracterizan por esa misma fidelidad que confiesan en Dios. Así, vemos que Moisés es elogiado por Dios mismo como «fiel en toda mi casa» (Nm. 12:7). Otro tanto se dice de David (1 Sam. 22:14). Todo israelita, en cuanto miembro de una nación santa y dedicada a Dios mediante el pacto del Sinaí, está llamado a servir a Dios y serle fiel (Dt. 10:20).

En el NT, aparte de las alabanzas y recompensas de las personas fieles (cf. Mt. 24:45; 25:21, 23; Hch. 16:15; 1 Co. 4:2, 17; 7:25; Ef. 6:21; Col. 1:7; 4:7, 9; 1 Ti. 1:12; 3:11; 2 Ti. 2:2; He. 3:5; 1 P. 5:12; 3 Jn. 5; Ap. 2:13; 17:14); Jesucristo aparece en la carta a los Hebreos como «fiel», en analogía a Moisés (He. 3:2), pero con una diferencia en favor del primero. Mientras Moisés fue constituido como «siervo» en toda la casa de Dios, para dar testimonio de lo que se había de decir después, en cambio, Cristo es fiel no en calidad de «siervo», sino Hijo sobre su casa (He. 3:5-6). Por otra parte, en el Apocalipsis, Jesucristo es presentado como «fiel» en pie de igualdad con Dios, «Fiel y Verdadero» (Ap. 3:14; 19:1). «Fiel» es el título favorito de Pablo otorgado a los creyentes, tanto individual como colectivamente (1 Co. 4:17; Ef. 6:21, etc.). Aparece 67 veces en todo el NT.

Fiesta. Acontecimiento público y comunitario para celebrar un evento natural o histórico. La fiesta, con su preparación, signos y ceremonias, rompe la rutina habitual, favorece experiencias de solidaridad, gratuidad y espontaneidad en un contexto de regocijo y alegría. Mediante ella se transmiten numerosos significados sociales, políticos y religiosos. Las fiestas de la antigüedad estaban siempre relacionadas con lo sagrado, y de algún modo reproducían el orden divino de la creación y la renovación de la naturaleza. Como todo pueblo antiguo, los judíos elaboraron un buen número de fiestas relacionadas con los momentos transcendentales de su vida como pueblo. Observar las fiestas es una manera de reconocer a Dios como dueño de las tierras, las cosechas, el tiempo, la historia y la vida nacional en su totalidad. En las fiestas, el elemento que destaca no es la adoración litúrgica, sino la celebración conmemorativa, la renovación de la «memoria» hecha vida en la alegría del pueblo. La fiesta de Pascua o de los Tabernáculos, p.ej., celebra de generación en generación los acontecimientos de la historia de la salvación en el presente (Éx. 12:42); mediante la fiesta la comunidad participa en los acontecimientos relativos a la salida de Egipto y a su constitución como pueblo de Dios (Éx. 12:27; 19, 8; 24:3, 7).
Jesús observó sin duda las fiestas judías de su tiempo, aprovechando las mismas para ilustrar su mensaje y su misión, dándoles de este modo un significado nuevo. Es lo que ocurre durante la fiesta de los tabernáculos (Jn. 7:37ss.; 8:12; cf. Mt. 21:1-10) o de la dedicación (Jn. 10:22-38). La fiesta de Pascua es el marco elegido deliberadamente por Jesús para instituir la nueva alianza en su sangre (Mt. 26:2.17ss., 28; Jn. 13:1; 19:36; 1 Co. 5:7s.). Siguiendo este ejemplo, el cristianismo apostólico consideró las fiestas y sábados de la antigua Alianza como una sombra o tipo de lo porvenir, porque para él todo lo celebrado y significado en las fiestas de Israel pertenece a Cristo, que es su realidad última (Col. 2:16-17).

Fiestas Judías. De todas las fiestas del Antiguo Testamento podemos hacer dos grupos:
Uno, de tipo familiar como la circuncisión; la fiesta de introducción en la vida religiosa del niño cuando éste lee por primera vez un trozo de la ley, llamada *bar mitzvah*, matrimonio, funerales. Otro, de carácter nacional. Las más antiguas de éstas son tres:

1. Fiesta de los Ázimos (Éx. 12:15-20; Lv. 23:4, 6-14), celebrada entre el 15-21 de Nisan, festival de primavera, marca el comienzo de la cosecha. Incluía la Fiesta de las Primicias (Lv. 23:7-14), celebrada el 16 de Nisan. La fiesta de Pascua (Lv. 23:5), celebrada el 14 de Aviv

(también conocido como Nisan), quedó finalmente ligada a la de Ázimos.

2. Fiesta de las Semanas (Lv. 23:9-22 y Dt. 16:9-12), celebrada el 6 de Siván, marca la conclusión de la anterior, 50 días después, de donde procede el nombre «Pentecostés». Fiesta de agricultores sedentarios, posterior a la instalación del pueblo de Israel en Palestina. Se inauguraba presentando ante Dios las primicias de la cebada y terminaba con el final de la recolección del trigo y la presentación oficial de sus primicias en el templo.
3. Fiesta de los Tabernáculos (Lv. 23:33-44; Neh. 8; Zac. 14:16-19), celebrada el 15-21 de Tisri, en el mes séptimo, con ocasión de la cosecha de otoño, cuando se recuerda la marcha por el desierto, construyendo, para unos días, unas cabañas en el campo. Es precedida por un período de 10 días de purificación comunal. Entre las posteriores se encuentran el
4. Día de la Expiación (Lv. 16:1-34; 23:26-32), celebrada el 10 de Tisri, también en el mes séptimo, ya en el otoño, con ritos de penitencia y ofrenda de sacrificios.
5. Fiesta de las Trompetas (*Rosh Hashanah*, Neh. 8:2, 9-12) o Nuevo Año Judío, celebrada el 1 de Tisri, mes séptimo.
6. Fiesta de la Dedicación (celebrada el 25 de Quisleu, diciembre, instituida por Judas Macabeo cuando el templo volvió a ser dedicado después de haber sido profanado por Antíoco IV Epifanes, en el año 165 a.C. (1 Mac. 4:36-59; 2 Mac. 10:1-8; cf. Jn. 10:22). Duraba ocho días.
7. Fiesta de las Suertes (*Purim*), celebrada el 14-15 de Adar, febrero-marzo. Conmemora la historia de Ester cuando los judíos fueron librados del exterminio que había tramado Amán contra ellos (Est. 9:21, 26).

Forma capítulo aparte el Sábado, verdadera institución judía. Todas ellas tienen carácter de conmemoraciones, o de asambleas de la congregación, para celebrar tratos especiales del Señor, y en consecuencia dispensaciones especiales en la historia de su pueblo, y reciben el nombre de «fiestas solemnes» (Nm. 29:39; 1 Cro. 23:31; 2 Cro. 31:3; Neh. 10:33). Se llaman también «santas convocaciones», por cuanto el pueblo se reunía para ofrecer las varias ofrendas, y tener así memoria de su asociación con el Dios viviente, a quien debían todas sus bendiciones.

Figelo (gr. «fugitivo»). Cristiano de Asia, prob. de Éfeso, que abandonó a san Pablo durante el encarcelamiento del apóstol en Roma: «Ya sabes que se apartaron de mí todos los de Asia, entre ellos Figelo y

Hermógenes» (2 Ti. 1:15). No se sabe si este abandono del apóstol fue acompañado también del repudio de la fe o apostasía. Lo cierto es que no fue una negligencia pasajera, sino que debió fallarle en algún momento crítico para hacer esa referencia tan personal tan dolida.

Filacteria. Cajita de cuero sujeta a una banda que contiene pasajes bíblicos escritos. Interpretando literal. los citados textos de Éx. 13:9, 16; Dt. 6:8; 11:18, los judíos escriben en tiras de pergamino algunos preceptos de la ley, guardadas en cajitas cuadradas hechas de piel, que son atadas bien sobre la frente o sobre el brazo izquierdo a la altura del corazón, para recordar a su portador su deber de guardar los mandamientos de Dios en la cabeza y en el corazón. Se suponía que tenía poder como amuleto contra males y demonios. Los fariseos ensanchaban sus filacterias para hacer patente su superior empeño en ser fieles a la Ley de Dios (cf. Mt. 23:5). Jesús criticó esta práctica, que aparte de su evidente uso ostentatorio disimulaba una creencia mágica, pues la gente llevaba las filacterias no sólo para la oración, sino durante todo el día como un amuleto protector.
Las filacterias aparecen por la época intertestamentaria, cuando el pueblo judío necesitaba una buena dosis de defensa frente a las ideologías sincretizantes de aquel período. En la época tardía llegaron a convertirse en una especie de amuletos contra toda clase de amenazas, lo que justifica el reproche de Cristo.

Filadelfia (gr. «amor fraternal»). Nombre de dos ciudades de la antigüedad.

1. Ciudad de Lidia, en Asia menor, fundada por Átalo II Filadelfo, rey de Pérgamo (159-138 a.C.), de quien recibió su nombre, a los pies de un contrafuerte del monte Tmolo, junto al riachuelo Kogamos, afluente del Hermos, a unos 45 km al sudeste de Sardes en línea recta. Era la segunda ciudad en importancia de Lidia, debido a su buena situación geográfica, paso obligado de las rutas de Esmirna y Pérgamo. El terreno era propicio para el cultivo del viñedo, fuente principal de su economía. Sus monedas tienen la inscripción de la cabeza de Baco o de una bacante femenina. Estrabón comparaba la tierra de Filadelfia a la de Catana en Sicilia. En el año 17 a.C. fue destruida por un terremoto desolador —al que era proclive la región—, pero fue pronto reconstruida gracias a Tiberio. La iglesia cristiana, pequeña y pobre, tuvo que soportar las persecuciones de que la hicieron objeto los judíos ortodoxos. Es alababa por su fidelidad y firmeza en la fe. La carta que se le dirige en Ap. contiene solamen-

te elogios, frente a las reprensiones enviadas a tantas otras iglesias (Ap. 1:11; 3:7-13). El nombre actual de Filadelfia es Ala-Sheher.

2. En la antigüedad, otra ciudad llevaba oficialmente este mismo nombre, Rabá de Amón, capital de los amonitas, la actual Ammán, capital de Jordania. Durante el período helenístico recibió el nombre de Filadelfia en honor de Ptolomeo Filadelfo (285-147 a.C.), y era una ciudad de la Decápolis.

Filemón (gr. «amigable»). Cristiano rico oriundo de Colosas, o al menos, residente allí, a quien san Pablo envía un breve escrito, pidiéndole que acoja bien a su propio esclavo fugitivo, Onésimo, al cual el apóstol había convertido y bautizado en Roma. Pablo califica a Filemón de «colaborador nuestro» (Flm. 1), y habla de su amor para con los santos (v. 5), que tenían en su casa el centro de reunión (v. 2).

Filemón, Epístola. Breve carta dirigida por Pablo y Timoteo a Filemón para que acoja de nuevo a su esclavo fugitivo Onésimo, «no ya como esclavo, sino como algo más, como un hermano muy querido» (v. 16). Pertenece al grupo de las «cartas de la cautividad» (Flp., Col., Ef., Flm.).

La carta está escrita con delicadeza, en tono familiar: el esquema es el usual: saludo inicial (vv. 1 -3), acción de gracias (vv. 4-7), cuerpo (vv. 8-20), conclusión (vv. 21-22) y saludos (vv. 23-25).

El escrito muestra la superación de la esclavitud, no ya en las estructuras jurídicas y sociales, sino en las actitudes: hay que señalar, además del v. 16 ya citado, las expresiones de los vv. 12 y 17. La relación con Cristo se hace más decisiva que cualquier otra.

Además, son interesantes la manera de actuar de Pablo, que busca el consenso y no la constricción (v. 14), y algunas indicaciones sobre la Iglesia primitiva, por ejemplo, la reunión de los cristianos en las casas privadas (v. 3).

Onésimo había huido, llevándose consigo posiblemente algo de dinero robado (Flm. 18, 19). Llegado a Roma, Onésimo se convirtió por la predicación del apóstol Pablo (Flm. 10). El apóstol hubiera querido retenerlo para el servicio en la obra, pero no se sentía libre de hacerlo sin el consentimiento de Filemón (Flm. 13, 14). Además, es indudable que Pablo consideraba que Onésimo, convertido a Cristo, tenía que pedir el perdón de su amo. El apóstol deseaba vivamente que Filemón se reconciliara con Onésimo. Así, retorna al esclavo a su dueño, a quien le recomienda que lo reciba como a un hermano bien amado (Flm. 16). Hablando de su afecto hacia el joven converso (Flm. 10, 12), ofrece el reembolso a Filemón de lo que el esclavo le debe (Flm. 18,

19). Esta carta muestra cómo el apóstol usaba el tacto y la cortesía con sus hermanos en la fe; revela también la influencia del naciente cristianismo en las relaciones entre las personas de diferentes clases sociales.

La epístola a Filemón está saturada del espíritu de amor y de justicia que, gracias al Evangelio, se infiltraría en la sociedad. Provisto de esta letra, Onésimo acompañó a Tíquico, portador de la epístola destinada a la iglesia de Colosas (Col. 4:7-9) y de la epístola a la iglesia en Éfeso (Ef. 6:21, 22); fueron tres cartas redactadas en Roma en la misma época (probablemente el año 60 ó 61).

La epístola a Filemón se halla en las versiones siríaca y la Vetus Latina; el fragmento de Muratori la menciona, lo mismo que el hereje Marción; Orígenes la cita como de Pablo, Eusebio la sitúa en el grupo de escritos nunca puestos en tela de juicio. Hay por ello una gran abundancia de pruebas de su autenticidad que, además, permiten afirmar la autenticidad de las cartas a los colosenses y a los tesalonicenses, por cuanto fueron redactadas al mismo tiempo que la de Filemón. Ver ONÉSIMO.

Fileto (gr. «digno de ser amado»). Falso maestro cristiano asociado con Himeneo, difundía la enseñanza de que la resurrección ya estaba efectuada y, por tanto, negando la resurrección corporal, no sólo espiritual, que se ha de dar en el futuro, de la que la resurrección de Cristo es la garantía. Por medio de la negación de la resurrección real había trastornado la fe de algunos. Se dice que su doctrina «carcomerá como la gangrena» (2 Ti. 2:17-18). Aparte de este texto no sabemos nada más de él.

Filipenses, Epístola. Carta dirigida a la iglesia más antigua de Europa, fue redactada por el apóstol Pablo desde su cautiverio en Roma (Flp. 1:7, 13, 14, 17). Pablo se halla bajo la vigilancia de la guardia pretoriana (Flp. 1:13); transmite los saludos de los santos pertenecientes a la casa del César (Flp. 4:22). En la localidad en la que está Pablo hay numerosos cristianos que propagan la nueva fe (Flp. 1:14-18). Estas alusiones, y el tono de toda la epístola, hacen ver que el apóstol escribía durante su primer encarcelamiento en Roma. La fecha más probable es hacia el final de este período, el año 61 ó 62.

La carta había sido escrita como acuse de recibo del don de los filipenses. El apóstol había ya aceptado muchas veces la liberalidad de ellos, en contra de su costumbre (Flp. 4:15). Aprovecha esta ocasión para dar noticias suyas a los filipenses y para ponerlos en guardia contra los errores.

Esta epístola constituye el mensaje de un pastor a su grey; a diferencia de otros casos, esta epístola no tenía como motivo una crisis en el seno de la Iglesia. Abundante en enseñanzas espirituales, arroja mucha luz sobre la situación y el estado de ánimo de Pablo en Roma. Epafrodito estaba ya restablecido e iba a ser el portador de la carta a Filipos (Flp. 2:25, 30).
Pablo agradece a los filipenses, asegurándoles de su afecto, de sus oraciones para el avance de ellos en la santificación (Flp. 1:3-11). Afirma que su encarcelamiento contribuye al progreso del Evangelio; se goza en que Cristo sea predicado, a pesar de la oposición que tiene que sufrir; desearía mejor partir para estar con Cristo, pero sabe que será preservado, para serles aún más útil; los exhorta a que permanezcan en la fe (Flp. 1:12-30). Apela a la unión espiritual, basada en la abnegación y en el amor, en seguimiento del ejemplo de Cristo, que debería incitarles a llevar a cabo su servicio hasta el fin (Flp. 2:1-18). Espera poder enviarles a Timoteo, y dirigirse él mismo a Filipos; mientras tanto, delega a Epafrodito (Flp. 2:19-30). Les exhorta a seguir gozosamente la peregrinación terrestre, en sometimiento a Cristo, sin perder de vista el galardón celestial, según el ejemplo del apóstol. Pone a los filipenses en guardia frente a los judaizantes (Flp. 3).

Filipo (gr. «amante de los caballos»). Nombre de varios personajes relacionados con la historia judía.

1. Filipo II, rey de Macedonia y padre de Alejandro Magno (1 Mac. 1:1; 6:2). Después de varias vicisitudes aciagas, Filipo emprendió la conquista de Grecia. Hacia el 353 a.C. conquistó Tesalia y sucesivamente Ferea y Pegasa, pero no pudo cruzar las Termópilas. En el 354 conquistó treinta y dos ciudades de Tracia. Poco después derrotó una coalición de estados giregos que había formado Atenas. Respetó la constitución ateniense pero subyugó duramente a los tebanos. Murió asesinado por Pausanias. Alejandro le sucedió a la edad de veinte años.
2. Filipo V, rey de Macedonia, que gobernó desde el 220 a.C. hasta el 179 a.C. Se esforzó en extender las fronteras del dominio macedónico, lo que le ocasionó el conflicto con Roma, cuando ésta mantenía la crítica guerra púnica contra Cartago. Hacia el 215 a.C. se alió con los cartagineses; Aníbal esperaba su ayuda por mar, pero le entretuvieron hábilmente los etolios y cuando llegó fue demasiado tarde, pues el ejército cartaginés ya había sido vencido. Debido a su carácter tiránico y cruel, el escritor hebreo celebró su muerte, junto a la de Perseo, como uno de los triunfos más nobles de Roma (1 Mac. 8:5).

3. Gobernador de Judea, nombrado por Antíoco IV Epífanes. Era frigio de nacimiento. Destaca por su crueldad (2 Mac. 5:22), abrasando en sus cuevas a los judíos fugitivos (2 Mac. 6:11). Se empeñó en helenizar al pueblo judío y apartarle de su religión tradicional, siendo enfrentado por Judas Macabeo (2 Mac. 8:8). Según Plinio, tomó parte en la batalla de Magnesia al mando del cuerpo de un ejército formado por elefantes (*Hist. Nat.* 37,41).
4. Hermano de leche (2 Mac. 9:29) de Antíoco IV Epífanes, y uno de sus mejores amigos. A la muerte de Antíoco fue nombrado regente de Siria, encargado del heredero, Antíoco V, mientras alcanzaba la mayoría de edad (1 Mac. 6:14, 15, 55).

Filipo El Tetrarca. Hijo de Herodes el Grande y Cleopatra de Jerusalén. Al sentir la proximidad de la muerte, Herodes dividió su reino entre tres de sus hijos: Antipas, Arquelao y Filipo. El emperador romano Augusto confirmó la última voluntad de Herodes. Arquelao recibió Judea, Samaria e Idumea. Antipas, Galilea y Perea. Filipo recibió los territorios del nordeste, o tetrarquía de Iturea y de Traconite (Lc. 3:1). Era la parte más pequeña del reino de Herodes, consistente en las zonas al norte y al este del mar de Galilea, donde los sirios y los griegos superaban a la población judía. Quizás por esta razón Filipo resultó ser un gobernante excepcionalmente bueno. Carecía de la ambición y crueldad de su padre. Fue un gran constructor, como su progenitor, y construyó una capital cerca de la fuente del Jordán, a la que llamó Cesarea de Filipo (Josefo, *Ant.* 17, 1, 3; 11, 4; 18,4,6; *Guerras*, 1, 28, 4; 2, 6, 3; Mt. 16:13; Mc. 8:27).
Se casó con su sobrina Salomé, hija de su hermano Filipo y Herodías. Tanto Filipo como Antipas reinaron con relativa paz, prosperidad y acierto durante más de un tercio de siglo. En el año 34 d.C. murió el tetrarca, después de 37 años de gobierno, sin dejar herederos varones, por lo que su reino se anexionó a la provincia de Siria, pero tres años más tarde Calígula se la concedió a Herodes Agripa I.

Filipo Herodes. Hijo de Herodes el Grande y Mariamne II, hija del sumo sacerdote Simón. Hermanastro de Antipas, se casó con su sobrina Herodías, hija de Aristóbulo y nieta, por tanto, de Herodes el Grande. Filipo vio como sus hermanastros Arquelao, Herodes Antipas y el otro Filipo, el Tetrarca, heredaban el reino, mientras que él se quedaba al margen del gobierno, desheredado por su padre. Trasladado a Roma, al parecer llevó una tranquila vida privada, junto con su esposa Herodías, de quien tuvo una hija llamada Salomé; hasta que en un viaje que Herodes Antipas hizo a Roma conoció a Herodías, su cuñada, de la que se enamoró apasionadamente y le propuso matrimonio; ella aceptó con la condición de que Antipas se divorciara de su esposa árabe, hija del rey nabateo. Esto explica que Mateo y Marcos (cf. Mt. 14:3; Mc. 6:17; Lc. 3:19) afirmen que Herodías era mujer de Filipo, mientras que Josefo dice que lo era de Herodes, debido a que dicho personaje era conocido por dos nombres: Filipo y Filipo Herodes.

Filipos. Ciudad de Tracia, en la Macedonia oriental. Los romanos la convirtieron en una colonia militar. Sus habitantes gozaban del privilegio de la ciudadanía romana. Al frente de la colonia había dos generales elegidos como los cónsules de Roma. La población se componía de veteranos romanos y de naturales del país, con una pequeña comunidad judía carente de sinagoga, por lo cual los judíos piadosos se reunían junto al río o junto a uno de los numerosos manantiales de las cercanías, fuera de las murallas de la ciudad.
Fue la primera ciudad de Europa visitada por Pablo (52 d.C.). Su predicación tuvo como resultado la conversión de Lidia y su familia. Al echar de una joven un espíritu de pitón se ocasionó un tumulto; Pablo y Silas fueron azotados y echados a la cárcel, esto llevó a la conversión del carcelero (Hch. 16:12-40). Pablo volvió a visitar esta ciudad poco después (Hch. 20:6).

Filistea. En heb. *Peléshet*, corresponde a nuestro término Palestina, que originalmente indicaba la región habitada por los filisteos, población no semita, en la llanura costera de Palestina, que comprende el territorio entre Jope y el riachuelo de Gase, a unos 10 km al sur de Gaza. Esta llanura litoral se conoce también con el nombre de la Sefela, región de terreno muy fértil. En época de Josué, el territorio de Filistea estaba dividido en cinco ciudades-estado con sus territorios, con un monarca o señor en cada una, a saber, Gaza, Asdod, Ascalón, Gat, Ecrón (Jos. 13:2, 3).

Filisteos. Pueblo no semítico, de origen indoeuropeo, que se estableció en la llanura litoral de Canaán después de las luchas de Ramsés III contra los llamados «Pueblos del Mar», de los que formaban parte (hacia el año 1200 a.C.). Aparte de las referencias del AT no poseemos ningún documento escrito que se remonte directamente a los filisteos, excepto menciones escuetas en los textos egipcios y, más tarde, en textos asirios y babilónicos. Desde hace unos años las excavaciones arqueológicas han empezado a ofrecer datos materiales de primera mano, pero ningún texto hasta la fecha.

En el relato bíblico, los filisteos aparecen como los habitantes de la planicie marítima de Palestina, desde los tiempos de Jueces. Se mencionan en la genealogía de las naciones, donde son presentados como descendientes de Filistim a través de Casluhim, hijo de Mizraím (Gn. 10:13-14; 1 Cro. 1:11-12). Procedían de Caftor, que probablemente es Creta (Jer. 43:4), la egipcia Kefti o Keftiu, aunque hay eruditos que sitúan su origen en Capadocia. Fracasado el intento de conquistar Egipto, los filisteos se afincaron en las costas de Canaán. En los días de Abraham, cuando éste se trasladó a Gerar, los filisteos se encontraban en el suroeste de Canaán (Gn. 20); tanto Abraham como Isaac tuvieron ciertos problemas con ellos por unos pozos que habían cavado (Gn. 21:25-34; 26:1-18).
En Canaán los filisteos organizaron una liga de ciudades-estado compuesta por cinco ciudades: Gaza, Asdod, Ascalón, Gat, Ecrón (Jos. 13:2, 3), donde desarrollaron una compleja cultura. Su conocimiento de la metalurgia del hierro, desconocida por los israelitas, los dotó de una enorme superioridad militar sobre estos últimos (1 Sam. 13:20). En el AT pasan por ser una nación guerrera (cf. Éx. 13:17). También sabemos que tenían carros de guerra. Se trata, pues, de un pueblo con una cultura avanzada con una industria bastante desarrollada, hasta el punto de que los propios israelitas obtenían instrumentos fabricados por los filisteos para su agricultura (cf. 1 Sam. 13:19ss.).

Filólogo (gr. «amigo de la palabra»). Cristiano de Roma a quien Pablo manda saludos (Ro. 16:15). Por el contexto se ha supuesto que era marido de Julia. Su nombre aparece en el *Columbarium* «de los libertos de Livia Augusta» de Roma, lo que demostraría que hubo un Filólogo, nombre común en Roma, relacionado con el palacio imperial en el tiempo que incluía varias Julias.

Filón. Filósofo judío helenizante, nacido en la comunidad hebrea de Alejandría (30 a.C.-50 d.C.). Su pensamiento fecundo se nutre de las más altas y nobles fuentes, el Antiguo Testamento, el cual interpreta de manera alegórica, y el mundo de las ideas platónicas.

Filosofía (gr. «amor o aspiración de la sabiduría»). Mencionada solamente una vez en el NT en sentido peyorativo (Col. 2:8). Por el contexto se ve que no designa la filosofía propiamente dicha, sino una especie de gnosis o de pregnosis. El nombre «filósofos» también aparece una sola vez en relación con la predicación de Pablo en el Areópago (Hch. 17:18). Cuando el apóstol alude a la sabiduría de los griegos, para quienes la predicación de la salvación mediante la cruz de Cristo es una locura (1 Co. 1:22-25), tiene en mente el modo de pensar de la cultura grecorromana, con sus variadas escuelas de filosofía, centradas en el hombre y su pretendida capacidad para obrar el bien. A medida que el cristianismo se fue afianzando en las clases cultas produjo de sí mismo un estilo de filosofía basado en las verdades del Evangelio y sus implicaciones para la vida personal e intelectual.

Fineas, Finees (heb. «el nubio, o negro»). Nombre de dos personajes del AT.

1. Hijo de Eleazar y nieto de Aarón (Éx. 6:25, Esd. 7:5). Mostró su celo por Dios al dar muerte a Zimri y a Cozbi, recibiendo por ello bendición de parte de Dios (Nm. 25:6-13; Sal. 106:30). Sucedió a Eleazar como sumo sacerdote. Participó en la lucha contra los madianitas (Nm. 31:6-12), siete años después fue enviado a la tierra de Guilead contra las tribus del oeste del Jordán, a causa de un santuario erigido en sus orillas (Jos. 22:13-32). Sacerdote del arca en Betel (Jue. 20:28). La tradición judía ortodoxa le considera el héroe del sacerdocio, modelo de sacerdote ejemplar, ardiente y piadoso. Posteriormente se le comparó con el profeta Elías. Su sepulcro podía verse en Guibá en el monte de Efraím, donde había sido enterrado su padre (Jos. 24:33)
2. Hijo de Elí, sacerdote del arca en Silo (1 Sam. 1:3; 2:34; 4:4, 11, 17, 19; 14:3). Degradó el sacerdocio por su iniquidad, maltratando a los que se quejaban de ellos y abusando de las mujeres que servían en el santuario. Desdeñó las amonestaciones de su padre, el cual no los castigó. Murió en la batalla de Afec junto con su hermano Ofni, cuando el arca fue arrebatada por los filisteos. Fue padre de Ahitob y de Icabod. Su esposa, transida de dolor, murió en el parto de este último (1 Sam. 4:4-19; 14:3).

Flauta. Instrumento musical procedente seguramente de Egipto, donde se conoce ya en el imperio antiguo. En el libro de Génesis se atribuye su invención a Jubal, «quien llegó a ser padre de todos los que tocan el arpa y la flauta» (Gn. 4:21). La flauta, hecha al principio de madera o hueso con perforaciones, es uno de los instrumentos musicales más simples y antiguos que se conocen. Se asocia con la alegría y la paz, presente en los banquetes, las bodas, las procesiones y las ceremonias de entonización (1 R. 1:40). La flauta era tocada por los pastores y los coros de profetas (1 Sam. 10:5). Era muy popular en las fiestas (Is. 5:12; 30:29; Jer. 48:36; Lc. 7:32). Prob. formaba parte del culto divino (cf. Sal. 87:7; 150:5). También se utilizaba en los duelos y funerales, según una noticia recogida en los Evangelios (Mt. 9:23, 24).

Fleco. Ornamento utilizado por los hebreos, prescrito por la Ley (Nm. 15:38; Dt. 22:12). Para ello se utilizaban ordinariamente cuatro cordones compuestos de siete hilos de lana retorcida, tres blancos y uno azul; también dos blancos y dos azules. Los flecos se pasaban por el borde del mando y se ataban de una manera especial y complicada. La función de los flecos en los vestidos no era de mero adorno, sino religiosa: servir de distintivo que les recordaba su pertenencia al pueblo de Dios, lo que exigía fidelidad a los mandamientos divinos, que habían de tener siempre presentes. Los enfermos tocaban los flecos del vestido de Jesús dado la atribución casi mágica adquirida por este ornamento (Mt. 14:36, cf. Mt. 9:20).

Flujo. En el Levítico se trata de la efusión espontánea del semen, sea natural o proveniente de una enfermedad. En ambos casos constituye una impureza que se comunica a todo cuanto toca el paciente. Esta impureza legal hacía al guerrero no apto para el combate, que siempre era un asunto «santo» (cf. 1 Sam. 21:5-6). Para los antiguos hebreos el flujo seminal era un desorden orgánico inmundo debido a la ignorancia de las causas fisiológicas. La mujer, a consecuencia de su flujo menstrual, también se volvía inmunda, pero si este ciclo se volviera crónico, la impureza duraría durante el desarreglo orgánico. En ambos casos la mujer comunica su impureza a lo que toca, sea persona o cosa. Después de haber pasado la enfermedad, debía purificarse mediante sacrificios expiatorios (Lv. 15:19-33). En los relatos evangélicos la enfermedad de «flujo de sangre» se identifica con la «hemorragia» (Mt. 9:20; Mc. 5:25; Lc. 8:43).

Fortaleza. El vocabulario heb. es rico en términos que se refieren a un recinto fortificado, vital para la defensa de las ciudades antiguas. Nunca se refieren a un edificio independiente, como unidad arquitectónica, sino principalmente a la parte de la ciudad más fuertemente fortificada adosada a los muros y murallas. Sólo en el período helénico se dio lugar a la construcción de fortalezas propiamente dichas. Los romanos hicieron uso de una fortaleza en Jerusalén, a la que fue llevado Pablo cuando fue apresado por los judíos (Hch. 21:34, 37), quizá Torre Antonia.

Fortunato (gr. «afortunado»). Cristiano de Corinto, que estuvo en Éfeso con san Pablo, y al que éste alaba (1 Co. 16:17). Junto con Estéfanas y

Acaico llevó una carta al apóstol y entregó a la iglesia de Corintio la primera epístola que lleva este nombre.

Frigia. Región de Asia Menor, cuyos límites han variado según las épocas. En tiempo del NT limitaba al norte con Bitinia y Galacia, al este con Capadocia y Licaonia, al sur con Licia, Pisidia y Isaria y al oeste con Caria, Lidia y Misia. Su población eran una mezcla de tribus macedonias, tracias y armenias, con una lengua indogemánica. Antíoco el Grande (224-187 a.C.) desplazó a 2000 familias judías de Babilonia y de Mesopotamia a Lidia y a Frigia, lo que explica la presencia de judíos procedentes de Frigia durante la fiesta de Pascua y Pentecostés (Hch. 2:10), y el interés de Pablo por llevarles el Evangelio. Las ciudades de Laodicea, Colosas, Hierápolis y Antioquía de Pisidia, mencionadas en el NT, caían dentro de los límites de Frigia.

Fúa (heb. «ráfaga»). Nombre de tres personajes del AT.

1. Segundo hijo de Isacar (Gn. 46:13), que bajó a Egipto con Jacob y allí se convirtió en fundador del clan de los fuaítas (Nm. 26:23; 1 Cro. 7:1).
2. Una de las parteras de las hebreas, a las cuales el faraón dio órdenes de matar a los hijos varones recién nacidos (Éx. 1:15). Junto con Sifra, Fúa parece haber estado al frente de al menos 500 parteras encargadas de mantener a raya la población israelita. A pesar de la orden recibida, temieron a Dios y no llevaron a cabo el designio de sus superiores recurriendo a la artimaña de decir que las mujeres hebreas no eran como las egipcias.
3. Padre de Tola, juez de Israel, de la tribu de Isacar (Jue. 10:1).

Fuego. Aparte de su sentido natural, el fuego es un indiscutible símbolo del poder y la majestad de Dios (Dt. 5:24). Es el elemento más constante en las teofanías, como símbolo de fuerza consumidora y transcendencia divina. La primera manifestación del Ángel de Yahvé a Moisés se da en el contexto de una «llama» de fuego y de la zarza ardiente (Éx. 3:2; 19:18). Más tarde en la columna de fuego que guiaba al pueblo hebreo desde Egipto hasta el Mar Rojo: «Yahvé iba delante de ellos, de día en una columna de nube para guiarlos por el camino, y de noche en una columna de fuego» (Éx. 13:21; 14:24; Nm. 14:14). Cuando Moisés subió al Sinaí para recibir de Yahvé las Tablas de la Ley, se dice que «todo el monte Sinaí humeaba, porque Yahvé había descendido sobre él en fuego y humo» (Éx. 19:18). Es natural que, en consecuencia, el rostro de Moisés se vuelva resplandeciente como tocado por fuego (Éx. 34:29,35). Isaías tuvo una visión de Dios en medio del humo que salía del fuego del altar (Is. 6:4-6). Ezequiel también recibió una visión de Yahvé en la que éste aparecía en una nube «con un fuego envolvente, y alrededor de él un resplandor, y en medio del fuego algo que parecía como bronce refulgente» (Ez. 1:4). Daniel describe la visión del Anciano de Días sentado en un trono «como llama de fuego; y sus ruedas, fuego ardiente. Un río de fuego procedía y salía de delante de él» (Dn. 7:10). En sus parábolas, Jesús emplea la imagen del fuego para designar el juicio de Dios contra los pecadores: la gehena del fuego (Mt. 5:22; 18:9; Mc. 9:43), el horno ardiente (Mt. 13:42, 50), el fuego eterno (Mt. 18:8; 25:41), el fuego inextinguible (Mt. 3:12, cf. Is. 66:24; Ap. 19:20; 20:10).

Fuente. Las fuentes son una característica notable de la tierra de Israel, que es descrita como «tierra de arroyos, de aguas, de fuentes y de manantiales, que brotan en vegas y montes» (Dt. 8:7). Durante la travesía del desierto de Sinaí la búsqueda de fuentes de agua fue una necesidad apremiante y angustiosa, que dio origen a actos de insubordinación y rebelión contra Moisés. Las fuentes de Israel, aunque pocas y de vida corta, se destacan por su abundancia y belleza, especialmente las que dan al río Jordán y sus lagos en todo su curso. Las fuentes escasean más al este del Jordán que al oeste. Se pueden encontrar unas pocas en Galaad, pero son totalmente desconocidas en la meseta sur de Moab al sur, o en el norte de Basán, debido a la estructura orográfica del territorio y a la sequedad de su clima. La población ha remedidado esta carencia con la construcción de pozos y cisternas. La actividad volcánica que desde los primeros tiempos sacudía Palestina da razón de la existencia de fuentes calientes cerca del mar de Galilea y el mar Muerto, las cuales han sido secularmente famosas por sus propiedades medicinales (Plinio, *Historia natural* 5, 15). Están confinadas en el valle volcánico del Jordán, con un alto contenido sulfúrico.

Fuente de Bronce. Recipiente para contener agua usada por los sacerdotes en sus abluciones durante sus ministraciones religiosas. Fue de dos clases. Primera, la que había entre la puerta del tabernáculo de reunión y el altar (Éx. 30:18), según la tradición judía, un poco al sur (Éx. 30:19, 21). Segunda, la mandada construir por Salomón para el Templo (2 Cro. 4:6). En este caso se trata de una fuente gigantesca, un verdadero mar de bronce, como es llamado en hebreo (2 R. 25:13; 1 Cro. 18:8).

Fut. Personaje del AT relacionado con Mizraim y Cus, como tercer hijo de Cam (Gn. 10:6; 1 Cro. 1:8). No vuelve a mencionarse en los textos históricos. En los profetas se menciona como un país de indudable origen africano, junto a Tarsis y Lud (Lidia), en Is. 66:19; Cus (Etiopía) y Lidia y Libia en Jr. 46:9; Ez. 27:40; 30:5; 38:5; Nah. 3:9. Muchos de sus habitantes fueron soldados mercenarios al servicio de Egipto (Ez. 30:5); Tiro (Ez. 27:20); Gog (Ez. 38:5). La relación de Put con Cus (Etiopía), Libia y Lud (Lidia), llevó a Josefo a pensar que se trataba de mauritanos (*Ant.* 1, 6, 2); y menciona el nombre de un río que lleva el mismo nombre, en el territorio de Mauri, llamado Fut por Plinio, cuyas aguas desembocaban en el Atlántico. Ptolomeo lo llama Ptout, ubicado en Mauritania Tingitana. Todo esto lleva a concluir que Fut es el nombre para Libia, a lo que se suma el testimonio copto, para el que *Faiat* es el equivalente copto de Libia en el bajo Egipto. Sus habitantes eran grandes guerreros y se prestaban como mercenarios al servicio de los fenicios, egipcios y otros pueblos.

G

Gaal (heb. «abominar»). Hijo de Ebed. Se ignora si era israelita o cananeo. En compañía de sus hermanos incitó a los siquemitas a rebelarse contra Abimelec, durante la fiesta en que los viñadores ofrecían a Baal las primicias de la cosecha. Gaal enardeció sus ánimos y los condujo a la batalla; pero fue derrotado y proscrito de la ciudad de Siquem (Jue. 9:26-41). Al parecer representa la tradición reaccionaria a la influencia israelita, y en especial a la familia de Gedeón, en nombre de las tradiciones aborígenes y los dioses antiguos.

Gabaa. Nombre de tres ciudades del AT situadas en una montaña o colina.

1. Ciudad asignada a la tribu de Judá, situada en la montaña (Jos. 15:57). Es posible que sea la Gabaa mencionada en 2 Cro. 13:2, mencionada por Eusebio y situada a 12 millas de Eleuterópolis. Dice además que en ella se encontraba el sepulcro del profeta Habacuc. Generalmente se identifica con el-Gaba'h, a 6 km al oeste de Beit Immar.
2. Ciudad asignada a la tribu de Benjamín (Jos. 18:24), que correspondió más tarde a los levitas (Jos. 21:17; 1 Cro. 6:45). Algunos de sus habitantes regresaron del exilio con Zorobabel (Esd. 2:26; Neh. 7:30). Es una variante de Geba, que sería su verdadero nombre.
3. Ciudad de la tribu de Benjamín, situada cerca de Ramá (Jos. 18:28; 1 Sam. 13:2,15). Escenario de un deplorable acontecimiento en la época de los Jueces, cuando «no había rey en Israel; cada uno

hacía lo que bien le parecía» (Jue. 21:25). Sus habitantes cometieron una infamia con la mujer de un levita que, de paso hacia su ciudad, pasó la noche allí. Los hombres de la localidad violaron y dieron muerte a su esposa, lo que atrajo la indignación y subsiguiente castigo del resto de las tribus (cf. Jue. 19-20). Fue el lugar de nacimiento de Saúl y la convirtió en la capital de su reino (1 Sam. 11:4). Existía en tiempo del profeta Isaías (Is. 10:29); Oseas recuerda la maldad de sus habitantes (Os. 9:9; 10:9). Se identifica con Teleil el-Fûl, un Tell o montículo de ruinas a unos 5 km al norte de Jerusalén en el camino que conduce a Siquem.

Gabael (heb. «Excelso es Dios»). Pariente de Tobías que vivía en la aldea de Rages, en las montañas de Ecbatana, a dos días de camino de esta ciudad. Debido a su pobreza, Tobit le prestó diez talentos de plata, que después le devolvió en los días de necesidad de Tobit (Tobit 1:14; 4:1, 20; 5:6, 9; 10:2).

Gabaón (heb. «lugar elevado»). Una de las cuatro ciudades principales de los heveos, junto a Cafira, Beerot y Quiriat-jearim (Jos. 9:17). Capital de la confederación de los heveos, estaba situada 8 km al noroeste de Jerusalén, sobre el camino de Jope. Fue después una ciudad levítica dentro del territorio asignado a Benjamín (Jos. 21:17). Temerosos por las conquistas israelitas de Jericó y Hai, los gabaonitas recurrieron a una treta mediante la cual lograron un tratado de paz con Josué y los ancianos de Israel (Jos. 9). Descubierto el engaño tres días después, Josué les obligó a servir de leñadores y aguadores para toda la congregación. El tratado de los gabaonitas con los invasores israelitas enojó a los reyes amorreos de Hebrón, Jarmut, Laquis y Egión, quienes coaligados atacaron la ciudad. Los gabaonitas pidieron ayuda a su aliado Josué, quien corrió en su defensa ocasionando una gran derrota a los amorreos, a la cual cooperó la ayuda de una tormenta de granizo (Jos. 10:11).

Después de un silencio de unos 150 años, Gabaón vuelve a aparecer en la historia con motivo de las luchas entre David y la casa de Saúl. El país padeció un hambre de tres años. David consultó a Yahvé y supo que la causa era el comportamiento de Saúl con los gabaonitas, pues no había respetado el juramento de Israel, dando muerte a muchos de este pueblo. Para reparar el daño, David entregó a los gabaonitas siete descendientes que fueron ejecutados «en Gabaón, en el monte de Yahvé» (cf. 2 Sam. 2:12-17; 20:5-10). Se identifica con la actual el-Gib, situada a algo más de 9 km de Jerusalén y a unos 10 de Hai. Se han realizado excavaciones arqueológicas desde 1956 en adelante, sacando a la luz restos de cerámica y paredes de adobe de la edad del Bronce Antiguo (alrededor de 2800 a.C.).

Gabata. Nombre de la gran plaza embaldosada en la que se elevaba el tribunal de Pilatos, donde se juzgó y condenó a Jesús (Jn. 19:13). El nombre *Gabbatá* es sin duda un término arameo, ya que «hebreo» en San Juan, como en otros autores neotestamentarios, se refiere a la lengua aramea, que era la comúnmente hablada entonces en Judea. En Juan es habitual dar nombres arameos a sitios específicos, que no son meras traducciones del griego. El nombre arameo se derivó de la configuración del lugar, el griego, de la naturaleza del pavimento. Su situación exacta en Jerusalén depende del lugar donde Pilato tuviera su residencia. Si la tuvo en la Torre Antonia, en el ángulo noroccidental de la explanada del Templo, se puede apreciar que allí el terreno se eleva efectivamente sobre el nivel restante, en el cual estaría colocado el tribunal, delante del pretorio.

Gabriel (heb. «Dios se ha mostrado fuerte»). Uno de los tres ángeles mencionados por nombre. En el AT sólo aparece en el libro de Daniel, enviado a éste para explicarle la visión que había tenido del carnero y del macho cabrío (Dn. 7), y para revelarle la profecía de las Setenta Semanas (Dn. 9:24-26). En el NT aparece primero a Zacarías, y después, al cabo de seis meses, a María (Lc. 1:26); nueve meses después nace Cristo, y 40 días más tarde hace su entrada en el templo. Estas cifras hacen un total de 490 días, es decir, Setenta Semanas. El Evangelista muestra así que Cristo es el Mesías previsto en Dn 9, a la vez Mesías humano y también misterioso Hijo del hombre, de origen cuasidivino (Dn. 7:13).

Gad (heb. «fortuna»). Nombre de dos personajes del AT.

1. Séptimo hijo de Jacob y primero de Zilpa, la criada de Lea. Nació en Aram, o sea, Mesopotamia de Siria, al igual que su hermano de padre y madre, Aser (Gn. 35:26). Es poco lo que se sabe de Gad, excepto que tuvo siete hijos (Gn. 30:11; 46:16; 1 Cro. 5:11).
2. «Vidente» o profeta contemporáneo del rey David (1 Sam. 22:55; 2 Sam. 24:11). Estaba con David cuando huía de Saúl, y le sirvió de consejero (1 Sam. 22:5). Prob. fue uno de los gaditas que se unieron con David en la cueva de Adulam (1 Cro. 22:1). A partir de ese momento se convirtió en consejero de David, conocido por «el vidente de David» (2 Sam. 24:11; 1 Cro. 21:9). Al final de su reinado, tuvo el doloroso deber de anunciar los juicios de Dios sobre David por el censo del pueblo, y le aconsejó construir un altar para Dios

sobre la era de Ornán (2 Sam. 24:11-19; 1 Cro. 21:9-19; 2 Cro. 29:25). Es mencionado como el autor de un libro perdido («las crónicas de Gad el vidente») que narra parte del reino de David (1 Cro. 29:29). También se dice que ayudó a David en la organización de los servicios musicales de la Casa del Señor (2 Cro. 29:25).

Gad, Tribu de. Descendientes de Gad. Durante la travesía del desierto en camino hacia la Tierra Prometida, la tribu de Gad marchaba al lado sur del Tabernáculo (Nm. 2:14). Durante ese tiempo el jefe fue Eliasaf hijo de Reuel (Nm. 2:14; 10:20), a cuyas órdenes había 40.000 hombres. Moisés les permitió establecerse al este del Jordán, con la condición de que ayudaran en la conquista de Palestina occidental; los gaditas cumplieron con esa condición, tomaron posesión del territorio que deseaban pues eran favorables para el pastoreo, y por siglos formaron la tribu israelita más importante más allá del Jordán.

Los límites territoriales de la tribu de Gad no pueden determinarse con exactitud. Al oeste, la porción de Gad lindaba con el Jordán, y corría por el Rabba, o valle del Jordán, en una angosta franja, desde el extremo norte del mar Muerto hasta el extremo sur del lago de Genesaret, muy fértil y apropiada para sus ganados y manadas, que incluía las tierras altas de Galaad. Gad era una tribu belicosa, apropiada para mantener una posición tan expuesta, teniendo que luchar continuamente contra las incursiones de los nómadas del desierto, de los madianitas, amonitas y arameos. Su valor es altamente elogiado en la bendición de partida de Moisés (Dt. 33:20-21) y en la profecía de Jacob (Gn. 49:19) y fueron capaces de superar las invasiones en su contra, principalmente por los hijos de Amón. De los que se unieron a David se dice que eran «hombres de guerra muy valientes para pelear, diestros con escudo y pavés; sus rostros eran como rostros de leones, y eran ligeros como las gacelas sobre las montañas» (1 Cro. 12:8-15). En tiempos de Saúl, muchos israelitas huyeron de los filisteos y buscaron refugio en la tierra de Gad y de Galaad (1 Sam. 13:7). Al terminar el reinado de Salomón, formaron parte del reino del norte, y participaron con éxito variado en las guerras de invasión contra el norte de Israel. Fue una de las primeras tribus en ser llevadas cautivas por el asirio Tiglat-Pileser (734 a.C.), tomando los amonitas posesión del territorio de Gad (1 Cro. 5:25, 26; Jer. 49:1).

Gadara (gr. «muralla»). Ciudad fortificada de la Decápolis, al este del Mar de Galilea, frente a Escitópolis. No es mencionada en la Biblia, pero es evidente que es idéntica a «la región de los gadarenos» (Mc. 5:1; Lc. 8:26, 37), escenario de dos milagros de liberación de posesos realizados por Jesús (Mt. 8:28-34; Mc. 5:1-21; Lc. 8:26-40). La identificación correcta parece ser la de las ruinas de Kersa, en las que abundan las tumbas situadas al sur de la ribera oriental del dicho mar de Galilea, frente a Magdala, a 8 km del lugar donde el Jordán se precipita al lago.

Galaad (heb. «abrupto, áspero»). Nombre de tres israelitas.

1. Hijo de Maquir y yerno de Manasés, cuyos descendientes llevaron su nombre como patronímico (Nm. 26:29, 30).
2. Padre o antepasado de Jefté (Jue. 11:1, 2).
3. Hijo de Micael, de la tribu de Gad (1 Cro. 5:14).

Galaad. Región montañosa más o menos extensa de la Transjordania. En un principio designaba únicamente la región circunvecina a la montaña homónima, más tarde se aplicó al territorio situado al norte, hasta el Yarmuk, y por el sur aprox. hasta Mádaba. Era famosa por sus bosques (Jer. 22:6-7). Estaba dividida en dos partes por el río Jaboc (Jos. 12:2; Dt. 3:16, 17). La parte sur fue asignada a la tribu de Gad y la del norte quedó incluida en el territorio de Manasés (Dt. 3:12, 13). Puesto que las montañas ocupaban todo el escenario de la región, a veces es llamada «monte Galaad» (Gn. 31:25; cf. Dt. 3:12; Jr. 1:19), no refiriéndose a algún otro monte en particular que la «región montañosa del Líbano» en general (Jue. 3:3); otras veces es llamada «la tierra de Galaad» (Nm. 32:1, cf. Dt. 34:1; Nm. 34:29; Zc. 10:10), y a veces simplemente Galaad (Sal. 60:7; Gn. 37:25; Nm. 32:40; Jos. 17:1; Am. 1:3). Sus habitantes reciben el nombre de galaditas (Jue. 10:3; 2 R. 15:25).

En la época de los macabeos designa a la región de Basán: Galaadítide (1 Mac. 5:17, 36). En tiempo de la denominación romana designa a toda la región situada al otro lado del Jordán, tal como hacen los evangelistas (Mt. 4:15, 25; Mc. 3:8; 10:1; Jn. 1:28; 3:26; 10:40). Producía el famoso bálsamo de Galaad y otras plantas medicinales (Gn. 37:25; Jer. 8:22); había también muchas dehesas (Nm. 32:1).

Galacia. Distrito central del Asia Menor, limitada al norte por Bitinia, Paflagonia y el Ponto, al este por el Ponto y Capadocia, al sur por Capadocia, Licaonia y Frigia, y al oeste por Frigia y Bitinia. El nombre de Galacia proviene de las tribus galas (celtas), que habían invadido Macedonia y Grecia (278-277 a.C.), y se asentaron en el territorio que recibe su nombre. Pesinonte, Ancira y Tavium eran las principales ciudades de Galacia, cuyos límites variaron en diferentes épocas históricas, según los azares de las guerras.

Bajo Amintas, su último rey, el territorio gálata se expandió bastante hacia el sur, de manera que incluía parte de Frigia, Pisidia, Licaonia e Isauria. Después de la muerte de Amintas (25 a.C.), este territorio expandido se convirtió en la provincia romana de Galacia. En el año 7 a.C. se añadió al norte el territorio de Paflagonia, y una parte del Ponto; después del año 63 d.C., Galacia sufrió otros cambios territoriales. Por esta razón es difícil saber si el nombre de Galacia en el NT (Hch. 16:6; 18:23; Gál. 1:2) se refiere a la provincia romana, o al primitivo territorio de Galacia. En el primer caso, Pablo la habría evangelizado en su primer viaje misionero (Hch. 13:14), en compañía de Bernabé. Pero en el segundo caso, Pablo no habría anunciado allí el Evangelio sino hasta su segundo viaje, cuando se dice que Pablo y Timoteo «atravesaron la región de Frigia y de Galacia» (Hch. 16:6). Hay buenas razones para apoyar ambos puntos de vista. Lo cierto y seguro es que fue «a causa de una debilidad física» que Pablo anunció el Evangelio por primera vez en Galacia (Gál. 4:13).

Gálatas, Epístola. Carta dirigida por Pablo a las iglesias de Galacia, fundadas por él y Bernabé (Gál. 1:2; cf. Hch. 13:14-14:23). Está bien establecido que el autor de esta carta es el apóstol Pablo, no poniéndose en duda su unidad. En cambio, aparecen problemas acerca de los destinatarios, de la ocasión y fecha de la epístola. Sobre este extremo hay dos teorías.

1) Si por Galacia se entiende toda la provincia romana de este nombre englobando las iglesias fundadas por Pablo durante su primer viaje misionero en el año 47 d.C. (Hch. 13:14), esta epístola hubiera sido redactada antes del Concilio de Jerusalén (Hch. 15). Este Concilio trataba precisamente el problema de la circuncisión, y es digno de señalar que Pablo no hace alusión en esta carta a una tal confirmación de su posición (cf. Hch. 16:4). Es tan sólo después de esta conferencia que se habla en Hechos de un viaje al norte de Galacia (Hch. 16:6). Según esta hipótesis, la epístola a los Gálatas sería la más antigua de las cartas de Pablo.
2) Si se entiende por Galacia tan sólo el distrito propiamente gálata, que no fue evangelizado hasta el segundo viaje de Pablo, la epístola no hubiera podido ser escrita antes de la visita del apóstol Pablo a Éfeso; Hechos 18:23 mencionaría su segunda visita a esta región (cf. Gál. 4:13). Por otra parte, las alusiones a la acogida que recibe Pablo, y la omisión del nombre de Bernabé (Gál. 4:13-20) no parecen concordar con lo que sabemos del primer viaje (en el que Bernabé tomó parte). La fecha en que fue redactada sería hacia el año 50 d.C.

Esta carta fue motivada por las intrigas de ciertos maestros judaizantes, que se enfrentaban a la autoridad de Pablo, enseñando que era necesario observar la Ley de Moisés. Estos judaizantes afirmaban que Pablo, por cuanto no era uno de los doce, no había recibido directamente el conocimiento del Evangelio, socavando así su autoridad apostólica. Estos personajes aparentemente acusaban a Pablo de inconsecuencia, por cuanto predicaba a los gentiles que no tenían que observar la ley, en tanto que los judíos convertidos lo seguían haciendo, e incluso él mismo ocasionalmente (Hch. 21:20-26). Por otra parte, atacaban abiertamente las enseñanzas del apóstol, persuadiendo a sus conversos a que asumieran las prescripciones judaicas. Así, se ponía en juego la esencia misma del Evangelio. Movido por una intensa emoción, Pablo escribió la epístola usando enérgicos argumentos. La epístola a los Gálatas es la carta magna de la libertad cristiana.

Después de la introducción (Gál. 1:1-10), en la que el apóstol habla de la complacencia de los gálatas hacia los falsos maestros, afirma vigorosamente la inspiración divina de la buena nueva que ha proclamado, defendiendo su autoridad apostólica (Gál. 1:1-2). Cristo se la ha conferido directamente. El apóstol no depende de los hombres. Muestra asimismo que la iglesia de Jerusalén y los doce habían admitido su apostolado (Gál. 2:1-10). En cuanto a su enseñanza, ésta no había variado nunca (Gál. 2:11-21), ni siquiera cuando Pedro, en Antioquía, parecía oponerse con su comportamiento.

En el cap. 3 Pablo defiende la doctrina de la justificación por la sola fe, experiencia que los mismos gálatas habían tenido (Gál. 3:1-5); se refiere a las Escrituras para demostrar que éste fue el camino que había seguido el mismo Abraham para alcanzar la salvación (Gál. 3:6-9). Pablo destaca asimismo algunas verdades escriturales con respecto a la ley: por cuanto demanda una obediencia perfecta como condición de salvación, la ley solamente arroja maldición y castigo (Gál. 3:10-12). Cristo, hecho maldición en nuestro lugar, nos ha liberado de la maldición (Gál. 3:13, 14). Dios había ratificado el pacto de salvación por la fe celebrado con Abraham y su descendencia. Por ello, la ley, venida posteriormente, no podía anular el pacto hecho anteriormente (Gál. 3:15-18); la ley tenía como objeto ser una disciplina temporal, obligando a los hombres a que se dieran cuenta de que el pecado es transgresión a los mandamientos de Dios (Gál. 3:19, 20). La ley, así, hizo el papel de pedagogo, para conducir a los pecadores a Cristo (Gál. 3:21-24).

En el cap. 4, el apóstol da a sus lectores razones adicionales para mostrar la genuinidad de su Evangelio: la adopción y herencia del hijo de Dios (Gál. 4:1-11); el afecto de los gálatas hacia Pablo (Gál. 4:12-20); el paralelismo que presenta la historia de Agar, Sara, y los hijos de ellas, con el pacto de Sinaí y el pacto de la gracia (Gál. 4:21-31).

De Gál. 5:1-6:10 el apóstol ilustra la doctrina de la libertad acerca de la ley: exhorta a los gálatas a que salvaguarden esta libertad, y a practicar «la ley de Cristo», que es la del amor y de la ayuda mutua.

El pasaje de Gál. 6:11-18, que Pablo probablemente escribió de su puño y letra, es la conclusión; recapitula allí la esencia de su enseñanza.

A causa de los detalles que ofrece sobre la vida del apóstol, este escrito tiene un interés doble, histórico y doctrinal. La concordancia que presenta con el relato que se halla en Hechos de la vida de Pablo y de su relación con la Iglesia ha sido fuertemente combatida, pero puede ser totalmente demostrada. La epístola demuestra además que los doce estaban de acuerdo con Pablo, quedando para él la comisión de evangelizar a los gentiles.

Con mayor concisión que la epístola a los Romanos, que es más detallada y menos vehemente, y por medio de ejemplos particulares, la epístola a los Gálatas da el mismo plan de salvación y la misma estimación de la dispensación hebrea. Todos los hombres, por lo que respecta a la Ley, se hallan bajo condenación como transgresores; por ello es imposible la salvación por las obras de la ley. Solamente Cristo puede salvar, por cuanto Él, por su muerte, ha dado satisfacción a las exigencias de la ley con respecto a aquellos que creen. La ley no fue nunca destinada a salvar, sino a ser un tutor o pedagogo (que entre los griegos era un esclavo que llevaba los niños a la escuela) para llevarnos a Cristo. Ahora ya no estamos bajo este pedagogo. Es por la fe que fue salvado Abraham, es por la fe, y solamente por la fe, que venimos a ser hijos de Abraham, participantes de la bendición, y herederos de la promesa. El judaísmo, como método de salvación, constituye una interpretación errónea del AT. La distinción entre judíos y gentiles ha quedado abolida. La proclamación de estas verdades pone de manifiesto que el cristianismo es una fe de alcance universal, y no una secta del judaísmo.

Galed (heb. «montón del testimonio»). Nombre dado por Jacob a una pila de piedras erigidas por él y Labán para atestiguar su amistad (Gn. 31:47-48). No ha sido posible identificar el sitio con seguridad, aunque todos están de acuerdo en situarlo en el territorio al sur del río Jaboc.

Galilea. Originalmente recibía este nombre el país montañoso de Neftalí (2 R. 15:29; 1 Cro. 6:76). Con el tiempo Galilea fue comprendiendo una región progresivamente mayor, extendiéndose desde el sur hasta la llanura de Esdraelón (1 Mac. 5:55; 10:30; 12:47, 49). Desde el punto de vista geográfico Galilea aparece dividida en dos grandes partes: la Baja Galilea, rica en cereales, cuyas montañas no sobrepasa los 564 m; y la Alta Galilea, cuyas cumbres oscilan entre los 609 y los 1.219 m La región tiene algo más de 96 km de longitud norte-sur y unos 40 de anchura.

Cuando los israelitas llegaron a Palestina, la Alta Galilea estaba habitada por una población cananea, firmemente asentada en los núcleos urbanos de la montaña, escasos en número, pero con bastante solidez. La Baja Galilea, por el contrario, debido a su zona llana de Esdraelón, tenía mayor importancia política y económica en la región. Las ciudades mas importanes eran Megido y Beisán, la cual mantenía relaciones con Egipto y era un importante núcleo egipcio.

La población de Galilea era una mezcla variopinta de razas desde sus primeros días, a las que hubo de sumar los pueblos traídos allí por los gobernadores asirios, después de la conquista y toma del reino del Norte, en el año 722 a.C. (cf. 2 R. 15:29). En la época de los macabeos Galilea sólo contaba con unos pocos judíos en medio de la población masivamente pagana. La expresión «Galilea de los gentiles» (Is. 9:1; 1 Mac. 5:15, Mt. 4:15) indica que la mayor parte de la población de esta región no era de raza judía.

Asignada a las tribus de Aser, Neftalí y Zabulón, el dominio de toda Galilea nunca fue completo (Jue. 1:30-33; 4:2). Los últimos reductos cananeos se centraron en el valle de Esdraelón y debido a estar confederados en una liga de pequeñas ciudades-estado, el dominio efectivo sobre ellas sólo se consiguió en la época de David, pero sin expulsar a sus habitantes. En el reino de Salomón la región constituyó el quinto distrito administrativo, con capital en Megido. Al constituir el extremo más alejado del reino de Israel, su defensa era difícil, por lo que fue la primera en sucumbir a las invasiones procedentes del norte y nordeste (2 R. 15:29). Si quedó algún judío en Galilea, o se instalaron allí después de la cautividad, lo cierto es que alrededor del 164 a.C. Judas Macabeo obligó a todos los judíos del lugar a retornar a Judea (1 Mac. 5:20-23). Hacia el año 102 a.C., el rey asmoneo Aristóbulo invadió el país y los judíos se hicieron con el control de Galilea. Los fariseos fueron los protagonistas de la conversión en masa de la población, ayudados, sin duda por la fuerza política de Aristóbulo, que obligó a todos los galileos a someterse al rito de la circuncisión. Entonces muchas familias judías, entre las que hay que suponer la de Jesús, emigraron a Galilea.

En los días de Jesús, y a la muerte de Herodes el Grande, los romanos dividieron Palestina en tres provincias: Judea, Samaria y Galilea (cf. Hch. 9:31; Lc. 17:11), que a su vez dividieron esta última en dos secciones, conforme a su división natural: Alta y Baja Galilea. César la entregó a Herodes Antipas, que gobernó hasta el año 39 d.C., y fue, por tanto, el soberano de Jesús. La mezcla de razas en Galilea había producido un acento peculiar (Mc. 14:70; Lc. 22:59; cf. Hch. 2:7). Contaba con importantes centros helenísticos como Séforis, Tiberíades y Magdala. Como la mayoría de los habitantes de las fronteras, los galileos eran gente dura, entrenada para la guerra desde la infancia, y en la región eran frecuentes los disturbios. Después de la destrucción de Jerusalén en el 70 d.C., Galilea se convirtió en la residencia principal de los rabinos más famosos.

Se puede decir que Galilea es la cuna del evangelio (cf. Hch. 10:37). Fue el escenario principal de la vida de Jesús, allí transcurrieron sus primeros treinta años y allí desarrolló la mayor parte de su ministerio, su predicación y sus milagros, tanto en los confines orientales del Mar de Galilea como en el interior del país. En los Evangelios se mencionan unas catorce o quince ciudades galileas visitadas por Jesús. Galileos eran casi todos los discípulos de Jesús. Y galileas las fieles mujeres que le atendían: «Estaban allí muchas mujeres mirando desde lejos. Ellas habían seguido a Jesús desde Galilea, sirviéndole» (Mt. 27:55; Mc. 15:41; Lc. 23:49, 55). Por el contrario, Judea representa la tierra del rechazo, pues los judíos de Jerusalén creían que de Galilea no salían profetas (Jn. 7:41, 52; cf. 1:46). Cuando Jesús va a Jerusalén lo hace para morir, y una vez resucitado, fija la cita con los suyos en Galilea, que es donde todo ha empezado.

Galilea, Mar de, también llamado mar de Tiberíades (Jn. 6:1; 21:1), denominación procedente de la ciudad que edificó Herodes Antipas en la costa occidental en el año 20 d.C.; y más tarde «lago» de Genesaret (Lc. 5:1), derivado de la fértil llanura del noroeste. En el AT se alude a él (Nm. 34:11; Jos. 12:3; 13:27) como mar de Quinéret, por su forma de cítara y por una antigua ciudad, hoy enterrada bajo una colina (Num. 34:11).

Geológicamente el Mar de Galilea es una parte de la gran depresión terrestre que nace en el Tauro y llega hasta el África Ecuatorial. Tiene unos 21 km de largo y 13 de ancho, a unos 212 m bajo el nivel del mar Mediterráneo, lo que le da un clima semitropical. Allí, sobre todo en la parte occidental más poblada, desarrolló Jesucristo gran parte de su ministerio. En sus orillas realizó multitud de curaciones (Mt. 15:19-20); caminó sobre sus aguas (Mt. 14:25-33); en medio de una tempestad, mandó a los vientos y al mar «y se hizo una gran calma» (Mt. 8:23). Pedro, Santiago y Juan eran pescadores en estas aguas, allí pasaron buena parte de su vida (Lc. 5:4-11).

Galileo. Nombre que en general designa a los habitantes de Galilea y que aparece únicamente en el NT (Jn. 4:45; Mt. 26:69; Hch. 1:11; 5:37). Se aplicó a Jesús y sus discípulos en tono de menosprecio, reconocidos como tales por su forma de hablar (Mc. 14:70; Lc. 22:59; Hch. 1:11; 2:7), ya que los galileos hablaban un dialecto del arameo vernacular diferente del de Judea, considerado rudo e impuro, como suelen considerarse todos los dialectos provinciales en relación a la metrópoli.

Galim (heb. «manantiales»). Localidad situada al norte de Jerusalén, lugar de origen de Palti, hijo de Lais, a quien Saúl dio a su hija Mical, mujer de David (1 Sam. 25:44). Isaías la menciona en relación a Gabaa y Anatot, en la lista de lugares aterrorizados por la proximidad del ejército de Senaquerib (Is. 10:30). Identificada, no sin dificultades, con Hirbet Ka´kûl, a 1 km al oeste de Anatá, en donde se han encontrado restos de hierro.

Galión (del lat. *Gallio*). Procónsul romano de la provincia senatorial de Acaya en la época de la primera visita de Pablo a Corinto. Su nombre primitivo era Marco Anneo Novato; nacido en Córdoba, lo adoptó la familia de Lucio Junio Galión y adoptó entonces el nombre de Junio Anneo Galión. Hermano mayor del filósofo Séneca. Hombre de gran cultura, progresó rápidamente en la magistratura, en la que había ingresado siendo muy joven. La fecha de su proconsulado en Corinto puede ser precisada gracias al descubrimiento de la Piedra de Delfos en 1905, que lo menciona. Ocupó este cargo de mayo del año 51 a mayo del 52. San Pablo, pues, compareció ante Galión entre esas fechas. El suceso tuvo lugar debido a la exasperación de los judíos por el éxito de Pablo en Corinto, los cuales lo llevaron delante del tribunal del procónsul, Galión rehusó prestar atención a sus litigios religiosos, y no hizo caso de la acusación. Asumió asimismo una total indiferencia a los excesos del populacho que, habiéndose apoderado de Sóstenes, principal de la sinagoga, le golpearon delante del tribunal (Hch. 18:12-17). Galión renunció al proconsulado en Corinto debido a unas fiebres que consumían su débil constitución (Séneca, *Epístola* 104). De regreso a Italia fue cónsul, al morir Claudio y subir al poder Nerón, parece que estuvo implicado en la conjura de Pisón contra el emperador. Su hermano Séneca fue obligado a suicidarse por orden de Nerón, y la misma suerte corrió Galión, junto a su sobrino Lucano.

Gamadeos. Pueblo que en tiempos del profeta Ezequiel aparece mencionado junto a los mercenarios de Arvad al servicio de Tiro: «Los hijos de Arvad estaban con tu ejército sobre tus muros en derredor, y los gamadeos estaban en tus torreones» (Ez. 27:11). Se ha especulado sobre el origen y naturaleza de estos personajes. Las versiones siria y árabe leen «vigilantes», como ya hizo la LXX y después Lutero. La palabra árabe *gamad* significa lit. «firmes», es decir, soldados en su puesto de guardia.

Gamaliel (heb «recompensa de Dios»). Miembro del sanedrín, del partido fariseo, doctor de la Ley, de gran prestigio entre los judíos. Les dio el consejo de no perseguir a los apóstoles, alegando que si la obra que habían emprendido era humana, desaparecería, en tanto que, si venía de Dios, la oposición sería injusta y vana (Hch. 5:34-39).
Gamaliel había sido el maestro de Pablo, que estudió la Ley bajo su dirección (Hch. 22:3). Gozaba de gran prestigio y era llamado «la gloria de la ley», el primero a quien se otorgó el título de Rabbán, «maestro» por excelencia. Según el Talmud, Gamaliel era hijo de Rabbi Simeon y nieto de Hillel, el famoso rabino. Murió hacia el año 50 d.C. Se dice que ocupó un puesto, si no la presidencia, en el Sanedrín durante el reinado de Tiberio, Calígula y Claudio. Se le llama Gamaliel I el Viejo, para distinguirlo de su nieto Gamaliel II. Prueba de la alta estima de que gozó en la tradición rabínica es el epitafio que se recoge en el *Talmud*: «Cuando él murió, el respeto a la Torá pereció, y la pureza y piedad se extinguieron» (Sotah).

Gareb (heb. «cántara»). Nombre de uno de los héroes de David (2 Sam. 23:38; 1 Cro. 11:40), y una colina cercana a Jerusalén, por la parte occidental de la ciudad. Jeremías menciona esta colina o elevación de terreno respecto al regreso a Tierra Santa de las tribus en el exilio (Jer. 31:39). Estaba habitada por leprosos.

Garizim. Ver GERIZIM.

Gat (heb. «lagar», o «prensa de vino»). Ciudad cananea mencionada en las cartas de El-Amarna, famosa por ser residencia de los anaceos, últimos descendientes de una raza de gigantes (Jos. 11:22; cf. Nm. 13:33; Dt. 10:11). Es probable que tanto Goliat como los otros soldados gigantes pertenecieran a esta raza (1 Sam. 17:4; 2 Sam. 21:15-22;

1 Cro. 20:4-8). Vigilaba la entrada del valle de Ela. Los israelitas no pudieron tomar esta región en su totalidad: «Ninguno de los anaquitas quedó en la tierra de los hijos de Israel. Sólo quedaron algunos en Gaza, en Gat y en Asdod» (Jos. 11:22). Más tarde, Gat fue capital de la pentápolis filistea (Jos. 13:3; Jue. 3:3; 1 Sam. 6:17; 7:14; 17:52), llamada por eso «Gat de los filisteos» en Am. 6:2. Cuando éstos capturaron el arca la pasaron de Adod a Gat (1 Sam. 5:8). Su rey, de nombre Aquis, fue uno de los principales enemigos de los israelitas. Era contemporáneo de Saúl y acogió a David en su huida, quien se fingió loco para evitar conflictos con los príncipes de los filisteos (1 Sam. 21:10-15). Luego se fue a Adulam, más tarde volvió y puso a disposición de Aquis 600 hombres que estaban con él. El soberano filisteo le donó Siclag, una de sus ciudades costeras (1 Sam. 27:2-11). A raíz de la toma de Jerusalén, David comenzó a combatir a los filisteos y los venció varias veces. Tomó Gat y sus ciudades, arrebatándolas de las manos de los filisteos (1 Cro. 18:1). En su ejército, David contaba con una tropa de mercenarios de Gat, a cuyo frente estaba Itai el geteo (2 Sam. 15:18-19). En tiempo de Salomón, aún encontramos a Aquis como rey de Gat, recibiendo a los dos siervos de Simei (2 R. 2:39-40). El rey Uzías de Judá dirigió una expedición contra los filisteos y abrió brecha en el muro de Gat (2 Cro. 26:6). Pero fue el ejército asirio de Tiglat-pileser III quien acabaría por destruirla completamente como advertencia a Jerusalén y Samaria. Después no se oye ya de Gat entre las ciudades de los filisteos (cf. Sof. 2:4; Zac. 9:5, 6). Puede que estuviera postrada en ruinas.

Gat-Hepher (heb. «lagar del pozo»). Ciudad galilea, lugar de nacimiento del profeta Jonás (2 R. 14:25). Según Eusebio y Jerónimo pertenecía a la tribu de Zabulón, situada en su frontera oriental, a unos 3 km al este de Séforis, en el camino hacia Tiberíades. Jerónimo dice que allí se mostraba la tumba de Jonás. Su identificación con el-Mesed, a unos 5 km al nordeste de Nazaret es generalmente admitida, aunque el sitio de la ciudad antigua está un poco más al sur, en Hirbet el-Zurra.

Gat-Rimón (heb. «lagar del granado»). Ciudad de la tribu de Dan (Jos. 19:45), que fue concedida a los levitas de la familia de Coat (Jos. 21:24); en el pasaje paralelo de 1 Cro. 6:69 se atribuye a la tribu de Efraím. Prob. mencionada en las listas de Tutmosis III y en las cartas de el-Amarna.

Gaulanítide. Nombre dado en la época grecorromana a la región de Golán, en la Transjordania, al este del lago de Galilea. Se extendía desde el pie del monte Hermón hasta el Yarmuk, en la actual región de *Yôlan*. Formó parte del reino de Herodes el Grande. A su muerte pasó a la tetrarquía de Filipo; después a la provincia romana de Siria (34 d.C.) y más tarde a Herodes Agripa I (37 d.C.), a cuya muerte pasó de nuevo al poder romano. Ver GOLÁN.

Gayo. Nombre de cuatro personajes del NT.

1. Cristiano de Macedonia, y compañero de san Pablo. Juntamente con Aristarco, fue arrestado y llevado al teatro durante el tumulto en Éfeso, orquestado por Demetrio el platero (Hch. 19:29).
2. Converso de Derbe, en Licaonia y compañero de Pablo durante el regreso a Jerusalén después de su tercer viaje misionero (Hch. 20:4).
3. Cristiano de Corinto a quien Pablo bautizó personalmente, como signo de distinción, juntamente con Crispo y la familia de Estéfas (1 Co. 1:14). Gayo no sólo había ofrecido hospitalidad al apóstol, sino a toda la Iglesia de Roma, que evidentemente conocían a Cayo como persona de cualidades y virtuosa (Ro. 16:23).
4. Cristiano de Asia Menor, al que el apóstol Juan destina su tercera Epístola (3 Jn. 1). Es alabado por su hospitalidad con los misioneros cristianos.

Gaza (heb. «fortaleza»). Ciudad antiquísima de los cananeos, habitada por los anaceos, así llamados por su estatura gigantesca (Dt. 2:11; Nm. 13:22; Jos. 1:10), a quienes se unieron después los anaquitas, emparentados con ellos (Jos. 11:22). De gran antigüedad, es mencionada ya en Gn. 10:19 como el límite de los cananeos. Durante el Bronce reciente (1500-1200 a.C.), Gaza fue la capital del distrito egipcio de Palestina, lugar de residencia del gobernador egipcio de Canaán. Estaba situada en la ruta comercial entre Egipto y Mesopotamia, en la costa meridional de Palestina, a 110 km al suroeste de Jerusalén. Tenía una gran importancia económica, ya que todas las caravanas que iban y volvían de Egipto se detenían en la ciudad, con almacenes de grano, vino, platas y especias. Codiciada y disputada en muchas ocasiones por sus poderosos vecinos debido a su localización entre Asia y África, el faraón Seti I la fortificó.

Gaza correspondió al territorio de la tribu de Judá, pero no consiguió dominarla antes de David (Jos. 11:22; Jue. 1:18). Sansón estuvo prisionero de los filisteos en Gaza; arrancó las puertas durante la noche y se las llevó casi a 64 km al este a una colina cercana al Hebrón (Jue. 16:1-3). En el templo de Dagón de esta ciudad, Sansón realizó su última hazaña (Jue. 16:21-30). Salomón se apoderó de ella por un tiempo (1 R. 4:24), lo mismo que Ezequías (2 R. 18:8). En el 734 a.C. fue conquistada y sometida al poder asirio por Tiglat-Pileser III. Pronto se sacudieron el yugo asirio, pero Sargón II reconquistó la ciudad en el 720 a.C. Más tarde se apoderó de ella el faraón Necao II (Jer. 47:1, 5), que le concedió completa autonomía interna. En tiempo de los persas era gobernada por un rey propio (Zac. 9:5). Alejandro Magno la sometió a un fuerte asedio de varios meses, que acabó con la devastación de la ciudad y sus habitantes vendidos como esclavos (330 a.C.). Fue reconstruida con nueva población árabe y dotada de puerto propio, convertida en una brillante ciudad helenística. Atacada por los judíos en dos ocasiones en tiempo de los macabeos (1 Mac. 11:61ss.). Conquistada por los romanos en el 63 a.C., Pompeyo la declaró «ciudad libre». En el año 30 pasó a ser dominio de Herodes el Grande, cedida por Augusto, que la reconstruyó; a la muerte del monarca hebreo fue incorporada a la provincia romana de Siria.

Gaza es frecuentemente mencionada por los profetas que vieron en ella el centro más importante de los enemigos de Israel, los filisteos, por ello profirieron contra Gaza las más terribles amenazas de destrucción (Jer. 25:20; 47:5; Am. 1:6, 7; Sof. 2:4; Zac. 9:5). En el NT sólo es mencionada de pasada, como «el camino que desciende de Jerusalén a Gaza», donde Felipe bautizó al eunuco etíope de Candace (Hch. 8:26ss.).

Geba (heb. «colina»). Pequeña ciudad asignada a la tribu de Benjamín, situada en la montaña (Jos. 18:24; 1 Cro. 8:6), conocida por ello como «Geba de Benjamín» (1 R. 15:22; 1 Sam. 13:16). Fue una de las ciudades posteriormente entregadas a los levitas (Jos. 21:17; 1 Cro. 6:45). Cuando la división del reino, vino a marcar la frontera norte de Judá (2 R. 23:8; Zac. 14:10), para lo cual fue fortificada por Asa con materiales que su enemigo Baasa había usado para fortificar Ramá contra él (1 R. 15:22). Algunos de sus habitantes regresaron del exilio con Zorobabel (Esd. 2:26; Neh. 7:30).

Gebal (heb. «torcer», también «limitar»). Nombre de dos ciudades del AT.

1. Región de Idumea, o quizá un principado al sur de Judea, en tierra de Edom. Aparentemente se trata de un pueblo antiguo, pero es mencionado tardíamente en el Sal. 83, como uno de los pueblos coaligados contra Israel
2. Antigua ciudad de Fenicia, asignada a los israelitas, pero no parece que nunca la ocuparan. Los griegos la conocían por el nombre de *Biblos*, la moderna Jebeil. Era una ciudad muy famosa por el nacimiento y culto de Adonis, el Tamuz sirio. Ver BIBLOS.

Gebim (heb. «cisternas», o «zanjas). Pequeña localidad del territorio de Benjamín, a poca distancia del norte de Jerusalén, mencionada entre Madmena y Nob (Is. 10:31), cuyos habitantes son descritos proféticamente en el acto de huir de la inminente invasión del ejército asirio.

Gedalías (heb. «Yahvé se ha engrandecido»). Nombre de cinco personajes del AT, entre ellos uno de los denunciantes de Jeremías ante el rey Sedecías, porque el profeta animaba al pueblo a no ofrecer resistencia a los babilonios. Se encargó de cumplir la orden de encarcelar al profeta en una cisterna (Jer. 38:1). Otro, un importante cortesano en tiempos de los reyes Josías y Joacim. Representante del partido filobabilónico frente al partido filoegipcio durante el asedio de Jerusalén por Nabucodonosor. Después de la destrucción del templo (588 a.C.), recibió el cargo de gobernador de Judá y estableció su sede en Mizpa, con un cuerpo de guardia caldeo (Jer. 40:5). Allí se le unieron diferentes personajes partidarios de Babilonia, entre ellos el profeta Jeremías. Gracias a la presencia de tropas babilónicas pudo cumplir su cometido, pero cuando éstas se alejaron un grupo de nacionalistas tramó una conjura contra él, apoyada por Baalis, rey de Amón (Jer. 40:14). Ismael, hijo de Netanías, y otros diez hombres asesinaron a Gedelías y a gran número de sus partidarios. Gedalías había sido advertido, pero no quiso creer que Ismael pudiera ser capaz de tal traición (2 R. 25:22-25; Jer. 39:14; 40:5-16; 41:1-18; 43:6).

Gedeón (heb. «con mano cortante»). Quinto juez de Israel (1100-1070 a.C.) y el más importante después de Samuel. Era hijo de Joás, de la familia de Abiezer, de la tribu de Manasés; vivía en Ofra (Jue. 6:11). Después de su llamamiento a liberar al pueblo, Gedeón convocó a los hombres de Manasés, de Aser, de Zabulón y de Neftalí para enfrentarse a los madianitas y sus aliados invasores (Jue. 6:35). Redujo el número de su tropa de 32.000 hombres a 300, a fin de que la gloria de la victoria no fuera atribuida al hombre, sino a Dios (Jue. 8:4-21). Los israelitas quisieron nombrarle rey, pero Gedeón lo rechazó, reafirmando el viejo principio teocrático: Yahvé es el rey legítimo de Israel (Jue. 8:22). Entonces, Gedeón se hizo un efod con los pendientes de oro de los madianitas, lo cual fue «una trampa para Gedeón y su casa» (Jue. 8:27), pues se convirtió en objeto de culto idolátrico (Jue. 8:22-27). Lo puso en Ofra, en el lugar que Yahvé se le había aparecido y donde le había ordenado que le erigiera un altar para ofrecerle un holocausto (Jue. 6:12, 26). Mientras vivió Gedeón, el país gozó de 40 años de paz. Tuvo numerosas esposas y 70 hijos; murió a una edad avanzada (Jue. 8:29, 32).

Geder (heb. «cerca», «valla»). Sólo se menciona una vez como una de la treintena de ciudades cananeas conquistadas por Josué (Jos. 12:13), quedando al sur de la tribu de Judá. Prob. sea idéntica a Gedor, en las montañas de Judá (Jos. 15:58), y a Bet-gader de 1 Cro. 2:51.

Gederot (heb. «rediles», «murallas»). Ciudad adjudicada a la tribu de Judá, en la parte baja de su territorio o Sefela (Jos. 15:41). En tiempos del rey Acaz fue capturada y ocupada por los filisteos, junto con Bet-semes, Ajalón y Soco con sus aldeas entre otras (1 Cro. 28:18). Algunos críticos suponen que Gederot es idéntica a Gedera de Judá, o a Geder o Gedor, pero esto es imposible, pues estas dos ciudades se encontraban no en la parte baja del territorio, sino en la montaña.

Gedor (heb. «muro»). Nombre de una población de montaña adjudicada a Judá, a igual distancia entre Belén y Hebrón, y que estaba situada a dos millas del camino que comunica estas dos ciudades (Jos. 15:58), algunos de cuyos habitantes se unieron a David en Siclag (1 Cro. 12:7). Es prob. que a ella pertenecieran Jozabad, gederatita (1 Cro. 12:4); y Joela y Zebadías, hijos de Jerojam, de Gedor (1 Cro. 12:7). Quizá se trate de la misma Geder, de Jos. 12:13, reconstruida como Bet-gader (1 Cro. 2:51).

Gehena, del gr. *Geenna*, forma helenizada del heb. *ge-Hinnóm*, «valle de Hinom». Se traduce habitualmente por «infierno». Histórica y literalmente se trata de un valle al suroeste de Jerusalén, considerado proverbialmente entre los judíos como el lugar maldito por excelencia. En este lugar, bajo los reinados de Acaz y Manasés (siglos VIII y VII a.C.), se habían ofrecido antiguamente sacrificios humanos a las divinidades paganas como Moloch (2 Rey. 16:3; 21:6; 2 Cro. 28:3; 33:6; Jer. 7:31; 19:2-6). Por esa razón los profetas habían lanzado terribles amenazas. Posteriormente se extendió la creencia de que aquel valle sería escenario del juicio universal. En tiempos de Jesús, los hebreos, por desprecio, la habían convertido en vertedero público, en el que era quemada la basura de la ciudad, los cuerpos muertos de los criminales y de los animales, lo cual hacía que se asociara a la *gehenna* la suciedad inmunda y la imagen del fuego. Así es como, poco a poco, se formó la idea de que este lúgubre lugar valle era el lugar de castigo para los condenados. En la literatura apocalíptica, la *gehenna* se había convertido en símbolo de maldición, incluso de maldición eterna. Los talmudistas consideraban el valle de Hinón como la puerta a la *Gehena*, entendida ya como nombre propio del lugar de condenación. En Mateo se emplea diez veces para significar el lugar de la condenación eterna, o sea, el infierno, donde Dios puede «perder el alma y el cuerpo» (Mt. 19:28) y esto por la eternidad (Mc. 3:29). En labios de Jesús, el término *gehenna* designa dos ideas: tinieblas (Mt. 8:12; 22:13; 25:30) y significa la exclusión de la luz de Dios (Mt. 5:29, 30; 10:28; 23:15, 33; Mc. 9:43, 405; Lc. 12:5); y llanto y rechinar de dientes, expresión de la desesperación que se experimenta a causa de la salvación perdida por propia culpa.

Gemará (heb. «suplemento», o «complemento»). Explicación tradicional o comentario de la Misná, junto a la cual constituye el Talmud. Consta en su mayor parte de discusiones rabínicas eruditas que interpretan y amplían las aplicaciones legales de la Misná. Existen dos versiones distintas de la Gemará, una redactada en Babilonia (*Talmud Babli*), que es la más completa y prolífica, y otra en Jerusalén (*Palestinian Talmud, o Talmud Jeushali*), completada alrededor del 350 d.C. Algunos judíos prefieren la Gemará a la Misná y a la misma «Ley escrita»; para ellos, ésta última es como el agua, la Misná como el vino, y la Gemará como el vino con especies. Las «palabras de los escribas», dicen, son más preciosas que las «palabras de la ley», porque éstas son pesada y ligeras, mientras que aquéllas son todas pesadas.

Gemarías (heb. «Yahvé ha hecho perfecto»). Nombre de dos personas del AT.

1. Hijo de Safán, funcionario del rey Sedequías. Baruc leyó en voz alta las profecías de Jeremías contra el pueblo en la cámara oficial de Gemarías, adosada a la puerta nueva del templo construida por el rey Jotán (Jr. 36:10; cf. 2 R. 15:35). Micaías informó a su padre Gemarías de este hecho y Baruc fue invitado a repetir la lectura en la cámara de escribanos del palacio, ante Gemerías y otros escribas y magistrados, que dieron cuenta del asunto al rey (Jr. 36:11-20). Gemarías, aunque incrédulo, se opuso a la destrucción del libro o rollo de las profecías del profeta arrebatado a Baruc (Jr. 36:21-25).
2. Hijo de Hilcías, funcionario de Sedequías, que junto a Elasa, hijo de Safán, fue enviado con el tributo a Nabucodonosor. Jeremías aprovechó la oportunidad y remitió con ellos una carta para los judíos que vivían en el exilio en Babilonia, diciéndoles que Dios quería que procuraran la paz de la ciudad a la cual los hizo transportar y que no se dejaran engañar por los falsos profetas que prometían un rápido regreso (Jr. 29:3, 4).

Gematría. Método de interpretación del texto sagrado mediante el valor numérico de las letras de las palabras. Existen diferentes sistemas de gematría. El principal consiste en reglas hermenéuticas para interpretar la Torá, mediante la explicación de una palabra o un grupo de palabras según el valor numérico de sus letras. Otro, en sustituir unas letras del alfabeto por otras, según un sistema fijo, llamado *atbash*, o «método exegético de permutación». La clave reemplazaba las once primeras letras por las once últimas en orden inverso. En el alfabeto latino significaría sustituir la *a* por la *z*, la *b* por la *y*, la *c* por la *x*, etc. En el heb. se reemplazaba la *álef* por la *tau* y la *bet* por la *sin*. Este tipo de códigos y claves se utilizaba en buena medida con fines didácticos y expositivos, pero a veces como salvaguardia frente a los extraños, para impedir la revelación de un secreto vital.

Genealogía. En la antigüedad la historia se concebía de manera genealógica, costumbre que queda bien representada en la Biblia: «Éstas son las generaciones de los cielos y de la tierra cuando fueron criados» (Gn. 2:4). «Éste es el libro de las generaciones de Adán» (Gn. 5:1; etc.). «Libro de la generación de Jesucristo» (Mt. 1:1; Lc. 1). La cultura medio oriental antigua consideraba que los pueblos se desarrollan como familias que van creciendo, partiendo del padre, pasando luego a los hijos, los nietos, etc., dando lugar al nacimiento de naciones enteras. La peculiar organización de Israel, con la promesa de heredar la tierra aquellos que eran descendientes de Abraham, Isaac y Jacob, y la consiguiente separación de los israelitas de los gentiles, hacía del todo imprescindible guardar las genealogías familiares minuciosamente. El derecho a la sucesión al trono, al sumo sacerdocio, a la dirección de una tribu, de un clan, de una casa patriarcal, la misma pertenencia al pueblo escogido, dependían de las genealogías (cf. Gn. 35:22-26; Gn. 35:36; 46:8-27; Éx. 6:14-25; Nm. 1:2,18; 1 Cro. 5:7,17). En la época de Esdras hubo muchos que no pudieron demostrar su línea sacerdotal debido a la pérdida de algunos registros y fueron por ello excluidos del sacerdocio (Esd. 2:61, 62; Neh. 7:63, 64).

No se sabe en qué época se comenzó en Israel a escribir listas genealógicas, sin duda en tiempos muy antiguos, ni dónde se guardaban. Es casi seguro que en un principio se trató de listas de linajes, comenzando con Jacob, el padre o fundador de Israel. La costumbre se perpetuó y es evidente en los tiempo de Cristo, cuando el emperador Augusto ordenó hacer un censo y los judíos acudieron cada cual a su lugar de nacimiento, a la ciudad de su tribu o familia. Josefo, representando la mentalidad de muchos judíos, se sentía orgulloso de poder trazar su genealogía hasta muchas generaciones atrás, costumbre

perdida en el mundo grecorromano debido a la prosmicuidad de sus costumbres.
Las «genealogías interminables» contra las que advertía Pablo a Timoteo y a Tito (1 Ti. 1:4; Tit. 3:9) parecen hacer referencia a la obsesión por genealogías manifiesta en el judaísmo de la época, tal como se aprecia en el *Libro de los Jubileos*, mediante las que los judíos seguían su ascendencia hasta los patriarcas y sus familias, y posiblemente también a las genealogías gnósticas y órdenes de eones y de espíritus. Es probable que se infiltrara esta pasión genealógica en algunas comunidades cristianas.

Géneros Literarios. Expresión común entre los exegetas y biblistas para expresar la disciplina del estudio de las fuentes que contribuyeron a la formación de los textos bíblicos, nacida a raíz del análisis detallado de los textos y el descubrimiento de las literaturas de pueblos contemporáneos al mundo bíblico, que ha permitido descubrir en la Biblia una gran variedad de «géneros literarios». De la búsqueda de estos géneros literarios se encarga la llamada crítica de las formas, y su aplicación a la Biblia se debe a H. Gunkel (1862-1932) profesor de AT en Giessen y en Halle. Según Gunkel, son tres los factores internos y uno externo los que constituyen el «género literario»: un tema peculiar, una estructura o forma interna propia, un repertorio de procedimientos frecuentes y dominantes (*factores internos*); el factor externo es la situación vital o circunstancia social, que Gunkel llamó *Sitz im Leben*. Gunkel encontró fuertes resistencias, pero tuvo pronto muchos discípulos, y su método se ha impuesto en la exégesis tanto del AT como del NT.
Estudiar el género literario no sólo es un medio de responder a las dificultades, sino también de dar una explicación al hecho de que Dios ha hablado por medio de hombres y a la manera humana en situaciones concretas y tiempos históricos determinados (cf. He. 1:1). Atender y comprender los géneros literarios ayuda a interpretar correctamente lo que es literal y lo que no lo es. En la Biblia, por su extensión en el tiempo y variedad de autores, hay muchos géneros literarios, maneras especiales de decir las cosas y de narrar los acontecimientos. Y es muy importante conocer en qué «género literario» está escrito un pasaje de la Biblia, para entender qué es lo que el autor quiere decir y significar; p. ej., si el pasaje está escrito en género épico, donde la narración de los hechos se caracteriza por la majestuosidad de su tono y su estilo, usará cifras y comparaciones en superlativos que no pretenden ser entendidos matemáticamente. Si el autor usa el género apocalíptico, usará muchos símbolos y muchas imágenes comprensibles a la luz de sus fuentes.

Genesaret. Nombre de una llanura que bordea el lago que lleva su nombre, o Mar de Galilea (Lc. 5:1; Mt. 14:34; Mc. 6:53) por el noroeste. Tiene unos 2 km de anchura y 5 km de longitud norte-sur, llegando cerca de Tell Hum. Tiene algunos manantiales, además de tres arroyos que lo cruzan. Bien irrigado, es sumamente fértil.

Génesis (gr. «generación», «origen»). Nombre dado en la LXX al primer libro del AT, llamado en heb. *Bereshit*, «en el principio», frase con la que comienza el libro. Se trata de una obra extensa y rica en contenido, que comprende varios géneros literarios, genealogías, oráculos de salvación, relatos históricos, poemas épicos, plegarias hímnicas, bendiciones y discursos de despedida. Para el autor, el mundo y la historia del mismo desde sus comienzos es resultado de la obra de Dios, autor y señor absoluto de todo cuanto existe, cuyo interés se manifiesta en la salvación de la humanidad en el mismo instante de su perdición. Desde el principio Dios se muestra como salvador, en busca del hombre, escogiendo a un hombre para hacerlo cabeza de un pequeño pueblo elegido, a fin de que sea a su vez mediación de bendición salvífica para todos los pueblos.

La estructura del libro es muy clara, dividida en tres secciones:

1) Creación del mundo e historia primitiva. Creación del hombre y la mujer; el Paraíso y la expulsión del mismo por causa del pecado (Gn. 1-3).
2) Historia esquemática de la humanidad antes de Abraham; Caín y Abel, Noé, el Diluvio, la torre de Babel (Gn. 4-11).
3) Historia de los patriarcas, origen del pueblo elegido, comenzando por Abraham. Engloba las narraciones de la vocación del patriarca y las promesas, la alianza con Dios, las contiendas entre las mujeres y los pastores, las intercesiones y los problemas familiares. El nacimiento de Jacob, con sus itinerarios y boda con Raquel y con Lía, sus hijos, sus relaciones con su hermano Esaú; sus visiones y sus plegarias; su llegada a Canaán, sus descendientes. Le sigue la historia de José, con sus sueños, su venta por los hermanos, su esclavitud y encarcelamiento en Egipto, su elevación al gobierno; su reconciliación con sus hermanos: la muerte de Jacob y la muerte de José (Gn. 12-50).

El autor observa que desde la caída (Gn. 3), el pecado va en progreso (Gn. 4:1-15), aumenta (Gn. 6:1-8), hasta el punto de que Dios intenta anquilar todo ser viviente mediante un diluvio (Gn. 6:9-9:17), pero al mismo tiempo, indica que junto a la sentencia condenatoria de Adán y Eva por su desobediencia, Dios promete la venida de un liberador de la «semilla» de la mujer (Gn. 3:16), la cual constituye el linaje del pueblo elegido, Abel, Set, Enoc, Noé, Abraham, Jacob y José.

Gentiles, heb *goyím*, «gentes». En sus orígenes *goyím* denotaba cualquier nación en general, incluyendo la hebrea, tanto en singular (Gn. 12:2; Dt. 32:28; Is. 1:4), como en plural (Gn. 35:11). A medida que los judíos cobraron conciencia de su peculiaridad religiosa frente al resto de las naciones, el concepto racial dejó paso a la idea religiosa de pueblo elegido, primogénito de Yahvé (cf. Éx. 4:22; 15:16; 19:4; Dt. 32:21), comenzando a confinar el término *goyím* a otras naciones (Neh. 5:8), en un sentido cada vez más hostil, como bárbaros (Sal. 2:1, 8; 9:7; 10:16; 106:47), profanos (Jer. 31:10; Ez. 23:30), idólatras, incircuncisos e impuros (Is. 52:1; Jer. 9:26).

Durante la monarquía davídica las relaciones entre judíos y gentiles eran bastante buenas, sobre todo porque se trataba de pueblos vecinos que en parte dependían de Israel y hasta cierto punto podían ser admitidos en la comunidad israelita como extranjeros. Pero a medida que Israel fue perdiendo su independencia política y, sobre todo, después de pasar por la experiencia traumática de la derrota, el destierro y la cautividad, con el concepto de gentil empeoró hasta el punto de identificarse con el de perseguidor y opresor. Se creyó que los gentiles sólo existían como instrumento de castigo en manos de Dios contra la apostasía de Israel (cf. Dt. 28:49; 1 R. 8:33, etc.). Los gentiles, como los antiguos cananeos, son idólatras (Am. 1:7; 1 Sam. 26:19); cuya sola presencia mancilla la Tierra Santa de la promesa (cf. Jer. 2:7; 3:2; Ez. 36:17ss., Os. 6:10; Esd. 9:11). Todo manjar o alimento de la especie que fuera procedente de un gentil era considerado impuro (Ez. 4:13; Os. 9:3; Dn. 1:8, 12; Tob. 1:108; Jdt. 10:5; 12:2). Todo lo gentil en cuanto gentil se evitó tanto en la vida privada como en la comercial. En los días del NT Pedro dice a Cornelio: «Vosotros sabéis cuán indebido le es a un hombre judío juntarse o acercarse a un extranjero» (Hch. 10:28; 11:3; cf. Jn. 18:28).

El menosprecio de los gentiles indujo a los judíos a ser injustos con ellos y a olvidar su misión universal anunciada por algunos profetas (Is. 2:2-4; 49:1-6) —en línea con las promesas de bendición universal dirigidas a Abraham (Gn. 12:3; 18:18; 22:18; 26:4; 28:14; Sal. 72:17; cf. Hch. 3:25; Gál.3:8)—, así como a adquirir un sentido equivocado de propia seguridad por ser el pueblo de Alianza y del Templo de Yahvé. En el NT vemos que Juan Bautista y Jesús tuvieron que encarar con decisión esta equivocada conciencia de privilegio. Lo importante no es ser de la raza de Abraham, tenerle por padre de la nación, sino del espíritu de Abraham, seguirle en el camino de la obediencia a la Palabra de Dios (cf. Mt. 3:8-10; 8:10-12; Jn. 8:31-41). Lucas registra las dificultades que los primeros seguidores de Jesús tuvieron para vencer el exclusivismo judío, que les imposibilitaba cumplir su misión universal.

Pedro tuvo que recibir una visión celestial para atreverse a cruzar la barrera que separaba a los israelitas de los gentiles, visitando a Cornelio el gentil, comiendo con él, lo que escandalizó mucho a los mismos cristianos judíos (Hch. 10:28; 11:3).
Los primeros predicadores cristianos interpretaron que anteriormente Dios «permitió que todas las naciones anduvieran en sus propios caminos» (Hch. 14:16), y que con Jesús había llegado la hora de la misericordia y la reconciliación, haciendo de ambos pueblos un «solo rebaño» (Is. 60:2ss.; Miq. 4:1; Sof. 3:9; Sal. 45:18; 110:1, etc., cf. Jn. 10:16). Pablo dice que Cristo es la paz esperada, porque de ambos hizo un solo pueblo (Ef. 2:14). Precisamente la mayor parte de la historia del NT se ocupa de narrar el progresivo derrumbamiento de las murallas de separación entre judíos y gentiles, cuyo triunfo está garantizado de antemano.

Genubat. Hijo de Hadad, de la familia real edomita, y de la hermana de Tajpenes, reina de Egipto en tiempo de David. Genubat nació en el palacio del faraón y fue destetado por la misma reina Tajpenes (1 R. 11:20), con el fin de evitar cualquier peligro para el niño, tras la masacre de edomitas hecha por el rey Joab (v. 16).

Gera (heb. «grano»). La menor de las medidas de peso, y base en el sistema de pesas de los judíos. En cuanto moneda de cambio era la veinteava parte de un siclo (Éx. 30:13; Lv. 27:25; Nm. 3:47; 18:16; Ez. 45:12).

Gerar. Nombre de dos lugares del AT.

1. Ciudad antigua del sur de Palestina en una región fértil cerca de Gaza (Gn. 10:19; 2 Cro. 14:13), en territorio de los filisteos (Gn. 36:1), aunque originalmente fue habitada por pastores. Fue visitada por Abraham después de la destrucción de Sodoma (Gn. 20:1), y por Isaac durante una hambruna en Canaán (Gn. 26:1). Un rey de Gerar fue derrotado por Israel en la Cisjordania (Jos. 12:13). Identificada comúnmente con un terraplén inmenso cubierto de ruinas al sur de Khirbet-el Gerar.
2. «Arroyo de Gerar» (Gn. 26:17), en el valle donde acampó Isaac cuando descendió a Gerar, sin duda el mismo lugar en donde excavó los pozos que se mencionan a continuación (v. 19), situados por Josefo en las proximidades de Gerar.

Gerizim. Montaña de Samaria al sur del monte Ebal, del cual la separa un estrecho valle donde floreció la antigua Siquem, hoy Nablús, situada en el centro del valle. Es una de las montañas más altas de la Palestina central, a 868 m sobre el nivel del mar. Desde tiempos antiquísimos Gerizim fue considerada una «montaña sagrada», estimación mantenida hasta nuestros días por los samaritanos, en cuya cima construyeron un templo. Aunque mantenían la fe de Yahvé, los samaritanos fueron excluidos por los judíos de la participación en la tarea de reconstruir el Templo y la muralla de Jerusalén; al tiempo que dictaron preceptos legales contra los matrimonios mixtos. Para el profeta Hageo, no hay duda de que los samaritanos son un pueblo«impuro» (Hag. 2:14). Todo ello explica que los samaritanos establecieran su propio centro religioso y cúltico en el monte Gerizim, con un templo propio independiente del de Jerusalén. Unos doscientos años después, Juan Hircano (134-104 a.C.) capturó la ciudad de Siquem y luego tomó Gerizim, destruyendo el templo del monte (128 a.C). A pesar de este revés, los samaritanos siguieron usando esta montaña como lugar sagrado de culto y sacrificio (cf. Jn. 4:20-21), hasta el día de hoy.

Gersón (heb. «expulsión»). Nombre de varios personajes del AT.

1. Hijo primogénito de Moisés y Séfora, nacido en Madían. La etimología popular de su nombre se explica por la exclamación de su padre al verle nacer: «Le puso por nombre Gersón, porque dijo: Fui forastero [*ger*] en tierra extranjera» (Éx. 2:22). Nada más se sabe de él, excepto que fue padre de Jonatán que, con sus hijos, hasta la época de la cautividad, sirvieron de sacerdotes del ídolo tallado por Micaías que los danitas erigieron en Silo (Jue. 18:30-31).
2. Sacerdote, jefe de una casa paterna de los levitas de Fineas, que regresaron de Babilonia con Esdras, cuando reinaba el rey Artajerjes II. Llevaba consigo importantes ofrendas que luego entregaría la Templo (Esd. 8:1, 2, 31).
3. Hijo primogénito de Leví, de quien recibieron su nombre las tres ramas de los levitas. Al parecer nació antes de la emigración de Jacob a Egipto (Gn. 46:11; Éx. 6:16). Tuvo dos hijos, Libni y Simei (Éx. 6:17; Nm. 3:18, 21; 1 Cro. 6:17). Durante la peregrinación por el desierto, sus descendientes tenían como misión el transporte del Tabernáculo (Nm. 3:25, 26; 4:25, 26). Aunque fue el primogénito, su hermano más joven Cohat le superó en fama y privilegio, pues de él desciende Moisés y la línea sacerdotal de Aarón (cf. 1 Cro. 6:2-15).

Gersonitas. Gentilicio de los descendientes de Gersón, uno de los hijos de Leví (Nm. 3:21; 4:24, 27; Jos. 21:33; 1 Cro. 23:7; 2 Cro. 29:12). Durante la peregrinación por el desierto, sus descendientes tenían como misión el transporte del Tabernáculo, la cubierta, las cortinas y las cuerdas (Nm. 3:23-26; 4:25, 26), para ello disponían de dos carretas y cuatro bueyes (Nm. 7:3, 7). En el censo hecho en el Sinaí los varones gersonitas llegaron a 7.500 (Nm. 3:22), a mitad de camino entre los cohatitas y los meraritas; y en el segundo censo 2.630 (Nm. 4:34-39). Acampaban en el lado occidental del Tabernáculo (Nm. 3:23). Aarón y sus hijos los supervisaban en sus trabajos (Nm. 4:27). En la asignación de ciudades levíticas recibieron trece ciudades en el norte y nordeste de Palestina, dos de ellas de refugio (Jos. 21:27-33; 1 Cro. 6:62, 71-86). Intervinieron en el traslado del Arca de la Alianza a Jerusalén en tiempo de David (1 Cro. 15:4-7), y tomaron parte en la purificación del Templo bajo Ezequías (2 Cro. 29:12). Entre los gersonitas famosos destaca Asaf el vidente, cantor y profeta (1 Cro. 6:39, 43).

Gesem. Personaje árabe que, junto con Sanbalat y Tobías, intentó impedir la reconstrucción de Jerusalén y conspiró contra la vida de Nehemías (Neh. 2:19; 6:2). En Neh. 6:6 se le da el nombre de Gasmu, posiblemente la forma asiria. Se cree que puede tratarse del jefe y gobernador de una tribu árabe establecida en Palestina en tiempos de Sargón, cuando la repoblación del norte con gentes extranjeras, o quizás establecida en tierras de Judá en la época del exilio babilónico, pues en ese tiempo los árabes estaban aliados con los persas. El nombre de Gesem aparece en inscripciones árabes y se tiene muestra de Gasmú en una inscripción nabatea.

Gesur (heb. «puente»). Región de Siria, al sur de Hermón, entre el lago Genesaret y Basán, en los confines de Argob. Fue un pequeño reino arameo (2 Sam. 13:37; 15:8; 1 Cro. 2:23), mencionado como frontera de la media tribu de Manasés (Dt. 3:14) y más tarde como límite de uno de los territorios dominados por Josué (Jos. 12:5; 13:11,13; 1 Cro. 2:23). El rey David, quizá por motivos políticos, tomó como esposa a una mujer de Gesur, hija del rey Talmai, Maaca (2 Sam. 3:3), de la que nació Absalón, el cual se refugió en la corte de su abuelo después de haber dado muerte a Amón (2 Sam. 13:37,38; 14:23,32).

Geteo. Gentilicio de los oriundos de la ciudad de Gad. Se mencionan por nombre la casa de Obed-edom, donde permaneció el arca de la alianza durante tres meses (2 Sam. 6:10-11; 1 Cro. 13:13); Itai, que decidió acompañar a David en su destierro de Jerusalén (2 Sam. 15:19, 22), al frente de seiscientos geteos (2 Sam. 18:18-23); y el famoso gigante Goliat (2 Sam. 21:19; 1 Cro. 20:5). Ver GAT.

Géter. Tercer hijo de Aram y nieto de Sem, fundador de una tribu o clan de arameos (Gn. 10:23). La localización de su territorio es incierta, se ha intentado localizarlo en Gesur. En 1 Cro. 1:17 se presenta de un modo genérico como hijo de Sem, que lo convertiría en hermano de Aram.

Getsemaní (aram. «prensa o molino de aceite»). Nombre del huerto, finca o jardín en el monte de los Olivos donde Jesucristo se reunía frecuentemente con sus discípulos. Fue allí que pasó una parte de la noche después de la última Pascua, y donde sufrió una intensa agonía ante la perspectiva de tener que apurar la copa de la ira divina por el pecado. Allí vinieron ángeles a servirle. Allí también fue traicionado por Judas con un beso, y arrestado (Mt. 26:36; Mc. 14:32; Lc. 22:39; Jn. 18:1, 2). No hay certeza en cuanto a la exacta localización del sitio donde Jesús pasó su agonía, a pesar de la localización tradicional.

Gezer. Ciudad egipcia al sur de Palestina, asentada en un lugar estratégico que dominaba la ruta que desde la Vía Maris conducía a Jerusalén. Estaba al pie de la Sefela guardando el paso hacia la montaña de Judá. El faraón Tutmosis III (1496-1442 a.C.) se la conquistó a los cananeos y la fortificó, aunque con un alto grado de independencia. Su rey vasallo Horam fue derrotado por Josué (cf. Jos. 10:33; 12:12), pero no parece que los israelitas lograran ocuparla (1 Cro. 7:28). En tiempos de David parece que pertenecía al territorio filisteo y seguía habitada por cananeos oriundos (2 Sam. 10:25; 1 Cro. 20:4). Gracias al matrimonio de Salomón con una hija del faraón recibió el tributo de la ciudad de Gezer como regalo de boda (1 R. 9:15:17). En el 734 a.C. fue ocupada por Tiglat-Pileser III. No se vuelve a decir nada de ella hasta la rebelión macabea, en la que fue uno de los lugares más disputados en las guerras de los macabeos debido a su situación estratégica. Recibe el nombre helenizado de *Gazera* (1 Mac. 4:15; 7:45), o *Gazara* (1 Mac. 9:52; 15:28, 35; 13:53; 2 Mac. 10:32).

Gibetón (heb. «montículo»). Ciudad filistea que fue incluida en el territorio de la tribu de Dan (Jos. 19:44), asignada a los levitas de Coat (Jos. 21:23). Se encontraba todavía en manos de sus antiguos dueños cuando fue sitiada por Nadab, rey de Israel, y veinticinco años más tarde por Omri, proclamado rey por el ejército (1 R. 15:27; 16:15-17).

Gilboa (heb. «fuente borboteante»). Sierra de la tribu de Isacar, situada en el extremo oriental de la llanura de Esdrelón. Tiene la forma de una gran espiral orientada de norte a sudeste, con la parte gruesa mirando

a Beisán. Sus dimensiones aproximadas son de 13 km de largo por unos 9 de ancho. La vertiente occidental es de subidas suaves con numerosas plataformas, mientras que la oriental y septentrional está casi cortada a pico; la parte occidental es rica en agricultra de secano, cultivándose cereales, olivos e higueras. Es el lugar donde hallaron la muerte Saúl y Jonatán, derrotados por los filisteos (1 Sam. 28:4; 31:1-8; 2 Sam. 1:6-21; 21:12; 1 Cro. 10:1, 8). Enterado David, dijo en sus lamentaciones: «Montes de Gilboa, ni rocío ni lluvia caiga sobre vosotros, ni seáis tierras de ofrendas» (2 Sam. 1:21).
Se ha identificado con el monte Jebel Faku'a. Se levanta sobre el borde oriental de la llanura de Esdraelón. Tiene un imponente aspecto visto desde la llanura, pero su cumbre más alta no pasa de los 517 m Su orientación es de noroeste a sudeste y sur.

Gilgal (heb. «círculo de piedras»). Nombre de cinco lugares del AT.

1. Primer campamento de Israel después de cruzar el Jordán (Jos. 4:19; 5:2-9), donde los hijos de los israelitas nacidos durante la marcha del desierto fueron circuncidados, pues no se había hecho durante todo este tiempo (Jos. 5:3-9), y donde se observó la primera Pascua israelita en tierra de Canaán, exctamente en las llanuras de Jericó (Jos. 5:10), es decir, próximo a la frontera oriental de Jericó. Parece que Josué tuvo su cuartel general allí hasta quebrantar la fuerza de los cananeos en la batalla del lago Merom (Jos. 14:6; Jue. 2:1). Se consideró como lugar sagrado (1 Sam. 10:8; 11:14; 13:7-14; 15:12, 21-23). Los que permanecieron leales a David lo encontraron allí después de la muerte de Absalón (2 Sam. 19:12, 40). En el siglo VIII a.C. fue un santuario idólatra (Os. 4:15; Am. 5:5), sin que se pueda saber cómo llegó a producirse el cambio. Es probable que se trate de la Bet-gilgal de Neh. 12:29, habitada por los levitas cantores después del exilio, idéntica a la Galgala, situada en la ruta del victorioso Báquides (1 Mac. 9:3).
2. Localidad entre Bet-el y Siquem incluida en la visita anual de Samuel, y lugar de encuentro entre Elías y Eliseo (1 Sam. 7:16; 2 R. 2:1). Elías dijo a Eliseo que aguardase allí mientras él iba a Betel, ya que Eliseo no quería dejar a su maestro; ambos descendieron juntos a Betel.
3. Ciudad mencionada en la lista de los reyes vencidos por Josué, concretamente (Jos. 12:23). Se identifica comúnmente con Gilguliyah, a unos 6 km al norte de Ras el-Ain y a 22 km al nordeste de Joppe.
4. Ciudad mencionada en relación con los montes Gerizim y Ebal (Dt. 11:30). Debido a las dificultades del texto, es difícil conocer su localización.

5. Ciudad fronteriza al norte de la tribu de Judá, lindante con la Benjamín (Jos. 15:7); llamada Gelilot en otro lugar (Jos. 18:17). Unos la identifican con la Gilgal considerada en primer lugar; otros con la Bet-gilgal mencionada en Neh. 12:29.

Gilgamés. Rey legendario de Uruk, Sumeria, protagonista de una de las epopeyas más antiguas conocidas, y estrechamente relacionada con el relato del diluvio de Noé. Los historiadores relacionan su reinado con el de Mebagaresi de Kish, el primer personaje mesopotámico en utilizar el título de *lugal*, «rey» y adversario de Gilgamés. La epopeya, de origen sumerio cuya versión más antigua que poseemos remonta al 1700 a. C., aborda los problemas fundamentales que afectaban al hombre en el mundo mesopotámico, sus relaciones con los dioses, su papel en el universo, el amor, la amistad, la muerte y la inmortalidad.

Gilo. Una del grupo de las once ciudades de la región montañosa de la tribu de Judá (Jos. 15:51). En ella nació o vivió Ahitofel, el gilonita (2 Sam. 15:12; 23:34), y en ella se quitó la vida cuando vio que no se había seguido su consejo, «aparejó el asno, partió y se fue a su casa, en su ciudad. Después de poner en orden su casa, se ahorcó y murió» (2 Sam. 17:23). Se identifica comúnmente con Hirbet Gala, situada a unos 2 km y medio al oeste de Beit Immar y a unos 10 y medio al noroeste de Hebrón.

Gimnasio. Lugar de ejercitación física. Creación típicamente griega para la formación atlética de los jóvenes, que desnudos —de ahí su nombre—, aprendían diversas disciplinas deportivas. Los niños griegos asistían a escuelas privadas desde los 7 años, donde aprendían escritura, lectura, aritmética y música, por lo que aprendían a tocar la flauta o la lira, y hacían ejercicio físico. A los 14 años iban al gimnasio, donde la enseñanza era predominantemente deportiva o física. Competían en lucha, lanzamiento del disco y jabalina, y en carreras de resistencia y velocidad.

No había ciudad griega que se preciase que no contase con alguno. Los judíos helenizantes, con el sumo sacerdote Josué, que cambió su nombre por el griego de Jasón, a la cabeza, construyeron uno en Jerusalén, donde los jóvenes acudían a ejercitarse al modo griego (2 Mac. 4:12ss.). Los judíos conservadores, ya ofendidos por el arresto del anterior sumo sacerdote Onías III y el expolio del templo, se escandalizaron todavía más por el gimnasio, ya que la tradición griega mandaba que los atletas se ejercitaran desnudos, y el desnudo público era inmoral para los judíos, y lo que era más grave, muchos jóvenes se ponían prepucios postizos para que no se notara que estaban circuncidados, con lo que renegaban así del distintivo fundamental del judaísmo. Como parte de la política helenizadora de los seléucidas se construyeron gimnasios por toda Palestina en ciudades fundadas sobre el solar de antiguas poblaciones, lo que, junto a la introducción de sacrificios paganos, llevó a la gran rebelión macabea. En el NT, Pablo, como buen judío, concede poca importancia del ejercicio corporal frente a la ejercitación en la piedad, útil para todo (1 Ti. 4:8).

Gimzo (heb. «rico en sicómoros»). Ciudad de Judá en la Sefela o «país bajo», tomada por los filisteos en los días de Acaz, junto con las villas dependientes (2 Cro. 28:18). Su nombre primitivo se ha conservado en la moderna población de Gimzû, situada a unos 5 km al sudeste de Lydda y a 7 km al este de el-Ramlah, con muchas cisternas antiguas usadas como graneros.

Gloria. La «gloria», pues, no significa para el hebreo, como para el griego o hombre moderno, la fama o el renombre, sino el valor real, el peso real de la persona. La gloria por consiguiente nada tiene que ver con la fama que se tiene o se espera recibir de los otros, sino con el peso real, la interior entraña propia, la personal riqueza que se manifiesta a los demás.

Hablar de la «gloria de Yahvé» significa hablar de la realidad misma de Dios manifestándose al hombre en *resplandor* (Is. 4:5; 11:10; 22:18; 1 Sam. 2:8), bien mediante los fenómenos atmosféricos o bien mediante acontecimientos históricos para ayudar y salvar a su pueblo. Por ella es Dios conocido: «Los egipcios sabrán que yo soy Yahvé, cuando yo muestre mi gloria en el faraón, en sus carros y en sus jinetes» (Éx. 14:18). La gloria de Dios es por tanto el poder, la majestad, la riqueza y la vida de Dios manifiesta al hombre, tal como ocurre en la visión de Isaías (Is. 6:1ss.), donde el matiz predominante es el de majestad. Pero aun allí, como en el resto del AT, la gloria que le compete a Dios como causa eficiente y final de la creación tiene al ser humano como único beneficiario. Yahvé asume el papel que le corresponde como único Salvador de su pueblo (no hay otro que salve sino sólo Él), pero lo es precisamente a favor de su pueblo (Sal. 111:3; 112:9; 113:4; 115:1; 138:5; 145:5,12; 148:13; 149:5).

La gloria de Dios es como un «aura cegadora» que no se puede mirar cara a cara (Éx. 3:6; cf. 34:30-31), comparable a un fuego devorador (Éx. 24:17), anonada, abate e inspira temor, respeto y adoración. El hombre no puede ver la gloria real de Dios y seguir vivo (Éx. 33:18,

20, 22). Así, todos aquellos que han tenido un encuentro con el Señor reciben algo de ella: Moisés en el Sinaí (Éx. 34:30-31); Israel ante el tabernáculo (Éx. 40:34, 35); Salomón en la dedicación del Templo (1 R. 8:11); Isaías en el momento de su llamamiento (Is. 6:3); Ezequiel en su visión (Ez. 1:28): los pastores de Belén (Lc. 2:9); Esteban ante la muerte y contemplación de Jesús (Hch. 7:55).

En el NT Dios es llamado «Padre de gloria» (Ef. 1:17), descrito como la fuente de la que proceden todo esplendor y perfección divina en su manifestación, y a la cual pertenecen. También recibe el nombre de «gloria» el *poder* de Dios al levantar de los muertos a su Hijo (Ro. 6:4). Sólo en Lc. 2:9, designa la *manifestación esplendorosa* de Yahvé, frecuente en el AT. La gloria divina, que en otros tiempos se manifestaba en el Sinaí, en el tabernáculo, en el templo, etc., se manifiesta ahora en Jesús y a través de Jesús. Juan atribuye la gloria a Cristo durante su vida terrena, ya que es la manifestación de Dios (Jn. 1:14; 2:11; 8:54; 17:5), mientras que Pablo, Mateo, Marcos y Lucas (excepto el episodio de la transfiguración, Lc. 9:35) sólo se la atribuyen después de la resurrección. En el Verbo encarnado está presente la gloria de Dios, lo mismo que en el AT estaba presente en el tabernáculo y en el templo (Jn. 1:14). Cristo resucitado es el Señor de la gloria (1 Co. 2:8).

Glosolalia (gr. «hablar lenguas»). A juzgar por los datos bíblicos, Hch. 2; 10:46; 19:6 y 1 Co. 12:10; 14:2-9, en la Iglesia primitiva se dieron dos clases de «hablar en lenguas», uno en Pentecostés, donde propiamente se trata de un fenómeno de *xenoglasia* —del gr. *xenos*, «extraño, extranjero»—, o capacidad de hablar un idioma que no se ha aprendido por la vía natural; y otro de un fenómeno consistente en proferir sonidos incoherentes en el ámbito de una condición extática, no precisamente hablar en lengua extranjera, sino un lenguaje comprensible sólo para aquellos que poseían el don de la interpretación (1 Co. 14:10). Contrariamente al don de «profecía», este don de lenguas tiene por finalidad no la edificación o instrucción de los creyentes, sino la confirmación oficial de la presencia del Espíritu Santo; por esta razón, la profecía es superior al don de lenguas, y éste ocupa el lugar más bajo entre los dones del Espíritu.

El fenómeno de la glosolalia no era desconocido en la antigüedad, denota un lenguaje oscuro, enigmático, arcaico. Aparece a propósito de los cultos dionisíacos y de la mántica adivinatoria de la Pitia de Delfos, de las Sibilas, etc. Ver LENGUAS, Don.

Gnosticismo. Corriente de religiosidad teosófica surgida en el siglo I d.C. y que floreció notablemente en el siglo II. Es una forma de conocimiento religioso que se transmite o revela esotéricamente, con vistas a la salvación de quien la recibe. Aunque todavía hay muchos puntos obscuros en el estudio de las raíces históricas del movimiento, sus motivaciones, como ha demostrado Hans Jonas, tienen que buscarse en una angustia existencial que agitó a los dos primeros siglos de la era cristiana, con elementos tanto paganos como cristianos. Hasta hace poco se habló de gnosis cristiana, pero el gnosticismo en sentido estricto es una corriente de religiosidad anterior a la predicación del Evangelio y distinta también de las religiones de misterios. Debido a su sincretismo, el gnosticismo no se afirmó como movimiento compacto, sino más bien como un conjunto de escuelas o de sectas distintas en cuanto a su culto, su organización y su doctrina. Además, dentro mismo de estas escuelas se daban a veces notables cambios doctrinales que alteraban la connotación original, dependiendo del maestro de turno, como les echaba en cara Ireneo. Hay escritos gnósticos no influidos por el cristianismo, mientras que existe una gnosis cristiana que se presenta, en particular, como reflexión cristológica y que, a pesar de sus diferencias éticas, antropológicas y soteriológicas palpables, guarda notables convergencias de oración y de fe con la fe cristiana y tiene una concepción del mundo similar en bastantes aspectos.

Los autores gnósticos reflejan un estado de espíritu desorientado y descontento del cosmos y la sociedad imperante, preocupados hondamente por la presencia del mal y sus raíces. A pesar de la inmensa variedad de sectas y movimientos gnósticos contrapuestos, con una gran diversidad de doctrinas y enseñanzas, se pueden exponer los siguientes tres puntos que son sostenidos con una cierta uniformidad:

1. Existencia de un ser supremo sin relación con la materia e incapaz de ser afectado por ella.
2. Existencia de la materia eterna, fuente del mal, opuesta a Dios.
3. Existencia de una serie de seres intermediarios entre uno y otra, llamados *eones*. Estos eones o emanaciones serían innumerables, pasando desde una naturaleza espiritual los más cercanos a Dios a una naturaleza más y más mezclada y material conforme se fueran hallando en esferas más y más cercanas al mundo material.

Gnósticos, Evangelios. Escritos casi contemporáneos de los Evangelios canónicos, escritos en griego koiné, el mismo idioma del NT, no posteriores a los años 120-150 d.C. A diferencia de los Evangelios canónicos, los evangelios llamados gnósticos se identificaban a sí mismos como «secretos». El *Libro Secreto de Juan*, p. ej., comienza ofreciendo revelar «los misterios y cosas escondidas en el silencio» que Jesús enseñó a sus discípulos. Éstas serían enseñanzas ocultas a los ojos de «los muchos». Jesús es considerado el poseedor de secretos salvadores. Después de su ascensión a los cielos, habría impartido una enseñanza secreta indispensable para comprender el sentido oculto de los evangelios. Y del mismo modo como Jesús reservó esta enseñanza a un grupo reducido de discípulos de ambos sexos, la instrucción de los misterios gnósticos se dispensa sólo a unos pocos dignos de ella.

Goel. Expresión hebrea referida al pariente próximo que tenía la obligación de intervenir en favor de un miembro de su familia caída en desgracia. Por ejemplo, liberarle de la esclavitud; pagar sus deudas (cf. Lv. 25:23ss.; Rt. 4:4ss.); suscitarle posteridad casándose con la viuda de su pariente sin hijos (Dt. 20:5-10; Rt. 3:13), y para vengar afrentas y ofensas (Nm. 35:19ss.; Dt. 19:6), en cuyo caso recibe el nombre de «vengador de sangre». En las instituciones familiares israelitas al pariente se le atribuían obligaciones dimanantes de los vínculos de parentesco y de unidad familiar.

En sentido figurado el concepto de *goël* se aplica a Dios en unas cuarenta ocasiones (cf. Sal. 119:154; Pr. 23:11; Jb. 19:25; Is. 41:14), en cuanto *goël* es el protector providencial del pueblo elegido. Dios mismo asume la función de *goël* (Is. 41:14); Dios es el pariente más próximo, más rico, poderoso y amante, que libera a los suyos de la esclavitud (Éx. 6:6; Dt. 7:8ss.) y de la deportación (Is. 62:12; 63:4; Jer. 31:11; Miq. 4:10); reivindica el derecho de los oprimidos y vela por su herencia. Para los autores del NT Jesucristo vino a ser Goel de su pueblo, para lo cual tuvo que venir a ser «nuestro pariente próximo» mediante la encarnación (cf. He. 2:14).

Gog. Príncipe de Magog, rey apocalíptico mencionado en la profecía de Ezequiel (38-39) y el Apocalipsis (20). Magog fue el hijo de Jafet (Gn. 10:2), cuyos descendientes se esparcieron por las inmensas estepas del norte, dando su nombre a la tierra. Estas hordas, provenientes del norte, «como nublado para cubrir la tierra» (Ez. 38:9), atacarán Israel en la tierra de Palestina, pero serán aplastadas por Dios (Ez. 38:18-23; 39:1, 6, 11). En el Apocalipsis se mencionan juntos a Gog y a Magog como figuras satánicas atacando Jerusalén (Ap. 20:8).

Golán (heb. «cautivo»). Ciudad de Basán (Dt. 4:43; Jos. 20:8) asignada a los levitas gersonitas de la media tribu de Manasés (Jos. 21:27; 1 Cro. 6:71), y una de las tres ciudades de refugio al este del Jordán (Jos. 20:8). No se vuelve a mencionar en la Escritura, aunque posib. sea la *Gaulâne*, mencionada por Flavio Josefo, donde Alejandro Janneo sufrió una importante derrota, si bien volvió más tarde y la conquistó (*Guerras*, 1,

4, 4, 8). La ciudad dio nombre a la región y Eusebio y Jerónimo dicen que en su tiempo todavía era una provincia muy importante, la Gaulanítide, situada al oeste del lago Genesaret, entre el Hermón, al norte, y el río Yarmuk, al sur.

Gólgota (aram. «cráneo»). Nombre popular del lugar donde Jesucristo fue crucificado (Mt. 27:33; Mc. 15:22; Jn. 19:17). Ver CALVARIO.

Goliat. Famoso gigante de Gat, que durante cuarenta días desafió a los ejércitos de Israel. Fue muerto por David con una honda y una piedra; siguiendo una costumbre de guerra habitual en la antigüedad (cf. Herodoto, 4, 6; Jenofonte, *Anab.* 5, 4, 17) le cortó la cabeza y la llevó a Jerusalén. La espada de Goliat fue guardada en el tabernáculo, y posteriormente David volvió a tomar posesión de ella. Su estatura era de seis codos y un palmo, más de 2,5 m (1 Sam. 17:4-23; 21:9).
La victoria de David sobre Goliat le convirtió en un héroe, fue recibido y aclamado triunfalmente con cantos y danzas en su honor, ganó la amistad entrañable de Jonatán (1 Sam. 18:1), el hijo de Saúl; y obtuvo un lugar permanente en la corte.

Gomer (heb. «terminación», o quizá «pasión»). Nombre de una mujer y de un pueblo.

1. Hijo mayor de Jafet, y padre de Askenaz, Rifat y Togarma (Gn. 10:2, 3), cuyos descendientes formaron una gran etnia de la población oriental de Europa (cf. 1 Cro. 1:5), identificada tradicionalmente con los antiguos cimerios, país al sur y al este del mar Negro, que dieron su nombre a Crimea. Ezequiel los presenta en su profecía apocalíptica como aliados de Gog, Magod (Escitia) y Bet-togarma (Armenia), todos pueblos al norte de Israel (Ez. 38:1-6).
2. Mujer prostituta que tomó Oseas por esposa para dar a Israel una lección acerca de la fidelidad de Dios a pesar de todas sus infidelidades (Os. 1:3). Gomer simboliza la tierra de Israel que se prostituyó con otros dioses que no eran el verdadero Dios, su esposo legítimo.

Gomorra. Una de las cuatro ciudades cananeas del valle de Sidim junto a Sodoma (Gn. 10:19; 13:10; 14:3), en la parte sur del mar Muerto. Serían cubiertas por las aguas debido a una terrible catástrofe. El relato bíblico relata que fueron destruidas por Dios con azufre y fuego (Gn. 19:24, 28), probablemente por explosiones de gas, petróleo y asfalto. Lot escogió esta región cuando se separó de Abraham, pero en la incursión de Quedorlaomer y sus aliados, después de vencer al rey de

Sodoma y al de Gomorra y saqueado ambas ciudades, Lot fue hecho prisionero y arrebatado de todos sus bienes (Gn. 14:8-11). Enterado de este hecho, Abraham acudió en su auxilio, logrando rescatarlo. A causa de la desatada perversidad de sus moradores fueron poco tiempo después destruidas por fuego del cielo (Gn. 18:20; 19:24-28). Junto a Sodoma, esta ciudad es mencionada varias veces en la Biblia como ejemplo proverbial de perversidad y del consiguiente castigo divino (Dt. 29:23; 32:32; Is. 1:9, 10; Am. 4:11; Jer. 23:14; 49:18; Sof. 2:9; Mt. 10:15; Ro. 9:29; 2 P. 2:6; Jud. 1:4-7).
Su historicidad ha quedado vindicada con los recientes descubrimientos de Ebla en Tell Mardikh, donde se han hallado tabletas que mencionan a Gomorra y a las otras ciudades de la comarca, conocidas por Pentápolis, como centros de comercio contemporáneo. Su identificación, sin embargo, es muy dudosa, lo mismo que la de las demás ciudades de la Pentápolis. Modernamente la mayoría de los críticos se deciden por la localización meridional, en la región sumergida del mar Muerto, situada al sur de el-Lisán. Las últimas investigaciones submarinas efectuadas en dicha zona parecen haber hallado restos de ciudades. Según los estudios geológicos, tal zona estuvo sometida a grandes convulsiones tectónicas.

Gosén. Nombre de tres lugares del AT.

1. Región de Egipto en la que se asentó Jacob y su familia, gracias a la mediación de su hijo José, y en la que permanecieron durante un largo período (Gn. 45:10; 46:28, 29, 34; 47:1, 4, 6, 27; 1, 8; Éx. 8:22; 9:26). Recibe frecuentemente el nombre de «tierra de Gosén» y también el de «la tierra de Rameses» (Gn. 46:28), identificando así Gosén con Rameses, o con el distrito de Pitôm o Heroopolis, ciudades construidas por los israelitas en Egipto, cuando acabado el tiempo de favor oficial, el faraón empezó a perseguirles. Se ha identificado Gosén —o Gesén— con el país de los confines orientales del Bajo Egipto. Es una franja de terreno bastante estrecha y larga, pero fértil (Gn. 47:6). Limitaba al este con el desierto de Arabia y al oeste con el brazo (oriental) del Nilo; por el sur llegaba aproximadamente a Heliópolis, junto al actual Cairo, y por el norte hasta el mar, propiamente hasta el lago Menzaleh. Parte de dicha región está hoy invadida por el mar y el resto es un desierto de arena.
2. Ciudad de Canaán, asignada a la tribu de Judá en el reparto de la tierra (Jos. 15:51). Su identificación es muy debatida.
3. Región situada al sur del territorio de la tribu de Judá, citada entre las regiones conquistadas por Josué, prob. tomó su nombre de la ciudad anterior (Jos. 10:41; 11:16).

Gozán. Región de Mesopotamia a la que fueron llevados cautivos algunos de los israelitas tras la caída de Samaria (2 R. 17:6; 18:11; 19:12; 1 Cro. 5:26). También se menciona como una región de Asia central, sometida a los asirios (2 R. 19:12; Is. 37:12), cuyo «río Gozán» (1 R. 17:6; 1 Cro. 5:26) pudiera significar el río que pasa por Gozán, identificado como el Habor, o Habbur moderno.
En el año noveno del reinado de Oseas, los habitantes del reino del Norte fueron conquistados y deportados por los reyes asirios. La presencia de los israelitas en Gozán se ve probada por los descubrimientos de tablillas que hablan, a menos de cien años de la deportación, de «samaritanos enrolados en el ejército asirio»; en otra tablilla se menciona a un tal Habbisu samaritano. Las excavaciones de Oppenheim (1911 y 1929) en Tell Haláf, junto al río Habbur, han demostrado que en Gozán se desarrolló una importante civilización.

Gracia. Lat. *gratia*; gr. *cháris*; heb. *heséd*. Término bíblico de primera importancia referido al trato de Dios con el mundo, tanto en el ámbito de la creación como en la historia de la salvación, por el que el hombre caído es elevado a la condición de hijo de Dios. Denota «favor», «bondad», «benevolencia». Dios es la fuente de todo «favor benevolente» (Gn. 33:11), el cual se percibe sobre todo en su liberación de los enemigos y de los males (Sal. 77:9; Am. 5:15). Gracia, en cuanto «favor misericordioso» (*heséd*) se aproxima más al sentido que tiene *cháris* en el NT. *Heséd* expresa el modo de comportarse Dios en su fidelidad a la alianza y en su amor inquebrantable al pueblo, de manera que *heséd* es la actitud fundamental de Dios en la alianza con el pueblo. En el NT *cháris* significa casi siempre la benevolencia de Dios que se revela en su obra de liberación y perdón de pecados en Cristo. En la obra y acción de Jesús —sanaciones y curaciones milagrosas— se hace presente en el mundo la inclinación y el favor de Dios, que busca al débil para sacarlo de su postrante situación. El perdón de los pecados, tema central de la predicación de Jesús, resalta la gracia divina, que perdona gratuitamente, por encima de los merecimientos de cada uno (Mt. 10:8; 20:1-16). La gracia es el don de Dios de donde nacen todos los demás: la redención, el perdón de los pecados, la justificación y la santificación. Es un trato de favor por parte de Dios que el creyente experimenta en sí mismo como un poder que le lleva a vencer el pecado y la injusticia del mundo, así como a descubrir la voluntad de Dios en cada situación concreta. La gracia siempre opera desde dentro, transformando al creyente para que sus obras de «hombre nuevo» no provengan desde fuera, por imperativo de la ley, sino que sean generadas desde dentro, desde el corazón nuevo renovado por la gracia de Dios (cf. Ro. 6:2ss.). La gracia nunca es resultado de un esfuerzo o mérito, sino regalo, don de Dios al hombre, favor que se recibe con gratitud. Por eso, todas las etapas del plan de salvación se deben a la gracia (Ef. 1:6-7; 2:5, 7-8; cf. Tit. 2:11). Las buenas obras del creyente no consiguen el perdón de Dios sino que por el contrario, son expresión de que el hombre ha sido perdonado y transformado por el poder divino, y esto por gracia, mediante fe, no por la ley, mediante el esfuerzo (Ro. 3:21ss.; 4:16; 8:32; 11:6; Ef. 2:8-9; Gál. 2:20ss.; Flp. 2:8ss.).

Granizo. Fenómeno natural en el cual cae agua del cielo en forma de pequeños nódulos helados, debido a las gotas de agua convertidas en hielo en las regiones muy frías de la atmósfera. No es frecuente en Palestina, pero no es desconocido, en especial en algunas tempestades de verano. En la Escritura es símbolo de la ira divina contra las naciones enemigas de su pueblo elegido e instrumento de juicio; por esta razón fue una de las diez plagas de Egipto (Éx. 9:18-34; Sal. 78:47, 48; 105:32; Ap. 8:7; 11:19; 16:21). El triunfo de Josué en Bet Horón se atribuye directamente al granizo que mató más amorreos que la espada israelita (Jos. 10:11). Los asirios serán derrotados de la misma manera (Is. 30:30). Job lo interpreta poéticamente como «municiones» de la «artillería divina» (Jb. 38:22,23). El profeta Hageo menciona el granizo como unos de los instrumentos de su juicio (Hag. 2:17; cf. Ez. 13:11). En las visiones del Apocalipsis forma parte de las manifestaciones del poder de Dios en sus juicios con este mundo pecador (Ap. 8:7; 11:19; 16:21).En ocasiones va acompañado de aparato eléctrico, por esta razón el granizo se asocia al fuego (Éx. 9:23; cf. Sal. 105:32; 78:48; 148:8; 18:13; Ez. 38:22; cf. Ap.20:9).

Grato, Valerio. Procurador de Judea del 17 al 26 d.C. nombrado por Tiberio. Fue el predecesor inmediato de Pilato. Gobernó durante 11 años, y tuvo grandes problemas con los sumos sacerdotes. Destituyó a Anás, pero su sucesor también resultó inaceptable y lo sustituyó por Eliazar, el hijo de Anás, que también fue depuesto un año después. Finalmente, Grato nombró a Caifás, yerno de Anás, que logró mantener su puesto durante 18 años (18-36 d.C.). Para controlar al Sumo Sacerdote, los romanos siguieron el sistema de Herodes, guardando en custodia sus vestiduras sagradas en la fortaleza Antonia, que contaba con una guarnición auxiliar permanente. Después de cada fiesta, éstas se empaquetaban, se sellaban y se confiaban al cuidado del tribuno al mando de la guarnición. La víspera de la siguiente festividad, los tesoreros del Templo iban a Antonia a inspeccionar el sello y recoger las vestiduras. Eliminó a dos peligrosas bandas de ladrones y mató con sus propias manos al jefe de una de ellas, Simón, antiguo esclavo de Herodes el Grande.

Grecia, en heb. *Yaván*, en gr. *Hellás*. La antigua Grecia propiamente dicha no coincide con la actual república, sino sólo con la parte estrictamente preninsular de los Balcanes, comprendiendo los territorios de Beocia, Ática y el Peleponeso, que los romanos el año 27 a.C. habían unido, con las islas adyacentes, formando la provincia de Acaya (cf. Hch. 18:12,27; 20:2).

La civilización griega fue básicamente marítima, comercial y expansiva. Una realidad histórica en la que el componente geográfico jugó un papel crucial en la medida en que las características físicas del sur de la península de los Balcanes, por su accidentado relieve, dificultaba la actividad agrícola y las comunicaciones internas, y por su dilatada longitud de costas, favoreció su extraversión hacia ultramar. Un fenómeno sobre el que incidirían también de forma sustancial la presión demográfica originada por las sucesivas oleadas de pueblos, entre ellos aqueos, jonios y dorios, a lo largo del III y II milenios a.C. Mediante la prodigiosa empresa de Alejandro Mago, la lengua, religión y cultura griega se extendió por todo el Próximo Oriente, hasta los confines de la India. Es el período llamado helenista, continuado bajo los sucesores de Alejandro. En todos los lugares donde llegaban los griegos levantaban sus templos, sus estadios y sus teatros y sus gimnasios. La lengua griega no es ya la forma de los dialectos ático, dórico, jónico de la literatura griega, sino una lengua «común», *koiné*, que se fue formando espontáneamente al impulso de los acontecimientos históricos y que será la lengua del NT.

Tolmeo I, general de Alejandro conquistó Palestina y deportó algunos judíos a Alejandría, los cuales adoptaron pronto el griego como lengua propia y donde se formó una colonia importante en riqueza comercial e intelectual, de la que surge la versión griega de la Biblia, la Septuaginta. Pero no fue un caso único y aislado. Está documentada la presencia de judíos en casi todas las ciudades de Grecia; se han encontrado inscripciones grecojudías desde Atenas a Corinto, Patras, Larisa, Mantinea, Tegea, etc. El cristianismo encontró en la lengua griega común y la existencia de comunidades judías extendidas por todo el Mediterráneo el primer punto de apoyo para lanzar su empresa misionera. La primera ciudad en que el Evangelio fue proclamado en el mundo grecorromano fue Filipos (nombre antiguo de la actual Sofía de Bulgaria), en Macedonia. La siguiente ciudad que se menciona es Tesalónica. Después Atenas, donde Pablo expuso su mensaje a los epicúreos y estoicos que quisieron oír (Hch. 17:30ss). Al término de su segundo viaje apostólico, Pablo hizo de Corinto, capital de Acaya, el centro difusor del Evangelio. Desde el punto de vista de los orígenes cristianos es digno de notar el hecho, como hace ver P. Rossano, de que en Corinto y en Acaya la fe se desenvolvió desde los comienzos sin grandes obstáculos por parte de sus ciudadanos. Prob. la razón de ello se deba al precedente de tolerancia establecido por el procónsul Galión.

Griego, Lengua. El griego, llamado por sus hablantes *heleno* o *helénico* desde la antigüedad, es una de las lenguas mejor documentadas del mundo; se puede seguir su evolución durante más de 3000 años, desde las tablillas micénicas del II milenio a.C. hasta la última edición de cualquier programa televisivo de la Grecia actual, donde sigue siendo una lengua viva, el idioma oficial. La política panhelénica de Filipo de Macedonia y las conquistas de su hijo Alejandro Magno en el Oriente abrieron al idioma griego en su versión ática un horizonte mucho más vasto de lo que jamás Atenas hubiera podido soñar. La lengua griega, puesta así en contacto con otros pueblos y otros idiomas muy diferentes se adapta a la nueva situación y se transforma lentamente, perdiendo en pureza ática, pero ganando en vocabulario y en riqueza conceptual. Recibe el nombre de griego *koiné* o *común* esta nueva lengua que va eliminando poco a poco los antiguos dialectos históricos y se convierte en vehículo cultural y económico del mundo antiguo, desde la India hasta Roma y el Occidente y que dura por lo menos hasta el siglo VI de nuestra era. En ella se expresan historiadores, científicos, poetas, biógrafos y toda la pléyade de sabios y técnicos del mundo helenístico. Hasta un emperador tan romano como Adriano prefiere la lengua griega *koiné* para escribir sus pensamientos más íntimos. Dentro del griego *koiné* merece especial atención lo que llamamos *griego bíblico*. Se entiende por tal el nivel de lengua griega empleado para la redacción o traducción de los textos sagrados.

El griego del NT es una producción original a muy distintos niveles en la que, frente a la lengua *koiné* más elevada y más culta (Epístola a los Hebreos, epistolario paulino, obra lucana) hallamos otra muy similar a la de los papiros egipcios contemporáneos, como los descubiertos en Oxirrinco a finales del XIX (Evangelio de Marcos); junto a términos claramente griegos (la inmensa mayoría) aparecen otros que son latinos y un número importante de semitismos, combinados según el estilo personal de cada autor. La idea mantenida por algunos filólogos del pasado según la cual el griego neotestamentario es de inferior calidad o incluso decadente en comparación con los grandes autores de la época clásica carece hoy de peso al comprobarse cómo los autores sagrados escribían no sólo según sus capacidades lingüísticas personales, sino también siguiendo un plan preconcebido al que se ceñían estrictamente. El Evangelio de San Marcos, considerado hoy como uno de los mejores exponentes de lo que debía ser la *koiné* hablada, juega magistralmente con la dicción semítica, de tal manera que sabe transmitir a un auditorio de lengua y cultura helénica un cuadro altamente colorista de lo que fue el ministerio de Jesús en Palestina, transcribiendo incluso las *ipsissima verba Domini* («la palabra original del Señor») en arameo. Y el Apocalipsis de San Juan, por no citar sino un último ejemplo, estigmatizado de forma tradicional como obra mal escrita por alguien que no se expresaba bien en griego, evidencia un dominio tal de la sintaxis helena que no tiene nada que envidiar a ningún autor clásico. No podemos poner en duda que tanto Jesús como los apóstoles, israelitas originarios de Galilea, región bilingüe, debían ser perfectamente competentes tanto en arameo como en griego, con un conocimiento pasivo, sin duda, de la lengua hebrea, considerada como *lingua sacra*. El NT refleja esta particularidad al transmitir la Buena Nueva en un perfecto griego *koiné* con una indeleble impronta judía.

Grosura. En sentido propio designa la grasa o sebo que recubre las entrañas de los animales. Se consideraba la parte más rica del cuerpo de los animales, por esta razón en los sacrificios cultuales, la grososura se reservaba para Dios, ofrecida como un sacrificio superior y más bueno que todo lo demás (Lv. 3:16), en analogía con la ofrenda de los primeros frutos y de los primogénitos. Por eso Abel ofreció a Dios la grosura de los primogénitos de sus ovejas (Gn. 4:4; cf. Nm. 18:17).
Por la ley mosaica, toda la grosura de los animales sacrificados pertenece a Yahvé. Hay una prohibición expresa de comer de ella (Lv. 3:3, 9, 17; 7:3, 23, 25), al igual que sucede con la sangre. Quemada sobre el altar, la grosura era para Yahvé un sacrificio de olor grato (Éx. 29:13, 22; Lv. 4:8-10, 31).

Gudgoda. Lugar de acampada de los israelitas en el desierto, entre el monte Her y Jotbata (Dt. 10:7); sin lugar a dudas el mismo que el monte Gidgad de Nm. 33:82, por el que habían pasado previamente entre Benei-jaacán y Jotbata.

Guejazi (heb. «valle de visión»). Siervo de Eliseo, de cuya confianza disfrutó al principio (2 R. 4:12-27; 5:20-27). Mencionado en relación a la sunamita y la muerte de su hijo por insolación. Guejazi colocó el bastón del profeta sobre la cabeza del niño muerto, pero sin ningún resultado (2 R. 4:31), hasta que Eliseo oró pidiendo a Dios que obrara un milagro, entonces el niño resucitó (2 R. 4:31-37). Guejazi aparece de nuevo en relación con el episodio del general sirio Naamán, enfermo de lepra. Curado de ella por Eliseo, intenta recompensar al profeta, pero éste no acepta nada. Guejazi, sin embargo, corrió tras el séquito del general y con artimaña le sacó cierta cantidad de dinero, alegando que era para socorrer a terceras personas. Enterado Eliseo de la avaricia de su siervo, le castigó con la lepra de que poco antes había curado al sirio (2 R. 5:20-27).

Guenizá. Palabra heb. que significa «escondite», «archivo», «tesoro», denota el lugar o estancia anexa a la sinagoga, donde los judíos ortodoxos depositaban los objetos sagrados inutilizables, ya que por ley no podían ser destruidos por mano de hombre. Así se guardaban los rollos de las Escrituras ya desgastados por el uso o porque contuviesen errores de copia; los documentos civiles con alguna irregularidad; los objetos y escritos que habían estado en contacto con la Escritura o que contenían el nombre sagrado de Dios; los mantos de oración viejos. Después de un tiempo eran enterrados en tierra consagrada para impedir su profanación o depositados bajo una bóveda.

Guirnalda. Era costumbre entre los griegos adornar a sus víctimas con guirnaldas, tal como se recoge en una ocasión en el NT (Hch. 14:13). Generalmente estaban confeccionadas de ramas de olivo o de cualquier otro árbol que se considerase en consonancia con la divinidad venerada.

Gur-Baal. Localidad habitada por los árabes, contra quienes luchó con éxito Ocozías de Judá (2 Cro. 26:7); prob. se trataba de un lugar de culto a Baal. La localización es incierta y a juzgar por la traducción de la LXX, se cree que podía encontrarse en la *Arabia Petra*.

H

Habaías (heb. «protegido por Yahvé»). Nombre de un sacerdote cuyos descendientes regresaron de la cautividad de Babilonia con Zorobabel. Fueron degradados del sacerdocio por haber tomado a una de las hijas de Barzilai el galadita, y ser incapaces de trazar su genealogía (Esd. 2:61; Neh. 7:63).

Habacuc (heb. «abrazo»). Profeta de Judá. No se sabe nada de él, ni siquiera su nombre se ha transmitido de forma unánime. El período en que vivió parece ser que transcurre entre la muerte del rey Josías (609 a.C.) y la victoria de Nabucodonosor sobre Egipto (605 a.C.). En diversos momentos el profeta contrapone la actitud y el destino del inocente al del culpable, con alusiones a unos sucesos históricos muy concretos, aunque a menudo se nos escapan. Contempla visiones terribles; espera que se vayan a realizar instantáneamente; dialoga francamente con Dios, no se limita a escuchar la Palabra de Dios y a transmitirla. Constata que el castigo de un grupo opresor supone simplemente su sustitución por otro poder más cruel todavía. Pero en la fe comprende que todo grupo opresor acabará siendo castigado por Dios.

Habacuc, Libro de. Octavo de los doce profetas menores. Se divide en tres secciones:

1) Primer lamento: Su clamor de protesta contra la violencia y la iniquidad, sin que Dios parezca reaccionar (Hab. 1:2-4); la iniquidad triunfa. La respuesta del Señor: Dios suscita a los caldeos (Hab. 1:5-10) que, culpables, serán castigados a su vez (Hab. 1:11).
2) Segundo lamento: El reino de Dios no se desvanecerá, y el juicio se abatirá sobre los caldeos (Hab. 1:12). Se plantea sin embargo un problema moral: Dios permite que los caldeos destruyan, den muerte, a los que son más justos que ellos. ¿Hasta cuándo continuará tal estado de cosas? (Hab. 1:13-17). Respuesta del Señor: Los caldeos son inicuos y están hinchados de soberbia; este solo hecho basta, a los ojos de los creyentes, para anunciar el castigo que se avecina sobre ellos (Hab. 1:11; Is. 10:12-16), como les sucederá también a todos los que sean semejantes a ellos. El justo vivirá por la fe (Hab. 2:1-4). Así, el conocimiento de esta verdad permite la resolución del dilema. Así, la certidumbre de que Dios castigará la maldad inspira al profeta a lanzar cinco anatemas, proferidos contra el orgulloso poderío del enemigo, y que considera cinco formas de iniquidad (Hab. 2:5-20).
3) Oración de acción de gracias (Hab. 3:1-19): Después de una invocación a la misericordia de Dios a pesar de su ira (Hab. 3:2), el profeta describe la gloriosa aparición de Yahvé, el terror estupefacto de sus enemigos (Hab. 3:3-15), y después expresa la serena confianza de la fe que se apoya en el Señor (Hab. 3:16-19).

Por la evidencia interna, se supone que Habacuc profetizó durante el reinado de Joacim (608-597 a.C.), pero es difícil precisar la fecha. La mayor parte de los eruditos sitúan la profecía en la primera parte de este reinado, en la época de la batalla de Carquemis.

Sólo el conocedor del hebreo puede conseguir una idea adecuada de lo magnífico que es el estilo literario de Habacuc. El suyo es un estilo en el que las expresiones son tersas, paralelísticas, poéticas; un maestro del estilo poético, gráfico y enérgico, a decir de Driver. También el salmo del cap. 3 es de un lirismo del más elevado orden, manteniendo un ritmo y un uso de las imágenes que permite la más exigente comparación con las mejores producciones poéticas de la literatura hebrea.

Las escuelas críticas han atacado duramente la unidad del libro, pero en base a presuposiciones y especulaciones carentes de base, y difieren mucho entre sí en sus conclusiones acerca de la unidad y datación de los diferentes capítulos y secciones. Se puede señalar que, p. ej., los términos musicales empleados no son postexílicos, sino que eran utilizados ya en los Salmos.

Habacuc es frecuentemente citado en el NT de una manera que subraya su importancia teológica (cf. Hch. 13:41; Hab. 1:5; Ro. 1:17; Gál. 3:11; He. 10:38; Hab. 2:4). Los judíos, al igual que la Iglesia cristiana, reconocen plenamente el carácter canónico de este libro. Entre los famosos rollos del mar Muerto se descubrió un comentario de Habacuc, en el que la comunidad hacía una aplicación de este libro a sus propias circunstancias históricas.

Habasinías (heb. prob. «lámpara de Yahvé»). Nombre del padre de Jeremías, y antepasado de Jazanías, jefe de los recabitas (Jer. 35:3), a quienes el profeta probó respecto a la fidelidad a sus tradiciones, tentándoles respecto a beber vino, sin que cayeran en la tentación.

Habor. Río de Mesopotamia, que nace en Ras-el-Ain, en las tierras altas de Kurdinstán, y desemboca en el Eufrates, el mismo que en los textos acadios es llamado Haburu, nombre conversado en el moderno Habur. Es mencionado junto con la región meda de Halaj y Gozán, respecto a la deportación de los israelitas, efectuada por los asirios en el año 722 a.C. (2 R. 17:6; 18:11; 1 Cro. 5:26). En los días de la conquista de Israel, los asirios se encontraban en el cénit de su poder imperialista que se extendía por todo el norte mesopotámico. No hay duda de que fue en esa región donde fueron instalados los cautivos: «en las ciudades de los medos» (2 R. 17:6), limítrofes con las asirias y bajo su autoridad.

Hachila. Colina situada en los montes de Judá, frente al desierto de Zif, donde, en una de sus cavernas, se refugió David con sus hombres y perdonó la vida a Saúl (1 Sam. 23:19; 26:1, 3-12).

Hadad. Título real, semejante a faraón entre los egipcios, correspondiente a varios reyes edomitas y sirios citados en el AT. En su origen es el nombre del dios supremo del panteón arameo.

1. Rey de Edom, hijo de Bedad, primero citado con este nombre en el AT, hijo de Bedad y sucesor de Husham. Tenía su corte en la ciudad de Avit y se dice que derrotó a Madián en el campo de Moab (Gn. 36:35, 36; 1 Cro. 1:46, 47).
2. Rey de Edom, segundo de este nombre, que sucedió a Baal-hanán. Estableció su gobierno en la ciudad de Pau. El nombre de su mujer fue Mehetabel, hija de Matred, hija de Mezaab (1 Cro. 1:50). En Génesis 36:39 es llamado Hadar, lectura errónea debido a la confusión del *dâlet* con el *rês*.
3. Príncipe de la casa real de Edom. De niño fue llevado a Egipto cuando David conquistó el territorio edomita. Faraón le dio después su cuñada en matrimonio, la princesa Tajpenes, de la cual tuvo un hijo llamado Genubat, criado entre los hijos del faraón. A la muerte de David volvió a Edom y se rebeló contra Salomón, con el fin de recuperar su trono y recuperar la antigua dignidad de su estirpe (1 R. 11:14-22).
4. Rey de Siria que ocupó el trono de Damasco en los días de David. Este monarca se alió con Hadad-ezer, rey de Soba, para enfrentarse a David, el cual los derrotó e hirió a 22.000 hombres de los sirios (2 Sam. 8:5). El texto bíblico no da el nombre del rey, pero es suplido por Josefo, basado en la autoridad de Nicolás de Damasco (*Ant.* 7, 5, 2).

Hadad-Ezer (heb. «Hadad es ayuda»). Rey arameo, hijo de Rehob, rey de Soba. Después de someter a los moabitas, David prosiguió su campaña victoriosa contra la región aramea, entre la que había una aglomeración de tribus, situada entre el Eufrates y el Mediterráneo. Hadad-ezer organizó las fuerzas arameas contra David, pero éste avanzó hacia Elam, derrotando la fuerte coalición aramea, que sufrió graves pérdidas y fue arrojado allende del Eufrates. David tomó mucho botín y escudos de oro, que consagró al Señor en Jerusalén (2 Sam. 8:3; 1 Cro. 18:3; 19:16). Hadad-ezer fue también totalmente derrotado por David otras dos veces (2 Sam. 8:3-12; 10:6, 14, 15-18). Como consecuencia de ello, los reyes aliados con Hadad-ezer abandonaron la guerra contra Israel y se hicieron tributarios de David (2 Sam. 10:19). La dominación de los estados arameos de Hamat, sobre el Orontes, añadió grandemente muchos más recursos que enriquecieron a Israel.

Hadad-Rimón. Nombre de un valle de Meguido, mencionado por Zacarías como tipo de la penitencia futura de los judíos (Zac. 12:11).

Prob. se trata de una expresión proverbial relacionada con la muerte de Josías, que fue mortalmente herido en un lugar cercano (2 Cro. 35:22-25). Durante mucho tiempo fue considerado como el nombre de una ciudad en la llanura de Meguido, pero actualmente se cree que es un nombre simbólico compuesto por la unión de dos dioses, el Hadad arameo y el Rimón acadio.

Hades. Nombre griego del dios de los infiernos y del infierno mismo. Para los escritores clásicos denota al Orco, o región subterránea. Según la concepción grecorromana el mundo subterráneo estaba dividido en dos regiones: Erebo, donde los muertos entran en cuanto mueren, y Tártaro, la región más profunda, donde se había encerrado a los titanes. Era un lugar oscuro y funesto, habitado por formas y sombras incorpóreas y custodiado por Cerbero, el perro de tres cabezas y cola de dragón. Siniestros ríos separaban el mundo subterráneo del mundo superior, y el anciano barquero Caronte conducía a las almas de los muertos a través de estas aguas. Al momento de morir, los griegos enterraban a sus muertos, o los incineraban, con una moneda entre los dientes, para que el alma la ofreciera en pago a Caronte. La laguna Estigia era concebida como un enorme lecho acuático que rodeaba al inframundo, separándolo del resto del universo, particularmente del mundo de los vivos, circundando el reino de Hades siete veces para evitar la escapatoria de las almas.

En la versión griega del AT hades es la traducción del heb. *sheol*, que a veces retiene el sentido personalizado original. Este término se usa cuatro veces en los Evangelios, y siempre en boca de Jesús mismo: Mt. 11:23; 16:18; Lc. 10:15; 16:23. En otro lugar se menciona en relación al alma de Cristo (Hch. 2:27, 31). El Ap. habla poéticamente del Hades como un lugar de encierro de los muertos no regenerados. El Cristo glorificado declara que tiene las llaves del Hades (Ap. 1:18). EL Hades es un destino temporal de los condenados (Ap. 6:8); y tendrá que entregar a los que están en él (20:13), y entonces ser finalmente arrojado al lago de fuego (v. 14).

Hadid (heb. «promontorio»). Ciudad de la Sefela situada en territorio de Dan, aunque perteneciente a la tribu de Benjamín. Se menciona entre Lod (Lydda) y Ono, como lugares de donde eran algunos que regresaron con Zorobabel del destierro. Se cita nuevamente con motivo del censo de Nehemías (Esd. 2:33; Neh. 7:37; 11:34).

Hadoram (heb. «el dios Hadad es ensalzado»). Nombre de tres personajes del AT.

1. Hijo de Joctán y epónimo de una tribu árabe que no se ha identificado con claridad (Gn. 10:27; 1 Cro. 1:21). Se ha propuesto ver en el nombre el lugar Dawran, que se halla en el Wadi Dimar en las cercanías de Saná, Arabia.
2. Hijo de Toi, rey de Hamat, enviado por su padre al rey David con ricos presentes para felicitarle por la victoria que había alcanzado sobre Hadad-ezer, monarca de Soba (1 Cro. 18:10). En el pasaje paraleo de 2 Sam. 8:10, se le llama Joram, contracción de Jehoram, que contiene el nombre de Yahvé, peculiar a la nomenclatura israelita.
3. Funcionario de los reyes David y Salomón a quien Roboam envió para apaciguar a las diez tribus rebeladas a cobrar los tributos. Murió lapidado por las tribus norteñas de Israel (2 Cro. 10:18).

Hageo (heb. «festivo» o «nacido en día festivo»). Profeta contemporáneo de Zacarías (Hag. 1:1 y Zac. 1:1). Profetizó después del retorno del exilio babilónico. La reconstrucción del templo había estado interrumpida durante 15 años. Hageo contribuyó mucho a que se reanudara la reconstrucción (Esd. 5:1, 2; 6:14).

Hageo, Libro de. Décimo de los profetas menores, el más importante en orden a la reconstrucción del Templo, junto con Zacarías y con Malaquías. Con Hageo empieza el período postexílico de la profecía de Israel. Los antiguos profetas denunciaron los pecados de Israel y anunciaron el juicio inminente manifestado en la destrucción de Jerusalén y el destierro babilónico, ahora el anuncio se centra en el deber de reconstruir la patria y su símbolo más representativo, el Templo.

Las breves secciones de su libro están fechadas entre los meses de agosto y diciembre del 520, segundo año de Dario I, rey de Persia. Nada se sabe acerca de la vida y la personalidad del profeta Hageo, a quien se atribuye la obra. Algunos especialistas han sugerido que el libro fue compuesto por un discípulo anónimo de Ageo. Esta opinión se basa sobre todo en la impersonalidad de las referencias a Hageo en tercera persona, y en las descripciones del mismo como «el profeta». Su nombre se menciona en Esd. 5:1 y 6:14, junto con Zacarías.

En el año 538 el edicto de liberación de Ciro había permitido a los judíos deportados a Babilonia regresar a la patria. Pero allí no encontraron más que destrucción. Al mismo tiempo estallaron en Persia, entre el 529 y el 520, violentos desórdenes. Al morir Cambises, hijo de Ciro, el 522, sólo en Babilonia aparecieron sucesivamente tres impostores como pretendientes a la sucesión; pero hubo otros más en las provincias hasta el 520, cuando Darío tomó sólidamente en sus manos las riendas del imperio. El profeta Ageo ve en estas agitaciones no sólo los signos premonitores del final del imperio, sino también los signos del grande y decisivo renacimiento de los judíos. Y ante la inminencia de la inauguración del reinado de Yahvé, es preciso que no falte el Templo.

El tema dominante del libro es la reconstrucción del Templo, a la que Ageo exhorta y consuela a los que habían visto la gloria y magnificencia del Templo anterior. El segundo Templo no igualaba al primero en magnificencia, ni fue santificado por las manifestaciones visibles de la presencia divina que se vieron al ser inaugurado el primer Templo. No hubo manifestación de poder sobrenatural para señalar su dedicación. No se vio que una nube de gloria llenase el santuario recién erigido. Ningún fuego descendió del cielo para consumir el sacrificio sobre su altar. La *shekina*, o presencia de Dios, no moraba más entre los querubines del lugar santísimo; el arca, el propiciatorio y las tablas del testimonio no se encontraban allí. Ninguna señal del cielo daba a conocer la voluntad de Yahvé al sacerdote inquiridor. Sin embargo, se trataba del edificio acerca del cual el Señor declaraba: «La gloria de esta casa postrera será mayor que la de la primera» (2:7).

El libro se refiere sólo al breve período de apenas cuatro meses en que Zorobabel y el sumo sacerdote Josué estaban al frente de los que regresaron del destierro de Babilonia.

El año 520 fue uno de plagas, sequía e insatisfacción generalizada de los exiliados judíos procedentes de Babilonia. El profeta atribuye estos males a la dilación en la reconstrucción del Templo. Declara que Dios les está castigando por ocuparse en decorar sus propios hogares antes de terminar la casa del Señor e insta a Zorobabel, gobernador de Judá, y a Josué, sumo sacerdote, a convocar al pueblo para la realización de su tarea principal.

a) 1:1-11: Exhortación a Zorobabel y a Josué (respectivamente gobernador de Judá y sumo sacerdote), para que lleven a cabo la reconstrucción del Templo, cuyos fundamentos se habían puesto el año 537 (cf. Esd. 3:8; 5:16). Zorobabel, Josué y el pueblo responden a la llamada del profeta, y reanudan los trabajos de reconstrucción (vv. 12-15).
b) 2:1-9: Anuncio escatológico de salvación, promesa de la futura gloria del Templo, que superará a la del primero, ya que en virtud de una inminente transformación política afluirán a él todos los tesoros de las naciones (v. 7).
c) 2:10-19: Promesas de prosperidad agrícola. La cosecha y los frutos han sido escasos, ya que los sacrificios y las ofrendas eran impuros al Señor; si cambian, el Señor les bendecirá.

d) 2:20-23: Esperanza escatológica relacionada con la figura de Zorobabel. El profeta anuncia que Dios derribará pronto los reinos enemigos y las potencias paganas, y hará de él un «anillo de sellar».

Se sabe que desde agosto del 520 a marzo del 515 se terminó el Templo, sin que se realizase la gran esperanza de la liberación y de la salvación anunciadas. Las vicisitudes del Templo y la situación política y social, así como la actividad de Ageo, están además ilustradas por su contemporáneo, el profeta Zacarías, que comenzó su misión dos meses después (octubre-noviembre del 520), y por el libro de Esdras (5:1; 6:14), que menciona expresamente a los dos profetas.

En 2:7 el texto hebreo dice que afluirán a Jerusalén «los tesoros de todas las gentes» y que así el nuevo Templo se llenará de gloria. Pero la versión latina de la Vulgata tradujo en una frase que se ha hecho célebre: *Et veniet desideratus cunctis gentibus* («Vendrá el esperado de todos los pueblos»), muy común en los escritores de la Patrística, preocupados en resaltar el aspecto mesiánico del AT.

La importancia religiosa de Hageo reside en el énfasis puesto en la reconstrucción del Templo y en la reinstauración en él de los rituales adecuados, sin los cuales se hubiesen perdido antiguas creencias y prácticas del judaísmo.

Haggadá (heb. «dicho», «exposición», del verbo *hagad*, «contar, anunciar»). Colección de textos literarios rabínicos que cubren diversos géneros literarios: relato, leyenda, parábola, fábula, etc., utilizados para ilustrar los principios religiosos y éticos de la Torá compilados en el Talmud y el Midrás durante los primeros siglos de la era cristiana. La Haggadá es un complemento de la Halaká, compuesta de textos legales de la literatura rabínica, aunque ambas se compilaron al mismo tiempo y constituyen la Torá oral. La Haggadá interpreta narrando y actualizando libremente los sucesos salvíficos del pasado que se narran en el AT, sacando de ellos enseñanzas espirituales y éticas. La hermenéutica haggadica recurre con libertad a los pensamientos ingeniosos, a la ironía, a la gematría o al significado simbólico de los números correspondientes a las letras del alfabeto hebreo con el fin de interpretar de un modo contextualizado el texto bíblico.

Hai (heb. «ruina»). Nombre de dos ciudades del AT.

1. Ciudad-estado cananea. Abraham la conoció, porque plantó su tienda «teniendo a Bet-el al occidente y Hai al oriente» (Gn. 12:8). Fue conquistada por Josué, después de una derrota a causa del pecado de Acán, mediante una estratagema. Fue incendiada, y convertida en un montón de ruinas (Jos. 7:2-5; 8:1-29; 10:1, 2). Se hallaba cerca de

Bet-el, en la heredad de Benjamín, y evidentemente fue reconstruida, porque es mencionada en Esd. 2:28; Neh. 7:32. En la región que debió ocupar originalmene esta ciudad se hallan ruinas esparcidas a lo largo de una estrecha cumbre, y existe una depresión entre las rocosas alturas, muy apropiada para una emboscada como la que planeó Josué. Las ruinas reciben el nombre de Haiyan.

2. Ciudad desconocida de los amonitas, aparentemente frente a la ciudad de Hesbón, la cual fue devastada a continuación de Hay por los babilonios en su camino hacia Jerusalén (Jer. 49:3).

Halac (heb. «liso», «suave»). Nombre propio, o más bien epíteto que describe un cerro en el límite sudeste de las comarcas conquistadas por Josué en su paso hacia el monte Seír (Jos. 11:17; 12:7). Sin duda su apariencia lisa y suave servía de señal en esa dirección, como Beerseba será usada después por escritores posteriores. El dato geográfico: «que sube hasta Seír», describe la región de Seír en la montañosa provincia de Edom, a la que el Halac estaría conectada.

Halah. Ciudad o distrito de Media a la que las diez tribus del norte fueron llevadas cautivas por los asirios en el año 722 a.C. (2 R. 17:6; 18:11; 1 Cro. 5:26). Se ha hallado en una lista geográfica asiria el nombre «halhhu», que se corresponde con Halah, pero su posición no está bien definida.

Halaká. Sistema jurídico del judaísmo. Nace y se desarrolla como un esfuerzo de adaptación y de aplicación de la Torá bíblica. La Halaká está formada por la ley escrita, tal como se recoge en el Pentateuco, y la ley oral, que incluye interpretaciones posteriores así como costumbres consuetudinarias. Los saduceos negaron la validez de esta «ley oral», mientras que los fariseos la adoptaron como «tradición de los padres». Hacia el año 200 d.C. se redactó la Misná, donde se recoge por escrito la tradición oral, dando origen a 63 tratados. Poco después se compuso la Tosefta, otra colección de tradiciones halákicas. El Talmud, tanto palestino como babilonio, es una colección posterior de las tradiciones rabínicas.

Hal-Lêl. Término usado por los judíos para designar unos salmos determinados que se cantaban en el Templo, en familia y en ciertas fiestas. Se divide en:

1. *Hal-lel egipcio*, abarca Sal. 113 a 118, que comienza siempre por la palabra aleluya. Recibía este nombre porque era cantado en el Templo mientras se sacrificaban los corderos de la Pascua, fiesta que tu-

vo su origen en Egipto. Recordaba las salida del pueblo hebreo de la opresión egipcia. También eran cantados en privado durante la celebración de la Pascua. Se cree que «el himno» mencionado en Mt. 26:30; Mc. 14:26 se refiere a parte de este hal-lel.

2. *Gran hal-lel*. Recibe este nombre porque incluye el Sal. 136, donde se halla en cada versículo la respuesta: «Porque para siempre es su misericordia». Maimónides afirma que incluye Sal. 118 a 136. Otros dicen que comienza en el Sal. 120 ó 135:4. Se recitaba en la primera velada de la Pascua, y también en muchas ocasiones especiales.

Hamat (heb. «amurallada»). Nombre de dos ciudades citadas en el AT.

1. Distrito y ciudad capital de un pequeño reino al norte de Siria. Los hamateos son ya mencionados en Gn. 10:18. Se hallaba al norte del Líbano y del Antilíbano, pero es posible que se extendiera más hacia el sur, ya que el límite norte de Israel es descrito como «desde donde entran en Hamat» (1 R. 8:65). Toi, el rey de Hamat, felicitó a David por la derrota de Hadad-ezer, su enemigo común (2 Sam. 8:9, 10). Estaba a más de 150 km al norte de Dan, pero vino a ser tributaria bajo Salomón, que construyó allí ciudades de aprovisionamiento (2 Cro. 8:4). Parece que a la muerte de Salomón recuperó su independencia, porque fue reconquistada por Jeroboam II (2 R. 14:28). Después cayó en manos de los asirios (Jer. 52:9, 27). Este distrito está mencionado en la futura partición de la tierra (Ez. 47:16, 17, 20; 48:1; Am. 6:14; Zac. 9:2). Bajo Antíoco Epifanes recibió el nombre de Epifanía en honor de dicho monarca. En la actualidad se llama Hamah. El río Orontes pasa por medio de ella.
2. Ciudad fortificada de la tribu de Neftalí, mencionada con este nombre en el AT una sola vez (Jos. 19:35). Formaba parte del grupo sur de las ciudades de dicha tribu y debía encontrarse en el borde occidental del lago Genesaret. La arqueología sacó a la luz edificios termales de la época romana y también una serie de sinagogas.

Hammurabi. Célebre monarca y legislador de Babilonia, autor de un famoso código que lleva su nombre. Sexto rey de la primera dinastía de Babilonia. Al principio de su reinado, Hammurabi no dominaba más que una región poco extensa, de unos 50 km de radio (1792 a.C.). Después, aprovechando la decadencia de Asiria arrebató Larsa a los elamitas y se proclamó señor de toda Babilonia. Su Imperio se extendió desde el Golfo Pérsico hasta las montañas del norte, abarcando los territorios de Sumer, Akkad y Elam. Hammurabi buscó el bien de sus súbditos; reparó los antiguos canales y construyó otros nuevos, a fin de fertilizar el norte y el sur de Babilonia. Consolidó las fortificaciones, construyó y hermoseó templos, presidió la administración de la justicia, y codificó las leyes del país.

Hamón (heb. «caliente, resplandeciente»). Nombre de dos poblaciones del AT.

1. Ciudad de la tribu de Aser, mencionada entre Rejob y Caná, situada en la parte norte del territorio (Jos. 19:28). Se identifica con Hirbet Umn el-Awamid a unos 6 km al nordeste de Ras el-Naqurah y a 17 de Tiro.
2. Ciudad de los levitas en Neftalí, asignada a los descendientes de Gerson (1 Cro. 6:76); idéntica a Hamat.

Hamón Gog (heb. «multitudes de Gog»). Valle mencionado en la profecía de Ezequiel contra Gog, donde serán enterrados los cuerpos masacrados del ejército de Gog (Ez. 39:11,15). Ezequiel marca una zona fuera de las fronteras de Israel, al este del mar Muerto, para que no haya contaminación para su pueblo por los muertos.

Hamor (heb. «gran asno»). Príncipe de la ciudad de Siquem (Gn. 34:20; Jos. 24:32; Jue. 9:28), cuyo hijo sedujo y violó a Dina, hija de Jacob. Simeón y Leví, hermanos de Dina, la vengaron dando muerte a Hamor y haciendo una matanza general en la ciudad (Gn. 34:1-31), no dejando a ningún varón con vida.

Hamutal (heb. «suegro del rocío»).Hija de Jeremías de Libna, esposa del rey Josías y madre de los monarcas de Judá, Joacaz y Sedecías (2 R. 23:31; 24:18; Jer. 52:1).

Hanameel (heb. «Dios fue misericordioso»). Primo del profeta Jeremías, hijo de su tío Salum, a quien compró un campo en Anatot, en tierra de Benjamín (Jer. 32:6-12). La operación se realizó conforme a las leyes de compra-venta, por orden de Yahvé, con la intención profética de evidenciar la certeza de la restauración después del cautiverio, representado por el documento que tendría valor para el futuro poseedor (Jer. 32:13-15).

Hanán (heb. «misericordioso»). Nombre de siete personas del AT, entre ellas uno de los levitas que asistieron a Esdras en la lectura y exposición de la Ley al pueblo (Neh. 8:7; cf. 9:4, 5), y uno de los jefes del pueblo que firmó la renovación de la alianza con Dios escrita por Nehemías (Neh. 10:22).

Hanani (heb. «don gracioso de Dios»). Nombre de cinco personas del AT, entre ellas el padre del profeta Jehú (1 R. 16:1), y vidente él mismo. Reprendió al rey Asa su alianza con los arameos, y el rey encolerizado le hizo encarcelar (2 Cro. 16:7-10).

Hananías (heb. «Yahvé ha favorecido»). Nombre de varias personas del AT, entre ellas un falso profeta de Gabaón. En el cuarto año del reinado de Sedecías, hijo del rey Josías, Hananías anunció que los deportados volverían al cabo de dos años de cautiverio. Jeremías profetizó contradiciéndole. Hananías, culpable de engaño, murió dos meses después (Jer. 28:1-17).

Hanes. Ciudad real egipcia de gran importancia bajo la XX dinastía, a 16 km al suroeste de la actual Beni Suyf. En la época grecolatina recibió el nombre de *Heracleópolis Magna* (Gran ciudad de Hércules). Según una extraña tradición en esta ciudad habría nacido Jesucristo, cuando a María le sobrevinieron los dolores de parto y, recostada en una palmera, dio a luz a Jesús, tradición recogida por los musulmanes en el Corán, 19, 22-25. Isaías la menciona en relación a «la protección del faraón», buscada por los embajadores israelitas, convertida en vergüenza y afrenta (Is. 30:3-4).

Haniel (heb. «gracia de Dios»). Nombre de dos personajes del AT.

1. Príncipe de la tribu de Manasés, hijo de Efod, que fue uno de los escogidos por Dios para intervenir en el reparto de la tierra prometida (Nm. 34:23).
2. Hijo segundo de Ula y uno de los hombres valientes de la tribu de Aser (1 Cro. 7:39).

Hanoc (heb. «iniciado»). Nombre de dos personajes del AT.

1. Descendiente de Abraham a través de Madián, hijo de Cetura (Gn. 25:4; 1 Cro. 1:33).
2. Primogénito de Rubén (Gn. 46:9; Éx. 6:14), cabeza del clan de los enoquitas (Nm. 26:5; 1 Cro. 5:3).

Hanún (heb. «favorecido»). Nombre de tres personajes del AT.

1. Hijo de Nahas y rey de Amón. David mantenía buena relación con Nahas, por eso, al morir éste, David envió embajadores a Hanún, para darle el pésame por la muerte de su padre. Pero la visita fue interpretada mal por los príncipes amonitas, diciendo que los embajadores iban como espías para explorar la capital, por esta razón el rey afrentó a los embajadores haciendo que les rapasen la mitad de

las barbas y que sus vestidos talares fuesen cortados hasta la mitad. David declaró la guerra a Hanún y envió contra él un ejército al mando de Joab. A pesar de la ayuda prestada por los sirios, los amonitas fueron derrotados y su capital conquistada (2 Sam. 10:1-4; 1 Cro. 19:2-6).

2. Israelita que con los habitantes de Zanoa reparó la puerta llamada del Valle, al lado occidental de Jerusalén (Neh. 3:13).
3. Israelita, hijo sexto de Salaf, que colaboró en la restauración del muro de Jerusalén en tiempo de Nehemías (Neh. 3:30).

Hara (heb. «montaña»). Región de Media bajo dominio asirio, a donde Tiglat-Pileser deportó las tribus transjordánicas de Rubén, Gad y la media de Manasés (1 Cro. 5:26; 2 R. 18:11).

Harada (heb. «temblor»). Uno de los lugares donde los israelitas acamparon en su peregrinación por el desierto (Nm. 33:24); mencionado entre el monte Sefer y Maquelot. Es prob. que estuviera situada en la cuenca del Waddi Lussan.

Harán (heb. «camino»). Antigua ciudad de Mesopotamia a la que se dirigieron Taré y su familia al partir de Ur de los caldeos (Gn. 11:31, 38; Hch. 7:4). Allí vivió Abraham hasta la muerte de su padre. Allí también se establecieron los descendientes de Nacor, el hermano de Abraham (Gn. 24:10). En los archivos de Mari, s. XVIII, Harán forma parte del país de Zalmaqum, ciudad y estación caravanera de cierta importancia. Está en zona amorrea y en contacto frecuente con los nómadas Binu Yamina con quienes los príncipes de Zalmaqum conciertan en Harán una alianza. Contaba con un santuario consagrado al dios Sin (Luna), venerado también en Ur, cuyo culto se refleja en algunos nombres bíblicos de la época patriarcal, p. ej. Labán, de *lbn* = «blanco».

A mediados del II milenio Harán cayó bajo dominio hitita, aunque la zona estaba poblada por hurritas. Desde fines de dicho milenio cayó en la órbita asiria (cf. 1 R. 19:12; Is. 37:12; Ez. 27:23). Parece que en los primeros siglos de la era cristiana Harán estaba incluida en el reino de Edesa, gobernado por el rey Agbaro. En el tiempo del emperador romano Caracalla aparece como una ciudad romana. Sus habitantes conservaron el idioma arameo, así como el culto a sus dioses ancestrales.

Hararita (heb. «el montañés»). Adjetivo gentilicio aplicado a los padres de tres héroes de David, perteneciente al grupo llamado de los «treinta». Prob. eran nativos de las montañas de Judá o Efraín (2 Sam. 23:11; 1 Cro. 11:34; 1 Cro. 11:35).

Harim (heb. «consagrado [a Dios]»). Nombre de varias personas, principalmente del tiempo de la cautividad.

1. Cabeza de una familia de sacerdotes, a la cual le correspondió la tercera orden de las veinticuatro en que fueron divididas por David (1 Cro. 24:8). Prob. es la misma familia que volvió del cautiverio de Babilonia con Zorobabel en número de mil diecisiete miembros (Esd. 2:32,39; Neh. 7:35, 42). Nehemías cita un sacerdote jefe de familia del mismo nombre, el cual corresponde a la generación siguiente a la que regresó de la cautividad durante el sumo sacerdocio de Joaquín. Más tarde, algunos miembros de la descendencia de Harim se encuentran entre los varones que habían tomado mujeres extranjeras y tuvieron que repudiarlas (Esd. 10:31).
2. Padre de Malquías, que restauró un tramo de las murallas de Jerusalén y también la torre de los Hornos (Neh. 3:11).
3. Nombre de dos firmantes del pacto de renovación de la Alianza (Neh. 10:5, 27). Trescientos veinte hijos suyos o descendientes habían vuelto de la cautividad con Zorobabel y ocho de ellos tomaron mujeres extranjeras (Esd. 10:31).

Harod (heb. «temblor»). Fuente o manantial de montaña cerca de Jezreel, en el valle situado entre el pequeño Hermón y el monte de Gilboa (Jue. 7:1), donde Gedeón acampó muy de mañana con su gente antes de enfrentarse a los madianitas. En ese lugar se produjo una prueba de selección de los hombres que iban a formar el ejército digno de entrar en batalla, mediante la manera de beber agua (v. 3). Quizá sea la misma fuente que se cita sin nombre en un episodio de David con los filisteos (1 Sam. 29:1); identificada con la actual Aín Galud, a unos 3 km al este de Zirin. Se trata de una fuente abundante, en la vertiente nordoccidental de Gelboe.

Harodita. Gentilicio que se aplica a los héroes de David Sama y Elica (2 Sam. 23:25), a los que se cree naturales de Harod, lugar cercano a la fuente del mismo nombre (Juec. 7:1).

Haroset Goim (heb. «bosque de los gentiles»). Ciudad en el norte de Canaán, residencia de Sísara, mencionada en relación al enfrentamiento de este general con las fuerzas de Débora y Barac (Jue. 4:2, 13, 16). Estaba situada en la entrada del Monte Carmelo, entre Esdrelón y Acre, dominando las rutas de Galilea y del valle.

Harrán. Ver HARÁN.

Hasabías (heb. «considerado por Yahvé»). Nombre de un determinado número de descendientes de Leví.

1. Hijo de Amasías y padre de Maluc, de la familia de Merari. Cantor en el templo (1 Cro. 6:45).
2. Hijo de Jedutun, puesto al servicio del templo bajo la dirección de su padre, quien profetizaba acompañado de arpa para dar gracias y alabar en el templo organizado durante el reinado de David (1 Cro. 25:3, 19).
3. Hebronita que juntamente con sus hermanos y 1.700 hombres de valor, estaba encargado de la administración de Israel en la región occidental del Jordán, en toda la obra religiosa y civil (1 Cro. 26:30; 27:17).
4. Uno de los levitas principales que durante el reinado de Josías entregó a los levitas 5.000 ovejas y 500 cabezas de ganado vacuno para los sacrificios de la Pascua (2 Cro. 35:9).
5. Hijo de Buni y padre de Azricam, de la estirpe de Merari, que regresó del cautiverio (1 Cro. 9:14; Neh. 11:15).
6. Uno de los sacerdotes a quienes Esdras confió los utensilios sagrados del templo (Esd. 8:24).
7. Descendiente de Merari, que firmó el pacto de renovación de la Alianza con Dios (Esd. 8:19).
8. Principal entre los levitas (Neh. 12:24), jefe de la mitad del distrito de Queila, que colaboró en la reconstrucción de las murallas de Jerusalén (Neh. 3:17), y subscribió el pacto de fidelidad a Yahvé (Neh. 10:11).

Hasidim (heb. «piadosos»). En los Salmos el nombre común de *hasid* designa al hombre piadoso entregado a la observancia de la Ley. En tiempo de los macabeos, *hasidim* se convirtió en el nombre propio de los judíos que no se dejaron helenizar y permanecieron leales a las leyes judías. En tiempo de la persecución se unieron a las revueltas de los macabeos como una manera de oponerse a los esfuerzos del rey Antíoco IV Epífanes de Siria por helenizarlos y acabar con todo rastro de la religión de Israel. Judas Macabeo reclutó entre ellos a los mejores elementos de su ejército (1 Mac. 2:42). Más tarde se convirtieron en adversarios de los asmoneos y como «separados», se les considera precursores de los fariseos. El nombre de hasidismo también se aplica a un grupo místico judío surgido en el siglo XVIII, dentro del judaísmo en Polonia y Lituania, progresivamente difundido también por Europa occidental.

Hasmona (heb. «fructuoso»). Última estación de Israel por el desierto antes de su llegada a Cades, no lejos del monte Hor (Nm. 33:29, 30). Se la identifica con Ain el-Qeseimah, en la frontera entre Palestina y Egipto. Cuenta con una fuente de la que brota un abundante chorro de agua, algo alcalina y ligeramente salobre, lo que explica que ya desde épocas antiguas haya sido un sitio de concentraciones humanas, como atestiguan dos estaciones neolíticas situadas al norte y al sur del manantial. También se han propuesto otras identificaciones.

Hasor-Hadatta. Ciudad de la tribu de Judá en el extremo sur, hacia la frontera de Edom, entre Bealot y Queriot (Jos. 15:25).

Hasub (heb. «considerado»). Nombre de un levita de la familia de Merari, que regresó de la cautividad (Neh. 11:15; 1 Cro. 9:14), y de uno que colaboró en la reconstrucción de la torre de los Hornos en tiempo de Nehemías (Neh. 3:11).

Hasufa (heb. «rápido»). Jefe de una familia de netineos, cuyos descendientes regresaron de Babilonia con Zorobabel (Esd. 2:43; Neh. 7:46).

Hasum (heb. «nariz ancha»). Jefe de una familia cuyos descendientes regresaron a Jerusalén con Zorobabel en número de doscientos veintitrés o trescientos veintiocho en total (Esd. 2:19; Neh. 7:22). Siete de ellos tuvieron que renunciar a sus mujeres extranjeras por orden de Esdras (Esd. 10:33). Otro personaje del mismo nombre estuvo al lado izquierdo de Esdras durante la lectura de la Ley al pueblo (Neh. 8:4); prob. el mismo que suscribió el pacto de renovación de la Alianza (Neh. 10:18).

Hatac. Uno de los eunucos del palacio de Asuero, puesto al servicio de Ester, la cual lo envió a su tío Mardoqueo para averiguar el motivo de que se hubiera presentado en la puerta regia vestido con tela de saco (Est. 4:5, 6, 9, 10).

Hatifa (heb. «capturado»). Jefe de una familia de netineos, cuyos descendientes regresaron de la cautividad babilónica con Zorobabel (Esd. 2:54; Neh. 7:56).

Hatil (heb. «conversador»). Cabeza de una familia de los «siervos de Salomón», cuyos descendientes regresaron de la cautividad en Babilonia con Zorobabel (Esd. 2:57; Neh. 7:59).

Hatús (heb. prob. «contendedor»). Nombre de varias personas del tiempo del regreso de la cautividad de Babilonia. Entre ellos, un sacerdote que regresó con Zorobabel (Neh. 12:2), un descendiente de David que acompañó a Esdras a Jerusalén (Esd. 8:2), un hijo de Hasabnías, que reconstruyó una parte de las murallas de Jerusalén durante la época de Nehemías (Neh. 3:10); un sacerdote que firmó el pacto de renovación de Alianza con Yahvé (Neh. 10:4), y uno de los hijos de Semaías, y nieto de Secanías, de la familia real de David y Zorobabel (1 Cro. 3:22).

Haurán (heb. «cavernoso», prob. «tierra de cuevas»). Región al este del mar de Galilea y al sur de Damasco, mencionada sólo una vez con este nombre por Ezequiel, marcando los límites norte de Israel (Ez. 47:16, 18), y que en los demás lugares recibe el nombre de Basán. No hay acuerdo entre los geógrafos respecto a sus límites. En términos generales forma una gran meseta casi sin relieve de origen volcánico, con cráteres extintos, lava y una capa de basalto negro sobre la caliza común, el cual origina un paisaje negro, dando lugar a abundantes cuevas. El carácter volcánico de esta meseta se extiende hasta el sur del río Yarmuk, donde el suelo es de un color rojo vivo. Los árboles son escasos, su principal riqueza reside en los cereales, que hacen de ella el granero de las regiones limítrofes, en especial de Damasco, así como los bosques de encinas y los ricos pastos que permitían el mantenimiento de gran número de cabezas de ganado y que sigue contando en la actualidad con numerosos rebaños de pastores árabes.

Havila. Región mencionada en relación con el Paraíso, rodeada por el Pisón, uno de los brazos del río del Edén. En ella se hallaban metales y piedras preciosas, y bedelio, especie de goma aromática (Gn. 2:11, 12). Estuvo poblada por los descendientes de Cus (Gn. 10:7; 1 Cro. 1:9) y los joctanitas, descendientes de Sem (Gn. 10:29; 25:18; 1 Sam. 15:7). Posteriormente moraron los israelitas (Gn. 25:18). La localización de la región es muy incierta. Algunos consideran que Havila debe desdoblarse en dos regiones, una la mencionada en relación con el Paraíso y la otra situada al norte de la Arabia central, pero la mayoría de los especialistas se inclinan por una única Havila situada en la península arábiga. El relato de las guerras de Saúl permite suponer que el desierto de Arabia tenía el nombre de Havila en una extensión de varios cientos de kilómetros, al norte de al-Yanãmah (1 Sam. 15:7; cf. Gn. 25:18).

Havot-Jair (heb. «tiendas de Jair»). Grupo de pequeñas poblaciones de Galaad, al este del Jordán. Se menciona en primer lugar respecto a la ocupación de Jair, hijo de Manasés, de una región transjordánica en su intento de resolver sus dificultades vitales en Cisjordania. No se especifica el número de aldeas conquistadas, sólo se dice que se asentaron en Galaad, aunque en una narración paralela se habla, en cambio, de Basán (Nm. 32:41; Dt. 3:14), pues en los territorios asignados a la media tribu de Manasés se comprende también Basán y el reino de Og, al norte del río Jaboc (Jos. 13:30, 1 Cro. 2:23), en total sesenta «ciudades» o, más correctamente, asentamientos de Galaad (1 R. 4:13).

Hazael (heb. «Dios ha visto»). Cortesano sirio que fue ungido como rey de Siria por Eliseo en cumplimiento de una orden de Dios (1 R. 19:15). Hazael dio muerte al rey sirio Ben-adad (2 R. 8:15), y reinó en su lugar, entre los años 845 y 843 a.C. Fue un guerrero notable y quizá el rey arameo más sobresaliente de Damasco, hasta el punto de ser venerado como uno de los más notables benefactores del reino (Josefo, *Ant.* 9, 4, 6). Las fuentes asirias que se ocupan de él le describen como «un hijo de nadie», o sea, un personaje oscuro, que obtuvo el reino por medio del asesinato de Ben-adad II. Para los profetas bíblicos, Hazael fue enviado por Yahvé para castigar la idolatría de Israel (1 R. 19:15-17).

En el año 841 Salmansar III, rey de Asiria, redujo a Hazael y le impuso un tributo. Jehú, rey de Israel, ya se había sometido antes al rey de Asiria. En el 838, Salmansar volvió a atacarlo. Hacia el final del reinado de Jehú, Hazael se dedicó a hostilizar los territorios situados al este del Jordán (2 R. 10:32); durante el reinado del sucesor de Jehú, Hazael atravesó el Jordán, e impuso una dura opresión sobre los israelitas (2 R. 13:4-7), invadió el país de los filisteos, tomó Gat, y no levantó el asedio de Jerusalén hasta recibir los utensilios sagrados dedicados al culto de Yahvé y el tesoro del templo (2 R. 12:17, 18). En 1905 se descubrió la Estela de Saba'a en la que Adad-nirari III rey de Asiria (807-782 a.C.) mencionaba el nombre de Hazael.

Hazar-Enán (heb. «aldea de las fuentes»). Lugar en la frontera norte de Canaán, entre Zifrón y Zedad (Nm. 34:9, 10), no lejos de Hamat, en la siria damascena (Ez. 47:17; 48:1), que, según el profeta, formará parte de la futura frontera de Israel.

Hazar-Mavet (heb. «aldea de muerte»). Región de Arabia Feliz ocupada por Hazar-mávet, hijo de Joctán (Gn. 10:26; 1 Cro. 1:20); se identifica con la provincia de Hadramaut, en el moderno Yemen, donde se localizan numerosos oasis, rica en incienso, mirra y áloe.

Hazar-Susa (heb. «aldea de los caballos»). Ciudad de la tribu de Simeón, mencionada entre Bet-hamarcabot y Bet-lebaot (Jos. 19:5), idéntica a Sansana, en el límite sur de Judá (Jos. 15:31), una de las ciudades de carros de Salomón (2 Cro. 1:14; 1 Cro. 4:31).

Hazerot (heb. «campamentos, aldeas»). Etapa de los israelitas en el desierto de Parán, después de dejar el Sinaí, a unos cuatros o cinco días de marcha en dirección a Canaán (Nm. 11:35; 12:16; 33:17, 18; Dt. 1:1). Allí acamparon unos cuantos días, dando ocasión a la murmuración de Miriam y Aarón contra Moisés (Nm. 12:1-6).

Hazezon-Tamar (heb. «aldea de la palmera»). Antigua ciudad amorrea cerca de Cades y Sodoma, invadida por Quedorlaomer (Gn. 14:7), conocida después como En-gadi (2 Cro. 20:2). Situada al sur de Judá es nombrada como parte de las fronteras ideales de Israel (Ez. 47:19; 48:28).

Hazor (heb. «recinto amurallado»). Nombre de varias ciudades del AT.

1. Capital del reino cananeo que ocupaba el norte de Palestina; en la época de Josué su soberano era Jabín. Según Josefo, este reino estaba más arriba de las aguas de Merom (*Ant.* 5, 5, 1). Era una de las mayores y más importantes ciudades fortificadas de Canaán. Josué se apoderó de Hazor y la quemó (Jos. 11:1-13; 12:19). Esta ciudad fue reconstruida y tocó en suerte a la tribu de Neftalí (Jos. 19:36). En la época de Débora y de Barak, otro rey, que se llamaba Jabín, reinaba en Hazor. Después de la derrota de Sísara, su general, Jabín trató de continuar la lucha contra Israel, pero fue finalmente vencido y muerto (Jue. 4:1-24; 1 Sam. 12:9). Hay dudas acerca de si ésta es la Hazor fortificada por Salomón, o si fue otra ciudad del mismo nombre (1 R. 9:15). Lo cierto es que los habitantes de la Hazor reconstruida por Salomón fueron deportados a Asiria por Tiglat-pileser (2 R. 15:29). Es en la vecina llanura que Jonatán derrotó a Demetrio (1 Mac. 11:67; Josefo, *Ant* 13:5, 7).
2. Otra ciudad en el extremo meridional de Judá, cerca de Cades (Jos. 15:23). Identificación plausible: el-Jebariyeh, cerca de Bir el-Hãfir, a unos 14 km al sudeste de el-'Aujã.
3. Otra ciudad llamada también Hezrón (Jos. 15:25), identificada por lo general con Khirbet el-Karyathein, a unos 7 km al sur de Tell Mã'în, próxima a Hazor-Hadata o Nueva Hazor, entre Bealot y Queriot (Jos. 15:24-25).
4. Ciudad habitada por los benjaminitas después del cautiverio (Neh. 11:33), puede que se trate de Baal-Hazor de 2 Sam. 13:23.

5. Región en el desierto de Arabia, al este de Palestina. Jeremías profetizó que Nabucodonosor la saquearía (Jer. 49:28-33). Beroso afirma que Nabucodonosor conquistó Arabia (Josefo, *Contra Apión*, 1:19). Es posible que Hazor tenga un sentido colectivo, refiriéndose a una existencia sedentaria en contraposición a la vida nómada.

Heber o Eber (heb. «del otro lado [del río]»). Nombre de varios personajes del AT.

1. Descendiente de Sem por la línea de Arfaxad, hijo de Sela, padre de Peleg y Joctán (Gn. 10:21-25; 1 Cro. 1:25) antepasado de un grupo de pueblos (Gn. 10:21) que incluye entre ellos a los hebreos (Gn. 11:16-26), a los árabes joctánicos (Gn. 10:25-30) y a ciertas tribus arameas surgidas de Nacor (Gn. 11:29; 22:20-24). El término «Heber» constituye un nombre colectivo que designa a estas naciones (Nm. 24:24). Originalmente, Heber habitaba en la región situada allende del Eufrates, al este de este río, y quizá también al este del Tigris; allí es donde moraban los hebreos en una época más tardía (cf. Jos. 24:2, 3, 14, 15), los árabes joctánicos, e indudablemente los descendientes de Heber, que fueron los antecesores de Abraham y de Nacor, en Ur (Gn. 11:28). Heber aparece como antepasado en la genealogía de Jesucristo (Lc. 3:35).
2. Sacerdote, jefe de la casa patriarcal de Amoc, en la época del sumo sacerdote Joiacim (Neh. 12:20).
3. Dos benjamitas, uno hijo de Elpaal, y el otro hijo de Sasac (1 Cro. 8:12, 22).
4. Hijo de Beriá, cuarto hijo del patriarca Aser, fue epónimo de los hebritas o heberitas (Nm. 26:45), importante clan de la tribu aserita (Gn. 46:17). Tuvo tres hijos, Jaflet, Semer y Hotam, y una hija Súa (1 Cro. 7:31, 32).
5. Queneo descendiente de Hobab. Instaló su tienda en el encinar de Zaananim, que está junto a Quedes. Su esposa Jael, acabó con la vida de Sísara, clavándole una estaca en la sien (Jue. 4:11,17; 5:24). Al parecer llevó una vida separada de su clan, llevando una vida nómada con sus rebaños.
6. Segundo hijo de Mered, perteneciente a la tribu de Judá. Fue padre de Soco (1 Cro. 4:18), en el sentido de cabeza o fundador de tal ciudad, por eso se ha considerado que no se trata de un individuo, sino de una familia.
7. Uno de los hijos de Elpaal, y jefe de la tribu de Benjamín (1 Cro. 8:17).

Hebreo (heb. «que proviene del otro lado, que cruza»). Según la historia bíblica, los hebreos procedían de la orilla oriental del Eufrates (cf. Gn. 12:5 con Gn. 14:13; Jos. 24:2, 3). Su nombre puede haber significado esto o haber sido en su origen una forma patronímica derivada de Eber, que designaba a todos sus descendientes, incluyendo a los israelitas (Gn. 10:21), hasta que estos últimos adquirieron tal importancia que el término hebreo vino a aplicarse exclusivamente a los israelitas (Gn. 40:15; 1 Sam. 4:6; 13:3; 2 Co. 11:22). En la época del NT, los judíos que hablaban hebreo o incluso arameo se daban este nombre a sí mismos, en contraposición a sus correligionarios de lengua griega, los helenistas (Hch. 6:1).

Hebreo, Lengua. Se conoce tradicionalmente con esta designación el idioma en que fue redactada la mayor parte del AT, asimilado como lengua materna por los antiguos hebreos descendientes de Jacob, las doce tribus de Israel. Curiosamente, el AT nunca se refiere a este idioma con este nombre, sino que lo menciona más bien como «lengua de Canaán» o «cananea» (Is. 19:1); o simplemente «judaica» (cf. 2 R. 18:26, 28; Is. 36:11, 13; 2 Cro. 32:18; Neh. 13:24). En sentido estricto, «judaico» denota la lengua del reino de Judá, que se hizo prominente después de la deportación de las diez tribus del Norte. Es en la literatura griega de los judíos posteriores que «hebreo» se aplica por primera vez a la lengua de los judíos, como en prólogo de Eclesiástico y en la obra de Josefo. El NT se refiere a la «lengua de los hebreos» en contraste con la lengua de los judíos helenistas (Hch. 6:1), sin querer significar el antiguo idioma hebreo, sino el dialecto arameo vernacular de Palestina. En la actualidad, con el término *ibrith*, es decir, «hebreo», se designa la lengua oficial del estado de Israel.

La lengua hebrea pertenece a la gran familia de las lenguas semíticas, clasificadas por los lingüistas en tres grandes grupos: *Semítico nororiental, semítico noroccidental* y *semítico meridional*. La historia de la lengua hebrea se divide en tres etapas, que reciben tradicionalmente los siguientes nombres:

1. *Hebreo antiguo o bíblico*. Abarca un período aproximado de unos mil años, subdividiéndose a su vez en un período más antiguo, hasta el 500 a.C., y otro más reciente que llega hasta el siglo I a.C. Las fuentes de que disponemos para su conocimiento son, amén del AT, el calendario agrícola de Gezer (siglo X a.C.), los óstraca de Samaria (siglo VIII a.C.), las inscripciones hierosolimitanas de Siloé y de Sebna (hacia el 700 a.C.), el palimpsesto de Wadi Murabba'at 17 (siglos VIII/VII a.C.), los óstraca de Lakis (hacia el 600 a.C.) y toda una serie de monedas, sellos o pesas que contienen alguna que otra pa-

labra escrita. Interesante es también para el estudio de este período de la historia de la lengua toda la rica y amplia literatura procedente de Qumram, que nos muestra estadios interesantes de la evolución del idioma.

En el período más antiguo el hebreo es la lengua propia de los israelitas, asimilada por ellos a partir de la conquista de Canaán. Los antepasados de Israel, según Dt. 26:5, debieron ser de expresión aramea. El hebreo bíblico, como cualquier lengua viva, debía estar fragmentado en dialectos, algo de lo que las Escrituras nos dan un breve retazo en Jueces 12:6. En el período más reciente, en cambio, después de la cautividad babilónica, va siendo suplantado por el arameo como lengua popular y queda relegado su uso a la casta sacerdotal, ciertas familias aristocráticas hierosolimitanas y, sobre todo, las escuelas rabínicas. Entra así la lengua en su segunda etapa histórica, el llamado

2. *Hebreo medio o mishnaico.* Abarca el período que va desde el siglo I a.C. hasta el siglo XIII d. C.
3. *Neohebreo o ibrith.* Recibe este nombre la lengua oficial del actual Estado de Israel, que es un hebreo recuperado a partir del hebreo mishnaico de forma artificial por los sionistas de finales del siglo XIX.

La escritura del hebreo es, como todo el mundo sabe, alfabética y se realiza de derecha a izquierda, en sentido contrario a la nuestra. El alefato hebreo actualmente en uso, así designado por el nombre de su primera letra, *álef*, es el que conocemos por lo común como *alefato cuadrado* o *alefato arameo.* Se emplea desde por lo menos el siglo I a.C. y es el que aparece en los textos bíblicos al uso y en el *ibrith* actual en textos impresos. Contiene 22 signos *consonánticos*, sin distinciones de mayúsculas y minúsculas, y que pueden también emplearse como signos numéricos.

El hebreo antiguo se escribía sólo con el alefato consonántico, es decir, sin vocales. El hablante debía suplirlas al ver las palabras escritas, lo cual llegó a ser complicado cuando este idioma dejó de ser la lengua habitual del pueblo judío y se refugió en las escuelas rabínicas. De ahí la necesidad de un sistema vocálico que ayudase a la lectura correcta del texto sagrado. Los masoretas fueron los encargados de desarrollarlo intentando reproducir lo más exactamente posible las distintas vocales del hebreo antiguo que la tradición oral había conservado. Puesto que el alefato se consideraba sagrado e inalterable, fue necesario que las vocales se redujeran a puntos y rayas colocados encima, debajo o dentro de las consonantes. Es el sistema que hallamos en nuestras biblias hebreas impresas. Algunos de esos puntos masoréticos no son vocales, sino equivalentes a nuestros signos de puntuación, y otros son notas musicales para el canto litúrgico en las sinagogas.

Hebreos, Epístola. Decimocuarta epístola del NT según el actual orden canónico. Por lo general, se admite que se dirige a cristianos de origen judío, tentados a recaer en el judaísmo a causa de la hostilidad ambiental (He. 2:1; 3:12; 4:1, 11; 5:12; 6:6; 10:23-25, 29). Convertidos pronto al Evangelio (He. 5:12) lo habían recibido de boca de los primeros predicadores (He. 2:3). Las persecuciones se abatieron pronto sobre ellos (He. 10:32-34) y habían ayudado frecuentemente a los santos (He. 6:10; 10:34). La epístola no hace ninguna alusión a los cristianos de origen pagano que pudieran haber sido miembros de las mismas iglesias, amenazados de un retorno a las ceremonias rituales más que a la Ley. Las características de los destinatarios se corresponden más bien con las de los cristianos hebreos de Palestina; parece evidente que es a ellos a los que se dirigió esta carta, al mismo tiempo posiblemente que a otros judíos cristianos de oriente. Ciertos exegetas mantienen sin embargo que contempla a los cristianos de origen pagano o a los cristianos en general, sea cual fuere su origen, o incluso a un pequeño grupo establecido en Roma.

El problema del autor ha suscitado controversias desde la antigüedad. La iglesia primitiva de oriente afirmaba que su autor era Pablo, aunque el estilo fuera diferente de las otras epístolas del apóstol. En cambio, la Iglesia de occidente en los siglos III y IV, rechazó la paternidad paulina de Hebreos. Su estilo griego es depurado. La opinión comúnmente admitida en la actualidad es que Pablo no fue su autor, sino alguno de sus discípulos. El carácter íntimo de las epístolas de Pablo, dirigidas, excepto Romanos y Colosenses, a congregaciones conocidas del apóstol, y todas ellas pertenecientes a su campo de acción como apóstol, se contrapone al carácter de ensayo de Hebreos, dirigida además a unos creyentes ante los cuales Pablo no había sido dirigido como apóstol (pues lo era a la incircuncisión), pero a los que sí podía escribir como maestro autorizado. Esto puede dar cuenta perfecta de la diferencia, al tratarse de un ensayo trabajado, argumentado, elaborado, en contraste con sus otras epístolas, escritas de una manera más espontánea y familiar.

En cuanto a la fecha de su redacción, las pruebas internas indican, con toda probabilidad, los años 65-68 d.C. En efecto, el tiempo presente indicado para describir el ritual levítico (cf. He. 8:4-5, 13; 9:6-7, 9, 22, 25; 10:1, 8; 13:11) implica una fecha anterior a la destrucción del templo, que se produjo en el año 70 d.C.

El autor comienza afirmando la superioridad del cristianismo por en-

cima de toda revelación anterior, y como definitiva, porque Cristo es el punto culminante de la revelación de Dios (He. 1). Este hecho debería sernos un aliento para no abandonar el Evangelio (He. 2:1-4). La humillación de Cristo no debe oscurecer la visión de su persona, porque es precisamente gracias a su abatimiento que ha llegado a ser Salvador y Sumo Sacerdote (He. 2:5-18; 4:14-16); superior al mismo Moisés (He. 3:1-6), a Josué (He. 4:8), a Abraham (He. 7:4-10), a Aarón y a todos los sacerdotes (He. 7:11-28).
El cap. 6 reprende a los destinatarios de la carta de una manera vigorosa pero sin dureza, a causa de su incompleto conocimiento del Evangelio. El cap. 7 destaca la superioridad del sacerdocio de Cristo, del que Melquisedec es el tipo, sobre el sacerdocio levítico, anunciando la anulación de este último y de su ritual, y la todasuficiencia del sacerdocio de Cristo, sacerdote y víctima a la vez. Su sacrificio expiatorio es total e infinitamente eficaz, a diferencia de los del Antiguo Pacto (He. 10:1-4), el autor repite en diez ocasiones que fue ofrecido una vez por todas (He. 7:27; 9:12, 25, 26, 28; 10:10, 12, 14, 18). Su sacerdocio sigue ejerciéndose necesariamente en el cielo; el hecho de que Cristo sea invisible no debe constituir un obstáculo a la piedad de los cristianos de origen judío. El ministerio celestial de Cristo corrobora los tipos proféticos, cumple las promesas y da remedio a las imperfecciones del ritual terreno (He. 8:1-10:18).
La cuarta sección (He. 10:19-12:29) exhorta a los hebreos a vivir incesantemente por la fe, siguiendo estas verdades. Se insiste sobre la renovación de la confianza en Cristo, y sobre la frecuente asistencia a las reuniones de las santas asambleas (He. 10:19-25); se exhibe la caída sin esperanza de los apóstatas (He. 10:26-31), y se exhorta a los destinatarios a recordar el celo que habían mostrado en el pasado (He. 10:32-39), dándose el ejemplo de los héroes de la fe en el AT (He. 11) y del mismo Jesucristo (He. 12:1-3), exhortándose a los hebreos a la consideración de que el Señor se sirve de pruebas para dirigir a sus hijos por el camino de la gloriosa salvación y crecimiento en ella (He. 12:4-9).
El cap. 13 contiene varias exhortaciones particulares. Esta epístola es la única donde se da a Cristo el título de sacerdote, aunque ciertamente la esencia de esta doctrina figura en otros libros de la Biblia. Esta epístola presenta el cristianismo como la culminación, el objeto último del Antiguo Pacto, y expone con claridad el camino de la salvación, que había sido preanunciado por los tipos y las ceremonias.

Hebrón (heb. «asociación, alianza»). Antigua ciudad de Palestina, llamada originalmente Quiriat-arba, emplazada a 36 km al suroeste de

Jerusalén, a unos 927 m de altitud, en una hondonada de las montañas de Judá, fértil y abundante en aguas. Estaba rodeada de viñedos notables por su verdor y uvas blancas, además contaba con abundancia de olivares. Fue el sitio predilecto de los patriarcas siendo sepultados todos allí. Según Nm. 13:22, Hebrón fue edificada siete años antes que Tanis, capital del Bajo Egipto; hacia 1670 comenzó la era de Tanis y en la célebre inscripción de Sesac se designa a Hebrón, hacia el 1000 a.C. como «posesión de Abraham»; según Josefo, era anterior a Menfis (*Ant.* 4, 9, 7), primitiva capital de los faraones, y en su tiempo tenía ya 2300 años; fue, por tanto, fundada por los años del nacimiento de Abraham, quien residió un tiempo en las proximidades de Hebrón, en el encinar de Mamre (Gn. 13:18; 35:27). Allí murió Sara; Abraham compró la cueva de Macpela a los heteos que había entonces en Hebrón para sepulcro (Gn. 23:2-20). La actual mezquita de Hebrón está construida sobre dicha cueva, que con toda verosimilitud contiene todavía los restos de varios patriarcas.

Los doce espías exploraron el país, descubriendo que había anaceos entre sus moradores (Nm. 13:22). Hoham, rey de Hebrón, fue uno de los aliados de Adonisedec, rey de Jerusalén, y vencido junto con los otros cuatro reyes coligados, hecho preso y ejecutado (Jos. 10:1, 27). Josué y sus tropas se apoderaron de Hebrón, destruyéndola completamente y dando muerte a todos sus habitantes, que estaban bajo anatema (Jos. 10:36-39). Después de esta primera expedición de Josué, es evidente que los moradores supervivientes volvieron a construir y fortificar la ciudad (cf. Jos. 14:12). Caleb reivindicó este distrito, y después de la muerte de Josué, Caleb reconquistó la ciudad (Jue. 1:10, 19, 20; Jos. 15:13-19). Llegó a ser una de las poblaciones más importantes de la tribu de Judá, ciudad de refugio entre las seis que Moisés designara, y una de las trece sacerdotales (Jos. 20:7; 21:10-12; 1 Cro. 6: 54-57).

David envió allí una parte del botín conseguido en Siclag (1 Sam. 30:26-31) y Hebrón vino a ser su capital durante los primeros siete años de su reinado (1 Sam. 2:1-4, 11; 1 R. 2:11; 2 Sam. 5:1,3). Junto al pozo de Hebrón mandó colgar los cadáveres de los asesinos de Isboset, hijo de Saúl; en la puerta de esta ciudad fue traidoramente asesinado Abner por Joab. Absalón proclamó desde allí su rebelión contra su propio padre David (2 Sam. 15:7-10; 2 R. 15:9,10). Roboam fortificó sus muros (2 Cro. 11:5, 10, 11). Durante el cautiverio, Hebrón cayó en manos de los edomitas, que ocuparon el sur de Judá, y Judas Macabeo reconquistó ésta y otras ciudades. Para entonces, Hebrón era una fortaleza dotada de torres, y dominaba las otras ciudades (1 Mac. 5:65; Josefo, *Ant.* 12, 8, 6). En tiempo de Jesucristo, la vemos de nuevo bajo el poder de Idumea. La ciudad fue arrasada por los romanos bajo el mando de Vespasiano en el año 69 d.C. Fue conquistada y reconstruida por los árabes en 634 d.C., quienes la llamaron el-Kjalil, que quiere decir «el amigo de Dios», en referencia a Abraham, reverenciado como fundador original de las tres grandes religiones monoteístas y en honor del cual Hebrón fue considerada una de las cuatro ciudades sagradas del islam.

Hechicería. El término que se utiliza en el AT para denotar tanto el hechicero/a como la hechicería es *kâshaf*; asirio *kasipu*, prop. «susurrar». Así, *kâshaf* se aplica a los hechiceros de Egipto en Éx. 7:11, a los hechiceros israelitas en Jer. 27:9 y Mal. 3:5, y a los de origen caldeo en Dn. 2:2. También se utiliza «hechizos» en Is. 47:12. Es evidente que los cananeos estaban bien familiarizados con este arte, porque su ciudad Acsaf debe haber recibido este nombre especialmente por sus prácticas de hechicería (Jos. 11:1; 12:20; 19:25). Respecto a la naturaleza exacta del arte representado por esta palabra, poco es lo que se conoce; la traducción general de la LXX es *farmakeía* (Éx. 7:11, 22; 8:7,18; Is. 47:9, 12), entendiendo que en su ejecución se hacía uso de drogas. Otro tanto hace el NT, que utiliza el mismo término griego (Hch. 19:19; Gál. 5:20; Ap. 21:8; 22:15). Se deduce que en la hechicería la utilización de drogas, tanto si eran sencillas como si eran potentes, iba generalmente acompañada de encantamientos e invocaciones a poderes ocultos, de la aplicación de diversos amuletos, etc. La palabra «droga» es de origen persa, fue acuñada por los antiguos magos y significa «demonio», pues los babilonios representaban cada enfermedad con dicha imagen, que colocaban frente a la vivienda del paciente para ahuyentar a los malos espíritus, de ahí que los que manejaban los fármacos y las drogas fueran tenidos por seres de naturaleza sobrenatural. Éstas y otras formas de magia están formalmente prohibidas por la Ley de Moisés (Dt. 18:9-14), en la que la pena para hechiceros, como para los evocadores de muertos, era la muerte (Éx. 22:18; Lv. 20:6, 27). Los profetas predijeron el castigo que les sobrevendrá (Miq. 5:11; Mal. 3:5; Sab. 12:4-6).

Hechos de los Apóstoles. Quinto libro del NT y último de los llamados propiamente históricos. El autor es, sin duda, Lucas, el mismo que el del Evangelio que lleva su nombre (cf. Lc. 1:1-4; Hch. 1:1). Vocabulario, lengua, estilo e ideas teológicas son las mismas. El hecho de que Lucas acompañó a Pablo a Roma y de que estuvo con él allí (cf. Col. 4:14; Flp. 24) favorece la hipótesis de que él fue el narrador de los viajes del apóstol a esa ciudad. La composición data prob. de

Roma hacia el año 63-64, poco antes del fin de la primera prisión romana de san Pablo, es decir, cinco años antes de su muerte. Originalmente se trataba de dos tomos de una misma obra. Prob. se escindió más tarde al intercalarse el cuarto Evangelio. Muchas expresiones comunes en ambas obras rara vez son usadas en el resto del NT. Otras incluso únicamente aparecen en ellas dos, datos convincentes que apuntan a un mismo autor.
Siendo esto así, el mensaje de los Hechos no debe separarse del mensaje del Evangelio, se trata una vez más de la acción de Dios en Jesucristo dentro de la historia, de la continuidad y tensión entre el pueblo de Israel y la comunidad de los que creen en Cristo, que saltando las barreras nacionales, étnicas y religiosas alcanza a todo el mundo.
Igual que para el Evangelio (cf. Lc. 1:10), el autor se ha servido de fuentes cuyas huellas se detectan fácilmente, sobre todo en la primera parte, que describe la vida de la comunidad primitiva. Entre los documentos que han podido servirle de fuente para la segunda parte, los exegetas han pensado en un «diario» de viaje transcrito literalmente en varios pasajes. La finalidad de san Lucas en este escrito es probar la verdad y firmeza de la doctrina predicada por los apóstoles, gracias a la acción del Espíritu Santo que obraba en ellos, además de mostrar que la universalidad del mensaje de Cristo, no es sólo para los judíos, sino también para los paganos y gentiles, formando una única Iglesia que crece y se consolida en torno a la Palabra de Dios.
Esta finalidad determina la elección de los materiales históricos, utilizando unos y arrinconando otros. Así se explica el abrupto final de la «historia de Pedro» (Hch. 12:17), y el de Juan (Hch. 18:30-31). Muchos sucesos narrados en Hch. se encuentran en las epístolas de Pablo, y cuando se comparan Hch. 15:1-29 y Gál. 2:1-10 que, muy prob. cuentan el mismo suceso, el llamado concilio de Jerusalén, se perciben divergencias aparentes, que pueden obedecer a la diferencia de perspectiva y propósito de cada autor. El libro de los Hechos constituye al mismo tiempo un apología del cristianismo, a tal fin obedecen los relatos de conversiones multitudinarias e individuales; relatos de curaciones milagrosas; la ejemplaridad de la comunidad primitiva, y los sermones teológicos pronunciados por Pedro, Esteban y Pablo. Indirectamente, el autor muestra que los cristianos no son enemigos del Imperio romano, tal como eran vistos por las autoridades imperiales. Resalta que Pablo, el personaje principal de la narración, se sentía orgulloso de su ciudadanía romana. Lejos de ser enemigos de la raza humana, los cristianos se diferencian de los judíos en su trabajo en pro de toda la humanidad, sin distinción de raza o lengua, corriendo para ello grandes peligros y soportando muchos sa-

crificios. Aceptar el mensaje de Jesús no supone someterse a costumbres judaicas, como la circuncisión, ni seguir las costumbres de la religión judía.

Como ya advirtieron sus primeros lectores, esta obra es, con pleno derecho, el *Evangelio de la vida y obra del Espíritu Santo*. En ninguna otra parte de la Escritura se ve al Espíritu Santo actuando con tanta fuerza como en los Hechos. Nos narra con abundancia de detalles el cumplimiento de las promesas hechas por Cristo justo antes de la ascensión sobre la recepción del poder del Espíritu Santo (Lc. 24:47; Hch. 2:4), que no se circunscribe a los apóstoles, sino a todos los «llamados a la fe»: «Porque la promesa es para vosotros, para vuestros hijos y para todos los que están lejos, para todos cuantos el Señor nuestro Dios llame» (Hch. 2:39), mostrando desde el principio que el cristianismo es una religión nueva y distinta basada no en ritos ni en instituciones, sino en el poder de su vida interior por el Espíritu Santo. Él llena a los discípulos de conocimiento y poder en Pentecostés. Los creyentes dicen lo que el Espíritu Santo les indica. Los samaritanos reciben el Espíritu Santo por la imposición de las manos de Pedro y Juan. El centurión romano Cornelio también es bautizado por el mismo Espíritu, estableciendo así una unidad de vida en la comunión de un mismo Espíritu. El Espíritu Santo impulsa al diácono Felipe para que se dirija al eunuco de Candace. El mismo Espíritu toma a Felipe, después del bautismo del eunuco, y lo lleva a Azoto. El Espíritu Santo le dice a Pedro que vaya a casa de Cornelio y cuando le está predicando a este último y a su familia, es el Espíritu Santo quien desciende sobre ellos. El Espíritu Santo directamente ordena que Pablo y Bernabé sean destinados al ministerio de los gentiles. Es el Espíritu Santo quien prohíbe a Pablo y a Silas que prediquen en Asia. Por la imposición de manos, el Espíritu Santo constantemente viene a los fieles. En todos los asuntos Pablo es dirigido por el Espíritu Santo. El Espíritu Santo le advierte que le esperan cadenas y aflicciones en cada ciudad. Cuando Agabo profetiza el martirio de Pablo, le dice: «Así dice el Espíritu Santo: Al hombre a quien pertenece este cinto, lo atarán así los judíos en Jerusalén, y le entregarán en manos de los gentiles» (Hch. 21:11). El Espíritu Santo está presente en el martirio de Esteban, que hablaba *lleno* del Espíritu Santo. Cuando Pedro hace su defensa ante los gobernantes, escribas y ancianos, él también está *lleno* del Espíritu Santo. Felipe es elegido como diácono porque está *lleno* de fe y del Espíritu Santo. Al ser enviado Ananías a Pablo en Damasco, dice que el motivo es que Pablo recobre la vista y sea *lleno* del Espíritu Santo. Bernabé también es descrito como *lleno* del Espíritu Santo.

Hefer (heb. «foso» o «vergüenza»). Nombre de tres personajes del AT y de una ciudad.

1. Ciudad cananea conquistada por Josué en la Cisjordania, mencionada entre Tapúaj y Afec (Jos. 12:17). En otro lugar menciona «la tierra de Hefer», como formando parte del tercer distrito de Salomón, en la vecindad de Soco y Arubot, asignado a Ben-jésed, uno de los doce gobernadores del rey (1 R. 4:10). La identificación de estas ciudades puede ayudar con la de Hefer, según tales datos, este distrito ocuparía la faja costera de la llanura de Sarón, comprendida entre los ríos Iskanderûnah y el el-Zerqá.
2. Hijo pequeño de Galaad y padre de Zelofehad (Nm. 26:32). Fue el cabeza de la familia de los herefitas, en la descendencia de Manasés (Nm. 26:32; 27:1; Jos. 17:2, 3).
3. Segundo hijo de Asur, de la tribu de Judá, y de una de sus esposas, llamada Naara (1 Cro. 4:6).
4. Mequeratita, uno de los héroes de David, según 1 Cro. 11:36, pero el texto no está claro, y este nombre o es una interporlación o idéntico con Elifelet de 2 Sam. 23:34.

Hefzi-Bá (heb. «mi placer es en ella»). Madre del rey Manasés, y esposa del rey Ezequías (2 R. 21:1). La misma expresión se utiliza como título simbólico aplicado a Sión en señal del favor de Yahvé, que asegura el regreso de la cautividad y la venida del Mesías, en contraste con su predicha desolación (Is. 62:4).

Helam (heb. «lugar de abundancia»). Lugar al este del Jordán, donde David venció al ejército sirio comandado por Sobac, general de Hadad-ezer (2. Sam. 10:16-17). David hirió a Sobac, que murió allí mismo. El resultado de esta batalla fue que todos los reyes vasallos de Hadad-ezer que habían sido derrotados por Israel, hicieron la paz con Israel y le sirvieron (v. 19).

Helenismo. Término acuñado por el historiador J.G. Droysen (año 1884) para indicar el período de la historia y de la cultura griega que va desde la muerte de Alejandro Magno (323 a.C.) hasta el apogeo del Imperio romano (31 a.C.), que marcó la adhesión plena de Egipto a Roma. En ese tiempo, la cultura y la lengua griega (*koiné*) se convirtieron en el punto de referencia del mundo de la época, el patrimonio común de los países de la cuenca mediterránea. Especialmente en Asia Menor y en Egipto la cultura griega se fusionó con elementos de las civilizaciones autóctonas, asumiendo características variadas según los diversos lugares. Evidentemente, este proceso no se produjo en todos los sitios con la misma intensidad ni con los mismos resultados. La misma Roma, sobre todo a partir de la segunda guerra púnica (208-201 a.C.), sufrió el influjo del helenismo en los más diversos ámbitos: religión, costumbres, lengua, literatura, derecho. La expansión del Imperio romano en los países de la cuenca mediterránea, con la consiguiente estabilidad política y económica que era preciso establecer, garantizó una profundización del helenismo. Con esta cultura es con la que tuvo que vérselas el cristianismo primitivo.

Aunque durante este período la oposición de los judíos a las culturas extranjeras fue bastante generalizada, no se pudieron mantener al margen de la influencia helenística, cuya lengua llegó a tener una gran importancia en algunos ambientes judíos. En Alejandría se escribe y edita la célebre traducción del AT al griego, conocida como Biblia de los LXX o Septuaginta.

La predicación del Evangelio tuvo lugar en el ambiente conformado por el helenismo. La exigencia misionera y el carácter universal del cristianismo exigía que éste se expresase en formas helénicas. Partiendo de Antioquía, la metrópoli helenista, la misión de los gentiles introdujo posteriormente el proceso de fusión que tantas consecuencias habría de tener. Durante este proceso el griego común (*koiné*) se mostró como un eficaz medio de comunicación.

Helenista. Quien sin ser griego se mueve en el campo cultural helénico. Este término se aplicaba sobre todo a los judíos que, habiendo adoptado la lengua griega, habían asumido también las costumbres e ideas de los griegos (Hch. 6:1; 9:29). Aparecen de repente en los primeros días de la comunidad de Jerusalén.

Heliodoro (gr. «don del Sol»). Nombre del tesorero de Seleuco IV Filopátor, rey de Siria, enviado por éste a Jerusalén para llevarse los tesoros del Templo. Misión imposible debido a una «gran aparición» en la cámara del tesoro que lo derribó al suelo, donde fue azotado por dos ángeles (2 Mac. 3). El soberano no dio crédito a su relato y lo achacó a una treta del Sumo Sacerdote judío.

Heliópolis (gr. «ciudad del sol»). Nombre griego de la ciudad que en la Biblia se conoce como Aven y Bet-semes. En la antigüedad fue capital del Bajo Egipto, a pocos kilómetros al este del Nilo, en el Delta, a unos 30 km de Menfis. Tuvo una gran importancia religiosa y política. Fue el principal centro del culto al Sol, Aton. Los sacerdotes y médicos tenían en esta ciudad escuelas que dependían del templo dedicado al culto del Sol. Los filósofos griegos acudían allí a estudiar. En la época de Herodoto, los sacerdotes de On eran los mejores historiadores de todo Egipto. Ver AVEN, BET-SEMES.

Hemán (heb. «fiel»). Nombre de dos personajes del AT.

1. Israelita de la tribu de Judá con una gran reputación de sabiduría; vivió durante el reinado de Salomón (1 R. 4:31; 1 Cro. 2:6), prob. el mismo que el hijo de Zéraj y nieto de Judá (1 Cro. 2:6).
2. Levita, hijo de Joel, nieto del profeta Samuel, y levita descendiente de Coat, fue uno de los jefes de canto del Templo durante el reino de David (1 Cro. 6:33; 15:17). Tocaba el címbalo de cobre (1 Cro. 15:19). Vino a ser uno de los mejores músicos de David (1 Cro. 16:41, 42). Tuvo catorce hijos y tres hijas, y sus descendientes desempeñaban la misma función que él en tiempo de Ezequías y de Josías (2 Cro. 29:14,30; 35:15). Es descrito como «vidente» (heb. *hozeh)* del rey David, lo que puede indicar que poseía el espíritu de profecía, utilizado en el canto: «Hemán profetizaba con arpas, liras y címbalo» (cf. 1 Cro. 25:1; 2 Cro. 5:12). Participó en la dedicación del santuario de Salomón (2 Cro. 5:12), y se le atribuye la composición del Sal. 88.

Heraldo. Personaje importante dotado de voz sonora que transmitía los mensajes reales. Intervenía en la ofrenda de sacrificios públicos. Tenía la autoridad diplomática de un embajador ante los extranjeros. Los estoicos consideraban a los filósofos como heraldos de los dioses, que anunciaban la moral y los bienes necesarios a los hombres. En la cultura hebrea el heraldo carece de esta importancia, de hecho no hay palabra hebrea equivalente. Los profetas nunca son representados bajo la imagen de un heraldo, toda vez que su importancia reside no en su persona sino en su mensaje, que no es una embajada humana, sino una acción divina. En el NT se aplica el nombre de heraldo a Noé en cuanto predicador de arrepentimiento entre sus contemporáneos (2 P. 2:5). Sólo en una ocasión Pablo se llama a sí mismo heraldo (1 Co. 9:27), en cuanto apóstol y maestro de los gentiles (1 Ti. 2:7; 2 Ti. 1:11), aunque abunda en imágenes que recuerdan la función del heraldo como predicador (cf. Ro. 10:8, 14-15; 1 Co. 1:23). En este sentido se puede decir que Juan Bautista fue un heraldo del reino de Dios (Mc. 1:4), al igual que Jesús y sus discípulos (Mc. 1:14, 38; Lc. 4:44; Hch. 8:5; 9:20).

Heredero. Persona que por testamento o ley sucede a otro en todo o parte de una herencia. El derecho del padre entre los patriarcas era soberano y ni siquiera la prioridad de nacimiento constituía un derecho estricto a la primogenitura, si mediaba una causa justa o razón paternal. De todos modos, la norma general que regía era el derecho de primogenitura, en virtud del cual el mayor de los hijos recibe una bendición especial que le constituye jefe de familia.

La propiedad paterna era dividida entre los hijos de las esposas legítimas (Gn. 21:10; 24:36; 25:5), con exclusión de los de la concubina, a quienes se acostumbraba a hacer una donación; pero si la concubina había sido reconocida como una esposa de segundo orden, sus hijos eran contados en el mismo rango que los de la esposa principal (Gn. 25:5-6; 49:1-28). Las hijas eran excluidas de la herencia, recibían una dote a la hora de contraer matrimonio, disfrutando de los bienes de la nueva familia que formaban (Gn. 31:14). En ocasiones, en un matrimonio sin hijos, hasta un esclavo podía heredar a su señor (Gn. 15:2).

Para la ley mosaica los hijos son normalmente herederos, pero entre ellos, el primogénito debe recibir doble parte de los bienes paternos (Dt. 21:17). Es probable que sólo se repartieran los bienes muebles, atribuyéndose al primogénito, sin dividirla, la casa y la tierra del patrimonio. A falta de hijos varones, la herencia pasaba a la hija, que podía acrecentarla con nuevas propiedades (Nm. 27:8; Jos. 15:18), con la condición de que la hija heredera contrajese matrimonio con varones de su misma tribu, si el esposo era de otra tribu, entonces debía renunciar a su herencia (Nm. 36:6-9; Tob. 6:12; 7:13; cf. Josefo, *Ant.* 4, 7, 5). Si no había hijas, la herencia iba al hermano del fallecido, en defecto, al tío paterno o pariente más próximo en la línea paterna (Nm. 27:9-11). Las viudas no heredaban, debían sostenerse con los bienes de sus hijos. Si éstos resultaban insuficientes debían volver a la casa paterna, si no contraían nuevas nupcias (Lv. 22:13). El uso de testamento fue introducido en Judea por imitación de la costumbre griega y romana (cf. Josefo, *Ant.* 13, 16, 1; 17, 3, 2; *Guerras*, 2, 2, 3).

Herejía (gr. «elección»). Desviación de una doctrina generalmente aceptada. Puede ser una doctrina u opinión verdadera en sí misma, pero que exagerada respecto al conjunto del sistema doctrinal y sacada de contexto lleva al error. El resultado frecuente de la herejía es la formación de un partido o secta (1 Co. 11:19; Gál. 5:20; 2 P. 2:1). En un principio la herejía no tenía connotaciones doctrinales, designaba la formación de corrientes, escuelas y tendencias. Los judíos emplearon este término con respecto al cristianismo (Hch. 24:5, 14; 28:22). P. ej. san Pablo es presentado ante el gobernador Félix como cabecilla de la herejía de los nazarenos (Hch. 24:5). En su defensa, Pablo usa el mismo término para describir su camino, tan legítimo como las sectas autorizadas. En Gál. 5:20, el apóstol clasifica las herejías en la lista de «las obras de la carne», juntamente con la impureza, desenfreno, idolatría, hechicería, enemistades, pleitos, celos, ira, contiendas, disensiones, partidismos. La segunda carta de Pedro aplica el término a los falsos maestros que introducirán «herejías destructoras» (2 P. 2:1). La preocupación por la desviación doctrinal se advierte en las exhortaciones evangélicas y espistolares sobre los falsos maestros y profetas (cf. Mt. 18:17; 24:11, 23-26; 1 Jn. 4:3; 2 Jn. 7). Pablo exhorta a Timoteo a combatir el buen combate, conservando la fe y la conciencia recta (1 Ti. 1:18-20). Encarece a los ancianos de la Iglesia de Éfeso a tener cuidado de ellos y de toda la grey, como vigilantes de la salud práctica y doctrinal de la Iglesia de Dios (Hch. 20:28-29,31).

Herem (heb. «dedicar», «cortar», «consagrar», «exterminar»). Se aplica al exterminio de los cananeos por parte del ejército de Josué (Jos. 6:17; 7:1). Se relaciona con la noción de «guerra sagrada» (cf. Dt. 7:26; etc.), e indica que algo es objeto de maldición, que queda excluido de la comunión con Dios; implica la destrucción total de los enemigos de Dios y de sus bienes. Lo que no era consumido por el fuego, como el caso del oro y la plata, u otros metales, era añadido al tesoro del santuario (Jos. 6:17, 19, 21, 24). La idea principal es que una cosa o persona consagrada a Dios había de ser destruida como algo maldito. Posteriormente, *hérem* fue entendido por los rabinos como fórmula de excomunión o exclusión de la asamblea santa de Israel, acompañado de juicios severos y maldiciones.

Heres (heb. «montaña del sol [Horus]»). Ciudad en el monte de Efraín, cerca de Ajalon, donde los amorreos retuvieron su posesión (Jue. 1:35). Se la identifica con Ir-semes (Jos. 19:41), llamada Bet-semes («ciudad del sol») en otro pasaje (Jos. 15:10). Se identifica con Tell el-Rumeilah, a unos 3 km al sudoeste de Artuf y sobre la carretera de Bab el-Wad a Beit Gibrin.

Hermanos de Jesús. En Mt. 13:55-56, Jacobo, José, Simón y Judas son llamados hermanos de Jesús, mencionando además de una manera expresa a algunas hermanas (cf. Mc. 6:3). Se los presenta en compañía de María (Mt. 12:47-50; Mc. 3:31-35; Lc. 8:19-21). Acompañaron a Jesús, junto con María, a la ciudad de Capernaum al inicio de su ministerio (Jn. 2:12). Sin embargo, no manifestaron fe en Él hasta después de su muerte (Jn. 7:4, 5). No obstante, después de la resurrección se les halla junto con los discípulos (Hch. 1:14), y ejercitando su ministerio

cristiano (1 Co. 9:5). Uno de ellos, Jacobo (Gál. 1:19), se distingue como dirigente de la Iglesia en Jerusalén (Hch. 12:17; 15:13; Gál. 2:9), escribiendo la epístola que lleva su nombre.
La cuestión de su parentesco con Cristo ha sido sumamente debatida, y se han presentado diversas teorías para afirmar que no eran más que sus primos.

1. Habrían sido hijos de Alfeo (o Cleofás) y de María, hermana de la Virgen María (Jn. 19:25). Pero el término «primos», *anepsios*, nunca se emplea para ellos, a pesar de que el término *anepsios* es un término utilizado en tales casos en el NT (Col. 4:10; Marcos, primo de Bernabé). Además, en Hch. 23:16 se usa la precisa expresión «hijo de la hermana», empleado del sobrino de Pablo; asimismo, se encuentra también el término «pariente» (o primo), que se halla once veces en el NT (Mc. 6:4; Lc. 1:36, 58; Jn. 18:26; Hch. 10:24; Ro. 9:3; 16:7, 11, 21). Así, parece anómalo que los «hermanos del Señor» no hayan sido nunca llamados primos si en verdad lo eran.
2. Por otra parte, se ha lanzado la suposición de que estos «hermanos» procedieran de un matrimonio anterior de José con una cierta Escha o Salomé, de la tribu de Judá, tradición mantenida por Hilario, Epifanio y la Iglesia griega La única razón de esta suposición es la aparente diferencia de edad entre José y María.
3. Serían hijos de un matrimonio de levirato entre José y la viuda de su hermano Cleofás. Aquí, de nuevo, no tenemos nada más que una mera especulación sin fundamento. En realidad, todos estos esfuerzos explicativos provienen del prejuicio respecto al dogma de la virginidad *perpetua* de María. Cuando se habla de «los hermanos de Jesús» se menciona constantemente a María con ellos (dándole el título de madre), sin dar jamás la mínima indicación de que no eran hijos uterinos de ella (Mt. 12:46; 27:56; Mc. 3:31; Lc. 8:19; Jn. 2:12; Hch. 1:14)

Hermas (gr. «perteneciente a Hermes»). Cristiano de Roma a quien Pablo saluda (Ro. 16:14).

Hermenéutica (gr. «explicar»). Ciencia o «arte de la interpretación». La interpretación bíblica tiene una doble vertiente: a) El problema del lenguaje, que comprende el estudio del texto, y b) el significado del mensaje. El descubrimiento del verdadero significado de todas las palabras y términos de un pasaje bíblico es el principio de la interpretación. Se requiere una interpretación del lenguaje, y ello encierra diferentes disciplinas, como la crítica textual, que está al alcance solamente de los especialistas y traductores, pues libros tan antiguos, raros y difíciles no es extraño que se hayan copiado muchísimas veces, y en ocasiones con variantes de un pasaje determinado que necesariamente debe ser esclarecido siguiendo reglas precisas que se aplican a los manuscritos más fieles. Son muchas las ciencias auxiliares en la interpretación, así la geografía bíblica, la historia, la literatura, la psicología, la numismática, etc.

Hermes. Nombre griego del dios que en latín era conocido como Mercurio. Según la mitología griega, Hermes era astuto, elocuente y habilidoso y Zeus hizo de él su mensajero. Se le atribuyó la invención del alfabeto y la promoción de las artes y las ciencias. Por esta razón, san Pablo fue identificado con Hermes en la ciudad de Listra, precisamente «porque era el que llevaba la palabra» (Hch. 14:12).

Hermógenes (gr. «nacido de Hermes»). Cristiano de la provincia romana de Asia, prob. de Éfeso, que se apartó de san Pablo durante su segundo encarcelamiento en Roma (2 Ti. 1:15).

Hermón (heb. «cumbre»). Montaña de unos 2814 m de altura en el extremo sur del Antilíbano, cuya cumbre era considerada sagrada por los cananeos, que hicieron de esta montaña y de sus cercanías un centro de culto principal dedicado a Baal, denominada Baal Hermón en Jue. 3:1 y 1 Cro. 5:23. Bajo Moisés y Josué esta cumbre constituía el límite nororiental de las conquistas de Israel (Dt. 3:8, 9; Jos. 11:3, 17; 12:1; 13:5, 11; 1 Cro. 5:23). Desde su cumbre, que se divisa desde numerosos lugares de Palestina, se ve una maravillosa panorámica, alcanzando el Líbano, la llanura de Damasco, Tiro, el Carmelo, los montes y las llanuras de la Alta y Baja Galilea, el lago Hulé y el Mar de Galilea.

Herodes (gr. «descendiente de héroes»). Nombre de una dinastía que reinó en Palestina en tiempos del NT, como vasallos de Roma. Era originaria de la región de Idumea.

1. Herodes I el Grande (Ascalón 73 a.C.- Jericó 4 a.C.). Fundador de la dinastía herodiana. Segundo hijo del idumeo Antipas (también llamado Antipáter) y de Cipros, princesa de la misma nacionalidad. Los idumeos no eran judíos, pero vencidos por Juan Hircano en el año 125 a.C. les fue impuesta la circuncisión y el judaísmo, por lo que formalmente quedaron asimilados y considerados oficialmente como judíos.

   Herodes tenía una pasión por las construcciones gigantescas y ostentosas. Reconstruyó espléndidamente el antiguo Templo, inaugurado el 10 a.C. Al lado norte de éste edificó una fortaleza a la que dio el nombre de Antonia en memoria de su protector. Fueron varios los palacios edificados por él: el Herodion, al sureste de Belén, y Masada, junto a la ribera occidental del Mar Muerto, y otros más, también en Transjordania. En Masada es posible que el edificio redondo situado en la terraza intermedia, cuyas funciones nunca han sido adecuadamente explicadas, fuese la tumba de Mariamme. En honor de Augusto restauró primero Samaria y a continuación, mandó construir el puerto de Cesarea, pocos kilómetros al sur del Carmelo. Hizo edificar algunas fortalezas y renovó la puerta occidental de Jerusalén, dotándola de tres torres. Para proteger la frontera de Judea frente a las incursiones árabes, construyó o restauró una serie de fortalezas, que posteriormente probaron ser de gran valor para los judíos en su insurrección contra Roma, tal es el caso de Masada. Con la administración de Herodes el país fue próspero como nunca lo había sido y casi no conoció la desocupación. Por algunas cualidades brillantes, por su valor y fortuna los contemporáneos le dieron el sobrenombre de «el Grande».

2. Herodes Antipas (c. 20 a.C-39 d.C.). Tetrarca de Judea, hijo de Herodes el Grande y de Maltace, esposa samaritana de Herodes. Fue criado en Roma al mismo tiempo que Arquelao y que su medio hermano Felipe. Un testamento de Herodes el Grande le legaba a él el reino, pero finalmente el padre cambió las disposiciones: Arquelao recibió el trono y Herodes Antipas solamente recibió la tetrarquía de Galilea y de Perea. Fue, por tanto, el soberano de Jesús. Erigió una muralla en torno a Séforis, haciendo de ella su capital; fortificó asimismo la ciudad de Bet-harán en Perea, construyendo un palacio en ella, dándole el nombre de Julia Livia en honor de la esposa de Augusto. Contrajo matrimonio con una hija de Aretas, rey de los árabes nabateos. Más tarde, residiendo en Roma, en casa de su medio hermano Herodes Felipe, cedió a una pasión inconfesable hacia su cuñada Herodías, con la que se unió, repudiando a su legítima esposa. Herodías fue la instigadora del asesinato de Juan el Bautista (Mt. 14:1-12). Jesucristo, hablando de este tetrarca, lo llamó «esta zorra» (Lc. 13:31, 32). Cuando empezó a extenderse la fama de Jesús, Antipas, con la conciencia agitada, temía que Juan hubiese resucitado (Mt. 14:1, 2). Estando Antipas en Jerusalén en los días de la crucifixión del Señor, Pilato le envió a Jesús. Antipas pensó que vería hacer algún milagro, y quedó frustrado. Aquel mismo día, Antipas y Pilato se reconciliaron, pues habían estado enemistados (Lc. 23:7-12, 15; Hch. 4:27).
3. Herodes Agripa I (10 a.C.-44 d.C.). Después del asesinato del em-

perador romano Calígula, Agripa, entonces en Roma, medió entre el Senado y el nuevo emperador Claudio, a quien consiguió convencer para que asumiera la dirección del imperio. Como recompensa de sus servicios, Agripa recibió Judea y Samaria; de esta manera, sus dominios alcanzaron la magnitud de los de su abuelo Herodes I el Grande. A pesar de sus costumbres paganas, Agripa se esforzó en ganarse la amistad de los fariseos. Protegió con toda meticulosidad lo referente al culto del Templo y las viejas costumbres judías. Consiguió disuadir al emperador Calígula de erigir una estatua en el Templo de Jerusalén (*Ant.* 18, 8, 7-8). Su política religiosa pro farisea explica que desatara la primera persecución a gran escala contra los cristianos. Por la Pascua del año 42 mandó decapitar a Jacobo, hermano de Juan (Hch. 12:1, 2) y encarcelar a Pedro (Hch. 12:3, 19). Habiendo aceptado, en Cesarea, unos honores debidos sólo a Dios, fue atacado por una enfermedad, de la que murió, lleno de gusanos (Hch. 12:20-23; *Ant.* 19, 8, 2). Muerto en el año 44 d.C., a los 54 años de edad, dejó cuatro hijos.

4. Herodes Agripa II (27 d.C.-100 d.C.). Hijo de Herodes Agripa I y biznieto de Herodes el Grande. A la muerte de su padre, en el año 44 d.C., tenía 17 años, y vivía en Roma, habiéndose criado en la corte imperial. A causa de su juventud, Claudio fue disuadido de ponerlo en el trono de su padre. Se encomendó el gobierno de Judea a un procurador, y Agripa quedó en Roma. Posteriormente se le otorgó la tetrarquía de Felipe, que comprendía la Batanea, Traconítide, Gaulanítide, la tetrarquía de Lisanias y la provincia de Abilene. Terminó definitivamente la reconstrucción del Templo de Jerusalén, que había comenzado su bisabuelo hacía ya más de ochenta años. Las relaciones incestuosas con su hermana, Berenice, empezaron entonces a ser causa de escándalo. Después de que Festo sucediera a Félix como procurador de Judea, Agripa, acompañado de Berenice, se dirigió a Cesarea para visitarlo. Pablo estaba entonces encarcelado. Festo informó al rey del proceso abierto contra Pablo y, al día siguiente, se permitió al apóstol que hiciera su defensa ante el procurador, el rey y Berenice. Pablo fue reconocido inocente, pero había ya apelado al César (Hch. 25:13-26:32).

   Al comenzar los motines que llevaron a la guerra y a la destrucción de Jerusalén, Agripa se esforzó en disuadir a los judíos de que opusieran resistencia armada al procurador Floro y a los romanos (*Guerras* 2, 16, 2-5; 17, 4; 19, 3). Cuando se desató la guerra, Agripa combatió al lado de Vespasiano y fue herido en el asedio de Gamala. Después de la caída de Jerusalén, se retiró a Roma junto con Berenice, donde le fue dado el cargo de pretor.

Herodianos. Designación de un grupo de judíos mencionados en los Evangelios sinópticos (Mc. 3:6; 12:13; Mt. 22:16; Lc. 20:20). No parece que formaran un grupo o secta religiosa, sino que actuaban más bien como un grupo o partido político, al parecer adicto a la familia de Herodes, pues la mayoría de los eruditos entienden que el nombre de herodianos les vino por su apoyo a la dinastía herodiana. También parece que tenían una tendencia helenizante, propia de los monarcas herodianos, empeñados en introducir en su reino los logros del mundo grecorromano. En la advertencia de Jesús: «Guardaos de la levadura de Herodes» (Mc. 8:15), se cree ver una referencia a las enseñanzas de un grupo partidario de dicho rey que se podría identificar con los herodianos. En la famosa controversia sobre el Templo unos días antes de la muerte de Jesús, los herodianos, secundados por los fariseos, probaron a Jesús respecto a la licitud del tributo, que tenía un matiz claramente político (Mt. 22:16ss.; Mc. 12:13). Una de las seguidoras de Jesús, Juana, esposa de Chuza, intendente de Herodes, procedía del ambiente herodiano, con el que sin duda tuvo que romper a raíz de su conversión.

Herodías. Nieta de Herodes el Grande. Hija de Aristóbulo y de Berenice. Se casó con su tío Herodes Felipe (Mt. 14:3; Mc. 6:17), que no debe ser confundido con Felipe el tetrarca. Herodes Felipe no tenía derecho al título de tetrarca; Herodías se divorció de él y comenzó una unión adúltera con Herodes Antipas, tetrarca de Galilea, quien también era su tío. Juan el Bautista reprendió esta unión, prohibida por la Ley (cf. Éx. 20:17; Lv. 18:16; 20:21). Desde ese momento, Herodías comienza a tramar la muerte de Juan. Durante un banquete de cumpleaños de Herodes, la hija de Herodías consiguió el favor de Herodes danzando ante él. A petición de su madre exigió la cabeza de Juan el Bautista (Mt. 14:3-12; Mc. 6:17-29; Lc. 3:19, 20). Así es como Herodías consiguió acallar definitivamente la voz del Bautista. Pasó sus últimos días desterrada en la Galia (Francia), acompañando a su marido.

Herodión. Cristiano de Roma, saludado por san Pablo. Su nombre parece implicar que se trataba de un liberto perteneciente a la familia de Herodes, quizás a la casa de Aristóbulo. Pablo lo llama «mi pariente» (Ro. 16:11), o sea, judío como él mismo.

Herodión. Fortaleza mandada construir por Herodes el Grande a 6 km al sureste de Belén y 12 al sur de Jerusalén, edificada sobre un túmulo artificial de 60 m de altura. Formaba parte de un sistema de fortificaciones para el mantenimiento de guarniciones que le asegurasen su poder. Herodión era una combinación de fortaleza y palacio y estaba defendido por un doble circuito de murallas y cuatro grandes torres, tres de ellas semicirculares. En el interior se encontraba el pequeño pero lujoso palacio, que incluía espléndidos edificios, jardines, piscinas. etc. Allí recibió sepultura el cadáver del monarca judío. Simón Bar Cochba, jefe de la segunda rebelión judía (132-135 d.C.), hizo de Herodión un núcleo de la resistencia judía antirromana.

Hesbón (heb. «cálculo, cuenta»). Ciudad de Sehón, rey de los amorreos (Nm. 21:25-30, 34). Moisés la asignó a los rubenitas; después de su conquista, ellos reconstruyeron la ciudad (Nm. 32:37; Jos. 13:17). Situada en los límites de Rubén y de Gad (Jos. 13:26), cayó en manos de los gaditas, y después fue asignada a los levitas, como ciudad de Gad (Jos. 21:27-39; 1 Cro. 6:81). En la época de Isaías y en la de Jeremías, los moabitas ocuparon Hesbón (Is. 15:4; 16:8, 9; Jer. 48:2, 33, 34). Más tarde fue conquistada por Alejandro Janneo, y posteriormente por Herodes el Grande, quien construyó una fortaleza en ella para vigilar a sus propios súbditos. Es todavía conocida con el nombre de Hesbãn; sus ruinas pueden verse sobre una colina entre el Arnón y el Jaboc, a más de 12 km al norte de Mádabã.

Heteos. Ver HITITAS.

Heveos («aldeano»). Uno de los pueblos cananeos que ocupaban el país antes de la conquista israelita (Gn. 10:17; Éx. 3:17; Jos. 9:1, 2). En la Tabla de las Naciones aparecen como descendientes de Canaán, tras los amorreos y gergeseos y antes de los fenicios (cf. Gn. 10:17; 15:19-21; 1 Cro. 1:15) Se dividían en muchos grupos. Uno de éstos moraba en Siquem en la época de Jacob (Gn. 33:18; 34:2). Muchas generaciones después de la conquista, sus descendientes seguían ejerciendo su influencia en esta ciudad (Jue. 9:28). Había también un grupo de ellos en Gabaón y alrededores. Josué, víctima de una treta suya, formalizó un tratado de paz y alianza con ellos. Cuando se descubrió su engaño, quedaron sometidos a la condición de siervos (Jos. 9). Parece que la colonia hevea más importante se hallaba al pie del Líbano; se extendía desde el Hermón hasta la entrada de Hamat (Jos. 11:3; Jue. 3:3). Hasta la misma época de David, los heveos tuvieron sus propios pueblos en estos montes septentrionales. Los que permanecieron dentro de la Palestina propia se vieron obligados, como los otros cananeos que se hallaban en el país, a tomar parte en las grandes construcciones de Salomón (1 R. 9:20-22; 2 Cro. 8:7, 8).

Hexateuco. Término que se usa frecuentemente a partir de la mitad del siglo XIX para indicar los seis primeros libros de la Biblia: Génesis, Éxodo, Levítico, Números, Deuteronomio y Josué. Se incluye en dicho grupo al libro de Josué en cuanto cumplimiento de las promesas hechas a los patriarcas en el libro del Génesis. El propósito del nombre, en analogía con el Pentateuco, es demostrar que los cinco primeros libros del Pentateuco, y el de Josué, forman una unidad literaria desde el punto de vista de la forma y el contenido. Sin embargo, la continuidad histórica no legitima la hipótesis de una continuidad y unidad literarias. El hecho de que los judíos considerasen el libro de Josué como el primero de «los profetas antiguos», en grupo diverso de la Torá o Pentateuco, es indicio histórico elocuente contra la pretendida unidad hexatéuquica.

El promotor principal de esta clasificación es G. von Rad, que reconocía una colección de materiales yahvistas a lo largo de los seis libros. J M. Noth, por el contrario, distinguió entre los cuatro primeros libros de la Biblia, con sus propias redacciones, y el quinto (Dt.), que inicia una obra historiográfica «deuteronomista» independiente.

Hicsos. Término utilizado por los historiadores para designar a los monarcas de raza extranjera que reinaron en Egipto alrededor del año 1730 a 1580 a.C. Constituyeron las dinastías XV y XVI. El vocablo hicsos procede del sacerdote egipcio Manetón, que traduce del egipcio «rey de los pastores», aunque se discute esta etimología. En realidad la expresión es la transcripción del término *hik-hswt*, «príncipe del desierto», que aparece en las inscripciones de la época como calificativo de los jefes de tales nómadas.

La invasión de Egipto por los hiscos marca un hecho nuevo de la mayor importancia. Hasta ese momento Egipto había vivido encerrado en sí mismo y la ocupación de Nubia había sido bastante natural; pero la invasión de los hicsos demostró a los habitantes del Nilo que no se encontraban a cubierto, les incitó a la revancha y les infundió el deseo de afianzar su seguridad con la conquista de regiones protectoras. Se ha discutido mucho sobre el origen étnico de los hicsos. Manetón, en su Historia de Egipto, creía que se trata de fenicios, aunque refiere la opinión de los que veían en ellos un pueblo árabe. Por lo general se acepta que Jacob y sus hijos se establecieron en Egipto durante la dominación de los hicsos, con los que estarían emparentados por lazos tribales. Algunos nombres hicsos revelan su origen semítico. Los historiadores creen que el rápido avance y conquista hicso en Egipto se debe a la situación de anarquía política en que estaba sumido el país a fines de la XIV dinastía, y también el empleo de una nueva arma de guerra introducida por los arios en Asia: el carro de combate tirado por caballos, que aterrorizó a los egipcios. Durante 150 años dominaron en Egipto, manteniendo relaciones con Babilonia y Creta, donde se han encontrado objetos inscritos con su nombre. La capital de los hicsos estuvo mayormente situada en Avaris, cerca de el-Arish actual. Fue tomada por Amosis I, monarca tebano, vasallo al principio de los hicsos, y primer faraón de la primera dinastía autóctona después de los hicsos, la XVIII. Amosis I es el gran liberador del yugo hicso. Por muchas razones a esta dinastía se la considera la más importante de toda la historia de Egipto. No sólo luchó contra los hicsos, sino que los expulsó definitivamente del país llegando en su persecución hasta Palestina. Los hicsos fueron vencidos con las mismas armas que ellos habían introducido, especialmente carros de combate, montados por arqueros, cuya carga era a menudo decisiva.

Hidekel. Nombre hebreo del río Tigris. Mencionado como uno de los cuatro brazos del río que salía del Edén, «al oriente de Asiria» (Gn. 2:10-14). El Hidekel actual recibe, en árabe, el nombre de Dijlah. Sus fuentes se hallan en la ladera meridional del Antitaurus, en Armenia central, y atraviesa el Kurdistán, recibiendo el agua de diversos afluentes, siendo de especial importancia los de la vertiente oriental. Se une al Eufrates en las cercanías del golfo Pérsico. El río, desde la unión de ambos hasta la desembocadura, recibe el nombre de Schat el-Arab. El Dijlah tiene una longitud de 1.800 km desde su nacimiento hasta su unión con el Eufrates. En su curso pasa junto a las ruinas de Nínive, en su orilla izquierda, casi frente a Mosul en la ribera derecha. Más abajo, el río atraviesa Bagdad, y después las ruinas de Ctésifon, la antigua capital de los partos, y las de Seleucia, que bajo la dinastía griega rivalizó con Babilonia. Ver TIGRIS.

Hierápolis (gr. «ciudad sagrada»). Ciudad de Frigia, en Asia Menor, en el valle del Lico. Fundada en el siglo II a.C. por Eumenes, rey de Pérgamo, y anexionada a Roma en 133 a.C. Fue destruida por un terremoto en el año 17 d.C., pero fue reconstruida y alcanzó una mayor extensión en los siglos II y III d.C. Limitaba con Colosas y Laodicea; al parecer Epafras estaba al frente de la comunidad cristiana de Hierápolis, dedicado con gran celo a la obra evangélica en la ciudad (Col. 4:12, 13).

Hígado (heb. «pesado»). Órgano que ocupa la parte alta del lado derecho del abdomen. Es la víscera más voluminosa del organismo; en el AT es mencionado con frecuencia en relación a las normas sacrificiales (Éx. 29:13, 22; Lv. 3:4; 4:9; 10:15, etc.). Los israelitas consideraban el hígado como asiento de la vida, tal y como lo creían otros muchos pueblos de la antigüedad, por esta razón los autores bíblicos utilizan este término allí donde nosotros hablaríamos de «corazón» (cf. Prov. 7:23; Lam. 2:11). Para griegos y romanos el hígado es la sede de pasiones como el orgullo, el amor, la ira, etc. El hígado era utilizado por los antiguos semitas y otros pueblos para la adivinación (cf. Ez. 21:21), mediante la inspección de las vísceras de animales, e incluso de seres humanos sacrificados para ese propósito. La grasa que cuelga del hígado se consideraba sagrada y por esta razón se quemaba en el altar y se ofrecía a Dios en los sacrificios (Éx. 29:13, 22). Un ejemplo de la extrema importancia dada al hígado se ofrece en la historia de Tobías cuando el ángel ordenó a éste guardar el hígado del pez que había cogido como un remedio protector contra los demonios, pues al ser quemado despide un perfume por el que el demonio es expulsado (Tob. 6:4, 17; 8:2).

Higuera. Árbol de la familia de las moráceas, originaria de Asia occidental. Cuando es joven, sólo lleva fruto si está en un suelo rico (Lc. 13:6-9). Al envejecer, la higuera degenera rápidamente; descuidada, no produce mucho (Prov. 27:18). En primavera, la higuera da sus higos tempranos antes de cubrirse de hojas, sobre las ramas crecidas el año anterior, y reciben el nombre de «higos verdes» (cf. Cnt. 2:13). Si el árbol no tiene higos verdes cuando aparece el follaje, no habrá higos.
La higuera es un árbol muy apreciado; la Biblia lo menciona en muchas ocasiones junto a la vid y los olivos (Nm. 13:23; 20:5; Dt. 8:8; Sal. 105:33; Jer. 5:17; Jl. 1:12). En el NT la higuera aparece en relación al llamamiento de Natanael (Jn. 1:48). Es usada por Jesús como figura de Israel, y la maldición de la higuera estéril (Mc. 11:12-17) constituye una parábola: el pueblo no había respondido al llamamiento del Señor, que por ello anuncia su juicio.

Hijo de Dios. Título cristológico con el que se expresa la realidad ontológica de la relación de Jesús de Nazaret con Dios. En este sentido se emplea 80 veces en el NT (p. ej. en Mt. 4:3, 6; 16:16; 26:63; 27:43; Mc. 1:1; Lc. 3:38; Jn. 3:16-18; 20:31; He. 1:2; 4:14; 6:6, etc.). El título tiene antecedentes en diversas expresiones del AT. Los libros del Éxodo y el Deuteronomio recogen varias veces el tema de la paternidad de Dios para contraponer la filiación de Israel a la de las tradiciones egipcias (cf. Éx. 4:22), o para poner a Israel por encima de los demás pueblos (Dt. 7:6-10; 32:10). También se aplica a los reyes de Israel, ungidos y adoptados como hijos de Yahvé (2 Sam. 7:14; Sal. 2:6; 89:26;

Sab. 2:17-18; Is. 9:6; Jer. 31:9). La literatura sapiencial aplica el título a diversas personas que actúan según la voluntad de Yahvé, los «justos», o para el bien de Israel; por eso se les da este título a los ángeles, a los sacerdotes o a los que tienen un cargo particular, además de a los reyes (Sal. 29; Ecl. 4:10; Sab. 2:13, 16, 18; 5:5). El judaísmo tardío que usó frecuentemente el título «hijo de Dios» aplicado al futuro hijo de David; de ello dan testimonio los textos de la comunidad de Qumrán. El uso que se hace del Sal. 2:6 en el NT (Hch. 13:33; (He. 1:5; 5:5) indica la fe de la primitiva comunidad cristiana sobre Jesús, que revela la conciencia que había en Él de tener una relación totalmente única con Dios, a saber, de filiación. Este título puede intercambiarse por el de «Hijo» o por la invocación al «Padre»; incluso en la teología diferente de cada autor, esta expresión revela en todos los casos la misma perspectiva de fondo: Jesucristo es el Hijo de Dios de forma única y absoluta. Jesús no usó nunca la expresión «hijo de Dios» para aplicársela a sí mismo, pero su comportamiento y su lenguaje sustituyen esta ausencia. En su comportamiento general, manifiesta que tiene con Dios una relación filial que lo lleva a llamarlo «abba», expresión aramea que significa «papá» en el orden natural (Mc. 14:36; Lc. 11:2). En su trato con el Padre, Jesús usa la expresión «padre mío» y la distingue del uso que deben hacer los discípulos de «nuestro padre» (Mt. 11:20). Los evangelistas no ponen nunca en labios de Jesús el colectivo «Padre nuestro».

Jesucristo es llamado asimismo el «Hijo unigénito de Dios» (Jn. 3:16, 18). La fe cristiana considera que siendo Hijo de Dios, Cristo es el mismo Dios, dotado de las infinitas perfecciones procedentes de su esencia divina (Jn. 1:1-14; 10:30-38; Flp. 2:6). Es igual a Dios el Padre (Jn. 5:17-25); sin embargo, para cumplir la voluntad del Padre, asumió la condición de hombre. Fue enviado por Dios, que obró por medio de Él (Jn. 3:16, 17; 8:42; Gál. 4:4; He. 1:2). El término «Hijo» no se relaciona con la misión de Cristo, sino con su naturaleza, idéntica a la de Dios, implicando su igualdad con Él. Jesús reclama para sí este título (Jn. 10:36; 11:4; 19:7), y los apóstoles proclamaron que Jesús es el Hijo de Dios (Hch. 9:20; Gál. 2:20, etc.; 1 Jn. 3:8; 5:5, 10, 13, 20). Es por haber mantenido este título ante el sanedrín que Jesús fue condenado a muerte como blasfemo (Lc. 22:70-71), aunque Marcos y Mateo precisan que Jesús no escogió el título de «Hijo de Dios», sino «Hijo del hombre» en sentido transcendental (Mt. 26:63-66; Mc. 14:61-64).

El derecho a este título había quedado confirmado por el descenso del Espíritu, con ocasión de su bautismo; el Padre dio desde el cielo un testimonio audible (Mt. 3:16, 17; Mc. 1:10, 11; Lc. 3:22; Jn. 1:32-34). La divinidad de Jesús fue asimismo confirmada en la transfiguración (Mt.

17:5; Mc. 9:7; Lc. 9:35; 2 P. 1:17). El carácter de las obras de Jesús es la prueba de que era verdaderamente el Hijo de Dios (Jn. 1:14; 5:36; 10:36-38; He. 1:3). «Fue declarado Hijo de Dios con poder, según el Espíritu de santidad, por la resurrección de entre los muertos» (Ro. 1:4) —una de sus confesiones de fe más antiguas—, así como por su ascensión (He. 1:3).

Hijo del Hombre. Designación de Cristo, casi totalmente limitada a los Evangelios, fuera de ellos sólo se halla en Hch. 7:56, la única ocasión en que un discípulo aplica este título a Jesús, y en Ap. 1:13; 14:14. Como título se halla especialmente en los Evangelios sinópticos puesto en boca de Jesús. Sus usos en el Evangelio de Juan (1:51; 3:13, 14; 5:27; 6:27, 53, 62; 8:28; 12:23, 34; 13:31) no son paralelos a los de los Sinópticos. En estos últimos el uso del título cae en dos grupos, uno, cuando se refiere a la humanidad de Cristo, su obra terrenal, sus sufrimientos y muerte (p. ej., Mt. 8:20; 11:19; 12:40; 26:2, 24); dos, cuando se refiere a su gloria en resurrección y a la de su futura venida (p. ej., Mt. 10:23; 13:41; 16:27, 28; 17:9; 24:27, 30, 37, 39, 44).

En el libro de Daniel la expresión «Hijo del hombre» aparece en el contexto de la predicción de Daniel respecto a la potencia mundial hostil, simbolizada por bestias feroces (Dn. 7:13). Este texto ha recibido diversas interpretaciones y hasta hoy sigue siendo objeto de debate. Sin embargo, parece cierto que en esta visión el hijo del hombre, contrastado con las bestias (tipos de los reinos de este mundo) representa al hombre por excelencia, al Mesías, destinado a recibir con todos los santos el reino universal y eterno (vv. 14, 27). Es evidente que en esta visión «hijo del hombre» tiene un valor simbólico, representativo de una realidad mesiánica más amplia y compleja que la indicada mediante la expresión «hijo de David». El Hijo del hombre de Dn. asume las características de aquél que vendrá a establecer el reino de Yahvé. El empleo de la expresión «hijo del hombre» en los Evangelios es de destacar. Aparece siempre en boca de Jesús, aplicada por Él a sí mismo, evocando deliberadamente Dn. 7:13-14 (cf. Mt. 24:30; Mc. 14:62, etc.). Este hecho indicaría que esta expresión no es una creación de la comunidad primitiva, sino que ha sido más bien formulada por el mismo Jesús. Hace referencia a su misión, que es misión del Padre, mediante la cual lleva a cabo su acción salvadora de la humanidad sometida a los poderes terrenales de la inhumanidad. Pero Jesús atribuye al título de «Hijo del hombre» un contenido ignorado por la tradición apocalíptica relacionándolo con el siervo sufriente de Yahvé. En oposición a la imagen apocalíptica del Hijo del hombre en lucha y guerra a muerte con los pecadores, la imagen evangélica presenta a un

Hijo del hombre misericordioso, no quiere la muerte del pecador sino que se convierta y viva. Se identifica con los hombres perdidos, los viene a buscar y a salvar (Lc. 19:10); da su vida en rescate por muchos (Mc. 10:45). Como tal, y sorpresivamente para sus oyentes, es entregado (Lc. 9:44), se deja crucificar y es sepultado y resucita triunfante sobre la muerte (Mt. 12:40; 20:18; 26:2); para volver en un futuro en su cuerpo glorificado para juzgar y reinar (Mt. 24:30, 39; 25:31; Jn. 5:26-29; Ap. 1:13-16).

Hilcías (heb. «Yahvé es mi porción»). Nombre de ocho personajes del AT, todos levitas o sacerdotes (2 R. 18:18, 26, 37; 1 Cro. 6:45,46; 26:11). Uno de ellos fue el padre del profeta Jeremías (Jer. 1:1); otro fue Sumo Sacerdote, contemporáneo del rey Josías, a quien ayudó en su reforma religiosa, y encontró en el templo el libro de la Ley (2 R. 22:4-14; 23:4; 1 Cro. 6:13; 2 Cro. 34:9-22). Eliminó a los evocadores de espíritus, adivinos, ídolos, prostitución que había en Judá. Regaló al pueblo 2600 reses menores y 300 cabezas de ganado mayor para la celebración de la Pascua.

Hilel (70 a.C.-10 d.C.). Uno de los doctores judíos más grandes y eminentes, fundador de una escuela que llevó su nombre. Nació en Babilonia, en la importante comunidad judía de la diáspora allí existente. Fue el primero en sistematizar la interpretación de la Ley escrita. Adquirió un gran conocimiento de la Ley en Jerusalén. Vivió bajo el reinado de Herodes el Grande. Ejemplo de dulzura, bondad, comprensión, sabiduría, humildad, fueron éstas sus características habituales. La única fuente de información sobre su vida es el Talmud. Se dice que era descendiente de la familia de David y que llegó a Jerusalén, a la edad de cuarenta años, desde Babilonia, donde su familia, de buena posición, había caído en la pobreza, en principio pasó grandes penurias por la dificultad de encontrar trabajo. Fue reconocido como el mejor jurista de su tiempo, y fue entonces respetado durantes sus últimos cuarenta años de su vida. Fue distinguido con el título de *nasi*, «príncipe», en cuanto cabeza del Sanedrín. Fundó una escuela indulgente, en usual oposición a la escuela estricta de Shamai. Los hilelitas eran tranquilos, amantes de la paz, serenos y capaces de acomodar sus pensamientos a las circunstancias y a los tiempos, tratando hacer la Ley practicable y razonable, adaptable a las necesidades de todos los días, acercando al hombre a Dios. Los shamaítas, en cambio, eran más estrictos y severos, inflexibles y poco tolerantes. Hilel es el autor de siete reglas hermenéuticas que han llegado hasta el día de hoy, y forman parte del alumnado judío.

Himeneo (gr. «perteneciente a Himen», dios griego del matrimonio). Persona que profesó la fe en Éfeso, de la que después se apartó. En una expresión gráfica se dice que Pablo lo abandonó a Satanás (1 Ti. 1:20), fórmula equivalente a la excomunión en uso entre los judíos (cf. Mt. 5:29; 18:17; Jn. 9:22; 2 Jn. 10-11); y que obedecía al propósito de corregir al infractor (cf. 1 Co. 5:3-5). Himeneo negaba la resurrección futura, diciendo que ya había tenido lugar. Fileto se unió a él para propagar esta falsa enseñanza (2 Ti. 2:17, 18). Es posible que tuviera relación con el naciente gnosticismo, alegorizando la esperanza de la resurrección, aplicándola a la conversión y negando la literalidad de la resurrección de la carne.

Hin. Medida hebrea de capacidad para líquidos mencionada en los rituales de ofrenda de aceite y vino, equivalente a la sexta/séptima parte de un bat (Nm. 15:4 -10; 28:5 , 7, 14; Ez. 4:11), equivalente a entre 5 y 6 litros.

Hinom (heb. «agraciado»). Profunda y estrecha torrentera con pendientes escarpadas y rocosas, al suroeste de Jerusalén, que separa el monte Sión, al norte, del monte del Mal Consejo y de la meseta de Refaím al sur. Este valle es mencionado en la Biblia por primera vez en Jos. 15:8; 18:16, donde viene a ser el límite entre Judá y Benjamín. A veces recibe del nombre de valle de los «hijos de Hinnom», prob. una figura ancestral de los jebuseos, cuyos descendientes ocupaban el lugar en el tiempo de la penetración hebrea. Poco antes de la cautividad israelita parece haber recibido el nombre, al menos en parte, de Tofet, relacionado con el culto pagano a Moloc. Allí los padres pasaban a sus hijos por el fuego, como sacrificio a Moloc. Acaz y Manasés cometieron este abominable crimen (2 Cro. 28:3; 33:6). Jeremías anunció que Dios castigaría esta perversidad de una manera terrible, llevando a tal matanza de israelitas que el valle recibiría el nombre de valle de la Matanza (Jer. 7:31-34; 19:2, 6; 32:35). El rey Josías profanó el lugar alto, a fin de inhabilitarlo para los ritos idólatras y para detener los sacrificios (2 R. 23:10). La memoria de los sacrificios humanos y las maldiciones lanzadas contra el lugar, convertido en basurero de la ciudad, forjaron el concepto y el nombre gr. de Gehena, que llegó a ser el nombre empleado para designar el lugar del castigo eterno, al que se hace referencia en Mt. 5:22. Posteriormente se convirtió en un cementerio público, conocido por Aceldama. Según Josefo aquí tuvo lugar una terrible batalla entre los judíos y los romanos (*Guerras*, 6, 8, 5); y parece que también aquí se arrojaron los cadáveres de los judíos después de la toma de Jerusalén (*Guerras*, 5, 12, 7).

Hiram (heb. «el hermano es exaltado»). Nombre de dos personajes del AT de origen fenicio.

1. Hiram I, soberano de Tiro (979-945 a.C.). Sucedió a su padre Abitaal, reinando 34 años, murió a los 53 años de edad (Josefo, *Ant.* 8, 5, 3; *Contra Apión*, 1, 17, 18). Engrandeció la ciudad de Tiro, dotándola de un muelle al este; construyó un dique que unía la ciudad con la isla en la que se hallaba el templo a Júpiter o a Baal-Samem; levantó templos a Hércules y a Astarté.
   Hiram fue amigo de David y de Salomón (1 R. 5:1; 2 Cro. 2:3). Cuando David se hubo apoderado de la ciudadela de Sión, Hiram le envió embajadores. David quiso construir un palacio, y Hiram le proveyó de la madera de cedro, enviándole también canteros y carpinteros (2 Sam. 5:11). Esto fue antes del nacimiento de Salomón (2 Sam. 7:2, 12; 11:2).
   Cuando Salomón accedió al trono, Hiram le envió su felicitación. Con un contrato comercial, le consiguió madera de cedro y de ciprés para la construcción del templo, y artesanos diestros en el arte de trabajar la madera y la piedra (1 R. 5:1-12; 2 Cro. 2:3-16). Le adelantó 120 talentos de oro (1 R. 9:14), y ordenó a sus marinos que participaran en las expediciones de Salomón para ir a buscar oro a Ofir (1 R. 9:10-12; 2 Cro. 9:21). Como compensación parcial a sus servicios, Salomón le ofreció veinte poblaciones de Galilea, que Hiram rechazó (1 R. 9:10-12; 2 Cro. 8:1, 2).
2. Artesano fenicio enviado por el rey de Tiro a Salomón; es llamado Huram en 2 Cro. 2:13; 4:11,16; y Hirom en el margen de 1 R. 7:40. Era hijo de un padre tirio y de una viuda de la tribu de Dan (1 R. 7:13, 14), en un lugar cercano a las fuentes del Jordán, cuyos habitantes danitas tenían territorios enclavados en la tribu de Neftalí; esto explicaría que se diga que Hiram era hijo de una viuda de la tribu de Neftalí (2 Cro. 2:14). Hiram era experto en todo lo que se refería a obras de bronce y por ello Salomón le puso al frente de los trabajos de fundición de bronce y de cobre para el Templo, las columnas, el gran mar de bronce, las fuentes de bronce, los capiteles, las basas (1 R. 7:13-46; 2 Cro. 2:13, 14).

Hircano. Sobrenombre de dos sumos sacerdotes y etnarcas judíos de la familia de los asmoneos.

1. Juan Hircano (135-105 a.C.). Gobernó desde el año 134 al 104 a.C. Tercero y último de los hijos de Simón Macabeo. Fue apodado Hircano por haber vencido al pueblo de los hircanos. Escapó de morir asesinado gracias a un oportuno aviso, fue reconocido como sumo sacerdote y jefe de la nación, sin usar el título de rey (1 Mac. 16:21).

Durante su gobierno se estableció firmemente el estado independiente de Judea, 40 años después de que Antíoco IV Epífanes aboliera su antigua constitución como estado teocrático autónomo dentro del Imperio seléucida. Aprovechando la creciente debilidad del reino seléucida, logró ensanchar sus territorios mediante la conquista de Samaria, Idumea, y algún territorio allende el Jordán. Libró del exterminio a los idumeos bajo la condición de que se circuncidaran y observaran la Ley. Desde entonces los idumeos quedaron incorporados a la comunidad judía y abrió la vía para el acceso de Herodes al trono. Destruyó el templo samaritano del monte Gerizim (128 a.C), y atacó a la ciudad de Samaria. Durante su reinado aparecen por primera vez los dos partidos de los fariseos. Al principio Hircano fue discípulo de los fariseos, pero después se unió a los saduceos.

2. Juan Hircano II, hijo de Alejandro Janeo y nieto del precedente. Murió asesinado por orden de Herodes, el año 30 a.C. cuando tenía 80 años.

Hisopo. Planta muy abundante en Palestina. Es un arbusto con hojas pequeñas, duras y vellosas muy aptas para su uso en los ritos de aspersión (Lv. 14:4-29; Sal. 551:7). Un manojo de hisopo servía para llevar a cabo la aspersión de la sangre expiatoria durante la Pascua (Éx. 12:22), para la purificación del leproso (Lv. 14:4-7), o para la de una casa pronunciada leprosa (Lv. 14:48-53). Asimismo, se tomaba el hisopo para hacer y aplicar el «agua lustral» mezclada con las cenizas de la vaca alazana (Nm. 19:2, 6, 18; cf. He. 9:19). El salmista clama: «Purifícame con hisopo, y seré limpio» (Sal. 51:7), pensando en realidad en la aspersión de la sangre de la expiación hecha con el hisopo, y que es lo único que puede cubrir el pecado (He. 9:22).
Según el Evangelio de Juan, cuando Jesús fue clavado en la cruz, uno acercó a sus labios una esponja empapada en vinagre, fijada a una rama de hisopo (Jn. 19:29), pero en Mt. 27:48 y Mc. 15:36 se habla de una «caña», y ya que la rama del hisopo parece demasiado endeble para sostener la esponja, algunos proponen la lectura de hisopo por «venablo», de grafía muy semejante en griego.

Historia Bíblica. La historia bíblica consigna los acontecimientos que forman la base de la revelación de Dios al hombre. Puede ser dividida en cuatro períodos generales: 1) Creación. 2) Primeras generaciones. 3) Historia de Israel. 4) Historia evangélica.
El relato de la creación sirve de marco para la historia subsiguiente. Deja asentado el tipo de relación existente entre Dios y el mundo, el

hombre y Dios, cuyo origen se debe a un acto divino (Gn. 1:1-2:3). Dios es el Creador y Señor de todo cuyo propósito original era la felicidad de su criatura. Sin embargo, el hombre vive en un estado de miseria porque en su mismo origen actuó deliberadamente contra el mandamiento de la Palabra de Dios. A partir de entonces, el paraíso le es vedado en esta tierra y se ve condenado a trabajar con pena y fatiga hasta el día de su muerte. División y luchas fratricidas obedecen a ese mismo principio de autoafirmación que ignora el mandamiento divino de cuidar y respetar al prójimo (cf. Gn. 4:9), y que conduce a una transgresión de los límites (Gn. 4:23). Con todo, el hombre no es abandonado a su suerte, a la sentencia de condenación, Dios une la promesa de una liberación futura (cf. Gn. 3:15).
La historia del mundo según sus generaciones, muestra la unidad de toda la raza humana, de la cual un pueblo será elegido como portador de la promesa (Gn. 2:4-11:26). Los acontecimientos de este período, dividido en dos partes por el cataclismo del Diluvio, sólo son dados de manera muy esquemática, a excepción del relato del Diluvio, que ocupa dos capítulos enteros. El período de la historia de Israel difiere del precedente en que su centro histórico se desplaza del valle del Eufrates a Palestina, al país de Canaán. Dios se manifiesta frecuentemente a los patriarcas mediante teofanías. De las cuatro grandes épocas marcadas por milagros, tres se hallan dentro de esta época: la salida de Egipto y conquista de Canaán, bajo Moisés y Josué; la lucha a muerte entre el culto a Yahvé y el culto a Baal, en la época de Elías y Eliseo; el cautiverio en Babilonia. Con excepción de raras ocasiones, son siglos sin milagros los que separan las épocas en las que se manifestaron en abundancia. La historia del pueblo elegido se puede dividir en las etapas marcadas por sus desarrollos externos:

1) Una tribu independiente, bajo el caudillaje de Abraham, Isaac y Jacob, en Canaán. El patriarca era a la vez sacerdote y cabeza, responsable de la tribu.
2) Un pueblo de 12 tribus, esclavos durante mucho tiempo en Egipto.
3) Una nación independiente, constituida en el Sinaí. Cuando aceptó el pacto que Dios le ofrecía, el pueblo quedó constituido en nación. Este pacto incluye los Diez Mandamientos, y constituía la ley fundamental de la nación, de la que Dios era el rey soberano. Presente desde entonces en el tabernáculo en medio de su pueblo, Dios revela su voluntad al profeta y al sacerdote. Por las leyes que Él promulga, por los juicios que Él pronuncia, por los instrumentos que Él suscita, Yahvé ejerce la autoridad legislativa, ejecutiva y judicial. La actitud amenazadora de las naciones vecinas hizo desear a Israel la presencia de un gobierno fuerte y un caudillo militar respeta-

do. Los israelitas se apartaron del ideal de la teocracia, y pidieron otro rey aparte de Yahvé (1 Sam. 8:5-7). Desde entonces, además del sumo sacerdote y del profeta, hubo un monarca terreno, investido de la autoridad suprema, reinando permanentemente en lugar de los Jueces que Dios había suscitado. Saúl fue el primer rey. Le siguió David, bajo cuyo reinado las doce tribus quedaron unidas después de siete años de guerra civil. Jerusalén, arrebatada a los jebuseos, vino a ser la capital del centro religioso del reino, cuyos límites se extendieron mediante conquistas adicionales, hasta el noreste de Damasco. Los territorios adquiridos fueron hechos tributarios. Israel impuso guarniciones en el país de Edom. Salomón, el sucesor de David, edificó el templo, y adornó Jerusalén, desarrollando sus fortificaciones y dando gran esplendor a Israel. Pero sus exacciones tributarias hicieron surgir el descontento entre el pueblo, y su caída en la idolatría, bajo la influencia de sus mujeres extranjeras, le hicieron incurrir en el desagrado de Dios. Su hijo y sucesor, Roboam, no supo discernir la gravedad de la situación, y ante su actitud arrogante diez tribus se rebelaron contra la casa de David. Por ello, Judá y Benjamín vinieron a formar el reino del sur, y el resto de tribus formó el reino del norte.

Primero uno, después el otro, fueron derrotados y deportados por los asirios y los babilonios. Jerusalén fue tomada e incendiada en el año 586 a.C. En el primer año de su gobierno en Babilonia, Ciro (539-538 a.C.) promulgó un edicto que permitía a los judíos el retorno a Palestina y la reconstrucción del templo. Cuarenta y tres mil judíos aprovecharon la ocasión de volver, bajo la dirección de Zorobabel. Esta colonia israelita fue, sin embargo, una parte del Imperio persa. Dos veces tuvo gobernadores locales de raza judía, nombrados por el emperador de Persia. Sin embargo, lo más frecuente era que el poder fuera ejercido por el sátrapa del «otro lado del río». Éste delegaba en un gobernador en Judá, con derecho a la leva de hombres y recaudación de tributos, pero dejando la administración local al sumo sacerdote, que fue poco a poco adquiriendo el puesto de cabeza política y religiosa de la nación. En la primavera del año 334 a.C., Alejandro de Macedonia pasó el Helesponto y derrotó a los sátrapas persas. Al siguiente año, venció al rey de Persia, Darío Codomano, sometió Siria y entró en Jerusalén. Entonces Judea quedó sometida al gobierno griego, bastante benévolo al principio. En el año 320 a.C., Ptolomeo Soter arrebató Palestina a Siria, en cuyas manos había quedado a la muerte de Alejandro. Con excepción de unos breves períodos, los Ptolomeos mantuvieron Judea hasta el año 198 a.C., año en que se dio la victoria de Antíoco el Grande sobre el general egipcio Scopas, cerca de Páneas.

Durante estos 122 años, los judíos fueron gobernados por su sumo sacerdote, sometido al monarca griego de Egipto. Gracias a su victoria sobre el ejército de Ptolomeo V en Páneas, Antíoco el Grande se apoderó de Palestina en el año 198 a.C. Los sirios no se conformaron con apoyar a los judíos que aspiraban a helenizar Judea, sino que se esforzaron directamente en imponer la idolatría en Israel. La tiranía sacrílega de los sirios se hizo insoportable para los israelitas piadosos, que se levantaron en armas bajo el caudillaje de los Macabeos en el año 166 a.C. Éstos eran a la vez los sumos sacerdotes y gobernantes. Esta era de libertad duró desde el año 166 hasta el 63 a.C., fecha en que Jerusalén fue tomada por Pompeyo; sin embargo, los Macabeos fueron autorizados a permanecer en el trono hasta el año 40 a.C. Este año, el Senado romano concedió el trono a Herodes el Grande, que comenzó su reinado tomando Jerusalén, el año 37 a.C. Los fariseos y saduceos, partidos oficialmente reconocidos, ejercían entonces una gran influencia política y religiosa.
La historia evangélica comienza con la predicación de Juan Bautista, se centra en Cristo, su persona, su enseñanza, sus milagros y su pasión, y se extiende en la predicación de sus apóstoles, convencidos de la resurrección del Maestro. Las predicaciones de Pedro, el crecimiento de la cantidad de los creyentes, y el bautismo de ellos, marca el comienzo de la acción de la Iglesia. La persecución sobrevenida tras la muerte de Esteban dispersó a los apóstoles residentes en Jerusalén, que se dedicaron a proclamar el evangelio a los judíos de Palestina y de Siria. Saulo, el perseguidor de cristianos, fue convertido y llamado al apostolado entre los gentiles. Pablo y Bernabé se dispusieron a evangelizar a los gentiles de Asia Menor, lo que suscitó problemas de los deberes que incumbían a los convertidos de origen gentil. El Concilio de Jerusalén se pronunció netamente por la libertad cristiana, rehusando imponer a los conversos la circuncisión y la observancia de la Ley de Moisés. En el curso de su segundo viaje misionero, Pablo, dirigido por el Espíritu Santo, llegó a Troas. Llamado por una visión a pasar a Macedonia, obedeció y, desde Filipos hasta Roma, a donde llegó como preso, evangelizó Europa.

Hititas (heb. «hijos de Het»). El nombre hitita, traducido gral. como «heteo» en nuestras Biblias, es mencionado frecuentemente en la lista de pueblos que moraban en Canaán antes de su conquista por los israelitas (cf. Gn. 15:20; Éx. 3:8; Dt. 7:1; 20:17; Jos. 3:10; 11:3; 24:11). Abraham compró la cueva de Macpela a Efrón hitita (Gn. 23:10-20). Esaú se casó con dos mujeres hititas (Gn. 26:34). Más tarde, también hubo israelitas que hicieron lo mismo (Jue. 3:5, 6). Ezequiel, lanzando sus reproches a la Jerusalén infiel le dice: «Tu origen, tu nacimiento, es de la tierra de Canaán; tu padre fue amorreo y tu madre hitita» (Ez. 16:3). David se relacionó con heteos (1 Sam. 26:6), se casó con Betsabé, viuda de Urías hitita (2 Sam. 11:2-27). Había mujeres hititas en el harén de Salomón (1 R. 11:1), este monarca sometió a los hititas y a otros pueblos extranjeros a prestar servicio de trabajo obligatorio (1 R. 9:20-22; 2 Cro. 8:7-9).

Fue un pueblo poderoso sólo conocido por los textos bíblicos hasta que en 1906-1907 salió a la luz gracias a las excavaciones arqueológicas de Hugo Winkler en Boghaz-koy, en el emplazamiento de la antigua capital, Hattusa, a 150 km al este de Ankara. El Imperio hitita floreció en el Asia Menor entre 1900 y 1200 a.C. No se ha podido aclarar cómo llegaron a imponer su dominio. Sus tácticas de lucha eran brillantes y el vehículo militar que, supuestamente, inventaron: el carro de guerra rápido, ligero, con cabida para tres personas fue una máquina poderosamente eficaz. Dirigieron su Imperio mayormente por un sistema que otorgaba a sus estados vasallos la máxima libertad posible, excepto el control de la política exterior. Sus leyes y tratados son de carácter sorprendentemente moderno. Mediante una actuación desacostumbrada en aquella época, supieron combinar la labor diplomática y la disuasión militar. Los millares de tablillas con inscripciones exhumadas en las ruinas de Hattusa no sólo arrojan luz sobre temas tan trascendentales como los derechos de los reyes y de las reinas y los tratados con potencias extranjeras, sino que ofrecen también detalles tan ordinarios como el precio que legalmente podía ponerse por una vaca adulta, o lo que un ama de casa podía llegar a pagar por una pieza de tejido de lino.

Las leyes destacan por su relativa humanidad y persecución de la justicia, en los documentos que se conocen se observa con todo detalle las pesquisas llevadas a cabo para esclarecer los hechos que se juzgan. El sistema penal no admitía la llamada «ley del talión»; la pena capital se aplicaba en ocasiones excepcionales: violación, adulterio, relaciones sexuales con animales y rebelión contra el poder público. El código hitita establecía como pena más corriente el pago de una compensación, normalmente en dinero. Una ley sobre el matrimonio recuerda su homóloga judía sobre el levirato

En relación a su lengua, el estudio de su escritura ha revelado que hablaban una lengua indoeuropea perteneciente al mismo tronco familiar que las lenguas germánica, latina, griega, celta, eslava y sánscrita. Por consiguiente, los hititas parecen haber sido uno de los primeros pueblos de habla indoeuropea de que se tienen noticias históricas.

Hodavías (heb. «majestad de Yahvé»). Nombre de cuatro personas del AT, entre ellos el hijo mayor de Elioenai, de la estirpe regia de David (1 Cro. 3:24). Algunos lo identifican con el Abiud de Mt. 1:13 y el Judas de Lc. 3:26, citados en las genealogías de Jesús.

Hodías (heb. «esplendor de Yahvé»). Uno de los levitas que asistió a Esdras en la interpretación de la ley para el pueblo (Neh. 8:7; 9:5), y suscribió la renovación del pacto con Dios en tiempo de Nehemías (Neh. 10:18).

Holocausto (heb. «gradas»; gr. «quemar totalmente»). Sacrificio en que se quemaba toda la víctima, salvo la piel, que quedaba para el sacerdote (Lv. 1). El ofrendante inmolaba la víctima y el sacerdote la colocaba en el altar, acompañada de una oblación de harina y una libación de vino (Éx. 29:38-42; Nm. 28:3-8). El oferente tenía que presentar el sacrificio estando en actitud de sumisión o entrega incondicional a la divinidad. La destrucción de víctimas valiosas, puras, inocentes, y casi conectadas al hombre, recordaban vivamente a los hebreos el dominio supremo de Dios sobre sus criaturas. La víctima ofrecida diariamente indica que se trata de un sacrificio de *sustitución*, en el cual el lugar del ser humano era ocupado por animales pertenecientes a los oferentes, los cuales cargaban con sus pecados, como aparece en el rito del macho cabrío emisario (Lv. 16:21).

La víctima tenía que ser macho del ganado vacuno o lanar, o bien una tórtola o un palomino, según la capacidad económica del oferente. Estas ofrendas eran diferentes en grado, pero del mismo tipo. El examen de las entrañas, que jugaba una parte muy importante en los sacrificios de varios pueblos antiguos, especialmente fenicios, no tenía lugar en el ritual mosaico.

La ley ordenaba que se tenían que ofrecer obligatoriamente dos holocaustos a diario, uno por la mañana y otro por la tarde (a la tercera y novena hora), lo que recibe el nombre de «holocausto continuo» (Éx. 29:38-41; Nm. 28:3). El sábado, la quema de ofrenda incluía una cantidad doble de todos los elementos del holocausto diario ordinario (Nm. 28:9, 10).

También había holocaustos adicionales con motivo de la luna nueva o novilunios, la fiesta Pascua, de las Trompetas, el Día de Expiación y la fiesta de los Tabernáculos, en cuyas ocasiones, el número de víctimas y de otras ofrendas aumentaba considerablemente (Nm. 28:11-29:39). Holocaustos de carácter privado estaban prescriptos para la consagración de un sacerdote (Éx. 29:15ss.; Lv. 8:18; 9:12), para la purificación de las mujeres (Lv. 12:6-8), para declarar limpios a los lepro-

sos (Lev. 14:19,20), para purgar la impureza ceremonial (Lv. 15:15,30), y finalmente en relación con el voto de los nazareos (Nm. 6:11,16).
La víctima, era llevada al sacerdote, el cual, después que el oferente hubiera puesto sus manos sobre la víctima, le daba muerte (excepto en el caso de las aves, que eran muertas por el sacerdote). De Lv. 1 parecería que también era el oferente quien la desollaba, descuartizaba y lavaba sus intestinos y patas en agua; pero las expresiones usadas pueden tomarse en un sentido impersonal: «el holocausto será desollado, y será dividido en sus piezas», etc. (v. 6). Estas funciones pueden haber sido llevadas a cabo por los sacerdotes o por los levitas (los levitas desollaban los sacrificios cuando había pocos sacerdotes; cf. 2 Cro. 29:34). El sacerdote rociaba la sangre alrededor del altar y, excepto la piel, que quedaba para el sacerdote, todo el animal era quemado sobre el altar como «grato olor a Yahvé» (cf. Gn. 8:21). Hacía expiación por el ofrendante, que hallaba aceptación en base a su valor. El sacerdote tenía que ponerse sus vestiduras de lino para quitar las cenizas del altar y ponerlas «junto al altar». Después se cambiaba los vestidos de lino por otras ropas, y llevaba las cenizas fuera del campamento. Las cenizas constituían la prueba de que el sacrificio había sido totalmente aceptado (cf. Sal. 20:3).
Tipológicamente, el holocausto simbolizaba el gran y perfecto sacrificio que Jesús, el sumo sacerdote de la Nueva Alianza y el verdadero Cordero de Dios que se ofreció a sí mismo, en cumplimiento de todos los sacrificios cruentos del primer pacto (He. 9:12ss.). Representa a Cristo como *sustituto* de acuerdo con la voluntad divina para el cumplimiento del propósito y mantenimiento de la gloria de Dios allí donde hay pecado. En el sistema mosaico, la víctima y el ofrendante eran esencialmente distintos, pero en Cristo los dos están necesariamente combinados.

Holofernes (gr. «afortunado»). Hermano del rey o sátrapa de Capadocia, Ariarates, el cual, bajo Artajerjes III Oco, ayudó a los persas en su lucha contra Egipto (353-351 a.C.). El Holofernes citado en el libro de Judit aparece como jefe o general del ejército asirio de Nabucodonosor y segunda autoridad después de éste. Recibió la misión de aplastar a los judíos. Durante el sitio de Betulia Judit le cortó la cabeza para salvar a su pueblo (Jdt. 2:4-15).

Homer (heb. «montón»). Gran medida de áridos, correspondiente a la carga que pudiera llevar un asno. Se ha calculado su capacidad en 220 litros (Lv. 27:16; Nm. 11:32); solía emplearse para dar la idea de una gran magnitud (Is. 5:10; Ez. 45:13; Os. 3:2).

Homosexualidad. Por homosexualidad se entiende en general la atracción sexual hacia personas del mismo sexo. Está expresamente condenada en el AT y en el NT. Según la concepción bíblica, el hombre fue creado a imagen y semejanza de Dios con el propósito de ser «fecundo y multiplicarse» (Gn. 1:28). Según esto, la homosexualidad es pecado, yerro, pues pecado es todo aquello que conspira contra la naturaleza humana, mediante la destrucción o mal uso del cuerpo o el menosprecio del mismo, y contra su finalidad. El hombre ha sido creado como ser sexuado, cuyo complemento encuentra en la mujer. En ambos casos el sexo es uno de los medios que cada cual tiene de expresar su peculiar humanidad, además de instrumento para la preservación de la especie, pues Dios creó el sexo en el hombre, igual que en todos los animales, con el propósito de procreación, aunque en el hombre tiene además una función espiritual. La desviación de la sexualidad natural parece haber sido una de las consecuencias de la caída del hombre.

La ley mosaica condenaba varias desviaciones sexuales: los que practicaban relaciones sexuales con parienta próxima, con el padre o la madre, con la mujer del padre, con una hermana, una nieta, una tía, la esposa de un tío, una nuera, una cuñada, la esposa durante el período menstrual, la esposa del prójimo y «con varón como con mujer: es abominación» (Lv. 18:22; cf. 20:13). El acto sexual entre varones es condenado al final de una lista de relaciones sexuales interpersonales consideradas impuras. Inmediatamente se condena el ayuntamiento carnal con animales. Por otra parte, condenaba la sacralización pagana de la prostitución masculina en los lugares sagrados durante los cultos orgiásticos (Dt. 23:18- 19; 1 R. 14:24; Job 36:14). En el NT abundan los textos que se refieren al castigo del pecado de homosexualidad (Mt. 10:15; 11:23-14; Lc. 10:12; 17:29). En Ro. 1:18-32 el apóstol Pablo condena tanto la forma masculina como la femenina.

Honda. Arma primitiva para lanzar piedras. Se podía hacer fácilmente con una correa de cuero que se ensanchaba en su parte central, donde se colocaba la piedra, guijarros preferentemente. Se la hacía girar velozmente para soltar en su momento uno de los extremos con lo que la piedra salía despedida con gran fuerza. Los pastores la utilizaban para mantener a raya los animales salvajes como los lobos, pero igualmente se utilizaba para abatir soldados enemigos en casos de guerra (cf. 2 R. 3:25; 2 Cro. 26:14). Dada la economía de sus materiales, la facilidad de su confección y su ligereza, fue adoptada por muchos ejércitos antiguos, entre ellos los de Israel. Los benjaminitas gozaban fama de buenos honderos, tan diestros, que «tiraban una piedra con la honda a un cabello, y no erraban» (Jue. 20:16; cf. 1 Cro. 12:2). David usó una para abatir a Goliat (1 Sam. 17:40, 50). El rey Uzías preparó para todo el ejército escudos, lanzas, cascos, cotas de malla, arcos y piedras para las hondas (2 Cro. 26:14; cf. 2 R. 3:25).

Hor. Nombre de dos montañas eminentes en Palestina.

1. Monte de la cadena montañosa de Seir o Edom, que formaba una frontera natural (Nm. 20:23; 33:37). En ella murió Aarón y fue sepultado en su cumbre (Nm. 33:37-41; Dt. 10:6). La montaña se identifica con la que los árabes llaman Gebel Madeirah, nombre que se asemeja al de Mosera en Dt. 10:6. Se trata de una montaña que se destaca aislada a 65 km en línea recta al norte de Cades, ciudad de la que había partido anteriormente el pueblo hebreo.
2. Montaña enteramente diferente de la precedente, mencionada en Nm. 34:7, 8. Aparece como uno de los mojones o marcas para fijar los límites de la frontera septentrional de la Tierra Prometida. Su identificación es muy debatida. Seguramente se trata de la misma cadena montañosa del Líbano.

Horca (heb. «árbol», «madera»). Instrumento de suplicio para condenados a muerte, ya utilizado en el antiguo Egipto (Gn. 40:19). Los israelitas que delinquieron en Baal-Peor fueron ahorcados (Nm. 25:4). El castigo de los blasfemos consistía en la muerte por lapidación, agravada por la exposición de sus cadáveres colgados de un «madero». El cuerpo del ahorcado no podía permanecer en la horca durante la noche (Dt. 21:22). Siete varones de la descendencia de Saúl fueron ahorcados en Gabaa por los filisteos (2 Sam. 2:6-13). Los persas más que ahorcar propiamente, empalaban a los reos. A este suplicio se cree que alude Est. 6:4: «Amán había entrado al patio exterior del palacio real para pedir al rey que hiciese colgar a Mardoqueo en la horca que tenía preparada para él».

Horeb (heb. «desolado», «yermo»). Monte de la península sinaítica idéntico a Sinaí; se supone que abarca la cordillera de montañas que se extiende entre el golfo de Suez y el de Acaba. Sinaí se denomina a toda la parte granítica y montañosa de la zona meridional, en la que Horeb denomina a uno de los más importantes macizos de la región. Prob. debe identificarse con el monte que los árabes llaman Gebel Musa (monte de Moisés), que se eleva verticalmente más de 700 m sobre la meseta es-Sebayeh, alcanzando una altitud de 2.244 m Su consistencia granítica hace pensar en la «roca Horeb» (Éx. 3:12; 16:1; 19:11, 18, 20, 23; 24:16; 31:18; 34:2, 4, 29, 32; Lv. 7:38; 25:1; 26:46; 27:34;

Nm. 3.1; 28:6; Neh. 9:13). Horeb parece aludir a la sequedad de la región, y Sinaí, a la vecindad con el desierto de Sin, muchas veces mencionado en relación con él. Horeb era llamado el «monte de Dios» (Éx. 3:1). Fue allí donde Dios tuvo su encuentro con Moisés, y donde dio su pacto a Israel. Ver SINAÍ.

Horeos. Pueblo muy antiguo que habitaba en la parte oriental de la Anatolia, en la alta Mesopotamia, entre los ríos Tigris y Eufrates, una zona que hoy abarca parte de Iraq, Turquía e Irán. Antiguamente se llamaba a esa región el reino de Mitani. Otro nombre es el de hurritas. Algunos pueblos horeos emigraron hacia el sur y fundaron ciudades en Canaán, llegando a ocupar una vasta región entre el mar Muerto y el golfo de Akaba, muchas veces llamado Seir, y por ello llamados «hijos de Seir» (Gn. 36:20). Los descendientes de Esaú, edomitas, arrojaron de su presencia a los horeos y habitaron en su lugar (Dt. 2:12, 22). En la actualidad, se identifica a los horeos con un pueblo llamado hurrita, en base a una diversidad de hallazgos arqueológicos, en Mari. Los edomitas dominaron a los horeos y se mezclaron con ellos. Gn. 36:29, 30 ofrece una lista de los jefes de sus clanes, cuyos nombres han sido identificados como de origen hurrita. Existían algunos asentamientos horeos en el centro de Canaán, que fueron luego desalojados por los israelitas. Algunas costumbres mencionadas en tiempos patriarcales son identificadas como de origen hurrita.

Horma (heb. «dedicado», «destrucción»). Ciudad real de los cananeos del sur de Palestina, conocida por Sefat (Jue. 1:17), que, después de su destrucción, recibió el nombre de Horma (Jos. 12:14). Se encuentra hacia el sur, en los límites de Edom, cerca de Siclag. Fue asignada a la tribu de Judá, y después pasó a Simeón (Jos. 15:30; 19:4; 1 Cro. 4:30). David envió a sus amigos en Horma una parte del botín de Siclag (1 Sam. 30:30), en reconocimiento de la hospitalidad que le habían brindado mientras era un proscrito. Probablemente se identifique con Tell es-Seba a casi 5 km al este de Beerseba.

Horonaim (heb. «doble cueva»). Ciudad moabita, situada en el fondo de un valle, parece que no lejos de Zoar (Is. 15:5; Jer. 48:3, 5, 34). Es mencionada por los profetas mayores como la región donde gritarán angustiados sus habitantes a causa del castigo impuesto por su idolatría y otros excesos. De hecho se encontraba en la ruta que seguían los invasores asirios, lo que la convertía en fácil presa de los mismos.

Hosanna. Exclamación que en su origen tenía el sentido de súplica y ruego dirigo a Yahvé, o al rey (Sal. 118:25; 2 Sam. 14:4, etc.), que, con el correr del tiempo, vino a ser una exclamación de gozo y de alabanza, así aparece en el NT en medio del clamor del pueblo durante la entrada triunfal de Jesús en Jerusalén (Mt. 21:9, 15; Mc. 11:9, 10; Jn. 12:13). Con motivo de la Fiesta de los Tabernáculos se recitaba el *gran hal-lel*, compuesto de los Salmos 113-118, cantado por uno de los sacerdotes, y era correspondido por la multitud a intervalos determinados, al tiempo que batían las ramas y palmas, exclamando Aleluya, Hosanna, «¡Oh Señor, haznos prosperar!». Los cristianos acogieron el término Hosanna como una aclamación de victoria donde se reconoce la cercanía del reino de Dios presente en la figura de Jesucristo.

Hospitalidad. El derecho de hospitalidad era considerado como un deber sagrado en casi todos los pueblos primitivos. El extraño gozaba de la protección de su huésped, incluso si era su enemigo. Podía contar con su absoluta lealtad porque estaba solo, sin el apoyo de su tribu o de su pueblo con solamente invocar su «parentesco» de ser humano. En las Escrituras la hospitalidad estaba consideraba como una virtud de primer orden. La Ley de Moisés recomendaba la hospitalidad (Lv. 19:34), en consideración a su misma historia como pueblo nómada y extranjero. Entre los beduinos y en regiones escasamente pobladas la hospitalidad era un acto imprescindible, que de necesidad fue elevada a virtud. Tan pronto entraba en la tienda o casa eran lavados sus pies (Gn. 18:4; 19:2; 1 Ti. 5:10); era agasajado con alimentos para él y sus animales (Gn. 18:5; 19:3; 24:25; Éx. 2:20; Jue. 19:20), y disfrutaba de la amistad y protección de su huésped (Gn. 19:5; Jos. 2:2; Jue. 19:23). Toda vez que la práctica de la libre hospitalidad era un deber y un honor, el descuido de la misma era juzgado una falta grave (Job 31:32); entorpecer o interferir con las reglas de hospitalidad era tratado como un acto de extrema malicia (cf. Gn. 19:4ss.), que afecta al honor del dueño de la casa.

Jesucristo fue honrado con muestras de hospitalidad por varias personas (Lc. 10:38-42; 14:1; Mt. 21:17), y espera que traten igualmente a sus discípulos (Mt. 10:9ss.). Quien hospeda a un discípulo a Jesús mismo hospeda (Mt. 25:45), por eso el cristianismo primitivo consideró como parte principal de sus deberes ofrecer hospitalidad al extraño y al extranjero (1 P. 4:9; 1 Ti. 3:2; Tit. 1, 8; cf. Hch. 2:44; 6:32, 35). Era una virtud que debía destacar en los pastores u obispos (1 Ti. 3:2; Tit. 1, 8). También las viudas que aspiraban a recibir ayuda de la Iglesia debían ser personas conocidad por su hospitalidad (1 Ti. 5:10). Pero era toda la comunidad en general la llamada a ejercer el deber de hospitalidad estimulada por el ejemplo de los grandes patriarcas de antaño:

«No os olvidéis de la hospitalidad, porque por ésta algunos hospedaron ángeles sin saberlo» (He. 13:2), alusión a Abraham (Gn. 18:1-8; cf. el caso de Lot, Gn. 19:6-9).

Hoz. Herramienta utilizada para segar la mies (Dt.16:9; 23:25; Jer. 7:16; Jl. 3:13, 13). La hoces antiguas eran manufacturadas con pedernal, cuyo material abunda y por eso resultan económicas y fáciles de conseguir. Con el descubrimiento de los metales se hicieron de bronce o de hierro, pero las primeras han prevalecido más en todos los períodos históricos. El pedernal primeramente se pone en una quijada de un animal, o en un pedazo curvo de madera. En cuanto elemento cortante que abate los tallos, se utiliza metafóricamente para denotar juicio y muerte (Jl. 3:13), semejante a la asociación de la guadaña y la muerte de la imaginería occidental (cf. Ap. 14:14-16). Una imagen similar fue utilizada por Juan Bautista para referirse a Jesús para expresar la misma idea (Mt. 3:12; Lc. 3:17).

Hulda (heb. «comadreja»). Profetisa de la época del rey Josías. Estaba casada con Saluum y habitaba en un barrio de Jerusalén llamado Misne, quizá en la parte baja de la ciudad. El monarca hebreo la consultó acerca del libro de la Ley hallado por el sumo sacerdote Hilcías. Hulda anunció de parte de Yahvé que los males predichos en la Ley se cumplirían en los judíos infieles, no así en Josías, que se había humillado ante Dios (2 R. 22:14-20; 2 Cro. 21:4, 22-28). El Templo de Salomón tuvo unas puertas que recibieron el nombre de «Puertas de Hulda» (*Misná, Middoth*, 1, 3), en memoria de esta profetisa.

Hur (heb. «noble»). Nombre de cinco personajes del AT, entre ellos un asistente de Moisés que, juntamente con Aarón, sostuvo los brazos del caudillo hebreo durante la batalla contra Amalec (Éx. 17:10-12). Mientras Moisés y Josué subieron al Sinaí, Hur, de nuevo con Aarón, quedó como responsable del pueblo (Éx. 24:14).

Hurritas (heb. «cavernícola»). Pueblo que habitaba en las montañas de Seir (Gn. 14:6). En base a una serie de inscripciones que nombran a un pueblo con las consonantes *khr*, se ha supuesto que pertenecían a una antigua civilización, a la que se asignó el nombre de hurritas, identificándolos con los horeos de la Biblia. Fueron exterminados o rechazados por los edomitas (Dt. 2:12-22). Probablemente estaban emparentados con los hicsos, que habitaban hacia fines del tercer milenio en Mesopotamia, Siria y Palestina.

Husai («rápido»). Amigo de David, llamado «el arquita» (cf. Jos. 16:2), que medió en la sublevación de Absalón, fingiéndose partidario suyo y en oposición a los proyectos de Ahitofel de atacar inmediatamente a David, dio tiempo a ése a llevar a cabo los preparativos con que sofocar la rebelión (2 Sam.15:32, 37; 16:16-18; 17:5-15).

Husam (heb. «apresurado»). Rey de Edom, oriundo de la tierra de Temán, sucesor de Jobab y predecesor de Hadad entre los príncipes nativos del Monte Seir antes de la usurpación de los edomitas (Gn. 36:34, 35; 1 Cro. 1:45).

I

Ibleam (heb. «destruye-pueblo»). Antigua ciudad de Isacar, dada después a Manasés (Jos. 17:11, 12; Jue. 1:27), y en cuyas cercanías fue herido mortalmente Ocozías, rey de Judá, en una contienda civil (2 R. 9:27). Fue asignada como ciudad levítica a la familia de Cohat (1 Cro. 6:70). Identificada con Jirbet Belameh, a unos 27 km al sureste de Meguido.

Ibzán (heb. «veloz, rápido»). Décimo juez de Israel (Jue. 12:8-10), oriundo de Belén, de la tribu de Zabulón, jefe de una familia numerosa y próspera, a juzgar por lo que se dice respecto al casamiento de todos sus hijos e hijas, a las que casó con gente de fuera, y para los hijos trajo de fuera treinta mujeres. La tradición rabínica lo identifica con Booz, marido de Rut y antepasado de David. Esto es debido a que se identificaba Belén con Judá, cuando se trata de la Belén del territorio zabulonita (Jos. 19:15), puesto que a continuación menciona un juez de esta tribu.

Icabod (heb. «¿dónde está la gloria?»). Hijo de Finees y nieto de Elí, sacerdote de Silo. Su madre lo dio a luz cuando recibió la noticia de la muerte de su suegro y de su marido y supo que el arca había caído en manos de los filisteos, por ello recibió un nombre que recordaba, de una manera solemne, que la gloria se había retirado de Israel, por cuanto el arca de Dios había sido tomada (1 Sam. 4:19-22). Icabod se vuelve a mencionar en relación a su sobrino Ajías, hijo de su hermano Ajitob (1 Sam. 14:3).

Iconio. Importante ciudad de la antigua Licaonia, en Asia Menor, actualmente Konya, una de las principales de la moderna Turquía. Jenofonte la describe como la última ciudad de Frigia que hallaba el viajero que se dirigía hacia el este. La ciudad fue hitita, frigia, persa, macedónica y romana. Roma la anexionó en el 133 a.C. Claudio estableció en ella una colonia de veteranos romanos, por lo que recibió el nombre de *Claudiconium*. Se hallaba en un paraje fértil de la meseta licaonia, mayormente carente de agua. Se encontraba en la gran vía de comunicación entre Éfeso, Tarso, Antioquía y el Eufrates. Bernabé y Pablo visitaron Iconio durante su primer viaje misionero, procedentes de Antioquía de Psidia. Al igual que esta ciudad encontraron allí una importante colonia judía, sin duda procedente de Cilicia, y también se dirigieron a los gentiles, entre los cuales obtuvieron una respuesta favorable, fundando en la ciudad una iglesia cuya fama traspasará los límites de la provincia. Un motín provocado por los judíos obligó a los apóstoles a huir de la ciudad, refugiándose en Listra. No obstante, Pablo volvió después a Iconio a organizar la iglesia por él fundada (Hch. 13:50-1; 14:1-6, 19-22). No se dice que la visitase en su segundo viaje, aunque estuvo en la región, pero se deduce implícitamente del relato de Hch. 16:4-6. Seguramente también estuvo en Iconio en su tercer viaje (2 Ti. 3:11).

Timoteo, aunque al parecer era oriundo de Listra, era bien conocido por los cristianos de Iconio, y es probable que su circuncisión (Hch. 16:2-3) y ordenación (1 Ti. 1:18; 4:14; 6:12; 2 Ti. 1:6) tuvieran lugar en esta ciudad.

Iddo (heb. «nacido a la fiesta»). Nombre de seis personajes del AT, entre ellos un profeta de Judá, que escribió la historia de Roboam juntamente con el profeta Semaías (2 Cro. 12:15). También dejó escritas varias visiones acerca de Jeroboam (2 Cro. 9:29). Al parecer fue un cronista real, pues escribió igualmente la historia del rey Abías, «sus caminos y sus palabras» (2 Cro. 13:22).

Idolatría. En sentido propio y clásico, idolatría es la adoración o el culto que se tributa a entidades, objetos, imágenes o elementos naturales que se consideran dotados de poder divino, o también a divinidades falsas. En este segundo caso, se trata de un término contextual, que tiene significado sólo dentro de una religión reconocida; y puede ser considerado como idolatría dentro de una religión lo que no lo sería en otra o también en un nivel distinto de evolución de la misma. En general, todas las religiones tienden a tachar como idolatría el culto que las otras religiones reservan a las divinidades en que creen; pero, en particular, esta tendencia se encuentra en las grandes religiones monoteístas respecto a las politeístas o primitivas, cuyos dioses pasan a ocupar el papel de demonios.

Además de este significado inmediatamente religioso, el término «idolatría» también denota un sentido espiritual y metafórico para indicar cualquier forma exasperada de admiración, devoción, entrega, que presente caracteres impropios de absolutismo por la que unas realidades creadas se convierten en un absoluto y tienden a dominar la existencia y las aspiraciones humanas. Cf. Ro. 1:25: «Cambiaron la verdad de Dios por la mentira, y veneraron y rindieron culto a la creación antes que al Creado». Así se puede hablar de idolatría a propósito de la búsqueda de dinero, de poder, etc.

Idumea, forma griega del hebreo Edom, común en la época grecorromana. Se encuentra en la versión de los LXX, en Josefo y en el NT, como traducción de la región de los idumeos, situada al sur de Palestina y ocupada por este pueblo después de la toma de Jerusalén por Nabucodonosor en el año 587 a.C. La infiltración edomita se debió en parte a la presión de los árabes nabateos, que lograron establecer un reino poderoso, con Petra por capital, a expensas del antiguo Edom. Durante la dominación persa, Idumea estaba regida por un gobernador, que residía prob. en Lakis, cuya autoridad se extendía hasta la península del Sinaí. Bajo los seleúcidas constituía una eparquía o satrapía, al frente de la cual estaba un estratega, que en tiempo de los macabeos era Gorgias (2 Mac 12:32). En el año 126 a.C. Juan Hircano dominó a los habitantes de Idumea, a los cuales obligó a circuncidarse, poniéndoles como gobernador a Antípater, que fue el abuelo de Herodes el Grande. Ver EDOM.

Iglesia, del gr. *ekklesia*, «asamblea», correspondiente al hebreo *qãhãl*, que designa a la asamblea o congregación de Israel. En el NT suele referirse a los fieles mismos, ya estén reunidos en un lugar determinado o no. En este sentido, puede referirse a la Iglesia universal, sin fronteras de tiempo ni espacio, y designar personas regeneradas por el Espíritu Santo, como en 1 Co. 12:13; Ef. 1:22-23; He. 12:23; y a la Iglesia local, como en Ro. 16:5; 1 Co. 16:19; Col. 4:15; Flm. 2, compuesta de personas que han hecho profesión de fe en Cristo como Salvador, y que forman parte de la Iglesia universal.

La Iglesia tiene una relación singular con Cristo, porque Él es su Fundador (Mt. 16:18), su Piedra fundamental (Ef. 2:20), su Cabeza (Ef. 1:22-23), su Esposo (2 Co. 11:2; Ef. 5:25 ss.) y su Juez (Ap. caps. 2 y 3). La Iglesia también tiene una relación especial con el Espíritu Santo. Además de bautizar en el cuerpo de Cristo (1 Co. 12:13), el Espíritu Santo habita en el creyente individual (1 Co. 6:19), en la iglesia local (1 Co. 3:16) y en la iglesia universal (Ef. 2:22); y como agente ejecutivo de la Trina Deidad, el Espíritu Santo transmite a la iglesia la

vida comunitaria de la regeneración que a Él le compete (Jn. 3:5; 2 Co. 13:14), el amor del Padre (Ro. 5:5) y la verdad entera del Hijo (Jn. 14:26; 15:26; 16:13-15) y el poder que tal vida comporta (Lc. 24:49; Hch. 1:8: 9:31), y como Don por excelencia (Ro. 5:5), Él es el que reparte los dones a la Iglesia según su voluntad.
La Iglesia es un organismo, en el que están insertos los ministerios, tanto el común como el específico, y ambos son permanentes. Pero, para el buen orden de la iglesia local, se necesita una organización (cf. Hch. 14:23), en la cual están insertos los oficios. Puesto que la organización supone una iglesia local independiente, el nombramiento de los oficios que gobiernan la iglesia corresponde al presbiterio de la iglesia local misma (cf. 1 Ti. 4:14). Ya en su principio, vemos diferentes formas de gobierno en la iglesia: un solo pastor, ancianos y diáconos en la iglesia de Jerusalén (cf. Hch. 15:22-23); un amplio presbiterio en Antioquía (cf. Hch. 13:1-3); y una organización claramente congregacional en Corinto, con una membresía numerosa (cf. Hch. 18:8), sin mención alguna de ancianos ni pastores, pero sí muchos carismas (cf. 1 Co. 1:7), y muchas banderías (cf. 1 Co. 1:11-12; 3:3-5).

Ijón (heb. «ruinas»). Ciudad fortificada de Neftalí. En tiempo de la alianza entre Asa, rey de Judá, y Ben-adad, rey de Siria, los sirios la invadieron y se apoderaron de ella, instigados por Asa (1 R. 15:20; 2 Cro. 16:4). Más tarde, en el reinado de Peka, rey de Israel, Tiglat-pileser II deportó a sus habitantes (2 R. 15:29). Identificada con Tell Dibbin, una elevación de 33 m de altura, a unos 13 km al noroeste de Dan, cerca de las fuentes del Jordán en Hazbani.

Ilírico. País situado en la parte noroeste de la península Balcánica. Estaba limitado al norte por la Panonia, al sudeste por Mesia, al oeste por Dalmacia y, al unirse a Iliria, llegaba hasta el mar Adriático. Es una región montañosa, atravesada por las últimas estribaciones meridionales de los Alpes. Sus habitantes primitivos moraban en la parte montañosa, bajaron más tarde a la costa y se dedicaron a la piratería. Los romanos, los principales afectados por sus incursiones, decidieron acabar con la piratería ilírica invadiendo y conquistando el país, empresa iniciada en el 229 a.C. Pablo menciona Ilírico en su tercer viaje misionero, después de atravesar Asia Menor y Macedonia. Dice que desde Jerusalén ha llegado «hasta los alrededores del Ilírico» (Ro. 15:19), como límite occidental de su actividad misionera hasta entonces, en contraposición a Jerusalén, extremo oriental. A pesar de todo, y teniendo en cuenta que Iliria indicaba las regiones vecinas: Macedonia y Tracia, el pasaje no habría de indicar forzosamente que el apóstol hubiese llegado precisamente a la Iliria propiamente dicha, sino como dice expresamente, «a sus alrededores», es decir, la parte sur.

Imagen. Israel es el único pueblo de la historia que tuvo un culto sin imágenes. Las excavaciones arqueológicas en Palestina no han dado hasta ahora con ningún ídolo que pueda identificarse con certeza como imagen de Yahvé. El Decálogo prohíbe tajantemente fabricar imágenes tanto de Yahvé como de otros dioses (Éx. 20:4; Dt. 5:8), con lo cual se pretendía cortar el influjo de la religión cananea en las prácticas cultuales de Israel. Esta prohibición se repite explícitamente en otros lugares de la ley y aparece como una condición de la toma de posesión de la tierra prometida: «No os haréis ídolos, ni imágenes, ni os levantaréis piedras rituales, ni pondréis en vuestra tierra piedras esculpidas para postraros ante ellas; porque yo soy Yahvé, vuestro Dios» (Lv. 26:1). «Echaréis de vuestra presencia a todos los habitantes de la tierra, destruiréis todas sus esculturas, destruiréis todas sus imágenes de fundición y devastaréis todos sus lugares altos» (Nm. 33:52).

La adoración del becerro de oro en el Sinaí (Éx. 32) y la erección de toros sagrados en los santuarios de Dan y Betel (1 R. 12:32), son un desafío abierto y una transgresión de las condiciones de la Alianza. La denuncia de los profetas atestigua la vigencia del culto a los baales en los santuarios del reino del Norte y en la vida del pueblo: «Oh hijo de hombre, ¿has visto las cosas que hacen los ancianos de la casa de Israel en la oscuridad, cada uno en su cámara adornada con imágenes?» (Ez. 8:12; cf. Os. 2:10; 8:4-14; 10, 5; 11:2; Is. 2:8; 10:10-12; 17:7; 40:12-26; 44:9-20; Jer. 2:26-28; 10:1-16).

El culto sin imágenes de Israel hay que entenderlo en el contexto de la mentalidad semítica, donde la imagen no era sólo un signo sensible de una realidad superior, sino que tenía un valor casi mágico y se pensaba que quien tenía una imagen obtenía en algún sentido como un poder sobre la misma divinidad. De modo que la ley y los profetas al oponerse a la representación visual de Yahvé no buscan sólo defender la espiritualidad de Dios, sino afianzar la trascendencia de Dios, que no puede ser «apresado» por el hombre, y por tanto «utilizado» con fines mágicos o de cualquier otro tipo.

Dios se deja sentir, pero no ver, como se dice expresamente en la teofanía sinaítica: «Os acercasteis y os reunisteis al pie del monte. El monte ardía con fuego hasta el corazón de los cielos, con densas nubes y oscuridad. Entonces Yahvé os habló de en medio del fuego. Vosotros oísteis el sonido de sus palabras, pero aparte de oír su voz, no visteis ninguna imagen» (Dt. 4:11-12). Por tanto, Dios no podía ser representado bajo ninguna forma material. No hay constancia de que nunca se haya tributado culto idolátrico a Yahvé en Israel. La arqueología da un testimonio indirecto al respecto. Frente a la relativa abundancia de ídolos que aparecen en las ciudades cananeas, hasta ahora no se ha encontrado ninguna imagen de Yahvé y sólo alguna que otra de un dios pagano. Representar a Yahvé en una imagen era rebajarlo a la naturaleza o categoría de un Baal.

Sin embargo, hay que señalar que la prohibición de imágenes de talla o fundición no fue absoluta. En el mismo Sinaí se manda que el arca de la Alianza estuviera protegida por imágenes de querubines. En el candelabro de siete brazos estaban cinceladas flores de almendro. Salomón mandó construir el templo con decoraciones de formas vegetales, animales: toros y leones, e incluso angélicas: querubines, sin recibir por ello reprensión profética (1 R. 6:27; 7:25; 10:19-20). Ezequiel, en su visión del nuevo Templo, describe los querubines y las palmas que lo han adornado (Ez. 41:18-20). El llamado «mar de bronce» del Templo era sostenido por doce estatuas de toros (1 R. 7:25). El mismo Moisés mandó construir, por orden de Yahvé, una serpiente de bronce que puesta sobre un bastón elevado podía sanar a cuantos la miraran de los mordidos por serpientes (Nm. 21:6-9), pese a los peligros de idolatría que esto entrañaba, por haber salido recientemente del politeísta Egipto, donde se adoraba a las serpientes. Al parecer, esta serpiente de bronce se conservó durante siglos con suma veneración en Israel, hasta que el rey Ezequías mandó destruirla, porque los israelitas, influidos por los cultos idolátricos cananeos, quemaban incienso ante ella, considerándola como un craso ídolo material (2 R. 18:4).

Imagen y semejanza de Dios. Expresión que aparece en relación a la creación del hombre: «Hagamos al hombre a nuestra imagen, conforme a nuestra semejanza» (Gn. 1:26), que constituye una de las nociones fundamentales de la doctrina cristiana. Aunque algunos intérpretes han jugado con la aparente diferencia entre los vocablos «imagen» —*tselem*— y «semejanza» —*demút*—, la verdad es que no hay diferencia entre ellos, uno es la expresión concreta y el otro la abstracta de la misma idea. Esto se demuestra al comparar Gn. 5:3 y Gn. 9:6. Ambos son sinónimos, y como es común en la lengua hebrea, se utilizan juntos para indicar énfasis. Lo que aquí se quiere decir es que el hombre es lo más parecido a Dios que hay en la tierra. Existe un parecido esencial entre la copia —el hombre— y el ejemplar —Dios—, por lo que se puede decir que el hombre desempeña el papel de representante de Dios ante la creación entera. No se trata de una semejanza corporal, sino existencial. Salido de las manos de Dios, el hombre ha sido creado creador para compartir con el Creador el ejercicio de la soberanía sobre el mundo. Pero lo que mejor muestra la singularidad del hombre, su cualidad de ser imagen de Dios, es su dimensión espiritual: la inteligencia, voluntad, la posesión de la conciencia y la capacidad de ejercer la libertad, que se revela en el dominio sobre los animales y el mismo acto de desobediencia al mandamiento divino.

En el NT el tema de la «imagen divina» se enriquece en un sentido cristológico: sólo Jesucristo —se afirma— es la imagen verdadera y perfecta de Dios: «la imagen del Dios invisible... porque en Él habita corporalmente toda la plenitud de la deidad» (Col. 1:15; 2:9; cf. 2 Co. 4:4; He. 1:3); este título remite directamente a la función de revelador definitivo de Dios que le compete a Jesús en virtud de su identidad de Hijo preexistente, que vive como encarnado en la misma comunión amorosa que lo une desde siempre con el Padre en el Espíritu Santo. Por consiguiente, sólo él es capaz de expresarlo, de darlo a conocer y de hacerlo accesible al hombre (Jn. 14:9). Igualmente se afirma que el hombre ha sido creado por Dios a imagen de Cristo, el cual, siendo también el hombre verdadero y perfecto, constituye el ejemplar arquetípico (cf. 1 Co. 5:6; Col. 1:16; Jn. 1:3, 10; He. 1:2), el «segundo Adán» (1 Co. 15:49).

Imposición de manos. Rito con el cual no sólo se simboliza, sino que de hecho se realiza una entrega. Este simbolismo radica en la idea general de considerar la mano como símbolo de la fuerza, poder o virtud (Dt. 1:27; Jue. 6:13; Mt. 17:22). El rito consiste en poner las manos sobre una persona o un animal para transmitir una bendición, un poder o una culpa, o para asignar a otro algún cargo. El rito ha tenido tanto un uso profano o secular, como un uso sagrado. Es extremadamente antiguo. Se remonta a los tiempos patriarcales. Jacob transmitió la promesa hereditaria de su bendición a sus dos hijos, Efraín y Manasés, poniendo sus manos sobre ellos (Gn. 48:14) y Moisés legó a Josué su dignidad y poder sobre el pueblo hebreo del mismo modo (Nm. 27:18, 23). En virtud de la imposición de manos, Josué se muestra lleno del espíritu de prudencia (Dt. 34:9).

El aspecto religioso de esta ceremonia apareció por primera vez en la consagración de Aarón y de sus hijos al oficio del sacerdocio. Antes de inmolar animales en sacrificio, el sacerdote, de acuerdo con el ritual mosaico, ponía sus manos sobre la cabeza de las víctimas (Éx. 29; Lv. 8:9). En el sacrificio anual del Día de la Expiación, el sacerdote ponía las manos sobre el chivo expiatorio (Azazel) confesando sobre él las iniquidades de Israel. De este modo traspasaba las culpas a la víctima. Cargado con ellas, el chivo expiatorio las llevaba al desierto (Lv. 16:20-22). Se trataba de un rito de transmisión.

En el NT Jesús hizo uso de esta costumbre para restaurar la vida a la hija de Jairo (Mt. 9:18) y para dar salud a un enfermo (Lc. 6:19); también para bendecir a los niños (Mc. 10:16). En Mc. 16:18 se promete la salud de los enfermos mediante la imposición de manos. Saulo recibió la vista gracias a la imposición de manos de Ananías (Hch. 9:17); a su vez, Pablo impuso las manos al padre de Publio que estaba en cama, enfermo de fiebre y disentería y sanó (Hch. 28:8).
Como gesto de comunión y bendición los apóstoles impusieron las manos sobre los recién bautizados de Samaria, para que pudieran recibir al Espíritu Santo (Hch. 8:17,19; 19:6), el mismo que recibió la comunidad de Jerusalén en Pentecostés. Los dedicados a un ministerio son confirmados por la imposición de manos (Hch. 6:6). Pablo y Bernabé, y más tarde Timoteo, son consagrados en sus cargos con este rito (Hch. 13:3; 1 Ti. 4:14; 2 Ti. 1:6). Pero éste no fue el caso de Matías, que sustituyó a Judas (Hch. 1:15-16). En cambio, los siete varones son constituidos en su nuevo oficio por la imposición de manos y por la oración de los apóstoles (Hch. 6:1-6). No se ha de imponer las manos a ninguno a la ligera (1 Ti. 5:22).
La imposición de manos no es un carisma, ya que según 1 Co. 12:14, los carismas nunca son transmitidos por la imposición de las manos, sino una gracia de estado para presidir, gracia que a su vez es un especial don de Dios. La imposición confirma el don espiritual que sólo puede ser conferido por el Espíritu Santo. En el caso de los samaritanos, la imposición de manos de los apóstoles es una confirmación de unidad con la comunidad original, como también fue el caso de los doce hombres de Éfeso (Hch. 19:5).

Impureza, impuro. En principio, lo impuro es todo aquello que está ligado al paganismo y en relación con los cultos extranjeros. Algunos animales, como el cerdo, eran sagrados en Babilonia y Siria. La tierra extranjera era considerada impura por pertenecer a otros dioses. Por otra parte, impuro es todo aquello que manifiesta una virtualidad independiente de Dios, a saber, lo relacionado con la muerte y la sexualidad. El contacto con un cadáver es causa de impureza, bien porque la muerte es incompatible con el Dios viviente, o bien porque, según la mentalidad antigua, las enfermedades y la muerte eran interpretadas como castigo de Dios. Todo lo relacionado con la sexualidad era impuro, por tratarse de fenómenos misteriosos para la mente antigua. En algunos casos habría que admitir el sentido estético y de higiene, o repugnancia, las causas de clasificar algo en puro o impuro. Por supuesto, eran considerados impuros todos los pecadores y todos los paganos. En el caso de los leprosos, estaba prescrito por la Ley que éstos tenían que vivir fuera de los pueblos y ciudades, y si se acercaban a un lugar habitado o se cruzaban con alguien en el camino, estaban obligados a gritar manifestando su condición de impuros para evitar que alguien se les acercase (Lv. 13:45-46). Todo aquel que entraba en contacto con un leproso de cualquier manera, incluso el que tocaba a un leproso para curarle las heridas.

La Ley establecía una distinción entre la pureza legal y la pureza moral o santidad (Lv. 10:10). Un animal, p. ej. puede ser limpio o inmundo, lo cual no implica ninguna idea de santidad o de pecaminosidad. La impureza legal, si era adquirida involuntariamente, no era equiparada a una falta moral. La impureza provocaba la exclusión del santuario (Lv. 7:20, 21) y de la comunidad, pero no interrumpía la relación con Dios. Las prescripciones que definen la impureza son frecuentemente reforzadas por la orden: «Seréis santos, porque yo soy santo» (Lv. 11:44, 45). Al guardarse de las impurezas, el israelita se hacía consciente de que había sido apartado para servir al Señor. La impureza legal era símbolo del pecado. La Ley distinguía además entre lo físicamente propio y la pureza ceremonial o legal. La higiene era necesaria para la salud y la vida comunitaria de los israelitas con independencia de las demandas ceremoniales. Pero la idea fundamental es que los miembros de un pueblo santo tienen que alejarse de toda contaminación moral y física para acercarse a su Dios (Éx. 19:10-11, 14; 30:18-21; Jos. 3:5).

Las causas por las que se contraía impureza ceremonial se resumen básicamente en cinco puntos:

a) Contacto con un cadáver (Nm. 19:11-22). Esta infracción era la más grave, por cuanto se relacionaba con la consecuencia última del pecado (la muerte del hombre, la disolución del cuerpo). La contaminación contraída hacía inmunda a la persona durante siete días, y sólo podía ser levantada mediante el agua de la purificación. La manipulación de las cenizas de la vaca alazana, necesarias para la preparación de esa agua, hacía que el sacerdote fuera impuro hasta la noche (Nm. 19:7-10); el contacto con un hombre inmundo también contaminaba (Nm. 19:22).
b) La lepra era causa de exclusión de la comunidad (Lv. 13:14). Los enmohecimientos sobre tejidos o paredes eran asimilados a la lepra. El leproso era separado de su familia y de la sociedad (Lv. 13:46). Su purificación precisaba de un rito particular, con sacrificio de expiación y holocausto.
c) Las emisiones, naturales o mórbidas, provenientes de los órganos genitales (Lv. 15). La mujer era considerada impura durante los días de su menstruación y los ocho días siguientes (Lv. 15:19, 25-28; 20:18).

Después del alumbramiento estaban prohibidas las relaciones sexuales, por el mismo estado de «impureza», durante 40 días como mínimo (Lv. 12:2, 4), lo que se corresponde de manera precisa con las recomendaciones de la medicina moderna.

d) El consumo de la carne de un animal inmundo; el simple contacto con su cadáver o con el cadáver de un animal puro no sacrificado conforme a las ordenanzas ceremoniales (Lv. 11:27-28).

e) El consumo de sangre, prohibido incluso a los extranjeros y visitantes (Lv. 17:10, 12, 13, 14).

La purificación no era una mera medida de higiene, que exigía lavar en agua el cuerpo u objeto contaminado (Lv. 11:28; 15:27, etc.); constituía un acto religioso, basado en la expiación necesaria para el restablecimiento de la comunión con el santo Dios. Se ha mencionado el agua de la purificación hecha con las cenizas de una vaca ofrecida como expiación (Nm. 19:11-13). Además, era necesario un sacrificio de expiación individual para la que había sido madre (Lv. 12:6-8), para el leproso (Lv. 14:4-20), para el hombre o mujer enfermos (Lv. 15:13-15, 28-30).

El Evangelio de Marcos registra una frase de Jesús que resume su actitud respecto a la impureza ceremonial: «No hay nada fuera del hombre que por entrar en él le pueda contaminar. Pero lo que sale del hombre es lo que contamina al hombre» (Mc. 7:15; Mt. 15:11). Es una sentencia formada por dos frases en paralelismo antitético: lo que entra en el hombre no lo hace impuro, lo que sale del hombre sí puede hacerlo impuro. Jesús rechaza toda manera de pensar que se oculta detrás de las prescripciones de los rabinos sobre la pureza respecto a animales y alimentos puros e impuros. Declara puros todos los alimentos, liberando a sus seguidores de todas las prohibiciones en materia de alimentación. El hombre no se hace impuro desde fuera, sino desde dentro. Ligado con esto, hay que entender su relación con los enfermos y en especial los leprosos, a los que permite acercarse a Él, y a los endemoniados, «impuros» en grado supremo, en especial el gadareno, que moraba entre las tumbas.

Imputación. Lat. *imputare*, «inscribir en cuenta», «atribuir», «imputar», corresponde al gr. *logídsomai* (p. ej. Ro. 4:3, 5, 8, 9, 11; 2 Co. 5:19; Gál. 3:6; 2 Ti. 4:16 y Stg. 2:23). En términos teológicos se habla de «imputación» respecto al pecado de Adán, atribuido a todos los hombres en virtud de su descendencia natural; y a la justicia de Cristo atribuida al pecador en virtud de su fe. El aspecto forense de la imputación se observa especialmente en Ro. 4:5, donde Pablo dice lit. «mas al que no trabaja, pero cree en el que justifica al impío, su fe le es contada por justicia». «Por justicia», gr. *eis dikaiosúnen* = «para justicia», significa que el acto de creer le es contado como si hubiera obrado justamente con la justicia perfecta que la ley requiere.

¿Cómo puede Dios hacer lo que en Dt. 25:1 y Prov. 17:15 es una abominación? Puede, porque la situación es totalmente distinta. En Dt. 25:1 y Prov. 17:15, los jueces sólo pueden declarar justo a un inocente, no a un malhechor. En cambio, en la justificación divina, hay una sustitución (cf. p. ej. 2 Co. 5:21). Dios transfiere al pecador la justicia de Cristo y transfiere a Cristo el pecado del pecador. Pero es preciso analizar bien dicha porción para percatarse de que, en dicha transferencia, Cristo no lleva el pecado en el corazón, sino en los hombros, pues sigue siendo interiormente inocente en la cruz. Entonces, para que el paralelismo sea correcto, es menester que el pecador que lleva el pecado en el corazón, lleve sobre los hombros la justicia de Cristo. Esto se confirma en Ro. 5:19, en el paralelismo entre Adán y Cristo. Pablo dice «constituidos», no «hechos», en otras palabras, así como mediante la desobediencia de Adán, somos presentados de pie, como malhechores, ante el tribunal de Dios, así también mediante la obediencia de Cristo, somos presentados de pie, como inocentes, ante el mismo tribunal.

Incensario. Pequeño brasero con cadenillas y tapa que sirve para incensar. En el culto religioso, Israel hizo uso de dos incensarios, uno que se usaba a diario, hecho de bronce (Nm. 16:39), y otro de uso anual en el Día de la Expiación, hecho de oro (1 R. 7:50). El incienso era puesto por el Sumo Sacerdote sobre carbones encendidos tomados del altar del holocausto en el Día de la Expiación, y llevado al lugar santísimo, de modo que la nube de incienso cubriera el propiciatorio que está sobre el testimonio (Lv. 16:12-13).

Incesto. Relación sexual entre parientes en grado próximo y de sexo opuesto. En Egipto el matrimonio entre hermanos y hermanas era admitido sin escrúpulos o excepciones. Varios faraones egipcios se casaron con hermanas y sobrinas. El Levítico prohíbe expresamente el incesto: «Ningún hombre se acerque a una mujer que sea su parienta cercana para descubrir su desnudez» (Lv. 18:6), y pasa a citar algunas de estas parientes próximas, p. ej. la madre, la esposa del padre, la hermana, la nieta, la tía, la nuera, la cuñada (vv. 7-16). El relato de la violación de Tamar a manos de su mediohermano Amnón es una ilustración vívida y trágica de las consecuencias del incesto (2 Sam. 13).

Incienso. El incienso es una sustancia aromática que se obtiene de ciertos árboles resinosos, empleado principalmente con fines de culto religioso. Con el propósito de aumentar la fragancia y producir un humo más denso, se le añadían otros elementos. Estos ingredientes son cuatro según la ley, pero los judíos utilizan diez y hasta trece especias. La tarea de hacer la mezcla en la debida proporción era asignada bajo la Ley antigua a ciertas familias.

El uso del incienso era muy común, empleado tanto para propósitos religiosos como profanos, p. ej., combatir la languidez o fatiga producida por el calor excesivo, tal como ahora se utilizan los perfumes. En los rituales judíos se utilizaba especialmente en conexión con las ofrendas de acción de gracias de aceite, frutas y vino, o los sacrificios incruentos (Lv. 6:15). No se añadía incienso en el sacrificio de la expiación (Lv. 5:11), ni a la ofrenda por los celos (Nm. 5:15). Se vertía incienso puro sobre los doce panes de la proposición (Lv. 24:7; cf. 1 Cro. 9:29; Neh. 13:5). Por mandato divino, Moisés construyó un altar de incienso (cf. Éx. 30), sobre el cual se quemaban diariamente las especies y gomas más dulces, tarea encomendada a una rama especial de la tribu de Leví (1 Cro. 9:29), que debía mirar con cuidado para que nunca faltase en el culto del Templo. Sólo los sacerdotes descendientes de Aarón estaban autorizados a ofrecer incienso (2 Cro. 26:16-21).

Incircunciso. Apelativo que daban los judíos a los paganos que no habían pasado por el rito de la circuncisión (Éx. 6:12). A veces se designaba con esta palabra a todos los que tenían un acento extranjero o, como decían los hebreos: «los labios pesados» (cf. Éx. 6:30) u oídos que oyen con dificultad (Jer. 6:10), por no estar abiertos, o sea, circuncidados. En sentido figurado se aplica a quienes no quieren oír la Palabra de Dios y tienen corazones «cerrados», incircuncisos, en los cuales no pueden penetrar los mandamientos (Lv. 26:41; Dt. 10:16; Jer. 4:4; Ez. 44:9; Is. 6:10), ni las buenas noticias del Evangelio (Hch. 7:5; Col. 2:13).

Incredulidad. Esta palabra no aparece casi nunca en la terminología del AT, ya que no constituía un problema en Israel; se hace presente en el mundo del NT donde la cultura grecorromana tenía una larga experiencia con el fenómeno de la incredulidad respecto a los dioses. El tema cobra especial importancia en el Evangelio de Juan, que se concentra en la incredulidad judía respecto a Jesús. Ya en el Prólogo observa que Jesús vino a los suyos, y los suyos no le recibieron (Jn. 1:11); más tarde indica que ni aun sus hermanos creían en Él (Jn. 7:5). Incluso sus discípulos se mostraron frecuentemente incrédulos (Jn. 6:60, 66; 20:24-

29; cf. Mt. 17:17). La incredulidad de príncipes del pueblo es presentada como una objeción insuperable, frente a la credulidad del pueblo «que no conoce la ley» (Jn. 7:48-49). Después de haber dado a los judíos todas las pruebas que se pudieran desear de su divinidad y de su amor, Jesús les tuvo que decir: «No queréis venir a mí para que tengáis vida» (Jn. 5:40; cf. Mt. 23:37).

India. Península del sur de Asia, de forma triangular, formada la base por la gran cordillera del Himalaya que la separa del resto del continente. En el libro de Ester se cita la India como el límite oriental del imperio de Persia, así como Etiopía era su límite occidental (Est. 1:1; 8:9). La India no es mencionada en ningún otro pasaje de las Escrituras, pero puede que las naves de Salomón pudieran haberla incluido en sus viajes de tres años en busca de madera de sándalo, monos, pavos reales, etc. (1 R. 10:22). Alejandro, en su marcha victoriosa por Asia, había entrado en ella, atravesando el río Indo. Los guías de elefantes mencionados en las guerras macabeas, prob. era indios introducidos en el ejército sirio (1 Mac. 6:37). Roma mantenía un importante comercio con la India a través de Egipto y el mar Rojo, pero apenas si aparecen datos sobre la India en el AT y el NT.

Inerrancia (lat. «sin error»). Se dice de la Biblia, que al ser inspirada por Dios y transmitir su Palabra, contiene las verdades necesarias para la salvación y, a este propósito, no puede contener errores. Puesto que Dios es autor último del texto sagrado, es evidente que en él no puede estar presente el error. Cuando se habla de inerrancia de la Escritura se hace referencia al texto original de la Biblia, pero se deduce también su presencia en las traducciones, en la medida en que éstas reproducen fielmente el texto original.

Infalible (lat.«que no puede equivocarse»). Cualidad inherente de la Escritura, sinónimo del precedente. El término no existe en la Biblia misma, pero la realidad que expresa está presente en ella, dada su atribución constante a la inspiración divina, lo que garantiza su inerrancia y su infalibilidad, es decir, su ausencia de error de hecho y de derecho. Jesús envió a sus apóstoles a predicar a todo el mundo cuanto Él les había enseñado (Mt. 28:19-20: Mc. 16:15), para lo que contarían con el Espíritu Santo, que les enseñaría toda la verdad y serían sus testigos hasta los confines de la tierra (Jn. 16:13; Hch. 1:8). Para el Evangelio de Juan, los apóstoles representan la continuación lógica e inmediata de la palabra de Cristo: «No ruego solamente por éstos, sino también por los que han de creer en mí por medio de la palabra de ellos» (Jn.

17:20). Los apóstoles repiten una y otra vez que su palabra no es palabra de hombres, sino palabra de Dios, palabra de Cristo, palabra de verdad y acogida como tal por los mismos fieles (1 Ts. 2:13; 1:8; 4:15; Ro. 9:6; 10:17; 1 Co. 14:36; 2 Co. 6:7). Los apóstoles son escogidos por Dios como «testigos» para dar testimonio de la palabra de Cristo (Hch. 15:35), de la palabra de Dios (Hch. 4:29-31). Su mensaje es el misterio escondido en Dios (1 Co. 2:7), revelado en Cristo (Ro. 16:25; Col. 1:26) y proclamado por los apóstoles (1 Co. 15:1-2; Ro. 2:16; Ef. 1:13). Los apóstoles proclaman la Palabra de salvación en virtud de una misión divinamente recibida y para su realización cuentan con la ayuda eficaz y constante del mismo Señor que los ha enviado y del Espíritu, que es Espíritu de verdad (Jn. 14:17; 15:26; 16:13). Tienen plena conciencia de este hecho excepcional y por eso los apóstoles se sienten seguros, divinamente seguros en su predicación como verdad infalible de parte de Dios.

Infierno. Término correspondiente al heb. *sheól*, que denota el lugar a donde van todos los seres humanos que dejan esta vida; y al gr. *hádes*, lugar oscuro y escondido donde las almas de los difuntos tienen conciencia pero llevan un vida triste y lúgubre; los latinos lo denominaron *infernus*, o «partes inferiores». Por lo tanto, por derivación, infierno denota un lugar oscuro y escondido.

La palabra *sheól* significó primitivamente y durante muchos siglos la región indiferenciada de todos los muertos, tanto de los impíos como de los piadosos (Nm. 16:30; Is. 14:9; Ez. 32:20ss.; Job 7:9-10; 16, 22). Aunque no pocas veces los autores bíblicos parecen identificar la muerte con el *sheól*, en muchos casos significa claramente la región de las sombras, donde la vida es difusa, latente y disminuida. Es un lugar temible porque de allí no se vuelve, ni se tiene memoria (2 Sam. 12, 23; Sal. 88:5-6; Job 7:9; 10:21), ni se puede alabar al Señor (Sal. 88:10; Is. 38:18). Sin embargo, ello no quita la fe en que Yahvé tiene el poder de resucitar muertos, éste es el caso de Elías con los niños difuntos (1 R. 17:17-24; 2 R. 4:8-37) y el del que volvió a la vida tras tocar su cadáver los huesos de Eliseo (2 R. 13:21). Cuando en el pensamiento hebreo se plantea el problema de una salvación o perdición posterior a la muerte, cercanos ya los tiempos del NT, empieza a diferenciarse en el *sheól* o infierno una profundidad entendida como lugar de castigo, que acaba por dar su significado al total de lo que designa la palabra infierno: «Este barranco maldito es para los condenados eternamente; aquí serán reunidos juntos los impíos que profieren con sus labios blasfemias contra el Señor y dicen cosas indignas contra su Gloria» (Henoc 27:2). En los textos evangélicos el nombre que recibe el lugar de perdición es *gehenna*, asociado entonces estrechamente con castigos divinos, tormento y fuego, pues los profetas maldijeron el lugar (Is. 31:9; 66:24; Jer. 7:32; 19:6) y estos oráculos sirvieron a los escritores del judaísmo tardío para localizar allí el «infierno de fuego», castigo decisivo de los impíos.

Jesús no habla sólo del infierno como de una realidad amenazadora futura; anuncia que él mismo «enviará a sus ángeles para arrojar en el horno ardiente a los agentes de iniquidad» (Mt. 13:41) y pronunciará la maldición (Mt. 25:41). El apóstol Pablo enseña que muerte es el salario del pecado (Ro. 6:23); y el fin de los impíos es la perdición (Flp. 3:19), la ira de Dios (Ro. 2, 5.8), la destrucción final (1 Ts. 5:3). En un texto clave Pablo afirma que en la revelación escatológica de Cristo, «los que no han conocido a Dios y a los que no obedecen el evangelio de nuestro Señor Jesús, serán castigados con eterna perdición, excluidos de la presencia del Señor y de la gloria de su poder» (2 Ts. 1:9). El castigo y la condenación no son tanto una pena impuesta por Dios al hombre, sino la consecuencia directa e inmediata de la decisión humana de ignorar a Dios (cf. Ro. 1:28). El libro de Apocalipsis recoge, dado su carácter y género literario, las imágenes del AT (Ap. 4:7; 9:11; 11:7; 14:10-11; 19:20; 20:15; etc.).

Iniquidad (heb. «perversidad»). El término indica una ofensa, intencional o no, a la Ley de Dios, que por consiguiente, merece castigo ya que es una ofensa a la santidad de Dios. En el AT se señala la iniquidad como condición interna del corazón del hombre (Sal. 58:2), aplicándose también el término iniquidad a los actos injustos cometidos (Sal. 36:12). Los miembros del hombre pecador son instrumentos de iniquidad (Ro. 6:13 ss.); está en acción el misterio de la iniquidad que culminará con la llegada de «aquel inicuo» (2 Ts. 2:7-12), que conducirá a un mundo apóstata a una rebelión contra Dios haciéndose pasar por Dios (2 Ts. 2:4); el creyente debe apartarse de iniquidad en su vida y relaciones (2 Ti. 2:19), y a seguir «la justicia, la fe, el amor y la paz, con los que de corazón limpio invocan al Señor» (2 Ti. 2:22).

Inmortalidad. Vida sin fin, exenta de muerte y de aniquilación. Por definición, Dios es el único que tiene inmortalidad (1 Ti. 1:17; 6:16). Solamente Él es esencialmente eterno (Sal. 90:2), como lo son el Hijo (He. 13:8) y el Espíritu Santo (He. 9:14). Los griegos, con Platón de manera particular, creían en la supervivencia del alma, pero de manera bien diferente a la indicada en las Escrituras. Para ellos el alma ya existía antes de la concepción, siendo de esencia divina e inmortal. Al incorporarse a un cuerpo, quedaba encarcelada, y la «salvación» viene a ser para ella su liberación de la corporalidad. Si el alma ha quedado totalmente purificada, vivirá sin cuerpo por toda la eternidad. Es evidente que tales teorías constituyen una negación de la noción bíblica de la resurrección del cuerpo, ligada a la regeneración del alma, que no es ni divina ni preexistente antes del inicio de la vida humana. En las Escrituras sólo Dios posee la inmortalidad, de la misma manera que sólo en Él está «la vida», la fuente única de toda existencia (Jn. 1:4; 14:6; Hch. 17:28). Pablo no dice que solamente Él es inmortal. Posee esta inmortalidad, y la otorga como un don a las criaturas hechas a su imagen (Gn. 1:27). El término inmortalidad, cuando se refiere al hombre, es aplicado al cuerpo resucitado (1 Co. 15:53). Es el cuerpo corruptible lo que se corrompe y disuelve, y es el cuerpo lo que necesita llegar a la incorruptibilidad e inmortalidad. En cuanto al alma, si bien conoce «la muerte espiritual», no deja de existir, ni en este mundo ni en ultratumba. Se puede decir, así, que el hombre recibe a partir del comienzo de su vida, con su alma, la existencia sin fin; con el nuevo nacimiento, en su espíritu, la vida eterna; en la resurrección, en su cuerpo, la inmortalidad. El creyente ya tiene ahora la vida eterna (Jn. 5:24; 17:3); a su muerte, su alma pasa a la presencia del Señor (1 Co. 5:3; cf. 2 Co. 12:2), gozando conscientemente de su compañía (cf. Lc. 16:22-25); en la resurrección, su cuerpo recibirá la inmortalidad prometida (1 Co. 15:53).

Inspiración. Del lat. *inspirare*, lit. «insuflar»; gr. *theópneustos*, «inspirado por Dios», de *theos*, «Dios», *pneõ*, «respirar»; lit. «insuflada por Dios», se usa en 2 Ti. 3:16 respecto a las Escrituras sagradas hebreas en contraste con escritos no inspirados. En cuanto término técnico en teología un libro «inspirado» es aquel que tiene Dios por autor último y principal. El heb. bíblico carece de una terminología específica para referirse a la «inspiración», recurre para ello a formas sinónimas y más fluidas, donde la realidad de la inspiración se comprende como acción del espíritu de Yahvé que toma posesión del hombre, provocándole a realizar gestos o expresiones destinados a comunicar su voluntad. Los profetas, en virtud de su misión, expresan más directamente la realidad de la inspiración. De Oseas se dice expresamente que está «inspirado» (Os. 9:7); esta misma convicción puede encontrarse en Miqueas (Miq. 3:8); también Nehemías proclama que los profetas son la boca del Espíritu (Neh. 9:30). Los profetas mayores han dejado en los relatos de su vocación los signos evidentes de su conciencia de que, actúan, proclaman, y escriben en nombre de Yahvé (cf. Is. 6; Jer. 1; Ez. 2). Las palabras del profeta no parecen distinguirse ya de las del propio Yahvé; expresiones como «oráculo de Yahvé», «palabra del Señor», «así dice el Señor», atestiguan para todo el AT que, a través de la asunción de simbologías y de lenguajes humanos por parte del profeta, Dios mismo se comunica con su pueblo. La inspiración está caracterizada por un mensaje comprendido, recibido por el escritor sagrado en su espíritu. Al recibir así el mensaje divino, el profeta percibía los términos más apropiados a la expresión oral o escrita de este mensaje. Es así que el Señor podía decir a Jeremías: «He aquí, he puesto mis palabras en tu boca» (Jer. 1:9).

El NT participa de esta creencia y asegura que los profetas fueron «llevados por el Espíritu Santo», «hablaron de parte de Dios» (2 P. 1:21). También los apóstoles son partícipes de esta misma experiencia. El Espíritu dice a Felipe a quien tiene que hablar (Hch. 8:29), y el mismo Espíritu le arrebata, llegado el momento (v. 39). Pedro recibe una visión en el Espíritu para comunicarle su misión futura entre los gentiles (Hch. 10:19). El Espíritu controla la misión cristiana en todo momento, prohibiendo o no permitiendo ir a un lugar (Hch. 16:6, 7). Los Evangelios y las cartas de los apóstoles constituyeron además, desde el principio, el testimonio privilegiado de la acción del Espíritu que realiza la permanencia de la palabra del Señor en medio de la comunidad (Ef. 4:11; 2 P. 3:15-16), por lo cual se leían e intercambiaban entre las comunidades (Col. 4:16), primera noticia de la incipiente posesión de una Escritura cristiana inspirada.

Intercesión. Acción y acto de uno que busca el bien de otro, interviniendo en su favor, para conseguirle un beneficio o gracia. Notables son los casos de intercesión de Abraham ante Dios por Sodoma (Gn. 18:23-33); las múltiples intercesiones de Moisés buscando el perdón de Dios para el pueblo rebelde (Éx. 32:11-14, 21-24; 33:12-16; cf. Dt. 9:13-29) y muchos otros ejemplos, como los de Samuel, Daniel, Esdras y Nehemías, orando por la bendición y restauración de su pueblo. Se considera una gran calamidad no encontrar a nadie que interceda (Is. 59:16). Jeremías es uno de los grandes intercesores. A él acuden reyes y gentes del pueblo para que interceda ante Yahvé por ellos (Jer. 21:2; 37:3; 42:1-4), lo que el profeta acepta de buen grado, sin recibir gratitud por ello (Jer. 15:11; 17:16; 18:20); se convierte así en el prototipo del profeta genuino que intercede por el pueblo (Jer. 27:18).

En el NT Cristo es presentado bajo la figura de gran Intercesor o Abogado, en cumplimiento de la profecía del Siervo Sufriente (Is. 53:12). En su calidad de mediador sacerdotal, Cristo intercede en favor de sus discípulos (He. 4:16; 7:25-27). La intercesión de Cristo es garantía de salvación final (Ro. 8:34; He. 7:25). El Espíritu Santo también intercede por los creyentes, cuando ellos no saben orar como debieran, y lo hace con gemidos indecibles (Ro. 8:26, 27). El apóstol Pablo aparece en todas sus cartas como el intercesor de sus destinatarios (cf. Ro. 1:9; Ef. 1:16; Flp. 1:3; Col. 1:3; 1 Ts.1:2; 2 Ti. 1:3; Flm. 4), que al mismo tiempo les pide la oración intercesora a su favor (1 Ts. 5:25; 2 Ts. 3:1; Ro. 15:30; 2 Co. 1:11; Ef. 6:18; Flp. 1:19; Col. 4:3).

Interés. La ley mosaica prohibía de forma específica cobrar interés alguno por dinero o por otros bienes prestados a los compatriotas necesitados, puesto que esto atentaría contra la fraternidad del grupo: «Si le prestas dinero a un miembro de mi pueblo, al pobre que vive a tu lado, no te comportarás con él como un usurero, no le exigirás interés» (Éx. 22:24-26; Lv. 25:35-38). «No obligues a tu hermano a pagar interés, ya se trate de un préstamo de dinero, de víveres o de cualquier otra cosa que pueda producir interés» (Dt. 23:19). Esta prohibición se incorporaba también a los años jubilares. Sin embargo, la ley no se extendía a los no israelitas: «Al extranjero podrás prestar a interés, más a tu hermano no prestarás así» (Dt. 23:20).

En el código de Hammurabi se admite el cobro de intereses y estipula su cuantía, a la vez que reconoce que hay situaciones que hacen imposible el pago de los intereses acordados: «Si un hombre ha estado sujeto a una obligación que conlleva intereses y si la tormenta ha inundado su campo y arrebatado su cosecha, o si, carente de agua, el trigo no creció en el campo, este año no dará trigo al acreedor, sumergirá en agua su tableta y no dará el interés de este año» (cf. Lv. 25:35-38). En Grecia también se consideraba lícito el cobro de interés por préstamos monetarios. Aristóteles era contrario a esta costumbre, que consideraba antinatural, ya que, según él, el dinero no procrea dinero, es estéril; el dinero debía servir solamente para el cambio, y todo interés que de él se quisiera sacar era una pretensión injustificada. El derecho romano autorizaba el cobro de interés, si bien no todos compartían esta práctica. En Roma, Cicerón condenaba la usura y la comparaba con el homicidio.

Para los autores bíblicos, el hombre justo se distingue del resto, entre otras cosas, en que no presta su dinero con usura (Sal. 15:5; Jer. 15:10). Los profetas del exilio, más rigurosos, sin duda por las condiciones económicas y sociales tan adversas, aseguran que quien presta dinero a interés es un malvado (Ez. 18:17).

El libro de los Proverbios reconoce la institución del préstamo a un cierto interés, pero llama la atención a las consecuencias desastrosas que de él pudieran seguirse cuando deriva en usura, carga y extorsión de los necesitados, rompe la fraternidad necesaria con su prójimo: «El que aumenta sus riquezas con usura e intereses acumula para el que se compadece de los pobres» (Prov. 28:8).

Es evidente que la ley que prohíbe el cobro de interés por un préstamo se inscribe en el contexto del pobre y necesitado que está obligado a recurrir circunstancialmente, debido a desgracias o dificultades, al préstamo de algún bien. En este caso, cobrarle algo por aquello que es necesario para su subsistencia es un atentado a la fraternidad y un acto de violencia contra el débil: «Si tu hermano se empobrece y se debilita económicamente con respecto a ti, tú lo ampararás; y vivirá contigo como forastero y advenedizo. No le tomarás usura ni intereses; sino que temerás a tu Dios, y tu hermano vivirá contigo. No le prestarás tu dinero con usura ni le venderás tus víveres con intereses» (Lv. 25:35-38). El argumento teológico es que Dios liberó al pueblo de la esclavitud de Egipto cuando era débil y necesitado y le dio la tierra de Canaán, «para ser vuestro Dios» (v. 39).

En el NT sólo hay una breve referencia a este tema en el contexto de la piedad individual que busca hacer bien a todos sin hacer discriminaciones ni buscar ganancias personales como una recompensa por ello: «Al que te pida, dale; y al que quiera tomar de ti prestado, no se lo niegues», dice Jesús (Mt. 5:42), o más radical en otra versión: «A cualquiera que te pida, dale; y al que tome lo que es tuyo, no se lo vuelvas a pedir» (Lc. 6:30). Revela con ello la solicitud por los necesitados, pobres y oprimidos forzados a recurrir a la ayuda de los más agraciados entre sus hermanos. Obedece a una ética personal que pone en práctica los principios del Reino de Dios como instauración de los últimos tiempos.

Intertestamentario. Período de la historia bíblica que designa el tiempo transcurrido desde el último libro canónico hasta los días de Jesús. Se puede dividir en cuatro secciones históricas en referencia a Israel:

a) Continuación del dominio persa hasta el año 331 a.C.; b) dominio griego de la región y progresiva influencia del helenismo, 331-167 a.C.; c) independencia de Judea bajo los príncipes asmoneos, o época de los macabeos, 167-63 a.C.; d) predominio de Roma y gobierno de la casa de Herodes, comenzando en el año 40 a.C. hasta la destrucción del templo en el 70 d.C.

Desde el punto de vista literario, el final de este período representa el nacimiento de una literatura muy rica y variada, de hondo contenido religioso, que ofrece la clave del ambiente espiritual que respiró Jesucristo y la Iglesia primitiva, la cual se puede dividir en cuatro grupos:

a) Literatura deuterocanónica, a la que los judíos concedieron un alto valor, pero sin afirmar que fuesen de inspiración divina, y que los cristianos utilizaron con libertad. Algunos libros son de carácter histórico, como 1 y 2 Macabeos, de gran calidad literaria; otros menores como Judit, Tobías; a los que hay que añadir los libros sapienciales como Sabiduría de ben Sirac o Eclesiástico;

b) literatura rabínica, consistente en las tradiciones orales que más tarde se pondrían por escrito en la Misná y en el Talmud, pero que fundamentalmente tiene su origen en esta época inicial del judaísmo rabínico;

c) tárgumes o traducciones al arameo del texto bíblico, acompañadas frecuentemente de comentarios actualizantes, entre ellos destacan los del Pentateuco; d) literatura apocalíptica, representada por obras como los *Libros de Enoc*, el *Libro de los Jubileos*, los *Salmos de Salomón*, los *Testamentos de los doce patriarcas*, y otros. En ese período se gestan los grupos judíos de los fariseos, saduceos, herodianos, esenios y la comunidad de Qumrán, con su literatura propia. Quizá la obra judía más influyente en el cristianismo primitivo fue la producida fuera de la tierra de Judea, en Alejandría, la traducción griega de la Biblia hebrea conocida por Septuaginta, usada ampliamente por los primeros misioneros cristianos.

Ira (heb. «vigía»). Nombre de tres oficiales de David, que formaban parte del cuerpo selecto de su ejército (2 Sam. 20:26; 23:26; 1 Cro. 11:28; 27:9).

Iota. La letra más pequeña del alfabeto arameo en la escritura cuadrada, empleada en la época de Jesús. En la expresión «ni siquiera una jota ni una tilde pasará de la ley hasta que todo haya sido cumplido» (Mt. 5:18), se hace alusión a los signos diacríticos: guión, puntos o comillas añadidos a una letra para acentuar su pronunciación, proclives a ser omitidos o ser confundidos en la escritura como parte de otra letra.

Ira de Dios. El concepto hebreo y bíblico de Dios no es abstracto, sino personal, para lo cual recurre a imágenes antropomórficas tomadas de las emociones humanas. Los hebreos tenían una idea muy alta de la santidad y justicia de Dios, por eso concebían la ira divina, su furor o cólera, como manifestación de su profunda desaprobación por cualquier tipo de injusticia, que no puede tolerar sin castigo. La ira de Dios no es un desahogo demoníaco, sino que siempre está controlada y puesta al servicio de la justicia, por esta razón, cuando, a su manera, el hagiógrafo habla del carácter propio de Dios, afirma que Dios es «tardo para la ira, y grande en misericordia y verdad» (Éx. 34:6; cf. Nm.

14:18; Neh. 9:17; Sal. 86:15; 103:8; 145:8; Nah. 1:3; cf. Ro. 9:22). «Las manifestaciones de enojo no son actos de capricho, sino expresión de su incomprensibilidad y santidad» (Haag y Eichrodt).

La clave de la manifestación de la ira de Dios se da en Ro. 1:18, «se revela desde el cielo contra toda impiedad e injusticia de los hombres que detienen con injusticia la verdad». Pese a que Él es lento para la ira, ésta se manifiesta, y se ha manifestado gubernamentalmente en la historia, con juicios sobre el pueblo de Israel, al provocar ellos la ira con sus múltiples infidelidades, injusticias, rapiñas, maldades y rebeliones (cf. Éx. 32:10; Lv. 26:14-46; Nm. 11:1-34; 12:1-15; Dt. 9:7-29; Jue. 2:12; 2:20; 3:8; 10:7; 2 R. 24:20; 2 Cro. 36:16; Esd. 5:12; 7:23, etc.).

Los profetas anuncian el día de la ira, cuando vendrá Dios a establecer su reino (Is. 13:9ss.). Será mediante juicios abrumadores que los moradores de la tierra aprenderán justicia (cf. Is. 26:9). Aquellos que no han querido recibir el amor de Dios deberán ser objeto de su ira (Ro. 2:2-11).

El Apocalipsis habla de «la ira del Cordero» (Ap. 6:16), y describe los tremendos juicios de la ira de Dios cuando llegue el momento en que Dios dé término a su paciencia ante un mundo que ha rechazado a su Cristo y que se burla de sus llamamientos de amor al arrepentimiento (Ap. 6:17; 15:1, 7; 16:1 ss.; 19:15, etc.; cf. Sal. 50).

Isaac (heb. «risa»). Hijo de Abraham y Sara, nacido probablemente en Beerseba (Gn. 21:14, 31) cuando su padre tenía 100 años y su madre algo más de 90 (Gn. 17:17; 21:5).

Cuando Dios dio la promesa de que Sara tendría un hijo, Abraham, incapaz de creerlo, se puso a reír (Gn. 17:17-19). Más tarde, al oír la misma promesa dada por un extraño que se había detenido en sus reales, Sara se rió también de incredulidad (Gn. 18:9-15). Después del nacimiento del niño, reconoció gozosa que Dios le había dado motivos para reír, tanto a ella como a sus amigas, pero con risa de alegría (Gn. 21:6). Como recuerdo de estos acontecimientos, Abraham lo llamó Isaac, «él ríe» (Gn. 21:3). Fue circuncidado al octavo día (Gn. 21:4), considerándose el hijo de la promesa y heredero legítimo del pueblo elegido, en contraste con su hermanastro Ismael, hijo de Abraham y de Agar, la esclava (Gn. 17:19-21; 21:12; 25:5, 6). Dios sometió a Abraham a prueba respecto a Isaac, ordenándole que lo ofreciera en holocausto (Gn. 22:6). El ángel del Señor intervino, impidiendo el sacrificio en el momento en el que iba a ser llevado a cabo, y Abraham halló allí un carnero, que ofreció en lugar del joven. Los cananeos y otras naciones idolátricas llevaban a cabo sacrificios humanos,

pero Dios manifiesta su horror ante tales prácticas, y las condena severamente (cf. Lv. 18:21; 20:2; Dt. 12:31), no consintiendo la consumación del sacrificio de Isaac.
Contrajo matrimonio con Rebeca, hija de Bathuel, miembro de un clan familiar de Mesopotamia, a quien uno de los sirvientes de Abraham fue a buscar de acuerdo con indicaciones del patriarca y conforme a las leyes endogámicas de la familia patriarcal (Gn. 24). Tuvo dos hijos hijos gemelos de su mujer: Esaú y Jacob (Gn. 25:20, 26). El amado era su preferido, mientras que Jacob era el favorito de Rebeca (Gn. 25:21-28). La sequía y el hambre hicieron que Isaac tomara el camino de Egipto, pero por orden de Yahvé, detuvo su rumbo en Gerar (Gn. 26:1-11). Tuvo conflictos con los filisteos, que moraban en la región en su búsqueda de pozos para sus ganados (Gn. 26:6-30). Allí fue favorecido con una visión por parte de Yahvé, y llegó a establecer una alianza solemne con Abimelec, rey de Gerar (Gn. 26:12-33). Durante los últimos años de su vida ocurrió el muy conocido incidente mediante el cual confirió la divina bendición a Jacob, que había de ser para Esaú (Gn. 27). A ello siguió la preocupación de Isaac de proteger a Jacob del resentimiento de su hermano y de asegurarle una esposa del linaje de su madre en Mesopotamia (Gn. 28:1-5). Después del retorno de Jacob, ya reconciliado con Esaú, pudo ver a su hijo y su descendencia, cuando habitaba en Arba (Hebrón). Allí murió a los 180 años de edad, y fue sepultado por sus hijos en la cueva de Macpela (Gn. 35: 27-29; 49:31).

Isacar (heb. «recompensa»). Nombre de dos personajes del AT.

1. Noveno hijo de Isacar y quinto de Lea, nacido en Padan-Aram. No se da ningún dato biográfico de él, excepto que tuvo cuatro hijos, que vinieron a ser príncipes de la tribu. En la bendición de Jacob a sus hijos, de Isacar dijo: «Asno fuerte que se recuesta entre los apriscos; y vio que el descanso era bueno y que la tierra era deleitosa; y bajó su hombro para llevar, y sirvió en tributo» (Gn. 49:14, 15). En la bendición de Moisés, Zabulón e Isacar son mencionados juntos, y se señala también su destino hacia la actividad en lo comercial, en este último caso ya en condiciones mileniales de justicia (Dt. 33:18, 19). Muchos de la tribu de Isacar se unieron a David en Siclag, de los que se dice que eran «entendidos en los tiempos, y que sabían lo que Israel tenía que hacer» (1 Cro. 12:32). En la primera cuenta había 54.400 hombres de Isacar dispuestos para la guerra, y en la segunda, 64.300. Son descritos como «hombres valientes en extremo» (1 Cro. 7:4, 5). La tribu poseía una de las secciones más feraces de la tierra, incluyendo la extensa llanura de Jezreel, con el Jordán como su límite por unos 70 km.

2. Hijo de Obed-edom, levita de la familia de Coré (1 Cro. 26:5).

Isaí (heb. quizá «firme», o «viviente»). Padre del rey David, del linaje de Obed, belenita, hijo de Boaz y Rut (Rt. 4:17, 22; Mt. 1:5, 6; Lc. 3:32; 1 Cro. 2:12). Es poco lo que se registra de él. Fue padre de ocho hijos (1 Sam. 17:12), llegando a ser conocido gracias al más pequeño de ellos: David, «el hijo de Isaí» (1 Sam. 20:27, 30, 31; etc.). Teniendo en cuenta su parentesco con Boaz y la forma en que se describen sus ganados, es posible deducir que era un hombre de cierta importancia. El profeta Samuel acudió a casa de Isaí, santificó a todos sus moradores y procedió después a ungir a David como futuro rey de Israel. Más tarde, Isaí recibió un mensaje de parte de Saúl a fin de que le enviara a David para ponerlo a su servicio (1 Sam. 16:1-21). Éste regresó por un tiempo a casa de Isaí, pero cuando volvió a haber guerra contra los filisteos, Isaí envió a su hijo David con comida para sus hermanos mayores que estaban en el ejército (1 Sam. 17:15-19). Posteriormente, cuando David era perseguido por el rey Saúl, Isaí fue protegido, junto con su esposa —cuyo nombre no se menciona—, por el rey de Moab, en cuya tierra hallaron refugio (1 Sam. 22:1-4). En las profecías mesiánicas, el Mesías es presentado como hijo de David, «vástago del tronco de Isaí» y «raíz de Isaí» (Is. 11:1,10; cf. Ap. 5:5; 22:16).

Isaías (heb. «Yahvé ha salvado»). Profeta de Judá bajo los reinos de Uzías, Jotam, Acaz y Ezequías (Is. 1:1; cf. 6:1; 7:3; 14:28; 20:1, 2; 36:1). Era hijo de Amoz (2 R. 19:2), que no debe ser confundido con el profeta Amós. Son pocas las indicaciones acerca de su personalidad. Pero según algunos pasajes, se advierte que se trata de un carácter humilde y compasivo (Is. 6:5; 16:9; 21:3; 65:2). Son asimismo pocas las indicaciones acerca de su familia. Según Is. 7:3 y Is. 8:13, 18, el profeta estaba casado, y era padre de al menos dos hijos. Fue llamado al oficio profético en el año de la muerte del rey Uzías (Is. 1:1; 6:1), alrededor del año 758 a.C. Ejerció su ministerio hasta el final del reinado de Ezequías (invasión de Senaquerib, 701-700 a.C.). Entre estos dos reyes hubo los reinados de Jotam y de Acaz (32 años en total, 2 Cro. 27:1; 28:1). Pero todo induce a creer que prosiguió su ministerio bajo Manasés (2 R. 21), al menos durante uno o dos años. El reinado de Ezequías fue de 29 años (2 Cro. 29:1), por lo que la actividad de Isaías debió de ser ejercida durante alrededor de 60 años, desde la muerte de Uzías, en el año 758 a.C., hasta el inicio del reinado de Manasés, en el año 698 a.C. Si se supone que el profeta tenía solamente 20 años cuando fue llamado, su vida se prolongó alrededor de 80 años, y la fecha de su libro puede situarse entre los años 750 y 700 a.C.

La tradición judía relata que Isaías murió mártir bajo el reinado de Manasés, condenado a muerte por haber osado decir que había visto a Dios (Is. 6), y por haber comparado Jerusalén con Sodoma y Gomorra (Is. 1:9; 3:9). Se cuenta que, habiéndose refugiado el profeta dentro del tronco hueco de un cedro, el rey dio orden de serrar el árbol con él dentro. Es posible que sea a este hecho al que se hace alusión en He. 11:37.

Isaías, Libro. Primero de los libros proféticos y, sin duda, de los más importantes. Sus profecías tienen que ver directamente con el reino de Judá, en uno de los períodos más críticos de la historia de su país. El reinado relativamente pacífico de Uzías (cf. 2 R. 16:3; 2 Cro. 26:1, 23) fue seguido por una serie de calamidades (2 Cro. 26:16-23). Bajo el reinado de Jotam, Rezím, rey de Damasco, y Peka, rey de Israel, habían tratado de destruir el reino de Judá (2 R. 15:37; 16:5). La lucha se prolongó hasta dentro del reinado de Acaz. Es en esta época que Isaías profetizó la cercana caída de los enemigos de Judá y la ascensión del poder de Asiria (Is. 7-8). Poco después, los acontecimientos confirmaron su predicación: Siria y Samaria fueron invadidas por Tiglat-pileser y Damasco fue tomada (732 a.C., cf. 2 R. 16:7; 15:29; 2 Cro. 28:16; Is. 17:1, 3). Diez años más tarde, se precipitó la caída del reino del norte, cayendo Samaria en el año 722 mientras Ezequías reinaba en Judá (2 R. 17:3; 18:9; Is. 28:1). Sargón emprendió una campaña contra Palestina y Egipto (Is. 10; 20). Después, Senaquerib invadió Judá en el año 701 a.C., poniendo sitio a Jerusalén, sitio que tuvo que levantar debido a una intervención milagrosa del Señor (Is. 14:24, 27; 17:12, 14; 38; cf. 2 R. 18:13; 19:37). Entonces el profeta proclamó la caída del Imperio asirio; estaba resurgiendo el imperio babilónico, y en su búsqueda de grandeza trataba de hallar aliados. Incluso envió una delegación a Ezequías (2 R. 20:12-13).

Llevado por el Espíritu, Isaías denuncia las infidelidades de su pueblo. Ve en estas infidelidades la causa básica de las desventuras que cayeron sobre el reino del norte de Israel, amenazando a Judá con un castigo semejante en un término más o menos largo. Profeta de Judá, reprochó a su pueblo por su superstición, su formalismo, su idolatría, su crueldad, su inmoralidad y codicia. Pero también ataca los pecados de los enemigos de Judá (Babilonia, Is. 13; 24; 47; Tiro, Is. 23; Asiria, Is. 10; 33; Edom, Is. 34-35).

A pesar de todo, su mensaje no deja de dar una nota de esperanza. Esta nota de esperanza domina su obra. Si predice a su pueblo el cautiverio y los prolongados sufrimientos, anuncia también el retorno del exilio y la liberación (Is. 40). Llega incluso a precisar el nombre del liberador, Ciro (Is. 44:28; 45:1, 13). Y, más allá de la visión de la liberación de Judá y de su restauración (Is. 44; 45; 60; 61), el profeta, cuyo mensaje es esencialmente mesiánico, tiene la visión sublime del Siervo de Yahvé. Este *Ebed Yahvé* vendrá, no sólo para socorrer a Israel, sino para dar a todos los pueblos de la tierra su Espíritu de paz, de justicia y de salvación. Este Siervo, en definitiva, se revela al profeta bajo los rasgos de Varón de dolores, del Mesías que lleva sobre sí el pecado del pueblo y que, por sus sufrimientos y expiación, vendrá a ser el Mesías victorioso y el Salvador del mundo. Es esta visión, cuya expresión más sublime se halla en Is. 52:13-53:12, la que permite llamar a Isaías el quinto evangelista. El mensaje de Isaías desborda el marco de la historia y salvación espiritual de Israel y de las naciones. Describe los tiempos mesiánicos, esto es, el reino de Dios sobre la tierra. Así, tiene un carácter escatológico (Is. 56-66 y 8:23-9:6; 11:24-27).

La Alta Crítica afirma que este libro no fue escrito sólo por Isaías, sino que dos autores anónimos posteriores habrían añadido sus propios escritos. Isaías habría escrito los caps. 1-39, a excepción de una serie de pasajes a lo largo de estos capítulos, que no le podían ser atribuidos. Los caps. 40-55 tendrían por autor a un escritor anónimo de la época del exilio, a quien se le da el nombre de «deutero-Isaías». El profeta describe aquí una situación totalmente diferente a la de los capítulos anteriores, esto es, la situación acerca de la que tuvo que dar testimonio al retorno de Babilonia. El estilo, además, sería diferente, así como el vocabulario. Esta sección habría sido escrita alrededor del año 540 a.C. Finalmente, los caps. 56-66, con un estilo más lírico y más místico a la vez, de un tema esencialmente escatológico, pertenecerían a otro autor de una época muy incierta (300 a.C. para unos, alrededor del año 200 a.C., para otros). Esta sección recibe el nombre de «trito-Isaías», lo que es poco aceptable. En los rollos descubiertos en el mar Muerto en 1947, se encuentra el texto completo de Isaías que se diferencia muy poco del texto conocido hasta ahora.

Is-Boset (heb. «hombre de vergüenza»). Uno de los cuatro hijos de Saúl, al principio se llamaba Es-baal, «hombre de Baal» (1 Cro. 8:33; 9:39), nombre cambiado a Is-boset, ya sea en su vida, cuando la gloria de su dinastía se desvaneció, ya posteriormente, al caer en descrédito el término *baal*, porque recordaba la idolatría. Un proceso semejante aparece en el cambio de Jerobaal (Jue. 8:35) por Jerubeset (2 Sam. 11:21); Meri-baal (1 Cro. 8:34; 9:40) por Mefiboset (2 Sam. 4:4).

Parece que Is-boset no participó en la batalla de Gilboa. En todo caso, escapó de la matanza, en la que perecieron sus hermanos. A la muerte de Saúl, el pueblo de Judá abogó por su alianza con David, mientras que el resto de los israelitas permanecía leal a la dinastía de Saúl, ungiendo como rey a Is-boset en lugar de su padre Saúl. Is-boset contaba cuarenta años y reinó durante dos años (2 Sam. 2:8-10). En ese tiempo, Abner era el general del ejército de Is-boset, pero lo abandonó debido a una disputa (2 Sam. 3:6-12). Entonces, Abner fue asesinado traicioneramente por Joab (2 Sam. 3:22-30) y, poco después, Is-boset caía víctima de una conspiración de dos de sus capitanes de la tribu de Benjamín, que llevaron su cabeza a David (2 Sam. 4:1-8). David hizo enterrar honrosamente la cabeza de Is-boset y dio muerte a sus asesinos (2 Sam. 4:9-12).

Ismael (heb. «Dios escucha»). Nombre de varios personajes del AT.

1. Hijo de Abraham y de Agar, la esclava egipcia. Nació cuando Abraham, de 86 años de edad, había pasado ya diez años en Canaán (Gn. 16:3,15; cf. Gn. 12:4). Los eruditos contemporáneos distinguen tres estratos de tradición hebrea, parcos y poco definidores de su biografía. Al niño se le confirió el nombre de Ismael antes de su nacimiento (Gn. 16:11). Como Sara era estéril, conforme a la costumbre de aquellos tiempos, ella le dio su criada Agar a su marido como su concubina, con quien podría tener hijos. Después del nacimiento de Isaac, nacieron celos entre Sara y Agar, lo cual llevó a Abraham a expulsar a Isaac y a su madre. Huyeron al desierto de Berseba, donde el ángel de Yahvé se le apareció y le ordenó que volviera con su ama. Después de volver, Agar condujo a Ismael ante Abraham, que quiso mucho a su hijo. Ismael, a semejanza de Israel, es presentado como padre de doce hijos, que fueron los antepasados de las doce tribus árabes (Gn. 25:16). Ismael no era el heredero predestinado de la alianza; sin embargo, como miembro de la familia de Abraham, fue sometido al rito de circuncisión a los trece años cuando el patriarca circuncidó a todos los miembros masculinos de su casa (Gn. 16:15-16; 17:22-27). Al año siguiente nació Isaac, cuando su madre ya había pasado la edad de tener hijos. Él fue el hijo de la promesa y la respuesta de Dios a las dudas de sus padres (Gn. 21:5).
2. Descendiente de Jonatán, hijo de Saúl (1 Cro. 8:38; 9:44).
3. Personaje de Judá, alto funcionario con poderes judiciales, padre de Zebadías (1 Cro. 19:11).
4. Hijo de Johanán; fue uno de los jefes de cien que participó en la conspiración que hizo caer a Atalía, en apoyo del sumo sacerdote Joyada (2 Cro. 23:1).
5. Hijo de Netanías, miembro de la casa real de Judá, descendiente de

David (Jer. 41:1; 2 R. 25:25). Huyó, como muchos de sus compatriotas, durante el sitio de Jerusalén y encontró asilo en la corte de Balis, rey de los hijos de Amón (Josefo, *Ant.* 10, 9, 2; cf. Jer. 40:11). El único incidente que se registra de su vida es el asesinato de Gedalías, el gobernador que Nabucodonosor había puesto sobre Judea después de la caída de Jerusalén, luego de haberse granjeado su confianza. También acabó con la vida de los funcionarios judíos y babilonios que estaban al servicio de la víctima. Ismael se llevó cautivas incluso a las hijas del muerto, encaminándose al país de los amonitas, que lo habían inducido a cometer estos crímenes. Johanán y otros le salieron al paso en Gabaón y rescataron a los prisioneros. Sin embargo, Ismael y ocho de sus hombres lograron el propósito de reunirse con su confederado amonita. El pueblo, temiendo la venganza de los babilonios huyó a Egipto, arrastrando consigo a Jeremías (2 R. 25:25; Jer. 40:7-16; 41:1-18).

Israel (heb. «luchador con Dios»). Nuevo nombre dado a Jacob a su retorno de Mesopotamia, cuando hubo cruzado el torrente Jaboc, y después de su lucha con el ángel en Peniel (Gn. 32:22-32), el cual será el nombre colectivo de la nación por él fundada. Jacob tuvo doce hijos nacidos de sus cuatro mujeres. Esos descendientes fueron el origen de las tribus de Israel. Los hermanos tenían plena conciencia de ser hijos de un mismo padre y de su diferenciación de los pueblos que los rodeaban. De costumbre nómada vivieron una existencia aparte del resto, alejados de las zonas pobladas, vigilando sus rebaños y buscando el mejor pastoreo. Debido a un período de sequía los israelitas acudieron a Egipto, donde se establecieron y vivieron gracias a José. Sometidos a esclavitud comenzó a tomar cuerpo un movimiento de liberación bajo la dirección de Moisés. Al final lograron abandonar Egipto en masa y después de un período de peregrinación por el desierto se decidieron a entrar en Canaán bajo la jefatura de Josué, sucesor político de Moisés. El éxodo marcó el verdadero nacimiento del pueblo de Israel (Dt. 32:5-10). Después de conquistar Canaán, los israelitas pasaron por un período de ajuste a las nuevas condiciones sedentarias de vida, mientras continuaba el proceso de ocupar la tierra. Todo eso implicaba, como es natural, luchas contra los pueblos que la habitaban o los vecinos. Las tribus de Judá y de Benjamín tuvieron constantes conflictos con los filisteos, que ocupaban la llanura costera. Judá, entonces, se defendía refugiándose en las montañas, donde los carros de combate de los filisteos eran menos eficaces. Éste fue un largo proceso que culminó con la victoria decisiva de la fuerzas israelitas conducidas por Débora, una mujer juez. Siendo Samuel juez de Israel, tuvo lugar una ofensiva filistea que produjo mucho pánico, pero por intervención divina estos adversarios fueron derrotados (1 Sam. 7:1-12). Este acontecimiento, y la vejez de Samuel, cuyos hijos no se comportaban a satisfacción del pueblo, hizo que éste sintiera la necesidad de tener un rey (1 Sam. 8:5). Hasta ese momento no había ejército profesional en Israel, sino que los ciudadanos acudían a las armas cuando se presentaba algún peligro. La organización tribal y descentralizada de Israel no podía competir con los pueblos vecinos, que estaban estructurados en forma de ciudades-estado y naciones-estado. Samuel, siguiendo las instrucciones de Dios, ungió a Saúl como rey de todos los israelitas. Así nació el reino de Israel.

Saúl fue el primer rey de Israel. Organizó un ejército permanente y emprendió una campaña contra el dominio filisteo de diversas áreas, incluso en las montañas. También atacó a los moabitas, los amonitas, los edomitas y los amalecitas, evidentemente buscando hacer el papel de protector de las tribus que colindaban con estos enemigos o que eran invadidos por éstos. Saúl no tuvo tiempo o no supo organizar una administración verdaderamente centralizada, sino que continuó apoyándose en el sistema tribal, poniendo a miembros de su familia en ciertos puestos. Durante todo el reinado de Saúl los filisteos continuaron siendo motivo de conflicto, sin quedar totalmente dominados. En una ocasión penetraron hacia el valle de Ela, que podía darles acceso a las montañas de Judá. Es allí donde se produce el encuentro entre David y Goliat, siendo nuevamente derrotados los filisteos (1 Sam. 17:1-58). David reinó en Hebrón durante unos años, en competencia con Is-boset, hijo de Saúl, que gobernaba en Galaad. La guerra civil resultante terminó con una victoria de David. Entonces «todas las tribus de Israel» se reunieron en Hebrón «y ungieron a David por rey sobre Israel» (2 Sam. 5:1-5). Poco después capturó a Jerusalén, que había estado bajo dominio jebuseo, y la convirtió en capital del reino (2 Sam. 5:6-9). Combatió a los filisteos, a los moabitas, a los sirios y a los edomitas, y los derrotó y sometió. Comenzó los planes para construir un gran templo para Jehová. Organizó el ejército, la agricultura y las finanzas reales. Levantó una verdadera estructura administrativa centralizada alrededor de su monarquía. La organización de los levitas que realizó no tuvo como fin exclusivo la parte propiamente religiosa, sino que los incorporó a otras actividades del estado. Como los israelitas no tenían experiencia para estos asuntos, David utilizó a personas de otros países que sí la tenían.

La centralización política del reino no se realizó sin dificultades. Algunas tribus llevaron a cabo manifestaciones de descontento. Cuando Absalón se rebeló contra su padre, individuos de tribus que no era la de Judá, le acompañaron. David logró salvarse al principio porque disponía de una guardia personal formada por extranjeros, los cereteos y peleteos (2 Sam. 15:18) y por la ayuda de soldados del reino filisteo vasallo de Gat. Al final del reinado de David se desató una lucha por la sucesión. Antes de morir, David hace ungir a Salomón como rey. No tuvo éste que librar grandes luchas, sino más bien consolidar lo logrado por su padre. Para ello concertó diversas alianzas estratégicas, que reforzó mediante vínculos matrimoniales por razones políticas. Así, tuvo mujeres de Moab, Amón, Edom, Sidón y heteas. Egipto, que comenzaba a despertar de su letargo, intentó penetrar en Israel, pero Salomón supo resistir, resolviéndose finalmente el asunto mediante una alianza que incluía el matrimonio del rey israelita con una hija del faraón. Aprovechando la paz de su reinado, floreció el comercio. Al dominio de las rutas de tierra que pasaban por Israel, se añadieron empresas de carácter marítimo, junto a los fenicios, partiendo del puerto de Eilat, en el mar Rojo, hacia el océano índico. La riqueza de Israel fue extraordinariamente aumentada (1 R. 9:26-28; 10:11). Con los impuestos que se aplicaban al comercio de las caravanas y otras cargas impositivas sobre la población, Salomón pudo desarrollar un amplio programa de obras públicas, entre las cuales figuraban el templo y los palacios reales. Se fortificaron muchas ciudades importantes. Se dividió el territorio en doce distritos administrativos. Por primera vez se utilizó el sistema de leva, para conseguir mano de obra local para los trabajos de construcción. A la muerte de Salomón, su hijo Roboam recibió la petición del pueblo para que disminuyera las cargas impuestas por su padre. Rechazando el consejo de los ancianos, se negó. Jeroboam, que había regresado de su exilio lideró una rebelión en la cual diez tribus se separaron de Roboam (1 R. 12:16). Es así como surgen dos reinos, uno en el norte y otro en el sur. En este último, donde la tribu de Judá era preponderante, se mantendría siempre la dinastía de David. Pero en el norte las cosas eran distintas, porque el rey vendría a ser el resultado del acuerdo al cual llegaban algunas de las tribus, lo cual cambiaba según la circunstancias. Con el fin de romper los vínculos de la población del norte con la del sur, Jeroboam lo primero que hizo fue construir santuarios que compitieran con el templo de Jerusalén, a fin de que los habitantes de su territorio no fueran allá. Como Bet-el y Dan eran tradicionalmente lugares de culto, los usó para ese fin. También cambió el calendario de las fiestas (1 R. 12:33) y excluyó a los levitas de sus planes. Éstos tuvieron que emigrar a Jerusalén. Judá, por supuesto, nunca aceptó como legítima la separación, por lo cual comenzó una serie de luchas entre ambos reinos. Aprovechando la debilidad que

esto implicaba, Sisac, un faraón egipcio que había sido enemigo de Salomón, produjo una invasión a Judá. No llegó a tomar Jerusalén porque le entregaron como tributo todos los tesoros del templo así como los escudos de oro que había hecho Salomón (2 Cro. 12:1-9).
El reino del sur, y su capital Samaria, cayó bajo el embate de las fuerzas asirias enviadas por Sargón II (722 a.C.). Sus habitantes fueron transportados a otros países y el territorio de Israel pasó a ser una provincia de Asiria (2 R. 17:6). Así terminó la experiencia histórica del reino de Israel. En Judá gobernaba Ezequías, hijo de Acaz. Ante la destrucción de Samaria, este rey renovó el culto en Jerusalén y trató de incorporar a los que habían quedado en el territorio de Israel. Su reforma religiosa tuvo éxito, y muchos de Efraín y de Manasés acudieron a las fiestas. El reino de Judá se fue fortaleciendo de nuevo. Mientras tanto, los caldeos se habían rebelado contra los asirios. Su rey, Merodacbaladán, envió una embajada a Ezequías, explorando una posible alianza antiasiria. El profeta Isaías aconsejó en contra de esto. Ezequías «se rebeló contra el rey de Asiria, y no le sirvió» (2 R. 18:7), por lo cual hizo grandes preparativos para la segura invasión que vendría del norte. Los asirios, bajo el mando de Senaquerib, sucesor de Sargón II, vencieron a los caldeos y enseguida bajaron hacia el sur invadiendo la llanura costera de Israel y Judá. Los egipcios enviaron una fuerza para socorrer a Judá, pero fue derrotada. Entonces las tropas asirias ocuparon el territorio de Judá y cercaron Jerusalén. Ezequías pagó un fuerte tributo a Sargón, pero a pesar de eso insistió en sitiar la ciudad. Isaías aconsejó al rey de Judá que no cediera. De manera que las puertas de Jerusalén permanecieron cerradas, hasta que las tropas asirias se tuvieron que retirar a causa de una plaga. Ezequías quedó en el trono, pero Judá continuaba como vasallo de Asiria. A su muerte le sustituyó su hijo Manasés.
Los caldeos vencieron a los asirios y a los egipcios en la batalla de Carquemis (605 a.C.) y luego prosiguieron sus conquistas hacia el sur. Su rey Nabucodonosor subyugó a Ascalón, que se negaba a pagar tributo. Joacim, rey de Judá en ese momento, pagó tributos por tres años (2 R. 24:1). Pero los caldeos, empeñados en invadir Egipto, sufrieron algunas derrotas momentáneas. Joacim, pensando que los caldeos se habían debilitado, hizo pacto con el país del Nilo. De inmediato Nabucodonosor atacó a Jerusalén, la tomó y se llevó a Joaquín, heredero de Joacim, junto con otros rehenes, dejando como rey súbdito a un tío de Joaquín, a quien llamó Sedequías (2 R. 24:8-18). Este último gobernó por unos nueve años, pero se rebeló contra los caldeos. En esos tiempos ministraba como profeta Jeremías, que dejó un relato de lo sucedido. Su permanente consejo fue que la única manera de evitar la des-

trucción de Judá estaba en mantenerse en paz con los caldeos y servirles, pero no le hicieron caso. Para castigar la rebelión, Nabucodonosor atacó de nuevo a Jerusalén y la conquistó, después de un sitio que duró tres años. La ciudad fue incendiada y sus muros derribados. Sedequías fue castigado severamente y la mayor parte de la población fue forzada a emigrar. Sobre los pocos israelitas que quedaron, Nabucodonosor puso como gobernador a Gedalías hijo de Ahicam. Pero una conspiración dirigida por algunos del linaje real condujo a su asesinato. La población, temerosa de las represalias caldeas, decidió emigrar a Egipto. La tierra de Judá quedó prácticamente despoblada, incluida ya simplemente como una unidad administrativa del Imperio caldeo. Ver HEBREOS, JUDÁ.

Itai (heb. «poseedor»). Nombre de dos personas del AT.

1. Hijo de Ribai, fue uno de los treinta valientes de David (2 Sam. 23:29; 1 Cro. 11:31).
2. Habitante de Gat, abandonó su ciudad al frente de 600 hombres, siguiendo fielmente a David en su vida errante (2 Sam. 15:18-22). En la batalla que se libró contra Absalón y que acabó con su muerte, Itai mandaba una tercera parte del ejército del rey (2 Sam. 18:2, 5). A partir de ese momento no se sabe nada más de este héroe, su nombre no se menciona en la lista de los capitanes de David o guardia personal (2 Sam. 23; 1 Cro. 11).

Italia. No es mencionada en el AT, sólo aparece varias veces en los libros de los Macabeos en relación a Roma, su capital, pero no el país propiamente dicho. En el NT se habla de Italia en cuatro ocasiones. 1) La expulsión de los judíos de Italia por orden del emperador Claudio, entre ellos Aquila y su mujer Priscila (Hch. 18:2). 2) La orden del procurador Festo por la que Pablo es embarcado rumbo a Italia, después que éste apelara a César (Hch. 27:1). 3) Durante el viaje de la cautividad de Pablo, cuando cambia el barco en Mira y toma otro que iba a Italia (Hch. 27:6). 4) El saludo de los cristianos de Italia a los destinatarios de la epístola a los Hebreos: «Os saludan los de Italia» (He. 13:24). Esto indica la presencia de cristianos no sólo en Roma, sino también en otros lugares del país (cf. Hch. 28:14).

Itamar (heb. «pequeño»). Cuarto y último hijo de Aarón (Éx. 6:3), consagrado al sacerdocio junto con su padre y sus hermanos mayores (Éx. 28:1; Nm. 3:2, 3), después de la muerte de Nadab y Abihú (Lv. 10:1ss.). Dirigió la confección de los objetos sagrados (Éx. 38:21), y estaba al mando de los gersonitas y meraritas en el transporte de ciertas partes del Tabernáculo durante el Éxodo (Nm. 4:28-33; 7:8). Fundador de una familia sacerdotal (1 Cro. 24:3-5; Esd. 8:2) a la que pertenecieron varios sumos sacerdotes (cf. 1 R. 2:27). Un sacerdote de su linaje, de nombre Daniel, regresó de Babilonia (Esd. 8:2; 1 Esd. 8:29).

Itiel (heb. «Dios está conmigo»). Uno de los personajes a quien Agur, hijo de Jaqué, dirigió la profecía que aparece en Prov. 30:1: «La profecía que dijo el varón a Itiel, a Itiel y a Ucal». Prob. éstos eran discípulos de Agur, o sabios antiguos. Algunos consideran que no se trata de un nombre propio.

Iturea. Pequeña región al noreste del Mar de Galilea en Palestina, que englobaba una parte del Antilíbano. Se cree que deriva su nombre de Jetur, uno de los hijos de Ismael (Gn. 25:15; 1 Cro. 1:31). Las tribus israelitas entraron en guerra con los descendientes de Jetur al este del Jordán (1 Cro. 5:19). En la época de los asmoneos, Aristóbulo conquistó (108 a.C.) una parte de Iturea, anexionándola a Judea e imponiendo la circuncisión a los vencidos, o la expulsión de la región. El general romano Pompeyo liberó el país, y formó una confederación bajo el control de Roma. Ptolomeo, hijo de Menaeo, fortificó Calcis, y se mostró hostil a Damasco. Más tarde, su hijo Lisanias fue muerto por Marco Antonio, que se hizo con el control de la región (34 a.C.). Fue la época en que mayor extensión llegó a tener el territorio, extendiéndose desde el mar Mediterráneo hasta Damasco, mientras que por el sur llegaba hasta la parte septentrional de Galilea. Posteriormente el gobierno pasó a manos de Herodes el Grande (20-4 a.C.), y después a las de Herodes Filipo (4 a.C.-34), tetrarca de Iturea y de Traconítide (Lc. 3:1; Josefo, *Ant.* 15, 10, 1). Iturea fue formalmente anexionada a la provincia de Siria por Claudio.

Ivá (heb. «derrocar»). Una de las ciudades conquistadas por los asirios durante la invasión de Israel y la toma de Samaria, repoblada por gente traída de las distintas parte del imperio (2 R. 18:34; 19:13; Is. 37:13). H. Rawlinson creía que el lugar tendría que buscarse en Babilonia, y que prob. es idéntica con la moderna Hit, la Hit de Herodoto (*Hist.* 1, 179), lugar famoso por sus fuentes sulfurosas, cercano al rio Eufrates. Hay quien la identifica con la Ahava de Esdras (8:15).

Izquierda. La mano izquierda siempre se ha considerado de mala suerte, de ahí el nombre «siniestra» por el que también se la conoce, equivalente a desafortunada. Esto era especialmente real entre los supersticiosos griegos y romanos. Entre los hebreos servía para indicar el Norte (Job 23:9; Gn. 14:15), y todo lo contrapuesto a la derecha. Zurdo famoso de la Biblia es Ehud, uno de los libertadores, que mató a Eglón, rey de Moab (Jue. 3:15; 20:16). Entre los hijos de Benjamín había 700 hombres escogidos que eran zurdos, «todos los cuales tiraban una piedra con la honda a un cabello, y no fallaban» (Jue. 20:15-17).

J

Jaazanías (heb. «oído de Jah»). Nombre de cuatro personajes del AT del tiempo de la cautividad.

1. Jefe de unas bandas dispersas del ejército judío después del hundimiento de Judá, era hijo de Osaías maacateo, o sea, oriundo de Maaca. Fue a Mizpa a rendir homenaje a Gedalías, a quien Nabucodonosor había designado gobernador de Judá después de la conquista a Jerusalén (Jer. 40:7, 8). Jaazanías no tomó parte en el asesinato de Gedalías; parece que hizo grandes esfuerzos para apoderarse de los criminales y entregarlos, pero se refugiaron en Moab. Formó parte de los que suplicaron al profeta Jeremías que consultara a Dios si aprobaba el proyecto de emigración del residuo de los israelitas, que querían dirigirse a Egipto (Jer. 42:1). Parece que en Jer. 43:2 el nombre Azarías es una alteración del de Jaazanías o Jezanías (cf. 2 R. 25:23; Jer. 40:7, 8; 42:1; 43:2). En 1932 se encontró un sello de ónice en una antigua tumba de Tell el-Nasbeh en que figura un gallo de plumaje erizado, con una inscripción en caracteres paleohebreos: «De Yaazanyahu, siervo del rey», que quizá perteneciera a su homónimo bíblico.
2. Recabita que se negó a beber vino cuando fue probado por Jeremías (Jer. 35:3).
3. Descendiente de Safán, uno de los setenta ancianos, que fue visto por Ezequiel en una visión ofreciendo incienso a unos ídolos pintados en una pared el templo de Jerusalén (Ez. 8:10-11).
4. Hijo de Azur, uno de los «príncipes» del pueblo, visto por Ezequiel en una visión, dando malos consejos a Pelatías, hijo de Benaía (Ez. 11:1).

Jabal (heb. «arroyo»). Descendiente de Caín, hijo de Lamec y de su esposa Ada, y hermano de Jubal. Jabal es llamado «padre de los que habitan en tiendas y crían ganados» (Gn. 4:20), lo que significa que Jabal fue de los primeros en adoptar la vida nomádica del pastoreo, a diferencia de Jubal, progenitor de los músicos.

Jabes (heb. «seco, árido»). Nombre de un príncipe de Judá, del que se dice que «fue más ilustre que sus hermanos. Su madre le llamó Jabes, diciendo: "Porque lo di a luz con dolor" Y Jabes invocó al Dios de Israel diciendo: "¡Oh, si realmente me dieras bendición y ensancharas mi territorio, y tu mano estuviera conmigo y me libraras del mal, de modo que no tuviese dolor!" Y Dios le concedió lo que pidió» (1 Cro. 4:9-10).

Jabes de Galaad. Ciudad al este del Jordán, en tierra de Galaad, generalmente se la localiza a 32 km al sur del Mar de Galilea, no muy lejos de Betsán (1 Sam. 31:11; 2 Sam. 2:4; 21:12). Los rugenitas, los gaditas y la media tribu de Manasés ocuparon Galaad (Nm. 32:1; Dt. 3:12-13), pero no es clara la composición de los habitantes de Jabes, aunque se deduce que mantuvieron siempre una relación especial con la tribu de Benjamín. No participaron en la guerra civil contra los benjaminitas en la época de los Jueces cuando las tribus lanzaron una campaña contra la tribu de Benjamín por proteger a unos criminales. Por esta causa Jabes fue destruida al final de la campaña, matando a toda su población, quedaron sólo 400 jóvenes vírgenes que fueron dadas por esposas a 600 supervivientes de la tribu de Benjamín (Jue. 21:8-15). Jabes fue pronto reocupada. Nahas, rey amonita atacó la ciudad, pero fue salvada por Saúl (1 Sam. 11:1-11). Cuando Saúl y sus hijos fueron muertos en la batalla de Gilboa contra los filisteos, los valientes de Jabes de Galaad recuperaron sus cuerpos y los enterraron (1 Sam. 31:11-13), acto por el cual fueron alabados por David (2 Sam. 2:4, 5).

Jabín (heb. «Él [Dios] percibe»). Nombre de dos reyes cananeos, prob. es un título real, como *agag* entre los amalecitas, *faraón* entre los egipcios o *césar* entre los romanos.

1. Rey cananeo de Hazor de Galilea y de las ciudades dependientes. Jabín fue el jefe de la liga de reyes del norte y centro, que Josué venció en las aguas de Merom. Después de la batalla, los israelitas tomaron Hazor, incendiándola, y dando muerte a su rey (Jos. 11:1-14). Este príncipe fue el último enemigo poderoso al que tuvo que enfrentarse Josué, cuya derrota debió considerarse como la coronación de la conquista de la Tierra Prometida.
2. Otro soberano cananeo, que reinó también sobre Hazor; prob. descendía del anterior (Jue. 4:2). También encabezaba una coalición de reyes (Jue. 5:19), y oprimió a los israelitas durante veinte años. Finalmente, Débora y Barac vencieron a Sísara en el torrente de Cisón. Sísara fue muerto por Jael, una mujer. La guerra prosiguió hasta la destrucción de Jabín (Jue. 4:17-24). Ver HAZOR, SÍSARA.

Jaboc («derramando»). Uno de los principales ríos de la Palestina transjordánica e importante afluente del Jordán por su vertiente oriental. Jacob lo vadeó al volver de Mesopotamia (Gn. 32:22). Nace cerca de Rabá de Amón (la actual Amán). De allí fluye por más de 19 km hacia el noreste, virando después hacia el noroeste, manteniendo esta dirección durante 24 km Después corre por unos 27 km por un valle que separa Galaad de Amón. Desemboca en el Jordán a unos 69 km al sur del Mar de Galilea y a 37 al norte del mar Muerto. El Jaboc se llama en la actualidad Nahr ez-Zerkã. Considerado en el pasado como frontera, el Jaboc separaba a los amonitas del reino de Sehón el amorreo (Jos. 12:1-5; Nm. 21:24; Dt. 2:37; Jue. 11:13, 22); y más tarde de la tribu de Rubén y de la media tribu de Manasés (Nm. 21:6; Dt. 3:16).

Jacob (heb. «que toma por el talón»). Hijo de Isaac y de Rebeca, y hermano mellizo de Esaú, alumbrado después de este último y, por ello, considerado como menor (Gn. 25:21-26). Isaac tenía 60 años cuando nacieron sus hijos (Gn. 25:26). A Jacob le encantaba reposar en las tiendas, siendo de naturaleza apacible (Gn. 25:27). Era el favorito de su madre, en tanto que su padre prefería a Esaú (Gn. 25:28). Sin embargo, antes de que ambos nacieran, Dios había dicho «el mayor servirá al menor» (Gn. 25:23), revelando así su elección de Jacob. Mediante la argucia y el fraude Jacob compró de Esaú el derecho de primogenitura (Gn. 25:29-34) y consiguió además la bendición de su padre que correspondía al derecho de primogenitura. Cuando Esaú descubrió lo que Jacob había hecho, se lamentó violentamente de haberse dejado arrebatar su derecho por su hermano y resolvió matarlo cuando su padre muriera (Gn. 27:1-41). Rebeca oyó estas amenazas y, con la esperanza de que la cólera de Esaú se enfriara con la ausencia, hizo partir a Jacob, con el pretexto de ir a buscar una esposa para sí, a Harán, donde vivía su familia (Gn. 27:42-46; 28:1-22). Jacob vivió al menos 20 años en Padán-aram, al servicio de Labán. Engañado a su vez, Jacob contrajo matrimonio primero con Lea y después con Raquel, su preferida. Tuvo once hijos durante su estancia en Harán, seis con Lea: Rubén, Simeón, Leví, Judá, Isacar y Zabulón, además de una hija, Dina; con Bilha, sierva de Raquel, dos: Dan y Neftalí; con Zilpa, sierva de Lea, dos: Gad y Aser; y, finalmente, uno con Raquel: José (Gn. 29-30). Este último nació cuando Jacob tenía 90 ó 91 años (cf. Gn. 47:9 y Gn. 41:46, 47, 54; 45:11). Seis años después huyó de su suegro, cruzó el río, y emprendió la marcha, con su familia y bienes, en dirección a Canaán (Gn. 31:21). Labán se lanzó en persecución de los fugitivos, alcanzándolos en el monte Galaad, pero llegaron a la reconciliación y celebraron un pacto (Gn. 31:51). Antes de cruzar el Jordán, Jacob volvió a encontrarse con su hermano Esaú, que lo perdonó. Otra vez se separaron, volviendo Esaú al monte Seir, y dirigiéndose Jacob hacia Canaán (Gn. 33:1-18). Jacob plantó sus tiendas en Canaán, en Siquem. Allí compró un terreno para establecer su campamento, y allí erigió un altar al Señor (Gn. 33:18-20). De allí, Jacob se dirigió a Bet-el. Durante un viaje a Hebrón, Raquel dio a luz, cerca de Belén, al duodécimo y último hijo de Jacob, Benjamín (Gn. 35:9-20). Finalmente, Jacob se reunió con su padre en Mamre (Gn. 35:27). Parece que Jacob se detuvo en Mamre 33 años, porque llegó a Hebrón 10 años después de su vuelta a Palestina (Gn. 37:14; cf. 37:2), y es evidente que seguía allí cuando José lo mandó llamar para que fuera a Egipto (Gn. 46:1). Jacob tenía 130 años cuando se dirigió a Egipto (Gn. 47:9), y vivió todavía 17 años. Su primera bendición especial fue para los hijos de José, después bendijo a sus propios hijos, y murió a la edad de 147 años (Gn. 47:28; 49:33). Su cuerpo fue embalsamado y transportado solemnemente a Canaán, siendo sepultado en la cueva de Macpela (Gn. 50:1-14).

Jael (heb. «cabra montés»). Esposa de Heber el ceneo (Jue. 4:17), quien era descendiente del suegro de Moisés (Jue. 4:11) y había hecho alianza con Jabín. En su huida de Barac, Sísara, el general de Jabín, fiado en la paz que había entre su rey y Heber, se dirigió hacia la tienda de Jael. Esta lo hizo entrar y le dio leche para aliviar su sed. Cuando Sísara estaba profundamente dormido, le atravesó las sienes con una estaca de la tienda (Jue. 4:11-22). Débora alabó este hecho de Jael y la llama «bendita entre las mujeres» (Jue. 5:6, 24-27).

Jafet (heb. «expansión»). Nombre de uno de los tres hijos de Noé mencionado en último lugar (Gn. 5:32; 6:10; 7:13; 9:18; 10:1; 1 Cro. 1:4), aunque aparece en Gn. 10:21 (Gn. 9:24) como el hijo mayor, nacido cien años antes del diluvio. Él y su esposa fueron preservados en el arca, con el resto de sus familiares (Gn. 7:7; 1 P. 3:20). Es considerado el progenitor de los pueblos del este, o sea, Europa, y del norte, a saber, Armenia, Media, Grecia y Tracia.

Jafía (heb. «espléndido»). Nombre de tres personas y una localidad del AT.

1. Rey de Laquis, uno de los cinco príncipes amorreos que se unieron a Adonisedec para atacar a Gabaón pero que fueron derrotados cerca de Bet-horón por Josué, que recibió un auxilio milagroso, y fueron muertos en la cueva de Maceda (Jos. 10:3ss.).
2. Un hijo de David que nació en Jerusalén (2 Sam. 5:15; 1 Cro. 3:7; 14:6) y del cual no se habla en ninguna otra parte.

3. Ciudad fronteriza de Zabulón hacia el sur entre Daberet y Get-hefer (Jos. 19:12), la Jafa fortificada de Josefo (*Vida*, 37, 45), prob. la misma ciudad galilea capturada después por Trajano y Tito bajo las órdenes de Vespasiano. Según dicho historiador, 15.000 de sus habitantes perecieron por la espada y 2.130 fueron hechos cautivos y vendidos como esclavos.

Jah. Forma abreviada del nombre sagrado *Yahveh*. Es frecuente en la poesía hebrea. Se usa veintitrés veces, mayormente en los Salmos y en el libro de Isaías. Expresa lo absoluto de la existencia de Dios.

Jahaza (heb. «pisar», tal vez era para trillar). Ciudad de la llanura de Moab (Jer. 48:21) donde los israelitas derrotaron a Sehón, rey de los amorreos (Nm. 21:23; Dt. 2:32; Jue. 11:20). Jahaza fue asignada a la tribu de Rubén (Jos. 13:18) y separada como ciudad levítica para descendientes de Merari (Jos. 21:36; 1 Cro. 6:78). Originalmente esta región había estado habitada por los moabitas y los amonitas (Gn. 19:36-38; Dt. 2:19-22), pero los aguerridos amoritas del Jordán occidental los derrotaron y los expulsaron de la región al norte del río Amón. Fue de los amoritas de quienes los israelitas tomaron el país, pero posteriormente los amonitas lo reclamaron como suyo (Jue. 11:13).

Jahazías (heb. «Yhavé contemplará»). Sacerdote que, junto con Mesulam y Sabetai el levita, se opuso a Esdras cuando éste exigió que los que regresaron del exilio se separaran de las mujeres extranjeras (Esd. 10:15).

Jair (heb. «Dios brilla»). Nombre de cuatro personajes del AT, entre ellos:

1. Hijo de Segub y descendiente de Judá, pero llamado «hijo de Manasés» por parte de su madre, hija de Maquir. Conquistó el territorio de Argob con algunas ciudades, y le dio el nombre de Havot-jair (Nm. 32:41; Dt. 3:14; Jos. 13:30; 1 R. 4:13; 1 Cro. 2:22, 23).
2. Galaadita que juzgó Israel durante veintidós años; cuya opulencia se destaca al mencionar sus treinta hijos, que montaban sobre treinta asnos y treinta villas en tierra de Galaad (Jue. 10:3-5). El asno era el animal ecuestre más valioso conocido por los hebreos.

Jairo. Jefe de la sinagoga de Capernaum, cuya hija el Señor Jesús resucitó (Mc. 5:22; Lc. 8:41; cf. Mt. 9:18). Aunque no se nombra el lugar donde se realizó el milagro, prob. fue en Cafarnaum, cuando Jesús, después de haber curado a los endemoniados de Gerasa, atravesó el lago Genesaret para volver a la ribera occidental. Algunos han deducido equivocamente que las palabras de Jesús: «La niña no ha muerto, sino que duerme» (Mc. 5:39), significa que la niña estaba desvanecida.

Jamnia. Forma griega de la ciudad de Yabné, donde tuvo lugar el encuentro entre Judas Macabeo y Nicanor (1 Mac. 4:15). Conquistada por Pompeyo fue sometida a Roma, pasando luego al poder de Herodes el Grande (año 30 a.C.). Después de la destrucción de Jerusalén se convirtió en sede de una escuela rabínica y del sanedrín entre el 70-132 d.C., celebrándose allí el famoso sínodo que lleva su nombre.

Janes y Jambres. Magos egipcios que se opusieron a Moisés con sus «encantamientos» y «artes secretas» (Éx. 7:11, 22) para neutralizar el efecto de los milagros de Moisés sobre la mente del faraón (Éx. 7:8). Ni sus nombres, ni su número, aparecen en el texto hebreo, sino en el NT, mencionados por san Pablo (2 Ti. 3:8, 9); pero se encuentran frecuentemente en el Talmud y en los escritos rabínicos, en los targumes. El filósofo pitagórico Numenio menciona tres personas que se asemejan a estos nombres en un pasaje preservado por Eusebio y por Orígenes; y también por Plinio. Numenio los presenta como escribas sagrados de los egipcios.

Jaquín (heb. «firme»). Nombre de una de las dos columnas de la puerta del templo de Salomón; la otra se llamaba Boaz (esto es, «en Él [Dios] fortaleza»); fueron erigidas por Hiram de Tiro al estilio fenicio en el pórtico del templo de Salomón. Los capiteles estaban adornados con formas de lirio (1 R. 7:15-22; 2 Cro. 3:17; cf. Jer. 52:21).

Jardín. Aparte del jardín del Edén, las Escrituras mencionan varios, sin duda huertos, como el «jardín de Uza», donde Manasés fue sepultado (2 R. 21:18; 25:4), «los jardines del palacio real de Asuero en Susa» (Est. 1:5; 7:7, 8); el famoso jardín de Getsemaní, adonde Jesús se retiró a orar con sus discípulos (Jn. 18:1); y el jardín o huerto de José de Arimatea, el cual contaba con «un sepulcro nuevo, en el cual todavía no se había puesto a nadie» (Jn. 19:41). El «jardín del rey» mencionado en 2 R. 25:4; Neh. 3:15; Jer. 39:4; 52:7, en relación a la huida del rey Sedecías y de los suyos la noche del asalto de las tropas de Nabucodonosor a Jerusalén, quedaba cerca de la piscina de Siloé.

Los grandes reyes orientales eran amigos de parques y jardines, en un principio muy semejantes a huertos, en los que se cultivaban flores (Cnt. 6:2; 4:16), árboles frutales (Gn. 2:9; Éx. 23:11; Jer. 29:5; Am. 9:14) y todo tipo de plantas, resultando un conjunto agradable de huerto, bosque y jardín, y hasta parque zoológico (cf. 1 R. 10:22), provisto de piscinas y rodeados de muros, eran verdaderos paraísos —que no en vano recibían este nombre— en una tierra pobre en agua y sometida a sequías perpetuas, por lo que su emplazamiento debía elegirse con mucho cuidado, no lejos de cisternas o manantiales, de los que llevar el agua por conductos o canales artificiales (cf. Sal. 1:3; Ec. 2:6; Eclo. 24:30).

Jared (heb. «descenso»). Cuarto patriarca antediluviano del linaje de Set, hijo de Mahalaleel y padre de Enoc. Murió a los 962 años (Gn. 5, 15-20; 1 Cro. 1:2; Lc. 3:37).

Jarha, o **Jarja**. Esclavo egipcio de un hebreo llamado Sesán, el cual, al carecer de hijos, le dio su propia hija por eposa (1 Cro. 2:34-41). De este modo, Jarha recibió la libertad y se convirtió en progenitor de los jerahmeelitas, que continuaron al menos hasta los días del rey Ezequías, y de los que salieron varios personajes ilustres como Zabad durante el reinado de David, y Azarías en el reinado de Joas (1 Cro. 2:34ss.).

Jarmut (heb. «elevación»). Ciudad de la Sefela o llanura de Judá (Jos. 15:35), habitada después de la cautividad babilónica (Neh. 11:29); originalmente ocupada por los cananeos, cuyo rey se unió a los cinco reyes en contra de Josué, pero fueron derrotados por éste (Jos. 10:3, 5, 23; 12:11; 15:35). En la actualidad se identifica con Hirbet Yarmuk, situada a unos 13 km al norte de Beit Gibrin y a 2 km al noroeste de Beit Nettif, en el cual se han descubierto restos arqueológicos que datan de la edad del Bronce II.

Jaser, Libro de (heb. «libro del hombre justo»). Libro mencionado en Jos. 10:13; 2 Sam. 1:18 y, en la LXX, en 1 R. 8:53, que al parecer circuló antiguamente en el pueblo hebreo. Por lo que se desprende de estas citas, parece que el libro era una recopilación de poemas, que posiblemente irían acompañados de introducciones y explicaciones en prosa. Este libro, que evidentemente era bien conocido, se perdió totalmente. A lo largo de la historia se han presentado varios libros falsos con este nombre. El libro de Jaser ha llamado la atención por su conexión con el relato de la detención del Sol y la Luna por Josué.

Jasón (gr. «que cura»). Nombre propio griego que entre los judíos helenizantes sustituía al de Josué, Jesúa o Jesús. Corresponde a cuatro personajes del tiempo macabeo y a un cristiano.

1. Hijo de Eleazar, uno de los delegados que Judas Macabeo envió en embajada para establecer un tratado de amistad y alianza con los romanos (161 a.C., 1 Mac. 8:17; Josefo, *Ant.* 12, 10, 6).
2. Padre de Antípater, enviado a Roma para renovar y confirmar la amistad entre ambas naciones (1 Mac. 12:16; 14:22). Prob. se trata del mismo personaje que el anterior.
3. Jasón de Cirene, judío helenizante originario de la ciudad de Cirene, en el norte de África, a quien Ptolomeo Soter envió a Egipto (2 Mac. 1; Josefo, *Ant.* 12, 1). En Alejandría debió escribir una obra amplia en cinco volúmenes sobre las actividades bélicas y religiosas de los Macabeos, la cual sirvió de base al autor del segundo libro de Macabeos, cuya obra se presenta como compendio abreviado del extenso original. No se conocen las fuentes de las cuales Jasón obtuvo su información; tampoco se saben más datos de su vida que los aportados por su epitomizador.
4. Sumo sacerdote entre los años 174-171 a.C., hijo segundo de Simeón II y hermano de Onías III. Pertenecía al partido helenista y logro su puesto por disposición de Antíoco Epífanes —el cargo correspondía al hijo de Onías III—, a quien ofreció 440 talentos de tributo anual (2 Mac. 4:17). En su afán helenizante, Jasón construyó un gimnasio en Jerusalén (2 Mac. 4:7-9). Fue depuesto por su primo Menelao, gobernador del templo, que ofreció a Antíoco 300 talentos más que él (2 Mac. 4:23). Éste se vio obligado a huir al país de los amonitas (2 Mac. 4:26). Al rumorearse que Antíoco había muerto en su segunda expedición a Egipto, Jasón atacó Jerusalén y expulsó a Menelao, hasta que el inesperado regreso de Antíoco le hizo refugiarse de nuevo en territorio amonita (2 Mac. 5:5-7). Finalmente, acusado ante Aretas, rey de los árabes, fue acosado de ciudad en ciudad, huyendo a Egipto (2 Mac. 5, 8) y después a Esparta, donde falleció de un modo miserable, lejos de la tumba familiar (2 Mac. 5:9-10; cf. Dn. 12:30ss.).
5. Jasón de Tesalónica, anfitrión de Pablo y Silas en esa ciudad. Los judíos adversarios del mensaje cristiano llevaron a Jasón y a otros creyentes ante los magistrados, por haber ofrecido hospitalidad a extranjeros indeseables. Jasón y los demás fueron liberados después de haber pagado una fianza (Hch. 17:5-9). Tal vez haya que identificarlo con el Jasón, «pariente de Pablo», a quien saluda en su carta a los romanos (Ro. 16:21).

Jatir (heb. «prominente»). Ciudad de las montañas de Judá (Jos. 15:48) asignada a los levitas como ciudad de refugio tras la conquista de Canaán (Jos. 21:14; 1 Cro. 6:57). El rey David entregó a sus ancianos parte del botín que tomó a unos merodeadores amalecitas (1 Sam. 30:27). Los dos héroes jatireos de la guardia de David prob. eran oriundos de Jatir (2 Sam. 23:38; 1 Cro. 11:40).

Javán. Cuarto hijo de Jafet (Gn. 10:2), considerado tradicionalmente como padre de los jonios que establecieron colonias en la costa occidental de Asia Menor, y así se aplica para referirse a los griegos en general, especialmente en los libros proféticos, que recogen noticias sobre las actividades comerciales de estos pueblos y sobre los que pronuncian castigos por su unión con los enemigos de Israel o su dedicación a negocios ilícitos, como el tráfico de esclavos (Ez. 27:13; cf. Jl. 3:6). Alejandro el Grande es presentado como rey o príncipe de Javán, es decir, de Grecia (Dn. 8:21; 10:20; cf. Dn. 11:2; Zac. 9:13).

Jazer (heb. «provechosa»). Ciudad y distrito de Galaad al este del Jordán, antigua capital de un pequeño estado autónomo llamado «país de Jazer» (Nm. 32:1), conquistada por los israelitas a los amorreos (Nm. 21:32) y asignada a la tribu de Gad (Nm. 33:1, 3, 35; Jos. 13:25). Se convirtio en ciudad de refugio y residencia de los levitas hijos de Merari (Jos. 21:39; 1 Cro. 6:81), hasta que cayó en poder de Moab. Más tarde, Judas Macabeo la arrebató a los amonitas y la incendió (1 Mac. 5:7, 8). Localizada en Hirbet Gazzir, a unos 4 km al sur de el-Sat. Las ruinas principales cubren un cerro que domina gran parte del Wadi el-Salt.

Jebús (heb. «pisoteado», lugar para trillar). Nombre original de Jerusalén, habitada por los jebuseos (Jos. 15:8; 18:28; Jue. 19:10,11; 1 Cro. 11:4, 5). En comparación con la Jerusalén de tiempos de Salomón, el territorio de Jebús era muy pequeño. No obstante, constituyó un fuerte obstáculo para la libre circulación de los israelitas entre Judá y el norte del país, al hallarse estratégicamente situada en el monte de Sión en la vía de comunicación entre el norte y el sur de Palestina. Su ciudadela fue tomada por David, a partir de lo cual fue conocida por «ciudad de David» (2 Sam. 5:7; 1 Cro. 11:5). Ver JERUSALÉN.

Jebuseos. Primitivos habitantes de Jebús o Jerusalén, mencionados como descendientes de Canaán, hijo de Cam (Gn. 10:16; 15:21). Poco es lo que se conoce de ellos, sólo que moraban en Jebús. Según Nm. 13:29 los jebuseos ocupaban con los hititas y los amorreos el país montañoso, mientras que los cananeos ocupaban la llanura. El nombre de su rey Adonisec, del tipo de Melquisedec, parece indicar origen semítico. Cuando Josué comenzó la conquista, los jebuseos vivían en Jebús, un monte entre los valles del Cedrón y del Tiropeon, dominado, en su lado norte, por la colina llamada de Ofel, confiados en la poderosa defensa natural de la ciudad. Adonisec fue derrotado junto a sus aliados y muerto por Josué (Jos. 19:23-26). El territorio fue asignado a la tribu de Benjamín (Jos. 18:28). Hallándose en la frontera de su tribu, los de Judá se apoderaron de la ciudad y la incendiaron (Jos. 15:8; Jue. 1:8). Pero los jebuseos, o bien se hicieron fuertes en la ciudadela o bien recuperaron la ciudad después. Moraban, como extranjeros, entre los hijos de Judá y Benjamín (Jos. 15:63; Jue. 1:21; 19:11). Después de la conquista de David, quedaron jebuseos morando en Jerusalén. Arauna el jebuseo poseía el campo donde más tarde se construyó el templo (2 Sam. 24:16, 18; 2 Cro. 3:1). Salomón sometió a levas para las obras públicas a los jebuseos que habían quedado (1 R. 9:20, 21).

Jedutún (heb. «elogiador»). Levita de los hijos de Merari, director de la música del tabernáculo en tiempo de David, con Hemán el coatita y Asaf el gersonita (1 Cro. 23:6). Se le da el título de «vidente del rey» en 2. Cro. 35:15. Su función principal consistía en «alzar la voz con címbalos de metal» (1 Cro. 23:19). «Los hijos de Jedutún profetizaban con el arpa» (1 Cro. 25:3, 9), y oficiaron como directores de música en la dedicación del Templo (2 Cro. 5:12), en la purificación del Templo hecha por Ezequías (2 Cro. 29:14), en la Pascua celebrada por Josías (2 Cro. 35:15) y después de la cautividad (Neh. 11:17). El nombre de uno de ellos aparece en el título de los Sal. 39, 62 y 77. Probablemente es el mismo Etán que se menciona en el mismo libro (1 Cro. 15:17).

Jefté (heb. «Él [Dios] abrirá»). Juez de Israel durante seis años. Oriundo del país de Galaad, Jefté nació de la relación de su padre con una prostituta. Pasó su juventud en Galaad. Sus hermanos, nacidos de la esposa legítima de su padre, a la muerte de éste le echaron de casa pretextando su origen de otra mujer (Jue. 11:1-3). Se resintió profundamente de este comportamiento. Muchos años más tarde, acusó a los ancianos de Galaad, entre los cuales quizá se hallaban algunos de sus hermanos, de haberle aborrecido (Jue. 11:7). Jefté huyó al país de Tob, donde se dedicó a la caza para vivir. Su valor se hizo proverbial, y llegó a ser jefe de una partida de bandoleros. En la época de la expulsión de Jefté, los amonitas invadieron el territorio de Israel al este del Jordán, y se mantuvieron en él durante 18 años. En su angustia, los ancianos de Galaad se vieron en el extremo de tener que implorar el retorno de aquel mismo hombre que habían expulsado, y de suplicarle además que fuera su caudillo y libertador. Al ponerse a la cabeza de los galaaditas, Jefté informó a los efrainitas, su tribu vecina, del apuro de Galaad, y los exhortó a que socorrieran a sus hermanos, pero sin resultado alguno. Jefté intentó la solución por vía diplomática, por lo que entabló negociaciones con los amonitas. Pidió al rey la razón de aquella hostilidad. Éste adujo que los israelitas se habían apoderado de su tierra cuando subieron de Egipto. Su respuesta demostró que los israelitas no tenían otro remedio que recurrir a las armas. La victoria era incierta desde el punto de vista humano. Jefté hizo entonces un imprudente voto de ofrecer en holocausto a cualquiera que saliera a recibirle de su casa, si el Señor entregaba en sus manos a sus enemigos. Al volver de la derrota de los amonitas, Jefté fue recibido con panderos y danzas por su hija única. Quedó profundamente afectado, pero no cambió su voto. Es probable que fuera sacrificada. Las hijas de Israel adoptaron la costumbre de lamentar cuatro días al año su triste suerte. Los rabinos de la Edad Media quisieron explicar el hecho en el sentido de una inmolación espiritual, en la que Jefté consagraría a Dios a su hija en perpetua virginidad, lo cual, para una israelita, sería una inmensa tragedia (cf. Gn. 30:1; 1 Sam. 1:5, 6, etc.). Pero no hay duda de que Jefté se dejó llevar por su fe ruda y cumplió su promesa, dejar de hacerlo hubiera sido para él algo reprensible y grave, según la opinión de su tiempo.

Después de la aplastante victoria sobre los amonitas, que devolvió la libertad a Galaad, los hijos de Efraín, con su soberbia característica, se quejaron de no haber sido convocados por Jefté contra Amón (cf. Jue. 8:1-3). Jefté rebatió sus acusaciones, y los derrotó en batalla, haciendo una gran matanza de ellos (Jue. 12:4-6). Ya no se sabe nada más de él, sólo que murió y fue sepultado en su ciudad, Mispa de Galaad (Jue. 12:7).

Jehiel (heb. «viviente es Él [Dios]». Nombre de varios personajes del AT.

1. Uno de los levitas miembro del «segundo orden» designado por David para tocar el salterio durante el traslado del arca de la alianza hasta Jerusalén (1 Cro. 15:18, 20).
2. Hijo o descendiente de Hacmoni, que parece haber sido tutor de la familia real a finales del reinado de David (1 Cro. 27:32).
3. Levita, descendiente de Hemán, participó en la reforma de la religión de Israel en tiempo del rey Ezequías (2 Cro. 29:12-15).
4. Uno de los oficiales de la casa de Dios que contribuyó generosamente para la celebración de la Pascua y la renovación de los sacrificios en tiempo del rey Josías (2 Cro. 35:8).

Jehová. Transcripción castellana del nombre propio de Dios en el AT, compuesto por cuatro consonantes, *yhwh*, הֳוָהִי, conocidas por tetragramatón. La pronunciación «Jehová» proviene del hecho de que para la lectura en las sinagogas *yhwh* se leía *Adonai*, «Señor», y que a las consonantes del tetragrama — הֳוָהִי — se añadían las vocales de *Adonai* para recordar al lector el nombre que debía leer. Esta pronunciación se hizo común a partir de Pedro Galatino (año 1520), confesor del papa León X. Las investigaciones modernas indican que la pronunciación original fue Yahvé. Jehová es la forma que ha quedado consagrada por el uso en las versiones castellanas de la Biblia de Reina-Valera y Moderna, mientras que las versiones católicas recientes tienen invariablemente Yahvé.

El nombre Jehová-Yahvé aparece más frecuentemente que cualquier otro nombre divino, alrededor de 6.000 veces, ya sea solo o en conjunción con otro nombre divino. La forma corta, *Yâh* o Jah, aparece en Éx 15:6 y 17:16; también se encuentra unas cuantas veces en Isaías, y en 35 pasajes en los Salmos, donde las dos primeras menciones son Sal. 77:11 y 89:8. Forma parte de la expresión «Aleluya», esto es, «Alabad a Yâh», y también como un sufijo o prefijo en nombres compuestos como Elías y Josué.

De acuerdo a la tradición rabínica la verdadera pronunciación de Yahvé cesó de usarse en el tiempo de Simeón el Justo, quien fue, según Maimónides, un contemporáneo de Alejandro el Grande (*More Nebochim*, 1, 62). En cualquier caso, parece que el nombre sagrado ya no fue pronunciado después de la destrucción del Templo. La *Misná* hace referencia a esta cuestión más de una vez. Berachoth, 9, 5, permite el uso del Nombre Divino a manera de saludo; en Sanhedrin, 10, 1, Abba Shaul niega cualquier participación en el mundo futuro a quien lo pronuncia como está escrito; de acuerdo a Tamid, 7, 2, los sacerdotes en el Templo (o tal vez en Jerusalén) pueden emplear el verdadero Nombre Divino, mientras que los sacerdotes en el país (fuera de Jerusalén) tenían que contentarse con el nombre Adonai; de acuerdo a Maimónides el verdadero Nombre Divino era usado únicamente en el santuario por los sacerdotes que impartían la bendición y por el sumo sacerdote el Día del Perdón.

Josefo confiesa que no le está permitido tratar del Nombre Divino (*Ant.* 2, 12, 4); en otro lugar dice que los samaritanos erigieron en el Monte Garizim un *anonymon ieron* (*Ant.* XII, v. 5). Esta veneración extrema por el Nombre Divino debe haber sido prevaleciente al tiempo en que se hizo la versión Septuaginta, porque los traductores siempre sustituyen Yahvé-Yahvé por *Kyrios* (Señor). Eclo. 23:10 parece prohibir únicamente el uso irreverente del Nombre Divino, aunque no puede

negarse que Jehováh no es empleado tan frecuentemente en los libros canónicos más recientes del AT como en los libros más viejos. Sería difícil determinar en qué momento esta reverencia por el Nombre Divino se originó entre los hebreos. Los escritores rabínicos derivan de Lev. 24:16 y Éx. 3:15 la prohibición de pronunciar el tetragramatón.
Debido a esta prohibición y al misterio con el que los judíos siempre han envuelto este nombre sagrado de Dios, los críticos han diferido tanto acerca de su pronunciación, como de su origen y significado. Hay un acuerdo generalizado en considerar el nombre Yahvé como una expresión distintiva de la personalidad del Ser Supremo. Es un nombre propio y denota la Persona de Dios, y sólo la de Él, en tanto que Elohim participa más del carácter de un nombre común, denotando por lo general, pero no necesaria ni uniformemente, el Ser Supremo. Un hebreo puede decir *el* Elohim, el verdadero Dios, en oposición a todos los falsos dioses; pero nunca dice *el* Yahvé, porque Yahvé es el nombre del Dios único y verdadero.
El significado y, con toda probabilidad, la etimología de este nombre se debe buscar en Éx. 3:14, 15, donde, en respuesta a la pregunta de Moisés con respecto al nombre del *'Elôhîym* que le estaba dirigiendo la palabra, Dios dijo a Moisés: «Yo soy el que soy. Así dirás a los hijos de Israel: Yo soy me envió a vosotros... Yahvé, el 'Elôhîym de vuestros padres, el 'Elôhîym de Abraham, 'Elôhîym de Isaac y 'Elôhîym de Jacob, me ha enviado a vosotros. Éste es mi nombre para siempre; y éste es mi memorial para todas las generaciones».

Jehová de los Ejércitos. Expresión frecuentemente empleada en el AT (1 Sam. 1:3; Is. 54:5; Os. 12:6, etc.), más particularmente en los libros preexílicos (Samuel, Reyes, Salmos, Isaías, Amós). Este nombre compuesto viene a ser sinónimo de Todopoderoso, Dominador supremo, Dueño de todo el cosmos. Versiones modernas como la Biblia de Jerusalén traducen directamente Yahvéh Sebaot.
En Éx 12:41 los israelitas reciben el nombre de «las huestes de Yahvé», y por ello se ha supuesto que el título «Yahvé de los ejércitos» mencionado significa el Capitán o Defensor de las milicias de Israel. Otros consideran que la expresión se refiere al gobierno de Dios sobre «el ejército del cielo», esto es, las estrellas, mientras que otros la relacionan con el hecho de que Dios está asistido por huestes de ángeles que están siempre dispuestas a obedecer su voluntad. Esta expresión es frecuentemente utilizada en los profetas menores con especial referencia a la majestad de Dios, y, en ocasiones, también con referencia a su cuidado hacia Israel (2 Sam. 7:26; Sal. 46:7; 48:8; Zac. 2:9). Probablemente este nombre le indicaría a un judío que Dios era un Ser que tenía a

sus órdenes muchas agencias espirituales y materiales, y que el universo de materia y el mundo de la mente fueron no solamente creados, sino también organizados y estructurados por Aquél que «cuenta el número de las estrellas; a todas ellas llama por sus nombres» (Sal. 174:4; cf. Is. 40:26).

Jehú (heb. «El viviente»). Nombre de varios personajes del AT.

1. Benjamita oriundo de Anatot; fue uno de los que se unió a David en Siclag (1 Cro. 12:3).
2. Hijo de Josibías, de la tribu de Simeón. Su nombre figura entre los que fueron los principales entre sus clanes, y sus casas paternas se multiplicaron muchísimo. Ellos llegaron hasta la entrada de Gedor, hasta el oriente del valle, buscando pastos para sus ganados (1 Cro. 4:35).
3. Profeta, hijo de Hanani, de Judá, aunque sus acciones se dirigen hacia Israel. Pronunció la profecía de juicio contra Baasa y su dinastía, por persistir en la práctica del pecado de Jeroboam I (1 R. 16:1-4, 7), juicio que se cumplió literalmente (v. 12). Censuró a Josafat por haber concertado alianza con la casa de Acab (2 Cro. 19:2), y escribió memorias relatando los actos de Josafat (2 Cro. 20:34).
4. Fundador de la cuarta dinastía de los reyes de Israel. Hijo de un cierto Josafat y nieto de Nimsi (1 R. 19:16; 2 R. 9:2). Jehú era un oficial, al servicio de Acab (2 R. 9:25). Al ser rechazados Acab y Jezabel a causa de sus crímenes, Dios ordenó a Eliseo que ungiera a Jehú como rey de Israel (1 R. 19:16-17). Eliseo, sucesor de Elías, envió a un joven profeta para que lo hiciera así y le diera orden de destruir a la casa de Acab. Así lo hizo Jehú, que dio muerte a Joram y a Ocozías nieto de Acab; por orden de Jehú, Jezabel fue echada abajo desde una ventana. Ella había introducido en Israel el culto a Baal, e instigado muchos otros crímenes, entre ellos el de Nabot (2 R. 9:1-37). Después, Jehú persuadió a los ancianos de Samaria para que dieran muerte a los setenta hijos de Acab (2 R. 9:7-8). Estas acciones, a pesar de su carácter sanguinario, fueron actos de obediencia y la ejecución que le había sido especialmente encomendada de los terribles juicios de Dios sobre la casa de Acab (2 R. 10:30). Pero no se puede decir que su motivo único fuera el de glorificar al Señor, pues no se había entregado de todo corazón a Dios (2 R. 10:31). El profeta Oseas condena sus motivos (Os. 1:4). Jehú hizo dar muerte a los principales oficiales, consejeros y amigos de Acab, y después a los 42 hermanos de Ocozías. Finalmente, convocó a los sacerdotes de Baal y a sus adoradores a una gran fiesta a celebrar en honor de su dios; todas las personas que entraron en el templo de Baal fue-

ron masacradas (2 R. 10:12-28). Pero, a pesar de todo, Jehú no siguió la Ley de Yahvé, ni abandonó el culto de los becerros de oro de Bet-el (2 R. 10:29, 31). Accedió al trono alrededor del año 842 a.C. Según los documentos asirios, aquel año pagó tributo a Salmansar, que se había dirigido a Israel para combatir contra Hazael rey de Damasco. En el Obelisco Negro descubierto en Tell Nimrud se representa el pago del tributo por parte de Jehú, cuyo nombre se menciona en la inscripción. Jehú reinó 28 años (2 R. 10:36). Hacia el año 821 a.C., el rey, que había envejecido y ya no podía dirigir el ejército, asoció con él en el gobierno a su hijo Joacaz. Fue en época de Jehú que Israel empezó a disgregarse (2 R. 10:32).

Jemima (heb. «luz del día»). Primera de las tres hijas de Job, tenida después de las pruebas a que fue sometido el patriarca (Job 42:14). Cada nombre de ellas simboliza y describe la prosperidad presente de Job, en contrastre con su miseria anterior. Así, Jemima significa «luz del día», después de su «noche» de calamidad; también puede significar «paloma», «dulzura» tras la amargura del trance; Quesia, «hierba aromática» en lugar de la úlceras y el estiércol sobre el que moraba; Queren-hapuj, «cuerno de cosméticos», con que las mujeres se coloreaban los párpados, en contraste al «cuerno contaminado en el polvo» (Job 16:15), de la previa experiencia de Job.

Jeremías (heb. «levantado [designado] por Yahvé»). Nombre de ocho o nueve personajes del AT.

1. Nombre de un benjamita y dos gaditas que se unieron a David en Siclag (1 Cro. 12:4, 10, 13).
2. Jefe de una familia de la tribu de Manasés, al este del Jordán (1 Cro. 5:24).
3. Hombre oriundo de Libna, padre de Hamutal, la esposa del rey Josías y madre del rey Joacaz (2 R. 23, 30, 31).
4. Hijo de Habasinías y padre de Jaazanías, recabita (Jer. 35:3).
5. Uno de los sacerdotes principales que volvieron de Babilonia con Zorobabel (Neh. 12:1, 7). Una familia patriarcal lleva su nombre a la siguiente generación (Neh. 12:12).
6. Sacerdote, indudablemente jefe de una casa patriarcal; puso su sello al pacto que hicieron los que se mantuvieron separados de los pueblos extranjeros, a fin de seguir la Ley de Dios (Neh. 10:2).
7. Profeta, autor del libro que lleva su nombre. Hijo de un sacerdote llamado Hilcías, de Anatot, en el territorio de Benjamín (Jer. 1:1). Jeremías fue llamado mediante una visión al ejercicio del ministerio profético. Era entonces un hombre joven consciente de su falta de

madurez, de experiencia y de elocuencia. El Señor extendió su mano, tocando la boca de Jeremías, y dándole palabras divinas. Le dio poder sobre las naciones y reinos, para arrancar y destruir, arruinar y derribar pero también para edificar y plantar. El Señor le informó de que sería objeto de violenta oposición por parte de los jefes, de los sacerdotes, del pueblo, pero que sus adversarios no prevalecerían sobre él (Jer. 1:4-10). Jeremías comenzó a profetizar en el año decimotercero del reinado de Josías, y siguió haciéndolo hasta la captura de Jerusalén, en el mes quinto del año undécimo de Sedecías (Jer. 1:2, 3). Así, el ministerio público del profeta fue de: 18 años bajo Josías, 3 meses bajo Joacaz, 11 años bajo Joacim, 3 meses bajo Joaquín, 11 años y 5 meses bajo Sedecías, con un total de 41 años. Y después de esto no abandonó su ministerio profético (Jer. 42-44). Los hombres de Anatot, su ciudad natal, se hallaron entre sus primeros adversarios. Amenazaron matarle si seguía profetizando. Jeremías siguió haciéndolo, a pesar de las persecuciones, pero sufrió cruelmente por la oposición contra la obra del Señor de parte de sus conciudadanos, miembros del pueblo elegido. El profeta se remite al juicio divino (Jer. 11:18-23; 12:3). La hostilidad, iniciada en Anatot, se generalizó, suscitando de nuevo la apelación del juicio de Dios (Jer. 18:18-23; cf. Jer. 20:12). Jeremías permaneció fiel, a pesar de las calumnias y persecuciones. En el cuarto año del reinado de Joacim, Jeremías dictó las profecías que había pronunciado durante los anteriores veinte años; Baruc, el escriba, las escribió en un rollo. Por una razón que no se da, Jeremías tenía prohibido acudir al Templo. Así, dio orden a Baruc de que fuera con el rollo a la casa de Dios, y que leyera allí las profecías ante las personas que acudían con ocasión de ayuno. Al final, se acabó mostrando el rollo al rey que, habiendo ordenado que le leyeran algunas columnas, lo rasgó con un cortaplumas, y lo arrojó al fuego (Jer. 36:1-26). El Señor ordenó a Jeremías que inmediatamente dictara un segundo rollo semejante al primero, pero con adiciones (Jer. 36:27-32). Un enemigo de Jeremías, el sacerdote Pasur, que era gobernador del Templo, hizo azotar a Jeremías y ponerlo en el cepo, pero al día siguiente lo puso en libertad (Jer. 20:1-3). Durante el sitio de Jerusalén, las profecías de Jeremías anunciaron la victoria de los caldeos y la cautividad de Judá; las autoridades judías pretendieron no considerarlas desde el punto de vista religioso, sino desde el punto de vista político y militar. Afirmaron que estas sombrías afirmaciones derrotistas desalentaban a los defensores de Jerusalén. Cuando los caldeos levantaron el sitio a fin de ir a presentar batalla a las tropas expedicionarias egipcias que acudían en socorro de Sedequías, Jeremías quiso aprovechar la ocasión para salir de la ciudad y dirigirse a Anatot. Acusado de desertor y de querer pasarse a los caldeos, fue encarcelado (Jer. 37:1-15), donde estuvo mucho tiempo. El rey Sedecías lo hizo sacar y lo dejó estar en el patio de la prisión (Jer. 37:16-21), pero pronto los príncipes lo hicieron echar al fondo de una cisterna vacía, con el fondo lleno de lodo, para dejarlo morir allí (Jer. 38:1-6). Un eunuco etíope se compadeció de Jeremías, y consiguió del rey permiso para sacarlo de allí y devolverlo al patio de la cárcel; allí se encontraba el profeta cuando Jerusalén fue tomada (Jer. 38:7-28). Los caldeos consideraron que Jeremías había sufrido por ellos, y Nabucodonosor dio orden de que se velara por él. Nabuzaradán, habiéndole dado víveres y presentes, lo puso bajo la protección de Gedalías, a quien Nabucodonosor había nombrado gobernador de Judá (Jer. 39:11-14; 40:1-6). Cuando Gedalías fue asesinado por Ismael, Jeremías exhortó a los judíos a que no se dirigieran a Egipto, pero todo fue en vano. Partieron para Egipto, obligando a Jeremías a seguirles (Jer. 41:1; 43:7). Jeremías pronunció sus últimas predicciones en Tafnes, en tierra de Egipto (Jer. 43:8-44:30). No se conocen ni la fecha ni las circunstancias de su muerte.

Jeremías, Libro de. Segundo de los libros proféticos, en el canon judío figura entre los profetas posteriores. Llamado en su juventud por Dios, vivió el período trágico de preparación y cumplimiento de la ruina del reino de Judá. La carga de su mensaje le hizo lanzar amargos lamentos, y el mismo deseo de no haber nunca nacido (Jer. 15:10; 20:14-18). El libro se puede dividir en tres partes. La primera contiene las predicciones relativas al inminente juicio del reino de Judá, y la promesa del recogimiento después del exilio (Jer. 2-33). En esta sección se halla una denuncia contra Judá (Jer. 2-20), acusaciones contra las autoridades civiles y religiosas (Jer. 21-23) y la revelación del objeto y de la dureza del castigo (Jer. 24-29; cf. Jer. 25:11; Dn. 9:2). Los capítulos 30-31 son llamados también «el libro de la consolación» o de las promesas.
La segunda contiene el relato del castigo (Jer. 34-44). El profeta denuncia la corrupción que reinaba poco antes de la caída de Jerusalén (Jer. 34-38). Relata la toma de Jerusalén y su destrucción (Jer. 39), el lamentable estado en que quedaron los supervivientes, y las profecías que les fueron dirigidas (Jer. 40-44). La tercera contiene las predicciones relativas a las naciones extranjeras (Jer. 46-51); estas profecías van precedidas de un mensaje a Baruc (Jer. 45). El capítulo 52 es un apéndice histórico y habla de la caída de Jerusalén y del comienzo del destierro. Probablemente fue añadido por un escriba posterior, quizá Baruc (cf. Jer. 51:64).

Jeremías dictó ciertas de sus profecías bajo el reino de Joacim, pero el rey destruyó el rollo (Jer. 36:1, 23); fueron inmediatamente vueltas a escribir, con importantes adiciones (Jer. 36:32). El libro que poseemos en la actualidad es aún más amplio, por cuanto contiene también las últimas profecías. Es una redacción que hizo el mismo Jeremías al final de su ministerio; reunió textos que pertenecían a diversas épocas, y puso por separado otros que son de un mismo período. Como se puede apreciar, el plan en la redacción de su libro no es cronológico, sino moral.

El concepto fundamental es el de la eficacia de la palabra divina, que le hace merecer el título de «teólogo de la palabra de Dios». Otro tema es el de la intervención divina contra la infidelidad y la dureza de sus connacionales. Además, la visión de la restauración mesiánica y universal, la ley de la alianza escrita no como al principio, en tablas de piedra, sino en lo interior del corazón (Jer. 24:7; 31:33; 32:39, 40). Nunca se ha dudado seriamente de la autenticidad de esta obra. En la LXX, el orden de los caps. es un poco diferente; en particular, los caps. 46-51 se encuentran entre los vv. 13 y 14 del cap. 25, y se evidencian varias omisiones (indudablemente debido a una tendencia del traductor a la brevedad).

Jericó (heb. «lugar fragrante»). Antigua ciudad situada en el valle del Jordán (Dt. 34:1, 3), a unos 11 km del río Jordán y 14 km del mar Muerto, y aproximadamente a 27 km de Jerusalén. En la actualidad pertenece a Jordania; junto a la ciudad moderna se encuentran las ruinas de varias poblaciones antiguas, entre las que se han ubicado la Jericó antigua: Tell el-Sultán; y la Jericó del NT: Tell Abu el `Aláyiq, distantes entre sí menos de 2 km

Jericó estaba situada en una llanura fértil, en la parte inferior de la cuesta que conduce a la montañosa meseta de Judá, a unos 250 m sobre el nivel del mar Mediterráneo. Es prob. una de las ciudades más antiguas del mundo, aunque extrañamente no aparece en ningún texto antiguo de Oriente. Fue la primera fortaleza que encontraron los israelitas en su marcha hacia el Oeste y jugaba un papel estratégico de vital importancia. Tres ciudades diferentes con el nombre de Jericó han ocupado el mismo lugar sucesivamente. La ciudad había sido proclamada anatema. A excepción de Rahab, que había dado refugio a los espías, y su familia, todos los demás habitantes fueron muertos. El oro, la plata, los objetos preciosos, entraron al tesoro de Yahvé. Josué lanzó una maldición contra quien reconstruyera la ciudad (Jos. 5:13-6:26). Destruida la ciudad, quedó habitado el oasis, como ciudad abierta, y por esto algunos autores explican que Jue. 1:16 y 3:13 la de-

signe exclusivamente con el nombre de «ciudad de las palmeras» (cf. Dt. 34:3).
Asignada a la tribu Benjamín, dio origen a la Jericó de Benjamín (Jos. 18:21), la cual fue dominada durante un tiempo por Eglón, rey de Moab (Jue. 3:12), hasta que Ehud liberó a Israel del yugo moabita, reconquistando Jericó. Con la cautividad de Babilonia, Jericó quedó despoblada o poco menos, para ser repoblada por 345 cautivos que regresaron del destierro (Esd. 2:34; 7:36), los mismos que prob. ayudaron a construir los muros de Jerusalén (Neh. 3:2). En el período de los Macabeos, Jericó recuperó su gran valor estratégico. Habiendo caído en manos de los sirios, el general Báquides construyó una fortaleza para proteger el lado este de Judea (1 Mac. 9:50).
Los Evangelios hablan de visitas de Jesús a esta Jericó, los tres Sinópticos narran la curación del ciego, o de dos ciegos (Mt. 20:29-34; Mc. 10:46-52 y Lc. 18:35-43), llamado Bartimeo según Mateo. La parábola del Buen Samaritano se sitúa sobre el camino de Jerusalén a Jericó (Lc. 10:30). Zaqueo, a quien Jesús llamó para hospedarse en su casa y darle la salvación, habitaba en Jericó (Lc. 19:1, 2). La ciudad fue completamente destruida durante la guerra judía de los años 60 y sirvió algunos días como campamento romano (Josefo, *Guerras*, 8, 2; 9, 13). La ciudad moderna es una aglomeración de palmeras, parques amplios y ricos y edificios atractivos, construida por árabes ricos. Durante la guerra de los Seis Días, en 1967, fue anexionada por Israel.

Jerjes. Nombre de tres reyes de Persia. El más famoso de ellos, Jerjes I (485-464), hijo de Darío, fue uno de los monarcas de la XXVII dinastía de Egipto. Después de sofocar una revuelta en este país, emprendió una gran expedición contra Grecia (480 a.C.), que acabó en derrota. Murió asesinado por su primogénito. Se le identifica con Asuero. Ver ASUERO.

Jeroboam (heb. «aumente el pueblo»). Nombre de dos monarcas del reino del Norte o reino de Israel.

1. Jeroboam I, primer rey del reino del Norte después del cisma de las diez tribus. Era hijo de Nabat, de la tribu de Efraín. Reinó veintidós años (973-951 a.C.). Colocado por el rey Salomón a cargo de los tributos de Efraím y Manasés (1 R. 11:26-28). En esa calidad él vigilaba los trabajos de los miembros de su tribu en la construcción de la fortaleza Mello en Jerusalén y de otras obras públicas, de manera que llegó a ser conocedor del descontento general causado por las extravagancias que marcaron el reinado de Salomón. Antes

de finalizar el reinado de éste, Jeroboam recibió del profeta Ahías una insinuación de que estaba destinado a reinar sobre diez de las tribus que en castigo de la idolatría de Salomón estaban a punto de romper su fidelidad a él y a su casa. Al mismo tiempo fue prometido que si Jeroboam era fiel al Señor su casa sería confirmada en autoridad sobre Israel (1 R. 11:29-38). No satisfecho a esperar la muerte del rey, el tiempo establecido por el profeta para el cumplimiento de la promesa, Jeroboam instigó una revuelta que no tuvo éxito, y fue obligado a huir, refugiándose con el faraón Sisac en Egipto, donde permaneció hasta la muerte de Salomón en el 973 a.C. (1 R. 11:40). Al reclamar las diez tribus a Roboam que les aliviara las cargas de los impuestos y levas que les habían sido impuestas por su padre, éste replicó con dura altanería, lo que dio lugar al cisma nacional (1 R. 12:1-17; 2 Cro. 10:1-17). Jeroboam fue proclamado rey sobre las diez tribus (1 R. 12:20). A Roboam permanecieron fieles solamente las tribus de Judá y Benjamín.
Jeroboam estableció su cuartel general en Siquén, y pronto agregó al cisma político otro religioso. Temiendo que sus súbditos le fueran desleales si iban a Jerusalén a adorar, erigió dos becerros de oro, uno en Dan, el extremo norte de sus dominios, y el otro en Betel, el extremo sur, propiciando la adoración de Yahvé bajo el simbolismo de estos dos becerros (1 R. 12:25-33). Expulsó a los levitas del sacerdocio (1 R. 12:31-33; 2 Cro. 11:13-15). Durante su reinado fueron constantes las guerras con Roboam (cf. 1 Cro. 12:15).

2. Jeroboam II. Hijo de Joás y sucesor suyo sobre el trono de Israel, cuarto rey de la dinastía de Jehú. Fue hecho corregente en el año 793 y reinó en solitario durante treinta años (782-752). Consiguió extender sus territorios derrotando a los sirios, y recobró Hamat y Damasco. No se sabe el tiempo que le llevó efectuar sus numerosas e importantes conquistas. Tuvo un reinado de una duración inusitada, extendiéndose, según nuestro texto actual, sobre un espacio total de cuarenta y un años (2 R. 14:23). Su reinado estuvo regido por la paz y la prosperidad, como en los días de Salomón (2 R. 13:5). De manera que, desde el punto de vista político, Jeroboam fue un gobernante inteligente y enérgico, pero respecto a sus actividades religiosas, tal como son valorados los gobernantes por los autores sagrados, su reinado se resume en este refrán: «No se apartó de todos los pecados de Jeroboam, hijo de Nabat, el que hizo pecar a Israel». Amós profetizó que moriría a espada (2 R. 13:13; 14:16-29; 15:1, 8; 1 Cro. 5:17; Os. 1:1; Am. 1:1; 7:9-11).

Jerusalén. Capital de Israel, originalmente llamada Jebús. Para los hebreos, este nombre significa «fundamento de la paz; posesión de la paz»; pero su etimología es incierta.

Jerusalén se halla en una meseta sobre la cordillera central que constituye el eje dorsal de Palestina, en uno de sus puntos más elevados (800 m sobre el nivel del mar Mediterráneo). Se halla a la misma latitud que la extremidad septentrional del mar Muerto. Excepto en su parte norte, la ciudad está separada del resto de la meseta por profundos barrancos o torrenteras. Este promontorio está cortado a su vez por una depresión llamada Tiropeón; esta depresión desemboca en el ángulo sureste del promontorio, en la unión de los barrancos meridional y oriental (Hinom y Cedrón, respectivamente). Subiendo desde allí, el Tiropeón se extiende hacia el norte en un arco, a lo largo de más de 1,5 km; a la mitad, desde la zona cóncava, proyecta una ramificación que se dirige directamente hacia el oeste. Ésta era la configuración original de la localidad; pero, con el curso de los siglos, los trabajos urbanos y las devastaciones de las guerras rebajaron las alturas y terraplenaron las depresiones. Las ramificaciones de estos valles rodean tres colinas principales: una al este, otra al sudeste y otra al noroeste. Estas tres colinas y sus barrancos protectores hacían de Jerusalén una ciudad inexpugnable (2 Sam. 5:6), rodeada y dominada además por otras alturas (Sal. 125:2).

En el transcurso de asedios largos y terribles, los moradores de Jerusalén padecieron hambres atroces, pero no parece que carecieran nunca de agua. Al este de la ciudad antigua, en el valle del Cedrón, hay una fuente de aguas vivas bien conocida: la fuente de Gihón. Sus abundantes aguas llegaban al estanque de Siloé, situado en el extremo sur de la colina. A las fuentes acompañaban las cisternas. Las torres que dominaban las murallas tenían grandes depósitos de agua de lluvia (*Guerras* 5, 4, 3), numerosas cisternas de las que todavía existen en gran cantidad estaban diseminadas por la ciudad.

En la época de Cristo Jerusalén tenía dos murallas al norte, pronto adquirió una tercera. El perímetro de las murallas era de 33 estadios, o alrededor de 6 km . La torre Antonia estaba contigua al Templo, y el palacio de Herodes, con sus torres que dominaban la muralla al oeste, vino a unirse a las fortificaciones ya existentes.

Jeshúa o **Jesúa** (heb. «Yahvé es salvación»). Nombre de diez personajes, en su mayoría levitas, y de una aldea de Judá en el Néguev, ocupada por los que regresaron de la cautividad (Neh. 11:26). Se identifica con Tell el-Sawah, situado al noroeste de Tell el-Milh y en donde existen restos de fortificaciones.

Jesucristo. Nombre compuesto por Jesús y Cristo, que no es, como en el caso de Simón Pedro, Juan Marcos, o José Barnabás, un doble nombre, o nombre y apellido, sino como en el caso de Juan el Bautista o Simón el Mago, un nombre propio seguido de un título oficial. Jesús es el nombre propio, mientras que Cristo es el título griego que corresponde al hebreo Mesías.

Las circunstancias del nacimiento de Jesús relatadas por los Evangelios corresponden al significado transcendente de su vida, iluminada por las profecías mesiánicas. El ángel Gabriel se apareció a Zacarías, y le anunció que sería el padre del precursor anunciado. Esta aparición tuvo lugar, probablemente, en el año 5 a.C. Después de ello, Elisabet y Zacarías se dirigieron de vuelta a su mansión, situada en un pueblo del país montañoso de Judá (Lc. 1:39). Allí esperaron el cumplimiento de la promesa. Seis meses más tarde se apareció un ángel a María, virgen de la familia de David; esta doncella de Nazaret estaba prometida a un hombre llamado José, que descendía de David, el gran soberano de Israel (Mt. 1:1-16; Lc. 1:27). José, israelita piadoso y de humilde condición a pesar de su noble linaje, era carpintero. El ángel anunció a María que, por el poder del Espíritu Santo, ella vendría a ser la madre del Mesías (Lc. 1:28-38); el niño, cuyo nombre debía ser Jesús, heredaría el trono de su antecesor David. El ángel anunció a María también que su prima Elisabet estaba embarazada. Cuando el ángel se hubo ido, María se apresuró a ir a visitar a Elisabet. Al encontrarse, el Espíritu de la profecía entró en ellas. Elisabet, saludando a María, la llamó la madre de su Señor; María, a ejemplo de la Ana de la antigüedad (1 Sam. 2:1-10) entonó un cántico de alabanzas, celebrando la liberación futura de Israel, y el honor que le había sido concedido. José, al ver el estado en que se hallaba María, quiso romper con ella en secreto, sin acusarla en público. Pero Dios no le permitió actuar así. Un ángel le reveló en sueños la razón del embarazo de María; le dijo que el niño iba a ser el Mesías, y que debía nacer de una virgen, tal como lo había profetizado Isaías. José obedeció la voz del ángel, por cuanto su fe era tan profunda como la de María, y no la abandonó. El niño nació de la virgen María, pero legalmente tuvo al mismo tiempo un padre humano, cuyo amor y honorabilidad protegieron a María.

Lucas relata el nacimiento de Juan el Bautista (Lc. 1:57-79) y a continuación explica la razón de que Jesús naciera en Belén (Lc. 2:1-6), circunstancia relacionada con el censo ordenado por Augusto. Unos ángeles se aparecieron a unos pastores que pasaban la noche con sus rebaños en los campos cercanos a Belén. Les revelaron el nacimiento del Mesías, el lugar donde había nacido (Lc. 2:14). Los pastores se apresuraron a ir a Belén, hallaron al Niño, y relataron lo que habían visto y oído, volviendo después a su lugar. José y María se quedaron por un tiempo en Belén. Al octavo día, el niño fue circuncidado (Lc. 2:21) y le fue dado el nombre de Jesús, según las instrucciones que habían recibido.Cuarenta días después de su nacimiento, José y María subieron al Templo, en cumplimiento de la Ley (Lc. 2:21, cf. Lv. 12). Simeón, un piadoso anciano, se dirigió al santuario, movido por el Espíritu, y al ver al Niño, lo tomó en sus brazos y dio las gracias a Dios (Lc. 2:25-35). Ana, anciana profetisa que estaba siempre en el Templo, daba también testimonio de que el Cristo había venido (Lc. 2:36-38). Poco después de la vuelta de José y María a Belén, llegaron los magos de Oriente a Belén, preguntando por el rey de los judíos que acababa de nacer (Mt. 2:2, 16). Sus palabras intrigaron a Herodes, que convocó a los escribas para preguntarles dónde debía nacer el Mesías. Al enterarse de que era en Belén, Herodes envió allí a los magos, pero haciéndoles prometer que le harían saber quién era. En el camino, los magos volvieron a ver la estrella, que se detuvo sobre Belén y sobre donde estaba el Niño. Habiendo hallado a Jesús, le ofrecieron presentes de gran precio: incienso, oro y mirra. El incienso es la ofrenda que corresponde a Dios, el oro, la imagen del tributo debido al Rey, y la mirra, la profecía de los sufrimientos del Mesías (Jn. 19:39; cf. Mt. 26:12; Lc. 24:1). Después de esto, Dios advirtió a los magos para que no volvieran a Herodes, así, se dirigieron a su país por otro camino. Un ángel previno a José, dándole instrucciones de que se dirigiera con María y el Niño a Egipto, a fin de sustraerlo de la acción de Herodes. No conocemos la duración de la estancia del Señor en Egipto; probablemente no fue de más que unos pocos meses, porque Herodes murió en el año 3 a.C. Numerosos judíos vivían entonces en aquel país, por lo que José no debió tener dificultades en hallar asilo. Cuando pasó el peligro, el ángel informó a José de la muerte del tirano, y le ordenó que volviera a Israel. José se había propuesto criar al Niño en Belén, la ciudad de David, pero por temor de Arquelao, hijo de Herodes, quedó indeciso y, por nuevo mensaje de Dios, fue con los suyos a Nazaret en Galilea. Cuando Jesús comenzó su ministerio público, se le llamó «el profeta de Nazaret» o «el nazareno».

Después de establecerse en Nazaret, nada se nos dice de la vida de Jesús, excepto el incidente de la visita al Templo donde, a la edad de 12 años, acompañó a sus padres (Lc. 2:41-51). Jesús, se interesaba especialmente en los problemas religiosos de que trataban los rabinos judíos en sus lecciones, hasta el punto de separarse de sus padres durante tres días. Todos se asombraban de su inteligencia, de sus preguntas y de sus respuestas (Lc. 2:52). Jesús hablaba arameo, lengua que había tomado el lugar del antiguo hebreo entre la población judía para esta época; pero es seguro que oyó el griego, y es posible que lo conociera. Los evangelistas pasan en silencio todo este período de su vida, por cuanto sus escritos no se proponen dar su biografía, sino relatar su ministerio público.

Cuando Juan, hijo de Zacarías (Lc. 1:80), recibió de Dios la misión de llamar a la nación al arrepentimiento, porque el Mesías iba a presentarse, abandonó el desierto donde había vivido de manera ascética, y se dedicó a ir a lo largo del Jordán, bautizando de lugar en lugar a aquellos que recibían su mensaje (Mt. 3; Mc. 1:1-8; Lc. 3:1-8; Jn. 1:19-36). El ministerio de Juan tuvo una importancia profunda e inmensa. Multitudes acudían a oírle. Después de haber ejercido Juan su ministerio durante un cierto tiempo, seis meses o quizás más, Jesús apareció entre la multitud y pidió al profeta que lo bautizara (Mt. 3:13-14). El bautismo de Jesús significa que se entregaba a la obra anunciada por Juan, y que tomaba, en gracia, su lugar entre el remanente arrepentido del pueblo que había venido a salvar. Al salir del agua (Mc. 1:10; Jn. 1:33-34), Juan vio que el cielo se abría y que el Espíritu de Dios, en forma de paloma, descendía y reposaba sobre Jesús; una voz hizo saber esto desde el cielo: «Éste es mi Hijo amado, en quien tengo complacencia» (Mt. 3:17).

De inmediato el Espíritu lo llevó al desierto. Satanás se presentó entonces, intentando desviarlo de su misión (Mt. 4:1-11; Lc. 4:1-13). La prueba duró cuarenta días; plenamente consagrado al destino de humildad y de sufrimientos que sabía era la voluntad de Dios para el Mesías, Jesús volvió al valle del Jordán.

Jesús comenzó su obra sin proclamaciones espectaculares. Juan el Bautista dirigió a algunos de sus propios discípulos hacia Aquel que él calificó como el Cordero de Dios (Jn. 1:29, 36). Dos de ellos, Andrés y, probablemente, Juan, siguieron a su nuevo Maestro (Jn. 1:35-42); a la mañana siguiente, Jesús llamó a Felipe y a Natanael (Jn. 1:43-51). Así, poco a poco, reunió en torno a su persona, doce discípulos escogidos. Su ministerio se centró especialmente en Galilea, con breves incursiones en Samaria y en algunas ciudades de la Decápolis. Jerusalén, la ciudad santa del judaísmo, sería su lugar de prueba, sufrimiento y gloria. Es imposible establecer de una manera precisa la sucesión de los movimientos de Jesús, por cuanto el relato de Lucas, la fuente principal de enseñanzas para este período, no sigue un orden cronológico preciso. Pero los hechos esenciales son cosa bien conocida. Jesús atrae la atención del país entero, incluyendo Judea. Envía a los setenta para anunciar su llegada; se presenta en Jerusalén durante la fiesta de los Tabernáculos (Jn. 7); después, una vez más, durante la fiesta de la Dedicación (Jn. 10:22). En estas dos circunstancias se presenta al pueblo en varias ocasiones. Declara ser la Luz del mundo, el Buen Pastor de la grey de Dios, y lucha audazmente contra las autoridades que se oponen a sus enseñanzas. Recorre asimismo Judea y Perea, explicando al pueblo, de una manera bella y concreta, en qué consiste la vida espiritual auténtica, y qué concepción debemos tener de Dios y del servicio que debemos rendirle. Sus parábolas son su peculiar forma de hacer teología y mostrar el verdadero carácter de Dios, que es amor. No reveló abiertamente que Él era el Mesías, por cuanto sus oyentes poco espirituales no habrían sabido discernir el verdadero carácter de su misión; además, no había llegado aún la hora de la manifestación pública del Mesías. En general, se aplicaba el término «Hijo del hombre». Al principio, no hizo alusión a su muerte, porque ni sus propios discípulos estaban preparados para oír de ella. Les enseñó los principios de la verdadera piedad, interpretándolos con autoridad. Sus extraordinarios milagros suscitaron un enorme entusiasmo. Es así que atrajo sobre sí la atención hasta el punto que todo el país estaba ávido de verlo y oírlo. Sin embargo, y tal como Él había previsto, las multitudes se dejaron arrastrar por sus falsas concepciones, y no pudieron reconocerlo en su carácter de humildad y abnegación. Sólo un pequeño grupo lo siguió fielmente; y fueron estos pocos los que propagaron por el mundo, después de su muerte y resurrección, las verdades que el Maestro les había enseñado.

En Betania, María, hermana de Lázaro, ungió la cabeza y los pies de Jesús, durante la cena. Jesús vio en este gesto la señal profética de su próxima sepultura. Al día siguiente hizo una entrada triunfal en Jerusalén, montado sobre un asno. Al hacer esto, provocó la cólera de las autoridades, al presentarse públicamente como el Mesías, dando expresión del carácter pacífico del reino que había venido a fundar. Después expulsó del Templo a los mercaderes que profanaban los atrios. Este gesto de Jesús constituía un nuevo llamamiento a la nación israelita, apremiada a purificarse (Mc. 11:1-8). A pesar de la multitud de peregrinos que lo habían aclamado como Mesías durante su entrada triunfal, y que seguían rodeándole jubilosamente, las autoridades religiosas siguieron manteniendo su actitud de hostilidad. Al salir del Templo, anunció tristemente a sus discípulos la próxima destrucción de aquel magnífico edificio (Mc. 13). Judas, uno de los doce, había estado indudablemente alienado durante mucho tiempo del ideal espiritual del Maestro. El Iscariote estaba frustrado porque Jesús no mostraba intenciones de establecer un reino terreno. Juan dice de Judas que era codicioso. Durante la cena de Betania, aquel avaro se dio finalmente cuenta de su antipatía irreductible contra Jesús. Encolerizado al darse cuenta de lo vano de sus esperanzas decidió entregar a su Maestro a las autoridades. Su traición cambió sus planes. Los adversarios habían decidido esperar a que terminara la Pascua y a que las multitudes se hubieran dispersado. No sabiendo de qué acusar a Jesús, acogieron complacidos la proposición de Judas. Antes, Jesús celebró la Pascua con sus apóstoles. Jesús los preparó de cara a su muerte, e instituyó la Santa Cena. Camino de Getsemaní, Jesús advirtió a los discípulos que iban a ser dispersados, y los citó para después de su resurrección, en Galilea. La agonía del huerto marcó el abandono total y definitivo de su persona para el sacrificio supremo. Judas apareció en la noche, acompañado de la cohorte, destacada de la guarnición acuartelada cerca del Templo, bajo el pretexto de que se tenía que arrestar a un peligroso revolucionario (Jn. 18:3,12). La compañía armada lo condujo primero ante Anás (Jn. 18:13), suegro de Caifás. Jesús fue sometido a un interrogatorio preliminar por parte de Anás, mientras se convocaba el sanedrín (Jn. 18:13-14, 19-24). Es posible que Anás y Caifás residieran en el mismo edificio, porque el relato dice que las negaciones de Pedro fueron pronunciadas en el patio del palacio, mientras tenían lugar los interrogatorios ante Anás y, después, Caifás. Jesús rehusó, al principio, dar respuesta a las preguntas que se le hacían, y demandó la compulsación de los testigos de cargo. Anás lo envió atado a la residencia de Caifás, donde el sanedrín se había reunido con toda urgencia. Las deposiciones acerca de la blasfemia, que era el crimen que se le quería imputar, eran contradictorias. No se pudo dar prueba ninguna. Finalmente, el sumo sacerdote abjuró solemnemente al acusado para que dijera si era el Mesías. Jesús lo afirmó de una manera totalmente clara. El tribunal, furioso, lo condenó a muerte por blasfemia. Los jueces, entregando al condenado a innobles burlas, revelaron por ello mismo el espíritu de iniquidad con el que habían pronunciado la sentencia (Mc. 14:53-65). Pero la Ley exigía que el sanedrín promulgara sus decretos de día, y no de noche. Así, el tribunal volvió a constituirse de nuevo, temprano, y repitieron el proceso (Lc. 22:66-71). Como los judíos no tenían derecho a ejecutar a los sentenciados sin el consentimiento del procurador romano, el sanedrín se dispuso a enviar a Jesús ante Pilato. Éste residía probablemente en el palacio de Herodes, sobre el monte Sión, no lejos de la mansión del sumo sacerdote. Todavía temprano, los miembros del sanedrín se dirigieron al pretorio para demandar que el procurador accediera a sus designios. Los judíos querían que Pilato les permitiera ejecutar al condenado sin que él viera la causa, pero Pilato se negó (Jn. 18:29-32). Entonces acusaron a Jesús diciendo «que pervierte a la nación, y que prohíbe dar tributo a César, diciendo que él mismo es el Cristo, un rey» (Lc. 23:2). Cuando Jesús hubo admitido ante el gobernador su condición de rey, éste le interrogó sobre este punto particular (Jn. 18:33-38), y descubrió rápidamente que en sus declaraciones no había un programa político de insurrección. Pilato afirmó que Jesús era inocente, y que quería liberarlo. Pero, en realidad, el procurador no se atrevió a oponerse a sus intratables administrados. Al saber que Jesús era galileo, lo envió a Herodes Antipas (Lc. 23:7-11), que se encontraba entonces en Jerusalén, pero Herodes rehusó juzgarlo. Mientras tanto, la multitud se acumulaba. Era costumbre liberar a un preso en la fiesta de la Pascua, por lo que el gobernador preguntó a la multitud qué preso quería que liberara. Los principales sacerdotes persuadieron a la muchedumbre de que pidiera a Barrabás. El mensaje de la mujer de Pilato dando testimonio de la inocencia del Galileo aumentó sus deseos de salvarlo. A pesar de sus repetidas intervenciones en favor de Jesús, la muchedumbre se mostró implacable en su petición. El procurador, amedrentado, no tuvo la valentía de actuar basándose en su convicción personal y se dejó arrancar el auto de ejecución. Mientras que, en el patio interior del palacio, Jesús sufría el suplicio de la flagelación, que precedía siempre al enclavamiento en la cruz. Al presentarles al ensangrentado Jesús, coronado de espinas, intentaba de nuevo satisfacer a los judíos, que, enardecidos por lo que ya habían conseguido, clamaron: «Debe morir, porque se hizo a sí mismo Hijo de Dios» (Jn. 19:1-7). Estas palabras renovaron en Pilato sus temores supersticiosos. Aún otra vez interrogó privadamente a Jesús, y volvió a intentar su puesta en libertad (Jn. 19:8-12). Todo fue inutil, entonces Pilato entregó a Jesús a sus verdugos. Cuatro soldados lo ejecutaron, bajo la supervisión de un centurión (Jn. 19:23). Dos criminales fueron llevados a la muerte junto con Él. Por lo general, los condenados llevaban personalmente la parte transversal de la cruz. Al principio Jesús cargó con ella, pero después obligaron a Simón de Cirene a que la cargara (Mt. 27:32; Mc. 15:21; Lc. 23:26). El lugar de la crucifixión se hallaba fuera de las murallas, a poca distancia de la ciudad. Habitualmente, el reo era clavado en la cruz tendida en tierra, y después la cruz era levantada y plantada en un agujero preparado para ello. El crimen del reo era indicado en una tableta fijada por encima de la cabeza. Para Jesús, la inscripción fue hecha en hebreo (arameo), griego y latín. Juan es el que la reproduce en su forma más larga: «JESÚS NAZARENO, REY DE LOS JUDÍOS» (Jn. 19:19). Marcos dice: «Era la hora tercera cuando le crucificaron» (Mc. 15:25), es decir, las nueve de la mañana. Si recordamos que el sanedrín lo había hecho comparecer al despuntar el día (Lc. 22:66), no hay problema acerca de su crucifixión a las nueve de la mañana, lo que concuerda con las prisas de las autoridades desde el inicio del drama.

Ciertos reos se mantenían vivos varios días en la cruz; pero en el caso del Señor Jesús, además de que humanamente hablando se hallaba muy debilitado, se debe tener en cuenta que Él era el dueño de su vida y muerte (Jn. 10:17, 18). Así, a la hora novena (aproximadamente a las tres de la tarde), después de que todo el país hubo estado tres horas en tinieblas, Cristo expiró con un gran clamor. Un número muy pequeño de personas asistió a sus últimos instantes. La multitud, que al principio había seguido el cortejo, se había vuelto a la ciudad, atemorizada ante las señales que habían acompañado la ejecución de Jesús. Algunos discípulos y los soldados fueron, según los Evangelios, los únicos que permanecieron allí hasta el fin. Así, los dirigentes no estaban informados de la muerte de Cristo. Para que los cuerpos no quedaran colgados de la cruz durante el sábado, los judíos pidieron a Pilato que se quebraran las piernas de los crucificados. Cuando los soldados se acercaron a Jesús para hacerlo con Él, se dieron cuenta de que ya había expirado. Queriéndose asegurar, uno de los soldados le traspasó el costado con una lanza. Juan, que estaba presente, vio salir sangre y agua de la herida (Jn. 19:34-35).
José de Arimatea, discípulo secreto de Jesús, a pesar de su elevada posición y de su membresía en el sanedrín, no había consentido en la condena del Señor (Lc. 23:51). Fue ante Pilato y reclamó el cuerpo de Jesús. Acompañado de algunas personas, José lo depositó en un sepulcro nuevo que había hecho tallar en la roca de su huerto. Muy de mañana, el primer día de la semana, dos grupos de devotas galileas se dirigieron a la tumba para ungir el cuerpo de Jesús, con vistas a su sepultura definitiva. El primero estaba compuesto por María Magdalena, María la madre de Jacobo, y Salomé (Mc. 16:1). Juana y otras mujeres no nombradas formaban un segundo grupo. El pasaje de Lc. 24:10 menciona el relato dado por todas las mujeres. El orden no está muy claro en los Evangelios. El primer grupo vio la piedra desplazada lejos del sepulcro; María Magdalena creyó que el cuerpo había sido quitado, y corrió para decírselo a Pedro y a Juan (Jn. 20:1, 2). Al entrar en el sepulcro, las otras mujeres vieron a un ángel que les anunció la resurrección de Jesús, y les dio orden de llevar la nueva a los discípulos (Mt. 28:1-7; Mc. 16:1-7). Es de suponer que al apresurarse a reunirse con ellos, se encontraron con el otro grupo de mujeres, y volvieron con ellas a la tumba, donde dos ángeles les repitieron solemnemente que Jesús no se hallaba ya entre los muertos, sino entre los vivos (Lc. 24:1-8). Saliendo del sepulcro, corrieron hacia Jerusalén para anunciar estas nuevas. Por el camino, Jesús se apareció a ellas (Mt. 28:9, 10). Durante este intervalo, María Magdalena había ya informado a Pedro y a Juan de que el sepulcro estaba vacío; los dos discípu-

los fueron allí corriendo y vieron que era así como se les había dicho (Jn. 20:3-10). María Magdalena los había seguido. Ellos salieron del huerto, pero ella permaneció allí, y allí Jesús se apareció a ella (Jn. 20:11-18). Aquella misma tarde, Jesús se presentó a los apóstoles, en ausencia de Tomás (Lc. 24:36-43; Jn. 20:19-24). Esta vez comió delante de ellos, para demostrarles la realidad de su resurrección corporal. Los discípulos permanecieron en Jerusalén, en tanto que Tomás persistía en no creer lo sucedido. El domingo siguiente, Jesús se apareció de nuevo para dar la prueba de su resurrección al apóstol incrédulo (Jn. 20:24-29). Es entonces, por lo que parece, que los apóstoles se dirigieron a Galilea. El Evangelio habla de siete de ellos que pescaban en el mar de Tiberíades, cuando el Señor se les apareció (Jn. 21). Les dio también una cita en un monte de Galilea; es allí que les confió la Gran Comisión, prometiéndoles su poder y su continua presencia (Mt. 28:16-20). Los quinientos discípulos de los que habla 1 Co. 15:6 es probable que asistieran a esta solemne delegación de autoridad. Más tarde, el Señor se apareció también a Jacobo (v. 7), pero no sabemos dónde. Finalmente, Jesús envió a los apóstoles a Jerusalén, y los condujo al monte de los Olivos, en un lugar desde donde se divisaba Betania (Lc. 24:50, 51); de allí fue tomado al cielo, y una nube lo quitó de sus ojos (Hch. 1:9-12). Así, el NT menciona diez apariciones del Salvador resucitado, a las que Pablo añade su encuentro con Jesús en el camino de Damasco (1 Co. 15:8). Pero es indudable que hay otras apariciones que no han quedado registradas. Según Hch. 1:3: «después de haber padecido, se presentó vivo con muchas pruebas indubitables, apareciéndoseles durante cuarenta días».

El día de Pentecostés, los apóstoles empezaron a dar testimonio de la resurrección de Jesús; el número de los creyentes aumentó rápidamente (Hch. 2). Los principales sacerdotes se esforzaron entonces en aplastar la naciente secta (Hch. 4).

La cuestión cronológica ha llevado a muchas investigaciones, y hay fuertes controversias; y si bien no se pueden precisar de una manera absoluta las fechas del nacimiento, bautismo y muerte de Jesús, la mayor parte de los eruditos están de acuerdo en su datación dentro de límites muy estrechos. Nuestro calendario ordinario tiene por su autor a Dionisio el Exiguo, abate romano que murió antes del año 550 a.C. Él decidió tomar el año de la Encarnación como punto de referencia que permitiera situar las fechas anteriores y posteriores a la venida de Cristo; habiendo identificado el año 754 de la fundación de Roma con el año del nacimiento del Señor, pudo así determinar el año uno de la era cristiana. Pero las afirmaciones de Josefo revelan que Herodes el Grande, que murió poco tiempo después del nacimiento de Jesús (Mt.

2:19-22), murió en realidad algunos años antes del 754 de Roma. Herodes murió 37 años después de haber sido proclamado rey por los romanos, proclamación que tuvo lugar en el año 714 de Roma. Así, la fecha de su muerte fue el año 751 ó 750 (no sabemos si Josefo contaba las fracciones de años como años completos). La fecha de 751 parecería plausible, por cuanto Josefo informa de que, antes de su muerte, Herodes hizo dar muerte a dos rabinos judíos, y de que se produjo un eclipse de Luna en la noche de su ejecución. Los cálculos astronómicos indican que en el año 750 hubo un eclipse parcial de Luna, la noche del 12 al 13 de marzo; pero toda la secuencia de eventos hasta su sucesión por Arquelao muestra que Herodes murió después de la Pascua del año 751 y varios meses antes de la Pascua del 752. Así, el nacimiento del Señor sería alrededor del otoño del año 750 ó 4 a.C. La fecha del 25 de diciembre no apareció sino hasta el siglo IV d.C., y no tiene base histórica alguna.

La fecha en que nuestro Señor dio inicio a su ministerio público se determina sobre todo en base a Lc. 3:1: «El primer año del reinado de Tiberio» (19 de agosto del 28 d.C. hasta el 19 de agosto del año 29 d.C.). Siendo que se cuenta como año uno el año del nacimiento del Señor (y no como año cero), el cómputo de años desde el 28-29 d.C. hasta el 4 a.C. nos da una edad para el Señor de entre los 30 años y casi 32. La duración del ministerio de Cristo, y consiguientemente el año de su muerte, se determina sobre todo basándose en la cantidad de fiestas pascuales mencionadas en el Evangelio de Juan. Si sólo tuviéramos los Evangelios sinópticos, podríamos suponer que el ministerio de Jesús sólo duró un año; sin embargo, el Evangelio de Juan nos habla de tres Pascuas de una manera explícita (Jn. 2:13; 6:4; 13:1). Hengstenberg da pruebas abrumadoras de que Jn. 5:1 es también la fiesta de la Pascua. En este caso, el ministerio de Cristo incluyó cuatro fiestas de la Pascua. Si fue bautizado a finales del año 28 o a inicios del 29, entonces su crucifixión tuvo lugar en el año 32 d.C.

Jeter (heb. «abundancia»). Nombre de varios personajes del AT.

1. Primogénito de Gedeón (Jue. 8:20). Su padre le dio la orden de matar a los jefes madianitas derrotados Zébaj y Zalmuna, pero el joven tuvo miedo, porque «todavía era un muchacho» (Jue. 8:20), por lo que Gedeón los mató personalmente.
2. Descendiente de Aser, guerrero notable por su valor y fortaleza (1 Cro. 7:38).

Jetro (heb. «excelencia»). Sacerdote o príncipe de Madián —ambos oficios estaban unidos en tiempos patriarcales. Madián formaba parte de

Arabia Pétrea, en la parte occidental del mar Rojo, no lejos del monte Sinaí, a donde Moisés acudió después de huir de Egipto. Al parecer, Jetro y su familia, daban culto al verdadero Dios en común con los hebreos (cf. Éx. 18:11,12). En Éx. 2:18 Jetro es llamado Reuel, que significa «amigo de Dios»; el nombre Jetro era, por lo que parece, su título. Moisés, que había llegado huyendo de Egipto, fue acogido por Jetro y le dio a Séfora en matrimonio, una de sus siete hijos. Moisés se ocupó durante cuarenta años de los rebaños de su suegro (Éx. 3:1, 2; Hch. 7:30). Llamado por Dios a volver a Egipto para que fuera el libertador de los hebreos, Moisés obtuvo de Jetro su permiso para salir, su esposa Séfora y sus dos hijos le acompañaron (Éx. 4:18-20); más tarde envió provisionalmente a su esposa con los dos hijos a Jetro (Éx. 4:24-26; 18:2). Después de cruzar el mar Rojo, lo que llevó a los israelitas cerca del país de Jetro, Séfora y sus dos hijos se unieron a él (Éx. 18:1-7). Jetro dio gracias a Dios por haber liberado a los israelitas, y ofreció sacrificios al Señor.

Jezabel (heb. «casta»). Esposa fenicia de Acab, rey de Israel. Dotada de carácter enérgico, inteligencia y ambición, hizo lo que pudo para desplazar el culto de Yahvé en el reino de Israel, sus instituciones y sus profetas. Jezabel era una ferviente adoradora de Baal, por lo que su esposo construyó para ella en Samaria un templo y un altar consagrados a Baal, y una asera, estatua que representaba a la Astarté fenicia (1 R. 16:32, 33). Aunque era sólo la esposa del rey, Jezabel hizo dar muerte a todos los profetas de Yahvé que pudo hacer apresar (1 R. 18:4-13) y se propuso dar muerte al profeta Elías (1 R. 19 :1, 2). Promovió el asesinato legal de Nabot para conseguir su viña para su marido (1 R. 21:16-22). Elías se opuso a la influencia negativa de Jezabel, desafiando en el Monte Carmelo a los falsos profetas de Baal. En otra ocasión, Elías anunció al rey el castigo que caería sobre él y su esposa, devorada por los perros, profecía que se cumplió cuando Jezabel fue arrojada por unos criados por la ventana del palacio de invierno de Jezreel donde estaba asomada, durante el golpe de estado de Jehú. Fue atropellada por el carro de éste lanzado a toda velocidad. Al cabo de poco tiempo, al dar Jehú la orden de «enterrar aquella maldita», descubrieron que casi nada quedaba de su cadáver, que había sido comido por los perros, excepto las palmas de sus manos y las suelas de sus pies (1 R. 16:31; 18:4, 13, 19; 21:5-25; 2 R. 9:7, 22, 30-37).

Jezreel (heb. «sembrado por Dios»). Nombre de varios lugares y personajes del AT.

1. Aldea en las montañas que fue adjudicada a la tribu de Judá en la repartición de la tierra (Jos. 15:56). De allí procedía seguramente una de las esposas de David, Ahinoam jezreelita (1 Sam. 25:43; 27:3). Se identifica con la actual Jirbet Terama.
2. Ciudad fortificada asignada a la tribu de Isacar (Jos. 19:16-18; 1 R. 21:23), con torre y puerta (2 R. 9:17; 10:7, 8), al pie del monte Gilboa (1 Sam. 31:1-5; cf. 2 Sam. 4:4). En la batalla del monte Gilboa Saúl acampó sus fuerzas junto a un manantial cercano (1 Sam. 29:1). Fue una de las ciudades sobre las cuales Abner proclamó rey a Is-boset, sucesor de Saúl (2 Sam. 2:8-9). Fue parte del quinto distrito fiscal de Salomón, bajo responsabilidad de un funcionario llamado Baana. En tiempos de Acab constituyó la segunda capital del reino cismático de Israel (1 R. 18:45) y allí Nabot tenía una viña junto al palacio del monarca que éste deseó (1 R. 18: 45), a resultas de lo cual Nabot fue injustamente ejecutado en las afueras de la ciudad (1 R. 21:13). El palacio contaba con una alta torre para vigías, conocida por «torre de Jezabel» (2 R. 9:17). La reina Jezabel murió violentamente en esta ciudad (2 R. 9:14-37; 10:1-11). Jehú dio la orden de amontonar las cabezas de los setenta hijos de Acab a la entrada de la puerta de Jezreel (2 R. 10:1-11). El profeta Oseas denunció esta espantosa matanza y anunció que el Señor vengaría este derramamiento de sangre (Os. 1:4). De esta ciudad deriva el nombre del valle Jezreel (Jos. 19:16-18), que después del valle del Jordán, es el más grande de los valles internos de Israel. Forma un gran triángulo raso que corta Palestina, inmediatamente al norte del Carmelo; tiene 35 km de longitud y, al este, 25 km de anchura.

Joab (heb. «Yahvé es su padre»). Nombre de tres personajes del AT.

1. Hijo de Sarvia hermana de David (2 Sam. 8:16; 20:13), y hermano de Abisai y Asael, jefe del ejército de David durante casi todo el reinado de éste (2 Sam. 2:13; 10:7; 11:1; 1 R. 11:15; 2 Sam. 18:2). Fue valiente guerrero y hábil general, y estadista sagaz, y su gran influencia en los negocios públicos fue a menudo ejercida en bien de la nación, como en la rebelión de Absalón, y en el censo que se mandó formar de Israel (2 Sam. 18; 19; 24). Pero, como hombre, era altanero, vengativo y sin miramientos, lo cual lo corrobora la muerte que traidoramente dio a su rival Abner y a su primo Amasa (2 Sam. 3:27; 20:9, 10), su conducta para con David (2 Sam. 3:39; 19:5) y su connivencia con éste en el asunto de Urías; el haber dado muerte a Absalón y conspirado con Adonías contra el heredero designado por Dios para el trono; motivos por los cuales fue al fin condenado a muerte por Salomón y ejecutado al lado del altar (1 R. 2).

2. Hijo de Seraía, cuyos descendientes fueron artífices en un valle al norte de Jerusalén (1 Cro. 4:14; Neh .11:34).
3. Cabeza de una familia que regresó después de la cautividad con un grupo de 2.812 personas (Esd. 2:6; 8:9; Neh. 7:11).

Joacaz (heb. «Yahvé sostiene»). Nombre de tres reyes del AT.

1. Variación del nombre de Ocozías, el menor de los hijos de Joram rey de Judá (2 Cro. 21:17).
2. Hijo y sucesor de Jehú sobre el trono de Israel. Comenzó a reinar en el año 817 a.C., primeramente asociado con su padre, y reinó 17 años (2 R. 10:35; 13:1). Perpetuó el culto al becerro de oro instaurado por Jeroboam. El Señor castigó esta apostasía permitiendo a los sirios, bajo Hazael primero y después bajo Ben-hadad, derrotar a Joacaz. Al final, Joacaz se quedó limitado a tener una guardia de cincuenta jinetes, diez carros y diez mil soldados de a pie. En su angustia, invocó a Yahvé e Israel fue salvado. Después de muerto sus dos sucesores, Joás y Jeroboam II, recuperaron lo que él perdió.
3. Uno de los hijos menores de Josías, entronizado por el pueblo de Judá a la muerte de su padre. El faraón Necao, al volver de la batalla contra Josías, pasó por Jerusalén, destituyendo a Joacaz, y poniendo en su lugar a Joacim su hermano mayor; Joacaz fue llevado cautivo a Ribla, y después a Egipto, donde murió (2 R. 23:30-34; 2 Cro. 36:1-4; Jer. 22:10,12).

Joacim (heb. «Yahvé ha establecido»). Hijo del rey Josías y Zebuda, decimoctavo rey de Judá durante once años (2 R. 23:34, 36). Su nombre original era Eliaquim. A la muerte de Josías, el pueblo entronizó a Joacaz, tercer hijo de Josías. Tres meses más tarde, el faraón Necao lo encadenó y llevó cautivo, poniendo en su lugar a su hermano mayor Eliaquim, cuyo nombre cambió por el de Joacim, señalando así su falta de libertad y de dependencia respecto al faraón egipcio (cf. Gn. 41:45; Esd. 5:14; Dn. 1:7). Empezó a reinar alrededor del año 608 a.C., a los veinticinco años de edad. Joacim obligó a su pueblo a pagar onerosos tributos impuestos por Egipto. En la descripción de su carácter es presentado como un rey vicioso y arreligioso. El hagiógrafo dice que «hizo lo malo a los ojos de Yahvé», que cometió abominaciones (2 R. 23:37; 24:9; 2 Cro. 36:5). El profeta Jeremías escribió un rollo en el que daba las advertencias y amenazas de Dios, pero el rey, al leerlo, lo menospreció y desgarró con un cortaplumas, arrojándolo al fuego (Jer. 36). En el cuarto año de Joacim, Nabucodonosor venció a Necao en la batalla de Carquemis en el año 605 a.C., marchando a continuación contra Jerusalén. Joacim fue sometido a un gravoso tributo (2 R. 24:1;

Jer. 46:2; Dn. 1:1, 2). Tres años más tarde, Joacim se rebeló imprudentemente contra Nabucodonosor. Otros graves problemas abrumaban también el reino, por cuanto bandas armadas de moabitas, sirios y amonitas se dedicaban al pillaje de la tierra, lo mismo que bandas de caldeos, enviadas probablemente por el rey de Babilonia al llegar a conocer la rebelión (2 R. 24:2). Al final, Nabucodonosor acudió personalmente a Jerusalén, para llevarlo encadenado hacia Babilonia (2 Cro. 36:6). Pero este proyecto debió quedar frustrado, bien por muerte natural de Joacim, bien por ser asesinado. Su cadáver fue arrojado fuera de las puertas de Jerusalén, y fue enterrado como si se tratara del cadáver de un asno (Jer. 22:19; 36:30; *Ant.* 10, 6, 3). Joacim había reinado once años, y le sucedió su hijo Joaquín, impuesto por Nabucodonosor (2 R. 23:36; 24:6).

Joah (heb. «hermanado de Yahvé»). Nombre de varios levitas de tiempos del rey Ezequías, uno de los cuales fue el canciller encargado de recibir el desafiante mensaje del asirio Rabsaces, transmitido luego al rey Ezequías (2 R. 18:18, 26, 37; Is. 36:3, 11, 12).

Joaquín (heb. «Yahvé establecerá»). Hijo y sucesor de Joacim sobre el trono de Judá; empezó a reinar en el año 597 a.C. Según 2 R. 24:8 tenía entonces 18 años, en tanto que 2 Cro. 36:9 indica que 8 años. Esta divergencia se encuentra en la LXX y en el texto masorético. Para explicar esta discrepancia, muchos han asumido que Joaquín estuvo asociado diez años con su padre en el reino, y que reinó en solitario a partir de los 18 años. Pero es más probable que el «ocho» de 2 Cro. 36:9 se trate de una corrupción del original.

Su reinado duró tres meses y diez días, haciendo lo malo a los ojos del Señor. Durante este breve espacio de tiempo, los generales del rey de Babilonia asediaron Jerusalén, y la ciudad se rindió (cf. 2 R. 24:12; Jer. 52:28), gracias a lo cual se evitó en esa ocasión la destrucción de la tierra por parte de los caldeos, que pusieron por rey a Matanías, tío de Joaquín, mientras que éste fue deportado con sus mujeres, su madre, los criados del rey, todos los dignatarios del país y todos los artesanos (2 R. 24:8-16; 2 Cro. 36:9,10). Joaquín vivió encarcelado en Babilonia, pero en el año 37 de su cautiverio, es decir, durante todo el reinado de Nabucodonosor, Evil-merodac accedió al trono de Babilonia y liberó a Joaquín de la prisión, asignándole una pensión vitalicia (2 R. 25:27-30; Jer. 52:31-34). Es llamado Conías y Jeconías en los escritos de Jeremías.

Joás (heb. «Yahvé ha dado»). Nombre de ocho personajes del AT, entre ellos dos reyes.

1. Descendiente de Manasés, de la familia de Abiezer, fue padre de Gedeón (Jue. 6:11, 29; 7:14; 8:13, 29, 32). Establecido en Ofra, prob. practicaba la idolatría, pues había erigido un altar a Baal y una asera, emblema de la Astarté cananea; pero ingeniosamente salvó a su hijo de la indignación popular cuando derribó el altar de Baal, diciendo: «Si es un dios, contienda por sí mismo» (Jue. 6:30-32).
2. Descendiente de Judá, de la familia de Sela, a quien se clasifica entre los que «dominaron en Moab, y volvieron a Belén» (1 Cro. 4:22). Según una tradición judía, citada por Jerónimo, este Joás es el mismo Majalón, hijo de Elimelec, que se casó con una moabita, ya que la expresión «dominaron en Moab» podría significar «quien se casó en Moab» (*Quoest. Hebr. in Paral.*).
3. Benjamita de Gabaa, famoso por su destreza con el tiro de arco, se unió a David en Siclag (1 Cro. 12:3).
4. Uno de los hombres de confianza o «hijo» de Acab, que tomó bajo su custodia al profeta Micaías (1 R. 22:26; 2 Cro. 18:25).
5. Octavo rey de Judá (836-797 a.C.). Hijo de Ocozías, único superviviente de la matanza ordenada por Atalía, madre de Ocozías que, al conocer la muerte de su hijo, hizo dar muerte a todos los que quedaban de la sangre real, y se apoderó del trono. Joás pudo escapar a la muerte gracias a su tía Josaba, hermana del rey Ocozías y esposa del sumo sacerdote Joiada (2 R. 11:1-3). Joás, de un año de edad, fue escondido en el Templo, donde quedó durante seis años. Al séptimo año, Joiada preparó una conspiración para expulsar a la usurpadora Atalía del trono (2 R. 11:4-12). Atalía fue hecha prisionera y ejecutada inmediatamente fuera de la puerta de los Caballos (2 R. 11:13-16). Empezó a reinar en el año 842 a.C., a los siete años de edad, reinando cuarenta años. Joás, aconsejado por Joiada, destruyó el culto a Baal y ordenó la restauración del Templo, aunque el pueblo seguía celebrando un culto sobre los lugares altos (2 R. 12:1-16). Al morir Joiada, el rey y su pueblo se apartaron de Yahvé, erigiendo aseras y otros ídolos. Al profetizar Zacarías hijo de Joiada contra tales prácticas, Joás ordenó su muerte (2 Cro. 24:15-22; Mt. 23:35). Poco después Hazael, rey de Siria, se apoderó de la ciudad filistea de Gat, y amenazó Jerusalén; Joás se vio obligado a entregarle los tesoros del Templo. Después, Joás cayó gravemente enfermo, y Amasa asumió la regencia. Unos siervos del rey Joás le dieron muerte en la cama en venganza de Zacarías hijo de Joiada (2 Cro. 24:25). Fue enterrado en la ciudad de David, pero no en el panteón real (2 R. 11; 12; 2 Cro. 24). Su nombre se omite en la genealogía de Jesús, según Mateo (Mt. 1:8). Le sucedió Amasías su hijo (2 Cro. 24:27; 2 R. 12:21).

6. Decimosegundo rey de Israel (c. 798-783). Hijo de Joacaz, accedió al trono alrededor del año 798-800 a.C., y reinó unos 16 años. Joás mantuvo el culto de los becerros de oro de Bet-el y de Dn. Sin embargo, testimonió afecto al profeta Eliseo y se afligió por su enfermedad. Después de la muerte del profeta, Joás proveyó cien mil soldados mercenarios a Amasa, rey de Judá, que quería llevar a cabo una expedición contra los edomitas. Convencido por un profeta, Amasías los devolvió. Sin embargo, aunque estos mercenarios habían sido pagados por adelantado, irritados, se lanzaron a saquear el territorio de Judá al dirigirse hacia el norte (2 Cro. 25:6-10, 13). Es posible que esto influyera en Amasa para declarar la guerra a Joás. En la batalla de Bet-semes Amasías fue derrotado, y Joás destruyó parte de los muros de Jerusalén, se llevó los tesoros del Templo y del palacio, y rehenes con los que asegurar la paz. No mucho después, Joás murió en paz y fue enterrado en Samaria. Le sucedió en el trono su hijo Jeroboam II (2 R. 14:8-16; 2 Cro. 25:17-24).

Job (heb. «odiado, perseguido»). Figura central del libro sapiencial más poético y profundo del AT. Job era un hombre íntegro y piadoso del AT. Vivió en el país de Uz (Jb. 1:1), al sur de Edom, nación de sabios (cf. 1 R. 4:30). La primera mención de Job en cualquier otro libro del AT se halla en Ez. 14:14, 16, 20. Este patriarca vivió en alguna parte al este de Palestina, en las proximidades del desierto, en una época en la que los caldeos hacían incursiones hacia occidente (Jb. 1:17). No existe razón alguna para dudar de la historicidad del libro de Job ni de la autenticidad de sus experiencias notables, que se describen, con una gran audacia poética, en el libro que lleva su nombre.

Job, Libro de. Libro poético que forma parte de la literatura llamada sapiencial. Relata los sufrimientos de Job y el debate entre sus amigos y él acerca de las causas de su desgracia y del gran problema del sufrimiento. En prosa se hallan el prólogo (Jb. 1:1-3:2), las introducciones a los diversos discursos, particularmente la introducción al discurso de Eliú (Jb. 32:1-5), y el epílogo que narra la bienaventuranza recibida por Job por la bendición de Dios (Jb. 42:7-17).
Si el tema del libro es por qué sufren los justos, su objetivo esencial es el de refutar la teoría según la cual el sufrimiento sería una señal de la ira de Dios, y tendría siempre como causa el pecado de aquel que sufre. El AT declara con frecuencia que la rectitud atrae la prosperidad, en tanto que la maldad provoca la desgracia (Éx. 23:20-33; Lv. 26; Dt. 28; Sal. 1; 37; 73; Is. 58:7-13; Jer. 7:5-7; 17:5-8, 18-27; 31:29, 30; Ez. 18). Las excepciones aparentes a esta norma de las retribuciones cons-

tituían un motivo de profunda perplejidad. El antiguo pensamiento hebreo tenía la tendencia a pensar que, por cuanto el sufrimiento era la consecuencia del pecado, todo sufrimiento, incluido el caso de un justo, se debía necesariamente a la comisión de una transgresión específica. Sin embargo, esta conclusión es errónea, bien que todos los hombres hayan nacido en pecado y susceptibles de caer. Por otra parte, las personas dependen unas de otras, y los inocentes pueden sufrir a causa de los injustos o de los culpables; la maldad no es siempre descubierta y triunfa en ocasiones, al menos momentáneamente. Job no pretende ser absolutamente sin falta, pero mantiene que su castigo está más allá de toda proporción con su pecado.

Al comienzo del libro, Job es muy rico. Posee varios rebaños de ganado mayor y menor, tiene una multitud de siervos y una numerosa familia. Satán pide y recibe permiso para probar la fe de Job. Todos sus bienes le son arrebatados, y después pierde todos sus hijos. Satanás, que no cede en su intento de quebrantar a Job, obtiene a continuación autorización para atacar su cuerpo. La fe de Job triunfa en medio de todas las pruebas; finalmente recupera con creces su antigua prosperidad, doblándola, lo mismo que el número de sus hijos (Jb. 42:7-17).

La fecha de redacción es muy debatida, y las estimaciones de los críticos oscilan entre la época patriarcal y el siglo IV e incluso III a.C. Sin embargo, los manuscritos de Job hallados en el mar Muerto en escritura hebrea arcaica dan evidencia irrefutable de que la obra es ciertamente anterior al exilio babilónico. El modo sumamente arcaico de vida que se presenta (riqueza medida en número de rebaños, sacrificios ofrecidos por el cabeza de familia, línea independiente del pacto mosaico, bien que incluida por el noéico) da asimismo evidencia de una fecha muy temprana. Nada, pues, impide pensar que el libro fuera redactado poco después de los acontecimientos de que informa. En este libro inspirado hallamos un drama terrible (físico, moral y espiritual, un drama integralmente total) de una conciencia pura que afronta una suerte humanamente incomprensible. Y en medio de todas las perplejidades brilla ya la luz profética del pasaje de la vida nueva en resurrección proveída por el «Goel» o Redentor (Jb. 19:25-27), luz que alumbra al sufriente Job en medio de lo más negro de la tormenta, y que es un eco anticipatorio de las proclamaciones del Evangelio de la salvación.

Jobab (heb. «el que aúlla»). Nombre de varios personajes del AT, entre ellos un rey de Madón, ciudad cananea de Galilea en tiempos de Josué. Participó en la confederación liderada por Jabín, rey de Hazor, en contra de los israelitas, la cual fue derrotada junto a las aguas de Merom (Jos. 11:1-7).

Jocabed (heb. «glorificada de Yahvé»). Una de las hijas de Leví. Se casó con Amram, su sobrino, y fue madre de Miriam, Aarón y Moisés (Éx. 6:20; Nm. 26:59). Ya que el matrimonio entre personas consanguíneas fue posteriormente prohibido por la ley (Lv. 18:12), se ha intentado demostrar que la línea de parentesco era más lejana de lo que indica el texto en su sentido literal. Pero el hecho es que este matrimonio se contrajo antes de que la ley prohibiese tales casamientos; sin embargo se trata de un caso poco común. Moisés nació cuando ya estaba vigente la orden del faraón de matar a los varones recién nacidos, pero Jocabed lo escondió durante tres meses, hasta que, no pudiendo ocultarle por más tiempo, lo puso en una arquilla de juncos calafateada y lo confíó a las aguas del río Nilo. La hija del faraón lo encontró y quiso salvarlo, y contrató a la misma Jocabed como ama de cría, sin saber que era la madre del niño.

Jocmeam, Jocneam (heb. «reunidos por el pueblo»). Ciudad real cananea asignada a los levitas de Merari, en el territorio de la tribu de Zabulón (Jos. 21:34); aunque posteriormente se dice que fue dada a los levitas de Coat como ciudad de refugio, en el territorio de la tribu de Efraín (1 Cro. 6:68), llamada Kibsaim en Jos. 21:22. Estaba situada en el valle del Jordán, cerca de la confluencia del río Jaboc. Su rey fue uno de los vencidos por Josué (Jos. 12:22). Formaba parte de los límites del distrito que administraba Baana en tiempos de Salomón (1 R. 4:12).

Jocsán (heb. «cazador de aves»). Hijo segundo de Abraham y Cétura, cuyos hijos Seba y Dedán parecen haber sido los ancestros de los sabeos y de los dedanitas que habitaron una parte de Arabia Felix (Gn. 25:2, 3; 1 Cro. 1:32, 33).

Joctán (heb. «pequeño»). Descendiente de Sem a través de Heber (Gn. 10:25). Es mencionado como progenitor de trece tribus árabes (Gn. 10:26-30; 1 Cro. 1:19-23). Los árabes le llaman Cahtan, y aseguran que de él proceden los habitantes originales de Yemen.

Joel (heb. «Yahvé es Dios»). Nombre de doce personajes del AT, entre ellos:

1. Primogénito del profeta Samuel y padre de Hemán el cantor (1 Cro. 6:33; 15:17). Fue designado por su padre como juez en Beerseba, pero no fue un hombre justo, más bien, se desvió tras las ganancias deshonestas, aceptando soborno y pervirtiendo el derecho (1 Sam. 8:2).

2. Hermano de Natán de Zoba, uno de los héroes famosos de David (1 Cro. 11:38); llamado Igal en un pasaje paralelo (2 Sam. 23:36),
3. Levita, principal entre los descendientes de Gerson en tiempo de David (1 Cro. 15:7, 11). Participó en el traslado del arca a Jerusalén y con su hermano Zetam estuvo al cargo de los tesoros del templo (1 Cro. 26:22).
4. Hijo de Petuel; su libro es el segundo de los doce Profetas Menores (Jl. 1:1). Su historia sólo es conocida por el contenido del libro que lleva su nombre (Jl. 1:1).
5. Levita, hijo de Azarías y padre de Elcana, de la familia de Coat (1 Cro. 6:36), y uno de los que cooperó con Ezequías en la restauración del culto del Templo (2 Cro. 29:12).

Joel, Libro de. Segundo de los doce profetas menores. Sus profecías se refieren sobre todo al fin del mundo y el día del juicio divino. Carecemos de datos para determinar la fecha del libro. Ciertos detalles parecen indicar poderosamente a favor de una fecha anterior a la de Isaías. Se piensa que se sitúa en la época del avivamiento religioso de comienzos del reinado de Joás (2 R. 12:1, 16; 2 Cro. 24:1). Por cuanto Joel no menciona al rey, pero habla de los sacerdotes y de las ceremonias regulares del culto (Jl. 1:9, 13; 2:12-17), esta situación armoniza con la época de la minoría de edad del rey Joás, cuando el poder lo ejercía el sumo sacerdote Joiada como regente (2 Cro. 23:2, 3). Por otra parte, Joel no hace mención alguna de los asirios ni de los caldeos, en tanto que hace alusión a enemigos que no existían como naciones en la época de los grandes imperios, o que no representaban amenaza entonces para Judá: los edomitas (Jl. 3:19), fenicios y filisteos (Jl. 3:4). No hace mención alguna del reino del norte. Por ello, puede ser situado alrededor del año 800 a.C. Se puede añadir que muchos profetas usaron pasajes enteros de Joel (cf. Am. 9:13 y Jl. 3:18; Is. 13:6, 9, 10 y Jl. 1:15; 2:1, 10; Sof. 1:14, 15 y Jl. 2:1, 2; Ez. 47:1 y Jl. 3:18; Abd. 17 y Jl. 2:32). Resulta insostenible la postura de aquellos que buscan situar la profecía en la época de Jeremías, o incluso después del exilio en Babilonia.

La profecía de Joel tiene como perspectiva esencial el tiempo del fin. Joel parte de una catástrofe muy común en Oriente, una invasión de langostas seguida de una terrible sequía, para describir la época terrible del juicio de la ira de Dios sobre su pueblo y las naciones, el día de tinieblas y de oscuridad, grande y muy terrible, el día grande y espantoso de Yahvé (cf. Jl. 1:15; 2:1, 2, 11, 31). Día de juicio de los enemigos de Israel, sobre todo de Tiro, Sidón y el litoral de Palestina (3:4ss.).

El derramamiento del Espíritu sobre Israel profetizado en 2:28-32 es citado por Pedro en Pentecostés, que lo ve cumplido en su día (Hch. 2:16-21). El Espíritu, en efecto, es dado a todos los creyentes, en tanto que en el AT no era dado más que a ciertos privilegiados siervos de Dios.

Johanán (heb. «favorecido de Yahvé»). Nombre de doce personajes del AT, entre ellos:

1. Uno de los valientes de Gedera que se unieron a David en Siclag (1 Cro. 12:4, 12).
2. Hijo mayor de Josías, rey de Judá (1 Cro. 3:15). Al parecer era de constitución débil y no sobrevivió a su padre.
3. Padre de Azarías, que fue uno de los jefes de Efraín que insistió en el retorno de los cautivos tomados a Judá a su tierra, en cuanto hermanos de sangre: «No traigáis acá a los cautivos, porque esto nos hará culpables delante de Yahvé» (2 Cro. 28:12).
4. Capitán de los hombres de Judá, judíos que quedaron en la tierra, después de la destrucción de Jerusalén. Advirtió a Gedalías del complot que Ismael tramaba contra su vida (2 R. 25:23; Jer. 40:8-16). Cuando se llevó a cabo el asesinato, y el pueblo fue llevado cautivo, fue Johanán quien los rescató. Sin embargo, no quiso atender a las advertencias de Jeremías ni quedarse en la tierra, sino que condujo al remanente a Egipto, donde se entregaron a la idolatría (Jer. 41:11-16; 42:1-8; 43:2, 4, 5).
5. Sacerdote del linaje de Eliasib, en cuya cámara se retiró Esdras y «no comió pan ni bebió agua, porque hizo duelo por la gran infidelidad de los del cautiverio», relacionada con el casamiento con mujeres extranjeras (Esd. 10:6; Neh. 12:22, 23).

Joiada (heb. «conocido de Yahvé»). Nombre de varios personajes del AT.

1. Padre de Benaía, uno de los valientes de David (2 Sam. 8:18; 20:23; 23:20, 22; 1 R. 1:8; 2:25; 1 Cro. 11:22, 24; 18:17; 27:5). En 1 Cro. 27:5 recibe el nombre de «sumo sacerdote», prob. por un error de transcripción respecto a su hijo.
2. Sumo sacerdote durante la usurpación de Atalía (883-877 a.C.). Preservó la vida de Joás, el hijo menor de Ococías, que tenía entonces un año, y consiguió, con prudencia y energía, ponerlo en el trono, haciendo ejecutar a Atalía. Se registra que Joás hizo lo recto a los ojos del Señor todos los días de Joiada; sin embargo, al morir el sacerdote, el rey olvidó todo lo que le debía, y dio muerte a Zacarías su hijo (2 R. 11:4-17; 12:2, 7, 9; 2 Cro. 22:11; 23:1-18; 24:2-25).
3. Hijo y sucesor de Eliasib en el sumo sacerdocio, sucedido a su vez

por su hijo Jonatán (Neh. 12:10, 11, 22). Otro de sus hijos se casó con una hija de Sanbalat, motivo por el cual lo desterró (Neh. 13:28).

Joiarib (heb. «Yahvé contiende»). Nombre de cinco personas del AT, entre ellos:

1. Sacerdote distinguido de Jerusalén, de la descendencia de Aarón (1 Cro. 9:10; 24:7).
2. Sacerdote mencionado en relación con Jaquín y padre de Jedaías, que habitó en Jerualén después de exilio (Neh. 11:10; 1 Cro. 9:10).
3. Uno de los sacerdotes que regresaron de Babilonia con Zorobabel (Neh. 12:6). Padre de Matenai, contemporáneo del sumo sacerdote Joiacim o Joyaquim (Neh. 12:19).
4. Personaje de quien se dice que junto a Eliezer, Ariel, Semaías, Elnatán, Jarib, Elnatán, Natán, Zacarías y Mesulam, era «hombre principal» y «maestro». Aparentemente fue enviado por Esdras, con el resto de sus compañeros, al río Ahava para ver la manera de hacer regresar con ellos a un grupo de levitas (Esd. 8:16).

Jonadab (heb. «Yahvé es generoso»). Hijo de Simea y sobrino de David. Es descrito como «hombre muy astuto» (2 Sam. 13:3). Apoyó a su primo Amnón —heredero al trono— en su deseo de poseer a su medio hermana Tamar, lo que condujo a la violación de ésta por aquél (2 Sam. 13:3, 5, 32, 35).

Jonás (heb. «paloma). Profeta israelita, hijo de Amitai, de Gat-hefer en la tribu de Zabulón (2 R. 14:25). Profetizó antes del final del reinado de Jeroboam II que Israel recobraría sus fronteras desde la entrada de Hamat hasta el mar del Arabá (2 R. 14:25; Jon. 1:1). Aparece con frecuencia en la literatura apócrifa y neotestamentaria: 2 Esd. 1:39; Tobit 14:4, 8; Mt. 12:39, 40, 41; 16:4; Lc. 11:29, 30, 32.

Jonás, Libro de. Quinto de los profetas menores. La importancia del elemento biográfico lo distingue de entre los demás escritos proféticos. Se puede dividir en tres secciones:

a) Desobediencia de Jonás a la orden dada por Dios de que se dirigiera a Nínive y de que profetizara contra aquella ciudad (Jon. 1). En lugar de ello, se embarcó en Jope para huir a Tarsis. Se desata una violenta tormenta relacionada con su pecado (Jon. 1:12). Es arrojado al mar y un gran pez tragó a Jonás (Jon. 1:14-17).
b) Oración de Jonás (Jon. 2). Asombrado al encontrarse aún vivo en el seno del mar, el profeta da gracias a Dios, que lo había salvado, y

expresa su certeza de la liberación final. El pez vomita a Jonás sobre tierra.

c) Predicación de Jonás y sus resultados (Jon. 3-4). Al recibir por segunda vez la orden de dirigirse a Nínive, Jonás obedece y proclama su mensaje. Los ninivitas se arrepienten públicamente, y Dios perdona a la ciudad. Esta mansedumbre disgusta a Jonás; se siente lleno de despecho, no sólo debido a que el arrepentimiento del pueblo había hecho nula su profecía (porque tanto el profeta como sus oyentes estaban a la espera de los acontecimientos, Jon. 3:9; 4:2), sino también probablemente debido a que Jonás presentía que la supervivencia de Nínive determinaría el aplastamiento de su propia patria. Al secar la calabacera, tan útil para protegerse del ardor del sol, el Señor enseña a su profeta la lección de la compasión divina hacia sus criaturas, con independencia de su procedencia étnica.

El objeto del libro es enseñar ante todo que los designios misericordiosos de Dios no tienen que ver exclusivamente con los hijos de Abraham, sino también con los gentiles, todavía ignorantes de la ley de Israel. Además de esta gran lección, el libro de Jonás constituye una ilustración de varias verdades típicas: una, Nínive se arrepiente por la predicación de un solo profeta, en tanto que Israel permanece insensible a pesar de los muchos profetas que le han sido enviados (cf. Mt. 12:41). Se da un hecho general que se repetirá en el porvenir: los gentiles aceptan más prestamente que Israel la enseñanza divina: los gentiles no siguen con mayor facilidad la ley moral, pero sí aceptan con mayor rapidez la totalidad de la Revelación (cf. Is. 2:2-4 con v. 5). Dos, Jonás, israelita servidor de Dios, es enviado a predicar a los gentiles, lo que muestra que Dios se quiere servir de su pueblo para llevar a los gentiles al arrepentimiento y a la fe. Jonás no es el único israelita que ilustra esta verdad: Elías fue enviado a una viuda de Sarepta (1 R. 17); Eliseo sanó a Naamán el sirio (2 R. 5); Cristo habló de Dios a la samaritana, y sanó a la hija de una mujer sirofenicia (Jn. 4; Mc. 7). Tres, Jonás, arrojado a las profundidades del Seol, sale vivo del abismo (Jon. 2:2, 6). Según Mt. 12:40, es un tipo del Mesías sepultado y resucitado tres días después.

Jonatán (heb. «Yahvé ha dado»). Nombre muy común en las Escrituras.

1. Levita de Belén de Judá, hijo o descendiente de Gersón, hijo de Moisés (Jue. 18:30). Siendo joven salió de Belén para buscar mejores condiciones económicas. La historia hay que situarla tras la muerte de Josué. En el monte de Efraín halló a Micaía, quien le propuso quedarse allí y oficiar como sacerdote, en lugar de su hijos, que no era de la tribu de Leví. Por este servicio Jonatán cobra-

ría diez siclos de plata al año. El joven levita aceptó. Posteriormente, unos danitas llegaron al lugar en busca de una posesión donde poder habitar. Hicieron amistad con Jonatán y cuando hubieron explorado la región donde se establecieron, volvieron en busca de los objetos de culto de la casa de Micaía e invitaron al joven levita-sacerdote a que fuera el sacerdote de su tribu. Jonatán consintió y el vino a ser el primer sacerdote en una línea que se mantuvo hasta «el día del cautiverio de la tierra» (Jue. 18:30), es decir, hasta la primera deportación de las diez tribus (año 734 a.C.). Los danitas asaltaron y destuyeron la ciudad de Lais; después de reedificarla erigieron el ídolo que habían sustraído de la casa de Micaía. El sacerdocio de Jonatán en estas circunstancias no tiene que intepretarse forzosamente como una apostasía del culto de Yahvé, sino como un intento de localizar su presencia, inclinado peligrosamente a la idolatría.

2. Hijo menor de Jada, de los descendientes de Jerameel, de la tribu de Judá. Su hermano Jeter murió sin hijos, por esta rama de su linaje pasó a sus hijos Pelet y Zaza (1 Cro. 2:32, 33).
3. Primogénito del rey Saúl (1 Sam. 14:6-21; 18:1-4; 19:2, 4-7; 20:31). Fue hombre valiente y lleno de fe. Dio muerte a la guarnición filistea en Geba (1 Sam. 13:2, 3). Los filisteos reunieron sus ejércitos; Jonatán fue sólo acompañado de su escudero, confiado en el Señor, y se enfrentó con ellos, y los filisteos cayeron ante él. Desconocedor de la maldición pronunciada por su padre contra quien comiera nada hasta la noche, Jonatán tomó un poco de miel silvestre. Deseando seguir la victoria, Saúl inquirió de Yahvé, pero sin recibir respuesta. Por ello se echaron suertes para saber por qué el Señor no respondía, y la suerte cayó sobre Jonatán. Saúl sentenció que Jonatán debía morir, pero el ejército lo impidió (1 Sam. 14:1-46). A la muerte de Goliat a manos de David, Jonatán hizo pacto con él, porque «lo amó como a sí mismo» (1 Sam. 18:1), y le dio de sus ropas y sus armas (vv. 3-4). Después protegió a David de la ira de Saúl, aunque era heredero del trono, y consintió en que David fuera el rey; él sólo deseaba ser el segundo en el reino, tras David (1 Sam. 19:1-7; 20:1-42; 23:16-18). Sin embargo, Jonatán se quedó atrás con su padre, en lugar de dar una adhesión incondicional al elegido de Dios, y con su padre y sus dos hermanos murió en la batalla de Gelboe (1 Sam. 30:2). Sus cuerpos fueron colgados en la muralla de Beisán, hasta que los hombres de Jabes de Galaad los recogieron y enterraron según la ley (1 Sam. 31:10-13). David lloró la muerte de Jonatán y compuso con tal motivo una elegía de las más emotivas entre todas las del

AT (2 Sam. 1:11-12; 17-27). En cumplimiento de su juramento con Jonatán, David tomó bajo su protección a Mefi-boset, hijo minusválido del primero.

4. Hijo de Abiatar el sumo sacerdote, que hizo causa común con David durante la rebelión de Absalón (2 Sam. 15:27, 36; 17:17, 20). Posteriormente, volvió a manifestar su carácter leal a la monarquía al advertir a Adonías de la voluntad de David de elegir como sucesor a Salomón (1 R. 1:42, 43).
5. Hijo de Simea y sobrino de David, dio muerte a un gigante, pariente de Goliat (2 Sam. 21:20-22; 1 Cro. 20:7). Fue nombrado secretario de la corte (1 Cro. 27:32).
6. Descendiente de Jasén, contado entre los treinta valientes del rey David (2 Sam. 23:32; 1 Cro. 11:34).
7. Hijo de Uzías, encargado de los almacenes en el campo, en las ciudades, en las aldeas y en las torres en tiempo de David (1 Cro. 27:25).
8. Escriba o canciller en cuya casa estuvo encarcelado Jeremías, por no haber lugar en las prisiones ordinarias o por tener una vigilancia más rigurosa sobre su persona. El profeta debió de estar sometido a unas condiciones muy duras en la misma, ya que pide no ser enviado de nuevo a ella (Jer. 37:15, 20; 38:26).
9. Hijo de Carea y hermano de Johanán, asociado con él en relación a Gedalías, gobernador babilonio en Jerusalén (Jer. 40:8). En 2 R. 25:23 y en el texto gr. de Jer. 40:8 falta el nombre de Jonatán, y por esto se ha creído que era una variante de Johanán y que éste era el único hijo de Carea.
10. Hijo del sacerdote Matatías, el menor de los cinco hermanos Macabeos. Encabezó la lucha judía por la independencia después de la muerte de su hermano Judas Macabeo (1 Mac. 9:19ss.).
11. Hijo de Absalón (1 Mac. 13:11), enviado por Simón Macabeo al frente de una tropa a tomar la ciudad de Jope, que había pertenecido anteriormente a los judíos (1 Mac. 12:33). Jonatán expulsó a sus habitantes y se aseguró el gobierno de la ciudad. Quizá se trate de un hermano de Matatías (1 Mac. 11:70).
12. Sacerdote del tiempo de Nehemías, mencionado en la carta de los judíos de Jerusalén a los de Alejandría. Se dice que ofreció una oración solemne con ocasión del sacrificio hecho por Nehemías después de recuperar el fuego sagrado (2 Mac. 1:23ss).

Jope (heb. «la hermosa»). Antigua ciudad situada en la costa mediterránea, a unos 55 km de Jerusalén. En tiempos de la penetración hebrea en Canaán, Jope estaba fortificada y fue asignada a la tribu de Dan (Jos.

19:46). Más tarde cayó en poder de los filisteos, por lo que los danitas se vieron obligados a emigrar hacia el norte en busca de nuevos lugares de asentamiento. David fue quien la conquistó definitivamente para Israel. Jope tenía puerto de mar, que aunque peligroso, sería el propio de Jerusalén, una vez conquistada por David. Aquí se llegó a recibir la madera enviada desde Tiro para la construcción del templo de Salomón (2 Cro. 2:16). Posteriormente, al emprenderse la reconstrucción del templo después del exilio babilónico, volvió a ser el puerto de recepción de la madera del Líbano para este fin (1 R. 5:9; 2 Cro. 2:16; Esd. 3:7). Desde este puerto embarcó Jonás para dirigirse a Tarsis (Jon. 1:3), intentando escapar de la misión que se le había encomendado.

Jope fue conquistada por el asirio Senaquerib. Después pasó a formar parte del dominio sidonio, recobrando su independencia después de la destrucción de Sidón por Artajerjes III (358-338 a.C.). Alejandro Magno la incorporó a sus dominios. Ptolomeo I, uno de los sucesores de Alejandro, la anexionó a su reino después de la batalla de Ipso (301 a.C.), permaneciendo bajo dominio egipcio hasta el 197 a.C., en que Antíoco III el Grande la anexiona al Imperio seleucida. Pompeyo la incorporó a la provincia romana de Siria, pero César la devolvió a los judíos. La oposición mostrada por sus habitantes hacia Herodes, hizo que éste construyera Cesarea, ciudad rival de Jope y que su puerto —el único de la nación hasta la época— fuese decreciendo paulatinamente en importancia. Más tarde permanecería bajo la jurisdicción de Cesarea de Siria.

En en el NT Jope es mencionada en relación al apóstol Pedro, quien resucitó allí a Tabita, y residió un cierto tiempo en casa de un curtidor llamado Simón (Hch. 9:36-43). Allí fueron a buscarlo los siervos de Cornelio desde Cesarea, después que el apóstol hubiera tenido la visión del alcance universal del mensaje evangélico (Hch. 10:5-48).

Joram (heb. «Yahvé es ensalzado»). Nombre de cinco personajes del AT.

1. Hijo de Toi, rey de Hamat, quien fue enviado por su padre al rey David para saludarlo y felicitarlo por haber combatido contra Hadad-ezer y por haberlo derrotado, «porque Toi estaba en guerra con Hadad-ezer. Joram llevó consigo objetos de plata, de oro y de bronce» (2 Sam. 8:10). En 1 Cro. 18:10 recibe el nombre de Adoram o Hadoram, cuya grafía representa pob. la verdadera forma del nombre.
2. Levita de la familia de Gersón en tiempos de David, encargado de los objetos consagrados al culto y los provenientes del botín de guerra, destinados al sostenimiento del templo (1 Cro. 26:25-27).

3. Uno de los sacerdotes enviados por el rey Josafat a recorrer las ciudades de Judás, llevando consigo el libro de la Ley de Dios con el fin de instruir al pueblo (2 Cro. 17:8).
4. Rey de Israel, hijo de Acab y Jezabel. Sucedió a su hermano Ocozías sobre el trono de Israel, y reinó doce años (2 R. 1:17; 3:1). Quitó los baales, pero siguió con el pecado de los becerros de oro en Dan y Bet-el (2 R. 3:1-3). Gracias al matrimonio de su hermana Atalía con Joram, hijo de Josafat, rey de Judá, hubo paz entre ambos reinos. De hecho, se formó una alianza contra el rey de Moab, que se había rebelado contra Israel, no queriendo pagar el tributo de ganado menor que hasta entonces había dado. En la batalla, las tropas aliadas de Israel, Judá y Edom consiguieron sitiar la capital del reino moabita, lo que llevó a que el rey de Moab, en su desesperación, ofreciera a su primogénito en holocausto sobre la muralla a la vista de los sitiadores, con lo que los israelitas se fueron, quizá por el espanto producido por este hecho (2 R. 3:4-27). En época de Joram tuvo lugar el sitio de Samaria por parte de los sirios, con una terrible hambre, y su liberación milagrosa (2 R. 6:24-7:20), y también la curación de la lepra de Naamán (2 R. 5). En cumplimiento de la profecía de Elías contra la casa de Acab (cf. 1 R. 21:20-24), Jehú dio muerte a Joram (2 R. 9:1-23), arrojando su cadáver en el campo de Nabot (2 R. 9:24-26).
5. Rey de Judá, hijo primogénito y sucesor de Josafat (853-841 a.C.). Los primeros cuatro años reinó en corregencia con su padre. Se casó con Atalía, hija de Acab y Jezabel, cuya influencia bien pudo neutralizar el buen ejemplo dado por su padre. Dio muerte a sus seis hermanos y estableció la adoración a Baal en Jerusalén por instigación de su esposa. Fue atacado por los filisteos y árabes, que se apoderaron de sus mujeres e hijos. Fue advertido acerca de sus acciones por un escrito del profeta Elías (escrito indudablemente con antelación, cf. 2 Cro. 21:12), en el que le anunciaba que Dios azotaría a su pueblo con una plaga gravosa. La enfermedad del rey sería tal que sus entrañas se desparramarían. Fue de esta manera que penosamente murió, en medio de terribles sufrimientos. El pueblo no le tributó honores como a otros reyes, siendo sepultado en Jerusalén pero no en el sepulcro de sus predecesores (1 R. 22:50; 2 R. 1:17; 8:16-29; 11:2; 12:18; 1 Cro. 3:11; 2 Cro. 21:1-20; 22:1,11). A pesar de todo, su nombre aparece en la lista genealógica de Jesús (Mt. 1:8).

Jordán. El rio Jordán es la corriente de agua más importante de Palestina. Tiene diversas fuentes. La fuente oriental se halla en Banias, la antigua Cesarea de Filipo, de donde brota una corriente abundante, el Banias, de una gruta elevada. La fuente central se halla en Tell el-Kadi, probablemente la antigua Dn. Allí brotan, en dos lugares, las aguas que forman el río Leddan. La tercera fuente, la más septentrional y elevada de las tres, es perenne; brota debajo del pueblo de Hasbeya y da origen al curso de agua llamado Hasbany. Según Thomson, este río tiene 64 km más que los otros dos, siendo que el Leddan es el más caudaloso y el Banias el más bello. Este último recorre más de 19 km antes de llegar al lago de Huleh. La unión del Banias y del Leddan se halla casi a mitad de camino entre el lugar llamado Banias y el lago de Huleh; la confluencia de este nuevo río con el Hasbany se halla a 1,5 km más abajo. El lago Huleh tiene más de 6 km de longitud. El Jordán sale al sur de este lago, y corre casi 17 km., hasta el Mar de Galilea o lago de Tiberíades, que mide casi 21 km de longitud. Este tramo es llamado por los geógrafos Alto Jordán, con su impetuoso curso, invadeable hasta llegar a la llanura que anuncia la proximidad del Tiberíades, que el Jordán atraviesa de norte a sur. Después de haber cruzado esta extensión de agua, el río sigue un curso sinuoso, con profundidad de 3 m, hasta la afluencia del Yarmúk, primero de sus grandes afluentes por la orilla izquierda, a unos 8 km de la salida de Tiberíades, dirigiéndose hacia el mar Muerto, a unos 105 km, a vuelo de pájaro, del extremo meridional del Mar de Galilea. Poco antes de llegar al vado de Damiye recibe su segundo gran afluente por la izquierda, el Jaboc, y algo más al sur el más importante de los afluentes occidentales por su derecha, Wadi el Fár'ah. En estos 60 km desciende a los 349 m bajo el nivel del Mediterráneo, hasta desembocar en el mar Muerto. Desde Banias hasta el mar Muerto, el Jordán mide más de 167 km, si se tiene en cuenta la longitud de los dos lagos, y se descartan los meandros.

Es el único río del mundo cuyo curso se halla, en la mayor parte de su longitud, por debajo del nivel del mar. Cuando brota de la gruta de Banias, el Jordán se halla a unos 300 m por encima del nivel del Mediterráneo. Cuando entraba en el valle de Huleh, este lago, desecado en la actualidad por los israelitas, tenía 3-4 m de profundidad, y su superficie se hallaba a unos 2 m sobre el nivel del mar. Desciende a continuación unos 208 m, hasta llegar a la entrada del Mar de Galilea. Al desembocar en el mar Muerto, el Jordán se halla a 392 m por debajo del nivel del Mediterráneo.

Desde el Mar de Galilea al mar Muerto hay 27 rápidos importantes y un gran número de otras caídas de menor importancia. La zona meridional del valle es una zona verdaderamente tropical. Además de las aves sedentarias, el Jordán y sus lagos son estaciones fijas de emigraciones,

entre las que destacan las cigüeñas, que lo hacen en enormes cantidades. En todo su curso, pero especialmente en el Tiberíades, hay gran cantidad de peces, entre los que destacan los crómidos y cípridos con especies frecuentemente nilóticas o propias del Tiberíades.
En el NT el Jordán aparece casi exclusivamente en relación con Juan Bautista y con el bautismo de Cristo (Mt. 3:6, 13-17; Mc. 1:15-10; Jn. 1:28; etc.).

Josadac (heb. «justificado de Yahvé»). Hijo del sumo sacerdote Seraías, llevado cautivo a Babilonia por Nabucodonosor (1 Cro. 6:14-15). Aunque sucedió a su padre en el cargo, toda vez que este fue asesinado en Ribla por las fuerzas ocupantes (2 R. 25:18-21), Josadac no tuvo oportunidad de realizar sus funciones sacerdotales, ya que evidentemente murió en el exilio, siendo su hijo Jesúa quien, con sus hermanos los sacerdotes y con Zorobabel y sus hermanos, «edificaron el altar del Dios de Israel, a fin de ofrecer sobre él holocaustos» y realizó el servicio sagrado (Esd. 3:2, 8; Neh. 12:26; Hag. 1:1, 12, 14; 2:2, 4; Zac. 6:11).

Josafat (heb. «juzgado de Yahvé»). Nombre de seis personajes del AT, entre ellos un rey de Judá, hijo y sucesor de Asa. Parece que estuvo asociado en el trono con su padre en el año 37 de su reinado, el año 11 de Omri (1 R. 16:28, 29), reinando en solitario cinco años más tarde, alrededor del año 871 a.C. (1 R. 22:41, 42; 2 Cro. 17:1). Reinó veinticinco años, si se incluye el período de corregencia con Asa. Tenía 35 años al iniciar su reinado. Su madre se llamaba Azuba, hija de Silhi (1 R. 22:42). Fue un rey piadoso, dando culto a Yahvé, no buscando los baales (cf. 1 R. 22:43; 2 Cro. 17:3), aunque el pueblo seguía sacrificando en los lugares altos (1 R. 22:44). Por ello, Dios otorgó una gran prosperidad al rey. Josafat tomó medidas para instruir al pueblo en la ley de Dios por las ciudades de Judá (2 Cro. 17:7-9). El terror del Señor cayó sobre los reinos vecinos, y los árabes y filisteos se hicieron tributarios de Josafat (2 Cro. 17:10, 11). Puso guarniciones en las ciudades fuertes de su reino (2 Cro. 17:12-19), e hizo la paz entre Israel y Judá, que desde la época de Roboam habían estado en guerra entre sí, casando a su hijo Joram con Atalía, la hija de Acab y Jezabel. Ésta fue una unión imprudente que traería funestas consecuencias (cf. 1 R. 22:45; 2 R. 8:18, 26 y 2 R. 11). Sin embargo, hizo finalmente desaparecer de Judá los lugares altos, y centralizó la adoración de Dios en Jerusalén, conforme a la ley (2 Cro. 17:5, 6). El reino de Judá nunca gozó de un tiempo más feliz y próspero que bajo su reinado. Su nombre aparece en la lista de los antepasados de Jesús (Mt. 1:8). Murió a los 60 años, hacia el año 850 a.C., y fue sepultado en la ciudad de David, sucediéndole Joram su hijo.

Josafat, Valle de. Valle donde Dios juzgará a todas las naciones al final de los tiempos, según el profeta Joel (Jl. 3:2); las naciones enemigas de Israel, se entiende (Jl. 3:12); en especial las costeras: Tiro y Sidón, que contribuyeron en la destrucción de Israel (Jl. 3:4).
Tradicionalmente se identifica el valle de Josafat con el del Cedrón. Sin embargo, esta identificación es una mera suposición, basada en los pasajes citados y en Zac. 14:3, 4, que menciona el Monte de los Olivos. Ningún valle conocido ha llevado este nombre. Por otra parte, el valle del Cedrón es demasiado pequeño, mientras que el texto se refiere a uno espacioso. El profeta Joel pudo haber escogido este nombre debido a su valor simbólico, cuyo significado es «Yahvé ha juzgado», y hace referencia a la victoria providencial del rey Josafat en el valle de Beraca sobre los ejércitos aliados de Edom, Moab y Amón. La creencia cristiana asocia este lugar con el Monte de los Olivos, de donde Jesucristo ascendió al cielo y donde reaparecerá como juez (cf. Hch. 1).

José (heb. «que Él [Dios] añada»). Nombre de varios personajes bíblicos, entre ellos:

1. Undécimo hijo de Jacob y primogénito de Raquel (Gn. 30:22-24). Su historia ocupa los capítulos 37, 39-50 del libro de Génesis. Nació en Padán-aram (Mesopotamia) seis años antes del retorno de Jacob a Canaán (Gn. 30:25; cf. Gn. 31:41), cuando Jacob tenía 90 ó 91 años. El favoritismo paterno hacia él provocó la envidia de sus hermanos. Es bien conocida la historia de cómo primero sus hermanos pensaron en darle muerte, y al final lo vendieron a una caravana de mercaderes que se dirigía a Egipto y su compra por Potifar, oficial de la guardia de Faraón (Gn. 37), su encarcelamiento por el despecho de la esposa de Potifar, que no consiguió seducirlo (Gn. 39), el sueño del copero y panadero de Faraón, encarcelados con él (Gn. 40); el doble sueño de Faraón y su interpretación por José, anunciando siete años de prosperidad y siete de hambre, junto con su ascensión a primer ministro de Faraón (Gn. 41); la llegada de los hermanos de José para comprar alimentos, y los tratos de José con ellos, para inducirlos al arrepentimiento (Gn. 42-45); la emigración de Jacob y toda su familia a Egipto y su establecimiento en la tierra de Gosén bajo la protección de Faraón y de José (Gn. 46-47); las bendiciones y muerte de Jacob (Gn. 48-49) y la muerte de José (Gn. 50).
   Los costumbrismos y el colorido del relato de José en Egipto son netamente egipcios, y concuerdan con el marco histórico de manera fidedigna. Nombres como Potifar, Zafnat-panea, Asenat, Potifera, On

(Gn. 39:1; 41:45, etc.), y los títulos de los funcionarios, son evidencia de un registro exacto de los acontecimientos.

Las tribus de Manasés y de Efraín descendían de los hijos de José. Las bendiciones que Jacob pronunció desde su lecho mortuorio para José se dirigían tanto a él como a estas dos tribus (Gn. 48:8-22; 49:22-26).

2. Nombre propio de Bernabé, el compañero de misión de Pablo (Hch. 4:36).
3. Nombre de pila de Barsabás, que tenía por sobrenombre «Justo», y nominado como candidato a tomar la vacante dejada por Judas (Hch. 1:21-26). Fue uno de los que estuvo con Jesús desde el principio de su ministerio.
4. Hijo de María y Cleofás, hermano de Jacobo, José, Simón y Judas, llamados hermanos del Señor (Mt. 13:55; 27:56; Mc. 6:3; 15:40, 47).

José de Arimatea. Miembro del sanedrín, hombre rico y distinguido, esperaba el reino de Dios (Mc. 15:43). No había consentido en la sentencia de muerte pronunciada contra Jesús, por cuanto era discípulo secreto de Él, al igual que Nicodemo, el único otro miembro del concilio que tenía fe en Él. Valerosamente, José reclamó el cuerpo de Jesús a Pilato, y lo sepultó en su propio sepulcro nuevo, cumpliendo así la profecía de Is. 53:9 (Mt. 27:57-60; Lc. 23:50-53; Jn. 19:38).

José, Esposo de María. Esposo de María, madre de Jesús (Mt. 1:16). Los evangelistas insisten contextualmente en la circunstancia de que María era virgen (Lc. 1:27.34; Mt. 1:23-25) y de que Jesús ha sido concebido por obra del Espíritu Santo (Mt. 1:18; Lc. 1:35), lo cual significa que el nacimiento de Jesús de una virgen debían ocurrir en el contexto del matrimonio. Es matrimonio, verdadero y completo. José es verdadero esposo de María y María esposa de José, pero Jesús ha sido concebido de la esposa de José por obra del Espíritu Santo (Mt. 1:18-20). José es enumerado entre los descendientes de David (Mt. 1:16) y señalado repetidamente como «hijo de David» (v. 20), de la «casa de David» (Lc. 1:27), de la «casa y familia de David» (2:4), indicando que la condición mesiánica de Jesús pasa a través de José, de modo que Jesús es hijo de David porque lo es de José. Lucas, además, introduce una cláusula llamativa: «Era, según se creía, hijo de José» (Lc. 3:23), es decir, en cuanto a la ley, tal como estaba escrito en el registro familar, José, al ser esposo de María, se convirtió, por tanto, según la ley, en padre de Jesús. Para determinar en qué consiste la paternidad de José, los teólogos han utilizado varios calificativos: *padre putativo, adoptivo, legal, nutricio, virginal,* sin que ninguno de ellos agote la cuestión. En el

mundo semita se reconocían como hijos legítimos los nacidos de la relación del marido con la esclava, cedida a él por la mujer a fin de tener descendencia (cf. Gn. 30:1-13). También la ley del levirato considera perteneciente a un padre distinto del real el hijo nacido de la viuda y el hermano del marido difunto (Gn. 38:8; Dt. 25:5-6). La paternidad de José se inserta en una tradición semita, que relativiza la generación biológica en favor de una paternidad real en otro plano. R.E. Brown opta por la expresión «padre legal» como «designación mejor que la de padrastro o padre adoptivo..., no es que José adopte como hijo suyo a otro, sino que reconoce como hijo legítimo propio al hijo de su mujer haciendo uso de la misma fórmula con la cual otros padres judíos reconocían a sus propios hijos legítimos». Esto ocurrió en el caso de José mediante el ejercicio del derecho paterno de imponer el nombre al niño: así lo reconoce como propio y se convierte en su padre legal (Mt. 1:21.25).
Probablemente José nació en Belén, la ciudad de David y sus descendientes. Sin embargo, cuando la historia del Evangelio comienza, unos pocos meses antes de la anunciación, José es situado en Nazaret (Lc. 2:4), sin que se pueda averiguar cuándo y por qué abandonó su tierra natal para radicarse en Galilea. Se dice que José era un *tekton* (Mt. 13:55, Mc. 6:3), término general que significa tanto artesano en general como carpintero en particular. Mateo lo presenta como un hombre «justo» (Mt. 1:19). Al ver el estado grávido de María sospechó, naturalmente, que le había sido infiel, y decidió repudiarla secretamente sin causar ningún escándalo público (Mt. 1:18, 19).
Los evangelios de Mateo y Lucas describen los dos momentos del matrimonio judío: los esponsales, que convierten a María en «esposa prometida» de José (Lc. 1:27; Mt. 1:18), y las nupcias o introducción de la esposa en la casa del esposo (Mt. 1:24). José realiza los actos legales prescritos por el derecho entonces en uso: consiente en admitir a María en su casa como esposa (Mt. 1:20-24) e inicia una vida de convivencia con ella (Mt. 1:18.25). En varias circunstancias los Evangelios hablan de la madre y hermanos de Jesús (Mt. 12:46; Mc. 3:31; Lc. 8:19; Jn. 7:3), pero nunca hablan acerca de su padre en conexión con el resto de la familia, solamente nos cuentan que Jesús, durante su vida pública fue conocido como el «hijo de José» (Jn.1:45; 6:42; Lc. 4:22) «el carpintero» (Mt. 13:55).

Joseb-Basebet (heb. «asiento en la sesión», a saber, «consejo»). Uno de los héroes principales de David. De él se dice que «blandió su lanza contra 800, y los mató de una sola vez» (2 Sam. 23:8). Se le llama «jefe de los tres», o más bien, «el tercer hombre»; lo cual designa el cargo supremo del ejército, ocupaba un puesto en un carro de combate de tres personas, próximo a la persona del rey.

Josías (heb. «Yahvé sana»). Nombre de tres personajes del AT.

1. Decimosexto rey de Judá, hijo y sucesor de Amón, asesinado por sus servidores (2 R. 22:1; 2 Cro. 33:1). Entronizado a los ocho años de edad hacia el año 638 a.C., tuvo como consejero durante su juventud, según parece, al sumo sacerdote Hilcías. Al año octavo de su reinado, se propuso actuar conforme a las leyes de Dios, y reformar según su voluntad la vida de la corte, con lo que comenzó a extirpar la idolatría y todo lo contrario a la Ley de Dios. Siguió en este esfuerzo a lo largo de los años, no sólo en Jerusalén y Judá, sino también en lo tocante al reino del norte (2 R. 22:1, 2; 2 Cro. 34:1-7, 33). En el año decimoctavo de su reinado, tomó enérgicas medidas para restaurar y embellecer el Templo. En el curso de las obras, el sumo sacerdote Hilcías encontró en el santuario el libro de la Ley, y lo entregó a Safán, el escriba, que lo leyó ante el rey. Josías quedó profundamente tocado por la profecía que anunciaba las terribles consecuencias de abandonar a Yahvé. Rasgó sus vestiduras y se humilló ante Dios que, en su misericordia, le dio la certidumbre de que el juicio inminente no caería durante su vida (2 R. 22:8-20; 2 Cro. 34:15-28).

   La lectura del libro dio un nuevo ímpetu a la reforma religiosa ya emprendida por Josías. Después de juramentarse a adorar solamente a Yahvé, se apoderaron de todos los objetos del culto a Baal, Astarté y de todo el ejército del cielo, y, quemándolos, los arrojaron al torrente Cedrón. Se desató una campaña de destrucción contra los sodomitas, y se destruyeron los lugares altos, no sólo en el territorio de Judá, sino también en el territorio previamente ocupado por las diez tribus. En Bet-el, Josías exhumó las osamentas de los sacerdotes idólatras y las quemó sobre el altar cismático, cumpliendo así la profecía del varón de Dios en la época de Jeroboam I (1 R. 13:2). No dudó tampoco en dar muerte sobre los altares a los sacerdotes que sacrificaban sobre ellos. Después de purificar el país, Josías hizo celebrar una Pascua tan estrictamente observada como no se había visto desde la época de Samuel (2 R. 23:1-25; 2 Cro. 25:19-34:29).

   Trece años después de esto, Josías trató de resistir al faraón Necao, que iba a luchar contra Asiria. En el enfrentamiento resultó herido y llevado a Jerusalén, donde murió. Había reinado 31 años (2 R. 22:1; 23:29, 30; 2 Cro. 35:20-27; cf. Zac. 12:11). Después de su muerte, el país volvió al dominio de Egipto y luego al de Babilonia, cayendo en los errores de antaño: sincretismo religioso y creencias extranjeras, con la instauración de lugares de culto. Jeremías y Sofonías profetizaron durante la última parte de su reinado (Jer. 1:2; 3:6; Sof. 1:1). Fue sucedido por su hijo Joacaz.

2. Hijo de Sofonías, en la época del profeta Zacarías. Regresó a Jerusalén desde el exilio en Babilonia, en su casa Zacarías recogió oro y plata para fabricar unas coronas, una de las cuales colocó en la cabeza del sumo sacerdote Josué, tipo del Mesías (Zac. 6:10-11).
3. Hijo de Amasías, miembro de la tribu de Simeón obligado a emigrar debido a la presión demográfica de su familia al valle de Gedón, donde se enfrentó y expulsó a nativos hamitas (1 Cro. 4:34).

Josué (heb. «Yahvé es salvación»). Nombre de varios personajes del AT, entre ellos:

1. Hijo de Nun, de la familia de Efraín, colaborador y sucesor de Moisés (Nm. 13:8, 16). Condujo a los israelitas a la victoria sobre Amalec en Refidim (Éx. 17:8-16). Estuvo con Moisés en el Sinaí, mientras que al pie del monte el pueblo se hacía el becerro de oro (Éx. 24:13; 32:17, 18). Fue encargado del cuidado del primer tabernáculo de reunión (Éx. 33:11). A los 40 años de edad, Josué, como representante de Efraín, fue señalado con otros once israelitas para que fuera a espiar los puntos débiles de Canaán. Josué y Caleb se esforzaron en persuadir al pueblo de que había que avanzar y apoderarse del país, fiados en Dios (Jos. 14:7; Nm. 13:8; 14:6-9). Al final de los cuarenta años en el desierto, Moisés, por orden de Dios, puso a Josué ante el sumo sacerdote y delante de toda la asamblea, en Sitim, para conferirle públicamente la sucesión (Nm. 27:18-23; Dt. 1:38). Justo antes de la muerte de Moisés, los dos hombres entraron en el tabernáculo, a fin de que Josué fuera consagrado por el Señor mismo al puesto de caudillo del pueblo (Dt. 31:14, 23). Inmediatamente después, Josué empezó los preparativos para pasar el Jordán (Jos. 1:10-11). El plan militar que Josué preparó para la conquista de Canaán demuestra sus capacidades militares. Las expediciones militares de Josué quebrantaron el poder de los cananeos, pero no llegaron a exterminarlos. Ayudado por el sumo sacerdote y por una comisión, Josué presidió el reparto de las tierras conquistadas. La distribución comenzó durante la estancia del campamento en Gilgal (Jos. 14:6-17:18). Josué acabó esta obra, creó ciudades de refugio, dio ciudades a los levitas, y dispuso que el Arca del Pacto se quedara en Silo (Jos. 18-21). Obtuvo para sí mismo la ciudad de Timnat-sera en el monte de Efraín (Jos. 19:50). Cuando ya era muy anciano, Josué convocó la asamblea en Siquem, el lugar donde Abraham, entrado en Canaán, había erigido el primer altar a Yahvé, y

pronunció un enérgico discurso, exhortando al pueblo a no abandonar a Yahvé (Jos. 24:1-28). Murió poco después, a la edad de 110 años. Fue sepultado en el lugar que había elegido, en Timnat-sera (Jos. 24:29, 30).

2. Primer sumo sacerdote después de la vuelta del exilio de Babilonia. Era hijo de Josadac y regresó a Jerusalén con Zorobabel (Esd. 2:2; Neh. 7:7). Erigió el altar de los holocaustos, alentó a los artesanos y a la asamblea del pueblo a reconstruir el Templo (Esd. 3:2-9; Hag. 1:1,12, 14; 2:2-4). Es llamado Jesúa en Esdras y Nehemías. Como sumo sacerdote, representaba ante Dios a los deportados retornados del exilio, y recibió la seguridad del socorro divino (Zac. 3:1-9; 6:11-13).

Josué, libro de. Este libro de Josué reanuda la historia de Israel a partir de la muerte de Moisés. Está en relación con el Pentateuco más que con los siguientes libros. Constituye el cumplimiento de todas las promesas hechas en los libros anteriores con respecto a la toma de posesión de la Tierra Prometida. Ciertos críticos consideran que el Pentateuco y el libro de Josué forman un todo, al que llaman el Hexateuco. En el canon hebreo, el libro de Josué es el primero de los Profetas; con él se abre la sección denominada de los profetas anteriores.

El libro de Josué se puede dividir en tres secciones:

a) La conquista de Canaán (Jos. 1-12), que comprende los preparativos para la travesía del Jordán y el paso de este río (Jos. 1:1-4:18); el establecimiento del campamento y la celebración de la Pascua (Jos. 4:19-5:12); la toma de Jericó; la de Hai; el altar erigido sobre el monte Ebal; la confirmación de la alianza; el tratado con los gabaonitas (Jos. 5:13-9:27); las expediciones al sur y al norte (Jos. 10-11); la recapitulación (Jos. 12).

b) La partición del país de Canaán entre las tribus (Jos. 13-22), que incluye: una descripción del país que se iba a repartir (Jos. 13); el reparto, con la designación de las ciudades de refugio y la atribución de ciudades a los levitas (Jos. 14-21); el pleito acerca del altar elevado al este del Jordán (las tribus del oeste temían que aquel altar fuera causa de desunión, Jos. 22).

c) El discurso de despedida de Josué y su muerte (Jos. 23-24). Se afirma formalmente que Josué «escribió estas palabras en el libro de la ley de Dios» (Jos. 24:26); «estas palabras» incluían, en todo caso, el registro de la última asamblea de Siquem (Jos. 23:1-24:25). En cuanto a los últimos versículos del libro (Jos. 24:29-33), es evidente que fueron redactados después de la muerte de Josué, de Eleazar, y de los hombres de esta generación. La conquista de Hebrón, de Debir y de Anab por parte de Caleb (Jos. 15:13-20), tuvo lugar después de la muerte de Josué. La alusión a estas conquistas fue intercalada en este lugar del relato para completarlo (cf. Jue. 1:10-20). En Jos. 12:14, Sefat lleva el nombre de Horma, que le fue dado más tarde (Jue. 1:17).

Josué es más el héroe que el autor del libro. Él mismo escribió varios de sus pasajes (Jos. 18:9; 24:26; cf. Jos. 8:32), pero es probable que un autor inspirado acabase el relato poco después de la muerte de Josué. La abundancia de detalles y la vivacidad de la narración sugieren un testimonio ocular (cf. Jos. 2, 3, 5:1, 6; 6-8; 15:6; 18:17, etc.). El libro fue escrito en época temprana: Rahab vivía aún entre el pueblo (Jos. 6:25). La expresión «hasta el día de hoy» aparece en catorce ocasiones (tres de estos pasajes sólo se pueden aplicar al tiempo en que Josué estaba todavía vivo: Jos. 22:3; 23:8, 9). La ciudad de Hai seguía en ruinas (Jos. 8:28). Los jebuseos seguían ocupando la ciudadela de Jerusalén (Jos. 15:63), de donde David los echó más tarde (2 Sam. 5:5-9). Los cananeos seguían viviendo en Gezer, lo que ciertamente lo sitúa antes de la época de Salomón (Jos. 16:10; cf. 1 R. 9:16). Los gabaonitas entregaban entonces su cuota de madera y de agua (Jos. 9:27), en tanto que fueron diezmados por la crueldad de Saúl (2 Sam. 21:1-9). La ausencia de toda alusión al reino de Israel y su división es igualmente significativa. Por esto Keil se apoya en sólidas razones para afirmar que el libro fue escrito por «uno de los ancianos que sobrevivió a Josué».

Jota (gr. *iota*, del término heb. *yod*, y, la letra hebrea más pequeña). Es mencionada por el Señor Jesús en Mt. 5:18 junto con «tilde», el punto o extremidad que distingue ciertas letras hebreas de otras, para expresar el hecho de que ningún artículo de la ley pasaría o quedaría sin cumplimiento.

Jotam (heb. «Yahvé es perfecto»). Nombre de varios personajes bíblicos.

1. Hijo menor de Gedeón. Sus setenta hermanos (su padre era polígamo) fueron asesinados por Abimelec, su medio hermano. Jotam escapó, fue al monte Gerizim, y maldijo la usurpación con una fábula contra las gentes de Siquem que se hallaban en el valle y contra el mismo Abimelec (Jue. 9:1-21). Esta maldición se cumplió con la destrucción de Siquem por parte de Abimelec y la muerte de Abimelec en Tebes (Jue. 9:22-57).
2. Rey de Judá, compartió el trono con Uzías su padre, llamado también Azarías (750-739 a.C.), el cual había caído víctima de la lepra (2 R. 15:5). Su regencia comenzó durante el reinado de Jeroboam

II en Israel (1 Cro. 5:17). Esta simultaneidad se confirma si el temblor de tierra sucedió en la época de Uzías y de Jeroboam II (Am. 1:1; Zac. 14:5), y si se produjo en el momento en que Uzías se quería apoderar del sacerdocio, o poco después (Ant. 9:10, 4). Jotam obedeció a Yahvé, aunque dejó subsistir la adoración en los lugares altos donde el pueblo se daba a la idolatría. Efectuó obras en el Templo, amplió las fortificaciones, y edificó ciudades de Judá, y una red de castillos y torres, aplastando a los amonitas y haciéndolos tributarios. Durante los dieciséis años de su reinado, Isaías y Oseas siguieron ejerciendo su ministerio (Is. 1:1). Hacia el final de su reinado los israelitas del norte y los sirios invadieron Judá. Murió a los 41 años de edad, siendo sucedido por su hijo Acaz.

Jotbata (heb. «agradable»). Una de las estaciones de los hebreos en el desierto, situada entre el monte Gidgad y Abrona (Nm. 33:33, 34); descrita en Dt. 10:7 como «tierra de arroyos de agua». Corresponde al moderno oasis al norte de Elat.

Joyas. Nombre genérico que puede designar a distintos objetos de adorno más o menos preciosos.

Tanto los hombres como las mujeres israelitas procuraban poseer joyas que además de servirles de adorno constituían su patrimonio, que aportaban al matrimonio pero que nunca dejaban de pertenecerles, ni en caso de divorcio, al contrario, en esa circunstancia representaban su máximo recurso y su dote. Cuando los israelitas salieron de Egipto, cada uno pidió «a su vecino, y cada una a su vecina, alhajas de plata y de oro» (Éx. 11:2). En tiempos primitivos las joyas eran usadas como medio de pago, a falta del concepto de dinero. Los materiales para las joyas eran el oro, la plata y las piedras preciosas. Estas últimas eran simplemente pulidas y en su superficie se hacían a veces inscripciones, especialmente cuando se trataba de anillos que servían como sellos.

En la Biblia se mencionan de manera específica las siguientes joyas, que también se pueden consultar en sus entradas respectivas:

Anillos. Aunque ambos sexos usaban anillos, en el caso de los hombres éstos podían servir también como sellos. Los reyes y altos funcionarios acostumbraban a sellar sus documentos oficiales como señal de autenticidad. Jezabel «escribió cartas en nombre de Acab, y las selló con su anillo» ordenando la muerte de Nabot (1 R. 21:8). Para la construcción del tabernáculo se usaron muchos anillos ofrendados por el pueblo (Éx. 35:22). Los familiares y amigos de Job le visitaron «y cada uno de ellos le dio una pieza de dinero y un anillo de oro» (Job 42:11). El usar anillos de oro era una señal de riqueza (Stg. 2:2).

Brazaletes. Aunque ambos sexos podían usar un brazalete, ésta era una joya más apreciada por las mujeres. El siervo de Abraham le dio a Rebeca «un pendiente de oro que pesaba medio siclo, y dos brazaletes que pesaban diez» (Gn. 24:22). Se ofrendaron para el tabernáculo (Éx. 35:22; Nm. 31:50). En juicio contra «las hijas de Sion», Isaías dice que «quitará el Señor (...) los brazaletes» y otras joyas que ellas usaban (Is. 3:17-23).

Cadenas. Las utilizaban hombres y mujeres. Se ofrendaron para el tabernáculo (Éx. 35:22; Nm. 31:50). Generalmente eran de oro, pero también las había de plata (Ecl. 12:6).

Collares. Generalmente hechos con eslabones grandes, de oro (cf. Cnt. 1:10). Resaltaban el estatus y la posición de sus portadoras. Isaías dice que el Señor quitará «los collares» y otras joyas que usaban las hijas de Sión (Is. 3:17-23).

Coronas. No era sólo de reyes el usar coronas, aunque las de éstos eran mucho más ricas y costosas. El término *atarah* se emplea para designar una ornamentación bella en la cabeza, que podría ser un tocado especial, pero mayormente se refiere a una corona, como en Ez. 23:42: «Pusieron pulseras en sus manos, y bellas coronas sobre sus cabezas». David conquistó Rabá «y quitó la corona de la cabeza de su rey, la cual pesaba un talento de oro, y tenía piedras preciosas» (2 Sam. 12:30).

Diademas. Adorno que se usaba en la cabeza, mayormente en forma de banda o cinta a la cual se ponían metales o piedras preciosas (Zac. 9:16). A los novios se les coronaba con una diadema preciosa según la capacidad económica de la pareja (Cnt. 3:11).

Joyeles de las narices. Usualmente en forma de un anillo, o nariguera. Isaías dice que el Señor quitará «los joyeles de las narices» y otros arreglos que usaban las hijas de Sión (Is. 3:17-23). En Ez. 16:1-13 se presenta la figura de Dios como un novio ataviando a su novia: «Puse joyas en tu nariz» (Ez. 16:12).

Manillas. Equivalente a pulsera (Ez. 23:42). Se ofrendaron muchas para el tabernáculo (Nm. 31:50).

Partidores de pelo. Las mujeres israelitas gustaban de hacerse tocados muy elaborados, para lo cual usaban objetos que a veces eran de materiales preciosos. Isaías dice que el Señor quitará «los partidores de pelo» y otras joyas que usaban las hijas de Sion (Is. 3:17-23).

Pendientes. Son adornos que se cuelgan de las orejas. El siervo de Abraham le dio a Rebeca «un pendiente de oro que pesaba medio siclo» (Gn. 24:22). Isaías dice que el Señor quitará «los pendientes» y otras joyas que usaban las hijas de Sion (Is. 3:17-23).

Pulseras. Usada por ambos sexos. En una figura que describe la infidelidad de Israel, se habla de ella como una mujer que paga a sus amantes con «pulseras en sus manos, y bellas coronas sobre sus cabezas» (Ez. 23:42).

Redecillas. Para el arreglo de su pelo, las israelitas usaban redecillas. Algunas eran de hilo de oro, como han encontrado los arqueólogos. El Señor quitará «las redecillas» y otras joyas que usaban las hijas de Sion (Is. 3:17-23).

Zarcillos. En tiempos patriarcales, es posible que los zarcillos o pendientes que usaban hombres y mujeres tuvieran una significación relacionada con la idolatría. Cuando Jacob regresaba con su familia y Dios le ordenó que se quedara en Bet-el, el patriarca dijo a su familia: «Quitad los dioses ajenos que hay entre vosotros, y limpiaos, y mudad vuestros vestidos». Los miembros de la familia «dieron a Jacob todos los dioses ajenos que había en poder de ellos, y los zarcillos que estaban en sus orejas, y Jacob los escondió debajo de una encina» (Gn. 35:1-4). Aarón confeccionó el becerro de oro con los pendientes de oro que le dio el pueblo (Éx. 32:2). También se usaron luego zarcillos para la construcción del tabernáculo (Éx. 35:22; Nm. 31:50). Usar zarcillos era una costumbre de los hombres ismaelitas (Jue. 8:24-26). El amor que Dios había tenido para su pueblo se expresó diciendo que éste había sido como una niña de quien un hombre se enamora y la atavía «con adornos (...), brazaletes (...), collar (...), joyas en la nariz (...), zarcillos en tus orejas» (Ez. 16:1-13).

En el NT los apóstoles advirtieron a las mujeres creyentes sobre el exceso en el uso de joyas: «Vuestro atavío no sea el externo de peinados ostentosos, de adornos de oro o de vestidos lujosos» (1 P. 3:3; 1 Ti. 2:9).

Juan (gr. *Ioannes*, del heb. *Yõhanán*, «Yahvé ha hecho gracia»). Nombre común entre los judíos posteriores a la deportación babilónica.

1. Padre de Matatías y abuelo de los Macabeos. (1 Mac. 2:1; 14:20). Era sacerdote y descendiente de Joarib, el cual fue origen de una de las veinticuatro familias sacerdotales (1 Cro. 24:7).
2. Hijo de Accos y padre de Eupólemo, uno de los embajadores que Judas Macabeo envió a Roma (1 Mac. 8:17; 2 Mac. 4:11).
3. Hijo mayor de Matatías, apodado Gaddis (1 Mac. 2:2; 2 Mac. 8:2). Fue enviado por su hermano Jonatán al territorio nabateo para pedir autorización de dejar el bagaje de las fuerzas leales al judaísmo en aquel lugar, pero los hombre de Jambri le hicieron prisionero y le asesinaron en Madaba. Sus hermanos Jonatán y Simón vengaron su muerte (1 Mac. 9:35, 36, 38).
4. Uno de los hombres que Judas Macabeo envió a Lisias, general de Antíoco Epífanes (2 Mac. 11:17).

5. Hijo de Simón Macabeo (1 Mac. 13:53; 16:1, 2, 9, 19, 21, 23), mejor conocido como Juan Hircano.

En el NT llevan el nombre de Juan los siguientes personajes, aparte de Juan el apóstol y Juan el Bautista:

1. Padre del apóstol Pedro, a quien se llama «Simón, hijo de Juan» (Jn. 1:43; 21:15-17). En otro lugar se le da el nombre de *Bar Joná* = «hijo de Joná» (Mt. 16:17).
2. Nombre hebreo del evangelista Marcos, a cuya casa acudió Pedro al salir milagrosamente de la cárcel (Hch. 12:12, 25; 13:5, 13; 15:37).
3. Uno de los miembros del sanedrín, de la clase sacerdotal, mencionado en Hechos como uno de los jueces junto a Anás, Caifás y Alejandro que intervinieron en el proceso contra los apóstoles Pedro y Juan por la sanación de un paralítico y predicar el evangelio en el templo (Hch. 4:6). J.B. Lightfoot lo identificó con Johanan Ben-Zachai, que vivió cuarenta años antes de la destrucción del templo y fue presidente de la sinagoga después de su traslado a Jabne, o Jamnia.

Juan, Apóstol. Hijo de Zebedeo, hermano del Jacobo que sufrió el martirio bajo el poder de Herodes Agripa I (Mt. 4:21; Hch. 12:12). Se supone, con razón, que Juan era el menor, que la madre de ellos se llamaba Salomé, y que era hermana de la madre de Jesús. El padre de Juan poseía barcos de pesca; sus dos hijos y varios jornaleros trabajaban para él en su negocio de pesca en el lago de Galilea (Mc. 1:19-20). Juan había seguido las enseñanzas del Bautista a bordo por el Jordán; contemplando a Jesús, lo había designado como el Cordero de Dios, en presencia de Andrés y de un discípulo anónimo que, evidentemente, era Juan (Jn. 1:35-40). Acompañó a Jesús a Galilea y estuvo con él en las bodas de Caná (Jn. 2:1-11), pero no había sido todavía llamado a seguir al Señor de una manera permanente. Reemprendió su actividad en el lago; Juan y su hermano trabajaban en ocasiones con Pedro (Lc. 5:10).

Jesús invitó a Jacobo y a Juan a que abandonaran su negocio para seguirle (Mt. 4:21, 22; Mc. 1:19, 20). Más tarde los designó como apóstoles (Mt. 10:2). Jesús les puso como sobrenombre Boanerges, «hijos del trueno» (Mc. 3:17), indudablemente a causa de su carácter impulsivo, hasta el punto de la violencia, que se hace patente cuando los dos hermanos deseaban hacer descender fuego del cielo sobre una ciudad de los samaritanos cuyos habitantes habían rehusado acoger a su maestro (Lc. 9:52-56). El interés egoísta de Jacobo y de Juan los llevó a unir sus peticiones a las de su madre, que quería para sus hijos los primeros lugares al lado de Jesús en el reino venidero. Al mismo tiempo, manifestaron su celo al declararse dispuestos a afrontar la muerte por Cristo (Mt. 20:20-24; Mc. 10:35-41). Fue uno de los tres apóstoles a los que Jesús permitió ver la resurrección de la hija de Jairo (Mc. 5:37; Lc. 8:51), contemplar la transfiguración (Mt. 17:1; Mc. 9:2; Lc. 9:28), y la agonía del huerto de Getsemaní (Mt. 26:37; Mc. 14:33). Durante la última cena fue el más cercano a Jesús (Jn. 13:23). Desde Getsemaní, siguió a Jesús hasta el interior de la residencia del sumo sacerdote, donde sería conocido; después, asistió a la crucifixión. Desde lo alto de la cruz, Jesús confió su madre a Juan, que la tomó consigo (Jn. 18:15; 19:27). Cuando fue informado de que la tumba de Cristo estaba vacía, Juan se dirigió corriendo con Pedro al sepulcro, y constató que el Señor estaba verdaderamente vivo (Jn. 20:1-10). La tarde del mismo día, en compañía de los otros discípulos, vio al Resucitado, que se les apareció de nuevo una semana más tarde (Lc. 24:33-43; Jn. 20:19-20; 1 Co. 15:5). Juan fue con los otros discípulos a Galilea, donde Jesús les había citado, y allí volvió a ver al Señor (Mt. 26:32; 28:10, 16; Jn. 21:1-7). Mientras Juan se hallaba en Galilea, se difundió entre los discípulos (que habían malinterpretado unas palabras de Jesús) la idea de que Juan no moriría (Jn. 21:22). Después de la Ascensión, se quedó un cierto tiempo con los otros diez discípulos en un aposento alto en Jerusalén (Hch. 1:13). Al día siguiente de Pentecostés, se une a Pedro en una gran obra misionera (Hch. 3:1). Los dos fueron encarcelados por las autoridades judías, y confesaron valientemente su fe (Hch. 4:19). Los otros apóstoles enviaron a Pedro y a Juan a Samaria para ayudar a Felipe, que había comenzado a predicar allí el Evangelio (Hch. 8:14). Juan fue uno de los apóstoles que se quedaron en Jerusalén durante las persecuciones que se lanzaron contra los primeros cristianos. Como columna de la Iglesia, estaba todavía allí cuando Pablo acudió, después de su primer viaje misionero (Hch. 15:6; Gál. 2:9).

Se le atribuyen cinco libros del NT, el cuarto Evangelio, tres epístolas y el Apocalipsis. La tradición dice que su ministerio finalizó en Éfeso. Es probable que Juan tomara el cuidado de las siete iglesias de Asia (Ap. 1:11). Cuando redactó el Apocalipsis, el apóstol se hallaba exiliado en la isla de Patmos, a causa de la Palabra de Dios y del testimonio que había dado de Jesucristo (Ap. 1:9). Recuperada la libertad pudo volver a Éfeso, según se dice. Policarpo, Papías e Ignacio siguieron sus enseñanzas. Ireneo, discípulo de Policarpo, afirma que Juan se quedó en Éfeso hasta su muerte, que se produjo bajo Trajano, que reinó del año 98 al 117.

Juan el Bautista. Precursor inmediato de Jesús, considerado como el último profeta de la antigua Alianza. Su padre era Zacarías, de la familia sacerdotal de Abías (Lc. 1:5), la octava de las veinticuatro clases en que fueron divididos los sacerdotes (1 Cro. 24:7-19). Su madre Elisabet era «descendiente de Aarón» y «pariente» de la Virgen María, que pertenecía a la tribu de Judá (Lc. 1:36). Los padres de Juan vivían en una localidad de la zona montañosa de Judá (Lc. 1:39). Zacarías estaba cumpliendo su función sacerdotal quemando el incienso en el Templo de Jerusalén, cuando se le apareció el ángel Gabriel. Éste le prometió un hijo, que se debería llamar Juan, y que debería ser criado como nazareo, a semejanza de Sansón y de Samuel. El ángel le anunció además que el niño sería lleno del Espíritu Santo desde su nacimiento, y que estaba llamado a preparar para el Señor un pueblo bien dispuesto (Lc. 1:8-17).

Juan nació el año 2 a.C. Pasó su juventud en la región desértica no lejos de su tierra natal, al oeste del mar Muerto (Lc. 1:80). En el año 29 d.C. se puso a predicar en el desierto, en los alrededores del Jordán. Se cree que Juan ejerció su ministerio en un año sabático (Lc. 3:1, 2). Su misión fue la de revelar al Mesías en la persona de Jesús (Jn. 1:15). Con un intenso fervor, predicó a las multitudes que le venían de todas partes. Los apremiaba a que se arrepintieran de inmediato, por cuanto el reino de los cielos se había acercado. Muchos eran bautizados en el Jordán, después de haber confesado sus pecados. Por ello, Juan recibió el epíteto de «el bautista», que desde entonces le ha distinguido de sus homónimos. Su bautismo de agua simbolizaba la purificación de los pecados; pero el profeta no creía que aquello fuera suficiente. Exhortaba a sus oyentes a que creyeran en Aquel que debería venir tras él (Hch. 19:4). Se declaraba indigno de desatar la correa de sus sandalias, por cuanto el Cristo bautizaría a sus discípulos con Espíritu Santo y con fuego (Mt. 3:5-12). Aunque Juan se declaró inferior a Jesús, nuestro Señor quiso ser bautizado por él. Oponiéndose a ello desde el principio, el Bautista demostró que había reconocido al Mesías en Jesús (Mt. 3:13-17). El ángel que habló a Zacarías le había anunciado que su hijo iría «delante de Él (el Señor) con el espíritu y el poder de Elías» (Lc. 1:17). Jesús mismo declaró que el ministerio de Juan el Bautista era un primer cumplimiento de la profecía de Malaquías (Mc. 9:11-13). Además, el Bautista precisó con claridad que él no era Elías (Jn. 1:21). En cuanto a Juan el Bautista, en muchos puntos tenía una gran semejanza con Elías: su vestimenta rústica, su comportamiento hacia los grandes de este mundo, y sobre todo su acción ante el pueblo para llevarlo a Dios mediante el arrepentimiento y una verdadera conversión. Su ministerio fue muy breve, pero gozó de una gran popularidad. Hacia el final del año 31 d.C., fiel a su misión, reprochó a Herodes Antipas, tetrarca de Judea y Galilea, el adulterio en que vivía con Herodías, la mujer de su hermano Felipe; Herodes hizo encarcelar al profeta (Lc. 3:19, 20). Angustiado, deseoso de saber qué giro iba a tomar la obra de Jesús, quizá sintiéndose abandonado en tanto que otros estaban siendo socorridos, Juan envió a dos de sus discípulos para inquirir de Jesús si Él era el Mesías prometido. El Señor les respondió con una relación de sus obras (Mt. 11:2-15). Aunque no había hecho ningún milagro (Jn. 10:41), fue el más grande de los profetas, en el sentido de que tuvo el privilegio de preparar al pueblo para la venida del Cristo y de revelarlo como tal. Herodías tramó la muerte del profeta; persuadió a su hija, cuya danza había hechizado a Herodes, de que pidiera al tetrarca la cabeza de Juan el Bautista.

Juan, Evangelio. Cuarto de los Evangelios canónicos. Como sucede con los otros Evangelios, el cuarto no lleva el nombre de su autor, la tradición lo atribuye al apóstol Juan, uno de los doce apóstoles. El empleo que hace de la primera persona del plural parece demostrarlo (Jn. 1:14 y quizá Jn. 21:24). La pertenencia del escritor al grupo de los apóstoles se constata asimismo en una gran cantidad de detalles, sobre todo en lo relativo a la impresión causada a los discípulos por los acontecimientos relativos a la vida de Cristo, etc. (Jn. 1:37; 2:11, 17; 4:27, 54; 9:2; 11:8-16; 12:4-6, 21, 22; 13:23-26; 18:15; 19:26, 27, 35; 20:8); a lo que hay que sumar la clara afirmación de Jn. 21:24. El griego de este Evangelio está muy teñido de arameismos, lo cual es una indicación clara de que el redactor era judío. El redactor conoce a fondo la geografía de Palestina, y la historia y las costumbres de la época de Jesús (p. ej., Jn. 1:21, 28, 46; 2:6; 3:23; 4:5, 27; 5:2, 3; 7:40-52; 9:7; 10:22, 23; 11:18; 18:28; 19:31). Presenta aún más rasgos personales que los otros Evangelios. Numerosos críticos rechazan la postura tradicional. Creen que el autor del cuarto Evangelio no es el apóstol Juan, que no sería más que el testigo ocular en el que se habría basado el autor del cuarto Evangelio (Jn. 19:35; 21:24). Según esta teoría, el redactor del Evangelio, discípulo de Juan el apóstol, habría redactado su texto basándose en los recuerdos y la enseñanza de su maestro. Este redactor sería desconocido, a no ser que se quiera ver en él a un tal «Juan el Anciano», del que mucho se ha hablado, pero del que nada se sabe. Por lo demás, una buena cantidad de eruditos modernos consideran que Juan el Anciano no es otro que Juan el apóstol.

El Evangelio se inicia con un prólogo (Jn. 1:1-8), donde el autor resume la gran verdad manifestada por la vida de Cristo: la existencia de

una Segunda Persona divina que revela a Dios y que, por este motivo, recibe el nombre de «el Verbo». Fuente universal de vida y de luz en la creación, esta Palabra eterna se encarna en Jesucristo, revela a Dios a los creyentes, y les transmite la salvación. Después Juan relata los primeros testimonios relativos a Jesús, dados por Juan el Bautista y por Jesús mismo en presencia de sus primeros discípulos (Jn. 1:19-2:11).
Lo que Cristo mismo revela de su propia persona en una serie de acciones y, sobre todo, de discursos, dirigidos tanto a los inquirientes como a los adversarios (Jn. 2:12-12:50). Ello incluye el testimonio que Jesús da de su propia persona, la primera vez que interviene durante la Pascua (Jn. 2:12-25); la conversación con Nicodemo (Jn. 3:1-21); el reiterado testimonio de Juan el Bautista (Jn. 3:22-36); la conversación con la mujer samaritana (Jn. 4:1-42); el segundo milagro que hizo en Galilea (Jn. 4:43-54); la contestación de Jesús a los judíos que negaban su divinidad y su autoridad (Jn. 5); el discurso en el que Jesús se presentó como el pan de vida (Jn. 6); la afirmación renovada de su autoridad y de su filiación divina durante la fiesta de los Tabernáculos (Jn. 7-8); la curación de un ciego y la parábola del buen pastor (Jn. 9:1-10:21); el último testimonio de Cristo a los judíos (Jn. 9:22-42); la resurrección de Lázaro y sus consecuencias (Jn. 11); las declaraciones de Jesús durante la unción en Betania, durante la entrada triunfal en Jerusalén y la entrevista con los griegos (Jn. 12).
La sección de la revelación de Cristo acerca de sí mismo en relación con su muerte y resurrección (Jn. 13:1-21:25) incluye las últimas palabras de Jesús con sus discípulos (Jn. 13-17), su arresto, juicio, crucifixión, durante todo lo cual testificó acerca de su divinidad y misión, en particular ante Pilato (Jn. 18-19), su resurrección y un cierto número de testimonios a este respecto (Jn. 20-21). El autor parece haber añadido el capítulo 21 como un apéndice a su obra, que en principio hubiera tenido su fin con el capítulo 20.
El cuarto Evangelio muestra que Jesús no es solamente el Hijo del Hombre sino también el Hijo eterno de Dios. Su persona, sus enseñanzas, su obra redentora, todo ello ha servido para revelar a Dios y dar la vida eterna a aquellos que le reciben. Juan presenta la misión de Jesús como el punto culminante de la autorrevelación de Dios; y Cristo comunica a los creyentes esta luz por medio de la cual llegan al conocimiento de las verdades más sublimes. Así, les es otorgada la comunión espiritual con Dios, que constituye la vida eterna, la plenitud, el bien supremo, la salvación perfecta.

Juan, Epístolas. Conjunto de tres cartas atribuidas al apóstol Juan.

1. La primera no tiene ni nombre de autor, ni indicación de destinatario, y, en contra de lo acostumbrado, no termina con saludos. Ésta

es la razón de que algunos exegetas estimen que es más bien una homilía. No obstante, este escrito es verdaderamente una carta, destinada a las asambleas de la provincia de Asia.

Las primeras palabras de la epístola evocan al instante el prólogo del Evangelio de Juan. Se hallan paralelos a este Evangelio en casi cada versículo de la epístola. Además, esta carta tiene como objeto el mundo considerado como adversario de la Iglesia y como campo de misión (1 Jn. 2:2, 15:26; 4:3-5; 5:5, 19). La epístola pone en guardia contra las falsas doctrinas que minan la enseñanza acerca de la persona de Cristo. El autor está enfrentándose, muy probablemente, a una herejía gnóstica, el docetismo; según este sistema filosófico, Cristo no hubiera sido más que una apariencia inmaterial del cuerpo, una especie de fantasma. Los pasajes de 1 Jn. 1:1-3; 2:22; 4:1-3 parecen constituir una refutación de esta postura. El docetismo tenía también una falsa concepción de la moralidad, que tendía a separar la fe cristiana de la piedad vivida. El autor intenta aplicar a la vida cristiana la verdad, revelada históricamente por el Evangelio. Habiendo vivido en contacto personal con Cristo (1 Jn. 1:1-3; 4:1-14), habla con autoridad (1 Jn. 1:4; 2:1; 4:6, 14). Hay, entre esta epístola y los discursos de Cristo registrados en los Evangelios, una similitud de expresión y de pensamiento que demuestra cómo el autor asimiló la enseñanza del Señor.

Según la introducción (1 Jn. 1:1-4), el propósito de Juan es el de declarar a los hombres que la Palabra divina, fuente de vida, se ha manifestado, para que puedan tener en Cristo comunión y gozo con los primeros apóstoles. Después, el autor enseña que el carácter de Dios, revelado por Cristo, debe determinar la vida espiritual y el comportamiento del creyente (1 Jn. 1:5-2:6). Juan exhorta a sus lectores al amor cristiano, los pone en guardia frente a las seducciones del mundo y en contra de las falsas doctrinas (1 Jn. 2:7-27). Insiste (1 Jn. 2:28-3:24) en la necesidad de poner en práctica los mandamientos, de andar en rectitud, de permanecer en Dios, en previsión de la segunda venida de Cristo. Acto seguido recuerda a sus lectores que la confesión de que Cristo es el Hijo de Dios venido en carne, el seguimiento de los apóstoles, y la práctica del amor cristiano, son los criterios que permiten saber si uno tiene el Espíritu de Dios (1 Jn. 4). Toda la vida espiritual y el nivel adquirido en la práctica del amor dependen de una fe auténtica en Jesús (1 Jn. 5:1-12).

2. La segunda epístola tiene la forma de una carta privada de la época helenística y contiene exactamente el número de líneas (al igual que la tercera epístola de Juan) que se podían escribir cómodamente en una hoja de papiro. En armonía con la habitual reserva del apóstol

Juan, el autor de la segunda epístola se refiere a sí mismo como «el anciano», calificativo también empleado por Pedro para referirse a sí mismo (1 P. 5:1). El autor escribe a «la señora elegida y a sus hijos». Se siente feliz de constatar que sus hijos se conducen piadosamente, y la pone en guardia contra los propagadores de falsas doctrinas. La misma advertencia había sido dada en la primera epístola. La brevedad de esta carta constituye suficiente explicación de que no sea muy citada por los más antiguos autores cristianos. Sin embargo, las pruebas externas de su autenticidad son abundantes, y los testimonios históricos más antiguos atribuyen esta carta al apóstol Juan.

3. La tercera epístola es asimismo una carta privada del mismo género. Dirigida por «el anciano» al amado Gayo, le expresa el gozo del apóstol Juan al conocer la excelente hospitalidad que había ofrecido a los hermanos. El autor apremia a su amigo para que continúe obrando así, imitando lo bueno. La carta menciona asimismo a un cierto Diótrefes, opuesto a Juan, y a uno llamado Demetrio, a quien el anciano apóstol alaba mucho. Gayo parece haber tenido un papel muy prominente en una de las iglesias de Asia, pero sin haber tenido ningún cargo eclesiástico. Es imposible identificarlo con ninguno de los personajes de este nombre que figuran en el NT. Por el estilo y el contenido, esta carta se parece a las otras dos de una manera notable.

Juana. Mujer de Chuza, intendente de Herodes Antipas, tetrarca de Galilea (Lc. 8:3). Fue una de las que ayudaban a Jesús con sus bienes, quizá en muestra de gratitud por haber sido sanada de una enfermedad (Lc. 8:3). Muchos han dado por supuesto que al comienzo de su seguimiento de Jesús, Juana era viuda. Se hallaba entre el grupo de mujeres que acompañó a María Magdalena al sepulcro del Señor con el propósito de ungir su cuerpo, el cual no encontraron (Lc. 24:10).

Jubal (heb. «jubileo»). Hijo segundo de Lamec y de Ada, descendientes de Caín. Aparece como inventor de la lira y la flauta de pastor, instrumentos de cuerda el uno y de viento el otro (Gn. 4:21).

Jubileo (heb. «toque [del cuerno]»). Año santo que sigue a siete ciclos sabáticos, coincidente con el séptimo año sabático, de modo que el año jubilar, después de siete semanas de años, se debía superponer al año sabático. El Talmud y los autores rabínicos discuten si el Año del Jubileo era el cuarenta y nueve o quincuagésimo año; la dificultad en el último caso estriba en la observancia de dos años sabáticos continuos.

Además, existen datos históricos que parecen mostrar que en la era de los Macabeos el Jubileo del quincuagésimo año no habría podido ser mantenido, porque el 164-163 a.C. y el 38-37 a.C. eran ambos años ciertamente sabáticos, lo cual no habrían podido ser si dos años sabáticos hubieran sido intercalados en el intervalo. Sin embargo, el texto de Levítico (25:8-55) no deja lugar para la ambigüedad de que el quincuagésimo año fue el que se tenía en mente, y de que la institución guardaba evidentemente una analogía cercana con la Fiesta de Pentecostés, que era el día último después de siete semanas de la cosecha. En cualquier caso lo cierto es que el período del Jubileo, como fue generalmente entendido y adoptado posteriormente en la Iglesia cristiana, significaba cincuenta y no cuarenta y nueve años; pero al mismo tiempo no se llegó originalmente al número cincuenta porque representara la mitad de un siglo, sino porque era el número que seguía a siete ciclos de siete.

El Año Jubilar se anunciaba con toque de trompetas, de donde derivaría su nombre. El jubileo no se menciona en el libro de Dt. y la única referencia del Pentateuco, aparte de Lv., es en Nm. 36:4. Se menciona raramente en los libros proféticos; aparece con frecuencia en los escritores talmúdicos.

La fiesta del jubileo consistía en dejar descansar la tierra (Lv. 25:11,12); cada propietario recobraba las posesiones que se hubiera visto obligado a vender, hipotecar o enajenar de otro modo, excepto las casas situadas dentro de ciudades amuralladas (Lv. 25:13-34; 27:16-24; Ez. 46:17). Empezaba con una fiesta de nueve días, que terminaba con el Día de Expiación; con lo cual se introduce cierta solidaridad entre el perdón de las deudas y el de los pecados. También era ocasión para intensificar la instrucción de la juventud en la ley de Dios y en el temor de su nombre (cf. Is. 61:2).

El libro de Isaías describe la edad mesiánica como un año jubilar en un texto (Is. 61:1-3) que es precisamente el que Jesús se aplica a sí mismo. Ya no consiste en un toque de trompetas, sino en el anuncio de la Buena Nueva que ha llegado: «Hoy se cumple ante vosotros este pasaje de la Escritura» (cf. Lc. 4:21). Cristo considera su ministerio como un auténtico Año Jubilar. Lo demostrará en diversas ocasiones al justificar su comportamiento mediante claras alusiones al texto del profeta Isaías (cf. Mt. 11:2-6; Lc. 1:77; Ef. 1:7). Y lo manifestará especialmente apelando a su poder de perdonar los pecados, atribución que escandalizará a los fariseos (cf. Mt. 9:6). El ministerio público de Cristo será una serie ininterrumpida de liberaciones, curaciones, remisiones de deudas y pecados, que continúa mediante el ministerio de sus apóstoles: «Recibid el Espíritu Santo: A quienes perdonarais los pecados les serán perdonados» (Jn. 20:22-23).

Jucal (heb. «potente»). Hijo de Selemías, uno de los funcionarios reales enviado al profeta Jeremías por el rey Sedequías para solicitar su oración a favor del reino (Jer. 37:3). En lugar de ello, Jeremías predijo delante de todo el pueblo la destrucción de la ciudad y la muerte de todo habitante por «la espada, por el hambre o por la peste». Entonces, Jucal, junto al resto de los magistrados, pidió al rey la cabeza del profeta para que no desmoralizara a los hombres de guerra ni al pueblo en general. El rey accedió a esta petición y Jeremías fue arrojado a una cisterna, donde se hundió en el lodo (Jer. 38:1-7).

Judá (heb. «celebrado»). Cuarto hijo de Jacob y Lea, y el cabeza de la tribu que lleva su nombre, el cual es explicado en base a la exclamación de su madre al darle a luz (Gn. 29:35). El mismo juego de palabras aparece en la bendición de Jacob: «Judá, tus hermanos te alabarán» (Gn. 49:8). Judá aconsejó a sus hermanos la venta de José en lugar de quitarle la vida (Gn. 37:26). Aunque no era el hijo mayor, pronto empezó a tener el primer lugar en la familia. Pudo persuadir a su padre de que dejara ir a Benjamín a Egipto (Gn. 43:8), y cuando se tuvo que hablar a José, fue Judá quien tomó la palabra (Gn. 44:14-18ss.). En la bendición de Jacob a sus hijos, las predicciones muestran que la línea real queda centrada en Judá. El cetro no se apartaría de Judá, ni el legislador de entre sus pies hasta que viniera Siloh, etc. (Gn. 49:8-12). De Judá descendieron David y una larga sucesión de reyes. Cristo, nacido de la tribu de Judá, es llamado «el León de la tribu de Judá» (Ap. 5:5).

Judá se casó con una mujer cananea llamada Súa, con la que tuvo tres hijos: Er, Onán y Sela (Gn. 38:1-5). Llegado el tiempo, Er, el primogénito, se casó con Tamar, la cual se quedó viuda pronto y sin hijos (Gn. 38:6,7; 1 Cro. 2:3). Conforme a las leyes del levirato, Tamar se casó entonces con Onán, quien también murió repentinamente. Temeroso, Judá pidió a Tamar que regresara a casa de su padre hasta que creciese Sela, el tercer hijo. En esto, pasados muchos años, Judá enviudó de Súa (Gn. 38:12). Tamar, deseando tener descendencia, aprovechó un viaje de su suegro y utilizó una treta para conseguir de él lo que quería. De esta unión nacieron los mellizos Fares y Zérah (v. 30), de quienes, junto a Sela, desciende la tribu de Judá. El rey David procede del linaje de Fares, así como la familia de Jesús (Gn. 38; 46:12; 1 Cro. 2:3-5; Mt. 1:3; Lc. 3:33).

Judá, Desierto de. Las referencias bíblicas permiten localizarlo en el Négueb, entre la orilla occidental del mar Muerto y los montes de Judá. Región poco habitada, aunque abundante en pastos. En tiempos de Josué tenía seis ciudades, con sus aldeas anejas (Jos. 15:61, 62), pero gradualmente su geografía fue cambiando hasta convertirse en uno de los lugares más secos y desolados. Juan Bautista inició su misión en este lugar (Lc. 1:80; 3:2); no lejos de la orilla oriental del Jordán, donde bautizaba a los que venían a él (Mt. 3:1; Mc. 1:4).

Judá, Reino de. Al separarse las diez tribus del norte, Judá y Benjamín formaron un reino bajo el nombre de Judá. Al ser Benjamín una tribu pequeña, con frecuencia se habla del reino de Judá como de una sola tribu. Indudablemente, el territorio de Simeón quedó también incluido en el de Judá, al haber quedado su territorio totalmente rodeado por el de Judá. Bet-el, originariamente perteneciente a Benjamín, quedó en poder del reino de Israel. Al estar el Templo en Jerusalén, con los sacerdotes y levitas, Judá representaba al pueblo de Dios y su gobierno sobre la tierra, en tanto que el reino de Israel se dio rápidamente a la idolatría. Siguiendo sus promesas, Dios hizo que la lámpara de David siguiera brillando en Jerusalén. Muchos de sus reyes sirvieron a Dios de corazón, aunque otros abrazaron la idolatría. El reino de Judá se mantuvo desde el año 931 hasta el 605 a.C., cuando muchos de sus nobles y artesanos fueron llevados a Babilonia, aunque Jerusalén no fue destruida hasta el año 586 a.C.
Jeremías había predicho setenta años de cautiverio (Jer. 25:11, 12; 29:10); éstos empezaron en el año 605 a.C. y terminaron en el 536 cuando, bajo Ciro, los judíos volvieron a Jerusalén para reconstruir la casa de Yahvé; sin embargo, el Templo no fue acabado y dedicado hasta el año 516 a.C. (Esd. 6:15). Esdras recibió permiso para adornar el Templo y llevar a cabo los servicios (Esd. 7:12-26) en el año 457 a.C. Fue Nehemías quien, en el año 444 a.C., recibió la orden de reedificar la «ciudad» de Jerusalén (Neh. 2:1-9). No obstante, el territorio ya no podía ser llamado «reino de Judá». Sólo volvió un residuo de las tribus de Judá y Benjamín, que quedaron primero sometidas al Imperio de Persia, luego a Alejandro Magno y sus sucesores y, después de un breve período de independencia bajo Judas Macabeo y sus sucesores, quedaron sometidas a Roma.

Judá, Tribu. La tribu de Judá tuvo una posición preeminente. En los viajes de los israelitas, Judá iba delante, y en el primer y segundo censos sus números eran 74.600 y 76.500 respectivamente. El territorio que les fue asignado era grande. Su límite oriental abarcaba todo el mar Muerto, y se extendía hasta Gat y la tierra de los filisteos al Oeste. Su límite en el sur se extendía hasta el desierto de Parán. Jerusalén se hallaba cerca del límite entre Judá y Benjamín; en Jos. 18:28 se halla entre las ciudades asignadas a Benjamín; pero en Jos. 15:63 y en Jue. 1:8 es mencionada como perteneciente a Judá. David y sus sucesores, de esta última tribu, hicieron de Jerusalén su capital.

Judaizantes. Sustantivo que no aparece en las Escrituras, pero sí el verbo «judaizar» (Gál. 2:14). Por judaizantes se entiende a los conversos al cristianismo de procedencia judía que querían imponer la circuncisión y la observancia de la Ley de Moisés a los conversos de procedencia gentil, con el argumento de que era necesaria para la salvación. Esta tendencia, tan arraigada como natural en el contexto judío, puso en peligro la novedad y universalidad de la naciente Iglesia cristiana. Tuvo que ser examinada a fondo y combatida, especialmente por el apóstol Pablo. El Concilio de Jerusalén ofreció una declaración terminante respecto a la libertad cristiana (Hch. 15). Pablo, por su parte, presenta una poderosa refutación de la línea judaizante, que quería esclavizar a los cristianos bajo el yugo de la Ley de Moisés, de la que habían quedado libertados, al estar bajo la gracia por la obra redentora de Cristo (cf. 1 Co. 7:19; Gál. 5:6; 6:15; Col. 3:11). No hay que confundir a los judaizantes, que es una tendencia herética dentro del cristianismo, con el judeocristianismo, que fue una rama dentro del mismo, de origen y naturaleza judía.

En su debate con los judaizantes san Pablo asume su herencia judía, y su esperanza en el futuro de Israel, de ninguna manera ha rechazado Dios a su pueblo. Pablo reivindica su pertenencia al partido fariseo (Hch. 23:6), su educación en la ley y religión judías (Hch. 22:3), enseñando así que es uno de ellos, por su pueblo estaría dispuesto a perder lo que más quiere: la vida eterna (Ro. 9:3). De los judíos «es la alianza, la ley, el culto y las promesas» (Ro. 9:4s.). Y la promesa incluye la entrada de los gentiles en la comunión de la nueva alianza, la cual se funda en Jesús y su palabra. El evangelio es poder de Dios para salvación de todo aquel que cree, «al judío primero y también al griego» (Ro. 1:16). Jesús ha hecho de dos pueblos uno solo, derribando la barrera intermedia de separación (Ef. 2:14). En esta nueva comunidad espiritual, la justicia no se alcanza ni se manifiesta por la observancia de la Ley, sino mediante la fe, que asume lo mejor del pasado y cumple lo que la letra fue incapaz de lograr: «La justicia de Dios se revela por fe y para fe, como está escrito: Pero el justo vivirá por la fe» (Ro. 1:17).

Judas. Forma gr. del heb. Judá. Nombre muy común en Palestina.

1. Tercer hijo del sacerdote Matatías Macabeo, que con su familia, fue el centro y alma de la revuelta patriótica y religiosa de los judíos contra el rey de Siria (1 Mac. 2:4, etc.). Judas fue designado

por su agonizante padre como el nuevo líder de la banda de soldados guerrilleros en el año 167 a.C., y permaneció en mandato hasta el 161. Comenzó sus operaciones militares sorprendiendo y quemando muchos pueblos que se habían manifestado en favor de los enemigos de Israel, y cuando fuerzas armadas regulares fueron enviadas para poner fin a su acoso, no dudó en enfrentarlas en campo abierto (2 Mac. 8:1-7). Demostró que fue un táctico excelente y un guerrero intrépido. Entre sus hazañas militares se menciona la derrota y muerte de Apolonio, saqueador reciente de Jerusalén, y la completa derrota de las fuerzas sirias, conducidas por el delegado gobernador Serón, en un encuentro en Bethoron (1 Mac. 3:10-24). Otros jefes sirios también fueron vencidos por Judas, fueron Gorgias, Nicanor, Timoteo, Báquides y Lisias (1 Mac. 3:10-4:35). Fue vencido y muerto en el campo de batalla de Laisa (161 a.C., 1 Mac. 4:60-9:18; 2 Mac. 10-15).

2. Hijo de Calfi, uno de los dos jefes militares judíos que permanecieron con sus hombres junto a Jonatán, cuando los demás combatientes le abandonaron (1 Mac. 11:70).
3. Hijo de Simón Macabeo. Su padre confió a él y a su hermano Juan Hircano la dirección de las operaciones de resistencia contra el ejército sirio de Antíoco VII Sidetes, al cual derrotaron en las inmediaciones de Modín y no lejos de Cedrón. Unos tres años después de este triunfo, en el 134 a.C., acompañó con su hermano Matatías a su padre en una visita a su cuñado Ptolomeo, quien los recibió en Dok, residencia fortificada al noroeste de Jericó, y los mató después de un festín (1 Mac. 16:11-16).
4. Personaje que figura en el encabezamiento de la epístola que los judíos de Jerusalén dirigieron a Aristóbulo y a los judíos de Egipto (2 Mac. 1:10). Se trata prob. de Judas Macabeo, contemporáneo de Antíoco Epífanes y uno de los hombres más notorios de su tiempo en Siria y en Egipto.
5. Notable maestro esenio en Jerusalén, famoso por sus predicciones (Josefo, *Ant.* 13, 11, 2; *Guerras*, 1, 3, 5).
6. Hijo de Ezequías, famoso por su fortaleza física. Fue uno de los tres bandoleros principales mencionados por Josefo, que atemorizaban Palestina en los primeros días de Herodes (*Ant.* 17, 10, 2; *Guerras*, 2, 4, 1).
7. Hijo de un tal Sarifeo o Séforis, unos de los maestros eminentes que incitaron a sus jóvenes discípulos a demoler el águila dorada erigida por Herodes sobre la puerta del templo, un acto de sedición por el cual fueron quemados vivos (Josefo, *Ant.* 17, 6, 2-4; *Guerras*, 1, 33, 2-4).

8. Judas «el Galileo» (Hch. 5:37), también llamado «el gaulonita» (Josefo, *Ant.* 18, 1, 1), por haber nacido en Gamala, una ciudad fortificada en la proximidad del Mar de Galilea en la Baja Gaulanítide. Encabezó una revuelta popular contra Roma en los días del censo de Quirino, que dio origen al partido de los zelotas. Pereció a manos de Cirenio, entonces procónsul de Siria y Judá y sus seguidores fueron dispersados (Hch. 5:37; Josefo, *Ant.* 20, 5, 2; *Guerras*, 2, 8, 1).
9. Uno de los hermanos de Jesús (Mt. 13:55; Mc. 6:3).
10. Un discípulo de Damasco que acogió a Pablo en su casa en la calle recta o derecha (Hch. 9:11). Debía tratarse de una persona bien conocida entre los judíos de la ciudad.
11. Un «profeta» enviado de Jerusalén a Antioquía, de sobrenombre Barsabás (Hch. 15:22, 27, 32). Debió convertirse en fecha temprana, algunos han supuesto que era uno de los setenta discípulos y hermano de José, también llamado Barsabás = «hijo de Sabas», que fue propuesto juntamente con Matías para ocupar el lugar del traidor Judas (Hch. 1:23); otros lo identifican con Judas Tadeo. Gozaba de importancia en la iglesia de Jerusalén, dados sus dones proféticos. Acompañó a Pablo y a Silas a Antioquía, portando una carta para las iglesias de Siria y Cilicia, que contenía las decisiones del concilio de Jerusalén; después de lo cual volvió a la ciudad santa, dejando a Silas en Antioquía (Hch. 15:34).

Judas, Apóstol. Conocido por los sobrenombres de Tadeo (Mc. 3:18) y Lebeo, (Mt. 10:3). Judas Tadeo/Lebeo aparece el último en la lista de los doce dada por Mateo y Marcos; existe muchas dificultades sobre su identidad, hasta el punto de considerar su persona como un probable desdoblamiento de Judas Iscariote. Sin embargo, los autores evangélicos, para evitar confusiones, al referirse a éste aclaran que es el «traidor», mientras que el otro es llamado de modo indistinto «Judas de Santiago» (Lc. 6:16; Hch. 1:13); Judas «hermano de Jesús, de Jacobo, de José y de Simón» (Mt. 13:55; Mc. 6:3) y «Judas hermano de Santiago», autor de la epístola canónica de Judas.
El Judas «de Santiago» es llamado así en el sentido de «hijo» de Santiago, no «hermano», como se venía traduciendo incorrectamente en Lucas 6:16. En el original griego a Judas se le llama simplemente «de Santiago», modismo muy corriente en griego, y casi siempre quiere decir, no «hermano de», sino «hijo de». Juan aclara además: «Judas, no el Iscariote» (Jn. 14:22), distinción necesaria toda vez que Judas el Iscariote fue quien traicionó a Jesús.

Lebeo significa «valeroso», Tadeo significa «magnánimo», «valiente», por lo que son términos sinónimos, y a falta de más datos, ambos sobrenombres, de naturaleza sinónima, hay que atribuirlos a Judas hijo de Santiago. La Iglesia primitiva nunca se libró de la incertidumbre respecto a la identificación de Judas Tadeo. Otros le identifican con Leví hijo de Alfeo (Mc 2:14, Lc. 5:27). Después de la última cena en el aposento alto, cuando Jesús prometió que se manifestaría a quienes le escuchasen, Judas Tadeo le preguntó si había de manifestarse a los discípulos o al mundo (Jn. 14:22). Pregunta que manifiesta el estupor de quien esperaba una manifestación pública y política del Mesías. Digamos que esta pequeña aparición en la escena de la historia evangélica agota todo lo que sabemos de la vida de Judas Tadeo. Ya no volvemos a tener más noticias de él.

Judas Iscariote. Hijo de un Simón (Jn. 6:71); aunque era uno de los doce para el apostolado, traicionó a su Señor. Recibe el sobrenombre de Iscariote para distinguirlo del otro apóstol del mismo nombre (Lc. 6:16; Jn. 14:22). Por lo general, su apelativo se interpreta como gentilicio de Queriot, en la tribu de Judá, (cf. Jos. 15:25), como si Judas fuese originario de esa ciudad, lo cual indicaría que no era galileo, la única excepción tocante al resto de los apóstoles. Se ha sugerido que la circunstancia de su lugar de nacimiento, que lo separa de los demás apóstoles, pudo haber tenido alguna influencia en su carrera, al provocar una falta de simpatía con sus hermanos en el apostolado de origen galileo, de carácter y mentalidad tan diferente al típico judío. A juzgar por su actuación, parece indudable que siguió a Jesús con vistas a las ventajas materiales que obtendría gracias al establecimiento del reino mesiánico, es significativo que nunca se le menciona sin alguna referencia a su gran traición. Así en la lista de los apóstoles dada en los Evangelios sinópticos, se lee: «Judas el Iscariote, el mismo que le entregó» (Mt. 10:4; Mc. 3:19; Lc. 6:16). En el Evangelio de Juan el nombre también se presenta en conexión con el anuncio de la traición (Jn. 6, 70-71). A Judas le había sido confiado el cuidado de la bolsa común, pero se dio a la avaricia; traicionó la confianza de sus amigos, apropiándose de una parte del dinero (Jn. 12:5, 6). El Iscariote se dirigió a los principales sacerdotes, ofreciéndoles entregarles a Jesús a cambio de una recompensa. Acordaron entregarle treinta monedas de plata, el precio establecido por un esclavo. A partir de entonces, Judas empezó a buscar la oportunidad de entregar a su Maestro (Mt. 26:14-16). Ésta se presentó durante los días de la Pascua (Mt. 26:23; Mc. 14:20; Jn. 13:26). Aprovechando el retiro de Jesús en el huerto de Getsemaní, Judas acudió allí con una multitud de hombres armados de espadas y bastones, enviados por los jefes religiosos y por los ancianos del pueblo. El traidor se adelantó y dio un beso a Jesús, a quien los soldados arrestaron (Mt. 26:47-50). Al día siguiente, Judas había cambiado de ánimo. Viendo que Jesús había sido condenado y que iba a ser ejecutado, se dio cuenta de la monstruosidad de su crimen, y fue a ver a los principales sacerdotes y quiso devolver el dinero. Desairado, Judas arrojó las piezas de plata en el Templo y se fue para ahorcarse (Mt. 27:3-5; Hch. 1:18). No estaba permitido poner en el tesoro un dinero mal adquirido (cf. Dt. 23:18). La conciencia de los principales sacerdotes no estaba en paz acerca de estas treinta piezas de plata; las rehusaron afectando considerarlas como el precio de la traición, y compraron en su nombre el campo del alfarero.

Judas, Epístola de. Carta dirigida a un grupo de judíos en Siria. Su autor se designa sencillamente como «hermano de Jacobo», una posible alusión a Jacobo, el autor de la epístola de Santiago y autoridad de la iglesia de Jerusalén. En tal caso, Judas sería el hermano del Señor, y no el apóstol. La mención del nombre de Judas entre los hermanos del Señor parece ser una corroboración de estas deducciones (Mt. 13:55; Mc. 6:3). Jud. 17 parece asimismo implicar que el autor no pertenecía al grupo de los apóstoles. Nada sabemos de este Judas, a excepción de que los hermanos del Señor no creyeron en Él en su vida terrena (Jn. 7:5), pero que se convirtieron en discípulos de Él después de su resurrección (Hch. 1:14).

El vocabulario de Judas está fuertemente marcado por la terminología cristiana. Entre los cristianos de lengua griega, ciertos términos habían ya adquirido un sentido preciso y reconocido, sobre todo gracias a las enseñanzas de los escritos de Pablo. Judas da también evidencias de conocer a fondo el lenguaje de la LXX. Se dan en la epístola tres ejemplos para mostrar cómo la apostasía había sido castigada en el pasado: algunos de los que habían sido salvados de Egipto fueron, sin embargo, destruidos. Los ángeles caídos son mantenidos en cadenas eternas para el juicio. Sodoma y Gomorra se hallan bajo el efecto del juicio. Después, los injuriadores son avergonzados con el ejemplo de la conducta del arcángel Miguel, que cuando estaba de derecho luchando contra Satanás por el cuerpo de Moisés, no le maldijo, sino que dijo: «El Señor te reprenda» (Jud. 9).

Se mencionan tres estadios de apartamiento del camino de la verdad, con un ¡Ay! sobre aquellos que se hallan en esta condición: el camino de Caín: la naturaleza y voluntad del hombre, con su aborrecimiento contra el pueblo de Dios (cf. 1 Jn. 3:12). El error de Balaam por recompensa, o corrupción eclesiástica (cf. Ap. 2:14). La contradicción de

Coré, oposición a la realeza y al sacerdocio de Cristo (cf. Nm. 16). Los tales están doblemente muertos, por naturaleza y apostasía, y están reservados para las tinieblas eternas.

El motivo de estas exhortaciones fue la eclosión de una herejía con tendencias inmorales y peligrosas por las que los lectores de Judas podían hallarse en peligro. Es posible que se tratara de una falsa doctrina análoga al gnosticismo naciente refutado por las Epístolas Pastorales y por el Apocalipsis (Jud. 3, 4, 10, 15, 16, 18). La epístola de Judas pone en guardia a los creyentes contra los diversos tipos de error básico anteriormente mencionados. Judas exhorta a los cristianos a perseverar en la fe que les ha sido dada de una vez por todas. Los exhorta a resistir a aquellos que, fingiendo ser creyentes, en realidad han dejado al Señor. Después de la indicación de los destinatarios (Jud. 1, 2), el autor indica el tema de la epístola (Jud. 3, 4), indicando después el castigo que habrán de sufrir los falsos doctores (Jud. 5-16). Judas expone a continuación cuál debe ser el comportamiento de los verdaderos cristianos en tales circunstancias (Jud. 17-23). Concluye con una magnífica doxología a la gloria del Dios Salvador (Jud. 24, 25).

Judea. Nombre lat. derivado del gr. *Ioudaia*, y éste a su vez del aram. *Yejûd*. Término geográfico que en la Biblia sólo aparece en el NT. Es la región que se corresponde aprox. con el territorio del antiguo reino de Judá. Después de la cautividad, la mayoría de los que regresaron pertenecían al reino de Judá, por lo que el nombre de Judea se aplicó generalmente a la totalidad de la Palestina cisjordánica (Hag. 1:1, 14; 2, 2). En tiempo de Darío I (522-486 a.C.) se creó la provincia de Judea con plenos poderes, separada de la de Samaria y regida por un gobernador. En un principio, los límites de esta provincia eran reducidos. Sólo a partir de los Macabeos se ensancharon los límites geográficos de Judea, equivalente al reino de David, incluido el país de los filisteos. Bajo los romanos, en tiempo de Cristo, el país fue dividió en tres distritos: Samaria, Galilea y Judea (Jn. 4:4, 5; Hch. 9:31).

Durante el exilio de Arquelao, Judea quedó anexionada a la provincia romana de Siria, y el emperador romano nombraba a los procuradores encargados de gobernarla. El reinado de Herodes Agripa (41 a 44 d.C.) interrumpió, durante un corto lapso de tiempo, la sucesión de los procuradores. Cesarea, a orillas el Mediterráneo, era la sede del procurador de Judea. Inmediatamente por encima de este magistrado estaba el procónsul (una especie de gobernador general) de Siria, que residía en Antioquía (Lc. 3:1). Éste era el gobierno del país durante el ministerio terrenal del Señor Jesús. El NT menciona con frecuencia a Judea (Lc. 23:5-7; Jn. 4:3; 7:3; Hch. 1:8). La frontera septentrional de

Judea se extendía seguramente desde Jope, a orillas del Mediterráneo, hasta un punto del Jordán a unos 16 km al norte del mar Muerto.

Judeocristianos. Cristianos de origen judío, en contraste con los cristianos de origen gentil. En un principio, toda la Iglesia antes de la entrada de los gentiles era judeocristiana. En el período de transición hasta la destrucción del Templo, los judeocristianos seguían circuncidando a los niños, observando la Ley de Moisés y el ritual del Templo, como se aprecia en el libro de Hechos. Sin embargo, acataron en general la decisión del concilio de Jerusalén acerca de la libertad de los cristianos procedentes de la gentilidad, al declararse de manera explícita que la salvación era por la gracia de Dios, que aplicaba el valor de la muerte de Cristo a todo creyente en Él (cf. Hch. 15:7-11). Sin embargo, los que provenían del fariseísmo, siguieron insistiendo en la obligación de la circuncisión, la observancia de fiestas y otras leyes mosaica. De este grupo surgen los «judaizantes», adversarios de Pablo en las cartas a los Gálatas y a los Romanos. La Epístola a los Hebreos les fue dirigida para exhortarles a mantenerse firmes en Cristo, superior a todo el ritual e instituciones judaicas, que eran sólo una sombra de las realidades espirituales en Cristo (cf. He. 8:1-7, etc).
Desde el principio del siglo II aquellos judíos que aceptaron a Jesús como Mesías fueron llamados apóstatas por la comunidad judía, la sinagoga, y expulsados de la misma. A sus propios ojos, ellos, los seguidores de Jesús eran los verdaderos judíos, mientras que sus hermanos tenían el corazón endurecido (cf. Ro. 11:25) respecto al acontecimiento mesiánico de la muerte y resurrección de Jesús. Los judeocristianos eran, según su propio modo de comprenderse, ciudadanos con doble nacionalidad, miembros del pueblo judío, así como de la comunidad de Jesucristo. Después de la dramática expulsión de la sinagoga en el año 90, los grupos judeocristianos siguieron un camino diferente a la Iglesia compuesta por judíos y gentiles, y algunos de ellos se negaron a adoptar la cristología representada por Pablo y Juan. Aceptaron a Jesús como Mesías, pero no como Hijo de Dios nacido de la Virgen. Justino mártir escribe en el año 165 que existen personas de procedencia judía «que confiesan efectivamente que Jesús es el Cristo, pero que lo predican como un hombre que desciende de hombres» (*Diálogo con Trifón* 48).

Judío. Nombre originado en el del patriarca Judá y aplicado en su primer uso a miembro de la tribu o tierra de Judá, o quizá, a un súbdito del reino de Judá (2 R. 16:6; 25:5; Jer. 32:12; 38:19; 40:11; 41:3; 44:1; 52:28), para diferenciarlo de los del resto de las tribus, que retuvieron el nombre de Israel o israelitas. Durante la cautividad en Babilonia el nombre de judío debió extenderse a todos los pueblos de idioma y origen hebreo, sin distinción tribal (Est. 3:6, 9; Dn. 3:8, 12; cf. Josefo, *Ant.* 11, 5, 6). Este uso generalizado fue preservado después del destierro y regreso a Palestina (Hag. 1:14; 2:2; Esd. 4:12; 5:1, 5; Neh. 1:2; 2:16; 5:1, 8, 17), cuando vino a denotar no solamente a cualquier descendiente de Abraham en el sentido más amplio (2 Mac. 9:17; Jn. 4:9; Hch. 18:2, 24, etc.), especialmente en relación a los extranjeros (Hch. 14:1; 18:4; 19:10; 1 Co. 1:23, 24), sino también a los prosélitos, sin relación biológica con los hebreos (Hech. 2:5).

En el NT este término ocurre con mayor frecuencia en el Evangelio de Juan, donde se aplica de una manera digna de notar, a los dirigentes judíos de Jerusalén opuestos a Cristo (Jn. 1:19; 5, 15, 16; 7:1, 11, 13; 9:22; 18:12, 14, etc.; cf. Hch. 23:20).

La designación original de los israelitas fue hebreos, por la cual toda la posteridad legítima de Abraham fue conocida, no sólo entre ellos (cf. Gn. 11:15; Éx. 2:7; 3:18; 5:3; 7:16; 9:13; Jon. 1:9; cf. 4 Mac. 10), sino también entre los extranjeros, como los egipcios (Gn. 39:14; 41:12; Éx. 1:16); los filisteos (1 Sam. 4:6, 9; 13:19; 29:3); los asirios (Jdt. 12:11); y hasta por los griegos y romanos. Después de la cautividad el término «hebreo» cayó en desuso, dando lugar al de «judío». Con todo, a veces se usa el nombre de «hebreo», pero como un cultismo (cf. 2 Co. 11:22; Flp. 3:5; Epístola a los Hebreos).

Judit (heb. «judía, la alabada»). Nombre de dos mujeres del AT.

1. Una de las esposas de Esaú (Gn. 26:34), llamada también Aholibama («mi tienda del lugar alto») (Gn. 26:2).
2. Heroína del libro deuterocanónico que lleva su nombre, presentada como un tipo ideal de piedad, belleza, valor y castidad (Jdt. 8:6; 11:21; 16:22).

Judit, Libro de. Narración que sólo se ha conservado en lengua griega y que ha sido acogida en el canon católico. En una época de grave crisis política, motivada por la invasión del ejército asirio, la agraciada viuda Judit consigue acabar con su habilidad el asedio al que estaba sometida la ciudad de Betulia por obra del ejército enemigo capitaneado por el general Holofernes. Judit aparece como una devota judía, fiel a la ley; es precisamente su fe inquebrantable en la asistencia divina la que le inspira ánimos para proponer un plan y ofrecerse ella misma a resolver el conflicto en el momento más crucial de la crisis. Se dirige con su esclava al campamento de los enemigos y consigue con sus gracias ganarse la confianza del general enemigo. Al final de un banquete, cuando ya se han retirado todos para dejar solos a Holofernes y a la bella extranjera, Judit, aprovechándose de la embriaguez del enemigo, toma su cimitarra y le corta la cabeza, que se lleva luego a la ciudad. El relato, aunque se presenta como una exposición histórica, plagado de fechas, de nombres de personajes y de localidades, y sobre todo constituido sobre una trama creíble, es sin embargo una composición fantástica con una finalidad edificante. La composición de la obra se remonta probablemente a la segunda mitad del siglo II a.C.; el autor sería un judío de Palestina.

Jueces, Libro de. Libro histórico, inmediatamente después del de Josué; continúa el relato después de la muerte del caudillo de Israel. Se divide en tres secciones:

a) Introducción: partida de las tribus para dirigirse a ocupar los territorios que les habían sido asignados (cf. Jos. 15-21), lista de las ciudades que los israelitas dejaron de arrebatar a los cananeos idólatras (Jue. 1-2:5).
b) Historia de los Jueces, libertadores de Israel, después de la muerte de Josué hasta la de Sansón (Jue. 2:6-16:31). Esta sección posee su propia introducción que, relacionando el libro de los Jueces con el de Josué, reanuda el relato de los acontecimientos de este período, y destaca la enseñanza religiosa que comportan (Jue. 2:6-3:6). A continuación vienen los episodios más o menos detallados acerca de seis jueces, y breves alusiones a otros seis. La usurpación de la realeza por parte de Abimelec, hijo de Gedeón, es presentada como parte integrante del relato. No obstante, lejos de ser un libertador, Abimelec no fue más que un sanguinario y fratricida tirano que, lejos de beneficiar a Israel, provocó graves daños.
c) Esta sección relata dos episodios que figuran como apéndices de este período: la historia del culto idolátrico practicado por Micaía y su instauración entre los danitas que emigraron al norte (Jue. 17-18); el crimen de Gabaa y la guerra que siguió contra la tribu de Benjamín (Jue. 19-21).

La fecha de redacción del libro de los Jueces es de difícil determinación. Hay un acuerdo general en conceder una gran antigüedad al cántico de Débora, compuesto en la misma época que los acontecimientos que se celebran. La segunda sección del libro, la más importante, no pudo ser redactada sino hasta después de la muerte de Sansón (Jue. 16:30, 31). En los apéndices, la frase «en aquellos días no había rey en Israel» aparece cuatro veces (Jue. 17:6; 18:1; 21:25) indicando que estos capítulos debieron haber sido escritos probablemente poco después del establecimiento de la monarquía. Cuando estos capítulos fueron redactados, es probable que el arca no estuviera en Silo (Jue. 18:31). La mención «hasta el día del cautiverio de la tierra» (Jue. 18:30) ha sido interpretada por algunos como una mención a las destrucciones que Tiglat-pileser hizo en el norte (2 R. 15:29) o a la deportación de las 10 tribus después de la caída de Samaria. En los dos apéndices, las indicaciones cronológicas se relacionan con el período que precedió a la soberanía de David sobre Israel en su conjunto. La introducción general al libro de los Jueces (o en todo caso a una parte de sus fuentes) fue escrita en el período en que los jebuseos ocupaban todavía la fortaleza de Jerusalén (Jue. 1:21; cf. 2 Sam. 5:6, 7).

Según la tradición judía, el autor del libro es Samuel. Las tres secciones bosquejadas se corresponden netamente con las divisiones del tema y muestran que el redactor se sirvió de documentos antiguos, orales o escritos, para relatar un período que se extiende a través de varios siglos. Este libro nos informa de que los diferentes pueblos que vivían en Canaán no fueron exterminados, sino que siguieron ocupando el país, a pesar de la presencia de los israelitas. Las influencias paganas amenazaban el culto del Señor, pero quedaron suficientes israelitas fieles a su Dios para que la verdadera religión quedara salvaguardada (Jue. 10:10-16; en cuanto a los pueblos vecinos, cf. Jue. 1:19-36; 3:13, 31; 6:3-33). El cántico de Débora, el levantamiento del pueblo para castigar a los criminales de Gabaa y sus cómplices, todo ello revela que los elementos íntegros de la nación preservaban la consciencia de que debían defender una causa santa.

El pasaje de Jue. 2:1-23 presenta, de una manera integral, el objetivo del libro: dejar al Señor tiene como resultado la servidumbre y el juicio, en tanto que el arrepentimiento conduce a la liberación y a la restauración. Se ha señalado que el texto posee un orden simétrico, relatando siete períodos de apostasía, siete servidumbres bajo siete naciones paganas, y siete liberaciones.

Juez (heb. *shafát*, de una raíz que significa a la vez dominar, gobernar y juzgar). El sentido primario de *shafát* es el ejercicio de gobierno. Denota al magistrado encargado de resolver las cuestiones civiles, no necesariamente judiciales (Éx. 21:22; Dt. 16:18). En el antiguo Oriente el poder legislativo y ejecutivo se hallaban unidos en manos de una misma persona, patriarca, caudillo o soberano, respectivamente (cf. Jue. 2:16; Os. 7:7; Am. 2:3; Sab. 3:8; Dn. 9:12), que era considerado como señor de la vida y de la muerte bajo la autoridad de Dios. Para Israel el juicio es dominio absoluto de Yahvé, Él es «el juez de toda la tierra» (Gn. 15:4; 18:25; 30:6; 1 Sam. 2:10; Is. 3:13; 43:26; Ez. 16:38; Jl. 3:12, etc). Una forma usual de declarar a uno culpable o inocente, era

«Yahvé juzgue entre tú y yo» (Gn. 16:5; 31:49; Jue. 11:27). Todos los caudillos humanos eran tenidos por lugartenientes de Dios, p. ej. los jueces. En este sentido se habla también de los juicios de Samuel y de los reyes (1 Sam. 4:18; 8:20; 2 Sam. 15:4; 1 R. 3; Is. 11:3-5; 61). En consecuencia, el mejor rey será el mejor juez (Sal. 72).
En los días de Jesús los sacerdotes parecen conservar algunas de sus viejas atribuciones judiciales (cf. Mt. 8:4; Mc. 1:44; Lc. 5:14; 17:14); aunque las cuestiones religiosas incumbían al tribunal supremo del sanedrín, y las civiles y militares al del procurador romano, con derecho a dictaminar pena de muerte, el *ius gladii*. El asesinato de Esteban y de Santiago habría que entenderlo como un motín popular en un momento de bajo control romano.

Julia (gr. fem. de Julio, de orig. lat. *Iulia*). Mujer cristiana de Roma a quien Pablo envía saludos (Ro. 16:15). Es mencionada juntamente con Filólogo, de quien se ha supuesto que era esposa o hermana.

Julio (gr. de orig. lat. *Iulius*). Centurión de la cohorte Augusta, encargado de un convoy de presos entre los cuales iba Pablo (Hch. 27:1, 8, 28). Tuvo consideraciones especiales con Pablo, y el trato privilegiado que éste recibió en Roma al principio se debió, sin duda, al informe favorable rendido por él.

Junias (gr. de orig. lat. *Iunias*, «perteneciente a Junio»). Cristiano mencionado junto con Andrónico en Ro. 16:7. San Pablo los llama «mis parientes y compañeros de prisiones, quienes son muy estimados por los apóstoles y también fueron antes de mí en Cristo». No se sabe si el nombre corresponde a un hombre o a una mujer. En el segundo caso, que sería el correcto en la opinión de muchos exegetas antiguos, el nombre habría de modificarse en Junia, que sería hermana o esposa de Andrónico.

Júpiter (gr. «dios padre» o «padre de los dioses»). Dios supremo de los pueblos itálicos, equivalente al Zeus de los griegos, cuyo nombre deriva de la raíz indoeuropea *dieu*, «luz del día», «resplandor»; lat. *dies, día*. Corresponde al dios védico *Dyaús*. Divinidad dispensadora de la luz y de los fenómenos celestes en su origen, elevado a figura dominante y cabeza del Panteón romano. Los libros de los Macabeos narran los intentos de Antíoco Epifanes de imponer el culto de Zeus Olímpico a los judíos dedicándole el Templo de Jerusalén, lo que causó el levantamiento del pueblo (cf. 2 Mac. 6). Los habitantes de Listra creyeron que Bernabé era Júpiter disfrazado, pues en la mitología era común que los dioses bajaran a la tierra en forma de hombres (Hch. 14:12; 19:35).

Justicia. Traducción de varios términos que parten de la raíz hebrea *tsdq*, y del griego *dikaiosynê*.

El otro término heb. afín, que pertenece al mismo campo semántico de *tsdq*, es *mishpát*, «juicio, rectitud», «derecho», relacionado con amor y compasión, ya que no se concibe la justicia, que pertenece al orden religioso, sin amor y sin misericordia. *Tsedaqa* y *mishpát* son los pilares fundamentales de la convivencia comunitaria en Israel, y forman un binomio que expresa lo mejor de un gobernante (2 Sam. 8:15). La misión propia del rey es hacer valer el derecho y la justicia, es decir, una ordenada vida comunitaria. El gr. *dikaiosynê* expresa el carácter o cualidad de ser recto o justo, aparece 91 veces en el NT, de las que 57 veces se encuentra en los escritos paulinos y de éstas 33 veces aparece en la carta a los Romanos. Para el apóstol el significado de *dikaiosynê* va más allá de «justicia» o «acción recta», denota el don de gracia de Dios a los hombres por el cual todos los que creen en el Señor Jesucristo son introducidos a la correcta relación con Dios. Esta justicia es inalcanzable por obediencia a ninguna ley o por cualquier mérito propio del hombre, o por cualquier otra condición que la de la fe en Cristo: el que confía en Cristo viene a ser «justicia de Dios en él» (2 Co. 5:21).

Justificación. Traducción de alguna de las formas verbales del heb. *tsdq*, y del gr. *dikaiô*, «hacer justo» o «absolver», «justificar», término forense equivalente a perdón y opuesto a condenación, mediante el cual el injusto es considerado como justo o inocente. Por justificación se entiende el acto por el que Dios perdona al pecador y le considera justo. Es una obra de gracia por la que la persona obtiene la salvación. En algunos de sus aspectos, la justificación se corresponde bastante bien con nuestra palabra «absolución», pese a lo inadecuado de la analogía. La absolución es la declaración judicial de que un acusado es hallado inocente de un cierto crimen. Con todo, es difícil encontrar un término equivalente en nuestro idioma que comunique la idea de rectitud y de justificación expresada en el texto hebreo.

El vb. heb. *tsâdaq*, relacionado con el tema de la justificación, aparece 40 veces en el AT. El ejemplo paradigmático del AT es el caso de Abraham, que «creyó a Yahvé, y le fue contado por justicia» (Gn. 15:6). Aquí aparecen por primera vez los tres términos que harán historia teológica: «creer», «justicia», y «contar» o «imputar». La justificación en sentido teológico estricto, tal como es presentada en la fe cristiana, está ausente en el esquema y la reflexión del AT. El pensamiento dominante en Israel es la pertenencia al pueblo elegido y el cumplimiento de la ley como miembro de ese pueblo. Su preocupación no es la salvación de ultratumba, sino la salvación terrenal, concretamente de sus enemigos históricos. La promesa dada a Abraham sobre la multiplicación de su descendencia incluye la posesión por parte de ésta de «las ciudades de sus enemigos» (Gn. 22:17; cf. 24:60). La salvación de Dios consiste básicamente en liberación del enemigo, como corresponde a una época y a un país situado en medio de las grandes potencias del norte y del sur. Dios es quien libra de los enemigos (Nm. 10:9; Dt. 6:19; 20:1, 3, 4, 14; 21:10; 23:14; 28:7; 32:43; 33:7, 11; Jos. 21:44; 23:1; Juec. 2:18; 3:28; 8:34; 2 Sam. 3; 5:20; 7:9; 1 R. 5:3; 2 R. 17:39; 1 Cro. 14:11; Neh. 9:27; Is. 42:13; Nah. 1:2; etc.). El judaísmo posterior al exilio, con una mayor conciencia de la responsabilidad individual y de la vida de ultratumba, hace de la justificación objeto de una esperanza futura, al fin de los tiempos (Dn. 12:2). En el judaísmo contemporáneo de Jesús se había llegado a la convicción de que la justificación era posible mediante el cumplimiento legalista de la Ley. A esta mentalidad responde la pregunta retórica de cierto maestro de la ley planteada a Jesús: «Maestro, ¿haciendo qué cosa poseeré la vida eterna?» (Lc.10:25). Algunos, como Pablo antes de su conversión, habían llegado tan lejos en cuanto a observancia, que podían decir: «En cuanto a la justicia que es en la ley soy irreprensible» (Flp. 3:6).

En el contexto de las diferentes escuelas judías, la influencia del pensamiento helénico, sin olvidar las nacientes corrientes gnósticas, el cristianismo ahonda en el tema de la justificación y ofrece una respuesta esperanzadora que libera al hombre de sus angustias. No en el futuro, sino en la historia presente de Jesucristo «el justo» (Hch. 3:14), que supo «cumplir toda justicia» delante de Dios y de los hombres (Mt. 3:15), se realiza la justificación del pecador delante de Dios. Él toma los pecados que condenan al hombre y, como buen samaritano, pone a su cuenta la deuda, pagando con su propia vida. En virtud de su ofrenda voluntaria (Jn. 10:18), Dios le hace sabiduría, justificación, santificación y redención para los creyentes (1 Co. 1:30). En abierta confrontación con el elemento judaizante dentro del mismo cristianismo, el apóstol Pablo desarrolla como nadie el tema de la justicia de Dios, la justificación y la gracia. Dios manifiesta su justicia entregado a su Hijo «por causa de nuestras transgresiones y resucitado para nuestra justificación» (Ro. 4:25). Con su vida de obediencia y su muerte expiatoria, el Hijo mereció para una multitud la justificación y la justicia: «Porque como por la desobediencia de un solo hombre, muchos fueron constituidos pecadores, así también, por la obediencia de uno, muchos serán constituidos justos» (Ro. 5:19). Lo que no podía obrar la ley, «porque por las obras de la ley nadie será justificado delante de él» (Ro. 3:20), lo consigue la «justicia de Dios atestiguada por la Ley y los Profetas», manifestada en Cristo (v. 21). La justificación gratuita por su gracia, mediante la redención que es en Cristo Jesús (v. 24), no es un acto arbitrario contrario a la justicia, sino, precisamente, una «demostración de su justicia» (v. 25), que actúa misericordiosamente con el caído a la vez que cumple las exigencias de la justicia, gracias a que Cristo ha sido puesto «como expiación por la fe en su sangre..., con el propósito de manifestar su justicia en el tiempo presente; para que él sea justo y a la vez justificador del que tiene fe en Jesús» (vv. 25-26).

El hombre no interviene en la obra de justificación, no hay ninguna obra que pueda hacer para merecerla (Ro. 3:26-30; 4:5; 5:1; 11:6; Gál. 2:16; Ef. 2:8-10); ni siquiera la fe. La fe es *medio*, nunca *causa*; es el oído que atiende la sentencia a su favor; la mano que acoge el don. Legalmente, la justificación es resultado de la sangre de Cristo (Ro. 5:9), es decir, de su muerte en la cruz. Sangre de la nueva Alianza, «la cual es derramada para el perdón de pecados para muchos» (Mt. 26:28). La justificación es un hecho del pasado, fundada en Cristo (cf. Ro. 5:1), sin que admita por parte del hombre incremento o disminución. O se está, o no se está justificado. O según otra terminología, o se está vivo o se está muerto (Jn. 5:24; 1 Jn. 3:14; cf. Ro. 6:6-11). Ya no hay condenación (Ro. 8:1), por cuanto Dios «hizo pecado» a Cristo, para que los creyentes fueran hechos justicia de Dios en Él (2 Co. 5:21). La justicia de Dios no se transmite al creyente, en este punto no puede haber «sustitución vicaria», la justicia es siempre una cualidad personal interna de rectitud y fidelidad, sin que se establezcan las condiciones para recibir al pecador en la comunión con Dios con todo lo que eso entraña en orden a la regeneración o novedad de vida.

Pero, más allá de la declaración judicial de perdonado, absuelto, justificado, que no pasan de ser meras analogías humanas, la justificación introduce en una experiencia personal con la divinidad total de carácter transformante. El hombre pasa a ser posesión de Dios y Dios del hombre (cf. Jn. 15:4). Esta nueva realidad que la justificación hace posible se describe en términos familiares de adopción, filiación, herencia, admisión en la familia de Dios, etc. De este modo, la justificación es mucho más que un término forense, es una palabra de aceptación por parte de Dios que intoduce al invitado a la comunión con Él. El creyente justificado es revestido de Cristo, indicando así, por vía de analogía, su nuevo estatus espiritual configurado a imagen de Cristo

(Ro. 8:29; cf. Col. 3:10). También se puede describir de un modo atrevido como «participación en la naturaleza divina» (2 P. 1:4). Por lo mismo, se sigue, a la justificación le sigue la regeneración y la santificación como parte de un proceso salvífico que culmina con la glorificación final del ser humano en su totalidad (1 Co. 1:30; 1 Jn. 3:2). El resultado objetivo de la justificación, pues, es la puesta en marcha de un poder de transformación que conduce a la justicia y la santificación que comienza y se realiza en la existencia de cada individuo creyente. El cap. 5 de la carta a los Romanos describe a la perfección el significado de la justificación y los frutos que de ella se derivan. El amor de Dios es derramado en los corazones por el Espíritu Santo (Ro. 5:5), nutriendo así la fe y la esperanza, como se dice en otro lugar (cf. 1 Co. 13:4-13).

Justo (gr. del lat. *Iustus*). Adjetivo aplicado al que practica la justicia. También:

1. Sobrenombre de José Barsabás, uno de los candidatos que no fue elegido cuando se echaron las suertes para llenar la vacante de Judas en el apostolado (Hch. 1:23).
2. Prosélito de Corinto que alojó a Pablo en su casa, adyacente a la sinagoga, y desde la que el apóstol predicó a los gentiles después de dejar la sinagoga (Hch. 18:7).
3. Sobrenombre de un judío cristiano cuyo verdadero nombre era Jesús. Era colaborador de Pablo y se unió a los saludos de éste a los colosenses (Col. 4:11).

Juta (heb. «inclinada»). Ciudad de Judá en la región montañosa, nombrada juntamente con Maón, Carmel y Zif; es indudable que se encontraba en la misma zona (Jos. 15:55). Juta y sus alrededores fueron asignados a los sacerdotes (Jos. 21:16). Esta localidad recibe en la actualidad el nombre de Yattã (Yuttã) y se halla sobre una elevación poco pronunciada, a unos 9 km al sudoeste de Hebrón.
Los hay que han sugerido que Juta podía ser la ciudad del país montañoso de Judá a donde se dirigió María para visitar a Elisabet (Lc. 1:39) y donde, por tanto, residía Zacarías. La suposición más generalizada es que fue Hebrón la ciudad de Elisabet, aunque se ignora dónde nació Juan el Bautista.

K

Kairós. Palabra griega para «tiempo», referido al contenido, a la situación y a las posibilidades que ese tiempo ofrece. Para «tiempo» en sentido cronológico el griego tiene la palabra *chrónos*, indica el fluir del tiempo sobre el que el hombre no tiene poder alguno; mientras que *kairós* es distinto a la simple «duración», denota las situaciones transcendentes que se dan en el tiempo. En los autores bíblicos designa la situación en la que se verifica el encuentro entre el Dios que se revela y el hombre en su situación personal e histórica. Dios es Señor del tiempo y le ha señalado una finalidad. Frente al acontecer y sucesión del tiempo aparentemente sin sentido, la literatura sapiencial subraya que todos los acontecimientos temporales están bajo el señorío divino (Sal. 31:15). La promulgación de la alianza en el Sinaí, indica la especial intervención de Dios en el tiempo a favor de un pueblo, que se inscribe en el propósito creativo de tener un pueblo para sí, y cuya alianza es el signo visible de una promesa de futuro. A la luz de la alianza, los profetas saben descubrir en el presente los gérmenes del futuro, porque, a diferencia del concepto griego, el tiempo no es homogéneo, sino que tiene momentos especiales, privilegiados (*kairoi*), que manifiestan la acción de Dios y que son detectados por la intuición profética. Jesús reprende a los maestros religiosos que saben discernir el aspecto del cielo, pero no pueden discernir las señales o signos de los tiempo (Mt. 16:1-4). Los apóstoles entienden que Cristo es la «plenitud de los tiempos» (Gál 4:4). El *kairós* cristológico marca el cumplimiento de la historia con la encarnación del Logos de Dios y el misterio de su pasión. El tiempo se ha cumplido finalmente; ha llegado la plenitud de los tiempos y todo el pasado se cualifica en relación con este acontecimiento presente; las promesas encuentran su pleno cumplimiento: ya no hay que esperar más, porque ha comenzado un nuevo *kairós*, el de la salvación escatológica. El *kairós* es el momento de la cosecha (Mt. 21:34) o de la recogida de los higos (Mc. 11:13). Jesús anuncia que ha llegado el momento decisivo; no hay motivo para esperar a otro momento, porque el reinado de Dios ha comenzado ya: el reinado de Dios está aquí (Lc. 17:21).

Keila (heb. «ciudadela»). Ciudad de la llanura de Judá (Jos. 15:44); en los límites de las tierras altas del sur. Parece haber sido fundada por Naham el garmita, hermano de Hodías, una de las cinco esposas de Mered (1 Cro. 4:19). Atacada por los filisteos; liberada por David, sin embargo, no permaneció en ella por temor a ser entregado traicioneramente a Saúl (1 Sam. 23:1-13). Habitada después de la cautividad, debía ser una ciudad considerable a juzgar por los personajes mencionados como colaboradores de la reconstrucción de los muros de Jerusalén (Neh. 3:17, 18).

Kelaía, Kelita. Levita que despidió a su mujer extranjera ante las órdenes dadas por Esdras (Esd. 10:23). Fue encargado por Esdras de leer y explicar la Ley al pueblo (Neh. 8:7), y selló el pacto al mismo tiempo que Nehemías (Neh. 10:10).

Kenat (heb. «posesión»). Ciudad de la ladera occidental de Djebel Hauran, en el extremo nororiental de Israel. Era la ciudad más oriental de Decápolis. Identificada con Kanawat, a 26 km de Bostra (Bosra). Noba, sin duda de la tribu de Manasés, la tomó y le dio su propio nombre (Nm. 32:42, cf. Jue. 8:11), que, sin embargo, no llegó a sustituir enteramente al antiguo. Volvió a caer en poder de los cananeos (1 Cro. 2:23).

Kénosis. Palabra griega que denota el acto de despojarse del propio vestido, fue utilizado por los teólogos alemanes como un concepto cristológico para expresar la humillación voluntaria de Cristo en su encarnación. Está tomado del pasaje que dice que Jesucristo «se vació a sí mismo» (*heauton ekénosen*), asumiendo la forma de vida humana que es propia de los demás hombres y haciéndose obediente al Padre hasta la muerte de cruz (Flp. 2:7). Este «vaciamiento» de sí que realizó el Hijo de Dios al hacerse hombre y experimentar la muerte de cruz está sugerido en otros pasajes del NT: Jn. 17:5 y 2 Co. 8:9. El Hijo preexistente de Dios nace de una mujer y se somete a la ley; viviendo desde ese momento una situación, donde está privado de aquella gloria que poseía desde toda la eternidad (Jn. 17:5); el Hijo que era rico en su divinidad, se ha hecho pobre (*eptócheusen*) para enriquecer a los creyentes (2 Co. 8:9).

La *kénosis* de Cristo significa que el Hijo de Dios preexistente ha entrado en el mundo y ha asumido la naturaleza humana renunciando a vivir en ella en la condición de gloria y de esplendor que habría de esperarse del Hijo divino y que de hecho se le dio en la resurrección. El Hijo eterno de Dios al hacerse hombre y vivir en todo semejante a sus congéneres, acepta las limitaciones, sufrimientos y muerte de la condición humana. La *kénosis* del Hijo no consiste en la encarnación en sí misma, sino en su encarnación en la debilidad. Por la *kénosis* Jesús asumió voluntariamente la naturaleza humana de una manera perfecta, pero sin pecado. Voluntariamente se sujetó a las circunstancias de la naturaleza humana (cf. Jn. 4:6: «cansado del camino»). Para una justa comprensión de la *kénosis* se tiene que tener en cuenta la perfecta divinidad de Cristo, su perfecta humanidad y su consiguiente absoluta dependencia del Padre como Hijo amado, y de Dios como siervo perfecto.

Kerigma. Palabra griega que significa «bando, proclama», substantivo derivado del verbo *keryssein*, que en griego clásico indica una noticia de carácter público traída por un heraldo, de forma que lo que se anunciaba se hacía efectivo por el mismo hecho de anunciarlo; en el NT designa más bien el anuncio del Evangelio hecho a los judíos y a los paganos, la proclamación de la buena noticia de la salvación por obra de Cristo, Señor, muerto y resucitado, la sustancia de lo predicado en contraste con el acto de la predicación (Mt. 12:41; Lc. 11:32; Ro. 16:25; 1 Co. 1:21; 2:4; 15:14; 2 Ti. 4:17; Tit. 1:3). En la predicación apostólica, el mensaje cristiano abarca en su contenido la vida y la obra de Cristo, con especial énfasis en su muerte y en su resurrección, según estaba profetizado en las Escrituras (cf. 1 Co. 15:1-4). En este sentido, el *kérygma* se distingue de la *didaché*, o enseñanza, pues en el primero es Dios quien llama a los seres humanos a una decisión de fe y de membresía en la comunidad de la fe, mientras que en la segunda la Iglesia es la que se encarga de instruir a los que ya han creído en las verdades relativas a la fe profesada (cf. Mt. 28:19-20). De modo que anunciar el Evangelio no consiste en ofrecer un simple informe histórico de un acontecimiento ya ocurrido, sino que es él mismo acontecimiento que manifiesta eficazmente el mensaje de salvación que contiene.

Keren-Hapuc (heb. «cuerno», por implicación «frasco de cosméticos»). Nombre de una de las hijas de Job, al final de su período de angustia y prueba (Job 42:14). El hagiógrafo da por supuesto que las tres hijas son fruto del matrimonio con una segunda mujer. Es el mismo número que antes. Añade, además, que tienen «herencia entre sus hermanos», privilegio poco común en el Oriente antiguo, ya que las hijas heredaban solamente si no había hijos varones (cf. Nm. 27:8). En este caso, el autor quiere mostrar las amplias riquezas restituidas al justo Job, distribuidas con magnanimidad entre los suyos.

Ketubim (heb. «Escrituras»). Término usado desde la época de los talmudistas para designar la tercera y última división del AT según la clasificación judía. Las Escrituras o *Ketubim* están compuestas por doce libros, a saber, cinco *meguilot* o «rollos»: *Shir Hashirim* (Cantar de los Cantares), *Kohelet* (Eclesiastés), *Rut*, *Ejá* (Lamentaciones) y Ester; los libros de *Iob* (Job), *Mishlé* (Proverbios) y *Tehilim* (Salmos); y finalmente están los libros de Daniel, *Ezrá*, *Nejemiá* (Esdras y Nehemías) y *Dibré Haiamim* (Crónicas). No todos los autores judíos siguen este orden, pero sí coinciden en afirmar que los libros que componen los *Ketubim* gozaban del grado más bajo de inspiración, ya que sus autores no recibieron una comunicación directa del cielo como fue el caso de Moisés (autor de la Torá), a quien Dios habló cara a cara; ni tampoco gozaron, como los profetas, de visiones o revelaciones, que representan la segunda clase de escritores sagrados (*Neviim*); aun con todo, el Espíritu divino asistió a los autores de los *Ketubim* inspirándoles ideas y pensamientos.

Kibrot-Hataava (heb. «sepulcro de la codicia»). Uno de los lugares de la península del Sinaí, entre el monte Sinaí y Hazerot, donde acamparon los israelitas en su peregrinaje por el desierto; allí envió Dios gran cantidad de codornices en respuesta a la queja del pueblo, que quería comer carne. Muchos murieron y fueron sepultados como un castigo por su espíritu descontento y rebelde (Nm. 11:33-35; 33:16, 17; Dt. 9:22).

Kibsaim (heb. «montón doble»). Ciudad levítica, adjudicada a la tribu de Efraín en la repartición de la tierra. Fue asignada a los coatitas y considerada como una ciudad de refugio (Jos. 21:22). Es mencionada en relación con Gezer y Bet-horón.

Kir (heb. «muralla»). Lugar al que los asirios de Tiglat-Pileser deportaron a los moradores de Damasco después de capturar la ciudad (2 R. 16:9; Am. 1:5). Es mencionado en relación con Elam (Is. 22:6). Al parecer los arameos del sur de Siria emigraron a Kir en una época previa (Am. 9:7). Su situación probable se halla entre el Tigris y la llanura de Elam.

Kir-Hares, Kir-Haseret (heb. «fortaleza de la alfarería», 2 R. 3:25; Is. 16:7, 11), llamada también Kir-Hares (Jer. 48:31, 36) y Kir de Moab (Is. 15:1). Ciudad fortificada del sur de Moab, resistió a los ejércitos aliados de Israel, Judá y Edom (2 R. 3:25). Su nombre moderno es Kerak, al este del mar Muerto y a 29 km al sur del Arnón. Se trata de una altura aislada de los montes vecinos (excepto en dos puntos) por profundos precipicios. La fortaleza dominaba la importante ruta de caravanas que unía Siria con Egipto y Arabia.

Koiné (gr. «lengua común» o «popular»). El griego que a menudo se estudia como modelo de lengua de la antigüedad es el que corresponde al dialecto ático (hablado en Atenas), ya que literariamente llegó a superar a todos los demás dialectos, principalmente en los siglos V y IV a.C. En este dialecto escribieron los grandes autores de la literatura griega, los poetas, los historiadores y los oradores. Debido a la importancia comercial y cultural de Atenas, el ático resultó el dialecto que sirvió de modelo para la constitución del conjunto idiomático *hê*

koinê dialektos —«lengua común»— o griego helenístico utilizado por los autores de Alejandría.
En Palestina se hablaba también el griego de la *koiné*; el latín era la lengua de los invasores y tenía muy poco uso, aunque era el idioma oficial del Imperio y se utilizaba para todas las comunicaciones oficiales. En el NT intervienen dos factores decisivos: su pertenencia a la *koiné* y la influencia semita-aramea por la condición bilingüe de sus autores y semita-hebrea por la presencia de la Septuaginta. Los autores bíblicos acuñaron nuevas expresiones debido a su cultura semita. Existe una notable diferencia entre la Septuaginta y el NT, así como también hay diferencia entre los distintos libros de ambos testamentos. Nuevas palabras acuñadas originalmente en el griego del NT revolucionaron el lenguaje, si no es que crearon de hecho un nuevo dialecto.

Koinonía (gr. «comunión»). Esta palabra tiene en el NT griego un riquísimo contenido que se expresa en los distintos matices dados en el contexto donde se la usa. Incluye como primer sentido el de «participación»; se trata de tener parte en alguna cosa o de tener alguna cosa en común, o también, de actuar junto con alguien. En sentido espiritual *koinonía* remite al misterio íntimo de la vida divina en la que está llamado a participar el hombre por la gracia de Dios, con un sentido eucarístico y sacramental, que indica la comunión del hombre con Cristo, y con un sentido eclesiológico que indica la unión de los cristianos entre sí, ligados por vínculos multiformes. En estos dos puntos, *koinonía* es más que «comunión» o «comunidad», es «común participación» en Jesucristo (1 Co. 1:9; 1 Jn. 1:3:61) y en su pasión (Flp. 1:5). Esta participación común en la única realidad de Jesucristo da fundamento a la comunidad fraternal (1 Jn. 1:7).

L

Labán (heb. «blanco»). Hermano de Rebeca y suegro de Jacob después de su matrimonio con Raquel y Lea. Era hijo de Betuel y nieto de Nacor, el hermano de Abraham. Vivía en Padam-arán, y es llamado arameo. Al parecer era astuto y codicioso, cuando vio los ricos presentes traídos por Eliezer, siervo de Abraham, se apresuró a invitar a éste a su casa. De inmediato estuvo de acuerdo en enviar a su hermana a Canaán para que se desposara con Isaac (Gn. 24:50). Más tarde, Rebeca envió a su hijo Jacob a casa de su hermano en Harán, con el fin de protegerle de la ira de Esaú. Labán era por entonces jefe de un clan, padre de al menos dos hijas (Gn. 29:16); propietario de esclavos (Gn. 29:24, 29), de ovejas y de cabras (Gn. 29:9; 31:38). Probablemente Labán adoptó a su sobrino Jacob por hijo, porque entonces sólo tenía hijas adultas, dos de ellas, Lía y Raquel fueron dadas en matrimonio a Jacob, debido a una estratagema de Labán. Al cabo de veinte años de estancia con su suegro, Jacob huyó con su familia y sus rebaños. Al irse, Raquel hurtó los ídolos de su padre. Tres días después, Labán se enteró de la huida de Jacob y le persiguió, celoso de su yerno y envidioso de sus riquezas. Lo alcanzó en Galaad, pero no pudo hacerle ningún mal debido a la intervención divina. Labán y Jacob concertaron una alianza, y después se separaron para siempre (Gn. 29-31). Al parecer, Labán unía el culto a Yahvé con prácticas idolátricas (Gn. 31:53; 24:50; 30:27; 31:30; cf. 35:4) y la adivinación (Gn. 30:27).

Labán, ciudad. Lugar no identificado en la península de Sinaí, mencionado juntamente con Parán, Tofel, Hazerot y Di-zahab, como el lugar en que Moisés pronunció las frases iniciales del Deuteronomio (Dt. 1:1). Algunos exegetas lo identifican con Libna, una de las etapas siguientes a Hazerot (Nm. 33:20).

Ladrillo. Material muy utilizado en las construcciones antiguas en aquellas regiones poco abundantes en roca. Se hacía de barro secado al sol o cocido al horno (Gn. 11:3). Se usó desde muy antiguo en Babilonia, ya que esta región carecía de la piedra necesaria para los edificios, y se tenía que hacer traer de muy lejos, por lo que la piedra sólo era empleada para reforzar los suelos, las puertas y para ornamentar los palacios en frisos y estatuas. En Babilonia, los ladrillos eran frecuentemente cocidos, en tanto que en Nínive, lo mismo que en Egipto, eran secados al sol. En este último país las canteras se hallaban algo lejanas del valle y se empleó piedras para las pirámides, grandes templos y parte de los palacios, y los ladrillos de barro para los demás edificios. La fabricación de mismos era considerada como penosa y malsana, era dejada a los esclavos y a las minorías sometidas a tributo; los hebreos tuvieron esta tarea durante su esclavitud en Egipto (Éx. 1:14; Éx. 5). Los israelitas aprendieron en Egipto la manera de hacer los ladrillos, y conservaron casi exactamente los mismos métodos. Se traía la arcilla en canastas de algún lugar cercano, se echaba agua sobre el montón y se amasaba con los pies, añadiendo además a la masa algo de paja, papiro o rastrojo.

Lais (heb.«león»). *Lais*. Nombre de dos ciudades y de un personaje del AT.

1. Ciudad cananea que fue ocupada por la tribu de Dn. Los hombres enviados para explorar el terreno informaron de «que la gente que

habitaba en ella vivía segura, tranquila y confiada, a la manera de los sidonios. No había en la tierra quien les hiciera ningún daño, ni quien les desplazara ni oprimiera. Además, estaban lejos de los sidonios y no tenían trato con nadie» (Jue. 18:7). Seiscientos hombres de Dan la atacaron y la destruyeron, cambiando su nombre original de Lais (Lesem en Jos. 19:47) por Dan (Jue. 18:29), nombre que a veces le es otorgado anticipadamente (Gn. 14:14; Dt. 34:1). Identificada con Tell el-Qadi, ruinas situadas al pie de la falda sudoccidental del Hermón, donde nace el Nahr el-Ledán, una de las principales fuentes del Jordán, en el límite extremo del norte de Palestina.

2. Ciudad en las proximidades de Jerusalén (Is. 10:30), identificada con la actual Isawiyah, situada a unos 3 km al nordeste de Jerusalén, en la ladera oriental del monte de los Olivos, ocupando un lugar incuestionablemente antiguo a juzgar por los materiales con que está edificada, la existencia de una gran muralla, amplias cisternas y fuentes.
3. Padre de Palti, oriundo de Galim, a quien Saúl entregó a su hija Milca, la mujer de David, el cual la recuperó posteriormente a la muerte del rey Saúl (1 Sam. 25:44; 2 Sam. 3:15).

Lakis. Ver LAQUIS.

Lamec. Nombre de dos patriarcas anteriores al diluvio.

1. Hijo de Metusael, de la descendencia de Caín. Una de sus esposas le dio a Tubal-Caín, que inventó instrumentos de bronce y de hierro (Gn. 4:18-24). El discurso de Lamec a sus esposas puede ser interpretado de diversas maneras, pero la mayor parte de los comentaristas ven en ello una agravación de la ley de venganza (vv. 23, 24), recogida en un antiguo poema. Según la ley admitida en los otros pueblos, el crimen de homicidio debía ser castigado con la muerte del asesino, o de uno de sus parientes; los descendientes de Lamec agravaron la ley existente ya entre los descendientes de Caín, afirmando que la muerte de uno de los suyos debía ser vengada siete veces (Gn. 4:15). El autor sagrado recoge este cántico como un ejemplo de la agravación de los males de la humanidad por culpa del pecado.
2. Descendiente de Set a través de Matusalén, y padre de Noé. «Lamec temía a Yahvé y creyó en sus promesas» (Gn. 5:25, 28-31). Tenía 182 años cuando nació Noé y vivió otros 595 años, 777 en total.

Lamentaciones, Libro de. Colección de cinco pequeños poemas anónimos redactados después de la caída y conquista de Jerusalén por obra del ejército babilonio (587 a.C.), atribuidos por la tradición —basándose en 2 Cro. 35:25— al profeta Jeremías, espectador de la ruina de Jerusalén. Figura entre Jeremías y Ezequiel en las Biblias españolas; en el canon hebreo se halla entre Rut y Eclesiastés y es designado por su interrogante inicial «¿Cómo?» (en heb. *'ekah*).

Los capítulos 1, 2, 4 y 5 tienen 22 versículos cada uno, en tanto que el capítulo 3 tiene tres veces este número, o 66. En los capítulos 1, 2 y 4 cada versículo comienza sucesivamente por cada una de las veintidós letras del alfabeto hebreo. En el capítulo 3, los tres primeros versículos comienzan por la alef; los tres siguientes por la bet, y así sucesivamente. El capítulo 5 no presenta forma acróstica.

Los cinco poemas versan sobre la toma y destrucción de Jerusalén, los sufrimientos de todo tipo que soportaron los defensores. El poeta canta la justicia de Yahvé, y se lamenta de las iniquidades de la nación, por cuanto la catástrofe tiene por causa los pecados del pueblo, de los falsos profetas y de los sacerdotes. La personificación de la nación gimiendo por su suerte trágica, figura en numerosos pasajes (Lam. 1:9, 11-22; 2:18-22); el profeta, representante de la colectividad, habla en primera persona (Lam. 2:11; 3:1-51; y asimismo vv. 52-66). Llama a los suyos al arrepentimiento; en medio de la peor de las tragedias, quiere esperar en Jehová a pesar de todo (Lam. 3:21-33). El patético clamor final «porque nos has desechado; te has airado contra nosotros en gran manera» (Lam. 5:22) recibe una respuesta consoladora a través de toda la Sagrada Escritura, mediante la venida y el triunfo del Mesías, el libertador de Israel.

Lámpara. Objeto luminoso que incluye «teas» y «antorchas», ya con funciones domésticas como sociales y religiosas. Las siete lámparas del candelero de oro, primero en el tabernáculo, después en el Templo, eran de oro (Éx. 37:23; 1 R. 7:49); el aceite de olivas machacadas alimentaba la llama (Éx. 27:20). Las despabiladeras para cortar las mechas eran asimismo de oro, igual que los platillos (Éx. 25:38). Las lámparas ordinarias se hacían de barro o arcilla, las más humildes eran abiertas, sin ninguna cobertura, pero también había las lámparas con tapadera, ya sea independiente, o bien formando parte integral del utensilio. Un orificio, en el centro de la tapadera, permitía la introducción del aceite; en un extremo, otro agujero dejaba pasar una mecha.

Lana. Pelo de las ovejas utilizado por los hebreos desde tiempos antiguos como material generalizado para sus vestiduras (Lv. 13:47; Dt. 22:11; Job 31:20; Prov. 31:13; Ez. 34:3; Os. 2:5). La importancia de la lana se aprecia en el dato respecto al tributo del rey Mesa pagado en lana (2

R. 3:4), así como en ser parte de las primicias ofrecidas a los sacerdotes (Dt. 18:4). La Ley prohibía hacer uniones antinaturales en todos los aspectos de la vida cotidiana, sea respecto a los animales domésticos o al material de confección de un vestido (Lv. 19:19), concretamente vestirse «con mezcla de lana y lino» (Dt. 22:11).

Langosta. Insecto capaz de producir una terrible devastación reunida en grandes cantidades. Figura entre las plagas de Egipto (Éx. 10:4). Los libros poéticos y proféticos de la Biblia abundan en descripciones casi dramáticas de su poder de destrucción y de la incapacidad humana de resistirla. En el aspecto culinario, los orientales se han nutrido siempre de este insecto, clasificado entre los animales limpios (Lv. 11:21-22; cf. el ejemplo de Juan el Bautista, Mt. 3:4).

Laodicea (gr. «justicia del pueblo»). Nombre de varias ciudades de Siria y Asia Menor, la mencionada en la Escritura es la Laodicea ubicada en las inmediaciones del río Lico, afluente del Meandro. Es una de las ciudades iglesias del Apocalipsis, a la cual el autor recrimina sus vicios (Ap. 3:14-19). Era una de las ciudades más importantes de la Gran Frigia en Asia Menor, algo al sur de Colosas y de Hierápolis y no muy lejos de Éfeso. En Laodicea se fabricaban tejidos con una lana negra procedente de unos carneros criados en aquellos parajes. Había allí un centro médico donde se preparaba el célebre polvo frigio para el tratamiento de la oftalmía. La ciudad albergaba numerosos judíos, lo que explicaría la temprana llegada de misioneros cristianos. Es probable que Epafras, uno de los colaboradores de Pablo, fundara la iglesia de Laodicea, de hecho trabajó en esta ciudad (Col. 4:12, 13). Pablo llevó a cabo un intenso combate espiritual en favor de los de Laodicea (Col. 2:1). Los vivos reproches que se lanzan contra la iglesia de Laodicea hacen alusión en particular a la riqueza y a los productos de la ciudad (Ap. 1:11; 3:14-22), principalmente los tejidos, sobre todo los negros, que eran muy estimados.

Lapidación (heb. «arrojar [piedras]»). Método ordinariamente utilizado en el AT para ejecutar la pena de muerte. El condenado a la pena capital era conducido fuera del campamento o de la ciudad (Lv. 24:14-25), entonces los testigos lanzaban la primera piedra contra él. Este castigo se aplicaba a los convictos de idolatría (Lv. 20:2; Dt. 17:2-5), blasfemia (Lv. 24:10-16), violación del sábado (Nm. 15:32-36), hechicería (Lv. 20:27), falso ejercicio de la misión profética e inducir al pueblo a la idolatría (Dt. 13:1-11), apropiación de un objeto sagrado (Jb. 6:17-19; 7:1; Lv. 27:28), desobediencia rebelde y obstinada al padre (Dt. 21:18-21). La mujer que al tiempo de su matrimonio no era virgen, y la prometida que tenía relaciones con un extraño era sujeto de la lapidación (Dt. 22:21, 24). El buey furioso que repetidas veces acornea a alguien también debía morir bajo una lluvia de piedras (Éx. 21:28-19). En el NT se dice que los judíos intentaron varias veces lapidar a Jesús por blasfemo (Jn. 10:11; 11:8). Lapidado murió Esteban (Hch. 5:26), y lapidado fue Pablo, pero sin perder la vida (2 Co. 11:25). Ver APEDREAMIENTO.

Lapidot (heb. «flamígero»). Esposo de Débora, la profetisa (Jue. 4:4). No está claro si vivía con ella cuando comenzó sus actividades de juez, o si ya para esa época ya estaba muerto.

Laquis. Ciudad real cananea (Jos. 12:11) al sur de Palestina, cuyo rey Jafia se unió a la confederación amorrea contra Josué (Jos. 10:3, 5). La ciudad fue tomada y destruida por los israelitas. Estaba situada entre Jerusalén y Gaza, en la ladera occidental de la Sefela, en el camino principal entre Egipto y el camino del Norte, lo que la convertía en un lugar estratégico. Roboam la fortificó (2 Cro. 11:9) y durante el 900-700 a.C. fue una de las ciudades más grandes e importantes de Judá. Amasías, rey de Judá, se refugió en ella, pero fue capturado y muerto (2 R. 14:19; 2 Cro. 25:27). Senaquerib, rey de Asiria, hizo de ella su cuartel general en el año 701 ó 700 a.C. (2 R. 18:14, 17; cf. 2 R. 19:8 y 2 Cro. 32:9; Is. 36:2; 37:8). Asediada posteriormente por Nabucodonosor, fue una de las últimas poblaciones en rendirse. Entonces fue destruida e incendiada. La ciudad nunca fue reedificada de nuevo de una manera total, si bien volvió a ser habitada después del retorno del cautiverio en Babilonia. Identificada actualmente con Tell ed-Duweir, a 48 km al suroeste de Jerusalén y a 24 km al oeste de Hebrón. A partir de 1933 se han llevado a cabo activas excavaciones, que han dado resultados notables. El descubrimiento de mayor importancia es el de las «cartas de Laquis», que se sitúan entre los dos asedios de Nabucodonosor.

Lavamiento. Los judíos tenía dos tipos de lavamiento, uno para propósitos religiosos de purificación, *tabal*, que incluía todo el cuerpo; era usado en la consagración de los sacerdotes, y se aplicaba como rito de iniciación a los prosélitos. Otro, que era el lavado ordinario de manos y pies, se llamaba *tsabd*, practicado a diario, y aplicado también a los vasos y recipientes utilizados en las comidas (Mt. 25:2; Mc. 7:3, 4). Las seis tinajas de agua mencionadas en la boda de Caná servían a ese propósito (Jn. 2:6).

Después de ser consagrados, Aarón y sus hijos fueron lavados una vez por Moisés, pero desde entonces se demandaba continuamente que, cuando llevaran a cabo su servicio, lavaran solamente sus manos y pies en la fuente (Éx. 40:12, 30-32), lo que recuerda el mencionado dicho de Cristo: uno que ha sido limpiado totalmente nunca necesita volverse a limpiar de esta manera, «está limpio del todo», aunque, a fin de tener parte con Cristo, necesita, debido a la contaminación adquirida en el camino, que sus pies sean lavados (cf. Jn. 13:5-14). Los fariseos multiplicaron los actos por los que uno podía quedar contaminado, lo que requería frecuentes lavamientos ceremoniales, criticados por Jesús, cuyo discípulos fueron acusados de «no lavarse las manos», no en sentido ordinario, sino ritual, según su costumbre: «Los fariseos y todos los judíos, si no se lavan las manos hasta la muñeca, no comen, porque se aferran a la tradición de los ancianos» (Mc. 7:2-3).

Lavamiento de pies. Costumbre que ocupaba en la antigüedad un lugar principal entre los deberes de la hospitalidad. La primera referencia la tenemos en Gn. 18:4 en relación a la visita de los «tres varones de Yahvé» a Abraham en el encinar de Mamre. Era una señal de respeto hacia el invitado y una muestra de afecto por parte del anfitrión. Tiene su origen en las circunstancias climáticas peculiares de Oriente, donde la limpieza tiene importantes consecuencias, como prevenir la enfermedad de la lepra. Al igual que todos los actos sociales vitales e importantes para la comunidad y el individuo, la práctica del lavamiento de pies recibe una sanción religiosa, limpieza y piedad van de la mano, pureza física y pureza ritual.

Los pies en la antigüedad no estaban tan protegidos como hoy día. Eran frecuentes unas simples sandalias —el equivalente a la suela de un zapato moderno— y caminar con los pies descalzos; se entiende, pues, que lavar los pies del caminante se tuviera como una de las obligaciones más apremiantes, debidamente ritualizada (Gn. 18:4; 19:2; 24:32; Jue. 19:21; 1 Sam. 25:41). Siervos y criados tenían la misión de cumplir este deber. Precisamente, y para sorpresa de sus discípulos, Jesús adopta la posición de un esclavo cuando lava los pies de los doce (Jn. 13). Fue un acto simbólico lleno de enseñanzas de buena voluntad y humildad, tan necesarias en la nueva comunidad del Reino de Dios, mostrando de paso que el amor dignifica todos los oficios y servicios, por humildes que sean. Lavar los pies de los santos figura entre las buenas obras de las viudas, que las hacía merecedoras del honor de ser mantenidas por la comunidad (1 Ti. 5:10). En la Iglesia primitiva se observó no sólo el espíritu, sino la letra del mandamiento de Jesús (Jn. 13:15).

Lázaro (forma gr. abreviada del heb. Eleazar = «Dios ha socorrido»). Nombre de dos personajes del NT.

1. Discípulo de Jesús residente en Betania con sus hermanas Marta y María. Ya que no se menciona a su esposa y se presenta a Marta como ama de casa, es probable que fuera soltero, o viudo. Le unía una amistad especial con Jesús. Poco se sabe de la vida y personalidad de Lázaro, de hecho, sólo es mencionado en el Cuarto Evangelio, donde el hogar de los hermanos en Betania aparece como el centro de reposo de Jesús durante sus visitas a Jerusalén (cf. Lc. 10:38-42; Jn. 11:1-5). Enfermo de gravedad, murió mientras Jesús estaba ausente. Cuatro días después fue resucitado por Jesús (Jn. 14:1-44). Este milagro desencadenó el entusiasmo hasta la misma Jerusalén, pero sirvió también para que los miembros del sanedrín se decidieran de una manera irrevocable por la muerte de Jesús, a quien el pueblo quería proclamar rey (cf. Jn. 11:45-53). A raíz de esto, Jesús abandonó Betania y marchó a la ciudad de Efraín (v. 54), pero seis días antes de la Pascua, Jesús volvió a Betania y compartió la cena con Lázaro (Jn. 12:1-2). El evangelista, entonces, añade que los principales sacerdotes resolvieron matar también a Lázaro, «porque por causa de él muchos de los judíos se apartaban y creían en Jesús» (11). Indudablemente, Lázaro escapó a este intento, y murió de muerte natural, aunque ya no se vuelve a saber nada más de él.
2. Mendigo mencionado en una parábola de Jesús (Lc. 16). Lázaro sufría la más abyecta pobreza y a la puerta del rico esperaba poder alimentarse de sus sobras; los perros lamían sus úlceras. Los dos murieron: los ángeles llevaron a Lázaro al seno de Abraham, en tanto que el rico se encontró en un lugar de tormento. Con esta historia Jesús enseñaba que la muerte, el juicio subsiguiente y el destino eterno corresponde siempre no a la clase social, sino al tipo de vida llevado en la tierra.

Lea (heb. «fatigada»). Hija mayor de Labán; no era tan bella como Raquel, su hermana menor, y tenía «los ojos débiles o delicados», lo cual puede explicar la preferencia de Jacob por Raquel. Lea fue dada a Jacob en matrimonio, en lugar de Raquel, por la que Jacob había servido siete años. La razón de Labán era que en su medio social no podía darse la menor en matrimonio antes que la mayor (Gn. 29:22ss.). Lea dio los siguientes hijos a Jacob: Rubén, Simeón, Leví, Judá, Isacar, Zabulón y también Dina, la hermana (Gn. 29:16-35; 30:17-21). Debió morir en Canaán, ya que no aparece mencionada en la emigración a Egipto (Gn. 46:5). A su muerte fue sepultada en la cueva de Macpela

(Gn. 49:31), el sepulcro también de Sara, Abraham, Isaac y Rebeca, y posteriormente de Jacob (Gn. 23:19; 25:9-10; 35:9; 50:13).

Lebeo. Sobrenombre de Judas Tadeo (Mt. 10:3), uno de los doce apóstoles, no el llamado Iscariote. El nombre de Judas aparece sin calificaciones distintivas en las listas dadas en Lc. 6:16; Hch. 1:13; y en Jn. 14:22. Mateo es quien explica: «Lebeo, por sobrenombre Tadeo» (Mt. 10:3; Mc. 3:18).

Leche y miel. Binomio aplicado a la riqueza y abundancia de la tierra prometida. En el Pentateuco «la tierra que fluye leche y miel» (Éx. 3:8,17; 13:5; 33:3; Lv. 20:24; Nm. 13:27; 16:13; 16:14; Dt. 6:3; 11:9; 26:9, etc.) es la frase estereotipada para designar Canaán como el país prometido de la fertilidad y exuberancia, empleada a modo de acicate para animar a los israelitas durante su travesía por el desierto.

Legión. Cuerpo principal del ejército romano. Primariamente fue un cuerpo elegido de soldados. En su origen la legión estaba compuesta por 3.000 infantes y jinetes. Desde el año 100 a.C. hasta la caída del Imperio, contaba entre 5.000 y 6.200 soldados. En esa época la legión estaba compuesta de 10 cohortes, y cada una de ellas estaba formada por tres manípulos; cada manípulo estaba formado por dos centurias (cf. Mt. 27:27). Estaban mandadas por tribunos y centuriones (Hch. 21:31, 32; 23:23). Bajo el Imperio había seis tribunos y sesenta centuriones por legión. En tiempos de Jesús constituía un ejército completo de infantería y caballería que llegaba hasta 5.000 hombres. Las legiones no fueron introducidas en Judea hasta el desencadenamiento de la guerra judía (66 d.C.), ya que anteriormente se empleaban en las provincias fronterizas del Imperio. Por ello, en el uso de este término en el NT el significado tiene su otro significado más general de un número muy grande (Mt. 26:53; Mc. 5:9; Lc. 8:30).

Lehi (heb. «quijada»). Lugar en el territorio de Judá, donde Sansón mató a mil filisteos con una quijada de asno (Jue. 15:9, 11, 13, 17). El nombre de Lehi proviene de los escarpados y dentados acantilados, que se asemejan a una quijada. Sansón tuvo sed y clamó a Dios, que hizo brotar agua milagrosamente de «la hondonada que hay en Lehi» (v. 19). En este mismo sitio ocurrió un ataque de los filisteos en tiempos de David, y había un pequeño terreno de lentejas (2 Sam. 23:11).

Lemuel (heb. «consagrado a Dios»). Autor desconocido del capítulo 31 de Prov. donde recuerda las instrucciones dadas por su madre para el régimen del reino. Es el único caso de una instrucción puesta en boca de una mujer. El fragmento pertenece al género sapiencial y es una admonición a los príncipes respecto al modo en que deben comportarse en la templanza, concretamente en la bebida y en la administración de la justicia.

Lenguas, Don de. Según la promesa de Cristo al final del Evangelio de Marcos, entre las señales que seguirán a los que creen en Él, se encuentra «hablar nuevas lenguas» (Mc. 16:17); durante la fiesta de Pentecostés, los discípulos recibieron este peculiar don mientras estaban reunidos en un aposento alto, ocupados en la oración. Llenos del Espíritu recibieron la facultad de expresarse «en otras lenguas» (Hch. 2:1-4; cf. 10:46; 19:6; 1 Co. 12:30; 14:2, 39). El apóstol Pablo interpreta este don como un cumplimiento de la ley: «En otras lenguas y con otros labios hablaré a este pueblo, y ni aun así me harán caso, dice el Señor» (1 Co. 14:21), la cita no puede ser otra que Is. 28:11, donde lengua extraña es una referencia a un idioma extranjero. Algunos versículos de 1 Co. 14 pueden dar a entender de que el fenómeno del hablar en lenguas es diferente al ocurrido en Hch., dando pie a la errada noción de lenguas estáticas, angélicas, inspiradas, sin correspondencia con ningún idioma terrenal, debido a traducciones no del todo correctas. Cuando el apóstol dice: «Si yo oro en una lengua, mi espíritu ora; pero mi entendimiento queda sin fruto» (v. 14), no está diciendo que el orante desconozca el contenido de su oración, sino que la falta de sentido en oídos ajenos carece de edificación para otros, a menos que haya presente un intérprete (v. 28).
La interpretación obvia y tradicional de la naturaleza del don de lenguas es la referida al poder milagroso de hablar un idioma no aprendido por la vía natural. Éste es evidente en Pentecostés, y también en el resto de pasajes del NT. El uso del don de lenguas en las reuniones de las iglesias locales tenía por meta la edificación de la comunidad; a no ser que la lengua fuera interpretada el orador no estaría hablando a los hombres, «sino a Dios»; se edificaría sólo a sí mismo (1 Co. 14:4-6).

León. Animal esparcido por África y algunas partes de Asia meridional hasta la provincia india de Gujarat. Existía en Grecia, pero ya no se encuentra más por allí ni en el resto de Europa. En épocas bíblicas, el león abundaba en Palestina, especialmente en la espesura de las riberas del Jordán (Jer. 49:19). En el AT se alude con frecuencia a su carácter de rey de la selva, el más «fuerte entre todos los animales, que no vuelve atrás por nada» (Prov. 30:30; 2 Sam. 17:10); se reconoce su valor

(2 Sam. 17:10; Prov. 28:1); se describen sus dientes y muelas (Jl. 1:6); su hábito de agazaparse antes de atacar (Gn. 49:9); las víctimas que provoca entre los corderos, los terneros y otros animales (1 Sam. 17:34; Is. 11:6, 7) o entre los seres humanos (1 R. 13:24; 20:36; 2 R. 17:25; Ez. 19:3, 6); su rugido (Job 4:10; Prov. 20:2; 1 P. 5:8). Se le representa al acecho: en la espesura (Jer. 4:7), en las selvas (Jer. 5:6) o en otros parajes (Jer. 25:38).

La belleza majestuosa de su figura servía de motivo frecuente en la decoración de tronos y palacios. En el palacio de Salomón «había doce leones de pie, uno a cada lado de las seis gradas. Jamás se hizo algo semejante para ningún reino» (1 R. 10:20). Nuestro Señor Jesús recibe el nombre de «León de la tribu de Judá», al que está unido el símbolo de la realeza, por cuanto el cetro fue asignado a Judá (Gn. 49:9, 10; Ap. 5:5). La imagen tiene también en ocasiones un sentido peyorativo, p. ej., Satanás es comparado con el «león» que busca a quien pueda devorar, rampante y rugiente (1 P. 5:8). Pablo dice que fue «librado de la boca del león» (2 Ti. 4:17), prob. figura verbal de inminente peligro de muerte.

Leopardo. Felino de hábitos nocturnos, especialmente peligroso para los rebaños y, en ocasiones, para el hombre (Os. 13:7); su hábitat ordinario era el monte (Cnt. 4:8). Tanto el leopardo como la pantera vivían en África, Arabia, Líbano y Palestina, especialmente al este del Jordán. Es evidente que en los tiempos bíblicos se hallaba también al oeste del río. Era muy abundante en las montañas de Siria. En Dn. 7:6, el leopardo alado representa la ferocidad y velocidad del Imperio griego o macedónico en sus conquistas, acaudillado por Alejandro Magno. El futuro Imperio romano es simbólicamente asemejado a un leopardo con pies de oso y boca de león: esto es, como ninguna bestia conocida, a la que se unen simbólicamente las características de los tres poderes anteriores a él (Ap. 13:2).

Lepra. Enfermedad de la piel caracterizada por una erupción de áreas rugosas y escamosas. Los casos comprobables más antiguos de lepra se encontraron en momias egipcias que datan del siglo II a.C. Sin embargo hay numerosas descripciones previas de cuadros clínicos que podrían ser causados por la lepra. Algunos autores creen que la lepra se originó en la India y fue llevada a Egipto por Alejandro Magno en su viaje de exploración y conquista. En el AT la lepra describe genéricamente todas las enfermedades cutáneas, muy abundantes por las condiciones del clima, la falta de higiene y una dieta insalubre. Todas ellas caían bajo la categoría religiosa de «impuras», cuyos portadores debían ser alejados de la sociedad. En Israel, como en los pueblos orientales de la antigüedad, la lepra fue una enfermedad endémica muy temida. Todas la decisiones concernientes al diagnóstico de la enfermedad y la posible restauración de la vida social y religiosa de los afectados correspondían al sacerdote, ante quien se debía presentar personalmente aquellos que fueran sospechosos de lepra y aquellos que decían que estaban curados (Lv. 13:2-3).

Levadura. Sustancia agria con un alto grado de fermentación, usada generalmente para hacer pan, añadida a la masa (Éx. 12:15, 19; 13:7). Se necesitaba tiempo para llevar a cabo el proceso a partir de un trozo de masa agriada. Por ello, cuando se tenía que preparar comida a corto plazo, se usaban tortas sin levadura (p. ej. Gn. 18:6; 19:3; Éx. 12:8). Los israelitas tenían prohibido utilizar levadura durante siete días durante la Pascua para que recordaran que el Señor los sacó de Egipto «apresuradamente» (Dt. 16:3; cf. Éx. 12:11); el pan sin levadura, insípido, les debía recordar también sus aflicciones (Éx. 12:34, 39; Dt. 16:3; 1 Co. 5:7, 8), y la necesidad de juicio propio. La levadura estaba prohibida en todas las ofrendas al Señor mediante fuego (Lv. 2:11; 6:17), ya que tenía su origen en la corrupción y podía extenderse a toda la masa de aquello en lo que se mezclaba, y por ello simbolizaba el carácter contaminante del mal. La levadura estaba totalmente fuera de lugar en las ofrendas que tipificaban el sacrificio propiciatorio de Cristo. Las ofrendas de las que se participaba podían tenerla (Éx. 7:13; 23:17).

En el NT se usa metafóricamente para hablar de la doctrina corrompida (Mt. 13:33; Lc. 13:21), del error mezclado con la verdad (Mt. 16:6, 11; Mc. 8:15; Lc. 12:1). La parábola de la levadura, donde el Reino de los cielos es comparado a la levadura (Mt. 13:33), ha sido diversamente interpretada.

Leví (heb. «unido»). Tercer hijo de Jacob con Lea (Gn. 29:34). Su nombre se explica por la exclamación de su madre: «Ahora esta vez se unirá mi marido conmigo, porque le he parido tres hijos: por tanto, llamó su nombre Leví» (Gn. 29:34). El hijo recién nacido serviría de lazo de unión a la pareja. Leví es conocido principalmente por el episodio protagonizado juntamente con Simeón, segundo hijo de Lea, cuando mató a Hamor, a Siquem y a los moradores de la ciudad, para vengar el ultraje perpetrado sobre su hermana Dina (Gn. 34:25-31). Sobre su lecho de muerte, Jacob recordó dolorido el crimen horrendo y cobarde cometido por sus hijos: «Maldito su furor, que fue fiero» (Gn. 49:7). Leví tuvo tres hijos: Gersón, Coat y Merari (Gn. 46:11). Leví murió en

Egipto a la edad de 137 años (Éx. 6:16). Sus descendientes no tuvieron territorio propio, sino que vivieron diseminados por cuarenta y ocho lugares de Palestina. En las bendiciones de Moisés los levitas son considerados la clase sacerdotal por excelencia (Éx. 32:25-29).

Leviatán (heb. «retorcido»). Nombre de un monstruo marino que aparece mencionado en las partes poéticas del AT (Job 3:8; 41:1; Sal. 74:14; 104:26; Is. 27:1), símbolo del caos de las aguas hostiles a la vida. En Job 41:1 parece describir el cocodrilo, relacionado simbólicamente con Egipto (cf. Ez. 29:3-4). Algunos talmudistas refieren el término *Leviatán* a la ballena.

Levirato. Antigua costumbre presente en distintos pueblos orientales, por la que a la muerte de un hombre sin hijos la viuda tenía que ser tomada como esposa por el hermano sobreviviente. El primogénito de los hijos de esta nueva unión debía heredar los bienes y el nombre del fallecido (Dt. 25:5-6). El interesado se podía librar de esta obligación, pero en tal caso debía soportar una reprensión pública, por considerarse un insulto (Dt. 25:7-10); el deber de casarse podía entonces transmitirse a un pariente más lejano (cf. Rt. 4:1-10). Con ello se buscaba mantener la integridad de la familia. El sumo sacerdote parecía estar libre de esta ley (Lv. 21:13).

Levita. Título patronímico que, aparte de designar a los descendientes de la tribu Leví (Éx. 6:25, Lv. 25:32, etc.), es el título específico de los dedicados al trabajo subordinado del cuidado del tabernáculo primero, y del templo después. Los varones de la tribu de Leví tenían que ocuparse del santuario, pero Aarón y sus hijos fueron separados para la función sacerdotal, de carácter hereditario. El cuidado y transporte del tabernáculo y la preparación de todo lo necesario para el servicio sagrado no podían ser encomendados a un solo individuo, ni tampoco a una familia sola. Eran muchas personas las que debían participar en esta honrosa tarea. En la salida de Egipto, cuando los primogénitos de Egipto fueron muertos en la décima plaga, los hebreos tuvieron que poner la sangre en el dintel de las puertas y en los postes en cada casa, a fin de proteger a los primogénitos de los israelitas. Con ello, vinieron a ser propiedad de Yahvé y le fueron así consagrados (Éx. 13:11-16); sin embargo, en lugar de verse al servicio del santuario, los primogénitos de todas las tribus se vieron sustituidos por los levitas (Nm. 8:9-19). La razón de este cambio es que ellos fueron los únicos de Israel que se dieron decididamente al servicio de Yahvé, mostrando su celo por Él, en la ocasión en que el pueblo apóstata se había dado a la adoración del becerro de oro (Éx. 31:26-29; Nm. 3:9, 11-13, 40, 41, 45 ss.; 8:16-18).

En cuanto siervos del culto, los levitas no estaban destinados a vivir de la agricultura y, por lo tanto, carecían de territorio tribal (Gn. 49:5-7; Nm. 18:21; Dt. 10:9; Ez. 48:28), sin embargo se les asignó ciudades especiales que podían servir de lugares de refugio y que debían contar con una franja de pastos (Nm. 35:4, 5) para su rebaños. El sacerdocio estaba reservado a un solo clan levítico, el de Aarón y sus descendientes. Los levitas fueron constituidos siervos de los sacerdotes para asistirles en trabajos subordinados (Nm. 8:19). Los levitas servían en el santuario, pero no podían entrar en contacto directo con el lugar santo, reservado a los sacerdotes (Nm. 4:20). La mayor parte del año los levitas moraban en sus ciudades respectivas, y subían en fechas determinadas a Jerusalén para ejercer sus funciones.

Levítico. Tercer libro de la Biblia, que forma parte del Pentateuco. El nombre en español se deriva de la traducción griega de los Setenta *Leuitikón*, probablemente en virtud del hecho de que el contenido del libro se refiere de manera peculiar a la tribu de Leví. En hebreo se llama por la primera palabra del libro: *Wayyikrá*, «y dijo».

El libro se divide en leyes sobre los sacrificios, a saber, el holocausto y las ofrendas de harina; de paz y de expiación (cap. 1-7); inauguración del culto y consagración de Aarón y de sus hijos al sacerdocio (caps. 8-10); leyes sobre la pureza tocantes a los alimentos impuros, las enfermedades contagiosas, las funciones naturales (caps. 11-15); rito de la fiesta de la expiación (cap. 16); código de santidad, con leyes de diverso género, desde las cultuales hasta las higiénicas, las sexuales, las morales de diversos ámbitos (caps. 17-26); apéndice final (cap. 27).

En cincuenta y seis veces a lo largo de los veintisiete capítulos del texto se atribuye a Moisés la redacción de las palabras que el mismo Dios dirige al pueblo (Lv. 1:1; 4:1; 5:14, 20; 6:1, 12, 17; 7:22, 28, etc.). Así, aparte de dos breves relatos (Lv. 10:1-7; 24:10-14), todo constituye de la manera más directa «Palabra de Yahvé» o descripción del culto que Él prescribió a Moisés. Los estudiosos modernos, sin negar la fundamentación mosaica, hablan de una larga historia redaccional que va desde los primeros años del destierro hasta la mitad del siglo III a.C., fruto de la escuela sacerdotal. Las ordenanzas de Levítico se remontan al Sinaí, donde fueron dadas (Lv. 1:1; 7:38; 26:46; 27:34), en vida de Moisés y Aarón (Lv. 8:1, etc.), antes de la entrada en Canaán (Lv. 14:34; 25:1), en el desierto (Lv. 16:22), mientras Israel vivía en un campamento (Lv. 4:12; 10:4; 24:10), con un solo santuario reconocido, la tienda de reunión (Lv. 1:3, etc.).

Las medidas higiénicas de Lv. 11-15 son notables, tanto por su valor propio como por sus enseñanzas morales. Dios se ocupa del bienestar material y moral del pueblo del AT. La santificación tiene que ir en estrecha correspondencia con la pureza corporal. Es «impuro» todo aquello que es perjudicial para la salud y que conduce a la muerte (tanto en el dominio físico como en el moral). Es de destacar la manera en que se señalan los síntomas de ciertas enfermedades (Lv. 13). Las fuentes de contagio son: los objetos contaminados (Lv. 11:32, 34; 13:47; etc.), las personas enfermas, con etapas contagiosas y no contagiosas (Lv. 13:8, 13, 45-46), los contactos (Lv. 11:24, 26, 32), alimentos dañinos (Lv. 11:40), esputos (Lv. 15:8), los excrementos (Lv. 15:31; Dt. 23:13-14). La desinfección se llevaba a cabo mediante: aguas corrientes (Lv. 14-15), fuego (Lv. 13:52, 55), la rasuración (Lv. 14:8-9), la cuarentena (Lv. 14:8, etc.), el alejamiento (Lv. 14:40-45).

Se prohíben los animales muertos o enfermos (Lv. 11), la carne no fresca (Lv. 7:17-18; 19:6-8), el agua estancada (Lv. 11:34, 36), la sangre (Lv. 7:26-27). Hay en estas leyes y ordenanzas un asombroso ordenamiento escrupulosamente sanitario. Sin embargo, no debemos detenernos aquí. Todas estas normas tienen un profundo significado espiritual y tipológico. Para la fe cristiana, el Levítico es profecía respecto al NT, imagen y sombra de las cosas celestiales, tipo del gran sacrificio de Jesucristo en la cruz (Lv. 8:4; 9:12, 23; 10:1, 11-12). En Lv. 1-7 se presentan los sacrificios en un orden que va de Dios al hombre: el holocausto y la ofrenda de flor de harina consumidos sobre el altar (Lv. 1-2) representan a Cristo totalmente ofrecido a Dios en su vida intachable y en su muerte (cf. Ef. 5:2). El sacrificio de paces ilustra la comunión establecida entre Dios y el hombre sobre esta base. El sacrificio de expiación (por el pecado, Lv. 4-5) enseña que solamente la expiación por la sangre puede permitir al pecador el acceso a tal comunión.

Ley, en heb. *torá*, «dirección, instrucción», traducido al griego por *nómos*, término general y abstracto (p. ej., Ro. 2:12, 13; 3:27; 4:15; Gál. 5:23). Con artículo determinado, «la Ley», se aplica en ocasiones a la totalidad del AT (Jn. 12:34; 1 Co. 14:2), pero más frecuentemente designa Ley de Moisés (Mt. 5:18; Jn. 1:17; Ro. 2:15, 18, 20, 26, 27; 3:19; 4:15; 7:4, 7, 14, 16, 22; 8:3, 4, 7; Gál. 3:10; 5:3; Ef. 2:15; Flp. 3:6; 1 Ti. 1:8; He. 7:19; Stg. 2:9).

La ley, en sentido bíblico de dirección e instrucción, y no únicamente de ordenamiento jurídico, es la forma que toma la Palabra de Dios para plasmar pedagógicamente y de diversas maneras la enseñanza religiosa, moral, cultual, social, higiénica, etc. La ley en Israel tiene la función de regular las relaciones entre Dios y el pueblo y entre los miembros del mismo pueblo entre sí. Como tal es un regalo y el privilegio mayor de Israel (Dt. 8:4). La ley se entiende en el contexto de los actos salvíficos de Dios, la liberación de la esclavitud y la alianza. Presupone, pues, la gracia de la acción liberal de Dios, su voluntad de entrar en comunión con un pueblo al que hace objeto de su elección, y del que, por consiguiente, espera la consiguiente respuesta de un comportamiento adecuado a la vocación recibida de ser el pueblo santo de Dios (cf. Éx. 20:2; Dt. 4-5). Los profetas insistieron en la necesidad de guardar la ley, y las profecías mesiánicas presentan la era prometida como un reino fundado sobre un sólido ordenamiento legislativo, y al mesías, que «proclamará la justicia a las naciones», como un rey encargado de promulgar una ley justa y decisiva (Is. 11:9; 32, 1-4; 42:1-4; 51, 4-5; Jer. 23:3-8). Esta ley de la nueva alianza consistirá sobre todo en un principio interior, derramado en el corazón de los hombres por el Espíritu de Yahavé (Is. 11:1-5; 28:6; 32,15ss.; Jer 31, 32-34; Ez. 11, 19-20; 36, 25-28).

En el NT, Jesús se muestra en continuidad con el profetismo judío, amante de la ley divina, celoso defensor de la misma, sobre todo su cumplimiento final (Mt. 5:17ss.). Jesús muestra el mayor respeto por el decálogo, pero anuncia el doble mandamiento de amor a Dios y al prójimo (Mt. 22:37-40) y la regla de oro (Mt. 7:12) como esencia de la ley. Junto a esta imagen, los Evangelios ofrecen otra complementaria: Jesús es aquel que sustituye la antigua alianza con una nueva y eterna, basada en la predicación del Reino y en su sacrificio de expiación del pecado de alcance universal. A partir de Pascua está en vigor no la Ley de Moisés, sino la de la gracia de Jesucristo (Jn. 1:17). Pablo es el apóstol más decidido en hacer comprender que la antigua ley después de Cristo ya no tiene vigencia para la comunidad creyente, en cuanto era imperfecta para cambiar los corazones; la Ley de Moisés desempeñó una función pedagógica hasta la venida de Cristo (Gál. 3:24). Para él no cabe duda de que el cristiano ha muerto a la Ley (Ro. 7:4) y ésta no puede enseñorearse de él (Ro. 7:1-6). En la muerte de Cristo no solamente se trata de que Él llevara el castigo del culpable, sino de que los culpables se identifican con Él en su muerte, con lo que la ley cumple su cometido, su ministerio de muerte, muriendo mediante la fe el culpable juntamente con Cristo (Ro. 6:6-7). A partir de ese momento el creyente entra en una nueva esfera en la que, por la gracia y por el poder del Espíritu disfruta de una nueva naturaleza gracias a la cual puede vivir conforme a la voluntad de Dios (Ro. 6:8-23; Gál. 3:1-4:7). En la esfera de la gracia, ya no rige el principio: «Haced estas cosas, y viviréis», sino: «Como es digno de la vocación con que fuisteis llamados» (Ef. 4:1). Las obras del hombre son ahora fruto del Espíritu Santo que habita en el corazón del hombre redimido, muerto al pecado y vivo para Dios (cf. Ef. 2:10; Ro. 6:11-14). El cristianismo tiene su verdadero poder en la muerte y resurrección de Cristo (Gál. 5:18). Cristo es ahora su norma y su senda, su vida (Col. 1:10; 2:6; Gál. 2:20; Flp. 1:21).

Libación (heb. «derramar», «verter»). En tiempos primitivos se mencionan libaciones mezcladas con aceite: «Jacob erigió una piedra en el lugar donde Dios había hablado con él, una piedra memorial. Sobre ella derramó una libación, y echó sobre ella aceite» (Gn. 28:18; 35:14). Las libaciones se derramaban sobre la vícitima del sacrificio una vez muerta; sus diversas partes eran colocadas sobre el altar y consumidas por el fuego (Lv. 6:20; 8:25, 26; 9:4; 16:12, 20).

Una clase de libación según el ritual levítico consistía en la libación de vino (Nm. 15:5; Os. 9:4). La ofrenda de vino iba generalmente acompañada de comida (Nm. 6:15, 17; 2 R. 16:13; Jl. 1:9,13; 2:14). En tiempos del Tabernáculo, una parte de la libación se derramaba sobre el fuego, y con el resto se rociaba el altar en derredor; posteriormente toda la ofrenda se derramaba al pie del altar (Eclo. 50:5). En el NT San Pablo recurre con frecuencia a la imaginería sacrificial de su época. P. ej., se describe a sí mismo como una víctima pronta a ser sacrificada (2 Ti. 4:6). Ante los filipenses se representa como la «libación» que es derramada sobre el sacrificio de la fe de los creyentes (Flp. 2:17).

Líbano («blanco»). Cadena montañosa situada en Siria, de montes nevados (Jer. 18:14), de la que parten en todas direcciones sierras menos elevadas (Os. 14:5). Sus valles debían su gran fertilidad a sus numerosos cursos de agua. La zona baja estaba cubierta de viñedos (Os. 14:6, 7), pero los montes mismos eran famosos por sus bosques de gigantescos cedros. Abundaban también los cipreses y los enebros (1 R. 56:10; 2 R. 19:23; Is. 40:16; 60:13; Zac. 11:1). Leones, leopardos, lobos, chacales, osos y panteras infestaban estos bosques (2 R. 14:9; Cnt. 4:8, Hab. 2:17). Los árboles abatidos proveían maderos para la construcción de palacios y edificios religiosos. Salomón los hacía transportar por mar, en balsas, para el Templo de Jerusalén (2 Cro. 2:8-9, 16). Los fenicios también los suministraron para la reconstrucción del Templo después del retorno de judíos del exilio babilónico (Ez. 27:5; Esd. 3:7). El rey de Asiria tomó de esta madera para sus máquinas de guerra (Is. 14:8; 37:24; Ez. 31:16), y los egipcios se sirvieron también en abundancia de esta madera. Así es como aquellos magníficos bosques de cedro se convirtieron en algunos bosquecillos.

Notable por su grandeza y por la hermosura de sus paisajes, el Líbano suministró frecuentemente imágenes notables a los escritores sagrados (Sal. 72:16; 104:16-18; Cnt. 4:15; Is. 2:13; 35:2; 60:13; Os. 14:5). Con frecuencia simboliza aquello que es fuerte y magnífico (Is. 10:34; 29:17; Jer. 22:6, 23; Hab. 2:17).

El Líbano constituía el límite noroccidental de la Tierra Prometida (Dt. 1:7; 11:24; Jos. 1:4; 11:17; 12:7; 13:5). Es de formación calcárea, y se compone de dos cadenas paralelas que se extienden de norte a sur, separadas por el valle del Litani y del Orontes. En la época del Imperio griego, el nombre Líbano sólo designaba la cadena más occidental; la cadena oriental recibía el de Antilíbano; distinción que subsiste en la actualidad. El valle intermedio recibe el nombre actual de Bekaa. Cerca se hallan las importantes ruinas de Baalbek. El Líbano empieza a unos 24 km al sureste de Sidón, y se prolonga hasta 20 km al norte-noroeste de Homs-Trípoli, con una longitud total de algo más de 160 km. El pico más elevado del Líbano es Jebel Makmal (3.048 m), en su extremo norte; la cumbre más elevada del Antilíbano es el Hermón, al sur (2.759 m). Sobre el Líbano, al sur, se levanta el gran cono truncado del Jebel Sannin (2.608 m).

Libertos, Sinagoga de los. Probablemente lugar de reunión de los judíos descendientes de los que habían sido capturados por los romanos durante la guerra con Pompeyo y otros generales, llevados a Roma y libertados después, muchos de los cuales regresarían a Jerusalén. Formaban con los cirenenses y alejandrinos una unión sinagogal, quizá con sinagoga propia, a la que parece referirse la inscripción griega hallada por R. Weil sobre el Ofel en los años 1913-14. Según los autores judíos, en Jerusalén había 480 sinagogas en total, y sería extraño pensar que no había ni una siquiera para la población judía procedente de las ciudades mencionadas, donde sumaban un número importante, según Josefo.

Libia. Nombre de la costa africana del mar Rojo. El mismo distrito recibe el nombre de Lubini en Nah. 3:9 (cf. Gn. 10:13). Libia era para Egipto el desierto de occidente, que va desde el Mediterráneo hasta Etiopía. Se supone que los libios eran descendientes de Fut, hijo de Cam (Gn. 10:6; 1 Cro. 1:8; Is. 66:19). Aliados de Egipto, formaron parte de su ejército como fuerzas mercenarias. Los libios son representados en los monumentos egipcios como hombres de tez clara, cabello y barba rubios y ojos azules. Algunos peregrinos judíos procedentes de Libia estaban presentes en Jerusalén durante la fiesta de Pentecostés cuando oyeron en su propia lengua el discurso del apóstol Pedro (Hch. 2:10).

Libna (heb. «blancura»). Ciudad real cananea entre Maceda y Laquis, tomada por Josué, sus habitantes fueron totalmente destruidos (Jos. 10:29-32, 39). Fue asignada a Judá, y más tarde a los sacerdotes (Jos. 21:13; 1 Cro. 6:57). Se rebeló contra el rey Joram (2 R. 8:22; 2 Cro. 21:10). Después fue sitiada por Senaquerib en tiempo del rey Ezequías (2 R. 19:8; Is. 37:8), pero no parece que fuera tomada. Se dice que en ella murieron 180.000 soldados asirios. De Libna era natural Hamutal, madre del rey Joacaz (2 R. 23:31) y Sedequías (24:18; Jer. 52:1). Su localización más probable es Tell Bornath, a unos 3 km al noroeste de Eleuterópolis (Beit Djibrin). También se ha propuesto Tell es-Sãfi.

Libra. Unidad romana de peso, equivalente aproximadamente a 326 gramos. Aparece dos veces en el Evangelio de Juan, una con ocasión de la unción de Jesús por parte de María en Betania (Jn. 12:3); y otra en relación a la sepultura de Jesús, para la que llevó Nicodemo «unas cien libras de mirra y áloe» (Jn. 19:39), es decir, unos 32 kg de perfume.

Libro de las batallas de Yahvé. Documento citado en Nm. 21:14. Prob. se trataba de una colección de poemas y cánticos triunfales que celebraban las victorias conseguidas por los israelitas con la ayuda de Dios, usado por Moisés en la redacción de sus escritos.

Licaonia. Región de Asia Menor, situada entre Cilicia y la cordillera del Tauro por el sur, con Galacia por el norte y Capadocia al este y Pisidia y Frigia al oeste. Se trata de una meseta elevada, accidentada, casi totalmente desértica, un clima muy extremado y una población principalmente nómada y dedicada al pastoreo, que constituía su principal fuente de riqueza. Sus habitantes opusieron una fiera resistencia y no fueron subyugados por el poder persa. En tiempos del NT formaban una provincia romana. Su lenguaje, probablemente, una mezcla de griego y siríaco, se hablaba todavía cuando Pablo la visitó, predicando en tres ciudades de Licaonia: Iconio, Derbe y Listra (Hch. 13:51-14:23, esp. v. 11 y 16:1-2).

Licia. Provincia de Asia Menor, penetra en el Mediterráneo por el sur; limita al norte con Caria, Frigia, Pisidia y Panfilia, con la que formaba una provincia romana desde el año 43 d.C. Pablo, al dirigirse por última vez a Jerusalén, se embarcó en una nave que tocó la isla de Rodas y que tocó Pátara, puerto de Licia, no lejos de la desembocadura del Xantis. Fue la primera vez que el apóstol pisó tierra licia. Es muy posible que Pablo y sus compañeros aprovechasen alguna ocasión de intercambio comercial para dejar el barco de cabotaje que les había transportado de Alejandría de Tróade hasta Pátara y embarcar en alguna nave fenicia rumbo a Tiro (Hch. 21:1, 2). Más tarde, dirigiéndose a Roma, Pablo desembarcó en Mira, otra ciudad de Licia; allí fue embarcado en una nave alejandrina que iba rumbo a Italia (Hch. 27:5, 6).

Lida, forma griega del heb. *Lod*, «lucha». Localidad a 18 km al sureste de Jope (Hch. 9:39). Poco antes del año 153 a.C., la ciudad y su territorio tenían un gobierno particular, y estaban adscritas a Samaria; en el año 145 a.C., este territorio fue reintegrado en Judea (1 Mac. 11:34; cf. 28; 10:30, 38).
El evangelio se implantó allí ya desde el principio. El apóstol Pedro, de paso por Lida, sanó a Eneas, el paralítico. Esta curación desencadenó un gran número de conversiones (Hch. 9:33-35). Ver LOD.

Lidia. Mujer natural de Tiatira, ciudad del distrito de la Lidia, convertida por el apóstol Pablo en Filipos, en el Asia proconsular. Tiatira era famosa por su industria de tintes de púrpura y Lidia vivía en Filipos dedicada a la venta de los tintes o los tejidos teñidos de este color. De origen pagano era prosélita del judaísmo, pues se dice que «adoraba a Dios». Al oír el evangelio, el Señor abrió su corazón, y fue la primera convertida al evangelio en Macedonia y Europa, gracias a la predicación de Pablo (Hch. 16:13). El apóstol y sus compañeros en la obra aceptaron posar en su casa. Cuando Pablo y Silas salieron de la cárcel, donde habían sido encerrados a causa de una turbamulta provocada por su testimonio, volvieron a casa de Lidia (Hch. 16:14, 15, 40), de donde se deduce que era una persona de considerable riqueza, pues el término «casa» hace referencia no sólo a hogar, sino también a siervos y esclavos. Intrépida a la vez, mantuvo la amistad con Pablo y los misioneros cristianos cuando éstos fueron objeto de persecución. No es posible afirmar si era una de esas mujeres que trabajaron con Pablo en Filipos (Flp. 4:3), solamente que en lo sucesivo Pablo estuvo dispuesto a aceptar donativos para su sustento personal de parte de la comunidad de Filipos (Filp. 4:15-18).

Lidia, país. Región marítima del occidente de Asia Menor; su capital era Sardis. Las ciudades de Tiatira y Filadelfia pertenecían a Lidia. Era una región fértil, de clima suave, y muy poblada. Sus habitantes tenían unas costumbres de tipo semítico, y su religión estaba asociada a los cultos sirio y frigio. En el año 549 a.C., Ciro derrotó a Creso, el último rey de Lidia, e hizo de ella una provincia persa. En el 334 a.C. pasó a ser uno de los países sometidos a Alejandro Magno. Desde la muerte de éste hasta el año 190 a.C. estuvo en poder de los seleúcidas, cuando Antíoco III fue derrotado en la batalla de Magnesia y pasó a formar parte del reino de Pérgano. El año 133 a.C. Lidia formará parte, junto con Misia, Frigia y Caria, del Imperio romano (cf. 1 Mac. 8:8), no recuperando su independencia hasta la época de Diocleciano.

Había numerosos judíos en la región, los cristianos fundaron iglesias allí, tres de las siete iglesias del Apocalipsis estaban dentro de su territorio (Ap. 1:4, 11; 2:1-2; 18-29; 3:1-13). La primera carta de Pedro enviada a la provincia de Asia incluía también Lidia (1 P. 1:1).

Lilit (heb. «espectro nocturno»). Nombre que aparece en el texto masorético solamente una vez en el libro del profeta Isaías en un pasaje donde el profeta describe la desolación que sobrevendrá a Edom (Is. 34:14). El autor sagrado menciona toda una serie de seres que en la mentalidad popular viven en la soledad. Allí aparecen los sátiros (LXX) y los gatos salvajes, y también Lilit, que en la demonología babilónica es «el demonio femenino de la noche». El folklore judío tardío creó en torno a esta figura varias leyendas fantásticas. Lilit es la primera mujer, creada antes que Eva, al mismo tiempo que Adán, y no de su costilla, sino de la propia tierra, concretamente de inmundicia y sedimento en lugar de «polvo puro». De la unión de Adán con Lilit nacieron Asmodeo y los innumerables demonios que todavía atormentan a la humanidad. Los escritos de Qumrán identifican a Lilit con la diosa asirobabilónica de la lujuria.

Limosna. Este término no se halla en la Biblia hebrea, en cambio, es frecuente en los libros deuterocanónicos Tobías y Eclesiástico, y en el NT, su significado es más amplio que dar limosna, tiene que ver con la «justicia» y «misericordia» manifiesta en los hechos prácticos de socorrer a los necesitados y a los pobres (Mt. 6:1-4; Lc. 11:41; 12:23; Hch. 3:2, 3, 10; 10:2, 4, 31; 24:17). El término hebreo equivalente es *tsedacá*, «rectitud», «justicia». Job 29:12-13 muestra que el acto de dar limosnas ya se conocía desde la más remota antigüedad. La Ley de Moisés decía de manera formal: «Porque no faltaron menesterosos en medio de la tierra; por eso yo te mando, diciendo: Abrirás tu mano a tu hermano, al pobre y al menesteroso en tu tierra» (Dt. 15:11). A los pobres se les tenía que dejar el rebusco después de la siega y de la recogida de los frutos (Lv. 23:22; Dt. 24:19-21). Cada tres años les era dado el diezmo a ellos (Dt. 14:28, 29), lo mismo que el producto de la tierra durante el séptimo año, o año sabático (Éx. 23:11). En los banquetes de las fiestas anuales, se tenía que invitar al pobre, al extraño, al huérfano, a la viuda y al levita (Dt. 16:11-14). Estos actos de amor

práctico formaban parte de la «justicia» del verdadero israelita (Dt. 24:13; Prov. 10:2). Es muy natural que la distribución de limosnas viniera a ser considerada como una virtud, y su ausencia como un grave pecado (Ez. 18:7; Prov. 19:17; Is. 58:6-7).
En el NT, Jesús recomienda dar limosna con discreción, y no «para ser alabado de los hombres» (Mt. 6:2-4). La actitud del dador tiene más importancia que el valor material del don (Mc. 12:41-44). El verdadero cristiano no puede negarse a ayudar a los indigentes (Lc. 3:10, 11; 6:30; 12:33; 14:13-14; 18:22; Mt. 25:35-46). Los primeros cristianos llevaban a cabo distribuciones entre los necesitados entre ellos (Hch. 2:45; 4:34-35; 6:1) hasta tal punto que se tuvo que llegar al nombramiento de diáconos para supervisar esta actividad (Hch. 6:2-3). Tabita hacía muchas buenas obras y limosnas (Hch. 9:36), al igual que Cornelio (Hch. 10:2, 4). En cuanto a los apóstoles, ellos no cesaban de practicar y recomendar la acción de compartir de lo propio (cf. Hch. 11:29; 20:34-35; Ro. 12:8, 13; 15:26-27; 1 Co. 16:1-3; 2 Co. 8:1-4, 13; 9:6-15; Ef. 4:28; 1 Ti. 6:18; He. 13:16).

Limpio. Desde el pecado de Adán y Eva nadie puede decir que esté «limpio» ante la presencia de Dios (Prov. 20:9), por eso la ley abunda en ritos de purificación antes de entrar en su presencia para el culto. También los animales se clasificaban entre limpios e inmundos (Gn. 7:2); los primeros eran considerados propios para el sacrificio ritual y la alimentación (Lc. 11:15; Dt. 14). La carne de los animales limpios podía ser impura en ciertos casos (Lv. 17:10-16). Por regla general se determinaba qué animales eran limpios basándose en su pezuña hendida y, en el caso de los acuáticos, en sus aletas y escamas (Lv. 11:9). De las aves se hizo una lista específica de las que estaban prohibidas. Los que no tenían estas características fueron declarados impuros o inmundos.

Lino. Cristiano de Roma saludado por el apóstol Pablo en su carta a Timoteo (2 Ti. 4:21). Nada más sabemos de él por el NT. La tradición asegura que fue el primer obispo de Roma después del martirio de Pedro y Pablo (Ireneo, *Adv. Haeres*. 3, 3).

Lirio. Flor natural de Siria, de la que varias especies crecen en los campos y valles de Israel. Un tipo de gran belleza crece cerca de las aguas de Merom, y recibe el nombre de lirio del Huleh. Los capiteles que estaban sobre las columnas en el pórtico del Templo de Salomón tenían forma de lirios, y el borde de la fuente de bronce fundido tenía forma de un cáliz o de una flor de lirio (1 R. 7:19-26; 2 Cro. 4:5).

Es muy probable que se tratara del lirio de Egipto, debido a la procedencia de su arquitecto, Hiram. En Cantares la esposa se califica a sí misma como «la rosa de Sarón, y el lirio de los valles», a lo que el esposo replica: «Como el lirio entre los espinos, así es mi amiga entre las doncellas» (Cnt. 2:1, 2). En los Evangelios, Jesús alaba los lirios por su belleza, que excede a toda la gloria de Salomón (Mt. 6:28; Lc. 12:27).

Lisanias. Tetrarca de Abiline, al occidente de Damasco y en el extremo límite septentrional, mencionado en el Evangelio en relación al comienzo de la predicación de Juan Bautista (Lc. 3:1). El evangelista ofrece la fecha del año 15 de Tiberio, que pudiera ser el 27-28 d.C.

Lisias. General sirio de sangre real al servicio de los seleúcidas. Intervino en la guerra contra los macabeos, Antíoco Epífanes le ordenó exterminar a los judíos y establecer colonias de extranjeros en su lugar. Pero Lisias, junto a otros generales, fue derrotado por los hombres de Judas Macabeo cerca de Emaús (1 Mac. 3:38-4:18; Josefo, *Ant*. 12, 7, 3, 4). En el año siguiente, 165 a.C., Lisias invadió de nuevo Judea, pero volvió a ser derrotado por Judas (1 Mac. 4:28-61; *Ant*. 12, 7, 5-7). Dos años después hizo un nuevo intento, esta vez reforzado por trescientos carros de combate y un buen número de elefantes, sitió Jerusalén, pero tuvo que regresar a Siria para impedir que Filipo le suplantase delante de la corte. Finalmente, Lisias murió a manos de su propio ejército por orden de Demetrio Sóter (1 Mac. 6-7; 2 Mac. 13-14:2).

Lisias, Claudio. Quiliarca o «capitán en jefe» de las tropas romanas mandadas a Jerusalén durante la última parte del gobierno de Félix, y encargado de la cohorte que guardaba la torre Antonia. Cuando los judíos se amotinaron contra san Pablo para matarle, mandó unos soldados para que lo rescataran del furor del pueblo (Hch. 21:31-38; 22:24-30; 23:17-30; 24:7, 22).

Lisímaco. Nombre griego frecuente, correspondiente a dos personajes de la historia judía.

1. Hijo de Ptolomeo de Jerusalén, autor de la versión griega del libro de Ester y de sus apéndices, prob. el conservado en la traducción de los LXX (Est. 11:1).
2. Hermano del sumo sacerdote Menelao, a quien Antíoco IV Epífanes nombró para ese cargo. Cometió varios robos sacrílegos con el con-

sentimiento de su hermano, lo que provocó la reacción indignada del pueblo, que se levantó contra él y lo mató (2 Mac. 4:29, 39).

Listra. Ciudad de Licaonia (Asia Menor), situada a unos 28 km al suroeste de Iconio. Pablo sanó allí milagrosamente a un paralítico, entonces los habitantes de la ciudad quisieron ofrecer al apóstol un homenaje como si fuera un dios, con sacrificios incluidos. Bernabé fue asimilado a Zeus y Pablo a Hermes, el dios de la palabra. Los misioneros cristianos se negaron con vehemencia, entonces Pablo fue lapidado a instigación de unos judíos de Antioquía, dejándole por muerto (Hch. 14:6, 19; 2 Ti. 3:11). Al día siguiente marchó con Bernabé a Derbe. De Listra era Timoteo, a quien Pablo tomó como compañero en el segundo viaje misionero, y quien prob. había presenciado el sufrimiento y valor del apóstol, cuyo testimonio le llevaría la conversión (Hch. 16:1, 2).

Llave. En el antiguo Oriente era una pieza de madera que servía para levantar o mover la barra que cerraba la puerta por detrás (Jue. 3:25; 1 Cro. 9:27). La llave no se giraba. Se ponía en la cintura o, en ocasiones, debido a su gran tamaño, se cargaba sobre el hombro. Podían medir de 15 a 60 cm de longitud (cf. Is. 22:22). La «llave» se usa metafóricamente para denotar la autoridad de abrir y cerrar y como símbolo de poder y gobierno, que pervive en nuestros días, cuando se habla de hacer entrega de las llaves de la ciudad a una persona distinguida. De Jesucristo se dice que «tiene la llave de David, el que abre y nadie cierra, y cierra y nadie abre» (Ap. 3:7), imagen tomada de Is. 22:22, hablando de la deposición de Sebna y de la investidura de Eliaquim, en términos evidentemente mesiánicos, la mención de David es simbólica de soberanía total.

Tener «las llaves del Hades y de la muerte» (Ap. 1:18) es la máxima expresión de poder, pues indica la autoridad del Señor sobre los enemigos supremos del hombre. La «llave del pozo del abismo» (Ap. 9:1) simboliza la autoridad sobre la entrada profunda a esa región, de donde sale humo, símbolo de engaño cegador; la «llave del abismo» mismo (Ap. 20:1) denota la total supremacía de Dios sobre la región de los perdidos y donde Satanás está destinado a quedar encerrado durante mil años.

A Pedro le fueron dadas «las llaves del reino de los cielos» (Mt. 16:19), función que cumplió abriéndolo a los judíos (Hch. 2) y a los gentiles (Hch. 10). El Señor acusó a los doctores de la ley de quitar la «llave de la ciencia», esto es, del conocimiento de la voluntad revelada de Dios, (Lc. 11:52), debido a sus tradiciones por las que ni entraban ellos ni permitían que entrasen sus oyentes.

Lo-Ammi (heb. «no mi pueblo»). Nombre simbólico dado por el profeta Oseas a su segunda esposa por indicación divina, como una señal del rechazo de Yahvé y la subsiguiente restauración de su pueblo, aludiendo a la cautividad babilónica (Os. 1:9; 2:23; cf. 2:1).

Lobo. Mamífero carnicero muy abundante en las épocas primitivas, todavía numeroso en Asia Menor. En Siria poblaba en particular los montes y bosques del Líbano. Se han encontrado lobos momificados en Licópolis (Egipto). El lobo palestino es un poco menor que el europeo o asiático, no puede arrastrar un carnero ni matar a una persona. Se trata de una variedad de la especie europea, el *canis lupus*. En la Biblia es descrito como un animal carnívoro, salvaje y feroz (Gn. 49:27; Is. 11:6; Ez. 22:27; Mt. 7:15), de hábitos nocturnos, duerme de día y merodea durante la noche (Jer. 5, 6; Sof. 3:3; Hab. 1:8). Isaías predice que en el reino mesiánico el lobo se acostará junto al cordero (Is. 11:6; 65:25), metáfora de la paz universal y cósmica que dominará en todos los reinos del ser.

Loco. Persona demente que actúa como fuera de sí, privada de juicio y de uso de razón. Los trastornos mentales se presentaban y eran reconocidos como tales entre los antiguos hebreos y los pueblos de alrededor. La exaltación de ánimo producida por algún afecto u acontecimiento, gr. *manía,* era tenida en gran respeto entre los antiguos, con una nota casi sagrada, por atribuir su misma excentricidad a la inspiración de los dioses. Algunos profetas hebreos distinguen claramente entre inspiración y locura, p. ej. Os. 9:7. La locura puede ser un castigo enviado por Dios para confundir la soberbia humana (Dt. 28:28; Is. 44:25; cf. Jer. 25:16; 51:7). Para el monoteísmo judío la locura no podía ser sino obra del demonio, como se aprecia en el reproche lanzado contra Jesús: «Demonio tiene y está fuera de sí» (Jn. 10:20). Los «ataques de locura» eran proverbiales (Prov. 26:18). En una ocasión el rey David fingió estar loco para salvar su vida (1 Sam. 21:13-15).

Lod. Antigua ciudad cananea, a unos 18 km al sudeste de Jope, que fue fortificada y ocupada por los descendientes de Benjamín (1 Cro. 8:12). Al estar situada en el camino de Jerusalén a Jope tuvo cierta prosperidad. Unos 725 habitantes de allí regresaron del exilio en tiempos de Esdras (Esd. 2:33; Neh. 7:37; 11:35). En el NT se le conoce como Lida (Hch. 9:32-33).

Lodebar (heb. «sin pastos»). Localidad de Galaad (Jordania), patria de Maqir, hijo de Amiel, en cuya casa estuvo Mefiboset (2 Sam. 9:4, 5;

17:27). Es probable que se trate de Debir o Lidbir (Jos. 13:26). Identificada prob. con Umm y Dabar, al sur del wadi el-'Arab, al este del Jordán.

Log. Medida para líquidos, que equivale a alrededor de medio litro. Era la medida de capacidad más pequeña entre los hebreos (Lv. 14:10, 12, 15, 21, 24).

Logos (gr. «verbo», «palabra», «razón»). Término utilizado por el Evangelio de Juan para designar a Jesús como la encarnación de «el Logos» divino (Jn. 1:1-18; cf. Ap. 19:13). Las raíces culturales y religiosas de este término se encuentran en la cultura griega y en la tradición judeohelenística. La teoría del *logos* aparece por vez primera en Heráclito (siglo VI a.C.). Antes de la redacción actual del cuarto Evangelio ya se había creado en la comunidad cristiana el himno en el que se habla del Logos divino mediador de la creación y hecho carne. En las cartas de san Pablo la teología del *Logos* deja sentir su influencia, p. ej. cuando llama a Cristo «fuerza de Dios y sabiduría de Dios» (1 Co. 1:24) e «imagen de Dios» (2 Co. 4:4). Con la asunción de la categoría *Logos*, la comunidad cristiana hizo suyo, sin duda alguna, un concepto que había surgido en el contexto cultural helenista, pero encuadrado ya en una perspectiva filosófico-religiosa por Filón y cargado de aspectos sapienciales de la especulación religiosa judía. Al confesar la realidad divina del *Logos* y al afirmar que ha puesto su morada entre los hombres, el cristianismo dio al concepto un valor substancialmente distinto del que tenía en la especulación de la época. Para san Juan el *Logos* aparece a la entera luz de una personalidad concreta y viviente; es el Hijo de Dios, el Mesías, Jesús de Nazaret.

Loida. Piadosa mujer judía, abuela de Timoteo, no por parte del padre, que era griego, sino de la madre, por eso la versión siriaca traduce «madre de la madre». El apóstol Pablo la alaba por su fe (2 Ti. 1:5).

Lo-Ruhama. (heb. «no compadecida»). Nombre simbólico que Dios ordenó que se le pusiera a la hija de Oseas, para significar que nunca más se compadecería de la casa de Israel (Os. 1:6).

Lot (heb. «cubierto», «escondido»). Hijo de Harán, el hermano de Abraham, y nieto de Taré, padre de Abraham, todos ellos naturales de Ur, cerca de Babilonia; acompañó a su tío desde Mesopotamia a Canaán (Gn. 11:31; 12:5). Lot estuvo entre los que Taré sacó de Ur de los caldeos, para ir a la tierra de Canaán. Cuando Taré murió en Harán, Lot continuó el viaje con Abraham (Gn. 11:27-31). Dueños de grandes rebaños, los pastores de ambos empezaron a querellarse por los pastos y el agua. Abraham le aconsejó que sería mejor tomar rumbos separados y lo invitó a que eligiera los pastos que quisiera. Lot eligió el fértil valle del Jordán, y fue plantando sus tiendas más y más cerca de Sodoma, hasta que finalmente pasó a residir allí. Durante la campaña de Quedorlaomer y de sus aliados contra las cinco ciudades «sobre el Jordán», incluso Sodoma, Lot fue hecho prisionero. Debió su liberación al valor y habilidad de Abraham (Gn. 13:2-14:16).

Dos ángeles le fueron enviados para advertirle de la destrucción de Sodoma. Esa misma noche los habitantes de la ciudad manifestaron su degradación faltando a las leyes sobre la hospitalidad exigiendo a Lot que les entregara a sus dos invitados para viles propósitos (Gn. 19:4, 5). Lot intercedió en nombre de sus huéspedes de acuerdo con sus deberes de anfitrión, muy sagrados en Oriente. Entonces les ofreció a sus dos hijas para los perversos planes de los sodomitas. Éstos se negaron a la substitución, y como estaban a punto de infligir violencia a Lot, los dos ángeles intervinieron, introdujeron a Lot en su casa y ocasionaron una ceguera a los hombres de afuera, impidiéndoles así encontrar la puerta de la casa. Luego los ángeles aconsejaron a Lot que dejara la ciudad de inmediato, llevando a su familia y sus pertenencias. Sus futuros yernos se negaron a creer a Lot, por lo que éste abandonó la ciudad con su mujer y sus dos hijas. En la huida, su mujer, al volverse a mirar la ciudad, fue atrapada en el diluvio de fuego y quedó convertida en una estatua de sal. Lot huyó con sus dos hijas hacia las montañas, donde habitaron en una cueva (Gn. 19:6-29).

Lo siguiente que se sabe de la vida de este patriarca está relacionado con el intercambio incestuoso con sus dos hijas. El resultado fue el nacimiento de Moab y Amón, padres de los futuros y más enconados enemigos de Israel (Gn. 19:31-38). Este último suceso cierra la historia de Lot. Su nombre, sin embargo, aparece de nuevo en la expresión «los hijos de Lot», significando a los moabitas (Dt. 2:9), y a los amonitas (Dt. 2:19), y a ambos (Sal. 83:8). En el NT Cristo se refiere a la destrucción de Sodoma «en los días de Lot» (Lc. 17:28, 29). También se habla de la salvación del «justo Lot» (2 P. 2:6-8). Sobre la mujer de Lot se habla en Sab. 10:8 y Lc. 17:32, como una advertencia sobre no volver atrás una vez iniciado el camino de la salvación.

Lucas. Autor del tercer Evangelio y de los Hechos de los Apóstoles, según una consagrada tradición del siglo II; amigo, colaborador y compañero de Pablo durante su encarcelamiento en Roma (Flm. 24), sin duda es el «médico amado», asociado con Demas, que une sus saludos a los del apóstol Pablo en las epístolas escritas desde Roma a la iglesia en Colosas (Col. 4:14) y a Filemón (Flm. 24). De Lucas sólo sabemos lo que podemos deducir de las pocas notas autobiográficas de sus escritos y de las cartas de Pablo. Una tradición muy antigua y plausible sostiene que Lucas era natural de Antioquía de Siria (cf. Eusebio, *Hist. Eccl.* III, 4, 6). De hecho, el autor de los Hechos conocía a fondo la iglesia de Antioquía y tenía un interés especial por ella (Hch. 6:5; 11:19-27; 14:18-21, 25; 15:22, 23, 30, 35; 18:22).

Lucas no era judío, sino gentil. San Pablo lo separa de los de la circuncisión (Col. 4:11-14), y su estilo literario prueba que era griego. De ahí que no se le pueda identificar con Lucio el profeta de Hch. 13:1, ni con el Lucio de Ro. 16:21. No era, como creía Epifanio, uno de los setenta discípulos; ni era, como afirmaban otros, el compañero de Cleofás en el viaje a Emaús tras la resurrección de Cristo. San Lucas tenía un gran conocimiento de la versión griega de los Setenta y de las cosas judías, que adquirió o bien como prosélito judío (san Jerónimo) o bien después de hacerse cristiano, a través de sus estrechas relaciones con los apóstoles y discípulos. El estilo y el lenguaje de su lengua griega son de los más elevados del NT; y el universalismo de la salvación constituye en sus escritos un dato central.

Era médico de profesión, lo que implicaba una educación liberal. Su formación médica se evidencia por su preferencia por el lenguaje médico. Plummer sugiere que pudo haber estudiado en la famosa escuela de Tarso, rival de Alejandría y Atenas, y posiblemente conoció allí a San Pablo. De su íntimo conocimiento del Mediterráneo oriental, se ha conjeturado que había acumulado experiencia como médico a bordo de un barco. Es interesante observar la diferencia existente entre su relato y el de Marcos, acerca de la mujer enferma con flujo de sangre (Lc. 8:43; Mc. 5:26). Lucas diagnostica la enfermedad como incurable, en tanto que Marcos subraya la impotencia de los médicos.

San Lucas aparece por primera vez en los Hechos en Tróade (16:8ss.), donde se reúne con San Pablo, y, tras la visión, cruza con él a Europa como evangelista, desembarcando en Neápolis y continuando a Filipos, «persuadidos de que Dios nos había llamado para evangelizarles» (v. 10, se da aquí una transición a la primera persona del plural), lo que da a entender que era parte de los evangelistas. Estaba presente en la conversión de Lidia y sus compañeros, y se alojó en su casa. Junto con San Pablo y sus compañeros, fue reconocido por el espíritu pitón: «Nos seguía a Pablo y a nosotros gritando: Estos hombres son siervos del Dios Altísimo, que os anuncian un camino de salvación» (v. 17). Vio a Pablo y Silas detenidos, arrastrados ante los magistrados romanos, acusados de alborotar la ciudad, «siendo judíos», azotados con

varas y echados a prisión. Lucas y Timoteo escaparon, probablemente porque no parecían judíos (el padre de Timoteo era gentil).
Cuando Pablo partió de Filipos, Lucas se quedó, con toda probabilidad para continuar el trabajo de evangelista. En Tesalónica el apóstol recibió ayuda pecuniaria muy apreciada de Filipos (Flp. 4:15, 16), sin duda por los buenos oficios de Lucas. No es improbable que éste permaneciera en Filipos todo el tiempo que Pablo estuvo predicando en Atenas y Corinto, y mientras viajaba a Jerusalén y de vuelta a Éfeso, y durante los tres años en los que el apóstol estuvo ocupado en Éfeso. Cuando Pablo volvió a Macedonia, se reunió de nuevo con Lucas en Filipos, y allí escribió su Segunda Epístola a los Corintios. San Jerónimo cree que es muy probable que San Lucas sea «el hermano, cuyo renombre a causa del Evangelio se ha extendido por todas las Iglesias» (2 Co. 8:18), y que fue uno de los portadores de la carta a Corinto. Poco después, cuando San Pablo volvió de Grecia, Lucas le acompañó de Filipos a Tróade, y con él hizo el largo viaje por la costa descrito en Hechos 20. Subió a Jerusalén, estuvo presente en el tumulto, vio el ataque al apóstol, y le oyó hablar «en lengua hebrea» desde la escalera exterior de la fortaleza Antonia a la silenciosa multitud. Luego contempló a los enfurecidos judíos, en su impotente rabia, agitando sus vestidos, vociferando, y arrojando polvo al aire. Podemos estar seguros de que fue un visitante constante de San Pablo durante los dos años de prisión de éste en Cesarea. En ese período pudo muy bien familiarizarse con las circunstancias de la muerte de Herodes Agripa I, quien había muerto allí «comido por los gusanos» y prob. debió informarse mejor del asunto que Josefo.
Cuando Pablo apeló al César, Lucas y Aristarco le acompañaron desde Cesarea, y estuvieron con él durante el tempestuoso viaje de Creta a Malta. De allí continuaron hasta Roma, donde, durante los dos años en que San Pablo estuvo en prisión, Lucas estuvo frecuentemente a su lado, aunque no continuamente, pues no se le menciona en los saludos de la Epístola a los Filipenses. Estaba presente cuando se escribieron las Epístolas a los Colosenses, los Efesios y a Filemón, y se le menciona en los saludos dados en dos de ellas (Col. 4:14; cf. Flm. 24). San Jerónimo sostiene que fue durante esos dos años cuando se escribieron los Hechos.
No tenemos información sobre Lucas durante el intervalo entre los dos encarcelamientos romanos de Pablo, pero debe haber conocido a varios de los apóstoles y discípulos durante sus diversos viajes. Se mantuvo junto a Pablo durante su última prisión; pues el apóstol, escribiendo por última vez a Timoteo, dice: «El único que está conmigo es Lucas» (2 Ti. 4:7-11).

Lucas, Evangelio. Tercero de los Evangelios canónicos. Los argumentos en favor de la creencia de que fue Lucas, el «médico amado», descansan en una larga tradición tan temprana como el fragmento Muratori, escrito antes del 170 d.C. Por el testimonio interno encontramos que el vocabulario es en ocasiones médico, lo que parece confirmar que el autor es Lucas. Hay también la unidad de autoría entre *Lucas* y *Hechos*. Ambos están dedicados a un mismo personaje: Teófilo; ambos tienen un lenguaje y un estilo muy similar; ambos tienen un interés común (universalismo, mujeres, apologético, etc.). Sobre la fecha, debió haber sido antes de *Hechos*, y posterior al desarrollo del cristianismo que había llegado al punto de atraer con especial atención a un investigador gentil como lo era Teófilo. El prólogo de Lucas indica que ya muchos otros habían intentado escribir evangelios referentes a los hechos creídos por la extensa comunidad cristiana. Con toda probabilidad puede fecharse el tercer Evangelio entre los años 60-61 d.C., puesto que para ese tiempo el evangelista llevaría algo más de diez años de convertido y habría viajado por Palestina, en donde pudo haber hallado a muchos de los que conocieron a Cristo en vida. Durante el tiempo que estuvo Pablo en la prisión, Lucas lo debió de ocupar en una investigación minuciosa sobre los antecedentes acerca de la vida de Jesús, del cual había oído hablar mucho.

El propósito de este Evangelio lo establece el mismo Lucas en su Prólogo (1:1-4) y podemos decir que es triple. Poner en manos de una persona altamente estimada por el escritor, Teófilo, un relato exacto de los asuntos relacionados con Jesús. Instruir al investigador serio y fortalecer la fe de los creyentes, especialmente de los venidos del mundo grecorromano de habla griega, o sea, los convertidos del paganismo. Alcanzar a todas las naciones, incluyendo aun a los samaritanos, para la fe en Dios revelado en la persona de Cristo (cf. Lc. 2:32; 3:6; 17:11-19; 24:47).

Lucas presenta a Cristo como el Hijo del Hombre, por lo que se subraya específicamente aquellos eventos u ocasiones que ponen de manifiesto la humanidad de Cristo. De ahí que el versículo clave sea: «Porque el Hijo del Hombre vino a buscar y a salvar lo que estaba perdido» (Lc. 19:10). La redacción de Lucas tiene un carácter literario formal. Sólo Lucas relaciona el relato sagrado con la historia secular (2:1-2; 3:1). Lucas tiene un interés específico en la vida y ministerio de Jesús. Sólo él da a Jesús el título de Salvador (2:11). Para Lucas es relevante la misericordia de Jesús para con los pecadores y marginados (15:11ss.; 18:9; 19:1; 23:22-34). En su organización general, el Evangelio de Lucas sigue el desarrollo principal de los acontecimientos tal como se encuentran consignados en Mateo y Marcos. Eso sí, con bastantes adiciones propias del autor. En términos generales el evangelista ordena la vida de Jesús geográficamente, comenzando desde Galilea (Lc. 4:14-9:50) y subida a Jerusalén, donde se desarrolla el drama de la Pasión.

Lucio (lat. «iluminativo»). Nombre de dos personajes del NT.

1. Lucio de Cirene, nombrado entre los profetas y doctores que enseñaban en Antioquía (Hch. 13:1), que bajo la inspiración del Espíritu Santo impusieron las manos a Bernabé y Pablo. No se tienen más noticias de él.
2. Cristiano de origen judío, compañero de Pablo en su misión en Corinto y tal vez pariente suyo, a juzgar por lo que el apóstol Pablo escribe en la carta a los creyentes de Roma: «Lucio, Jasón y Sosípater, mis parientes» (Ro. 16:21).

Lud. Cuarto hijo de Sem, fundador de una tribu próxima a los asirios y arameos (Gn. 10:22; 1 Cro. 1:17). Según Josefo se trata de los lidios (*Ant*. 1, 6, 4), opinión secundada por Eustasio, Eusebio, Jerónimo e Isidoro. Lud representaría así a los lidios del período mítico, de carácter y maneras semíticas, con un arte fuertemente oriental, antes de la predominancia del arte griego en Asia Menor.

Ludim. Pueblo antiguo de difícil identificación, en el relato bíblico aparece como descendiente de Mizraim, o sea, Egipto (Gn. 10:13). Aparentemente un pueblo de África, quizá Etiopía, surgido de los egipcios, acostumbrados a luchar con arcos y flechas (Jer. 46:9; Ez. 30:5; Is. 66:19). Asociados a Cus y Put. Gesenio creía que eran una rama de los libios. También se ha pensado en los lidios de Asia Menor, de origen semita, cuyas huestes sirvieron en las huestes del faraón Psammético I (663-609 a.C.), situados en las rutas caravaneras que se encaminaban al Egeo.

Lugar Alto. Lugares elevados y destacados que se elegían como lugares de culto para adorar, tanto al verdadero Dios, como a los ídolos. En muchas ocasiones se aplica a los santuarios mismos ubicados en las alturas, en la cima de las montañas o colinas (Nm. 22:41; 1 R. 11:7; 14:23), en el interior o en la proximidad de las ciudades (2 R. 17:9; 23:5, 8), e incluso en los valles (Jer. 7:31; cf. Ez. 6:3). Abundaban en Canaán. Los israelitas recibieron la orden expresa de destruirlos cuando conquistaran el país (Nm. 33:52; Dt. 33:29). Los moabitas tenían también lugares elevados (Nm. 21:28; 22:41; Jos. 13:17). Parecen haber sido en ocasiones alturas naturales, y en ocasiones construidos con tierra y piedras. La Ley prohibía el culto en estos lugares, estipulando que no debía haber más que un sólo altar para todo Israel.

Luna. Satélite de la Tierra mencionada en el relato de la creación como «lumbrera menor para dominar en la noche» (Gn. 1:14-18; cf. Sal. 136:9). Los hebreos atendían a la recurrencia periódica de las fases de la Luna para la medición del tiempo, la división del año en meses según un calendario lunar de 354 días; para la fijación de la fecha de la Pascua y de las fiestas anuales (Gn. 1:14; Sal. 104:19; Eclo. 43:6, 7; Josefo, *Ant.* 3,10, 5).

La mayor parte de las naciones con las que los hebreos entraron en contacto eran adoradoras de la Luna bajo la forma de un dios masculino con el nombre de Sin ente los semitas y caldeos. Las ciudades de Ur y Harán eran centros principales de este culto. Prob. los antepasados de Abraham eran practicantes de este culto. El culto lunar era considerado idolatría por la Ley y, por tanto, prohibido (Dt. 4:16-19; 17:3).

Lunático. Originalmente denotaba la persona que sufría trastornos debidos a la luz o a los cambios de la Luna, semejante a la sintomatología de la epilepsia: crisis periódicas agudas, pérdida de la consciencia, convulsiones. Se creía que la luz y las fases de la Luna influenciaban y agravaban esta enfermedad. En el NT esta enfermedad se atribuye a la influencia de demonios o malos espíritus (Mt. 4:24; 17:15). En la enumerción de Mt. 4:24, los «lunáticos» son diferenciados de los «endemoniados», pero en Mt. 17:15, el mismo nombre es aplicado a un joven expresamente declarado como poseído, y con todos los síntomas de un epiléptico. Es evidente, por tanto, que la misma palabra se refiere a alguna forma de enfermedad que afectaba tanto al cuerpo como a la mente, que podía ser una señal de posesión o no. Quizá la distinción en un caso se deba a la periodicidad o intervalos de lucidez, en contraste con la demencia continua del poseso. Ver LOCO.

Luz. Nombre de dos lugares del AT.

1. Nombre antiguo de una ciudad cananea cerca de Betel, o identificada con la misma, al norte de Jerusalén (Gn. 28:19; 35:6; 48:3), en los límites de Benjamín (Jos. 18:13). Abraham visitó el lugar por primera vez en peregrinaje y edificó un altar en sus cercanías. Luego Jacob la llamó Betel. Fue tomada y destruida por los descendientes de José. Todos sus habitantes fueron eliminados, excepto la familia que actuó como espía (Jue. 1:23).
2. Aldea en la tierra de los hititas, fundada por un hombre de la antigua Luz, que fue salvado del exterminio por la tribu de Benjamín Betel (Jue. 1:26), cuyas ruinas se encontraron en el monte Gerizim.

M

Maaca (heb. «opresión»). Nombre de varios personajes y de una región del AT.

1. Región de Siria, a los pies del monte Hermón (Jos. 13:13; 2 Sam. 10:6, 8; 1 Cro. 19:7). Los israelitas consideraron que su territorio estaba incluido en la tierra prometida, pero nunca fueron capaces de tomar posesión de él (Jos. 13:13). La media tribu de Manasés extendió sus fronteras más allá del Jordán hasta Maaca (Dt. 3:14; Jos. 12:5). En los días del rey David, el rey de Maaca contribuyó con mil hombres en la alianza que organizaron los sirios amonitas contra Israel (2 Sam. 10:6, 8). Cerca o dentro de los antiguos límites de este pequeño estado se encontraba la ciudad llamada Abel-bet-Maaca, quizá su capital, representada por la moderna Abil el-Kamh.
2. Mujer de Roboam e hija de Absalón (1 R. 15:2; 2 Cro. 11:20-22) o, más probablemente, nieta de Absalón (cf. 2 Cro. 13:2). Madre del rey Abías; después de la muerte de este último, ella mantuvo el título de reina madre, que le retiró su nieto Asa, por cuanto había elevado una imagen de Asera (2 Cro. 15:16). El nombre de Micaía que figura en 2 Cro. 13:2 es, probablemente, una alteración del texto, por cuanto esta mujer es llamada Maaca en los otros siete pasajes que la mencionan (cf. asimismo 1 R. 15:10, 13).

Maasías (heb. «trabajo de Yahvé»). Nombre de varios personajes del AT, entre ellos:

1. Hijo de Adaia, uno de los capitanes de centena en tiempo del sacerdote Joiada. Conspiró con éste para poner en el trono al joven rey Joás, eliminando a la usurpadora Atalía (2 Cro. 23:1).
2. Gobernador al servicio del rey Uzías que tenía a su cargo la responsabilidad de hacer la lista de las divisiones de su ejército, junto con Jeiel, escriba, y Hananías, uno de los jefes del rey (2 Cro. 26:11).
3. Hijo o familiar del rey Acaz de Judá, muerto en batalla por Zicri, el héroe benjaminita, durante la invasión de Judá por Peka, rey de Israel (2 Cro. 28:7).
4. Gobernador de Jerusalén en tiempo del rey Josías, encargado por éste de la reconstrucción del templo (2 Cro. 34:8).
5. Padre del sacerdote Sedequías, que fue enviado dos veces con un mensaje real para el profeta Jeremías, el cual le denunció como falso profeta (Jer. 21:1; 37:3; 29:21, 25).
6. Benjaminita, hijo de Itiel y padre de Colaías, cuyos descendientes residieron en Jerusalén después de la cautividad (Neh. 11:7).
7. Uno de los levitas que asistió a Esdras, cuando éste leía la Ley al

pueblo (Neh. 8:4). Quizá es el idéntico a uno de los jefes populares que firmaron el sagrado pacto con Nehemías (Neh. 10:25).

Macabeos. Término de significado incierto, algunos lo hacen derivar del arameo *maqqaba*, «martillo», quizá en referencia a la destrucción de los enemigos; otros, de la raíz hebrea *mqb*, «nombrar», con el significado de «designado», «elegido» por Yahvé. El apelativo Macabeo, gr. *Makkabaios*, es propiamente el sobrenombre de Judas, tercer hijo de Matatías de Modín (1 Mac. 2:4), que pasó luego a indicar a la familia de los Asmoneos y, posteriormente, los libros que tratan de la lucha de liberación de los judíos de Palestina de manos de Siria, que ocupaba por entonces la región. El relato de sus hazañas se halla en el libro de 1 y 2 Macabeos.

Antíoco Epífanes IV rey de Siria fue verdaderamente, según la profecía de Dn. 8:23, «un rey altivo de rostro». Decidido a uniformar su reino a costa de exterminar el judaísmo, y de llenar las arcas semivacías de su tesoro, saqueó el Templo de Jerusalén en el año 167 a.C., erigió una estatua de Zeus Olímpico en el recinto sagrado y ofreció cerdos sobre el altar (cf. Dn. 11:31 «la abominación desoladora»). Matatías, el primero de los Macabeos, era un sacerdote anciano retirado en el pueblo de Modin, que tuvo el valor de levantar la bandera de la rebelión. Dio muerte a un oficial sirio que quería imponer los decretos de Antíoco, y huyó con sus cinco hijos a los montes de Judea, donde se le unieron muchos «piadosos». Matatías y sus seguidores se extendieron por todo el país destruyendo altares paganos, circuncidando a niños, expulsando a extranjeros y judíos apóstatas, y reuniendo a nuevos adeptos. Matatías murió en el año 166 a.C., y confió a sus hijos la empresa de la guerra de liberación (1 Mac. 2).

Judas Macabeo (166-161 a.C.) tomó el mando de la rebelión judía. Consiguió una serie de victorias tanto más notables cuanto que los judíos no habían cosechado más que derrotas a lo largo de tres siglos. Pereció en una batalla en el año 161 a.C. Le sucedió su hermano Jonatán (161-143 a.C.), en un momento en que dos pretendientes se estaban disputando el trono de Siria. Concertó alianzas con Esparta y Roma y reforzó las fortificaciones de Jerusalén. Fue asesinado traicioneramente por Trifón, general sirio, en el año 142 a.C. (1 Mac.13:1-23). Simón (143-135 a.C.), el último superviviente de los cinco hijos de Matatías, tomó entonces el poder. Consiguió el reconocimiento de la independencia de Judea a cambio de su alianza con Demetrio II, que todavía tuvo que luchar contra Trifón. Simón se apoderó del Acra o ciudadela de Jerusalén, que habían ocupado los sirios durante 26 años. El puerto de Jope quedó bajo el control de los judíos;

el comercio se desarrolló y le siguió una etapa próspera. Después de cinco años de paz y prosperidad bajo su prudente gobierno, murió asesinado por su ambicioso yerno Ptolomeo, y fue enterrado en Modin con sus padres y hermanos sobre cuyas tumbas había erigido un magnífico monumento (1 Mac. 13:25-16:17) Tras él, la estirpe degeneró rápidamente.

Macabeos, Libros de los. Son cuatro los libros que obedecen a este título, pero sólo dos, 1 y 2 Macabeos, los que han entrado en el canon de un sector de la Iglesia cristiana. Narran la historia de la revuelta macabea contra la opresión de Antíoco. El primero es de carácter histórico ejemplar, en tanto que el segundo contiene elementos legendarios. Los dos libros de los Macabeos no son dos relatos sucesivos, sino paralelos, cuentan en parte los mismos sucesos, aunque recogidos desde diversos ángulos y con una finalidad distinta. Los personajes de esta historia son más prototipos a imitar que seres individuales. Así, p. ej., se dice de Eleazar: «Así terminó su vida, dejando no sólo a los jóvenes sino a toda la nación un ejemplo memorable de heroísmo y de virtud» (1 Mac. 6:3). Otro caso a imitar es el ejemplo de los siete hermanos y su madre que siguen la conducta del venerable anciano Eleazar (1 Mac. 6:18-31) y que padecerán la muerte más atroz antes que ser infieles a la Ley. La fe en la resurrección alimenta la lucha de estos hermanos, despreciando las amenazas y los tormentos del tirano.
Aunque los libros fueron considerados apócrifos, de hecho la patrística y la predicación cristiana popular empleó estos relatos como ejemplos claros de martirio y constancia en la fe, en un momento histórico en que la Iglesia cristiana estaba pasando la gran prueba de las persecuciones del Imperio romano. San Jerónimo (siglos III-V d.C.) los incluye en el número de los deuterocanónicos. La Iglesia católica los admite como inspirados por Dios, ya están recogidos en el canon definido en el concilio de Trento (DS 1502), mientras que los judíos y los protestantes niegan su inspiración y los clasifican entre los apócrifos.
El libro primero de los Macabeos, escrito en torno al año 130 a.C., empieza haciendo una presentación del Imperio de Alejando Magno y de la muerte del rey (323 a. C.), que iba a crear la situación política en que se desarrolla la historia que narra. El libro segundo es posterior al año 124 a.C. Su autor respira la atmósfera espiritual que dio origen al movimiento de los fariseos. Aunque no se propone escribir una historia en sentido riguroso y sólo pretende edificar la fe de sus lectores, que son los judíos de Alejandría, el relato no está desposeído de cierto valor histórico. Hay en él abundantes rasgos legendarios que introduce el autor para destacar todavía más la heroica fidelidad de los mártires.

Por primera vez se afirma aquí en todo el AT la fe en la resurrección de los cuerpos (2 Mac. 7: 9, 11, 14, 23, 29, 36). El pasaje de Daniel, en el que aparece igualmente esa fe en la resurrección de la carne, está relacionado con los mismos acontecimientos históricos (Dn. 12:2-3). Los mártires, alentados por la fe en la resurreción para vida, se mantienen firmes e insobornables en el cumplimiento de la Ley. Saben que Dios, que les ha dado el cuerpo, es también poderoso para resucitarlo (2 Mac. 7:14).

Maceda (heb. «lugar de los pastores»). Ciudad real cananea de la llanura; Josué se apoderó de ella (Jos. 15:41). Había cerca de ella una cueva donde los cinco reyes amorreos confederados buscaron refugio después de su derrota, sacados de la misma fueron luego matados (Jos. 10:10-29). Maceda quedaba en la Sefela, cerca de Laquis, pero no se ha podido ubicarla con exactitud.

Macedonia. Territorio de la península balcánica al norte de Grecia. Hay pocos datos acerca de esta región en fecha anterior al año 560 a.C. y los dos siglos anteriores no presentan nada de interés. Sin embargo este país se hizo sumamente importante bajo Filipo de Macedonia (359-336 a.C.) y sobre todo bajo el reinado de su hijo Alejandro Magno (336-323 a.C.). Los generales de Alejandro se repartieron su Imperio y Macedonia cayó en decadencia. En el año 168 a.C. se apoderaron de ella los romanos; en el año 142 vino a ser «provincia romana». El nombre de Macedonia no figura en el AT, pero se hace alusión al Imperio griego, fundado por su rey, en Dn. 2:39; 7:6; 8:5, 8.
Durante su segundo viaje misionero, Pablo vio en sueños a un macedonio, que le suplicaba que anunciara el Evangelio en su país (Hch. 27:2). El apóstol se dirigió allí; predicando el evangelio por primera vez en Europa, pasó por Neápolis, Filipos, Amfípolis, Tesalónica, Berea (Hch. 16:9-17:14). Cuando Pablo abandonó estos lugares, Silas y Timoteo prosiguieron su obra (Hch. 17:14, 15; 18:5). Posteriormente, Pablo visitó de nuevo las mismas regiones (Hch. 19:21, 22; 20:1-3, cf. 2 Co. 2:13; 7:5; 1 Ti. 1:3). Los macedonios Gayo y Aristarco, entonces compañeros de Pablo, estuvieron en peligro a causa de él durante el motín de Éfeso (Hch. 19:29). Segundo, también macedonio, fue uno de los que ayudaron al apóstol en Troas, haciendo una última visita a Filipos, de donde embarcó para ir a Jerusalén (Hch. 20:4). Los conversos macedonios de Pablo le dieron dinero para los cristianos menesterosos de la capital judía (Ro. 15:26). Se mostraron sumamente generosos hacia el mismo Pablo (2 Co. 8:1-5), especialmente los de Filipos (Flp. 4:15).

Macpela (heb. prob. «doble»). Campo situado frente a Mamre, con una plantación de árboles, y donde había una cueva; pertenecía a Efrón, heteo (Gn. 23:9, 17-19). Abraham adquirió el terreno con la cueva por cuatrocientos siclos de plata, a fin de sepultar a Sara en la cueva. Él mismo fue sepultado allí por Isaac e Ismael, sus hijos (Gn. 25:9, 10). Allí quedaron también los cuerpos de Isaac, de Rebeca, de Lea, de Jacob (Gn. 35:29; 47:28-31; 49:29-33; 50:12, 13), y quizá otras personas no mencionadas. En la época de Cristo había en Hebrón monumentos erigidos sobre la cueva de los patriarcas (*Guerras* 4, 9, 7). Es probable que la cueva bajo la gran mezquita actual de Hebrón sea la de Macpela.

Madián (heb. «disputa»). Cuarto hijo de Abraham y Cetura; su padre le dio presentes y lo envió «al país de oriente», hacia el desierto; el nombre Madián designa a la vez al hijo de Abraham y a la tribu que surgió de él (Gn. 25:1-6).

Madián, madianitas. Región que ocuparon los madianitas, descendientes del anterior (Gn. 25:4), al norte del desierto de Arabia, cerca del golfo de Ákaba. Madián estaba limitado al noroeste por Edom. Sus límites, que no han sido nunca determinados, variaron indudablemente en gran manera a lo largo de la historia. La totalidad de los territorios sometidos a los madianitas en la época del AT ocupaba un espacio de alrededor de 280 Km de norte a sur. En la época del éxodo, Madián controlaba las tierras de pastos situadas al este de Horeb, en la península del Sinaí (Éx. 3:1). Los madianitas se apoderaron de un territorio donde habían residido un tiempo; este distrito lindaba con Moab y era también fronterizo con el reino de los amorreos, cuya capital era Hesbón (Gn. 36:35; Nm. 22:4; 25:1, 6; Jos. 13:21). El país al este de Edom, hasta el mar Rojo, pertenecía a los madianitas. Vencidos en el valle de Jezreel, huyeron hacia oriente. Gedeón, persiguiéndolos, llegó a Sucot y a la ciudad gadita de Jogbeha (Jue. 8:5, 10, 11; cf. Gn. 37:25, 28). En la época de David, un fugitivo edomita de sangre real vivió en Madián, probablemente al sureste de Edom, antes de dirigirse a Egipto (1 R. 11:17, 18). Los madianitas residieron sobre todo al este y sureste del golfo de Ákaba. Se halla el nombre de Madián en algunas de las ruinas llamadas de «Madyan».

Madmana (heb. «colina de estiércol»). Ciudad del extremo meridional de Judá (Jos. 15:31), incluida en el territorio asignado posteriormente a Simeón. Parece ser que fue fundada, o ocupada por Saaf, hijo de Caleb y su concubina Maaca (1 Cro. 2:49).

Madmena (heb. «estercolero»). Ciudad mencionada por Isaías en su profecía sobre la inminente invasión asiria (Is. 10:31), en cuya ruta se encontraba situada, entre Nob y Gibea. Estaba al norte de Jerusalén, prob. en un lugar llamado Shufat.

Madón (heb. «contención»). Ciudad cananea en el norte de Palestina, a cuyo rey, llamado Jobad, derrotó Josué junto a la coalición de que formaba parte (Jos. 11:1; 12:19). Su localización probable es Qarn Hattin, a unos 8,6 km al noroeste de Tiberias.

Magadán. Localidad a cuyos confines llegó Jesús después de haber atravesado el mar de Genesaret (Mt. 15:39); estaba situada en la costa occidental del lago, llamada Dalmanuta en el Evangelio de Marcos (Mc. 8:10), prob. una aldea cercana, porque la costa del mar estaba repleta de pequeñas aldeas y ciudades. Parece que haya de enmendarse en Magdala, de la que Magadán sería una forma helenizante. No es nada extraño que las ciudades sirias tuvieran el mismo nombre con dos formas diferentes.

Magdala (del heb. *Migdal*, «torre»). Ciudad situada, según el Talmud, sobre la costa occidental del mar de Genesaret, cerca de Tiberíades, a menos de un camino de sábado (alrededor de 1 km) del lago. Los vestigios de Magdala se hallan en la aldea de el-Medidel, a 5 km al norte de Tiberíades. En Mt. 15:39, los mss. más acreditados (Sinaítico, Vaticano, D.) tienen Magadán, que según Alford parece ser la lectura original.

Magia, del *magía*, arte y práctica de la magia. Originalmente el término gr. se refería sólo a la doctrina de los magos persas, antiguamente considerados expertos; luego vino a abarcar un mundo más amplio de significados por razones histórico-religiosas. La magia designaba la capacidad o el arte de realizar prodigios por encima del curso natural de las cosas o de la capacidad humana. El AT se refiere a las artes mágicas practicadas por los egipcios, los cananeos y el resto de sus vecinos. En Israel se prohibió cualquier relación con la magia, considerada abominación desde el punto de vista moral y religioso (Dt. 18:9-14). Uno de los procedimientos mágicos más generalmente utilizados para perjudicar a un enemigo consistía en fabricar su efigie con materiales de cualquier naturaleza y sin que la semejanza sea requisito indispensable. Todo lo que a la misma se inflija recaerá sobre la persona cuya representación constituye y basta herir una parte de la primera, para que enferme el órgano correspondiente a la segunda. La prohibición bíblica de reproducir las imágenes de los seres vivientes no es un dictamen contra las artes plásticas, sino con el fin de apartar a los hombres de la magia.

Magog. Nombre del hijo segundo de Jafef (Gn. 10:2; 1 Cro. 1:5) y del pueblo de su descendencia, que moraba en un país del norte (Ez. 38:2,15). Josefo identifica Magog con los escitas, que ocupaban las regiones vecinas del mar Negro. Ezequiel proclama proféticamente de la tierra de Magog, cuyo «príncipe soberano», llamado Gog, era soberano de Mesec y Tubal (Ez. 38:2-3; 39:3). En estos pasajes se anuncia la invasión de estos pueblos que destruirán Israel a causa de su infidelidad, pero que a su vez serán destruidos por Dios. Otra vez aparece Magog en unión de Gog en el NT, pero aquí se trata de un nombre simbólico de persona, representante de los enemigos de la Iglesia que en su furor intentan extirparla de la tierra, pero que finalmente atraerán sobre sí mismo la destrucción por parte de Dios (Ap. 20:8, 9)

Magos, del persa *mogh*, «sacerdote», de ahí que los griegos utilizaran este término como designación de la clase sacerdotal de los persas. Bajo el Impero medo-persa, los magos formaron una casta o colegio sagrado, muy famoso en el mundo antiguo por sus poderes y conocimientos. Según Estrabón, los magos practicaban diferentes clases de adivinación; una, mediante la evocación de los difuntos; dos, mediante el uso de copas y platos y tres, mediante el agua. Con todas estas y otras prácticas pretendían desvelar el futuro, influir en el presente e invocar el pasado en su ayuda. Interpretaban los sueños mediante un sistema establecido de reglas propias reservadas a su ciencia. Los magos se sometían a unas reglas estrictas de pureza e impureza, tendentes a realzar sus privilegios de casta.

En el AT la palabra «magos» aparece circunstancialmente dos veces en el profeta Jeremías, en primer lugar, referente a un oficial caldeo enviado por Nabucodonosor a Jerusalén (Jer. 39:3 y 13). De Daniel se dice que Nabucodonosor le constituyó como jefe de los magos (Dn. 5:11). El Evangelio de Mateo recoge la noticia de la visita de unos magos procedentes de Oriente que acudieron a Judea con el propósito de adorar al rey recién nacido (Mt. 2:1, 7, 16). La tradición los presenta como reyes, en cuanto a su número, en principio fue indeterminado. Orígenes afirmó que los magos habían sido sólo tres, en correspondencia al número de presentes: incienso, mirra y oro. Algunos autores han sugerido la posibilidad de que la historia de los magos sea una especie de comentario de Mt. 8:11-12, cuyo significado sería que Jesús, en su calidad de fundador del pueblo escatológico de Dios es revelado ya en los acontecimientos providenciales de su infancia, que predicen la futura repulsa de Israel y la aceptación del mundo gentil, representado por estos extranjeros de Oriente.

Mahanaim (heb. «dos campos», «dos cuadrillas»). Nombre dado por Jacob a un lugar en la ribera oriental del Jordán, donde encontró a ángeles de Dios, que formaban aproximadamente dos cohortes a su regreso de Padan-aram (Gn. 32:2). Posteriormente el nombre se aplicó a una ciudad de Galaad en los confines de Gad y Manasés (Jos. 13:26, 30), esta localidad fue asignada a los levitas descendientes de Merari (Jos. 21:38; 1 Cro. 6:80). Lugar santo al principio, Mahanaim vino finalmente a ser una ciudad fortificada y capital de Is-boset, hijo de Saúl (2 Sam. 2:8, 12, 29). Allí se retiró David cuando su rebelde hijo Absalón ocupaba Jerusalén (2 Sam. 17:24, 27; 18:24, 33; 19:32; 1 R. 2:8). Fue un distrito administrativo bajo la dirección de Ahinadab, hijo de Iddo, intendente de Salomón en esta región (1 R. 4:14). Mahanaim no ha sido identificado aún de forma definitiva, aunque se propone Khirbet Mahneh, a unos 7 km al norte de Ajlun.

Mahalaleel (heb. «Dios hace brillar su claridad»). Patriarca antidiluviano, hijo de Cainán y padre de Jared (Gn. 5:12-16).

Mahlón (heb «enfermo»). Efrateo de Belén de Judá, que emigró a Moab, donde se casó con Rut, y murió sin hijos (Rt. 1:2, 5; 4:9, 10).

Mahol (heb. «danza»). Personaje de la antigüedad famoso por la sabiduría de sus hijos, al punto de ser comparados con Salomón, diciendo que la sabiduría de este rey era superior a la de los hijos de Mahol: Eitán, Hemán, Calcol y Darda (1 R. 4:31); pero en 1 Cro. 2:6 aparecen como hijos de Zéraj; por eso algunos interpretan la frase como referencia a un grupo especial de músicos, estando su sabiduría relacionada con una gran habilidad musical y poética, especialmente para escribir salmos.

Malaquías, Libro de (heb. «mi mensajero»). Último libro de los doce profetas menores, probablemente anónimo. Como Malaquías significa «mi mensajero», ciertos comentaristas han pensado que no es un nombre propio, sino el título de un escriba, quizá del mismo Esdras o que el redactor final de los doce libros puso este nombre como titular de los tres capítulos sacándolo de 3:1: «He aquí que yo envío a mi mensajero», heb. *malakí*, como si se tratara de un nombre propio.

La época de la actividad del profeta es posterior a la recuperación posexílica del culto en el santuario ya reconstruido (año 515 a.C.) y anterior a la prohibición de los matrimonios mixtos, que tuvo lugar bajo Nehemías (445 a.C.).
Los temas son dos: los pecados cultuales del sacerdocio y de los fieles (Mal. 1:6-14; 2:1-9), y el escándalo de los matrimonios mixtos con paganos, y de los divorcios (2:10-16). Anuncia la inminencia del juicio, de la venida del precursor, y del mismo Señor, mensajero del Pacto, quien purificará a los levitas, castigará a los impíos, y culmina en el sacrificio perfecto, ofrecido a Dios por todos los pueblos (3:1-6; cf. Éx. 23:20-23; Mt. 11:10). El profeta apela a una religión interior y renovada (Mal. 4:4-6).
Cuando la profecía de Malaquías fue proclamada, los judíos no tenían rey, sino gobernador (Mal. 1:8), indudablemente nombrado por el rey de Persia (Neh. 5:14). El templo de Zorobabel existía ya, y se ofrecían holocaustos sobre el altar, como en los tiempos antiguos (Mal. 1:7-10). Así, Malaquías es evidentemente posterior a Hageo y a Zacarías. Después de volver de Babilonia, hubo un nuevo vigor en la vida religiosa, pero no resultó en nada más que en la reconstrucción del Templo y de las murallas de Jerusalén. La corrupción de los sacerdotes y de los miembros del pueblo fue cosa característica en la época de Nehemías (Neh. 13). Es posible que el libro se escribiera alrededor del año 433 ó 432 a.C.

Malco. Servidor del sumo sacerdote Caifás, cuya oreja derecha le fue cortada por Pedro y milagrosamente restituida por Cristo en Getsemaní. El incidente es descrito por todos los evangelistas (Mt. 26:51; Mc. 14:47; Lc. 22:50; Jn. 18:10), aunque es solamente san Juan quien menciona el nombre del sirviente y discípulo, y solamente Lucas, el médico, menciona el milagro de curar la herida.

Maldición, maldecir (heb. «atar», «expulsar», «desterrar»). Es la forma peculiar con que se somete eficientemente a una persona al anatema de una maldición. La maldición propiamente dicha es una palabra también eficaz en sentido destructor, que realiza aquello con que amenaza (p. ej., Mt. 21:18-19; Mc. 11, 12-14, 20-21; la higuera estéril, maldecida por Jesús se seca). Se considera que una maldición, al igual que una bendición, tarde o temprano se cumplirá irremediablemente. Por eso Yahvé impide a Balaam que maldiga a Israel (Nm. 23:8; Neh. 13:2). Por otra parte, Yahvé puede anular una maldición proferida con ilegítima innovación de su poder y transformarla en una bendición (Sal. 109:28). De igual manera puede convertir una bendición en una maldición (Mal. 2:2). Puesto que un sordo no puede oír la maldición que se le echa ni, por consiguiente, apartarla de sí, no es lícito maldecirlo (Lv. 19:14).

Malquías (heb. «Yahvé es rey»). Nombre de al menos doce personajes del AT, entre ellos:

1. Un hijo de Recab y gobernador de la provincia de Bet-haquerem. Restauró la puerta del Muladar de la muralla de Jerusalén después del cautiverio, y colocó sus hojas, cerraduras y barras (Neh. 3:14).
2. Uno de los sacerdotes que intervinieron en la ceremonia de dedicación de la muralla de Jerusalén durante la administración de Nehemías (Neh. 12:42).
3. Uno de los israelitas que asistió a Esdras durante su lectura de la ley al pueblo reunido en Jerusalén (Neh. 8:4); prob. el mismo que uno de los sacerdotes que firmaron la renovación de la Alianza con Dios (Neh. 10:3).
4. Padre de Pashur, a quien el rey Sedecías envió, con Sefanía, a pedir a Jeremías que consultase a Yahvé en su nombre respecto a la suerte futura de la ciudad (Jer. 21:1).
5. Príncipe de estirpe real, propietario de la cisterna que había en el patio de la prevención y en la que Jeremías fue encarcelado por orden del rey Sedecías, a causa de lo que predicaba al pueblo (Jer. 38:6).

Malta. Isla del Mediterráneo, al suroeste de la punta más meridional de Sicilia, a unos 100 km de la misma. Es la mayor isla del archipiélago maltés, con una área de 247 km^2. La isla fue conolizada por los fenicios, que la utilizaron como puente en sus viajes a España. Pasó al poder de los cartaginenses hacia el 500 a.C. y al de Roma el 218 a.C. El elemento nativo fenicio pervivió a pesar de todos sus avatares políticos. Se han encontrado monedas e inscripciones en púnico del siglo I de nuestra era. La nave que conducía a Pablo a Roma encalló en Melita (Hch. 28:1), nombre que en aquel tiempo llevaban dos islas. Una era la actual Meleda, situada en el mar Adriático, cerca de la costa de Dalmacia. La otra la actual Malta. Casi la totalidad de autores modernos están de acuerdo en creer que la isla relacionada con el naufragio de san Pablo es esta última. La tradición también señala en Malta una bahía de san Pablo, a 13 km al nornoroeste de La Valetta.

Maluc (heb. «reinante»). Nombre de varios personajes del AT.

1. Levita de la familia de Merari, puesto al servicio del canto delante del tabernáculo a la izquierda de la tienda de reunión, antes de la construcción del templo (1 Cro. 6:44).

2. Uno de los descendientes de Bani, mencionado en la lista de los que tuvieron que divorciarse de su mujer extranjera, después del regreso del cautiverio babilónico (Esd. 10:29).
3. Uno de los sacerdotes que regresó de Babilonia con Zorobabel (Neh. 12:4). La asociación de nombre parece indicar que él fue el mismo que firmó la renovación del pacto con Nehemías (Neh. 10:4); aunque esto supondría una edad avanzada.
4. Uno de los jefes del pueblo mencionado entre los cuarenta y cuatro que firmaron la renovación de la Alianza con Yahvé (Neh. 10:27).

Mamón (armeo «bienes»). Personificación de las riquezas como «señor» incompatible hecha por Jesús (Mt. 6:24; Lc. 16:13). En Lc. 16:9,11 se añade el adjetivo de riqueza «injusta», en cuanto obtenida de un modo impropio, a costa de los demás, en oposición a la verdadera riqueza, que se manifiesta ya en el trato justo con el prójimo y el socorro de los necesitados.

Mamre (heb. «firmeza»). Localidad, o más probablemente el distrito de Hebrón (Gn. 23:19; 35:27) al oeste de Macpela (Gn. 23:17). Abraham moró mucho tiempo en el encinar de Mamre cercano a Hebrón (Gn. 13:18; 14:13; 18:1, etc.), que contaba además con un pozo de agua viva, lo cual constituía una parada obligada para las caravanas que se dirigían a Hebrón desde las regiones septentrionales. En el encinar de Mamre recibió Abraham la promesa del nacimiento de su hijo Isaac (Gn. 18:1-15), el cual también vivió en Mamre. Aquí tres personajes misteriosos anunciaron a Abraham la ruina de Sodoma (Gn. 18); en una cueva opuesta a este lugar depositó los restos mortales de Sara (Gn. 23:17, 19); y él mismo fue enterrado (Gn. 25:9), así como Jacob (Gn. 49:30; 1, 13).

Maná (heb. lit. «¿qué es esto?», Éx. 16:15). El maná fue el principal alimento de los israelitas durante los cuarenta años de peregrinación por el desierto. Los israelitas lo conocieron por primera vez en el desierto de Sin, cuando se quejaron de falta de alimento. El descenso del maná se compara con una lluvia de pan celestial (Éx. 16:1-4, 12; Sal. 78:24; 105:40). El maná recordaba la semilla del culantro blanco; era blanco, y tenía un sabor como de hojuelas con miel o de aceite fino (Éx. 16:31); la gente lo molía en molinos o lo majaba en morteros, cociéndolo o haciendo tortas (Nm. 11:7-8). Un año después de la primera aparición del maná, en la misma época, se especifica que el pueblo seguía recibiendo este pan del cielo, que siguió cayendo hasta el final de los 40 años en el desierto. Los israelitas menospreciaron esta bendición (Nm. 11:4-9; 21:5), a pesar de lo cual Dios no les privó de él (Éx. 16:35; Dt. 8:3, 16; Neh. 9:20; Sal. 78:24). El maná no cesó hasta el día después de la Pascua celebrada en Gilgal, tras haber atravesado Canaán, y después de que el pueblo hubo comido del fruto de la tierra (Jos. 5:10-12). El maná es descrito poéticamente como «trigo de los cielos» o «pan de los ángeles» (Sal. 78:24) y, con un matiz moral, «pan de nobles», o «pan de los fuertes» (v. 25).

Manahén (forma gr. del heb. *Menakjém*, «consolador»). Profeta o maestro cristiano de la iglesia de Antioquía, a quien el Espíritu Santo ordenó, juntamente con otros profetas y doctores, que confiriera a Salulo y Bernabé una misión apostólica. Criado con Herodes Antipas, era su amigo de infancia, o «hermano de leche» (Hch. 13:1); posiblemente descendiente o pariente de Manahém, el Esenio, que predijo a Herodes el Grande su accesión al trono. Herodes hizo mucho caso de Manahem y de su secta a causa del cumplimiento de esta predicción (Josefo, *Ant.* 15, 10, 5).

Manasés (heb. «que hace olvidar»). Nombre de varios personajes del AT.

1. Primogénito de José, nacido en Egipto; su madre fue la egipcia Asenat, hija de Potifera, un sacerdote de On (Heliópolis). El nombre de Manasés significa «el que hace olvidar». José le puso este nombre porque consideraba que había desatendido sus deberes: «Dios me ha hecho olvidar todo mi sufrimiento y la casa de mi padre» (Gn. 41:51). Al igual que su hermano Efraín, Manasés era medio hebreo y medio egipcio (Gn. 41:50-51). Cuando Jacob quiso bendecir a los dos muchachos, José puso a Efraín a su izquierda y a Manasés a su derecha. Pero Jacob, moribundo, cruzando los brazos, puso su mano derecha sobre la cabeza de Efraín y su izquierda sobre la de Manasés, para indicar que Efraín engendraría un pueblo más numeroso (Gn. 48:8-21). Por medio de esta bendición, Jacob puso a Manasés y a Efraín en la misma categoría que Rubén y Simeón, y dio base para la fundación de las tribus de Manasés y Efraín. Manasés se casó con una concubina siria, de la que tuvo varios hijos (1 Cro. 7:14).
2. Hijo y sucesor del rey Ezequías. A la edad de 12 años, hacia el año 693 a.C., accedió al trono. Destruyó la obra reformadora de su padre, erigiendo santuarios paganos sobre los lugares altos, para honrar a Baal, erigiendo en el templo de Jerusalén altares dedicados al culto de los astros; inmoló también a uno de sus hijos a Moloc. Manasés no prestó atención alguna a las severas advertencias de los

profetas; llenó Jerusalén de sangre inocente. Persiguió especialmente a aquellos que, por fidelidad a Yahvé, se oponían a sus decretos (2 R. 21:1-16). La tradición rabínica lo acusa de haber dado muerte al profeta Isaías aserrándolo por medio; en el NT parece hacer referencia a ello (cf. He. 11:37). Dios entregó a este rey al enemigo. Esar-hadón y Assurbanipal, reyes de Asiria, declaran haber recibido tributo de Manasés.

Manasés se arrepintió profundamente cuando su reino le fue devuelto. Destruyó entonces los ídolos, causa de su ruina, y restableció el culto a Jehová; fortificó Jerusalén (2 Cro. 33:12-19). Su reinado, el más largo de los de los reyes de Judá, duró 55 años. Manasés murió alrededor del año 639 a.C., dejando en el trono a su hijo Amón (2 R. 21:17, 18; 2 Cro. 33:20). Manasés no recibió honores reales en su sepelio, fue sepultado en el jardín de su casa, en el lugar que ya había servido de sepulcro de Ozías, el rey leproso (2 R. 21:20; 2 Cro. 26:23).

3. Esposo de Judit, miembro de la tribu de Simeón, al igual que su esposa. Semejantes matrimonios entre individuos de la misma tribu gozaban de mucha aprobación (cf. Tob. 1:9; 4:12; 6:12). Murió antes que Judit, a la cual dejó todos sus bienes, a causa de una insolación en Betulia (Jdt. 8:2, 3, 7).

Manasés, Tribu. Descendientes de Manasés, hijo de José. La tribu se dividió en dos medias tribus: la oriental y la occidental. Comprendía siete clanes. Maquir, primogénito de Manasés, fundó uno; los otros seis descendían de Galaad, nieto de Manasés (Gn. 50:23; Nm. 26:28-34; Jos. 17:1, 2). Cuando Moisés hubo vencido a Sehón, rey de Hesbón, y a Og, rey de Basán, una mitad de la tribu de Manasés se unió a las tribus de Rubén y de Gad para pedir permiso para quedarse al este del Jordán. Recibieron este permiso con la condición de que pasaran en armas delante de sus hermanos, para ayudarles a conquistar el país al oeste del Jordán (Nm. 32:33-42; cf. Nm. 32:1-32; 34:14, 15; Dt. 3:12, 13; 29:8; Jos. 12:4-6; 18:7). Cumplieron esta condición (Jos. 1:12-18; 4:12). Después de haber conseguido la victoria, volvieron a las regiones que habían escogido. Un malentendido acerca de la construcción de un altar hizo peligrar la concordia, que pronto se restableció (Jos. 22:1-34). El país asignado a la media tribu de Manasés, al este del Jordán, englobaba una parte de Galaad y todo el Basán (Dt. 3:13-15), a partir de Mahanaim (Jos. 13:29-33). Este territorio se extiende 100 km de este a oeste, y 65 o más de norte a sur. Está formado en gran parte por una meseta de 760 m de altura, una de las regiones más ricas de Palestina y uno de los principales graneros de Siria. La otra media tribu atravesó el Jordán y recibió su herencia en la Palestina central, al oeste del Jordán. Sus límites eran: al sur, Efraín; al noroeste, Aser; al noreste, Isacar. Su frontera meridional pasaba por Janoa y Taanat-silo, cerca de Siquem; seguía la orilla septentrional del arroyo de Caná hasta su desembocadura en el Mediterráneo (Jos. 16:6, 7; 17:5-10). Pero los hijos de Efraín tuvieron ciudades entre los hijos de Manasés (Jos. 16:9) y estos últimos poseían ciudades en el interior de Isacar y de Aser: Bet-seán, Ibleam, Dor, Endor, Taanac, Meguido (Jos. 17:11; cf. 1 Cro. 7:29). Los descendientes de Manasés no echaron a los moradores de las ciudades cananeas, sino que se conformaron con exigirles tributo (Jos. 17:12, 13; Jue. 1:27, 28). Hubo ciudades de Manasés destinadas a los levitas, como en las demás tribus: Golán, en Basán, al este del Jordán, era una de las seis ciudades de refugio (Jos. 20:8; 21:27). Gedeón, héroe y juez, fue el más ilustre de los descendientes de Manasés (Jue. 6:15; cf. 6:35; 7:23). Hubo hombres de Manasés que se unieron a David en Siclag (1 Cro. 12:19, 20), y 18.000 de ellos se pusieron a su disposición en Hebrón (1 Cro. 12:31; cf. 1 Cro. 12:37). La media tribu al este del Jordán, asociada con Rubén y Gad, guerreó contra los agarenos y se apoderó del territorio de ellos. Después, Tiglat-pileser deportó a estos israelitas (1 Cro. 5:18-26). De Manasés se unieron a Asa de Judá, cuando vieron que Yahvé estaba con él (2 Cro. 15:9). También de esta misma tribu acudieron a la gran Pascua celebrada bajo Ezequías, y después a la de Josías (2 Cro. 20:1, 10, 11, 18; 31:1; 34:6, 9).

Manoa (heb. «reposo»). Padre de Sansón, de la tribu de Dan (Jue. 13:2-22; 16:31). Se le apareció el ángel de Yahvé prediciéndole el nacimiento de su hijo (Jue. 13). Se opuso al matrimonio de Sansón con una mujer filistea (Jue. 14:1-3), aunque al final se vio obligado a ceder (vv. 4-10).

Manuscritos de la Biblia. Aunque es frecuente utilizar la expresión «traducción de los originales hebreo y griego», conviene aclarar que no se refiere a los textos bíblicos autógrafos, sino a las lenguas en que originalmente fueron escritos. No se conservan textos originales de ningún libro del AT o NT. No tiene nada de extraño debido a la fragilidad del material de escritura y de los avatares de la historia: persecución y quema de libros. Disponemos, pues, únicamente de copias. Hasta la invención de la imprenta, la transmisión de un texto escrito se hacía mediante un sistema de copiado por profesionales llamados copistas. Los textos bíblicos actuales proceden de esas copias hechas a mano, lo que a su vez explica las múltiples variantes gramaticales

debidas a descuidos y errores humanos de los copistas. Con todo, se puede decir que no se ha perdido nada esencial del contenido original, al menos respecto al NT, del cual poseemos numerosos escritos. Los manuscritos hebreos más antiguos de los que se disponían hace un siglo eran del siglo X d.C. En 1896 se descubrió en una cámara de la sinagoga de El Cairo, llamada genizá, donde se almacenaban los manuscritos bíblicos que ya no servían para el uso litúrgico, unos 200.000 fragmentos, entre los cuales destaca por su importancia un texto manuscrito hebreo del libro del Sirácida (Eclesiástico) del que, hasta entonces, sólo conocíamos la traducción griega. Estos manuscritos son de los siglos VI-VII d.C. En 1947 se produjo un descubrimiento crucial en la historia de la arqueología bíblica, cuando unos beduinos penetraron en una de las cuevas de Qumrán y encontraron grandes vasijas con rollos de la Biblia hebrea en su interior. Estos mss. representan todos los libros del AT en hebreo, a excepción del libro de Ester, Judit, 1 y 2 Macabeos, Baruc y Sabiduría, y que pueden datarse entre el 150 a.C. y el 70 d.C. aprox. Entre los textos descubiertos más importantes está el rollo de Isaías, escrito dos siglos antes de Cristo, que es prácticamente idéntico al texto que nosotros poseíamos: en mil años se puede decir que apenas se ha cambiado una coma. También Habacuc y Salmos estaban completos. Se han encontrado fragmentos de casi todos los libros del AT. Este descubrimiento fue doble, no sólo porque se encontraron los manuscritos más antiguos del AT, sino porque además al cotejarlos con la versiones modernas de la Biblia pudo apreciarse que todo el trabajo exegético, lingüístico y de comparación de manuscritos había valido la pena: los textos modernos de la Biblia eran los mismos que los que se habían encontrado en Qumrán. Este es uno de los buenos motivos para confiar en el cuidado y celo que la tradición pone en preservar los textos y la doctrina originales.
Los mss. originales del NT desaparecieron, lo mismo que todas las copias de los tres primeros siglos, a excepción de algún fragmento. En la actualidad se conocen más de 5.000 mss. griegos del NT. Suelen clasificarse en tres grandes categorías: papiros, minúsculos y unciales, o mayúsculos. En conjunto representan el mayor número de documentos relativo a un texto de la antigüedad jamás reunido.

Manuscritos del mar Muerto. Conjunto de manuscritos hallados a un kilómetro aprox. de un lugar denominado Chirbet Qumram, en las proximidades de la ribera noroccidental del mar Muerto, región desértica a unos kilómetros al sur de la ciudad de Jericó. En total suman unos ochocientos mss. bíblicos y no bíblicos, escritos en lengua hebrea, aramea y también en griego. Contienen partes del AT, salmos, comentarios y otras escrituras, algunas en clave. Fueron descubiertos en 1947 en once cuevas de la zona. Para William F. Albright se trata del «mayor descubrimiento de los tiempos modernos». Para entender la importancia de dicho hallazgo basta con mencionar que hasta el descubrimiento de los rollos de Qumrán, las copias más antiguas conocidas de los libros bíblicos eran las versiones medievales, como el famoso Códex Aleppo, escrito en el siglo X. Gracias al nuevo hallazgo, se pudo aumentar la antigüedad de los testimonios bíblicos en nuestro poder en casi mil años. Dicho descubrimiento ha posibilitado comparar la tradición masorética o tradicional del texto preservado por los judíos, la versión griega de la LXX y la versión samaritana del Pentateuco, con las versiones de los mss. de Qumrán, y poder así entender el largo proceso de composición que llevó a la redacción del actual texto bíblico.

El hallazgo ha sido también significativo para el campo de la investigación de la literatura apócrifa judía que, por distintas razones teológicas o políticas, no fue incluida en el canon judío. La ironía del destino hizo que algunas de estas obras judías nos fueran transmitidas por la tradición literaria cristiana, como p. ej. los libros de Tobías, Judit, Ben Sira o Macabeos, cuyos rollos fueron hallados en Qumrán. También se encontraron testimonios de un gran número de libros cuya existencia desconocíamos, como fragmentos de obras pseudoepigráficas atribuidas a Moisés o a Ezequiel.

En relación al libro de Isaías encontrado se pueden hacer las siguientes consideraciones: a) La gran fidelidad de la transmisión del texto masorético, elegido con unos criterios ciertamente rigurosos, y que ha confirmado la fiabilidad de todo el texto del AT; y b) La necesaria considerable antigüedad anterior del texto entero de Isaías supuesta por el hecho de que se trata de copias procedentes evidentemente de originales distintos, y por ello anteriores en el tiempo, y por el tiempo necesario para que se desarrollaran las diferencias entre las anteriores líneas de documentos divergentes.

Maón (heb. «residencia»). Ciudad en la zona montañosa de Judá (Jos. 15:55). Estaba rodeada de un desierto que de ella recibió nombre, como parte del desierto de Judea. En tal desierto se escondió David de Saúl, y en él permaneció hasta que Saúl se vio obligado a suspender temporalmente su persecución ante las noticias que le llegaban de una incursión filistea (1 Sam. 23:24, 25). En Maón vivía Nabal, calebita, que proveyó de alimentos a David (1 Sam. 25:2). La ciudad se identifica con el acutal Hirbet Ma'in, que retiene el nombre hebreo. Está situada a unos 15 km al sur de Hebrón.

Maqueronte. Fortaleza construida por Alejandro Janneo hacia el año 88 a.C. como defensa contra los árabes nabateos. No es mencionada en las Escrituras ni en los libros apócrifos. Estaba emplazada en el punto de declive en que la meseta del desierto declina hacia el mar Muerto. Según Plinio, después de Jerusalén era la más inexpugnable de las fortalezas judías (*Hist. Nat.* 5, 16, 72). Fue un importante reducto contra los romanos, en el año 56 a.C. fue tomada y destruida por Gabinio. Herodes el Grande la restauró y la frecuentó. El monarca idumeo la proveyó de abundancia de cisternas y de toda clase de almacenes y construyó en medio del recinto fortificado un palacio suntuoso por la grandiosidad y hermosura de sus departamentos. Según Josefo, fue aquí donde Herodes Antipas hizo cortar la cabeza a Juan el Bautista (cf. Mt. 14:3-12 y Mc. 6:21-29). En el año 69 d.C. el general romano Vespasiano invadió Idumea, arrasando toda la zona de Hebrón. Las fortalezas de Herodión, Masada y Maqueronte resistieron, pero ésta cayó finalmente en el año 72. El lugar está identificado con Makawer, en las montañas de la costa oriental del mar Muerto, a unos 8 km al norte del Arnón, en la cumbre de una altura en forma de cono que domina el mar Muerto a más de 1000 m de altura.

Maquir (heb. «vendedor»). Nombre de dos personajes del AT.

1. Primogénito de Manasés e hijo único (Gn. 50:23; Jos. 17:1), de madre siria (1 Cro. 7:14). Fundador de la familia de los maquiritas (Nm. 26:29), que hubiera sido la única familia de Manasés, si no se hubieran constituido nuevas familias surgidas de ciertos primogénitos (Nm. 26:29). El clan de Maquir, belicoso, jugó un papel muy importante en la historia de la conquista de Canaán. El distrito de Galaad fue entregado a los maquiritas como recompensa por orden de Moisés (Nm. 32:39, 40; Jos. 17:1). Podemos ver también en ello una sabia política tendente a asegurar una frontera muy importante para el país, expuesta a las incursiones de sirios, asirios y tribus del desierto, confiada a una tribu que había demostrado suficientemente sus cualidades combativas. En Jue. 5:14 Maquir se refiere poéticamente al conjunto de Manasés al este del Jordán.
2. Hijo de Amiel, un morador de Lodebar, al este del Jordán (2 Sam. 9:4, 5). Suministró víveres a David durante la rebelión de Absalón (2 Sam. 17:27).

Mar Muerto. Nombre dado a la masa de agua que la Biblia llama mar Salado (Gn. 14:3; Nm. 34:12; Dt. 3:17; Jos. 3:16), mar del Arabá (Dt. 3:17; 4:49; Jos. 3:16) y mar oriental (Ez. 47:18; Jl. 2:20; Zac. 14:8). Los árabes le conocen por mar de Lot. Josefo lo llama mar o lago de asfalto (*Guerras*, 4, 8, 2; *Ant.* 1:9,1). A partir de la segunda mitad del siglo II d.C., los griegos lo llamaban mar Muerto, *thalasa nekrá*; lat. *mare Mortuum*. Este mar es el punto más bajo de la tierra, a 394 m por debajo del nivel del mar. Se halla en la depresión natural de la gran falla sirio-africana que cruza Palestina de norte a sur y posee una alta densidad de sales minerales, bromuro y magnesio, lo cual hace posible el flotar en sus aguas sin necesidad de moverse. El Jordán aporta la mayor parte de sus aguas, con una media de 6 millones de metros cúbicos por día. La mayor profundidad del mar Muerto es de 393 m. La zona meridional tiene sólo de 2 a 6 m de profundidad. Tiene una forma alargada, que se puede asimilar a la de un gran rectángulo, presentando en su costa suroriental una península llamada Lisán (Lengua). La longitud media del mar Muerto de norte a sur, es de 80 km, pero esta longitud varía a lo largo del año por cuanto una parte de la cuenca meridional está en ocasiones seca y en ocasiones inundada. La anchura, ligeramente al norte de En-gadí, tiene algo más de 16 km, la superficie mide alrededor de 1.000 km El mar Muerto se halla rodeado de acantilados, excepto en la zona de la entrada del Jordán. En algunos lugares hay, entre los acantilados y el agua, unas estrechas playas. En otros lugares, la costa está constituida por los mismos acantilados, que se elevan formando sucesivas terrazas, que continúan a lo largo de la zona inferior del valle del Jordán. Al oeste del mar, cerca de En-gadí, los acantilados dominan la costa a 594 m de altura; un poco más al norte, en Ras esh Shufk, sobrepasan los 770 m. Las vertientes de la costa occidental contienen bitumen en estado sólido y, en ciertas zonas, también líquido. En la costa oriental se elevan los escarpados montes de Moab, desde 762 a 1.000 m por encima del nivel del mar Muerto.

El Jordán y sus afluentes, junto con otros torrentes que desembocan en el mismo mar, llevan minerales; al no haber salida, la sal se queda y se va acumulando año tras año, en tanto que el agua va desapareciendo debido a la intensa evaporación, acelerada por el ardiente aire del desierto. Sus orillas aparecen blancas por la sal que las cubre. La atmósfera está saturada de partículas salinas, sulfurosas y resinosas; de manera que quien permanece algún rato en sus proximidades, queda cubierto de sal.

Mar Rojo. Conocido entre los israelitas por «el mar» (Éx. 14:2-28; 15:1-19; Jos. 24:6-7); pero principalmente por *yam Sûf*, traducido «mar Rojo» (Éx. 10:19; 13:18; Nm. 14:25; Dt. 1:40; 11:4; Jos. 2:10; etc.), dando lugar a mucha controversia, aunque se ha alcanzado un acuerdo respecto a su significado, a saber, «mar de las cañas». En el

AT designa el mar al este de Egipto (Éx. 19:19); los israelitas acamparon cerca del «mar de las cañas», no lejos del Sinaí (Nm. 33:10, 11). Al tomar la ruta del *yam sûf*, esto es, al dirigirse hacia el golfo de Ákaba, Israel rodeó el territorio de Edom (Nm. 21:4). Ezión-geber, en el país de Edom, estaba sobre este mar (1 R. 9:26). El pueblo, conducido por Moisés, atravesó el *yam sûf*, donde desaparecieron los ejércitos egipcios lanzados en persecución de Israel. Según las afirmaciones reiteradas de las Escrituras, se piensa que los israelitas atravesaron el *yam sûf* por una región pantanosa y de aguas bajas a través de las cuales se abrió siglos más tarde el famoso canal de Suez, a la altura de los actuales Lagos Amargos.

La navegación en el mar Rojo presenta siempre ciertos riesgos. Los vientos cambian bruscamente de dirección, y con frecuencia alcanzan una fuerza extraordinaria. En la antigüedad, los viajes de un extremo al otro del mar Rojo se veían extremadamente dificultados debido a este hecho. En la parte septentrional de este mar, el viento sopla en dirección sur durante nueve meses del año. En la parte sur, el viento sopla hacia el norte durante el mismo período. Los arrecifes de coral y las pequeñas islas que existen en numerosos parajes constituyen otro peligro.

Mara, Aguas de. Primera estación en el desierto de Shur donde acamparon los israelitas en su viaje hacia el Sinaí, a tres días de distancia del paso por el mar Rojo (Éx. 15:33; Nm. 23:8). Había una fuente de aguas amargas. La mala calidad del agua hizo murmurar a los sedientos peregrinos contra Moisés. La crisis por la falta de agua representa el primer momento de confrontación en el camino del desierto que obliga a Israel a tomar una decisión fundamental respecto a su confianza en Yahvé y su siervo Moisés. Éste invocó a Dios y con una cierta madera, que Dios les ordenó arrojar a estas aguas, se volvieron dulces (Éx. 15:23-26; Nm. 33:8, 9).

Maranata. Expresión gr. del aram. *maran'athá*, «el Señor viene», utilizada por el apóstol Pablo en 1 Co. 16:22; también se puede leer «Marana tha», con el significado de «¡Ven, Señor!» (Ap. 22:20). Era una breve oración de los primeros cristianos pidiendo el pronto retorno de Cristo en gloria.

Marcos. Evangelista al que se le atribuye, desde las primeras fuentes históricas, la paternidad del segundo Evangelio. Marcos no es un nombre propio, sino el sobrenombre (Hch. 12:12, 25) de un discípulo a quien también se le designa sólo por su primer nombre: Juan (Hch. 13:5, 13).

Su madre, una de las Marías, debía tener una buena situación económica, porque tenía una casa en Jerusalén donde se reunían los cristianos (Hch. 12:12-17). Son muchos los judíos que llevan sobrenombres latinos en el NT (Hch. 1:23; 13:9) y la yuxtaposición de Marcos a Juan no implica en absoluto que fuera de ascendencia mixta, judía y pagana.

Marcos acompañó a Bernabé, su tío (Col. 4:10), y a Pablo, de Jerusalén a Antioquía de Siria (Hch. 12:25), y después en su viaje misionero (Hch. 13:5). Por una razón que se desconoce, Marcos lo dejó en Perge (Hch. 13:13) volviéndose a Jerusalén. Sea cual fuere el motivo de esta separación, Pablo lo desaprobó con tanta intensidad que rehusó dejar que Marcos le acompañara en un segundo viaje (Hch. 15:38). Entonces Bernabé, separándose de Pablo, se embarcó con Marcos para proseguir la evangelización de Chipre. Desde entonces ya no se sabe nada de Marcos durante diez años. Se le vuelve a hallar en Roma uniendo sus saludos a los de Pablo (Col. 4:10; Flm. 24). Sus diferencias habían desaparecido. Más tarde, Pablo habla de Marcos en términos elogioso: «Toma a Marcos y tráele contigo porque me es útil para el ministerio» (2 Ti. 4:11). No sabemos si Marcos fue un discípulo inmediato de Jesús. Muchos creen que Marcos es el joven que escapó dejando la sábana con que se cubría en manos de sus perseguidores, durante el arresto de Jesús (Mc. 14:51, 52). Ninguno de los otros evangelistas menciona este incidente, y parece que la razón de su inclusión es que se trata de una reminiscencia personal. Se desconocen la fecha y lugar de la muerte de Marcos. Una tradición muy antigua lo presenta como el «intérprete de Pedro».

Marcos, Evangelio. Segundo de los cuatro Evangelios, lo que no nos indica nada necesariamente acerca del orden de su redacción. La mayoría de los expertos en la actualidad mantienen la prioridad de Marcos. Mateo y Lucas habrían conocido el evangelio de Marcos en su presente edición o en otra anterior. Marcos ofrece un relato breve (es el más corto de los cuatro), pero abunda en detalles: los empleados de Zebedeo; la muchedumbre reunida junto a la puerta; el paralítico llevado entre cuatro; a Jesús no les dejaban tiempo ni para comer; el cabezal en la popa; la hierba verde; la niña de doce años; gestos en orejas y lengua del sordomudo; los hombres que caminan como árboles; convulsiones y espumarajos del niño epiléptico; el burro atado junto a la puerta fuera en el camino; la higuera tenía muchas hojas; etc.

Marcos desarrolla la historia de Jesús rápidamente en una serie de escenas poderosamente evocadoras. El orden cronológico es más ajustado que en Mateo y Lucas. Marcos nos da más los gestos y actos de

Cristo que sus discursos. Su material discursivo es escaso. No cita más que cuatro parábolas, pero relata dieciocho milagros, y solamente da íntegro uno de los más largos discursos de Jesús (Mc. 13). Marcos insiste en el poder de Cristo, el hijo de Dios (Mc. 1:11; 5:7; 9:7; 14:61; también Mc. 8:38; 12:1-11; 13:32; 14:36), el salvador triunfante. Los dos temas esenciales de este Evangelio son el ministerio en Galilea (Mc. 1:14-9:51) y la última semana en Jerusalén (Mc. 11:1-16:8). Estas dos secciones están conectadas con un breve relato acerca del período intermedio (Mc. 10:1-52).

El plan de este Evangelio es como sigue:

a) Preludio del Evangelio de Jesucristo: ministerio de Juan el Bautista, bautismo y tentación de Jesús (Mc. 1:1-13).
b) Inicio del ministerio galileo: lugar, mensaje, y vocación de los primeros cuatro apóstoles, milagros en Capernaum y Galilea (Mc. 1:14-45).
c) Triunfo de Cristo sobre la oposición que se iba articulando. Curación del paralítico, banquete de Leví, discurso sobre el ayuno, controversia acerca del sábado (Mc. 2:1-3:6).
d) A pesar de la creciente oposición, se va extendiendo la obra de Cristo entre las multitudes; elección de los doce; réplicas a los fariseos; intervención de la madre y de los hermanos de Jesús; parábolas del sembrador, de la semilla que crece secretamente, de la semilla de mostaza; grandes milagros: el apaciguamiento de la tormenta, la curación del endemoniado gadareno, de la mujer con flujo de sangre, resurrección de la hija de Jairo; segundo rechazamiento en Nazaret; misión de los doce; investigación de Herodes acerca de Jesús y ejecución de Juan el Bautista; primera multiplicación de panes; Jesús andando sobre las aguas; ataque de Jesús al tradicionalismo de los fariseos (Mc. 3:7-7:23).
e) Período de relativo retiro correspondiente al ministerio galileo posterior: curación de la hija de la mujer sirofenicia en las regiones de Tiro y de Sidón; de un sordomudo en Decápolis; segunda multiplicación de los panes, rechazo de dar una señal a los fariseos; advertencia a los discípulos de guardarse de ellos; curación de un ciego cerca de Betsaida; visitas a pueblos de la demarcación de Cesarea de Filipos; confesión de Pedro; anuncio de la Pasión de Jesús; transfiguración; curación de un endemoniado; Jesús predice de nuevo su muerte; retorno a Capernaum; recomendaciones a los discípulos (Mc. 7:24-9:50). Este período queda particularmente detallado en Marcos.
f) En Perea; fin del ministerio de Cristo: pregunta de los fariseos sobre el divorcio; bendición de los niños; el joven rico; respuesta de Jesús

a los discípulos; subida a Jerusalén; tercera predicción de su muerte; petición de Jacobo y Juan; restitución de la vista al ciego Bartimeo (Mc. 10).

g) La última semana: entrada triunfal en Jerusalén; maldición contra la higuera; segunda purificación del Templo; pregunta de los delegados del sanedrín; parábola de los viñadores; preguntas capciosas de los fariseos, herodianos, saduceos y de un escriba; Cristo los interroga a su vez acerca del tema del hijo de David; breve acusación contra los fariseos y los escribas (cf. Mt. 23); la ofrenda de la viuda; discurso pronunciado sobre el monte de los Olivos; traición de Judas y cena en Betania; breve descripción de la última tarde con los discípulos e institución de la Cena; la agonía en Getsemaní; el arresto; la comparecencia nocturna de Jesús ante el sanedrín; negaciones de Pedro; Jesús ante Pilato; crucifixión; sepultura; un ángel anuncia a ciertas mujeres la resurrección de Cristo (Mc. 11:1-16:8).

Los doce últimos versículos del Evangelio de Marcos han sido y son tema de controversia textual. Hay una parte de comentaristas que opina que no pertenecen al original final de Marcos. Sin embargo, no hay razones de verdadero peso para dudar de la genuinidad de Mc. 16:9-20, y sí buenas razones para aceptar la paternidad marcana.

Desde mediados del siglo II el Evangelio de Marcos era ya bien conocido y estaba muy difundido por las iglesias cristianas. Marcos es descrito como discípulo e intérprete de Pedro. De hecho, hay un gran número de detalles entrañables en su Evangelio que dan evidencia de que el redactor estaba transcribiendo los recuerdos de un testigo ocular (Mc. 1:40; 2:1-4; 3:5; 5:4-6; 6:39, 40; 7:34; 8:33; 10:21; 11:20). Los hechos conocidos sólo por Pedro ocupan más extensión en este Evangelio que en los otros (cf. las negaciones de Pedro). El silencio de Marcos acerca de lo que podía dar honor a Pedro (Mt. 16:17-19; Lc. 5:3-10) evidencia también la reserva propia debida a la modestia del testigo. Pero esta impronta de Pedro no excluye las otras fuentes. Marcos pudo conseguir relatos de testigos oculares como Bernabé, su tío, de Pablo, y de otros miembros de la comunidad primitiva, de discípulos que frecuentaban el hogar de su madre (Hch. 12:12, 17). La tradición afirma que Marcos redactó su evangelio en Roma, poco antes o poco después de la muerte de Pedro. Si éste es el caso, se sitúa entre el año 60 y 68 d.C. Marcos redactó evidentemente su Evangelio para los gentiles. Entre otras evidencias se pueden dar las explicaciones que da acerca de los lugares, de las costumbres, de los vocablos (Mc. 1:9; 3:17; 5:41; 7:3, 4, 11, 34; 12:42; 14:12, 15; 22:42, etc.). Su gr. está salpicado de términos latinos, de donde se podría llegar a la conclusión, concordante con la tradición, de que este Evangelio fue escrito en Roma. A diferencia de

Mateo, Marcos no dice nada de la relación de Cristo con la ley mosaica. Hace sólo unas pocas alusiones al cumplimiento de las profecías, y apenas si cita el AT.

Mardoqueo (heb. «hombre pequeño»). Personaje principal del libro de Ester. Pertenecía a la tribu de Benjamín (Est. 2:5). Su familia había sido conducida a Babilonia en la primera deportación del año 598 a.C. Mardoqueo informó al rey, por medio de su ahijada Ester, de la inminencia de un atentado, entonces, los dos conspiradores fueron ejecutados (Est. 2:21-23). Cuando Mardoqueo rehusó prosternarse ante Amán, éste decidió vengarse de Mardoqueo y de todos los judíos. El rey le dio permiso para ello (Est. 3:5-11). Durante una noche de insomnio, el soberano hizo que le leyeran los anales del reino, y supo que Mardoqueo, que le había salvado la vida durante la conspiración de los dos eunucos, no había sido recompensado. El monarca procuró de inmediato reparar el olvido. La exaltación de Mardoqueo señaló el principio de la caída en desgracia de Amán, que perdió la vida junto con sus hijos. Mardoqueo llegó después a ocupar el segundo lugar en el Imperio (Est. 6-10). Estos dos personajes, Mardoqueo y Amán, son caracterizados como símbolo de la lucha de los judíos contra sus enemigos. El día 14 del mes de Adar, en el cual se celebraba la fiesta del Purim, es llamado «el día de Mardoqueo» (2 Mac. 15:36).

Marduk. Divinidad principal de los babilonios, en su origen era una divinidad agraria, dios del sol y de la vegetación que renacen, luego protectora de las ciudades de Babilonia. Marduk se convirtió en un dios tan importante, que terminó por ser conocido, simplemente, como Baal, «señor», con una diosa consorte, Zarpanitu, o Beltiya, «señora», cuyos orígenes son oscuros. Según la babilónica *Epopeya de la creación*, Marduk aparece como hijo de Bel o Enlil, y salvó a los dioses luchando contra el caos, representado en forma del monstruo Tiamat. Tras su victoria, Marduk organizó definitivamente el cosmos, asignándole a cada dios un lugar concreto y creando a continuación a aquellos cuya función era la de proporcionar mediante su trabajo el diario sustento de los dioses, es decir, los hombres. Tras la creación de Babilonia, los dioses reconocieron unánimemente la soberanía absoluta de Marduk sobre todo el panteón. Con el triunfo de Asiria, la máxima dignidad fue traspasada al dios de los vencedores Assur. Los persas Ciro y Cambises fueron respetuosos con Maduk, hasta el punto que Ciro el Grande se presentó como su enviado, Jerjes, en cambio, saqueó su templo.

Maresa (heb. «ciudad importante»). Ciudad cananea mencionada en las cartas de el-Amarna con el nombre de *muhrasti*. Estaba situada en la región de la Sefela asignada a la tribu de Judá (Jos. 15:44; cf. 1 Cro. 4:21). Fortificada por Roboam (2 Cro. 11:8). Cerca de Maresa tuvo lugar una gran batalla entre el rey Asa y Zero el etíope, con la victoria del primero (2 Cro. 14:9-13). El profeta Eliezer, que habló en contra de la alianza que había hecho Josafat con Ocozías para una empresa marítima, era natural de esta ciudad (2 Cro. 20:37). Durante el período helénico, fue una ciudad importante llamada Marissa bajo dominio egipcio, en la que habitaban idumeos (2 Mac. 12:35; *Ant.* 13, 9, 1; 14, 1, 3, 9). Cuando cayó en poder del macabeo Juan Hircano, se dio permiso a sus moradores idumeos para seguir habitando en ella con tal de que se sometiesen al rito de la circuncisión (Josefo, *Ant.* 13, 9, 1). Herodes se refugió en ella huyendo de Antígono y los partos. Éstos la destruyeron en el año 40 a.C., no volviendo ya a reconstruirse.

María, Madre de Jesús. Los únicos datos auténticos sobre María, «madre de Jesús» (Hch. 1:14; Mt. 2:11) proceden de las Sagradas Escrituras. Su genealogía se encuentra en Lc. 3. Al igual que su esposo José, parece que era de la tribu de Judá, del linaje de David (Sal. 132:11; Lc. 1:32; Ro. 1:3). Seis meses después de la concepción de Juan el Bautista, el ángel Gabriel fue enviado por Dios a María, que vivía en Nazaret, seguramente con sus padres, y ya estaba prometida a José (Lc. 1:26, 27). Los textos afirman que José descendía de David. No lo dicen de manera explícita de María, pero hay numerosos comentaristas que creen que era de ascendencia davídica. En efecto, le fue anunciado que su hijo recibiría el trono «de David su padre» (Lc. 1:32). Además, en varios pasajes (Ro. 1:3, 2 Ti. 2:8; y cf. Hch. 2:30) se afirma que Él es, según la carne, del linaje de David. Por otra parte, hay una gran cantidad de exegetas que opinan que en Lc. 3:23-28 se da la genealogía de Cristo a través de su madre, en cuyo caso el padre de María sería Elí. Sea como fuere, el ángel anunció a María que ella era objeto del favor divino, que tendría un hijo al que llamaría Jesús e Hijo del Altísimo, y que el Señor Dios le daría el trono de David su padre, y su reino no tendrá fin (cf. Lc. 1:32, 33). María preguntó cómo podría ser tal cosa, por cuanto ella era virgen. El ángel le respondió que ella concebiría por el poder del Espíritu Santo (Lc. 1:35). María aceptó con fe y humildad el honor que Dios le confería de una manera tan misteriosa. En este sentido María es «agraciada», o más exactamente, «muy favorecida» (Lc. 1:28).

María se quedó tres meses en casa de Elisabet y bajo su protección; no volvió a Nazaret hasta poco antes del nacimiento de Juan. José, que se proponía repudiar a María en secreto, supo, mediante una visión, la

causa de su embarazo (Mt. 1:18-21); recibió la orden de tomar a su mujer con él y de dar al niño el nombre de Jesús (Mt. 1:21). María dió a luz en Belén (Lc. 2:7). Cuarenta días después del nacimiento de Jesús, María y José se dirigieron a Jerusalén, para presentar el niño al Señor y para ofrecer en el Templo el sacrificio demandado por la Ley (Lv. 12:2, 6, 8). María ofreció el sacrificio de los pobres (un par de palominos o dos tórtolas). María se dedicó a la educación del niño, cuya misión futura debía estar constantemente en su mente. El episodio de Jesús en el Templo a sus doce años desvela algo del carácter piadoso de su madre (Lc. 2:41). María no comprendía toda la magnitud de la grandeza de su Hijo, ni la verdadera naturaleza de su misión (Lc. 2:50), pero lo crió, de todas maneras, con vistas al servicio de Dios. Parece que María y los hermanos de Jesús siguieron viviendo en Nazaret durante el ministerio público de Jesús. Debido a que José no es mencionado, se supone que había muerto ya. Al revés de los hermanos de Jesús, María nunca dejó de creer que su hijo era el Mesías. Es por esto que lo siguió en su último viaje a Jerusalén. Sufriendo a la vez como madre y como discípula, contempló el horrible espectáculo de la crucifixión. Jesús, en medio de sus sufrimientos, se dirigió a ella, y la confió a Juan, su querido discípulo. «Y desde aquella hora el discípulo la recibió en su casa» (Jn. 19:25-27).
Después de la Ascensión de Jesús, estuvo con los apóstoles en el aposento alto (Hch. 1:14); a partir de ello, no se la menciona más en las Escrituras. No conocemos ni la fecha ni las circunstancias de su muerte.

María, madre de Juan-Marcos. Los discípulos se reunieron en casa de esta dama cristiana para orar por la liberación de Pedro, encarcelado por Herodes Agripa. El apóstol, liberado por un ángel, se dirigió de inmediato a casa de ella (Hch. 12:12). El hijo de esta María fue el autor del segundo Evangelio. Debía ser de buena posición, y es de suponer que su casa era uno de los principales lugares de reunión de los cristianos de Jerusalén. Según Col. 4:10, Marcos era sobrino de Bernabé. Se desconoce si este parentesco era paterno o materno. También se desconoce quién era el marido de esta María.

María, mujer de Cleofás. El término «mujer» no se halla en el texto gr., según la costumbre. Cleofás recibe el nombre de Alfeo (Mt. 10:3; Mc. 3:18; Lc. 6:15), siendo los dos nombres variaciones del mismo nombre arameo original. Cleofás y María son así el padre y la madre del apóstol Santiago el Menor, y de José, su hermano (Mt. 27:56; Mc. 15:40; Lc. 24:10). Los que pretenden que los «hermanos» del Señor eran sus primos por parte materna alegan que esta María era hermana de María la madre de Jesús, y que Jn. 19:25 no menciona a tres mujeres junto a la cruz de Jesús. Aparte de lo inverosímil de que dos hermanas tuvieran el mismo nombre, hay otros argumentos para refutar la teoría de los «primos». Se admite que en tal caso Juan está hablando de cuatro mujeres asistiendo a la crucifixión, y que una de ellas era precisamente María la mujer de Cleofás. De ella personalmente se sabe poca cosa más, excepto que vio cómo colocaban al Señor en el sepulcro (Mt. 27:61); el tercer día, ella era una de las que llevaban especies aromáticas y a las que se apareció el Señor resucitado (Mt. 28:1; Mc. 15:47; 16:1; Lc. 24:10).

María de Betania. Hermana de Marta (Lc. 10:38), ambas amigas de Jesús residentes en el pueblo de Betania (Jn. 11:1; 12:1). La primera vez que se menciona una visita del Señor a esta familia (Lc. 10:38-42), María parecía ávida de escucharlo. Marta se quejó a Jesús de que su hermana descuidaba el servicio, y el Señor le respondió: «Sólo una cosa es necesaria; y María ha escogido la buena parte, la cual no le será quitada» (Lc. 10:42). El cap. 11 de Juan relata la resurrección de Lázaro, el hermano de María. Cuando Jesús llegó cerca de Betania, cuatro días después de la muerte de Lázaro, María se quedó en casa y Marta le dio el mensaje de que Jesús quería verla (Jn. 11:28). El dolor de las hermanas conmovió profundamente al Salvador, que obró en favor de ellas uno de los más grandes milagros que registran los Evangelios. Más tarde, Jesús acudió a Betania, seis días antes de su última Pascua (Jn. 12: 1). En casa de Simón el leproso le ofrecieron una cena (Mc. 14:3). Durante la comida, María trajo un vaso de alabastro lleno de nardo puro y, quebrando el vaso, derramó este caro perfume sobre la cabeza de Jesús (Mc. 14:3) y sobre sus pies, que acto seguido enjuagó con sus cabellos (Jn. 12:3). Éste fue un gesto de adoración, de gratitud, de testimonio dado a la grandeza de Cristo. Judas y algunos de los discípulos reprocharon este gesto, calificándolo de desperdicio (Mt. 26:6-13; Mc. 14:3-9). El Señor vio en esta unción, de la que la misma María indudablemente no acababa de comprender todo su verdadero sentido, el sello de su próximo sacrificio (Jn. 12:7, 8).

María Magdalena, así llamada prob. por ser de Magdala, cerca de Tiberías, en la costa oeste de Galilea (Mt.27:56, 61; 28:1; Mc.15:40, 47; 16:1, 9; Lc. 8:2; 24:10; Jn. 19:25; 20:1,18). Jesús la liberó de siete demonios (Mc. 16:9; Lc. 8:2); tomó desde entonces su lugar entre los discípulos más devotos (Lc. 8:2-3). Es la segunda persona nombrada a los pies de la cruz (Mc. 15:40; Mt. 27:56; Jn. 19:25; Lc. 23:49). Ella estuvo sentada ante el sepulcro cuando fue depositado en él el cuerpo de

Jesús (Mt. 27:61) y fue la primera testigo reconocida de la resurrección (Mc. 16:9; Jn. 20:11-17).
Los primeros estudiosos cristianos se dividieron en dos bloques a la hora de distinguir a esta María de las otras Marías que aparecen en los relatos evangélicos. Los Padres griegos distinguieron tres personas: la pecadora de Lucas 7, 36-50; la hermana de Marta y Lázaro, Lc. 10, 38-42 y Jn. 11; y la propia María Magdalena. Por otro lado, la mayoría de los latinos sostuvieron que estas tres personas fueron una y la misma. Posteriormente, los reformadores protestantes creen que eran dos, y tal vez tres personas distintas. Es imposible demostrar la identidad de las tres, pero también lo contrario.

Marta (aram. «dama, señora»). Hermana de María y de Lázaro de Betania (Jn. 11:1, 2), todos ellos muy adictos a Jesús. Marta quiso testimoniarle su afecto recibiéndolo de una manera digna. María, más contemplativa que su hermana, sólo deseaba escuchar al Señor. Marta pidió a Jesús que la reprendiera. El Señor le hizo comprender a Marta que el hambre espiritual de sus discípulos era más importante que las cargas que asumieran en devoción (Lc. 10:38-42). Las dos hermanas tenían una fe viviente (Jn. 11:21-32). La casa que ellos tenían en Betania recibe el nombre de «casa de Marta» (Lc. 10:38). Durante otra comida en casa de Simón el leproso en Betania (Mt. 26:6; Mc. 14:3), estaba presente Lázaro, y de nuevo hallamos a Marta sirviendo. Ésta fue la ocasión en que María ungió los pies de Jesús (Jn. 12:1-3). De estos hechos se puede deducir que Marta podía ser la esposa o viuda de Simón el leproso.

Mártir. El término gr. prop. hace referencia a un testigo judicial; en el NT se usa en la doble acepción de testigo de un *hecho* y testigo de una *verdad*. En sentido general, el vocablo se aplica a todos los creyentes, convocados a ser «testigos de Cristo» hasta lo último de la tierra (Hch. 1:8), pero, en sentido estricto de mártir, se aplica únicamente a quienes dieron o dan la vida por la fe cristiana, sellando con su sangre la verdad de sus creencias. Éste es el sentido que aparece en Hch. 22:20 y Ap. 2:13; 13:1-14; 17:6, y que los autores eclesiásticos consagraron para referirse a los mártires cristianos, comenzando por Esteban, el protomártir, o primer mártir de Jesucristo, en quien se conjugan el «testimonio» y la «efusión de sangre»: «Cuando se derramaba la sangre de tu testigo Esteban» (Hch. 22:20). En este preciso sentido, los apóstoles son llamados por Cristo para ser testigos-mártires, con la ayuda del Espíritu Santo, de todos esos hechos y de su significado en la fe: «Vosotros seréis mis testigos» (Hch. 1:8; cf. Lc. 24:48), muchos de los cuales sellarán su testimonio con la sangre. En sentido jurídico e histórico tienen que atestiguar la vida de Jesús como corresponde a quienes han sido compañeros suyos desde su bautismo hasta su resurrección (Hch. 1:22; 10:39); y, por el carácter extraordinario del hecho del que sólo ellos son testigos, tienen que atestiguar especialmente todo lo referente a su resurrección (Hch. 1:22; 2:32; 3:15; 5:30-32; 10:41). En sentido martirial, que implica derramamiento de sangre, Cristo avisa que en el cumplimiento de su misión evangélica, sus discípulos van a sufrir persecución, cárceles y la entrega suprema de la vida (Mt. 5:10-12; Mc. 10:30; Lc. 6:21-23; Jn. 15:18-21; cf. Hch. 5:41), de lo cual Jesús es el modelo supremo: «Yo pongo mi vida» (Jn. 10:17, cf. 15:13). El camino de la salvación pasa por el sufrimiento y el derramamiento de sangre (cf. Mt. 16:21; Jn. 12:32). Todos los seguidores de Jesús son partícipes del mismo destino de rechazo y muerte como camino a la gloria (Jn. 15:20; Mc. 10:39). «Los que aspiran a vivir religiosamente en Cristo Jesús sufrirán persecuciones» (2 Ti. 3:12; cf. Ro. 12:14). Todo lo cual justifica el nuevo sentido cristiano del «mártir» como testigo que fiel a su vocación llega hasta la ofrenda de su propia vida. Cuando media la muerte por causa del testimonio, ya no se trata de un simple testimonio de la veracidad de unos hechos o creencias, sino que ahora estos son confirmados personalmente con la vida del propio testigo. Ver TESTIGO.

Masada (heb. «peñas firmes»). Fortaleza construida durante el tiempo de los Macabeos, cerca de la ribera occidental del mar Muerto, a unos 25 km a vuelo de pájaro al sur de En-gadí. Herodes el Grande agrandó y reformó esta fortaleza, que constituyó uno de los puntos militares principales de su dominio. Fue el último reducto de los judíos en la guerra que acabó con la vida nacional de los judíos (66-73 d.C.).

Masora. Nombre dado a la colección de instrucciones que tenían la función de preservar inalterada la disposición tradicional del texto bíblico hebreo. Existen diversas colecciones de la Masora; la más importante es la *Ochlah we Ochlah*, una colección medieval que utilizó Jacob ben Chayyim para su *Biblia rabínica* publicada en Venecia en 1524-1525, conocida como Bombergiana. Los masoretas occidentales distinguen entre *Masora marginal*, escrita en los cuatro márgenes de la página (en torno al texto bíblico), y *Masora final*, una lista alfabética puesta al final de la Biblia. La Masora marginal se subdivide en *Masora parva* (puesta al lado del texto) y *Masora magna* (puesta por encima y por debajo del texto). Las dos ofrecen las mismas informaciones, es decir, las veces que se repite una cierta expresión o una palabra, las anomalías del escrito, las correcciones de los escribas, pero la magna completa a la otra en el sentido de que donde la parva presenta las estadísticas o la frecuencia de palabras o expresiones, la magna presenta la lista completa. La lengua de la Masora es principalmente el arameo, pero se encuentra también el hebreo.

Masoretas. Nombre utilizado para señalar a los escribas y doctores judíos residentes en Tiberias y en Babilonia que entre los siglos V y X d.C. trabajaron en la conservación del texto del AT. Ellos fueron quienes crearon el método para señalizar las vocales. Hasta el siglo V d.C. el texto heb. de la Biblia tenía sólo consonantes. Como es sabido, las lenguas semitas constan sólo de consonantes. Las personas conocedoras de ese idioma sabían pronunciar las palabras con las vocales adecuadas al leerlas, porque éstas estaban implícitas. La tradición era suficiente para asegurar una lectura normal. Pero, a medida que el pueblo judío se asimilaba en el seno de las naciones a las que había sido dispersado, se corría el riesgo de que se fuera perdiendo paulatinamente la pronunciación exacta de las palabras. Fue para fijar esta pronunciación que los masoretas inventaron los puntos de vocalización. Estos puntos o pequeños trazos se situaron sobre o debajo de las consonantes, sin perturbar la integridad del texto consonantal tradicional. Finalmente, inventaron también un peculiar sistema de acentos, destinados a conservar, en la lectura del texto, los matices de tono y sentimiento, así como el ritmo apropiado para la lectura de la Biblia hebrea.

Al principio los masoretas fijaron el texto eligiendo un ms. entre todos los mss. de que disponían. A continuación copiaron el texto con un extraordinario cuidado. Según ciertos escribas, un error en una sola letra hacía que el ms. no pudiera ser utilizado. Anotaron después el texto con el fin de impedir toda añadidura u omisión, indicando en el margen la cantidad de letras, el número de ciertas expresiones, la letra central, la palabra y el versículo central en cada libro o colección de libros; cuando un vocablo les parecía incorrecto, lo dejaban dentro del texto (*kethib*) y ponían en el margen las consonantes del vocablo corregido (*keri*). Inventaron la puntuación vocal.

Massa (heb. «carga»). Uno de los descendientes de Ismael, progenitor de un clan árabe (Gn. 25:14; 1 Cro. 1:30). Posiblemente sea idéntico al pueblo llamado *masa* en las listas de Tiglat-pileser III y mencionado junto con otros descendientes de Ismael, cuyos doce hijos parece que poblaron la península arábiga.

Matán (heb. «presente, don»). Nombre de tres personajes.

1. Sacerdote de Baal, asesinado ante el altar de este dios durante la revuelta que acabó con la muerte de Atalía y la accesión de Joás al trono de Judá (2 R. 11:18; 2 Cro. 23:17). Prob. fue uno de los sacerdotes de procedencia fenicia que acompañó a Atalía al comienzo de su reinado, de manera que se convirtió en el primer adorador de Baal establecido en Jerusalén durante el reinado de Jehoram (2 Cro. 21:6,13).
2. Padre de Sefatías, uno de los nobles que acusó a Jeremías de traición y propuso su muerte (Jr. 38:1).
3. Uno de los antecesores de Cristo, hijo de Eleazar y padre de Jacob, el cual fue padre de José, el esposo de la Virgen María (Mt. 1:15).

Matana (heb. «presente, regalo»). Uno de los últimos lugares donde el pueblo de Israel acampó durante su peregrinación por el desierto cuando hubo llegado al territorio de Moab (Nm. 21:18,19). Se ha localizado en Hirbet el-Medeiniyah, al sudeste de Mádaba, donde unas ruinas revelan un centro de población habitado en la edad del Bronce y del Hierro.

Matanías (heb. «don de Yahvé»). Nombre de varios personajes del AT.

1. Nombre original de Sedecías, hijo del rey Josías a quien Nabucodonosor estableció sobre el trono de Judá y cambió su nombre por el susodicho (2 R. 24:17).
2. Levita cantor hijo de Hemán, en la época de David. Fue jefe de la novena clase de levitas que prestaba sus servicios en el templo (1 Cro. 25:4, 16).
3. Levita hijo de Asaf y fundador de una rama de esta familia (2 Cro. 20:14). Probablemente es el mismo individuo nombrado en 1 Cro. 9:15; Neh. 13:13; representante de la casa, a quien Nehemías encargó el cobro de los diezmos. Este Matanías era el primero en entonar la alabanza y acción de gracias a la hora de la oración en el servicio del templo y también uno de los guardianes de las puertas del santuario (Neh. 12:8; cf. Esd. 2:41; Neh. 11:17, 22; 12:25).
4. Levita descendiente de Asaf en tiempo del rey Ezequías. Su nombre aparece entre los catorce levitas que tomaron parte en la purifación del templo y en la reforma religiosa llevada a cabo por el rey (2 Cro. 29:13).
5. Cuatro israelitas de Elam, Zattu, Pahat-Moab y Bani respectivamente, a los que Esdras obligó a divorciarse de sus mujeres extranjeras a la vuelta de la cautividad de Babilonia (Esd. 10:26, 27, 30, 37).

Matatías (heb. «don de Yahvé»). Nombre de varios israelitas.

1. Levita, uno de los que asistieron a Esdras en la lectura de la ley ante el pueblo (Neh. 8:4).
2. Padre de los hermanos macabeos, establecidos en la ciudad de Modín. Era descendiente de una familia sacerdotal de Jerusalén. Siendo de edad avanzada empezó la resistencia activa contra la persecución de Antíoco IV Epífanes, el cual se había propuesto imponer por la fuerza la religión griega a los judíos. Destruyó el altar del sacrificio idolátrico delante de todo el pueblo de Modín, ésta fue la señal del levantamiento llevado a cabo por sus hijos (1 Mac. 2:1, 14, 16, 17, 19, 24, 27, 39, 45, 49; 14:29).
3. Hijo de Absalón y hermano de Jonatán. Cuando Jonatán Macabeo se enfrentó al ejército sirio de Demetrio en la llanura de Nasor, fue ayudado en un momento delicado por Matatías, haciendo posible alzarse con la victoria (1 Mac. 11:70; 13:11).
4. Uno de los hijos de Simón Macabeo, sumo sacerdote, asesinado traicioneramente junto a su padre y a su hermano Judas en la fortaleza de Dok por Ptolomeo, yerno de Simón y uno de sus principales oficiales, para poder apoderarse del país (1 Mac. 16:14).
5. Uno de los legados enviados por Nicanor, general del ejército sirio, a Judas Macabeo, a fin de negociar la paz que en efecto fue concertada (2 Mac. 14:19), pero que posteriormente el rey Demetrio le obligó a violar, debido a las acusaciones calumniosas del traidor Alcino, sumo sacerdote helenizado (2 Mac. 14:26-29).
6. Hijo de Amós y padre de José, mencionado en la genealogía de Jesús, según san Lucas (Lc. 3:25).
7. Hijo de Semei y padre de Maat, citado en la misma genealogía (Lc. 3:26).

Mateo (forma gr. del heb. *Mattithyāh*, «don de Yahvé»). Uno de los doce apóstoles. Fue cobrador de impuestos (publicano), al servicio de Roma o de Herodes. Llamado por Cristo, en Capernaum, para que fuera su discípulo, lo obedeció de inmediato, abandonando sus funciones (Mt. 9:9; Mc. 2:14; Lc. 5:27). Jesús lo eligió pronto como uno de los doce (Mt. 10:3; Mc. 3:18; Lc. 6:15). En Mc. 2:14 y Lc. 5:27 figura bajo el nombre de Leví hijo de Alfeo. La razón de los dos nombres es que, en primer lugar, no era cosa infrecuente que los judíos los tuvieran. Además, es posible que Leví recibiera el nombre de Mateo al venir a ser discípulo. En las listas de los doce, y como autor del primer Evangelio, este Leví es siempre llamado Mateo. Su admisión al grupo de los discípulos llevó a otros miembros de esta despreciada clase a que siguieran a Jesús, atrayéndose con ello la

hostilidad de los fariseos; esta hostilidad se manifestó durante el banquete que Mateo, recién convertido, ofreció a Jesús. «Publicanos» y «pecadores» acudieron a este convite. El Señor respondió a los escandalizados fariseos: «No he venido a llamar a justos, sino a pecadores al arrepentimiento» (Lc. 5:29-32; Mc. 2:15-17; Mt. 9:10-13). Mateo dice sencillamente que la cena tuvo lugar «en la casa» (Mt. 9:10); pero por Mc. 2:15 y Lc. 5:29 el lugar de este gran festín fue su propia mansión.
Se ha intentado identificar a Alfeo, padre de Mateo, con el padre de Santiago el Menor. Pero Mateo y este apóstol no figuran juntos en la enumeración de los otros hermanos, en tanto que esto es lo que sucede con los otros hermanos. Después de la resurrección de Jesús, Mateo se encuentra junto con los otros apóstoles (Hch. 1:13), y después de ello ya no es mencionado más en el NT.

Mateo, Evangelio. Primer Evangelio canónico, unánimemente atribuido a Mateo desde el mismo inicio del período postapostólico. Según el testimonio de Papías, este Evangelio fue escrito originariamente en arameo, conservado sólo en una traducción griega. La crítica moderna debate si el actual Evangelio de Mateo fue escrito originalmente en griego o en arameo. Según la opinión de la mayoría, el Mateo actual se remonta a los años 85 a 90, redactado en Siria, y más en concreto en Antioquía; pero una importante minoría lo sitúa antes del 70 d.C., redactado en Palestina antes de la violenta disrupción sufrida por la población judía durante la revolución y la guerra contra Roma. Es el Evangelio más próximo a la lengua y la mentalidad y cultura de los judíos. Cita palabras hebreas sin traducirlas, dando a entender que eran conocidas por sus lectores: así por ejemplo la palabra *Beelzebul* (Mt. 10:25), *raka* (5:22), *korbona* (27:6). Hace alusión a costumbres judías sin explicarlas. El autor supone que el lector está al corriente de la costumbre de lavarse las manos antes de comer (Mt. 15:2,11,18), de los dialectos de Palestina (26:73), del significado del «día primero de los ázimos» (26:17), de los *bordes* en los vestidos (9:20; 14, 36), de las filacterias (23, 4), del toque de trompetas por la plaza, etc. Contiene numerosísimos semitismos, giros propios de sintaxis hebrea. Se han contado 329 (tres veces más que Marcos). Incluye expresiones típicas del ambiente palestinense. Hace continuas alusiones al AT. Hay cerca de 130 lugares en Mateo que derivan del AT, entre ellos 43 citas textuales, y de ellas 11 de cumplimiento explícito (1:23; 2:6, 15, 18, 23; 4:15-16; 8:17; 12:18-21; 13:35; 21:5; 27:9-10). Es con mucho el evangelista que trae más citas textuales de la Biblia hebrea. Las citas que

aparecen en textos comunes con Marcos o Lucas suelen estar tomadas de los LXX, mientras que las citas que aparecen en textos propios, están tomadas del texto hebreo.
Mientras que el Evangelio de Marcos se centra en la identidad de la persona de Jesús y su misterio, el Evangelio de Mateo desarrolla más explícitamente la doctrina de Jesús referente al Reino. Es el Evangelio que contiene más materiales de discursos. De entre ellos hay cinco grandes discursos que constituyen como la columna vertebral de toda la organización del Evangelio: sermón del monte (Mt. 5-7); discurso de la misión de los doce (Mt. 9:35-10:42); discurso en parábolas (Mt. 13); discurso de la comunidad (Mt. 18:35); discurso escatológico (Mt. 21-28).
Jesús aparece en su marco judío, pero ya desde el principio del Evangelio se insinúa la apertura a las gentes que tendrá lugar después de la Pascua. La genealogía de Mateo se remonta hasta Abraham, aquel en quien serán benditas todas las naciones de la tierra (Gn. 12:3). El discurso contra el formalismo farisaico (Mt. 15:1-20) precede a la descripción de las intervenciones misericordiosas entre los gentiles (Mt. 15:21-39). Mateo presenta a Jesús como el Rey mesiánico, dando cumplimiento a la Ley y a la profecía, estableciendo el verdadero Reino de Dios sobre la base de su obra redentora (Mt. 1:22, 23; 2:5, 6, 15, 17, 18, 23; 3:3; 4:14-16; 8:17; 11:10; 12:17-21; 13:14, 15, 35; 21:4,5; 26:24, 31, 56; 27:9, 35). Aunque judío y escribiendo para judíos, Mateo hace ver que el Evangelio se dirige también a los gentiles (Mt. 8:10-12; 10:18; 21:43; 22:9; 24:14; 28:19). La comunidad cristiana se describe en términos de Nuevo Israel, constituido en torno al número 12, y nacido de la Nueva Alianza en la sangre de Cristo (Mt. 26:28). El último capítulo relata la aparición de Jesús resucitado a las mujeres, el informe de la guardia romana, el encuentro de Jesús y de sus discípulos en un monte de Galilea. La orden de evangelizar el mundo en su totalidad y la promesa de su presencia perpetua constituyen la conclusión.

Matías (forma gr. abreviada del heb. Matatías). Apóstol elegido en lugar de Judas Iscariote. Por tanto, debió formar parte de los discípulos de Jesús desde el bautismo de éste en el Jordán. Fue testigo ocular de su resurrección. Esto lo hizo candidato a tomar el lugar dejado vacante por Judas para completar el número de Doce. Los apóstoles oraron y después echaron suertes para dejar a Dios la determinación de si era Matías o el otro candidato el llamado a ocupar el sitio entre los apóstoles. Matías fue el escogido (Hch. 1:21-26). No se conoce nada más acerca de él.

Matrimonio. En la tradición veterotestamentaria aparece como una institución que sirve a la conservación de la estirpe del varón mediante una descendencia de hijos legítimos (Gn. 1:27-28). En los primeros tiempos la familia es endógama, los matrimonios se producen dentro, los miembros son del mismo clan que el marido, de manera que la nueva pareja no pretende fundar una nueva familia o linaje, sino continuar la ya existente. Posteriormente la legislación mosaica, en el contexto de una sociedad más compleja, prohibió tales uniones e incluso matrimonios con parientes más alejados (Lv. 18:6-18; 11:20; 17; Dt. 27:22).

El matrimonio antiguo nunca es asunto privado entre las partes interesadas, por encima del derecho de los individuos se encuentra el del clan. Es el padre del novio, o la madre o ambos, por un lado, y los padres de la novia, los que conciertan la boda con todos sus detalles, especialmente la «dote», lit. «precio pagado por una esposa» (Gn. 34:12; Éx. 22:17; 1 Sam. 18:25); pero no se trataba de un pago por la esposa, que no estaba en venta como una esclava, sino más bien una especie de compensación por los daños y perjuicios hechos a su persona o a sus bienes. (Gn. 21:21; 24: 38:6). En ocasiones el hijo manifestaba sus preferencias, pero el padre era el que se encargaba de formalizar el asunto (Gn. 34:4, 8; Jue. 14:1-10).

El matrimonio se contraía a temprana edad. Una vez pagado el precio de la dote, la esposa era entregada al marido como propiedad por su estirpe, pero esto no la convertía en esclava del marido ni éste podía hacer con ella lo que quisiera; la mujer sigue siendo una persona libre y debía ser respetada como esposa. Cuando entraba a su nuevo hogar bajo el poder conyugal del esposo, la mujer estaba legalmente casada (Gn. 24:65; Ez. 16:18). Se celebraba una fiesta que solía durar hasta siete días (Tob. 11:21; Gn. 29:27; Rt. 3:9). La esposa quedaba obligada a guardar fidelidad a su marido so pena de muerte (Dt. 22:20). La ley protegía a la esposa contra las calumnias, que castigaba con multas de hasta 100 monedas de plata y perdía el marido el derecho al divorcio (Dt. 22:15ss.).

Los hijos son don y bendición de Dios, en tanto que la esterilidad es un oprobio y castigo divino (Gn. 30:1; 1 Sam. 1:6ss.; Is. 47:9; Jer. 18:21). Así, en interés de la estirpe y en vistas a las circunstancias sociales y económicas se permiten algunas formas de poligamia, levirato y de matrimonios simultáneos con esclavas, que pasan a ser concubinas. A causa de la extraordinaria importancia de las necesidades de la estirpe el matrimonio podía ser disuelto por el varón, y no sólo por causa de esterilidad, sino también por falta de atracción, incompatibilidad y, finalmente, adulterio. Con todo, la monogamia es el ideal que aparece en el frontispicio de la Escritura (Gn. 2:18-24; cf. Mt. 19:5; 1 Co. 6:16). Sólo ella permite la comunión y armonía de los dos cónyuges, en tanto que la poligamia la hace imposible. Adán, Caín, Noé y sus tres hijos fueron monógamos. Según el autor bíblico, la poligamia se origina con Lamec (Gn. 4:19), personaje dominado por impulsos carnales en la elección de sus compañeras (Gn. 6:1-2), por lo que esta costumbre queda así desautorizada y se explica por la preocupación de tener una familia numerosa. Cuando Abraham tomó para sí una segunda mujer, propiamente una concubina, para conseguir el cumplimiento de la promesa, no deja de presentarse como un acto insensato que introduce la discordia en la pareja (Gn. 16:4). Isaac tuvo una sola esposa, pero Jacob fue polígamo, en parte debido al engaño de Labán (Gn. 29). Moisés reprimió los abusos, pero no los abolió de golpe. Los israelitas estaban poco crecidos moralmente, y encadenados a los usos y costumbres de la época. Jesús se refirió a esta situación como «dureza de corazón» (Mt. 19:8-9). Para él, el matrimonio monogámico es el querido por Dios «desde el principio». En el caso especial de los polígamos convertidos al Evangelio se aceptaba la situación familiar de hecho; sin embargo, el polígamo quedaba excluido de la posibilidad de ejercer cargo alguno de autoridad o responsabilidad en la Iglesia (cf. 1 Ti. 3:2, 12; Tit. 1:6).

En Israel los matrimonios con extranjeros son reprobados porque constituyen un peligro para la existencia nacional y para la pureza de la fe y de la ética yahvista. La unión con personas paganas conduce a la idolatría y a la inmoralidad (Éx. 34:15-16; Dt. 7:3-4; Jos. 23:12-13). La propia historia les servía de advertencia (cf. Jue. 3:5-7). Sansón fue debilitado por culpa de la hetea Dalila; Salomón pervirtió su corazón contra la voluntad de Yahvé por culpa de las mujeres extranjeras (1 R. 11:2). Acab, hijo de Omri, sirvió a Baal y lo adoró por culpa de su mujer sidonia Jezabel (1 R. 16:31-32). Con todo, las mujeres de Moisés fueron de pueblos no israelitas. Séfora era madianita (Éx. 2:21) y otra, cuyo nombre no se conoce, era cusita o etíope (Nm. 12:1). Caleb, que era miembro de una tribu no israelita, los cenezeos (Nm. 32:12), se casó con mujeres israelitas. Otros casos registrados en la Biblia son Rahab (Mt. 1:5), y los hijos de Noemí (Rt. 1:4). Pero después del exilio, y a partir de la época de Esdras, se reforzaron las antiguas leyes referentes a la prohibición de contraer matrimonio con personas de otros pueblos, hasta el punto de anular los ya existentes (Esd. 9:1-2; 10:2-3).

En el NT esta ley está representada por el texto paulino de 2 Co. 6:14-7:1, donde se prohíbe al cristiano casarse con una persona inconversa, que rechaza la fe, pues introduce un factor disgregador en el pacto matrimonial. La única seguridad y dicha está en casarse «en el Señor» (1 Co. 7:39).

Es un dato histórico que Jesús nunca contrajo matrimonio, es decir, permaneció soltero frente a la costumbre generalizada entre los judíos y la creencia que proscribía la soltería y exigía el matrimonio. A pesar de esto, Jesús introduce con su predicación y con su vida un nuevo ideal y concepto del matrimonio y, por ende, de la familia.

Por un lado, lo revaloriza al restituirlo a su condición original. En la voluntad divina varón y mujer constituyen entre sí una unión más íntima e inseparable que la que se tiene con el padre y la madre: «Por eso dejará a su padre y a su madre y serán los dos una sola carne» (Mt. 19:5); por tanto, «lo que Dios unió, el hombre no lo separe» (v. 6). Por otro, relativiza el matrimonio como estado obligatorio del hombre o de la mujer. Jesús considera claramente el matrimonio como forma de vida de este mundo o siglo presente, destinado a dejar lugar al estado celestial, cuando «ni los hombres tomarán mujeres ni las mujeres tomarán marido, sino que serán como los ángeles en el cielo» (Mt. 22:29; Mc. 12:2). La importancia del matrimonio ha de considerarse secundaria de cara al reino de Dios que se aproxima, de modo que habrá hombres y mujeres que por razón al Reino de los Cielos renunciarán voluntariamente al matrimonio (Mt. 19:11); del que, por otra parte, cara a las tribulaciones del último día, conviene abstenerse (cf. Lc. 14:20; Lc. 17:27; Mt. 24:28).

En la estela dejada por Jesús, san Pablo está de acuerdo en que el célibe se halla menos implicado en los asuntos de la vida y menos limitado por el deseo de complacer a su cónyuge, de modo que puede así consagrarse al servicio del Señor sin distracciones de ningún tipo; pues el que se casa tiene que ocuparse por las cosas del mundo y de cómo agradar a su mujer (1 Co. 7:32-35). Con ello no se está colocando el celibato en un nivel más elevado en la escala de la santidad que el matrimonio. Cada uno tiene que discernir el llamamiento particular y el don personal que haya recibido del Señor (1 Co. 7:7). Personalmente, Él desearía que todos los hombres fueran como Él y que se ahorraran muchos dolores (1 Co. 7:7, 26-31); pero afirma que no hay mal alguno en el matrimonio, sino todo lo contrario (1 Co. 7:27, 28, 36, 39). Cada uno debe buscar la voluntad de Dios de manera individual (1 Co. 7:7-9). Si alguien se siente llamado al celibato, es que el Señor se lo ha dado como don; su soltería podrá quedar ricamente compensada, como en el caso de Pablo, con una gran familia espiritual (1 Co. 4:14-15). Pero si alguien cree que está llamado al matrimonio, es porque en este estado glorificará verdaderamente a Dios, ya que el estado matrimonial no es solamente un pacto o acuerdo entre los contrayentes, sino que el matrimonio cristiano queda subsumido, como todas las demás realidades terrenales, en el misterio de Cristo y su Iglesia (Ef. 5:22-23), de modo que la relación conyugal debe estar regida por los mismos principios de respeto y amor que gobiernan las relaciones entre Cristo y su Iglesia (1 Co. 7:3-4). Así deben entenderlo los conversos venidos de la gentilidad, cuyas costumbres chocaban con las doctrinas y costumbres de un nuevo orden moral más elevado e igualitario. Frente a la anarquía sexual de unos, y el menosprecio de la unión conyugal y la prohibición del matrimonio de otros (1Ti. 4:3), la enseñanza apostólica en estas cuestiones es clara: «Honroso es para todos el matrimonio, y pura la relación conyugal» (He. 13:4). Cristo no viene sólo a salvar al individuo, sino a la «casa»; la reintegración de la pareja constituye, precisamente, el centro de su redención y salvación, esto es, el sentido cristiano del matrimonio. De ahí se sigue que la vida matrimonial según el proyecto original y salvífico de Dios es una condición humana que no todos pueden comprender, sino sólo aquellos a quienes se le ha concedido (cf. Mt. 19:10-11).

Matusalén. Hijo de Enoc y padre de Lamec, descendiente de Set (Gn. 5:21-27). Este patriarca, abuelo de Noé, fue el que más edad alcanzó de todas las personas mencionadas en la Biblia, novecientos sesenta y nueve años en total. Figura también en la genealogía de Cristo (Lc. 3:37).

Mayordomo. Administrador de los bienes de la casa de otro, superintendente. Eliezer era el mayordomo de Abraham (Gn. 15:2; 24:2); José, en cuanto oficial de la corte del faraón, tenía uno a su servicio (Gn. 43:19; 44:1, 4). Eran indispensables en las cortes reales como administradores de todo lo relativo a los asuntos domésticos y la economía. Aparecen mencionados en la corte de David y Salomón (1 Cro. 27:31; 1 R. 4:7), Nabucodonosor (Dn. 1:11, 16) y Herodes (Lc. 8:3). El mayordomo también supervisaba y dirigía al personal doméstico y llevaba las cuentas de la casa; el dispensador que distribuía los artículos y alimentos a los componentes de la casa, tanto para su alimentación como para llevar a cabo sus trabajos (Lc. 12:42; 16:1). Por la naturaleza de sus funciones era un cargo de alta confianza. No había nada más bajo e indigno que un mayordomo infiel (cf. Mt. 20:8).
Según el NT, los ministros de Dios, predicadores, obispos y maestros de la palabra, son los mayordomos o dispensadores que Él ha puesto en su Iglesia (Tit. 1:7; 1 Co. 4:1-2; 1 P. 1:12). Del mismo modo, y en un sentido general, todos los creyentes son dispensadores de las gra-

cias y de los dones que Dios les ha confiado (1 P. 4:10). Lo que se demanda de cada uno es que sea fiel, porque llegará el día en que deberá rendir cuentas de su administración (Lc. 16:2, 9-12).

Medán. Tribu árabe descendiente de Abraham, de un hijo tenido con Cetura; aparece junto a Madián (Gn. 25:2; 1 Cro. 1:32).

Medeba (heb. «aguas de tranquilidad»). Antigua ciudad moabita de la altiplanicie transjordánica, mencionada junto con Hesbón y Dibón (Nm. 21:30), conquistada por el rey amorrita Sihón, que fue privado posteriormente de sus dominios por Israel y asignada a la tribu de Rubén, con su llanura (Jos. 13:9, 16). Aparece, sin embargo, en poder de los moabitas en tiempos de David. Se dice que los amonitas, en guerra contra Israel bajo el reinado de David, tomaron a sueldo un ejército de sirios que marcharon contra Medeba (1 Cro. 19:7). Isaías la considera una ciudad perteneciente a Moab (Is. 15:2).
Su nombre aparece en la estela del rey Mesa (s. IX a.C.), rey de Moab. Sus ruinas reciben el nombre de Mãdabã, y se hallan a 26 km al estesureste de la desembocadura del Jordán en el mar Muerto y a unos 10 km al sur de Hesbón, sobre una eminencia desde la que la ciudad se extendía hacia el este, hasta la fértil llanura.

Media, medos. País del noroeste del Irán, al este de los montes Zagros, al sur del mar Caspio, al oeste del país de los partos, y al norte de Elam. Tenía poco más de 1.000 km de longitud por unos 400 de anchura. Cuando el Imperio estuvo en su apogeo, sobrepasó estos límites, sobre todo al noroeste. El AT menciona a los medos entre los pueblos descendientes de Madai (Gn. 10:2), hijo de Jafet. Se predice que los conquistadores de Babilonia vendrán de Elam y de Media (Is. 21:2, 9) y así se consigna (Is. 13:17, 18; cf. Jer. 51:11, 28). De acuerdo con Dn. 5:30-31, Darío de Media tomó el reino de Babilonia cuando tenía sesenta y dos años, después que Belsasar fuese muerto en ocasión del juicio pronunciado por la escritura misteriosa en la pared del palacio. Ningún documento histórico tiene datos acerca de algún «Darío de Media» que gobernara en torno al 539 a.C. Es evidente que este Darío no es Darío I (522-486 a.C.), que fue emperador después de la muerte de Ciro II. La historia señala que cuando los medos y persas pusieron fin al dominio de Babilonia en el año 539 a.C., el emperador babilónico Nabonido dejó su lugar al gran conquistador Ciro II. Lo que al parecer hace el libro de Daniel es referirse a los personajes que ejercían el gobierno directamente sobre la ciudad de Babilonia en representación del emperador. En el caso de Belsasar, el hijo mayor de Nabonido, hay documentos históricos que registran que el emperador se había retirado a la ciudad de Tema, en Arabia, y había dejado el gobierno de la ciudad de Babilonia en manos de su hijo Belsasar. Es posible que en el caso de Darío de Media haya ocurrido algo semejante, es decir, que al tomar Ciro el control del Imperio haya designado a «Darío el medo» (Dn. 11:1), en un primer momento, como gobernador de Babilonia en representación suya. El Imperio medopersa es el segundo reino de Daniel (cf. Dn. 2:39). El oso (Dn. 7:5) y el carnero de dos cuernos (Dn. 8:3-20) son otros símbolos del Imperio medopersa; uno de los cuernos era más alto que el otro y el más alto creció después (Dn. 7:3), esto significa que en primer lugar se iba a manifestar el poder de los medos, seguido pronto por la prepotencia persa.

Mefi-boset (heb. «el que destruye la vergüenza», esto es, los ídolos). Nombre de dos descendientes de Saúl.

1. Hijo de Saúl y su concubina Rizpa. Fue entregado por David a petición de los gabaonitas y ejecutado, juntamente con los cinco hijos de Merab hija de Saúl (2 Sam. 21:8-9). Los siete cuerpos, protegidos amorosamente por Rizpa permanecieron expuestos a los ataques de los animales salvajes y de las aves y del calor del sol cinco meses (vv. 9-10).
2. Hijo de Jonatán y nieto del rey Saúl. Tenía cinco años cuando su padre y abuelo murieron en la batalla de Gilboa. Aterrorizada ante esta noticia, su nodriza lo tomó y, huyendo, se le cayó, por lo que quedó lisiado de ambos pies (2 Sam. 4:4). Mefi-boset pasó a vivir en Lodebar, al este del Jordán. Queriendo testimoniarle buena voluntad en recuerdo de Jonatán, David lo llamó a la corte, le entregó las posesiones de Saúl, y le dio un puesto en la mesa real (2 Sam. 9:1-13). Durante la revuelta de Absalón, este príncipe se quedó en Jerusalén, y Siba, su siervo, lo acusó de traición. David lo creyó, y dio las tierras de Mefi-boset a Siba. Después de volver David a Jerusalén, el hijo de Jonatán trató de disculparse. David le dio la mitad de sus dominios; Mefi-boset afirmó que no quería nada tanto como el retorno del rey (2 Sam. 16:1-4; 19:24-30). Micaía, hijo de Mefi-boset, perpetuó su dinastía (2 Sam. 9:12).

Meguido (heb. quizá «acuartelamiento»). Plaza fuerte y ciudad real cananea, situada sobre la ladera norte del Carmelo, al oeste de la llanura de Jezreel, en un cruce de carreteras, de gran importancia estratégica, dentro de la Vía Maris, en el trayecto de Sarón a Fenicia.

Dominaba la llanura de Esdraelón y el desfiladero que, a través de los montes, se dirigía a la llanura de Sarón. Según el faraón Tutmosis III, que conquistó la fortaleza hacia el 1478 a.C., la toma de esta plaza significó para los intereses egipcios tanto como la de otras mil ciudades.

Cuando Josué entró en el país, Meguido estaba gobernada por un rey cananeo que fue derrotado por el caudillo judío (Jos. 12:21). Con todo, a los israelitas les fue imposible tomar la fortaleza. Rodeada por territorio de la tribu de Isacar, fue sin embargo asignada a Manasés, que no echó de ella a los cananeos (Jos. 17:11; Jue. 1:27; 1 Cro. 7:29). Dotada de impresionantes murallas de piedra con un espesor original de 4 m (cf. Dt. 1:28), había cerca de ella un curso de agua (Jue. 5:19), que pasaba no lejos de Bet-seán y de Taanac (Jue. 1:27; 1 R. 4:12). La ciudad fue conquistada finalmente por el rey David, quien la fijó como un importante centro regional de su reino. Salomón (971-931 a.C.) hizo de ella la capital de uno de sus distritos fiscales y mejoró su defensa (1 R. 9:15-19; 10:26). Debido a los dos palacios igualmente construidos Meguido constituye el ejemplo más temprano del estilo «real» de la arquitectura israelita.

Con la división del reino pasó a ser parte de Israel. Fue destruida en la campaña militar del faraón Sisac c. del año 920 a.C., y restaurada durante el reinado de Acab (874-853 a.C.), quien la convirtió en la «ciudad de los carros», para lo cual construyó un complejo de establos para unos 450 caballos. Allí murió Ocozías de Judá, a causa de las heridas de guerra recibidas en la batalla contra Jehú (2 R. 9:27). El rey Josías fue muerto en la llanura vecina, durante la batalla entablada entre él y el faraón Necao (609 a.C., 2 R. 23:29; 2 Cro. 35:22). Por él hicieron gran clamor y duelo sus súbditos (2 Cro. 35:25; Zac. 12:11)

Meguido se ha identificado con el Tell el-Mutesellim, explorado desde 1903. Entre otros notables descubrimientos se encuentra el sello de «Schema, funcionario de Jeroboam», sin duda se refiere a Jeroboam II, rey de Israel (782-743 a.C.).

El Armagedón de Ap. 16:16 es el nombre compuesto del monte de Meguido (heb. *har Meguidó*), escenario de numerosas batallas por el control de la ciudad, y mencionado como el lugar de la confrontación final entre las huestes del mal y del Dios Todopoderoso.

Meguido se ha identificado con Tell el-Mutesellim, un impresionante montículo de 23 m de altura, las excavaciones en este lugar son de las que más resultados han dado de toda Palestina. Entre otros, un notable descubrimiento ha sido el del sello de «Schema, funcionario de Jeroboam», sin duda se refiere a Jeroboam II, rey de Israel, 782-743 a.C.

Melita. Isla en el mar Mediterráneo en la que encalló la nave que transportaba a Pablo prisionero a Roma (Hch. 28:1). En la antigüedad había dos islas que llevaban el nombre de Melita: una, la que actualmente se llama Meleda, en el Adriático, a lo largo de Dalmacia. Otra, la actual isla de Malta. En nuestros días todos los comentaristas consideran Malta como la isla en la que naufragó Pablo.

Melquisedec (heb. «rey de justicia»). Rey de Salem (prob. Jerusalén, cf. Sal. 76:3) y sacerdote del Altísimo (Gn. 14:18). Fue al encuentro de Abraham, victorioso de la batalla de los reyes que habían llevado preso a Lot; le ofreció pan y vino, y lo bendijo. Por su parte, el patriarca le dio el diezmo del botín (Gn. 14:17-19). Melquisedec aparece así como un rey cananeo de la época patriarcal y su nombre es semejante al de otro monarca de Jerusalén-Salem, Adonisedec, mencionado en Gn. 10:1.
Este extraño personaje es presentado como sacerdote del Dios Altísimo, heb. *'El elyón*, donde *`El* es el dios supremo cananeo, creador de los seres y padre de los hombres, como le llaman los textos de Ugarit. Abraham identifica esa divinidad con Yahvé, el Dios de Israel, haciendo de Melquisedec un monoteísta. En el Salmo 110:4 adquiere un sentido mesiánico, que es recogido en la epístola a los Hebreos en relación al sacerdocio eterno de Cristo, el Rey Mesías definitivo, el auténtico «sin padre, ni madre, sin genealogía; que ni tiene principio de días, ni fin de vida» (He. 7:3). Rey de justicia según el significado de su nombre, y rey de paz (He. 7:2), dos términos que caracterizan igualmente al Mesías (Is. 9:5; 11:5; 32:1; Jer. 23:5-6; 33:15). A diferencia de Aarón, es mediante juramento que Dios confiere directamente a su Hijo este sacerdocio, de manera que la consagración de Melquisedec no fue hecha según el modo establecido en Israel (Sal. 110:4; He. 7:2-22).

Menahem (heb. «consolador»). Decimosexto soberano de Israel, fundador de la VII dinastía del reino del Norte, que se extinguió con su hijo y sucesor Pekaía. Menahem era hijo de Gadi y parece que era gobernador o jefe del ejército del rey Zacarías. Enterándose en Tirsa de que Salum había dado muerte al rey, Menahem se dirigió a Samaria, dio muerte a Salum y reinó en su lugar (2 R. 15:14). La ciudad de Tirsa rehusó aceptarlo; se apoderó de ella, y cometió crueles atrocidades (2 R. 15:16). Pero no podía acabar de consolidar su poder. Para lograrlo y para sustraer a su reino de las devastaciones que iba a perpetrar el rey de Asiria, Pul (Tiglat-pileser III), Menahem le dio 1.000 talentos de plata, que consiguió mediante un impuesto especial sobre los israelitas

más ricos. Los 1.000 talentos de plata representaban una suma colosal. Se tuvo que obligar a 60.000 israelitas a que aportaran cada uno 50 siclos de plata. Era la primera vez que un ejército asirio penetraba en el territorio israelita. En los monumentos asirios se registra que Menahem estaba entre el número de los vencidos tributarios. Al igual que Jeroboam I, Menahem practicó el culto del becerro de oro.
Este rey estuvo en el trono diez años (752-742 a.C.). Le sucedió su hijo Pekaía (2 R. 15:17-22). Josefo lo describe como extremedamente rudo y cruel (*Ant.* 9, 11, 1). Los profetas contemporáneos Oseas y Amós ofrecen una deplorable imagen de la impiedad, desmoralización y debilidad del reino del Norte durante este período.

Menelao. Nombre común entre los griegos. Benjaminita, sumo sacerdote bajo Antíoco IV Epífanes (175-164 a.C.). Accedió al mismo mediante una gran suma de dinero (2 Mac. 4:23-25), deponiendo a Jasón, que lo había obtenido no hacía mucho mediante la misma táctica. Al no cumplir su compromiso de satisfacer el dinero prometido, fue llamado a la corte del rey en Antioquía. Sobornó al virrey Andrónico para que matase a Onías III, el sumo sacerdote legítimo. Las depredaciones de Menalo y de su hermano Lisímaco produjeron una revuelta popular. Al propagarse la falsa noticia de que Antíoco IV había perecido en la expedición de Egipto (169 a.C.), Jasón expulsó de Jerusalén a Menelao y a sus partidarios, pero el soberano repuso a Menelao por la fuerza, permitiendo saquear el Templo (2 Mac. 5:5-15). Por un tiempo desaparece de la escena histórica, hasta la narracción de su muerte violenta a manos de Antíoco Eupátorr (163 a.C.), asfixiado en una torre llena de ceniza caliente en Berea (Alepo) (2 Mac. 13:3, 4).

Menfis. Forma gr. del egipcio *Mn-nfr*, «el dios permanece». Importante ciudad egipcia, antigua capital del Bajo Egipto. Debido a su situación geográfica, en el paso que separa el Alto del Bajo Egipto, Menes construyó una fortaleza para que sirviera de bastión en un punto neurálgico, en torno al cual surge poco a poco la ciudad de Menfis, elevada sobre la llanura, en la ribera occidental del Nilo, a unos 16 km antes del delta. El nombre sagrado de Menfis era *ha-ptah, paptah*, o *ha-ptah ka*, «la casa del Ka de Ptah», pues allí se adoraba al dios Ptah, creador de la humanidad. Se le adoraba también bajo la forma de Apis y estuvo asimismo asociado a Osiris. La clase sacerdotal tuvo un papel importante en el desarrollo de las ciencias, las letras y las artes. Cuando la capitalidad pasó a Tebas, Menfis siguió siendo una ciudad floreciente; empezó a declinar a partir de la fundación de Alejandría.

Después de la caída de Jerusalén y del asesinato de Gedalías, los judíos huyeron a Egipto; algunos de ellos se establecieron en Menfis (Jer. 44:1). Jeremías y Ezequiel anunciaron juicios sobre ella (Jer. 46:19; cf. 2:16; 46:14; Ez. 30:13, 16; cf. Is. 19:13; Os. 9:6).

Menit. Región de los alrededores de Hesbón, en Jordania. Allí, los hombres de Jefté derrotaron de manera aplastante y definitiva a los hijos de Amón (Jue. 11:33; Ez. 27:17).

Merab (heb. «incremento»). Hija mayor de Saúl (1 Sam. 14:49). Su padre prometió darla en matrimonio a David, en cuanto vencedor de Goliat, y después se echó atrás y la dio a Adriel meholatita (1 Sam. 18:17-19), con quien tuvo cinco hijos, los cuales fueron entregados por David a los gabaonitas, que los colgaron en venganza de una matanza hecha por Saúl entre ellos (2 Sam. 21:8). De esta manera se extinguió la familia de Saúl.

Merari (heb. «amargo, triste»). Hijo de Leví y fundador de una de las tres grandes familias de los levitas (Gn. 46:11; Éx. 6:16; Nm. 26:57). Nació en Canaán y acompañó al patriarca Jacob a Egipto. Sus descendientes jugaron un papel preponderante en el curso de la historia de Israel, desde el éxodo y la peregrinación por el desierto, el establecimiento en Canaán y la monarquía hasta la vuelta del cautiverio en Babilonia (Nm. 3:35-36; 4:29-33; 1 Cro. 6:31, 44; 25:3; 2 Cro. 29:12; Esd. 8:18, 19).

Mercurio. Divinidad romana correspondiente al gr. Hermes, mensajero de los dioses. Estaba sobre todo al servicio de Júpiter (gr. Zeus), a quien acompañaba. La mitología le atribuye gran agilidad y elocuencia, y se le tenía por el inventor de las letras, de la música y de otras artes.

Los habitantes de Listra consideraron a Pablo y Bernabé como dioses al haber sanado a un tullido de nacimiento. Como Pablo era el que llevaba la voz cantante, los paganos lo tomaron por Mercurio, y creyeron que Bernabé era Júpiter (Hch. 14:12).

Meriba (heb. «contienda», «querella»). Nombre de dos lugares relacionados con una fuente.

1. Nombre asociado con el de Masah para indicar el lugar de Horeb, cercano a Refidim, donde el pueblo altercó con Moisés (Éx. 17:1-7) a causa de la falta de agua. Allí Dios hizo salir agua de la roca.
2. Otro lugar cercano a Cades-barnea (cf. Jos. 14:6, 7) en el desierto de

Sin; el pueblo se rebeló de nuevo contra Moisés y contra Yahvé por la falta de agua. No tiene nada de extraño que la falta de agua provocara numerosos episodios de descontento, en lugares distantes, a lo largo de los casi cuarenta años de peregrinación por el desierto. Para distinguir este lugar del anterior, se denomina gral. «aguas de Meribá» (Nm. 20:13, 24; Dt. 33:8; Sal. 81:8; 106:32; Ez. 47:19; 48:28), a veces especificando el lugar concreto: Cades (Nm. 27:14; Dt. 32:51). Moisés, en lugar de hablar a la roca como Yahvé le había mandado, la golpeó dos veces. A causa de ello, Dios no les dejó entrar en la tierra prometida al final de la peregrinación en el desierto (Nm. 20:1-13; cf. Dt. 3:23-29). No tiene nada de extraño que la falta de agua provocara numerosos episodios de descontento, en lugares distantes, a lo largo de los casi cuarenta años de peregrinación por el desierto.

Merib-baal (heb. «rebelión de Baal»). Nombre primitivo de dos descendientes del rey Saúl, cambiado por el de Mefi-boset para no pronunciar el nombre idolátrico de Baal (1 Cro. 8:34; 1 Cro. 9:40; 2 Sam. 4:4). Parece ser que Baal y Boset son convertibles entre sí. El primero es más antiguo en la familia de Saúl, pero fue eliminado cuando el nombre baal adquirió su específico sentido idolátrico. Entre los ancestros de Saúl encontramos un tal Baal, nombre conservado sólo en las listas de Crónicas (1 Cro. 8:30; 9:36).

Merodac-baladán (heb. «Marduk ha dado un hijo»). Rey de Babilonia, hijo de Baladán (2 R. 20:12), originario de Bit-Yakin, cerca de la desembocadura del Eufrates, zona originaria de los caldeos. Hábil, valiente y decidido, se hizo el jefe de ellos. Hacia el año 731 a.C., se sometió a Tiglat-pileser III, rey de Asiria. Pero en el año 722, durante el asedio de Samaria por los ejércitos asirios, los babilonios se enteraron de la muerte del rey asirio Salmansar V, entonces Merodac-baladán aprovechó esta circunstancia para apoderarse del trono de Babilonia. Sargón, rey de Asiria, reconoció su independencia en el año 721 a.C. Merodac-baladán reinó durante 11 años. Fue él quien hacia el año 712 envió una embajada a Ezequías que, bajo el pretexto de una visita de cortesía (2 R. 20:12-19; 2 Cro. 32:31; Is. 39:1-8), debía esforzarse en convencerlo para que se coaligara con los soberanos de Babilonia, Susa, Fenicia, Moab, Edom, Filistea y Egipto, contra el dominio de Asiria. Sargón deshizo este plan, atacando individualmente a sus enemigos antes de que se hubiesen aliado de manera formal, y los fue venciendo uno a uno. En el año 710, Sargón se apoderó de Babilonia; el año 709 se hizo con Bit-Yakin, cayendo en sus manos Merodac-baladán, que estaba refugiado allí. Sin embargo, los asirios le dejaron establecido en Bit-Yakin. En el año 703 volvió a entrar en Babilonia, haciendo de Borsipa su residencia favorita. Este segundo reinado, sin embargo, no duró ni un año. Senaquerib, hijo y sucesor de Sargón, lo venció y lo envió a Bit-Yakin.

Merom (heb. «lugar elevado»). Lago en las colinas del norte de Palestina, cuyas proximidades fueron el escenario de la gran victoria hebrea sobre los cananeos del lugar, allí fueron vencidos los reyes cananeos del norte y sus aliados por Josué (Jos. 11:5, 7). Por lo general, estas «aguas» son identificadas con el lago que solían formar las aguas del Jordán a casi 18 km al norte del lago de Galilea. Este lago, desecado recientemente por el Estado de Israel para dedicar los terrenos arrebatados a las aguas a fines agrícolas, medía alrededor de 6,6 km de largo por 5,5 de ancho; la cuenca del lago se halla a 210 m por encima del Mar de Galilea y su superficie se hallaba a 2 m por encima del nivel del Mediterráneo.

Mesa. Nombre de varios personajes del AT, entre ellos el rey de Moab, hijo de Quemós-melec; sometido por Omri y Acab, a quien pagaba un tributo anual de cien mil corderos y cien mil carneros con sus vellones (2 R. 3:4), pero rehusó continuar durante el reinado de Ocozías (Josefo, *Ant.* 9, 2, 1; 2 R. 1:1). Después de la muerte de Acab se negó a continuar pagando tributo. Joram de Israel empezó una expedición contra él con la ayuda de Josafat de Judá (2 R. 3). Viéndose vencido en Kir-hareset, el rey de Moab sacrificó a su primogénito a su dios Quemós, quemándolo sobre la muralla. Los israelitas, horrorizados, levantaron el sitio y se volvieron a sus lugares sin haber obligado a Mesa a pagar el tributo (2 R. 3:25-27). Fue el deseo de conmemorar este suceso una de las razones que impulsaron a Mesa a levantar la famosa piedra que lleva el nombre de Estela de Mesa o Piedra de Moab.

Mesec (heb. «posesión»). Pueblo descendiente de Jafet (Gn. 10:2). Ocupaba la Armenia menor, al nordeste de Capadocia, más allá de las fronteras septentrionales de Asiria, en la región montañosa del curso superior del Eufrates. Aliado de Tubal y aliado, o súbdito, de Gog, príncipe de Ros, de Mesec y de Tubal (Ez. 32:26; 38:2, 3; 39:1). Este pueblo comerciaba con esclavos, especialmente mujeres para los harenes turcos, y utensilios de bronce en los mercados tirios (Ez. 27:13).

Meselemías (heb. «recompensado por Yahvé»). Levita de la descedencia de Coré, que en tiempo del rey David fue uno de los encargados, junto con sus hijos y hermanos, de velar por el orden y la santidad del templo como guardián de las puertas (1 Cro. 26:1-2, 9, 14). En otros pasajes recibe diversos nombres: Salum y Selemías (1 Cro. 9:19; 26:14).

Mesías. Forma helenizada del heb. *Mashíakj*, «ungido», al que corresponde el gr.*Christos*. En heb. el término «mesías» designaba al que había recibido la unción de aceite sagrado al comienzo de su función, p. ej., el sumo sacerdote (Lv. 4:3; 10:7; 21:12), y el rey (2 Sam. 1:14, 16; 24:6, 10; Sal. 2:2). Cuando Dios prometió a David que el trono y el cetro se quedarían siempre dentro de su familia (2 Sam. 7:13), el término «ungido» adquirió el sentido particular de «representante de la línea real de David» (Sal. 2:2; 84:10; 89:39, 52; 132:10, 17; Lam. 4:20; Hab. 3:13). Los profetas hablan de un rey de esta línea que será el gran liberador del pueblo (Jer. 23:5, 6); su origen se remonta a los días de la eternidad (Miq. 5:1-5); establecerá para siempre el trono y el reino de David (Is. 9:5-7). El Mesías es el Ungido por excelencia, aquel que por el Espíritu de Dios recibe el poder de liberar a su pueblo y de establecer su reino de paz y abundancia (Is. 7-11; Miq. 5; Jer. 33: Zac. 9:9ss.).

La esperanza de un Mesías estaba ligada a la creencia de que el pueblo de Israel había sido llamado a desempeñar un rol especial en la historia de la humanidad. En el período intertestamentario, especialmente durante la dominación romana, la esperanza del advenimiento de un Mesías político-guerrero estaba en casi todas las mentes. La mayoría de los judíos pensaba que se trataría de un descendiente de la dinastía davídica que vendría con poder a librar a Israel del yugo extranjero para colocarlo como cabeza de las naciones. En la comunidad de Qumrán, por ejemplo, se basaba esta esperanza en textos como Dt. 18:18 y Nm. 24:17. Este tipo de expectación provocó no pocos disturbios, al presentarse personajes que se atribuían el papel del Mesías.

De manera que el lenguaje utilizado por los ángeles cuando anunciaron a los pastores que había nacido «un Salvador, que es Cristo el Señor» (Lc. 2:11) no era del todo desconocido. Es evidente que Jesús no andó proclamando su mesianidad en público (cf. Is. 42:21). Se puede decir que dejaba que sus obras hablaran por Él, en su calidad de enviado del Padre (Jn. 5:36). Sin embargo, no tenía reparos en declararse el Mesías en privado (cf. Mt. 16:16-17; Jn. 4:25.26). A sus discípulos, pues, se presentó siempre como el Mesías, pero dio instrucciones estrictas de «que a nadie dijesen que Él era Jesús el Cristo» (Mt. 16:20). Esto se debía, entre otras razones, a que Jesús sabía que la expectación del pueblo, aun de sus más íntimos discípulos, no reflejaba la realidad de la verdadera misión del Mesías.

Para los miembros de Qumrán la función primera del Mesías sería la de suprimir a los enemigos de Israel o someterlos. Frente al Mesías guerrero, aniquilador de sus enemigos, Jesús fue poco a poco enseñando a su discípulos que «era necesario que el Cristo padeciera» (Lc. 24:26), fuera muerto y resucitara. La muerte redentora del Cristo en una cruz no estaba dentro de la concepción mesiánica popular. Por eso, cuando le crucificaron, los sacerdotes le gritaban: «El Cristo, Rey de Israel, descienda ahora de la cruz, para que veamos y creamos» (Mc. 15:32). Pero con su gloriosa resurrección y el período de enseñanza que tuvo con sus discípulos después de ella, las Escrituras fueron abiertas para la mente de éstos, que comprendieron, entonces, en toda su magnitud, la verdadera función del Mesías Por eso Juan, en su Evangelio dice: «Éstas [cosas] se han escrito para que creáis que Jesús es el Cristo, el Hijo de Dios, y para que creyendo, tengáis vida en su nombre» (Jn. 20:31). Ése fue el centro del mensaje de los apóstoles: «Que a este Jesús a quien vosotros crucificasteis, Dios le ha hecho Señor y Cristo» (Hch. 2:36).

Mesopotamia (gr. «país entre los ríos»). Nombre empleado por los geógrafos griegos y romanos para designar todo el país situado entre el Tigris y el Eufrates, excepto las regiones montañosas donde se hallan las fuentes de ambos ríos y exceptuando asimismo, en el otro extremo, el final de la llanura babilónica. Dentro de estos límites se distinguen la alta Mesopotamia, accidentada, fértil, y la baja Mesopotamia, que es un desierto, sobre todo en las proximidades del Tigris.

Era una región de gran fertilidad, que gracias al buen uso del agua producía trigo, cebada, maíz, higos, dátiles, granadas, etc. En la antigüedad había todo un sistema de canales de irrigación que permitía el sustento de una densa población con un elevado grado de civilización. Grandes reyes como Rim-Sin de Larsa y Hammurabi de Babilonia se glorificaban por sus grandes obras al respecto.

Mezuzá (heb. «poste» o «jamba de la puerta»). Según la tradición judía, la santidad del hogar judío está simbolizada en la Mezuzá, pequeño rollo de pergamino manuscrito de manera especial, colocado en un estuche y fijado en la jamba derecha de la puerta de cada hogar judío. Ello da fe, también, de la cuidadosa vigilancia que Dios ejerce sobre el hogar y todo lo que este último contiene, recordando tanto a moradores como a visitantes, a la entrada misma del recinto, que «esta casa es un santuario del Todopoderoso».

La Mezuzá contiene dos pasajes bíblicos mencionados en Deuteronomio 6:4-9; 11:13-21. El uno declara la unidad del único Dios y el deber sagrado y eterno de servirle y el otro expresa la seguridad que Dios otorga a los que guardan los preceptos de la Torá. En el reverso del pergamino aparece el Nombre Divino Shadai, que forma al mismo tiempo un acróstico con el significado de «Guardián de las puertas de Israel». Se acostumbra colocar la mano derecha sobre la Mezuzá y besarla tanto al entrar como al salir de la casa. Lo mismo se hace, generalmente, durante el transcurso de la plegaria nocturna, antes de retirarse a descansar.

Micael (heb. «¿Quién es como Dios?»). Nombre de varios personajes del AT, entre ellos:

1. Padre de Setur, príncipe de la tribu de Aser, enviado por Moisés a explorar la tierra de Canaán (Nm. 13:13).
2. Uno de los jefes de la tribu de Manasés que se unió a David al volver a Siclag (1 Cro. 12:20).
3. Uno de los hijos del rey Josafat, rey de Judá, que fue asesinado juntamente con sus hermanos por su también hermano Joram, ascendiente al trono (2 Cro. 21:2-4).
4. Hijo o descendiente de Zebadías, que regresó del cautiverio con ochenta hombres (Esd. 8:8).

Micaía (heb. «¿Quién es como Yahvé?»). Nombre de varios personajes del AT, entre ellos un efrainita del tiempo de los Jueces que levantó un santuario en su casa, hecho que posteriormente dio lugar al santuario cismático de Dan; hurtó mil cien siclos de plata a su madre, y después los restituyó. Su madre le dio entonces doscientos al fundidor para que hiciera una imagen de talla y un ídolo de metal, que puso en la casa de Micaía, confiando su culto a uno de sus hijos. Poco después le pidieron a un levita que iba de paso que se quedara como sacerdote de este culto degenerado. Micaía pensaba que un levita, aunque no tuviera la unción sacerdotal, podría tomar con ventaja a su hijo el efrainita. El levita aceptó, a cambio de dinero y sustento, celebrar estos ritos idolátricos, violando el segundo mandamiento, lo que nos da una idea de la anarquía y formalidad religiosa del momento. Más tarde, los danitas, que se dirigían en un movimiento migratorio hacia el norte, persuadieron a este levita de que les siguiera, llevándose consigo, a pesar de las protestas de Micaía, su ídolo de fundición, que fue establecido en Dan y pasó a ser un santuario en tiempo de Jeroboam (Jue. 17 y 18).

Micaías (heb. «¿Quién es como Yahvé?»). Nombre de al menos seis personajes del AT, entre ellos un profeta de Samaria. Históricamente es el profeta más antiguo del que tenemos noticia. Ejerció su ministerio en

Israel bajo el reinado de Acab, quien le ordenó, al igual que a los profetas de Baal, que dijera cuál sería el resultado de la expedición proyectada contra Ramot de Galaad. Miqueas comenzó prediciendo irónicamente lo que el rey quería oír; el rey, sin duda dándose cuenta del sarcasmo en el tono de su voz, le conminó a que le dijera qué era lo que iba a suceder. Entonces el profeta, en nombre de Yahvé, anunció que Acab moriría en la batalla. El rey de Israel ordenó que Micaías fuera echado en la cárcel, y que fuera dejado a pan y agua, hasta que la victoria de los israelitas demostrara la falsedad de esta profecía. Sin embargo, Acab murió conforme a la palabra de Yahvé dicha por Micaías (1 R. 22:8-28; 2 Cro. 18:6-27).

Mical (heb. «¿Quién cómo Dios?»). Hija menor del rey Saúl (1 Sam. 14:49). Se casó con David (1 Sam. 18:27-28). Ella lo ayudó más tarde a escapar de las maquinaciones de Saúl. En ausencia de David, al haber huido de las iras del rey, su padre la casó con Palti, hijo de Lais (1 Sam. 25:44). Abner, general de Is-boset, se alió con David, para exigir su devolución (2 Sam. 3:15). Más tarde, cuando David devolvió el arca a Jerusalén, entró con ella danzando, Mical le reprochó con sarcasmo una actitud que ella consideraba humillante. Mical murió sin hijos (2 Sam. 6:14-23).

Micmas. Localidad cercana a la montaña de Bet-el (1 Sam. 13:2); al este de Bet-avén (1 Sam. 13:5), al norte de Geba (1 Sam. 14:5; Is. 10:28, 29). Los filisteos acamparon en este lugar para combatir contra Saúl. Jonatán y su escudero tuvieron el valor de atravesar una escarpada garganta cuya cumbre estaba ocupada por los filisteos; el ejército de Israel los siguió y acabaron poniendo a los ejércitos de los filisteos en desbandada (1 Sam. 13:5-7, 15; 14:1-23). El desfiladero de Micmas se llama hoy Mukhmãs, término que sigue evocando el antiguo nombre. Se halla a 12 km al nor-noreste de Jerusalén, y a 5 km al sursureste de Bet-el. Mukhmãs es asimismo un pueblo pequeño; la garganta se puede identificar probablemente con el wadi es-Suweinît.

Midrás (heb. «investigar», «examinar»). Nombre usado para designar varias formas de escritos explicativos y exegéticos judíos de las Escrituras redactados en hebreo o arameo. Estos escritos constan de las interpretaciones que diversos rabinos dieron a las leyes y costumbres estipuladas en el AT. Los elementos más antiguos de los textos midrásicos fueron compuestos, al parecer, antes del 100 a.C. por los escribas; los más tardíos pertenecen al siglo VI d.C.

Un midrás es una serie de explicaciones, desarrollos poéticos y comentarios homiléticos que acompañan al AT. Se distinguen los Midrás *Halakah* y los *Haggadah*. Los primeros, que acompañan la Torá, como p. ej. Melquita, Siphra y Siphre, y los segundos, como Midrás rabba, el Gran Midrás, que acompañan la Torá y el megil-lot. El Midrás halákico trata las cuestiones legales a partir de la ley escrita; mientras que el Midrás hagádico es de carácter narrativo, formado por leyendas, sermones e interpretaciones de las partes narrativas de la Biblia y relativos a la ética y a la teología más que a la ley. Las formas y estilos de estos escritos reflejan una considerable flexibilidad, y van desde parábolas y sermones hasta las codificaciones de la ley.

Desde el punto de vista cronológico, se pueden identificar en primer lugar los midrasim tannaíticos, es decir, las interpretaciones de los maestros de la ley oral, que van desde el siglo I a.C. hasta la redacción final de la Misná (siglo III d.C.). Estos midrasim se atribuyen sobre todo a las dos principales escuelas rabínicas de la época: la de Hillel y la de Shammai. A su vez, una segunda fase cronológica midrásica guarda relación con el período de los amoraim, es decir, de los rabinos o intérpretes que vivieron entre la redacción final de la Misná y el final de la época talmúdica (siglo VII d.C.).

Miel. Sustancia dulce fabricada por las abejas, que obtienen a partir del néctar de las flores y frutos, almacenándola en las celdillas de un panal de cera (Jue. 14:8; Sal. 19:11). La miel era un alimento muy apreciado, y ello especialmente porque sustituía al azúcar (Gn. 43:11; 2 Sam. 17:29); se comía directamente del panal, o se extraía de diversas maneras (Éx. 16:31; 1 Sam. 14:26). El maná tenía sabor como de hojuelas con miel (Éx. 16:31). El país de Canaán es descrito como manantial de leche y miel (Éx. 3:8, 17; 13:5, 33:3), señal de su prosperidad y bondad.

Migdol (heb. «torre»). Nombre de varios lugares del AT.

1. Campamento de los israelitas cuando huían de Egipto; estaba cerca del mar Rojo (cf. Éx. 15:4, 22; Dt. 11:4); delante de Pihahirot y de Baal-zefón (Éx. 14:2; Nm. 33:7); posiblemente torre de atalaya.
2. Lugar en donde se asentaron algunos judíos después de la captura de Jerusalén por Nabucodonosor y a los cuales atacó Jeremías por la idolatría en que habían caído (Jer. 44:1; 46:14).
3. Ciudad de Egipto, desde la cual y contra la cual Ezequiel dirige un oráculo, anunciando la destrucción de Egipto (Ez. 29:10; 30:6). Puede ser identificada con Magdali, mencionada en las tabletas de Tell el-Amarna, la actual Tell el-Heir, a 18 km al sur de Pelusa.

Miguel (del heb. *Mikaél*, «¿Quién cómo Dios?»). Nombre de un arcángel, uno de los principales caudillos celestiales; ayudó al ángel resplandeciente vestido de lino a combatir contra el ser espiritual que era el príncipe detrás del reino de Persia (Dn. 10:13). Es descrito como ángel protector de Israel (Dn. 10:21; 12:1). Con sus ángeles, libra una guerra victoriosa contra los enemigos del pueblo de Dios (Ap. 12:7). Después del exilio, los judíos elaboraron un extenso cuerpo de doctrina de angeología e hicieron de Miguel uno de los siete arcángeles (Tob. 12:15). Gabriel es el segundo (Dn. 8:16; 9:21). Judas habla de Miguel disputando con Satanás sobre el cuerpo de Moisés (Jud. 9; cf. 2 P. 2:11). El Targum de Jonatán menciona este hecho a propósito de Dt. 34:6, y atribuye el enterramiento de Moisés a Miguel y a otros ángeles.

Milagro, del latín *miráculum*, «hecho admirable», corresponde a varios términos hebreos que más que el milagro en sentido teológico expresan el asombro que produce en los sujetos que son testigos del mismo. Propiamente el milagro es una intervención sobrenatural en el mundo natural, que aporta una revelación singular de la presencia y del poder de Dios. Se puede explicar como interferencia del Creador dentro de la acción ordinaria de las fuerzas de la naturaleza. El resultado es un acontecimiento no esperado, cuyo origen es atribuible a Dios. En un sentido estricto, no se da el nombre de «milagro» a cualquier hecho o acontecimiento debido a causas sobrenaturales ni a coincidencias extraordinarias (calificadas en ocasiones de «providenciales»). Para la Biblia, toda la naturaleza depende totalmente del Creador como su causa; no se trata de un universo puramente material gobernado por «leyes inmutables». La esencia del milagro no es que sea «sobrenatural», sino que constituye una prueba clara y singularmente notable de la intervención especial de Dios en un momento determinado de la historia en orden a llevar a cabo sus propósitos con la humanidad.

En el AT el milagro se concibe como un acto mediante el cual Dios interviene directamente en la vida de los hombres, sea inmediatamente bajo la forma de ángel de Yahvé; o mediatamente por la alteración del curso de la naturaleza mediante la misma naturaleza (p. ej. el abrirse de las aguas del mar en dos gracias a que Dios «envió un viento que apartó las aguas» [Éx. 14, 21]).

En el NT los milagros ocupan un lugar muy importante en el relato evangélico. Todos los relatos de milagros presentes en los Evangelios se caracterizan por una intención teológica del evangelista que quiere expresar con ellos algún aspecto de la personalidad de Jesús. Así pues, se ve claramente que para Marcos los milagros están destinados a mostrar el poder de Jesús con el que establece su Reino; para Mateo deben interpretarse más bien como signos que revelan la misericordia de Dios con los afligidos y con los que lloran por el sufrimiento y la enfermedad; para Lucas son sobre todo signos que manifiestan a Jesús como profeta del Altísimo, que ha venido a liberar a su pueblo; para Juan, finalmente, son signos de la gloria que resplandece ya en la actividad terrena del Maestro.

Teológicamente, los milagros tienen una finalidad: se dan para impresionar al hombre y para ayudarle a creer. Es un signo que provoca la reflexión y el discernimiento; pero para cumplir su propósito no tiene que quedarse solamente en el orden de la naturaleza o en la parte psicológica de la persona –asombro, admiración—, sino que también debe alcanzar su interior, y operar la transformación del corazón que se abre a la fe. El milagro por sí solo no basta, siempre tendrá necesidad de un serio discernimiento para que se valore la densidad de su contenido de revelación. Después de haber dado señales patentes de su naturaleza y misión divinas, Jesús afirma a sus interlocutores que debían creer a causa de las obras mismas (Jn. 10:25, 37-38). Afirma que ellas dan suficiente testimonio de su autoridad, y lanza reproches contra aquellos que no aceptan el testimonio (Mt. 11:3-5, 20-21; 12:28; Jn. 5:36; 14:11; 15:24; 20:30-31). Sin embargo, los milagros no pueden sustituir a la fe en modo alguno. El faraón, que había exigido un milagro para creer, rehusó dejarse convencer a pesar de todas las evidencias (Éx. 7:9, 13, 22-23; 11:9-10, etc.). Los contemporáneos de Cristo que habían visto, y demandado, tantas señales sobrenaturales, endurecieron sus oídos y cerraron sus ojos a fin de no ser ganados (Jn. 12:37-40; Mt. 13:13-15). Hay una búsqueda de milagros que procede de la carne y no de la fe, la de los judíos anteriormente citados (Mc. 8:11, 12; Jn. 2:18; cf. 1 Co. 1:22) y la de Herodes por ejemplo (Lc. 23:8). A éstos les dice Jesús, en tono de reproche: «Si no viereis señales y prodigios no creeréis» (Jn. 4:48).

Milca (heb. «reina»). Nombre de dos mujeres del AT.

1. Hija de Harán y esposa de Nacor, el hermano de Abraham y de Harán y, por lo tanto, tío suyo (Gn. 12:29). Con Nacor tuvo ocho hijos (Gn. 20:20, 23), uno de los cuales fue Betuel, padre de Rebeca, la futura hija de Isaac (Gn. 24:15, 24, 47).
2. Una de las hijas de Zelofehad, de la tribu de Manasés (Nm. 26:33). Junto con sus cuatro hermanas reclamó la herencia de su padre por carecer de hermanos que pudieran perpetuar el nombre de su padre (Nm. 27:1). A partir de ellas, Moisés estableció

que la herencia pasase igualmente a la hijas y así la propiedad pudiera seguir llevando el nombre del padre, pero con la condición de que se casasen con un varón de la misma tribu (Nm. 36:11).

Milcom (heb. «su rey»). Deidad principal de los semitas orientales venerada desde el siglo XXIV a.C. y dios nacional de los ammonitas (Jer. 49:1, 3), para cuyo culto Salomón edificó un altar en el monte de los Olivos, que pasó a ser llamado «monte de la Destrucción» o de la ofensa (2 R. 23:13). Milcom es gral. identificado con Moloc, aunque éste fue adorado en lugares distintos y de manera diferente, a saber, mediante el sacrificio de niños arrojados al fuego en el valle de Hinóm.

Mileto. Ciudad portuaria en la costa de Asia Menor en la que se asentaron colonos griegos sobre la población ya existente allí desde tiempos prehistóricos. Fue destruida por los persas en el 494 a.C. Reconstruida unos años más tarde, Alejandro Magno la volvió a destruir y luego pasó a poder romano, recuperando su esplendor. El apóstol Pablo se detuvo en su puerto (Hch. 20:15-38). Desde allí, el apóstol hizo llamar a los ancianos de Éfeso, para despedirse de ellos de una manera solemne (Hch. 20:17-38). En 2 Ti. 4:20 dice el apóstol Pablo que había dejado a Trófimo enfermo en Mileto.

Milo (heb. «relleno»). Bastión de Jerusalén en tiempo de David, reconstruido posteriormente por Salomón (2 Sam. 5:9; 1 R. 9:15, 24; 11:27; 1 Cro. 11:8; 2 Cro. 32:5); y más tarde aún, por Ezequías, en previsión de la invasión asiria (2 Cro. 32:5).

Milla, del lat. *milliarium*, «mil». Medida de longitud equivalente a 3.200 codos, alrededor de 1.480 m (Mt. 5:41). Las millas se acotaban en las vías romanas por medio de mojones o piedras miliares, algunas de las cuales se han conservado en Palestina.

Mina (heb. «peso»). Unidad de peso de metales preciosos, que también sirivió de moneda. Su valor varía en distintos países y épocas. 100 siclos hebreos (1 R 10:17), en griego ático eran 100 dracmas, con un peso de alrededor de 425 gramos de plata.

Minit (heb. «distribución»). Ciudad de Transjordania citada con motivo de la campaña de Jefté contra los amonitas (Jue. 11:33). Era una ciudad famosa por la excelencia de su trigo, que exportaba a los mercados de Tiro (Ez. 27:17).

Miqueas (heb. «¿Quién como Yahvé?»). Profeta y autor del Libro de Miqueas. Aparentemente originario de Moreset-gat (Miq. 1:14), indudablemente en el Reino del Sur (Judá), no lejos de Gat, la ciudad filistea de la que dependió el pueblo natal de Miqueas durante un cierto tiempo. Profetizó durante los reinados de Jotam, Acaz y Ezequías (Miq. 1:1; Jer. 26:18); inició su carrera poco después de Oseas e Isaías, contemporáneos suyos (Miq. 1:1; cf. Is. 1:1; Os. 1:1). Le tocó vivir el triste momento de la caída de Samaria en poder asirio (año 721 a.C.) y la terrible deportación de sus habitantes en masa. El rey de Judá, Ezequías (727-698), preparó una insurrección contra Senaquerib, pero fracasó y fue obligado a pagarle un fuerte tributo (701 a.C.; cf. 2 R. 18:13-16). Un inesperado acontecimiento en el ejército asirio supuso la gloriosa liberación de Judá.

Miqueas, Libro de. Sexto de los profetas menores. En su forma actual, es una colección de oráculos de amenaza y de promesa. Los desmanes cometidos por la opresión de los poderosos, rompiendo la unidad fraterna, hacen necesario el juicio y castigo divino (caps. 1-3), pero más allá del castigo purificador brilla la esperanza de las promesas (caps. 4-5).

Su estilo es sencillo, elegante, directo. El profeta denuncia abiertamente el pecado (Miq. 1:5; 2:1, 2; 6:10-12). Las transiciones son a menudo bruscas, pero casi siempre se puede discernir la razón. Miqueas arroja interrogantes (Miq. 1:5; 2:7; 4:9; 6:3, 6, 7, 10, 11), ironiza (Miq. 2:11), emplea una metáfora, la prolonga (Miq. 1:6; 3:2, 3, 6; 4:6-8, 13; 6:10, 11, 14, 15). Es aficionado a los juegos de palabras, usándolos abundantemente en el primer capítulo, y quizás aparece uno en el último párrafo del libro. Su discurso, de alabanza a Jehová, se basa en la pregunta: «¿Qué Dios como tú?», frase que se corresponde, en heb., con el nombre Miqueas.

La fe de Miqueas se apoya sobre lo que conoce de Dios por su ley y por su manera de actuar hacia el pueblo y hacia los individuos (Miq. 2:7; 6:3-5; 7:15). El Señor, juez justo, ama la misericordia. Demanda que su pueblo practique la justicia y la caridad. El profeta exhibe fuerza y valor envuelto en las promesas divinas. Sabe que la seguridad de Israel reposa sobre el pacto de Dios con su pueblo, sobre la promesa de la salvación hecha a Abraham (Miq. 7:20) y que se centra sobre el Hijo de David (Miq. 5:2-6; cf. Lc. 1:72-75). Los enemigos del Reino no podrían prevalecer. El cap. 5 se basa sobre la misma verdad mesiánica que la del Sal. 2; tiene como fundamento las declaraciones de Dios, al igual que el sublime mensaje de perdón y de restauración de Miq. 7:8-20.

La profecía comienza bajo Jotam (Miq. 1:1) y se extiende desde el año 745 hasta el 715 a.C. El contexto demuestra que, siendo posterior a Omri y a Acab (Miq. 6:16), data de la época en que Israel temía el poder amenazador de Asiria (Miq. 5:5, 6). El libro fue escrito, al menos parcialmente, durante la época en que Samaria y el reino del norte existían aún (Miq. 1:6, 14). En cuanto a Miq. 1:5-7, no se puede determinar cuánto tiempo antes de la caída de Samaria fueron pronunciadas estas palabras. En efecto, desde la época de Uzías y de Jotam, los profetas anunciaron que era inminente el juicio de Samaria (Os. 1:6; 3:4; 5:9; Am. 2:6; 3:12; 5:1-3, 27; 6:1, 7-11, 14; Is. 7:8, 9; 8:4), y que Judá sería devastado (Os. 5:10; Am. 2:4; Jl. 6:1, 11-13; 7:17-25). La alusión a la devastación de Basán y de Galaad podría ser indicación de un período posterior al año 733-732 a.C., año en el que Tiglat-pileser deportó a sus habitantes (Miq. 7:14). Este versículo menciona el establecimiento de los israelitas en este país desde la conquista de Josué (cf. Miq. 7:14, 20). La proclamación de Miq. 3:12 fue dada ya en época de Ezequías, pero es posible que Miqueas haya anunciado esta catástrofe con anterioridad.

Aunque centrado en Judá y en el reino del sur, las profecías de Miqueas tratan del conjunto de Israel (Miq. 1:1, 5-7, 9-16). Las transiciones bruscas indican que el libro resume la enseñanza del profeta, en lugar de constituir una transcripción de sus diferentes discursos. El imperativo «¡oíd!» repetido tres veces introduce tres secciones, cada una de las cuales termina con una nota de esperanza.

Mira. Ciudad costera de Licia, en Asia Menor, en la punta sudoccidental de la península de la Anatolia, actual Turquía. La ciudad se hallaba a orillas del río Andraco y a unos 4 km de la desembocadura del valle del Miro, al pie de unos acantilados completamente perforados por tumbas. Una garganta daba paso a la región montañosa del interior. El nombre moderno de esta ciudad es Dembra. El puerto fluvial permitía la arribada de barcos que desde Egipto conducían el trigo a Ostia, o de los que hacían el comercio con otras regiones costeras, gracias a los silos que Adriano estableció en él en el siglo II. Pablo, prisionero y de camino a Roma, cambió de nave en este puerto (Hch. 27:5, 6).

Miriam. Hermana de Moisés y Aarón. En el éxodo de Egipto se puso a la cabeza de las mujeres que celebraron el paso del mar Rojo, danzando al son de los panderos (Éx. 15:20, 21). Miriam fue profetisa, y Dios le había dado un lugar tras sus hermanos, encargados de conducir al pueblo de Israel (Miq. 6:4; Éx. 4:15, 29, 30). Alegando el matrimonio de Moisés con una mujer etíope, Miriam incitó a Aarón a rebelarse en contra de él. Entonces quedó atacada por la lepra, en castigo a su resistencia a la voluntad divina. Moisés intercedió por su hermana; Dios la sanó, pero el pueblo se vio retrasado en su marcha hasta que ella volvió a entrar en el campamento (Nm. 12:1-16; Dt. 24:9). Miriam murió y fue sepultada en Cades (Nm. 20:1).

Mirra. Resina gomosa de un árbol arbustivo que crece en el Yemen y en regiones circundantes en África. Su color varía desde un amarillo rojizo pálido hasta un marrón rojizo o rojo. Su sabor es amargo, y tiene propiedades astringentes, usándose como antiséptico y estimulante. Se usaba como perfume (Sal. 45:8), y era uno de los ingredientes del «aceite de la santa unción» para los sacerdotes (Éx. 30:23); se usaba también para la purificación de las mujeres (Est. 2:12) y para perfumar los lechos y las vestimentas (Sal. 45:9; Prov. 7:17; Cnt. 3:6). Fue uno de los presentes de los magos (Mt. 2:11).

Mirto. Arbusto muy abundante en Israel, que se caracteriza por sus aromáticas ramas y por sus hojas, que están verdes en todas las estaciones del año. Crecía en los montes vecinos a Jerusalén. Se trata indudablemente del mirto común, *Myrtius communis*, que se halla por toda Palestina. En las visiones mesiánicas aparece como señal de abundancia y prosperidad (Is. 41:19; 4:13). Durante la Fiesta de los Tabernáculos se usaban sus ramas para hacer cabañas (Neh. 8:15).

Misael (heb. «¿Quién es lo que es Dios?»). Nombre de tres personajes del AT.

1. Levita de la familia de Coat y de la casa de Uziel (Éx. 6:22; Lv. 10:4). Junto con su hermano Elzafán fue llamado por Moisés para que se llevasen los cuerpos de Nadab y Abihú fuera del campamento.
2. Uno de los tres amigos de Daniel, a quien los babilonios llamaron Mesac. Educado en la corte de Babilonia, se negó a adorar la estatua de oro erigida por Nabucodonosor en Dura, entonces fue arrojado a un horno encendido, del cual salió ileso junto a sus compañeros (Dn. 1:6, 11, 19; 2:17; 1 Mac. 2:59).
3. Uno de los asistentes de Esdras cuando éste leyó la ley al pueblo, con motivo de la renovación de la alianza (Neh. 8:4).

Misia. Región situada en el extremo noroeste del Asia Menor. Limitada al norte por el Propóntido (mar de Mármara), al sur por Lidia, al este por Bitinia, al Oeste por el Helesponto (nombre antiguo de los Dardanelos). El territorio de Misia englobaba Tróade, donde había estado situada la ciudad de Troya (Ilion). Pablo y Silas pasaron a Troas, una de las ciudades de Misia (Hch. 16:7, 8). Los compañeros de Pablo se dirigieron por mar a Asón en Misia, donde Pablo se unió a ellos habiéndose dirigido allí por tierra (Hch. 20:13). Pérgamo, una de las siete iglesias de Asia, estaba también en Misia (Ap. 1:11; 2:12-17).

Misná (heb. «repetición»). La Misná puede significar varias cosas: la tradición oral, globalmente considerada; las enseñanzas de los doctores rabínicos hasta el siglo II d.C., y la colección del material hecha por Yehudah ha-Nasi, en el siglo II-III d.C. El continuo cambio de situaciones y circunstancias por los que pasó el pueblo judío planteó de forma muy problemática la tensión entre la inmutabilidad sagrada de la Ley escrita y la necesidad de continuas adaptaciones a las necesidades de los diversos ambientes y circunstancias. A diferencia de los sacerdotes y de los saduceos, más ligados al culto del templo y al carácter literal de la Ley escrita, los fariseos se dedicaron a una laboriosa obra con vistas a acercar la Ley al pueblo, haciendo posible la aplicación correcta de la misma a las nuevas situaciones cotidianas, políticas y religiosas. Gracias a rabí Yojanán ben Zakai, que logró escapar del sitio de Jerusalén en tiempos del emperador romano Tito y fundar una escuela cerca de Jaifa, la tradición hebrea logró renacer después de la destrucción del Templo y la abolición del culto. Él y un grupo de rabinos comenzaron a poner por escrito las enseñanzas orales de los maestros fariseos antes de que se perdiesen para siempre. Hacia el año 200 d.C., el rabino Yehuda Ha-Nâsî fijó por escrito todas las tradiciones rabínicas halladas en los registros privados de sus predecesores. Así surgió la Misná, que recoge dictámenes de cinco o seis generaciones de unos 260 doctores de la Ley, llamados *tannaim,* «los que enseñan», para contraponerlos a los doctores posteriores a la redacción de la Misná que se llaman *amoraítas,* «los que hablan».

Los comentarios interpretativos (*midrasim*) de los *tannaim* se movían en dos direcciones: una narrativa (*haggadá*), la otra moral-jurídica (*halaká*). Para finales del siglo II d.C., estos comentarios ya estaban recogidos y transcritos en la Misná, a la que pronto se reconoció autoridad en las escuelas rabínicas. La Ley oral fue atribuida a Moisés, en paridad con la Ley escrita o Torá, dado que la Ley oral o «tradición de los ancianos» representaba el desarrollo y explicitación de aquélla. Según el tratado misnaico *Pirqe Abot,* Dios reveló la ley oral a Moisés en el Sinaí y éste la transmitió a sus sucesores.

Después de la muerte de Yehuda Ha-Nâsî se sintió la necesidad de completar y de explicar la Misná. Los dos comentarios de la Misná redactados por los doctores judíos de las escuelas de Tiberias (Palestina) y de Babilonia reciben el nombre de *Guemará,* escrita en arameo y que recoge comentarios posteriores redactados a partir del estudio de la Misná, cuyo texto estudia en detalle, con carácter preferentemente haggádico. Estas dos partes unidas —Misná y Guemará— constituyen el *Talmud* o «estudio», que también contiene las *Hagadot,* conjunto de proverbios, fábulas y relatos populares que se intercalaban en medio de los debates, y las *Halajot,* plural de *halaja,* que significa «la conducta» o «la marcha».

La colección de normas tanaíticas fuera de la Misná, no recogidas por Yehudah ha-Nasi, se han conservado en dos obras independientes; la *Toseftá,* o «suplemento», escrita en arameo, y las Baraytot o leyes «externas». La *Toseftá* (siglo III d.C.) tiene la misma división en órdenes y tratados, a imitación de la Misná.

El contenido de la Misná es principalmente jurídico-religioso (*halaká*), y contiene por tanto las leyes tradicionales, a las que se trató de hallar base bíblica, como leyes deducidas de un minucioso análisis exegético, realizado según el método llamado *midrás* y a partir del texto sagrado. No hace diferencia entre derecho religioso y civil.

Misrefot-maim (heb. «aguas ardientes»). Lugar cerca de Sidón hasta donde Josué persiguió a los cananeos vencidos, después de la muerte de Jabín (Jos. 13:6). Parece ser un valle situado en una región montañosa, cerca de la frontera norte de Canaán, que linda con el país de los sidonios, en la actualidad Khirbet el-Musheirifieh, al norte del Carmelo.

Misterio de iniquidad. Expresión utilizada por el apóstol Pablo para describir la actuación del poder anticristiano en su propio tiempo (2 Tes. 2:7), cuyo significado no es claro. Pablo lo asocia al «hombre de maldad» (v. 3), y lo presenta como la antítesis de la ley, por eso lo caracteriza con el adjetivo *anomía,* «sin ley». Este «misterio» no hace referencia a una persona, como en el caso del Anticristo, sino a un principio religioso-político, que bien podría ser una referencia velada al culto imperial, que por entonces comenzaba a imponerse por la fuerza a la generalidad de los ciudadanos romanos.

Mitilene. Capital de la isla griega de Lesbos, en el mar Egeo, cerca de la costa de Asia Menor. De esta ciudad salió san Pablo para Quío, y de allí a Mileto, en su tercer viaje misionero (Hch. 20:13-15). Mitilene era la ciudad natal de Alceo, el poeta, y de Pitacos, el estadista, uno de los siete sabios de Grecia, y de la poetisa Safo. En la actualidad toda la isla se llama Mitilene.

Mitrídates (del persa «don de Mitra»). Nombre de dos funcionarios persas.

1. Tesorero bajo Ciro rey de Persia; él fue quien devolvió los vasos sagrados a los judíos (Esd. 1:8).
2. Uno de los gobernadores de Samaria que, bajo Artajerjes Longimano, se quejaron de la restauración de los muros de Jerusalén, acusando a los judíos de intenciones rebeldes (Esd. 4:7).

Mizpa (heb. «observatorio», «torre de vigilancia»). Nombre de varios lugares del AT.

1. Nombre de un túmulo de piedras al norte del Jaboc. Se le dio el nombre de Galaad («majano del testimonio»), para recordar que Dios era el garante del pacto concertado entre Labán y Jacob (Gn. 31:44-49).
2. Ciudad de Galaad, al este del Jordán (Jue. 10:17; 11:11). Se trata sin duda de Mizpa de Galaad (Jue. 11:29) y de Ramat-mizpa («altura de Mizpa») (Jos. 13:26); conocida asimismo con los nombres de Ramot en Galaad (Dt. 4:43; 1 R. 4:13), y de Ramot (2 R. 8:28, 29). Situada en los confines de Gad (Jos. 13:26), asignada a los levitas (Jos. 21:38), fue declarada ciudad de refugio (Dt. 4:43; Jos. 20:8). Allí residió Jefté (Jue. 11:34). También residió allí un intendente de uno de los doce distritos establecidos por Salomón (1 R. 4:13). Israelitas y sirios se disputaron esta ciudad (1 R. 22:3; 2 R. 8:28). Judas Macabeo la tomó e incendió (1 Mac. 5:35). Según Eusebio, se encontraba a unas 15 millas romanas al oeste de Filadelfia, sobre el Jaboc.
3. Lugar al pie de Hermón (Jos. 11:3). La expresión «país de Mizpa» es, prob., sinónimo de valle de Mizpa. Probablemente está situada a unos 13 km al oeste-noroeste de Banias, en Mutallah, en el extremo meridional de Merj' Ayûm, llanura grande y fértil, entre el Hasbãny y el Lîtãny, pero ciertos arqueólogos opinan que se debe hallar más hacia el este.
4. Pueblo de la llanura de Judá, o en sus proximidades (Jos. 15:38). Eusebio la sitúa al norte de Eleuterópolis (Beit Jibrîn) en dirección a Jerusalén. En nuestros días se propone o bien Khirbet Sãfiyeh, a más de 3 km al noreste de Beit Jibrin, o bien Sufiyeh, a unos 9 km al norte de Beit Jibrin.
5. Ciudad de Benjamín muy bien conocida por el hecho de que allí eran convocadas las tribus en la época de los Jueces (Jue. 20:1-3; 21:1, 5, 8; 1 Sam. 7:5, 17; 10:17). No estaba lejos de Ramá (Jos. 18:25, 26; 1 R. 15:22) y estaba cerca de Jerusalén (1 Mac. 3:46). El rey Asa la fortificó contra las tribus del norte (1 R. 15:22; 2 Cro. 16:6). Después de la destrucción de Jerusalén, el gobernador judío

Gedalías, puesto por los babilonios, se instaló en Mizpa (2 R. 25:23-25; Jer. 40:6-16; 41:1-16). Fue repoblada por los que volvieron del cautiverio babilónico (Neh. 3:7, 15, 19). Robinson la sitúa en Neby Samwîl, a más de 7 km al noroeste de Jerusalén, pero en la actualidad se identifica más bien con Tell en-Nasbeh, a 13 km al norte de Jerusalén.

6. Localidad de Moab, a donde David llevó sus padres para evitar que fueran perseguidos por su causa (1 Sam. 22:3); el ponerlos bajo la protección de un rey moabita indica que se trataba de una ciudad real, posiblemente Rujm el-Meshrefet, al oeste-suroeste de Mãdãbã.

Mizraim. Hijo segundo de Cam y padre de Ludim, Anamim, Lehabim, Naftuhim, Patrusim, Casluhim, de quien descendieron los filisteos, y los caftorim (Gn. 10:6, 13-44; 1 Cro. 1:8, 11-12). En la tradición judía es el cabeza de la familia de la cual salieron los egipcios, por lo cual la LXX traduce 87 veces el término Mizraim por Egipto, el Alto y Bajo Egipto, regiones colonizadas por los descendientes de Cam.

Mnasón. Uno de los primeros cristianos oriundos de Chipre, aunque como Bernabé debió vivir en Jerusalén (cf. Hch. 11:19, 20). Era bien conocido a los cristianos de Cesarea y puede que fuera amigo de Bernabé (Hch. 4:36). Acompañó a Pablo desde Cesarea a Jerusalén durante su último viaje y le ofreció hospitalidad (Hch. 21:16).

Moab (heb. «agua [semilla] de su padre»). Hijo de Lot y de su primogénita, nacido tras la destrucción de Sodoma y Gomorra y presentado como epónimo de los moabitas (Gn. 19:37).

Moab, moabitas. Nombre del país y de los descendientes de Moab, hijo de Lot (Gn. 19:37). Estaban muy estrechamente relacionados con los amonitas (Gn. 19:37, 38). Ya muy numerosos para la época del cruce del mar Rojo por parte de los israelitas (Éx. 15:15), los moabitas ocupaban la región que se extendía desde la llanura de Hesbón hasta el wadi Seil el-Kerãhi, en el extremo meridional del mar Muerto, que separaba Moab de Edom. Asociados a los amonitas, absorbieron y destruyeron a los supervivientes de la fuerte raza que había ocupado antes que ellos el país del este del Jordán (Dt. 2:10, 11, 19-21; cf. Gn. 14:5). Poco antes de la llegada de los israelitas, Sehón, rey de los amorreos, arrebató a Moab las tierras de pastos del norte del Arnón, que siguieron siendo llamadas «campos de Moab», aunque los moabitas quedaran limitados por un tiempo al sur del Arnón (Nm. 21:13-15, 26-30). Estos últimos querían comerciar con los israelitas (Dt. 2:28, 29), pero les rehusaron el derecho de paso por su tierra (Jue. 11:17; cf. Dt. 23:4). Bajo órdenes de Jehová, Moisés prohibió a los israelitas que atacaran a Moab, indudablemente por su grado de parentesco (Dt. 2:9; cf. v. 19). Inquieto a la vista de los campamentos israelitas, el rey de Moab pidió a Balaam que maldijera a los recién llegados (Nm. 22-24; Jos. 24:9). Jehová ordenó a Israel que excluyera de su asamblea a los moabitas y a los amonitas hasta la décima generación; el pueblo de Dios no debía asociarse con ellos (Dt. 23:3-6; Neh. 13:1). El último campamento antes de cruzar el Jordán fue establecido en Sitim, en las llanuras que habían pertenecido a Moab (Nm. 22:1; Jos. 3:1). Allí mujeres amonitas y moabitas sedujeron a los israelitas a la impureza y a la idolatría (Nm. 25; Os. 9:10).

Al comienzo de la época de los Jueces, Eglón, rey de Moab, invadió Canaán, haciendo de Jericó su capital y oprimiendo a los israelitas de la meseta vecina durante 18 años, siendo después asesinado por Aod (Jue. 3:12-30). Elimelec emigró al país de Moab; Orfa y Rut, sus nueras, fueron moabitas. Rut se casó con Booz y vino así a ser la bisabuela del rey David (Rt. 1:22; 4:3, 5, 10, 13-17; Mt. 1:5-16). Saúl luchó contra los moabitas (1 Sam. 14:47). David, proscrito, puso a su padre y a su madre bajo la protección del rey de Moab (1 Sam. 22:3, 4). Después de su accesión al trono, David venció a los moabitas, los sometió bajo tributo y dio muerte a un gran número de ellos (2 Sam. 8:2, 12; 1 Cro. 18:2, 11). Sometidos a Omri y a su hijo, los moabitas se sublevaron después de la muerte de Acab. Ni Ocozías, enfermo debido a una caída accidental, ni Joram pudieron vencer a los moabitas (2 R. 1:1; 3:4-27; cf. artículo MESA [Estela]). Josafat era entonces rey de Judá. Los moabitas se aliaron con los amonitas, edomitas y otros pueblos, a fin de invadir el territorio de Judá; sin embargo, los coaligados se mataron entre sí, y Judá se vio librada del peligro que se cernía sobre ella (2 Cro. 20:1-30; cf. Sal. 60:8; 83:7; 108:10).

En el año de la muerte de Eliseo, hordas de moabitas invadieron el reino de Israel (2 R. 13:20); tributarios de Tiglat-pileser y de Senaquerib, reyes de Asiria, penetraron en Judá bajo el reinado de Joacim (2 R. 24:2). Entonces cayeron en poder de Moab numerosas localidades al norte de Arnón (cf. Is. 15). Los profetas denunciaron con frecuencia y duramente a Moab, tipo de los enemigos del reino de Dios (Is. 15; 16; 25:10; Jer. 9:26; 25:21; 27:3; 48; Ez. 25:8-11; Am. 2:1, 2; Sof. 2:8-11). Algunos judíos abandonaron Jerusalén al acercarse Nabucodonosor, refugiándose en los campos de Moab, pero volvieron a Judá cuando Gedalías fue nombrado gobernador (Jer. 40:11 ss.). Nabucodonosor sometió a los moabitas (*Ant.* 10:9, 7). Dejaron de tener un papel importante en tanto que nación, pero su raza no se extinguió (Est. 9:1; Neh. 13:1, 23; *Ant.* 1:11, 5).

El límite de Moab era al oeste el mar Muerto. El Seil de Kerãhi era su límite al sur, separándolo del territorio de Edom. En su parte superior este wadi recibe el nombre de el-Hesã. La exactitud de estas fronteras queda confirmada por la mención de las ciudades moabitas. Al este se hallaba la tierra de nadie del desierto (Nm. 21:11) y los amorreos e israelitas reconocieron el Arnón como frontera septentrional de Moab (Nm. 21:13; Dt. 2:36; 3:12; Jos. 12:1; Jue. 11:18). Pero los moabitas habían ocupado anteriormente un vasto territorio al norte de Arnón (Nm. 21:26) que ocuparon con frecuencia y que siempre reivindicaron como suyo (Is. 15). La mayor parte de Moab está constituida por una accidentada meseta a unos 975 m por encima del nivel del Mediterráneo; tierra de pastos. La linde occidental cae a plomo hacia el mar Muerto. Valles profundos cortan este acantilado. La expresión «campos de Moab» significa «territorio de Moab» (Gn. 36:35; Nm. 21:20). Frente al Jordán se hallaban unas planicies que también habían pertenecido a Moab (Nm. 22:1; 33:48, 49). Estas llanuras se extendían al este del río, frente a Jericó, y a lo largo de la ribera oriental del mar Muerto.

Modin. Localidad de Judá, adonde Matatías se retiró, escapando de Jerusalén, posiblemente a causa de la situación religiosa de la ciudad (1 Mac. 2:1). Allí llegaron los emisarios de Antíoco con ánimo de helenizarlo, pero Matatías permaneció fiel a su fe y costumbres, degollando a uno de los judíos helenizados y al emisario del rey, con lo que comenzó la revuelta macabea. A su muerte, Matatías fue enterrado en esta ciudad, lo mismo que sus hijos Judas y Jonatán. A la muerte de éste, Simón erigió un famoso mausoleo que se veía desde el mar (1 Mac. 2:70; 9:19).

Moisés (heb. «sacado de», a saber, del agua). El nombre de Moisés ha sido objeto de debate, la etimología popular hebrea unió el nombre de Moisés al acto de la princesa egipcia de sacar al niño de las aguas, derivándolo de *masá*, «sacar» (Éx. 2:10), aunque es improbable que una princesa egipcia le diera un nombre hebreo. Las referencias extrabíblicas a Moisés son tardías y aparentemente dependen todas del texto bíblico, concretamente del Pentateuco, los demás libros de la Biblia o bien se limitan a simples alusiones a la «Ley de Moisés», o a la exaltación de su memoria, como los Salmos y libros sapienciales. Los profetas apenas le mencionan (Jer. 15:1; Miq. 6:4). La ausencia de carácter biográfico en los relatos canónicos fue suplida por la tradición rabínica con narraciones midrásicas, muchas de carácter legendario.

Hoy existe un acuerdo general entre los estudiosos de que el cuerpo de leyes y de relatos atribuidos tradicionalmente a Moisés parten del mismo Moisés, con la asistencia probable de varios escribas. Moisés era de la tribu de Leví, de la familia de Coat y de la casa de Amram (Éx. 6:18, 20). Su madre se llamaba Jocabed (Éx. 6:20). El edicto que ordenaba arrojar a los niños varones hebreos recién nacidos a las aguas del Nilo puso en peligro su vida. Su madre lo escondió durante tres meses en su casa; no pudiéndolo esconder ya más, lo puso en una arca hecha de juncos, luego de pedir a su hija Miriam que vigilara la arquilla. La hija de Faraón lo descubrió en la orilla del río donde se bañaba y tuvo lástima de él. Entonces Miriam preguntó a la princesa si le daba permiso para conseguir una nodriza para el niño, a lo que la princesa accedió. De esta manera, Moisés recibió su primera formación de manos de su propia madre bajo la protección de la hija de Faraón. Cuando fue destetado (a la edad que se puede suponer de tres años, cf. 1 Sam. 1:24), lo llevó a la princesa, que lo adoptó, y le puso por nombre Moisés (Éx. 2:1-10). Educado en la corte, Moisés, sin embargo, no olvidó nunca su origen hebreo. Hacia el final de su formación en Egipto, había ya comprendido que Dios lo llamaba a ser el juez y liberador de los israelitas. Viendo que un egipcio golpeaba a un hebreo, dio muerte al egipcio, y escondió su cuerpo en la arena. Este incidente le obligó a huir al país de Madián, renunciando al título de hijo de la hija de Faraón. Tenía entonces 40 años (Éx. 2:11-15; Hch. 7:23-28; He. 11:24, 25). En Madián ayudó a las hijas del sacerdote Jetro a abrevar sus rebaños. Jetro le ofreció hospitalidad, trabajo y a una de sus hijas, Séfora, como esposa, con la que Moisés tuvo dos hijos: Gersón y Eliezer (Éx. 2:22; 18:3, 4). En Madián permaneció 40 años (Hch. 7:30), participando de la vida de un pueblo que descendía de Abraham y que posiblemente adoraba al mismo Dios que él (cf. Éx. 18:10-12). Hacia el final de este período, el futuro caudillo de Israel vio un fenómeno asombroso: una zarza ardiente que no se consumía, desde la que oyó la llamada divina (Éx. 3:11-13). Moisés salió hacia Egipto con su esposa Séfora y sus dos hijos (Éx. 4:18-20), uno de los cuales, indudablemente el menor, no había recibido aún la circuncisión a causa de la oposición de la madre (Éx. 4:24-26). Moisés y Aarón se presentaron en numerosas ocasiones a Faraón para comunicarle que Dios exigía la partida de los israelitas. El rechazo del rey a obedecer atrajo sobre él mismo y sobre su pueblo las diez plagas (Éx. 5-13:16). Cuando llegó el momento del éxodo, Moisés, bajo orden de Jehová, acaudilló a los hebreos.

En el monte Sinaí Dios se manifestó a Moisés de una manera muy personal; el pueblo oyó la voz de Dios, pero sólo el profeta fue admitido a hablar con Jehová como un amigo (Éx. 24:9-11; 33:11, 17-23; 34:5-29). El Dios de Israel fue revelando gradualmente a su servidor lo que debía enseñar al pueblo. Así es como Moisés recibió en el monte los Diez Mandamientos y las leyes que los acompañaban. Inmediatamente después, el profeta pasó sobre el monte cuarenta días de ayuno, en el curso de los cuales Dios le reveló la forma, las dimensiones, los materiales y los utensilios del Tabernáculo que debería erigir en el desierto. Asimismo, Moisés recibió las dos tablas de piedra en las que estaba grabado el Decálogo. Descubriendo a su descenso del monte que el pueblo se había entregado al culto del becerro de oro, Moisés, indignado, quebró las tablas de piedra. Este gesto hizo comprender al pueblo que el Pacto con Jehová estaba asimismo roto. Los levitas ejecutaron a continuación a todos los israelitas que se obstinaban en adorar al becerro de oro. Después de haber actuado como juez, Moisés intercedió ante Dios en favor de los israelitas, ofreciendo incluso su propia salvación por la de ellos (Éx. 32:32; cf. Ro. 9:3). La Ley fue dada otra vez sobre dos tablas nuevas semejantes a las primeras (Éx. 19; 20; 32-34). En las dos ocasiones en que pasó cuarenta días en el monte, Moisés no comió ni bebió (Éx. 24:18; 34:28; Dt. 9:9, 18). Más adelante, Elías observaría un ayuno idéntico (1 R. 19:8). Los ayunos de estos dos profetas prefigurarían el de Jesús (Mt. 2:4). El nombre de Moisés quedará asociado para siempre a las leyes promulgadas en el Sinaí y en el desierto.

Poco después de pasar a Cades, Coré y otros príncipes se rebelaron contra Moisés y Aarón, pero Dios los destruyó (Nm. 16). La segunda vez que plantaron sus reales en Cades, Moisés cometió una falta contra Dios (Nm. 20), que le privó de entrar en la Tierra Prometida. Sabiendo que su muerte estaba ya cercana Moisés tomó las últimas disposiciones y dio su discurso de despedida al pueblo y señaló a Josué como su sucesor por designación divina. En presencia del sumo sacerdote, Moisés le impuso las manos a la vista de todo el pueblo que tenía que acaudillar (Nm. 27:18-23, Dt. 34.9). Después Moisés enseñó al pueblo un cántico lleno de sabiduría divina (Dt. 32), dio su bendición a las distintas tribus (Dt. 33), ascendió al monte Nebo, desde donde contempló la Tierra Prometida, y murió a la edad de 120 años sobre la cumbre del Pisga. «Sus ojos nunca se oscurecieron, ni perdió su vigor» (Dt. 34:7). El mismo Dios lo sepultó en el valle (Dt. 34:6).

La vida de Moisés en el NT se resume en el discurso de Esteban (Hch. 7:20-45), los detalles de la zarza ardiente (Mc. 12:26), la serpiente de bronce (Jn. 3:14), el paso del mar Rojo (1 Co. 10:2; He. 11:23-29); el resplandor de su rostro (2 Co. 3:7); el cántico de los mártires de Ap. 15:3. Pero sobre todo aparece como la autoridad representada por la ley, que precede a la dispensación de la gracia: «La ley fue dada por medio de Moisés, pero la gracia y la verdad nos han llegado por medio de Jesucristo» (Jn. 1:17; cf. Hch. 13:39). Jesús se considera superior a Moisés, el cual dio testimonio anticipado de Él (Jn. 1:45; Hch. 3:22; Lc. 24:27). Moisés aparece junto a Elías en el episodio de la Transfiguración de Jesús, donde habló con él acerca de su muerte en Jerusalén, que sería el cumplimiento de los tipos presentes en la ley (Mt. 17:3).

Moloc (heb. «sacrificio», «ofrenda»). Divinidad de los semitas occidentales, sobre todo de los cananeos y de los fenicios, adorada por los amonitas (1 R. 11:7). El artículo que precede al término en heb. indica que no se trata de un nombre propio, sino de una expresión que significa «aquel que reina». Recibía también el nombre de Milcom (1 R. 11:5, 33; Jer. 49:1, 3; Sof. 1:5). Esta divinidad presentaba uno de los aspectos de Baal (Jer. 32:35), nombre propio que es asimismo nombre común, sinónimo de señor.

Bajo el nombre de Melcart, «rey de la ciudad», Baal recibía en Tiro sacrificios humanos. El culto a Moloc demandaba holocaustos de niños que le eran quemados vivos. Para ello, eran depositados en los brazos del ídolo, que estaban en posición de pendiente. Al son de tambores y cánticos la víctima rodaba hacia una apertura por donde caía a un horno caliente. Las motivaciones de este sacrificio eran varias: desde emergencias nacionales hasta el mero cumplimiento de un voto por un don recibido de parte del dios. La edad de los niños sacrificados oscilaba entre recién nacidos hasta tres e incluso cuatro años; no se trataba siempre del primogénito, como se ha asumido en ocasiones. De hecho, se han hallado urnas en el Tofet de Cartago con dos o tres cadáveres de niños sacrificados, entre los tres-cuatro años de edad y recién nacidos, pertenecientes a una misma familia. Se trataba de una práctica que, como han documentado las excavaciones de Cartago, se llevaba a cabo con regularidad y normalidad. Esta práctica aumentó con la sofistificación de la civilización urbana cananea, en contra de las concepciones evolucionistas del progreso. En Cartago, las prácticas no cesaron totalmente ni aun cuando la autoridad romana, después de la conquista de la ciudad, dio muerte a los criminales sacerdotes de Baal, colgándolos de los árboles de su mismo santuario.

En la Ley de Moisés se condenaba a muerte a todo el que fuera culpable de este abominable crimen (Lv. 18:21; 20:1-5). A pesar de ello, Salomón, ya anciano, erigió un altar a Milcom para complacer a sus mujeres amonitas. Durante los siglos posteriores, se sacrificaron niños a Moloc, quemados vivos, en el lugar alto de Tofet, en el valle de Hinom

(Sal. 106:38; Jer. 7:31; 19:4, 5; Éx. 16:21; 23:32, 39; cf. Is. 30:33). Acaz hizo morir así a sus propios hijos (2 Cro. 28:3); Manasés inmoló, igualmente, al menos, a uno de sus hijos (2 R. 21:6). Los israelitas del reino del norte practicaron también este rito horrendo (2 R. 17:17; Éx. 23:37). Josías destruyó los altares que Salomón había erigido sobre el monte de la perdición (una de las cumbres del monte de los Olivos) para este falso dios y para otros ídolos. El rey Josías profanó el lugar alto de Tofet (2 R. 23:10, 13).

Monoteísmo, del gr. *mónos*, «uno», y *theós*, «Dios». Confesión y adoración de un solo y verdadero Dios, con exclusión de cualquier otro. La Biblia, de principio a fin, enfatiza el monoteísmo y muestra su exclusividad frente a cualquier otra pretensión. La confesión por excelencia de Israel es: «Oye, Israel: Yahvé nuestro Dios, Jehová uno es» (Dt. 6:4). En el Decálogo se prohíbe explícitamente la adoración de ningún otro Dios que el eterno Dios con existencia esencial y absoluta (Éx. 20:3, 5). En el libro de Isaías se afirma rotundamente que fuera de Yahvé no hay Dios (Is. 44:6).

Monte de los Olivos. Elevación al este de Jerusalén, frente a la ciudad, y separado de ella por el valle del Cedrón (2 Sam. 15:14, 23, 30). Su cumbre y la ladera más alejada se hallaban a un camino de sábado (alrededor de 900 m) de la ciudad (Hch. 1:12). David, en su huida de Absalón, anduvo por esta colina, con los pies descalzos y la cabeza velada. En su cumbre había un santuario donde se solía adorar a Dios, heb. Elohím (2 Sam. 15:32). La misma colina es llamada posteriormente «monte de la Destrucción» (2 R. 23:13), sin duda por los ritos idolátricos llevados a cabo por Salomón en el lugar. En Neh. 8:15 es llamado enfática y singularmente «el monte». Ezequiel vio la gloria de Yahvé resplandeciendo sobre este monte al abandonar Jerusalén y el Templo (Ez. 11:23). Zacarías tuvo una visión profética del retorno del Señor con todos Sus santos, posando sus pies sobre el monte de los Olivos, y liberando a su pueblo (Zac. 14:4-5; cf. Hch. 1:11-12).
Jesús visitó frecuentemente este monte (Lc. 21:37; 22:39; Jn. 8:1). De allí descendió para recibir las aclamaciones de la muchedumbre (Lc. 19:37, 38). Sentado en este monte, frente a Jerusalén, Jesús anunció a sus discípulos la destrucción del magnífico Templo y de la ciudad (Mt. 24:3; Mc. 13:3). Después de haber celebrado su última Pascua, Jesús se retiró al monte de los Olivos (Mt. 26:30; Mc. 14:26). El huerto de Getsemaní se extendía al oeste, al pie de esta colina, o ligeramente sobre su falda. Betania y Betfagé se hallaban sobre su flanco oriental (Mt. 21:1; Mc. 11:1; Lc. 19:29). La ascensión del Señor se produjo cerca de

Betania, en el monte de los Olivos (cf. Lc. 24:50; Hch. 1: 6-12). El monte de los Olivos es indiscutiblemente la elevación que en árabe recibe el nombre de Jebel et-Tûr, al este de Jerusalén.

More. Nombe del árbol donde Abraham erigió un altar a Yahvé, que se le había aparecido en el lugar (Gn. 12:7; Dt. 11:29, 30). Es probable que fuera bajo este mismo árbol que Jacob enterró los ídolos que su familia había traído de Harán (Gn. 35:4). Fue sin duda en More que Josué erigió una piedra conmemorando la renovación del pacto, y allí también, muchos años más tarde, que los hombres de Siquem se reunieron para coronar a Abimelec (Jos. 24:26; Jue. 9:6), aunque los términos traducidos encina y terebinto sean ligeramente diferentes en estos diversos pasajes.

Moria (heb. «visto, o escogido por Yahvé»). Región a la que acudió Abraham para sacrificar a Isaac (Gn. 22:2). Se trata probablemente del país donde una colina, llamada asimismo Moria, vino a ser más tarde el lugar donde se construyó el Templo de Salomón. En dicho monte Moria se hallaba la era de Ornán el jebuseo. David la compró y erigió allí un altar. Salomón edificó en ese sitio el Templo (2 Sam. 24:18; 2 Cro. 3:1).

Mosera, Moserot (heb. «cadenas»). Vigésimo cuarto campamento de los israelitas por el desierto, al pie del monte Hor (Nm. 33:30, 37, 38). Aquí Moisés reorganizó sus huestes y las dirigió camino del mar Rojo, conforme Dios había ya manifestado (Nm. 14:25). A pocas horas de distancia del Gebel Madeirah, en dirección oeste, que era la que el pueblo había tomado para contornear el país de Edom, camino del mar Rojo, existe una reducida comarca, llamada hoy Madeirah, que podría corresponder con el lugar bíblico, pues el terreno y sus alrededores ofrece extensión más que suficiente para permitir el campamento de una numerosa caravana.

Muerte. La muerte es el fin de la existencia corporal al haber dejado de funcionar los órganos vitales del cuerpo. En la Escritura se reconocen cuatro clases de muerte y en todas se da una separación, no una destrucción: a) Muerte física. b) Muerte espiritual. c) Muerte segunda. d) Muerte al pecado. La primera es la cesación irreversible de las funciones vitales corporales. La muerte es física por cuanto nuestro cuerpo retorna al polvo (Gn. 3:19; cf. 2 Sam. 14:14; Ro. 6:23; He. 9:27). No se destruye la persona, sino que se separa el alma del cuerpo, alma o espíritu que regresa a Dios (Ecl. 12:7). La segunda, es la que ocurre cuando el ser humano se separa de Dios por falta de interés o por expresa hostilidad (Gn. 2:17; Ro. 5:12, 14, 17, 21). La «muerte segunda» sólo es mencionada en Ap. 2:11; 20:6, 14; 21:8. Se trata de una condición de cosas que sigue a la resurrección de los muertos. Es sinónimo de infierno, o del «lago de fuego» (Ap. 20:14; 21:8). La «muerte al pecado» significa la «separación» del pecado, echar a un lado «las obras de la carne» (Ro. 8:13).

La muerte, en cualquiera de los sentidos anteriormente citados, se considera siempre como la consecuencia penal del pecado, por ello la humanidad pecadora está sometida a la muerte desde los días de Adán (Ro. 5:12). El cristiano, mediante la fe en Cristo, pasa de muerte a vida (Jn. 5:24; 1 Jn. 3:14).

Mujer. El relato de la creación de la mujer significativamente ocupa un lugar privilegiado en el relato de Gn. 2. No es creada de repente, sino que aparece como un acto de deliberación divina por el que se busca una «ayuda idónea» para el hombre, pues la soledad no es buena para él (v. 18). Yahvé hace a la mujer de la costilla del hombre, con lo cual se indica la identidad de naturaleza y la igualdad de dignidad de la mujer respecto al hombre, además de la natural atracción entre los sexos como partes de un todo. Al verla, el hombre se reconoce a sí mismo en la mujer (Gn. 2:23), por eso, el hombre deja a su padre y a su madre para unirse a su mujer. Pero el pecado en el que ambos incurren como pareja trastoca la unión armoniosa en la pareja. Surge el espíritu de dominio y la enemistad entre ellos (Gn. 3:16).

La posición de la mujer hebrea en los tiempos más antiguos era muy superior a la que llegó a tener en tiempos posteriores. Podía heredar en ausencia de un hermano capaz de suceder a su padre (Nm. 27:1-8). No obstante, en tal caso tenía que casarse con alguien de su propia tribu, para conservar la herencia del difunto dentro de su mismo linaje (Nm. 36:6-9). Gozaba de mucha más libertad, siendo sus actividades más variadas e importantes, y siendo su situación social mucho más elevada y respetada. Salía de casa sin velo, hacía visitas, hablaba tranquilamente en público con los hombres, iba a la fuente por agua (Gn. 24:13), llevaba el rebaño al pasto y al abrevadero (Gn. 29:6; Éx. 2:16), iba a espigar detrás de los segadores (Rt. 2:1-3). Por el contrario, en la época helenista y romana se ve sometida a restricciones cada vez mayores, que la convierten casi en una reclusa. Tenía prohibido salir sin velo, con la cabeza al descubierto, hilar en medio de la calle, conversar con cualquier persona. Tiene cerrada la escuela tanto para aprender como para enseñar. En su oración cotidiana, el judío decía: «Seas bendito, Dios nuestro, por no haberme hecho gentil, ni mujer, ni ignorante».

En los Evangelios las mujeres juegan un papel decisivo en todos los órdenes de la historia de la salvación. Para empezar, una mujer es la elegida para dar a luz al Salvador del Mundo (Lc. 1:48). Jesús tuvo siempre gran consideración hacia las mujeres. No tuvo en cuenta para nada los convencionalismos y las normas humillantes de la segregación de la mujer; cuando surgía la ocasión hablaba públicamente con ellas. Por si fuera poco, llegó a decir que las prostitutas entran delante de los fariseos en el reino de Dios (Mt. 21.23-24). Las mujeres son protagonistas de un buen número de parábolas. Hubo un grupo de mujeres que le servían y que le acompañaron hasta el mismo Calvario (Mt. 27:55-56), y después al sepulcro (Mt. 27:61). Dispuestas a embalsamarlo, se dirigieron antes que nadie al sepulcro el día de Resurrección (Lc. 23:56; 24:1). El Señor resucitado se apareció ante ellas primero, y tuvieron ellas el honor de ser las primeras en proclamar su victoria (Mt. 28:9-10; Lc. 24:9-11). Junto con la madre de Jesús, se encontraban entre los 120 del aposento alto (Hch. 1:14). Se ve también que había mujeres entre los primeros convertidos (Hch. 8:12; 9:2; 17:12).

En las primeras comunidades vemos que las mujeres se distinguen por su piedad y buenas obras: Dorcas (Hch. 9:36), María, la madre de Juan Marcos (Hch. 12:12), Lidia (Hch. 16:14), Priscila (Hch. 18:26), las hijas de Felipe, que tenían «el don de profecía» (Hch. 21:8-9). El apóstol Pablo, por palabra del Señor, no reconoce a la mujer el ministerio de enseñanza pública ni directiva, que se reserva al varón (1 Ti. 2:11-12; 1 Co. 14:33-35); sin embargo, al precisar la actitud que debe tenerse, habla de la mujer «que ora o profetiza» (1 Co. 11:5; cf. 14:3-4; Hch. 21:8-9). Menciona a numerosas mujeres que han sido sus colaboradoras en la obra de Dios y que le han sido de ayuda en sus propias actividades: Febe, la «diaconisa», Priscila, la «colaboradora»; María, Trifena, Trifosa y Pérsida, «que tanto han trabajado en la obra del Señor»; Junia, la «apóstol» valiente; Evodia y Síntique, «compañeras y colaboradoras» (Ro. 16:2-4, 6; 2 Ti. 4:19; Flp. 4:3). Había asimismo diaconisas en la Iglesia primitiva (Ro. 16:1-2; 1 Ti. 3:11) y viudas puestas en unas ciertas funciones, encargadas de todo tipo de obras de asistencia (1 Ti. 5:9-10); las mujeres experimentadas debían encargarse de instruir a las jóvenes (Tit. 2:3-5). Una de las consecuencias prácticas de la doctrina paulina de la salvación por fe sola, a hacer a todos iguales en Cristo, abrogando todos los antiguos privilegios. «Ya no hay judío ni griego, no hay esclavo ni libre, no hay varón ni mujer; porque todos vosotros sois uno en Cristo Jesús» (Gál. 3:28). Los varones no ocupan ya un puesto de favor junto con los judíos y con los hombres libres. Ni las mujeres se ven confinadas, junto con los paganos y los esclavos, a un puesto de segunda categoría. Todos, varones y mujeres, forman parte igualmente del cuerpo de Cristo, y todos, hombres y mujeres, reciben un don del Espíritu para la utilidad común (1 Co. 12:7, 11, 27). Tanto varones como mujeres son responsables ante el Señor de usar estos dones para su gloria y conforme a su palabra.

Mundo. En hebreo y griego, tanto como en castellano, este término no sólo comporta sentidos distintos, sino que se utiliza para el mismo varios términos diferentes, en adición al término general «tierra». La palabra heb. gral. traducida «mundo» es *tebél*, que significa, en primer lugar, el material sólido sobre el que mora el hombre, y que fue formado, fundado, establecido y dispuesto por Dios; y, en segundo lugar, los habitantes del mismo. Por lo general la Sept. traduce *oikounene*, que significa «la tierra habitada». En NT *oikounene* se utiliza de todo el mundo habitado (Mt. 24:14; Lc. 4:5), la «tierra» (Lc. 21:26; Ro. 10: 18; He. 1:6; Ap. 3:10; 16:14) y sus habitantes (Hch. 17:31; 19:27; Ap. 12:9).

Los hebreos no tienen una palabra para la totalidad del mundo o universo, como el gr. *kósmos*, cuando el hebreo quiere expresar la totalidad del mundo visible hace uso de la expresión «cielos y tierra» (Gn. 1:1; 2:1; Éx. 31:17; Prov. 8:26; Jer. 10:12; 51:15; 1 Mac. 2:37); en ocasiones, «cielo, tierra y mar» (Éx. 20:11; Jdt. 9:17). La mentalidad hebrea presupone una cosmología dispuesta en varios estratos: de una parte la tierra rodeada de agua sobre la que descansa; por encima de la tierra el firmamento o cielo, considerado como una cúpula sólida sobre la cual se extienden de nuevo las aguas. En el NT la palabra *kósmos*, tiene varias acepciones principales. Primero, designa el universo en su totalidad, equivalente al «cielo y tierra» hebreo (Mt. 13:35; 24:21; Lc. 11:50; Jn. 17:5, 24; Hch. 17:24; Ro. 1:20). Segundo, a sus habitantes, que habitan la tierra (Mt. 5:14; Jn. 1:29; 3:16; 17:14, 25; Ro. 3:6, 19; 1 Co. 4:9; He. 11:7; 2 P. 2:5; 1 Jn. 2:2). Tercero, a la tierra, lugar donde se desarrolla la vida humana (Mt. 24:14; Lc. 4:5; He. 1:6; Ap. 3:10). Contrariamente a las mitologías mesopotámicas, egipcia o cananea, la representación bíblica de los orígenes del mundo es de una gran sobriedad. No se sitúa en el plano del mito, sino en el del tiempo. Dios crea al mundo mediante su palabra (Gn. 1:1; cf. Sal. 8; 104; Prov. 8, 22-31; Job 38s.), «habla y las cosas son» (Sal. 33:6-9). El mundo es una realidad distinta a su persona y en relación de dependencia frente a su creador soberano. Dios habita en el cielo (Sal. 2:4; 14:2); allí está situado su trono (Sal. 11:4; Sab. 18:15; He. 8:1); la tierra es el «estrado de sus pies» (Sal. 99:5; Mt. 5:35).

En el NT la creación del mundo-universo se atribuye al Padre y al Hijo (Jn. 1:10; He. 1:2), quien existía juntamente con el Padre desde antes de la fundación del mundo (Jn. 17:5). El mundo es resultado de la palabra divina (He. 11:3; Jn. 1:10), por tanto, pertenece a su Creador (Sal. 24:1; 50:12). El mundo no se moverá en tanto que el Señor reine (Sal. 93:1; 96:10; 1 Cro. 16:30). Constituye a los ojos de todos los hombres una demostración de las perfecciones invisibles de Dios, y es suficiente para establecer la responsabilidad del hombre ante la realidad de Dios (Ro. 1:20).

El mundo es bueno por ser creación de Dios (Gn. 1:28-31), razón por la cual proclama la bondad (Sal. 8 y 104) y la sabiduría de Dios (Prov. 8:22-31). El hombre, en la cúspide de la creación, recibe de Dios el mandato de gobernar y someter el mundo, pero la situación se trastoca casi al instante por culpa del pecado, y entonces el mundo se convierte en instrumento de la ira y el castigo de Dios: el trabajo dejaría de ser un mero placer (Gn. 3:17-19); la tierra sería una maldición para los que desobedecen a Dios (Dt. 28:15-46).

Cristo vino para salvar al mundo caído (Jn. 3:17; 6:51), pero fue rechazado por él (Jn. 1:10; 14:17; 17:25) y así se juzgó a sí mismo (Jn. 12:31; 16:33). El mundo, es decir, sus pobladores, la humanidad, crucificó al Señor de la gloria (1 Co. 2:8), por quien el mundo ha sido creado (Jn. 1:10). Pero en la sabiduría misericordiosa de Dios, que al mundo le parece necedad, la cruz de Cristo es la expresión más profunda del amor de Dios y de su salvación (1 Co. 1:18-31; 3:19; cf. Jn. 3:16). Jesús quita el pecado del mundo (Jn. 1:29). Pone su vida en propiciación por los pecados de todo el mundo (1 Jn. 2:2). Es verdaderamente el Salvador del mundo (1 Jn. 4:14; Jn. 4:42). Se ofrece en sacrificio por la vida del mundo (Jn. 6:33, 51). La caída de los judíos ha llegado a ser la riqueza y la reconciliación del mundo (Ro. 11:12, 15). Dios estaba en Cristo, reconciliando consigo al mundo (2 Co. 5:19).

El mundo procede de Dios y se encamina hacia Él (Ro. 1:36; 1 Co. 8:6), pese a todas las infidelidades de la humanidad. Esta creencia corresponde a la revelación cristiana anclada en esperanza del triunfo definitivo de Cristo como parte integrante de su misión salvífica. Este triunfo de Cristo consiste en la manifestación plena del Reino de Dios con su victoria total sobre el pecado, el diablo y la muerte. Esta creencia no pertenece solamente al futuro escatológico, sino que se encuentra ya presente. Con Cristo ha llegado el Reino (Mt. 4:17; 11:2-6; Lc. 4:17-21; 7, 22); la salvación ya se ha operado (Ro. 5:9; 11:14 ss.; Ef. 2:13; 3:5; Col. 1:26; 2 Co. 5:14ss.; 6:2); la muerte ha sido vencida (1 Co. 15:20). Los cristianos poseen ya al Espíritu Santo como arras de la transformación gloriosa del ser humano en la resurrección (Ro. 8:23; 1 Co. 1:22; 2 Co. 5:5); Dios les da la victoria por medio de Jesucristo (1 Co. 15:57). Sin embargo, el Reino de Dios en su forma plena y definitiva pertenece al futuro; ahora se encuentra presente en forma incipiente, espiritual, interna, como la levadura en la masa (cf. Mt. 13:33); en lucha, pero confiado en la victoria final. «Porque todo lo que ha nacido de Dios vence al mundo; y ésta es la victoria que ha vencido al mundo: nuestra fe» (1 Jn. 5:4).

El «fin del mundo» aparece descrito con las mismas imágenes del género apocalíptico judío, a saber, trastornos cósmicos y sociales (Mt. 24:29); momentos de angustia semejantes a los dolores de parto de la mujer (Jn. 16:21), previos a un «cielo nuevo y tierra nueva» (2 P. 3:11-13; Ap. 20-21). Entonces se habrá consumado la historia de la salvación, pero «el día o la hora nadie la conoce, ni los ángeles del cielo, ni el Hijo, sino sólo el Padre» (Mt. 24:36; cf. Hch. 1:7; 1 Ts. 5:1; 2 P. 3:10).

Música. El origen de la música es muy antiguo; en sus inicios era mayormente vocal. La primera mención a la música en la Biblia es en referencia a Jubal, «el cual fue padre de todos los que tocan arpa y flauta» (Gn. 4:2, 1). Para festejar la salida de Egipto y la liberación del ejército perseguidor del faraón al borde del mar Rojo, Miriam y sus compañeras cantaron las alabanzas de Yahvé al son de panderos (Éx. 15:20). Son famosos los cánticos, de Moisés, de Débora, de Ana, etc., pero hasta nosotros han llegado sólo las letras, sin música escrita. Igualmente pasa con las famosas composiciones musicales de David, «el dulce cantor de Israel» (2 Sam. 23:1). Salomón compuso «mil cinco cantares» (1 R. 4:32), indudablemente para ser acompañados de instrumentalidad musical.

El pueblo cantó y danzó en torno al becerro de oro, celebrando ritos paganos (Éx. 32:6, 18-19). Como todos los pueblos de la antigüedad, los hebreos prestaban atención especial a la música, no como pasatamiento individual sino como acompañamiento del culto sacro y de las ceremonias reales. Durante las fiestas familiares y las solemnidades religiosas había música vocal e instrumental, y danzas (Jer. 25:10; 1 Mac. 9:39; Lc. 15:25). Los hebreos, como otros pueblos de la antigüedad, consideraban que la música apaciguaba a los atormentados por un mal espíritu, como el caso de Saúl (1 Sam. 16:14-23). En ocasiones la música contribuía a alcanzar el éxtasis profético (1 Sam. 10:5-10). Buscando inspiración, Eliseo pidió que le tañeran un arpa (2 R. 3:15). La música favorecía el recogimiento y elevaba los sentimientos. «La profecía, decía Maimónides, no residía en medio de la melancolía ni de la apatía, sino en medio del gozo». Los reyes poseían músicos profesionales (2 Cro. 35:25; Ec. 2:8). La accesión de un soberano al trono, su casamiento, sus festines, era todo ello alegrado por los músicos (2 Sam. 19:35; 1 R. 1:40; Sal. 45:9). Las mujeres, con sus panderos, acogían el retorno de los guerreros vencedores, con sus cánticos y danzas (Jue. 11:34; 1 Sam. 18:6).

Los hebreos tenían tres clases de instrumentos: de cuerda, de viento, de percusión. David, en su amor por la música, llegó incluso a inventar instrumentos (1 R. 10:12; Am. 6:5). Los de cuerdas tenían la caja de sonido de madera, y las cuerdas de tripa vibraban bajo los dedos de una o de ambas manos, o por la acción de un plectro de madera, marfil o metal. Los instrumentos de este tipo eran especialmente el arpa y el salterio. Los principales instrumentos de viento eran las flautas y los cuernos. Con frecuencia la flauta se usaba acompañada de otros instrumentos (1 Sam. 10:5; 1 R. 1:40; Is. 5:12; 30:29; Ecl. 40:21). De los instrumentos de percusión el más popular era el pandero, que de ordinario era tocado por las mujeres; durante las fiestas eran usados para dar el ritmo a las danzas y a los cánticos (Gn. 31:27; Éx. 15:20; Jue. 11:34; Sal. 81:3). Los címbalos de bronce retiñían dentro del Templo (1 Cro. 15:19).

Muslo. Zona de la pierna comprendida entre la cadera y la rodilla (Gn. 32:25, 31, 32; Jue. 3:16, 21; Sal. 45:3; Cnt. 3:8). Poner la mano bajo el muslo aparece como costumbre muy antigua para hacer juramentos (Gn. 24:2-9; 47:29-31). El origen de esta ceremonia se desconoce por completo, así como la importancia que se le atribuía. En la lucha de Jacob con el ángel se dice que como éste vió que no podía con él, «tocó en el sitio del encaje de su muslo, y se descoyuntó el muslo de Jacob mientras con él luchaba» (Gn. 32:25).

N

Naama (heb. «agradable, graciosa»). Nombre de dos mujeres y de una localidad del AT.

1. Hija de Lamec con Zila y hermana de Tubal-caín, maestro de todos los que trabajan el bronce y el hierro (Gn. 4:22).
2. Esposa amonita de Salomón y madre de Roboam (1 R. 14:21, 31; 2 Cro. 12:13). Fue una de las muchas mujeres extranjeras que el gran rey tomó por esposas y concubinas (1 R. 11:1).
3. Ciudad en la Sefela o llanura de Judá, asignada a esta tribu (Jos. 15:41); quizás el moderno Nam, 10 km al sur de Lida.

Naamán (heb. «agradable»). General del ejército sirio de Ben-adad II, rey de Damasco. Era leproso, si bien su caso no debía de ser muy grave, puesto que continuaba ejerciendo sus funciones. Fue curado milagrosamente por el profeta Eliseo (2 R. 5). En el NT el caso de Naamán es presentado por Jesús como ejemplo de la acción universal de Dios, libre de otorgar su gracia fuera de Israel, y de substituir, si así conviene, al pueblo escogido, pero apóstata y rebelde, por los gentiles (Lc. 4:27).

Naasón (heb. «encantador, hechicero»). Hijo de Aminadab y jefe de la tribu de Judá en el desierto (Nm. 2:3; 1 Cro. 2:10), cuñado de Aarón (Éx. 6:23; Nm. 1:7) y abuelo de Booz, esposo de Rut (Rt. 4:20-22). Su hijo Salmón fue esposo de Rahab, después de la toma de Jericó. Figura entre los antepasados de Cristo (Mt. 1:4; Lc. 3:32).

Nabal (heb. «necio, insensato»). Personaje del linaje de Caleb y contemporáneo de David. Rico propietario de ganado menor; vivía en la ciudad de Maón, pero sus rebaños pastaban por los alrededores de la ciudad del Carmelo, en las lindes del desierto de Judá. David y sus hombres, durante la época en que Saúl los perseguía, permanecían en este lugar, y protegían los bienes de los habitantes contra las bandas de merodeadores. Pidieron a Nabal una cantidad de alimento que él mismo quisiera darles de buena voluntad. Nabal rehusó la petición de una manera insolente y grosera (1 Sam. 25:10,11). David, enfurecido, se puso en marcha contra él. Abigail, la esposa de Nabal, se apresuró a llevar los víveres a David y consiguió impedir que se tomara la justicia por su mano. Cuando poco después murió Nabal, David se casó con la viuda (1 Sam. 25:37-42).

Nabateos. Pueblo de origen semita. Entre los siglos VI y IV a.C. los nabateos se desplazaron hacia el norte, apoderándose de las plazas fuertes de Edom y de Moab, llegando a crear finalmente un reino independiente cuya capital fue Petra, en las montañas de Edom, a 80 km al sur del mar Muerto. Su reino se volvió rico y poderoso gracias al control que ejercía sobre las rutas comerciales. El rey Aretas I fue el fundador de una dinastía que llegó a controlar las principales rutas caravaneras que pasaban por su territorio, alcanzando un notable grado de influencia y de civilización. Por los vestigios de su arquitectura, cerámica y canales de irrigación, sabemos que los nabateos tenían artistas, arquitectos, ingenieros y ceramistas notables. El país conoció el mayor esplendor de su poderío bajo Aretas IV (9 a.C. a 40 d.C.), cuyo etnarca intentó arrestar a Pablo en Damasco, poco después de la conversión de éste al cristianismo (2 Co. 11:32). Herodes Antipas, tetrarca de Galilea, se casó con la hija de Aretas IV, pero más tarde la repudió para casarse con Herodías, la mujer de su hermano. Aretas le declaró la guerra y lo derrotó, lo cual fue interpretado por muchos judíos como un justo castigo por haber dado muerte a Juan el Bautista.

Nabot (heb. «frutos» o «eminencia»). Israelita de la ciudad de Jezreel que rehusó vender la viña de sus antepasados a Acab, el rey idólatra de Israel, y fue, por ese motivo, asesinado haciéndosele el cargo falso de blasfemia, lo cual fue maquinado por la reina Jezabel, hija del rey de Sidón, que obró por su cuenta según la costumbre de los monarcas sidonios, prescindiendo de la ley de Israel. El asesinato de Nabot fue considerado como el principal pecado de Acab. Elías tuvo el valor de amenazar al rey y a la reina con la venganza de «Uno más alto que ellos» (1 R. 21:2; 2 R. 9:24-26, 36; Ec. 5:8).

Nabucodonosor («que [el dios Nabu] proteja la posteridad del rey»). Nombre de dos reyes babilonios. El nombre original ha sido más o menos alterado en las interpretaciones hebreas, griegas y latinas, de las cuales derivan las formas modernas en castellano.

1. Nabucodonosor I (c. 1152-1124 a.C.). El más famoso monarca de la dinastía Pashi o Isin. Un príncipe de inagotable energía, condujo a la victoria a los ejércitos caldeos al oriente y al poniente, contra los Lulubi, Elam, y Asiria, y a pesar de ser derrotado en dos ocasiones por el rey asirio, Asur-resh-ishi, tuvo éxito en detener por algún tiempo la caída del primer Imperio babilónico.
2. Nabucodonosor II (c. 630-562 a.C.). Se le menciona frecuentemente en varias partes de las Sagradas Escrituras. Era el hijo mayor de Nabopolasar, el restaurador caldeo de la independencia babilónica. Su largo reinado de cuarenta y tres años (c. 605-562 a.C.) marca el zenit de la grandeza alcanzada por el segundo Imperio babilónico de breve duración (625-538 a.C.). Cuando el faraón Necao II invadió Palestina (2 R. 23:9; 2 Cro. 35:20), derrotando a Josías, rey de Judá, que se le quiso oponer, y dándole muerte en la batalla de Meguido, y poco después reunió un gran ejército con el fin de extender sus dominios más allá del Eufrates, Nabopolasar envió a Nabucodonosor a enfrentarse con los egipcios, que fueron aplastados en la batalla de Carquemis (605 a.C.). Nabucodonosor los rechazó hasta Egipto, y sometió a los países que fue atravesando (2 R. 24:7; Jer. 46:2), desde el Eufrates hasta el río de Egipto. Al enterarse de la muerte de su padre, dejó a sus generales para que terminaran la gue-

rra en el oeste, y se apresuró a llegar a Babilonia, donde fue hecho rey en el año 605 a.C.
De inscripciones de Nabucodonosor y de los templos levantados o restaurados por este príncipe se percibe que era un hombre muy devoto. Lo que sabemos de su historia lo muestra poseedor de una humana disposición, en marcado contraste con la deliberada crueldad de muchos de los soberanos asirios de alma endurecida. Es debido a esta moderación que Jerusalén fue perdonada repetidamente, y finalmente destruida sólo cuando se volvió una necesidad política. Después de haber estado pagando tributo al rey babilonio durante tres años, Judá se rebeló contra él (2 R. 24:1). Nabucodonosor aplastó la revuelta, hizo encadenar al rey Joacim, ordenó deportar a Babilonia a su hijo Joaquín, el príncipe heredero, y estableció como regente a Sedequías, hermano de Joacim (2 Cro. 36:6, 10). Durante ocho años, Sedequías se mantuvo sumiso, pero en el año noveno, contando con la promesa de un ejército egipcio, se rebeló (Jer. 37:5). Esta muestra de ingratitud hacia el monarca babilonio fue particularmente odiosa, pero aún así, de no haber manifestado tanta obstinación, pudiera haber sido tratado con mayor indulgencia (Jer. 38:17, 18). En el año 586, Nabucodonosor tomó Jerusalén, quemó el Templo, deportando a todos los notables del país (2 R. 24:25; 2 Cro. 36:5-21; Jer. 39; 52). Nabucodonosor murió en Babilonia entre el segundo y sexto mes del cuadragésimotercer año de su reinado (562 a.C.). Le sucedió su hijo Amel-marduk (561-560 a.C.), llamado Evil-merodac en 2 R. 25:27. El Libro de Daniel registra cómo Dios castigó el orgullo del gran monarca (Dn. 4:32).

Nabusazbán (heb. «Nabu, líbrame»). Alto dignatario de la corte de Nabucodonosor, jefe de los eunucos, heb. *rab saris*. Por orden del monarca babilonio sacó de la cárcel y protegió al profeta Jeremías a la caída de Jerusalén, para lo que contó con la ayuda de todos los altos oficiales (Jer. 39:13).

Nabuzaradán (heb. «Nabu ha concedido descendencia»). Capitán de la guardia de Nabucodonosor, incendió la ciudad de Jerusalén, el templo, el palacio y todas las casas principales. Dejó a los pobres de la tierra para que labrasen las viñas y el resto fue deportado, junto a «los desertores que se habían pasado al rey de Babilonia». Por orden explícita de Nabucodonosor devolvió la libertad a Jeremías y le trató con respeto (2 R. 25:18-20). Cinco años más tarde desterró a otro grupo de judíos (Jer. 52:30).

Nacor (heb. «que resopla», o sea, «furioso»). Personaje que figura entre los parientes de Abraham, primero como abuelo del patriarca, e hijo de Serug y padre de Taré (Gn. 11:24), y lugo como hijo de Taré, hermano de Abraham, esposo de Milca, padre de Betuel y abuelo de Labán y Rebeca (Gn. 11:27-29; 22:21-24).

Nadab (heb. «liberal», «generoso»). Nombre de cuatro personajes del AT, entre ellos:

1. Primogénito de los cuatro hijos de Aarón (Éx. 6:23; Nm. 3:2; 26:60; 1 Cro. 6:3; 24:1). Nadab y Abiú tuvieron el privilegio de acompañar a su padre, a Moisés y a los setenta ancianos al monte Sinaí (Éx. 24:1); más tarde fueron consagrados al sacerdocio (Éx. 28:1). Sin embargo murieron consumidos por el fuego del Eterno por ofrecer un fuego «extraño» a la liturgia prescrita (Lv. 10:1-7; Nm. 26:61).
2. Segundo rey de Israel, hijo de Jeroboam I y su sucesor en el trono. Nadab comenzó a reinar alrededor del año 910 a.C. Fue contemporáneo de Asa, rey de Judá. Al igual que su padre, Nadab practicó el culto al becerro de oro. Durante el asedio que Nadab hizo a Gibetón, Baasa, su general, le dio muerte, apoderándose después de la corona, y haciendo matar a toda la descendencia de Jeroboam. El reinado de Nadab no llegó a durar dos años enteros (1 R. 14:10,11, 20; 15:25, 30).

Nafis (heb. «refrescado»). Undécimo de los doce hijos de Ismael, y uno de los príncipes de las doce tribu ismaelitas (Gn. 25:15; Cro. 1:31). En 1 Cro. 5:19 se menciona a sus descendientes como aliados de los agarenos y de las tribus de Jetur y Nodab ante los ataques de los rubenitas y gaditas y la media tribu de Manasés, que derrotaron por completo a la coalición y se adueñaron de sus tierras y bienes, en total «50.000 camellos, 250.000 ovejas y 2.000 asnos; también 100.000 hombres».

Nag Hammadi. Localidad del Alto Egipto, donde el Nilo hace una curva en su cauce, donde dos campesinos egipcios encontraron en diciembre de 1945 una tinaja de terracota que contenía trece libros o códices encuadernados en estuches de cuero marrón. Los códices tienen al menos 1600 años de antigüedad y son en su mayoría cristianos, escritos en copto, lengua hablada por los cristianos egipcios. Todos son traducciones de originales griegos al idioma local, que contienen evangelios, apocalipsis, tratados teológicos y palabras atribuidas a Jesús, de franca orientación gnóstica. La colección constaba de un total de 1.100 páginas, actualmente conservadas en el Museo

Copto del Cairo. Unos de estos códices contiene un Evangelio atribuido al apóstol Tomás, que recopila una serie de proverbios y aforismos de Cristo.

Nahas (heb. «serpiente»). Rey de los amonitas, contemporáneo del rey Saúl. Atacó a Jabes de Galaad, cuyos habitantes, no pudiendo resistirle, le pidieron un acuerdo de paz. Nahas exigió que cada uno de ellos se sacara el ojo derecho, brutalidad que se ajusta a lo que conocemos de las prácticas de guerra de la época. Los de Jabes solicitaron una tregua de siete días y enviaron mensajeros para pedir socorro por todo Israel. Saúl, recién nombrado rey, logró reclutar tropas con las cuales venció a Nahas y confirmó su condición de rey de Israel (1 Sam. 11:1-11). Al parecer David tuvo buenas relaciones con Nahas, quizá por haber sido un opositor de Saúl. A la muerte de Nahas, David envió unos embajadores a consolar a su hijo Hanún. Éste maltrató a los embajadores, lo cual fue motivo de una sangrienta guerra con Israel, el cual se alzó con la victoria. En consecuencia, los amonitas fueron sometidos (2 Sam. 10:1-19). Sin embargo, uno de los hijos de Nahas siguió siendo amigo de David y le envió ayuda cuando éste huía en la rebelión de Absalón (2 Sam. 17:27-29).

Nahum (heb. «consolador»). Séptimo de los doce profetas menores, nacido en Elcos, cuya localización se ignora (Nah. 1:15).

Nahum, Libro de. Séptimo de los profetas menores. Del autor conocemos sólo su nombre y su lugar de origen: Elcos, por otra parte, imposible de localizar. La introducción no nos dice cuándo se escribió este vaticinio, pero del contenido se puede deducir que fue entre dos fechas: la caída de Tebas por Asurbanipal (664) y la caída de Nínive (612). El reino de Israel ya no existe (Nah. 2:3), desapareció de la escena histórica el 722 a.C. con el ataque de Salmanasar V a Samaria y el 720 con la invasión definitiva de la ciudad por Sargón II. El reino de Judá se halla bajo la opresión asiria (1:12-13; 2:1). La conquista de Tebas, denominada aquí No-Amón (3:8), se presenta como un hecho pasado, más bien lejano (3:8-10). La ciudad cayó el 664-643, pero ya desde el 667 la habían alcanzado los ejércitos de Asurbanipal. Asiria aparece aún como una gran potencia, pero ya se advierten los primeros síntomas de disolución. En efecto, a la muerte de Asurbanipal (630-629 a. C.) los acontecimientos se precipitan. El coloso es atacado en su propio territorio (3:12-15). Nabopolasar (625-605), en lucha contra Asiria, obtiene primero la independencia de Babilonia y después se lanza al ataque directo contra Nínive (616 a.C.). La caída de la urbe se describe como inminente (1:13-14; 2:1). Una tablilla babilónica conocida por *Crónica de Gadd* nos informa de que Asiria en el último momento pidió auxilio a Egipto contra la coalición medo-babilónica (3:11). A pesar de la resistencia encarnizada, Nínive sucumbe al fin, desapareciendo para siempre de la historia (612 a.C.). La *Crónica de Gadd* describe la enorme mortandad, el inmenso botín recogido por los invasores y la ruina total de la ciudad (cf. Nah. 2:2ss.; 2:10-11; 3:2-3).

La desaparición de Nínive fue un acontecimiento trascendental en la historia del Antiguo Oriente. La celebraron entusiásticamente los pequeños estados del área siropalestinense, esclavizados por el Imperio asirio, pues veían recobrada su libertad perdida. La celebró en primer lugar Judá, que ahora podía reanudar su vida cultual como antes (2:1). Este acontecimiento ocupa toda la atención de Nahum. Lo anuncia como inminente y lo presenta como tan cierto que parece estar relatando hechos pasados. Describe la caída del Imperio asirio con la alegría del oprimido, sin hacer concesión alguna a la compasión, pero Nahum no manifiesta solamente resentimiento contra los enemigos seculares o un nacionalismo desenfrenado, sino que narra la victoria de la santidad del Señor sobre la ciudad de Nínive, símbolo de la realidad diabólica, reivindicando la soberanía absoluta de Yahvé sobre la historia y los imperios de la tierra. Yahvé castiga a sus enemigos por sus pecados, destruye a Asiria por sus crímenes contra naturaleza y actúa así porque es justo (1:11-14; 2:1, 12, 13; 3:1.4-7, 19).

El profeta declara con vigor que Yahvé es un Dios celoso, vengador, pero también un refugio para aquellos que se confían en Él (Nah. 1:2-8). Exhorta al pueblo a apartarse de los detractores de Yahvé, que preconizan el abandono de su culto (Nah. 1:9-11). El profeta proclama el inmutable objetivo de Dios: la liberación de su pueblo (Nah. 1:12-14). Apremia al pueblo a que permanezca fiel a Yahvé y a que practique su culto (Nah. 1:15), y describe a continuación la ruina del imperio opresor. Nahum representa de manera gráfica el asedio de Nínive (Nah. 2:1-10), morada de leones (Nah. 1:11-13); afirma que el juicio cae sobre ella a causa de su desenfreno (Nah. 3:1-4). La ciudad recibirá castigo como lo recibiría una prostituta (Nah. 3:5-7); no vale más que No-amón (Tebas), que fue deportada (Nah. 3:8-10), y sufrirá la misma suerte que ella (Nah. 3:11-19).

Esta profecía tiene como preludio una especie de poema alfabético (Nah. 1:2-15). No se trata, empero, de un salmo acróstico ordinario (como, p. ej. el Sal. 119) en el que cada estrofa comienza con una letra distinta siguiendo el orden alfabético. Nahum se sirve de una secuencia fonética para introducir los temas en lugar de estrofas. Los sonidos se van sucediendo, separadamente, o en grupos, y añaden a la majestad del discurso. En heb. el oído se hace consciente, placenteramente, de esta sonoridad. Dice Smith de Nahum: «El lenguaje es intenso y brillante; el ritmo, vigoroso y oscilante, centelleante como los carros y los jinetes que describe». Nahum se presenta en esta obra como uno de los grandes poetas de la Biblia. Su estilo vigoroso, imaginativo y movido alcanza el patetismo de los mejores escritores bíblicos.

El libro se divide en dos secciones: el capítulo 1 describe la majestad de Dios; los capítulos 2 y 3 contienen el juicio sobre Nínive. El profeta reconoce, en la inminente aniquilación de Asiria, la mano de Dios que dirige el curso de la historia. Durante dilatados siglos, Asiria había oprimido a todos los pueblos de Asia occidental. Los sufrimientos y la desesperanza que vinieron a los hebreos, como a sus vecinos, les fueron de ayuda para comprender algo de la solidaridad humana. Amós y Oseas habían dicho a sus oyentes que serían asediados y deportados. En sus mismas inscripciones, los asirios se gloriaban de sus hazañas guerreras, de sus conquistas y de sus crueldades. Nahum profetizó cómo llegaría el castigo y el fin de Nínive. Ver ASIRIA, NÍNIVE.

Naín. Ciudad de Palestina donde Jesucristo resucitó al hijo único de una viuda (Lc. 7:11-17), al sur de Nazaret, en el lado norte del monte More. En la actualidad es una aldea con algunas ruinas, y con algunas grutas que sirvieron de sepulcros en el pasado.

Naiot (heb. «residencia»). Barrio de Ramá, donde habitan en comunidad los profetas que se unieron para trabajar bajo la dirección de Samuel (1 Sam. 19:18-20:1).

Narciso. Cristiano de Roma, jefe de una casa, cuyos miembros eran cristianos, saludados por el apóstol san Pablo (Ro. 16:11).

Natán (heb. «dado», a saber, por Dios). Nombre de siete personajes del AT, entre ellos:

1. Notable profeta sucesor de Samuel que vivió en la época de David y de Salomón. No se dan indicaciones de su origen, y aparece en la narración por primera vez cuando David contempla la edificación de una casa para el Señor. Natán asegura al monarca el apoyo del Señor y el establecimiento, divinamente ordenado, de su reino por todos los tiempos, pero lo disuade de la idea de construir el templo propuesto, indicando que este honor estaba reservado para su hijo y sucesor (2 Sam. 7:1-17; 1 Cro. 17:1-15). Más tarde

Natán tuvo la misión de reprochar a David, en el nombre del Señor, su adulterio y el asesinato de Urías heteo. Para convencer de pecado al rey, el profeta se sirvió de la parábola de la corderita de un hombre pobre. Le anunció la cólera del Dios y los castigos que han de caer sobre David, aunque en vista del posterior arrepentimiento de su pecado es declarado perdonado ya que sus crímenes habrían dado la ocasión a los enemigos del Señor de blasfemar (2 Sam. 12:1-15; cf. Sal. 51:1, 2). Asistido por Natán y Gad, David organizó el servicio musical del santuario (2 Cro. 29:25). El profeta aparece después en escena cuando se trata de asegurar a Salomón la sucesión del trono de su padre (1 R. 1:11-45). Natán escribió la historia del reino de David y consignó una parte de los actos de Salomón (1 Cro. 29:29; 2 Cro. 9:29), pero esta obra se ha perdido. La fecha de la muerte de Natán no aparece dada, pero su nombre se menciona en Eclo. 47:1.

2. Tercero de los hijos de David que nacieron en Jerusalén de Betsabé (2 Sam. 5:14). Él, o quizás el profeta, fue padre de Azarías y de Zabud, funcionario de Salomón (1 R. 4:5). Su familia es mencionada en Zac. 12:12. Figura en la línea directa de David a Jesús (Lc. 3:31), en tanto que José, el esposo de María, desciende de David a través de Salomón (Mt. 1:6).
3. Padre de Azarías y Zabud, importantes funcionarios de la corte de Salomón (1 R. 4:5). Es identificado por algunos estudiosos como Natán el profeta, y por otros como Natán, el hijo de David. Ambas opiniones son meras conjeturas. Su hijo Zabud es designado como «sacerdote», siendo esto una indicación, entre otras muchas, de que la función sacerdotal no era en este período ejercida exclusivamente por los descendientes de Aarón.
4. Uno de los judíos prominentes en tiempos del cautiverio. Escogido por Esdras junto con varios otros para encontrar levitas para el servicio del templo cuando los judíos estaban acampados en los márgenes del río Ahavá preparando el retorno a Palestina (Esd. 8.16)

Natanael (heb. «Dios ha dado). Nombre de varios personajes del AT y de uno de los primeros discípulos de Jesús, llevado por su amigo Felipe (Jn. 1:43-51). Originario de Caná en Galilea, Jesús declaró que era un israelita sin engaño. Felipe le informó que Jesús era el Mesías anunciado por los profetas; le costó creer esto, por cuanto Nazaret no figuraba en las profecías del AT, y era además una ciudad de mala reputación. Pero sus dudas desaparecieron cuando constató el don de conocimiento sobrenatural que tenía Jesús (Jn. 1:45-51). Natanael estaba en la barca con Simón Pedro durante la última pesca milagrosa

(Jn. 21:2). Las listas de apóstoles de los Evangelios sinópticos no contienen el nombre de Natanael, pero en sus listas de los doce, un tal Bartolomé es designado por su patronímico familiar Bar-Tolmai (hijo de Tolmai) y se asume que es el mismo que el autor del cuarto Evangelio llama por su nombre personal, o sea, Natanael.

Nazareo, nazireo (heb. «separado, consagrado»). Hombre o mujer que era puesto aparte para Dios. El nazireato es una institución premosaica muy antigua, reglamentado por la Ley de Moisés (Nm. 6). La consagración del nazireo supone una separación de ciertas cosas que separan de Dios o dificultan su unión con Él. El nazireo se consagraba a Dios por un período determinado, pero no se apartaba de la vida social. Su vida no era necesariamente ascética. La Ley prohibía al nazireo, durante la duración de su voto, consumir vino, bebidas fermentadas, y cualquier producto de la vid, ni cortarse el pelo, pues éste era considerado como una corona divina, indicación de su consagración a su Dios. Ciertos nazireos fueron consagrados desde su nacimiento o incluso antes y para su vida entera. Por ejemplo, Sansón (Jue. 13:4, 5), Samuel (1 Sam. 1:11, 28). Después del retorno del exilio aumentó el número de nazareos (1 Mac. 3:49; Josefo, *Guerras* 2, 15, 1). Juan el Bautista fue, desde su nacimiento, consagrado al nazireato (Lc. 1:15). Es probable que la profetisa Ana hubiera hecho este voto (Lc. 2:36, 37). Los amigos de Pablo le aconsejaron, según parece, que pagara los gastos involucrados en el fin del nazareato de cuatro hombres (Hch. 21:20-26).

Nazaret. Pequeña ciudad de Galilea (Mt. 2:23) donde moraban José y María, escenario de la Anunciación (Lc. 2:39), residencia definitiva de la sagrada familia a la vuelta de Egipto (Mt. 2:23). Allí se crió Jesús (Lc. 4:16), y allí pasó la mayor parte de su vida (cf. Lc. 3:23; Mc. 1:9); ésta es la razón de que reciba el nombre de «Jesús de Nazaret» (Mt. 21:11; Mc. 1:24). Sus conciudadanos lo estimaban (Lc. 2:52; 4:16), sin embargo, rechazaron dos veces su ministerio (Lc. 4:28-31; cf. Mt. 4:13; 13:54-58; Mc. 6:1-6).
Nazaret, en cuanto parte de Galilea, era objeto del menosprecio de los judíos de la ciudad santa por razones históricas y raciales (Jn. 1:46; cf. 7:41), por eso, nazareno era un apodo empleado como recriminación y menosprecio (Mt. 26:71; Jn. 19:19).

Neápolis (gr. «ciudad nueva»). Nombre frecuente en el mundo grecorromano. En este caso corresponde a una ciudad de Grecia, a 163 km de Tesalónica, por carretera, llamada en la actualidad Cavalla. Es un buen puerto marítimo en el golfo Estrimónico, frente a la isla de Tasos. Por este puerto penetró el cristianismo en Europa de la mano de Pablo (Hch. 16:11). El nombre de Neápolis se sobrentiende en Hch. 20:6 durante la segunda visita misionera a Macedonia. Parece ser que Pablo y sus compañeros, Silas y Timoteo, no se detuvieron en Neápolis, ciudad menor, sino que siguieron hasta Filipos, una importante ciudad interior, a unos 16 km de Neápolis.

Nebaiot (heb. «fructífero»). Primogénito de Ismael y padre de una tribu árabe (Gn. 25:13, 16; 28:9; 36:3; 1 Cro. 1:29); esta tribu poseía numerosos rebaños de ganado menor (Is. 60:7). El clan árabe de Nebaiot era colindante con el pueblo de Cedar (Is. 60:7) y sus dos nombres figuran en las inscripciones de Asurbanipal (669-633 a.C.). El territorio ocupado por Nebaiot parece encontrarse al sureste de Palestina, en las montañas de Edom, donde Esaú se los encontró y estableció un pacto con ellos. Al crecer el número de su ganado y de gente se vieron obligados a desplazarse más al sur y al este en busca de pastos, donde entraron en relación con el pueblo de Cedar (cf. Is. 60:7).

Nebalat. Población situada en los collados que dominan la parte del sudeste del límite del llano de Sarón, ocupada por los benjaminitas al regreso de la cautividad (Neh. 11:34). Esta ciudad, con su territorio, había sido asignada a la tribu de Dan, al inicio de la conquista de Canaán, antes de que los danitas emigraran y ocuparan la parte septentrional de Palestina. Se la identifica con la actual Beit Nabala.

Nebo. Ciudad moabita, cerca de Nebo, o sobre esta montaña (Nm. 32:3). Los gaditas y los rubenitas la pidieron a Moisés por ser abundante en pastos (Nm. 32:37, 38; 33:47). En 1 Cro. 5:8 aparece habitada por los rubenitas. A la muerte de Acab, el rey de Mesa se rebeló y tomó la ciudad. Hazaña de la que se jacta en la llamada *Estela de Mesa*, líneas 14-18. En sus profecías sobre Moab, Isaías y Jeremías presentan a los moabitas llorando por Nebo (Is. 15:2; Jer. 48:1, 22).

Nebo, Monte. Montaña desde cuya cima Moisés divisó la tierra prometida (Dt. 32:49; 34:1). Es uno de los picos de los montes de Abarim, frente a Jericó (Nm. 33:47; Dt. 32:49) y, aparentemente, la cumbre de la cadena del Pisga (Dt. 34:1). Moisés murió allí y fue enterrado en el valle de Moab, frente a Bet Peor. El lugar de la sepultura pudo estar al norte, en el vecino valle del Wadi Ayun Musa, pero nadie hasta el día presente ha descubierto su sepultura.

Necao. Faraón egipcio, segundo soberano de la dinastía XXVI; reinó entre los años 609 y 593 a.C. Dio muerte al rey Josías en Meguido (608 a.C.), porque se oponía a su expedición contra el creciente poderío babilónico. El pueblo de Judá puso a Joacaz, hijo de Josías, como rey. Necao siguió su marcha hacia el Eufrates, pero tres meses después, el faraón destronó a Joacaz, deportándolo a Egipto, poniendo en su lugar a su primogénito Joacim (2 R. 23:29-34; 2 Cro. 35:20-36:4). Cuatro años después de esta expedición, en el año 605, volvió a reunir su ejército a fin de proteger los intereses egipcios al este del Eufrates. Se enfrentó con Nabucodonosor, y sufrió una aplastante derrota en Carquemis (605 a.C.), perdiendo todas las posesiones egipcias en Asia (2 R. 24:7, 8; Jer. 46:2; 2 Cro. 36:9). Necao murió poco después y fue sucedido por Psamético II.

Neftalí (heb. «mi combate»). Sexto hijo de Jacob y segundo de Bilha, criada de Raquel (Gn. 30:8), y padre de una de las doce tribus de Israel. Del patriarca en persona no se da ningún detalle. Su nombre aparece mencionado en la bendición de Jacob (Gn. 35:25; 46:24), pero nada más. La tribu de Neftalí se dividía en cuatro grandes familias surgidas de los cuatro hijos de Neftalí (Gn. 46:24; Nm. 26:48, 49). Su territorio limitaba al este con el Alto Jordán y el lago de Galilea; al sur, Isacar y Zabulón; al oeste, Zabulón y Aser (Jos. 19:34). Era una estrecha franja de territorio que medía alrededor de 80 km de norte a sur y su anchura de este a oeste variaba entre los 16 y los 24 km. Era un territorio accidentado en su mayor parte (Jos. 20:7) pero muy fértil. Neftalí participó intensamente en la lucha que emprendieron Débora y Barac. Junto con Zabulón, afrontaron la muerte sobre las alturas del país (Jue. 4:6, 10; 5:18). Al llamamiento de Gedeón, los hombres de Neftalí empuñaron las armas (Jue. 6:35; 7:23). 1.000 jefes y 37.000 guerreros de esta tribu se unieron a David en Hebrón para ayudarle en el combate contra Is-boset (1 Cro. 12:34).

Neguev (heb. «sur», o «árido»). Región actualmente conocida con el mismo nombre de Neguev o Négeb. Comprende la parte más meridional de Palestina, por ello pasó a designar corrientemente el sur como uno de los cuatro puntos cardinales, en contraposición a los demás puntos cardinales. El Neguev actual comprende por el norte la vertiente meridional de los montes de Judá. Desde Bersabea hasta las cercanías de Cades se extiende una vasta planicie, o casi planicie, surcada por numerosos valles, que convergen hacia el wadi Gazzah y el wadi el-´Aris. Es una parte clave enormemente estratégica, que une entre sí a Asia y África. Su superficie es de unos 100 km de longitud por 20 km de anchura en fuerte pendiente desde la montaña hasta la fosa del Jordán. Los aluviones depositados en los valles constituyen la mayor parte de la superficie cultivable. Las lluvias son escasas, la mitad de la región no recibe actualmente más de unos 50 mm anuales de precipitación, por tanto rara vez hay agua suficiente para la irrigación. En verano la temperatura es extremadamente caliente y molesta la arena fina llevada por el viento en la campiña, sin embargo hay capas freáticas poco profundas que permitieron desde antiguo excavar algunos pozos y tener el agua indispensable para los hombres y el ganado. Esto proporcionó una rica agricultura especialmente entre el IV siglo a.C. y el II siglo d.C. Por esta razón, aunque la zona es árida no se puede decir que no fue un desierto vacío, sino que hubo colonias sedentarias en los días de Abraham y de los últimos reyes de Judea, además de en los nabateos y de Bizancio, dedicándose al cultivo del suelo donde era posible, al cuidado de rebaños y al comercio. Hay evidencias arqueológicas de que en tiempo de los patriarcas el Neguev estaba bien poblado. Allí pastaban los rebaños de los patriarcas, a algunos kilómetros al sur de Hebrón (cf. Gn. 18:1 y 20:1; Nm. 13:22; Gn. 12:9).

La parte septentrional del Neguev fue asignada a las tribus de Judá y de Simeón (Jos. 15:21-32; 19:1-9). Las numerosas cuevas de la zona del Neguev sirvieron para ocultar al rey David durante la persecución de Saúl. En la región hubo localizaciones de cobre (también de turquesas). El control de esta industria explicaría las guerras entre los edomitas y Saúl y las victorias de David sobre aquéllos (1 Sam. 14:47; 1 R. 11:15). Actualmente se obtiene de allí sales minerales, yeso y gas natural. Se encuentran también yacimientos de cobre en el Arabá y al sur del mar Muerto.

Nehemías (heb. «Yahvé ha consolado»). Nombre de tres personajes del AT.

1. Uno de los príncipes apresados por Nabucodonosor, que vivió lo suficiente para regresar de Babilonia con Zorobabel (Esd. 2:2; Neh. 7:7).
2. Hijo de Azbuc y gobernador de medio distrito de Bet-sur. Colaboró en la restauración de las murallas de Jerusalén (Neh. 3:16).
3. Judío de la cautividad, hijo de Hacalías y autor del libro de Nehemías (Neh. 1:1), aparentemente de la tribu de Judá. Algunos piensan que era de descendencia sacerdotal, pero es evidente que él se presenta como «príncipe del pueblo» y no como sacerdote (Neh. 9:38). Otros piensan que debido al alto cargo que ocupó en la corte persa y la importante comisión que recibió, debía ser, como Zorobabel,

del linaje de David. Como copero de Artajerjes Longimano, rey de Persia (465-424 a. C.) en la corte de Susa, le ofrecía el vino. Dándose cuenta el soberano de la tristeza de Nehemías, le preguntó su causa. Respondió él que Jerusalén, la ciudad de sus antepasados, yacía en ruinas. Nehemías pidió permiso para ir a reconstruir sus murallas (445 a.C.). El rey se lo permitió, y le concedió una escolta de jinetes y cartas de recomendación para los gobernadores de los diferentes distritos que debía cruzar, nombrándolo además gobernador de Judea, como lo había sido Zorobabel (Neh. 1:1-2:9; 5:14).
Nehemías llegó a Jerusalén en el año vigésimo del reinado de Artajerjes I (444 a.C.). Esdras, el sacerdote que había llegado de Babilonia hacía trece años con el fin de reconstruir el Templo, se hallaba en Jerusalén a la llegada de Nehemías. Este último hizo una ronda nocturna alrededor de las destruidas fortificaciones. Después anunció al pueblo su intención de reconstruirlas, pidiendo su ayuda. Los judíos asintieron, y cada notable entre ellos se dedicó a reconstruir un sector de las murallas (Neh. 3). Las tribus vecinas se enojaron y se opusieron a este esfuerzo. Tres de sus jefes, Sanbalat horonita, Tobías amonita y Gesem el árabe se esforzaron en hacer detener la reconstrucción. Pero no lograron ni detener ni intimidar a Nehemías. Para impedir cualquier ataque, los constructores se dedicaron a trabajar con una sola mano, empuñando de continuo un arma en la otra (Neh. 2:10; 4-6). Se tardaron cincuenta y dos días en reconstruir las fortificaciones (Neh. 6:15), en el año 444 a.C., unos 70 años después de la reconstrucción del Templo.
Nehemías se dedicó después a enseñar la Ley al pueblo (Neh. 8). Siguió un avivamiento de la fe, y todos los jefes religiosos y civiles pusieron sus sellos, junto con Nehemías, al pacto por el cual se comprometían a adorar a Yahvé (Neh. 8:9; 10). Después de haber gobernado Judá durante 12 años, Nehemías volvió a Susa, en el año 433 ó 432 a.C. Desconocemos el tiempo que allí permaneció. Pidió entonces una nueva licencia (Neh. 13:6) y volvió a Jerusalén. Constató algunos abusos que corrigió enérgicamente. Este gran reformador se esforzó en llevar a todos aquellos que habían firmado el compromiso a que observaran estrictamente la Ley de Moisés. Aunque ya se habían tomado fuertes medidas contra los matrimonios mixtos, siguieron algunos casándose con mujeres extranjeras. Recordándoles los castigos que Dios había enviado por esta causa al pueblo de Israel, disolvió tales matrimonios tomándoles juramento de que en adelante no volverían a hacerlo (Neh. 13:8-31). Para subsanar de una vez para siempre todas estas deficiencias, convocó a todo el pueblo, que se obligó bajo juramento a guardar la Ley (Neh.

10:1-35). Nada más sabemos de él. 2 Mac. 2:13 le considera compilador de los Libros Santos; también se le atribuye la restauración del Templo y de los sacrificios. Josefo afirma que llegó a una edad avanzada (*Ant.* 11, 5, 6). Nehemías parece haber tenido hasta su muerte el cargo de gobernador de Jerusalén. Bagohi, uno de sus sucesores, era gobernador de Jerusalén en el año 411 a.C. (Papiro de Elefantina).

Nehemías, Libro de. Uno de los últimos libros históricos del AT. En el texto hebreo forma un solo libro junto a Esdras, su división en dos parece deberse a la LXX. Por eso, algunos autores antiguos se referían a esta obra como segundo libro de Esdras, al que consideraban su verdadero autor. Los estudiosos modernos consideran que es una obra anónima con materiales escritos por Esdras y Nehemías. La fecha más aceptable es alrededor del 400 a.C.

La obra contiene varias secciones. Los caps. 1-7, narrados en primera persona, cuentan la vuelta de Nehemías a Jerusalén después de haber obtenido de Artajerjes, rey de Persia, permiso para irse allí por un tiempo como delegado del monarca. A su llegada pone al pueblo a reconstruir las fortificaciones (Neh. 2:17). Los nombres de los obreros voluntarios quedan registrados en el capítulo 3. El gobernador se ve obligado a armarlos, a causa de la oposición de los samaritanos (Neh. 4), y reprime la codicia de algunos judíos que oprimían a sus compatriotas pobres (Neh. 5). Acaba la restauración de las fortificaciones, a pesar de las maniobras de intimidación de Sanbalat y de Tobías y de la ayuda secreta que les prestaban los nobles de Judá (Neh. 6). A continuación, Nehemías intenta aumentar la población de Jerusalén, que puede dar cabida a muchas más personas de las que cobija (Neh. 7:4).

En los caps. 8-9 hay un interludio con la lectura de la Ley, lo cual es una continuación de Esd. 7-10. El pueblo observa un día solemne, confesando sus pecados, particularmente los matrimonios mixtos. Se comprometen, fijando sus sellos a un pacto, a obedecer la Ley de Dios y a no unirse con los paganos.

Los caps. 10-13 continúan el relato de la construcción de las murallas durante la segunda etapa de Nehemías como gobernador, después de dar una lista completa de las familias de Jerusalén (Neh. 11:3-24). Los nombres de los sacerdotes y de los levitas que volvieron en primer lugar junto con Zorobabel figuran en Neh. 12:1-9. En los versículos 10 y 11 aparecen los nombres de los sumos sacerdotes desde Jesúa (Josué, cf. Zac. 3) y Jadúa. Los versículos 12-21 enumeran a los jefes de las familias sacerdotales de la generación posterior a la del retorno del exilio. Los jefes de los levitas de la misma época y algo posterior figuran en los versículos 22-26. El versículo 27 y ss. hablan de la fiesta de la dedicación de las murallas. Durante la ausencia del reformador, vuelto a la corte de Persia, se producen abusos: no se dan a los levitas las porciones a las que tienen derecho (Neh. 13:10); se han hecho componendas, en lugar de observar los sábados de una manera estricta (Neh. 13:15); no se ha renunciado totalmente a los matrimonios mixtos (Neh. 13:23). Al volver, Nehemías rectifica todos los desórdenes.

Nehustán (heb. «trozo de cobre»). Nombre despectivo dado a la serpiente de bronce, que Moisés había ordenado fabricar durante la plaga de las mordeduras de las serpientes en el desierto (Nm. 21:8 ss.), la cual fue conservada y venerada en el Templo en tiempo del rey Ezequías. Al haberse convertido en objeto idolátrico por parte del pueblo, Ezequías mandó destruirla para evitar el peligro de las costumbres idolátricas arraigadas en el pueblo (2 R. 18:4).

Nereo. Cristiano de Roma, a quien el apóstol Pablo manda saludos, juntamente con su hermana (Ro. 16:15). Es posible que perteneciera a la casa de Filólogo y Julia (Ro. 16:15).

Nergal. Una de las principales deidades asirias y babilónicas, que bajo el aspecto de fuego destructor (2 R. 17:30) parece corresponder a Marte, dios romano de la guerra. La sede de su culto estaba en la ciudad de Cuta, hoy Tell Ibrahim, al nornoroeste de Babilonia, que en la tradición árabe es la ciudad de Nimrod. Negal fue venerado en Samaria entre los colonos de Cuta traídos por Sargón, rey de Asiria.

Nergal-sarezer. Nombre de dos babilonios. El primero de ellos es mencionado únicamente en Jer. 39:3, sin más especificaciones ni noticias. El otro aparece como uno de los príncipes de la corte de Nabucodonosor, con la honorable distinción de Rabmag o «jefe de los magos» (Jer. 39:13). Éste parece ser el Nergal-sar-usur que los griegos conocen como Neriglisar. Se casó con una hija de Nabucodonosor, asesinó a su cuñado Evil-merodac, y usurpó el trono (Josefo, *Contra Apión*, 1, 20). Reinó entre los años 560 y 556 a.C.

Nerón. Quinto emperador de Roma. Hijo adoptivo de Claudio, accedió al trono haciendo envenenar a su medio hermano Británico. Nerón fue un hombre que en el inicio de su reinado se presentó de una manera moderada y prudente, pero que después reveló un carácter sanguinario y cruel. En el año décimo de su reinado, el 64 d.C., estalló el gran

incendio de Roma, que destruyó casi completamente tres de los catorce distritos de la ciudad; se acusó al emperador de que él había sido quien había dado la orden de provocar el incendio. Para disculparse, Nerón acusó a los cristianos, condenando a gran número de ellos a suplicios atroces. La tradición señala que Pablo y Pedro estuvieron entre los mártires. Nerón es el «león» de 2 Ti. 4:17. Abandonado por sus tropas y sabiéndose perdido, se quiso suicidar, pero, no consiguiéndolo, pidió a uno de sus defensores que lo rematara (68 d.C.).
La cifra enigmática del Ap. 666 prob. se refiere a Nerón y así fue entendida por sus destinatarios, sin más explicación (13:12-14; 17:8). El valor de las palabras Nerón César, escritas en caracteres hebreos dan por resultado 666. Ireneo explica el número 666 con el término *Lateinos,* dado que el valor numérico de las letras (griegas) que lo componen da el mismo total: 30+1+300+5+10+50+70+200 = 666 (*Adv. Haer.* V, 30).

Netanías (heb. «dado por Yahvé»). Nombre de cuatro personajes del AT, entre ellos el hijo tercero de Asaf, que en la organización de David dedicada al servicio del templo, tuvo la jefatura de la quinta división o clase de músicos y cantores, los cuales tocaban con éxtasis profético, cítaras, salterios y cimbales (1 Cro. 25:2, 12).

Netineos (heb. «dados», «apartados»). Nombre dado en los libros posexílicos a los siervos hereditarios del templo asignados a los levitas para los servicios humildes del templo (Esd. 8:20). Anteriormente, dicho trabajo había sido realizado por madianitas (Nm. 3:47) y por gabaonitas (Jos. 9). Después del cautiverio, un número bastante grande de netineos regresó con Esdras (Esd. 2:55-58) y con Nehemías (Neh. 7:57-60). Los netineos parecen haber sido extranjeros nacionalizados y no judíos naturales (1 Cro. 9:2; Esd. 2:59), procedentes de la clase de los esclavos de origen extranjero, capturados en tiempos de guerra, dedicados a las tareas más pesadas del templo; práctica común entre los sirios, fenicios, griegos, romanos y otros pueblos de la antigüedad, así como entre los árabes, que dedicaban los esclavos al servicio de la Caba en la Meca y al sepulcro del profeta en Medina. El catálogo de nombres extranjeros de quienes regresaron del cautiverio confirma esta teoría (cf. Esd. 2:43-58). Se sabe poco del tratamiento de los netineos. Como cuestión imprescindible tenían que circuncidarse y amoldarse a la religión de sus vencedores (cf. Éx. 12:48), reconociendo la supremacía de Yahvé (cf. Jos. 9:9). Eran mantenidos por el tesoro del templo y los «diezmos segundos». Socialmente se encontraban en una posición humilde, sólo podían contraer matrimonio entre ellos mismos.

Netofa (heb. «goteo»). Localidad situada en los montes de Judá, a escasa distancia de Belén (cf. 1 Cro. 2:54), de ella eran dos de los valientes de David, Maharai y Heleb (1 Cro. 27:13, 15). Allí regresaron del exilio cincuenta y seis hombres descendientes de los antiguos habitantes de la ciudad (Esd. 2:22; Neh. 7:26), además de cierto número de levitas cantores (Neh. 12:28).

Nibsán. Ciudad del desierto de Judá, mencionada entre Sejaja y En-guedi (Jos. 15:62). Fue adjudicada a la tribu de Judá en la repartición de la tierra. Quedaba a orillas del mar Muerto, actualmente se ha identificado con una ciudad en Hirbet el-Maqari. Debió desaparecer en el momento de la conquista de Nabucodonosor (587 a.C.), y desde entonces no fue repoblada de un modo estable.

Nicanor (gr. «victorioso»). Nombre de dos personajes de los tiempos bíblicos.

1. General sirio, jefe del cuerpo de elefantes reales y amigo de Antíoco IV Epífanes y de su hijo Demetrio I. Enemigo encarnizado de los judíos fue derrotado por Judas Macabeo y después muerto en Adasa. Judas instituyó una fiesta el 13 del mes de Adar (marzo del 160 a.C.) en recuerdo del triunfo judío (1 Mac. 7, 43-49; 2 Mac. 15:26-36; Josefo, *Ant.* 12, 10, 5).
2. Uno de los siete diáconos elegidos por la Iglesia de Jerusalén y encomendados por los apóstoles para cuidar de las viudas y de los pobres de lengua griega en la comunidad (Hch. 6:5). No se sabe nada más de él.

Nicodemo (gr. «conquistador del pueblo»). Judío notable de la secta farisea, miembro del sanedrín, mencionado solamente en el cuarto Evangelio. Atraído por los milagros de Jesús, acudió a él de noche, pensando que quizá era un enviado de Dios. Jesús le llamó «maestro en Israel» y le habló del «nuevo nacimiento» (Jn. 3:1-6). Cuando los miembros del sanedrín acusaron a Jesús de impostor, Nicodemo salió en su defensa y les exigió saber si la Ley les autorizaba a condenar a alguien antes de haberle escuchado (Jn. 7:50-52). Finalmente, este doctor de la Ley aparece contribuyendo con alrededor de cien libras romanas (más de 30 kg) de una composición de mirra y de áloes para el embalsamamiento del cadáver de Jesús (Jn. 19:39). La cuantía de este homenaje póstumo a Jesús supone que el interés inicial por el maestro galileo había crecido hasta una fe resuelta expresada en amor generoso. Se le atribuye un Evangelio apócrifo cuya primera parte data del siglo IV.

Nicolás (gr. «victorioso del pueblo»). Prosélito judío nativo de Antioquía, uno de los siete elegidos a petición de los apóstoles para atender a las viudas y judeocristianos pobres de lengua griega (Hch. 6:5).

Nicópolis (gr. «ciudad de la victoria»). Localidad en la que Pablo esperaba invernar junto con Tito (Tit. 3:12). Existían muchas poblaciones antiguas con el nombre de Nicópolis, fundadas en recuerdo de victorias romanas. Es sumamente probable que se trate de Nicópolis de Epiro, en Grecia, a 6 km de Accio, llamada en la actualidad Paleoprevyza. Augusto la construyó en el año 31 d.C. para conmemorar su victoria naval sobre Marco Aurelio, y la hizo colonia romana. Herodes el Grande edificó allí numerosos edificios públicos.

Níger (gr. «negro»). Sobrenombre de Simeón, uno de los maestros y profetas que ministraban en la iglesia de Antioquía cuando Bernabé y Pablo fueron apartados pra la obra misionera (Hch. 13:1). Sólo aparece mencionado en este pasaje, su nombre era común entre los romanos y se ha conjeturado que se trata de un prosélito africano llamado Níger por el color de su piel y complexión física. Su nombre, Simón, mostraría que era judío de nacimiento y su sobrenombre obedecería a su trato social con los extranjeros.

Nilo. Gran río de Egipto (Is. 23:3; Jer. 2:18), el Nilo cubría grandes extensiones, sobre todo durante épocas de inundación, por lo que en ocasiones se le daba nombre de mar (Nah. 3:8). Los cursos de agua que alimentan el lago Victoria-Nyanza son las fuentes últimas del Nilo, que tiene 6.397 km de longitud (el río más largo del mundo). En su trascurso recorre Uganda, Sudán y Egipto para desembocar en el mar Mediterráneo. Es navegable en sus cinco sextas partes, para embarcaciones de pequeño calado. La parte más célebre del río empieza en la unión del Nilo Blanco con el Nilo Azul, en Khartum. De allí hasta el Delta el Nilo serpentea a través de más de 2.600 km a través del desierto. A partir de entonces no recibe más que un solo afluente por su ribera izquierda, a 225 km por debajo de Khartum. Inmediatamente por debajo de Khartum, el Nilo penetra en la meseta de Nubia y describe una gigantesca S, que comprende seis cataratas. Algo río arriba de Asuán (la antigua Siena), un banco de granito que se extiende por casi 290 km de este a oeste obstruye el lecho del río, que se abre paso y desciende por las rocas formando la última catarata. Ésta es la primera si se está remontando el río contra corriente, que allí atravesaba los confines del antiguo Egipto. La famosa inundación anual del Nilo, que fertiliza un país privado de lluvias, resultaba un misterio para los antiguos. Sin la inundación anual, Egipto hubiera quedado desnudo de vegetación. Según la célebre frase de Herodoto, «Egipto es el don del Nilo».

Nimrod. Hijo de Cus. Vigoroso cazador, monarca poderoso, que reinó en Babel, Erec, Acad y Calne, ciudades del país de Sinar (Gn. 10:8-10; Miq. 5:6). Sólo es conocido por el texto bíblico, aunque se ha intentado identificarlo con Gilgamés, héroe babilónico, de quien la leyenda y la épica han perpetuado la memoria. Pero no hay pruebas de que esta identificación sea correcta. Es posible que sea más plausible relacionar el Cus babilónico con el antiquísimo reino de la ciudad de Cis, fundado hacia el año 2.500 a.C., y de donde los reyes de Babilonia del tercer milenio tomaron su título de «reyes del mundo».

Ninfas (gr. «consagrado a Ninfas»). Cristiano o cristiana de Laodicea, a quien Pablo manda saludos como cabeza de una comunidad (Col. 4:15). La grafía del pronombre es dudosa, por lo que no se puede saber si el nombre es masculino o femenino.

Nínive. Capital del antiguo Imperio de Asiria, ciudad de gran poder, tamaño y renombre, una de las más antiguas del mundo. Los heb. daban el nombre de «Nínive» a la aglomeración que rodeaba la capital y ocupaba el distrito situado en la confluencia del Tigris y del Gran Zab (Gn. 10:11, 12; Jon. 1:2; 3:3; Jdt. 1:1). En un sentido más propio, Nínive era la ciudad que se elevaba sobre la ribera izquierda del Tigris, en la confluencia de este río y un pequeño afluente llamado actualmente el Khosr, a unos 43 km por encima de la confluencia del Zab y del Tigris. Se extendía aprox. un km sobre el Tigris frente a la ciudad moderna de Mosul, en el norte de Irak. Rodeada por tierras ricas y bien irrigadas, se situaba cerca de un vado sobre el Tigris muy frecuentado en la antigüedad, lo que le permitía controlar las principales rutas comerciales que cruzaban el Tigris.

Los fundadores de Nínive fueron babilonios (Gn. 10:11). Manishtusu, de la dinastía semítica de Acad (hacia el 2425-2245 a.C.) construyó un templo dedicado a Ishtar, divinidad tutelar de Nínive. Salmansar (1280-1260 a.C.) hizo de ella la capital de Asiria. La muralla de Nínive comprendía 15 grandes puertas, construida en ladrillo y en piedra. El sector del este, de cerca de 5 km, contenía seis puertas; el sector meridional, 800 m, sólo tenía la puerta de Asur; el sector occidental, de 4 km, tenía cinco puertas; el sector norte, de 1,9 km, tres puertas, Adad, Nergal, y Sin. Asiria, nación guerrera, embelleció su capital merced a los botines de sus conquistas. Nínive era asimismo un centro literario. Hacia el año 650 a.C., Asurbanipal creó una gran biblioteca de tabletas de arcilla cubiertas de inscripciones cuneiformes relativas a la historia, liturgia, encantamientos, astronomía, astrología, matemáticas. Se trata sobre todo de copias de obras antiguas que provenían de Babilonia. Nínive se merecía el calificativo de «ciudad sanguinaria» que le dio el profeta Nahum (Nah. 3:1). A través de la historia guerreó contra las naciones vecinas, y usó la más feroz crueldad contra los vencidos. Después de sus victorias, Asurbanipal se dedicaba a cortar las manos, pies, nariz y orejas de sus prisioneros; les sacaba los ojos y levantaba montañas de cabezas humanas. Cuando el Imperio asirio inició su decadencia (625 a.C.), Nínive cayó bajo los embates de la colación de medos y escitas. Las operaciones comenzaron en el año 616, pero no fue hasta el 612 que los aliados rivales descendieron sobre la llanura y acometieron la conquista de Nínive. La ciudad fue rodeada y sometida durante tres meses a un duro asedio. El asalto definitivo parece que vino por el curso, ya seco, del río Khosr. La Biblia nos habla de la entrada en la ciudad por ese punto y del asalto al templo de Ishtar, de cómo las sacerdotisas de la diosa se lamentan del saqueo del templo y de la matanza sin número en la urbe. La ciudad fue arrasada totalmente, el rey asirio Sin-sariskun murió en ella. Nadie lamentó la destrucción de Nínive ni nadie se preocupó de reconstruirla. Mientras Babilonia se iba poblando de nuevo, después de cada castigo, Nínive quedó abandonada completamente y hasta se perdió el recuerdo del lugar donde se levantaba. Los oprimidos hebreos entonaron voces de alegría, al unísono con otros pueblos subyugados, cuando recibieron la noticia de la caída de la «ciudad sanguinaria». Se cumplió la palabra del profeta Nahum cuando dijo: «No hay medicina para tu quebranto; tu llaga es incurable. Todos los que oyen de tu fama aplaudirán a causa de ti» (Nah. 3:19). Durante un tiempo quedó como un proverbio de caída y destrucción total (Sof. 2:15).

En 1842 el cónsul francés Botta comenzó las excavaciones en Korsabad, donde descubrió el palacio de Sargón. Desde 1845 a 1850, el inglés Layard exploró Nimrod, a 29 km al sur de Kouyoundjik, excavando a continuación este lugar, que resultó ser el lugar de Nínive, donde Senaquerib había construido un espléndido palacio con 71 salas y cámaras con muros decorados por esculturas. En este mismo lugar descubrió Rasam (1853), el palacio de Assurbanipal con su famosa biblioteca, que hoy se encuentra en el Museo Británico, y cuenta con el relato babilónico del diluvio (*Gilgamés* XI), publicado posteriormente por George Smith en diciembre de 1872.

Nisán (heb. «comienzo»). Primer mes del año religioso judío en el calendario adoptado de los babilonios durante la dominación caldea y persa, llamado anteriormente Abib (Neh. 2:1; Est. 3:7). Consta de 30 días, que empiezan en la luna nueva de marzo y termina en la luna nueva de abril. En nuestro calendario se corresponde con marzo-abril.

Nisroc. Divinidad adorada por los asirios, en cuyo templo Senaquerib fue asesinado por sus hijos (2 R. 19:37; Is. 37:38).

No. Ciudad egipcia llamada por los nativos *Tof*, según Champollion; mencionada sólo dos veces por su nombre en los profetas (Ez. 30:14 ss.; Jer. 46:25), y gral. identificada con la que en otros lugares es llamada por el nombre heb. completo de No-Amón (Nah. 3:8), ciudad populosa que desde la XVIII dinastía pasó a llamarse Tebas, cuando se convirtió en capital del Imperio egipcio, nombre con el que es traducida al castellano.

Noa (heb. «movimiento»). Personaje en la descendencia de Manasés, hija de Zelofehad, hermana de Maala, Hogla, Milca y Tirsa (Nm. 26:33). Con sus hermanas vino a Moisés a reclamar que se les permitiera heredar a su padre, que no tenía hijos varones. Moisés, bajo dirección divina, autorizó que recibieran la herencia y quedó establecido el derecho de las hijas a heredar (Nm. 27:1-8).

Noadías (heb. «convocado por Yahvé»). Nombre de dos personajes del AT.

1. Levita, hijo de Binúi, que ayudó a Meremot y otros a pesar la plata, el oro y los utensilios del Templo traídos de vuelta de la cautividad por Esdras (Esd. 8:33).
2. Falsa profetisa que en complicidad con los samaritanos, enemigos de Israel, pretendió asustar a Nehemías para que desistiera de construir los muros de Jerusalén (Neh. 6:14).

No-Amón. Ciudad principal del Alto Egipto (Nah. 3:8) también llamada No en el texto bíblico (Jer. 46:25; Ezq. 30:14, 15, 16), la Tebas de los griegos. Ver TEBAS.

Nob (heb. «fruto»). Ciudad sacerdotal (1 Sam. 22:19) en el territorio de la tribu de Benjamín (Neh. 11:32); al norte e indudablemente a la vista de Jerusalén (Is. 10:32). Cuando los enemigos se apoderaron del arca, los israelitas levantaron el tabernáculo en Nob, donde quedó por un tiempo. El sumo sacerdote Ahimelec residía también allí. Desconocedor de que Saúl perseguía a David, permitió que éste y sus hombres comieran el pan de la proposición, y dio después a David la espada de Goliat. Doeg, un edomita, informó a Saúl, que convocó a los sacerdotes de la ciudad, a quienes ordenó matar, así como al resto de habitantes de Nob. Abiatar, hijo del sumo sacerdote, escapó, y se refugió poniéndose bajo la protección de David (1 Sam. 22:17-21; Sal. 52).

Nod (heb. «errancia»). País desconocido, situado al este del Edén, adonde Caín huyó después de asesinar a su hermano Abel (Gn. 4:16). Es imposible identificar el lugar, ya que su nombre hace suponer que se trata de algo simbólico, sin referencia a ningún país conocido de la antigüedad.

Noé («reposo», «descanso»). Hijo de Lamec, descendiente de Set (Gn. 5:28-29), décimo de los patriarcas desde Adán. Por orden de Dios construyó un arca en la cual él, su esposa, sus hijos, sus esposas y representantes hembra y macho de todas las especies animales de la tierra, deberían salvarse (6:13-21).

Cuando llegó el tiempo señalado, nadie excepto Noé y su familia inmediata encontraron refugio en el arca. Siete días antes las aguas empezaron a cubrir la tierra, se le ordenó a Noé entrar al arca con su esposa, sus tres hijos y sus esposas, y de llevar cada uno de ellos siete pares de animales domésticos, y dos pares de animales y pájaros silvestres (7:1-4). Tenía 600 años cuando entró en el arca (Gn. 7:6). Dejó abierta la puerta aún siete días y después el mismo Dios cerró la puerta tras él (Gn. 7:4, 7, 10, 16). No vemos en Noé ningún apresuramiento ni aturdimiento, él hizo «conforme a todo lo que Dios le mandó» (Gn. 6:22; 7:5, 9, 16) y su actitud expresa, lo mismo que su nombre, reposo y tranquilidad. Después de los largos meses del terrible cataclismo, Dios mostró que se acordaba de Noé (cf. Gn. 8:1). De una manera tranquila y metódica, Noé examinó una solución, dejando salir al cuervo y hasta tres veces la paloma, para verificar de una manera factual el estado de la tierra (Gn. 8:6-12); a continuación abrió la cubierta del arca (Gn. 8:13). Sólo salió de ella, no obstante, en obediencia a una orden determinada de Dios (ocho semanas más tarde, ni antes ni después) con todos los suyos, y con los animales que se habían salvado (Gn. 8:15-19).

De inmediato, el patriarca erigió un altar, ofreciendo a Dios sacrificios, y es sobre la base del sacrificio que Yahvé establece un pacto con Noé y sus descendientes (Gn. 8:20; 9:9).

Los puntos esenciales de este pacto son:

1. Dios promete no volver a enviar jamás un diluvio de aguas sobre toda la tierra; los días, las estaciones y las cosechas durarán tanto tiempo como la tierra (Gn. 8:21-22; 9:11, 15).
2. Como con Adán en el pasado (Gn. 1:28), Noé y sus hijos recibieron la orden de ser fecundos y de multiplicarse y llenar la tierra (Gn. 9:1, 7).
3. Dios entregó en sus manos los animales, y les concedió su carne como alimento, en tanto que Adán, antes de la caída, era vegetariano (Gn. 9:2-3; 1:29).
4. Se da la prohibición general de comer sangre (Gn. 9:4; cf. Lv. 17:10-11).
5. La vida humana queda protegida contra los animales y los mismos hombres (Gn. 9:5-6). Este texto instituye la pena de muerte por primera vez en el AT (cf. Lv. 24:17, etc.; para el NT, cf. Ro. 13:4).
6. Se da el arco iris como señal de este pacto perpetuo (Gn. 9:12-17).

Noé, el nuevo Adán (9:1), es bendecido por Dios con la misma fórmula empleada el día de la creación del primer hombre (1:28). A continuación se dice que Noé labró la tierra y plantó una viña, no estando familiarizado con los efectos del jugo de uva fermentado, bebió sin medida y fue sorprendido por el efecto embriagador del vino. Sem y Jafet se comportaron hacia su padre con respeto filial. Pero Cam se comportó con una actitud indecorosa, que suscitó la cólera de Noé, y que atrajo sobre Canaán, hijo de Cam, una maldición profética (Gn. 9:20-27; cf. Éx. 20:5-6).

Noé vivió trescientos cincuenta años más después del diluvio, y murió a la edad de novecientos cincuenta años (9:20-29.) En los libros posteriores de las Escrituras de Noé se representa como modelo de un hombre justo (Eclo. 44:17; Ez. 14:14, 20), y como ejemplo de fe (He. 11:7.) Los Padres de la Iglesia y tradición lo consideran como el tipo y figura de un salvador, porque a través de él, la raza humana fue salvada de la destrucción y reconciliada con Dios (Eclo. 44:17, 18).

Noemí (heb. «mi delicia»). Mujer de Belén, esposa de Elimelec, que la llevó, junto con sus dos hijos, al país de Moab, a causa de una gran hambre que reinaba en Judá. Los hijos se casaron con muchachas moabitas. Elimelec y sus hijos murieron. Noemí, acompañada de Rut, una de sus nueras, volvió a Belén de Judá (Rt. 1-4). Pidió no ser llamada más Noemí, sino Mara, «amarga», porque el Todopoderoso la había tratado, dijo ella, amargamente. Buscó el bien de Rut, la cual contrajo matrimonio con Booz; ella vino a ser aya del hijo de Rut, Obed.

Nombre. En las culturas antiguas el nombre de una persona no era un mero formalismo o convencionalismo social para designar y distinguir a unos individuos de otros, sino que además era un elemento esencial de su personalidad. Lo que no tiene nombre no existe (Eclo. 6:10). Personas insignificantes y despreciables son semejantes a hombres sin nombre (Job 30:8). El nombre responde esencialmente a la naturaleza del que lo lleva (2 Sam. 25:25). Conocer el nombre de alguien supone ya un cierto poder sobre él, por eso Jacob pregunta el nombre al ángel de Yahvé (Gn. 32:29; cf. Jue. 13:17-18). En el momento de llevar a cabo grandes actos redentores, Dios hace comprender a Moisés que se va a revelar no sólo ya como el Todopoderoso, sino «en mi nombre Yahvé» (Éx. 6:3). Donde está el nombre está también la persona, el nombre hace próxima la presencia de la persona: no se puede resistir al ángel de Yahvé, pues el nombre de Dios está en él (Éx. 23:21). El santuario donde Dios es adorado es sagrado, pues allí hace morar su nombre (Dt. 12:11). Recibir a alguien en nombre de otro es como recibir a aquél. «Cualquiera que en mi nombre reciba a un niño como éste, a mí me recibe», dice Jesús (Mt. 18:5).

Invocar el nombre equivale a contar con la presencia de la persona invocada (Jer. 14:9; cf. Mt. 18:20). «Ser llamados por el nombre de Yahvé» es situarse en la línea de los piadosos en la línea de Set y Enós, a partir del cual se dice que «los hombres comenzaron a llamarse del nombre de Yahvé» (Gn. 4:26); lo cual significa que eran seguidores del Dios verdadero revelado en ese nombre. En cierto sentido Jesús justifica su misión diciendo al Padre que Él ha «manifestado su nombre a los hombres» (Jn. 17:6), es decir, naturaleza y esencias divinas. Juan nos habla de Cristo, a fin de que al creer tengamos vida en su nombre (Jn. 20:31), o sea, en su persona. El nombre pronunciado actúa con el mismo poder que la persona (Hch. 3:16; 4:10, 12, etc.) y el nombre del Salvador está, por definición, por encima de todo otro nombre (Ef. 1:21).

Ya que el nombre es como el doble de la persona, conocerlo e invocarlo debidamente equivalía a ejercer dominio sobre ella. De ahí todas las singulares precauciones y restricciones que deben observarse en el uso de los nombres. El primer mandamiento del Decálogo está destinado a evitar el uso profano y mágico del nombre de Dios. Invocar debidamente el nombre de alguien asegura su protección y bendición (Nm. 6:27). A pesar de esto, se teme pronunciar el nombre personal de Dios (Am. 6:10), lo cual en tiempos posteriores se expresa entre los judíos en una prohibición absoluta de pronunciar el nombre de Yahvé, que cuando se leía en voz alta era sustituido por el título Adonai, «mi gran Señor». Algunos escritores judíos modernos mantie-

nen la reverencia tradicional escribiendo D-os en lugar de Dios.
A causa del sentido sumamente personal unido al nombre, se daba en ocasiones un nombre nuevo a alguien con el fin de señalar la transformación de su carácter, cf. p. ej.: Abram a Abraham; Sarai a Sara (Gn. 17:5-15); Jacob a Israel (Gn. 32:27, 28); Noemí a Mara (Rt. 1:20). En ocasiones el segundo nombre es una traducción del primero: Cefas (aram.) Pedro (gr.); Tomás (aram.) Dídimo (gr.); Mesías (heb.) Cristo (gr.). Un día todos los creyentes recibirán un nombre nuevo adecuado a la naturaleza de los redimidos del Señor (Ap. 3:12).

Nube. Desde el punto de vista atmosférico las nubes escasean en Palestina durante la mayor parte del año, desde mayo a septiembre. La aparición de nubes, con su promesa de lluvia, es siempre un fenómeno que se agradece y por el que se ruega. Al mismo tiempo, la sombra que proporcionan en un clima dominado por el calor y el resplandor del Sol es tomada como símbolo de la presencia divina, que se interpone entre la gloria irresistible e insoportable de Dios y la miseria y debilidad del hombre, haciendo posible un vislumbre parcial de esa gloria. Por esta razón, una nube acompaña todas las teofanías o manifestaciones de Dios en el AT, que de otro modo sería imposible de resistir (cf. Éx. 16:10; 24:16; 33:9; 34:5; 24:16; Nm. 11:25; 21:5; 2 Cro. 5:13; 1 R. 8:10; Job 22:14; Sal. 18:11, 12; Is. 19:1). «La gloria de Yahvé apareció en la nube» (Éx. 16:10). «Una nube cubrió el tabernáculo de reunión, y la gloria de Yahvé llenó el tabernáculo» (Éx. 40:34). «Yo apareceré en la nube sobre el propiciatorio» (Lv. 16:2). De esta nube podía surgir fuego que destruía a los rebeldes (Lv. 10:2; Nm. 16:35; cf. Éx. 19:16, 18). El soberano Dios, que se viste de nubes, es asimismo fuego consumidor (Sal. 18:9-15; Dt. 4:24; He. 12:29). Después de mucho tiempo que la nube hubiera dejado de marchar delante del pueblo, ya establecido en la tierra de Canaán, se ve a la nube de gloria hacer su morada en el Templo acabado de construir (1 R. 8:10-11). Los pecados de la nación llegaron a tal punto que les fue retirada la gloria divina (Ez. 9:3; 10:18-19; 11:22-23), siendo el Templo destruido junto con la ciudad de Jerusalén (Ez. 9:1-7). Sin embargo, el mismo profeta anuncia que el Señor devolverá para siempre su gloria y su presencia a su pueblo, convertido y restaurado (Ez. 37:24-28; 43:1-9).
En el NT la nube gloriosa vuelve a aparecer en el monte de la Transfiguración, donde una nube luminosa lo envolvió, y en el seno de la cual dejó oír la voz divina (Mt. 17:5). Cuando el Señor abandonó esta tierra, una nube celestial lo recibió (Hch. 1:9). Y cuando vuelva, lo hará desde el cielo descendiendo sobre las nubes (Mt. 24:30, Lc. 21:27; Hch. 1:9; Ap. 1:7; 14:14, 16), lo cual era entre los judíos una imagen

o símbolo de poder divino y majestad. Por esta razón, el Jesús resucitado y glorificado es presentado como sentado ya sobre las nubes, indicación de su poder (Ap. 14:14-16). En su retorno, los que queden vivos serán arrebatados sobre las nubes al encuentro de su Señor (1 Ts. 4:17), imagen poderosa que guarda relación con Gn. 5:24; 2 R. 2:1ss.).

Nuevo Testamento. Colección de 27 libros que forman la segunda parte de la Biblia cristiana. Desde el punto de vista de su contenido, el NT se compone ante todo de tres secciones: Evangelios, Hechos y Cartas con un último libro apocalíptico. A Pablo se le atribuyen generalmente 13 cartas, que a su vez se pueden subdividir en grandes cartas en las que se reconoce generalmente la paternidad paulina (Romanos, 1-2 Corintios, Gálatas, Filipenses, Filemón, 1 Tesalonicenses y quizás 2 Tesalonicenses; las «deuteropaulinas», es decir, las atribuidas a la escuela de Pablo, más que a él personalmente (Efesios y Colosenses), y las «pastorales», llamadas así porque van dirigidas a la atención pastoral de Timoteo y de Tito (1-2 Timoteo y Tito). Por conveniencia, junto al epistolario paulino suele colocarse la Carta a los Hebreos, que de hecho no es una carta, sino un discurso homilético, que no se dirige a los hebreos sino a los cristianos y que, finalmente, no es de Pablo, sino de un autor desconocido de la segunda parte del siglo I.
Todos los escritos del NT están escritos en griego helenístico, conocido por koiné. La división en caps. data del siglo XIII; la de los versículos procede del NT griego editado por Stephanus en 1551.

Números, Libro de. Cuarto libro del Pentateuco. Su título heb. es *Be-midbár*, «en el desierto», que son sus palabras iniciales (Nm. 1:1). El título moderno proviene de la trad. gr. *Arithmoi*, que dio este título a causa de los dos censos que contiene. Al igual que el Éxodo y el Levítico, este libro incorpora a la vez relatos y leyes. La narración histórica describe parte del viaje de Israel después de la liberación de Egipto y antes de llegar a la tierra prometida. Se puede dividir en tres secciones esenciales:

a) En el desierto del Sinaí (Nm. 1:1-10:11). Contiene el censo del pueblo, el orden del campamento de las tribus, la exclusión de los impuros; leyes de la restitución, de los celos y del nazareato; ofrendas de los príncipes durante la dedicación del Tabernáculo; ley acerca de la celebración de la Pascua.
b) Itinerario del Sinaí al Jordán (Nm. 10:11-21:35), comienza con la orden de marcha, las palabras de Moisés a Yahvé cuando partía el arca, y cuando se detenía; las murmuraciones del pueblo contra el maná; entonces Yahvé envía codornices. Miriam contrae lepra por

hablar contra su hermano Moisés, y es sanada. Llegada a Cades, desde donde se envían espías a reconocer la tierra de Canaán. Revuelta de Coré, Datán y Abiram. Muerte de Miriam; pecado de Moisés y Aarón sobre el monte Hor. Israel rodea el país de Edom; episodio de las serpientes ardientes. Llegada a los campos de Moab; conquista del país situado al este del Jordán.

c) Campamento en Sitim, frente a Jericó (Nm. 22:1-36:13). Episodio de Balaam. Israel rinde culto a Baal-peor. Censo de la nueva generación. Leyes concernientes a los derechos de sucesión de las hijas. Josué es proclamado caudillo del pueblo por Moisés. Guerra contra Madián. Las regiones conquistadas al este del Jordán son atribuidas a los rubenitas, gaditas y a la media tribu de Manasés. Límites del país de Canaán; príncipes designados para llevar a cabo el reparto de la tierra. Leyes de las ciudades de refugio y otras suplementarias acerca de las herederas.

Los temas teológicos de este libro son el itinerario de Dios con su pueblo, la presencia de Yahvé que se manifiesta de varias maneras, entre ellas la «nube», el «tabernáculo» constituye otro tema central de la teología hebrea. Los escritos del NT aplican a la Iglesia (gr. *ekklesía*), pueblo de la Nueva Alianza, el concepto de «pueblo o asamblea de Dios» (heb. *qahal*). La nube (Nm. 9:15-23) viene a ser imagen de Aquel que conduce a los creyentes mediante su presencia y por su espíritu (Jn. 10:4; 16:13); el maná, figura del verdadero Pan de Vida (Nm. 11:4-9; Jn. 6:31ss.). Moisés, que salva al pueblo por su intercesión, es tipo del verdadero Mediador (Nm. 14:13-19; He. 3:1-6). La vara de Aarón que floreció, es símbolo de la resurrección de Cristo probando su divinidad y mesianismo (Nm. 17:1-11; Ro. 1:4). La vaca alazana inmolada para hacer el agua de la purificación, es imagen del sacrificio de expiación que limpia de pecado (Nm. 19:1-10; He. 9:13, 14). La serpiente de bronce es tomada como tipo de Jesús y su muerte en la cruz (Nm. 21:4-9; Jn. 3:14-16; cf. 2 Co. 5:21; Gál. 3:13).

Nun (heb. «perpetuidad»). Israelita de la tribu de Efraín, padre de Josué, el gran caudillo de Israel, quien es llamado a veces, Josué bin-Nun (Nm. 11:28; 14:6). No se sabe nada de su vida.

O

Obadías (heb. «siervo de Yahvé»). Nombre de varios personajes del AT, entre ellos:

1. Uno de los guerreros de la tribu de Gad, que se unió a David en Siclag, cuando éste huía de Saúl (1 Cro. 12:8-9).

2. Cabeza de una familia descendiente de la tribu de Isacar. Hijo de Izrahías. Tuvo un cargo militar bajo David (1 Cro. 7:3).
3. Príncipe o magistrado de Judá, a quien el rey Josafat envió a enseñar la Ley de Dios en las ciudades de Judá (2 Cro. 17:7).
4. Uno de los veintiún sacerdotes que firmaron la renovación de la Alianza del pueblo con Yahvé en tiempos de Nehemías (Neh. 10:5).

Obed (heb. «respetuoso», «sumiso [a Dios])». Nombre de cinco personajes del AT.

1. Hijo de Booz y de Rut, padre de Isaí y abuelo de David, antepasado de Jesús (Rt. 4:17; 1 Cro. 2:12; Mt. 1:5; Lc. 3:32).
2. Hijo de Eflal y padre de Jehu de la familia de Jerameel, descendiente de Jarja, esclavo egipcio de Sesán, y de la hija de éste (1 Cro. 2:37, 38).
3. Uno de los valientes o héroes de David (1 Cro. 11:47).
4. Tercero de los hijos de Semaías, de la familia de Obed-Edom, que eran porteros del Templo en tiempos de David (1 Cro. 26:7).
5. Padre de Azarías, uno de los militares que participó en la conjura del sacerdote Joiada para poner en el trono a Joás, en tiempo de la reina Atalía (2 Cro. 23:1).

Obed-Edom (heb. «siervo de Edom»). Nombre de tres personajes del AT.

1. Levita que vivía entre Quiriat-jearim y Jerusalén, donde fue depositada el Arca de la Alianza. Allí permaneció tres meses. Yahvé bendijo a Obed-edom y a su familia (2 Sam. 6:10-12; 1 Cro. 13:13, 14; 15:25).
2. Levita de rango secundario; era uno de los guardianes del arca, y tocó el arpa durante su transporte a Jerusalén. Acto seguido fue asignado, junto a otros, para el servicio musical del Tabernáculo dispuesto para el arca (1 Cro. 15:18, 21; 16:5).
3. Levita portero del tabernáculo, caminó delante del arca cuando ésta fue llevada a Jerusalén (1 Cro. 15:24). Se trata probablemente de la misma persona que el Obed-edom hijo de Jedutún y portero del tabernáculo de Jerusalén (1 Cro. 16:38), y que el descendiente de Coré (1 Cro. 26:1-4; cf. 1 Cro. 26:10; 16:38).

Obispo, del gr. *episkopos*, «inspector, vigilante». En el NT este término se usa cuatro veces para designar a los pastores o responsables de la comunidad (Hch. 20:17, 28; Flp. 1:1; 1 Ti. 3:2; Tit. 1:7). En todos estos pasajes se usa como sinónimo o equivalente de ancianos o presbíteros. *Episkopos* y *presbyteros* designan por igual a las mismas personas (cf. Tit. 1:5-7). A unos y otros se les atribuyen las mismas funciones esenciales: apacentar, presidir, ejercer el ministerio de la Palabra. Por el contrario, se hace una clara distinción entre obispo, *episkopos*, y el diácono, *diákonos* (Flp. 1:1; 1 Ti. 3:1-8). La distinción entre presbíteros y obispos como dos órdenes o ministerios eclesiales distintos no aparece en el NT, en esa época estas palabras todavía se utilizaban sin el contenido técnico que adquirirían después, señalando el rango de cada cual. Los epíscopos-presbíteros ejercían en la comunidad una autoridad que les habían confiado los apóstoles y en dependencia de ellos. En su misión evangelizadora, los apóstoles establecían a los ancianos y diáconos con su propia autoridad, bien directamente ejercida, bien delegada en personas que tenían este encargo de manera formal. En Tit. 1:7-11 y 1 Ti. 3:1-7 se enumeran las cualidades que ha de tener el *episkopos*. Su función consistía en enseñar (1 Ti. 5:17); refutar las falsas doctrinas (Tit. 1:9); pastorear (He. 20:28; 1 P. 5:2).

Oblación (heb. «dividir en porciones», «ofrenda»). La oblación designa un don o presente vegetal hecho a Yahvé, y de ahí se aplica técnicamente a las ofrendas incruentas (Lv. 2:1; cf. Is. 19:21; 47:6), mientras que sacrificio designa particularmente la inmolación de animales. Tales ofrendas suponen la vida sedentaria del agricultor que cultiva los frutos del campo. Al principio, las oblaciones eran sacrificios aparte, pero posteriormente pasaron a segundo plano, viniendo a constituir un accesorio del sacrificio cruento.

Obot (heb. lit. «pieles de agua», a saber, odres, o «desfiladeros»). Una de las últimas estaciones de los israelitas en el desierto, cerca de Moab, al sudeste del mar Muerto (Nm. 21:10, 11, 33:43, 44). Se identifica con Ain el-Wibah, en el Wady el-Araba, lugar obligado de paso de las caravanas que desde Gaza a Petra van al Aqabah.

Ocozías (heb. «Yahvé ha sostenido»). Nombre de dos reyes hebreos.

1. Rey de Israel, sustituyó en el trono a su padre Acab cuando este último marchó contra Salmansar con sus aliados. A la muerte de Acab empezó a reinar en solitario. Su reinado no duró más de dos años (1 R. 22:40, 52). Se unió a Josafat para equipar los navíos de Tarsis, con el fin de ir a buscar oro a Ofir. Sin embargo, no pudieron emprender la travesía, al naufragar en Ezión-geber. Ocozías propuso una segunda tentativa. Josafat, advertido por un profeta, no aceptó la propuesta (1 R. 22:48, 49; 2 Cro. 20:35-37). Después de la muerte de Acab, Moab se rebeló, pero Ocozías no hizo nada

para volverlo a someter (2 R. 1:1; 3:5). Ocozías cayó por una ventana de una sala de su palacio, sufriendo heridas de consideración. Mandó a que se consultara a Baal-zebub, dios de Ecrón, para saber si sanaría. Elías detuvo a los mensajeros, enviándolos de vuelta con la predicción de que la herida sería mortal (2 R. 1:2-17). Como Ocozías no había tenido hijos, su trono pasó a su hermano Joram (2 R.1:17).

2. Rey de Judá. Comenzó a reinar en el año 843 a.C. (2 R. 9:29), evidentemente durante la enfermedad de su padre Joram (2 Cro. 21:18, 19), al que sucedió al año siguiente (2 R. 8:25). Tenía entonces 22 años, y reinó sólo un año. Su madre, Atalía, fue su genio malo (2 Cro. 22:3). Apoyó a Joram, rey de Israel, en su guerra contra los sirios en Ramot de Galaad. Joram resultó herido y se volvió a Jezreel. Ocozías fue a visitarlo, encontrándose con él cuando Jehú se rebeló; fue asesinado por este implacable guerrero al mismo tiempo que Joram (2 R. 8:25-29; 9:16-29; 2 Cro. 22:1-10).

Octavio, nombre latino completo *Caius Octavius Julius Caesar Augustus*. Primer emperador de Roma (27 a.C.-14 d.C.), en cuyos días nació Jesucristo (Lc. 2:1). Favoreció a Herodes, y al pueblo judío en general, más por motivos políticos que personales. No exigió, como en otras partes, honras de emperador divinizado, sino que, respetando el sentimiento popular judío, se contentó simplemente con que ofreciesen sacrificios por él al Dios de Israel, corriendo él con los gastos del culto.

Oded (heb. «reiteración»). Nombre de dos personajes del AT.

1. Padre de Azarías, el profeta, coetáneo del rey Asá de Judá, a cuyo encuentro salió cuando éste regresaba de luchar y vencer a los etíopes (2 Cro. 15:1-8). Por un error del Targum y de la Sept. en el v. 8 se da el título de profeta a Odeb.
2. Profeta de Yahvé residente en Samaria, durante el reinado del usurpador Peca, rey de Israel, a quien reconvino porque en una guerra contra Judá no sólo hizo una gran matanza sino que llevó consigo un número incontable de prisioneros judíos a Samaria (2 Cro. 28:6-15).

Ofel (heb. «prominencia»). Nombre de dos lugares en Palestina.

1. Zona meridional de la colina situada al este de Jerusalén, de unos 600 m de altura, en el interior de la fortificación. Es posible que al principio se tratara de una gran torre circular, o la prolongación, en este lugar, de la obra fortificada. Los textos indican que Ofel se encontraba no lejos del estanque de Shelakh (Siloé), del patio de la cár-

cel, de la puerta de las aguas, de la puerta de los caballos (Neh. 3:15-27). Jotam erigió grandes construcciones sobre las murallas de esta colina; Manasés aumentó su altura (2 Cro. 27:3; 33:14). Después del exilio, si no antes, los netineos residían en este barrio adyacente al Templo (Neh. 3:26; 11:21). Actualmente se usa el nombre de Ofel para designar la colina oriental de la parte antigua de Jerusalén.

2. Lugar en el centro de Palestina en el que se encontraba la casa de Giezi, siervo de Eliseo. Allí recibió los presentes de Naamán el sirio (2 R. 5:24).

Ofir. Región famosa por su oro (1 Cro. 29:4; Jb. 22:24; 28:16; Sal. 45:10; Is. 13:12). Hiram y Salomón enviaron la flota de Ezión-geber a Ofir (1 R. 9:26-28); de allí también se trajeron maderas perfumadas (posiblemente sándalo), además del oro (1 R. 10:11). Es probable, además, que de Ofir procedieran productos tan diversos como plata, marfil, monos y pavos reales, mencionados en 1 R. 10:22 (cf. 1 R. 22:49). El país de Ofir no ha sido identificado de una manera cierta. Los antiguos pensaban en la India. También se ha sugerido la Arabia meridional, el golfo Pérsico, en la Arabia oriental, y África, quizá la zona de Somalia. La localización de la India es bastante plausible, teniendo en cuenta que la travesía duraba tres años, pero no hay nada cierto.

Ofni. Nombre de una ciudad y de un sacerdote.

1. Ciudad asignada a la tribu de Benjamín, mencionada sólo en Jos. 18:24, la Jifnã moderna, a 5 km al oeste-noroeste de Bet-el. En el año 70 fue tomada por el general romano Vespasiano con motivo de la sublevación judía; Tito concentró en ella a los fugitivos de Jerusalén. El Talmud la enumera entre las ciudades sacerdotales.
2. Uno de los hijos de Elí (1 Sam. 1:3; 2:22-4:22). Él y su hermano Finees ejercían el oficio del sumo sacerdocio con poco interés, debido a que su padre se había hecho muy viejo y no parece que sintieran mucho aprecio por el sacerdocio. Su conducta escandalosa evidenciaba que eran indignos de este sagrado cargo (1 Sam. 2:12). Cuando se le pidió a Elí que interviniera, los reprendió blanda e indulgentemente. Por esta razón, Dios pronunció sentencia sobre Elí y su casa. En la guerra contra los filisteos, se decidió llevar el arca de Dios al campo de batalla. Ofni y Finees, que eran guardianes del arca, tuvieron que acompañarla. Ambos murieron en la batalla y el arca fue capturada por los filisteos (1 Sam. 4:10,11).

Ofra. Nombre de dos ciudades del AT.

1. Ciudad en la parte norte del territorio asignado a la tribu de Benjamín, mencionada entre Quefar-haamoní y Geba (Jos. 18:23). Próxima a Bet-el fue atacada por merodeadores filisteos después de la batalla de Micmas (1 Sam. 13:17). Parece identificarse con el lugar de Efrón mencionado en 2 Cro. 13:19.
2. Lugar de nacimiento y residencia de Gedeón (Jue. 6:11; 9:5); allí fue enterrado en el sepulcro familiar (8:32). No se conoce el lugar exacto de la ciudad, pero haberse encontrado cerca de Siquem, en una región fácilmente accesible a las invasiones madianitas.

Ofrenda, en heb. *corbán*, lit. algo «acercado» al altar, presente u ofrenda sacrificial, equivalente al lat. *offerre*, «traer» y al gr. *prosphorá*, «traer», relacionado con «ofrecer». En el lenguaje cúltico hebreo se distinguen las ofrendas de los sacrificios propiamente dichos, en los que hay inmolación cruenta de una víctima animal. Las ofrendas incruentas, consistentes en productos vegetales alimenticios, se significan mediante el término *minkjá*; las ofrendas cruentas, es decir, sacrificios, se expresan con el término *zebakj*, de una raíz que sign. primariamente «matar» un animal en sacrificio. Así es necesario distinguir entre ofrendas sin sangre, *menakjoth*, y sacrificios con sangre, *zebakjim* (cf. 1 Sam. 2:29; 3:14; Sal. 40:6; He. 8:3). *Minkjá* se usa en Gn. 32:13, 20, 21, respecto a los presentes de Jacob para su hermano Esaú. En Lv. 2:1, 4, 5, 6, se usa indistintamente con la palabra *corbán*, para denotar las «ofrendas vegetales».

La *minkjá* estaba estrechamente relacionada con la *ôlâh* u ofrenda quemada, y tiene que ser considerada como una prenda de amor, gratitud y acción de gracias a Dios, que es Él mismo el Dador de todos los buenos dones. Era un reconocimiento de parte del hombre de que «de Yahvé es la tierra y su plenitud». Parte de ella era llamada memorial y era quemada con fuego, y el resto era comido por el sacerdote y su familia, no por el ofrendante.

En el sentido más amplio de la palabra, las ofrendas comprendían en el ritual hebreo un gran número de cosas: primicias de los frutos (Nm. 18:12, 13), de los rebaños (Éx. 22:29, 30; 23:19; Lv. 23:10), incienso, sustancias aromáticas, harina (Lv. 2; 6:7-16), madera, vino (Lv. 23:13; Nm. 15:4, 5), pan, aceite, animales limpios, tales como cabras o palomas, pero no peces. Los animales debían carecer de imperfecciones, no tener manchas (Lv. 22:20; Mal. 1:8). La ofrenda no es sino devolución de lo que por derecho propio pertenece a la divinidad y, por tanto, debía ser perfecta, como las dádivas de Dios. A excepción de las palomas, no podían tener menos de ocho días (Lv. 22:27). Los animales

de pequeña entidad, como corderos o cabritos, eran comúnmente de un año (Éx. 29:38; Lv. 9:3; 12:6; 14:10; Nm. 15:27; 28:9 ss.). Los toros y bueyes solían tener tres años.
El sistema levítico de las ofrendas y sacrificios es considerado por los autores del NT como sombra o tipo de la realidad que había de venir, imágenes que a su manera, oscuramente, indicaban al pueblo de Dios la obra que iba a ser llevada a cabo por la gracia divina cuando llegara la plenitud del tiempo. Así, se dice del Señor Jesús que Él por el Espíritu eterno se ofreció a sí mismo sin mancha a Dios (9:14), y que fue ofrecido una sola vez para llevar los pecados de muchos (9:28). Ver SACRIFICIO.

Ofrenda alzada, heb. 8641 *terumá*, «estar elevado», denota un presente como «ofrecido encima», especialmente en sacrificio. Incluye todo lo que los israelitas voluntaria (Éx. 25:2ss.; 35:24; 36:3) o preceptivamente (Éx. 30:15; Lv. 7:14; Nm. 15:19ss.; 18:27ss.; 21:29ss.; cf. Ez. 45:13) aportaban de su propiedad al culto, no como una ofrenda, en sentido propio, sino como un presente, para el mantenimiento del santuario y sus accesorios (Éx. 25:2ss.; 30:13ss.; 25:5, 21, 24; 26:3, 6; Esd. 8:25, etc.), o de los sacerdotes (Éx. 29:28; Nm. 18:8ss.; 5, 9).
En adición a la taxa anual para el templo, la ofrenda incluía parte del botín de guerra, que pertenecía a los sacerdotes (Nm. 21:29ss.), las primicias anuales de los frutos del campo (Nm. 15:19ss.; cf. 2 Sam. 1:21), y el diezmo para los levitas tomado del diezmo normal entregado a los sacerdotes (Nm. 18:25ss.). La ofrenda alzada y la ofrenda mecida vienen a ser lo mismo, ya que en un movimiento se incluía el otro.

Ofrenda de paz, heb. plural *zebakj shelámim*, o simplemente *shelámin*, término que tiene varios significados. Comunica la idea de integridad o perfección, y también de compensación, así como de paz. Se trataba de un tipo especial de sacrificio, *zebakj*, o fiesta sacrificial, ocasionada por algún acontecimiento particular en la vida familiar, demandando un reconocimiento agradecido de la bondad de Dios, y la devolución a Él de lo que fuera debido y posible. Por esta razón, pudiera traducirse como «ofrenda de recompensa». Era un sacrifico voluntario ofrecido por los judíos piadosos en muestra de gratitud o acción de gracias. La ofrenda de paz podía ser de las manadas o de los rebaños, macho o hembra. El ofrendante imponía las manos sobre la cabeza de la ofrenda, y le daba muerte. La sangre era rociada alrededor del altar. Toda la grasa, los dos riñones y la grasa de encima del hígado se debían quemar sobre el altar, como ofrenda de olor grato a Yahvé. Esto era la parte de Dios. El pecho de la ofrenda era mecido como ofrenda mecida y a continuación era usado como alimento para Aarón, y sus hijos e hijas. La espaldilla derecha era una ofrenda elevada, y quedaba para el sacerdote que la ofrecía. Por su parte, el ofrendante y sus amigos comían también de la ofrenda aquel mismo día; si era un voto o una ofrenda voluntaria, podía ser comida al día siguiente. Lo que quedara de ella tenía que ser quemado con fuego.

Ofrenda quemada, heb. *oláh*, «gradas», del verbo *aláh*, «hacer ascender», en el contexto cúltico debe su nombre al hecho de la consumición por fuego sobre el altar de la totalidad de la víctima, cuyo humo, por decirlo así, ascendía al cielo. La práctica de quemar en sacrificio la totalidad de la víctima, excepto la piel, se encuentra frecuentemente, tanto en el ritual levítico como en los libros históricos. Algunos piensan que el sacrificio de Abel era de estas características (Gn. 4:4), pero el texto no lo dice expresamente, ya que la legislación al respecto aparece en el Levítico, aunque, sin duda, ajustada a la costumbre existente. Noé ofreció holocaustos sobre el altar a Yahvé después del Diluvio (Gn. 8:20); que al parecer era la práctica común y única (cf. Gn. 15:9, 17; 22:2, 7, 8, 13).

Og (heb. «gigante» o «largo de cuello»). Rey amorreo del tiempo de Moisés, último representante de una raza gigantesca de refaím. Soberano de un vasto y fértil territorio allende el Jordán y del río Jarmut, que comprendía todo Basán y las 60 ciudades fortificadas del Argob (Dt. 3:1-4; Jos. 13:11, 31). Su derrota en Edrei (Nm. 21:33) por los israelitas se hizo célebre en los anales de la conquista de la Tierra Santa, siendo tema de discursos y poemas en tiempos posteriores (Dt. 31:4; Jos. 2:10; Neh. 9:22; Sal. 135:11). Og fue objeto de leyenda por su colosal estatura. Su lecho de hierro medía 4,5 m de largo y 2 m de ancho (Dt. 3:11); dimensiones exactamente idénticas a las que los documentos cuneiformes indican para el lecho de Bel-Marduk en el Esagila.

Olimpias. Cristiano de Roma a quien Pablo manda saludar (Ro. 16:15). Por el contexto podría decirse que pertenecía a la casa de Filólogo, pero no es seguro.

Omega. Última letra del alfabeto griego, cuyo nombre aparece tres veces en el libro del Apocalipsis y constituye, unida a la primera, Alfa, una declaración de la divinidad de Cristo, que es el principio y fin de todo lo creado, la verdad eterna, tomando el lugar de su equivalente hebreo: «Yo soy el primero y yo soy el último, y fuera de mí no hay

Dios» (Is. 41:4; 44:6). En la Iglesia primitiva, las letras y **Ω** se combinaban con la cruz para formar el monograma de Cristo.

Omri (heb. quizá «enseñado por Yahvé», o «designado por Yahvé»). Nombre de cuatro personajes del AT, entre ellos uno de los reyes más grandes de Israel. Antes de llegar al trono fue general de los ejércitos de Israel durante el reinado de Ela (1 R. 16:16), y prob. bajo el anterior reinado de Baasa. Proclamado rey por el ejército, marchó contra Tirsa, la capital entonces del reino de Israel, ocupada por el usurpador Zimri, que se suicidó (1 R. 16:17-20). Cambió la capitalidad de Tirsa a Samaria, que construyó con este mismo objeto y convirtió en un monumento permanente de su gobierno (1 R. 16:24). Omri murió hacia el año 874 a.C. y fue sepultado en Samaria. Acab, su hijo, le sucedió en el trono (1 R. 16:28). Aunque el relato bíblico de su reinado de doce años está registrado en sólo ocho versículos (1 R. 16:21-28), dado la valoración negativa del autor por la política religiosa de Omri (1 R. 16:26; Miq. 6:16), este rey fue el fundador de la más notoria dinastía del Reino del Norte, cuyo prestigio estableció a nivel internacional. Por esta razón el nombre de Omri aparece mencionado en las historias de los pueblos vecinos.

On, del egip. *iwnw*; copto *on*, «luz». Ciudad célebre del Bajo Egipto (Gn. 41:45, 50; 46:20), a pocos km al este del Nilo, en el Delta, y a unos 30 km de Menfis. On era la sede principal del culto solar, y los griegos le dieron el nombre de Heliópolis. Asenat, la esposa que el faraón dio a José, era oriunda de On (Gn. 41:45).

Onán (heb. «fuerte»). Segundo hijo de Judá, tenido de una mujer cananea, hija de Súa (Gn. 38:4; Nm. 26:19; 1 Cro. 3:3). Al morir su hermano Er, de acuerdo con la costumbre del levirato, Onán tenía el deber de procrear un hijo con la viuda de éste, Tamar, que sería considerada como prole del difunto (cf. Dt. 25:5-10; Mc. 12:1-9), pero cuando tenía relaciones sexuales con ella decidió verter su semen a tierra para no suscitar posteridad a su hermano, aparentemente por razones relacionadas con la herencia. Esto desagradó tanto a Dios, quien lo castigó con una muerte prematura (Gn. 38:4-10). Al parecer Onán no dejó hijos (46:12).

Onesíforo (gr. «que trae provecho»). Cristiano nativo o residente en Éfeso (2 Ti. 1:18) que acudió a Roma durante la segunda cautividad de Pablo en esa ciudad, donde después de encontrarle le mostró gran afecto (2 Ti. 1:16). Pablo se encontraba encadenado bajo la custodia de un soldado, en esas circunstancias muchos se apartaron de él avergonzados, pero Onesíforo reanimó muchas veces al apóstol y no se avergonzó de sus cadenas (2 Ti. 4:15-16).

Onésimo (gr. «útil»). Esclavo fugitivo de Filemón; convertido por el ministerio de Pablo en Roma (Flm. 10). El apóstol escribió en su favor y lo volvió a enviar a su dueño cristiano, pidiéndole que lo acogiera no como esclavo, sino como hermano querido (vv. 10-19). Acompañado por Tíquico, Onésimo llevó de Roma a Colosas la epístola a los Colosenses y a Filemón (Col. 4:7-9).

Onías. Nombre de cuatro sumos sacerdotes del período intertestamentario.

1. Onías I, hijo y sucesor de Jadua, que asumió su cargo al poco de morir Alejandro el Grande. Su pontificado duró del 323 al 300 a.C., un tiempo muy convulso para Judea. En esa época se produjo la dispersión de muchos judíos por Egipto, Cirenaica y Lidia. Onías recibió un enviado del rey espartano Ario, que le propuso la alianza con los troyanos o lacedomonios (1 Mac. 12:8-8:20-23).
2. Onías II, hijo de Simón I el Justo. Era menor de edad cuando su padre murió (*cir.* 290 a.C.), por lo que el sumo sacerdocio recayó en su tío Eleazar y después en Manasés, hasta su exclusión. Fue sumo sacerdote entre los años 246-220 a.C. y le sucedió su hijo Simón II.
3. Onías III, hijo y sucesor de Simón II, ejerció el pontificado en los años 185-174 a.C. Defendió la ortodoxia en los intentos de helenización llevados a cabo por los seleúcidas. Murió asesinado por su hermano más joven Menelao (2 Mac. 4:1-38).
4. Onías IV, suplantado por Alcimo y refugiado en Egipto, país con el que había buscado una alianza. Allí Ptolomeo IV Filométor le cedió un terreno en Leontópolis, donde Onías edificó un templo a Yahvé, hacia el 160 a.C., transformado en centro religioso de los judíos helenistas (2 Mac. 15:12-14).

Ono (heb. «fuerte»). Ciudad de la tribu de Benjamín (Neh. 11:35), situada en una gran llanura o valle (Neh. 6:2). Un benjamita llamado Semed edificó o reedificó esta ciudad (1 Cro. 8:12); algunos de sus habitantes volvieron a repoblarla después de la deportación en Babilonia (Esd. 2:33; Neh. 7:37). Identificada con Kafr 'Ana, a alrededor de 11 km hacia el interior, al este-sureste de Jope.

Oración. La oración es un fenómeno generalizado en todas las religiones. Es el acto por el cual el practicante de una religión expresa su unión con Dios. Puede ser de súplica, acción de gracias, intercesión o petición de ayuda. Orar es creer que alguien escucha. Está constatado que en todas las religiones la oración lleva al hombre a la confianza en Dios, a fiarse y confiarse en Él, a pedirle ayuda en las necesidades, a considerarlo Señor bueno, Salvador, Padre, a amarlo. La Biblia relata un gran número de oraciones, casi todas tienen el mismo esquema. Se inscriben en el interior de un plan divino, se apoyan en un acontecimiento en el cual Dios ha manifestado su benevolencia o su misericordia en vistas a un porvenir que ha de comenzar (cf. Éx. 32:11ss.). Moisés, p. ej., recuerda a Dios la promesa que ha hecho y que no puede peligrar por la debilidad del pueblo. Que Dios, pues, cumpla su promesa y que en virtud de ella perdone. Oración y ética van unidas, la religiosidad sin moralidad es un escándalo para Dios. La oración del impío es abominación ante Yahvé (Prov. 15:29; 28:9).

La oración cristiana se dirige apropiadamente a Dios el Padre (Mt. 6:6; Jn. 16:23; Ef. 1:17; 3:14), y al Hijo (Hch. 7:59; 2 Co. 12:8); no hay ningún caso en el NT en el que haya alguna oración dirigida distintivamente al Espíritu Santo, ya que mientras el Padre está en el Cielo (Mt. 6:9), y el Hijo está a su diestra (Ro. 8:34), el Espíritu Santo está en y con los creyentes (Jn. 14:16, 17), no es objeto directo sino generador de oración. En cierto sentido no se ora *al* Espíritu sino *en* él (Jud. 20). El Espíritu Santo, siendo el único intérprete de las necesidades del corazón humano, hace su intercesión por ellas; y por cuanto es imposible al hombre la oración aparte de su ayuda (Ro. 8:26), los creyentes son exhortados a orar siempre en el Espíritu (Ef. 6:18; cf. Jud. 20; Stg. 5:16).

La oración cristiana debe ser ofrecida en el nombre del Señor Jesús (Jn. 14:13), esto es, la oración tiene que ser presentada bajo la autoridad de Jesús. El cristiano debe tener presente que es escuchado por Dios no en virtud de méritos propios, sino en los méritos de Cristo. La preocupación por el Reino es el tema esencial de la oración de Jesús, que Él recomienda a los suyos (Mt. 6:10). Pedir la venida del Reino define la originalidad cristiana de la oración. Mediante la oración el creyente se apropia del dinamismo del Reino, que se concreta en la persona de Jesucristo. Por eso la oración cristiana tiene que tener la mirada puesta en Jesús (He. 12:2), que conduce al seguimiento y práctica de los valores del Reino.

Oreb (heb. «cuervo»). Príncipe madianita derrotado, junto con su aliado Zeeb, por los hombres de Gedeón; fue decapitado sobre una peña, llamada desde entonces «peña de Oreb», y su cabeza llevada a Gedeón (Jue. 7:25; 8:3; Sal. 83:12; Is. 10:26).

Orfa (heb. «obstinación»). Esposa moabita de Quelión, hijo de Elimelec y Noemí, y cuñada de Rut. Enviudadas las tres mujeres, Orfa se quedó en el país de Moab, en tanto que Rut, apegada a su suegra Noemí, la acompañó a la tierra de Israel (Rt. 1:4,14-15).

Orión. Constelación citada por Job como prueba del infinito poder creador de Dios (Job 9:9; 38:31). Esta constelación, de una belleza que rivaliza con la Osa Mayor, se puede ver desde todas las latitudes. Con el ojo desnudo se pueden llegar a divisar alrededor de 200 estrellas de Orión; con telescopio se han contado más de 2.000.

Oro. Metal precioso; en la antigüedad se extraía del país de Havila (Gn. 2:11, 12), de Sabá (1 R. 10:2; Sal. 72:15), de Ofir (1 R. 22:49; 2 Cro. 8:18). Palestina no tuvo minas de oro en explotación, y por ello los objetos de este metal nunca fueron abundantes, quedando reducidos a trabajos de pequeña bisutería, con la excepción de algunos utensilios mayores para el culto del tabernáculo, donde el arca estaba hecha de madera de acacia recubierta de oro, lo mismo que la mesa de los panes de la proposición y el altar de incienso, mientras que el candelero de siete brazos era de oro puro (Éx. 37:1-2, 10-11, 25-26, 27); posteriormente se utilizó mucho oro en el templo (1 R. 6:22, 28) y en el palacio de Salomón, cuyo reinado está marcado por la magnificiencia y uso generoso del oro, recibido en tributo y sacado del comercio (1 R. 10:16-17).

Oseas (heb. «salvación, libertador»). Nombre de cinco personajes del AT, entre ellos:

1. Último rey de Israel, hijo de Ela. En conspiración junto con Tiglatpileser rey de Asiria, Oseas dio muerte a Peka, rey de Israel, y usurpó el trono (2 R. 15:30). Reinó durante nueve años, entre el 730 y el 722 a.C. Oseas, como rey de Israel, hizo lo malo a los ojos de Yahvé, aunque no en la magnitud de los que habían sido reyes antes que él. Salmansar, rey de Asiria, subió contra él. Oseas, no pudiendo defenderse, se sometió como tributario (2 R. 17:3); después solicitó auxilio a Faraón, creyendo que Egipto le ayudaría con el fin también de mantener a los asirios alejados de sus propias fronteras. Así, rehusó seguir pagando el tributo anual a Asiria (2 R. 17:4). Salmansar volvió a invadir los territorios de Israel, haciendo encarcelar a Oseas, y asedió Samaria. La ciudad de Samaria se vio sometida a una gran estrechez, pero resistió tres años, al final de los cuales murió Salmansar. Le sucedió Sargón, quien tuvo la gloria de tomar Samaria. Deportó a los nobles a Asiria, y los hizo residir en

Cala y en Habor, junto al río Gozán, y en ciudades de Media (2 R. 17:5, 6). Este hecho recibe el nombre del Cautiverio de las Diez Tribus. Oseas no fue más responsable que los otros reyes del hundimiento del reino del norte; simplemente, con él rebosó la copa de las iniquidades que Israel había ido llenando en el curso de los siglos (2 R. 17:7-23).

2. Uno de los doce profetas menores. Hijo de Beeri, perteneciente al reino del Norte; profetizó durante los reinados de Uzías, Jotam, Acaz y Ezequías, reyes de Judá, y bajo Jeroboam II, rey de Israel (Os. 1:1). La fecha se puede establecer gracias a la mención (Os. 1:1) de Jeroboam II (783-743); esta fecha queda corroborada por la evidencia interna de Os. 1:4, donde se afirma que la casa de Jehú, de la que formaba parte Jeroboam II, seguía ocupando el trono. Los pasajes de Os. 7:3, 16; 8:4 hacen alusión a los desórdenes y asesinatos que tuvieron lugar en el reino del norte después de la muerte de Jeroboam. Las condiciones descritas entre Os. 5:8 y 6:6 pueden relacionarse con la guerra entre Siria e Israel (734-733 a.C.; cf. 2 R. 15:29-16:9; 1 Cro. 5:26; 2 Cro. 28; Is. 7:1-9). Ha habido críticos que han pretendido que la indicación cronológica de los reyes de Judá (Os. 1:1) se dio para presentar a Oseas como contemporáneo de Isaías (Is. 1:1). El ministerio profético de Oseas empezó bajo Jeroboam II en una época en la que Uzías vivía aún, por lo que tuvo que ser antes del año 746 ó 750 a.C. Ésta era también la época en que Amós, originario de Judá, fue enviado al reino del norte, mientras que Miqueas profetizaba en el reino de Judá.

Oseas, Libro de. Primero de los Profetas Menores. El ministerio de Oseas comienza durante el reinado de Jeroboam II (783-742) y se desarrolla durante la crisis dinástica posterior que culminó con la toma de Samaria por Sargón II, rey de Asiria (721). Es una época de marcada decadencia. A los tiempos esplendorosos de Jeroboam II sigue un período de dificultades crecientes. Tiglat-pileser III (745-727) se hace cada vez más terrible y provoca con su invasión un tiempo de descomposición política. Los reyes se suceden vertiginosamente, siendo el regicidio casi la única ley de sucesión.

El libro se puede dividir en dos secciones:

a) La primera se relaciona con el inicio del ministerio del profeta (Os. 1-3). El capítulo 1 data al menos del reinado de Jeroboam II, y abarca quizá seis meses más hasta el final de este reinado; se trata así del período inmediatamente anterior a la aniquilación de la casa de Jehú (Os. 1:2-4). Los caps. 1-3 ponen en evidencia, con su símil de la mujer adúltera, la infidelidad de Israel y la dilatada paciencia del

Señor. Estos tres primeros capítulos dan la clave del libro entero, que da lugar a la segunda sección (caps. 4-14):

b) Dirigida a la conciencia de los israelitas, se esfuerza en buscar el arrepentimiento de Israel, infiel a Yahvé a todo lo largo de su historia (Os. 4:1-5:7; 6:4-7:16; 8-11). Oseas muestra la necesidad del castigo y el inmutable amor de Dios por su extraviado pueblo (Os. 6:1-3; 12-14). La persistencia en el pecado entraña un duro castigo. Dios rechaza el arrepentimiento superficial (Os. 6:4-11). La inmoralidad, los excesos procaces de los grandes, no escapan de la mirada de Dios (Os. 7:1-7), que castigará la insensatez de Israel y su absurda política exterior, siempre en búsqueda de alianzas con los poderosos del momento (Os. 7:8-16). A causa de su idolatría y de su separación de Judá, Israel será invadida (Os. 8:1-7). Pero el amor de Yahvé hacia Israel es superior a su pecado, semejante al inextinguible amor de un padre hacia su hijo, incluso cuando éste se extravía (Os. 11:1-11). Yahvé accederá a perdonar a los que se arrepientan, y concederá a Israel las más grandes bendiciones materiales (cap. 14).

La mayor parte de las profecías fueron dadas en un tiempo en que Asiria llenaba a Israel de terror. En ocasiones dan indicaciones cronológicas: es posible, p. ej., que Os. 10:14 tenga que ver con Salmansar V, rey de Asiria (728-722 a.C.). El profeta habla con frecuencia de los contactos que el gobierno israelita hacía en ocasiones con Asiria y en ocasiones con Egipto, siguiendo la política de los dos últimos reyes de Israel (Os. 5:13; 7:11; 8:9; 14:3; cf. Os. 12:1; 2 R. 17:3, 4). Así, parece que los reproches lanzados a Israel por esta política hayan sido emitidos bajo los reinos de Peka y de Oseas.

Una lectura de la profecía de Oseas revela inmediatamente el lenguaje particular del amor. Su doctrina sobre el arrepentimiento, tan completa y excelente, deriva de su conocimiento del tierno, profundo y magnífico amor de Dios. El pecado se evidencia tanto más odioso cuanto que Oseas lo presenta como un crimen contra el amor de Dios. Oseas destaca la santidad de Dios y su horror hacia el pecado (Os. 2:4-5; 6:5; 9:9; 12:15, etc.), así como su amor hacia Israel (Os. 2:16-18, 22-25; 3:1; 11:1-4, 8-9; 14:4, 8, etc.).

Otni (heb. «esforzado»). Hijo primogénito del levita Semaías y descendiente de Coré. Hombre valeroso, fue nombrado guardián de las puertas del santuario y de cada una de sus partes interiores en tiempo de David, cuando éste organizó el servicio del templo (1 Cro. 26:7).

Otoniel (heb. «león de Dios»). Primer juez en regentar a los hebreos después de la muerte de Josué. Era hijo de Cenaz y hermano, o medio hermano, de Caleb el hijo de Jefone cenezeo (Jos. 15:17; 1 Cro. 4:13). Caleb prometió dar su hija Acsa en casamiento a quien se apoderara de Debir (Quiriat-sefer). Otoniel llevó a cabo esta empresa y se casó con Acsa (Jos. 15:15-17; Jue. 1:11-13). Más tarde, este guerrero liberó a Israel de la tiranía de Cusan-risataim rey de Mesopotamia, y vino a ser juez. Israel tuvo, bajo su gobierno, cuarenta años de paz (Jue. 3:8-11).

Oxirrinco. Antigua aldea egipcia, hoy el-Bahnasah, en los confines del desierto líbico, a 180 km al sur de El Cairo, donde se encontraron una gran cantidad de documentos, que formaban parte de una rica biblioteca. Su aportación es muy diversa, ante todo permitieron conocer la auténtica naturaleza del griego bíblico, que resultó ser *koiné* o habla popular del mundo helenístico a la cual se sumaron los heraísmos propios de los autores individuales del NT. Los papiros de Oxirrinco proporcionan además numerosos informes y datos históricos, y algunos fragmentos, tanto bíblicos como apócrifos, gnósticos, litúrgicos y patrísticos.

P

Pablo. Nombre del apóstol de los gentiles. Todo lo que sabemos de su vida procede de las noticias fragmentarias que él mismo da en sus cartas respecto a su origen, de su conversión, y obra misionera; y del libro de Lucas, Hechos de los Apóstoles, donde figura como protagonista a partir del capítulo 13 hasta el final del mismo.

Nacido en la ciudad de Tarso (Cilicia), de padres judíos, de la tribu de Benjamín, y fariseos. Enviado pronto a Jerusalén, se sentó a los pies de Gamaliel, instruido en la fiel observancia de la ley. Enemigo del mensaje de Jesús, estuvo presente en la lapidación de Esteban (Hch. 7:58), quizá fue uno de los judíos helenistas mencionados en Hch. 6:9-14 como instigadores del martirio. Lleno de un fanatismo firme contra los seguidores de Jesús estaba dispuesto a llevarlos a todos a la muerte (Hch. 8:3; 22:4; 26:10, 11; 1 Co. 15:9; Gál. 1:13; Flp. 3; 1 Ti. 1:13). No contento con actuar en Jerusalén, pidió cartas del sumo sacerdote para las sinagogas de Damasco, a fin de llevar presos a Jerusalén a los cristianos de origen judío (Hch. 9:1, 2). De repente, hacia el año 35 d.C., se convierte a Cristo mientras iba de Galilea a Damasco (Hch. 26:14). Una luz celestial le dejó ciego y así entró en Damasco conducido por la mano (Hch. 9:11). Después de tres días sin ver, Ananías, cristiano de origen judío, recibió la orden divina de dirigirse a Pablo e imponerle las manos para que recobrara la vista. Saulo confesó su fe en el Señor Jesús, recobrando la vista y recibiendo el bautismo. Con su energía característica, y para confusión de los judíos, se puso de inmediato a proclamar en las sinagogas que Jesús es el Cristo, el Hijo de Dios (Hch. 9:10-22). Pablo hace frecuente alusión a su conversión, que él atribuye a la gracia y al poder de Dios (1 Co. 9:1, 16; 15:8-10; Gál. 1:12-16; Ef. 3:1-8; Flp. 3:5-7; 1 Ti. 1:12-16; 2 Ti. 1:9-11).

A raíz de su conversión, Saulo empezó a anunciar el Evangelio en las sinagogas de Damasco (Hch. 9:20-22). Los judíos de la ciudad, apoyados por el gobernador, decidieron eliminarle (2 Co. 11:32). Los discípulos le salvaron la vida bajándolo de noche por el muro dentro de una canasta (Hch. 9:23-25; 2 Co. 11:33). En lugar de volver a Jerusalén, se dirigió a Arabia, y volvió después a Damasco (Gál. 1:17). Se desconoce el lugar de Arabia en el que estuvo Pablo, o el tiempo que se quedó, o lo que hiciera allí. Tres años después de su conversión fue de Damasco a Jerusalén para conocer a Pedro (cf. Gál. 1:18). Estuvo solamente quince días en Jerusalén, y no vio a ningún otro apóstol, excepto a Jacobo, el hermano del Señor (Gál. 1:19). Volvió a Tarso y desde allí, algunos años más tarde, partió a Antioquía de Siria con Bernabé, donde trabajó un año con él (Hch. 11:21-26). Es en Antioquía donde los discípulos recibieron por vez primera el nombre de «cristianos», lo que demuestra el carácter no judío de esta comunidad. La aparición de una comunidad compuesta de cristianos surgidos del paganismo marca una gran etapa en la historia de la Iglesia. Éste sería el punto de partida de las misiones de Pablo al mundo pagano.

El Espíritu Santo reveló a los profetas de la iglesia en Antioquía que Pablo debía emprender un apostolado itinerante (Hch. 13:1-3); les ordenó asimismo que pusieran aparte a Bernabé y a Pablo para la obra a la que Dios los había llamado. Se desconoce la fecha precisa de este viaje, aunque es situado entre los años 45 y 50 d.C.; es posible que tuviera lugar entre el 46 y el 48. Tampoco se sabe cuánto tiempo duró. Bernabé, que era mayor, dirigía la misión, pero Pablo, más elocuente, se destacó pronto; Juan Marcos los acompañaba. El pequeño grupo se dirigió de Antioquía a Seleucia, en la desembocadura del Orontes. De allí se embarcaron hacia Chipre, país de origen de Bernabé. Los tres misioneros desembarcaron en Salamina, sobre la costa oriental de Chipre, y empezaron a predicar el Evangelio en las sinagogas. Así atravesaron toda la isla, llegando al puerto de Pafos, en el suroeste.

En una segunda misión, Pablo acompañado primero por Silas y más tarde por Timoteo, visitó Siria, Cilicia y otras regiones de Asia Menor, para ir luego a Europa, donde predicó en Filipos (Hch. 16:11-40), Tesalónica (Hch. 17:1-9), Berea, Atenas (Hch. 17:22-31) y Corinto, donde permaneció dieciocho meses, y conoció a Aquila y a Priscila, hospedándose en la casa de ellos (Hch. 18:1-3). De todas las misiones de

Pablo, la de Corinto fue una de las más fructíferas. Acto seguido pasó a Éfeso; no se quedó allí, aunque prometió su vuelta, y se embarcó rumbo a Cesarea, desde donde sin duda fue a Jerusalén (Hch. 18:22) para saludar a la iglesia, volviendo de allí a Antioquía de Siria, el punto de partida de este segundo viaje (Hch. 18:22).

Después de una corta estancia en Antioquía, Pablo emprendió su tercer viaje, probablemente en el año 53 d.C. Recorrió «la región de Galacia y de Frigia, confirmando a todos los discípulos» (Hch. 18:23), llegando después a Éfeso, capital de Asia Menor, de la que hizo su base de operaciones a lo largo de tres años (Hch. 19:8, 9; 20:31). Enseñó durante tres meses en la sinagoga (Hch. 19:8), y después, durante dos años, en una escuela o sala de conferencias de uno llamado Tiranno (Hch. 19:9). Son numerosos los episodios de la vida de Pablo durante este período que no figuran en Hechos. Sabiendo que había judaizantes que atacaban su doctrina y que la desacreditaban en Galacia, Pablo escribió su Epístola a los Gálatas, en la que defiende su apostolado. La iglesia de Corinto escribió a Pablo para pedir su definición acerca de importantes cuestiones. Informes posteriores revelaron otros desórdenes en la iglesia de Corinto, a la que el apóstol envió entonces la epístola que recibe el nombre de Primera Epístola a los Corintios. Antes de abandonar Éfeso, el apóstol envió a Tito a Corinto. Tito debía después de ello reunirse con Pablo en Troas (2 Co. 2:12), lo que no sucedió. Inquieto, el apóstol se dirigió a Macedonia (Hch. 20:1), donde volvió a encontrarse con Timoteo y Erasto, que había enviado antes allí (Hch. 19:22). Por fin llegó Tito (2 Co. 2:12-14; 7: 5-16), con la noticia de que los corintios estaban cumpliendo fielmente las instrucciones de Pablo. De Macedonia, Pablo se dirigió a Corinto, pasando allí el invierno del año 56 al 57, acabando de disciplinar y de organizar a la iglesia de esta ciudad.

La siguiente etapa iba a conducirlo por última vez a Jerusalén. Sus compañeros representaban a diversas iglesias de gentiles convertidos (Hch. 20:4). Los judíos estaban ferozmente opuestos a la evangelización de los gentiles. En cuanto a los cristianos surgidos del judaísmo, ellos mismos desconfiaban de Pablo y de su obra. Ésta es una de las razones de que el apóstol pidiera a las iglesias de la gentilidad que probaran su lealtad mediante el envío de una generosa ofrenda a los cristianos pobres de Judea. Pablo y sus amigos dejaron Corinto con el fin de llevar estos dones a Jerusalén. Enterándose de que los judíos le querían tender una celada (Hch. 20:3), renunciaron a embarcarse e ir directamente a Siria. Dieron un rodeo por Macedonia (Hch. 20:3). Pablo se quedó en Filipos mientras sus compañeros se dirigían a Troas. Lucas se reunió con él en Filipos (Hch. 20:5). Después de la Pascua,

Pablo y Lucas se embarcaron en Neápolis, un puerto de Filipos, para volver a encontrar a sus amigos en Troas, donde pasaron siete días (Hch. 20:6). Después de un largo viaje llegaron a Cesarea (Hch. 21:7, 8). Se quedaron en casa de Felipe el evangelista. Agabo, el profeta que había predicho una época de hambre durante la primera estancia del apóstol Pablo en Antioquía de Siria (Hch. 11:28), se ató los pies y las manos, y anunció que los judíos atarían de aquella manera a Pablo y lo entregarían a los gentiles. A pesar de estas advertencias y de las lágrimas de la comunidad, Pablo, y algunos de sus discípulos, subieron a Jerusalén (Hch. 21:11-14). Así acabó el tercer viaje misionero.
El éxito de la obra de Pablo entre los gentiles provocó entonces un conflicto en el seno de la Iglesia. Ciertos cristianos de origen judío, todavía aferrados a la Ley de Moisés, fueron de Jerusalén a Antioquía con el fin de anunciar a los convertidos salidos de la gentilidad que la salvación dependía de la circuncisión (Hch. 15:1). En respuesta, Pablo, Bernabé y otros hermanos fueron a Jerusalén a fin de que sometieran la cuestión a los apóstoles y ancianos (Hch. 15; Gál. 2:1-10). Pablo y Bernabé expusieron ante la iglesia de Jerusalén la obra que Dios había llevado a cabo por medio de ellos. Los cristianos judaizantes respondieron insistiendo en la necesidad de la circuncisión y de la Ley de Moisés, lo que obligó a los apóstoles y ancianos a reunirse para estudiar el problema (Hch. 16:6-29). Por mayoría se acordó reconocer no molestar a los convertidos de la gentilidad con ritos como la circuncisión y otros aspectos de la Ley, excepto la idolatría, comer sangre y carne de animales ahogados, y la fornicación. En la Epístola a los Gálatas, Pablo afirma que la iglesia en Jerusalén le prestó su apoyo contra los «falsos hermanos», y que Jacobo, Pedro y Juan le dieron la mano de comunión, reconociendo que Dios, que les había dado a ellos el apostolado entre los judíos, había comisionado a Pablo y a Bernabé para que evangelizaran a los gentiles. Así, Pablo quedó en comunión con los apóstoles, y también en libertad para cumplir su misión. Los judaizantes mostraron entonces su encarnizamiento, manifestando más tarde hostilidad e incluso odio contra Pablo, cuya opinión había prevalecido. Sin embargo, la controversia se volvió a desencadenar poco después en Antioquía (Gál. 2:11-21). Pablo, entonces, reafirmó los principios doctrinales sobre los que reposaban los derechos de los gentiles en la Iglesia: la salvación por gracia mediante la fe en Cristo, debido a lo cual está muerto a la Ley de Moisés.
Unos judíos de Asia, al ver a Pablo en el Templo, lo acusaron falsamente de haber introducido gentiles dentro, y amotinaron al populacho, afirmando que el fariseo tránsfuga había estado enseñando a los judíos de la diáspora a menospreciar el Templo y a violar la Ley (Hch.

21:27-29). Pablo hubiera sido seguramente muerto si el tribuno de la compañía de guarnición romana, Claudio Lisias, no hubiera intervenido con presteza junto con sus soldados (Hch. 21-22). Cuando los representantes del sanedrín comparecieron ante el gobernador acusaron a Pablo de sedición, de profanación del Templo, y se quejaron de que Lisias les había arrebatado a su prisionero (Hch. 24:1-9). Pablo refutó estas acusaciones (Hch. 24:10-21), y fue enviado a Cesarea (Hch. 25:1-6) y luego a Roma, a petición del apóstol (Hch. 26:31, 32). Probablemente en el año 59, el preso fue mandado a Roma, conducido por un centurión llamado Julio, de la cohorte augusta (Hch. 27:1, 2). Al enterarse de la llegada del apóstol, los cristianos de Roma enviaron a hermanos a su encuentro. Pablo se encontró con ellos en el Foro de Apio y en Tres Tabernas, localidades situadas a 69 y 53 km de Roma, respectivamente (Hch. 28:15). Al final de Hechos se relata que, tres días después de su llegada a Roma, el apóstol hizo llamar a los principales judíos, a fin de explicarles la razón de su presencia en Roma, y les citó un día para exponerles el Evangelio. Como en todas partes, unos lo aceptaron, y los otros lo rechazaron. Pablo dijo entonces que este mensaje sería predicado a los gentiles, y que ellos sí escucharían. En efecto, su condición de preso no le impedía dedicarse al ministerio. Los últimos versículos del libro de Hechos informan que durante dos años Pablo estuvo recibiendo a todos aquellos que querían entrevistarse con él; él les anunciaba el reino de Dios, y enseñaba acerca del Señor Jesucristo, sin que las autoridades pusieran obstáculo alguno (Hch. 28:17-31). Nadie impedía a los amigos del apóstol que lo visitaran; mensajeros de Pablo ante las iglesias, eran también sus ayudantes en Roma. Gracias a ellos, y a pesar de su encarcelamiento, Pablo dirigía las misiones por todo el imperio. Las epístolas de la cautividad revelan asimismo el celo de este embajador encadenado, y la entusiasta acogida que tenía su predicación (Ef. 6:20). Exhorta él de manera insistente a sus amigos a que oren para que Dios abra una puerta a la Palabra (Col. 4:3). Aunque el libro de los Hechos concluye con el relato del cautiverio del apóstol Pablo en Roma, hay razones de peso para aceptar que el apóstol fue absuelto y liberado al cabo de los dos años, y que volvió a viajar. La persecución de Nerón no había comenzado todavía. Cuando estalló, fue de manera repentina, sin que se hubiera podido prever a causa de ningún tipo de animosidad oficial anterior. La ley romana seguía considerando a los cristianos como a judíos sectarios, que por ello estaban autorizados a practicar su religión. Todo hace pensar que el tribunal imperial declaró inocente a Pablo y lo absolvió. Además, es indudable que Festo, el procurador de Judea, había enviado un informe favorable (Hch. 26:31), y parece que los judíos no

habían enviado a Roma a ningún acusador oficial contra Pablo (cf. Hch. 28:21). La tradición temprana afirma que entonces Pablo viajó hasta los confines de occidente, lo que parece indicar España. El primer cautiverio en Roma acabó probablemente el año 62 ó 63 d.C. Pablo se habría lanzado enseguida a predicar el Evangelio durante cuatro años, más o menos. Eusebio sitúa el martirio del apóstol en el año 67. Se desconocen las circunstancias de su segundo arresto. En el año 64, Nerón desencadenó una persecución contra los cristianos de la capital, que indudablemente tuvo sus efectos en diversas provincias (cf. 1 P. 4:13-19). Pablo fue apresado y condenado a muerte; su profesión de fe cristiana era suficiente para ello. La tradición dice que Pablo, como ciudadano romano, fue decapitado en la vía de Ostia.
Hay 13 cartas que llevan en el encabezamiento el nombre de Pablo; de ellas, hay siete que todos consideran auténticas de Pablo (1Ts.; 1 y 2 Co.; Gál; Ro.; Flp. y Flm.); escritas entre los años 50 y 60, son los escritos más antiguos del cristianismo. En las otras cartas, la mayor parte de los críticos se inclina a ver la mano de algún discípulo, si es que no se trata de un caso de pseudoepigrafía, según el uso en boga de aquella época. Se las reúne en grupos determinados: cuatro "principales", más extensas (Ro; 1 y 2 Co.; Gál.); "cartas de la cautividad", las que según su propio testimonio fueron escritas en la cárcel (Flp.; Ef.; Col.; Flm.; 2 Ti.), y "cartas pastorales" (1 y 2 Ti.; Tit.).

Pacto (heb. *berit*, «contrato de asociación»; gr. *diathêke*, «disposición legal», «testamento»; lat. *testamentum*). El término heb. *berit* designa los acuerdos, tratados y arreglos entre individuos o naciones con fines de beneficio mutuo, por los que se vinculan con una reciprocidad de derechos y obligaciones; prop. significa una «alianza». La LXX, al traducir *berit* por *diathêke*, dio pie a un significado tan amplio que, para preservar su sentido original y bíblico ha de traducirse por «alianza»; solamente en Gál. 3:15-17 y He. 9:16 parece tener el significado de «testamento». Ver ALIANZA.

Padan-Aram (heb. «altiplanicie o meseta de Aram»). Región de la alta Mesopotamia, cuna de los patriarcas. De allí procedía la familia de Abraham. Allí fue a vivir Jacob con su tío Labac, y se casó con sus primas Lea y Raquel. Once de los hijos de Jacob nacieron en Padan-Aram (Gn. 25:20; 28:2-7; 31:18; 33:18; 35:9, 26; 46:15). Incluía la ciudad de Harán, al norte de Mesopotamia (al sur de la moderna Turquía central), a la que emigraron Taré y su familia al salir de Ur de los caldeos (Gn. 10:31, 32; 25:20). Sus habitantes no sólo hablaban el arameo, sino que se consideraban arameos (Gn. 31:24).

Padrenuestro. Nombre tradicional que se da en las Iglesias cristianas a una serie de peticiones y doxologías enseñadas por Jesús a sus discípulos y consignadas en los Evangelios de Mateo (Mt. 6:9-13) y Lucas (Lc. 11:2-4). Las palabras de Jesús han sido transmitidas en dos formas distintas por los evangelistas, que también describen diversas circunstancias en el marco del período de entrenamiento de los discípulos por el Maestro. Cristo pone delante de los suyos un modelo de oración en el que después de la invocación al «Padre» coloca siete peticiones. La versión del Evangelio de Mateo es más apta para la recitación comunitaria, mientras que Lucas la transmite con las características propias de una oración más personal como la que hiciera el Señor Jesús en Getsemaní.

Pafos. Ciudad al suroeste de la isla de Chipre. Se distinguía entre Pafos la Vieja y Pafos la Nueva. Esta última era un puerto de mar a unos 16 km al noroeste, y era la capital de la provincia romana de Chipre, y residencia del procónsul. Pafos la Vieja tenía un célebre templo dedicado al culto de Astarté, que los griegos transformaron en un templo a Afrodita. Pablo, Bernabé y Marcos visitaron Pafos la Nueva después de haber atravesado la isla de Chipre. En ella un mago llamado Elimas intentó con engaños apartar de la fe al procónsul Sergio Paulo, entonces el apóstol Pablo hizo que Dios castigara al mago con ceguera. Desde Pafos la Nueva, Pablo tomó la nave que llevó a Perge de Panfilia, en Asia Menor (Hch. 13:6-13).

Pagano. En heb. *goy*, que al principio tenía un valor idéntico a grupo humano en comunidad, pero poco a poco el pl. *goyim* se aplicó a las naciones extranjeras por oposición a Israel, «el pueblo de Yahvé» (cf. Nm. 23:9). Durante la conquista de Canaán y las subsiguientes guerras de exterminio de sus habitantes practicadas por los israelitas, las diferentes naciones cananeas recibieron la apelación especial de *goyim*. Los israelitas tenían prohibido asociarse con ellos (Jos. 23:7); o casarse (Jos. 23:12; 1 R. 11:2). Los *goyim* siempre aparecen relacionados a prácticas idólatras (Lv. 18:20), en contraste con el pueblo elegido, que sólo conocen y adoran a un único Dios, Yahvé (Nm. 15:41; Dt. 28:10).

Palabra, heb. *dãbãr*, gr. *logos* y *rhema*. Se ha querido distinguir los dos términos diciendo que *logos* es «la palabra más profunda, más plena e inclusiva», la revelación de lo que está en Dios, en su naturaleza y carácter; mientras que *rhema* es la comunicación misma, la expresión proposicional mediante la que se comunica el pensamiento. Sin embargo, no existe una distinción significativa entre ambas palabras en

el NT. *Rhema* quizá denota la declaración, lo que se expresa, y *logos* el sentido y razón de lo que se declara (cf. 1 P. 1:23, 25).
Desde un punto de vista fenomenológico, la palabra es la acción por la cual una persona se expresa y se dirige a otra para comunicarse con ella. Pero esta acción es algo más que un ejercicio verbal, es una comunicación mediante signos audibles, las palabras, que tienen el poder sorprendente de dar realidad a lo que nombran y de ejercer dominio sobre lo nombrado. A nivel de experiencia subjetiva, las palabras, unas vez pronunciadas, parecen cobrar entidad con poder de hacer el bien y el mal. Por eso es común en la antigüedad concebir la palabra no sólo como un medio de expresión para comunicarse, sino como una fuerza dinámca dotada en cierto modo de eficacia. De ahí la importancia dada a la palabra de bendeción o maldición, al conjuro y al nombre de cosas y personas. Hay palabras dotadas de poder, y por eso ocurre a veces que una palabra conmueve al que la oye y le transforma. Hay palabras creadoras y palabras destructoras. Palabras que sanan y palabras que matan. Las palabra se dicen y hacen; se pronuncian y realizan. Al dar nombre a los animales, Adán expresa su superioridad y dominio sobre ellos. Las últimas palabras de un moribundo están cargadas de consecuencias, poseen una energía y por eso mismo se recogen y se guardan con cuidado (Gn. 49; Dt. 33; 2 Sam. 23:1-7). Incluso cuando no tiene una eficacia dinámica, la palabra no es nunca insignificante, tiene su peso (cf. Mt. 12:37). Por eso los hombres, el día del juicio, tendrán que dar cuenta de sus palabras (Mt. 12:36). La palabra no es una cosa extemporánea y fugitiva, a la que no haya que atribuir ninguna importancia; al contrario, es la expresión de la realidad interior del hombre (Lc. 6:45). El sabio debe guardarse de la maledicencia (Eclo. 5:14), pues la lengua causa más víctimas que la espada (Prov. 12:18; Eclo. 28:17s.; cf. Stg. 3:2-12).

Palestina. Nombre que los griegos y romanos aplicaron a todo el país en que se desarrolla la historia bíblica, y que desde entonces le ha sido aplicado de manera general. Se deriva de Filistea, en heb. *Peléshet*, nombre de la estrecha franja dominada por los filisteos. El nombre más antiguo y común que aparece en los primeros libros bíblicos es Canaán, que comprendía el territorio situado al oeste del Jordán, distinguiéndola del país de Galaad, al este del río. Después de la conquista, toda la región recibió el nombre de Israel (1 Sam. 13:19; 1 Cro. 22:2; Mt. 2:20). Más tarde, debido al cisma nacional, el nombre de Israel designaba con frecuencia el reino del norte. En He. 11:9 el país recibe el nombre de «Tierra Prometida» o de la promesa (cf. Gn. 13:15; Nm. 22:11).

El territorio ocupado por los hebreos se extendía, de sur a norte, desde Cades-barnea y desde el wadi de el-'Arish hasta el Hermón. Desde el oeste hasta el este, iba desde el Mediterráneo al desierto oriental, con excepción de la llanura filistea y del país de Moab. Los hebreos expresaban los límites de su país con la expresión «desde Dan a Beerseba» (más de 240 km).

Palestina estaba habitada por gentes dedicadas al pastoreo, como atestiguan tanto los textos bíblicos como las excavaciones arqueológicas, y contaba con ciudades fuertes o amuralladas, situadas en las elevaciones del terreno. En Gn. 23 se habla de los habitantes heteos, o hititas, de Hebrón; en Gn. 20 y 26 de Guerar; en Gn. 34 de Siquem poblado por los hijos de Jamor. Las excavaciones de Megido, Jericó, Siquem, etc., permiten descubrir el ambiente en que se desarrolla la historia de los patriarcas.

El país se divide en cinco regiones: 1) la llanura marítima; 2) el país bajo llamado la Sefela; 3) la cadena montañosa central; 4) el valle del Jordán, y 5) la meseta oriental. Estas cinco zonas paralelas atraviesan todo el país de norte a sur, con excepción de ciertas desviaciones. En Samaria, la cadena montañosa central se dirige hacia la llanura marítima, llamada Sarón. El paralelismo de estas zonas queda interrumpido en el valle del Esdraelón (o de Jezreel) que detiene la cadena de montañas y une la costa mediterránea con el valle del Jordán.

La estructura de Palestina ha determinado sus vías de comunicación. El gran camino comercial y militar entre Egipto y los imperios orientales pasaba por Palestina. Esta arteria comercial pasaba entre el wadi de el-'Arish, en las cercanías de su desembocadura, y seguía la costa hasta Gaza, donde se unía con el camino que llegaba de Elat y de Arabia; siguiendo a través de la llanura filistea, llegaba a Asdod. Más al norte, el camino se bifurcaba: una ramificación, que seguía la costa por Jope y Dor, rodeaba el Carmelo siguiendo la costa por la base de la montaña; por debajo de la montaña el paso tiene sólo 180 m de ancho, y está cortado por rocas. La otra rama, la principal, partía de Asdod, atravesaba Ecrón y Lod, franqueaba los montes y llegaba al valle de Esdraelón. Otra vía se dirigía de la llanura del Esdraelón a Egipto. Atravesando la región de las colinas, pasaba por Samaria, Siquem, Bet-el, Jerusalén, Belén, Hebrón, Beerseba. En este lugar la ruta se bifurcaba y se podían elegir varios itinerarios. Al este del Jordán había una ruta de caravanas que provenía de Damasco y que seguía la linde del desierto hacia Arabia.

Se ha calculado que en los libros bíblicos canónicos y apócrifos se mencionan 622 ciudades al oeste del Jordán. Los nombres geográficos citados en las listas de Tutmose III, Seti I, Ramsés II y Sesonk I en

Karnak son de gran importancia para la localización de los lugares de Palestina. Estas citas arrojan mucha luz sobre la topografía palestina y sobre los toponímicos del libro de Josué. Las tabletas de Tell el-Amarna dan los nombres de las ciudades palestinas en la época de Amenofis III y IV. Los documentos asirios contienen también alusiones a los mismos lugares, especialmente a aquellos que tuvieron relación con sus expediciones a Palestina.

Palimpsesto (gr. «vuelto a borrar»). Nombre dado a los manuscritos antiguos en los cuales se ha escrito sobre una vieja escritura borrada. Esta práctica era común debido al alto coste de la piel para la preparación de pergaminos, por ello se aprovechaban frecuentemente pergaminos ya utilizados, raspándolos y puliéndolos, de modo que podía volver a escribirse sobre ellos. Mediante métodos químicos se puede leer en la actualidad la escritura superficialmente borrada.

Palmira. Nombre griego de la ciudad que en hebreo se llama Tadmor. Ver TADMOR.

Palmo. Sistema de medida basado en el cuerpo humano, como la mayoría de la antigüedad. El palmo mayor era la longitud entre los extremos de los dedos pulgar y meñique con la mano extendida, y equivalía aproximadamente a 22,5 cm (medio codo, cf. Éx. 28:16; 39:9, etc.). El palmo menor se medía con la mano cerrada a excepción del pulgar, abierto, tomando la anchura entre los dedos meñique e índice por la base (Éx. 25:25; 37:12, etc.).

Panfilia (gr. «de todas la familias»). Región de Asia Menor, situada en la costa sur. Su nombre obedece al hecho de la diversidad de pueblos que en ella se asentaron. Ya desde el siglo V a.C. había asentamientos griegos, cuya colonización se remonta a la época de Troya. Había muchas comunidades judías, cuya presencia se remonta al siglo II a.C. (Hch. 2:10). Durante su primer viaje misionero, Pablo se detuvo en Perge y Atalia, principales ciudades de Panfilia. Juan Marcos no quiso seguir y se volvió a Jerusalén (Hch. 13:13; 14:24, 25; 15:38).

Papiro. Planta herbácea llamada *Cyperus payrus*, cuyos tallos se usaban para escribir. El corazón del tallo se cortaba en tiras delgadas, disponiéndose una al lado de la otra para formar una superficie. Luego se disponía otra capa de tiras en sentido perpendicular sobre la primera. Las dos capas eran unidas mediante humedad y presión, y frecuentemente con la adición de cola. Las hojas se unían entre sí para conseguir un rollo; había rollos que llegaban a medir 38 cm de altura, aunque los de los escribas no solían tener más de 25 cm. En cuanto a la longitud, hay rollos litúrgicos egipcios que llegaban a los 15 m y aún más. Generalmente se escribía siguiendo la dirección de las fibras. Desde el inicio del siglo II d.C., los cristianos dispusieron las hojas de papiro en cuadernos, a imitación de los códex o códices de la antigüedad. Para conseguir esta especie de libros, las hojas de papiro eran dobladas por el medio. Se han descubierto muchos manuscritos sobre papiro de libros bíblicos. Entre los papiros bíblicos más famosos se encuentran el Papiro Nash, Bodmer, Rylands, Oxyrhynco, Chester Beatty y Qumram.

Pará (heb. «novilla»). Aldea asignada a la tribu de Benjamín en la repartición de la tierra (Jos.18:23). Se identifica con Tell Ain Fárah, situada a 6 km al nordeste de Anatá (Anatot), la antigua ciudad natal del profeta Jeremías.

Parábola, del gr. *parabolé*, hace referencia sobre todo a un tipo particular de narración, equivalente al heb. *másál*, semejanza, proverbio, enigma, metáfora, narración profética. En el NT se halla casi exclusivamente en los Evangelios sinópticos. Fuera de ellos sólo se encuentra en He. 9:9 y 11:9. Por lo general se usa un relato algo largo sacado de la naturaleza o la vida real, siendo su objeto la enseñanza de una lección espiritual o moral, p. ej., las de Mt. 13 y paralelos sinópticos. La parábola tiene grandes ventajas didácticas. La verdad presentada de esta forma queda mejor grabada en la memoria que una mera exposición didáctica: ninguna enseñanza acerca de la misericordia del Señor hacia los pecadores arrepentidos habría producido el efecto de la parábola del hijo pródigo (Lc. 15:11-32). El profeta Natán se sirvió de una parábola para reprochar a David su adulterio con Betsabé y el asesinato del marido de ella, Urías heteo.
En el Evangelio de Mateo algunas de las parábolas aparecen en grupos, en el cap. 13 aparecen siete, cuatro de las cuales fueron pronunciadas por Jesús a oídos de la muchedumbre, y tres de ellas en privado a los discípulos. La primera es introductoria, la del sembrador. El Señor vino en busca de fruto, pero al no hallarlo reveló que había estado sembrando «la palabra del reino», explicando que gran parte de la semilla no había producido fruto. Las siguientes tres parábolas exponen el aspecto externo del reino durante la ausencia de Cristo, aquello que el hombre ha hecho de dicho reino. La segunda es la del trigo y la cizaña. El Señor había sembrado la buena semilla, pero Satanás sembró en el acto su semilla mala, y ambas tienen que crecer juntas hasta el fin

de la edad. La tercera es la de la semilla de mostaza. Crece hasta llegar a ser un árbol lo suficientemente grande como para que las aves (que en la parábola del sembrador son las que arrebatan la buena semilla en el corazón) se cobijen en sus ramas. La cuarta es la de la levadura. Una mujer escondió levadura (siempre un símbolo de lo que es humano, y por ende pecaminoso, debido al pecado en la carne) que se difundió sin ser vista en tres medidas de harina, hasta que todo quedó leudado.

Después, Jesús despidió a la multitud, y explicó en privado a sus discípulos la parábola del trigo y la cizaña, añadiendo a continuación unas parábolas que exhiben el objeto e intención divinos en el reino. La primera de este segundo grupo es la del tesoro escondido, para obtener el cual un hombre compra el campo en el que se halla escondido. La segunda es la de la perla de gran precio. El mercader busca perlas buenas, y habiendo hallado una perla de gran precio, vende todo lo que posee para obtenerla. Cristo renunció a todo lo que le pertenecía como hombre y como Mesías en la tierra, a fin de poder poseer la Iglesia. La tercera es la parábola de la red, que reúne del mar de las naciones lo bueno y lo malo. Cuando la red es sacada a tierra, lo bueno es separado de lo malo; así, al fin del siglo, los ángeles apartarán los malos de entre los justos, y los malos serán echados en el horno de fuego. Otro grupo de parábolas es el de Lc. 15. Se podría decir también que se trata de una sola parábola que consta de tres secciones (cf. Lc. 15:3). Con ella se da contestación a la acusación dirigida contra el Señor: «Éste a los pecadores recibe, y con ellos come».

Paráclito, transliteración del gr. *Parakletos*, «el llamado al lado de» (*para-kaleo*), a saber, «asistente», «intercesor». Uno de los títulos del Espíritu Santo que se encuentra solamente en el Evangelio de Juan. En el griego clásico paráclito significa «abogado» o más sencillamente «defensor», a aquel que ayuda al imputado a defenderse en un proceso. En el NT se aplica a Cristo en su función de abogado delante del Padre en el cielo (1 Jn. 2:1). La expresión más intensa *allos Parakletos*, «otro Paráclito», especifica la identidad personal del Espíritu Santo, en línea de continuidad con Jesucristo, cuya presencia actualiza en la tierra. Por esta razón, la venida del Paráclito está ligada con la partida de Jesús (Jn. 16:7), y marca una nueva etapa en la historia de la revelación de Dios entre los hombres. Cuando Jesús no esté ya físicamente presente, el Espíritu Santo hará recordar a sus discípulos la verdad revelada, en virtud de lo cual también recibe el título de «Espíritu de verdad» (Jn. 14:16-17; 15:2; 16:13; 1 Jn. 4:6). El Paráclito, aun siendo «otro» distinto de Jesús, lleva la presencia de Jesús a su perfección, al interiorizarla «en» cada creyente (Jn. 14:17; 17:23).

Paraíso. Lugar de felicidad primordial que el hombre perdió por su pecado. Con el tiempo vino a ser el nombre de la morada de los justos en el más allá. Los israelitas de la época tardía distinguían entre un paraíso celeste y un paraíso inferior, perteneciendo el primero al cielo, en tanto que el segundo era una división del Hades (heb. *Sheol*, la morada de los muertos), asignado a las almas de los justos. Es en este sentido que Jesús se dirige al ladrón arrepentido: «De cierto te digo que hoy estarás conmigo en el paraíso» (Lc. 23:43). Con esto se refería a la morada de los muertos bienaventurados, llamada asimismo por los judíos «seno de Abraham» (Lc. 16:22). En efecto, es allí a donde descendió Jesús en el momento de su muerte (Ef. 4:9; Hch. 2:27, 31).
En otros pasajes del NT este término adquiere su sentido celestial. Pablo fue arrebatado «al paraíso», hasta el tercer cielo, en la presencia de Dios (2 Co. 12:2, 4). Al que venza, el Señor le dará que coma del árbol de la vida, «que está en medio del paraíso de Dios» (Ap. 2:7; cf. 22:2).

Parán. Región desértica en el sur de Canaán y al oeste de Edom, prop. recibe el nombre de desierto de Parán. Corresponde a la inmensa meseta calcárea que se extiende de sur a norte desde los primeros contrafuertes septentrionales de los montes sinaíticos hasta el desierto de Sin, al sur de Cades, y de este a oeste desde Wadi el-Arabá hasta la frontera oriental de Egipto. En la actualidad recibe el nombre de Badiyat el-Tih. Allí moraba Ismael (Gn. 21:21), y en esta región se hallaba Cades, donde los israelitas acamparon y desde donde enviaron a los doce espías, y allí se volvieron a encontrar al final de su peregrinación (Nm. 10:12; 12:16; 13:3, 26; Dt. 1:1). David también se refugió un tiempo en su desierto (1 Sam. 25:1; 1 R. 11:18).

Parmenas. Sexto de los siete diáconos que los apóstoles eligieron en Jerusalén para cuidarse de las viudas de los cristianos de habla griega, de los pobres, y de las finanzas de la Iglesia apostólica (Hch. 6:5).

Paros (heb. «pulga»). Jefe de una familia que volvió del exilio babilónico con Zorobabel en número de 2.172 (Esd. 2:3). Posteriormente regresaron otros 150 varones de la misma familia con Zacarías (Esd. 8:3). Siete de ellos habían contraído matrimonio con mujeres extranjeras y se vieron obligados a separarse de las mismas (Neh. 7:8; 10:14; Esd. 10:25). Uno de ellos colaboró en la reconstrucción de los muros de Jerusalén (Neh. 3:25).

Partia, Partos. País en el Oriente que se corresponde con mucha aproximación a la actual provincia iraní de Khorasan, no muy lejos al sureste del mar Caspio. No se sabe nada cierto de sus orígenes, la primera alusión a los partos figura en las inscripciones del persa Darío Histaspes. Se sabe que en el año 521 a.C. se rebelaron contra los persas sin éxito alguno. Después sufrieron el dominio de Alejandro Magno y el de sus sucesores orientales, los seléucidas. Hacia el año 255 a.C., la Bactriana consiguió liberarse de los seléucidas. Los partos, bajo Arsaces I, se dispusieron a seguir su ejemplo. El reino fundado por Arsaces I se convirtió, bajo Mitrídates I en un inmenso imperio cuya frontera occidental era el Eufrates, se extendía del mar Caspio hasta el golfo pérsico y había de perdurar más de 300 años. La capital era Ctesifonte, sobre el Tigris, frente a Seleucia. Habiéndose liberado del yugo grecomacedonio, los partos se batieron en numerosas ocasiones contra los romanos, a los que les disputaron Armenia. Desde el año 64 a.C. hasta el 226 d.C. impidieron la expansión del Imperio romano hacia oriente. Fueron una auténtica potencia militar, capaz de situarse en pie de igualdad con la Roma imperial. Entre el año 40 y el 37 a.C., los ejércitos partos invadieron Asia Menor y Siria, apoderándose de Jerusalén, saqueándola, y proclamando rey de los judíos al último de los asmoneos, Antígono (Josefo, *Ant.* 14, 13, 3; *Guerras* 1,13,1). Desde hacía años, los judíos habían apoyado a los partos contra sus odiados dominadores romanos. En el AT la única referencia probable a los partos se encuentra en Daniel 11:44 respecto a la campaña de Antíoco Epífanes. En el NT se mencionan algunos judíos procedentes de Partia durante la fiesta de Pentecostés (Hch. 2:9); es posible que ellos transmitieran el Evangelio a los partos al volver a sus lugares de origen. Ver PERSIA.

Parusía (gr. «presencia», «llegada»). Término usado para referirse a la venida de Cristo en poder y en gloria al final de la historia, que es el tema central de la esperanza cristiana. La parusía va precedida de algunos signos precursores, como la predicación del Evangelio en todo el mundo (Mt. 24:14: Mc. 13:10), la conversión de los judíos (Ro. 11:25ss.), la difusión de la apostasía y la aparición del Anticristo (2 Ts. 2:8-11), grandes aflicciones y calamidades (Mt. 24:29). La parusía tiene un carácter escatológico relacionado con la plena manifestación de Cristo al final de la historia y del mundo presente, cuando venga para resucitar a los muertos (1 Ts. 4:16), juzgar a los vivos y muertos (Mt. 24:37-43), y establecer definitivamente el Reino de Dios bajo la forma de «nuevos cielos y nueva tierra» (Ap. 21:1).

Parvaim. Región de la que provenía el oro con que se adornó el Templo de Salomón (2 Cro. 3:6). Su identificación es difícil. Modernamente se identifica con Sãk el-Farwain, cerca de Jebel Shammar, en la Arabia oriental.

Pascua. Primera de las tres solemnidades anuales en las que todo varón israelita no impedido se debía presentar en el Templo (Éx. 12:43; Dt. 16:1). Estaba determinada por dos ritos fundamentales: el sacrificio del cordero, y los panes ácimos o sin levadura, llamado por ello «fiesta de los panes sin levadura» (Éx. 23:15; Lv. 23:6: 2 Cro. 8:13; Esd. 6:22; Lc. 22:1, 7; Hch. 12:3; 20:6); o simplemente «de los ázimos» (Éx. 12:17; Mc. 14:1).

Esta fiesta es el resultado de la fusión en una sola de dos fiestas: la del cordero pascual y la de los panes sin fermentar o ázimos. El sacrificio del cordero pascual corresponde al período de vida nómada de Israel; los pastores, antes de partir con sus rebaños para el pasto de la primavera, inmolaban de noche el cordero joven para obtener la fecundidad y prosperidad del ganado. La víctima era asada a fuego, no se le podía romper ningún hueso. Rociaban con su sangre los postes de la tienda, para así alejar amenazas, desgracias, enfermedades y espíritus malignos. Posteriormente se le dio un nuevo significado en recuerdo y conmemoración de la salida de Egipto, acontecimiento fundamental de la historia israelita (Éx. 12:1, 14, 42; 23:15; Dt. 16:1, 2). Con ella se celebraba solemnemente el hecho de que Dios, que había hecho morir a todos los primogénitos de la tierra de Egipto, había sin embargo pasado por alto las moradas de los israelitas, marcadas con la sangre del cordero. Originalmente se celebraba fuera de todo santuario, y sin sacerdotes ni altares ; se comía con hierbas del desierto, revestidos los participantes de los atuendos propios de pastores en pleno nomadeo, de noche y, siempre en noches de luna llena, que es la más luminosa para poderse mover en el campo. Era una fiesta anual, fiesta de primavera, tiempo en que se salía con el rebaño a la búsqueda de pastos, momento decisivo y peligroso.

Los panes sin levadura, por contra, era un rito agrícola de primavera asumido por los hebreos al sedentarizarse en Canaán (Lv. 23:10), conforme se habían ido convirtiendo en agricultores. Los ázimos aluden a la nueva cosecha. Esta fiesta indicaba el comienzo de la siega de las cebadas que se hace en primavera, cuya primera gavilla cortada era presentada a la divinidad, y culminaba en la fiesta de las semanas, fin de la cosecha, siete semanas después (de ahí el nombre de Pentecostés). Para impedir que los espíritus nefastos del año anterior penetrasen en el año entrante, se descartaba toda la harina vieja y fermentada.

Mezclar levadura, hecha entonces de harina fermentada, del año anterior era, según la mentalidad de la época, mezclar los «espíritus» o fuerzas de los dos años. Había que esperar a que la harina nueva fermentase sola para utilizar la nueva levadura. La espera duraba unos siete días, «los días de los ázimos», es decir, días en que se comían los panes sin levadura, por no haber levadura disponible de la nueva cosecha. Todavía las costumbres actuales judías exigen que, en la semana anterior a la Pascua, se limpie rigurosamente cada casa de todo producto de trigo y hasta de cada grano de trigo del año anterior. También los platos, cubiertos, tazas, ollas, etc.; usados durante todo el año se consideran «leudados» (*jametz*) por el contacto que tuvieron con alimentos de ese tipo, y se los reemplaza por otros, especiales para Pascua, o bien puede convertírselos en aptos mediante un proceso especial de limpieza que se les aplica unos días antes de la fiesta.
Después de la conquista de Canaán, la Pascua de los nómadas se unificó seguramente con la fiesta agrícola de la primavera o Ázimos y ambas fiestas cambiaron su significado originario, pasaron a ser una sola fiesta, y se dará el sentido histórico de la urgencia de Israel para salir de la esclavitud de Egipto en el momento del éxodo.
La cena pascual tenía que ser consumida apresuradamente, con el bastón en la mano, y con la actitud de personas dispuestas a partir en la liberación prometida por Dios. La fiesta comenzaba el día catorce del mes de Abib (Nisán) —primer mes del año— al atardecer, esto es, al inicio del día quince, con la comida que seguía al sacrificio del cordero (Lv. 23:5). Se daba muerte a un cordero o a un cabrito entre las dos tardes, cerca del momento del ocaso (Éx. 12:6; Dt. 16:6), o entre las horas novena y undécima (*Guerras* 6:9, 3). Asado entero, se comía con panes sin levadura y con hierbas amargas (Éx. 12:8). No podía ser hervido en agua. Su sangre derramada era tipo de la expiación; las hierbas amargas simbolizaban los sufrimientos de la esclavitud en Egipto, y el pan sin levadura representaba la pureza (cf. Lv. 2:11; 1 Co. 5:7, 8). El pueblo acudía a Jerusalén a celebrar la Pascua, y todas las familias se reunían a comer el cordero pascual. Los que tomaban parte en este acto de redención constituían el pueblo santo, comunicando gozosamente en presencia del Dios invisible. En tiempos de Jesús, el cordero pascual se sacrificaba en el templo, y no en la puerta de la casa de cada uno, como había sido la costumbre original hasta la vuelta del destierro en Babilonia. La participación en la cena pascual era obligatoria sólo para los varones, aunque las mujeres tenían derecho a participar, así como toda la casa. Si la familia era poco numerosa, podían juntarse vecinos con ellos para comer todo el cordero (Éx. 12:4).

Con frecuencia los rabinos celebraban la Pascua con sus discípulos en cuyo caso presidían la mesa ocupando el lugar del cabeza de familia. Es lo que hizo Jesús con sus discípulos poco antes de ser entregado.
Los Evangelios hablan de la Pascua de Cristo y presentan dos puntos de vista distintos, que se complementan. Juan dice que la Pascua de Cristo coincide con su muerte en la cruz, indicando de este modo que Jesús sustituye la inmolación del cordero con su propia inmolación en la cruz. Los Evangelios sinópticos presentan la Última Cena como la Pascua celebrada por Cristo, en la que sustituye la cena pascual por la Cena eucarística. Para Juan la Pascua de Cristo es su «paso» de este mundo al Padre, por eso presenta a Jesús como el «Cordero de Dios, que quita el pecado del mundo» (Jn. 1:29). Los otros evangelistas insisten describiéndola detalladamente, que Cristo celebró la Pascua con la institución de la Eucaristía (Lc. 22:8.15; Mc. 14:12-16). Hablan de la muerte de Cristo en función de la «remisión de los pecados» (Mt. 26:28; Mc. 14:24; Lc. 22:20).

Pastor. En sus orígenes el pueblo hebreo fue un pueblo de pastores de ovejas y cabras, cuyo modo de vida se remonta a los días de Abel, que cuidaba un rebaño de ganado menor (Gn. 4:2), frente a Caín, que era agricultor. Los grandes patriarcas Abraham, Jacob y sus hijos fueron todos ganaderos y pastores (Gn. 13:1-6). En Egipto los israelitas eran conocidos como pastores y ganaderos. Cuando salieron de Egipto, llevaron consigo «sus ovejas y ganado en gran número» (Éx. 12:38). La riqueza se medía por el número de cabezas de ganado, lo que llevaba a preferir el pastoreo a cualquier otra actividad agrícola o comercial. Los dos primeros reyes de Israel, Saúl y David, pasaron literalmente del pastoreo al trono (1 Sam. 9; 11:5; Sal. 78:70). Absalón, príncipe de Israel, poseía grandes rebaños, de los que se ocupaba personalmente (2 Sam. 13:23). Mesa, rey de Moab, era ganadero (2 R. 3:4). De hecho, los reyes de la antigüedad (sumerios, egipcios, asiriobabilonios, griegos) solían considerarse «pastores» del pueblo, en referencia a una actividad que gozaba de mucho prestigio en su época. El rey es el que encabeza el culto oficial y público, el mediador entre la divinidad y el pueblo, es el que conduce y protege a su rebaño (cf. Is. 40:11). El cetro que los antiguos reyes orientales llevaban usualmente consigo, tuvo su origen en la vara del pastor, que vino a ser símbolo de protección, poder y autoridad (cf. Miq. 7:11).
Los profetas denuncian a los pastores que se aprovechan del rebaño y que no cuidan a sus ovejas, es decir, a los gobernadores codiciosos y corruptos (Jer. 23:4; Ez. 34:2, etc.). Los tiempos mesiánicos se caracterizarán por el don de pastores levantados por Dios mismo: «He aquí

vienen días, dice Yahvé, en que levantaré a David un Retoño justo. Reinará un Rey que obrará con inteligencia y que practicará el derecho y la justicia en la tierra» (Jer. 23:5). Como no podía ser menos, Dios es representado bajo la imagen de un gran pastor, que alimenta y guarda a sus ovejas (Gn. 49:24; Sal. 23; 80:1). En tiempos posteriores el título de «pastor» fue otorgado a los maestros y dirigentes de las sinagogas. Jesucristo es presentado como el pastor mesiánico que, cual nuevo Moisés (cf. Is. 63:11ss.) y nuevo David (cf. Miq. 5:2ss.), cuidará de las ovejas perdidas de Israel (Mt. 15:24; cf. Mt. 26:31; Mc. 14:27; Jn. 10:11, 14, 16; He. 13:20; 1 P. 2:25). Por extensión e identificación, este título también se aplica a aquellos que ejercen el pastorado en la Iglesia (Ef. 4:11; Hch. 20:28), de los cuales Cristo es «el Príncipe» o mayoral del rebaño (1 P. 5:4), cuyo amor queda suficientemente demostrado al sacrificar su vida por sus ovejas (Jn. 10:1-18).

Pasur (heb. «prosperidad», «liberación»). Nombre de tres personajes del AT, entre ellos un sacerdote importante de tiempos de Jeremías, que maltrató al profeta y lo puso en el cepo debido a sus sombrías predicciones. Jeremías le cambió el nombre Pasur, que denota confianza y privilegio, por el de Magor-misabib, que significa «terror por todas partes» (Jer. 20:1-6).

Pátara. Ciudad marítima de la provincia romana de Licia, próxima a la desembocadura del río Xantos, en la costa del sur del Asia Menor y frente a la isla de Rodas. Su puerto logró gran importancia bajo la dominación romana, sobre todo en el siglo II, en el que el emperador Adriano estableció silos para abastecer la flota. El relato del cuarto viaje de Pablo nos da una idea de su importancia (Hch. 21:1-2).

Patmos. Isla pequeña y rocosa del mar Egeo, frente a la costa de Anatolia, en el territorio de Licia, actual Turquía. Era la isla más occidental del grupo conocido por los antiguos con el nombre de las Espóradas, en la actualidad recibe el nombre de Patino, a unos 48 km al sur de Samos. En ella fue desterrado el apóstol Juan durante la persecución de Domiciano y allí tuvo las visiones relatadas en el Apocalipsis (Ap. 1:9).

Patriarca. La Sept. utiliza esta palabra en sentido amplio para designar a varios personajes bíblicos, incluyendo a oficiales religiosos y civiles (p. ej. 1 Cro. 24:31; 27:22). En un sentido más estricto y común se aplica a los padres antediluvianos de la raza humana mencionados en Gn.

5-9, y más particularmente a los tres progenitores de Israel: Abraham, Isaac y Jacob, que vivieron antes de Moisés (Gn. caps. 12-50). En el NT el término se les aplica también a los doce hijos de Jacob (Hch. 7:8, 9) y al rey David (Hch. 2:29). La crítica literaria ha puesto en evidencia sobre todo tres ciclos narrativos: el ciclo de Abraham (Gn. 12-25), el ciclo de Jacob-Esaú (Gn. 25-36) y el ciclo de José (Gn. 37-50). En su forma actual se presenta como la historia de tres generaciones de una misma familia, en una época de grupos y clanes nómadas y seminómadas que va del siglo XI-XIII al XV-XII a.C.
Bajo el régimen patriarcal, la dirección del clan pertenecía de derecho a su fundador. El primogénito, o descendiente primogénito en línea directa, era el heredero de esta autoridad. El jefe de cada una de las familias que componían una tribu ejercía una autoridad análoga en el seno de su familia. Bajo este régimen, cada jefe de familia ejercía las funciones de sacerdote y Dios se revelaba a él.

Patrobas. Cristiano de Roma, a quien san Pablo envía saludos (Ro. 16:14).

Patros (heb. «tierra al sur»). Región de Egipto donde quedaba la ciudad de Tebas (Ez. 30:14). Conocida como el Alto Egipto, fue durante mucho tiempo el centro más importante de población y cultura del país, con una alta concentración de palacios y templos cuyas ruinas todavía se admiran hoy, así como sus necrópolis. Cuando Nabucodonosor se apoderó de Jerusalén, hubo judíos que se refugiaron en Patros (Jer. 44:1, 2, 15), y probablemente ya antes había algunos expatriados allí, desde el tiempo de los asirios (Jer. 44:1). Isaías, que profetizó la dispersión del pueblo de Israel, promete su definitivo retorno de los más lejanos países, entre ellos Patros (Is. 11:11; cf. 7:18).

Paz. En heb. *shalôm*, término general que integra los conceptos de «paz, integridad, bienestar, salud», corresponde al moderno *salam* de los árabes, utilizado en los saludos. Es un término muy importante y frecuente en el AT. Por lo general denota reposo y tranquilidad, pública o privada (Gn. 15:15). Es un estado de armonía y ausencia de guerra, por lo que incluye también el sentido de bienestar. Pedir por la paz de Jerusalén es una de las grandes oraciones israelitas (Sal. 122; 125:5). Isaías profetizó acerca del «Príncipe de paz» (Is. 9:6), cuyo reino introducirá un gobierno de paz (v. 7). Ezequiel presenta la paz como un elemento esencial del nuevo pacto (Ez. 37:26).
Dios es presentado con frecuencia en el NT como un Dios de paz (Ro. 15:33; 16:20; 2 Co. 13:11; 1 Ts. 5:23; He. 13:20, etc.). En un sentido

espiritual, la paz es la relación armónicas entre Dios y el hombre, conseguida mediante el Evangelio (Hch. 10:36; Ef. 2:17). Dios estaba en Cristo reconciliando consigo al mundo; Él mismo estableció la paz y está desde entonces proclamando la amnistía; Él hace mudar al rebelde arrepentido en una criatura de paz (2 Co. 5:17-21). Ésta es la razón de que todo creyente justificado tiene paz para con Dios (Ro. 5:1). La paz de Dios, que sobrepasa todo entendimiento, puede desde entonces guardar su corazón y su mente en Cristo Jesús (Flp. 4:7).

Pecado. El heb. no tiene un concepto técnico de «pecado», sino diversos términos tomados de la vida ordinaria del pueblo y de las relaciones humanas como tropiezo, falta, iniquidad, rebelión, injusticia, maldad, malicia, etc., que del terreno secular fue pasando al religioso. El término gr. principal es *hamartía,* lit. la acción de errar el blanco, usado especialmente en plural, para indicar diversas acciones culpables. A menudo san Pablo lo usa en singular para indicar una fuerza o fuente interna de ciertos actos (p. ej. Ro. 3:9; 5:12, 13, 20; 6:1, 2; 7:7, 8, 9, 11, 13); un poder director que actúa por medio de los miembros del cuerpo, aunque el asiento del pecado esté en la voluntad (Ro. 5:21; 6:6, 12, 14; 1 Co. 15:56; He. 3:13; Stg. 1:15). En el cuarto evangelio el término en singular designa una disposición interior permanente del hombre y de la humanidad (Jn. 8:21; 9:41). Otros términos son *paráptôma,* «paso en falso», «caída» (cf. Mt. 6:14; 18:35; Mc. 11:25; Ro. 4:15; 5:15, 17; 2 Co. 5:19; Gál. 6:1; Ef. 1:7; 2:1; Col. 2:13); *parábasis,* lit. «pie que traspasa», siempre en relación con la ley; de ahí «transgresión», «quebrantamiento» o violación de la ley (Ro. 2:23; 4:15; 5:14; Gál. 3:19; 1 Ti. 2:14; He. 2:2; 9:15); *ofeilema,* «deuda», se deriva del lenguaje legal del judaísmo tardío, metafóricamente se usa del pecado como deuda, por cuanto exige expiación y por ello pago mediante castigo (Mt. 6:12); *anomía,* lit. «carencia de ley», «desorden» en el sentido de rechazo del principio mismo de la ley o de la voluntad de Dios, «iniquidad» (1 Jn. 3:4); *adikía,* término afín al anterior, indica un estado de injusticia, lit. «irrectitud» (Lc.13:27; 16:8; 18:6; 1 Co. 13:6; 2 Ts. 2:10; He. 1:18; 2 P. 2:13, 15; 1 Jn. 5:17); es frecuente en la carta a los Romanos (Ro. 1:18, 29; 2:8; 3:5; 6:13; 9:14).

A la luz de la variedad y cantidad de términos, expresiones y figuras es fácil advertir que el pecado ocupa un lugar de primer orden en el pensamiento bíblico. En última instancia el pecado es siempre una ofensa contra el carácter santo de Dios y sus mandamientos. En su concreción histórica, el pecado abarcaba en la antigüedad un campo más amplio que el estrictamente religioso o moral. Toda transgresión de las leyes y mandamientos de la ley de cualquier orden que sea, moral, religiosa, ritual, litúrgica y hasta higiénica, era considerada un acto pecaminoso contra Dios, el dador último de la ley (Gn. 13:13; 20:6; 38:9-10; 39:7; Éx. 10:16; 32:33; Nm. 14:9; Dt. 28:15; Jos. 7:11,20; Jue. 2:11; 3:7; 1 Sam. 2:12-25; 7:6; 12:16; 2 Sam. 11, 27; 12,9ss.), por esta razón, transgredir la ley supone «hacer lo malo a los ojos de Yahvé» (Gn. 13:13; 38:10; 39:9; Juec. 2:11; 4:1; 2 Sam. 6:1; 10:6; 11:27; 15:1, etc.) y «pecar contra Dios» (Gn. 39:9; Éx. 32:33, etc.). El pecado es siempre un atentado contra Dios, cualquiera que sea su objeto inmediato, el prójimo, las leyes morales, las prescripciones rituales, o las leyes de justicia. En el contexto de la alianza, el pecado de Israel es una «prevaricación» o «perfidia» (Dt. 32:51; 2 Cro. 26:18; 29:6), una «infidelidad» comparable a la infidelidad de la esposa, a la prostitución y al adulterio (Jer. 3:20; 5:11; Os. 5:7; 6:7; Is. 5:18).

Las consecuencias del pecado son el sentimiento de culpa, la enemistad en las relaciones personales, la ira de Dios y la imposición de la muerte como castigo (Ro. 6:23), tanto física como espiritual y moral (Ef. 2:5). Los profetas anuncian como consecuencia de los pecados del pueblo las desgracias naturales y los reveses militares, la destrucción de Jerusalén y del templo, así como el destierro en Babilonia (cf. Dt. 27; 15-26).

La vida y muerte de Jesucristo no se entienden sin la gravedad del pecado humano de transfondo. La predicación del reino de Dios no se puede disociar del llamamiento al arrepentimiento y conversión. La llegada del reino de Dios guarda un estrecho lazo de unión con el perdón de los pecados (cf. Mt. 9:1-8; Mc. 2:1-12; Lc. 5:17-26; 7:36-50). Jesús proclama que ha venido a llamar a la conversión no a los justos, sino a los pecadores (Mt. 9:13; Mc. 2:17; Lc. 5:32). Busca a los pecadores y los pecadores le buscan a Él (Mt. 11:19; Lc. 7:34). Su muerte tendrá un valor expiatorio (Mt. 26:28; Mc. 14, 24; Lc. 22:20). No será un sacrificio inútil, sino la victoria final sobre el poder del pecado y las fuerzas diabólicas. En el Calvario se manifiesta como el cordero de Dios que quita el pecado del mundo (Jn. 1:29; cf. He. 9:26). La reflexión apostólica posterior dirá que Jesús fue «hecho pecado» por nosotros (2 Co. 5:2; cf. Is. 53:5, 6).

Pecod. Tribu aramea que habitaba el margen oriental del Bajo Tigris. Conquistada por los caldeos, vino a ser parte de su Imperio y sus tropas formaban pate de su ejército. Por eso Ezequiel profetiza de Jerusalén diciendo que haría venir contra ella a todos los caldeos, a los Pecod, Soa y Coa (Ez. 23:23; cf. Jer. 50:21).

Pectoral. Prenda llevada por el sumo sacerdote, hecha del mismo material que el efod, al cual se unía mediante anillas y un cordón azul, de manera que estuviera por encima del cinto del efod (Éx. 28:28). Sobre él debía haber doce piedras preciosas dispuestas en cuatro hileras, llevando cada una de ellas el nombre de una tribu. Tenía forma de un cuadrado doble, de un palmo de lado, a modo de «bolsa» o «saco» donde se guardaba el Urim y el Tumim.

Pedernal. Variedad del cuarzo abundante en el desierto que tuvieron que cruzar los israelitas en su camino hacia la tierra prometida, lo cual, a los ojos de los creyentes, resalta la milagrosa provisión de Dios en un paraje tan adverso y estéril (cf. Dt. 8:15; 32:13; cf. Sal. 114:8). Por su dureza y filo agudo era utilizado como cuchillo, utilizado especialmente en el rito de la circuncisión (cf. Éx. 4:25; Jos. 5:2). Durante siglos se mantuvo la costumbre de utilizar el pedernal para llevar a cabo esta ceremonia.

Pedro. Uno de los doce apóstoles, hijo de Jonás y de nombre Simón, a quien Jesús puso el sobrenombre de Cefas, «roca» (arameo *Kepha*, gr. *Petros*, Mt. 16:18). Era pescador del lago de Genesaret juntamente con su familia (Mt. 4:18; Mc. 1:16; Lc. 5:3 ss.) y originario de Betsaida (Jn. 1:44); pasó a residir en Capernaum (Mt. 8:14; Lc. 4:38). Pedro, que muy probablemente era discípulo de Juan el Bautista, fue presentado a Jesús por Andrés, su hermano (Jn. 1:41, 42), quien era uno de los dos discípulos de Juan el Bautista que oyeron la declaración de que Jesús era el Cordero de Dios, el Mesías (Jn. 1:35-41). Tuvo, ya desde el principio, un papel destacado entre los discípulos a causa de su fervor, de su energía e impetuosidad. Pedro se encuentra siempre encabezando las listas (Mt. 10:2; Mc. 3:16; Lc. 6:14; Hch. 1:13). Tres de los discípulos de Jesús eran amigos íntimos de Él, de los cuales Pedro es nombrado en primer lugar (Mt. 17:1; Mc. 5:37; 9:2; 13:3; 14:33; Lc. 8:51; 9:28); es el portavoz de los apóstoles; el primero en confesar que Jesús es el Mesías enviado por Dios (Mt. 16:16; Mc. 8:29), aunque debido a la primera impresión de la noticia sobre el sufrimiento del Maestro intentó desviar a Jesús del camino del sufrimiento (Mt. 16:22; Mc. 8:33). También es quien le negó tres veces (Mt. 26:69ss.; Mc. 14:66 ss.; Lc. 22:54 ss.; Jn. 18:15 ss.). Cuando el Jesús resucitado se encontró con sus discípulos en el mar de Tiberias, puso a prueba a Pedro haciéndole tres preguntas, y restableciéndolo después en el apostolado (Jn. 21:15ss.).

Por el libro de los Hechos vemos que Pedro condujo a la Iglesia con audacia y firmeza. Llevó a los hermanos a reemplazar a Judas por un discípulo que hubiera conocido al Señor (Hch. 1:15-26). Después del derramamiento del Espíritu Santo, en el día de Pentecostés, Pedro explicó el sentido de este milagro a la muchedumbre de judíos reunidos en Jerusalén (Hch. 2:14ss.). Fue el principal instrumento en la curación del paralítico y se dirigió acto seguido al sanedrín (Hch. 3:4, 12; 4:8). Amonestó a Ananías y a Safira (Hch. 5:3, 8). El gran discurso que pronunció en el día de Pentecostés abrió a los judíos la puerta de la salvación (Hch. 2:10, 38) y también a los gentiles, al dirigirse a Cornelio y a los que estaban en su casa (Hch. 10), haciendo así uso de las llaves de que Cristo le había hablado (Mt. 16:19). Una vez hubo echado los cimientos de la Iglesia, parece que abandona el primer plano y desaparece de la historia. Es Jacobo quien aparece dirigiendo la Iglesia en Jerusalén (Hch. 12:17; 15:13; 21:18; Gál. 2:9, 12). Pablo se dirige a los gentiles (Gál. 2:7); Pedro, apóstol de la circuncisión (Gál. 2:8), anunció el Evangelio a los judíos de la dispersión; dejó Jerusalén a Jacobo, y el mundo grecorromano a Pablo. La última mención que se hace de él en Hechos (Hch. 15) lo presenta en el concilio de Jerusalén, defendiendo que los gentiles debían ser admitidos en la Iglesia, y defendiendo asimismo la libertad evangélica, postura ésta que prevaleció. Pedro es mencionado en Gál. 2:11, a propósito del incidente de Antioquía; es posible que estuviera en Corinto (1 Co. 1:12) y en la ribera del Eufrates, o en Babilonia (1 P. 5:13). Acompañado de su esposa, prosiguió, sin duda, sus viajes misioneros (1 Co. 9:5). Finalmente, glorificó a Dios en su martirio (cf. Jn. 21:19). La historia no añade mucho a lo que sabemos de Pedro por el NT. Hay buenas razones para admitir la tradición que afirma que Pedro fue crucificado en Roma en la época en que Pablo fue decapitado, hacia el año 68 d.C. Según una traducción murió cabeza abajo, porque no se creía digno de morir de la misma manera que su Maestro.

Pedro, Primera espístola de. Carta tradicionalmente atribuida al apóstol Pedro, tal como se afirma en el encabezamiento (1 P. 1:1). La autenticidad de esta carta queda demostrada por su contenido y por el testimonio de numerosos escritores del inicio de la era cristiana. La epístola va dirigida a los expatriados de la dispersión en el Ponto, Galacia, Capadocia, Asia y Bitinia (1 P. 1:1). Hay expositores que mantienen que se trata de una carta dirigida en su mayor parte a creyentes surgidos del paganismo, apoyándose en ciertas alusiones del apóstol (1 P. 1:14; 2:9, 10; 3:6; 4:3). Otros expositores, sin embargo, argumentan incisivamente que la carta era dirigida a los judíos que habían venido a creer en el Señor Jesús.

En esta epístola se mencionan las regiones de los destinatarios de este a oeste, lo que constituye una indicación de que la carta fue posiblemente redactada desde Oriente. La alusión a la iglesia en Babilonia, en los saludos, apoya esta hipótesis (1 P. 5:13). El empleo que hace el autor de la Epístola a los Efesios y la época de la muerte de Pedro permiten situar la fecha de redacción entre el año 63 y el 67; es muy probable que fuera el año 64 ó 65. Un pasaje de la Segunda Epístola de Pedro (2 P. 3:1, cf. 1:1) da testimonio de que la primera carta es de este apóstol.

En cuanto a las pruebas externas de la autenticidad de esta carta, son irrefutables. Autores tan diversos como Clemente de Alejandría, Ireneo de Lyon, Tertuliano de Cartago, afirman que es de Pedro. Eusebio afirma que Papías y Policarpo la conocían y la citaban. Así, desde el principio, esta epístola ha sido confirmada por unas evidencias indiscutidas. Se ha objetado que los creyentes no habían sido perseguidos «en calidad de cristianos» (1 P. 4:16) hasta una época más tardía. Sin embargo, esta objeción carece de valor. Esteban ya había muerto por la fe (Hch. 6; 7), y se habían dado ya numerosas persecuciones locales e individuales mucho tiempo antes de que se desencadenaran las persecuciones generalizadas, ordenadas por los emperadores. Tampoco se puede objetar que Pedro desconociera el griego, teniendo a Marcos y Silvano como ayudantes (1 P. 5:12-13).

Salpicada de repentinas transiciones, refleja admirablemente el carácter del autor. La forma es característica de Pedro; la doctrina es armónica con la de las epístolas de Pablo, con una insistencia particular en la gracia de Dios, y la gloriosa esperanza de la Parusía. El texto contiene numerosas reminiscencias de las epístolas a los Romanos, a los Efesios, y de la epístola de Santiago (1 P. 2:6, 8, cf. Ro. 9:32, 33; 1 P. 2:5; 3:8, 9; 4:7-11, cf. Ro. 12:1, 16, 17, y 3:6; 1 P. 2:18 y 3:1-7, cf. Ef. 5:22, 23; 6:5; 1 P. 1:1, 6, 7, 23 y 5:6, cf. Stg. 1:1, 2, 3, 18 y 1 P. 4:10). La epístola se distingue por su profundidad y por la belleza en la expresión de la enseñanza.

Pedro, Segunda espístola de. Carta muy distinta de la anterior, diferente en su estilo, contenido y motivación. El autor de ella se presenta a sí mismo como «Simón Pedro, siervo y apóstol de Jesucristo» (2 P. 1:1); afirma haber sido testigo de la Transfiguración (2 P. 1:16), y haber recibido de Cristo la predicción de su martirio (2 P. 1:14; cf. Jn. 21:19). Se pone en un plano de igualdad con Pablo (2 P. 3:15). El estilo presenta una cierta falta de simplicidad y de desenvoltura, lo que contrasta con el estilo fluido y natural de la primera. Desde la época de Jerónimo, esta diferencia de expresión vino a ser el argumento de los que

presentan objeciones contra la autenticidad de la epístola. Jerónimo cree que estas desemejanzas son debidas a los «secretarios-intérpretes» de Pedro. Muchos críticos modernos atribuyen la carta a un autor anónimo del período postapostólico, que la habría escrito bajo el nombre de Pedro a finales del siglo I. El escrito se presenta como una carta tan sólo en apariencia, pues la dirección es genérica (2 P. 1:1-2), faltan los saludos y la despedida, expresándose su conclusión de forma doxológica (3:18). El texto parece encuadrarse en un discurso de despedida o en un testamento espiritual (1:14; 3:1-2), puesto en labios del apóstol Pedro. Con todo, hay que tener en cuenta los argumentos a favor de la autoría del apóstol, pues las alusiones autobiográficas en el texto son exactas; no aparecen detalles imaginarios ni anacronismos.
El autor hacer recordar a los destinatarios las enseñanzas que habían recibido, a fin de prevenirlos contra las falsas doctrinas entonces en boga, y facilitar su crecimiento en la gracia y conocimiento de Jesucristo (2 P. 3:1, 17, 18). El tema central es la defensa de la escatología cristiana. El autor intenta responder a las burlas dirigidas contra los cristianos a propósito del tiempo de la parusía (3:2-13). El fundamento de la esperanza escatológica sigue siendo la palabra profética y la gloria de Jesús Señor, que ha recibido de Dios el testimonio explícito transmitido por los apóstoles. El retraso de la llegada del Señor no contradice a la palabra de Dios, sino que tiene una función pedagógica salvífica (vv. 8-9).

Peka (heb. «[Yahvé] ha abierto [los ojos]»). Decimoctavo soberano del reino del Norte. Hijo de Remalías y capitán de Pekaía, rey de Israel, a quien asesinó para apoderarse de su trono. Se entregó al culto del becerro de oro tal como lo había hecho Jeroboam I (2 R. 15:25-28). Al final del reinado de Jotam, rey de Judá, Peka se alió con Rezín, rey de Siria, para atacar Judá e imponer otro rey. Los aliados invadieron Judá en la época en que Acaz había sucedido a Jotam. Los sirios, con la intención de unirse con Peka en Jerusalén, avanzaron al este del Jordán. Incendiando y saqueándolo todo, el ejército de Peka se dirigió hacia Jerusalén, cuyos habitantes estaban aterrorizados. El profeta Isaías aseguró al rey y al pueblo que el Señor los libraría si se confiaban plenamente a Él. Menospreciando este consejo, Acaz prefirió comprar la ayuda de Tiglat-pileser III, rey de Asiria. El ejército asirio atravesó Galilea (2 R. 15:29), llegando a Filistea en el año 734 a.C., maniobra que obligó a Peka y a Rezín a retirar sus tropas del país de Judá, a fin de proteger sus propios estados. Al retirarse, Peka deportó a gran número de habitantes de Judá, pero ciertos príncipes de Israel los vistieron, alimentaron y dejaron en libertad, gracias a la exhortación del profeta Obed (2 R. 16:5-9; 2 Cro. 28:5-15; Is. 7:1-13). En el año 730 a.C., Oseas, hijo de Ela, dio muerte a Peka, usurpando a su vez el trono de Israel (2 R. 15:30), actuando en complicidad con Tiglat-pileser III.

El texto hebreo del AT afirma que el reinado de Peka duró veinte años (2 R. 15:27); esta cifra no puede referirse al tiempo que ocupó el trono de Samaria, por cuanto Manahem, uno de sus predecesores, ocupaba el trono hacia el año 738 a.C. cuando Tiglat-pileser III era ya rey de Asiria (2 R. 15:19). Esta aparente discrepancia tiene la siguiente explicación. La declaración de 2 R. 15:27: «En el año cincuenta y dos de Azarías rey de Judá, reinó Peka hijo de Remalías sobre Israel en Samaria; y reinó veinte años», no significa necesariamente que reinara durante 20 años en Samaria. La asociación de Peka con los gaaladitas (2 R. 15:25) podría indicar que él estableció su dominio inicial sobre el norte del país de Galaad y sobre Galilea (posiblemente en el año 749 a.C.) favorecido por los desórdenes acontecidos en la época de Jeroboam II, y que mantuviera su autoridad durante la mayor parte del reinado de Manahem. Ésta podría ser la razón del llamamiento en petición de auxilio que Manahem dirigió a Tiglat-pileser III, que invadió el norte del reino de Israel, consolidando la autoridad de Manahem sobre todo el país (2 R. 15:19).

Pekaía (heb. «[Yahvé] ha abierto [los ojos]»). Decimoséptimo soberano de Israel. Hijo de Manahem, lo sucedió sobre el trono de Israel hacia el año 737 a.C., reinando dos años, y adoptando el culto del becerro de oro que Jeroboam I había instituido. Aunque el texto sagrado no informe sobre su proceder político, es muy probable que Pekaía siguiera la política de su padre, continuando en la recogida de tributos como vasallo de Asiria, lo cual, sin duda, encontraría una fuerte resistencia de su propio pueblo. Muy verosímilmente, Peka se irguió como campeón en favor de un movimiento para rebelarse contra Asiria y fue el responsable de la muerte de Pekaía, asesinado en su palacio de Samaria, con el apoyo de cincuenta hombres de Galaad (2 R. 15:23-26).

Peleg (heb. «división»). Hijo o descendiente de Heber, de la descendencia de Sem (Gn. 10:25; 11:16). El AT explica su nombre diciendo que en su tiempo se «dividió la tierra» (Gn. 10:25; 1 Cro. 1:19). Se trata de la dispersión de los descendientes de Noé después del acontecimiento de la Torre de Babel.

Peleteos. Conjunto de soldados mercenarios extranjeros que componían la guardia real de David, mencionados juntamente con los quereteos (2 Sam. 8:18; 15:18; 1Cro. 18:17; 20:7, 23; 1 R. 1:38, 44). Peleteos y quereteos destacan por su fidelidad a David. Parece que eran originarios de Filistea, quizá se trata de un clan o tribu de los filisteos o, al menos, descendían como grupo étnico de los llamados Pueblos del Mar. Era común que un jefe o monarca utilizara a extranjeros, que no tuviesen muchas conexiones con el pueblo, como guardia personal. Quizás por eso, David reclutó de entre los quereteos y peleteos a tropa de confianza. Los peleteos permanecieron fieles a David cuando abandonó Jerusalén debido a la rebelión de Absalón (2 Sam. 15:18-22). Intervinieron con eficacia contra la sublevación de Seba (2 Sam. 20:7). Asimismo apoyaron fielmente las aspiraciones de Salomón al trono davídico (1 R. 1:38). Aparecen después en la lucha contra Rabá y Amón como fuerzas de choque (2 Sam. 11:1, 11, 14-17; 12:26, 29).

Pella. Ciudad situada al oriente del Jordán al otro lado de Betsán, en la Decápolis de Perea. No se menciona en la Escritura. La mención más antigua, referente a una Pehel, figura en los textos de execración de origen egipcio y atribuidos a la XII y XII dinastías (siglos XIX y XVIII a.C.). Recibió el nombre de Pella tras la conquista de los macedonios y sería destruida por Alejandro Janeo a principios del siglo I a.C., porque sus habitantes se negaron a conformarse a las costumbres judías. Posteriormente, en el año 63 a.C. fue liberada por Pompeyo que la anexionó a la provincia de Siria, formando después parte de la liga conocida como Decápolis, mencionada en Mt. 4:25 y Mc. 5:20; 7:31. Cuando estalló la revuelta contra los romanos, en el año 66 d.C. esta ciudad sirvió de refugio a la comunidad cristiana de Jerusalén.

Peniel (heb. «rostro de Dios»). Lugar junto al río Jaboc donde tuvo lugar el misterioso episodio de la lucha de Jacob con el Ángel de Dios (Gn. 32:25-33). Jacob le dio este nombre porque «Vi a Dios cara a cara, y fue librada mi alma» (v. 31), y así lo repite a su hermano Esaú (Gn. 33:10). En la época de los Jueces aparece habitado, pues había allí una torre de defensa, que Gedeón destruyó, y una ciudad cuyos habitantes pasó a cuchillo (Jue. 8:8, 9, 17). Después ya no se habla más de él, hasta el tiempo del rey Jeroboam I, quien «fortificó Penuel» (1 R. 12:25).

Penina (heb. «coral»). Una de las dos esposas de Elcana, padre de Samuel, con la que tuvo varios hijos; la otra se llamaba Ana que, al ser estéril, soportaba las burlas de Penina, hasta que concibió a Samuel (1 Sam. 1:2-7).

Pentápolis (gr. «cinco ciudades»). Con este término se designa la región ocupada por las cinco ciudades del valle de Sidim, a saber, Sodoma, Gomorra, Adma, Zeboim y Bela (Zoar) (Gn. 14:2, 8); destruidas todas, a excepción de Zoar, en el cataclismo relatado en Gn. 19.

Pentateuco (gr. «cinco libros»). Nombre dado a los primeros cinco libros de la Biblia: Génesis, Éxodo, Levítico, Números, Deuteronomio. En los libros de Esdras y Nehemías es llamado «la Ley de Moisés» (Esd. 7:6); o «libro de la Ley de Moisés» (Neh. 8:1); o sencillamente «el libro de Moisés» (Esd. 6:18; Neh. 13:1; 2 Cro. 25:4; 35:12), que los judíos modernos designan con el nombre de Torá. La tradición judía los atribuye a Moisés y lo mismo hace el NT (Mt. 19:3-8; Mc. 12:26; Hch. 3:22; 15:21; Ro. 10:5-8,19; 2 Co. 3:15). El Pentateuco mismo en realidad sólo presenta a Moisés como escritor en algunas partes de él (Éx. 17:14; 24:4; Nm. 33:2; Dt. 31:9, 24). Los estudiosos modernos consideran que es una obra compuesta a partir de antiguas tradiciones orales y escritas, sin excluir a Moisés. La teoría de Wellhausen, retomada por G. von Rad y M. Noth, habla de cuatro fuentes o redacciones-tradiciones: yahvista, elohísta, sacerdotal y deuteronomista, correspondientes a los autores o las escuelas diversas que han intervenido en este grupo de libros en siglos distintos. La arqueología palestinense y oriental ha mostrado que no es posible considerar estos textos como síntesis o compilaciones de documentos, sino como unidades literarias primitivas, situadas en el tiempo y en la vida que narran.

El Pentateuco abarca en su totalidad la historia de los israelitas desde la creación del mundo hasta la muerte de Moisés como un marco grandioso de la Alianza de Dios con el pueblo de Israel, y la Ley que ratifica y prescribe los términos de la alianza o pacto, mediante el cual Dios se compromete a ser fiel y el pueblo, por su parte, a respetar esa fidelidad mediante la observancia de los mandamientos y preceptos que lo distinguen como un pueblo santo. La ruptura de la alianza desemboca en castigo.

Pentateuco samaritano. Versión samaritana de los primeros cinco libros de la Biblia, de una antigüedad difícil de determinar. La mayor parte de los rollos samaritanos que contienen el Pentateuco completo o partes de él, no es anterior al siglo X d.C.; uno o dos de los más antiguos se conservan en Nablus (la antigua Siquem), capital espiritual de los samaritanos. Los diversos rollos samaritanos están escritos en caracteres análogos a los de las monedas de la época de los macabeos, que los judíos empleaban antes de la introducción del hebreo cuadrado. Aparte de algunas diferencias textuales de muy pequeña extensión el Pentateuco samaritano es el mismo que el de la LXX y el de los masoretas. La variante más seria se da en Dt. 27:4, cuando Moisés ordena al pueblo que levante, cuando haya atravesado el Jordán, grandes piedras sobre el monte Ebal, y encalarlas, para escribir sobre ellas la Ley. Con el fin de aumentar la veneración por su montaña sagrada, los samaritanos reemplazaron en su texto el término Ebal por el de Gerizim; otras variantes son de menor importancia.

Pentecostés (gr. «quincuagésimo»). Segunda de las tres grandes solemnidades anuales judías. Pentecostés es la primera fiesta de las que tenían que ver con la cosecha (Éx. 34:22, 23; 2 Cro. 8:12, 13; 1 R. 9:25). Recibía el nombre de Fiesta de las Semanas (Éx. 34:22; Dt. 16:10, 16; 2 Cro. 8:13), nombre derivado del hecho de celebrarse siete semanas después que la hoz comenzase a cortar las espigas (Dt. 16:9); dejando un margen de días dependiendo del ritmo de la agricultura. Pero la ley fija el día desde el que ha de empezarse a contar: siete semanas después de la ofrenda de la gavilla de cebada (Lv. 23:15, 16). La opinión más acreditada sitúa este día en el primer día de la Fiesta de los Panes sin levadura. Los autores judíos posteriores la llaman «fiesta de los cincuenta días» (Tob. 2:1; 2 Mac. 12:32; Hch. 2:1; 20:16; 1 Co. 16:8), así, de este modo, la Fiesta de las Semanas tomó el nombre de Pentecostés debido a que se celebraba en el día quincuagésimo a partir del mecido de la gavilla. También recibía el nombre de fiesta de la siega (Éx. 23:16), que indica su origen agrícola; o día de las primicias (Nm. 28:26), por cuanto la siega del trigo en toda Palestina acababa casi en este tiempo y se procedía a ofrendar dos panes de trigo nuevo en acción de gracias a Dios por la recogida de la cosecha (Lv. 23:17).

Durante la celebración de la fiesta todos los varones israelitas se debían presentar en el santuario con sus ofrendas. En ese día se suspendía todo trabajo: había una solemne convocación (Lv. 23:21; Nm. 28:26; Lv. 23:17, 20; cf. Lv. 34:22; Nm. 28:26; Dt. 16:10). Además de los dos panes, se ofrecían siete corderos de un año, un novillo y dos carneros como holocausto a Yahvé; se inmolaba asimismo un macho cabrío en ofrenda de expiación por el pecado y dos corderos de un año en sacrificio de acción de gracias (Lv. 23:18, 19). Los panes que se ofrecían eran fermentados y no los consumía el fuego, sino que únicamente se agitaban ante Yahvé, junto con dos corderos, como sacrificio de comunión de todo el pueblo, y se dejaban para los sacerdotes. En Israel la fiesta no duraba más que un día, pero los judíos que residían fuera del país la celebraban dos días seguidos. Durante Pentecostés, como durante las otras fiestas, los israelitas debían hacer presentes a los pobres (Dt. 16:11,12).

Cincuenta días después de la resurrección y ascensión de Cristo, a la hora tercia (hacia las 9 de la mañana), el Espíritu Santo descendió sobre los apóstoles, la madre de Jesús y alrededor de ciento veinte discípulos (Hch. 2:15-21). Así es como fue fundada la Iglesia bajo la acción del Espíritu, tal como Jesús había prometido (Jn. 14:26; 16:7; Hch. 1:5). Quedaban así inaugurados los «últimos tiempos» (cf. Jl. 3:1-5; Ez. 36:27), que dan comienzo al tiempo del Espíritu, prenda y garantía de la nueva alianza en la sangre de Cristo, de la que brota la «comunidad mesiánica». Es el tiempo en que se ha de dar culto en espíritu y en verdad (Jn. 4:23). Por eso el Espíritu Santo es dado sin distinción de edad, de sexo o de condición social, comenzando por todos los que estaban reunidos en el aposento alto (Hch. 2:1-4,14-21). En el pasado, el Espíritu había sido otorgado con poder a los profetas y a ciertos creyentes del AT (cf. Nm. 11:25-29; 1 Sam. 10:5-6), pero el primer Pentecostés cristiano marca el inicio de la dispensación del Espíritu, universal en su naturaleza y alcance. Caen los muros de separación existentes entre los hombres (Ef. 2:14), y el obstáculo de las lenguas puede ser superado. El milagro de las lenguas subraya que la comunidad mesiánica se extenderá a todos los pueblos sin distinción (Hch. 2:5-11). Desde aquel entonces, los dones del Espíritu Santo son dados a los creyentes, sellados por Él, y son en consecuencia exhortados a ser llenos de Él (Hch. 1:8; 2:38-39; Ef. 1:12-13; 5:18), y ello sin la observancia de ritos particulares. Dios había suscitado en el pasado al pueblo de Israel, al que se reveló de una manera especial. En la actualidad, en esta nueva dispensación, el Señor actúa por medio de la Iglesia, de la que el Espíritu es el vínculo de unión, fortificándola, acrecentándola y edificándola sobre la tierra (Hch. 2:39; Ef. 1:22, 23).

Es de destacar que la misma Ley de Moisés haya situado esta fiesta tan importante al día siguiente de un sábado (en efecto, el día cincuenta caía el día después de siete sábados). De la misma manera, la resurrección de Cristo y el descenso del Espíritu, con la consiguiente fundación de la Iglesia, tuvieron lugar en el primer día de la semana, día característico de la nueva creación.

Peor (heb. «abertura, grieta»). Nombre de una montaña de Moab, frente al desierto, a cuya cima llevó Balac a Balaam (Nm. 23:28). Debía ser uno de los antiguos lugares altos dedicados al culto de Baal (Nm. 22:41; 23:13, 27). Desde ella se veía Sitim y el campamento de los israelitas (Nm. 24:2). No hay de duda que esta montaña estaba relacionada con la ciudad de Bet-Peor (Dt. 3:29). Se identifica con la moderna Hirbet Faur, a unos 2,5 km al suroeste de Belén.

Perea (gr. «el país de más allá»). Nombre dado a una parte del país entre el Jaboc y el Arnón, al otro lado del Jordán, antigua posesión de dos tribus de Rubén y Gad. Según Josefo, estaba al oeste del Jordán, al este de Filadelfia y al norte de Pella al sur de la fortaleza. El nombre de Perea servía asimismo para designar un territorio más vasto, ya que Josefo afirma que Gadara, a orillas del Yarmuk, era la capital de Perea (*Guerras* 4:7, 3).

Pergamino. Nombre dado a las pieles preparadas para escribir sobre ellas procedentes de Pérgamo, ciudad de Asia Menor desde la que fue difundido a gran escala. El pergamino se preparaba con piel de oveja o de cabra. Primero las pieles se empapaban con cal a fin de eliminar la lana o pelo, y luego se descarnaban, lavaban, secaban, estiraban y alisaban con yeso fino o cal y piedra pómez.
La industria del pergamino se originó en Pérgamo a raíz de la escasez de papiro, cuyo monopolio estaba en manos egipcias. Uno de los monarcas egipcios Ptolomeos habría prohibido la exportación de papiro, con lo que Eumeno II, rey de Pérgamo (197-160 a.C.) se sirvió de pieles para su gran biblioteca. Estas pieles se llamaban *chartae pergamenae*, de donde derivó el nombre «pergamino». En la época de Josefo, y antes de él, los judíos usaban los pergaminos para sus escritos sagrados (*Ant.* 12, 2, 11). El *Talmud* estipulaba que la Ley debía ser escrita sobre pieles de animales puros, domésticos o salvajes, e incluso sobre las pieles de aves puras. Ver PAPIRO.

Pérgamo. Ciudad importante de Misia, a 5 km al norte del río Caicos, y a 24 km del mar Egeo. Había sido la capital de un opulento reino, muchos de cuyos reyes llevaron el nombre de Atalo. El primero de esta dinastía, Atalo I, accedió al trono en el año 241 a.C. Rechazó a las hordas invasoras galas, que se establecieron finalmente en el territorio que desde entonces recibe el nombre de Galacia. Eumeno, su hijo, lo sucedió en el año 197 a.C., embelleció Pérgamo, y creó una célebre biblioteca, la segunda en importancia después de la de Alejandría. Atalo III murió en el año 133 a.C., después de haber legado sus bienes a los romanos y acordado la independencia de Pérgamo y de sus alrededores. Los romanos se apoderaron de la ciudad, y pasaron aquel reino a provincia de Asia (129-126 a.C.), de la que vino a ser capital la ciudad de Pérgamo. En el año 6 a.C., el procónsul, gobernador de la provincia bajo el Imperio, mudó su residencia a Éfeso. Marco Antonio donó a Cleopatra los 200.000 volúmenes de la biblioteca de Pérgamo que fueron a engrosar la de Alejandría.

La acrópolis de Pérgamo se levantaba sobre una escarpada colina, a 304 m por encima de la llanura. Cerca de la cumbre se levantaba un monumental altar que había elevado Eumeno II para conmemorar la victoria de su padre sobre los galos. Cerca de este altar se hallaba un templo dedicado a Atenea. En la época romana se edificó sobre la acrópolis un templo consagrado a Augusto. En el exterior de la ciudad se hallaba el célebre santuario de Asklepios (Esculapio), dios de la medicina, que atraía a las multitudes.
Pérgamo es la tercera de las siete iglesias de Asia. En Apocalipsis dice que allí se hallaba el «trono de Satanás». Antipas, un cristiano fiel, sufrió el martirio en esta ciudadela del paganismo (Ap. 1:11; 2:12-17). En la actualidad esta ciudad se llama Bergama.

Perge. Antigua e importante ciudad de Panfilia, se hallaba sobre la ribera derecha del río Cestro, a 12 km de su desembocadura. No se sabe la fecha de su fundación, pero ya existía en tiempos de las guerras troyanas, Alejandro Magno pasó dos veces por ellas, estando posteriormente en poder de los seleúcidas. En el 188 a.C. los romanos elevaron la ciudad a rango de capital de Panfilia.
Fuera de las murallas de Perge y sobre una colina se encontraba un célebre templo, dedicado a la Artemisa asiática, la Diana griega. La diosa recibía el nombre de «reina de Perge», en cuyo honor se celebraban fiestas cada año. La figura de la diosa y de su templo aparecen representados en las monedas de Perge. El río Cestro era navegable hasta Perge y el apóstol san Pablo, acompañado de Bernabé, desembarcó aquí en su primer viaje misionero, tanto en la ida como en la vuelta, predicando en la ciudad (Hch. 13:13, 14; 14:25).

Persépolis (gr. «ciudad de los persas»). A 40 km al sudoeste de Pasárgada, capital del Imperio aqueménida, fue convertida en la ciudad más importante de todo el Imperio persa por Darío I (522-486 a.C.). Con un excepcional talento para la arquitectura Darío emprendió la construcción de este masivo complejo palaciego hacia el 512 a.C., ampliado posteriormente por su hijo Jerjes I (485-465 a.C.) y su nieto Artajerjes I (464-425 a.C). Mientras las capitales administrativas de los reyes aqueménidas fueron Susa, Ecbatana y Babilonia, la ciudadela de Persépolis mantuvo la función de capital ceremonial, donde se celebraban las fiestas de Año Nuevo. Construida en una región remota y montañosa, Persépolis era una residencia real poco conveniente, y visitada principalmente en primavera. Estaba estratégicamente fortificada con una triple defensa. En la cresta de la montaña había una hilera de murallas y de torres. Más allá, estaba la inmensa llanura conocida actualmente como Marv Dasht.

En el 330 a.C. Alejandro Magno, en su campaña de Oriente, ocupó y saqueó Persépolis, incendiando el palacio de Jerjes, en revancha por la quema de Atenas por el monarca persa, si hacemos caso a la sola autoridad de Cleitarco; también es posible que Persépolis se incendiara por accidente. Persépolis no era propiamente una ciudad residencial, sino más bien un palacio imperial. Se encontraba sobre el fondo grandioso de la montaña Küh-é Rahmat («Monte de la Misericordia»), en una plataforma de roca natural, de unos 300 por 500 m Es un complejo de imponentes edificios construidos en armónico conjunto. El pórtico monumental, conocido por Puerta de las Naciones, fue construido por Jerjes, en él desemboca la gran escalera de entrada de Persépolis, y bajo él había que pasar inevitablemente para acceder a la ciudad. Para rendir tributo al rey, los enviados de los países sometidos subían por la gran escalera, pasaban por la Puerta de las Naciones y accedían a la gran sala de audiencias. La Puerta de las Naciones está flanqueada por pares de colosales toros alados a modo de guardianes, de cuyos precedentes estilísticos hay testimonios en el arte asirio.

Persia. País de los antiguos persas que se extendía al sureste del Elam, el moderno Irán. La Persia propiamente dicha estaba limitada al norte por la Gran Media, al suroeste por el golfo Pérsico, al este por Carmania (el actual Kermán) y al noroeste por la Susiana. La tabla genealógica de las naciones (Gn. 10) no menciona a los persas, cuyo poderío político no se manifestó hasta muchos siglos después en la historia judía (cf. 2 Cro. 36:20, 22; Esd. 4:5ss.; 6:14ss.; Est. 1:3; 8:10; 1 Mac. 1:1). Pueblo ario de la tribu de los iranios, los persas pudieron haber emigrado hasta esa parte del suroeste de Asia hacia el 1500 a.C. En el siglo VII a.C. los persas se aliaron con los medas, creando así un estado fuerte que logró abatir el poderío asirio al conquistar y destruir primero la ciudad de Assur, y luego la de Nínive en el 612 a.C.
Ciro II, llamado el Grande, accedió al trono de Anshan, ciudad de fuerte tradición elamita, hacia el año 558 a.C., fue el forjador de la unidad de Persia y de la construcción del Imperio persa. En un sorprendente breve espacio de tiempo, Ciro extendió sus conquistas desde Elam y Media al oeste y al norte. Avanzó sobre Asia menor y tras derrotar a los lidios, estableció el Imperio más grande hasta aquel momento jamás instaurado en el Oriente próximo. Hizo de Ecbatana (la actual Hamadam) su capital, que también había sido la capital del trono meda, al tiempo que hizo de Susa la capital alternativa. Creó y embelleció una nueva residencia capital en Pasagarda. Permitió que los exiliados judíos retornaran a su país y reconstruyeran su templo.

Jerjes I, el Asuero del libro de Ester y, probablemente de Esd. 4:6, reconquistó Egipto, e intentó invadir Grecia, pero su ejército fue aplastado en Salamina. Artajerjes I Longimano, su hijo y sucesor, permitió que Esdras llevara a numerosos judíos a Jerusalén y autorizó a Nehemías a la reconstrucción de las murallas de la ciudad.

Pérsida (gr. «persa»). Cristiana de Roma que había trabajado celosamente para el Señor, a quien el apóstol Pablo manda saludos y elogia (Ro. 16:12).

Pesos y medidas. Los datos bíblicos respecto a pesas y medidas no pueden ser convertidos a pesas y medidas de nuestra época con un valor exacto, sino aproximado. Cada pueblo y cada región tenía sus propios pesos y medidas, que variaban de un lugar a otro. Como ocurre con los puntos cardinales, en los pesos y medidas también se cumple la ley que hace del cuerpo humano la medida de todas las cosas. Cuando se trataba de construir ciudades, u otras obras de ingeniería, como caminos, puentes y canales, se utilizaban medidas equivalentes a las distintas partes del cuerpo: mano, palmo, brazada, pie, etc. También un grano de semilla podía servir como elemento básico de medición. Hay, pues, medidas tomadas por referencia a partes del cuerpo humano, utensilios, carga promedio que podía llevar un animal, etc. Pero también llegaron a desarrollarse métodos de cálculo bastante precisos.
Los arqueólogos han encontrado que ya en tiempos de Ur Nammu, rey de Ur, alrededor del 2050 a.C., se establecieron pesos y medidas fijos para los negocios comerciales. En un himno a una deidad de la época se denuncia a los que hacían trampa mediante la sustitución de las pesas. Lo mismo puede leerse en el código de Hammurabi. La Ley de Moisés fue muy cuidadosa en exigir justicia en este asunto de las mediciones: «No tendrás en tu bolsa pesa grande y pesa chica, ni tendrás en tu casa efa grande y efa pequeño. Pesa exacta justa tendrás; efa cabal y justo tendrás» (Dt. 25:13-151). Los profetas denunciaban a los que practicaban injusticia con los pesos y medidas (cf. Am. 8:51).
Hay mucha dificultad en establecer las equivalencias con las medidas de hoy, porque desde los días del Segundo Templo las medidas utilizadas en la Biblia dejaron de usarse. Los traductores prefirieron identificarlas con las que se utilizaban en su tiempo, lo que se hizo sin mucha precisión.
Por regla general, las medidas de longitud se establecían siguiendo el tamaño promedio de las extremidades humanas. Así, se habla del codo (Gn. 6:15; Éx. 26, 27; 1 R. 6:2; Ez. 40, 41, etc.); el dedo, la más pequeña subdivisión del codo (Jer. 52:21); el palmo, la distancia entre la

punta del dedo meñique y la del pulgar, cuando se abría por completo la mano (Éx. 28:16; Ez. 43:13). También se utilizaba la caña, equivalente a unos seis codos, y la cuerda (Am. 7:17; Jer. 31:39). Las distancias largas se medían, grosso modo, por el espacio que podía recorrer un tiro de flecha. Así, Agar, cuando le faltó agua a su hijo, «se fue y se sentó enfrente, a distancia de un tiro de arco» (Gn. 21:16). Distancias más largas se expresaban en términos de los días que se tomaba para recorrerlas. Labán «puso tres días de camino entre sí y Jacob» (Gn. 30:36).

Durante el período grecorromano las distancias se medían en millas y en estadios; 5.000 pies romanos equivalían a una milla romana de alrededor de 1.480 m El estadio del NT medía alrededor de los 185 m (Lc. 24:13); 8 estadios romanos equivalían a una milla. El estadio griego se dividía en 600 pies. Como los pies variaban, el estadio olímpico medía 192,5 m, en tanto que el estadio ático tenía sólo 147,85 m. El término gr. «stadion» designaba primeramente el emplazamiento del campo de carreras y después la distancia recorrida por un hombre vigoroso, corriendo sin tomar aliento.

La braza, longitud de dos brazos extendidos, de mano a mano; se usaba para medir profundidades (Hch. 27:28). Equivalía a unos 1,67 / 1,80 m.

Comparación aproximada de longitudes:

Palmo = 3 palmos menores = 27,7 cm
Codo = 2 palmos = 55 cm, o algo menos
Caña = 6 codos largos = 3,32 m
Braza = 1,80 m
Estadio = alrededor de 185 m
Milla = 8 estadios = Alrededor de 1.480 m
Camino de un sábado = 2.000 codos = 1.100 m

Las medidas de capacidad también se establecían con referencia a órganos del cuerpo humano. Tampoco se conocen con exactitud las antiguas medidas de capacidad, que variaban frecuentemente a lo largo de las épocas, en particular durante y después de la cautividad. La unidad de medida para los sólidos era el efa; para los líquidos era el bato. Se ha identificado el contenido de dos unidades, a pesar de la diversidad de sus nombres (Ez. 45:11).

Medidas de capacidad del AT, con equivalencias métricas aproximadas.

1 log = 0,3 l
1 cab = 1,2 l
1 gomer = 2,2 l
1 hin = 3,6 l

1 seah = 7,3 l
1 efa, bato = 22 l
1 homer = 220 l

En las medidas de peso se utilizaban pesas de piedra y, excepcionalmente, de metal. Las pequeñas se metían en una bolsa, y ésta se colgaba de la balanza. Las medidas básicas eran el talento, la más grande de las que se utilizan en la Biblia, el siclo y la gera (Éx. 38:25-26). El talento se dividía en tres mil siclos. Entre los hebreos se puede establecer una tabla aproximada como sigue:

1 gera = 0,57 g
1 beca = 5,70 g
1 siclo = 11,4 g
1 mina = 600 gr
1 talento = 34 kg

En la mayor parte de los países, las superficies eran indicadas basándose en la extensión que podía arar un par de bueyes en un día (1 Sam. 14:14; cf. Is. 5:10). Otra medida muy antigua se correspondía con la cantidad de grano necesario para sembrar una superficie (Lv. 27:16). El *actus* o «surco» romano medía 120 pies romanos de longitud. La unidad de superficie de los romanos era el *actus* cuadrado. Para áreas rectangulares se indicaban las medidas de los lados: «cinco codos de longitud, y de cinco codos de anchura» (Éx. 27:1); «midió el atrio, cien codos de longitud, y cien codos de anchura, era cuadrado» (Ez. 40:47). Para áreas circulares se medía «de borde a borde», o sea, lo que hoy llamamos diámetro (2 Cro. 4:2).

Petor. Nombre de una localidad en Mesopotamia, mencionada como patria de Balaam, a quien Balac mandó venir para maldecir a Israel (Nm. 22:5; Dt. 23:5). Situada a la orilla derecha del río Sagur, poco antes de su desembocadura en el Eufrates, cerca de los montes de Aram, era una ciudad de paso obligado para todos los viajeros procedentes de la Asiria septentrional en dirección a Hierápolis y Alepo. Salmansar II de Asiria arrebató Petor a los heteos, y le dio el nombre de Pitru. En la lista de Tutmose III de Egipto se halla entre las ciudades sirias. Identificada con el Tell Amar, a unos 29 km al sur de Carquemis.

Petra. Nombre gr. de la capital de los nabateos, en la actual Jordania. Algunos creen que se corresponde a la Sela bíblica de los edomitas, cuyo sign. es el mismo en ambos idiomas, o sea, «roca». Petra es hoy un conjunto de tumbas, templos, cuevas, escaleras y otros monumentos en ruinas, que en su mayoría fue excavado en la roca arenisca. En la Edad Media se perdió el recuerdo de esta ciudad hasta que en 1812 fue descubierta por el explorador suizo Johan L. Burckhardt. Se halla en un anfiteatro rocoso excavado por la acción del agua, sobre el flanco noreste del monte de Hor, sin otro acceso que el cauce de un torrente, el wadi Mûsa. Parece ser que la zona estuvo poblada ya en el Paleolítico, hay indicios de yacimientos neolíticos y bien pudo ser la Sela de los edomitas, pero no hay seguridad al respecto. Hacia el año 580 a.C., Petra fue ocupada por la tribu nómada de los nabateos, que adoptaron la mayor parte de la civilización edomita mezclándose con ellos. Ambos pueblos pretendían descender de un mismo patriarca, Ismael, hijo de Abraham y la esclava egipcia Agar, a través de dos hijas distintas. Los edomitas se consideraban hijos de Bashemat, casada con Esaú, mientras que los nabateos decían ser descendientes de su hermana Nabaiot (cf. Gn. 25:13; 28:9; 36:3; 1 Cro. 1:29).

Los reyes nabateos hicieron excavar templos, edificios administrativos y túmulos de gran belleza en las paredes rocosas que componen la ciudad. Aretas IV fue quizá el rey más prolífico en lo que a grandes construcciones se refiere, ya que a su época corresponde el Gran Templo, además de otras muchas más obras que hicieron de Petra una de las capitales más hermosas de la antigüedad. A principios del siglo II de nuestra era los romanos acabaron con la dinastía nabatea y Petra fue integrada en la provincia romana de Arabia Pétrea (106 d.C.).

Pez. Aunque abundan las referencias a los peces en la Escritura, nunca se menciona uno de ellos de manera específica. El Nilo siempre ha sido abundante en peces. Los hebreos comieron abundante pescado durante su larga estancia en Egipto, el cual echaron de menos durante su peregrinar por el desierto (Nm. 11:5). Entre los filisteos, su dios Dagón era representado bajo la forma de un ser mitad hombre y mitad pez.

Entre los símbolos empleados por los cristianos primitivos, el del pez es posiblemente el de mayor importancia, adoptado como acróstico de Jesucristo. El símbolo como tal pudo haber sido inspirado por la multiplicación milagrosa de los panes y peces o por la comida de los siete discípulos luego de la Resurrección, en las orillas del Mar de Galilea (Jn. 21:9), pero su popularidad entre los cristianos se debió principalmente, al parecer, al acróstico compuesto por las iniciales de las cinco letras de la palabra griega para pez, *Ichthys*, ICQUS, con las cuales se forman una frase que describe la naturaleza de Jesús y la fe de los creyentes: *Iesous Christos Theou Yios Soter*, es decir, «Jesús, Cristo, Hijo de Dios, Salvador». Es probable que esta fórmula cristiana haya tenido su origen en Alejandría, y que haya sido adoptada como una protesta contra la apoteosis de los emperadores. En una moneda alejandrina del reinado de Dionisio (81-96 d.C.), este emperador es llamado *Theou Yios* (Hijo de Dios). El uso del simbolismo del pez cesó casi totalmente con la muerte de Constantino el Grande. Las representaciones de peces en fuentes bautismales y en copas bautismales de bronce, como las encontradas en Roma y Trier son simplemente de carácter ornamental, sugeridas posiblemente por el agua utilizada en el bautismo.

Pi-Hahirot (heb. «boca de desfiladero»). Lugar en Egipto donde acamparon los israelitas antes del paso milagroso del mar Rojo. Se encontraba ente Migdol y el mar hacia Baal-zeón, junto al mar (Éx. 14:2, 9; Nm. 33:7, 8). No se ha dado con su localización, para algunos se trata del actual istmo de Suez, al norte de los Lagos Amargos y junto a la prominencia del Serapeum, que con toda probabilidad puede ser identificado con el templo de Ramsés II.

Pilato, Poncio. Quinto gobernador romano de Judea y Samaria. Llegó a Judea hacia el año 26 d.C., acompañado de su esposa (Mt. 27:19). Para Herodes Antipas, Pilato era un hombre «venal, violento, rapaz, extorsivo y tirano». El filósofo Filón presenta a Pilato como un hombre de carácter inflexible, tan implacable como obstinado, sin retroceder ante nada. El historiador romano Tácito no conoció a Pilato, pero lo describe como «arbitrario y despiadado». Pilato era procurador cuando Juan el Bautista y Jesús comenzaron su ministerio (Lc. 3:1). Los procuradores de Judea acudían habitualmente a Jerusalén con ocasión de las grandes fiestas, durante las que se reunían multitudes de judíos. Es posible que fuera durante una de estas solemnidades que Pilato derramó la sangre de algunos galileos en la zona del Templo donde se ofrecían los sacrificios (Lc. 13:1, 2). Es indudable que una ejecución tan sumaria de algunos de sus súbditos enfurecería a Herodes Antipas, pero el rencor de Antipas se apaciguó cuando el procurador reconoció la jurisdicción del tetrarca en las cuestiones concernientes a los galileos (Lc. 23:6-12), lo que sucedió cuando hubo el proceso al Señor Jesús. Ante la inocencia de Jesús, no quiso condenarle y trató una y otra vez de salvarle, valiéndose de todos los resortes a su alcance. Si es cierto que el juicio de Jesús lo llevó al principio con ecuanimidad, al final la ecuanimidad fue empañada con la condena a muerte del Nazareno (Mt. 27; Lc. 23), recurriendo a un procedimiento jurídico, valedero para las provincias del Imperio, que constaba en la *Lex Iulia*, llamado «Extraordinaria cognitio».

Pilato estuvo en el cargo diez años, lo que dice mucho en su favor a pesar de las críticas severas que le han hecho y de la acusación de que no se preocupaba de los asuntos de la metrópoli. Tiberio tenía costumbre de retener a algunos funcionarios más de los tres años acordados, porque decía que al pretender enriquecerse en tan poco tiempo, podían cometer desmanes. La carrera de Pilato quedó interrumpida a raíz de un incidente sucedido en Samaria, en el año 35 de nuestra era, en el que perecieron muchos inocentes. Los samaritanos denunciaron la crueldad de Pilato al legado de Siria, de quien dependía el procurador, y fue enviado a Roma para justificarse ante el emperador. La tradición informa de que Pilato fue desterrado a las Galias, a Viena sobre el Ródano, y que se suicidó (Eusebio, *Hist. Eccl.* 1, 9), en otra tradición, que se remonta al siglo segundo, muere de muerte natural siendo cristiano (Orígenes, *Hom. en Mat.* 35).

Piratón (heb. «jefatura»). Localidad situada en territorio de Efraín, en el monte de los amalecitas, en Efraín, patria de Abdón el juez, y donde a su muerte fue enterrado (Jue. 12:13, 15). De esta ciudad procedía Benaía, uno de los héroes de David (1 Cro. 11:31; 27:14). No se vuelve a saber nada más de ella hasta los días de Jonatán Macabeo, cuando el sirio Báquides la fortificó para defender la región (1 Mac. 9:50). Se identifica gral. con la actual Far'atah, asentada sobre una colina, a unos 10 km al suroeste de Nablus.

Piream (heb. «asno salvaje»). Rey amorreo de la ciudad-estado de Jarmut, situada en la Sefela, en tierra que luego fue de Judá (Jos. 10:3). Coaligado con otros cuatro monarcas del mismo grupo étnico, comandados por Adonisedec rey de Jerusalén, se opusieron a las fuerzas invasoras de Josué, pero fueron derrotados en la batalla de Gabaón y muertos por el caudillo hebreo (Jos. 10:27).

Pisga (heb. «parte, división»). Nombre de un accidente geográfico o parte del monte Abarim, que se hallaba cerca del extremo noreste del mar Muerto (Dt. 34:1; 3:27; 32:49), el cual bañaba el pie del Pisga (Dt. 3:17). Desde su cima o cumbre del Pisga se divisaba una gran parte de Canaán, al oeste del Jordán; desde allí que Moisés contempló la Tierra Prometida (Dt. 3:27; 34:1-4). Balac llevó a Balaam al campamento de Zofim, en la cumbre del Pisga y allí edificó siete altares y ofreció en holocausto un toro y un carnero en cada altar (Nm. 23:14). Algunos suponen que Pisga es una parte del Abarim, cuyo punto más alto representa el Nebo, debido a la relación de estos nombres en el texto sagrado; otros lo identifican con Ras el-Siyagah, promontorio situado algo más al norte de la cima del Nebo y orientado hacia el oeste, y unos 100 m más bajo que él, desde el cual se domina un panorama más amplio.

Pisidia. Región montañosa del sur de Asia Menor. Fue visitada por san Pablo en compañía de Bernabé durante su primer viaje misionero, y anunció el Evangelio en Antioquía de Pisidia, su capital, donde había un importante número de judíos, con su propia sinagoga (Hch. 13:14). La misión tuvo éxito, pero sus enemigos pronto consiguieron expulsar a los misioneros de la provincia (Hch. 13:50).

Pisón (heb. «dispersante»). Uno de los cuatro brazos en que se dividía el río que salía de Edén (Gn. 2:11). Regaba la tierra de Havila, donde había oro, bedelio y ónice. Se ha intentado localizar este río, pero sin demasiado éxito. Los Padres de la Iglesia, siguiendo a Flavio Josefo, lo identificaban con el Ganges, en la India. Los sabios judíos como Jarchi, Saadiah Gaon, R. Moses ben-Nachman, y Abraham Peritsol, lo identificaban con el Nilo. La teoría más aceptada en la actualidad es la que lo identifica con el río Fasis, hoy Rioni, que nace en el monte de Ararat y desemboca en el mar Negro. La tierra de Havila sería, entonces, la Cólquida.

Pitón, del egipcio «casa de Atum o Tum», dios egipcio de la justicia representado por el sol en su ocaso. Una de las ciudades-almacén que construyeron los israelitas bajo su primer opresor, el faraón que «no conocía José» (Éx. 1:11). En las ruinas de Tell el-Maskhûtah se han hallado grandes edificios bajo tierra al noreste del templo de Tum. Los muros de estas construcciones tienen casi 2,75 m de grosor; están hechos de ladrillos bastos, unidos con mortero. Cosa interesante, algunos ladrillos no contienen paja (cf. Éx. 5:10-12). Albright, al igual que Gardiner y Flinder Petrie, mantiene que Pitón debe ser identificada con Tell Retabeh, a unos 13,5 km de Tell el-Maskhûtah. Ambas poblaciones estaban relacionadas con almacenes y suministros, y con trabajo esclavo.

Plaga. Traducción de varias palabras hebreas y griegas. Las plagas son consideradas castigos que Dios inflige al hombre, en especial a los egipcios por negarse a dejar marchar a los israelitas (Éx. 7-12). Por medio de estas plagas cayó el juicio no sólo sobre el país, sino también sobre sus dioses: el gran dios Nilo quedó contaminado; el mismo Faraón, que era considerado como divino, humillado; las ranas contaminaron los templos, y finalmente, el sol, el mayor de los dioses de Egipto, se sumió en las tinieblas. Las diez plagas dejaron sumido a Egipto en la mayor de las devastaciones. Sin embargo, Dios también castigó a los israelitas que se habían hecho y adorado un becerro de oro (Éx. 32:35). Castigó asimismo a los que habían murmurado en contra del maná (Nm. 11:33, 34). Hizo morir a los diez espías que hablaron mal de la Tierra Prometida (Nm. 14:37). En otra ocasión, 14.700 israelitas murieron por protestar contra el castigo que había caído sobre los rebeldes Coré, Datán y Abiram (Nm. 16:46-50). El pueblo que se entregó a la idolatría y a la inmoralidad consiguiente en el culto a Baal-peor fue azotado por una plaga mortal; perecieron 24.000 israelitas (Nm. 25:9; Jos. 22:17; Sal. 106:28-30). Los tumores de los filisteos fueron asimismo un castigo (1 Sam. 6:4). El censo ordenado por David hizo que se desencadenara una peste, y sucumbieron 70.000 personas (2 Sam. 24:13-25; 1 Cro. 21:12-30). Una gran plaga cayó sobre Joram, rey de Judá, y sobre su pueblo (2 Cro. 21:14, 15).

Plata. Metal precioso mencionado en la Escritura a partir de Abraham, de quien se dice que era rico en plata y oro, además de en ganado (Gn. 13:2). El mineral se extraía del suelo (Jb. 28:1). Se fundía en un crisol para purificarlo de las escorias (Sal. 12:6; Prov. 17:3; 25:4; Ez. 22:22). La plata provenía de Arabia (2 Cro. 9:14; cf. 1 R. 10:22, 27) y de Tarsis (Jer. 10:9; Ez. 27:12; 1 Mac. 8:3). La plata permitía la fabricación de diversos objetos personales (Gn. 24:53; Éx. 3:22; Cnt. 1:11); de coronas (Zac. 6:11); de instrumentos de música, como trompetas (Nm. 10:2). El Tabernáculo y el Templo demandaron grandes cantidades para su construcción: para las basas (Éx. 26:19), las columnas, los capiteles, las molduras (Éx. 27:10; 38:19), los platos, los jarros (Nm. 7:13; 1 Cro. 28:17), los tazones y cuchillos (Esd. 1:9, 10), los candeleros de diario y las mesas (1 Cro. 28:15, 16).

Plaza. La lengua heb. no dispone de vocablo propio para indicar lo que se entiende por plaza, pues la plaza israelita era propiamente un ensanchamiento de la calle que en las ciudades antiguas se daba justo ante la muralla, detrás de una puerta de acceso a la ciudad; no se trataba de una gran área abierta como las que conocemos en la actualidad. Las ciudades estaban construidas en elevaciones, por motivos de defensa, y el espacio era restringido. Las calles eran estrechas y serpenteantes. De manera que la plaza no era otra cosa que la explanada de donde arrancaba la vía principal, a partir de las puertas de las murallas. La «puerta» era no sólo el tránsito para entrar o salir de la ciudad, sino el lugar en el que se llevaban a cabo las transacciones y se celebraban mercados (2 R. 7:1). Allí también se administraba justicia (cf. Rt. 4:2) y se sufrían los castigos públicos (cf. Jer. 20:2). Se puede ver este mismo plan en la Jerusalén vieja actual justo tras la Puerta de Damasco.

Pléyades (heb. «conjunto [de estrellas]»). Grupo de estrellas mencionado en Job 9:9; 38:31 y Am. 5:8, pertenecientes a la constelación de Tauro. Seis o siete estrellas se pueden ver normalmente con el ojo desnudo, pero si se presta mucha atención se pueden divisar muchas más. Los modernos telescopios pueden distinguir un centenar de ellas.

Pobreza. Considerado siempre un mal en las Escrituras, resultado de una situación de injusticia y opresión. La desigual distribución de los bienes terrenos no se corresponde con el ideal deseado por Dios. Al otorgar la tierra de Canaán a su pueblo (Éx. 6:4, 8), asegura de principio una distribución equitativa de las tierras. La Ley de Moisés permitía a los israelitas vender sus bienes, pero con respecto a las tierras, exige que al cabo de cada período de 50 años, cada familia pudiera retornar libremente a la propiedad que tenía como herencia. Así, la tierra no podía ser vendida, sino sólo su usufructo hasta el final del período jubilar (cf. Lv. 23:13, 23). Esta ordenanza, que tenía la intención de impedir el acaparamiento de las tierras, no suprimió enteramente la pobreza, debida bien a la culpa del individuo o de sus antecesores, bien a circunstancias de las que sólo Dios sabe la razón.

La pobreza podía ser reultado de diversos factores, a saber, malas cosechas causadas por desastres naturales, plaga o sequía, o humanos, guerras y saqueos; también por enfermedad o indolencia y mala administración y, sobre todo, por la codicia de los que buscan enriquecerse a costa de su prójimo. En la teocracia israelita queda teóricamente excluida la indigencia resultante de la pereza o de un crimen; los pobres son considerados como personas desventuradas y sufriendo pruebas, pero amadas por Dios. Todos los indigentes, especialmente las viudas, los huérfanos y los extraños, son objeto de la especial atención del Señor y de los israelitas piadosos, según las instrucciones precisas de la Ley. Toda persona que tuviera hambre tenía derecho a satisfacerla con las uvas o espigas recogidas en la propiedad de otros, pero se le prohíbe que se las lleve (Dt. 23:24, 25). Los pobres son autorizados a espigar detrás de los segadores, a recoger las espigas dejadas en las lindes del campo y los rincones, que el propietario tenía que dejar para ellos (Lv. 19:9). Igualmente con la recolección de la vid (Lv. 19:11; cf. 23:22; Dt. 24:19-21). El israelita caído en la miseria puede vender su trabajo a un patrón durante un cierto número de años, pero en el año del jubileo recobraba su libertad (Lv. 25:38-42). El préstamo solicitado por un pobre le tenía que ser concedido, incluso al acercarse el año sabático que permitía al deudor cancelar su deuda (Dt. 15:7-10). La Ley exhorta a los israelitas a invitar a sus mesas a los menos privilegiados, durante las solemnidades religiosas y en las ocasiones de regocijo (Dt. 16:11, 14), y prohibía la

opresión de los débiles (Éx. 22:21-27). Los períodos de decadencia religiosa coincidieron frecuentemente con la violación de los preceptos caritativos de la Ley, lo que constituyó motivo para las proclamaciones de los profetas en contra de la indiferencia y de la injusticia (Is. 1:23; 10:2; Ez. 22:7, 29; Mal. 3:5). Los profetas son coherentes en su mensaje e insisten en la imposibilidad de separar religión y ética, culto y responsabilidad social. La explotación del pobre es siempre una ofensa a Dios, que ningún número de sacrificios puede borrar.
Situándose en la tradición profética del AT, Jesús anuncia el Reino de Dios como una buena noticia para los pobres, los miserables, los desposeídos (Mt. 11:5,9; Lc. 4:18; 6:20; 7:22; 14:21-23). La Iglesia primitiva consideró desde el principio como uno de sus deberes más sagrados el de socorrer a sus miembros sin recursos, y de ayudar asimismo, en la medida de lo posible, a los pobres que no pertenecieran a la comunidad cristiana (Hch. 2:45; 4:32; 6:1-6; 11:27-30; 24:17; 1 Co. 16:1-3; Gál. 2:10; 1 Ts. 3:6).

Poligamia. Forma de relación conyugal en la que un varón está unido a varias mujeres, simultáneamente y con reconocimiento de cónyuges. Es una costumbre antiquísima debida a la preocupación de tener una familia numerosa y fuerte, que todavía pervive en algunos pueblos. Según el autor bíblico, la poligamia apareció como un estigma con Lamec, hijo de Caín (Gn. 4:19). En la antigüedad era frecuente tener dos esposas, la legal y la concubina; el Código de Hammurabi autorizaba al esposo de una mujer estéril tomar a su esclava por concubina. Lo vemos en los patriarcas, cuando Sara, al sentirse estéril, ofreció su esclava Agar a Abraham (Gn. 21:14). Moisés reprimió los abusos de la poligamia, pero no la abolió (Dt. 21:16ss.; Ex, 21:9ss.; Lv. 18:18). Positivamente, la Ley enalteció el matrimonio monógamo prohibiendo las uniones entre consanguíneos y parientes políticos (Lv. 18); aseguró los derechos de las esposas de condición inferior (Éx. 21:2-11; Dt. 21:10-17); reglamentó el divorcio, obligando a una «carta de divorcio», y no una mera cuestión verbal, lo cual exigía la intervención de una tercera parte, lo cual dificultaba el proceso (Dt. 22:19, 29; 24:1); exigió el respeto al vínculo matrimonial (Éx. 20:14, 17; Lv. 20:10; Dt. 22:22). Según Dt. 17:17 al rey no le estaba permitido «acumular para sí mujeres», pero esta prohibición fue ignorada por David (2 Sam. 5:13); Salomón (1 R. 11:3); Rehoboam (2 Cro. 11:21); Abihah (2 Cro. 13:21). Todos los textos del NT hablan formalmente en contra de la poligamia. Jesús afirmó al principio Dios «los hizo varón y hembra», condenando así, indirectamente, la poligamia como contraria a la institución original del matrimonio.

Ponto (gr. «mar»). Región marítima en el noreste de Asia Menor, bañada por las aguas del Ponto-Euxino (mar Negro), del que deriva su nombre. Junto con Bitinia formaba una provincia romana, de donde era oriundo Aquila (Hch. 18:2) y en la que había judíos, a partir de los cuales se formó una comunidad cristiana (1 P. 1:1). Había judíos del Ponto en Jerusalén en el día de Pentecostés, que escucharon el mensaje de Pedro (Hch. 2:9).

Posada. Las posadas o mesones, entendidas en sentido moderno, eran desconocidas en el antiguo Oriente, el viajero tenía que buscarse su propio refugio a lo largo del camino, a la sombra de una árbol, cerca de un arroyo, o en las cuevas y grietas de las montañas que le salieran al paso. Salir de viaje siempre era una empresa arriesgada y por esta razón acoger al caminante y ofrecerle hospitalidad era casi un deber religioso. Desde muy temprano ciertos lugares, especialmente los situados junto a una fuente de agua, pozo o manantial, sirvieron de elementales posadas para resguardarse de los peligros de la noche y dar de comer a los animales (cf. Gn. 42:27; 43:21; Éx. 4:24). Con el aumento posterior del comercio se fueron habilitando lugares más permanentes y apropiados para hospedar a los viajeros a lo largo de los caminos reales y de las rutas comerciales (Jer. 9:2) y, en casos de necesidad, atender a los enfermos y heridos (cf. Lc. 10:34). El mesón mencionado en Lc. 2:7, era un *kan* o puesto caravanero existente en todas las localidades de alguna importancia, para alojamiento de los forasteros, que en tiempo de fiesta se volvía insuficiente, como tuvieron que experimentar José y María, que no hallaron lugar en él; mientran que el mesón de Lc. 10:34 prob. tenía pequeñas estancias para reposar durante un tiempo, atendiendo las necesidades de los viajeros. En uno de estos mesones o posadas mandó Jesús preparar una habitación en la que había de comer la Pascua con su discípulos (Mc. 14:14; Lc. 22:11).

Posesión demoníaca. Por ella se entiende del demonio de las facultades físicas y psíquicas del hombre, llegando hasta a privarle de la libertad sobre su cuerpo (cf. Mt. 8:28-34; Mc. 5:1-13; Lc. 8:26-33). La posesión demoníaca es un fenómeno que aparece por vez primera en los relatos evangélicos como algo común en los días de Jesús (cf. Mc. 1:26 ,30; 7:29-30; 9:17-29; 16:9; Mt. 4:24; 10:8; 9:39; 15:21-28; Lc. 6:18; 7:21; 9, 49; 10:17-20; 13:10-17, etc.). En los Evangelios la posesión demoníaca va frecuentemente acompañada de la enfermedad, porque ésta, consecuencia del pecado (Mt. 9:2), es otro indicio del dominio de Satanás (Lc. 13:16; cf. 1 Jn. 3:8). La posesión sería un grado superlativo de enfermedad. Sanar a los posesos, expulsando los demonios, es una señal de que ha llegado el Reino de Dios (Mt. 12:28).

Potifar, de org. egip.: «aquel que Ra [dios] ha dado». Oficial de Faraón y jefe de la guardia real (Gn. 39:1), en cuya casa José sirvió de mayordomo. La esposa de Potifar, desairada por los repetidos rechazos de José, le acusó falsamente y nlo hizo encarcelar (Gn. 37:36; 39:1-20).

Precursor (gr. «corredor adelante»). Nombre dado en Oriente a los emisarios enviados por adelantado con vistas a la llegada de un rey, para cerciorarse de que el camino estaba dispuesto (cf. Is. 40:3; cf. Lc. 9:52). En un sentido especial se habla del ángel que Dios envía delante de su pueblo, preparándole el camino (Éx. 14:19; 23:23), pero en un sentido concreto la imagen se aplica a tres personajes históricos: Elías, Juan Bautista y Jesús (Mal. 3:1; 4:5; cf. Mt. 16:14; Mc. 9:11-13; Mt. 11:10; Lc. 1:76; 3:4-5,16-17; Jn. 1:21; He. 6:20).

Presbítero, del gr. *presbyteros*, título de un oficio o dignidad en la sinagoga judía, correspondiente al heb. *zaquén*, «anciano»; se introdujo en la Iglesia cristiana para designar el oficio o ministerio pastoral y docente de los responsables de cada congregación. Los «ancianos» de las sinagogas eran elegidos entre los miembros más insignes de la comunidad, que componían el consejo de ancianos o gobernantes. Esta costumbre fue imitada por los apóstoles en la primera comunidad cristiana de Jerusalén y llevada, como una consecuencia lógica de la unidad de la Iglesia, al campo misionero. Pablo y Bernabé designaron presbíteros en las recién fundadas iglesias para que cuidaran de ellas en su ausencia y en su lugar. Para ello hicieron uso de su autoridad como apóstoles y fundadores, pero probablemente no elegirían a nadie sin tener en cuenta la opinión de los fieles (cf. Hch. 6:3). Aunque no siempre se menciona la «imposición de manos», a juzgar por la totalidad de textos del NT, solía practicarse en ocasiones semejantes. Todos los comentaristas están de acuerdo en destacar la dificultad y hasta la imposibilidad de distinguir en los textos del NT entre «presbíteros» y «obispos», usados indiscriminadamente como sinónimos o equivalentes. Ver OBISPO.

Pretorio, del lat. *praetorium,* «que pertenece a un pretor». Originalmente significaba el espacio alrededor de la tienda de un general (*pretor*), donde ejercía el mando supremo y administraba justicia; después se aplicó al consejo de oficiales del ejército; después, a la residencia oficial del gobernador de una provincia; finalmente vino a denotar el cuerpo de guardia imperial, escogido de las legiones de las provincias, y que tenía el deber de supervisar el suministro de grano y llevar a cabo un servicio policial. En los Evangelios este término denota la residencia oficial del procurador romano de Judea, que se hallaba en la ciudad de Cesarea. No obstante, cuando el procurador se trasladaba a Jerusalén con ocasión de la Pascua, podía instalar allí su pretorio, lo que de hecho ocurrió cuando Poncio Pilato juzgó a Jesús (Mc. 15:16; Mt. 27:27; Jn. 18:28, 33; 19:9, cf. 19:13).

Primicias. Primeros frutos de la tierra considerados como los mejores de la cosecha. La ley establecía que pertenecían a Dios, en cuanto Señor de la tierra y fuente de toda fecundidad, ya de plantas, animales u hombres; y que, por tanto, debían llevarse a Dios sin demora, en señal de gratitud (Éx. 22:29; 23:19). La ofrenda de las primicias equivalía a un sacrificio de acción de gracias y de consagración, mediante el que santificaba una parte de todos los alimentos. A menudo se asocia las primicias al diezmo, que al principio parece confundirse con las primicias (Dt. 12:6; 11:17; 14:22), aunque en muchos textos el diezmo se distingue claramente de las primicias, en su acepción de décima parte de los frutos de la tierra y del ganado.

Primogénito. Primer nacido de hombre o animal. En la antigüedad, los primogénitos de los animales y de los hombres eran ofrecidos a Dios, pues le corresponde por derecho «todo primerizo que abre la matriz» (Éx. 34:19). A la luz de su experiencia histórica, Israel orienta su pensamiento religioso no desde la analogía natural, que no rechaza, sino desde la reflexión sobre la historia salvadora de Dios, que libera a su pueblo, de modo que, como en otras tantas leyes, la razón de la ofrenda de las primicias y de los primogénitos se fundamenta en los hechos salvadores de Dios (cf. Éx. 13:15). Los primogénitos del ganado se sacrificaban en honor a Dios (Éx. 13, 15; cf. Dt. 15, 20; Nm. 18:17).

En cuanto a los primogénitos humanos, se «rescatan» (Éx. 13:13, 15; 34:20, cf. Lv. 27:6). Por esta razón eran llevados al santuario y presentados a Yahvé (Lc. 2:22; cf. Nm. 18:15). Esta ley hay que considerarla en contexto de la inmolación de los niños, testimoniada por las excavaciones de Gezer y de Taannak. Yahvé tiene derecho a las primicias de la vida (Gn. 22:2) pero rehúsa el sacrificio de los hijos, los primogénitos no serán inmolados, sino rescatados. Rescate que en la legislación mosaica será efectuado por los levitas, que ocuparán en el pueblo elegido el puesto de los primogénitos (Nm. 3:12, 41, 46; 8:13-19; cf. Éx. 32:26-29).

El primogénito gozaba de muchos privilegios, principalmente en el reparto de la herencia. Para ello se requería ser el primer hijo de padre y madre que, en una sociedad que practicaba la poligamia, se entendía cronológicamente, pues el primogénito «es la primicia de su vigor» (Dt. 21:15-17). Como tal, tenía derecho a una doble porción de todos los bienes del padre (Dt. 21:17).
En el NT Cristo es presentado como primogénito de la Virgen María (Mt. 1:25; Lc. 2:7), primicia de la humanidad ofrecida al Padre (Lc. 2:22-23). En el resto de los escritos neotestamentarios, el término tiene sentido teológicamente más elaborado. Cristo es el primogénito de toda la creación (Col. 1:15; cf. He. 1:6), que en su calidad de tal, recibe la creación en herencia. En el mismo sentido es llamado «primogénito de entre los muertos» (Col. 1:18; Ap. 1:5), que se corresponde con el de «primicia de los que durmieron» (1 Co. 15:20, 23), en el sentido de principio y fuente de resurrección. Igualmente, es «primogénito entre muchos hermanos», en cuanto modelo o arquetipo de los creyentes (Ro. 8:29).

Priscila. Esposa de Aquila, viajaba con él. El celo de ella en difundir el Evangelio la hizo destacar al lado de su marido (Hch. 18:1-3, 18, 26; Ro. 16:3; 1 Co. 16:19; 2 Ti. 4:19). Muy apreciada por el apóstol Pablo, en algunas ocasiones es mencionada antes que su marido Aquila (Hch. 18:26; Ro. 16:3; 2 Ti. 4:19). Sólo en Hch. 18:2 y 1 Co. 16:19 Aquila ocupa incuestionablemente el primer lugar. Prob. Priscila era diaconisa, lo mismo que Febe. No sólo cooperó en la hospitalidad, sino que también intervino en la instrucción teológica de Apolos.

Procónsul. En la administración romana, gobernador de una provincia bajo la jurisdicción del Senado (Hch. 13:7; 18:12; 19:38). Ejercía el cargo durante un año, y administraba la provincia con la autoridad de un cónsul. Era ayudado por cuestores, que recaudaban los impuestos y los depositaban en el tesoro administrado por el Senado.

Prócoro (gr. «director del coro de los danzantes»). Uno de los siete diáconos elegidos para socorrer a las viudas judías de lengua griega, y prob. también a los cristianos necesitados de Jerusalén (Hch. 6:5). Aparece mencionado en tercer lugar, después de Esteban y Felipe, y como todos ellos lleva nombre griego.

Procurador. Cargo de la administración romana. En las provincias imperiales, esto es, las administradas directamente por el emperador, había un procurador que era a la vez gobernador civil y militar. Era elegido entre quienes habían sido pretores o senadores (Dio Casio, 53, 13-15). Eran auxiliados por seis lictores, usaban uniforme militar y llevaban espada, señal de autoridad. En un aspecto, los procuradores eran más poderosos que los procónsules, en cuanto emisarios inmediatos y representantes de César, con el poder de aplicar la pena capital a discreción. Después de la destitución de Arquelao, en el año 6 d.C. Roma decretó la fusión de Judea, Samaria e Idumea, bajo el nombre de «provincia de Judea», como división de Siria, administrada por procuradores. Residían generalmente en Cesarea, ciudad en la costa del Mediterráneo, pero subían a Jerusalén para las fiestas importantes, y en ocasiones pasaban allí el invierno. Visitaban las ciudades sometidas a su jurisdicción. Cuando residían en Jerusalén, se instalaban en el antiguo palacio de Herodes el Grande.

Profecía. Palabra que puede designar tanto la misión misma del profeta, el ejercicio de esta misión, como el resultado de la actividad profética, que es el oráculo o mensaje profético. En el NT se utiliza del don de profecía (p. ej. Ro. 12:6; 1 Co. 12:10; 13:2); del ejercicio del don, y de aquello que es profetizado (p. ej. Mt. 13:14; 1 Co. 13:8; 14:6, 22 y 1 Ts. 5:20; 1 Ti. 1:18; 4:14; 2 P. 1:20, 21; Ap. 1:3; 11:6; 19:10; 22:7). La profecía es una palabra procedente de Dios e incluye la predicción de acontecimientos inmediatos y futuros (Is. 5:11-13; 38:5, 6; 39:6, 7; Jer. 20:5, 6; 25:11; 28:16; Am. 1:5; 7:9, 17; Miq. 4:10). La predicción constituye un aspecto importante del ministerio del profeta, y contribuye a acreditarlo como hombre de Dios, pero el profeta se ocupa aún más intensamente del presente y del pasado, para procurar convertir al pueblo a Dios (cf. Gn. 20:7; Dt. 18:18; Is. 41:26; 42:9; 46:9; Ap. 10:11; 11:3).

En cuanto el conocimiento de Dios trasciende el tiempo y el espacio, puede hablar a la vez del pasado, del presente y del porvenir. Sólo el Dios eterno y omnisciente es el que anuncia «lo por venir desde el principio» (Is. 46:10). Dios se complace en revelar su secreto a sus siervos los profetas (Am. 3:7). De los treinta y nueve libros del AT, diecisiete de ellos son «predictivos», y en el NT hay varios pasajes de los Evangelios, muchos de las Epístolas, y el libro del Apocalipsis, que presentan este carácter.

La profecía es falsa cuando sus predicciones no se cumplen (Dt. 18:21, 22) y cuando su contenido doctrinal se desvía de la Ley divina (Is. 8:20). La enseñanza del verdadero profeta tiene que ser acorde con la de la Ley, tanto en lo que respecta a Dios como al culto y a las demandas de la moral. No se trata de que deba dar meras imitaciones del texto sagrado. Basados en los mandamientos divinos, los profetas enseñan cómo se aplican a la vida cotidiana. Por su integridad, valor moral y calidad de sus enseñanzas, los profetas israelitas auténticos sobrepasan con creces a los sabios de las otras naciones.

Profeta, heb. *nābî*, «aquel que anuncia», derivado del verbo *nabá*, «profetizar». *Nābî* se aplica tanto a los mensajeros de falsos dioses (p. ej. «los profetas de Baal»), como a quienes actúan como portavoces o intérpretes de otro, de la manera en que Yahvé le dice a Moisés: «Tu hermano Aarón será tu profeta» (Éx. 7:1). Aquí *nābî* equivale a «intérprete» o portavoz de los pensamientos de Moisés. En Dt. 18:15, 18 se aplica el título al Mesías futuro, que traerá las palabras de Dios en su boca. La LXX casi siempre adopta la traducción *prophetes*, uno habla en lugar de otro, es decir, «intérprete», y *propheteuo*, «ser profeta», «profetizador», proclamador de un mensaje divino.

Otros términos heb. para profeta son *rôeh*, «vidente» (1 Sam. 9:9), que indica la relación inmediata del sujeto con Dios; y *hôzéh*, «contemplador [en visión]», es decir, el que ve una visión, no con los ojos físicos, sino con las facultades espirituales e intelectuales (1 Cro. 26:28; 2 Cro. 16:7,10).

En el NT el sustantivo *prophetes* se utiliza de los profetas del AT (p. ej. Mt. 5:12; Mc. 6:15; Lc. 4:27; Jn. 8:52; Ro. 11:3); de los profetas en general (p. ej., Mt. 10:41; 21:46; Mc. 6:4); de Juan el Bautista (Mt. 21:26; Lc. 1:76); de los profetas cristianos en las iglesias (p. ej. Hch. 13:1; 15:32; 21:10; 1 Co. 12:28, 29; 14:29, 32, 37; Ef. 2:20; 3:5; 4:11); de Cristo, como el Profeta preanunciado (p. ej. Jn. 1:21; 6:14; 7:40; Hch. 3:22; 7:37) y de los dos testigos cuyos cadáveres quedaron insepultos en la gran ciudad Babilonia-Roma (Ap. 11:10,18).

Si en su sentido gr. clásico, profeta es propiamente un intérprete de la divinidad, un portavoz de la misma, toda vez que el mensaje o voluntad divina que interpreta suele referirse a hechos futuros, en la mente popular, el profeta es visto como anunciador de acontecimientos futuros, una especie de adivino, de modo que profecía y predicción vienen a ser sinónimos. Ciertos relatos bíblicos presentan al profeta como un hombre capacitado para conocer cosas ocultas y adivinar el futuro, p. ej., Samuel puede encontrar las asnas que se le han perdido al padre de Saúl (1 Sam. 9:6-7.20); Ajías, ya ciego, sabe que la mujer que acude a visitarlo disfrazada es la esposa del rey Jeroboán, y predice el futuro de su hijo enfermo (1 R. 14:1-16); Elías presiente la pronta muerte de Ocozías (2 R. 1:16-17); Eliseo sabe que su criado, Guejazí, ha aceptado ocultamente dinero del ministro sirio Naamán (2 R. 5:20-27), sabe dónde está el campamento arameo (2 R. 6:8s.), que el rey ha decidido matarlo (2 R. 6:30s.). La mentalidad popular nunca se apartó de este concepto del don profético. Cuando Jesús dice a la samaritana que ha tenido cinco maridos y que el actual no es el suyo, la mujer reacciona diciendo: «Señor, veo que eres un profeta» (Jn. 4).

Sin embargo, profetas como Amós, Isaías, Oseas, Jeremías, etc., no tienen trazas de adivino, sino que son intérpretes de la voluntad de Dios llamados a orientar a sus contemporáneos e indicarles el camino de la conversión (cf. Zac. 1:4). Esta exhortación va acompañada con frecuencia de referencias al futuro, prediciendo el castigo o prometiendo la salvación. En determinados momentos, los profetas son conscientes de revelar cosas ocultas, pero su misión principal es iluminar el momento presente desde la Palabra de Dios. Embajador de Dios ante el reino de Israel, el profeta no deja de ordenar que se practique la justicia. Interpretando la historia a la luz de la moral, el profeta advierte de los juicios de Dios sobre el pecado, y alienta al pueblo a la fidelidad hacia el Señor. El profeta está encargado de revelar los designios divinos (como Natán, que impide a David edificar el Templo, pero que profetiza la perennidad de su dinastía); ello no obstante, este anuncio de lo por venir dista de ocupar el lugar central dentro de su ministerio.

El profeta es un hombre inspirado, una persona enseñada por el Espíritu de Yahvé (1 R. 22:24; 2 Cro. 15:1; 24:20; Neh. 9:30; Ez. 11:5; Jl. 2:28; Miq. 3:8; Zac. 7:12; Mt. 22:43; 1 P. 1:10-11). Nadie en Israel tuvo una conciencia tan clara de que era Dios quien le hablaba y de ser portavoz del Señor como el profeta. Y esta inspiración le viene de un contacto personal con Él, que comienza en el momento de la vocación. Su razón de ser es la palabra que el Señor le comunica personalmente, cuando quiere, sin que él pueda negarse a proclamarla. Palabra que a veces se asemeja al rugido del león (Am. 1:2), que en muchos casos se convierte en un fuego ardiente encerrado en los huesos, que no se puede contener (Jer. 20:9). Expresado poéticamente con el lenguaje de la conquista amorosa (Jer. 20:7).

Israel conoció el problema de los profetas de divinidades extranjeras (cf. Dt. 18:20; 1 R. 18:19; Jer. 2:8; 23:13), y el más serio todavía, el de los que pretendían hablar en nombre de Yahvé (Jer. 23:16-32), pero eran impostores, conscientes de su engaño (1 R. 22:5-28; Ez. 13:17, 19; Miq. 3:11; Zac. 13:4). Su influjo era pernicioso sobre el pueblo y sus gobernantes. Más grave es el caso de personas sinceras e incluso piadosas, porque fundamentan sus falsas promesas en una pretendida revelación del Dios verdadero. A pesar de su sinceridad, éstos son falsos guías, aunque no era fácil distinguir siempre los verdaderos de los falsos profetas. En el Dt. la pena asignada a los falsos profetas es la muerte (Dt. 13:1-6). Sin embargo, aparte de la matanza de profetas de Baal ordenada por Elías en el monte Carmelo (1 R. 18:19s.), y de la realizada por Jehú, con carácter más político que religioso (2 R. 9-10), el AT no conoce más casos de aplicación de esta ley. Por el contrario, son precisamente los profetas verdaderos los que mueren (Zacarías, Miqueas, Isaías, según la tradición judía).

Con Amós, alrededor del 760 a.C., comienza la actividad de los profetas escritores. Redactaron sus mensajes bien de una manera condensada, o bien de una manera muy detallada; en otras ocasiones nos han dado selecciones de sus discursos. El mensaje de los profetas escritores tiene una importancia trascendental para todos los tiempos, en especial para el cristianismo. Discípulos de los profetas coleccionaron y fijaron por escrito los dichos de sus maestros; lo hicieron sin orden cronológico o estrictamente sistemático. Jeremías se sirvió de un escriba, Baruc.

Jesús fue considerado por el pueblo como profeta (Mt. 16:14; 21:11; Lc. 7:16; 24:19; Jn. 4:19). Su nacimiento se caracteriza por una auténtica explosión de espíritu profético. Isabel, la madre de Juan, último profeta de Israel, «quedó llena del Espíritu Santo» (Lc. 1:41). Después del nacimiento de Juan, también Zacarías, «su padre, fue lleno de Espíritu Santo y profetizó» (Lc. 1:67). Cuando el niño Jesús es presentado en el templo no son los sacerdotes, sino representantes del pueblo piadoso, Simeón y Ana, quienes lo saludan y profetizan. Cristo mismo subraya programáticamente su carácter de profeta en la sinagoga de Nazaret (Lc. 4:18). A la mujer de Samaria, que lo reconoce como tal, se le revela como el Mesías venido al mundo (Jn. 4:23; cf. 6:14). Cristo es el cumplimiento de las profecías (Lc. 4:21; 24:25; etc.). Su lenguaje es profético (cf. Mt. 23:13-15), y al igual que los profetas del AT, Jesús realiza gestos proféticos drásticos como, por ejemplo, la maldición de la higuera que no da fruto y la expulsión de los mercaderes del templo. En su condición profética hace profecías o anuncios de futuro concretos: su pasión, muerte y resurrección, la destrucción de Jerusalén, las negaciones y el martirio de Pedro, la traición de Judas, las persecuciones, el fin del mundo con la resurrección de los cuerpos y el juicio universal, y otros anuncios menores. Su destino es semejante al de los profetas auténticos del AT (Mt. 13:57; Lc. 13:33). Más que ningún otro profeta, Él es signo de contradicción y de división (Lc. 2:34). Incurre en el odio de los jefes del pueblo judío, entre otras cosas por su libertad profética respecto a las tradiciones.

El pensamiento apostólico de Cristo lleva a su consumación toda la historia profética y abre una era nueva: la era en que el espíritu de Dios se difunde en tal medida que el pueblo de Dios de la nueva alianza se caracteriza por la participación de la función profética de Jesús, lo que posibilita la vuelta del profetismo en una medida extraordinaria, como cumplimiento de la promesa de los profetas del AT y, por tanto, como una prueba de la llegada de la era mesiánica (cf. Hch. 2:17-21; Jl. 3:1), de tal modo que «profeta» llega a ser una palabra clave del NT. Todo cristiano es «profeta» en cuanto que en él se da el don del Espíritu Santo (Hch. 19:6; 1 Co. 14:1.39), pues la Iglesia, fundada por Cristo, es alimentada por su Espíritu. El Espíritu de Jesús se ha derramado sobre toda carne en Pentecostés, desde entonces visiones y profecía son cosas comunes en el nuevo pueblo de Dios. Al lado de este profetismo general se reconocen en el NT los profetas que revisten una función especial en la comunidad cristiana. En 1 Co. 12:28 aparecen en segundo lugar, después de los apóstoles, antes de los maestros y antes de los que tienen el don de milagros (cf. Ef. 4:11). La actitud de Pablo ante la profecía es extremadamente positiva (1 Co. 14:1). Su función es tan importante, que se considera que la Iglesia se funda «sobre el cimiento de los apóstoles y profetas, siendo la piedra angular Cristo mismo, en quien toda edificación bien trabada se eleva hasta formar un templo santo en el Señor» (Ef. 2:20-21). Estos profetas especiales del NT viven normalmente en iglesias locales (Hch. 13:1), pero visitan a veces otras iglesias (Hch. 11:27). No parecen elegidos o nombrados; eran más bien carismáticos que recibían un don libre de Dios. Los Evangelios sinópticos suponen la existencia de algún modo de profetas auténticos entre los cristianos, puesto que previenen contra los falsos profetas (Mc. 13:22; Mt. 7:15, 22-23). Los profetas juzgan la situación de las iglesias locales (Ap. 2), añadiendo amonestaciones (Hch. 15:32); también pueden tomar iniciativas misioneras, como queda claro de la misión de Pablo y Bernabé a los paganos (Hch. 13:1-3). Los profetas mismos son sometidos a un criterio superior, que es la fe recibida de Cristo y transmitida por la predicación apostólica (Ro. 12:6). La profecía acabará en los tiempos escatológicos (1 Co. 13:10), mientras tanto la Iglesia del NT es enriquecida por el carisma de los profetas y guiada por él (cf. Hch. 11:27-28; 13:1; 21:9-11; Ap. 1:10-11; 2-3; 19:10). En las cartas pastorales la palabra profética es también un criterio de actuación y reclama una respuesta (1Ti. 1:18; 4:14). El profeta del NT, lo mismo que el del AT, no tiene por única función predecir el porvenir, sino que «edifica, exhorta, consuela» (1 Co. 14:3), funciones que se acercan mucho a la predicación.

Profetas mayores. Designación introducida por san Agustín por la que se conocen los libros de Isaías, Jeremías, Ezequiel y Daniel, basándose en la longitud del texto. En el canon judío Daniel está situado, no en los Profetas, sino en los Escritos, debido a que no ejerció el oficio de profeta en el seno de la nación, aunque sí fue receptor de revelaciones proféticas procedentes de Dios. La Biblia griega de los Setenta, la Biblia latina Vulgata, y normalmente las versiones cristianas consideran a Daniel como el último profeta mayor del AT. Los cuatro desarrollaron su misión en épocas diferentes, bajo la dominacion asiria.

Profetas menores. Reciben este nombre, en contraste con los llamados profetas mayores, los escritos de menor extensión, de los siguientes doce profetas: Oseas, Joel, Amós, Abdías, Jonás, Miqueas, Nahum, Habacuc, Sofonías, Hageo, Zacarías y Malaquías. A pesar de su nombre y, en ciertos casos, muy corta extensión, dan valiosas enseñanzas, y merecen un atento examen, tanto por la luz que arrojan de una manera directa sobre los planes de Dios, como por los principios y aplicaciones al caminar del creyente en todo tiempo y lugar.

Propiciatorio (heb. *kappóret*, «cubierta»). Se usa sólo de la tapa del arca sagrada de la Alianza; evocaba a la vez el lugar y el acto mediante el que el sacrificio expiatorio hacía que Dios fuera propicio al pecador. El propiciatorio era de oro puro; medía 2,5 codos de longitud por 1,5 de anchura. Formando parte integral de una sola pieza con esta cubierta, había un querubín en cada uno de sus extremos. Ambos querubines estaban frente a frente, con las alas extendidas, inclinados hacia el propiciatorio. Una de sus alas descendía hacia el propiciatorio, en tanto que la otra se unía con la del otro querubín. La gloria del Señor se manifestaba entre los querubines. Aquél era el punto de encuentro de Yahvé con su pueblo, y desde allí hablaba con él (Éx. 25:17-22; 30:6; Nm. 7:89).

El propiciatorio, junto con el arca, es señalado como el estrado de los pies de Dios (1 Cro. 28:2; cf. Sal. 99:5; 132:7) En el templo de Salomón el Lugar Santísimo recibe el nombre de «casa del propiciatorio» (1 Cro. 28:11; cf.1 R. 6:23-28; 8:6-11). Una sola vez al año entraba el sumo sacerdote en el Lugar Santísimo, y ello sólo después de haber ofrecido un sacrificio por su propio pecado, para quemar allí incienso en presencia de Jehová. Una nube de perfume se elevaba allí, símbolo de la intercesión aceptada (cf. Ap. 8:4). La nube de incienso cubría el propiciatorio. A continuación, el sumo sacerdote rociaba el propiciatorio delante de él con la sangre del toro sacrificado. Después inmolaba un macho cabrío por el pecado de la nación, llevando asimismo esta sangre derramada detrás del velo, al Lugar Santísimo. Volvía a rociar el propiciatorio delante de él. El sumo sacerdote hacía expiación por sus propios pecados y por los del pueblo.

Por su sacrificio voluntario de expiación, derramando su sangre, bajo el juicio divino sobre el pecado, y por su resurrección, Cristo ha venido a ser el Propiciatorio para su pueblo (cf. Ro. 3:24-25; He. 9:5).

Prosélito, lit. «que ha venido a unirse». En el NT se utiliza de conversos extranjeros a la religión judía (cf. Mt. 23:15; Hch. 2:10; 6:5; 13:43). En el AT hay repetidas alusiones a extranjeros, residentes en Israel por una u otra causa (Éx. 22:21; 23:9; Dt. 10:19; 1 Cro. 22:2, etc.). A los extranjeros de paso no se les exigían obligaciones legales ni religiosas, pero a los residentes agregados a la fe de Israel se les pedía la circuncisión (Gn. 34:14; Éx. 12:48; Nm. 9:14), la observancia del Sábado (Éx. 20:10; 23:12; Dt. 5:14) y del resto de las fiestas santas (Éx. 12:19; Dt. 16:11; Lv. 16:29).

Los fariseos eran muy celosos en su proselitismo (Mt. 23:15). Algunos dirigentes macabeos recurrieron a la fuerza para proselitizar pueblos enteros. Juan Hircano ofreció a los idumeos la alternativa del exilio o la circuncisión. Los habitantes de Iturea fueron convertidos del mismo modo por Aristóbulo. Popea, la concubina de Nerón, era prosélita del judaísmo.

Había prosélitos en Jerusalén en el día de Pentecostés (Hch. 2:10). Nicolás, uno de los siete diáconos de la Iglesia apostólica, era prosélito de Antioquía (Hch. 6:5), ciudad en la que había numerosos adeptos al judaísmo (Hch. 8:27). En Antioquía de Pisidia, un gran número de prosélitos siguió a Pablo y a Bernabé (Hch. 13:43).

Los judíos distinguían entre «prosélito» y «temeroso de Dios» (Hch. 10:2; 13:43; 16:14; 18:7). Los prosélitos eran gentiles que habían dado su adhesión al judaísmo, en tanto que los «temerosos de Dios» eran los que, sin haber llegado a dar este paso, frecuentaban fielmente la sinagoga. En el rabinismo se distinguían dos categorías de prosélitos: una, los «prosélitos de la justicia», que se obligaban a la circuncisión, al bautismo, ofrecían sacrificios y practicaban el judaísmo integral. Dos, los «prosélitos de la puerta», menos avanzados, seguían los «siete preceptos de Noé», pero no se sometían ni a la circuncisión ni al conjunto de las ordenanzas judías.

Prostitución. Práctica de comerciar con el cuerpo para fines sexuales a cambio de una remuneración. Al lado de esta prostitución que podemos llamar «económica», existía desde tiempos remotos la práctica de la prostitución sagrada, ejercida por una clase de sacerdotisas relacionadas con los ritos y culto de fertilidad. A estas mujeres así consagradas se refiere Gn. 38:15. La prostitución de todo tipo fue prohibida en Israel por la ley (Lv. 19:29; 21:9; Dt. 23:17), sin embargo se practicó a lo largo de los años debido a la relajación de las costumbres y por la influencia corruptora del paganismo del entorno (cf. Jos. 2:1; Jue. 11:1; 16:1). La reforma del rey Josías incluyó la destrucción de las habitaciones de los varones consagrados a la prostitución ritual, «las cuales estaban en la casa de Yahvé, donde las mujeres hacían tejidos para Asera» (2 R. 23:7).

A los sacerdotes les estaba prohibido casarse con una ramera (Lv. 21:7), si una hija de un sacerdote caía en la prostitución era condenada a ser lapidada hasta la muerte y su cuerpo quemado (Lv. 21:9), hasta tal punto se consideraba una abominación a los ojos de Dios (Lv. 19:29; Dt. 23:17, 18). A las prostitutas y prostitutos relacionados con cultos paganos les estaba terminantemente prohibido llevar al santuario de Dios ningún voto resultante de su salario (Dt. 23:18).

La prohibición de Dt. 23:17 se refiere concretamente a la «prostituta sagrada», como traducen las versiones modernas (cf. Job 36:14; 1 R. 14:24; 15:12), mandamiento que pretendía alejar del culto de Yahvé cualquier tipo de inmoralidad, tenida por loable en los cultos idolátricos; p. ej., el culto de los lugares altos y de los templos cananeos, babilónicos, griegos, etc., comportaba una clase de «prostitutas sagradas» relacionadas con el culto de la fertilidad. Los cultos de Baal, Astarté y Dionisos de Biblos eran licenciosos en extremo (1 R. 14:23-24; Os. 4:13-14).

En la época de Salomón y de sus sucesores, la prostitución se extendió entre los mismos israelitas, principalmente por medio de mujeres extranjeras (1 R. 3:16; 11:1; 22:38; Prov. 5:3-8, 20; 6:24-26; 7:5-27; 23:27). Llegaron a existir «casas de placer» (Ez. 16:24, 31; 2 R. 23:7) y habitaciones consagradas a la prostitución ritual en el mismo Templo (2 R. 23:7). Los profetas y los reyes piadosos reaccionaron vivamente contra este estado de cosas.

En tiempos de NT muchas rameras se acercaron a Jesús y aceptaron su mensaje (Mt. 21:31-32). Jesús es el «amigo de publicanos y pecadores» (Mt. 11:19; Lc. 7:34), no excluye a las prostitutas ni se olvida de ellas, es más, se atreve a decir que ellas precederán en el reino de Dios a quienes dicen y no hacen (Mt. 21:31), frase «escandalosa» que indica el conocimiento que Jesús tenía de ese submundo de la prostitución. Las meretrices estaban marginadas de la comunidad santa de Israel y vilipendiadas como la personificación misma del pecado. Sin embargo, Jesús tiene el coraje de enseñar que ellas entrarán en el reino de Dios, mientras que quedan marginados de ese reino precisamente los jefes espirituales del pueblo, venerados como personificación de la santidad. Y esto porque las prostitutas tuvieron fe en el Bautista y acogieron su llamado al arrepentimiento. María

Magdalena pasa por haber sido prostituta, pero el texto evangélico no lo dice.
Los apóstoles se enfrentaron en el mundo grecorromano con una gran relajación de las costumbres. Pablo da una vívida descripción de la situación en Ro. 1:23-28, entre otros pasajes, y en sus epístolas no deja de exhortar a los cristianos a la pureza y al dominio propio (1 Co. 6:9-20; Gál. 5:19, 23; Ef. 4:17-24; 5:3-5; Col. 3-5; 1 Ts. 4:3-7; 1 P. 4:3; Ap. 2:20, etc.).

Proverbios, Libro de. Colección de máximas relativas a religiosidad y moral de la vida diaria. Su nombre heb. es *meshãlim*, plural de *mãshãl*, que es una expresión de sabiduría, un enigma, un aforismo, oráculo o proverbio. Toda esta gama de formas literarias se encuentra en el libro bíblico de los Proverbios, que recoge una parte importante de la sabiduría israelita elaborada desde la época monárquica hasta el siglo III a.C. Los sabios actuaron en Israel seguramente desde los tiempos de Salomón (de ahí la atribución pseudoepigráfica de todo el libro al rey sabio por excelencia) y se resintieron mucho de las influencias de la sabiduría egipcia y mesopotámica. Tuvieron una función importante en los ambientes de la corte y de la escuela, lo cual explica el carácter didáctico de gran parte de los Proverbios. Textos muy antiguos dan testimonio de que Salomón redactó y recopiló tres mil máximas y proverbios (Prov. 25:1; 1 R. 4:32; 10:1; Eclo. 47:12-17). Los dos encabezamientos que atribuyen estas secciones al rey Salomón deben ser considerados como auténticos.
El uso literario de los proverbios apareció muy tempranamente entre los hebreos, así como entre otras naciones (1 Sam. 24:14; 2 Sam. 12:1; Jue. 9:7). La sabiduría hebrea se muestra mucho más atenta a la práctica que a la teoría. Por este motivo los Proverbios toman en consideración un gran número de situaciones de la vida, y sobre todo de las relaciones humanas fundamentales: familia, sociedad, estado, Dios.
En el NT se dan citas de varios pasajes importantes de Proverbios (cf. Ro. 3:15; 12:16, 20; Stg. 4:6; 1 P. 4:18; 2 P. 2:22). Este libro contiene una gran cantidad de observaciones prácticas acerca de la conducta y de la educación. Bajo términos simbólicos tales como «el impío» y «la mujer extraña», las grandes formas del mal en el mundo, el voluntarismo violento y la necedad corruptora son reveladas en cuanto a su curso y fin. De manera detallada, este libro se refiere al mundo, mostrando las cosas a evitar y a seguir, poniendo en evidencia el gobierno de Dios, en el que cada uno recoge lo que sembró, con independencia de las bendiciones de Dios dadas en gracia más allá y por encima de es-

te mundo. Sostiene la integridad en las relaciones terrenas, que no pueden ser violadas con impunidad. Es verdaderamente la sabiduría de Dios para el caminar diario de la vida humana.

Si bien las sentencias se suceden sin orden aparente, se puede intentar agrupar las que tratan de un mismo tema: el temor de Dios, fuente de la verdadera sabiduría y del recto proceder; la sabiduría y la necedad; el rico y el pobre; el diligente, el perezoso, el borracho; los padres y los hijos, los jóvenes; la mujer corrompida y la virtuosa, el matrimonio; la lengua; la cólera, las pendencias, la bondad, la humildad, el carácter, el corazón, la salud, la oración, el testimonio, el gobierno, etc. El capítulo 8 ofrece una personificación de la sabiduría preexistente a las realidades cósmicas, que se encarna en el orden cósmico, en el hombre, en su inteligencia.

Ptolomeo (gr. «guerreros»). Nombre de la dinastía que reinó en Egipto, del año 305 al 31 a.C. Fundada por Ptolomeo Sóter, uno de los generales de Alejandro Magno, duró hasta la muerte de Cleopatra, que tuvo lugar tras la victoria de Augusto en la batalla de Accio. Los primeros Ptolomeos fueron príncipes prudentes y capaces, dando a Egipto un alto grado de poder e influencia. Poseían numerosos territorios, entre los que destacaban Fenicia, Coelosiria, Chipre, Cirenaica y, durante un tiempo, Palestina. Protegieron las artes, las letras y las ciencias. Alejandría vino a ser su capital, y un centro irradiador de cultura. Mostraron buena disposición para con los judíos, que gozaron bajo ellos de especiales privilegios y recibieron buenos cargos en la administración civil y en la milicia.

Los posteriores miembros de la dinastía fueron, en cambio, incapaces y corrompidos. Se dejaron arrastrar a guerras intestinas e internacionales. Por otra parte, su vida privada estaba manchada con incestos y asesinatos en el mismo palacio. Fueron perdiendo todas sus posesiones extraterritoriales, lo que marcó el principio del fin de la independencia del país.

La traducción del AT al gr. conocida por *Septuaginta* fue emprendida bajo el reinado de Ptolomeo Filadelfo (284-247 a.C.) en Egipto. En Dn. 11:17 se cree ver una alusión al matrimonio de Ptolomeo V (que reinó del año 204 al 182) con Cleopatra, hija de Antíoco el Grande, de la dinastía de los Seléucidas. En Dn. 11:25-30 se cree que se trata más en particular de Ptolomeo VI y de su hermano Fiscón, Ptolomeo VII (u VIII) Evergetes, que reinaron conjuntamente a partir del año 170 a.C. Con Ptolomeo Filopator, hijo del anterior, la dinastía degeneró rápidamente (Estrabón, 16, 12, 13). El reinado de Ptolomeo Epífanes fue especialmente crítico en la historia de los judíos.

Publicano. Cobrador de impuestos y derechos aduaneros. El gr. *telónes* designaba primariamente a uno que tenía la concesión de la recaudación de los tributos, luego, como en el NT, un subordinado de tales recaudadores, que cobraban los impuestos en un distrito. El jefe de los publicanos recibe el nombre de publicano principal (Lc. 19:2). El nombre castellano deriva del lat. *in publicumn,* que designaba la cámara del tesoro del Estado romano, de ahí que el encargado de recaudar los impuestos recibiera el nombre de *publicani.*

En su origen, el cargo de recaudador se obtenía a subasta debido a los sustanciosos beneficios que reportaba, aunque sólo podían optar al mismo los *equites* o caballeros, la clase más rica de los romanos. Los publicanos, en el sistema romano, eran los subalternos del recaudador, quien obtenía su sueldo y el de sus ayudantes percibiendo un tanto por ciento de la recaudación pública. Los publicanos eran elegidos entre los nativos de las provincias, y no gozaban de la simpatía del pueblo, pues era evidente que empleaban su cargo para satisfacer su ambición personal, haciéndose ricos a costa de los contribuyentes. En el NT son clasificados entre los «pecadores» (Mt. 9:10, 11; 11:9; Mc. 2:15, 16; Lc. 5:30; 7:34; 15:1); las rameras (Mt. 21:31, 2) y los «gentiles» (Mt. 18:17; Lc. 3:12; 5:27, 29; 7:29; 18:10, 11, 13). Con excepción de algunos muy contados hombres honrados, los publicanos cobraban sumas abusivas a su vez (cf. Lc. 3:12, 13; 19:8). En las provincias, todas las clases sociales los detestaban, con la posible excepción de los gobernadores romanos, que con frecuencia se entendían con ellos para sacar dinero a los contribuyentes. El encargado de un territorio reducido era, en ocasiones, originario de aquel mismo territorio. El judío Zaqueo era el perceptor jefe en Jericó (Lc. 19:1, 2). Mateo (Leví), asimismo judío, era sin duda un publicano ordinario, subordinado al funcionario romano, designado por éste para cobrar los impuestos en Capernaum (Mt. 9:9; Mc. 2:14; Lc. 5:27).

Los judíos no podían admitir que uno de los suyos actuara como agente de los romanos cobrando impuestos para un gobierno gentil. Condenaban asimismo a cualquier judío que se hiciera cobrador general por cuenta de una ciudad particular. El publicano judío quedaba excluido de la sociedad de sus compatriotas; sus amigos corrían la misma suerte. Juan el Bautista no exigió a los publicanos abandonar su oficio, sino simplemente no exigir nada más de lo fijado (Lc. 3:12-13). Jesús fue acusado de comer con publicanos y pecadores (Mt. 9:10-13; 11:19). El Señor hizo a uno de ellos el honor de llamarlo al apostolado (Mt. 9:9; 10:3). Jesús reconoció, no obstante, la falta de valor moral del publicano como tal (Mt. 5:46, 47; 18:17). Sin embargo, los invitó a entrar en el Reino de Dios. La bondad del Señor tocó a muchos de ellos, y los hubo que se hicieron bautizar (Mt. 21:31, 32; Lc. 3:12; 7:29; 15:1; 18:13, 14). En una parábola sobre la humildad y el arrepentimiento Jesús presenta a un publicano como protagonista, quien por su actitud alcanza la salvación frente al fariseo orgulloso (Lc. 9:14).

Publio (gr. «perteneciente al pueblo»). «Hombre principal» de la isla de Malta cuando la nave en que Pablo era llevado a Roma naufragó en la isla. Publio brindó su hospitalidad al apóstol y a sus compañeros durante tres días. Pablo sanó al padre de Publio de su enfermedad (Hch. 28:7, 8). Unas inscripciones relativas a Malta confirman el título de «hombre principal de la isla», que parece haber sido dado al gobernador. Quizá Publio puede haber sido el delegado del pretor romano de Sicilia, a cuya jurisdicción pertenecía Malta.

Pudente (gr. «pudoroso, modesto»). Cristiano de Roma que manda saludos a Timoteo a través de la carta escrita por Pablo durante el segundo encarcelamiento de éste (2 Ti. 4:21). Pudente era un apellido frecuente en la época neotestamentaria.

Pul. Rey de Asiria que invadió Israel durante el reinado de Manahem, que le entregó mil talentos para que le confirmara en el reino (2 R. 15:19; 1 Cro. 5:26). Pul ha sido identificado con Tiglat-pileser II (745-727 a.C.), quien después de la conquista de Babilonia (729 a.C.) se hizo inscribir en la lista de los reyes con el nombre de *Pûlû*, que es de origen babilonio, totalmente ajeno a la composición de nombres asirios. Esta identificación se confirma por los archivos de Tiglat-pileser, donde se menciona Manahem de Samaria entre los reyes que le pagaron un tributo alrededor del año 738 a.C.

Punón. Uno de los lugares donde acamparon los israelitas durante su peregrinación por el desierto (Nm. 33:42), en la parte oriental de las montañas de Edom (cf. Gn. 36:41; 1 Cro. 1:52). Se encontraba entre Zalmona y Obot, a tres días de viaje de las montañas de Abarim, que formaba la frontera natural de Moab. Punón es una de las estaciones más importantes del itinerario de Israel por el desierto. Aquí murmuró el pueblo contra Dios y contra Moisés, a consecuencia de lo cual Dios envió una plaga de serpientes que mataron a muchas personas. Para curarse de este azote, Moisés, por orden divina, construyó una serpiente de bronce, el cual, precisamente, abundaba en los montes de la región. M.J. Lagrange lo identificó con Jirbet Fainán, campo de ruinas en la depresión de wadi el-Araba en la confluencia de los wadis

Feinán y Danah, donde se han localizado restos de antiguos yacimientos de cobre. Con ello queda definitivamente fijado el itinerario de Israel dentro del wadi el-Arabá, y no por la elevada meseta de el-Será o de la Idumea oriental, como se había creído hasta entonces.

Purificación. Ceremonia prescrita por la Ley de Moisés para limpiar lo impuro (Nm. 19:9). En su mayoría, las purificaciones se realizaban mediante agua, a veces con agua y aceite (He. 9:21, 22; Éx. 30:26-29; Lv. 8:10, 11). En Nm. 19:9 se describe una extraña ceremonia tocante al «agua para la purificación de la impureza». En ocasiones se empleaba el fuego con propósito purificador. P. ej., los metales preciosos arrebatados a naciones idolátricas debían ser pasados por fuego, este proceso, junto con una aplicación de agua, era considerado como purificador de su contaminación (cf. Is. 1:25; 10:26; Zac. 13:9; Mal. 3:3). La purificación con sangre era necesaria en varios casos de contaminación ceremonial; de hecho, «casi todo es purificado, según la ley, con sangre» (He. 9:22).

En la ley mosaica se indicaban cuatro tipos de contaminación necesarias de purificación:

1) Purificación de la contaminación contraída al tocar un muerto (Nm. 19; cf. Nm. 5:2, 3).
2) Purificación de la impureza debida a emisiones corporales (Lv. 15; cf. Nm. 5:2, 3).
3) Purificación de la parturienta (Lv. 12:1-8; Lc. 2:21-24).
4) Purificación del leproso, considerado un muerto viviente (Lv. 14). Aquí tenemos que distinguir tres procesos, cada uno de los cuales recibía el mismo nombre. En primer lugar, había la curación real de la enfermedad; en segundo lugar, la declaración autoritativa por parte del sacerdote; y, en tercer lugar, los lavamientos externos, ofrendas y otros ritos que señalaban y sellaban lo mismo, y que otorgaban al hombre sanado el derecho a ser admitido de nuevo en la congregación de los puros.

En los Salmos (cf. 12:6; 19:9; 51:2, 7, 10); y los profetas (Jer. 13:27; 33:8; Ez. 36:25, 33; 37:23; Mal. 1:11; 3:3) encontramos que la purificación es concebida varias veces en un sentido moral y espiritual. Los escribas y fariseos añadieron muchas purificaciones a las ya existentes en la ley, como el lavamiento de manos antes de comer, lavamiento de vasijas y platos, mostrando gran celo en todas estas cosas externas, al precio de relegar a un segundo plano la purificación interna, la del corazón (cf. Mc. 7:2-8). Jesús, si bien respetará básicamente las normas de su pueblo para no provocar un escándalo innecesario, introducirá una notable variante en esta concepción sobre lo puro y la purificación: la pureza no está en el exterior del hombre, ni en una mancha de la piel o en la suciedad de las manos, sino en la integridad y sinceridad del corazón (Mt. 5:8; cf. Hch. 15:9; 1 Ti. 1:5; Stg. 4:8). Lo que Dios mira es la pureza interior, es decir, la disponibilidad de la conciencia para hacer las cosas con rectitud (cf. 1 P. 1:22); conciencia que ha sido limpiada de obras muertas con agua pura (He.10:22).

Para los autores del NT es evidente que las purificaciones levíticas aparecen cumplidas en Cristo. Él hizo la «limpieza» o «purificación» (gr. *katharismos*) de los pecados (He. 1:3), en virtud de su sangre derramada en la cruz (1 Jn. 1:7). La sangre de Cristo, que mediante el Espíritu Eterno se ofreció a sí mismo sin mancha a Dios, purifica la conciencia de obras muertas, de manera que la persona purificada queda en una posición de poder servir al Dios vivo (He. 9:14; cf. Ef. 5:26; Tit 2:14; 2 Co. 7:1).

Purim (heb. «suerte»). Fiesta judía establecida con motivo de la salvación experimentada en tiempos del rey Jerjes, cuando Amán, enemigo de los judíos, planeó destruirlos. Según el libro de Ester, Amán echó suertes para determinar un día de buen augurio para la destrucción de todos los judíos del reino persa. Al quedar deshechos los designios de Amán, la liberación de los judíos quedó marcada por una fiesta anual (Est. 3:7; 9:24-32) los días catorce y quince del mes de Adar. Esta fiesta fue decretada por los judíos de Persia y no fue aceptada inmediatamente por los judíos de Israel, que nunca hicieron nada especial por ella en el templo. No es mencionada por nombre en el NT, aunque hay exegetas que suponen que es la aludida en Jn. 5:1: «Una fiesta de los judíos», aunque los Padres de la Iglesia, Crisóstomo, Cirilo y otros, seguidos por Erasmo, Calvino, Beza, Bengel y James Strong, creen que se trata de Pentecostés.

Esta fiesta sigue siendo celebrada en el seno del judaísmo, llamada también «El ayuno de Ester» (Est. 4:5, 6). El día anterior a la fiesta —13 de Adar— es un día de abstinencia y oraciones de humillación y arrepentimiento. Durante la noche, tan pronto hacen aparición las estrellas, se enciende una lámpara en cada casa y todos van a la sinagoga. Los dos días siguientes son de alegría y se asiste a la sinagoga, donde se lee el libro de Ester. La lectura se interrumpe con maldiciones espontáneas contra los impíos en general y contra Amán en particular, y se termina con una bendición solemne sobre Mardoqueo, Ester y los israelitas. Los niños especialmente hacen un gran ruido que se interpreta como un rechazo de la memoria de Amán.

Put. Nombre de una nación emparentada con los egipcios y vecinos de su país (Gn. 10:6). Put es mencionado con Egipto y otros países africanos, especialmente Libia (Nah. 3:9) y Lud (Ez. 27:10; Is. 66:19). La LXX y Josefo lo identifican también con Libia, pero en Nah. 3.9 es distinguida de los libios. La opinión actual se divide entre Somalia, Arabia oriental y Arabia meridional (Costa de los perfumes).

Puteoli. Importante ciudad marítima de Campania, en Italia, en la costa norte de la bahía de Nápoles, a unos 12 km al oeste de esta ciudad. Dos días después de haber llegado a Regio, la nave que llevaba prisionero a Pablo llegó a Puteoli, donde el apóstol encontró cristianos y gozó de la hospitalidad de ellos (Hch. 28:13).
Se hallaba cerca del emplazamiento de la actual Pouzzoles. Toda la región circundante es volcánica, y el cráter del Solfatare se eleva detrás de la ciudad. Su fundación se remonta al año 529 a.C. en que arribaron a sus costas colonos procedentes de Samos, siendo la más antigua de las fundaciones griegas en Italia, bajo el nombre de Dicaearchia, nombre que cambió por Puteoli en el 215 a.C., durante la Segunda Guerra Púnica, cuando los romanos asentaron una guarnición en ella, al tiempo que Aníbal cruzaba Italia. En el 194 a.C. se convierte en una colonia romana. Contaba con una importante comunidad judía, lo que explicaría la temprana existencia de cristianos en la ciudad. Augusto reformó el puerto que, hasta la fundación del puerto de Ostia, a fines del siglo I, jugó un papel muy importante. De allí partían las naves romanas hacia España.

Putiel (heb. «afligido de Dios»). Padre de la mujer de Eleazar hijo de Aarón, la cual le dio a luz a Fineas, que vivió durante la estancia de los israelitas en el desierto (Éx. 6:25). En las tradiciones judías modernas Putiel es confundido con Jetro el madianita.

Q

Qohélet. Palabra hebrea derivada de *qahal*, «asamblea», cuyo significado es «hombre de asamblea», aquel que convoca la asamblea o que habla en ella. De aquí la traducción griega *ekklesiastes*, de *ekklesia* («asamblea»), y la trasliteración latina *Ecclesiastes*. El autor del libro que lleva este título se presenta con el pseudónimo *Qohélet*, se presenta, pues, como el «presidente de asamblea», aunque, siguiendo el estilo de la literatura sapiencial, se identifica con Salomón, rey y sabio y experimentado. Ver ECLESIASTÉS.

Quebar (heb. «extensión», «largo»). Río en una región cercana a Babilonia a orillas del cual los caldeos asentaron a algunos de los cautivos de Judá. El profeta Ezequiel lo menciona a menudo como escenario de sus visiones (Ez. 1:1, 3; 3:15, 23; 10:15, 20). Ha sido identificado con el canal de irrigación shatt em-Nîl, entre Babel y Kabari. Es un canal navegable que sale del Eufrates y vuelve a unirse a él, llamado el *nāru* (río) Kabaru en algunos textos antiguos.

Quedar (heb. «cetrino, moreno»). Segundo de los hijos de Ismael, y fundador de una tribu homónima de nómadas o beduinos emparentados con los demás grupos de ismaelitas, localizados una región al norte de Arabia (Gn. 25:13; Ez. 27:21; Jer. 49:28). Fue célebre por sus manadas de borregos y sus camellos, por sus tiendas de campaña, sus arqueros y sus telas (Sal. 120:5; Cnt. 1:5; Is. 21:16). Algunos eran nómadas aislados en el desierto, en tiendas de color oscuro; otros habitaban en aldeas sin murallas (Jer. 49:28; Ez. 42:11). Al parecer, los quedaritas disponían de grandes riquezas. El profeta Isaías predijo que toda su gloria sería deshecha (Is. 21:16). Jeremías anunció de dónde vendría el peligro: de Asiria (Jer. 49:28-33), lo que queda confirmado por las crónicas de la campaña del rey asirio Assurbanipal.

Quedema (heb. «hacia el este»). Último de los hijos de Ismael y progenitor de una familia o tribu árabe llamada por el mismo nombre (Gn. 25:15; 1 Cro. 1:31). Prob. vivían al oriente de los nabateos.

Quedes (heb. «santuario», «lugar sagrado»). Nombre de tres ciudades del AT.

1. Ciudad cananea conquistada por los israelitas (Jos. 12:22), adjudicada a la tribu de Neftalí y convertida en una ciudad de refugio (Jos. 19:37; 1 Cro. 6:76). Débora recurrió a Barac, oriundo de esta ciudad, para luchar contra Jabín, rey cananeo, y Sísara, capitán de su ejército (Jue. 4:6-10). Como su nombre indica, fue un lugar santo de gran antigüedad escogido por esta razón para convocar a las tribus antes de enfrentarse al ejército enemigo. Fue una de las ciudades conquistadas por Tiglat-pileser, que llevó sus habitantes al cautiverio (2 R. 15:29).
2. Ciudad levítica de la tribu de Isacar (1 Cro. 6:72), llamada Cisón y Quisión en Jos. 19:20 y 21:28.
3. Ciudad adjudicada a la tribu de Judá en la repartición de la tierra (Jos. 15:23).

Quedorlaomer (heb. quizá «servidor del dios Lagamar»). Rey de Elam en tiempo de Abraham y jefe de una coalición de reyes orientales para invadir Canaán y someter las cinco ciudades de la llanura en la orilla oriental del mar Muerto, a saber, Sodoma, Gomorra, Adma, Zeboim y Zoar, las cuales habían estado sometidas durante doce años a Quedorlaomer, pero que después se habían rebelado, poniendo así en peligro la ruta comercial con Arabia, la cual pasaba por esta zona de Transjordania, en la que estaban interesados Quedorlaomer y sus aliados, los cuales protagonizaron una incursión de castigo para someter a los rebeldes y volver a asegurarse la ruta amenazada. Habiendo conseguido la victoria, hizo cautivo, entre otros, a Lot, que residía en Sodoma, lo que llevó a Abraham, al mando de su numeroso clan, junto con sus aliados amorreos Aner, Escol y Mamre, a emprender su persecución. Alcanzándolos en Dan, cayó sobre ellos de noche, poniéndolos en fuga, rescatando a Lot, al resto de los cautivos y consiguiendo un gran botín (Gn. 14:1-16).

Quemós. Deidad nacional de los moabitas (Nm. 21:29; Jer. 48:7, 13, 46). Por el relato de Jefté se deduce que también era adorado por los amonitas, nación estrechamente emparentada con Moab (Jue. 11:24). Su culto, como en el caso de Moloc, incluía el sacrificio de niños que eran quemados vivos en casos extremos, de gran peligro o calamidad (2 R. 3:27). En la famosa piedra o estela de Mesa, también llamada Piedra Moabita, se pone a Quemós al frente de los ejércitos. Salomón cayó en la idolatría de erigir un lugar alto en su honor, cerca de Jerusalén, que más tarde fue profanado por el rey Josías (1 R. 11:7; 2 R. 23:13).

Quenaana (heb. fem. de Canaán). Nombre de dos personajes del AT de la tribu de Benjamín, cuyo nombre podía indicar la relación especial mediante matrimonios con la antigua población de Canaán, y la guerra civil que tuvo que soportar esa tribu (cf. Jue. 21) quizá por su alianza con sus vecinos fenicios (1 Cro. 7:10; 1 R. 22:11, 24; 2 Cro. 18:10, 23).

Quenanías (heb. «establecido por Yahvé»). Director del canto de los levitas cantores en tiempo de David. Participó en el traslado del arca desde la casa de Obed-edom hasta Jerusalén (1 Cro. 15:22-27). Quenanías pertenecía a la familia de los izjaritas, «encargados de la administración externa» (1 Cro. 26:29).

Quenaz (heb. «cazador»). Nombre de tres personajes del AT, entre ellos un Esaú (Gn. 36:11, 15; 1 Cro. 1:36), jefe de un clan edomita en el monte Seir (Gn. 36:42; 1 Cro. 1:53) y antepasado epónimo de los queneceos o ceneceos (Gn. 15:19), que habitaban el país del sur de Neguev y que poco a poco fueron asimilados por Judá.

Quereteos. Término colectivo para la guardia personal del rey David (2 Sam. 8:18; 15:18; 20:7, 23; 1 R. 1:38, 44; 1 Cro. 18:17), una especie de *guardia de corps* mercenaria, procedente quizá de la isla de Creta, de donde también serían los filisteos. Era común que los reyes y gobernantes se rodeasen de extranjeros, que no tuviesen muchas conexiones con el pueblo, como guardia personal. Por eso quizá David los reclutó entre los quereteos y peleteos, que no eran israelitas. Los comandaba Benaía (2 Sam. 2:20, 23). Es posible que los conociera en el tiempo que pasó viviendo entre los filisteos, cuando huía de Saúl. Fueron muy leales a David. Le acompañaron cuando abandonó Jerusalén debido a la rebelión de Absalón (2 Sam. 15:18) y participaron en la proclamación de Salomón como rey (1 R. 1:38). Se supone que su función desapareció con la muerte de David, pues no se les menciona más.

Querit (heb. «cortadura», «garganta»). Torrente de un arroyo de Galaad que desemboca en el este del Jordán, en cuyas orillas estuvo el profeta Elías escondido un tiempo siguiendo una orden divina, y donde fue alimentado sobrenaturalmente por los cuervos (1 R. 17:3-9).

Querubín. Es imposible determinar el origen y significado de esta palabra. Es el nombre dado en la Biblia a una categoría de ángeles que vigilaban la puerta del Paraíso terrenal (Gn. 3:24), así como el trono de Dios en el Tabernáculo y en el Templo, donde estaban representados por las dos figuras de oro de dos seres vivientes alados (Éx. 25:18-20; 37:7-9; 1 R. 6:23-28; 8:7). Constituían una sola pieza con la cubierta de oro del Arca del Pacto en el Lugar Santísimo. Son numerosos los pasajes que hacen alusión a la presencia de Jehová entre los querubines (Nm. 7:89; 1 Sam. 4:4; 2 Sam. 6:2; 2 R. 19:15; Sal. 80:2; 99:1; Is. 37:16). A orillas del Quebar, Ezequiel tuvo una visión de querubines. Cada uno de ellos tenía cuatro rostros y cuatro alas (Ez. 10:1-22; cf. 9:3). Estos querubines parecen idénticos a los cuatro seres vivientes que el profeta había visto anteriormente; los cuatro rostros eran: de hombre, de león, de buey y de águila (cf. Ez. 1:5-12 y 10:20-21). Los querubines eran portadores del trono de Jehová (Ez. 1:26-28; 9:3). El apóstol Juan da, en Apocalipsis, la descripción de cuatro seres vivientes con rostros semejantes a los de estos cuatro querubines (Ap. 4:6, 9).

Quesalón (heb. «fértil»). Aldea adjudicada a la tribu de Judá en la repartición de la tierra, situada en la frontera que torcía hacia el occidente hasta el monte Seír, pasaba al norte de Quesalón y descendía a Bet-semes y seguía hacia Timna (Jos. 15:10). Se la identifica con Kesla, a unos 14 km al oeste de Jerusalén.

Quesia (heb. «casia»). Nombre de la segunda hija de Job, al final de su período de angustia y prueba (Job 42:14). Su nombre denota una «hierba aromática» y describe el cambio de situación experimentada: en lugar de las úlceras y el estiércol sobre el que moraba goza del aroma fragrante de su hija.

Quetura (heb. «incienso» o «fragancia»). Segunda esposa de Abraham (Gn. 25:1-4), llamada posteriormente concubina (1 Cro. 1:32), de la que tuvo seis hijos, progenitores de los moradores del norte de Arabia. La tribu de los madianitas la principal entre ellos, se extendió hasta el sur de la Península Arábiga.

Quidón (heb. «dardo»). Lugar próximo a Jerusalén donde había una era, prob. propiedad de Quidón, en la cual Uza murió cuando extendió su mano para sujetar el arca, debido al tropiezo de los bueyes (1 Cro. 13:9). En el texto paralelo de 2 Sam. 6, recibe el nombre de era de Nacón, que es casi equivalente en significado. Se desconoce su ubicación.

Quileab (heb. «protegido por el Padre [Dios]»). Segundo hijo de David con Abigail, viuda de Nabal (2 Sam. 3:3), nacido en Hebrón. Es llamado Daniel en un pasaje paralelo (1 Cro. 3:1). La razón de esta dualidad de nombres no es segura.

Quiman (heb. «languidecer»). Hijo o siervo de Barzilai galaadita. Regresó de más allá del Jordán para acompañar a David a Jerusalén después de la rebelión de Absalón (2 Sam. 19:37, 38, 40). David parece haberle concedido, como premio a su lealtad, la posesión de Belén, en la cual hubo una posada que llevaba su nombre (Jer. 41:17).

Quinéret (heb. «arpa»). Ciudad fortificada de Neftalí (Jos. 19:35; cf. Dt. 3:17; Jos. 11:2; 1 R. 15:20), de la que no es posible decir si dio o recibió el nombre del mar o lago que hay en sus proximidades. La región es identificada con el valle de Genesaret (1 R. 15:20; Mt. 14:34).

Quinéret, Mar de. Mar adyacente a la ciudad de este nombre (Nm. 34:11). En tiempo del NT se llamaba Lago de Genesaret (Lc. 5:1), Mar de Galilea o de Tiberias, Tiberíades (Jn. 6:1).

Quío. Una de las principales islas del mar Egeo, a la entrada del golfo de Esmirna. Se halla entre la isla de Lesbos al norte y la de Samos al sur. Regresando de su tercer viaje misionero, Pablo navegó de Mitilene a Samos, pasando por Quío (Hch. 20:15).

Quiriataim (heb. «dos ciudades»). Una de las ciudades más antiguas de Moab, al norte de Arnón y al este del mar Muerto, habitada originalmente por los emitas, que fueron derrotados por Quedorlaomer (Gn. 14:5). Los amoritas se la arrebataron a los moabitas, y de éstos la conquistaron los israelitas que la asignaron a la tribu de Rubén (Nm. 32:37; Jos. 13:19).
Posteriormente, en tiempos del dominio asirio, los moabitas volvieron a apoderarse de ella (Jer. 48:1, 23; Ez. 25:9). Sus ruinas ocupan dos colinas a unos 11 km al este del mar Muerto y otros tantos al norte del Arnón.

Quiriat-Arba (heb. «ciudad cuádruple»). Antiguo nombre de la ciudad de Hebrón. Sara murió en Quiriat-arba, es decir, Hebrón, en la tierra de Canaán (Gn. 23:2; Jue. 14:15; 15:13, 54; 20:7). Ver HEBRÓN.

Quiriat-Huzot (heb. «ciudad de calles»). Ciudad de Moab donde Balac agasajó a Balaam haciendo un sacrificio de bueyes y ovejas en su empeño de conseguir que éste maldijera a los hijos de Israel (Nm. 22:39). Se desconce su localización exacta, prob. era la capital de Moab.

Quiriat-Jearim (heb. «ciudad de bosques»). Originalmente una ciudad gabaonita, formaba parte de una alianza de cuatro ciudades de Gabaón (Jos. 9:17). Situada en los límites de Judá y Benjamín, a unos 14 km al oeste de Jerusalén (Jos. 15:9; 18:14, 15; 1 Cro. 2:50), vino a pertenecer a Judá (Jos. 15:48-60; Jue. 18:12). La ciudad es famosa porque el arca del pacto, restituida a los israelitas por los filisteos, fue depositada en Quiriat-jearim, en la casa de Abinadab, bajo la custodia de Eleazar, donde estuvo veinte años, hasta la segunda batalla de Eben-ezer, y quizá más tiempo (1 Sam. 6:19-7:2). De allí fue llevada a Jerusalén (1 Sam. 7; 1 Cro. 13).

Quiriat-Sana, Quiriat-Sefer (heb. «ciudad del libro»). Antiguo nombre de Debir, ciudad real cananea (Jos. 10:38), anexionada después a la tribu de Judá (Jos. 15:48; cf. Jue. 1:11), y asignada a los sacerdotes (Jos. 21:15; 1 Cro. 6:58).

Quirino. Publio Sulpicio Quirino, gobernador romano de Siria. Por orden de César Augusto, organizó el censo que provocó el viaje de José y María a Belén.

Quisleu, Quislev. Nombre del noveno mes del año judío, adoptado después del destierro babilónico (Neh. 1:1; Zac. 7:1; 1 Mac. 1:54), corresponde aprox. al mes de noviembre. En el tercer día del mes de Quisleu se celebra la *Janukká* o Fiesta de la Dedicación, cuando los asmoneos limpiaron el Templo de idolatría (cf. Jn. 10:22; 1 Mac. 4:36-59). El día séptimo se guardaba ayuno en memoria de la quema de las profecías de Jeremías, escritas por Baruc (Jer. 36:23).

Quislot-Tabor (heb. «laderas de Tabor»). Estado «frontera» entre Zabulón, Isacar y Neftalí, extendido desde Sarid hacia el este, donde nace el sol (Jos. 19:12), a los pies del monte Tabor. Prob. es la misma que la que en otro lugar es llamada sencillamente Quesulot (Jos. 19:18) y Tabor (1 Cro. 6:7).

Quisón (heb. «ondulante», «que serpentea»). Torrente o arroyo que nace en los montes de Gilboa y Tabor y riega el valle de Jezreel. Desemboca en el Mediterráneo al norte del monte Carmelo. Fue escena de la derrota del poderoso ejército de Sísara a manos de los israelitas (Jue. 4:13), debida, sin duda, al terreno fangoso que hizo imposible la maniobra de los carros de Sísara (1 R. 18:40).

Quitim. Hijo de Javán y nieto de Jafet (Gn. 10:4; 1 Cro. 1:7). Sus descendientes poblaron Chipre y otras islas y costas del Mediterráneo oriental (Nm. 24:24; Is. 23:1, 12; Jer. 2:9-10; Ez. 27:6; Dn. 11:30).

Qumrán. Nombre árabe de un wadi que desemboca en la zona norte occidental del mar Muerto, en cuyo acantilado colindante hay varias cuevas en las que se encontraron en 1947 trozos de más de 600 manuscritos encerrados en cántaros, entre ellos diez rollos completos y millares de fragmentos.

La mayor parte de los estudiosos se inclina en la actualidad por identificar los habitantes de Qumrán con los esenios, haciendo la distinción entre la comunidad de Qumrán en particular, que llevaba una vida de tipo monástico, y el movimiento de los esenios en general, que era más amplio y extendido en toda Judá, hasta el punto de que Flavio Josefo lo menciona como la tercera fuerza judía de la época, junto con los saduceos y los fariseos. En los mismos manuscritos de Qumrán se puede observar una evolución del pensamiento, que es síntoma de los cambios que tuvieron lugar en la vida de la comunidad y en su situación histórica concreta. Los libros de esta comunidad no imponían un celibato absoluto, pero sí exigían normas de pureza ritual que hacía mucho más conveniente este estado. La concepción escatológica de los qumranitas era que los últimos sacerdotes infieles de Jerusalén verían su dominio roto por el invencible *kittim*, es decir, el poderío romano. Una vez caído todo el mundo bajo el poder de los *kittim*, se lanzaría la proclamación de guerra contra ellos por parte de los «hijos de la luz». Los detalles de esta guerra para el establecimiento final del reino de Dios y de la supremacía del «resto de Israel» (con el que ellos se identificaban) se dan en el libro *Reglas de la Guerra* (1QM). En esta guerra tendrían el apoyo de los ejércitos celestiales contra los hijos de las tinieblas, que a su vez serían apoyados por Belial con su ejército de demonios. Destruidos éstos, sería establecido el reino de Dios.

En total se exploraron once cuevas en las inmediaciones de las ruinas Qumrán. A cada una de ellas se le ha asignado una notación. Así, las cuevas son 1Q (primera cueva de Qumrán), 2Q... 11Q. Para denominar a los mss. se usa la procedencia de la cueva, y unos símbolos concretos. Por ejemplo, el *Comentario de Habacuc*, hallado en la primera cueva, tiene la designación de 1QpHab (la letra «p» —*pesher*— designa que el escrito es un comentario). A ello hay que añadir el hallazgo de otros mss. en las cercanías de Qumrán. La cantidad aproximada de materiales es de 40.000 fragmentos, que representan a 500 libros; de ellos, sólo unos pocos se han recuperado íntegros; la mayor parte son fragmentarios. Las cuevas que dieron mayor cantidad de mss. fueron 1Q, 4Q y 11Q. Los arqueólogos están convencidos de que muchos rollos están todavía en manos de mercaderes que esperan ver revalorizado este preciado tesoro.

En los textos de Qumrán muchos han creído descubrir paralelismos entre las doctrinas esenias o qumranitas y las doctrinas cristianas, comenzando por Juan el Bautista, quien sin duda tenía noticia de la comunidad de Qumrán y viviría durante un tiempo en ella, aunque su mensaje es bastante independiente. De Jesús, sin embargo, no se puede decir que hubiera decidido integrarse en el grupo de Qumrán, aunque sí conocería algunas de sus creencias más características. Según Karlheinz Müller, se puede asegurar, que «cuanto más claros se dibujan los contornos de la comunidad de los esenios mediante los escritos de *hirbet* Qumrán, tanto más se pone de manifiesto lo singular del mensaje neotestamentario. La afirmación del origen esenio del cristianismo se demuestra más y más como un error, que descuida estructuras fundamentales decisivas en favor de rasgos periféricos particulares».

R

Raama (heb. «melena [de caballo]»). Nieto de Cam, cuarto hijo de Cus y padre de Seba y Dedán (Gn. 10:7; 1 Cro. 1:9). Parece ser que los descendientes de Cus colonizaron gran parte del interior de África. Una sección de la familia, bajo su inmediato progenitor Raama, se estableció a lo largo de la costa occidental de Arabia. Allí fundaron las ciudades que serían célebres posteriormente, conocidas por el nombre de los dos hijos de Raama, a saber, Seba y Dedán, padres de naciones de gran importancia y notoriedad. Ezequiel hace referencia a los mercaderes de Saba y de Raama que comerciaban con lo mejor de todas las especias, con toda piedra preciosa y con oro en los mercados de Tiro (Ez. 27:22).

Rabá (heb. «grande»). Nombre de varias ciudades del AT.

1. Ciudad fortificada principal de los amonitas, llamada por su nombre completo Rabá de los hijos de Amón (Dt. 3:11; Ez. 21:20). Situada en el valle, como a 35 km al este del Jordán, 22,5 km y medio al nordeste de Hesbón y 30,5 km al sudeste de Ramot de Galaad (Dt. 3:11; 2 Sam. 12:26; 17:27; Jer. 49:2; Esd. 21:20). Durante mucho tiempo se conservó allí una cama de hierro que perteneció a Og, rey de Basán (Dt. 3:11). Debido a su sistema defensivo, no pudo ser conquistada por los israelitas, ni fue incluida entre los territorios de Israel, (cf. Jos. 13:25). Las relaciones entre ambos pueblos, relativamente pacíficas, terminaron en los días de Saúl y David, agravado por la alianza de los amonitas con la gente de Mesopotamia, de Siria, de Maaca y de Soba, cuyas fuerzas conjuntas atacaron Medeba (1 Cro. 19:1-15). David envió su ejército al mando de Joab para sitiar a Rabá. Fue en este conflicto que murió Urías heteo, según las malignas previsiones de David. Tras la muerte de David los amonitas consiguieron su independencia con Rabá como capital del reino, y en varias ocasiones usurparon las legítimas posesiones de Israel, se gloriaron de la desolación de ambos reinos y maltrataron a los que cayeron en su poder. Por eso se predijeron juicios severos contra Rabá (Am. 1:13-15; Jer. 49:1-3; Ez. 25:1-5). Destruida y reconstruida muchas veces, Rabá fue llamada Filadelfia por los escritores griegos y romanos, dependiente de los ptolomeos de Egipto. En el siglo I a.C. fue ocupada por los nabateos durante cierto tiempo, aunque en el 63 a.C. Pompeyo la agregó a la Decápolis, o región de las diez ciudades, como es conocida en el NT (Mt. 4:25; Mc. 5:20; 7:31). Allí se abastecían las caravanas de agua antes de cruzar el desierto de Arabia.

Rabí. Título de honor otorgado por los judíos a sus doctores, maestros de la ley y maestros espirituales (Mt. 23:7; Jn. 1:38). En la época de Jesús, los judíos distinguían entre tres títulos honoríficos; a partir del título inferior eran: *rab*, «maestro»; *rabbi*, «mi maestro»; *rabboni*, «mi señor», dado casi exclusivamente al presidente del Sanedrín. (Mc. 10:51). Fue utilizado por el ciego Bartimeo y por María Magdalena para dirigirse a Jesús. En la época del apóstol Juan, el sufijo genitivo de la primera persona (-i) había perdido su sentido particular de pronombre posesivo, porque Juan traduce los términos rabí y raboni como si significase sólo «maestro» (Jn. 1:38; 20:16).

Raca. Palabra aramea relacionada con la raíz heb. *req*, «vacío»; similar al gr. *kené*, usado por Santiago para referirse al «hombre vano» (2:20). En la época de Jesús *raca* era una palabra de sumo menosprecio, y como tal su uso es condenado por Él (Mt. 5:22). Era peor que estar encolerizado por cuanto como palabra insultante era más grave que un sentimiento no expresado; no indica tanto la pérdida de dominio propio, como la calculada voluntad de herir verbalmente, de ultrajar. Con todo, llamar a alguien «fatuo», gr. *moré*, es un insulto aún más grave, pues mientras *raca* hace referencia a una persona de vida ociosa y descuidada, *fatuo* denota una persona malvada y réproba. Fatuo es lo contrario de piadoso.

Racal (heb. «comercio»). Aldea de Judá donde vivían algunos de los amigos de David, a quienes envió parte del botín tomado a los amalecitas (1 Sam. 30:39). Se desconoce su ubicación.

Rafael (heb. «Dios sana»). Uno de los siete ángeles que está delante de la gloria de Dios (Tob. 12:15; cf. Ap. 21:9; 22:8). Aparece en el libro de Tobías y es mencionado abundantemente en los apócrifos bíblicos, que lo llaman arcángel. En forma humana aparece como el viajero acompañante de Tobías. Desempeña un gran papel como adversario de Asmodeo (Tob. 5:12).

Rages. Importante ciudad del Imperio persa, situada al nordeste de Media, en la frontera con Partia. Era notable por su estratégica situación y sus defensas casi inexpugnables. En ella habitaban numerosos judíos desde la deportación de Tiglat-pileser III. Es mencionada frecuentemente en el libro de Tobías (1:14; 5:5; 6:9, 12, etc.), y dos en el de Judit (1:5,15). Suele identificarse con Ray, situada al pie de la cordillera de Elburz, en Irán.

Ragüel (heb. «amigo de Dios»). Nombre de varias personas, entre ellas:

1. Rey-sacerdote de Madián, padre de Séfora, según Éx. 2:21, y de Hobab según Nm. 10:29. En cuanto suegro de Moisés es llamado Jetro en Éx. 3:1, y Hobab en Jue. 4:11. Uno de estos nombres puede representar un título oficial, pero es imposible decidirse entre Jetro o Ragüel.
2. Israelita de la tribu de Neftalí, esposo de Edna, padre de Sara y pariente de Tobit, el cual, a pesar de ignorar su parentesco con Tobías, ofreció hospitalidad a éste y a su compañero Rafael, a su paso por Ecbatana, cuando se dirigían a Rages para cobrar una deuda. Tobías, aconsejado por Rafael, pidió a Ragüel por esposa a su hija Sara (Tob. 3:7, 17; 7:1-8).

Rahab (heb. «ancha, orgullosa»). Prostituta cananea de Jericó, cuya casa se hallaba en la misma muralla de la ciudad; dio hospitalidad a los espías enviados por Josué, salvándoles la vida al esconderlos, y facilitándoles la huida por una ventana que tenía abierta sobre la muralla; así, ellos pudieron llegar al campamento israelita (Jos. 2:1-24). Cuando Jericó cayó, a Rahab y su familia se les perdonó la vida, y fueron incorporados al pueblo de Dios (Jos. 6:22-25; He. 11:31; Stg. 2:25). Vino a ser la esposa de Salmón y madre de Booz, figurando así como antepasada del rey David y del Señor Jesús (Mt. 1:5).

Ramá (heb. «altura»). Nombre de varias ciudades del AT construidas sobre la cima de cerros y montes por cuestión de seguridad y defensa.
1. Ramá de Benjamín, ciudad en el territorio de esta tribu (Jos. 18:25), cercana a Gabaa, a Geba y a Bet-el (Jue. 4:5; 19:13, 14; Is. 10:29). Baasa, rey de Israel, la fortificó para impedir que los reyes de Judá emprendieran expediciones guerreras contra el norte (1 R. 15:17, 21, 22; 2 Cro. 16:1-6). Aparentemente se hallaba al sur de Bet-el. Allí es donde parece que fueron reunidos los cautivos de Judá antes de deportarlos a Babilonia y allí se libró de sus cadenas a Jeremías (Jer. 40:1). Al terminar el cautiverio, volvió a ser habitada por judíos (Esd. 2:26; Neh. 11:33). Según Josefo, Ramá estaba a cuarenta estadios de Jerusalén (*Ant.* 8:12, 3). Robinson la sitúa en er-Rãm, sobre una altura, a 8 km al norte de Jerusalén.
2. Ramá de Neftalí. Ciudad fortificada de la tribu de Neftalí, mencionada solamente en Jos. 19:36, la actual el-Ramah, en la alta Galilea, al sur del monte Heider, a 12 km al oeste-sudoeste de Safed, situada en la carretera de Acre a Safed.
3. Ramá de Efraín, patria de los padres de Samuel (1 Sam. 1:1,19; 2:11), ciudad natal y residencia del profeta (1 Sam. 7:17; 8:4; 15:34; 16:13; etc.); donde fue sepultado (1 Sam. 25:1; 28:3).

4. Ramá de Aser. Ciudad sobre la frontera de la tribu de Aser (Jos. 19:29). No debía estar lejos de Tiro, pero no ha sido identificada. Se cree que se encontraba en en-Rameh, a unos 8 km, al suroeste de Safed y a 27 km al este de Akkõ o Acco.

Ramesés. Ciudad y región de la parte más fértil en el Bajo Egipto (Gn. 47:11), del distrito de Gosén (Gn. 47:6), en la parte este del delta del Nilo, donde Faraón ordenó a José que instalara a Jacob y a sus hijos en esta región. Construida por los israelitas bajo el faraón opresor (Éx. 1:11). De Ramesés partió el éxodo de los israelitas (Éx. 12:37; Nm. 33:3, 5). Se ha discutido mucho el emplazamiento de la ciudad. La mayoría cree que se trata de Tanis, según su nombre griego, la Avaris que fue capital de los hicsos, y posteriormente la ciudad de Ramsés II, quien la reconstruyó e inscribió su nombre en ella, la Pi-Ramsés citada tan frecuentemente en los textos egipcios.

Ramot de Galaad (heb. «alturas de Galaad»). Una de las ciudades fortificadas más importante de la tribu de Gad, al este del Jordán. Fue designada como ciudad levítica y de refugio (Dt. 4:43; Jos. 20:8). Durante el reinado de Salmón fue la residencia del gobernador Ben-geber, de la sexta prefactura o distrito, que se extendía al norte y sur del Jarmuc (1 R. 4:13). Tras el cisma del reino, estuvo expuesta a los ataques de los sirios, quienes se apoderaron de ella. Los reyes de ambos reinos, Israel y Judá, consideraron como un deber nacional reconquistarla. El rey Acab murió en su campaña destinada a ello (1 R. 22:3-37; 2 R. 8:28). Su hijo Joram también fue herido en un intento similar (2 R. 8:28, comp. Josefo, *Ant.* 9, 6, 1). Mientras se curaba de sus heridas, Eliso ungió por rey a Jehú, que comandaba el asedio (2 R. 9). Desde estos incidentes no vuelve a ser mencionada. Se desconoce su ubicación exacta. Algunos expertos señalan un lugar cercano a al-Ramta, al sur de Edrei, donde arqueólogos encontraron restos de una fortaleza de tiempos israelitas.

Ramot Del Neguev (heb «alturas del Sur»). Ciudad de la tribu de Simeón, en la que habitaban los ancianos de Judá amigos de David, a los cuales envió parte del botín tomado a los amalecitas (1 Sam. 30:26-27). Sin duda es la misma localidad llamada Ramat Neguev. Se ignora su ubicación.

Ramsés (en egipcio, «Ra le engendró»). Nombre de once faraones de las XIX y XX dinastía, que reinaron en la segunda mitad del Imperio Medio. El faraón más polémico, por su probable relación con el éxodo israelita, es Ramsés II, de la XIX dinastía, llamado Ramsés Miamón en las listas griegas. Algunos egiptólogos piensan que Ramsés II empleó a hebreos para la construcción de su ciudad Pi-Ramsés, y que es el opresor de los hebreos y perseguidor de Moisés (Éx. 14). Los libros del AT no mencionan el nombre de ningún faraón hasta el período monárquico, por eso, hasta el momento, no es posible de modo concluyente relacionar a ninguno de los monarcas egipcios mencionados con el Génesis, ni al faraón del Éxodo.

Raquel (heb. «oveja»). Hija menor de Labán, tío de Jacob. Era muy hermosa y Jacob la conoció en el pozo a donde ella iba a abrevar sus rebaños, cerca de Harán, en Mesopotamia. Jacob se enamoró de ella aquel mismo momento. Sin embargo, Jacob, desprovisto de bienes, no podía pagar la dote que todo pretendiente daba a los padres de una joven. Por esta razón, sirvió a Labán durante siete años para obtener a Raquel, pero, engañado por Labán, Jacob tuvo que servir otros siete años más. Raquel resultó ser estéril, mientra que su hermana Lea dio sin dificultad cuatro hijos a Jacob; Raquel no pudo soportar los celos y propuso a su esposo engrendrar hijos mediante su esclava. Al final pudo ser madre de José, quitando así su deshonra, (Gn. 30:22-25) y de Benjamín, muriendo en el parto de este último (Gn. 35:16-20; 48:7). Jacob la sepultó en un lugar situado algo al norte de Efrata, más conocida bajo el nombre de Belén, a lo largo del camino de este último lugar a Bet-el. Jacob erigió sobre el sepulcro un monumento que permaneció durante mucho tiempo (Gn. 35:19-20), cerca de Selsa (1 Sam. 10:2).

Rebeca. Esposa de Isaac, hija de Betuel y hermana de Labán (Gn. 22:23). Dio a luz a los gemelos Esaú y Jacob (Gn. 24:1-27). Rebeca cometió el error de preferir Jacob a Esaú. A pesar de la profecía acerca de la preeminencia futura de su favorito, no dejó que Dios moviera el curso de la historia, sino que empujó a Jacob a obtener la bendición paterna usando engaños (Gn. 25:28; 27:1; 28:5). Rebeca murió, seguramente, durante la estancia de Jacob en Mesopotamia, y fue sepultada en la cueva de Macpela (Gn. 49:31).

Recab (heb. «jinete»). Nombre de tres personajes del AT.

1. Mercenario al servicio de Is-boset, hijo de Saúl. Junto con su hermano Baana era capitán de «bandas de merodeadores». Para congraciarse con David ambos conspiraron y mataron a Is-boset cuando supieron que Abner había muerto. Llevaron a David la cabeza del hijo de Saúl creyendo que así ganarían su favor, pero és-

te los mandó ejecutar por lo horrendo de su crimen (2 Sam. 4:5-12).
2. Cabeza de una familia de origen ceneo, cuyos miembros se distinguían por su ascetismo, rehusando tener bienes inmuebles permanentes, absteniéndose de vino y viviendo una vida nómada, en tiendas. Jonadab, hijo de Recab, ayudó a Jehú en su campaña contra los sacerdotes de Baal. Ambos entraron en el templo de Baal provistos de una escolta y dieron muerte a todos los siervos de Baal (2 R. 10:15, 23-28; Jer. 35:6). De Recab mismo nada es conocido.
3. Padre de Malquías, quien restauró la puerta del Muladar de las murallas de Jerusalén bajo el gobierno de Nehemías (Neh. 3:14).

Recabitas. Rama de los ceneos que vivía entre los israelitas (1 Cro. 2:55). Jonadab, su jefe, les ordenó que se abstuvieran de vino y de toda bebida fermentada, que no vivieran en casas, y que no cultivaran viñas ni campos, sino que vivieran en tiendas. Estas normas tenían por objeto preservar la simplicidad de la vida nómada, y evitar así la contaminación de la mundanalidad e idolatría de las ciudades de la época. El significado de la palabra indicaría que se trataba de una tribu de jinetes acostumbrada a la vida beduina, a los que era fácil alistar en empresas arriesgadas, se les presenta asociados al temerario Jehú, cuya manera de conducir era la de un loco (2 R. 9:20). Jonadab participó en el exterminio de los sacerdotes de Baal (2 R. 10:15-28). Los recabitas fueron expulsados por Nabucodonosor durante la invasión de Judá (607 a.C.). A partir de aquí se les pierde la pista.

Refaím, Valle de (heb. «valle de los gigantes»). Pequeño valle de Judá cercano a Jerusalén y a Belén. Se extiende al suroeste de Jerusalén y del valle de Hinom (Jos. 15:8; 18:16); era muy fértil (Is. 17:5); es indudable que los refaítas lo habían ocupado en la antigüedad. David venció dos veces a los filisteos en este lugar (2 Sam. 5:18-25; 23:13; 1 Cro. 11:15; 14:9). Es probable que se trate del valle de Bakã', que mide unos 5 km de longitud. Situado al suroeste de Jerusalén, comienza más allá de la depresión que bordea la ciudad al sur y al oeste, y se extiende hasta mitad de camino de Belén, inclinándose bruscamente al oeste. Es un lugar muy rocoso, pero feraz.

Refidim (heb. «grandes espacios»). Campamento de los israelitas durante el éxodo, entre el desierto de Sin y el Sinaí (Éx. 17:1; 19:2; Nm. 33:12-15). Al no haber agua, el pueblo altercó con Moisés. Dios le ordenó entonces que se dirigiera a Horeb con los ancianos del pueblo, y que golpeara la roca. Moisés obedeció, y salió agua de la roca inmediatamente (Éx. 17:5, 6). Descendiendo por el wadi, llegó al campamento, apagando la sed de los israelitas durante su estancia en la región del Sinaí. Amalec atacó a Israel en Refidim. Moisés intercedió ante Dios, con los brazos levantados hasta ponerse el sol, y levantó después en este lugar un altar a Jehová, que había otorgado la victoria a Israel, y que había sido su estandarte (Éx. 17:8-16). Identificación incierta.

Regio. Ciudad marítima de origen griego al suroeste de Italia, frente a Sicilia. La nave que llevaba a Pablo a Roma tocó este puerto (Hch. 28:13). Su nombre moderno es Reggio de Calabria.

Rehobot (heb. «espacios anchos»). Nombre de tres lugares del AT.

1. Pozo cavado por Isaac en el valle de Gerar. Los filisteos no reclamaron éste, como había sucedido con los precedentes (Gn. 26:22). Robinson identifica este valle con el wadi Ruhaibeh, a más de 30 km al suroeste de Beerseba.
2. Una de las ciudades satélite de Nínive (Gn. 10:11).
3. Rehobot «junto al Eufrates» (Gn. 36:37; 1 Cro. 1:48). Aquí Eufrates es un curso de agua distinto al del gran río, porque el pasaje se refiere claramente al país de Edom. Este «río» es probablemente el Sail el-Kerahi, que desemboca en el mar Muerto cerca de su extremo suroccidental. A unos 5 km al Oeste, sobre el Jebel Rihãb, se halla Khirbet Musrab, que indudablemente debe identificarse con Rehobot.

Rehum (heb. «compasivo»). Nombre de cinco personajes del AT.

1. Gobernador persa de Samaria; él y otros persas escribieron al rey Artajerjes para quejarse de la reconstrucción del Templo por parte de los judíos (Esd. 4:8, 9).
2. Uno de los principales judíos que volvieron de Babilonia con Zorobabel (Esd. 2:2); recibe el nombre de Nahum en Neh. 7:7, prob. debido a un error de copia.
3. Uno de los principales sacerdotes; acompañó a Zorobabel cuando éste abandonó Babilonia (Neh. 12:1-7).
4. Uno de los que firmaron el pacto de Nehemías (Neh. 10:25).
5. Levita, hijo de Bani; reparó una parte de las murallas de Jerusalén (Neh. 3:17).

Remanente, Resto. Término que aparece constantemente en el AT en el sentido de «resto o residuo del pueblo». Se aplica particularmente a los judíos sobrevivientes de calamidades como guerras, pestilencias y hambrunas, gente a la que el Señor protegió para recomponer el pueblo elegido (2 R. 19:31; cf. Is. 37:32). En cada crisis de la historia de Israel va quedando un remanente como prenda de futuro. Esto se ve en el tiempo de Acab, cuando Dios se reserva 7.000 piadosos que no se han doblegado ante Baal (1 R. 19:18). El remanente es una señal de la misericordia de Dios, la prueba de que Dios no ha desechado a los suyos (Esd. 9:14-15). Cuando Isaías y Miqueas anuncian el retorno del pueblo judío del cautiverio, no se refieren a su totalidad, sino al remanente gérmen de esperanza y futuro (Is. 37:32; Miq. 2:12; 4:7; 5:7-8; 7:18). Sofonías identifica el remanente con los pobres y humildes (Sof. 2:3, 7; 3:12-13). Zacarías anuncia que un remanente presenciará la venida del reino del Mesías (Zac. 12:10-13:1; 13:8-9), profecía a la que hace referencia Lc. 2:38.

Es en los Salmos donde por primera vez se diferencia al remanente de la nación infiel. En el NT se aplica al pueblo que ha creído en Cristo (Ro. 11:5). El tema del resto fiel, único Israel verdadero, está latente en numerosos textos del NT (Mt. 3:9s.; 22:14; Jn. 1:11s.; 1:47; Ro. 2:28; 1 Co. 10:18; Gál. 6:16). Gracias al resto que ha creído en Jesucristo, la infidelidad de Israel no acaba con las promesas, y la fidelidad de Dios se mantiene íntegra en la iglesia (Ro. 11:1-7).

Renfán. Divinidad pagana adorada por los israelitas en el desierto (Hch. 7:43; cf. Am. 5:25-27). Se cree que es una referencia a *Kaiwãn* o *Kewãn*, equivalente al ac. *Kaimãnu*, nombre asirio de Saturno, y así lo traduce la versión siria. Los egiptólogos, por su parte, creen que la explicación se encuentra en las divinidades extranjeras adoradas en Egipto, Renpu, representado como un asiático con barba, y su consorte Ken, que aparecen juntas. La mención de Quiún o Renfán adorado durante la peregrinación en el desierto fue debido, en parte, al elemento extranjero que se unió al éxodo israelita.

Renuevo (heb. «brote», «retoño»). Nombre dado al vástago que nace de un árbol o de una rama cortada. Como señal de que Dios había escogido a Aarón, su vara brotó y echó flores, arrojando renuevos y produciendo almendras (Nm. 17:8). El término es utilizado para señalar restauración y renovación (Is. 27:6). Se aplica al Mesías como título, en cuanto descendiente de David (Is. 4:2; Jer. 23:5; 33:15; Zac. 3:8; 6:12). En este sentido, es análogo «raíz», usado, p. ej., en Is. 11:1; 53:2.

Requem. Nombre de varias personas del AT.

1. Uno de los cinco reyes de Madián vencidos por Moisés y ejecutados juntamente con Balaam (Nm. 31:8; Jos. 13:21).

2. Tercer hijo de Hebrón y padre de Samai, de la tribu de Judá, citado en la genealogía de Caleb (1 Cro. 2:43, 44). En esta genealogía es muy difícil separar los nombres de estos personajes de los correspondientes a ciudades. Requem parece haber sido una villa adjudicada a la tribu de Benjamín en la repartición de la tierra (Jos. 18:27), quizá fundada como una colonia de Hebrón.

Resef (heb. «brasa ardiente»). Descendiente de Efraín, de la familia de Beria, posiblemente hijo directo de este último (1 Cro. 7:25). Al igual que otros personajes de Efraín citados en Crónicas, no se menciona en las genealogías de este patriarca descritas en el Pentateuco (Gn. 46:21; Nm. 26:35).

Resef, divinidad (heb. «centella»). Divinidad cananea del relámpago y del trueno, naturaleza nefasta y perjudicial para hombres y animales. Correspondía a una plaga, azote o epidemia aniquiladora en los documentos y poemas ugaríticos y en las inscripciones arameas de Siria del siglo VIII a.C. Hería a los hombres y sus ganados con rayos flamígeros, lo que ocasionaba enfermedades epidémicas. El texto masorético trata este deidad como un sustantivo en distintos pasajes (Dt. 32:24; Sal. 76:3; 78:47).

Resef, ciudad (heb. «piedra ardiente»). Una de las ciudades de cuya destrucción se jactaba el Rabsaces de Senaquerib (2 R. 19:12; Is. 37:12). Se trata, seguramente, de la antigua Rasappa de las inscripciones cuneiformes, que fue durante mucho tiempo residencia de un gobernador asirio, mencionada por Ptolomeo bajo el nombre de Rhesopha como una ciudad de Palmira (*Geog.* 5, 15). Se la identifica con la actual Rusãfah, que se halla a unos 25 km al oeste del Eufrates, en el camino de Palmira.

Resén (heb. «freno»). Una de las ciudades de la conglomeración metropolitana de Nínive en Asiria. Se hallaba entre Nínive y Cala (Gn. 10:11, 12). Sólo es mencionada en el Génesis, que la califica de «gran ciudad» fundada por Nimrod. Su identificación es incierta.

Resurrección, gr. 336 *anástasis*, «levantamiento». En el AT no se halla término alguno equivalente a resurrección, ya que la idea de ésta no apareció sino en época tardía, con todo existe la creencia en la resurrección como expectativa real y futura fundada en el Dios vivo que «puede dar vida a los muertos» (1 Sam. 2:6; cf. Jn. 11:24). De hecho, hay varios relatos de resurrecciones que demuestran que el poder de

Dios triunfa sobre la muerte (1 R. 17:21; 2 R. 4:34; 13:21), así como los arrebatamientos de Enoc y Elías, que no vieron muerte (Gn. 5:24; 2 R. 2:11). Job proclama su fe en la resurrección basado en la vida de su Redentor (Jb. 19:23-27). El salmista sabe que Dios lo sacará de la morada de los muertos (Sal. 49:15). Daniel, indudablemente en una época más temprana, habla claramente de dos tipos de resurrección (Dn. 12:2), y él recibe personalmente la certeza de que se levantará para recibir su heredad (Dn. 12:13). En el judaísmo del tiempo de Jesús era aceptada como un artículo de fe por los fariseos (cf. Jn. 11:24), aunque negada por saduceos (Mt. 22:23; Hch. 23:6-8), limitados estrictamente a la Torá o Pentateuco.

Según la concepción bíblica, la paga del pecado es muerte (Ro. 6:23) y el hombre, en cuanto pecador, está bajo sentencia de muerte (cf. Ef. 2:1, 4-6; Col. 3:1-4, etc.). Jesucristo se presenta a sí mismo como la resurrección y la vida (Jn. 11:25), es decir, como aquel que vence la muerte (cf. Ap. 1:18) gracias al sacrificio de su vida, ofrendada como un sacrificio de expiación por el pecado, «aguijón de la muerte», quitado por Jesucristo, que da la victoria y el premio de la vida eterna a los creyentes, de modo que éstos pueden clamar: «¿Dónde está, oh muerte, tu victoria? ¿Dónde está, oh muerte, tu aguijón?» (1 Co. 15:55). Utilizando una analogía de la naturaleza, el apóstol Pablo razona que el Creador tiene la capacidad de resucitar a los creyentes del mismo modo que hace germinar las plantas a partir de una pequeña semilla enterrada en la tierra (1 Co. 15:35-41). Del mismo modo, el cuerpo que se corrompe al morir, resurgirá nuevo, incorruptible, glorioso, lleno de poder, espiritual (1 Co. 15:42-44), a semejanza del de Cristo resucitado (vv. 45-49; Flp. 3:20-21).

La resurrección tendrá lugar a la venida de Cristo (1 Co. 15:23, 51-53; 1 Ts. 4:13-18), en «el día postrero» (Jn. 6:39, 40, 44, 54). Los creyentes que en aquel momento vivan sobre la tierra no morirán: transformados en un abrir y cerrar de ojos, serán arrebatados a los aires al encuentro del Señor junto con los creyentes antes muertos y ahora resucitados. En la vida presente, el creyente ya goza de la futura vida de resurrección, habiendo resucitado espiritualmente en su nuevo nacimiento (Jn. 5:24; Ro. 6:1, 4; Ef. 2:4-6; Col. 1:3-4); pero todavía tiene pendiente la redención del cuerpo (Ro. 8:23). Los que han rechazado la salvación en esta vida, también resucitarán, pero para juicio y confusión eterna (Jn. 5:28-29; Hch. 24:15; Ap. 20:4-5).

Resurrección de Jesús. El retorno de Cristo a una vida corporal glorificada, tres días después de su muerte, constituye, junto con la cruz, la base misma del Evangelio (1 Co. 15:3-4). Sin este hecho glorioso, la fe del cristiano sería totalmente vana (1 Co. 14:14-19). La resurrección del Mesías está ya anunciada en el AT (Lc. 24:44-46; Gn. 22:2-5; cf. He. 11:19; Nm. 17:1-11; cf. Ro. 1:4; Is. 53:10-12; Mt. 12:39-40; Sal. 16:9-10; 110:1; cf. Hch. 2:29-36). El mismo Jesús había advertido a sus discípulos al respecto (Mt. 16:21; 17:22-23; 20:19; Jn. 2:18-22; Mc. 9:9-10). Los discípulos, bien lejos de inventarse apariciones imaginarias, fueron difícilmente persuadidos de un hecho tan extraordinario. El Señor Jesús tuvo que reprocharles vivamente su incredulidad y dureza de corazón (Mc. 16:13-14; Lc. 24:22-25, 37-39), y les dio unas pruebas tales que finalmente quedaron totalmente persuadidos. Su fe consiguiente los transformó y los capacitó para ir hasta el mismo martirio por su Señor resucitado. Por otra parte, el sepulcro había quedado vacío, y los mismos enemigos de la naciente Iglesia, que teníam en sus manos todos los resortes del poder, no pudieron jamás presentar el cadáver del Crucificado. Después de los cuarenta días transcurridos con sus apóstoles, el Señor los dejó, y glorificado en las alturas les envió el Espíritu Santo (Hch. 1:3-9). Desde entonces, los discípulos vinieron a ser, en todo lugar, testigos de la resurrección (Hch. 1:22; 2:32; 3:15; 4:10, 33; 5:31-32; 10:40-42; 13:30-37; 25:19, etc.).

Por su resurrección el mismo Jesucristo es declarado Hijo de Dios con poder (Ro. 1:4); le es dado todo poder en los cielos y en la tierra (Mt. 28:18) y desde entonces está sentado a la diestra de Dios, coronado de gloria y de honra (Hch. 2:32-34; He. 2:9), esperando el momento de su retorno para establecer su reino (Hch. 17:31). Mientras tanto intercede por los creyentes ante el Padre (He. 7:23-25; 1 P. 3:21). Cristo, el nuevo Adán, crea una nueva humanidad, de la que el creyente viene a formar parte (1 Co. 15:45-49). Él es las primicias de los muertos, y su resurrección es la firme garantía de la del creyente.

Reu (heb. «compañero). Descendiente de Sem, hijo de Peleg y padre de Serug (Gn. 11:18, 21; 1 Cro. 1:25). Aparece citado en la genealogía de Cristo de san Lucas con el nombre de Ragau, conforme a la LXX (Lc. 3:35).

Reuel (heb. «amigo de Dios»). Nombre de cuatro personajes del AT.

1. Hijo de Esaú con Basemat (Gn. 36:4, 10; 1 Cro. 1:35, 37); y padre de cuatro hijos (Gn. 36:13) que fueron jefes de familia o de clan en el país de Edom (v. 17).
2. Sacerdote madianita y pastor nómada en el desierto, padre de Séfora, esposa de Moisés y, por tanto, suegro de éste (Éx. 2:16 ss.); pero en Éx. 3:1; 4:18, recibe el nombre de Jetro.

3. Padre de Eliasaf, jefe del ejército de la tribu de Gad en el momento del censo en el Sinaí (Nm. 2:14). En otros pasajes paralelos recibe el nombre de Deuel (1:14; 7:42, 47; 10:20).
4. Benjaminita, padre de Sefatías, que juntamente con otros compatriotas se estableció en Jerusalén después del cautiverio (1 Cro. 9:8).

Reúma (heb. «elevada», o «oral»). Concubina de Nacor, hermano de Abraham, con la que tuvo a Teba y otros hijos (Gn. 22:24).

Revelación, del lat. *revelare*, «descubrir, revelar, apartar un velo», correspondiente al griego *apokalyptein*, que significa «quitar el velo, hacer manifiesto». La revelación es el acto libre por el que Dios comunica su misterio a la humanidad invitándola a compartirlo. La revelación constituye el fundamento de la fe y su referencia constante. En teología se distingue entre revelación natural y sobrenatural. La revelación natural o general va unida a la creación y consiste en la manifestación de la existencia y de ciertas perfecciones de Dios que son perceptibles por la sola razón (cf. p. ej., Sal. 19:1-6; Ro. 1:19-20; Hch. 14:17). La revelación natural es posible porque la razón humana puede captar lo concerniente a Dios a posteriori, ascendiendo de los efectos a la Causa Suprema.

La revelación sobrenatural o especial es la que se realiza mediante la palabra misma de Dios comunicada a los hombres (cf. p. ej. Sal. 19:7-13, desarrollados ampliamente a todo lo largo del Sal. 119). Se llama «sobrenatural», porque no la exige la naturaleza humana ni puede alcanzarla por sus propias fuerzas, y «especial», porque es una manifestación particular que Dios hizo primero a su pueblo Israel, pero proyectada finalmente pàra toda la humanidad. En el AT la revelación especial se expresa preferentemente por la expresión «palabra de Yahvé». El NT utiliza al menos 15 términos diferentes para hablar de la revelación, pero su referencia es siempre Jesús de Nazaret y su obra, Él es el revelador del Padre (Mt. 11:27; Lc. 10:22; Jn. 1:18) y revelación asimismo del camino de salvación (cf. Jn. 14:6; Ro. 16:25; 1 Co. 2:7; Ef. 3:9).

Reyes, Libros 1 y 2 de. Estos dos libros no formaban al principio más que uno; su división procede de la LXX, que los llamó «tercero y cuarto libro de los dos libros de los reinados», ya que Samuel era considerado como el primero y el segundo de este conjunto. En el canon hebreo figuran entre los escritos llamados «Profetas anteriores», cuyos relatos llevan desde la muerte de Moisés hasta la cautividad.

La obra va destinada a los testigos de los trágicos sucesos del 587 a.C., cuando el ejército de Babilonia, al mando de Nabucodonosor, destruyó la santa ciudad de Jerusalén y su templo. Tiene por finalidad instruir y animar. En contra del pensamiento popular que atribuía a Dios la responsabilidad de lo ocurrido por haberse olvidado de la Alianza, el autor indica que el pecado del pueblo y sus gobernantes es el verdadero motivo del desastre. La infidelidad no es de Dios, sino del pueblo y sus reyes. El mensaje de ánimo se basa en la convicción de que las promesas de Dios conservan su valor. Repetidamente menciona la promesa hecha a David sobre una dinastía ininterrumpida y sobre la vinculación de ésta con Jerusalén y con el Templo. El redactor, sumamente influenciado por el libro de Deuteronomio destaca las causas morales y espirituales de la expansión y de la ruina del reino (cf. 2 R. 17). Da a cada reinado una valoración desde el punto de vista religioso. Los reyes buenos son aquellos que obedecen la Ley, siendo fieles al pacto con su Dios combatiendo la idolatría y siguiendo el ejemplo de David; los reyes malvados (especialmente los de Israel) son los infieles al pacto, «andando en el camino de Jeroboam» (cf. 1 R. 15:11; con 1 R. 15:26, 34, etc.). Son pocos los soberanos que, apareciendo en la historia profana y la arqueología, ocupen algo de espacio en el texto sagrado: Omri, 6 vers. (1 R. 16:23-28), Jeroboam II, siete vers. (2 R. 14:23-29). Los caracteres importantes desde el punto de vista espiritual son descritos minuciosamente. Hay dos crisis dramáticas que marcan un punto de inflexión en este período: la victoria de Elías sobre los profetas de Baal en el reino del norte, y la intervención de Joiada en Jerusalén, salvando al rey Joás y eliminando a la usurpadora Atalía, precisamente en el momento en que ella estaba tratando de lograr la victoria para el paganismo fenicio. Los libros de los Reyes nos dan a conocer la época de los grandes profetas hasta Jeremías. Completan de una manera indispensable los mensajes de estos grandes hombres de Dios. Una parte de sus relatos se retoma en 1 y 2 Crónicas, desde otra perspectiva. Las enseñanzas que se consiguen por estas perspectivas complementarias tienen un gran valor.

En lo que respecta a la redacción, el relato de 1 y 2 Reyes, que abarca más de 400 años, se basa en los de historiadores y cronistas precedentes. Los libros de Reyes se diferencian de los libros históricos anteriores por el empleo de las siguientes fuentes:

a) Para el reinado de Salomón, de «Los Hechos de Salomón» (1 R. 11:41).
b) Para el reino del Norte, y hasta la muerte de Peka, de «las Historias de los reyes de Israel», mencionadas diecisiete veces (1 R. 14:19).
c) Para el reino del Sur, hasta la muerte de Joacim, «las Crónicas de los

reyes de Judá», citadas quince veces (1 R. 14:29). Según sus títulos, estas crónicas e historias formaban ya desde el principio dos obras separadas. Indudablemente acabaron reunidos en un solo libro, que el cronista llama «el libro de los reyes de Judá y de Israel» (2 Cro. 16:11). Estas dos recopilaciones de anales contenían muchos más detalles que nuestros libros de Reyes (cf. 1 R. 14:19, 29). El cronista cita pasajes que el recopilador de Reyes omite (2 Cro. 27:7; 33:18). Se admite en general que estas dos recopilaciones de anales no eran recopilaciones originales, sino dos recopilaciones de textos primitivos, a los que se habían añadido los escritos de diversos profetas (2 Cro. 20:34; cf. 32:32).

Comenzada antes de la destrucción de Jerusalén (587 a.C.), la redacción de nuestros actuales libros de los Reyes no fue finalizada hasta terminar la segunda mitad del cautiverio de Babilonia, cuando Evil-Merodac, hijo de Nabucodonosor, libró de la prisión a Jeconías, heredero último de la dinastía davídica (2 R. 25:27-30). No se menciona la llegada de Ciro ni el regreso de los desterrados a la patria el año 539, por tanto, la composición del libro debe colocarse entre estos dos extremos: 587 y 539.

El autor se ocupa especialmente de la historia de la monarquía davídica; menciona en dos ocasiones un acontecimiento común a los reinos del Norte y del Sur (cf. 1 R. 15, 16, cf. v. 32; 2 R. 17:5, 6, cf. 18:9). La obra se compone de tres partes: una, el reinado de Salomón (1 R. 1-11). Dos, la historia sincrónica de los reinos de Judá e Israel hasta la cautividad de Israel (1 R. 12 hasta 2 R. 17). Tres, la historia del reino de Judá hasta la cautividad en Babilonia (2 R. 18-25).

Rezín (heb. «dominio»). Nombre de dos personajes del AT.

1. Rey de Damasco. Hacia el año 738 a.C. pagó tributo a Tiglat-pileser II, rey de Asiria. Cuatro años más tarde, se alió con Peka, rey de Israel, para atacar a Acaz, rey de Judá, y subió contra Jerusalén. Rezín y Peka querían poner a uno de los suyos sobre el trono de David. Isaías pronunció una célebre predicción relativa a este designio destinado a torcerse (Is. 7:1-9:12). Durante esta expedición, antes de unir sus tropas con las de Peka, Rezín arrebató a Judá la ciudad de Elat en el golfo de Ákaba (2 R. 16:6). El rey Acaz solicitó la ayuda de Tiglat-pileser II, que, después de haber castigado a los filisteos, que eran hostiles a Judá, puso sitio a Damasco en el año 733 y 732 a.C., apoderándose de ella y dando muerte a Rezín (2 R. 16:7-9).
2. Fundador de una familia de netineos o sirvientes del templo, de la que algunos miembros volvieron de la cautividad (Esd. 2:48; Neh. 7:50).

Rezón (heb. «príncipe»). Jefe arameo, adversario de Salomón. Era hijo de Eliada y súbdito de Hadad-ezer, rey de Soba. Encabezando un ejército, tomó la corona de Damasco, y hostigó continuamente a Israel en los tiempos de Salomón (1 R. 11:23-25). Convirtió la ciudad de Damasco en el núcleo de un reino independiente al norte de Palestina.

Ribla (heb. «fertilidad»). Nombre de dos lugares citados en el AT.

1. Lugar mencionado entre Sefam y el mar de Quinéret, al describir la frontera oriental de la Tierra Prometida (Nm. 34:11). Se ignora su situación.
2. Ciudad siria de la región de Hamat, a orillas del Orontes, al sur del lago de Homs. Estaba situada en un punto estratégico en la ruta que unía a Mesopotamia con Egipto. En ella acampó el faraón Necao durante su expedición contra los asirios. Necao depuso a Joacaz, rey de Judá, y fue llevado prisionero a esta ciudad (2 R. 23:33). Al invadir Nabucodonosor la región para reprimir la rebelión de Sedequías, el último rey de Judá, el monarca caldeo puso su cuartel general en Ribla. Jerusalén cayó en manos de los caldeos y atraparon a Sedequías cuando intentaba huir de la ciudad, entonces fue llevado a Nabucodonosor, que se hallaba en Ribla. El rey de Babilonia hizo dar muerte a los hijos de Sedequías en presencia de su propio padre, a los príncipes de Judá, y después hizo que sacaran los ojos al propio Sedequías y lo mandó llevar cargado de cadenas a Babilonia (2 R. 25:6, 7, 21; Jer. 39:5-7; 52:9-11, 27).

Rimón (heb. «granada»). Nombre de un personaje y varias ciudades del AT.

1. Benjamita, padre de Baaba y Recab, los asesinos de Is-boset (2 Sam. 4:2, 5, 9).
2. Ciudad al sur de Judá, cerca de Ain (Jos. 15:32; 1 Cro. 4:32; Zac. 14:10). Parece que Rimón y Ain formaban una sola urbanización (cf. Neh. 11:29). Fue asignada desde el principio a Simeón, junto con otras ciudades, en medio de la heredad de la tribu de Judá (Jos. 19:7). Identificado con las ruinas de Um er-Rumãmîn, a unos 14 km de Beerseba.
3. Localidad en una de las fronteras del territorio de la tribu de Zabulón (Jos. 19:13). Se menciona entre Ita-cazín y Nea. Llegó a ser una ciudad levítica, entregada a los hijos de Merari (1 Cro. 6:77). En Jos. 21:35 se da la forma *Dimna*, que indudablemente proviene de un error de lectura. El nombre Rimón ha sido preservado en el de Rummãneh, pueblo a unos 9 km al norte y ligeramente al este de Nazaret.

4. Roca o peña próxima a Gabaa, en la que se refugiaron seiscientos benjamitas que quedaron vivos en la matanza que resultó de la guerra con los demás israelitas, con la que les hicieron purgar el crimen cometido en la persona de un levita y su concubina. Permanecieron en este lugar durante cuatro meses (Jue. 20:45-47; 21:13). Se trata probablemente de una eminencia aislada, de roca calcárea, a poco menos de 6 km al noreste de Bet-el. Unas barrancas cortan el acceso a esta peña por el sur, norte y oeste. Los fugitivos pudieron hallar asilo en sus grutas. El nombre de Rimón subsiste bajo la forma de Rammûn, un pueblo que se halla en la cumbre de la peña.

Rimón, divinidad. Divinidad siria que tenía un santuario en Damasco. Era venerada por Naamán y su rey (2 R. 5:18). Se identifica con el Hadad asirio, del que Ramanu es un epíteto, el cual corresponde al Baal sirio. En Asiria se hallaba entre los doce dioses principales, y era el que estaba sobre las tormentas, la lluvia, los relámpagos y el trueno.

Rimón-Peres (heb. «granada de la abertura»). Uno de los lugares donde acamparon los israelitas durante su peregrinación por el desierto, después de haber dejado Ritma y antes de estacionarse en Libna (Nm. 33:19-21). No se conoce su localización exacta, pero se ha propuesto por algunos Bir el-Temed o Naqb el-Biyar, unos 30 km al oeste del extremo septentrional del golfo de Akaba.

Riqueza. En la Biblia, las riquezas son una bendición, y un bien confiado por Dios al hombre (Dt. 19:18; 1 Cro. 29:12; Ec. 5:19); Abraham era «riquísimo» (Gn. 13:2); sin embargo, el hombre es considerado como administrador, no dueño de ellas. De esta manera el Señor, como dueño de todo (cf. Sal. 24:1) da instrucciones a los que tienen para que den liberalmente a los necesitados (Dt. 15:7-11; cf. Dt. 15:1-6; 15:12-18). En las Escrituras se denuncia el peligro del perverso corazón humano de confiarse en las riquezas, en vez de fiarse de Dios (Jer. 9:23-24). El poseedor de riquezas puede ensoberbecerse por ello (Prov. 18:23; 28:11), hasta el punto que el Señor Jesús señala la dificultad de la salvación de los ricos (Mt. 19:23, 24; Mc. 10:25; Lc. 18:25; cf. 18:18-23). Denuncia el inmenso peligro de caer en la esclavitud de las riquezas (Mt. 6:24; cf. Ec. 4:8; 5:12). Refiriéndose a los creyentes ricos, el apóstol Pablo escribe a Timoteo para que les mande no ser altivos, ni poner la esperanza en las riquezas, «que son inciertas, sino en el Dios vivo... Que hagan bien, que sean ricos en buenas obras, dadivosos, generosos...» (1 Ti. 6:18, 19). No se condena la posesión de las riquezas, pero sí el mal uso de ellas, como de cualquier otro don que el Señor haya otorgado al creyente. También se condena su mala adquisición, por avaricia (Prov. 28:22); engaño (Jer. 5:27); rapiña (Miq. 6:12); opresión (Stg. 2:6); impago de los salarios debidos (Stg. 5:1-4), junto con un dominio violento de la sociedad (Stg. 5:5-6). Desde el ejemplo dado por el Señor Jesucristo, que por amor a los hombres se hizo pobre, siendo rico (2 Co. 8:9), se construye la ética apostólica sobre las riquezas, gobernada por el principio del compromiso y solidaridad. Ni toda la riqueza del mundo puede servir para ocultar de los ojos de Dios el estado de miseria, desnudez y vergüenza de los que profesan una fe que no descansa en el poder del Señor pobre sino en el propio poder de sus logros y adquisiciones (Ap. 3:14-18).

Rissa (heb. «ruinas»). Uno de los lugares de acampada de los israelitas durante su peregrinación por el desierto, mencionado entre Libna y Quehelata (Nm. 33:21, 22).

Ritma (heb. «retama»). Uno de los lugares de acampada de los israelitas durante su peregrinación por el desierto, entre el Sinaí y Cades (Nm. 33:8, 19). Debe su nombre a la profusión con que crece la retama, ubicado en las proximidades de algunos de los wadis como wadi Rithimat, o wady Abu-Retemat.

Rizpa (heb. «carbón encendido»). Concubina de Saúl, hija de un tal Ayías, fue causa de un extrañamiento entre Is-boset, sucesor de su padre Saúl y el ambicioso Abner, el cual acusó a éste de haber mantenido relaciones sexuales con Rizpa, pero Abner negó el hecho. Molesto por la sospecha, decidió cambiar su lealtad a David, con quien entró en alianza (2 Sam. 3:7-15). Muchos piensan que Abner realmente aspiraba al trono y que su relación con Rizpa tenía la intención de acreditar esas aspiraciones, pues el harén de un rey muerto pasaba a su heredero. Más tarde, dos hijos de Rizpa fueron entregados a los gabaonitas, que los ahorcaron junto con varios nietos de Saúl. Sus cuerpos fueron expuestos a la intemperie para vengar los males que Saúl les había hecho. Rizpa vigiló los cadáveres de día y de noche, según parece, desde abril hasta octubre.

Roboam (heb. «el pueblo se ha engrandecido»). Hijo único del rey Salomón, a quien sucedió en el 931 a.C. El pueblo, que sufría los excesivos impuestos exigidos por Salomón, solicitó un alivio con ocasión de la accesión del nuevo monarca, pero éste no sólo negó la petición sino que la agravó. Entonces diez de las doce tribus renunciaron desde aquel mo-

mento a sostener la casa de David (1 R. 12:1-20; 2 Cro. 10:1-19). Sólo Judá, una gran parte de Benjamín, y los de Simeón, permanecieron fieles al soberano. Consumada la división, Jeroboam fue nombrado primer rey de las diez tribus del norte conocidas desde entonces por reino de Israel. Sólo Judá, una gran parte de Benjamín, y los de Simeón, permanecieron fieles al soberano. Roboam reunió entonces a sus tropas escogidas para combatir a las tribus rebeldes, pero el profeta Semaías consiguió disuadirlo de ello (1 R. 12:21-24; 2 Cro. 11:1-4).
En el quinto año del reinado de Roboam, el faraón egipcio Sisac invadió Judá, tomó ciudades fortificadas, se apoderó de Jerusalén y saqueó el Templo y el palacio real (1 R. 14:25-28; 2 Cro. 12:2-12). Roboam ocupó el trono durante 17 años, y murió alrededor del año 915 a.C., le sucedió su hijo Abiam, también llamado Abías (1 R. 14:21, 31; 2 Cro. 12:13, 16)

Rodas (gr. «rosal»). Isla del mar Mediterráneo, frente a la costa de Caria, al suroeste de Asia Menor. Hallándose en una encrucijada marítima, la isla vino a ser un importante centro comercial, tan importante como Alejandría y Cartago. Fue visitada por san Pablo durante su último retorno a Palestina (Hch. 21:1).

Rode (gr. «rosa»). Joven sierva de María, la madre de Juan Marcos. Pedro, después de haber sido liberado milagrosamente, fue a casa de María y llamó a la puerta. Rode fue a ver de qué se trataba; al oír la voz de Pedro, aturdida de tanto gozo, olvidó abrir la puerta, y fue corriendo a anunciar a los que estaban orando por la libertad del apóstol que estaba allí. Pedro tuvo que insistir para que le abrieran (Hch. 12:13-16).

Rogel (heb. prob. «fuente del batanero»). Fuente en las cercanías de Jerusalén (2 Sam. 17:17), cerca del valle de Ben-Hien los confines de Judá y Benjamín (Jos. 15:1, 7; 18:11, 16). Según Josefo, era el jardín del rey. Durante la revuelta de Absalón, Jonatán y Ahimaas se instalaron en este lugar con el fin de recoger las informaciones que ellos, a su vez, transmitían a David (2 Sam. 17:17).
Cerca de Rogel se hallaba la peña de Zohelet, junto a la que Adonías organizó un banquete cuando conspiraba para apoderarse del trono (1 R. 1:9).

Rogelim (heb. «bataneros»). Localidad de Galaad, de donde procedía Barzilai, amigo de David (2 Sam. 17:27; 19:31). Prob. quedaba cerca del río Jaboc, la actual Ajlun, aldea principal de Jebel Ajlun, en una wadi del mismo nombre, entre Jerash y ed-Deir (Jabesh-Gilead).

Roma (gr. «fuerza»; del lat. *Romulus*, fundador de la ciudad). Roma hizo su aparición en época tardía en el Oriente bíblico. En el AT es entrevista proféticamente en el libro de Daniel (el cuarto Imperio en los caps. 2 y 7), y presente en la historia de los Macabeos. En el año 63 a.C., Pompeyo se apoderó de Judea, después de haber eliminado el poder de los Seléucidas, reduciendo a Siria a la condición de provincia romana. Judea, aunque hecha tributaria, conservó durante un cierto tiempo un gobierno autónomo. Los judíos soportaban a regañadientes la ocupación romana, con todas las vejaciones que ella implicaba, los pesados impuestos, las profanaciones del Templo. El nacionalismo de los judíos, exacerbado por la implacabilidad de la administración romana, se manifestaba en motines y revueltas ocasionales. Sin embargo, la religión judía había sido reconocida por Roma, de manera oficial, como *religio licita*, religión legal. Josefo recoge el decreto que permitía explícitamente a los judíos el ejercicio de su religión como de origen demostrable. Así, el judaísmo como tal no podía ser perseguido en Roma. Este hecho fue de gran importancia al principio de la difusión del cristianismo, que era considerado oficialmente como una corriente del judaísmo (cf. Hch. 18:15).

Por otra parte, el sometimiento total de los judíos a Roma quedó patente en el hecho de que la sentencia de muerte contra el Señor Jesucristo tuvo que ser confirmada por un juez romano, y ejecutada por romanos siguiendo sus métodos para los que no eran ciudadanos romanos (esto es, la crucifixión). Naturalmente, se daban casos de linchamientos al margen de la legalidad establecida, como lo fue el martirio de Esteban por la turba judía, y como se intentó con Pablo, cosa que impidió la autoridad romana a tiempo (cf. Hch. 21:30-32 ss.).

Al principio, la existencia del Imperio romano fue muy favorable para la difusión del Evangelio. Durante más de dos siglos, el orden estable y enérgico establecido por Roma aseguró la paz y la prosperidad. Las excelentes carreteras romanas, la supresión de la piratería y bandidaje, y el desarrollo consiguiente del tráfico marítimo y terrestre, el conocimiento generalizado del griego en Oriente y del latín en Occidente, la unidad exterior del Imperio, todo ello ofrecía unas posibilidades que hasta entonces nunca se habían dado para la proclamación universal de la Palabra de Dios. Por otra parte, el dominio romano, que había quebrantado las barreras entre las razas y religiones particulares, consiguió, por una parte, familiarizar a personas de distintas procedencias entre sí; al mismo tiempo, sin embargo, existía una tal corrupción moral y un tal abandono de las antiguas creencias paganas, que las almas estaban ávidas de una vida nueva y de una verdad liberadora. En la época de Hechos y de las Epístolas, los funcionarios romanos evidencian en general una actitud de indulgencia hacia los cristianos, y la calidad de ciudadano romano que Pablo ostentaba le fue útil en más de una ocasión. Pero las persecuciones comenzaron ya bajo Nerón, que acusó a los cristianos del incendio de Roma. Empezaron a ser considerados como traidores y peligrosos para la estabilidad del Estado, porque rehusaban participar en la religión pagana, que constituía un verdadero sostén de lealtad de la plebe al orden establecido. Al ser conscientes las autoridades del hecho de que grandes masas de la población que no eran judíos habían asumido la nueva fe, separaron tajantemente su trato hacia los cristianos del que daban a los judíos. Así, se lanzaron grandes persecuciones contra los no judíos que rehusaran participar en el culto al emperador. Al final del siglo I d.C., el emperador Domiciano hizo encarcelar y dar muerte a multitudes de cristianos. Las persecuciones se fueron sucediendo, con algunos períodos de calma, durante dos siglos y medio. La firmeza de muchos cristianos ante las persecuciones, a pesar del también crecido número de muchos meros profesantes que recaían en el paganismo, contribuyó a que muchos más se interesaran en el Evangelio. El cristianismo llegó finalmente a tener tanta influencia social que el emperador Constantino, cuya madre profesaba el cristianismo, promulgó en el año 313 el Edicto de Milán, por el que los cristianos recibían las mismas libertades y derechos que los paganos, como medida de prudencia política. No fue hasta el reinado de Teodosio (346-395) que el cristianismo fue proclamado la religión oficial de todo el Imperio.

Romanos, Epístola. Primera de las cartas de Pablo en el canon del NT, sexta según el orden cronológico. Redactada en Corinto, según se desprende de los saludos (Ro. 16:23, cf. 1 Co. 1:14; 2 Ti. 4:20) y del hecho de que la carta fue probablemente llevada a Roma por Febe, diaconisa de la iglesia en Cencrea (Ro. 16:1), uno de los puertos de Corinto (Hch. 18:18). Si es así, el apóstol redactó esta epístola en la época de su paso por Grecia (Hch. 20:2, 3) en el invierno del año 57-58 d.C. Pablo hacía tiempo que anhelaba ir a Roma (Ro. 1:10-12; 15:23). Habiendo acabado su misión en Oriente (v. 23), deseaba detenerse en Roma en su proyectado viaje a España (Ro. 15:28). Pero el apóstol deseaba ir antes a Jerusalén para llevar los dones de las iglesias de los gentiles (Ro. 15:25, 26), no sabiendo lo que sería de él en el curso de este peligroso viaje (Ro. 15:30-32; Hch. 20:22). A juzgar por los saludos, Pablo tenía muchos amigos en la ciudad (cf. Ro. 16). Desde el punto de vista histórico, esta carta es el testimonio más antiguo y más seguro de la temprana existencia de una comunidad cristiana en la capital del Imperio.

El tema de esta epístola, una de las más sistemáticas y extensas de las escritas por Pablo, le fue inspirado por las controversias que había tenido que sustentar, y por la necesidad de definir el Evangelio que predicaba entre los gentiles. Esta carta, de una gran importancia, trata de una manera detallada la cuestión de la salvación. En tanto que la Epístola a los Gálatas constituye la carta magna de la libertad cristiana, la Epístola a los Romanos expone los principios fundamentales de la fe.

Después de la mención de los destinatarios y de los saludos (Ro. 1:1-7), y de la expresión de su gran interés por los cristianos en Roma (Ro. 1:8-15), el apóstol indica cuál es la esencia de su Evangelio y el tema de la epístola (Ro. 1:16, 17). Pablo expone acto seguido la universalidad del pecado y la necesidad de la gracia para la justificación (Ro. 1:18-3:20). Declara, de entrada, que los gentiles se hallan bajo el imperio del pecado, y bajo condenación (Ro. 1:18-32). Los judíos son igualmente culpables ante Dios (Ro. 2). Después Pablo refuta la objeción de que ello equivale a la pérdida de los privilegios de Israel. A ello responde que el privilegio de los judíos consiste en ser depositarios de la revelación, pero que sus propias Escrituras los declaran pecadores (Ro. 3:1-19). Lo que hace la Ley es dar pie a la transgresión, por cuanto el hombre es pecador, y no se sujeta a la Ley de Dios; la culpa de pecado es universal (Ro. 3:20). Sin embargo, Dios justifica a todo creyente, a causa de la obra redentora llevada a cabo por Cristo (Ro. 3:21-30). El apóstol demuestra este extremo apoyándose en el AT (Ro. 3:31-4:25) y demuestra que la salvación por medio de la fe es la base de la experiencia cristiana (Ro. 5:1-11). Haciendo un paralelo entre Adán y Cristo, establece que Dios ha actuado basándose en los mismos principios, tanto en lo que respecta a la vieja como a la nueva humanidad (Ro. 5:12-21).

Pablo refuta acto seguido tres objeciones relativas a la doctrina de la salvación recibida exclusivamente por la fe, en virtud del sacrificio de Cristo por el pecado:

a) La doctrina de la salvación por la fe no incita a los creyentes a pecar, por cuanto la fe en Cristo implica la unión con el Salvador, lo que eleva al creyente a una nueva vida con una nueva naturaleza moral (Ro. 6:1-14).
b) La doctrina de la liberación del yugo de la Ley no dispensa al creyente de una actuación moral; lo que sucede es que la Ley ya no es más el principio de su actuación. Sus motivos derivan del hecho de que se ha consagrado totalmente a Dios para hacer Su voluntad en el contexto de una vida nueva (Ro. 6:15-7:6).
c) La doctrina de la transitoriedad e incapacidad salvífica de la Ley no

implica que la Ley sea insuficiente en sí misma. Que la Ley no pueda salvar no significa que sea inútil. El hombre es pecador e incapaz de observarla; de ahí precisamente su necesidad de salvación por gracia, de la que la Ley fue encargada de mostrar, despertando la conciencia de pecado y la pecaminosidad del ser humano (Ro. 7:7-25).

Después de refutar estas objeciones, Pablo demuestra (Ro. 8) que la obra redentora de Cristo provee a la renovación espiritual, a la santificación completa, y al definitivo triunfo de aquellos que están en Cristo y que, escogidos y llamados por Dios, tienen parte en la manifestación total de su amor. Habiendo definido la doctrina evangélica de la salvación, el apóstol la aplica al caso de Israel, el pueblo elegido, que en tanto que nación no la ha aceptado. El apóstol explica que la promesa de salvación nunca había sido dada de una manera global a todo el pueblo judío, sino solamente a los «escogidos», al «resto», a la verdadera descendencia de Abraham, escogida por Dios (Ro. 9:1-13). El rechazo de parte del pueblo judío es resultante de su propio rechazo de las Escrituras que testimonian la salvación en Cristo (Ro. 9:30-10:21). Sin embargo, Israel no está totalmente rechazado, porque el «resto» prometido, los judíos elegidos, sí han creído (Ro. 11:1-10). Llegará finalmente el momento en que la nación judía como tal se convertirá y aceptará al Redentor, su Mesías, como lo hacen los creyentes venidos de la gentilidad (Ro. 11:11-36).

El final de la epístola contiene exhortaciones a poner en práctica los principios cristianos (Ro. 12), a cumplir los deberes cívicos y sociales (Ro. 13), a vivir en el amor y la unidad (Ro. 13:1-15:13). La epístola concluye con mensajes personales y saludos (Ro. 15:14-16:27).

Rubén (heb. «he aquí un hijo»). Hijo mayor de Jacob y de Lea (Gn. 29:31, 32; 35:23; 46:8; 1 Cro. 2:1; 5:1). Rubén cometió un grave pecado de incesto, deshonrando a Bilha, la concubina de su padre, por lo que se le quitó la primogenitura (Gn. 35:22; 49:4). Evitó la muerte de José, al proponer a sus hermanos que le echaran en una cisterna. No estaba presente cuando sus hermanos lo vendieron a los ismaelitas de la caravana madianita, lo cual le afectó profundamente (Gn. 37:21-29). Veinte años más tarde, en Egipto, Rubén recordó a sus hermanos que él no había tenido parte en el intento de ellos de eliminar a José (Gn. 42:22-24). Cuando Jacob dudaba acerca de permitir que Benjamín fuera con ellos a Egipto, Rubén ofreció a dos de sus hijos como rehenes en prenda del retorno de Benjamín (Gn. 42:37). Rubén tuvo cuatro hijos: Hanoc, Falú, Hezrón y Carmi (Gn. 46:8, 9; Éx. 6:14; 1 Cro. 5:3).

Rubén, Tribu de. Pueblo formado por los descendientes de Rubén. Se estableció el territorio más alejado de las otras tribus, en la parte norte de la región del este del Jordán. La tribu se dividía en cuatro clanes, surgidos de los cuatro hijos de Rubén (Nm. 26:5-11). Al comienzo de la peregrinación por el desierto el príncipe de la tribu era Elisur (Nm. 1:5; 2:10; 7:30-35; 10:18). El rubenita elegido para ir a explorar el país de Canaán fue Samúa hijo de Zacur (Nm. 13:4). Los rubenitas Datán, Abiram y On se unieron a Coré el levita, que fomentó la rebelión contra Moisés y Aarón (Nm. 16:11-50; 26:9; Dt. 11:6). No participaron en la lucha contra Sísara, lo que les atrajo los reproches de Débora (Jue. 5:15, 16). Los rubenitas estaban expuestos a los ataques de los moabitas, sus vecinos inmediatos, y a los de los nómadas que se dedicaban al pillaje y que provenían del desierto, que podían penetrar en el territorio de Rubén por el este y el sur. Fueron derrotados y llevados al cautiverio por Tiglat-pileser (1 Cro. 5:18-26).

Rufo (gr. «rojo»). Hijo de Simón, el cireneo que fue obligado a llevar la cruz de Jesús en su camino al Gólgota (Mc. 15:21). Es posible que este sea el cristiano a quien Pablo manda saludos (Ro. 16:13), a juzgar por los detalles familiares que Marcos ofrece de Rufo, lo que parece sugerir que se trataba de un personaje bien conocido a los destinatarios de su Evangelio, escrito prob. en Roma. El nombre es romano, aunque su portador prob. sería de origen judío, y en la iglesia de la metrópoli debía ser un cristiano importante, considerado por Pablo, «el escogido en el Señor».

Ruhama (heb. «hallar misericordia»). Nombre simbólico de Israel, en relación a la profecía de Oseas contra la injusticia de Israel y Judá. El primero es representado por el nombre «Lo-ruhama, porque no me compadeceré más de la casa de Israel» (Os. 1:6), y el segundo, «Lo-ammí, porque vosotros no sois mi pueblo» (v. 9).

Rut (heb. prob. «amiga»). Joven moabita que se casó de primeras con Mahlón de Belén, hijo de Elimelec y de Noemí. A su muerte, Rut abandonó Moab, acompañando a su suegra Noemí a Belén. La muchacha moabita se dedicó a espigar en los campos de Booz, pariente de Elimelec, que la acogió con benevolencia y con quien se casaría.

Rut, Libro de. Título debido al nombre de su protagonista. En el canon judío el libro forma parte de los «Escritos» y es el primero de los cinco megillot, según el orden en que dichos rollos se leen en la liturgia judía. En la LXX, la Vulgata y las traducciones modernas figura detrás

de los Jueces, debido a las palabras con que comienza: «En el tiempo en que gobernaban los jueces...». El libro de Rut se leía en público en Pentecostés, fiesta de las primicias, por cuanto describe la siega.
El libro relata el casamiento de un israelita piadoso con una moabita que adora a Yahvé y que viene a ser bisabuela del rey David. Todo comienza con una carestía que obligó al hebreo Elimelec de Belén a emigrar al sur, hacia Moab, junto con su esposa Noemí y dos de sus hijos. Muerto el padre, los hijos se casaron con dos moabitas, Orfá y Rut. Pronto murieron también los dos hijos y Noemí decidió volver a Belén, Rut la sigue por afecto (cap. 1). En Belén es el tiempo de la cosecha de cebada y Rut va a espigar a los campos de Booz, pariente de Elimelec, que ordena a sus segadores que dejen caer las espigas para que las recoja Rut (cap. 2). Noemí informa a Rut de que Booz es su pariente, con derecho de rescate, y encuentra la manera de hacer que Booz se case con su nuera, cuando éste pasaba la noche en el campo descansando. Rut sigue el consejo de su suegra, se introduce bajo la manta de Booz y el hombre acepta la elocuente propuesta de matrimonio, pero informa a Rut de que hay otro que tiene derecho de rescate por encima de él (cap. 3). Al día siguiente, al amanecer, Booz convence a este pariente más próximo de que renuncie a Rut y se declara dispuesto a casarse con la joven. Luego se lleva a Rut a su casa, contrayendo con ella, según había proyectado Noemí, un matrimonio según las leyes del levirato. Rut es madre de un hijo, que es adoptado por Noemí (4:1-17). El libro acaba con la genealogía de David (4:18-22), lo cual puede ser el objeto mismo del relato. El autor, de un estilo puro, está considerado como un artista entre los más brillantes de la literatura bíblica.

S

Saalabín, Saalbim (heb. «lugar de zorros»). Ciudad amorrea que quedó dentro del territorio de la tribu de Dan (Jos. 19:42); pero no logró conquistarla, pues sus habitantes resistieron victoriosos. Posteriormente, con la ayuda de la gran tribu de Efraín lograron someterla a tributo (Jue. 1:35). Durante el reinado de Salomón perteneció a la prefactura de Ben Déqer o segundo distrito (1 R. 4:9). Se identifica con Selbit, ciudad en ruinas a unos 5 km al noroeste de Yalú, donde se han hallado restos de cerámica que se remontan al Bronce I.

Sabá. Reina que acudió a Jerusalén por motivos comerciales con camellos cargados de especias y mucho oro y piedras preciosas, atraída al mismo tiempo por la fama de sabio de Salomón (1 R. 10:1-13). Los arqueólogos han situado el reino de Sabá en el sur de Arabia, en lo que es ahora Yemen, y aunque no hay rastro de la reina mencionada, documentos asirios mencionan cinco reinas diferentes del norte de Arabia entre los siglos VIII y VII a.C.

Sábado (heb. «reposo», «cese de actividad»). Entre los hebreos séptimo y último día de la semana, enteramente consagrado a Yavhé con rigurosa abstención de cualquier trabajo. Según el relato de la creación, Dios reposó en el día séptimo de toda Su obra, y lo bendijo y santificó (Gn. 2:2-3). La primera mención de la institución para Israel de un séptimo día de reposo consagrado a Yahvé se halla en Éx. 16:23-30. Esta ordenanza fue después incluida en el cuarto mandamiento del Decálogo, estableciéndose allí de manera directa su relación con el cese de la actividad creadora en el séptimo día (Éx. 20:8-11, 31:13-17). Dios cesó su obra contemplándola y bendiciéndola; el hombre es llamado a participar de esta bendición, y a cesar también en sus obras, en este día santificado. Por otra parte, según Dt. 5:15, el sábado recuerda la liberación de la esclavitud de Egipto: el pueblo se puede gozar de la libertad que le ha otorgado la poderosa mano de Dios. Todos deben participar de este reposo: padres, hijos, siervos, extranjeros, e incluso las bestias de carga y tiro (Dt. 5:14). El sábado vino a ser un signo peculiar del pacto perpetuo celebrado por el Señor con Israel (Éx. 31:13, 16-17). El pueblo tenía que hacer de él su delicia, para tratar de manera particular en este día hacer la voluntad del Señor, santificándolo y honrándolo; el hombre piadoso se cuidaba en aquel día de no hacer su propia voluntad ni decir lo que le salía de sí (Is. 58:13). Era bendecido, santificado por su búsqueda de Dios, y proclamado feliz (Is. 56:2, 4-6; Ez. 20:12, 21).

En la época de Cristo, los fariseos habían dispuesto normas en extremo legalistas acerca del sábado, prohibiendo incluso los gestos de misericordia, y combatían a Jesús porque efectuaba curaciones en sábado y porque sus discípulos recogieron de forma fortuita algunas espigas en sábado. Jesús les respondió asentado el principio de que «el día de reposo fue hecho a causa del hombre, y no el hombre por causa del día de reposo» ((Mt. 12:9-13; Lc. 13:10-17; Mc. 2:23-28).

En los Evangelios y Hechos, el sábado es frecuentemente mencionado en relación con los judíos. En la Iglesia nadie debe ser juzgado por la observancia de una fiesta, de una luna nueva ni de sábados (Col. 2:16). En los primeros años de la Iglesia cristiana, había creyentes que seguían haciendo distinción entre días, en tanto que otros los estimaban todos iguales (Ro. 14:5); Pablo no desea que estas diferencias provoquen un quebrantamiento en el espíritu fraternal.

Sabeos. Pueblo semítico descendiente de Seba, de la familia de Cus por medio de Raama, y estrechamente emparentado con Dedán (Gn. 10:7). Sin embargo, es también considerado como pueblo surgido de Joctán (Gn. 10:26-29), y descendientes de Abraham a través de Jocsán, lo mismo que Dedán (Gn. 25:3). La parte de esta nación emparentada con Abraham se dirigió hacia oriente (Gn. 25:6; cf. Jb. 1:15; 6:19). Estos pueblos moraban al sur y comerciaban con oro, incienso y piedras preciosas (1 R. 10:1; Sal. 72:10; Is. 60:6; Jer. 6:20; Ez. 27:22; 38:13). Fue un pueblo que recorrió vastos espacios. En la época asiria, siglo VIII a.C., se hallaba al noroeste de Arabia, en Yemen o Arabia Feliz, y en el desierto septentrional, con los nabateos. Su lenguaje era el árabe meridional. En el curso de sus migraciones, Saba fue incorporando otras tribus, mediante matrimonios o la concertación de pactos políticos. Por ello es que su genealogía incluye ascendientes de diversas líneas.

Sabiduría. Uno de los escritos deuterocanónicos del AT, colocado en la Vulgata entre el Cantar de los Cantares y Eclesiástico, aunque cronológicamente es probablemente el último de los libros Sapienciales; clasificado por los protestantes entre los apócrifos. Escrito originalmente en griego, aunque con giros hebraizantes, tiene el propósito de advertir contra la influencia del helenismo sobre los judíos de Alejandría, en peligro de ser asimilados por la cultura ajena al judaísmo. Por ello propone a sus correligionarios la auténtica tradición de los padres, cuya sabiduría está por encima del resto de los pueblos.

El libro se articula en tres partes: la vida humana y el juicio escatológico (1:1-6, 21), el elogio de la sabiduría (6:22-9, 18), la sabiduría en la historia (10:1-19, 22). La parte central la ocupa el elogio de la sabiduría, pues gracias a ella es cómo el fracaso del justo frente al éxito de los impíos se considera sólo como provisional y aparente, en espera de su victoria final (1:1-6, 21): y es también gracias al don de la sabiduría como la historia salvífica guiada por ella constituye el signo de la victoria de los justos (10:1, 19, 21). Coloca Egipto e Israel frente a frente. En cinco paralelos (caps. 16-19), se enseña cómo los castigos de Egipto fueron la salvación de Israel gracias a la sabiduría de Israel.

La atribución del libro a Salomón es ficticia, basada en la tradición bíblico-judía que reconoce en el soberano israelita al sabio por excelencia (cf. 1 R. 3:5, 9-14), a cuya autoridad se refiere la literatura sapiencial. El objetivo de esta atribución es el de conferir al libro una autoridad indiscutible y vincularlo a toda la corriente bíblico-Sapiencial. El autor es un judío profundamente religioso, no palestino, sino probablemente alejandrino. La época en que se compuso la obra es probablemente la de los primeros años de la ocupación romana de Egipto por parte de Augusto, que tuvo lugar a partir del año 30 a.C. El autor, a pesar de acudir a varias fuentes, conjunta los diversos elementos en una unidad orgánica, marcada profundamente por su personalidad. Algunos estudiosos negaron la unidad del libro, atribuyendo a diversos autores las varias partes en que se divide, sin embargo el imponente estudio literario realizado en estos últimos decenios ha confirmado y puesto en evidencia que la lengua, el estilo, la estructura y la temática teológica confieren a todo el libro una auténtica unidad.

Sabaot, transliteración del heb. *tsebaót*, «ejércitos», calificativo de uso frecuente en el AT respecto a Dios en cuanto Señor de los ejércitos, y, por extensión, de las huestes de ángeles y de las fuerzas de la naturaleza (cf. Gn. 2:1). Para Israel, Yahvé es el Comandante en Jefe de los ejércitos, quien consigue las victorias para su pueblo (cf. Éx. 15:1-3; Sal. 24:8). Por eso se le llama «el Fuerte de Israel» (Gn. 49:24; Sal. 132:2-5; Is. 1:24; 29:60; 60:16). Isaías en particular es el autor que más recurre al nombre y calificativo «Yahvé de los ejércitos», en oposiciones a las huestes de los reyes de la tierra (p. ej. Is. 1:24; 2:12; 51:15; 54:5).

Sabta. Tercero de los hijos de Cus, de la familia de Ham. Sus descendientes dieron nombre a la región de los cusitas (Gn. 10:7; 1 Cro. 1:9). Si éstos se establecieron en Arabia, Sabta debería encontrarse a lo largo de la costa sur de Arabia y junto al golfo Pérsico, aunque el lugar no ha sido identificado.

Sacerdote, heb. *kohén*, «el que oficia», gr. *hiereus*, «el que ofrece sacrificios». Persona que oficialmente realiza los ritos necesarios para mantener la relación entre Dios y los hombres. En el tiempo de los patriarcas ellos mismos ejercían las funciones de sacerdotes como se observa en los casos de Noé, Abraham, Isaac, Jacob, Job, etc. Abraham edificó altares a Dios en Bet-el, Mamre y Moriah. Al establecerse el código levítico el sacerdocio quedó limitado a la casa de Aarón. Con la conquista de Canaán y con la transformación de los santuarios cananeos en yahvistas se facilitaban las disposiciones de la Ley de Moisés en favor de la reserva de las funciones sacerdotales para la tribu de Leví. El culto familiar fue cediendo en favor del local. Con la centralización del culto en el Templo de Jerusalén, en la época de la monarquía, el culto de los santuarios locales y el sacerdocio dedicado a su servicio perdieron importancia en beneficio del culto y sacerdocio de la capital. Con la eliminación definitiva de los santuarios locales, en tiempos de Josías, los levitas quedaron incorporados al culto de Jerusalén y se encargaron de las funciones sacerdotales menores. Sin embargo, en épocas de desconcierto nacional, como la de los Jueces, cuando Dios se manifestaba directamente a un hombre, éste reconocía de inmediato su derecho a sacrificar sin pasar por los mediadores oficiales (Jue. 6:18, 24, 26; 13:16).

Aarón y sus hijos fueron los designados para el sacerdocio israelita, declarado hereditario, y reservado a la familia de Aarón (Éx. 28:1; 40:12-15; Nm. 16:40; 17; 18:1-8; cf. Dt. 10:6; 1 R. 8:4; Esd. 2:36 ss.). Los descendientes de Aarón que no adolecieran de defectos corporales quedaban automáticamente constituidos en sacerdotes (Lv. 21:16 ss.). Como lote particular en la tierra de Canaán, recibieron trece ciudades con sus pastos y tierras, suficientes asimismo para sus descendientes (Jos. 21:10-19), cuyo número aumentó considerablemente con el transcurso de los siglos. Es por ello que los sacerdotes fueron divididos por David en veinticuatro órdenes. Durante las semanas de grandes solemnidades, los veinticuatro órdenes oficiaban simultáneamente, pero por lo general sólo un orden efectuaba su servicio cada semana; el cambio tenía lugar durante el sábado, antes del sacrificio de la tarde (1 Cro. 24:1-19; 2 R. 11:5, 9; *Ant* 7, 14, 7).

Del exilio babilónico sólo volvieron cuatro órdenes sacerdotales con Zorobabel (Esd. 2:36-38); sin embargo, más tarde fueron reconstituidos los veinticuatro órdenes (cf. Lc. 1:5, 9). A partir de entonces, desaparecida la monarquía, cobra más importancia el sumo sacerdote, que sería la máxima autoridad religiosa de Israel. Inmediatamente por debajo de él se hallaba un sacerdote (2 R. 25:18) que posiblemente pueda ser identificado como el «príncipe de la casa de Dios» (2 Cro. 31:13; Neh. 11:11) y con el «jefe de la guardia del Templo» (Hch. 4:1; 5:24). Los principales sacerdotes mencionados en el NT eran el sumo sacerdote reinante, los sumos sacerdotes precedentes aún vivos, y los miembros de sus familias. La confusión política reinante y la dominación extranjera habían invalidado de facto las provisiones de la Ley en cuanto a la sucesión del sumo sacerdote. Ya desde los tiempos de los Seléucidas, y como también sucedía con los romanos, el cargo del sumo sacerdocio estaba sometido a los avatares políticos. Los romanos designaban y destituían a su placer a los hombres investidos de este importantísimo cargo.

Los sacerdotes tenían tres deberes esenciales relacionados con el culto y la interpretación de la voluntad de Dios para el pueblo: a) la correcta celebración de los sacrificios y el mantenimiento del santuario; b) la enseñanza de la Ley al pueblo (cf. Dt. 31:9-13; 33:10; Miq. 3:11; Jer. 18:18); c) la consulta de la voluntad de Yahvé mediante el efod (cf.

1 Sam. 14:3,18ss.; 23:6, 9ss.; 30:7,8ss.) y el Urim y el Tumim (Éx. 28:30; Esd. 2:63; Nm. 16:40; 18:5; 2 Cro. 15:3).

Los sacerdotes estaban sometidos a unas normas particulares (Lv. 10:8 ss.). Les estaba prohibido casarse con una mujer deshonrada o repudiada. Tenían que casarse con una israelita que fuera, o bien virgen, o viuda, y cuya genealogía estuviera comprobada (Lv. 21:7; Esd. 10:18, 19; Josefo, *Contra Apión* 1, 7).

Con la restauración llevada a cabo por Esdras, los escribas o doctores de la Ley se ocuparon de la enseñanza, que dejó de impartirse en el Templo por los sacerdotes y comenzó a hacerse en las sinagogas. Respecto al sacrificio, esta función terminó con la destrucción del Templo en el año 70; los maestros de la Ley asumieron entonces la dirección espiritual del pueblo, dando lugar a un judaísmo de la línea farisea. En cuanto a la función de consultar a Yahvé, hacía tiempo que había perdido su importancia, asumida en parte por el profetismo, hasta que acabó substituida por función docente. En algunos casos de salud y jurisprudencia, los sacerdotes servían de intérpretes parciales de la voluntad de Dios, p. ej. debían discernir la existencia de lepra y realizar ritos de purificación (Lv. 13-14). Además, fijaban los castigos en casos de asesinato y en otros asuntos civiles (Dt. 21:5; 2 Cro. 19:8-11).

Hay muchas referencias a los sacerdotes de la época de Jesús, que hicieron causa común con los fariseos frente al anuncio del galileo Jesús. La carta a los Hebreos, que es una primera apología cristiana respecto a la matriz judía, habla de la figura de Cristo como Sumo Sacerdote, único y perfecto, de la Nueva Alianza (He. 7:24-28). Esto demuestra la continuidad del propósito divino en ambas dispensaciones, pero a la vez la discontinuidad novedosa de quien es a la vez víctima y sacerdote, sacrificio y sacrificante, que se ofrece a sí mismo, de una vez para siempre, a fin de expiar los pecados de la humanidad (He. 7:27; 9:14, 25, 28; 10:12). Para justificar la autoridad sacerdotal de Jesús, que evidentemente no pertenecía a la tribu de Leví, el escritor hace referencia a un orden sacerdotal superior, el orden de Melquisedec, ya previsto en los textos mesiánicos (Sal. 110:4; He. 5:6, 10; 6:20; 7:1, 10, 1, 15, 17).

En el mismo sentido, no técnico sino espiritual, se habla de todos los cristianos como un regio sacerdocio (1 P. 2:5, 9; Ap. 1:6; He. 10:19-22), conectando así con los textos del AT que se expresan en la misma línea (Éx. 19:6; 23:22; Is. 43:20). En ese mismo proceso de espiritualización de la historia pasada, Cristo es visto como la piedra angular y los cristianos como las piedras que forman el nuevo templo de Dios (1 P. 2:4-8). El sacrificio que ofrecen los cristianos, también es espiritual, es hecho por mediación de Cristo (Ro. 13:1). Ver AARÓN, ALTAR, LEVITAS.

Sacrificio. Ofrenda o inmolación a la divinidad con fines expiatorios o propiciatorios. El sacrificio pertenece a la religión por naturaleza propia. Es consustancial a la misma. Todas las religiones, en una forma u otra, han practicado sacrificios rituales y los han ofrecido mediante personas consagradas a tal fin. El primer sacrificio mencionado en la Biblia de una manera expresa es el efectuado por Abel, aunque hay una indicación claramente implícita de la muerte de unas víctimas en el hecho de que Adán y Eva fueron vestidos por Dios con túnicas de pieles después del pecado de ellos (Gn. 4:4; cf. 3:21). Antes de la institución del sacerdocio levítico, sacrificios fueron ofrecidos por Noé (Gn. 8:20-21), Abraham (Gn. 12:7, 8), Isaac (Gn. 26:25), Jacob (Gn. 33:20). En el período mosaico el sistema sacrificial es inaugurado con la celebración de la Pascua en el desierto (Éx. 24). Este sacrificio inauguró solemnemente la alianza con Dios en el Sinaí (vv. 4-5).

Los principales sacrificios son de tres clases: holocausto, comunión y expiación. El sacrificio «diario» o «continuo» consistía en la muerte de dos corderos de un año, inmolados diariamente en el gran altar por el sacerdote en nombre de toda la nación. Con cada cordero era necesario ofrecer la décima parte de un efa de harina fina, mezclada con la cuarta parte de un hin de aceite puro de olivas, acompañado de la libación de la cuarta parte de un hin de vino (Éx. 29:38-42; Nm. 28:3-8; Esd. 3:5) No se suspendía ni en sábados ni en fiestas (Nm. 28:9ss., 15ss.); ni siquiera durante la Pascua. Tenía un gran valor para los fieles, y su interrupción es considerada una gran calamidad, semejante a la abominación desoladora. (Dn. 8:11, 13; 9:27; 11:31; 12:11).

En época de decadencia espiritual, donde las ceremonias y sacrificios se habían convertido en una rutina meramente legalista, sin justicia, los profetas se expresan con vehemencia contra este género de piedad hipócrita. Porque «obedecer es mejor que los sacrificios, y el prestar atención que la grosura de los carneros» (1 Sam. 15:22). Dios busca misericordia y no sacrificio (Os. 6:6). En los escritos de los autores apostólicos late el vocabulario sacrificial cada vez que se refieren a la muerte de Cristo. La muerte de Jesús, que en un principio supuso para ellos el mayor escándalo, se entiende a partir de la Resurrección como el cumplimiento de las figuras y sombras del sistema sacrificial que apuntaban a la plena realidad de Jesús, desde su consagración hasta la muerte. Cristo es para ellos el antitipo de todos los sacrificios. Él es el Siervo de Yahvé que entrega su vida en rescate por la multitud (Is. 53:5), el Cordero pascual que quita el pecado del mundo (Jn. 1:29, 36; 1 Co. 5:7; 1 P. 1:2.9; 3:18), la nueva Alianza que completa a la del Sinaí, sellada con su sangre (Mt. 26:28).

Esta creencia hay que retrotraerla a la misma conciencia de Jesús, que entiende su muerte como un sacrificio de expiación, según se deriva de sus palabras y actos y así lo entendieron sus apóstoles. La enseñanza de san Pablo es en esto muy explícita: «Cristo nos amó y se entregó a sí mismo por nosotros como ofrenda y sacrificio en olor fragante a Dios» (Ef. 5:2; Ro. 3:25). Pablo afirma con una imagen atrevida: «A quien no conoció pecado, le hizo pecado» (2 Co. 5:21), es decir, víctima por el pecado (cf. 1 Jn. 2:2; cf. 4:10). En la Epístola a los Hebreos se expone en detalle el contraste entre la posición del judío, para el que todos los sacrificios tenían que ser repetidos y la posición del cristiano, que mediante el único sacrificio de Cristo, que no admite repetición, quedan perfectos para siempre, y tienen asimismo acceso al Lugar Santísimo, porque el gran Sumo Sacerdote ha entrado en él. Los antiguos sacrificios judíos, aunque establecidos por Dios, como figuras anunciadoras de la plenitud mesiánica, «nunca podían quitar los pecados», por mucho que se reiterasen (He. 10:11), y que por eso mismo estaban llamados a desaparecer «a causa de su ineficacia e inutilidad» (He. 7:18). Ahora, en cambio, en la plenitud de los tiempos o «consumación de los siglos», en la Alianza Nueva, nos ha sido dado Jesucristo, el Sacerdote santo, inocente e inmaculado (He. 7:26-28). El Apocalipsis, siguiendo con la imagen del Cordero pascual, el que con su muerte «quita el pecado del mundo» (Jn. 1:29, 36) y que, según disponía la antigua ley mosaica, ninguno de sus huesos fue quebrado en la cruz (Éx. 12:46; Jn. 19:37), queda para siempre como Cordero inmolado que preside ante el Padre la adoración celestial (Ap. 5:6, 9, 12). Los fieles son «los que lavaron sus túnicas y las blanquearon en la sangre del Cordero» (Ap. 7:14), «los que han vencido por la sangre del Cordero» (12:11). El Cordero, que está en medio del trono, es a la vez el pastor que guiará a los suyos a fuentes de agua viva (7:17).

Sadoc (heb. «justo», «recto»). Nombre de varios personajes del AT, entre ellos:

1. Descendiente de Eleazar, el hijo de Aarón (1 Cro. 24:3). Hombre valeroso que acompañó a los jefes de las tribus a Hebrón para transferir la corona de Saúl a David (1 Cro. 12:27, 28). Al comienzo del reinado de David, Sadoc fue sumo sacerdote al mismo tiempo que Abiatar (2 Sam. 8:17). Cuando la revuelta de Absalón, Sadoc y Abiatar permanecieron fieles a David siguiéndole en su huida. El rey les ordenó que volvieran a Jerusalén para observar cómo se desarrollaban los acontecimientos (2 Sam. 15:24-29). Después de la muerte de Absalón, David envió a decir a Sadoc y a Abiatar que convenía

sugerir a los ancianos que volvieran a llamar al rey (2 Sam. 19:11). Cuando Adonías intentó usurpar el trono del anciano rey, Sadoc permaneció fiel a David, en tanto que Abiatar tomó el partido del rebelde Adonías contra Salomón (1 R. 1:7, 8). El monarca se enteró del complot; dio orden a Sadoc y al profeta Natán que confirieran a Salomón la unción real (1 R. 1:32-45). Salomón despojó a Abiatar del sumo sacerdocio, cargo que entonces ostentó Sadoc en solitario hasta su muerte (1 R. 2:26, 27; cf. 4:4). Así, esta alta función pasó a la línea de Eleazar.

2. Sacerdote de la línea de los sumos sacerdotes, padre de Salum (1 Cro. 6:12). Descendía del segundo Ahitob (1 Cro. 6:12; Esd. 7:2) y del segundo Meraiot (1 Cro. 9:11; Neh. 11:11).
3. Padre de Jerusa, que fue esposa del rey Uzías y madre del rey Jotam (2 R. 15:33; 2 Cro. 27:1).

Sadrac. Nombre dado por el jefe de los eunucos a Ananías, uno de los tres amigos de Daniel que se mantuvieron fieles al Señor y que fueron más tarde salvados milagrosamente del horno ardiente (Dn. 1:7; 3:12-30). El ejemplo de estos jóvenes es muy citado en la literatura apócrifa y en el período de los macabeos, cuando muchos mártires parecen haber sido alentados por su ejemplo (cf. 1 Mac. 2, 59, 60; 3 Mac. 6:6; 4 Mac. 13:9; 16:3, 21; 18:12).

Saduceos. Designación común de una de las tres sectas o partidos religiosos judíos en tiempos de Jesús (Mt. 3:7; 16:1, 6, 11, 12; 22:23, 34; Mc. 12:18; Lc. 20:27; Hch. 4:1; 5:17; 23:6-8). Algunos Padres de la Iglesia derivaban su nombre de Sadoc, un discípulo de Antígono de Soho, 200-170 a.C. Sin embargo, no hay ningún precedente judío de un grupo religioso que se llamase por el nombre de su fundador. Relativamente poco numerosos, gracias a su elevada instrucción y su riqueza, eran muy influyentes y poseedores de altas funciones públicas; dominaban el Sanedrín y tenían una gran influencia sobre los notables y sacerdotes. Constituían un partido opuesto a los fariseos y a los qumranitas, los saduceos se limitaban a los escritos de la Torá, de la Ley de Moisés. Para ellos, sólo la Ley escrita era determinante, pero pretendían el derecho a interpretarla a su manera. Se mantenían aferrados a la letra de las Escrituras, incluso con el resultado de un gran rigor en el ejercicio de la justicia. Rechazaban la creencia farisea en la tradición oral y toda creencia posterior a los escritos de la Torá (cf. Mt. 22:23-33; Hch. 23:8). Negaban la resurrección del cuerpo y la existencia de ángeles y demonios.

Safán. Escriba y secretario del rey Josías. El sumo sacerdote Hilcías redescubrió el libro de la Ley y lo hizo entregar a Safán, que lo leyó primero por sí mismo, y después lo leyó al rey. Éste envió a Safán, junto con otros israelitas, a consultar a la profetisa Hulda acerca de las maldiciones consignadas en el libro (2 R. 22:8-14). Safán fue padre de Ahicam (Jer. 26:24; 39:14), de Elasa (Jer. 29:3) y de Gemarías (Jer. 36:10); y abuelo de Gedalías (2 R. 25:22). Toda la familia de Sefán se caracteriza por su inclinación a la alianza con Babilonia y el apoyo que prestaron al profeta Jeremías.

Safat (heb. «Yahvé juzgó»). Nombre de cinco personajes del AT, entre ellos el padre del profeta Eliseo, que vivió, al parecer, en Abel Meholá, en la época en que su hijo se convirtió en sucesor de Elías (1 R. 1:16, 19; 2 R. 3:11; 6:31).

Safira (gr. «hermosa»). Esposa de Ananías, miembro de la primitiva comunidad cristiana de Jerusalén, que murió por haber mentido a Dios. Safira corrió idéntica suerte por haber participado en el mismo engaño (Hch. 5:1-10). La historia, pese a su tristeza, tiene un sentido edificante: en medio de una comunidad que primaba el afecto fraterno y la comunidad de bienes en solidaridad con los más pobres, mentir a los hermanos equivalía a mentir al Espíritu Santo que animaba el cuerpo comunitario.

Sal, Ciudad de la. Ciudad asignada a Judá, en el desierto; se hallaba entre Nisbán y En-gadi (Jos. 15:62). Quedaba a orillas del mar Muerto, pero se desconoce su ubicación. Algunos autores la han identificado con Tell el-Milh, «loma de la sal» y con Hirbet Qumrán.

Sal, Valle de la. Valle en el que el ejército de David, capitaneado por Joab y Abisai y su hermano, vencieron a los edomitas (2 Sam. 8:13; 2 R. 14:7; 1 Cro. 18:12; 2 Cro. 25:11; Sal. 60, título). El número de enemigos muertos es incierto, los relatos de Samuel y Crónicas hablan de 18.000, la cifra disminuye a 12.000 en el título del Sal. 60.
Posteriormente, Amasías, rey de Judá, también se enfrentó a los edomitas en el mismo lugar y con idéntico resultado (2 R. 14:7; 2 Cro. 25:11). La identificación de este valle es incierta, se cree que se halla en la zona norte del Arabá, al sur del mar Muerto.

Salado, Mar. Otro de los nombres del mar Muerto, usado generalmente en los primeros libros de la Biblia (Gn. 14:3; Nm. 34:3; Dt. 3:17; Jos. 3:16; 15:2, 5; 18:19).

Salamina. Ciudad marítima, al este o sureste de la isla de Chipre. San Pablo predicó en las sinagogas existentes durante su primer viaje misionero (Hch. 13:4, 5). Es posible que Pablo eligiera esta ruta para su primer viaje, por ser Bernabé un nativo de Chipre y prob. de Salamina, según afirma la tradición cristiana, y por su proximidad a Antioquía. La estancia de ambos apóstoles en la ciudad se prolongó algún tiempo.

Salatiel (heb. «pedido a Dios»). Uno de los hijos del rey Jeconías, rey de Judá (1 Cro. 3:17), y padre de Zorobabel (Esd. 3:2; Neh. 12:1 Hag. 1:12, 14; 2:2). Figura entre los antepasados de Jesús. Según la genealogía de Mateo aparece como hijo de Jeconías (Mt. 1:12), pero Lucas lo presenta como hijo de Neri (Lc. 3:27). Una solución verosímil parece ser que, aunque Salatiel no era hijo directo de Jeconías, ni padre de Zorobabel según la carne, sí era heredero legítimo del trono de Jeconías. A la muerte de Salatiel, el derecho a la corona pasó a Zorobabel. Salatiel es entonces el enlace entre Jeconías y Zorobabel.

Salca. Ciudad del extremo suroriental de Basán, en el límite del reino de Og, y cercana a Edrei (Dt. 3:10; Jos. 12:5; 13:11); posteriormente señaló el límite septentrional de la tribu de Gad (1 Cro. 5:11). En la época romana se llamó Triacome. Su nombre moderno es Salkhad, una ligera modificación del nombre antiguo. Estaba situada a 56 km al este de Edrei, a 100 km al este del Jordán y a unos 115 km al sudeste de Damasco.

Salem (heb. «pacífico»). Ciudad donde era rey Melquisedec, llamado por ello «rey de paz» (Gn. 14:18; He. 7:1, 2). La tradición judía la identifica con Jerusalén, basada en el Sal. 76:2, que aplica a Jerusalén el nombre simbólico de Salem. Eusebio y Jerónimo creían que era la Salim donde bautizaba Juan el Bautista (Jn. 3:23). En las tabletas de Ebla aparece el nombre de *U-ru-sa-li-mu* junto a Salim, lo que confirmaría la identidad tradicional judía.

Salim. Localidad cisjordana mencionada en Jn. 3:23 como escenario de los últimos bautismos de Juan el Bautista. Se dice que la región «abundaba en aguas», lo que hace referencia a las fuentes y arroyos que vierten sus aguas en el río Jordán. El sitio preciso donde Juan bautizaba se ha de buscar no en la fuente misma de Salim, sino al sur de ella, en las cinco fuentes de ed-Der y a orillas de sus arroyos.

Salisa (heb. «una tercera parte»). Distrito del país montañoso de Efraín. Saúl lo atravesó buscando las asnas de su padre (1 Sam. 9:4). Su situación probable es al noreste de Lida, sobre la ladera occidental de la cadena.

Salmán. Nombre de un rey mencionado por el profeta Oseas como conquistador de la ciudad de Bet-arbel (Os. 10:14). El profeta alude a un acontecimiento notorio en su época, pero ignorado en la actualidad, por lo que es casi imposible saber quién fue Salmán. Se ha propuesto que es una forma abreviada de Salmanasar V, que invadió Israel. Otros creen que se trata de un soberano moabita, a quien haría mención las inscripciones cuneiformes referentes a Tiglat-pileser III, que mencionan a Salamanu de Moab en la lista de príncipes tributarios, en cuyo caso Bet-arbel sería la población así llamada, próxima a Pella.

Salmansar. Nombre de varios reyes de Asiria, entre los cuales destacan por su importante papel en la historia bíblica:

1. Salmansar III, hijo de Assurbanipal. Reinó aproximadamente entre el 858-824 a.C. Enérgico y perseverante, fue el primero de los soberanos asirios en entrar en conflicto con los israelitas. Desde el primer año de su reinado, se lanzó a la campaña, atravesando el Eufrates, devastando el país de los hititas hasta el Mediterráneo. Además de las expediciones que emprendió al norte, este y sur de Nínive, cruzó en varias ocasiones el Eufrates. Para cerrarle el camino hacia occidente, los sirios formaron una liga englobando a Damasco, Hamat y doce reyes de la costa. En Karkar, en el año 853 a.C., el ejército de Acab, rey de Israel, se unió a los soldados de Damasco para combatir contra los asirios. De inmediato retiró su ejército a Nínive, pero volvió a aparecer en el oeste tres años más tarde. La coalición volvió a detenerlo una vez más. En el año siguiente, el undécimo de su reinado, cruzó el Eufrates, saqueó numerosas ciudades del reino de Hamat, pero fue detenido. En su decimocuarto año consiguió aplastar la coalición. En el año decimoctavo, 842 a.C., derrotó a Hazael de Damasco sobre el monte Hermón. Los reyes de Tiro, de Sidón y de Israel (Jehú) se apresuraron a someterse y a pagar tributo.

   Se han descubierto numerosos monumentos del reinado de Salmansar III, muchos de ellos bien preservados. El más bello de ellos es el obelisco negro conservado en el Museo Británico. Se trata de un gran bloque de basalto de más de 1,80 m de altura descubierto en Balawat, cerca de Nimrod, en 1845. Sus cuatro caras están cubiertas de inscripciones y de bajorrelieves que representan a los reyes tributarios que rinden homenaje al rey, seguidos de sus numerosos presentes. De manera particular se ve a Jehú, rey de Israel, prosternándose para besar el pie de Salmansar; la inscripción reza: «El tributo de Jehú, hijo de Omri: plata, oro, etc...». En realidad, Omri había sido el rey anterior a Jehú, y no fue padre de este último; pero durante mucho tiempo los asirios conocieron a Israel como «el país de Omri». Acerca de la batalla de Karkar, Salmansar dijo en su crónica que, entre otros, destruyó a «diez mil hombres de Acab, el israelita».

2. Salmansar V, sucesor de Tiglat-pileser III, reinó sobre Asiria y Babilonia entre los años 727-722 a.C. Oseas, rey de Israel y tributario de Salmansar como lo había sido de su predecesor, se apoyó sobre So, rey de Egipto, y rehusó pagar el tributo al rey de Asiria. Es posible que se hubiera sentido alentado por la resistencia de Tiro. Salmansar hizo llevar a Oseas a Arbela (en Galilea), poniendo sitio a Samaria después de ello; esta capital resistió durante tres años antes de rendirse a los asirios (2 R. 17:1-6; 18:9, 10).

Salmón. Padre de Booz. Miembro de la tribu de Judá, del clan de Fares, descendiente de Hezrón y Ram. Es uno de los antepasados del rey David (Rt. 4:18-21); se le cita en las genealogías de Jesús (Mt. 1:4; Lc. 3:32). Hay expositores que consideran que el Salma de Rt. 4:20 es el antecesor de los belenitas que se menciona en 1 Cro. 2:51, 54, pero esta genealogía se remonta a Caleb, no a Ram. La diferencia de linaje indica con probabilidad a otro personaje, aunque es posible que pueda haber en este hombre una unión de ambas genealogías.

Salmón, Monte. Monte boscoso de los contornos de Siquem donde Abimelec cortó gran cantidad de ramas de árboles con las cuales prendió fuego a la torre de dicha ciudad (Jue. 9:48). Posiblemente el mismo que se menciona en el Sal. 68:14, referido poéticamente a las victorias de Yahvé.

Salmos, Libro de. Colección de poemas religiosos, de los que una gran cantidad se cantaba en el Templo. Los israelitas los llamaban «Himnos de Alabanza». La expresión «libro de los Salmos» (cf. Lc. 20:42) proviene de la traducción griega. Hay setenta y tres salmos cuyos títulos heb. los atribuyen formalmente a David. De ahí proviene la designación general de «Salmos de David» (cf. He. 4:7).
En total son 150 salmos repartidos en cinco libros, siguiendo, según se cree, el modelo del Pentateuco. El texto heb. marca con rúbricas esta antiquísima división, señalada en la LXX. La comparación de 1 Cro. 16:34-36 con Sal. 106:47, 48 no permite llegar a la conclusión

de Delitzsch de que la división en cinco libros existía ya durante la redacción de Crónicas, porque este pasaje de Sal. 106 podría proceder de 1 Cro. 16:34-36. Las cinco divisiones comienzan en los Sal. 1, 42, 73, 90 y 107. Cada división finaliza con una doxología.

1) *Primer Libro*. Con excepción de los Sal. 1, 2, 10 y 33, llamados anónimos, los salmos de este libro pueden ser atribuidos a David. En la LXX se considera que el Sal. 1 es una contribución anónima, y no se atribuye el Sal. 2 a David, a quien se considera como autor del resto. En la LXX se unen los Salmos 9 y 10 en uno solo, y el Sal. 33 recibe la rúbrica de «para David». Este libro emplea por lo general el nombre divino de Yahweh para Dios.
2) *Segundo Libro*. Los ocho primeros de los treinta y un salmos son una serie de cánticos de los hijos de Coré; siete de los ocho primeros son expresamente atribuidos a estos autores. Con respecto al Sal. 43, que posiblemente sea de ellos, constituye la conclusión del Sal. 42, con el que primitivamente formaba un todo. El Sal. 50, de Asaf, forma una transición con un grupo de veinte salmos atribuidos a David, excepto los Sal. 66 y 67. Sin embargo, en la LXX el Sal. 77 sí es atribuido a David. El Segundo Libro finaliza con un salmo anónimo y un cántico de Salomón (Sal. 71 y 72). En esta colección, Dios recibe frecuentemente el nombre de Elohim. El Sal. 53 es una reproducción casi idéntica del Sal. 14 del Libro Primero, y el Sal. 70 es una repetición del Sal. 40:14-17. Pero estas repeticiones presentan unas diferencias significativas, que alteran su carácter y oportunidad, así como la relación que se tiene con Dios, expresada en el uso de los nombres.
3) *Tercer Libro*. Contiene diecisiete salmos. Los once primeros son atribuidos a Asaf; cuatro a los hijos de Coré, uno a David y uno a Etán. Estos salmos fueron recogidos después de la destrucción de Jerusalén y del incendio del Templo en el año 587 a.C. (Sal. 74:3-8; 79:1).
4) *Cuarto Libro*. También tiene diecisiete salmos. El primero de ellos es atribuido a Moisés, los 101 a 103 a David; los catorce restantes son anónimos. En la LXX se atribuyen a David once de estos salmos, y se dan sólo cinco como anónimos: los Sal. 92; 100; 102; 105; 106.
5) *Quinto Libro*. Contiene veintiocho salmos anónimos, quince de David y uno de Salomón. Esta quinta colección fue reunida tardíamente, ya que algunos de estos salmos se refieren al cautiverio: Sal. 126; 137. Los salmos más antiguos son muy anteriores a David (p. ej., la oración de Moisés, Sal. 90), en tanto que otros son posteriores al exilio. Así, la composición de este libro abarca un prolongado período.

La riqueza espiritual del libro de los Salmos lo hacía adecuado tanto para las celebraciones públicas como particulares (Mt. 26:30). Un grupo de quince salmos que provenían de diversas fuentes, especialmente poemas cortos y sencillos, reciben el título de «cánticos graduales» (Sal. 120-134), según se cree porque se entonaban mientras se ascendía las gradas del Templo.

Los salmos se acompañaban con instrumentos musicales, a los que hace referencia las expresiones técnicas *neguinah* y su forma pl. *neguinot*, «instrumentos de cuerdas»; *nehilot*, «instrumentos de viento» (Sal. 4; 5; 61). Otros términos que probablemente tengan relación con la música son: *alamot*, voz de muchachas, o sopranos (Sal. 46; 1 Cro. 15:20); *guitit*, prob. cántico de vendimias; quizás: arpa de Gat, o marcha de la guardia de Gat (Sal. 8; 81; 84); *selah*, intermedio musical, o paso de piano a fuerte (Sal. 3:3); *seminit*, instrumento de ocho cuerdas (Sal. 6; 12; 1 Cro. 15:21).

Otros términos caracterizan el salmo, como *masquil*, poema didáctico o contemplativo (Sal. 32 y otros doce salmos); *mictam*, posiblemente epigrama o himno (Sal. 16; 56 a 60); *mizmor*, poema lírico; término traducido como «salmo» (Sal. 3 y muchos otros salmos); *sigaion*, prob. poema lírico para alabanza de Dios (Sal. 7; Hab. 3:1).

Los salmos expresan sentimientos religiosos muy profundos, ya en oración, confesión o alabanza. Se trata de un libro de un carácter distintivamente profético. El período que cubre el lenguaje de los Salmos se extiende desde el rechazo del Mesías (Sal. 2; Hch. 4:25-28) hasta los Aleluyas consiguientes al establecimiento del Reino. Los escritores no relatan meramente lo que otros hicieron y sintieron, sino que expresan lo que sucedía en sus propias almas. Sin embargo, su lenguaje no expresa lo que ellos sentían, sino el lenguaje del Espíritu de Cristo que habló en ellos, como tomando parte en las aflicciones, el dolor y los gozos del pueblo de Dios en cada fase de su experiencia. Esto explica el hecho de que la figura de Cristo se halle a través de los Salmos: algunos se refieren a Él de una manera exclusiva, como el Sal. 22; en otros (aunque el lenguaje sea el del remanente de su pueblo), Cristo toma su lugar con ellos, haciendo de los sufrimientos de ellos sus propios sufrimientos, y de sus aflicciones sus propias aflicciones (cf. Is. 63:9).

Salomé. Nombre de varias mujeres mencionadas en el NT y por Josefo.

1. Esposa de Aristóbulo I, rey de Judea, también llamada Alejandra. A la muerte de su marido liberó a sus hermanos, encerrados en prisión, y puso al mayor de ellos, Alejandro Janeo, en el trono judío (Josefo, *Ant*. 13, 12, 1; *Guerras*, 1, 4, 1).

2. Hija de Antipatro con su esposa Cypros, y hermana de Herodes el Grande. Es caracterizada como una mujer perversa, llena de maldad. Acusó a su esposo José de adulterio con Miriam, esposa de Herodes. Éste hizo ejecutar a José, pero su pasión por su esposa le impidió condenarla. Vuelta a casar, esta vez con Costobaro, le acusó de traición del monarca y fue condenado a muerte. También se la considera la causante principal de las muertes de los príncipes Alejandro y Aristóbulo, y de su madre Miriam. Siendo ya anciana se enamoró de un príncipe árabe llamado Sileo, primer ministro de los árabes nabateos, viejos enemigos de Herodes, el cual quedó horrorizado al enterarse. El propio Sileo le pidió la mano de su hermana; Herodes le respondió que tendría que circuncidarse y abrazar la fe judía, a lo cual Sileo no accedió y regresó a su país muy molesto. Intrigante hasta el final, Salomé apoyó la causa de Antipas contra Arquelao (Josefo, *Ant.* 15, 4; 17, 8).
3. Hija de Herodes el Grande con Elpis. Además de la rica dote provista por su padre para ella, César Augusto se la aumentó considerablemente. Herodes la casó con uno de los hijos de su hermano Feroras (Josefo, *Ant.* 17, 1; *Guerras*, 1, 28, etc.).
4. Esposa de Zebedeo y madre de los apóstoles Jacobo y Juan (Mt. 27:56; cf. Mc. 15:40; 16:1). Una de las mujeres que seguían a Jesús y atendían a sus necesidades; pidió que sus hijos se sentaran a la derecha e izquierda del Maestro en su Reino (Mt. 20:20). Jesús la reprendió, aunque Marcos afirma que fueron sus hijos quienes expresaron esta petición (Mc. 10:35-37). Asistió como testigo a la crucifixión (Mt. 27:56) y figura entre las que, por la mañana del día de la resurrección, llevaron especias aromáticas al sepulcro de Jesús (Mc. 16:1).
5. Hija de Herodías con su primer marido Herodes Filipo (Josefo, *Ant.* 18, 5, 4). Danzó ante Herodes el tetrarca y, habiéndole éste prometido con juramento que le daría lo que quisiera, bajo instigación de su madre Herodías pidió la cabeza de Juan el Bautista (Mt. 14:3-11; Mc. 6:17-28). Salomé se casó con su tío Filipo, tetrarca de Iturea, y después con su primo Herodes, rey de Cálcice, del que tuvo tres hijos.

Salomón (heb. «pacífico»). Hijo de David con Betsabé (2 Sam. 12:24; 1 Cro. 3:5); fue proclamado rey poco antes de la muerte de David (1 R. 1:5-40). Inició su reinado alrededor del año 970 que se extendió hasta el 930 a.C. Rey de sabiduría legendaria, fortificó y organizó el reino que había heredado de su padre, mantuvo relaciones amistosas con numerosos soberanos; se vinculó económica y culturalmente con los países vecinos y, por encima de todo, construyó el primer Templo de Jerusalén dedicado al culto de Yahvé. Edificado sobre el monte Moria, las obras se prolongaron durante siete años. Treinta mil israelitas fueron reclutados para preparar los cedros del Líbano con destino a la construcción del Templo. De los extranjeros residentes en Israel se utilizaron un total de 150.000 hombres como portadores de carga (70.000) y cortadores de piedra (80.000), además de 3.600 capataces (2 Cro. 2:17-18). Hiram, rey de Tiro, le consiguió materiales y artesanos (1 R. 5:6). Salomón llevó a cabo una solemne dedicación del Templo (1 R. 7:13-8:66; 2 Cro. 2-7). Después se hizo edificar un palacio, cuya construcción duró trece años (1 R. 7:1-12). Fortificó numerosas ciudades y construyó otras en diversos puntos del país (1 R. 9:17-19; 2 Cro. 8:4-6).

Salomón administró sus estados con mucha sabiduría. Se rodeó de funcionarios competentes, con el nieto del sumo sacerdote como jefe de ellos (1 R. 4:2-6). Mantuvo un ejército poderoso; dividió el reino en doce distritos. Independientemente de los antiguos límites de las tribus, lo que facilitó su administración (1 R. 4:7-19). Fomentó los viajes marítimos con los cuales traía oro, maderas nobles, etc. Para estos viajes recibió apoyo del rey de Tiro, quien le prestó naves y marinos (1 R. 9:26-28; 10:11, 22). La expansión comercial enriqueció al reino (1 R. 10:14-29; 2 Cro. 9:13-27). Venían mercancías de Ofir y de la India, de donde las traían los siervos de Salomón (1 R. 10:22, 23; 2 Cro. 9:10-22). Desarrolló el comercio de caballos y carros de combate (1 R. 10:28, 29). Esto añadía a la carga de los tributos, un suministro regular de cebada y heno.

Salomón se interesó por las letras y por las ciencias, y «disertó sobre los árboles, desde el cedro del Líbano hasta el hisopo que nace en la pared. Asimismo disertó sobre los animales, sobre las aves, sobre los reptiles y sobre los peces» (1 R. 4:33). Además, recogió y compuso numerosos proverbios. Los Sal. 72 y 127 le son atribuidos en el encabezamiento. Fue una época que vio florecer las artes, la ciencia y la literatura en todo Oriente.

La magnificencia de su corte, de su mesa, del lujo del que se rodeaba en sus desplazamientos, se correspondía con sus ingresos e importancia política (1 R. 10:4, 5, 21). Acudían muchos de lejos para oír sus dichos llenos de sabiduría (1 R. 4:34; 10:23-25). La misma reina de Sabá acudió a Jerusalén para plantear al rey difíciles cuestiones (1 R. 10:1-13).

Salomón fue un rey pacífico, no recurrió a la guerra, sino que principalmente entabló relaciones diplomáticas. Un recurso político fueron las mujeres. Tuvo un harén de algo más de mil mujeres de diversas procedencias: moabitas, amonitas, edomitas, sidonitas e hititas. Muchas de ellas eran princesas, entregadas al rey de Israel como prendas de pactos políticos. El faraón de Egipto se apoderó de la ciudad de Gezer, la incendió y mató a sus habitantes cananeos y dio la ciudad en dote a su hija casada con Salomón (1 R. 3:1). El hecho de que tuviese consigo mujeres oriundas de los países vecinos le exigió erigir templos a sus divinidades en el monte de los Olivos (1 R. 11:1-10). Era su forma de expresar la lealtad a los países colindantes. Se potencia el politeísmo y la idolatría, y se tiende a ver a Yahvé como uno más entre otros dioses, lo cual es para la fe de Israel un pecado gravísimo. Esto será un motivo para suscitar la cólera de Yahvé que envía a profetas que comienzan a fustigar este hecho (1 R. 11:9-13). El profeta Ahías, de Silo, anunció a Jeroboam, funcionario de Salomón, que Dios le daría diez tribus (1 R. 11:28-29), pero no las obtendría antes de la accesión de Roboam. Salomón pecó también por su lujo y ostentación, que costeó imponiendo pesadas cargas fiscales sobre sus súbditos. Estas exacciones quebrantaron la confianza de los israelitas en su rey y vinieron a ser posteriormente causa de rebeliones, que terminaron con el cisma o divisón del reino. Ya antes de la muerte de Salomón las tribus del norte se habían alejado enteramente de la casa de David. Al norte se le exigían más servicios que al sur. Roboam, fue incapaz de evitar la consumación de la división del reino en dos. Salomón reinó 40 años. Los acontecimientos de este período fueron consignados en las siguientes obras: a) *Libro de los hechos de Salomón,* b) *Libro del profeta Natán,* c) *Profecía de Ahías silonita* y d) *Profecía del vidente Iddo* (1 R. 11:41-43; 2 Cro. 9:29-31).

Salomón, Pórtico de. Columnata cubierta del Templo de Herodes (Jn. 10:23; Hch. 3:11; 5:12), que se encontraba en el lado oriental del Templo, a lo largo del Cedrón y protegía a los que en él estaban del viento que llegaba del desierto.

Salum (heb. «recompensa»). Nombre de doce personajes del AT, entre ellos:

1. Decimosexto rey de Israel, hijo de Jabes. Dio muerte al rey Zacarías para reinar en su lugar sobre las diez tribus, pero sólo reinó un mes, muriendo a manos de Manahem (2 R. 15:8-15).
2. Hijo de Ticva y esposo de la profetisa Hulda. Era el guarda de las vestiduras sacerdotales depositadas en el Templo, o bien de los ropajes reales (2 R. 22:14; 2 Cro. 34:22).
3. Jefe de los porteros del Templo (1 Cro. 9:17, 18). Parece que sus descendientes volvieron del cautiverio (Esd. 2:42; 10:24; Neh. 7:45).

4. Padre de uno de los efrainitas que se opusieron a que permanecieran como cautivos los hijos de Judá que cayeron en manos de Peka rey de Israel (2 Cro. 28:12).
5. Tío del profeta Jeremías y padre de Hanameel (Jer. 32:7, 8). Ofreció en venta al profeta una herencia en Anatot (Jer. 32:7).
6. Gobernador de la mitad de Jerusalén en tiempos de Nehemías. Colaboró en la reconstrucción del muro de la ciudad en compañía de sus hijos (Neh. 3:12).

Salvador. Título por excelencia de Jesucristo, que tiene sus raíces en la revelación del AT. Dios es ante todo el Salvador del pueblo (2 Sam. 22:2-3), el Salvador de Israel (Is. 25:9; 41:14; 43:3, 11; 49:26). A nivel personal, Dios salva de la angustia y de las asechanzas de los malvados (Sal. 37:39; 59:2); salva otorgando el perdón de los pecados, dando respuesta a la oración, impartiendo gozo y paz (Sal. 79:9; 51:12; 60:6; 18:27; 34:6, 18).
En el NT Cristo es presentado desde el principio como el Salvador, y no sólo como un maestro, amigo o modelo de conducta. El ángel anuncia a José que «Él salvará a su pueblo de sus pecados» (Mt. 1:21). Toda la vida de Jesús, desde su concepción hasta su ascensión, puede y debe ser leída en clave soteriológica.

Sama. Nombre de varios personajes del AT.
1. Tercer hijo de Reuel y jefe de familia descendiente de Esaú y de Ismael (Gn. 36:3-4, 13, 17), con el tiempo llegó a ser uno de los jefes de Edom (v. 17; 1 Cro. 1:7).
2. Tercer hijo de Isaí, hermano de David, presente en la unción de David por Samuel (1 Sam. 16:9; 17:13; 2 Sam. 13:3, 32; 1 Cro. 2:13; 20:7).
3. Uno de los tres primeros héroes de David, hijo de Age ararita. Él solo hizo frente a los filisteos en Leji, donde había una parcela de tierra sembrada de lentejas, mientras el pueblo salía huyendo (2 Sam. 23:11-12).
4. Uno de los principales héroes de David, hijo de Hotam el aroerita (1 Cro. 11:44). Sama figuró en los denominados «treinta», especie de guardia personal de David.

Samaria (heb. «torre de vigía», «atalaya»). Capital del reino del Norte, fundada por Omri, después de que cierto número de poblaciones probaran ser por algún tiempo sede del gobierno. Omri adquirió el terreno por dos talentos de plata de un hombre llamado Semer, de donde procede el nombre de la ciudad (1 R. 16:24). Esto fue en el año 880

a.C. La capital coronaba una colina llamada en ocasiones monte de Samaria (Am. 4:1; 6:1), desde la que se dominaba un fértil valle (Is. 28:1). Fue una decisión estratégicamente acertada, pues Samaria permaneció como capital del reino del Norte hasta el cautiverio de las diez tribus. Allí residieron y fueron sepultados los sucesivos soberanos de Israel (1 R. 16:28, 29; 20:43; 22:10, 37, etc.).
Desde el mismo comienzo de su historia, Samaria fue una ciudad llena de idolatría. Acab abrió el camino a los cultos paganos al erigir un templo y un altar a Baal (1 R. 16:32). Cuatrocientos profetas de Astarté comían a la mesa de Jezabel (1 R. 18:19), y es probable que el monolito sagrado, emblema de esta divinidad, subsistiera hasta el reinado de Jehú (2 R. 13:6). Los falsos cultos, combatidos por Elías, comportaban embriaguez e inmoralidad (Os. 7:1-8; Am. 4:1; 8:14; cf. 1 R. 18). Eliseo residía en Samaria (2 R. 5:3-9), donde vivía asimismo el profeta Oseas. Fueron numerosos los hombres de Dios que predijeron el castigo del reino del norte y de su capital (Is. 7:9; 8:4; Jer. 31:5; Ez. 16:46, 51, 53, 55; 23:33; Os. 8:5, 6; 13:16; Am. 3:12; Miq. 1:5-9). La ciudad cayó bajo un juicio catastrófico. Los asirios, bajo el reinado de Salmansar V, asediaron la ciudad en el año 724 a.C.; finalmente, en el año 722, o a inicios del año 721, cayó en manos de Sargón (2 R. 17:3-6). El conquistador deportó gran parte de la población y repobló su territorio con babilonios y otros extranjeros, que colonizaran la tierra (2 R. 17:24). En el año 332 ó 331 a.C., Alejandro Magno tomó la ciudad, trasladó sus habitantes a Siquem, y puso en su lugar a siro-macedonios. En el año 111 a.C., el sumo sacerdote y etnarca judío Juan Hircano reinició una campaña contra los samaritanos, asedió la ciudad de Samaria y la rodeó de un vallado de 80 estadios (algo más de 14,5 km), dejando el cerco al mando de sus dos hijos Antígono y Aristóbulo. La ciudad resistió durante un año, y aunque pidió ayuda al seleúcida Antíoco IX Ciziceno, finalmente se tuvo que rendir por hambre (107 a.C.). Sus habitantes fueron esclavizados y en un intento de suprimir todo vestigio de su existencia, el vencedor inundó el lugar con torrentes (cf. Miq. 1:6; *Ant.* 13:10, 2 y 3; *Guerras* 1:2, 7 y 8). En la época de Alejandro Janneo, la ciudad volvió a ser habitada de nuevo. Pompeyo la incluyó en la provincia romana de Siria. Herodes el Grande, después de recibirla de Augusto, la reconstruyó, la fortificó y le dio el nombre de Sebaste, forma gr. del lat. *Augusta*, en honor del emperador, su protector (*Ant.* 15, 7, 7). Felipe el Evangelista predicó a Cristo en Samaria, con mucho fruto. Simón el Mago y muchos otros creyeron y fueron bautizados (Hch. 8:5-13). Pedro y Juan fueron de Jerusalén a Samaria para apoyar a Felipe en la obra (Hch. 8:14-25). Identificación: a más de 8 km al noroeste de Siquem, en el emplazamiento del pue-

blo de Sebastiyeh, sobre una colina de escarpadas laderas, cuya cumbre en meseta mide poco más de 1,5 km de este a oeste.

Samaritanos. Habitantes del distrito de Samaria, en el centro de Palestina (cf. Lc. 17:11-19). Israelitas en su origen, el asirio Sargón deportó a la mayoría de ellos, siendo reemplazados por gentes procedentes de otros países del Imperio: Hamat, Babilonia y Arabia (cf. 2 R. 17:24). Los nuevos habitantes trajeron consigo sus propios dioses, ritos y cultos. Sin duda que su número no fue muy elevado, esparcidos en un territorio devastado por las guerras, con los campos sin cultivar, lo cual había propiciado el aumento de animales salvajes. El rey Josías y sus fieles recorrieron toda Samaria destruyendo los ídolos de los lugares altos (2 Cro. 34:6, 7), apoyando así la influencia de los israelitas que quedaban en Samaria y de sus sacerdotes. Mucho tiempo después había aún samaritanos que iban a Jerusalén para asistir al culto en el Templo (Jer. 41:5).

Cuando el primer grupo de judíos encabezado por Zorobabel regresó a Jerusalén, los samaritanos que habían logrado sobrevivir todo este tiempo pidieron permiso para participar en la restauración del Templo. Afirmaron haber adorado al Dios de Israel desde la época de Esar-hadón, lo que les daba derecho a formar parte del pueblo elegido. Pero Zorobabel y los jefes judíos rechazaron su colaboración por considerarles un pueblo mixto, una mezcla impura de viejos israelitas y gentiles de origen asirio (Esd. 4:2). Los samaritanos, entonces, que se consideraban hebreos pero no judíos, se unieron a los adversarios de la reconstrucción planeada por judíos retornados del exilio (Esd. 4:1-10). También se opusieron a que Nehemías restaurara las murallas de Jerusalén (Neh. 4:1-23). El caudillo de los samaritanos era entonces Sanbalat, cuyo yerno fue excluido del sacerdocio por Nehemías. Los matrimonios mixtos fueron prohibidos, impidiendo así cualquier tipo de relación tanto a nivel social como religioso y ahondando la separación entre ambas comunidades, lo cual degeneró en una intensa antipatía, que se convirtió en desprecio con el paso del tiempo (Esd. 4:3; Eclo. 50:25, 26; Lc. 9:52, 53; Jn. 4:9).

Alrededor de la última parte del siglo IV a.C. los samaritanos levantaron su propio templo en el monte Gerizim, en rivalidad con el de Jerusalén, lo cual consumó el cisma y generó un odio intenso entre ambas comunidades. Hacia el año 128 a.C., el gobernante y sumo sacerdote judío Juan Hircano, arremetió contra los samaritanos, se apoderó de Siquem y del monte Gerizim y destruyó el templo allí construido (*Ant.* 13, 9, 1). Los samaritanos llamaron en su ayuda al seleúcida Antíoco IX Ciziceno, pero fueron finalmente vencidos. En tiempos del NT pervivían el antagonismo y la hostilidad entre la comunidad judía y samaritana. Los judíos despreciaban a los samaritanos como extranjeros y rodeaban su territorio para evitarlo. Jesús mostró una actitud amistosa y de acercamiento para con ellos (Lc. 17:16,18; Jn. 4.7). En este contexto social sorprende que pusiera de ejemplo a un samaritano de lo que significa amar al prójimo (Lc. 10:25-37), criticando con ello los prejuicios racistas. En los primeros años de la expansión del cristianismo desde Jerusalén, los samaritanos ocupan una posición de camino medio entre la evangelización de los judíos y de los gentiles. Recibieron con buena disposición el Evangelio que les fue anunciado por medio de Felipe, con el testimonio de las señales y milagros efectuados por él (Hch. 8:4-19). Gracias a la nueva fe ambos pueblos pudieron abrazarse como hermanos en el seno de la Iglesia, derrumbada la pared de hostilidad que les separaba. El Cuarto Evangelio remonta esta buena recepción a los días de Jesús, cuando la samaritana se convirtió en activa predicadora del mensaje de Jesús (Jn. 4:5-42).

El Talmud acusa a los samaritanos de paganos y de judíos mezclados, pero los samaritanos dicer ser los verdaderos descendientes de los hijos de Israel, que preservaron la fe en Yahvé tal como fue enseñada por Moisés, sin añadiduras posteriores, lo que les asemeja a los saduceos en su rechazo de la tradición oral de los escribas y fariseos. Su Escritura sagrada está limitada a la Torá o Pentateuco, con la exclusión de los profetas y hagiógrafos o escritos. Hasta el día de hoy el Pentateuco Samaritano se trasmite en la escritura hebrea antigua, que el judaísmo sustituyó por la cuadrática o aramea. Tienen por ciudad sagrada a Nablus, la antigua Siquem o Sicar, donde Jacob erigió un altar a Dios (Gn. 34:18-20). Durante la Pascua los samaritanos ofrecen sacrificios de corderos en el monte Gerizim, porque de acuerdo con el Pentateuco Samaritano ése es el monte sagrado. Celebran la Pascua el 14 de Nisán al ponerse el sol, excepto cuando el 15 cae en sábado, entonces prevalece sobre la Pascua, se celebra ésta a mediodía.

Samgar. Hijo de Anat (Jue. 3:31), tuvo la judicatura después de Ehud. Poco antes de la época de Débora, los israelitas evitaban los caminos por temor a los filisteos, y se deslizaban por senderos escondidos (Jue. 5:6). Samgar, atacando a los opresores, mató a seiscientos de ellos con una aguijada de bueyes, y contribuyó con ello a la liberación de Israel (Jue. 3:31).

Samir (heb. «punta aguda»). Nombre de dos lugares del AT.

1. Ciudad de la región montañosa de Judá, asignada a la tribu de este

nombre (Jos. 15:48). Se hallaba en las colinas sudorientales de Hebrón. Algunos la ubican cerca de Debir, al norte de Beerseba.
2. Aldea de los montes de Efraím, en la que habitó y murió el juez Tola (Jue. 10:1, 2). Llama la atención que un hombre de la tribu de Isacar tuviera su residencia oficial en el territorio de una tribu distinta a la suya, quizá se debe a la posición estratégica más segura de los montes de Efraím.

Samla (heb. «manto»). Quinto rey de Edom, anterior al establecimiento de la monarquía entre los hebreos (Gn. 36:36, 37; 1 Cro. 1:47, 48). Sucedió a Hadad o Hadar, y según el Targum Masorético era de Masreqah, lo que puede interpretarse en el sentido de que fue oriundo de tal lugar o que ésta era la ciudad más importante de su reino. Esto significaría que el reino de Edom consistía en una confederación de tribus, y que la ciudad principal de la tribu reinante era la metrópoli o capital del todo.

Samos. Isla del sudeste del mar Egeo, ante la costa de Asia Menor, al sur-suroeste de Éfeso y casi frente al promontorio de Trogilio. Un estrecho de 2 km la separa de la costa. La isla mide alrededor de 128 km de perímetro. Después de la derrota de Antíoco el Grande ante los romanos en Magnesia, en el año 190 a.C., Samos se hizo independiente (1 Mac. 15:23); cayó en poder de los romanos en el año 133 a.C. junto con Pérgamo, quedando en la esfera de influencia de esta última. Cuando Pablo llegó a la isla (Hch. 20:15), Samos seguía gozando de la autonomía que le habían otorgado los romanos en el año 17 a.C.

Samotracia. Isla en el mar Egeo, a lo largo de Tracia, y frente a la desembocadura del río Hebros, con una ciudad del mismo nombre. Mencionada en relación al segundo viaje misionero del apóstol Pablo, donde se dice que en la ruta de Troas, en Asia Menor, el navío emprendió rumbo directo hacia Samotracia para protegerse de los vientos y las fuertes corrientes (Hch. 16:11).

Samuel (heb. «nombre de Dios», o «dado por Dios»). Profeta de Israel (1 Cro. 6:33), fue el primer gran profeta posterior a Moisés, y el último de los Jueces. Su padre, Elcana, era un levita de la familia de Coat (1 Sam. 1:1; 1 Cro. 6:26, 35). Esta familia había recibido su heredad en el monte de Efraín (Jos. 21:5; 1 Cro. 6:26, 35). Elcana vivía en Ramá (1 Sam. 1:1, 19; 2:11). Elcana tenía dos esposas: Penina y Ana. Esta última, que era estéril, suplicó al Señor que le concediera un hijo, e hizo el voto de consagrárselo toda la vida, aparentemente como nazareo (1 Sam. 1:11; cf. Nm. 6:1-5). Dios otorgó esta petición. Ana llamó al recién nacido Samuel. Cuando lo hubo destetado, lo llevó al Tabernáculo, en Silo, confiándolo a Elí, el sumo sacerdote, a fin de que lo formara para el servicio del Señor (1 Sam. 1; 2:1-17). El niño Samuel llevaba a cabo su tarea en presencia del Señor; vestía un simple efod de lino, vestidura de los sacerdotes cuando oficiaban, y también de los levitas (1 Sam. 2:18). El niño dormía en una estancia contigua al Tabernáculo, y ayudaba a Elí (1 Sam. 3:1, 3, 15). Samuel era sólo un joven cuando el Señor le reveló el juicio que caería sobre la casa de Elí, a causa de la insensata indulgencia del padre hacia sus indignos hijos (1 Sam. 3:1-18). Cuando Samuel llegó a ser un hombre joven, todo Israel, de Dan a Beerseba, reconocía que era un profeta, porque el Señor se le reveló en Silo (1 Sam. 3:20, 21). Poco después caía el juicio predicho sobre la casa de Elí y sobre Israel: los dos hijos de Elí murieron sobre el campo de batalla, los filisteos se apoderaron del arca, y Elí murió al saber esto (1 Sam. 4:1-22). Los filisteos tuvieron que devolver el arca a los israelitas, sin embargo, ante las plagas de Dios, y quedó depositada en Quiriat-jearim, en casa de Abinadab.

Después de la muerte de Elí, Samuel ejerció la autoridad, y se esforzó en rectificar las costumbres; veinte años después de la restitución del arca, había llegado a conseguirlo en cierta medida. Convocó entonces a los israelitas a Mizpa, cerca del lugar en el que había sido arrebatada el arca del pacto. El profeta les ordenó confesar sus pecados, ayunar delante de Jehová e implorar Su misericordia. Al saber esto, los filisteos atacaron a los israelitas, que pidieron a Samuel que suplicara el socorro divino. El Señor otorgó la ayuda pedida mandando sobre los filisteos una terrible tormenta, bajo la que sufrieron una tremenda derrota. Mientras Samuel estuvo al frente de los israelitas, los filisteos renunciaron a atacar (1 Sam. 7:3-14). A su vejez, Samuel estableció en Beerseba a sus dos hijos como jueces sobre Israel. Sin embargo, éstos se mostraron indignos de tan alto cargo, dejándose sobornar y pisoteando la justicia. A causa de la malvada gestión de ellos y de la amenazadora actitud de las naciones paganas a su alrededor, los ancianos y el pueblo pidieron la instauración de la monarquía. Dios ordenó al profeta que ungiera a Saúl como rey, y después a David, luego de que Saúl hubiera sido rechazado. Samuel murió mientras David, huido de Saúl, se hallaba en el desierto de En-gadi. Fue sepultado en Ramá; todo Israel lo lloró (1 Sam. 25:1). La noche antes de la batalla de Gilboa, Saúl pidió a una adivina que evocara a Samuel del Seol (1 Sam. 28:3-25).

Samuel, Libros de. Libros que constituían al principio un solo volumen. Llevan muy justamente el nombre de Samuel, por ser éste el personaje más importante durante la primera mitad del período de que tratan. Como la obra contiene la historia de los dos primeros reyes de Israel, en la LXX se divide en dos partes, que reciben el nombre de Primer y Segundo Libro de los Reinos, mientras que a los dos libros históricos siguientes (1 y 2 Reyes en nuestras versiones), les da el nombre de 3 y 4 de los Reinos. Jerónimo, en la Vulgata, cambió el título «Libro de los Reinos» por el de «Libro de los Reyes». En el canon hebreo, 1 y 2 Samuel quedan encuadrados dentro de los Profetas anteriores.

La obra se puede dividir en tres secciones.

1) Samuel, profeta y juez (1 Sam. 1-7): nacimiento, infancia, llamamiento al ministerio profético (1 Sam. 3:20); autoridad indiscutida, después de la muerte de Elí (cap. 4); obra de reforma y el triunfo de su intervención espiritual, en el momento en que los filisteos atacan a Israel, lo que le otorga el papel de juez liberador (1 Sam. 7: 1-12). Sumario de los resultados de su administración (1 Sam. 7:13-17).
2) Reinado de Saúl (1 Sam. 8-31). El pueblo pide al anciano Samuel que establezca un rey sobre Israel. El profeta accede, bien a su pesar (cap. 8). Samuel conoce a Saúl; le da, privadamente, la unción real (1 Sam. 9:1-10:16). Samuel convoca al pueblo en Mizpa, donde Saúl es elegido rey por suertes (1 Sam. 10:17-26), y es menospreciado por algunos malcontentos (1 Sam. 10:27). La victoria de Saúl sobre los amonitas confirma su condición de rey (1 Sam. 11). Samuel dirige un discurso al pueblo, y se retira a continuación de la vida pública (1 Sam. 12). Los filisteos son derrotados, pero Saúl desobedece la orden de Jehová con respecto al sacrificio (1 Sam. 13). Jonatán ataca una guarnición filistea y pone a los enemigos en fuga (1 Sam. 14:1-46). Recapitulación de las guerras de Saúl (1 Sam. 14:47, 48). Su familia (1 Sam. 14:49-51). Relato detallado de la guerra contra los amalecitas; Saúl desobedece por segunda vez las órdenes de Dios (1 Sam. 15). Últimos años del reinado de Saúl y primeros de David; su actitud con respecto a David (1 Sam. 16-31). Dios rechaza a Saúl, y ordena a Samuel que unja a David (1 Sam. 16:1-13). Saúl, atormentado por un espíritu maligno, invita a David, tañedor de arpa, a la corte (1 Sam. 16:14-23). David mata a Goliat y se queda desde entonces con el rey (1 Sam. 17:1-18 5). Celos de Saúl; atenta contra la vida de David (1 Sam. 18:6-19:17). Huida y vida errante de David (1 Sam. 19:18-27:12). Invasión filistea; Saúl consulta a la adivina de Endor (1 Sam. 28). Batalla de Gilboa, muerte de Saúl (1 Sam. 31).

3) Reinado de David (2 Sam. 1-24). David se entera de la muerte de Saúl (2 Sam. 1). Rivalidad de David apoyado por los hombres de Judá con Is-boset sostenido por todas las otras tribus (2 Sam. 2-4). David proclamado rey por todas las tribus de Israel (2 Sam. 5:1-3). Acontecimientos en la familia e intrigas por el trono de David (2 Sam. 9-20). Apéndices (2 Sam. 21-24).

Los Talmudistas atribuyeron la autoría de esta obra a Samuel, quien ciertamente escribió en un libro «las leyes del reino», y lo depositó delante de Yahvé (1 Sam. 10:25), pero no puede ser el autor de toda la obra, ya que su contenido abarca alrededor de 120 años de historia, de la que no pudo ser testigo. Samuel murió antes del final del reinado de Saúl (1 Sam. 25:1) y está claro que un pasaje como 2 Sam. 5:4-5 tuvo que ser escrito después de la muerte de David. La redacción de 1 y 2 Samuel parece haber sido hecha al inicio de la monarquía, sobre la base de documentos existentes.

El argumento y finalidad de la obra es la implantación de la monarquía en Israel con Saúl y la consolidación de la misma con David, que es la figura central. La obra contiene una importante promesa del Mesías, descendiente de David, cuyo trono Dios afirmará para siempre (cf. 2 Sam. 7:12-13). Gracias a esta obra conocemos uno de los puntos importantes de la historia de Israel, el paso del gobierno de los jueces a un régimen monárquico.

Sanbalat. Gobernador de Samaria en la segunda mitad del siglo V a.C., en el año decimoséptimo de Darío Noto, conocido a través de los papiros de la Elefantina. Nehemeías, que silencia su cargo de gobernador, lo llama horonita (Neh. 2:10), lo que no parece significar que procediera de Horonaim, ciudad de Moab, sino de Bet-horón (cf. Neh. 4:2; 6:2). Enemigo frontal de Nehemías se opuso a la reconstrucción de los muros de Jerusalén; intentaba con ello no perder su influencia sobre dicha ciudad. Se asoció con Tobías el amonita y se opuso a Nehemías en el año vigésimo de Artajerjes (Neh. 3:1; 4:7). Planearon un asalto a la ciudad, pero sus intentos fueron desbaratados por Nehemías (Neh. 4:1-14). Entonces Sanbalat ideó el modo de desembarazarse del dirigente judío. Él y sus consejeros solicitaron una entrevista con Nehemías con vista a liquidarle (Neh. 6:1-4), pero Nehemías rehusó entrevistarse con ellos; entonces intentaron en vano intimidarlo, acusándolo de sedición (Neh. 6:5-14). Sanbalat fue contemporáneo del sumo sacerdote Eliasib, cuyo nieto, llamado Manasés, hijo de Joiada, estaba casado con una hija de Sanbalat. Nehemías castigó a Manasés excluyéndolo del sacerdocio (Neh. 13:4, 28).

Sanedrín. Alta corte de los judíos, concilio supremo de la nación. Los persas otorgaron a los judíos el derecho a juzgar sus propios litigios (Esd. 7:25, 26; 10:14). La caída del Imperio persa no significó la pérdida de este privilegio. Había un consejo gubernamental denominado *gerousia*, o senado (*Ant.* 12, 3, 3), una especie de asamblea nacional (1 Mac. 12:6); estaba constituido por ancianos (cf. 1 Mac. 14:20). Este consejo representaba a la nación judía (1 Mac. 12:3) y se unió a Jonatán, sumo sacerdote, a fin de concertar una alianza ofensiva con Esparta. Jonatán convocó a los ancianos para considerar con ellos la construcción de fortalezas en Judea y el reforzamiento de los muros de Jerusalén (1 Mac. 12:35; cf. 13:36; 14:20, 28 y 47).

Bajo Gabino, procónsul de Siria (57-55 a.C.), Judea fue dividida en 5 distritos, dependiendo cada uno de ellos de un *synedrion* o *synodos*, es decir, un consejo o sanedrín (*Ant.* 14, 5, 4; *Guerras* 1, 8, 5). Desde entonces, la más alta autoridad de Jerusalén vino a ser el *synedrion*, lo que sin embargo no eliminó la *gerousia*. No obstante, ese arreglo no duró mucho tiempo. El año 47 a.C., César extendió otra vez la jurisdicción del sanedrín de Jerusalén a toda Judea (cf. *Ant.* 14:9, 3-5). Al comienzo de su reinado, Herodes hizo dar muerte a 45 miembros del sanedrín (*Ant.* 14, 9, 4; 15:1, 2), pero no suprimió el consejo (*Ant.* 15, 6, 2). Bajo los procuradores romanos, del año 6 al 66 d.C., los poderes del sanedrín fueron ampliados.

Había dos clases de *synedria*, a saber, el Sanedrín supremo o metropolitano, llamado Gran Sanedrín, y el Consejo provincial, llamado Pequeño Sanedrín, diferentes uno del otro en su constitución y jurisdición. El Gran Sanedrín o Consejo Supremo era el tribunal superior de justicia y juicio. Se componía de 71 miembros. Sólo podían ser elegidos israelitas de linaje indiscutible, instruidos en las ciencias y conocimientos de su día, multilingües para no tener que depender de traductores en los juicios. Personas muy ancianas, eunucos, prosélitos o netineos no podían formar parte de él, tampoco los que prestaban dinero a interés, o jugaban a los dados. En adición a estos y otros requisitos, el candidato al Gran Sanedrín tenía que haber sido juez en su propia ciudad y componente del Pequeño Sanedrín. El número de 70 se correspondía, probablemente, con los setenta ancianos designados para colaborar con Moisés (cf. Nm. 11:16). El miembro adicional era el sumo sacerdote, que ejercía las funciones de presidente (recuérdese que Jesús escogió 70 discípulos, quizá en referencia al Sanedrín , Lc. 10:1, igual que los doce en relación a las tribus de Israel). En el Gran Sanedrín estaban representados las tres clases sociales de la nación:

a) los sacerdotes, representados por los sumos sacerdotes, es decir, aquellos que habían ejercido el cargo y estaban ya depuestos, y también los miembros de sus familias, prob. en número de veinticuatro (cf. 1 Cro. 24:4, 6; Mt. 27:1; Jn. 7:32; 11:47; 12:10), y de principios saduceos;

b) los ancianos (Mt. 16:21; 21:23; Mc. 8:31; 11:27; 14:43, 53; Lc. 9:22; 20:1; 22:52; Jn. 8:9; Hch. 4:5, 23; 6:12; etc.); o jefes del pueblo (Hch. 4:8, con v. 5), que eran cabeza de familia y tribu (Lc. 23:13; 24:20; Hch. 3:7, etc.); es decir, la aristrocracia laica, normalmente saduceos, cuyo número, prob. también sería de veinticuatro (cf. Ap. 4:4), representantes del pueblo en general;

c) los escribas, asesores jurídicos o doctores de la Ley, en su mayor parte laicos de principios fariseos, quizá en número de veintidós.

El Señor Jesús fue juzgado por el Sanedrín (Mt. 26:59; Mc. 14:55; 15:1; Lc. 22:66; Jn. 11:47). Pedro, Juan y los otros apóstoles tuvieron que comparecer ante este consejo (Hch. 4:5, 6, 15; 5:21, 27, 34, 41). Esteban fue llevado ante el sanedrín (Hch. 6:12), lo mismo que Pablo (Hch. 22:30; 23:15; 24:20). Con la destrucción de Jerusalén el Sanedrín fue transferido por rabí Jochanan ben-Zakkai a Jabne o Jamnia (68-80 d.C.).

Sangre. Entre los semitas la sangre siempre se consideró un elemento vitalizante, vehículo y principio de vida. La simple observación de la sangre derramada bastaba para advertir que la pérdida de la misma disminuía la fuerza y finalmente, terminaba con la vida. La conclusión es evidente: «La vida de la carne en la sangre está» (Lv. 17:11, 14), de modo que viene a ser sinónimo de vida: «La sangre es la vida» (Dt. 12:23). Y esto sirve tanto para los animales como para los hombres (Gn. 9:4). Cuando el salmista hebreo dice que el soplo [*nefés*] de Yahvé da la vida de los animales (Sal. 104:30) no está sino haciendo referencia al elemento *vaporoso* de la sangre, presente en el aliento (*nefés*) según se creía. La sangre es el alma (*nefés*), es decir la vida (cf. Gn. 9:4). La sangre no es la sede de la inteligencia, como el corazón, ni de la vida emocional, como los riñones y las entrañas, sino de toda la vida entera. De ahí que a veces se haga referencia a la sangre en término personales, que como la del Abel asesinado clama venganza desde la tierra (Gn. 4:10).

De esta identificación entre sangre y vida se desprenden tres prohibiciones importantes: a) ingerir sangre o comer carne con sangre; b) derramar la sangre del semejante y c) ofrecer sangre en sacrificio a los ídolos, puesto que la sangre sólo puede ser derramada sobre el altar de Yahvé (Lv. 17:7-11).

«El que derramare sangre de hombre, por el hombre su sangre será derramada» (Gn. 9:6), éste es el principio que rige en el derecho judío

respecto al homicidio. A él obedece la figura del «vengador de sangre», encargado de vengar la muerte de un familiar (Nm. 35:24, 27).
Inmediatamente después del Diluvio, al dar Dios permiso para comer la carne de los animales, se prohibió sin embargo comer su sangre (Gn. 9:3, 4; Hch. 15:20, 29). Esta ley, dada a Noé, es ratificada por Ley de Moisés (Lv. 7:26, 27; 17:13, 14; Dt.12:23-27). En ambos casos la ingesta de sangre va acompañada de la prohibición de comer el sebo o grosura. Mientras que el derramamiento de sangre humana siempre se considera un crimen, el de sangre animal es una necesidad ineludible para todo ser humano que vaya a alimentarse de su carne (Lv. 17:13). Con ello se evitaba comer la «vida» de la carne que es la sangre, y sólo pertenece a Dios (v. 14). La sangre tiene que ser derramada en la tierra como agua, antes de disponerse a comer cualquier tipo de carne animal puro (Dt.12:23-27). La razón se ofrece a continuación: «Porque la vida del cuerpo está en la sangre, la cual yo os he dado sobre el altar para hacer expiación por vuestras personas» (Lv. 17:11). La carne y la sangre se ofrecían igualmente sobre el altar de Yahvé, pero la sangre tenía que ser derramada sobre el altar y entonces se podía comer la carne (Dt.12:27).
En el Concilio de Jerusalén, la naciente Iglesia cristiana ratificó la prohibición de comer sangre, junto a lo ofrecido a los ídolos (Hch. 15:29). Algunos han deducido del primer caso la prohibición de las transfusiones de sangre modernas, ignorando que la abstinencia de sangre se refiere siempre a la sangre animal, «derramada como agua» por los judíos antes de comer la carne; y a la humana, cuyo derramamiento está prohibido, pues en cuanto principio de vida, dar la sangre por otro, no derramada sino transfundida, es la mayor prueba de amor: «Nadie tiene mayor amor que éste, que uno ponga su vida por sus amigos» (Jn. 15:13). Para los cristianos, las prohibiciones de la Ley han cesado para todos, pero por amor a los judíos los venidos de la gentilidad pagana debían abstenerse de la sangre y animales ahogados.
En el NT, las expresiones «sangre de Jesús», «sangre de Cristo», «sangre del Cordero», «sangre del pacto», «sangre rociada», son metáforas que representan la muerte expiatoria del Señor Jesús; fue por el derramamiento de su sangre que pudo haber salvación (1 Co. 10:16; Ef. 2:13; He. 9:14; 10:19; 1 P. 1:2, 19; 1 Jn. 1:7; Ap. 7:14; 12:11; Mt. 26:28; He. 12:24). Beber su sangre es apropiarse de los efectos salvadores de su muerte expiatoria (Jn. 6:53; 1 Co. 10:16), participar de la Nueva Alianza consumada en la sangre de Cristo derramada para el perdón de pecados para muchos (Mt. 26:28; Mc. 14:24; Lc. 22:20; 1 Co. 11:25; He. 9:18, 20; 12:24).

Sangre preciosa (1 P. 1:19), de la que brota un nuevo pueblo compuesto por judíos y gentiles, hermanos por esa misma sangre (Ef. 2:13), propiamente «sangre de reconciliación» (Col. 1:20). Tal fue la novedad, el escándalo y la fuerza del anuncio cristiano primitivo. Los mártires o testigos de este mensaje no tienen por mayor honor que considerarse personas redimidas, limpias y renovadas por la «sangre del Cordero sin mancha» inmolado en aras de ese nuevo pueblo (Ap. 1:5; 5:9; 7:14).

Sansón (heb. «hijo del sol», «radiante»). Último y más famoso de los jueces de Israel, cuya vida y hazañas se narran en los caps. 13-16 del libro de los Jueces. Nazareo desde su nacimiento, Sansón destaca por su fuerza sobrehumana. En una ocasión mató un león con sus propias manos. En otra, dio muerte a un millar de filisteos con una quijada de asno. Los hombres de Judá consideraron desde entonces a Sansón como su liberador (Jue. 15:6-20). Enamorado de una mujer filistea llamada Dalila, le confesó el secreto de su fuerza, residente en su larga cabellera. Dalila vendió su secreto a los filisteos. Éstos le cortaron el cabello mientras dormía y lo prendieron con facilidad. Sacándole los ojos, lo llevaron a la cárcel de Gaza para que hiciera girar una rueda de molino. Durante una gran fiesta en el templo de Dagón, dios de los filisteos, llevaron allí a Sansón para mostrarlo como espectáculo a la muchedumbre. Sus cabellos habían vuelto a crecer. Apoyado en las dos columnas centrales que sostenían el techo, las hizo caer derrumbándose el templo en su totalidad. Sansón murió junto con un gran número de filisteos (Jue. 16:1-31).

Santiago. Nombre de tres personajes del NT.

1. *Santiago el Mayor*, hijo de Zebedeo (Mt. 4:21; 10:2; Mc. 1:19; 3:17) y hermano del apóstol Juan (Mt. 17:1; Mc. 3:17; 5:37; Hch. 12:2). Fue uno de los primeros discípulos (Mt. 4:21; Mc. 1:19, 29; cf. Jn. 1:40, 41), y uno en los que el Señor tenía una mayor confianza (Mt. 17:1; Mc. 5:37; 9:2; 13:3; 14:33; Lc. 8:51; 9:28). Asociado con Pedro y Andrés, se dedicaba a la pesca en el lago de Galilea (Lc. 5:10). El padre, Zebedeo, aparece sólo una vez en el relato evangélico (Mt. 4:21; Mc. 1:19); no se opone a que sus hijos sigan a Jesús. La comparación de Mt. 27:56 con Mc. 15:40; 16:1 y Jn. 19:25 permite suponer que la madre de Jacobo se llamaba Salomé, y que era hermana de la madre de Jesús. En tal caso, Jacobo hubiera sido pariente cercano del Señor, y, como Él, descendiente de David. El nombre de Jacobo sólo aparece en los Evangelios sinópticos y en Hechos, pero en el Evangelio de Juan se alude a él en dos ocasiones (Jn. 1:40,41; 21:2). Jacobo es siempre mencionado junto con

Juan, y, por lo general, su nombre precede al de Juan (Mt. 4:21; 10:2; 17:1; Mc. 1:19, 29; 3:17; 5:37; 9:2; 10:35, 41; 13:3; 14:33; Lc. 5:10; 6:14; 9:54), en tanto que Juan es designado como hermano de Jacobo (Mt. 4:21; 10:2; 17:1; Mc. 1:19; 3:17; 5:37). Se cree por todo esto que Jacobo era el hermano mayor. Cristo dio a ambos hermanos el sobrenombre de «Boanerges», hijos del trueno (Mc. 3:17). Fue condenado a muerte por orden de Herodes Agripa I, probablemente en el año 44 d.C. (Hch. 12:2). Se convirtió así en el primero de los apóstoles en sellar su testimonio con sangre.

2. *Santiago el Menor,* hijo de Alfeo, uno de los Doce apóstoles (Mt. 10:3; Mc. 3:18; Lc. 6:15; Hch. 1:13). No sabemos nada de él que sea absolutamente cierto; pero por lo general se admite que es el Jacobo mencionado en Mt. 27:56; Mc. 15:40; 16:1; Lc. 24:10. Recibe el sobrenombre de «el Menor», indudablemente debido a su pequeña estatura (Mc. 15:40); su madre, llamada María, era una de las mujeres que acompañaban al Señor; tenía un hermano llamado José (Mt. 27:56). Leví, llamado también Mateo, era otro hijo de Alfeo (Mc. 2:14). Es posible que fuera hermano de Jacobo, pero parece más probable que se trate de otro Alfeo.
3. *Santiago, el hermano del Señor* (Mt. 13:55; Mc. 6:3; Gál. 1:19) y uno de los dirigentes de la primera comunidad cristiana en Jerusalén (Hch. 12:17; 15:13; 21:18; Gál. 1:19; 2:7, 12). Los Evangelios lo mencionan sólo en dos ocasiones (Mt. 13:55; Mc. 6:3). Quizá se halla comprendido entre los «hermanos del Señor» que no creían en Él durante su vida (Jn. 7:5), pero que vinieron a ser discípulos de Él tras su resurrección (Hch. 1:14). La cuestión del parentesco que unía al Señor con estos «hermanos» ha sido siempre causa de controversias. Ciertos exegetas quieren ver en ellos a los hijos de Alfeo, y los declaran primos de Jesús. Otros piensan que se trata de los hijos de un primer matrimonio de José. Pero siempre se les halla acompañando a María, participando de la vida de ella, de sus viajes, y comportándose hacia ella como sus hijos (Mt. 12:46, 47; Lc. 8:19; Jn. 2:12). Al parecer, Santiago sufrió el martirio en un motín del populacho de Jerusalén, entre la muerte de Festo y la designación de su sucesor, en el año 62 ó 66 d.C. Se le atribuye la epístola que lleva su nombre.

Santiago, Epístola de. Primera de las epístolas católicas o universales. El autor de esta carta no se presenta como apóstol, sino que se denomina simplemente como «Santiago, siervo de Dios y del Señor Jesucristo» (Stg. 1:1). Se supone que se trata de Jacobo, el hermano del Señor. La dificultad de esta identificación es que tanto el estilo como el vocabulario de la carta suponen un profundo conocimiento del griego, algo que resulta difícil de concebir en un judío de Galilea de origen popular. La carta está dirigida a las «doce tribus», referencia al verdadero Israel, que con la adición del complemento «de la dispersión» (1:1) indica que no se encontraban en Judea, sino repartidas por el mundo, a saber, las congregaciones cristianas que constituyen el remante fiel de Israel.

Se cree que éste es uno de los escritos más antigos del NT, redactado prob. hacia el 45 d.C. Ciertas expresiones son típicas de un cristianismo aún ligado al judaísmo. Se usa el nombre de sinagoga para describir las reuniones cristianas (texto gr. de Stg. 2:2); los cristianos no son tajantemente distinguidos de los judíos (Stg. 1:1); no se hace alusión alguna al concilio de Hch. 15 ni a la caída de Jerusalén; no se ve ninguna traza de las controversias que, ya a partir del año 60 d.C., ocuparon la atención de la Iglesia.

Inmediatamente después de la mención de los destinatarios y del saludo, Santiago consuela a sus lectores expuestos a la adversidad; los exhorta a mantenerse con firmeza, y les muestra de dónde proviene la tentación a apostatar (Stg. 1:2-21). A continuación pone en guardia contra la superficialidad que se contenta con palabras; explica a los hermanos en qué consiste la auténtica fe (Stg. 1:22-27), y qué frutos dará con respecto a la acepción de personas, pecado muy extendido (Stg. 2:1-13). Expone cómo se manifiesta la verdadera fe, que está muerta en sí misma sin el fruto de las obras (Stg. 2:14-26). Reprende la presunción de los que, careciendo de cualidades para ello, asumen un ministerio de enseñanza religiosa, y desvela las raíces de los celos (Stg. 3). Reprende a los envidiosos y a otros con un espíritu mezquino (Stg. 4:1-12) y arroja un baldón sobre la confianza puesta en el dinero (Stg. 4:13-5:6). La epístola acaba con exhortaciones a la paciencia en las pruebas (Stg. 5:7-12), y a la oración, recurso suficiente en toda circunstancia triste (Stg. 5:13-18). Finalmente, el autor expresa el gozo del cristiano que lleva a la fe al pecador extraviado (Stg. 5:19-20).

El estilo de esta epístola es exaltado, pintoresco, se asemeja al de los profetas hebreos. Contiene más imágenes sacadas de la naturaleza que todas las epístolas de Pablo (p. ej., Stg. 1:6, 23-24; 3:3-4, 10-12; 4:14; 5:7); de algún modo recuerdan los discursos de Jesús en los Evangelios sinópticos. Hay numerosos pasajes de la epístola que son análogos a pasajes evangélicos. El pasaje acerca de la fe y las obras (Stg. 2:14-25) ha sido frecuentemente mal interpretado. Se ha querido ver en él una polémica contra la doctrina enseñada por Pablo de la justificación por la fe, o al menos un correctivo a conclusiones abusivas que algunos sacaban de las enseñanzas de Pablo. Sin embargo, este pasaje es, en realidad, la refutación de una idea muy extendida en el seno del judaísmo de aquella época, que pretendía que la mera adhesión intelectual a las enseñanzas divinas era suficiente para la salvación. Santiago proclama que el testimonio externo (cf. Stg. 2:14, «si uno dice que tiene fe») debe ir justificado por una vida correspondiente; una profesión de fe sin unas obras que sean fruto de esta fe está carente de fundamento. De ahí la conclusión de Santiago: «La fe, si no tiene obras, es muerta en sí misma» (Stg. 2:17); en otras palabras, la pretensión de tener fe sin unos frutos en la vida que lo pongan en evidencia es una pretensión totalmente vacía. Con esto concuerda Pablo, que afirma enérgicamente que la salvación es por la fe, sin méritos de obras; pero que igual de enérgicamente afirma que el caminar del creyente evidenciará de una manera externa su fe salvadora y transformadora por medio de unos frutos acordes a la salvación recibida (cf. Ef. 2:8-10; Gál. 5:6; Tit. 2:14; 3:1, 5, 8, 14, etc.). Santiago, así, no afirma que las obras sean necesarias para la salvación, como algunos han concluido, atribuyendo a Santiago una postura opuesta a la de Pablo. Lo que sí afirma es que la fe que salva llega a su plena madurez, a su plenitud, con aquellos frutos que la adornan y que hacen patente su existencia ante el mundo exterior (cf. Stg. 2:22, etc.). Pero sigue siendo importante mantener la distinción entre el fruto externo de las obras, que perfeccionan la fe, o le dan su plenitud, y la fuente de las buenas obras, que es la nueva naturaleza del creyente ya salvado. Esto es, las buenas obras son el resultado necesario de la salvación, no su medio, y justifican al creyente dando testimonio de su fe al mundo, adornando su testimonio y dando plenitud a su fe (cf. Tit. 3:4-8).

Sara (heb. «princesa»). Esposa de Abraham, unos diez años más joven que él. Su nombre original era Sarai. Su matrimonio tuvo lugar en Ur de los caldeos (Gn. 11:29-31; 17:17). Era medio hermana de Abraham, hija del mismo padre, pero no de la madre de Abraham (Gn. 20:1). Cuando partió de Harán para dirigirse con Abraham a Canaán tenía 65 años (Gn. 12:4). Continuando hacia Egipto, Abraham temió que lo mataran a causa de la belleza de su esposa y la hizo pasar por hermana suya (Gn. 12:10-20). Muchos años después, Abraham volvería a usar este recurso en el país de Abimelec, rey de Gerar (Gn. 20:1-8).

Sarai era estéril, por lo que persuadió a su marido que tomara a su esclava Agar como segunda esposa (Ismael nació de esta unión, Gn. 16:1-16). Ya con 89 años, Sarai recibió la promesa de que ella misma tendría un hijo (cf. He. 11:11, 12; Ro. 4:17-22), lo que sucedió mediante un verdadero milagro en el tiempo anunciado. Fue entonces que le fue cambiado el nombre de Sarai por el de Sara, princesa (Gn. 17:15-22; 18:9-15; 21:1-5). Durante el festín para celebrar el destete de Isaac, Sara vio que Ismael se burlaba de Isaac, por lo que apremió a Abraham a que expulsara a Agar e Ismael (Gn. 21:9-21). Sara murió en Quiriat-arba (Hebrón), a los 127 años y fue sepultada en la cueva de Macpela.

Sardis. Capital del antiguo reino de Lidia, a unos 80 km al este de Esmirna, al pie del monte Tmolos. En el año 546 a.C. Ciro derrotó a Creso, apoderándose de su capital, que vino a ser un centro de la administración persa. Después del paso de griegos y romanos, y bajo el dominio de estos últimos, Sardis fue destruida por un temblor de tierra en el año 17 d.C. El emperador Tiberio la eximió de impuestos para facilitar su reconstrucción; tenía un barrio judío (*Ant.* 14:10, 24), y bien pronto tuvo una comunidad cristiana (Ap. 1:11; 3:1, 4). En la actualidad es un pueblo; allí se hallan las ruinas de un gran templo dedicado a Artemisa, del siglo IV a.C., y vestigios de un templo de Zeus, y los muros de una iglesia cristiana del siglo IV. Su nombre actual es Sart.

Sarepta (heb. «fundición»). Ciudad dependiente de Sidón (1 R. 17:9; Lc. 4:26). Habiéndose secado el arroyo de Querit, Elías se dirigió a esta ciudad, siguiendo la orden de Dios. A pesar del hambre reinante, una viuda de Sarepta dio hospitalidad al profeta. Esta mujer fue recompensada, por cuanto no faltó la harina ni el aceite, y su hijo fue vuelto a la vida (1 R. 17:8-24). La ciudad vuelve a ser mencionada en la profecía de Abdías, cuando anuncia que Sarepta caería en poder de Israel (Abd. 20). El nombre de la ciudad se ha perpetuado en el de Surafend, pueblo sobre una colina, cerca del mar, a unos 22 km al norte de Tiro y a 13 de Sidón. La ciudad antigua está al pie de la colina, a la orilla del río, y sus ruinas se extienden por más de 1,5 km

Saretán. Importante ciudad del valle del Jordán, prob. en la ribera oriental, cerca de la cual las aguas de ese río se detuvieron en seco (Jos. 3:16; 1 R. 4:12). También, cerca de allí, «en la tierra arcillosa», Salomón instaló una fundición para los utensilios de bronce del templo (1 R. 7:46). Se desconoce su ubicación exacta.

Sargón. Nombre de varios reyes asirios. Sargón II es el más importante (722-705 a.C.). Sucesor de Salmansar V, bajo su reinado, el Imperio asirio llegó a su apogeo. Su ejército capturó Asdod (Is. 20:1). Aunque su nombre sólo aparece en las Escrituras en el anterior pasaje, hay evidencia documental y monumental de que él acabó la toma de Samaria iniciada por Salmansar. Emprendió diversas campañas contra el rey de Gaza y de Egipto; se apoderó de Carquemis, capital de los hititas, en el año 717 a.C. Esto marcó el final del Imperio hitita que, debilitado, no pudo resistir posteriores ataques desde otras direcciones En el año 710, Sargón tomó Babilonia, de la que se proclamó rey.

Sarón (heb. «llanura»). Llanura del litoral palestino, entre Jope y el Carmelo; hacia el interior, llega hasta las colinas de Samaria. En el NT se cita a Lida en la zona de Sarón (Hch. 9:35). El lugar había sido muy fértil (Is. 35:2), hasta el punto de que muchos eruditos creen que su nombre significaba org. «tierra de bosque», aunque no es seguro y esto implicaría la existencia de un bosque en la llanura. La Escritura dice que en el Sarón pastoreaban los rebaños (1 Cro. 27:29; Is. 65:10), pero quedó transformado en desierto debido a las invasiones (Is. 33:9). Los lirios, los narcisos, las anémonas de Sarón eran destacables. La «rosa de Sarón» (Cnt. 2:1) era la referencia máxima a la belleza que un amante podía expresar.

Sarvia. Madre de tres héroes principales de David: Joab, Abisai y Asael (1 Sam. 26:6; 2 Sam. 2:18; 1 Cro. 2:16). En la genealogía de David aparece junto a Abigail como hermana de los hijos de Isaí (1 Cro. 2:16). En 2 Sam. 17:25 se dice que Abigail era hija de Najas y hermana de Sarvia, lo que lleva a suponer que no eran hijas de Isaí, sino de un primer matrimonio de la madre de David con Nahas.

Satán, Satanás (heb. «oponente», «adversario, acusador»). Nombre propio aplicado al Diablo. En el libro de Job la figura de Satanás es la de un ángel de la corte celestial, presente entre los «hijos de Dios», que tiene confiada la misión de recorrer la tierra y enterarse de todo lo malo que los hombres hacen para acudir luego a referírselo a Yahvé. Satán es, pues, una especie de fiscal de la creación, de ahí su nombre de acusador o adversario. En su función de fiscal o de acusador, manifiesta tendencias desfavorables para con el hombre justo, poniendo en duda su bondad, su fidelidad o su rectitud, obteniendo de Dios la facultad de ponerlo a prueba (Job 1:11; 2:4). En 1 Cro. 21:1 Satán induce a David a hacer el censo de su pueblo contra la voluntad de Dios. En Zac. 3:1-5 Satanás se revela como adversario de Dios y de sus proyectos de misericordia para con su pueblo.
En la literatura judía tardía postexílica se insiste en la separación y oposición entre el mundo del bien y el mundo del mal, de modo que el papel del diablo se extiende enormemente, hasta llegar a ser considerado como el príncipe de un mundo antidivino y el principio de todo

mal, con un ejército de demonios a su servicio y dispuesto siempre a engañar y seducir al hombre para arrastrarlo a su propia esfera. Jesús se enfrenta personalmente con Satanás ya antes de comenzar su ministerio público y rechaza vigorosamente sus sugerencias (Mt. 4:1-11; Mc. 1:12-13; Lc. 4:1-13). En el curso de su vida y predicación, toda su obra está dirigida a liberar de los espíritus malignos a cuantos estaban oprimidos por él, en cualquier sitio en que se encontrasen y bajo cualquier forma que se manifestara el poder del maligno en la realidad humana. Junto a los relatos de milagros en los que no se atisba ninguna alusión a la influencia de agentes malignos, se leen otros en los que los gestos de Jesús para devolver la salud asumen el aspecto de verdaderos exorcismos; y otros además muy numerosos, donde se habla implícitamente de «posesión diabólica», con una terminología propia o equivalente de «endemoniados», «tener o poseer un demonio», o bien «un espíritu impuro» o malo. Los evangelistas muestran así la superioridad de Jesús sobre todas las potencias diabólicas, que tanto aterraban al hombre del primer siglo. La Iglesia continúa la obra emprendida por Cristo contra Satanás para llevarla a su cumplimiento, hasta el total aniquilamiento de las potencias del mal. Basados en el poder que se les ha conferido (Mc. 6:7; Lc. 9:1), los apóstoles y misioneros cristianos hacen progresar el reino de Dios con el anuncio de la verdad y con la derrota de Satanás en todos sus dominios: posesión (Hch. 8:7; 19:11-17), magia y superstición (Hch. 13:8; 19:8ss.), adivinación (Hch. 16:16) e idolatría (Ap. 9:20). Por otra parte, el NT nos muestra cómo, a pesar de la derrota que ha sufrido, Satanás sigue actuando: siembra doctrinas falsas (Gál. 4:8-9; 1Tim. 4:1), se esconde detrás de los ídolos (1 Co. 10:20s.; 2 Co. 6, 15), incita al mal (2 Ts. 2:11; 2 Co. 4:4), intenta seducir (1 Ti. 5:15), está siempre al acecho y como león rugiente busca a quien devorar (1 P. 5:8). Por eso todos los escritores del NT indistintamente no se cansan de exhortar a la sobriedad, a la vigilancia y a la fortaleza en su resistencia para poder vencerlo (Ro. 16:20; 1 Co. 7:5; 2 Co. 2:11; 11, 14; 1 Ts 2:18; Ef. 4:27; 6:11, 16; 1Tim. 3:6s.; 2 Ti. 2:26; Stg. 4:7; 1 P. 5:8). Él puede tentar al hombre para inducirlo al mal, pero sólo porque Dios se lo permite (Ap. 13:7) y sólo por algún breve tiempo (Ap. 12:12), a fin de que los creyentes puedan vencerlo junto con Cristo (Stg. 1:12; Ap. 2:26; 3:12, 21; 21:7). Satán recibe además los nombres de Diablo, Dragón, Príncipe de este mundo; Príncipe del poder del aire; Dios de este mundo, Apolión, Abadón, Belial y Belzebú, aunque Diablo es el más frecuente.

Saúl (heb. «pedido», «deseado»). Primer rey de Israel (hacia 1040-1010). Oriundo de Gibea, de la tribu de Benjamín, fue ungido por Samuel por orden de Dios cuando los israelitas pidieron un rey. Como rey elegido y deseado por ellos, le fue dado un comienzo propicio para su reinado. Empezó la lucha contra los filisteos y así dio una sólida base a la existencia nacional de Israel en Palestina (1 Sam. 14:1-23). Sin embargo, a pesar de la gran victoria, Saúl cayó en desgracia por no haber esperado a Samuel para ofrecer el sacrificio (13:8-15). Éste le ordenó subir contra los amalecitas y consagrar todo y todos al anatema. Pero Saúl no hizo caso y perdonó al rey Agag y lo más escogido de su ganado, destruyendo solamente lo vil y sin valor (15:9). Samuel, muy a su pesar, le anunció su repulsa por parte de Yahvé porque no había obedecido (15:22-23). Entonces, Samuel fue enviado por Dios a Belén, a la casa de Jesé, de la tribu de Judá, y allí ungió a David (1 Sam. 16:1-13). El encuentro entre Saúl y David tuvo lugar debido a una extraña enfermedad del primero, a la que David puso algo de remedio con su música (1 Sam.16:16). Molesto por la creciente popularidad de David después de su victoria sobre Goliat y los filisteos, lo arrojó de su corte y lo persiguió implacablemente durante años. Poco después de la muerte de Samuel, los filisteos en masa invadieron de nuevo a Israel (1 Sam. 28:4); desesperado, Saúl intentó consultar a Samuel a través de una nigromante. En respuesta sólo recibió la sentencia de su propia muerte (28:16-19). De hecho, perdió la vida en la batalla de Gilboa. Los filisteos le despojaron y colgaron su cuerpo del muro de Bet-San (1 Sam. 31:10). Entonces unos valientes de Gibea, la ciudad de Saúl, tomaron los cuerpos de Saúl y sus hijos, y los enterraron piadosamente (1 Sam. 31:13). Después de un cierto tiempo todas las tribus aclamaron rey a David (2 Sam. 5:1).

Save-Quiriataim (heb. «llanura de la ciudad doble»). Lugar de Transjordania, cerca de la ciudad de Quiriataim, donde Quedarlaomer y los reyes con él coaligados derrotaron a los emitas (Gn. 14:5), «pueblo grande y numeroso y alto como los hijos de Anac», es decir, «gigantes» (cf. Dt. 2:9-10). La llanura estuvo entre las dos ruinas de Hirbet el-Qaryetein, al sur de el-Kerak, también puede identificarse con el Hierbet el-Qureiyat, a unos 10 km al noroeste de Dibán.

Seah. Medida de áridos y harina, que equivale al sumerio *ban*. Equivale a la tercera parte de un efa. El NT transcribe directamente el nombre heb. pero no aclara el valor métrico del mismo.

Sear-Jasub (heb. «un remanente retornará»). Nombre simbólico-profético de un hijo del profeta Isaías. Acompañó a su padre en un encuentro con el rey Acaz para darle un oráculo (Is. 7:3). Su presencia en ese momento se interpreta como una afirmación de esperanza a pesar de las difíciles circunstancias de Israel, pues apuntaba al futuro retorno del destierro.

Seba. Nombre del hijo de Cus y país que ocuparon (Gn. 10:7; 1 Cro. 1:9), mencionado en relación con los egipcios, los cusitas y los árabes sabeos (Is. 43:3; 45:14; Sal. 72:10). Existe mucha confusión ente éste y otros nombres similares. En el AT se mencionan otros tres personajes que llevan el nombre de Seba, aparte del hijo de Cus (Gn. 10:28; 1 Cro. 1:22; Gn. 25:3; 1 Cro. 1:32; 5:13, 16). En el Sal. 72, referido al reinado de Salomón, Seba es mencionado entre las naciones lejanas que pagan tributo al monarca hebreo (v. 10). No hay duda de que el reino de Seba era cusita, que mantenía relaciones con los descendientes de Jocsán (Gn. 25:1-3), que tal vez eran una colonia de Saba situada en la Arabia septentrional, hecho históricamente comprobado gracias, no sólo a los documentos de Sargón y Senaquerib, sino a los nombre semíticos de sus reyes. En Is. 43, Seba es mencionada con Egipto y Cus (v. 3), traducido Etiopía. Posteriormente, en el mismo libro, se habla de «los productos de Egipto, las mercaderías de Cus [de nuevo traducido Etiopía] y de los sabeos» (Éx. 45:14).

Seba. Nombre de cuatro personajes, entre ellos un benjamita que, después de haber sido suprimida la usurpación de Absalón, convocó a las diez tribus contra David y Judá. Seba fue acorralado en Abel-bet-maaca. Los habitantes de esta ciudad, que corría peligro de ser destruida por el ejército de Joab por su causa, lo prendieron y decapitaron, arrojando su cabeza sobre la muralla (2 Sam. 20:1-22), levantándose así el sitio.

Seba, Pozo. Nombre dado por Isaac a un pozo excavado por sus siervos, que dio nombre a la ciudad de Beer-seba (Gn. 26:33). Conforme a la vida nómada del patriarca, la operación de excavar un pozo en busca de agua era lo primero que hacían en cada asentamiento. El de Seba fue excavado el mismo día que Isaac hacía un pacto bajo juramento con Abimelec para resolver los conflictos sobre los pozos, circunstancia a la que debe su nombre.

Sebanías (heb. «Yahvé ha hecho crecer»). Nombre de cuatro personajes del AT, entre ellos un sacerdote que en tiempos de David tocó la trompeta delante del arca, desde su traslado de la casa de Obed-edom a Jerusalén (1 Cro. 15:24).

Sebaste. Nombre dado a la antigua ciudad de Samaria por Herodes, quien la reconstruyó espléndidamente en honor del emperador Augusto, cuyo nombre en gr. es *Sebastos* (Josefo, *Ant*. 15:8, 5), el cual permanece en el nombre actual de Sebastiyeh.

Sebat. Mes quinto del año civil judío y undécimo del año litúrgico, desde la luna nueva de febrero hasta la de marzo, aunque hay quien piensa que corresponde a nuestro enero. El nombre es esencialmente el mismo en sirio y árabe. Los judíos comenzaron a contar en este mes los años de los árboles plantados, el fruto de los cuales era tenido por impuro hasta el año cuarto. En este mes tuvo Zacarías la visión de «un varón que estaba entre los mirtos» (Zac. 1:7).

Sebna (heb. «vigor, crecimiento»). Alto funcionario de la casa real de Ezequías, que gozó de gran influencia ante el rey (Is. 22:15), posteriormente subordinado al puesto de secretario (Is. 36:3; 2 R. 19:2); su antiguo cargo de prefecto o mayordomo fue dado a Eliaquim. Al parecer, era de origen extranjero y amante de la ostentación, lo que le ganó la antipatía del profeta Isaías (Is. 22:16, 18). Era partidario de la alianza con Egipto contra Asiria, mientras que el profeta era de opinión contraria, de modo que le anunció que la prefactura del palacio pasaría a Eliaquim.

Seboim (heb. «hienas»). Nombre de una ciudad y de un valle.

1. Una de las ciudades de Judá a la que fueron a residir los benjaminitas que regresaron del exilio en Babilonia, mencionada entre Hadid y Nebalat (Neh. 11:34). No se ha identificado con seguridad, pero se cree que se trata de Hirbet Sabiyah, situada al norte de Lida, dada la situación de las poblaciones citadas.
2. Valle del territorio de Benjamín, que se hallaba entre Micmas y el desierto que domina el valle del Jordán, de donde salieron los filisteos contra Saúl (1 Sam. 13:16-18). Se identifica con el Wadi Abu Daba, en árabe «valle de hienas», afluente meridional del Wadi el-Qelt, al norte de una pequeña ramificación del valle que se llama Shakk ed-Daba', «barranca de las hienas».

Sebuel (heb. «cautivo de Dios»). Nombre de dos levitas.

1. Hijo de Gersón y descendiente de Moisés, que fue tesorero del santuario de David (1 Cro. 23:16; 26:24); se le llama Subael en 1 Cro. 24:20, debido a una pequeña variante del copista.
2. Cuarto hijo del músico Hemán (1 Cro. 25:4), también llamado Subael en 1 Cro. 25:20. Fue jefe de la decimotercera clase de

cantores, según la organización llevada a cabo en el reinado de David.

Secaca, Sejaja (heb. «encierro»). Una de las seis ciudades de la tribu de Judá situadas en el Midbar o «desierto», al oeste del mar Muerto (Jos. 15:61). Las recientes exploraciones han permitido identificarla con Hirbet Samrá, situada aprox. hacia el centro de la Buqueíah, llano desértico que se halla al occidente de Hirbet Qumrân.

Sedequías (heb. «justicia de Yahvé»). Nombre de cuatro personajes del AT.

1. Hijo de Quenaana, profeta de la corte de Acab. Junto con otros falsos profetas, alentó a Acab a que atacara Ramot de Galaad, augurando una gran victoria. Consultado el profeta Micaías, el oráculo divino profetizó una derrota. Entonces Sedequías abofeteó a Micaías y negó que hablara en nombre de Yahvé, a lo cual Micaías respondió anunciándole el castigo que caería sobre él (1 R. 22:11-25; 2 Cro. 18).
2. Último rey de Judá y Jerusalén. Su nombre propio era Matanías, hijo de Josías (1 Cro. 3:15), pero Nabucodonosor lo cambió por Sedequías al ponerlo sobre el trono de Judá, como estado vasallo. Reinó once años (598-587 a.C.). Su reinado estuvo marcado por el mal. No se humilló ante la palabra de Dios por medio del profeta Jeremías, y profanó el nombre de Yahvé al quebrantar el juramento dado al rey de Babilonia. Los principales sacerdotes y el pueblo vivían también en gran impiedad. Al rebelarse Sedequías contra Nabucodonosor, se alió con Egipto (cf. Ez. 17:3-20). Egipto fue derrotado, y Nabucodonosor puso sitio a Jerusalén.

   Sedequías fue advertido muchas veces por Jeremías en contra del curso de acción que había adoptado; debía someterse a Babilonia. Por esta razón, Jeremías fue duramente perseguido por los príncipes de Judá. Cuando finalmente la ciudad fue tomada, Sedequías intentó escapar con sus esposas e hijos, pero fue capturado. Se habían dado dos notables profecías acerca de él: una, que Sedequías hablaría con el rey de Babilonia, y «sus ojos verán sus ojos» (Jer. 32:4), y la otra: «Haré llevarlo a Babilonia, a tierra de caldeos, pero no la verá, y allá morirá» (Ez. 12:13). Su cumplimiento fue que Sedequías fue llevado ante Nabucodonosor en Ribla, donde sus hijos fueron muertos ante su presencia; después le sacaron a él los ojos; a continuación fue llevado a Babilonia cargado de cadenas, y encarcelado hasta su muerte (2 R. 24:17, 20; 25:2, 7; 1 Cro. 3:15; 2 Cro. 36:10, 11; Jer. 1:3; 21:1-7; 24:8;

27:3, 12; 28:1; 29:3; 32:1-5; 34:2-21; 37-39; 44:30; 49:34; 51:59; 52:1-11).
3. Uno de los falsos profetas, hijo de Maasías. Anunciaba paz a los habitantes de Jerusalén, Jeremías predijo que Nabucodonosor haría asarlo vivo (Jer. 29:21-23).
4. Hijo de Ananías, magistrado de la corte de Joacim, que formó parte del consejo que escuchó la lectura de Baruc de las palabras de Jeremías (Jer. 36:12).

Sefarad. País distante al que serán llevados cautivos los judíos, pero de donde regresarían para tomar posesión de «las ciudades del Neguev» (Abd. 20). Se identifica con un grado alto de aceptación con Sardis, la actual Sat, capital de Lidia en Asia Menor, llamada *sapardu* en las inscripciones cuneiformes y *sparda* en las persas. Esto casaría con el hecho de que Sargón II deportó a los israelitas a ciudades de Media (2 R. 17:6). San Jerónimo, siguiendo una antigua tradición judía, identifica Sefarad con el Bósforo. El Targum y la Pesitha con España, a la que los judíos denominan con el mismo nombre.

Sefarvaim. Una de las ciudades de la que el rey de Asiria, Sargón II, llevó colonos a Samaria para repoblarla (2 R. 17:24,31). Daban culto a los dioses Adramelek y Anamelek, y se dice que quemaban a sus hijos en honor de sus deidades, la cuales representarían los poderes del Sol y la Luna respectivamente, como Lunus (Sol) y Luna representaban los poderes masculinos y femeninos entre los romanos. Fue identificada al principio con Sippar, sobre la orilla oriental del Eufrates, más arriba de Babilonia, pero es más plausible su identificación con Sebarim, ciudad de Asiria (cf. Ez. 47:16) destruida por Salmansar V en el año 727 a.C.

Sefata. Nombre de un valle próximo a Maresa, en el territorio de Judá, donde el rey Asa presentó batalla a los etíopes (2 Cro. 14:10). Se ha identificado con el wadi el-Safiyah, a 3 km al nordeste de beit Gibrin, pero la opinión actual se inclina por el valle del Terebinto.

Sefatías (heb. «Yahvé ha juzgado»). Nombre de nueve israelitas, entre ellos:
1. Uno de los combatientes que se unió a David en Siclag, llamado el harifita (1 Cro. 12:5). En cuanto miembro de la tribu de Benjamín, estaba ligado por lazos tribales a Saúl, pero prefirió la causa de David.

2. Quinto de los hijos de David con su esposa Abital durante su residencia en Hebrón (2 Sam. 3:4; 1 Cro. 3:3).
3. Uno de los hijos del rey Josafat y hermano de su sucesor. Se dice que su padre dio a todos sus hijos muchos regalos de plata, oro y cosas preciosas, junto con ciudades fortificadas en Judá; aunque a Joram, por ser el primogénito, le dio el reino (2 Cro. 21:2-3).
4. Hijo de Matán, uno de los príncipes que aconsejaron al rey Sedequías que encarcelase y diese muerte al profeta Jeremías, cuyas profecías eran desfavorables y desanimaban a los defensores de Jerusalén durante el asedio de la ciudad por el ejército de Nabucodonosor (Jer. 38:1).

Sefela (heb. «tierra baja»). Comarca intermedia entre la llanura del sur de Palestina y las montañas del norte (Dt. 1:7; Jos. 9:1; Jue. 1:9; 1 R. 10:27; 1 Cro. 27:28; etc.). Comprende la zona existente entre la llanura marítima de Filistea y las montañas de Judea, entre Jafa y Gaza, cortada por una serie de valles longitudinales. Incluye ciudades de importancia como Debir, Libna, Gezer, Bet-semes, Azeca, Maresá y Laquis, todas ellas fortificadas, debido a su posición estratégica entre Egipto y Asiria, resguardando los caminos que conducían a la comarca montañosa de Judá. En el libro de Josué se aplica al territorio situado entre las alturas de Samaria y las del Carmelo (Jos. 11:16). Fue una comarca de disputa entre los israelitas y los filisteos (2 R. 8:1-3), y en tiempos posteriores entre los greco-sirios y los macabeos. Regada por los torrentes Besor y Sorec, y de suelo muy apropiado para el cultivo de olivos, vides y cereales, la Sefela era proverbial por su fertilidad (1 R. 10:27; 2 Cro. 1:15; 9:27).

Sefer (heb. «belleza»). Uno de los lugares de acampada de los israelitas durante su travesía del desierto, entre Quehelata y Harada (Nm. 33:23-24). Se trata de un monte que se eleva en medio del desierto de Sin, identificado con Gebel 'Araif el-Naqah.

Séfora (heb. «pajarillo»). Una de las siete hijas de Reuel, también llamado Jetro, y primera esposa de Moisés. Dio a luz a Gersón y Eliezer (Éx. 2:21, 22; 4:25; 18:2). Cuando una noche, en el camino de Madián a Egipto, Yahvé quiso matar a Moisés, Séfora practicó la circuncisión de su hijo Gersón, y así salvó a su marido de la muerte. Entonces aplicó a su esposo el calificativo de «esposo de sangre» (Éx. 4:24-26). Se ha dicho que Séfora es la mujer «etíope», que no agradó a Miriam ni a Aarón (Nm. 12:1, etc.). Otros creen que la cusita fue la concubina o segunda esposa tomada por Moisés durante su marcha por el desierto.

Séforis. Ciudad a 6 km al noroeste de Jerusalén. No figura en la Biblia, es descrita por Flavio Josefo como «el ornamento de toda la Galilea», situada en un monte de la Baja Galilea, a mitad de camino entre el Mediterráneo y el Mar de Galilea, con abundante agua de manantiales y un valle fértil a su alrededor. Fundada en la época helenista, el más antiguo asentamiento data del tiempo hasmoneo y herodiano. Atacada por Herodes el Grande al comienzo de su lucha por el trono judío, la tomó en primera campaña galilea (Josefo, *Ant.* 14, 15, 4). A mediados del siglo I a.C. fue nombrada capital administrativa de la Alta Galilea por el gobernador romano Gabinio. A la muerte de Herodes hubo una revuelta judía en Jerusalén que pronto se extendió por todo el país. El gobernador de Siria asoló Galilea con sus legiones, incendió Séforis y vendió a la población como esclavos. Herodes Antipas, el nuevo monarca, reconstruyó la ciudad y la convirtió en la gloria de Galilea (Josefo, *Ant.* 18, 2, 1). En la rebelión judía contra Roma del año 66 d.C., Séforis se pasó al bando romano y abrió sus puertas a las legiones del emperador Vespasiano y así se salvó.

Segundo. Cristiano de Tesalónica que acompañó a Pablo en su segundo viaje misionero de Macedonia a Asia Menor. Era portador de limosnas recogidas para la iglesia de Jerusalén (Hch. 20:4). Aunque no se lo menciona más es posible que llegara hasta Jerusalén (cf. 1 Co. 16:3-4; 2 Co. 8:23).

Sehón (heb. «tempestuoso»). Rey amorreo. Después de su victoria sobre los moabitas fue derrotado y muerto por los israelitas, y su ejército aniquilado. Su territorio se hallaba al este del Jordán, desde el Arnón hasta el Jaboc, y los israelitas se posesionaron de él. La victoria es conmemorada en dos salmos (Nm. 21:21-35; 32:33; Dt. 1:4; 2:24-36; 3:2-6; Jos. 12:2; Jue. 11:19-22; Sal. 135:11,19; Jer. 48:45). Las tribus de Rubén y Gad se repartieron más tarde estas tierras como su heredad (Nm. 32:1-4, 33-38).

Seir (heb. «velludo»). Nombre de un personaje y de dos montes del AT.

1. Jefe horeo, habitaba en el país que posteriormente fue ocupado por los descendientes de Esaú (Gn. 36:20, 21; 1 Cro. 1:38). Fue padre de Lotán, Sobal, Zibeón, Aná, Disón, Ezer y Disán, nombres todos ellos epónimos de pueblos.
2. «Monte de Seir» (Gn. 14:6 ss.), o «país de Seir» (Gn. 32:3; 36:30), nombre original de la cadena de montes que vino a ser el país de Edom, se extendía a lo largo de la costa este del valle de Arabá, desde el mar Muerto hasta el golfo Elanítico. En tiempos de

Abraham esta región estaba ocupada por los horeos (Gn. 14:6). Esaú se estableció en la región (Gn. 32:3); y sus descendientes despojaron a sus habitantes originales (Gn. 14:6; 36:21; Nm. 24:18; Ez. 35:15).

3. Monte totalmente diferente del anterior, que formaba parte del límite septentrional de Judá (Jos. 15:10). El este de Kirjat-jearim, entre ésta y Beth-shemesh. Suele identificarse con Saris, que dista unos 15 km de Jerusalén por el oeste.

Seirat (heb. con art. «la aspereza»). Región a la que huyó Ehud después de matar a Eglón, rey de Moab (Jue. 3:26). De ella pasó a los montes de Efraín. El uso de art. prefijado al nombre indica que era un lugar bien conocido en su día. Se identifica con el distrito de el-Sarawiyah, al noroeste de Nablus.

Sela (heb. siempre con art. «la roca»). Lugar fronterizo de los edomitas, mencionado en Jue. 1:36. La ciudad no vuelve a mencionarse hasta la monarquía hebrea, cuando el rey de Judá, Amasías, se apoderó de ella y le dio el nombre de Jocteel (2 R. 14:7). Es probablemente la ciudad mencionada en el texto paralelo de 2 Cro. 25:12, descrita como un peñasco desde el cual fueron precipitados al vacío los edomitas. Aunque antiguamente este lugar se identificaba con la ciudad rocosa que los griegos llamaron Petra, capital del reino nabateo, el texto bíblico parece indicar más bien un peñasco fortificado, en el camino de Edom, a unos 50 km más al sur. La región es muy montañosa y es difícil de localizar.

Selah (heb. «petición»; o quizá «paz»). Nombre de dos personajes del AT.

1. Patriarca antediluviano, descendiente de Sem. Hijo de Arfaxad y padre de Heber. Engendró a éste cuando contaba treinta años y vivió después de ello cuatrocientos tres años, en los que procreó hijos e hijas (Gn. 10:24; 11:12, 15; 1 Cro. 1:18, 24). La genealogía de Lucas lo presenta como hijo de Cainán (Lc. 3:35-36).
2. Tercer hijo de Judá y de su esposa cananea hija de Súa, nacido en Quezib (Gn. 38:2-26; Nm. 26:20; 1 Cro. 4:21). Habiendo muerto Er y Onán, los hermanos de Selah, éste debía casarse con la viuda, Tamar, pero Judá no cumplió con su obligación por temor de que Selah también muriera. Esto llevó a Tamar a engañar a Judá haciéndose pasar por prostituta y tuvo mellizos con él (Gn. 38:7-30). Los descendietnes de Selah fueron llamados selanitas (1 Cro. 4:21-23).

Sela-Hama-Lecot (heb. «piedra de las divisiones»). Roca, colina rocosa o precipicio situado en el desierto de Maon, donde se ocultó David de la persecución de que Saúl le hacía objeto (1 Sam. 23:28). Cuando Saúl estaba a punto de dar alcance al fugitivo, se enteró de que los filisteos habían irrumpido en su dominio y hubo de acudir presuroso a rechazarlos, dejando ir a David. Se identifica con el-Melaqi, escarpadura al nordeste de Tell Ma'in y al oriente del Carmelo.

Selef (heb. «extraído»). Segundo de los trece hijos de Joctán, descendiente de Sem a través de la rama de Eber (Gn. 10:26; 1 Cro. 1:20). Parece ser que se trata del epónimo de una tribu o pueblo que habitaba en el mediodía de Arabia, en el Yemen, según ciertos indicios filológicos que proporcionan autores griegos y árabes, que hablan de la tribu yemení de *Shelif*, o *Shulaf*.

Seleucia. Ciudad marítima de Siria, a 8 km al norte de la desembocadura del Orontes. Fue fundada a principios del siglo III a.C. por Seleuco I Nicátor, fundador de la monarquía siria. Se convirtió en el puerto de Antioquía, que se hallaba a 25 km río arriba del Orontes, y recibió el nombre de Seleucia de Pieria, por su cercanía al monte Pierus, para distinguirla de las numerosas ciudades que llevaban el mismo nombre. Fue una población famosa y próspera, a la que Roma otorgó la condición o estado de libre. Allí se embarcaron Pablo y Bernabé para dirigirse a Chipre en su primer viaje misionero (Hch. 13:4), y es casi seguro que desembarcó en su regreso de él (14:26).

Seleúcida. Dinastía fundada en Siria por Seleuco I, general de Alejandro Magno, llamado Nicátor, «el Vencedor» (c. 358-280 a.C.). De todos los generales que se repartieron el Imperio de Alejandro, Seleuco fue quien se llevó la parte más extensa que comprendía veinte pueblos de distinta etnia, lengua y religión, y que sumaba más de 30 millones de habitantes. Seleuco siguió un sistema de gobierno muy parecido al sistema de los anteriores reyes de Persia. Cada provincia estaba regida por un sátrapa (gobernador). Pero al ser un reino tan grande y tan extendido y con etnias y gentes tan diferentes, los problemas empezaron a llegar, sobre todo en la zona de Irán que estaba formada por pueblos persas, medos y bactrianos que habían conservado su antigua religión y su lengua. Así es que cuando los sátrapas tuvieron conocimiento del comienzo de la decadencia de la dinastía Seleúcida, aprovecharon para hacerse independientes. La política general de los Seleúcidas respecto a los judíos fue conciliatoria, ya que la posesión de Palestina tenía una gran importancia estratégica en vista a la guerra con Egipto, pues los Seleúcidas frecuentemente estuvieron en guerra con la dinastía Ptolemaica de Egipto. No obstante, será Antíoco IV Epífanes (175-163 a.C.) quien provocara la guerra religioso-nacional de los macabeos contra el dominio sirio de los Seleúcidas, al intentar Antíoco implantar en el templo de Jerusalén el culto de Zeus.

Sem (heb. «renombrado»). Uno de los dos hijos mayores de Noé (Gn. 10:21; cf. 9:24), y prob. el primogénito (Gn. 5:32). Sem y sus descendientes figuran los últimos en la lista de Gn. 10, en base a la manera de actuar del autor de Génesis: sitúa las genealogías secundarias antes de la línea principal del pueblo de Dios. Sem nació hacia el año 500 de la vida de Noé. En la época del Diluvio estaba ya casado, pero no había tenido aún ningún hijo (Gn. 7:7; 1 P. 3:20). Después del cataclismo, Sem testimonió respeto filial hacia su padre, que se había embriagado. Noé dio a este hijo una bendición que implicaba que los descendientes de Sem perpetuarían el culto al verdadero Dios (Gn. 9:23, 27). Sem fue el antecesor de los pueblos que ocuparon Elam, Asur, Arfaxad, Lud, Aram (Gn. 10:21, 22). Vivió seiscientos años, en los que engendró numerosa prole.

Sema. Nombre de la profesión de fe israelita que el judío piadoso recitaba dos veces al día, llamada así por su primera palabra, *shemá*, «escucha». Se compone de varios textos del Pentateuco; Dt. 6:4-9; 11:13-21; y Nm. 15:37-41. Según la tradición rabínica, el primer pasaje: «Escucha, Israel: Yahvé nuestro Dios, Yahvé uno es» (Dt. 6:4) fue el núcleo original de este credo que, posteriormente, recibió las adiciones mencionadas. Forma parte central, según el Talmud, de la liturgia de los oficios de la mañana, desde que el sol despunta hasta la hora tercia, y de la tarde, hacia el ocaso. Antes de la *Shema*, se recitan dos oraciones, una de gratitud y alabanza por la luz del nuevo día y la conservación de la creación y otra por la elección divina y el amor por su pueblo, proclamando el principio de la unidad divina y el deber del fiel de acogerlo en su corazón.

Semaías (heb. «Yahvé ha oído»). Nombre de una treintena de personajes del AT, entre ellos:

1. Primogénito de los ocho hijos de Obed-edom el levita. Él y sus cuatro hijos y otros familiares fueron famosos por su vigor físico y valentía, ostentaron el cargo de porteros y guardas de la casa del Señor (1 Cro. 26:4, 6, 7).
2. Profeta de Judá de tiempos de Roboam que aconsejó evitar la guerra civil tras la separación de las doce tribus (1 R. 12:22-24; 2 Cro.

11:2-4). Cuando cinco años más tarde el faraón Sisac atacó Jerusalén, Semaías habló a Roboam y su corte diciendo que era un juicio de Dios a fin de castigar la impiedad de Judá y de todo Israel. Al humillarse Roboam y los príncipes, Dios no los entregó a la muerte, pero los sometió al faraón durante un cierto tiempo (2 Cro. 12:5-8). Semaías escribió la historia del reinado de Roboam, que no ha llegado a nosotros (2 Cro. 12:15).

3. Uno de los levitas que bajo las órdenes de Coré, hijo de Imna, fue encargado de la distribución de las ofrendas dedicadas a Yahvé repartiéndolas entre sus hermanos durante el reinado de Ezequías (2 Cro. 31:15).
4. Falso profeta que dio esperanzas a los judíos deportados en Babilonia de que el exilio duraría poco tiempo. Escribió una carta pidiendo el encarcelamiento del profeta Jeremías, ya que éste anunciaba todo lo contrario respecto a la duración del exilio. Enterado de ello, Jeremías predijo que su enemigo no vería el regreso y que, castigado por Dios, moriría sin dejar descendencia (Jer. 29:24-32).

Semana. Conjunto de siete días, usado por los hebreos como unidad de tiempo desde tiempos inmemoriales. La expresión «siete días» se halla en el relato de la creación (Gn. 2:1-3) y vuelve a aparecer en el del Diluvio (Gn. 7:4, 10; 8:10, 12). Sin embargo, la semana propiamente dicha no fue establecida por Dios hasta el éxodo. Se menciona a propósito de la institución de la Pascua y de la fiesta de los panes sin levadura (Éx. 12:15; 13:6-17); con todo, el momento en que queda solemnemente instituida es durante la promulgación del Decálogo: «Seis días trabajarás, y harás toda tu obra; mas el séptimo día es reposo para Jehová tu Dios» (Éx. 20:9-10). Desde aquel entonces figura con frecuencia el ciclo de siete días en las ordenanzas de la Ley (cf. Éx. 22:30; 29:30, 35, 37; Lv. 12:2, 5; 13:5; 14:8; 15:28; 23:15, 42; Nm. 19:11; Dt. 16:9-10, 13, etc.). No obstante, se puede decir que se contaba más por días que por semanas, como entre los griegos y romanos (cf. Lv. 12:4-5).

Semer (heb. «guardia»). Propietario de la colina adquirida por Omri, rey de Israel, con el propósito de fundar la nueva capital de su reino, a la que llamó Samaria conforme al nombre original de la colina (c. 880 a.C., 1 R. 16:24). Es prob. que Semer fuera uno de los descendientes de los cananeos que sobrevivientes a la conquista hebrea.

Semitas. Descendientes de Sem, el mayor de los hijos de Noé, que recibió una especial bendición (cf. Gn. 9:26, 27), gracias a la cual Dios se reveló por medio de sus descendientes de Sem, a través de Abraham. Grupos del tronco semita se establecieron en Mesopotamia y en otras partes del Fértil Creciente. Desde la época de Sargón I, los semitas de Acad predominaron sobre los sumerios. Sucesivas invasiones, en especial los pueblos amorreos, consolidaron su poder, que se hizo definitivo en tiempos de Hammurabi. De allí en adelante la mayoría de los habitantes del Próximo Oriente hablaron lenguas semíticas muy afines; las más importartes fueron el acadio, que incluía también el asirio; el cananeo, del que se derivó el hebreo, y el arameo, del que salieron el árabe y el etíope. Los hebreos descendían de Heber, nieto de Arfaxad, uno de los cinco hijo de Sem (Gn. 10:22, 24).

Senaquerib, del acadio «Sin [dios lunar] multiplique mis hermanos». Monarca asirio, contemporáneo de Ezequías. Hijo y sucesor de Sargón, rey de Asiria. Invadió Siria y Palestina en el año decimocuarto del reinado de Ezequías. Ezequías reconoció que era culpable, y le pagó un tributo de trescientos talentos de plata y treinta talentos de oro. Senaquerib dejó un registro de ello en una tableta de arcilla. Afirma que capturó cuarenta y seis ciudades fortificadas y las fortalezas y pueblos a su alrededor que pertenecían a Ezequías el judío, llevándose cautivas a 200.150 almas, y caballos, mulas, asnos, camellos, bueyes y ovejas sin cuenta, etc. Encerró a Ezequías en su casa en Jerusalén como a un pájaro en su jaula (cf. 2 R. 18:13-16; 2 Cro. 32:1-8).

Durante su segunda invasión, Senaquerib envió insultantes e impíos mensajes a Ezequías, que evidentemente estaba otra vez apoyándose en Egipto. Pero un ángel de Dios destruyó el ejército asirio. Naturalmente, los monumentos asirios silencian este hecho. El rey volvió a Asiria, y no se aventuró a invadir Palestina otra vez. Finalmente, fue asesinado por dos de sus hijos, y fue sucedido por Esar-hadón, otro de ellos (2 R. 18:17-37; 19:1-37; 2 Cro. 32:9-22; Is. 36; 37). Es evidente que Senaquerib estaba en corregencia con Sargón en el año 714 a.C. cuando invadió Judea por primera vez; reinó en solitario desde el año 705 hasta el año 681 a.C. Ver ASIRIA.

Sene (heb. «espinoso»). Peña de forma puntiaguda o dentada situada en el paso de Micmas (1 Sam. 14:4), donde los filisteos tenían una guarnición en la época de Saúl; se hallaba por encima del wadi Surveinit, a unos 6,5 km al sur-sureste de Micmas. El otro paso se llamaba Boses. Entre ambos tenía que pasar Jonatán para atacar el campamento de los filisteos, lo cual hizo en compañía de su escudero reptando entre las peñas.

Senir (heb. «puntiagudo»). Nombre amorreo del monte Hermón (Dt. 3:9, Ez. 27:5), al que los sidonios llamaban Saión o Sirión (1 Cro. 5:23; Cnt. 4:8). Era tenido por un lugar sagrado por sus habitantes amorreos, como es común en todos los pueblos respecto a las montañas prominentes. Algunos pasajes indican que el nombre puede referirse a una elevación de terreno distinta del Hermón, puesto que ambos apelativos se emplean simultáneamente y se aplican tal vez a dos cumbres diferentes (1 Cro. 5:23; Cnt. 4:8). Los fenicios obtenían en el Senir la madera necesaria para la construcción de naves (Ez. 27:5).

Seno de Abraham. Expresión recogida únicamente en san Lucas, empleada por el mismo Jesús en su parábola sobre el rico y Lázaro (Lc. 16:22), designando la morada de las almas después de la muerte, es decir, el Paraíso. Los judíos pensaban en la felicidad de la acogida que les harían Abraham, Isaac y Jacob en este Paraíso (cf. 4 Mac. 13:17). Se regocijaban ante la perspectiva de entrar en comunión con él y se veían, por así decirlo, reposando sobre su seno.

Señora Elegida. Mujer a la que se dirige y saluda Juan, juntamente con sus hijos (2 Jn. 1, 5). La Señora Elegida es, hasta cierto punto, de difícil identificación. No es improbable que sea un nombre propio o un título honorífico. Seguramente esta persona tuviera una relación especial con la iglesia local.

Septuaginta. Traducción griega del AT, conocida comúnmente como «los Setenta» (LXX). Según la leyenda, fue obra de 72 eruditos judíos reunidos en Alejandría (Egipto). La traducción del Pentateuco comenzó bajo el reinado de Ptolomeo II Filadelfo (285-246 a.C.), el resto de libros se fueron traduciendo paulatinamente, hasta completar todo el AT hacia el año 150 a.C. El estilo y la forma de proceder dan evidencia de muchos traductores. La LXX fue adoptada por la Iglesia cristiana como texto del AT, y la mayor parte de las citas bíblicas del AT en el NT son de esta versión.

Sepulcro. Entre los hebreos, se trataba por lo general de una cueva o cavidad en el suelo donde reposa el cuerpo de los fallecidos, cerrada con una puerta o piedra, y frecuentemente decorada. En ocasiones se trata de tumbas excavadas en tierra (Tob. 8:11,18), pero con mayor frecuencia en cuevas artificiales o naturales (Gn. 23:9; Mt. 27:60; Jn. 11:38).

Serafines. Seres celestiales vistos por Isaías rodeando el trono de Dios y sirviéndole de ministros. Son descritos provistos de rostro y pies humanos. Cada uno de ellos tenía tres pares de alas: con un par cubrían su cara, en muestra de reverencia; con otro cubrían sus pies, en muestra de humildad; con el otro, volaban en cumplimiento de su misión, indicando así probablemente la prontitud con que sirven a Yahvé (Is. 6:2-7). Son mencionados únicamente en este texto. No obstante, teólogos y escritores eclesiásticos, basándose en Isaías, Ezequiel y san Pablo (cf. Col. 1:6; Ef. 1:21; Ro. 8:38), donde se mencionan nueve órdenes diferentes de ángeles, los han clasificado en tres jerarquías distintas, cada una incluyendo tres órdenes. La primera correspondería a los serafines.

Seraías (heb. «soldado de Yahvé»). Nombre de diez personajes del AT, entre ellos:

1. Sumo sacerdote en el momento de la toma de Jerusalén por Nabucodonosor. Murió ejecutado en Ribla por orden del rey de Babilonia (2 R. 25:18-21; 1 Cro. 6:14; Jer. 52:24-27). Fue padre de Josadac, que fue deportado, y abuelo del sumo sacerdote Josué, que ejerció esta alta función al retorno del cautiverio. Fue asimismo antecesor de Esdras (1 Cro. 6:14, 15; Esd. 3:2; 7:1).
2. Sacerdote, indudablemente jefe de una casa patriarcal, que puso su sello al pacto de Nehemías, estipulando la separación entre los gentiles y los israelitas fieles a la Ley de Dios (Neh. 10:2).

Serebías (heb. «calor de Yahvé»). Levita prominente de la familia de Mahli el meratita. Con sus 18 hermanos, que estaban en la localidad de Casifia, se unieron al grupo de Esdras que, junto al río que pasa por Ahava, aguardaba el momento de regresar a Jerusalén (Esd. 8:18). Serebías era «un hombre entendido», y junto a Hasabías, recibió la comisión de transportar los tesoros ofrecidos por el rey Artajerjes, sus consejeros, sus magistrados para el servicio del templo (v. 24). También tomó parte en la lectura de la ley, la confesión, acción de gracias y cánticos después del ayuno solemne de la Fiesta de los Tabernáculos (Neh. 8:7; 9:4, 5), y firmó la renovación de la alianza con Dios (Neh. 10:12). Vuelve a ser mencionado como jefe de los levitas pertenecientes al coro (Neh. 12:8, 24).

Sergio Paulo. Procónsul de Chipre, a quien Pablo y Bernabé convirtieron al cristianismo en su primer viaje apostólico (Hch. 13:5-12). Lucas dice que se trataba de un hombre «prudente», el cual se interesó por el mensaje cristiano. Prob. tenía una mente liberal, lo que explica la presencia en su corte del profeta judío llamado Barjesús y su deseo por conocer las buenas nuevas de los misioneros cristianos que, finalmente, aceptó despues de haber presenciado la ceguera del mencionado profeta y mago.

Serón. General en jefe de las tropas de Antíoco Epífanes en Celesiria (1 Mac. 3:13). Quiso vengar la derrota y muerte de Apolonio, gobernador militar de Samaria, para lo que emprendió una campaña de castigo con la ayuda de judíos renegados. Judas Macabeo lo venció en Bet-Horón, a unos 22 km al norte de Jerusalén (1 Mac. 3:24). El triunfo macabeo tuvo gran resonancia en el país.

Serpiente de Bronce. Objeto metálico en forma de serpiente mandado construir por Moisés cuando los israelitas, durante su travesía del desierto, fueron mordidos por «serpientes ardientes» a causa de la murmuración del pueblo (Nm. 21:5-8). En principio se trataba sólo de un objeto al que dirigir la vista, un símbolo del poder sanador de Dios expresado en la misma forma del causante del mal. Con el correr el tiempo, muchos judíos atribuyeron naturaleza divina a la serpiente de metal, y todavía en tiempos del piadoso rey Ezequías era venerada como Nejustán, por lo que fue destruida en cuanto objeto de idolatría (2 R. 18:3-6).
La fe de Israel interpretó que la serpiente de bronce no tenía poder en sí misma: era una señal escogida por Dios, verdadero agente sanador. «El que a ella se volvía, se salvaba, no por lo que contemplaba, sino por ti, Salvador de todos» (Sab. 16:7). De aquí, esta creencia pasó al Evangelio de Juan, que la interpreta en relación al Cristo crucificado, «alzado» en el asta de la cruz, clavado a la misma y expuesto a la mirada de todos (Jn. 3:14-15; 12:32; 19:37).

Sesbasar. Judío de Babilonia y príncipe de Judá que volvió de la cautividad con los primeros exiliados. Ciro lo hizo gobernador y le entregó los vasos sagrados que Nabucodonosor había sacado de Jerusalén. Sesbasar volvió a Jerusalén, y echó los cimientos del Templo al iniciar su reconstrucción (Esd. 1:8, 11; 5:14, 16).

Set (heb. «compensación»). Tercer hijo de Adán y Eva, dado por Dios en lugar de Abel, asesinado por Caín (Gn. 4:25; 5:3; 1 Cro. 1:1). Set fue padre de Enós, y murió con 912 años de edad (Gn. 5:6-8; 1 Cro. 1:1; Lc. 3:38).

Sevene. Ciudad en el Alto Egipto, situada en la frontera meridional de este país, mencionada en la profecía de Ezequiel (Ez. 29:10; 30:6). Se identifica con la moderna ciudad de Asuán, en la ribera egipcia de la primera catarata del Nilo, frente a Elefantina.

Sheol. Nombre hebreo dado al «mundo de los muertos»; correspondiente al griego Hades. Es el lugar de los espíritus de los difuntos, la morada de los muertos (Gn. 37:35; Nm. 16:30; Prov. 27:20 y 30:15-16; etc.); el «mundo subterráneo» (Dt. 32:22). Es la morada de los espíritus de los difuntos, pero no necesariamente un lugar de sufrimiento (cf. Job 11:8; 26:5, 6). A él se dirigen todos los muertos, bienaventurados o no (Ecl. 9:3,10). El patriarca que moría era «unido a su pueblo» (Gn. 25:8). Samuel afirma a Saúl y a sus hijos que al día siguiente ellos estarían donde él se encontraba (1 Sam. 28:19). David, llorando a su hijo, dijo que él se reuniría con su pequeño (2 Sam. 12:23); al morir, el rey «durmió con sus padres» (1 R. 2:10). Se habla de «descender al Sheol», como si estuviera cerca de la tumba o como si los cuerpos fueran depositados allí (Nm. 16:30-33; Ez. 31:17; Am. 9:2; cf. Ef. 4:9).

El Sheol es considerado un lugar de olvido y de reposo (Job 3:13-19). Los muertos nada saben, nada poseen ni ninguna obra hacen, y no tienen ya parte en nada de lo que se hace bajo el sol (Ecl. 5:14), aunque siguen existiendo (Ecl. 11:9; 12:7, 14). El Sheol está abierto y expuesto a la mirada de Dios (Job 26:6; Prov. 15:1), y su misma presencia se hace sentir a los suyos (Sal. 139:8).

Shibolet. Término que sirvió de contraseña a los galaaditas para reconocer a los efrainitas. En el dialecto local de los efrainitas, el fonema lingual sibilante «s» tomó el lugar del fonema palatal sibilante «sh», al comienzo de las palabras. El término *shibólet* que los vencedores hacían pronunciar a los fugitivos se volvía *sibólet* en boca de los efrainitas, traicionándolos. Así descubiertos, eran ejecutados sobre el terreno.

Siba. Siervo o esclavo de Saúl. Fue liberado y vino a ser padre de una numerosa familia, teniendo sus propios servidores (2 Sam. 9:10). Por orden de David, Siba, sus hijos y sus servidores debieron servir a Mefiboset, nieto de Saúl, y cultivar sus tierras (2 Sam. 9:9-12; cf. caps. 24-30).

Sibecai (heb. «parecido a bosque»). Héroe de David, comandaba una división de 24.000 hombres a la cual le correspondía hacer el servicio en el palacio durante el octavo mes (1 Cro. 11:29; 27:11). Pertenecía a una de las principales familias de Judá, los zerahitas. Adquirió fama al dar muerte a Gob el filisteo de Saf, de quien se dice que era de la raza de los gigantes (2 Sam. 21:18; 1 Cro. 20:4).

Sibma (heb. «frescor» o «fragancia»). Ciudad situada en la Transjordania, originalmente perteneciente al territorio de Moab, conquistada por los amorreos (Nm. 21:26). Después de la derrota de Sehón, fue asignada a la tribu de Rubén (Nm. 32:38; Jos. 13:19). En la época de los dos reinos, volvió a estar en poder de los moabitas y fue famosa por sus viñedos (Is. 16:89; Jer. 48:32). Este cambio de habitantes prob. se debió a la cautividad de las tribus transjordánicas por los asirios. La forma masc. del nombre es Sebam (Nm. 32:3).

Sicar. Ciudad de Samaria, cerca del terreno que Jacob dio a su hijo José, no lejos del pozo de Jacob (Jn. 4:5; cf. Gn. 48:22). De Sicar era oriunda la mujer samaritana con la que Jesús se detuvo a hablar. Los antiguos comentaristas habían supuesto que Sicar era una alteración griega o bien un apelativo irónico de Siquem, quizá del heb. *sheqer*, «falsedad», aplicada a los ídolos (Hab. 2:18), o de *shikkór*, «borrachera», en alusión a Is. 28:1, 7. La antigua versión siríaca lleva igualmente el nombre de Siquem. En la actualidad, se cree que Sicar estaba sobre el emplazamiento del pueblo de Askar, sobre la ladera oriental del monte Ebal, a unos 3 km al este-noreste de Naplusa (la antigua Siquem) y a 1 km al norte del pozo de Jacob.

Sicario. Nombre dado por los romanos a los nacionalistas judíos de corte revolucionario y terrorista. Surgieron en Judea después de que Félix hubiera limpiado el país de los bandoleros a los que hace referencia Josefo (*Ant.* 20). Los «sicarios» se mezclaban con las multitudes en las festividades, y apuñalaban sin vacilar a sus opositores políticos y a los sospechosos de simpatizar con los romanos, desapareciendo después en medio del gentío. Su víctima más notoria fue Jonatán, el Sumo Sacerdote. Un tribuno romano pensó que el apóstol Pablo pudiera ser uno de ellos (Hch. 21:38). Durante la guerra judía contra Roma, la fortaleza de Masada fue defendida por los sicarios.

Siclag. Ciudad en el extremo sur de Judá (Jos. 15:31), asignada a la tribu de Simeón (Jos. 19:5; 1 Cro. 4:30). En la época de Saúl, Siclag pertenecía a los filisteos. Aquis, rey de Gat, la entregó a David, que era entonces vasallo suyo (1 Sam. 27:5, 6; 1 Cro. 12:1-22). Los amalecitas se apoderaron de ella, saqueándola e incendiándola. David los persiguió, recuperando todo el botín, y enviando una parte de él a diversas ciudades (1 Sam. 30:1-31; 2 Sam. 1:1; 4:10). La ciudad quedó separada de Filistea, gracias a David, y pasó a formar parte del territorio de los reyes de Judá (1 Sam. 27:6). A su vuelta del cautiverio, los israelitas la volvieron a ocupar (Neh. 11:28).

Siclo. Término ambivalente que sig. una medida de peso equivalente a 1/50 o 1/60 de mina y asimismo una moneda. Esta ambivalencia se debe a que en un principio el dinero consistía en metales preciosos valorados a peso.

Sidim (heb. con art. «las laderas»). Ciudad fortificada del territorio de la tribu de Neftalí, mencionada con Zer, Hamat, Racat y Quinéret (Jos. 19:35). La LXX la identifica con Tiro y la Siríaca con Sidón, pero ambas se encuentran fuera de los límites de Neftalí. El Talmud de Jerusalén la identifica con Kefar Hittaya, a unos pocos kilómetros del extremo meridional de Tiberíades.

Sidim, Valle de. Valle lleno de pozos de betún, en la región del mar Muerto. La coalición de Quedorlaomer y los cinco reyes del valle venció en este lugar al rey de Sodoma y a sus aliados (Gn. 14:3, 8, 10). Se le sitúa en la extremidad meridional del mar Muerto, zona de hundimiento relativamente reciente, con poca profundidad.

Sidón (heb. «pesquería»). Ciudad fenicia, prob. la más antigua, ya que hay evidencias arqueológicas de haber estado habitada durante el Neolítico (6000-4000 a.C.), y que todavía retiene su antiguo nombre en la forma árabe Saïda, situada en la costa a 48 km al sur de Beirut, y a unos 35 km al norte de Tiro. Fue un importante puerto de mar junto con Tiro. Ocupaba una zona con buenas disponibilidades de aguas y poseía una bahía protegida por islotes que se extendían mar adentro. En un sentido riguroso, Sidón constituía el límite septentrional de los cananeos (Gn. 10:19). Su territorio se hallaba cercano a Zabulón (Gn. 49:13) y estaba limitado al sur por Aser. En Jos. 11:8 y 19:28 recibe el nombre de «la gran Sidón». La tribu de Aser no desposeyó a los cananeos de Sidón (Jue. 1:31). En la época de los Jueces, los sidonios oprimieron a los israelitas (Jue. 10:12); el v. 6 acusa a estos últimos de haber adorado a los dioses de Sidón, de los que Baal era el principal (1 R. 16:31). El culto más extendido era sin embargo el de Astarté, diosa de la fertilidad (1 R. 11:5, 33; 2 R. 23:13). Los profetas hebreos pronunciaron diversos oráculos contra Sidón (Ez. 28:20-24; Jl. 3:4-6). Jeremías predijo que caería en poder de Nabucodonosor rey de Babilonia (Jer. 27:3, 6).

En los tiempos de Jesús, Sidón era un puerto cosmopolita que se encontraba en el apogeo de su prosperidad económica, sólo inferior a Tiro. En ambas ciudades había una comunidad judía muy activa. En sus primeros años, Jesús predicó las buenas nuevas a la comunidad judía residente en aquella zona, colindante con Galilea. Hubo sidonios que se dirigieron a Galilea para escuchar la predicación de Jesús y ver sus milagros (Mc. 3:8; Lc. 6:17, etc.). Durante su viaje a Roma, Pablo recibió permiso para recalar en Sidón y visitar a los hermanos allí (Hch. 27:3), lo que indica que la fe cristiana debió prender pronto en la comunidad judía del lugar.

Sihor-Libnat. Pequeño río situado al sudeste de la tribu de Aser, a poca distancia del Carmelo (Jos. 19:26). Se identifica con el río de Cesarea o Nahr el-Zerqá, que muere en el Mediterráneo a unos 8 km al sur de Dor.

Silas, Silvano. Miembro destacado de la Iglesia en Jerusalén, a la par de Pablo, Bernabé y Judas-Barsabás, a quienes los apóstoles encargaron la misión de transmitir a los cristianos de Antioquía, Siria y Cilicia las decisiones tomadas en el concilio de Jerusalén (Hch. 15:22, 27). Silas y Judas ejercían el oficio de maestros inspirados o «profetas» (v. 32). Todo indica que era un judío helenizado, tal como indica su nombre. Acompañó a Pablo durante el segundo viaje misionero, ocupando el lugar de Juan Marcos y de Bernabé, que por diferencias respecto al papel de los gentiles, se habían separado momentáneamente (Hch. 15:40). Pablo y Silas fueron encarcelados en Filipos (Hch. 16:19, 25, 29). Pablo mostró un gran aprecio por la labor de Silas (2 Co. 1:19). Se une a Pablo y Timoteo para saludar a los creyentes de Tesalónica en las dos cartas (1 Ts. 1:1; 2 Ts. 1:1).

Silo (heb. «tranquilo»). Ciudad al norte de Bet-el, al sur de Lebona, en el territorio de la tribu de Efraín. Se encontraba al este de la ruta principal, comunicando Bet-el con Siquem (Jue. 21:19). Se identifica con la actual Khirbet Seilûm, a unos 16 km al nor-noreste de Bet-el. En ella se erigió el Tabernáculo, que guardaba el Arca de la Alianza (Jos. 18:1). A partir de entonces, Silo se convirtió en una ciudad-santuario, a la que los israelitas acudían cada año para celebrabar una fiesta en honor de Yahvé (Jue. 21:19; 1 Sam. 1:3). Los filisteos destruyeron la ciudad y tomaron el Arca, lo que significó que Dios había abandonado a Silo (Sal. 78:60; Jer. 7:12, 14; 26:6, 9).

Siloé. Piscina o estanque de Jerusalén, donde Jesús envió a un hombre, ciego de nacimiento, para que se lavase en sus aguas. Así lo hizo y recuperó su visión (Jn. 9:7). Se encontraba en las proximidades del huerto real (Neh. 3:15). Josefo la sitúa en la extremidad del valle de Tiropeón, o valle de los Queseros, cerca de una curva de la muralla antigua, bajo la colina de Ofel (Josefo, *Guerras* 5, 4, 1-2).

Este nombre se conserva en el de Birket Silouãn, el emplazamiento de la antigua piscina, que los musulmanes todavía consideran sagrada, siguiendo la tradición cristiana. Los judíos visitan el lugar en la Fiesta de los Tabernáculos.

Simei (heb. «famoso», o «renombrado»). Nombre de dieciséis personajes del AT, entre ellos:

1. Segundo hijo de Gersón y nieto de Leví. Fundó una rama de la familia tribal de los geresonitas (Éx. 6:17; Nm. 3:18; 1 Cro. 6:17; Zac. 12:13).
2. Hijo de Gera, de la familia del rey Saúl. Siendo Absalón dueño de Jerusalén, Simei insultó gravemente a David que, con su séquito, descendía por la ladera oriental del monte de los Olivos. A la vuelta de David le hizo protestas de sumisión, y no fue entonces castigado. A su muerte David recordó a Salomón la maldad de Simei, por cuanto había maldecido al rey ungido del Señor. Salomón prometió a Simei perdonarle la vida bajo la condición de que no saliera de Jerusalén, pero quebrantó este mandamiento, y por ello fue ejecutado (2 Sam. 16:5-13; 19:18-23; 1 R. 2:8-46).

Simeón (heb. «ha sido oído [por Yahvé]»). Segundo hijo de Jacob y Lea (Gn. 29:33). El nombre le fue puesto por su madre, pensando que Dios «había oído» su clamor por no ser tan amada por Jacob, enamorado de Raquel. Junto con su hermano Leví, masacró a los cananeos que moraban en Siquem, para vengar el ultraje infligido a Dina, su hermana, por un príncipe de esta ciudad (Gn. 34:24-31). Cuando José quiso que trajeran a Benjamín a Egipto, Simeón tuvo que quedarse como rehén en una cárcel hasta la venida del joven (Gn. 42:24; 43:23). Posteriormente, Simeón llevó a Egipto a su familia (Gn. 46:10). En su lecho de muerte, Jacob predijo el papel futuro de Simeón, y le recordó la matanza de los siquemitas, anunciándole que, lo mismo que Leví, sus descendientes vivirían dispersados en Israel (Gn. 49:5-7). La tribu de Simeón fue una de las más numerosas (Nm. 1:23) y recibió un territorio en el sur de Judá (Jos. 19:9).

Simeón. Judío recto y piadoso a quien el Espíritu Santo reveló que no moriría antes de haber visto el cumplimiento de las promesas mesiánicas. Llegando al Templo en el momento en que José y María presentaban al niño Jesús, Simeón reconoció en Él al Mesías prometido, y dijo que ya podía morir en paz. El anciano anunció a María que ella sufriría mucho a causa de la suerte reservada a su hijo (Lc. 2:25-35).

Simón. Forma helenizada del heb. Simeón, nombre muy frecuente entre los judíos del período postexílico.

1. Sumo sacerdote, el segundo de su nombre, hijo de Onías II y padre de Onías III y Jasón. Llevó a cabo importantes mejoras en el Templo, embelleció Jerusalén y rindió grandes servicios al pueblo. Murió alrededor del 198 a.C. (Eclo. 50:1-23; Josefo, *Ant.* 12, 2 ,5; 4, 1, 10).
2. Simón Macabeo, segundo hijo de Matatías y el último superviviente de todos los hermanos. Ver MACABEOS.
3. Benjaminita, intendente del Templo en tiempos de Seleuco Filopator, que reveló a Apolonio las riquezas que atesoraba el santuario (2 Mac. 3:4, 11; 4:1-6). Su hermano fue el sumo sacerdote Menelao, que usurpó esta dignidad (2 Mac. 4:23).
4. Simón Pedro. Ver PEDRO.
5. Padre de Judas Iscariote (Jn. 6:71; 13:26).
6. Simón el Zelota. Miembro de un partido de patriotas, recibió este nombre para distinguirlo de Simón Pedro. Ver SIMÓN EL ZELOTA.
7. Uno de los hermanos del Señor, sobre el que no se tiene más información (Mt. 13:55; Mc. 6:3).
8. Fariseo que invitó a Jesús a una comida en su casa. En esta ocasión una mujer pecadora ungió los pies del Señor Jesús (Lc. 7:36-50).
9. Habitante de Betania; propietario de una casa en esta localidad. Había sido leproso, y es seguramente Jesús quien lo sanó. María, hermana de Lázaro, ungió los pies de Jesús con un perfume de gran precio mientras el Señor estaba a la mesa en casa de Simón (Mt. 26:6-13; Mc. 14:3-9; Jn. 12:1-8). La presencia de Lázaro y de las dos hermanas, la parte que asumieron en la organización de la comida, el hecho de que la casa de Simón el leproso se hallaba en Betania, todo ello hace pensar que el exleproso estaba emparentado con Lázaro y sus hermanas, o que era al menos amigo de la familia.
10. Judío helenista, padre de Alejandro y de Rufo, oriundo de Cirene, en la costa norte de África, presente en Jerusalén en los días de la Pasión; fue obligado a llevar la cruz de Jesús (Mt. 27:32; Mc. 15:21; Lc. 23:26), cuando éste ya no pudo más (cf. Jn. 19:17).
11. Curtidor de Jope converso a la fe cristiana. Pedro vivió un tiempo en su casa (Hch. 9:43; 10:6, 7, 32).
12. Profeta o doctor de la iglesia de Antioquía; tenía como sobrenombre Níger, «el Negro»; es posible que fuera de raza africana (Hch. 13:1).

Simón El Zelota. Apóstol cuyo nombre aparece en todas las lista de los apóstoles de los Evangelios y los Hechos. Para distinguirlo de san Pedro se le llama *kananaîos* (Mc. 3:18), trascripción griega de una palabra aramea *kananitês* (Mt. 10:4), que Lucas traduce como *zelotes* (Lc. 6:15; Hch. 1:13), lo que ha llevado a pensar que este discípulo era miembro del partido zelota. Ambos apodos, *kananaîos* y *zelotes*, tienen el mismo significado y su traducción al hebreo y arameo es *qanana*, que significa «celoso»; de ahí que los sobrenombres «zelota» y «cananita» pertenezcan a un mismo personaje, pues Lucas no hace sino traducir correctamente el término arameo *qanana*. Es poco lo que sabemos de este apóstol. En la lista de los Doce se le coloca en el último lugar. Es el último de los elegidos y nada sabemos de sus acciones y palabras en el Evangelio.

Simón el Mago. Mago samaritano, contemporáneo de los apóstoles. Figura entre los convertidos de Felipe en Samaria. Es descrito como practicante de las artes mágicas (Hech. 8:9), de ahí el calificativo de «mago» con que es conocido. Decía ser alguien grande y tenía asombrado a todo el mundo (vv. 10-11), pero más asombrado quedó él ante la visión de las señales y grandes maravillas que hacía Felipe (v. 13). De manera que aceptó el mensaje cristiano, y una vez bautizado acompañaba a Felipe. Cuando los apóstoles Pedro y Juan bajaron a visitar a los conversos samaritanos y a imponerles las manos para recibir el Espíritu Santo con los dones especiales que solían acompañar, Simón quiso comprar con dinero el privilegio de otorgar el Espíritu Santo a quien quisiera mediante la imposición de manos. El mago sufrió una severa reprensión por parte de Pedro (Hch. 8:9-24).

Simonía. Nombre derivado del pecado de Simón el Mago, que trató de comprar de Pedro el poder para conferir el Espíritu (Hch. 8:9-24), y que se refiere a la adquisición o la concesión de cargos eclesiásticos a cambio de ventajas materiales, especialmente de tipo económico. Las advertencias apostólicas muestran que fue un problema serio ya desde los mismos comienzos de las primeras comunidades cristianas. Se advierte con un tipo de hombres «de mente corrompida y privados de la verdad, que tienen la piedad como fuente de ganancia» (1Ti. 6:5; cf. Tit. 1:11; 1 P. 5:2; 2 P. 2:3).

Sin. Ciudad fortificada de Egipto mencionada en Ez. 30:15, 16, en relación con Menfis y Tebas. En el v. 15, la LXX da la lectura de *Sais*, que sin embargo nunca fue una fortaleza importante. En la Vulg. aparece *Pelusium*, llave de Egipto, y fuertemente fortificada, esta posición tenía que ser conquistada en primer lugar cuando se invadía Egipto desde el noreste. En el v. 16, la LXX da la lectura de Sevene, la moderna Asuán, cerca de la primera catarata. Las ciudades egipcias de los vv. 16-18 son enumeradas de sur a norte, lo que parece confirmar la identificación de Sin con Sevene.

Sin, Desierto de. Desierto que cruzaron los israelitas al dirigirse de Elim y del mar Rojo a Refidim y al monte Sinaí (Éx. 16:1; 17:1; Nm. 33:11,12). Es posible que se trate de Debbet er-Ramleh, extensión arenosa en el interior de la península, al pie del Jebel et-Tih; pero se ha pensado asimismo en la llanura desértica de el-Markhah, sobre la costa. Fue en este desierto donde por primera vez los israelitas recogieron el maná (Éx. 16:31). Estrecho al principio, pronto se expande en un terreno ondulante, seco, cubierto en parte de grava y en parte de arena, su aspecto desolado debió producir una tremenda impresión en los israelitas, sometidos, además, a un sol abrasador, lo que dio lugar a quejas desesperadas (Éx. 16:3).

Sinagoga. En el NT denota un lugar autorizado de culto judío (Mat. 4:23; 6:2, 5; 9:35, etc.). A veces la palabra se utiliza de un tribunal relacionado con la sinagoga en sentido estricto (Mt. 10:17; 23:34; Mc. 13:9; Lc. 21:12; 12:11). Antes del cautiverio, el culto judío, en su forma más elevada, sólo se celebraba en el Templo de Jerusalén; pero con su destrucción y el exilio del pueblo en tierra extraña, se propició un nuevo modo de atender a los requisitos mínimos del culto: la lectura de la Escritura y la oración. No se sabe nada a ciencia cierta del origen de la sinagoga. Es probable que la sinagoga surgiera durante el exilio babilónico como un reducto de identidad nacional y religiosa. No dependiente de un lugar geográfico concreto, el monte santo de Jerusalén, ni de una clase sacerdotal ordenada, la sinagoga se convirtió en una institución práctica y universal exportable a cualquier región o situación. Se han encontrado sinagogas en Alejandría, Antioquía de Siria, Roma y prácticamente en cada ciudad importante del Imperio romano (cf. Hch. 15:21). Quizá haya que considerar a Esdras como el fundador del culto sinagogal en Palestina. Fue Esdras quien instituyó la lectura pública de la Ley en las tardes del sábado, así como los lunes y jueves, días en los que las gentes de los pueblos iban a la ciudad para el mercado. Pareja a la creación de la sinagoga nace la institución de los escribas, igualmente relacionados con Esdras. Existía una sinagoga al lado mismo del Templo de Jerusalén, donde, según el testimonio del Talmud, el gran sacerdote leía la Ley y recitaba las bendiciones. En toda la ciudad había 480 sinagogas para acomodar a los peregrinos que visitan el Templo. Había sinagogas tanto para los judíos nativos como para los de la diáspora, aquellos que habían regresado a la tierra de sus antepasados. Por eso, en tiempos del NT había en Jerusalén una sinagoga llamada «de los libertos» (Hch. 6: 9), prob. constituida por judíos o sus descendientes que, en algún momento, fueron llevados cautivos por los romanos y que después habían sido puestos en libertad. Las sinagogas eran asambleas reconocidas por el Estado y gozaban de cierta independencia, administraban sus asuntos religiosos y civiles por sí mismas, sometiéndose sin embargo a la legislación del país. Un consejo de ancianos dirigía la sinagoga y la asociación religiosa que ella representaba (Lc. 7:3-5). El templo y sus servicios estaban bajo el control de los sacerdotes; en cambio, la sinagoga era dirigida por judíos laicos. Si había sacerdotes presentes, desempeñaban el mismo papel que el resto de los asistentes. Nunca se ofrecieron sacrificios en ella. Al principio, la sinagoga era principalmente un lugar destinado a la lectura y exposición de la ley y a la oración, pero con el tiempo se desarrolló un servicio religioso más complicado, y más tarde sirvió también de escuela y de tribunal para la administración de justicia de acuerdo con la Ley de Moisés (Mc. 13:9). La dirección del culto, el mantenimiento del orden y el cuidado de las cuestiones materiales estaba bajo el control de una comisión de ancianos (Lc. 7:3-5), al frente de la cual había un archisinagogo o principal (Hch. 18:8). Ciertas sinagogas tenían varios principales (Mc. 5:22; Lc. 8:49; 13:14). El principal presidía sobre el servicio, autorizaba o designaba a aquellos que debían orar, leer las Escrituras, exhortar (Hch. 13:15), velaba por la observancia de las prescripciones judaicas (Lc. 13:14). Los servicios no estaban asegurados por la presencia de ministros permanentes, sino por simples particulares calificados para ello. Jesús leyó las Escrituras en la sinagoga de Nazaret (Lc. 4:16), y enseñaba con frecuencia en estos lugares de reunión (Mt. 4:23). En Antioquía de Pisidia, los principales de la sinagoga invitaron a Pablo y a Bernabé a dirigir unas palabras de exhortación a los fieles (Hch. 13:15).

Se exigía la presencia de diez varones, o más si era posible, que debían asistir a cada reunión de la sinagoga. El servicio era largo, una reunión típica constaba de cinco partes en el siguiente orden: 1) Recitación al unísono de la gran confesión de fe, llamada, por su comienzo, *shemá*, basada principalmente en pasajes como Dt. 6:4-9; 11:13-21 y Nm. 15:37-41. 2) Oración imprecatoria, denominada *semoneh ésreh*, por las dieciocho preces de que se componía. 3) Lectura de la porción determinada de la ley para cada sábado. 4) El culto terminaba con una nueva oración y con la bendición ordenada por Dios a los hijos de Aarón (cf. Nm. 6:22-26).

En la sala principal había una mesa de lectura, una silla para el encargado de la exhortación y una caja o arca que contenía los rollos de la ley y los profetas. Generalmente, había bancos para los miembros más ricos de la congregación. Las mujeres se sentaban en otro lugar, estrictamente separadas de los hombres, como ocurría en el Templo, donde las mujeres debían permanecer en la primera zona del atrio interior: el patio de las mujeres, y no tenían acceso al patio reservado a los hombres: el patio de Israel. En la mayor parte de las sinagogas existe una galería de las mujeres a la que se llega por una escalera exterior. Cuando por razones arquitectónicas esto era imposible, las mujeres eran relegadas a una habitación vecina que se comunicaba con la sinagoga por medio de una pequeña ventana o de un hueco enrejado. Cuando en el año 70 de nuestra era los romanos destruyeron el Templo la sinagoga quedó como único sostén y centro religioso y cultual del judaísmo hasta nuestros días.

Sinaí. Montaña en la cual le fueron entregadas las tablas de la Ley a Moisés, que recibe también el nombre de Horeb (Éx. 19:20). El origen del nombre Sinaí es muy discutido, puede ser el derivado de un adjetivo de la palabra heb. para «desierto» en relación con el cercano desierto de Sin. Los israelitas llegaron a este lugar en el tercer mes después de su salida de Egipto, cuando hubieron pasado por Mara, Elim, y seguido un trecho de la costa del mar Rojo (Éx. 19:1). Pasando por el monte Seir había once días de marcha desde Horeb a Cades-barnea (Dt. 1:2). Al pie del Sinaí se extendía una región desértica, donde el pueblo levantó sus tiendas (Éx. 19:2). El monte estaba tan cerca que se podía tocar (Éx. 19:12), y su cima se levantaba sobre el campamento (Éx. 19:16, 18, 20). El Decálogo fue promulgado sobre este monte, a cuyo pie fue ratificado el pacto que hacía de Israel una nación de la que Jehová sería el Rey (Éx. 20:1-24:8). Se declara una y otra vez (Éx. 24:12; 31:18; 34:2; Lv. 1:1; 16:1; 25:1; 26:46; 27:34; Nm. 1:1; 9:1) que toda la legislación que figura entre Éx. 20:1 y Nm. 10 fue decretada sobre el Sinaí, o al pie del monte. La única mención bíblica posterior de alguien que subiera a esta cima se refiere a Elías, que huía de la ira de Jezabel (1 R. 19:8).

Sinaítico, Códice. Manuscrito de la Septuaginta y del NT griego, descubierto por Constantino Tischendorf en 1859 en el Convento de Santa Catalina, al pie del Jebel Musa o monte Sinaí. Se trata de uno de los dos manuscritos más antiguos de la Biblia griega hoy existentes. Comprende 345 hojas y media, 199 del AT y 147 de NT.

Sinar. País donde se levantaban las ciudades de Babel, Erec, Acad, Calne (Gn. 10:10; 11:2; Dn. 1:2). El término heb. denota la llanura aluvial de Babilonia, entre los ríos Tigris y Habur. La antigua Sumer se hallaba río abajo en esta región. En la época de Abraham, Amrafel reinaba sobre todo este país, o al menos sobre una gran parte de él (Gn. 14:1, 9). Mucho tiempo después los judíos fueron llevados cautivos allí. Los profetas anuncian que los judíos esparcidos serán recogidos de esos lugares y llevados de regreso a Tierra Santa (Is. 11:11). Es posible que Sinar sea el nombre por el que los hebreos conocían originalmente la baja Mesopotamia. Ver BABILONIA, MESOPOTAMIA.

Síntique. Mujer creyente de la iglesia de Filipos. Estaba en desacuerdo con Evodioa, el apóstol Pablo exhorta a ambas a la concordia (Flp. 4:2, 3). El apóstol no se refiere a asuntos meramente personales, sino en relación con la vida de la comunidad, lo que hace suponer que ambas mujeres eran diaconisas y que la disensión y discordia entre ellas era contraproducente para la vida local de los creyentes.

Sión. Montaña santa de Jerusalén donde fue construido el Templo. El nombre de Sión figura por vez primera en el AT para designar una fortaleza jebusea situada sobre este promontorio (cf. Nm. 13:29; Jos. 15:63; Jue. 1:21). David se apoderó de ella, y la convirtió en parte de la «ciudad de David» (2 Sam. 5:7; 1 Cro. 11:5). Después de la construcción del Templo de Salomón sobre el monte Moria, el nombre de Sión vino también a designar toda el área (Is. 8:18; 18:7; 24:23; Jl. 3:17; Miq. 4:7). Los profetas y los poetas de Israel usan el nombre de Sión para referirse a toda Jerusalén en cuanto capital espiritual y ciudad mesiánica de Dios (2 R. 19:21; Sal. 48; 69:35; 133:3; Is. 1:8; 3:16; 4:3; 10:24; 52:1; 60:14; cf. Ro. 9:33; 11:26; 1 P. 2, 6; Ap. 14:1). Por esta razón, los habitantes de Jerusalén son llamados hijos e hijas de Sión (Is. 1:27; 12:6; 40:9; 49:14; 52:1; Sal. 9:14; 97:8; Zac. 2:7, 10; 9:9, 13; Sof. 3:14, 16; Jl. 2, 23; Mt. 21:5; Jn. 12:15).

Siquem. Antigua e importante ciudad fortificada cananea (Gn. 33:18; cf. Gn. 34:20) en los montes de Efraín (Jos. 20:7), situada entre el Ebal y el Garizim (Jue. 9:7), escenario de la renovación de la Alianza (Jos. 24) y de la división del reino judío (1 R. 12; 2 Cro. 10). Jeroboam, primer rey del reino dividido Israel (1 R. 12:1-19), fortificó la ciudad y la convirtió en su capital durante un cierto tiempo (1 R. 12:25). Sobrevivió a la caída del reino del norte (Jer. 41:5), y vino a ser la principal ciudad de los samaritanos (Eclo. 50:26; Josefo, *Ant.* 11, 8, 6). Juan Hircano se apoderó de ella (*Ant.* 13:9, 1). Reconstruida después de la guerra contra los judíos, Siquem recibió el nombre de Flavia Neápolis, en honor de Flavio Vespasiano, entonces emperador. El nombre de Neápolis subsiste bajo la forma árabe de Naplusa, a unos 50 km al norte de Jerusalén, y a 9 al sureste de Samaria, en un valle limitado al norte por el monte Ebal y al sur por el monte Gerizim.

Siracusa. Célebre ciudad griega en la costa oriental de Sicilia. Fue fundada hacia el año 735 a.C. por colonos procedentes de Corinto acaudillados por el baquiada Arquias. Pronto se hizo rica y poderosa sometiendo a su dominio la población indígena. En el año 212 a.C., los romanos se apoderaron de ella. En adelante fue la residencia del gobernador de Sicilia, hasta que bajo Augusto obtuvo la categoría de colonia. La nave en la que viajaba el apóstol Pablo prisionero se detuvo tres días en esta ciudad (Hch. 28:12). El cristianismo llegó pronto a la ciudad, donde residía una comunidad judía.

Siria. Región de Asia occidental, que en el AT recibe el nombre de *Aram*, traducido en gr. y lat. por *Syria*. Sus límites han variado según las diferentes circunstancias históricas. En la época del AT Siria comprendía la mayor parte de las regiones que en la antigüedad llevaban el nombre de Aram y Canaán. El nombre de Siria se da en ocasiones como sinónimo del antiguo término Aram, lo cual es inexacto, porque Siria tiene un sentido más extenso. Abreviación del término Asiria, el término Siria se hizo común después de las conquistas de Alejandro Magno. Herodoto confunde Asiria con Siria, en tanto que para los hebreos, Siria parecía comenzar en el límite norte de Palestina, llegando por el norte a los contrafuertes del Taurus, por el oeste al Mediterráneo, y al este probablemente al Khabur, un afluente del Eufrates. Se distinguía: 1) La Siria de Damasco (2 Sam. 8:5-6). 2) La Siria de Soba. 3) La de Bet-rehob (2 Sam. 10:6-8). 3) Aram-naharaim, o Mesopotamia (Gn. 24:10). Se mencionan sirios de más allá del Eufrates (2 Sam. 10:16-19). Los autores gr. empleaban el término Siria de una manera aún más extensa de la que los hebreos usaban el término Aram. En la LXX y en el NT se distingue entre Siria y Fenicia por una parte, y Samaria, Judea e Idumea por la otra.

Los primeros ocupantes del país parecen haber sido de origen camita (Gn. 10:6, 15-18); siendo aún en gran parte nómadas, afluyeron allí semitas provenientes del sureste. Por aquella época, la única ciudad mencionada en la Biblia es Damasco (Gn. 14:15; 15:2); a continuación aparece el nombre de Hamat (Nm. 13:21; 34:8). Israel entró por primera vez en conflicto con los sirios en la época de David, que venció a Hadad-ezer, rey de Soba, a los sirios de Damasco (2 Sam. 8:3-13), los de Bet-rehob (2 Sam. 10:6), así como los venidos de allende del Eufrates (2 Sam. 10:16-19). Salomón mantuvo este dominio de Israel hasta el Eufrates (1 R. 4:21; cf. Gn. 15:18), a excepción de Damasco, estado independiente regido por Rezón (1 R. 11:23-25). Después de la separación de Israel y de Judá, los reyes de Siria establecidos en Damasco (Ben-adad, Hazael, Ben-adad II, Rezín) guerrearon frecuentemente contra los soberanos del reino del norte (Acab, Joram, Jehú, Joacaz, Joás, Jeroboam II). En la época de Acaz, rey de Judá, el rey de Siria Rezín le arrebató Elat y atacó Jerusalén, aliado con Peka, rey de Israel. Acaz llamó en su ayuda a Tiglat-pileser, rey de Asiria; éste atacó Damasco, tomándola, dando muerte a Rezín, y llevando a sus moradores al cautiverio (2 R. 16:5-9).

Siria quedó desde entonces anexionada al Imperio asirio; pasó después a manos de los babilonios, y luego de los persas. En el año 333 a.C. se sometió sin lucha a Alejandro. A la muerte de este último, Siria se vio por primera vez encabezando un gran reino. Entre los generales de Alejandro que se repartieron el Imperio en el año 321 a.C., Seleuco Nicátor recibió Mesopotamia y Siria. Desde el punto de vista comercial y militar, Siria resultaba la provincia más importante del nuevo Estado, cuya capital era Babilonia. Pronto se hizo evidente que el Asia occidental debería tener su propio gobierno, más conforme con la mentalidad helénica que el sistema político de los orientales. Hacia el año 300 a.C., Seleuco Nicátor I construyó Antioquía, de la que hizo su capital (cf. 1 Mac. 3:37). La conquista romana, en el año 64 a.C., transformó este Estado en provincia de Siria, que administró un gobernador romano residente en Antioquía. Desde la época de Augusto, Siria fue gobernada por un legado nombrado por el emperador. En el año 70 d.C., los romanos separaron Siria de Judea, que vino a ser una provincia distinta, administrada por un legado imperial. Poco antes, en el año 47 d.C., empezó la penetración del Evangelio en Siria, al principio por medio de aquellos que habían sido dispersados por la persecución sobrevenida tras la muerte de Esteban (Hch. 11:19-24), y después por los esfuerzos del apóstol Pablo (Gál. 1:21).

Sirofenicia. Calificativo dado por el evangelista Marcos a una mujer fenicia cuyo hijo curó Jesús (Mc. 7:26). Mateo la llama «mujer cananea» (15:22), esto es, no judía sino descendiente de los antiguos moradores de la tierra costera de Fenicia. Por sirofenicio debería entenderse, entonces, el pueblo medio sirio y medio fenicio. El emperador Adriano dividió Siria en tres partes: Siria Propia, Siro-Fenicia y Sirio-Palestina, de modo que sirofenicio designa al nativo de esta parte de la provincia (Luciano, *De Conc. Der.* 4), que incluía Fenicia, Damasco y Palmira.

Sirte. Nombre de dos golfos situados en la costa septentrional de África entre Cirene y Cartago. Se conocían por Sirte Grande y Sirte Pequeño. Eran muy temidos por los navegantes de la antigüedad, tanto por los traicioneros bancos de arena como por las corrientes cruzadas de las aguas. El barco que llevaba prisionero a Pablo de Cesarea a Roma tuvo que arrojar por la borda gran parte del equipaje para evitar estrellarse con la Gran Sirte (Hch. 27:17), la cual en nuestros días recibe el nombre de golfo de Sidra, y ocupa el sureste de la hendidura africana frente a Sicilia.

Sisac. Faraón de Egipto de origen libio, contemporáneo de Salomón. Reinó del 945-924 a.C. Acogió a Jeroboam de manera hospitalaria cuando éste huyó de Palestina, pero sin romper sus relaciones con Salomón (1 R. 11:40). Cinco años después de la muerte de Salomón, con Israel dividido en dos reinos rivales, Sisac aprovechó la debilidad israelita para invadir el reino de Judá al frente de un inmenso ejército que conquistó sus plazas fuertes. El rey Roboam salvó Jerusalén mediante el pago de un tributo consistente en los tesoros del palacio y del Templo (1 R. 14:25, 26; 2 Cro. 12:2-9). Sisac hizo grabar esta expedición en un bajorrelieve de la puerta del gran templo de Amón en Karnak. En la lista de ciudades conquistadas, hasta ciento cincuenta, menciona el «reino de Judá».

Sísara. Príncipe cananeo, capitán o jefe del ejército de Jabín, rey de Hazor. Oriundo de Haroset-goím, o Haroset de los gentiles, ocupó el norte de Israel con 900 carros de combate. Vencido en el río Cisón por los hombres de Barac y Débora, Sísara huyó más hacia el norte, probablemente a fin de reunirse con el caudillo de la coalición cananea. Intentó refugiarse en el campamento de Heber el ceneo, que no estaba en guerra con los cananeos. Jael, esposa de Heber, invitó a Sísara a entrar en su tienda, le ofreció descanso y comida, pero le dio muerte mientras dormía (Jue. 4-5; 1 Sam. 12:9; Sal. 83:10).

Sitim (heb. con art. «las acacias»). Importante campamento israelita en los campos de Moab, al este del Jordán, frente a Jericó (Nm. 22:1; 25:1). Después de la derrota de Sehón y de Og, los israelitas transportaron el campamento del Pisga a los montes Abarim. Levantaron sus tiendas en Sitim (Nm. 21:20; 22:1; 33:47, 48), sobre una meseta, entre los bosques de acacias, en el lugar más elevado de las tres terrazas que en este lugar bordean el valle del Jordán. El campamento se extendía desde Bet-jesimot hasta Abel-sitim (Nm. 33:49; cf. 23:28), sobre más de 5 km Estaba dispuesto de una manera ordenada, siguiendo el plan establecido para cada tribu (Nm. 24:2, 5, 6). Sucedieron importantes acontecimientos durante la estancia en Sitim. Balaam intentó maldecir al pueblo, sin conseguirlo (Nm. 22-24). Sin embargo, consiguió que el pueblo pecara lanzándose al desenfreno con las hijas de Moab y de Madián en Baal-peor. Una plaga cayó sobre los culpables (Nm. 25). Allí tuvo lugar el segundo censo (Nm. 26). Allí promulgó Moisés las leyes acerca de la herencia de las hijas (Nm. 27:1-11). Fue también en Sitim que designó públicamente a Josué como su sucesor (Nm. 27:12-23) y promulgó las normas relativas a los sacrificios y a los votos (Nm. 28-30). En este lugar, Dios ordenó a los israelitas que atacaran a las cinco tribus madianitas vecinas que habían seducido al pueblo a orgías idolátricas, en Baal-peor (Nm. 31). Rubén y Gad recibieron en Sitim el territorio que deseaban poseer al este del Jordán (Nm. 32). Allí fue donde Moisés exhortó nuevamente a los israelitas a que echaran de la tierra a los cananeos, a que derribaran sus altares y sus ídolos. Determinó las fronteras, y designó a los jefes encargados de repartir el país entre las tribus. Ordenó asignar ciudades a los levitas y elegir entre ellas seis ciudades de refugio para los homicidas involuntarios (Nm. 33:50-35). El gran legislador se despidió aquí del pueblo. Josué fue solemnemente investido para sus funciones, y después Moisés ascendió al monte Nebo, donde murió. Después de la muerte del caudillo, Josué hizo salir de Sitim a dos espías para que exploraran la situación en Jericó (Jos. 2). Una vez finalizada la misión de ellos, ordenó levantar el campamento y dirigió el cruce del Jordán (Jos. 3).

Sitna (heb. «hostilidad», «enemistad»). Nombre dado por Isaac al segundo pozo excavado por sus siervos en el valle de Gerar, que Abraham había cavado antes y que los filisteos habían cegado. Isaac le llamó así por causa de la hostilidad y oposición que mostraron los pastores de Gerar (Gn. 26:21), la cual se explica por la aridez de la región.

Siván. Tercer mes del año babilónico y judío (Est. 8:9); iba desde la luna nueva de mayo hasta la de junio. El día 23 de ese mes Ausero dio la autorización para que los judíos defendieran sus vidas (Est. 8:9).

So. Faraón de Egipto a quien Oseas, el último rey de Israel, envió embajadores para que le ayudase a sacudirse el yugo asirio de Salmanasar (2 R. 17:4), quien al descubrir esta maniobra envió su ejército contra Israel. Samaria fue sitiada durante tres años y finalmente tomada y Oseas llevado cautivo (725 a.C.). No se conoce en la historia ningún faraón o general egipcio con ese nombre. Sin embargo, en las ruinas de un aposento del palacio de Senaquerib, Layard encontró un trozo de cerámica con el nombre inscrito de Sabac, o Sabaco, faraón de Egipto, que podría coincidir con el So hebreo.

Soba (heb. «estación»). Ciudad y reino originalmente amorreo y más tarde arameo, situado entre el Líbano y el Antilíbano, al norte de Damasco. El reino de Soba aparece por primera vez en relación al comienzo del reinado de Saúl, obligado a presentar batalla a los «reyes de Soba» (1 Sam. 14:47), que verían en el naciente reino de Israel una amenaza. Formaron una alianza con los sirios de Bet-rejob, de Istob, de Maaca y de los amonitas a quienes derrotó David, y se apoderó de un gran botín (2 Sam. 8:7; 10:6, 8, 19). Los descubrimientos arqueológicos han permitido situar Soba al norte de Damasco. En las inscripciones asirias se puede leer que varios monarcas aisirios cobraron tributos de Soba, o la mencionan como un lugar de paso en su marcha hacia Palestina y Egipto.

Soco. Ciudad de la Sefela o país bajo de Judá (Jos. 15:35). Se hallaba en la linde accidentada del valle de Ela; aislado del resto de la cresta, era de fácil defensa. Los filisteos plantaron sus reales entre Soco y Azeca, justo antes que Goliat se presentara como su campeón (1 Sam. 17:1). En tiempos de Salomón, Soco formó parte de un distrito administrativo dirigido por el hijo de Hesed (1 R. 4:10). Cuando el reino se dividió, Roboam fortaleció sus defensas (2 Cro. 11:7). En la época de Acaz, los filisteos se apoderaron de la ciudad y de los pueblos que dependían de ella (2 Cro. 28:18). Robinson ha identificado Soco con Khirbet Shuweikeh, a 21 km al oeste-suroeste de Belén.

Sodoma. Una de las cinco ciudades de la llanura del Jordán (Gn. 13:10). Lot, separándose de Abraham, decidió establecerse en Sodoma, a pesar de la pésima reputación de esta ciudad (Gn. 13:11-13). Quedorlaomer saqueó Sodoma (Gn. 14:11), llevándose cautivo a Lot junto con los suyos. Abraham los libró y recuperó sus bienes (Gn. 14:21-24). Más tarde, Dios destruyó Sodoma y al menos otras tres ciudades de la llanura, a causa de su perversidad. El juicio divino consumió a Sodoma bajo una lluvia de azufre y fuego que indudablemente inflamaron los muchos pozos de asfalto de aquel valle. Lot y sus dos hijas escaparon al cataclismo (Gn. 19:1-29; Dt. 29:23; Is. 1:9, 10; 3:9; 13:19; Jer. 49:18; 50:40; Lam. 4:6; Ez. 16:46-56; Am. 4:11; Sof. 2:9; Mt. 10:15; 11:24; Lc. 10:12; 17:29; Ro. 9:29; 2 P. 2:6; Jud. 7). En Apocalipsis se designa alegóricamente a la gran ciudad pecadora por los nombres de Sodoma y Egipto.

El emplazamiento preciso de Sodoma no ha podido ser determinado, hay sólidos argumentos que llevan a suponer más bien que Sodoma se hallaba al sur del mar Muerto. Por una parte, el betún o asfalto sólo abunda en el extremo sur de este mar (cf. Gn. 14:10). Por otra, Josefo menciona que una de las ciudades, Zoar, se hallaba en el extremo meridional del mar (*Guerras* 4, 8, 4).

Sofonías (heb. «Yahvé protege»). Nombre de varios personajes del AT.

1. Sacerdote hijo de Maasías. Uno de los que transmitieron mensajes de Sedequías a Jeremías (Jer. 21:1; 37:3). Sofonías mostró a Jeremías las cartas de Semaías, falso profeta que residía en Babilonia, esforzándose en procurar el castigo de Jeremías, porque éste recomendaba el sometimiento a los caldeos (Jer. 29:2-32). Sofonías, encargado de la guardia del Templo, era el segundo en eminencia después del sumo sacerdote Seraías. Sofonías fue ejecutado en Ribla después de la caída de Jerusalén (2 R. 25:18-21; Jer. 52:24-27).
2. Uno de los profetas menores, contemporáneo de Jeremías y Josías. Contribuyó a la reforma religiosa de este último (621 a.C.). En la parte central de su predicción se encuentra el anuncio del Día del Señor, en el mismo espíritu de Amós.

Sofonías. Libro noveno de los Profetas Menores. El profeta ejerció su actividad profética en Jerusalén durante la primera parte del reinado de Josías (640-608 a.C.), indudablemente antes de la gran reforma del año 622 a.C. (2 Cro. 34:8; 35:19), a juzgar por las alusiones a la presencia de culto idolátrico (Sof. 1:4). Fue precisamente Sofonías quien promovió la famosa reforma religiosa de Josías. Su libro puede situarse entre el año 626 y 622 a.C. El mensaje de Sofonías contiene un anuncio del día del Señor como catástrofe que caerá sobre las naciones paganas y sobre el reino de Judá, tan terrible como el Diluvio (Sof. 1:2, 3). El profeta llama al arrepentimiento, único camino de salvación (Sof. 2:1, 2). Los humildes, los que temen a Dios, son exhortados a buscar la liberación en Yahvé (Sof. 2:3). Él castigará la iniquidad de las otras naciones (Sof. 2:4-15). Jerusalén rehúsa arrepentirse, por lo que no escapará, el Señor, que mora en ella, es justo (Sof. 3:1-8).
Pero también hay bendiciones que siguen a los juicios. Las naciones invocarán a Yahvé (Sof. 3:9-10). El resto de Israel pondrá en Él su confianza y será santo (Sof. 3:11-13). El Señor reinará, dará abundante bendición a su pueblo (Sof. 3:14-18) entonces reunido y hecho objeto de alabanza en medio de las naciones (Sof. 3:19, 20).

Sol. Astro del día creado por Dios y colocado en el firmamento el cuar-

to día de la creación (Gn. 1:16; Sal. 74:16; 136:8), es mantenido y dirigido por Dios, dando a entender que no es una criatura independiente (Jer. 31:35; Mt. 5:45; Sal. 104:19). En los panteones semíticos y sobre todo en el egipcio, el Sol figura como deidad, pero el relato bíblico de la creación deja claro que el Sol es una criatura y, por tanto, la Ley prohíbe rendirle culto (Dt. 4:19; 17:3). Con todo, Manasés de Judá y sus sucesores inmediatos le rindieron culto (2 R. 21:3, 5; Jer. 8:2), ofreciéndole sahumerios y dedicándole caballos (2 R. 23:11); la reforma de Josías trató de atajar todos estos abusos idolátricos (2 R. 23:5, 11; cf. Ez. 8:16). Los nombres de Bet Semes, En Semes, Har Heres y Heres conservan la memoria del culto solar en Canaán.
Fuente de calor y de luz, favorece el crecimiento de las plantas, juntamente con la Luna (Dt. 33:14). Al ser considerado una fuerza bienhechora, el eclipse es temido como una de las más terribles catástrofes, señal de la ira divina (cf. Is. 13:10; Jl. 2:10; Mt. 24:29; Ap. 6:12). Josué detuvo el Sol hasta que los israelitas derrotaron a sus enemigos en Gabaón (Jos. 10:12). La sombra del sol se retiró unos diez grados en un reloj de sol en señal de que el rey Ezequías no moriría (2 R. 20:8-11; Is. 38:7). El Sol se entenebreció en el momento de la crucifixión de Jesús (Mc. 15:33; Lc. 23:44-49; Jn. 19:28-30). Otro tanto ocurrirá el día del retorno del Hijo del Hombre (Mt. 24:29; cf. Hch. 2:20).

Sópater. Cristiano de la ciudad de Berea, hijo de Pirro, que con otros discípulos acompañó a Pablo desde Grecia hasta Asia, cuando el apóstol volvía de su tercer viaje misionero (Hch. 20:6). Algunos comentaristas creen que es el Sosípater mencionado en Ro. 16:21, pero la identificación no es segura.

Sorec (heb. «vid escogida»). Valle, o más bien wadi, en el que vivía Dalila (Jue. 16:4). Parece haber sido un lugar filisteo, y prob. estaba más cerca de Gaza que de cualquier otra ciudad principal filistea, ya que Sansón fue conducido allí después de ser apresado en la casa de Dalila. Probablemente es el actual wadi es-Sarãr. Empieza a unos 21 km al oeste de Jerusalén, ligeramente al sur, y sigue un curso sinuoso hacia el noroeste. Su río desemboca en el Mediterráneo a unos 13 km al sur de Jafa.

Sosípater. Nombre común griego, correspondiente a:

1. Un general de Judas Macabeo que, a pesar de su nombre, típicamente griego, combatía el helenismo invasor. Con el general Dositeo, derrotó al sirio Timoteo y le hizo prisionero, si bien después le dejó en libertad (2 Mac. 12:19-24).

2. Un judío pariente de Pablo, a quien éste menciona al final de sus saludos a la Iglesia de Roma (Ro. 16:21). Algunos lo identifican con el Sópater de Hch. 20:6, pero no es seguro.

Sóstenes. Principal de la sinagoga de Corinto durante la estancia de Pablo en aquella ciudad. Habiéndose desencadenado una algarada a causa de la predicación del apóstol Pablo, el populacho golpeó a Sóstenes ante el tribunal de Galión para obligarle a intervenir en el pleito contra Pablo (Hch. 18:12-17).
El porqué de esta acción puede deberse a que este Sóstenes sea el mismo a quien el apóstol asocia en el encabezamiento de 1 Co. 1:1, lo que significaría que Sóstenes se había hecho cristiano y convertido, por tanto, en el foco de la furia de la comunidad judía en Corinto. Pero es bastante extraño que, de haber sido cristiano, Lucas lo presente únicamente como «principal de la sinagoga» sin aludir a su cambio de fe.

Sucot (heb. «cabañas» o «tiendas»). Nombre de dos lugares del AT.
1. Antigua ciudad cananea, por la que pasó Jacob al volver de Mesopotamia, después de atravesar el Jaboc (Gn. 32:22). Su nombre se explica en vista de las cabañas o chozas construidas por Jacob para el ganado (Gn. 33:17). Se hallaba en el valle del Jordán, cerca de Saretán (1 R. 7:46; Sal. 60:6; 108:7) y formaba parte del reino de Sihón. Fue asignada a la tribu de Gad (Jos. 13:27). En tiempos de Gedeón era una ciudad importante, gobernada por setenta y siete ancianos, que rehusaron dar pan a Gedeón y a sus hombres cuando perseguían a Zeba y a Zalmuna. Cuando Gedeón hubo conseguido la victoria, infligió un terrible castigo a estos ancianos y habitantes de Sucot (Jue. 8:5-16).
2. Primer campamento de los israelitas después de la salida de Egipto, entre Ramesés y Etam (Éx. 12:37; 13:20; Nm. 33:5, 6). Identificado en ocasiones con Thuku, ciudad abierta que rodeaba los edificios sagrados de Pitón, identificada con Tell el-Maskhûtah; más recientemente su localización más plausible parece estar más al este, hacia la desembocadura del wadi Tumilât.

Sucot-Benot. Deidad venerada por los babilonios trasplantados a Samaria por los asirios (2 R. 17:30). El nombre, «tiendas de las hijas», dado por los hebreos, se entiende gral. como una referencia a la prostitución sagrada practicada en el santuario de ese ídolo. Quizá se trate de una hebraización de *sakkut bimati*, «juez supremo», probable título de Marduk, o de *sakkut*, «Saturno», planeta dedicado a Marduk. Se han ofrecido más posibilidades.

Sulamita. Gentilicio aplicado a una doncella mencionada con frecuencia en el Cantar de los Cantares (Cnt. 6:13). Este término parece derivarse del nombre de la ciudad de Sunem, patria de Abisag, la concubina del anciano David. En nuestros días recibe el nombre de Sõlem o Sûlam. Es posible que la forma de sulamita haya sido preferida a la de sunamita a causa de su asonancia con Salomón.

Sumer (heb. «fortaleza»). Nombre del conjunto de ciudades-estado de Mesopotamia situadas alrededor de las orillas del Eufrates y del Tigris, en lo que hoy es el sur de Irak. Cada una de estas ciudades estado tenía sus propios dirigentes, aunque a mitad del cuarto milenio a.C, el gobernante de la ciudad dominante era tenido por rey de la región. Sumer puede considerarse como la primera civilización del mundo, entre la prehistoria y la historia. Los sumerios desarrollaron una religión y una sociedad que influyó en sus vecinos y en los territorios conquistados. El lenguaje sumerio fue el primero en ser escrito en cuneiforme, este modelo fue adoptado por los babilonios, los cuales adoptaron también sus religiones y creencias.

Sunamita. Designación de los habitantes de Sunem, ciudad de la tribu de Isacar. De allí procedía Abisag, la joven que cuidó a David en su vejez (1 R. 1:3, 15; 2:17, 21, 22), y la viuda que hospedó a Eliseo, por lo cual Dios le premió con un hijo. Cuando éste enfermó y murió, mandó a buscar al profeta, que le volvió a la vida (2 R. 4:12, 25, 36). Eliseo aconsejó a la sunamita que se fuera del país, en vista del hambre que sobrevendría a la región, a lo cual ella obedeció (2 R. 8:1-6).

Sunem. Ciudad cananea en el llano, conquistada por los israelitas bajo el mando de Josué. Fue adjudicada a la tribu de Isacar (Jos. 19:18). Se hallaba frente a Gilboa (1 Sam. 28:4). Los filisteos acamparon en Sunem antes de librar batalla contra Saúl. Su emplazamiento es Sõlem (que también recibe el nombre de Sûlam), sobre la ladera occidental de una colina, y a 5 km al nor-noreste del extremo occidental del monte Gilboa, a unos 26 km del Carmelo, a donde se dirigió la sunamita para encontrar a Eliseo (2 R. 4:8-25).

Susa. Una de las ciudades más importantes de Oriente, antigua capital de Elam, más tarde residencia de invierno de los reyes persas, de la dinastía aqueménida (Dn. 8:2; Neh. 1:1; Est. 1:2, 5). Descubierta en 1851 se ha investigado arqueológicamente desde entonces. En ella se encontró el famoso Código de Hammurabi (1901).

Susana (gr. «lirio»). Nombre de dos mujeres del tiempo bíblico.

1. Heroína del relato del juicio de Daniel, que figura en un apéndice deuterocanónico, escrito en griego. Según él, Susana era hija de Quelcías y se casó con Joaquím, uno de los judíos que habitaban en Babilonia. Era muy hermosa y temerosa de Dios. Dos ancianos, nombrados jueces anuales, la vieron y se prendaron de ella; cierto día en que se bañaba a solas, los ancianos intentaron persuadirla a que cediera a sus deseos, con la amenaza de que si no accedía, la acusarían de haberla encontrado con un joven. Susana se resistió y los ancianos cumplieron su promesa. Fue condenada a la pena capital. Daniel, inspirado por Dios, probó la inocencia de Susana y los ancianos sufrieron el castigo que habían tramado contra la joven.
2. Una de las mujeres que se cuentan entre las «sanadas de espíritus malignos y de enfermedades» por Jesús, al que seguían en sus predicaciones y le servían con sus bienes (Lc. 8:1-3). Nada más se sabe de ella.

Sutela (heb. prob. «estrépito de rotura»). Nombre de dos personajes del AT, descendientes de Efraín, uno de los cuales fundó un clan que lleva su nombre (Nm. 26:35, 36; 1 Cro. 7:20).

T

Taanac (heb. «arenosa», o «fortificada»). Antigua ciudad cananea, cuyo rey fue vencido por Josué (Jos. 12:21). Sus límites quedaron dentro del territorio de Isacar, pero fue asignada a la tribu de Manasés (Jos. 17:11; 1 Cro. 7:29). Más tarde fue entregada a los levitas de la familia de Coat (Jos. 21:25). Los de Manasés no echaron a los habitantes oriundos de la ciudad, sino que los sometieron a tributo (Jue. 1:28). La gran batalla entre Barac y Sísara tuvo lugar cerca de allí (1 R. 4:19). En la época de Salomón era una ciudad importante (1 R. 4:12). Se encuentra en medio de colinas de poca altitud, en la linde de la llanura de Jezreel, a 8 km al sureste de la antigua Meguido.

Tábano. Nombre con el que se traduce erróneamente en Jos. 24:12 el término heb. *tsirá*, que se refiere más bien a una especie de avispas, las cuales fueron lanzadas en grandes cantidades para hostigar a los cananeos, desmoralizándolos (Éx. 23:28; Dt. 7:20; Jos. 24:12; cf. Sab. 12:8).

Tabera (heb. «ardiente»). Lugar en el que los israelitas suscitaron la cólera de Dios por sus quejas. Fueron castigados con un incendio en el extremo del campamento, por cuya razón recibió este nombre. El fuego se detuvo gracias a la intercesión de Moisés (Nm. 11:1-3). El lugar se identifica con Ruweis el-Ebeyrig, en el Wadi Sa'al, unos 45 km al nordeste de Gebel Musa, o Montaña de Moisés.

Tabernáculo. Primer santuario hebreo no fijo a un lugar, construido según el modelo y las órdenes precisas dadas por Dios a Moisés en el Sinaí (Éx. 25:9, 40; 26:30; 27:8; 39:32, 42, 43, etc.). La importancia del Tabernáculo se aprecia por la cantidad de capítulos que se le dedican en el libro del Éxodo, caps. 25 a 31, constituyendo una tercera parte del libro. Acompañó a los israelitas en su peregrinación por el desierto. La importancia del Tabernáculo se aprecia por la cantidad de capítulos que se le dedican en el libro del Éxodo, caps. 25 a 31, constituyendo una tercera parte del libro. En la parte reservada al sumo sacerdote, el lugar santísimo, estaba el Arca de la Alianza, símbolo de la morada de Dios en medio de su pueblo (Éx. 25:8). El tabernáculo cumplió en un tiempo de nomadismo obligatorio la función de hacer presente la ayuda y protección divina (generalmente asociada a un lugar sagrado), manteniendo la comunión constante con el Dios santo gracias a su movilidad (Éx. 25:22; 29:42-46). De este modo, el pueblo podía contar con la presencia permanente de Dios en medio del campamento (cf. Éx. 40:34-38), prolongando así la manifestación extraordinaria de Dios en el Sinaí (Éx. 19:10-22) y, al igual que en la montaña santa, al tabernáculo no se podía acercar nadie sin las debidas precauciones; sólo los sacerdotes tenían acceso a su recinto sagrado. El tabernáculo consistía en el patio externo y la tienda. Se entraba al patio externo por un portal orientado hacia el este, en donde se hallaba el altar del holocausto (Éx. 27:1-8) y el lavacro o fuente de bronce (Éx. 30:17-21). La tienda o tabernáculo propiamente dicho se hallaba dentro del patio (Éx. 26:1ss.). Estaba dividido en dos secciones principales: el lugar santo y el lugar santísimo, separados entre sí por un velo (Éx. 26:31ss.). El lugar santo tenía tres elementos: Primero, una mesa en la cual se colocaba el pan de la proposición (Éx. 25:23-30); segundo, un candelabro de oro (Éx. 25:31-40) y tercero, un altar de incienso (Éx. 30:1-7). Los sacerdotes entraban en este lugar cada día. En el lugar santísimo estaba el arca del pacto, o arca del testimonio, que contenía las tablas con los Diez Mandamientos (Éx. 25:16). Solamente el sumo sacerdote podía entrar al lugar santísimo, y una sola vez cada año, para ofrecer un sacrificio por la nación. Los levitas eran los encargados de desmontar y volver a montar el Tabernáculo, estando las diversas tareas divididas entre los coatitas (Nm. 4:4-20), los gersonitas (Nm. 4:24-28) y los meraritas (Nm. 4:31-33). Durante la conquista de

Canaán, el arca se quedó en el campamento de Gilgal. Más tarde, Josué erigió el Tabernáculo en Silo, donde estuvo durante el tiempo de los Jueces (Jos. 18:1; 1 Sam. 1:3, 7).
Para el autor de la epístola a los Hebreos, el tabernáculo, santuario hecho de mano del hombre, era «imitación del verdadero», establecido por el Señor en el cielo (He. 8:2, 4-5; 9:11, 23-24). El ritual, culto, sacrificios y sacerdocio son tomados por tipos y profecías de la persona, sacrificio y sacerdocio universal de Cristo, el sumo sacerdote de la Nueva Alianza (He. 8:5; 9:1-10; Jn. 4:23-24).

Tabernáculos, Fiesta de los. O «fiesta de las cabañas», porque cada israelita estaba obligado a vivir en tiendas durante su celebración (cf. Lv. 23:43). En el principio esta fiesta no se celebraba de esta forma, sino como fiesta de la cosecha final, llamada «fiesta de la recolección de los frutos» (Éx. 23:16; 34:22), que se celebraba al final del año agrícola, cuando se terminaba de recolectar la cosecha. Con tal ocasión se subía al santuario para dar gracias a Yahvé por los frutos conseguidos (Lv. 23:39). Los hebreos dieron un sentido histórico a la fiesta al conectarla a los acontecimientos de la salida de Egipto, de modo que las cabañas agrícolas se convirtieron en símbolo de las tiendas en las que el pueblo habitó durante su estancia nómada en el desierto (Lv. 23:41-43; Dt. 16: 13-16).
Evidentemente Cristo y sus discípulos participaron en las fiestas del séptimo mes o fiesta de los Tabernáculos, aunque en los Evangelios no hay una referencia explícita a la fiesta en cuestión. En el relato de la entrada de Cristo en Jerusalén (Mt. 21), muchos elementos hallan suficiente explicación en el contexto de la fiesta del séptimo mes. El cortejo que acompaña a Jesús canta el Salmo 118, el salmo tradicional de la fiesta de los Tabernáculos, como lo indica su propio título (Mt. 21:9). San Lucas menciona en especial el «clamor» con que se interpreta este canto, alusión a los clamores de la fiesta de las Trompetas, conexa con la fiesta de los Tabernáculos (Lc. 19:37). Para acompañar al que consideran como el Mesías esperado, los judíos cortan ramas (Mt. 21:8), acción que cumple las prescripciones previstas por la Ley para la fiesta de los Tabernáculos.

Tabita. Mujer cristiana de Jope, también llamada por su equivalente gr. Dorcas («gacela»), de quien se dice que «estaba llena de buenas obras y de actos de misericordia que hacía». Mientras Pedro se encontraba en la ciudad vecina de Lida, Tabita enfermó y murió, pero fue devuelta a la vida mediante las oraciones de Pedro (Hch. 9:36-42).

Tabla de las Naciones. Recibe este nombre la lista de Gn. 10 en la que se da la relación de la descendencia de los tres hijos de Noé, 71 pueblos en total. En primer lugar se da la descendencia de Jafet (Gn. 10:2-5), después la de Cam (Gn. 10:6-19), y por último la de Sem (Gn. 10:22-29). En ella el parentesco no está determinado solamente por la raza, sino también por el comercio, la política, la lengua y la cultura. Ésta es la razón porque Canaán no está citado entre los descendientes de Sem, sino con los descendientes de Cam, porque la política de Canaán estaba unida a la de Egipto, que descendía de Cam. El propósito de la lista es enseñar que, de todos los pueblos del mundo en los cuales pensaba el autor, entre el mar Negro y Etiopía, entre Persia y Grecia, Dios tenía la intención de escoger solamente uno para hacer de él su pueblo especial.

Tabor (heb. «cantera»). Monte situado al noreste de la llanura de Jezreel, en Galilea, en la frontera de Zabulón y Neftalí, a 10 km al este de Nazaret, en el extremo nordeste de la llanura de Esdrelón, a 562 m sobre el nivel del mar Mediterráneo. La profetisa Débora congregó en secreto a 10.000 israelitas al mando de Barac en las proximidades de este monte, quienes luego arremetieron contra el ejército de Sisara, obligándolo a huir (Jue. 4:1-5:19). Una vieja tradición sitúa allí la transfiguración de Jesús (Mt. 17:1-9).

Tadeo. Sobrenombre de Judas, no el Iscariote; uno de los doce apóstoles, también llamado Lebeo (Mt. 10:3; Mc. 3:18). En Lucas no se encuentra ninguno de los dos nombres, pero sí en su lugar «Judas (hijo) de Santiago» (Lc. 6:15; Hch. 1:13).

Tadmor. Ciudad construida en el desierto por Salomón (2 Cro. 8:4). Josefo afirma que era la misma que los griegos llamaban Palmira (*Ant.* 8, 6, 1), y que había sido construida tan lejos porque era allí donde había fuentes de agua, totalmente ausente en el resto de la región. Se hallaba situada a mitad de camino entre Damasco y Tifsa o Tapsacus sobre el Eufrates. Conserva el nombre de Tadmur, en la moderna Siria, a unos 215 km al noreste de Damasco. Bajo el nombre de Tadmor aparece en una tablilla cuneiforme de Capadocia del principio del segundo milenio a.C. y en dos cartas cuneiformes de Mari del siglo XVIII a.C.

Tafnes. Ciudad de Egipto de considerable importancia en tiempos de los profetas Jeremías y Ezequiel. Los judíos se refugiaron en ella después del asesinato de Gedalías, para así escapar a las represalias de los babilonios (Jer. 43:7-9; 44:1; 46:14). Ha sido identificada con la actual Tell Dafna, al este del Delta del Nilo, la Dafne de los griegos.

Talento. Unidad máxima de los pesos hebreos, usada para metales. A juzgar por sus fracciones hay que pensar que, como la mina, su peso oscilaba en los diversos pueblos y aun dentro de la misma Palestina. El talento judío equivalía a 3.000 siclos del santuario (p. ej. Éx. 30:13, alrededor de 34 kg). En tiempos del NT el talento no era un peso de plata, sino el talento romano-ático, que equivalía a 6.000 denarios o dracmas.

Talión, Ley del. Nombre con el que se conoce la ley que prescribe el «ojo por ojo diente por diente» (Éx. 21:24; Lv. 24:20; Dt. 19:21), interpretada vulgarmente como una bárbara ley de venganza, cuando de lo que trata es precisamente de todo lo contrario, de regular la venganza oponiendo un muro a la incontrolada pasión humana, de modo que pueda prevalecer la justicia en justa proporción. En su tiempo fue un auténtico avance jurídico en la regulación de conflictos, ya que no dejaba éstos a merced del arreglo de cuentas anárquico e indiscriminado de cada clan o familia. Esta ley constituía un intento de proteger al criminal contra una venganza desproporcionada en relación con la culpa cometida, una garantía para la convivencia al evitar que la parte ofendida, al tomarse la justicia por su mano, incurriera en males peores llevada por el espíritu de desquite.

Talita Cumi. Frase aram. conservada por el Evangelio de Marcos en el relato de la resurrección de la hija de Jairo (Mc. 5:41). Significa «niña, levántate».

Talmud. Vasta recopilación de tradiciones judías relativas al AT, y a todas las ramas de la vida civil, moral, filosófica, jurídica, médica y religiosa. Es la obra principal del judaísmo religioso. Su antigüedad se remonta a Esdras (hacia el 450 a.C.) hasta mediados del siglo VI d.C. Consta de un código de leyes, denominado Misná, y de un comentario sobre éste, llamado Guemará. El material del Talmud relativo a las decisiones de los sabios acerca de las cuestiones legales en disputa se conoce como Halaká; las leyendas, anécdotas y recopilaciones históricas, éticas y didácticas, utilizadas para ilustrar la ley tradicional, reciben el nombre de Hagadá.

Existen dos versiones, el Talmud palestino, llamado Talmud de Jerusalén, que fue acabado en el siglo V d.C., y el Talmud de Babilonia, que es el que tiene la mayor autoridad entre los judíos, fue acabado definitivamente hacia el año 500 d.C. En el Talmud palestino el texto del Misná es tomado oración por oración, y explicado con creciente profundidad casuística. El babilónico desarrolló la interpretación de la Ley en todas las direcciones, lo que explica su mayor significación para el judaísmo que el palestino. En su conjunto, el Talmud adolece de falta de método y estructura ordenada, más que un libro es un compendio de materiales y apuntes extensos e inconexos de las reuniones académicas, en que se hablaba de todo y se discutía todo, contraponiendo textos, principios y decisiones. Es una peculiar labor hermenéutica que obliga al desarrollo de las facultades de análisis, razonamiento y crítica. Está basada en un sistema de preguntas y respuestas, con sus consiguientes objeciones y conclusiones, muy semejante al sistema educativo de la escolástica. Los sabios del Talmud prácticamente no dejan nada sin preguntar. Cuando consideran que la Misná se contradice intentan entender la diferencia existente entre ellas. Muchas veces se utilizan otras fuentes de los sabios, por ejemplo, la Toseftá y la Baraitá. Al Talmud le corresponde en gran medida el mérito de haber mantenido durante siglos la identidad judía a pesar de la dispersión entre poblaciones de religión distinta. Es como el código universal del pueblo hebreo en la diáspora después de la Biblia judía.

Tamar (heb. «palma»). Nombre de tres mujeres del AT.

1. Nuera de Judá, casada primero con Er, primogénito de Judá, y posteriormente con su hermano Onán, muertos ambos sin sucesión (Gn. 38:6-10). Su historia revela la ansiedad de Judá por mantener su linaje. La familia parecía destinada a extinguirse. Tamar, decidida a tener descendencia, aprovechó una coyuntura favorable y consiguió ser fecundada por su suegro, sin que éste lo supiera. De esta unión nacieron dos hijos, Fares y Zara (Gn. 38:6-30). Tamar se halla en la línea genealógica del rey David y del Señor Jesús (Rt. 4:12, 18-22; Mt. 1:3; cf. Lc. 3:33).
2. Hija de David y Maaca, hermana de Absalón y medio hermana de Amnón, que abusó de ella. Posteriormente Amnón la abandonó, lo que motivó la venganza de Absalón (2 Sam. 13:1-32; 1 Cro. 3:9).
3. Hija de Absalón, a quien se le puso este nombre prob. en memoria de su hermosa tía, cuya belleza heredaría (2 Sam. 14:7). Es la única superviviente de la casa de Absalón.

Tamuz. Palabra heb. correspondiente al babilonio *Tammúzu*, deidad siria de origen sumerio, donde recibe el nombre de Dumuzi, significa «el hijo verdadero», considerado el dios de la vegetación, que muere y renace, y como protector de la agricultura. Tamuz era representado como muriendo cada año, en otoño, cuando partía a los infiernos, donde era encontrado por Estar. Renacía en primavera, durante las crecidas que vivificaban la vegetación, y con él la fertilidad de la tierra. Recibía culto en Babilonia, Asiria, Fenicia y Palestina. En un famoso poema babilónico de origen sumerio se identifica con un apuesto joven pastor que fue despedazado por un jabalí. La diosa Inana-Istar, enamorada de él, bajó a buscarle a los infiernos y le resucitó. Este poema era recitado en el cuarto mes del año babilónico, por lo cual los judíos exiliados allí llegaron a nombrar Tamuz a ese mes (junio-julio). El culto a Tamuz se hacía mediante períodos de lamentaciones alternados con fiestas para significar el ciclo de renovación de la naturaleza. La costumbre fue asimilada por la población en Israel, pues el profeta Ezequiel tuvo una visión acerca de unas mujeres sentadas a la puerta septentrional del Templo, lloraban la muerte de este dios (Ez. 8:14).

Tanak. Acrónimo utilizado por los escritores judíos para referirse a la Biblia hebrea, formado por las iniciales de las tres divisiones del canon hebreo de la Sagrada Escritura: *Torá* o Ley, o sea el Pentateuco, o «cinco libros de Moisés»; *Nebiim* o Profetas, divididos en «primeros profetas», a saber, Josué, Jueces, Samuel, Reyes; y «últimos profetas», es decir, Isaías, Jeremías, Ezequiel y los Doce (llamados «menores» —por su extensión literaria: Oseas, Joel, Amós, Abdías, Jonás, Miqueas, Nahum, Habacuc, Sofonías, Hageo, Zacarías y Malaquías— en el canon cristiano); y *Ketubiim* o Escritos: Salmos, Job, Proverbios, Cantar de los Cantares, Eclesiastés, Lamentaciones, Ester, Daniel, Esdras y Nehemías y Crónicas.

Tanis. Antigua ciudad egipcia que en en heb. recibe el nombre de Zoán. En el libro de Números se dice que «Hebrón fue edificada siete años antes que Tanis en Egipto» (Nm. 13:22). No sabemos cuándo fue edificada Hebrón, es probable que la «edificación» de Tanis en el texto mencionada haga referencia a una «reconstrucción», pues Tanis parece ser una de las más antiguas del Delta, existiendo ya en la VI dinastía. La ciudad, próspera en la dinastía XII, fue convertida por los hicsos en su capital con el nombre de Avaris. El nombre por el que es conocida, Tanis, es relativamente reciente, lo que confirmaría la hipótesis de una reconstrucción.

Tara (heb. «errante»). Uno de los lugares donde los israelitas acamparon durante su peregrinación por el desierto, situado entre Tahat y Mitca (Nm. 33:27); quizá en el gran Wady el-Jerafeh, frente al monte Hor.

Tarde. Según la Ley de Moisés el día se cuenta de noche a noche, y se divide en seis partes desiguales: 1) Amanecer o alba. 2) Mañana. 3) Calor del día, desde las nueve de la mañana (Gn. 18:1; 1 Sam. 11:11). 4) Mediodía. 5) Fresco del día, lit. «viento del día», ya que en los países orientales es cuando el viento comienza a soplar por regla general unas pocas horas antes del anochecer, y continúa hasta la noche. 6) Noche. Para griegos y romanos la tarde es la «segunda mitad del día» (Lc. 24:29 y Hch. 4:3; 28:23).

Taré (heb. «rebeco», «cabra montés»). Padre de Abraham, Harán y Nacor (Gn. 11:24-27). Vivía en Ur de los caldeos, hasta que abandonó la ciudad con sus hijos y demás parientes. Siguió a Abraham y Lot en su peregrinación hacia Canaán, y murió en Harán a la edad de 205 años (Gn. 11:28-32). Se le enumera entre los antepasados de Jesús con el nombre de Tara (Lc. 3:34). La Escritura apenas si dice nada de él, el libro de Josué dice que estaba dado a la idolatría (Jos. 24:2). La tradición judía tiene un relato sobre conversión del padre de los creyentes.

Targum (heb. «traducción», «interpretación»). Nombre de las traducciones arameas del AT o Biblia hebrea. A excepción de Daniel y Esdras-Nehemías, que ya estaban escritos en parte en arameo, estas versiones son realmente traducciones parafraseadas de los textos bíblicos, con cortas explicaciones intercaladas. Tuvieron su origen en Palestina durante los primeros siglos de nuestra era, en el contexto de las necesidades del culto de la sinagoga, cuando ya muy pocos judíos comprendían el hebreo, que dejó de ser la lengua hablada por el pueblo judío de Palestina a raíz del cautiverio babilónico, sustituido por el arameo. Era necesario traducir oralmente la Torá al arameo, dando además explicaciones a los lectores o a los oyentes ignorantes de la geografía, de la historia y de ciertas costumbres judías de la antigüedad. La traducción al arameo no representaba ningún problema grave, habiendo sido la lengua de los patriarcas antes de su entrada en Canaán, y hallándose empleada aquí y allá en el Pentateuco (Gn. 31:47: dos palabras), en los Profetas (Jer. 10:11), en Esdras (Esd. 4:7-6:18; 7:12-26) y en Daniel (Dn. 2:4b-7:28). Más tarde, estas traducciones orales y explicaciones quedarían cristalizadas por escrito, junto con ampliaciones legendarias en muchos casos. Se conocen once *Targumim*, de los cuales el más antiguo es el de Onquelos, una traducción casi literal del Pentateuco. El *Targum* de Jonatán es el más preciso, incluye los profetas y los libros históricos.

Tarsis. Pueblo surgido de Javán, según la Tabla de las Naciones (Gn. 10:4) y topónimo de un lugar citado con relativa frecuencia en el AT, ya como topónimo ya como complemento: en «naves de Tarsis» (2

Cro. 9:21; cf. 1 R. 10:22). Las citas más antiguas corresponden a la época de Salomón, cuando se habla de la flota de barcos de este monarca (1 R. 10:22). A juzgar por el uso de naves de gran calado, se trata de una región lejana a la que se llegaba por mar en barcos capaces de largas travesías. Jonás se embarcó en Jope para llegar a Tarsis (Jon. 1:3), en el punto más opuesto a Nínive, y por tanto en occidente (cf. Is. 66:19). De Tarsis se importaba plata batida a hojas y láminas (Jer. 10:9), hierro, estaño, plomo (Éx. 27:12).

Muchos han identificado Tarsis con la mítica Tartessos, en el sur de España, no lejos de Gibraltar. Se sabe que los fenicios, atraídos por las riquezas mineras de la región, fundaron allí una colonia. De hecho, la ciudad de Tiro estableció no menos de trescientas colonias en las costas de África y unas doscientas en el sur de España (Estrabón, *Geografía*, 2, 82).

Tarso. Capital de la provincia romana de Cilicia, en Asia Menor. Ciudad de gran antigüedad, es mencionada en los registros hititas del segundo milenio a.C. Fue destruida durante las invasiones de los «pueblos del mar» alrededor del año 1.200 a.C., pero tiempo después fue fundada de nuevo por colonizadores griegos. En el año 54 a.C. fue anexionada al Imperio romano y convertida en residencia del gobernador romano de la nueva provincia de Cilicia oriental. Marco Antonio otorgó a Tarso los privilegios de ciudad libre y la eximió de impuestos. La moneda de Tarso llevaba orgullosa la acuñación: «Metrópoli libre». El mismo apóstol Pablo se sentía orgulloso de ella y la llama: «Ciudad no ciertamente sin prestigio» (Hch. 21:39).

Era una ciudad próspera, de mucha actividad cosmopolita, cruce de importantes rutas comerciales. Era célebre por sus escuelas filosóficas. Jóvenes estudiantes acudían atraídos por la fama de los pensadores de Tarso, como Crisipo, Néstor, que será el preceptor de Cicerón, Atenodoro y sobre todo Hermógenes, maestro de retórica. Los judíos residían en Cilicia desde el día que pasaron a forma parte del reino de Siria (cf. 1 Mac. 11:14; 2 Mac. 4:36; Jdt. 1:7, 12; 2:21, 25). El apóstol Pablo nació en Tarso (Hch. 21:39; 22:3) y volvió a visitarla después de su conversión (Hch. 9:30; 11:25). Por parte de padre, Pablo era ciudadano romano, y aunque fue instruido en la Ley, estaría al tanto de las principales corrientes filosóficas del mundo de su tiempo que circulaban ampliamente en la ciudad. Por lo que sabemos de su actividad comercial, es probable que Pablo procediese de una familia de fabricantes de tiendas, cuya materia prima sería el lino que crecía en la planicie fértil alrededor de la ciudad, y también una tela tejida de pelo de cabra que protegía del frío y la humedad.

Tartac. Divinidad pagana a la que los colonos aveos erigieron un santuario en Samaria, después de la expatriación de los israelitas por los asirios (2 R. 17:31). No se sabe con exactitud en qué consistía su culto. Algunos eruditos sugieren que era una diosa con cuerpo de pez, conocida por los sirios como Atargatis, consorte de Dagón. Según la tradición rabínica Tartac era venerada bajo la forma de un asno.

Tártaro, nombre griego para el «abismo» más profundo del Hades. Sólo se menciona una vez en el NT (2 P. 2:4; cf. Jud. 1:6). El tártaro, en la cultura griega antigua, era un lugar de tinieblas y tormento en la parte baja de la Tierra, que el autor neotestamentario tomó como sinónimo de *gehenna*, ya que el tártaro no pertenece al sistema de creencias del judaísmo, propio de su autor, pero no así de sus destinatarios de mentalidad helénica.

Tatnai. *Pasha* o gobernador persa de la satrapía o provincia de Más Allá del Río, que se opuso a la reconstrucción del Templo por parte de los judíos que regresaron del exilio babilónico (Esd. 5:3; 6:6); tuvo que ceder en su actitud por orden de Darío (Esd. 6:13).

Tebas. Ciudad principal del Ato Egipto, llamada por los egipcios «ciudad de Amón», tal como aparece mencionada en el AT (Jer. 46:25; Ez. 30:14, 15, 16; Nah. 3:8). Tebas fue el centro de la civilización egipcia hasta el momento en el que dos invasiones azotaron la ciudad. Primero Esar-hadón, rey de Asiria (671 a.C.); después Assurbanipal, su hijo y sucesor (667 d.C.), que saqueó la ciudad después de derrotar a las tropas del faraón Tirkana (Nah. 3:8). A pesar de este desastre, la ciudad retuvo durante mucho tiempo su importancia. Las ruinas de Tebas se hallan, innegablemente, entre las más notables del valle del Nilo. El templo de Karnak es una maravilla, y su arquitectura representa un prodigio de capacidad mecánica.

Tebes (heb. «esplendor»). Ciudad de Samaria cercana a Siquem, donde murió Abimelec, hijo de Gedeón, a consecuencia de una rueda de molino que una mujer arrojó sobre él (Jue. 9:50-55; 2 Sam. 11:21). Se identifica con el actual Tûbãs, a 16 km al noreste de Nablus, sobre el camino de Bet-seán.

Tebet. Mes décimo en el calendario sagrado hebreo, de origen mesopotámico, que corresponde a parte de los actuales diciembre-enero. En ese mes fue llevada Ester al rey Asuero por primera vez (Est. 2:16). Los judíos expatriados en Babilonia acostumbraban celebrar un ayuno especial en ese mes que comenzaba el día diez, conmemorando la fecha del inicio del ataque de Nabucodonosor a Jerusalén (2 R. 25:1; Zac. 8:19).

Tecoa (heb. «sonar [la alarma]»). Ciudad en las montañas de Judá (1 Cro. 2:24; 4:5) en medio del desierto que lleva su nombre, no lejos de En-gadi (2 Cro. 20:20). Se alza en una colina unos 8 km al sur de Belén, donde seguramente la fundó Azur, que es llamado «padre de Tecoa» (1 Cro. 2:24). Roboam la fortificó en vistas a la defensa de Jerusalén (2 Cro. 11:6). Es el lugar de origen de la mujer sabia enviada por Joab a David con el fin de conseguir el perdón de Absalón (2 Sam. 14:1-9). Patria de Iques, uno de los treinta héroes de David (2 Sam. 23:26), y del profeta pastor Amós (Am. 1:1). En la época de Nehemías, después del retorno de la cautividad, los pobres de esta ciudad ayudaron a reconstruir las murallas de Jerusalén, en tanto que los más importantes se mostraron indiferentes (Neh. 3:5, 27). El nombre ha persistido en el de Takû'a, pueblo que se halla a unos 9 km al sur de Belén.

Tell. Término árabe que designa los montículos formados de estratos de ruinas superpuestos uno sobre el otro hasta el punto de formar una colina artifical. Son muy abundantes en Oriente Medio, resultado de repetidas destrucciones y reconstrucciones de ciudades a lo largo de la atormentada historia de la zona. Las ruinas visibles y sin mucha profundidad reciben, en cambio, el nombre de Khirbet.

Tema (heb. «desierto»). Hijo noveno de Ismael (Gn. 25:15; 1 Cro. 1:30), cuya descendencia formó una tribu árabe asentada en la región a la que dieron nombre (Job 6:19; Is. 21:13,14; Jer. 25:23). Se encontraba en la Arabia septentrional, identificada con la actual Teyma árabe, a mitad de camino entre Damasco y La Meca, un oasis en Arabia Saudita, a unos 360 km al nordeste de Medina, en una ruta caravanera muy importante, donde se ha descubierto una estela de carácter legal, que cita muchos nombres de poblaciones (siglos VI-V a.C.).

Temán (heb. «sur», «derecha»). Nieto de Esaú, hijo de Elifaz (Gn. 36:11). Se cuenta entre los jefes o «príncipes» de los edomitas (v. 15). Es el epónimo del lugar donde se establecieron sus descendientes, situado al noreste de Edom (Gn. 36:11, 15, 34; Jer. 49:20; Am. 1:12; Ez. 25:13). Los temanitas tenían reputación de sabiduría (Jer. 49:7). Elifaz, el amigo de Job, pertenecía a ellos (Job 2:11, cf. Jer. 49:7).

Temor de Dios. Aparece en la Escritura a raíz de la desobediencia de Adán (Gn. 3:10). Acompaña las manifestaciones de Dios al hombre y es parte indispensable de la sabiduría (cf. Job 28:8; Sal. 19:9; Prov. 1:7; Ec. 12:13; Eclo. 1:11-39), en el sentido de preventivo y salvaguarda contra la transgresión (cf. Éx. 1:17; Dt. 6:2; Prov. 3:7; 14:2). Este temor no excluye la confianza y gozo en Dios y su Ley, basta leer los Salmos para descubrir estos sentimientos. Dios mismo pide a su pueblo la obediencia en amor (Dt. 6:5), del que el temor es su guardián, hasta la manifestación de la adopción de los creyentes como hijos de Dios (cf. Gál. 3:24). Jesucristo puso el acento en el amor a Dios (Mt. 22:37-38), ya previsto en la Ley (Dt. 6:5), pero ahondado en el Evangelio al mostrar la paternidad de Dios y la adopción filial de los creyentes, por el que el apóstol Pablo puede decir: «No habéis recibido el espíritu de siervos para recaer en el temor; antes habéis recibido el espíritu de adopción de hijos por el que clamamos Abba Padre» (Ro. 8:15; cf. 1 Jn. 3:2; 2 P. 1:4). El amor filial aleja todo temor servil (1 Jn. 4:18).

Templo. En sus orígenes nómadas, Israel tenía el santuario portátil conocido por Tabernáculo. Cuando David se propuso unificar todas las tribus en un proyecto nacional, intentó construir un templo para Dios en Jerusalén, y reunió la mayor parte de los materiales necesarios para este fin (2 Sam. 7; 1 R. 5:3-5; 8:17; 1 Cro. 22; 28:11-29:9), llegando a alcanzar la suma de cien mil talentos de oro, un millón de talentos de plata (1 Cro. 22:14), a la cual añadió tres mil talentos de oro y siete mil de plata de su propia fortuna. Los príncipes aportaron cinco mil talentos de oro, diez mil dáricos de oro, y diez mil talentos de plata (1 Cro. 29:4, 7). Pero no fue él, sino su hijo y sucesor Salomón, quien comenzó a edificarlo en el cuarto año de su reinado, empresa que le llevó siete años y seis meses (1 R. 6:1, 38). Hirán, rey de Tiro, facilitó las maderas del Líbano y artesanos fenicios. El Templo fue erigido sobre la colina de Moria, en la era de Ornán el jebuseo (2 Cro. 3:1). Sus muros eran de piedras talladas en la cantera (1 R. 6:7); la techumbre de cedro (1 R. 6:9); el suelo de planchas de madera de ciprés, y las paredes recubiertas de cedro (1 R. 6:15; 2 Cro. 3:5). Todo el interior estaba recubierto de oro (1 R. 6:20, 22, 30; 2 Cro. 3:7, etc.). Sobre las paredes se esculpieron querubines, palmeras y flores. El Lugar Santísimo (*debir*) era un cubo de veinte codos de arista (1 R. 6:16,20). En su interior se hallaba el Arca de la Alianza (1 R. 8:6), bajo las alas de dos gigantescos querubines (alrededor de cinco metros) hechos de madera de olivo y recubiertos de oro. Cada uno contemplaba el arca a modo de protección (1 R. 6:23-28; 2 Cro. 3:10-13). Un tabique de madera de cedro, recubierto de oro por los dos lados, separaba el lugar santo (*hekal*) del Lugar Santísimo (*debir*), comunicados por una cortina de púrpura y oro (1 R. 6:16-32; 2 Cro. 3:14).

El Templo tenía dos atrios, el interior elevado, reservado a los sacerdotes y el gran patio exterior (2 R. 23:12; 2 Cro. 4:9; Jer. 36:10). Los dos atrios estaban separados por la misma diferencia de nivel entre ellos, y por un muro bajo, hecho de tres hileras de piedras labradas y de una hilera de vigas de cedro (1 R. 6:36; 7:12). El altar de bronce, para los holocaustos, se hallaba en el atrio de los sacerdotes (1 R. 8:64; 2 R. 16:14; 2 Cro. 15:8). También en este atrio interior estaba el mar de bronce y había además diez fuentes de bronce (1 R. 7:23-39). El «mar de bronce» servía para las abluciones de los sacerdotes, las fuentes estaban destinadas para lavar los objetos empleados en los sacrificios (2 Cro. 4:6). El pueblo se quedaba en el gran atrio exterior (cf. 1 R. 8:14), pavimentado (2 Cro. 7:3) y rodeado de un muro con numerosas puertas (2 Cro. 4:9, cf. Ez. 40:5). En el año 586 a.C. Nabucodonosor arrasó Israel, saqueó e incendió el Templo y deportó a los habitantes de Jerusalén a Mesopotamia (2 R. 25:8-17).

Sesenta años después Zorobabel con el beneplácito del rey persa Ciro reconstruyó el Templo (Esd. 6:3). No se hace mención de la longitud. Comenzado en el año 537 a.C., el segundo año después del retorno del exilio, fue acabado en el año 515, en el año sexto de Darío, a pesar de la oposición de los samaritanos (Esd. 3:8; 6:15). El nuevo edificio seguía las líneas básicas del Templo de Salomón, pero sin su esplendor (Esd. 3:12). Como en el pasado, se dividía en Lugar Santísimo y lugar santo, indudablemente separados por un velo (1 Mac. 1:21, 22; 4:48, 51). Sin embargo, el Lugar Santísimo estaba vacío, por cuanto el arca había desaparecido.

A Herodes el Grande se debe el tercel templo judío, que sobrepasó en belleza y grandiosidad al anterior. Los trabajos comenzaron el año decimoctavo del reinado de Herodes (20-19 a.C). El edificio no fue acabado hasta la época del procurador Albino (62-64 d.C.). La parte principal, hecha de bloques de piedra blanca, tenía la misma longitud y anchura que en la época de Salomón, pero la altura era de cuarenta codos, en lugar de treinta, sin contar una sala superior. El edificio contenía un Lugar Santísimo y un Lugar santo, análogo a las etapas anteriores. Un velo separaba el Lugar santo del Santísimo, que estaba vacío (Josefo, *Guerras* 5, 5, 5). Había el atrio de los sacerdotes y un gran atrio que rodeaba a éste, dos veces más grande que el del antiguo templo. La parte occidental de este gran atrio, que estaba separado por un muro de la parte oriental, constituía el atrio de Israel, donde sólo podían entrar los varones. La parte oriental, el atrio de las mujeres, ocupaba un plano inferior. Del atrio de los hombres se abría una gran puerta en el centro del muro, y quince escalones llevaban al atrio de las mujeres, totalmente prohibido a los extranjeros. Unas murallas separaban este atrio del atrio exterior, llamado también atrio de los gentiles, que estaba rodeado de magníficos pórticos. Había inscripciones mediante las que se prohibía a los gentiles, bajo pena de muerte, entrar en los otros atrios. Durante el asedio de Jerusalén por parte de los romanos, en el año 70 d.C., los judíos incendiaron una parte del pórtico que comunicaba con la Torre Antonia. A pesar de la prohibición de Tito, que quería salvar el Templo, un soldado romano le prendió fuego. A continuación los romanos demolieron sus murallas. Sesenta y dos años más tarde, el emperador Adriano erigió un santuario a Júpiter Capitolino sobre la explanada del Templo.

Tendón. Mencionado en la frase «por eso los hijos de Israel no comen hasta el día de hoy el tendón del muslo, que está en el encaje de la cadera, porque tocó a Jacob en el encaje de la cadera, en el tendón del muslo» (Gn. 32:32). El muslo era considerado como el asiento de la fuerza de la persona, al ser herido Jacob en el tendón femoral quedó cojo y se hizo tradición no comer esa parte del muslo de ningún animal en recuerdo de ese hecho. Todavía hoy los judíos extraen con mucho cuidado este tendón. Y si no hay alguien que pueda hacerlo, prefieren no comer las extremidades posteriores de los animales.

Tentación. En las Escrituras se presentan tres caracteres diferentes de tentación:

1) *La tentación como prueba*. P. ej. cuando «Dios tentó a Abraham» al ordenarle que le ofreciera a Isaac (Gn. 22:1). Con ello, puso su fe a prueba (cf. He. 11:17); se trata de pruebas con el objeto de purificar la vida de los creyentes (cf. Sal. 66:10; Is. 48:10; 1P. 1:7).
2) *La tentación como provocación*. P. ej., cuando israelitas exigieron a Dios comida a su gusto (Sal. 78:18). En ocasiones semejantes pusieron a Dios a prueba, pero en realidad eran ellos mismos los que estaban siendo probados por Él (cf. Sal. 95:9 con Dt. 8:2 y 33:8). Jesucristo rehusó poner a Dios a prueba cuando fue tentado por Satanás para que se arrojara al vacío a fin de que los ángeles lo preservaran (Mt. 4:5-7, etc.). El pecado de Ananías y Safira fue tentar al Espíritu del Señor (Hch. 5:9).
3) *La tentación como incitación al mal*. Esta tentación asalta al hombre desde el interior, «cuando de su propia concupiscencia es atraído y seducido» (Stg. 1:14). Dios nunca tienta a pecar (Stg. 1:13), pero sí Satanás, el Tentador por excelencia, quien constantemente busca empujar al hombre al mal (Mt. 4:3; 1 Co. 7:5; 2 Co. 11:3; 1 Ts. 3:5);

también el mundo despliega sus atracciones, intentando alejar al creyente de Dios (1 Jn. 2:15-17). Jesucristo fue tentado en todo igual que cualquier ser humano, pero sin pecado (He. 4:15).

Teocracia (gr. «gobierno de Dios»). Término acuñado por Josefo para definir el gobierno instituido en el Sinaí, mediante el cual Dios era reconocido como el legislador supremo: «Nuestro legislador... ordenó que nuestro gobierno fuera lo que designaré por el expresivo término de teocracia: Dios ejerciendo la autoridad» (*Contra Apión* 2, 17).

Teodoción. Según la tradición, griego convertido al judaísmo. Revisó el texto de los Setenta según los textos hebreos hacia el año 150 a.C.

Teofanía. Nombre dado a las apariciones de la Deidad. En el AT, Dios se manifiesta a los patriarcas de una manera intermitente. Desde el éxodo, estas manifestaciones pasajeras fueron reemplazadas principalmente por la presencia permanente de Dios, la «Shekiná» que residía entre los querubines, primero en el Tabernáculo y después en el Templo. La teofanía por excelencia se da en la persona de Jesús, encarnación del Logos eterno, manifestado en carne humana.

Teófilo (gr. «amado de Dios»). Cristiano a quien Lucas dirigió y dedicó su Evangelio (Lc. 1:3) y los Hechos (Hch. 1:1). Probablemente era un personaje importante, pues el título que se le da se usaba también para los procuradores y gobernadores. No se sabe qué tipo de relación existía entre Lucas y Teófilo.

Terafín. Nombre hebreo de ídolos domésticos de la época patriarcal. Raquel se llevó los *terafim* de su padre Labán sin saberlo Jacob (Gn. 31:19-34). Después de la matanza de Siquem, el patriarca hizo eliminar todos los dioses extraños que tenían los miembros de su clan, y los enterró (Gn. 35:2-4). En la época de los Jueces, un hombre llamado Micaía poseía un santuario privado con sacerdote, efod y terafín (Jue. 17:5). Unos hombres de la tribu de Dan los tomaron para su propio uso (Jue. 18:20). Samuel asimiló el culto a los terafines con la hechicería (1 Sam. 15:23). Mical, esposa de David, parece que lo practicaba (1 Sam. 19:13). También lo practicaban los israelitas del reino del norte (Os. 3:4). El rey Josías destruyó los terafines y los otros ídolos (2 R. 23:24). Después del exilio, había israelitas que aún consultaban a los terafines (Zac. 10:2). Por los textos de Nuzi sabemos que la posesión de estos ídolos revestía una gran importancia, a modo de amuletos de buena suerte, que podían llevar la felicidad y prosperidad a sus poseedores. Constituían un título de herencia; probablemente ésta es la razón por la cual los robó Raquel (Gn. 31:19).

Tercio (gr. «tercero»). Cristiano a quien Pablo dictó la Epístola a los Romanos (Ro. 16:22). A juzgar por las circunstancias y frecuencia del nombre entre los romanos se puede decir que era romano y conocido por los destinatarios de la carta paulina, a quienes él saluda.

Terremoto (heb. «vibración», «rugido»). Los temblores de tierra son bien conocidos en Palestina. En los lugares donde las sacudidas son más violentas, las colinas tiemblan (Jer. 4:24); se conmueven los mismos cimientos de la tierra (Sal. 18:7); aparecen grietas en la corteza de la tierra (Zac. 14:4, 5); se abren y cierran hendiduras en las que uno puede caer (Nm. 16:31-33); las casas se agrietan y derrumban sobre sus moradores; si el mar está cercano, abandona en ocasiones su lecho, precipitándose sobre la tierra en una enorme ola de aguaje que abate y destruye todo lo que halla a su paso. En la época de Uzías y de Jeroboam II, Judea sufrió un terrible terremoto (Am. 1:1; Zac. 14:5). En el año séptimo de Herodes el Grande hubo otro gran seísmo que causó la muerte de más de diez mil personas y de muchísimo ganado (*Ant.* 15, 5, 2). Un terremoto, acompañado de tinieblas, marcó la muerte de Cristo (Mt. 27:45, 51, 54), y otra sacudida similar señaló su resurrección (Mt. 28:2). Un terremoto tuvo lugar en Macedonia mientras Pablo y Silas estaban en la cárcel de Filipos (Hch. 16:26). Se anuncia un recrudecimiento de terremotos entre las señales del retorno de Cristo (Mt. 24:7; Lc. 21:11; cf. Ap. 6:12; 11:13; 16:18).

Tértulo. Forma diminutiva del nombre romano Tercio. Orador romano contratado por los judíos para acusar a Pablo ante el tribunal de Félix, gobernador romano residente en Cesarea (Hch. 24:1-8).

Tesalónica. Importante ciudad comercial de Macedonia situada sobre el golfo que en la antigüedad se llamaba Termaico, y en la actualidad golfo de Salónica. Pablo predicó en la sinagoga de la ciudad en su segundo viaje misionero, hacia el año 49. La acompañaban Timoteo y Silvano. Los convertidos formaron una iglesia (Hch. 17:1-13; cf. Flp. 4:16) a la que el apóstol dirigió dos cartas. Aristarco y Segundo, compañeros de Pablo eran tesalonicenses (Hch. 20:4; 27:2). En la actualidad la ciudad se llama Salónica aunque oficialmente se le ha devuelto el nombre de Tesalónica.

Tesalonicenses, 1 y 2 Carta. Dos de las primeras cartas escritas por Pablo el año 50 ó 51 d.C. desde Corinto, acompañado por Silvano (Silas) y Timoteo (2 Ts. 1:1). Son de los documentos más antiguos del NT. En ellas el apóstol rinde homenaje al fervor, paciencia e influencia de los cristianos en Tesalónica y manifiesta su alegría y agradecimiento (1 Ts. 1). Como fue común en los primeros tiempos del cristianismo, los creyentes de Tesalónica aguardaban con viva esperanza el pronto retorno de Cristo, hasta el punto de que algunos habían descuidado el trabajo cotidiano, posiblemente con el argumento de que, si el Señor iba a venir pronto, no valía la pena llevar a cabo los deberes habituales para la subsistencia. Por otra parte, algunos cristianos habían muerto, lo que les causaba perplejidad, pues temían que éstos no tuvieran parte ya en el glorioso reinado que Cristo iba a establecer en su venida. Mediante las imágenes de su tiempo Pablo traza un cuadro de la venida de Cristo, la resurrección de los muertos y del juicio universal (1 Ts. 3:13). Consuela a sus destinatarios que todos, los que partieron y los que quedan, estarán para siempre con el Señor (1 Ts. 4:17). El que ha sido aprehendido por Cristo y ha aprehendido por su parte a Cristo, nunca es abandonado por su amor. Él es poderoso y fiel para llevar a la vida aun a través de la muerte. Cuando el Señor vuelva, los creyentes ya muertos resucitarán en primer lugar; los creyentes vivientes serán luego transformados, y todos juntos serán arrebatados al encuentro del Señor en el aire (1 Ts. 4:13, 18; cf. 1 Co. 15:51-53). La certeza de la segunda venida de Cristo debe conducir a la responsabilidad moral ante Dios y los hombres, en pureza (1 Ts. 4:3-8), amor fraternal y trabajo (1 Ts. 4:9-12). No hay necesidad mayor que velar y ser sobrios (1 Ts. 5:1-11). Al mismo tiempo, hay que respetar a los hermanos que presiden la comunidad, ejercer correctamente los dones espirituales y practicar las virtudes cristianas (1 Ts. 5:12-24). En su conjunto, esta epístola revela de una manera notable los problemas afrontados por una Iglesia formada de recientes conversos, surgidos, en su mayor parte, del paganismo; muestra asimismo la grandeza y sabiduría del apóstol.

En la segunda carta Pablo exhorta de nuevo, ante la expectación escatológica, a la reflexión en contra de ideas erróneas en cuanto a la Segunda Venida del Señor (2 Ts. 2), al trabajo (2 Ts. 3:6-12) y a la paciencia (2 Ts. 2:2). En la primera epístola se expone la relación de la Segunda Venida con los creyentes; la segunda revela lo que les sucederá a los pecadores (2 Ts. 1:5-10). Antes del segundo advenimiento del Señor vendrá el Anticristo (2 Ts. 2:3-12), que actúa ya secretamente, pero es retenido por otro poder (2 Ts. 2:7). No está claro qué quiere decir Pablo con eso.

Testamento, Antiguo y Nuevo. Designación tradicional de las dos partes que componen la Biblia cristiana. Se utiliza desde finales del siglo II en las Iglesias orientales como designación de las Escrituras judías y cristianas respectivamente. El precedente neotestamentario se encuentra en el texto paulino que se refiere al «antiguo pacto» en relación a las Escrituras judías (2 Co. 3:14). El apóstol Pablo usa aquí la palabra gr. *diatheke*, correspondiente al heb. *berit*, que puede significar tanto pacto o alianza como testamento. Este último término fue el utilizado por la Vulgata, *testamentum*. Así aparecieron los conceptos del AT y NT, aunque sería mejor utilizar la expresión «Antiguo y Nuevo Pacto», entendiendo por «antiguo» el pacto establecido con Israel y mediado por Moisés; y por «nuevo», el pacto mesiánico anunciado por los profetas (Jer. 31:31-32). Este «nuevo pacto» es el adoptado por Jesús como realizado mediante su propia muerte (Mt. 26:28), «nuevo pacto, no de la letra, sino del Espíritu» (2 Co. 3:6; cf. He. 9:15, etc.). Por tanto, si con Cristo se introduce el «nuevo pacto» anunciado por Jeremías, el pacto previamente sellado mediante las tablas de la Ley, es «antiguo» en relación a aquél, lo que justifica la expresión «antiguo pacto» (2 Co. 3:14).

Testamento de los Doce Patriarcas. Texto seudoepígrafo judío que pretende relatar las recomendaciones que cada uno de los doce hijos de Jacob dirigió a sus respectivos hijos antes de morir, con una trama apocalíptica (siglo II a.C.). El esquema de cada «testamento» es idéntico. En ellos aparecen dos mesías: el uno salido de Judá, el otro de origen sacerdotal, como en Qumrán. El origen del libro es discutido. La tesis clásica comúnmente admitida es que esta obra es judía, a la que algunos cristianos hicieron interpolaciones.

Testigo. En primer lugar, es aquel que puede informar sobre unos sucesos en los que ha participado, sobre unas personas o unos hechos que ha conocido; entonces es capaz de dar cuenta verbalmente de lo que sabe, por haberlo visto y oído. El testimonio se basa, por tanto, en una experiencia ocular o auricular. El contexto más frecuente de este tipo de testimonio es el de un proceso, donde el relato del testigo, más que un hecho mental, es un hecho moral, en el que el testigo se declara en favor de alguien o contra alguien, comprometiendo así su palabra. De aquí se pasa al nivel del testimonio, que es cuando el testigo está dispuesto a defender su testimonio mediante su vida, hasta llegar al sacrificio de la misma. Entonces, cuando esto ocurre, el testigo se convierte en mártir en su sentido más elevado. En el AT el testigo es ante todo el *profeta*. Lo que constituye su originalidad como testigo es que ha sido escogido y enviado por Dios en el seno de una experiencia privilegiada. Conoce a Yahvé, porque Yahvé le ha hablado y le ha confiado su palabra. Ha sido admitido a una intimidad particular con Dios; llamado a compartir su conocimiento, sus designios, su voluntad, para ser su heraldo entre los hombres. El profeta ha recibido la palabra de Dios no para guardarla, sino para transmitirla, para publicarla muchas veces en un ambiente de hostilidad y de persecución.

En el NT los testigos son los apóstoles que vivieron con Cristo y le acompañaron en sus obras y enseñanzas (Hch. 4:20; 10:37-41). Cristo mismo los escogió con este propósito: «Vosotros sois testigos [*mártires*] de estas cosas» (Lc. 24:48; cf. Is. 43:9-13; 44:7-11). Son testigos ante el pueblo de la gloria de Jesús (Jn. 1:14; 2 P. 2:16; 1 Jn. 1:1-3), y muy especialmente, de todo lo referente a su resurrección, porque ésta es el hecho esencial que autoriza todo lo que precede y todo lo que sigue (Hch. 1:22; 2:32; 3, 15; 5:31-32; 10:41). Ser testigo de Cristo es mucho más que confesar y enseñar su mensaje ante los hombres. Cristo es el rechazado por el mundo y avisa que quienes, en el cumplimiento de esa misión, van a dar testimonio de su mensaje, encontrarán persecución, cárceles e incluso muerte (Mt. 5:10-12; Mc. 10:30; Lc. 6:21-23; Hch. 5:41; Ro. 12:14). En estos textos evangélicos se contiene ya el sentido pleno del testimonio cristiano como martirio cristiano, el testigo como mártir, de manera análoga a Cristo, que llevó su testimonio hasta el límite y es el «Testigo fiel y verdadero» por excelencia (Ap. 13:8). El ejemplo de Esteban, cuyo testimonio llega hasta la muerte, da a su martirio el significado principal que el término adquirirá en la Iglesia pocos años más tarde (Hch. 22:20). Aquí ya no se trata, pues, de dar testimonio de la veracidad de ciertos hechos, sino de confirmarlos con la propia vida hasta la muerte (cf. Ap. 2:13). Ver MÁRTIR.

Tetragramatón. Del gr. *tetra*, «cuatro», y *gramma*, «letra». Término técnico por el que se designa el nombre inefable de Dios en heb. *YHWH*, יְהוָה. La pronunciación de este nombre es Yahvéh, con las «haches» aspiradas. El nombre Jehová procede de la fusión de las consonantes del tetragramatón con las vocales de Adonai, que se leía cuando en el texto heb. aparecía YHWH.

Tetrarca, lit. «príncipe sobre un cuarto». En su origen gobernador de un reino dividido en cuatro partes. En el Imperio romano se llamó así a los príncipes tributarios, o cualquier gobernador subordinado a reyes o etnarcas. En el NT se citan tres tetrarcas: Herodes Antipas, tetrarca de Galilea (Mt. 14:1; Mc. 6:14; Lc. 3:19; 9:7; Hch. 13:1); Herodes Filipo, tetrarca de Iturea y Traconítide (Lc. 3:1), y Lisanias, tetrarca de Abilene (Lc. 3:1). Antonio dio el título de tetrarca a Herodes el Grande en la primera parte de su carrera, y a su hermano Fasael (Josefo, *Ant.* 14, 13, 1). Posteriormente, Augusto dio el título de etnarca y la mitad del reino de Herodes el Grande a Arquelao. La otra mitad la dividió en dos tetrarquías, que asignó a Herodes Antipas y a Felipe. En ocasiones se daba a los tetrarcas el título de rey, como fórmula de cortesía (Mt. 14:1, cf. v. 9; Mc. 6:14).

Teudas. Revolucionario judío que en tiempo de Claudio y durante el gobierno del procurador Fado en Judea (44-46 d.C.) se hizo pasar por profeta, persuadiendo a muchos para que le siguieran, muriendo con ellos por orden del procurador.
Es evidente que se trata de dos personajes distintos llamados Teudas, que vivieron a unos cuarenta años el uno del otro. El mencionado por Gamaliel fue uno de los caudillos que provocaron sediciones en los últimos años del reinado de Herodes el Grande (Josefo, *Ant.* 17, 12, 4).

Texto de la Biblia. Los estudios textuales buscan establecer por diversos métodos de comparación entre diversas familias de copias de las Escrituras, allí donde sus textos puedan divergir, cuál sea la variante correcta y acorde con los originales perdidos. Este trabajo resultaba poco menos que imposible con el texto del AT, que, en contraste con la abundancia de mss. griegos del NT, sólo presentaba una línea muy homogénea de transcripción en hebreo: el «texto masorético». Sin embargo, la antigua versión griega de los LXX daba indicios de que en la antigüedad debía haber existido un grupo de textos hebreos que divergían del texto masorético. En la actualidad, el panorama ha cambiado grandemente tras los descubrimientos de los manuscritos bíblicos de Qumrán. El texto masorético constituye un imbricado sistema de acentos, signos vocálicos y notas marginales, que indican cómo ha de proceder la lectura del texto consonantal. Hasta hace pocas décadas, pues, se planteaba la cuestión, debido a la falta de copias más antiguas que la existente del año 1008 d.C. (Códice B 19A de Leningrado), y de las incompletas de la Geniza de El Cairo, descubiertas en la segunda mitad del siglo XIX, de con cuánta exactitud se había transmitido el texto del AT. En la actualidad la situación es totalmente diferente. Los citados descubrimientos de Qumrán, así como los de Wadi Murabba'at y de la zona de En-gadi, han dado evidencias que arrojan una intensa luz sobre el período que abarca desde el año 200 a.C. hasta la cristalización del texto masorético. Efectivamente, los descubrimientos de la Geniza de El Cairo, con sus numerosas porciones del texto del AT que antedatan la fijación definitiva de la tradición masorética en cuanto a la vocalización, acentuación y entonación, constituyen un puente que cubre el espacio entre los descubrimientos de Qumrán, con mss. entre el año 200 a.C. y el 70 d.C., wadi Murabba'at, con mss. de alrededor del año 135 d.C., y el citado códice B 19A de Leningrado.

Los descubrimientos de Qumrán han aportado evidencia textual de tres líneas de transcripción independiente del texto hebreo identificables, a decir de F. F. Bruce, además de otras que pueden pertenecer a tradiciones textuales aún no identificadas. La evidencia que aportan los mss. de Isaías hallados en Qumrán es de gran interés. El rollo completo (1QIsa), aunque presenta un buen número de divergencias en ortografía y gramática, no demanda cambios sustanciales. A pesar de que muestra semejanzas con el texto de la LXX, se halla más cerca del TM que de la LXX. El rollo incompleto de Isaías (1QIsb), por otra parte, presenta una caligrafía mucho más bella y un texto casi idéntico al masorético. Además del gran número de otros mss. que pueden apellidarse, como éstos, protomasoréticos, hay una línea emparentada con la LXX y otra que presenta una estrecha afinidad con el Pentateuco Samaritano, aunque afín a la tradición judía en los pasajes divergentes acerca del centro cultural. Así, los recientes descubrimientos conducen a descartar la idea de que el texto antiguo divergía del masorético. Esta idea, sostenida por varios autores basándose en las divergencias textuales con la LXX, ha dejado paso al conocimiento de diversas tradiciones de transcripción; el texto masorético representa muy fielmente una de estas corrientes; su fijación a principios del siglo II d.C., junto con la masa de evidencia en favor de la corriente protomasorética, así como las evidencias internas, ofrece en la actualidad poderosas garantías de que el texto masorético es un fiel representante de los originales del texto.

El estudio de las varias versiones antiguas del AT es también de suma importancia para la determinación de la historia del texto; hay antiguas versiones arameas, como los *targumes*. Al volver del exilio babilónico, los israelitas no hablaban el hebreo, sino el arameo, llamado erróneamente caldeo. Cuando Esdras y sus ayudantes leían la Ley al pueblo, la tenían que traducir (Neh. 8:8). Al principio, esta interpretación era sólo una paráfrasis oral en arameo judaico. Finalmente, se fijó esta tradición por escrito. Hasta hace poco, los únicos *targumes* conocidos eran los clásicos; sin embargo, en Qumrán se han hallado partes de un *targum* de Job (Cueva 11), y fragmentos de un *targum* de Levítico (Cueva 4); en la Cueva 1 se halló un rollo de Génesis que, aunque no es propiamente un *targum*, tiene varias de sus características. Los de particular interés son los «oficiales», que plasman por escrito la tradición oral en la sinagoga, y que permiten descubrir el sentido que se le daba en el judaísmo ortodoxo a los pasajes difíciles. Entre ellos, destacan el *targum* de Onquelos sobre el Pentateuco.

Existe también la versión griega de los Setenta (LXX), la primera hecha a un idioma no semita. Después de la toma de Jerusalén (70 d.C.), la LXX perdió su popularidad entre los judíos, debido al uso que hacían de ella los cristianos como texto del AT, y como base para demostrar que Jesús era el Mesías. Por esta razón los judíos hicieron en el siglo II tres nuevas versiones del canon heb. Sólo se conocen fragmentos o citas, con la excepción del libro de Daniel de Teodoción, que se conserva íntegro. La traducción de Aquila, prosélito judío (hacia el año 128 d.C.), es excesivamente literal, y casi ininteligible para los lectores no versados a la vez en heb. y gr. Aquila quería combatir las doctrinas cristianas y detener el uso de la versión LXX. La revisión de la LXX por Teodoción puede ser situada dentro del primer tercio del siglo II d.C. Ireneo dice que era un prosélito judío de Éfeso; Eusebio afirma que era un judío ebionita. Su traducción se basa en la de Aquila y en el original heb. Hacia el año 185-254 d.C. Orígenes preparó el texto heb, y cuatro versiones en seis columnas paralelas para su comparación. La disposición era así: primera columna: el texto hebreo; segunda: el texto hebreo transcrito a caracteres griegos; tercera: la versión de Aquila; cuarta: la de Símaco; quinta: la LXX; sexta: la revisión de Teodoción. El nombre de Hexapla que recibe esta obra proviene de su disposición en seis columnas; fue acabada hacia el año 245 d.C., y seguida de una edición desprovista de las columnas en hebreo. En el siglo IV, Jerónimo consultó estas dos obras, depositadas en la biblioteca de Cesarea, en Palestina.

Para el NT existe una gran masa de mss. Debido a las persecuciones, especialmente la de Diocleciano, desaparecieron las copias anteriores al siglo IV d.C., con pocas excepciones, como los papiros de Chester Beatty, de comienzos del siglo III d.C., y otros, como el Fragmento de Rylands, de la primera mitad del siglo II d.C., que contenía un pasaje del Evangelio de Juan, y los famosos fragmentos griegos de la Cueva 7 de Qumrán, anteriores al año 70 d.C. Estos fragmentos, debido a su pequeñez, no pueden ser usados para el estudio del texto; sin embargo, son de utilidad como evidencia de la antigüedad de los textos del NT, y como prueba de que la fijación del texto del NT no tuvo que esperar a un largo período de «reelaboración» en las comunidades cristianas, como han pretendido los modernos teorizadores, que pretenden ver en los Evangelios, por ejemplo, no un relato factual de la persona, dichos y obras de Cristo, sino una manipulación mítica acumulada en torno a un núcleo «histórico» que dejaría poco o nada de los Evangelios tal como nos han sido transmitidos. Así, acerca de la antigüedad del texto, el presente panorama arqueológico concuerda con la evidencia interna del NT y con los antiguos testimonios de los Padres de la Iglesia acerca de su redacción y transmisión.

Con respecto al contenido del NT, hay en la actualidad muy poca incertidumbre acerca del texto original. De hecho, no se ha dado nunca ninguna variación textual que afectase de manera sustancial al texto ni ninguna doctrina de tipo fundamental. Los descubrimientos de mss. antiguos, junto con el ímprobo trabajo de clasificación de la gran masa de mss. antiguos en líneas de transmisión de texto, y su comparación, han permitido afinar y llegar en muchos pasajes a una certidumbre acerca de la fraseología y texto exacto del original, lo que es de gran importancia para restablecer el texto a la pureza. Pero, felizmente, no se trataba de salir de una situación mala en cuanto al texto conocido, sino mejorar una situación textual más que satisfactoria.

Los mss. del NT se dividen en unciales y cursivos. Uncial procede del latín «uncia», «pulgada». Se refiere a los mss. escritos en letras mayúsculas, sin espacio en las palabras, y pocos puntos o ninguno. Las palabras se dividían al final de las líneas sin que este hecho se señalara con ninguna marca, y sin poner ningún cuidado en preservar las sílabas. También se hacían contracciones, añadiéndose una raya horizontal encima de la misma para indicar el hecho. Mientras que los mss. unciales se extienden desde el siglo IV al X, los mss. cursivos, así llamados por estar escritos en cursiva, son de fecha posterior, y ocupan el período entre el siglo X y el XVI. Debido a su gran número y posibilidad de agrupación en familias, se ha podido llegar a tener una idea bastante bien fundada de la transmisión del texto. Para dar cifras totales, existen en la actualidad más de 250 códices unciales, 2.500 códices cursivos, además de los restos anteriores de «papiros»; a esto se pueden añadir unos 2.000 «Evangelistiarios» que se usaban como leccionarios en los servicios del culto, y que contenían partes de los Evangelios.

Otras ayudas para el estudio comparativo y la crítica textual del texto griego original lo constituyen las citas de los Padres, griegos y latinos. Las citas de los Padres inmediatamente posteriores a los apóstoles son de gran interés, porque reflejan el texto durante el siglo II, del que no se conservan mss.

Para juzgar acertadamente entre las divergencias de las diversas familias de textos del NT, el crítico textual tiene que apreciar los errores intencionales y los involuntarios de los copistas. Para hacer frente a las divergencias entre las diversas familias de textos, la crítica textual, en su intento de lograr una aproximación lo más estrecha posible al texto original, ha desarrollado varios criterios y ha llegado a establecer una clasificación de cuatro grupos de textos: (1) el llamado antioqueño, sirio, o bizantino, que es el más popular; constituye la base del *Textus Receptus* y de la versión Reina-Valera; (2) el grupo egipcio; (3) el alejandrino y (3) el occidental. Se ha comprobado que las divergencias no afectan al contenido doctrinal del texto. «Alrededor de diecinueve de cada veinte variaciones tienen tan poco apoyo que, aunque haya varias lecturas, nadie las consideraría como lecturas rivales, y diecinueve de cada veinte de las restantes tienen tan poca importancia que su aceptación o rechazo no sería causa de ninguna diferencia apreciable en el sentido de los pasajes en los que tienen lugar» (E. Abbott). «En una palabra de cada ocho existen varias lecturas apoyadas por suficiente evidencia como para hacernos parar y examinarla; alrededor de una palabra por cada sesenta tiene varias lecturas apoyadas por tanta evidencia como para hacer que nuestra decisión no sea tomada a la ligera, pero son tantas las variaciones triviales que sólo se da una palabra por cada mil en la que haya una variación sustancial que justifique los esfuerzos del crítico para decidir entre las lecturas variantes» (Hort). «El texto real de los escritos sagrados es competentemente exacto, y no se pervierte ni pierde ni un artículo de fe ni de moral, por muy singularmente que se pudiera elegir, incluso si a propósito se tomaran las peores variantes de toda la masa de lecturas alternativas» (Bentley).

Tiatira. Ciudad de Lidia, en Asia Menor, en el río Lycus, cerca del límite con Misia, en el camino de Pérgamo a Sardis. Allí florecía la industria, entre otras, de la tintura de púrpura. A ella se dedicaba Lidia, oriunda de Tiatira y primera conversa de san Pablo en la región (Hch. 16:14). Una de las siete iglesias de Asia, estaba situada en esta ciudad (Ap. 1:11; 2:18-29). En la localidad de Ak Hissar, sobre el emplazamiento de la antigua Tiatira, se hallan fragmentos de columna que datan de la ciudad antigua.

Tiberias, Tiberíades. Ciudad construida sobre la costa del Mar de Galilea por Herodes Antipas, nombrada en honor de Tiberio, el emperador romano entonces reinante. Fue capital de Galilea desde su fundación hasta el reinado de Herodes Agripa II, que cambió la capitalidad a Séforis. A mediados del siglo II d.C., el gran sanedrín se estableció en esta ciudad, que vino a ser la residencia de célebres rabinos. La escuela rabínica de Tiberias produjo la Misná (entre el año 190 y 220 d.C.), colección de comentarios sobre los textos bíblicos. Su complemento, la Guemara, fue codificada en Tiberias hacia el siglo IV. La Masora, texto definitivo del AT, fue elaborado en gran parte en Tiberias.

Tiberíades, lago. Ver GALILEA, Mar de.

Tiberio. Segundo emperador de Roma mencionado en varios pasajes del NT (Mt. 22:17; Mc. 12:14; Lc. 3:1; 20:21-22; Jn. 19:12). Lucas afirma que Juan el Bautista comenzó a predicar en el año quince del gobierno de Tiberio César (Lc. 3:1), un dato muy importante para determinar el año de nacimiento de Jesús y el comienzo de su ministerio público. Al parecer la crucifixión de Jesús ocurrió bajo el reinado de Tiberio. De carácter sombrío y desconfiado, se exilió voluntariamente en la isla de Capri (en el 26 d.C.), donde pasó la mayor parte de su reinado. Judea estaba entonces gobernada por Valerio Grato y por Poncio Pilato. Tiberio expulsó a los judíos de Roma, molesto por un escándalo en el que se vio envuelta la matrona Fulvia; doce años después revocó este edicto y confirmó a los judíos en sus prerrogativas, rectificando los males que les habían causado los procuradores romanos. Herodes Antipas construyó Tiberias sobre el Mar de Galilea, en honor del soberano.

Tibhat (heb. «matanza», o «extensión»). Una de las ciudades de Hadadezer, rey de Soba, de las que David obtuvo gran cantidad de bronce, con que Salomón haría posteriormente la fuente de bronce, las columnas y los utensilios de bronce del Templo (1 Cro. 18:8). En 2 Sam. 8:8 esta ciudad recibe el nombre de Beta, prob. por una transposición accidental de las dos primeras letras. Quizá fue fundada por Tébah, hijo de Nacor y sobrino de Abraham (Gn. 22:24).

Tibni (heb. prob. «paja», «rastrojo). Sexto rey de Israel, hijo de Ginat. Tras el efímero reinado de Zimri, el reino del Norte se dividió en dos bandos, uno de los cuales apoyaba a Omri y otro a Tibni (1 R. 16:21, 22). Al cabo de cuatro años de luchas entre las facciones contendientes, Tibni murió y Omri se convirtió en soberano (v. 15, 23). Tibni pudo haber muerto en una batalla o, como narra Josefo, a manos de asesinos partidarios de su rival.

Tidal. Rey de Goím y aliado de Quedorlaomer en la expedición de castigo contra las ciudades de la llanura (Gn. 14:1, 9). Este nombre parece tener correspondencia con el de varios reyes hititas, llamados *Tudhalias*. El primero de ellos, Tuddhalia I, era contemporáneo de Hammurabi (hacia 1650 a.C.). Goím (heb. *goyim*), puede ser una denominación genérica, equivalente a «bárbaro» para designar a los extranjeros, escogida por el autor sagrado para llenar el vacío del nombre de un país que parecía ininteligible en el original.

Tienda. «Hogar» o «morada» provisional de los pueblos nómadas o beduinos, cuyo origen se adscribe a Jabal, «padre de los que habitan en tiendas» (Gn. 25:27). Las tiendas se hacían de muy diversos materiales, desde pieles y pelo de cabra (Cnt. 1:5) hasta lino para las pequeñas. Eran fijadas al suelo mediante cuerdas unidas a estacas (Éx. 35:18; Jue. 4:21; Is. 54:2). La tienda, redonda o alargada, se podía dividir en varias estancias mediante cortinas para acomodar a diferentes familiares o separar los animales de las personas (2 Cro. 14:15). La tienda y todo su mobiliario se transportaba a lomos de los animales (Is. 38:12; Gn. 26:17, 22, 25). La gente más pudiente tapizaba el suelo con alfombras de diferentes materiales. Un jeque podía tener varias tiendas para sí mismo, para sus mujeres, su familia más allegada y para los animales (Gn. 31:33).

Pablo y Aquila eran fabricantes de tiendas de campaña (Hch. 18:3), lo cual era un negocio lucrativo en la época. Tarso, la ciudad natal del apóstol Pablo, era conocida por la manufactura de tiendas, que se hacían comúnmente de cilicio, un fuerte tejido de largo pelo de cabras de la provincia de Cilicia, y con el que se hacían también sacos. En sentido metafórico se habla del cuerpo humano como una tienda o morada del espíritu, cuya disolución representa el tránsito del estado corporal a la presencia delante del Señor (2 Co. 5:1-8; cf. 2 P. 1:13, 14).

Tierra. Desde el principio Dios aparece como el creador y ordenador de la tierra, que pasa de ser un desierto vacío y estéril a un huerto que produce hierbas y plantas (Gn. 1:11; 2:4-6) donde establecerá al hombre, pues Yahvé formó la tierra y la hizo; «no la creó para que estuviera vacía, sino que la formó para que fuera habitada» (Is. 45:18). El hombre es como un administrador o mayordomo de la misma, pues la tierra pertenece exclusivamente a Dios (cf. Lv. 25:23; Sal. 24:1; 89:12). Es Dios quien dispone de los bienes de la tierra (Gn. 2:16ss.), establece sus leyes (Éx. 23:10), la hace fructificar y llena de sus beneficios (Sal. 65:9-13; 104:24). Él es su Señor (Job 38:4-7; Is. 40:12, 21-26); ella es su escabel (Is. 66:1; Hch. 7:49). Como toda la creación, le debe alabanza (Sal. 66:1-4; 96; 98:4; Dn. 3:74).

Adán, que está ligado a tierra o *'âdamá* por su parte corporal (Gn. 2:7; 3:19; Is. 64:7; Jer .18:6), y a Dios por la espiritual (Gn. 2:7), recibe del Señor de la tierra el mandato de dominarla (Gn. 1:28ss.) en calidad de administrador (2:8, 15; Eclo. 17:1-4). A causa del pecado del hombre la tierra queda maldita debido al estrecho nexo entre ambos (Gn. 3:17). Ya no es para el hombre el paraíso que estaba destinada a ser, sino el desierto que produzca «abrojos y espinas», cuyos frutos hay

que arrancar con esfuerzo penoso, dolor y sudor (Gn. 3:17ss.).
Los israelitas debían considerarse extranjeros y huéspedes en la tierra, que es propiamente la tierra de Dios (Lv. 25:23); sólo tenían su usufructo, por lo cual la posesión de un terreno perteneciente a ella no podía ser enajenado. A ello obedece la institución del año sabático, durante el cual también la tierra de Dios debía observar el reposo; por eso se prohibirá la siembra y la recolección (Éx. 23:10-11; Lv. 25:3-7). En el año del jubileo, además del reposo de la tierra, los hebreos que habían vendido sus propiedades debían, en determinadas condiciones, recuperar su posesión (Lv. 25:13-17). Otras leyes recordaban a los hebreos que su tierra pertenecía a Dios. A Él estaban reservados los diezmos de los productos del suelo y de las plantas (Lv. 27:30); en el rito de la ofrenda, el israelita reconocía solemnemente que Dios hacía fructificar su tierra, pues a Él pertenece el suelo por derecho (Dt. 26:1-10). Cada tres años una parte de la cosecha debía ponerse a disposición de los levitas, de los extranjeros, de las viudas y de los huérfanos, a los que Dios alimentaba con los frutos de su tierra (Dt. 14:28-29). La misma idea subyace en la ley según la cual en la siega o en la recolección había que dejar una parte a disposición de los indigentes (Lv. 19:9-10).

Tierra de Israel. He. *Erets Israel*. En el AT designa las partes de Canaán que fueron ocupadas por las tribus israelitas. Usado en sentido político por los sionistas como designación nacional y religiosa de Palestina.

Tierra Prometida. Referencia a la promesa hecha por Dios a Abraham, que contempla la tierra de Canaán como herencia para él y sus descendientes (Gn. 12:7; 13:14-16; 15:7; 26:3; 35:12; Éx. 6:4). Es «la tierra prometida» por antonomasia, dada a Israel como su «posesión» (Dt. 12:1; 19:14). También es llamada «tierra santa» (Zac. 2:16; 2 Mac. 1:7; Sab. 12:3) y «heredad de Yahvé» (Jos. 22:19). Como tal es presentada como tierra de la que mana leche y miel, tomando así el lugar del paraíso perdido y recuperado ahora por el pueblo elegido, imagen a la vez del reino mesiánico (Is. 60:21), que es la herencia de los justos.

Tiglat-Pileser. Nombre de varios reyes de Asiria, que en la historia hebrea corresponde a Tiglat-pileser III (745-727 a.C.), hijo de Adad-nirari III. Los israelitas lo conocieron al principio por el nombre de Pul. Desde el año 743 al 740 estableció su centro de mando en Arpad, en la Siria septentrional, desde donde dirigió campañas devastadoras. Fue en esta época, o algo más tarde, que invadió Israel. El rey Menahem se apresuró a pagarle tributo, por lo que Tiglat-pileser lo confirmó en el reino (2 R. 15:19-20). Entre los reyes que figuran en los archivos de Tiglat-pileser como habiendo pagado un tributo en el año 738 se halla Menahem de Samaria. El rey de Asiria dirigió a continuación expediciones hacia el este, norte y noroeste de Nínive. En el año 734 se volvió hacia el oeste. Acaz, rey de Judá, amenazado por Rezín, rey de Siria, y por Peka, rey de Israel, compró a muy elevado precio la ayuda de Tiglat-pileser, y en contra de las exhortaciones del profeta Isaías (2 R. 16:7, 8). Tiglat-pileser marchó contra los filisteos, apoderándose de Gaza en el año 734 (2 Cro. 28:18). Durante su avance hacia el sur y su retorno hacia el norte, tomó varias ciudades, Galilea, todo el país de Neftalí, y deportó a sus habitantes (2 R. 15:29). El rey de Asiria se llevó asimismo a los rubenitas, gaditas y la media tribu de Manasés (1 Cro. 5:26). Así, ya antes de la caída de Samaria (722-721 a.C.), hubo una deportación en masa de israelitas del reino del norte a Asiria. Las tabletas asirias informan que Tiglat-pileser recibía el tributo de numerosos soberanos, entre ellos los de Amón, Moab, Edom y Judá. Estos datos están en la misma línea que los datos bíblicos (2 R. 16:10). En el año 732, Tiglat-pileser se apoderó de Damasco y después pacificó Babilonia, que había sido invadida por los caldeos.

Tigris, en heb. Hidekel, tercer río del Edén (Gn. 2:14). Es uno de los ríos más importantes del Próximo Oriente, y el más oriental de los que recorren paralelamente Mesopotamia. Su nombre actual en árabe es Dijlah. Nace en Armenia, al noroeste de Diyarbekir y en tiempos antiguos desembocaba en el golfo Pérsico, luego formaba un lago con el Eufrates antes de llegar al mar, pero hoy están unidos en la parte final de su trayectoria, formando un río que recibe el nombre de Schat el-Arab. Tiene una longitud de 1.800 km desde su nacimiento hasta su unión con el Eufrates, junto con el cual forma una cuenca de unos 673.400 km^2. Sus aguas tocan Turquía, son frontera con Siria, pero la mayor parte de su recorrido es Irak. En la Biblia es mencionado entre los cuatro ríos que había en el Edén (Gn. 2:14). No vuelve a ser mencionado hasta el profeta Daniel, quien tuvo su principal visión junto a su orilla (Dn. 10:4). Daniel le llama «gran río», expresión generalmente aplicada al Eufrates. Vuelve a aparecer en Tobit 6:1; Jdt. 1:6 y Eclo. 24:25.

Tilde. Trazo pequeño utilizado para distinguir una letra hebrea de otra muy parecida. Los rabinos les daban una gran importancia; de ahí lo significativo de las declaraciones de Jesús en Mt. 5:18 y Lc. 16:17, acusando a los fariseos de hipocresía, debido a que, en tanto que profesaban la más escrupulosa reverencia hacia la Ley, representada en su partícula más pequeña, violaban su espíritu. Los gramáticos empleaban esta palabra para indicar los acentos en las palabras griegas.

Timna, Timnat (heb. «porción asignada»). Nombre de dos ciudades del AT.

1. Ciudad de la frontera de Judá, no lejos de Bet-semes (Jos. 15:10), que se concedió más tarde a la tribu de Dan (Jos. 19:43). En la época de Sansón estaba ocupada por los filisteos, quien estuvo casado con una de sus habitantes. En sus cercanías mató a un cachorro de león (Jue. 14:1, 2, 5). Los filisteos la perdieron, pero la volvieron a recuperar en la época del rey Acaz (2 Cro. 28:18). Debió ser una ciudad notable, edificada sobre un promontorio apto para la defensa. Fue fortificada por Báquides como uno de los puestos militares más importanes de Judá (1 Mac. 9:50), convertida en cabeza del distrito, que fue llamado por su nombre. Identificada con Tibnah, a 5 km al oeste-suroeste de Bet-semes, a 25 km de Jerusalén, en la misma dirección, y a 26 km al este de Asdod.
2. Ciudad correspondiente a la región montañosa de Judá (Jos. 15:57); probablemente el lugar mencionado en Génesis en relación a la historia de Tamar (Gn. 38:12-14); cercana a un lugar llamado Gabaa, y citado con Adulam y Enaim. A 6,5 km al este de Beit Netiff se halla una localidad llamada Tibnah, sobre una ladera que se eleva en dirección a el-Khader; al sureste de Jeba'.

Timnat-Sera. Ciudad en la región montañosa de Efraín, sobre la ladera norte del monte Gaas, cuyo nombre sig. «porción suplementaria». Fue asignada personalmente a Josué, quien reedificó la ciudad, habitó en ella y allí murió y fue enterrado (Jos. 19:50; 24:30; Jue. 2:9). Se identifica con Hirbet Tibnah, a unos 20 km al noreste de Lidda y a 13 km al sur-suroeste de Kefr Hãris, donde la tradición samaritana sitúa los sepulcros de Josué y de Caleb.

Timón (gr. «digno», nombre muy común entre los griegos). Uno de los siete diáconos elegidos por la comunidad de Jerusalén para que se cuidasen de las viudas procedentes de la gentilidad (Hch. 6:5). Dado su nombre griego, es posible que se trate de un judío educado en la Diáspora, como el resto de sus compañeros, que formarían parte de un grupo helenista dentro de la primitiva Iglesia. Nada más se sabe de él.

Timoteo (gr. «que honra a Dios»). Uno de los más conocidos colaboradores de san Pablo (Ro. 16:21), a quien éste llama «mi hijo amado y fiel en el Señor» (1 Co. 4:17) y «verdadero hijo en la fe» (1 Ti. 1:2; 2 Ti. 1:2), lo que indicaría que Pablo fue el instrumento en la conversión de Timoteo. Su madre era judía, y su padre griego (Hch. 16:1). A pesar de su juventud, fue recomendado a Pablo por los hermanos de Listra y de Iconio (Hch. 16:2). Unas profecías revelaron que estaba destinado a un servicio particular (1 Ti. 1:18; 4:14). Pablo y los ancianos le impusieron las manos y lo consagraron a la evangelización (1 Ti. 4:14; 2 Ti. 1:6). Para no ofender a los judíos, fue circuncidado por Pablo. Acompañó a Pablo por Galacia, y después a Troas, Filipos, Tesalónica y Berea. En este último lugar se quedó con Silas mientras Pablo se dirigía a Atenas (Hch. 17:14). No se le menciona en relación con el encarcelamiento de Pablo en Cesarea ni con el viaje de Pablo a Roma, pero su nombre es citado en las epístolas redactadas desde Roma (Flp. 1:1; 2:19-22; Col. 1:1; Flm. 1). Timoteo había seguido al apóstol hasta la misma capital, y compartía sus trabajos. Cuando Pablo fue liberado, confió importantes misiones al joven Timoteo. La primera carta dirigida a él revela que el discípulo supervisaba la iglesia en Éfeso (1 Ti. 4:12). La otra mención a Timoteo se halla en He. 13.23, donde se lee que Timoteo había sido encarcelado y liberado. No se sabe nada de los años posteriores de Timoteo. Una antigua tradición afirma que siguió dirigiendo la iglesia en Éfeso, y que sufrió el martirio bajo Domiciano o Nerva.

Timoteo, 1 y 2 Epístola. La primera carta a Timoteo abre la serie de las tres cartas que en el canon forman parte del grupo de los escritos paulinos conocido como «cartas pastorales», por tratar de una manera especial de la Iglesia apostólica y del cuidado pastoral bajo la autoridad apostólica. La atribución de los tres escritos a Pablo tiene raíces muy sólidas en la tradición cristiana, sólo en época reciente el estudio histórico-crítico ha puesto en duda su paternidad. La primera epístola fue escrita probablemente cuando Pablo hubo recobrado su libertad, después de su primer cautiverio en Roma. El apóstol, que deseaba dirigirse a Macedonia, había encargado a Timoteo la dirección de la iglesia en Éfeso (1 Ti. 1:3). Numerosos exegetas suponen que Pablo redactó esta carta en Macedonia. Su fecha de redacción se sitúa probablemente en el año 64 ó 65 d.C. La epístola trata de los problemas prácticos que Timoteo iba a afrontar en el ministerio, y le da instrucciones concretas de Pablo. Muestra el interés personal de Pablo por la marcha de la iglesia y por la misma persona de Timoteo. Da instrucciones acerca de la Iglesia (caps. 1-3); pone en guardia contra los falsos doctores (cap.

1); enseña los deberes de los obispos y diáconos (cap. 3). Le siguen consejos para Timoteo (caps. 4-6); errores doctrinales y prácticas que debe evitar (cap. 4); actitud de la Iglesia (5:1-6:2). Exhortaciones finales, en particular bajo la forma de mensaje personal a Timoteo (1 Ti. 6:3-21).

La segunda epístola data del segundo cautiverio de Pablo en Roma, poco antes de su muerte, que probablemente tuvo lugar en el año 66 o 67 d.C. Ésta es la última epístola escrita por el apóstol. Dice que está preso (2 Ti. 1:8, 16) y tratado como malhechor (2 Ti. 2:9). Está esperando sufrir el martirio (2 Ti. 4:6). Sus amigos lo habían abandonado (2 Ti. 1:15; 4:10-12) y sólo Lucas estaba con él (2 Ti. 4:11). Con todo, algunos cristianos romanos visitaban al preso (2 Ti. 4:21). En una primera comparecencia no había sido condenado (2 Ti. 4:16, 17), pero seguía detenido en un calabozo. Pablo presiente el fin de su carrera sobre la tierra, y escribe a Timoteo para exhortarle a perseverar en el ministerio, y le pide que acuda pronto a Roma.

En la breve introducción, el apóstol expresa su deseo de volver a ver a Timoteo (2 Ti. 1:1-5). Lo exhorta a que se muestre valeroso en medio de las pruebas y penalidades (2 Ti. 1:6-12); a ser fiel en la fe a pesar de la oposición (2 Ti. 1:13-18). Timoteo debe defender con fuerza las verdades fundamentales del Evangelio, cuidar su vida espiritual, ser sufrido y puro, manteniéndose apartado de todo aquello que deshonre al Señor y de los vasos de deshonra, a fin de ser «instrumento para honra, santificado, útil al Señor, y dispuesto para toda buena obra» (2 Ti. 2:19-22). El apóstol le recomienda que siga el ejemplo que él le ha dado, y que ponga en práctica en su vida la palabra de Dios, sabiendo que toda la Escritura es inspirada de Dios (2 Ti. 3). Última exhortación a predicar la palabra de Dios (2 Ti. 4:1-5). Ya inminente el martirio, Pablo expresa su gozo de haber cumplido con fidelidad su ministerio evangélico (2 Ti. 4:6-8). La epístola finaliza con unas instrucciones personales (2 Ti. 4:9-22).

Tinieblas. La realidad física de las tinieblas como falta de luz ha impresionado siempre al ser humano y de modo especial al hombre primitivo por el hecho elemental de no disponer casi de nada para defenderse de la oscuridad en las horas nocturas. En la literatura antigua es común que las tinieblas sirvan de trasfondo a los relatos cosmogónicos y están encarnadas en mitos referentes al caos primitivo y al mundo misterioso de los muertos (cf. Job 10:21; 17:13; Mt. 8:12; 22:13; 25:30).

La fe hebrea atempera el terror a las tinieblas gracias a su credo monoteísta. Yahvé es «quien forma la luz y crea las tinieblas» (Is. 45:7; cf.

Job 26:10; Sal. 104:20), «que a las tinieblas convierte en mañana, y que hace oscurecer el día hasta que se hace noche» (Am. 5:8). En la cosmogonía bíblica no hay campo alguno extraño al poder de Dios (1 Sam. 2:9; cf. Sal. 112:4; Miq. 7:8). Dios se sirve de las tinieblas para realizar sus hechos salvíficios, especialmente en el éxodo de Egipto y la travesía por el desierto (Éx. 10:21; 14:20). Aunque Dios es luz, se dice que «puso tinieblas alrededor de sí como su morada, oscuridad de aguas y densas nubes» (2 Sam. 22:12; Sal. 18:11; 97:2) y que «habita en la densa oscuridad» (1 R. 8:12; 2. Cro. 6:1); con ello se expresa la trascendencia impenetrable de la divinidad.
Mateo, Marcos y Lucas tienen en común la mención de las tinieblas que cubrieron toda la tierra desde la hora sexta hasta la nona (de las doce a las tres de la tarde), inmediatamente antes de la muerte de Jesús, lo cual remite al libro del Éxodo donde se dice que una densa oscuridad cubrió el territorio egipcio durante tres días (Éx. 10:21-23), lo que marcó el comienzo de la liberación de los israelitas. Por otra parte, el profeta Amós invita al pueblo a esperar un día futuro, el día de la intervención definitiva de Yahvé para liberar a su pueblo de tanta opresión, y les da esta señal: «Haré que el sol se oculte al mediodía; y en pleno día haré que la tierra sea cubierta de tinieblas» (Am. 8:9). Usando estos textos, Mateo interpreta la muerte de Jesús en clave de juicio y liberación, identificando de este modo el día de Yahvé con el día en que Jesús muere en la cruz, iniciando el «éxodo» definitivo de la humanidad.

Tipología Bíblica. Término usado por los intérpretes bíblicos para denotar el uso particular que el NT hace del AT. Se basa en ciertos textos del NT, donde se habla de Adán como el «tipo», la «figura» del que había de venir (Ro. 5:14). Esta interpretación considera que algunos objetos, personas o acontecimientos del AT, aparte de su significado inmediato, contienen otro sentido que va más allá de ellos mismos, lo cual se interpreta teológicamente como ordenado y dispuesto por Dios para significar anticipadamente una realidad únicamente conocida por Dios, desconocida por el autor sagrado, que sólo puede descubrirse por una revelación posterior. En modo alguno esto puede significar que el sentido típico represente un sentido de los textos bíblicos diferente del sentido literal, sino un significado simbólico particular que, por disposición providencial, se asocia a sucesos, personajes e instituciones de la historia judía que preparan y figuran por adelantado el misterio de la salvación en Cristo. Esta práctica se fundamenta en la misma Escritura del NT, que indudablemente se remonta al mismo Jesús. Los autores del NT consideran la historia y texto del AT como «tipo» (1 Co.

10:6,11), «sombra» (He. 10:1; Col. 2:17), «alegoría» (Gál. 4:24), o incluso «parábola» (He. 9:9; 11:19), de la historia y doctrina concerniente a Cristo. Una y otra vez en los Evangelios, Jesús aparece señalando el cumplimiento de las Escrituras del AT en su propia vida y afirmando que las Escrituras dan testimonio de Él (Mt. 21:42; 22:29; 26:54; Mc. 12:24; 14:49; Lc. 24:27; Jn. 5:39; cf. Hch. 10:43). Esto conduce a los autores apostólicos a hacer una lectura de corte espiritual y simbólica de toda la tradición religiosa que les precede. No se trata propiamente de una lectura tipológica formal, sino más bien analógica. Se buscan analogías en personas, nombres, acontecimientos y objetos, que sirven para poner en relación dos realidades que pertenecen a diversos contextos cronológicos. Ésta era una práctica común en la interpretación judía de la época. Se pueden descubrir precedentes en el mismo AT, al observar en los profetas la interpretación de corte tipológico de los sucesos del Éxodo y el desierto, para actualizar la relación primitiva entre Dios y su pueblo (cf. Is. 40-55; Jer. 16:14-15; 31:31-34; Os. 2:17). La cristología del NT procede de modo tipológico. Jesús es interpretado en relación tipológica con algunos relatos del AT, a saber, la persona de Jonás en el vientre del cetáceo como tipo de su permanencia en las entrañas de la tierra (Mt. 12:39); el maná como figura de Jesús, Pan de Vida (Jn. 6); la serpiente de bronce, figura anticipada de la cruz y su efecto salvífico (Nm. 21:8; Jn. 3:14); el cordero pascual, figura de su inmolación (Éx. 12:46; Jn. 19, 36). A la salida de Israel de Egipto corresponde la salida del Jesús infante de Egipto (Os. 11:1; Mt. 2:15).

Tíquico (gr. «fortuito»). Cristiano de la provincia de Asia, compañero de san Pablo en algunas etapas de su tercer viaje misionero (Hch. 20:4). Fue un fiel colaborador del apóstol, con quien estuvo en Roma durante su prisión. Desde allí fue enviado por Pablo a Éfeso (2 Ti. 4:12). También se encargó de llevar las epístolas a los Efesios y a los Colosenses (Ef. 6:21; Col. 4:7). El apóstol escribe a Tito que planeaba enviar a Tíquico a Creta (Tit. 3:12), pero se ignora si realmente lo hizo.

Tirano. Probablemente un retórico o filósofo griego; poseía una escuela en Éfeso, en la cual Pablo pudo predicar el evangelio durante dos años después de haber roto con la sinagoga del lugar (Hch. 19:9-10). No se sabe si Tirano era simpatizante del cristianismo, o meramente alquilaba una habitación al apóstol.

Tirhaca. Faraón de Etiopía y Egipto, de la XXV dinastía, que reinó entre el 689 y 663 a.C. y se instaló en Tanis. Se enfrentó a los ejércitos asirios de Senaquerib a causa del dominio de Palestina. Apoyó la rebelión del rey Ezequías contra el soberano asirio, pero fue derrotado en Elteqeh y su aliado Ezequías se vio acorralado en Jerusalén (2 R. 19:9); para el profeta Isaías ésta era la prueba de la futilidad de recurrir a la ayuda egipcia para oponerse a la potencia asiria (Is. 37:9). En esa época el poder militar de Egipto atravesaba sus peores momentos. En sus luchas posteriores contra Asar-hadón (671 a.C.) y Asurbanipal (667 a.C.), Tirhaca sufrió repetidas derrotas y hubo de retirarse al Alto Egipto y establecer su capital en Tebas, como resultado de la invasión asiria de Egipto.

Tiro (heb. «roca»). Ciudad fenicia cuyo origen se pierde en la más remota antigüedad (Jos. 19:29; 2 Sam. 24:7; Is. 23:1). Según los datos bíblicos, la fundación de Tiro es posterior a la de Sidón, aunque la sobrepasó en importancia. Era ya una ciudad fortificada en tiempos de Josué (Jos. 19:29), situada en la frontera con Aser. Hiram, rey de Tiro, mantuvo relaciones amistosas con David y Salomón. Suministró materiales para la construcción del palacio de David (2 Sam. 5:11; 1 R. 5:1; 1 Cro. 14:1); también para la construcción del Templo de Salomón y otros edificios (1 R. 9:10-14; 2 Cro. 2:3-16). Un artesano fundidor muy diestro, también llamado Hiram, hijo de madre israelita y de padre tirio, llevó a cabo los trabajos de arte del Templo (1 R. 7:13, 14, 40, 45). Posteriormente las relaciones entre ambos países se deterioraron. Jezabel, mujer de Et-baal, rey de Tiro, se casó con Acab, rey de Israel, e hizo todo lo que estaba en su mano para introducir en Israel el paganismo de su patria (1 R. 16:31-33; 18:4,19). Los profetas acusan a Tiro de haber entregado israelitas a los edomitas (Am. 1:9), haber robado sus bienes, y vendido a israelitas como esclavos a los griegos (Jl. 3:5, 6). Jeremías profetizó que Nabucodonosor, rey de Babilonia, se apoderaría de Tiro (Jer. 27:1-11). El profeta Ezequiel lanzó una célebre profecía contra Tiro (Ez. 26:1-28:19; 29:18-20).
En una ocasión Jesús visitó los territorios de Tiro y Sidón (Mt. 15:21-28; Mc. 7:24-31), cuyos habitantes buscaron beneficiarse varias veces de su ministerio (Mc. 3:8; Lc. 6:17). Jesús afirmó que las ciudades paganas eran menos culpables que las localidades galileas, que habían tenido tantas ocasiones de oír su predicación y de ver sus milagros (Mt. 11:21, 22; Lc. 10:13, 14). En Tiro surgió una comunidad cristiana, que fue visitada por Pablo (Hch. 21:3-6).

Tirsa (heb. «deleite», «gracia»). Ciudad real cananea renombrada por su hermosura (Cnt. 6:4). Josué la arrebató a los cananeos (Jos. 12:24). Jeroboam I hizo de ella su residencia (1 R. 14:17) y vino a ser la primera capital del reino del Norte (1 R. 15:21, 33; 16:6, 8, 9, 15, 17), rango que ostentó hasta que Omri mandó construir Samaria para establecer allí su residencia y la capitalidad del reino (1 R. 16:23, 24). Tirsa continuó siendo una ciudad muy importante y aparece mencionada en tiempos del rey Menahem (2 R. 15:14, 16). Se ha identificado con la gran colina de Tell el-Fãr'ah, a unos 11 km al noreste de Naplusa (Siquem).

Tirsata. Título del gobernador de Judea bajo el dominio persa. Gesenius deriva el nombre de la raíz persa *torsh*, que significa «severo». Es añadido como título después del nombre: «Nehemías, que era el *tirshatá*-gobernador» (Neh. 8:9; 10:1). Aparece en tres lugares más: Esd. 2:63; Neh. 7:65-70, donde prob. se refieran a Zorobabel, que ocupó este cargo antes de Nehemías.

Tisbe, Tibe. Nombre de una ciudad mencionada solamente en Tobit 1:2, de la que se dice que estaba en el territorio de Neftalí, lugar de origen de sus ancestros llevados en cautiverio por los asirios. Algunos intérpretes mantienen que ésta era la ciudad donde nació Elías el Tisbita. Según Keil, el nombre se deriva de una traducción incorrecta del heb. utilizada en 1 R. 17:1, que puede leerse de dos maneras: «De los habitantes de», o «de Tisbi», pero sin que sea posible identificarla con la ciudad nativa de Elías, situada en Galaad.

Tisbita. Designación constante de Elías (1 R. 17:1; 21:17, 28; 2 R. 1:3, 8; 9:36). No parece ser nombre de familia —ya que se desconoce que hubiera una familia así denominada—, sino gentilicio respecto a su procedencia. Según Josefo el adjetivo tisbita se refiere a un lugar situado al este del Jordán, residencia del profeta (*Ant.* 8, 13, 2), pero se desconoce su ubicación, quizá Khirbet Lisdib.

Tisri. Nombre rabínico del primer mes civil y séptimo del año religioso del calendario hebreo correspondiente a nuestro septiembre-octubre. En él caían las fiestas de la Expiación y de los Tabernáculos.

Tito. Forma gr. de un nombre latino común. Discípulo del apóstol Pablo; su nombre no figura en Hechos, la información que poseemos sobre él depende enteramente de las epístolas de Pablo (2 Corintios, Gálatas y Tito). De origen griego (Gál. 2:3), Tito formó parte de la delegación enviada por los cristianos de Antioquía a Jerusalén acompañando a Pablo y a Bernabé (Gál. 2:1-3; Hch. 15:2). Es posible que fuera originario de Antioquía e hijo espiritual de Pablo (Tit. 1:4). En Jerusalén, los judaizantes reclamaron que Tito fuera circuncidado, pero Pablo no cedió en este punto (Gál. 2:5), al no ser Tito de origen judío, y la Iglesia se pronunció asimismo por el principio de la libertad en cuanto a la circuncisión de los cristianos salidos de la gentilidad (Gál. 2:3-5). Esta reacción de Pablo contrasta con la referente a Timoteo, que sí fue circuncidado, porque en su caso su padre era griego, pero su madre judía creyente (Hch. 16:1, 3; 2 Ti. 1:5; 3:15).

Por varios textos (2 Co. 2:13; 7:6, 13; 8:6, 16; 12:18) se sabe que Tito fue enviado por Pablo a Corinto para que reprimiera abusos que se daban allí. Al salir de Éfeso, el apóstol esperaba encontrar a Tito en Troas (2 Co. 2:12, 13). Decepcionado al no encontrarlo allí, se dirigió a Macedonia, adonde por fin llegó Tito con buenas nuevas de Corinto. La misión fue un éxito, lo que habla del celo espiritual y simpatía humana de Tito (2 Co. 7:6-4). Una y otra vez el apóstol manifiesta su alegría no sólo por la consolación recibida, sino «mucho más nos gozamos por el gozo de Tito», lo que indica el afecto que Pablo sentía por Tito y la preocupación que sentía temiendo algún desengaño en él debido a las circunstancias tan problemáticas de la comunidad corintia. Otra parte de la misión de Tito consistía en recoger ofrendas para las empobrecidas comunidades de Judea (8:6).

Tito, Epístola. Tercera y la más corta de las llamadas «cartas pastorales». Probablemente redactada en el año 65, después de la primera cautividad de Pablo en Roma y de su puesta en libertad. En ella el apóstol da instrucciones análogas a las de la primera epístola a Timoteo, de carácter personal, con respecto a los problemas de la iglesia en Creta. Le da instrucciones acerca de la elección de obispos y la conducta a seguir acerca de los falsos doctores (Tit. 1:5-16). Le indica los deberes de los cristianos hacia las autoridades y la sociedad (Tit. 3:1-8) y le pone en guardia contra las falsas doctrinas (Tit. 3:9-11). Exhorta que los que se llaman cristianos tienen que demostrar la realidad de su fe con buenas obras (Tit. 2:10-14).

Tob (heb. «bueno»). Región o distrito al este del Jordán, en la Transjordania, donde huyó Jefté al ser echado de casa por sus hermanos. Allí le fueron a buscar los ancianos o jefes de Galaad cuando les atacaron los amonitas (Jue. 11:3-6). Este relato implica que la tierra de Tob no estaba muy lejos de Galaad. Cuando Hanún, sucesor de Nahas, rey de Amón, provocó a David, avergonzando a sus embajadores, el jefe amonita temiendo represalias contrató mercenarios de varios lugares, entre ellos doce mil hombres de Tob (2 Sam. 10:6), que luego fueron derrotados. Es probablemente la región de Galaad que en gr. recibe el nombre de Tôbion (1 Mac. 5:13; 2 Mac. 12:17). Su identificación plausible es et-Taiyibeh, a 26 km al sur de Gadara (Mukeis, o Umm Keis).

Tobías (heb. «bondad de Yahvé»). Nombre de varios personajes bíblicos.

1. Sacerdote judío que llevó al profeta Zacarías de parte de los judíos en el exilio el oro y la plata destinados a las coronas de Josué, el sumo sacerdote (Zac. 6:10, 11, 14).
2. Uno de los principales adversarios de Nehemías, durante la obra de restauración de las murallas de Jerusalén, ridiculizaba a los que se dedicaban a esta tarea (Neh. 2:10; 4:3, 7). Se ignora si era judío, pero hay bastantes probabilidades de que lo fuese. Pertenecía a una familia muy influyente después de la invasión caldea. Tenían grandes posesiones en Galaad, pero vivían en Jerusalén. Estaba emparentado con el sacerdote Eliasib (Neh. 13:4) y contrajo matrimonio con la hija de Secanías hijo de Ara. Tenía una cámara en el templo para guardar sus objetos personales, pero Nehemías le mandó retirarlos (Neh. 13:7-9). Algunos especialistas creen que fue el antepasado de la «casa de Tobías» que, por medio de Hircano, compitió en la obtención del sumo sacerdocio.
3. Personaje central del libro homónimo.

Tobías, Libro de. Libro considerado apócrifo por los protestantes y deuterocanónico por los católicos. Es la historia simbólica de las familias judías en el exilio, que sumergidas en las tinieblas descubren progresivamente que los ojos del corazón son los únicos capaces de permanecer siempre alerta. Un colirio misterioso devuelve la luz a los ojos enfermos y les permite enfocar los acontecimientos al modo de Dios y no ya al modo miope de los hombres. Los judíos de aquel entonces sentían tal devoción a los ángeles que no podían comprender la curación de Tobías sino mediante la intervención de Rafael.

Primitivamente estaba escrito en hebreo o arameo, pero era solamente conocido por traducciones, sobre todo de la LXX. A raíz de los descubrimientos de Qumram poseemos un texto hebreo y dos arameos y sabemos la alta estima en que era tenido tanto por los judíos de Palestina como de la Dispersión. El libro cuenta la historia de Tobías, que fue deportado a Nínive en el 721 a.C., donde se enriqueció. En medio del ambiente pagano consigue guardar su alma pura y mantiene en su familia el culto al verdadero Dios. A pesar de una prohibición del rey, seguía la costumbre piadosa de enterrar a sus compatriotas muertos.

Tobit. Padre del joven Tobias (Tobit 1:1, etc.). Es presentado como un piadoso israelita, de la tribu de Neftalí, que fue deportado a Nínive en los días de Tiglat-pileser (745-727) o el reinado de Sargón (722-705). En el destierro permaneció fiel a sus deberes religiosos y se dedicó preferentemente a la obra de misericordia de enterrar a sus compatriotas muertos, pese a una prohibición del rey. Marchó a Rages de Media en busca de una suma de dinero que su padre había prestado a un tal Gabael. Un apuesto joven que le acompaña en el viaje le salva de ser devorado por un pez de gran tamaño, y le prepara para su matrimonio con Sara. Una vez terminadas las ceremonias de su matrimonio, Tobías y Sara se ponen en camino hacia la casa del viejo Tobías. Apenas llega, el joven Tobías aplica la medicina de Rafael a los ojos de su padre y éste recupera la vista e inmediatamente da gracias a Dios por su bondad. Ver TOBIT, Libro de.

Tofet. Antiguo lugar alto cananeo construido en el valle de Hinom. En tiempos de Isaías y Jeremías había muchos habitantes de Jerusalén que inmolaban a sus propios hijos, quemándolos vivos (Jer. 7:31) en honor de Moloc (2 R. 23:10; cf. Sal. 106:38). Para impedir el retomo de estas abominables prácticas, el rey Josías profanó Tofet (2 R. 23:10). Jeremías profetizó que multitudes perecerían en este lugar, de modo «que no se dirá más Tofet, ni valle de Ben-hinom, sino valle de la Matanza» (Jer. 7:32, 33; 19:6, 11-14; 32:35). Durante siglos el lugar se convirtió en un vertedero de huesos y cadáveres, junto con los detritos de la ciudad, consumidos por un fuego constante, lo que vino a convertirse en imagen de la gehena o infierno. En este sentido el profeta Isaías se refiere al lugar dispuesto para el rey de Asiria (Is. 30:33). Ver GEHENA.

Togarma. País en el límite septentrional (Ez. 38:6), habitado por un pueblo descendiente de Jafet y de Gomer (Gn. 10:13; 1 Cro. 1:6). Comerciaban con caballos, corceles de guerra y mulos (Ez. 27:14). Mencionado junto a Persia, Etiopía y Libia como seguidores de Gog, de la tierra de Magog, en una invasión a Israel (Ez. 38:5, 6). Los judíos dicen que por Togarma, o «casa de Togarma» debemos entender los turcos, u hordas turcas de las que surgieron los turcos. Pero es más probable identificarlo con Armenia.

Tola (heb. «gusano de grana»). Uno de los jueces menores, hijo de Fúa, de la tribu de Isacar; juzgó a Israel durante veintitrés años. Vivía en Samir, en el monte de Efraín, donde también recibió sepultura (Jue. 10:1, 2). No se dan detalles de su judicatura.

Tolemaida. Ciudad en la costa de Israel, a unos 23 km al norte de Haifa, hoy llamada Acre o Acco, como se llamaba en sus orígenes. Se trata de una importante ciudad cananea asignada a la tribu de Aser (Jue. 1:31), situada sobre un pequeño promontorio de la costa palestina, a poco más de 40 km al sur de Tiro. En los tiempos de Oseas se rindió a Salmansar, rey de Asiria. El nombre fue cambiado a Tolemaida en honor de Tolomeo II Fidalelfo (285-246 a.C.). Durante el período macabeo fue la ciudad costera más importante, clave para la entrada de la Galilea, puerto marítimo y terminal de las rutas comerciales de Decápolis y de Arabia (1 Mac. 5:15, 55; 10:1, 58, 60; 12:48), cuya importancia sólo cedió a la nueva ciudad de Cesarea construida por Herodes. En esta ciudad surgió pronto una comunidad cristiana, ya que Pablo pasó allí un día con los hermanos durante su último viaje a Jerusalén (Hch. 21:7).

Tolomeo. Ver PTOLOMEO.

Tomás. Forma griega del arameo *t'õmã*, «mellizo». Uno de los doce apóstoles (Mt. 10:3), que también era conocido por el sobrenombre Dídimo, «mellizo», traducción gr. de su nombre propio (Jn. 11:16; 20:24; 21:2). No es mucho lo que los Evangelios dicen sobre él, el único que da algunos detalles sobre su carácter es el de Juan (Jn. 11:7, 8, 16; 14:1-6). Cuando Cristo apareció a los discípulos, Tomás estaba ausente, y no creyó en la resurrección hasta que vio con sus propios ojos al Señor (Jn. 20:24-29). En su obstinación había afirmado que no creería hasta que no pusiera sus dedos en las llagas del Señor, y su mano en su costado traspasado (Jn. 20:25). Ocho días después, estando esta vez Tomás con los discípulos, Jesús se apareció y se dirigió particularmente a Tomás. Junto con otros seis discípulos, fue testigo y actor de una pesca milagrosa en el lago de Galilea, en una aparición del Señor resucitado (Jn. 21:1-8). Después de la ascensión, Tomás y los otros apóstoles se retiraron al aposento alto (Hch. 1:13).

Tomás, Apocalipsis de. Obra apócrifa titulada *Revelatio quae apellatur Thomae Apostoli*, condenada por heterodoxa por el Decreto del Papa Gelasio. Es una profecía de las «señales que ocurrirán al fin del mundo», pretendidamente revelada al apóstol por el «Hijo de Dios el Padre y el Padre de todos los espíritus». Probablemente fue escrita en latín en el s. V d.C.

Tomás, Evangelio de. Obra apócrifa perdida de carácter gnóstico. Tal y como ahora lo conocemos es meramente una historia fantástica de la infancia de Jesús. Según Hipólito de Roma era usado por los naassenos, secta gnóstica del s. II. Este evangelio no debe confundirse con el de Tomás encontrado en Nag Hammadi (Egipto, 1946), que es sólo una colección de 113 ó 114 dichos de Jesús, algunos de los cuales eran conocidos por unos papiros encontrados en Oxirrinco, pertenecientes al s. III.

Torá. Palabra hebrea que significa «dirección, instrucción, enseñanza», traducida corrientemente por «ley». En el judaísmo vino a significar específicamente la Ley de Moisés, los primeros cinco libros de la Biblia. Según la tradición judía, junto con la Ley escrita, Dios dio a Moisés una detallada explicación de sus mandamientos, conocida por «Ley oral»; de ahí que en su sentido más amplio la Torá se refiera a la Ley escrita y a la oral.

Torbellino. Movimiento circular del aire causado cuando entran en contacto dos corrientes de aire procedentes de direcciones opuestas. En la zona de Oriente Medio son frecuentes al aproximarse la estación de las lluvias, y aparecen preferentemente no muy lejos de la costa. Son enormemente destructivos. Es mencionado con frecuencia en el AT como uno de los medios en que Dios se manifiesta en juicio (Sal. 83:15; Nah. 1:3; Zac. 7:14).
También se emplea figuradamente del castigo retributivo que recibirán los que han sembrado el mal (Os. 8:7). En dos ocasiones es relacionado con el sur (Jb. 37:9; Zac. 9:14). Elías fue arrebatado en un carro de fuego en el seno de un torbellino (2 R. 2:1, 11).

Torrente. Por lo general, es una corriente que sólo fluye en invierno o cuando es alimentada por lluvias (cf. Jn. 18:1). En ocasiones, en invierno y en la estación de las lluvias, forma impetuosas avenidas de agua, que se secan en verano, estación que era aprovechada para asentarse en los lechos secos y aprovechar la vegetación producida por su humedad. Isaac, p. ej. plantó sus tiendas en el torrente de Gerar y habitó allí (Gn. 26:17), se entiende que temporalmente, conforme a su vida nómada. Frecuentemente se hace referencia al «torrente de Cedrón» (2 R. 23:6, 12; 2 Cro. 15:16; 29:16; 30:14), queriendo significar el «valle» de ese nombre.

Toseftá. Nombre de una colección de máximas que tratan de una manera más completa que la Misná las leyes y doctrinas tradicionales. Nació en los dos primeros siglos de nuestra era y contiene numerosos datos relativos a la vida judía de aquella época. Propiamente es una colección de *baraithot*, sing. *baraitha*, o «doctrina omitida», enseñanzas de los *tanaim* que no se encuentran en la Misná. Las notas explanatorias son introducidas con la palabra *hosif*, «él ha añadido». Una sentencia así elucidada y completada era llamada *tosefta*, aplicado no sólo a las notas, sino también a la totalidad de la frase o explicación. Al igual que la Misná, la Toseftá se divide en seis órdenes o *sedarim*, los cuales se corresponden a los de aquélla. Los órdenes se subdividen en tratados que, con unas pocas excepciones, también llevan el nombre de los de la Misná. Ver MISNÁ, TALMUD.

Trabajo. El trabajo ha sido desde el principio un propósito de Dios para el hombre (cf. Gn. 1:28; 2:15). Dios mismo enseñó al hombre la actividad de la labranza (cf. Is. 28:26-29). La misma creación trabaja (cf. Prov. 6:6-8). Fue por la caída y la consiguiente maldición que el trabajo pasó de ser un gozo a constituir un agotador esfuerzo para asegurar la subsistencia (Gn. 3: 16-19). Por ello, el trabajo, en lugar de fuente de placer y creación, es, para la gran masa de la humanidad, una enojosa actividad esclavizadora, angustiosa, y sin certidumbre de conseguir una adecuada compensación. Ha llegado, en muchos casos, a ser un instrumento de explotación y opresión (cf. Éx. 1:11-14; 2:23; Stg. 5:4).

Sin embargo, los sabios de Israel muestran el trabajo y la diligencia en él como una virtud (Prov. 22:29). Se denuncia, sin embargo, el trabajo como un medio para conseguir más de lo necesario para la vida, al añadir ello un agobio innecesario (Ec. 4:6). La mujer diligente en el cuidado de la familia y en la dirección de la casa es cantada con gran alabanza (Prov. 31:10-31). En la Ley se ordenan los períodos de trabajo y de descanso, con todo el ciclo de fiestas anuales, en las que, al igual que en los sábados, se debía dejar a un lado toda labor y dedicarla al descanso, oración, adoración, y fiesta, bien de gozo o de humillación (cf. Dt. 16:11, 14, etc.; Lv. 23:27-32).

El cristiano es considerado colaborador de Dios (1 Co. 3:9). No estando bajo la maldición, sino gozando de la bendición de Dios, es exhortado a trabajar con fidelidad, «no sirviendo al ojo... sino con corazón sincero, temiendo a Dios» (Col. 3:22). El cristiano fiel puede sentirse alentado, pues su trabajo «en el Señor no es en vano» (1 Co. 15:58). Los creyentes deben ocuparse en buenas obras (Tit. 3:8), viviendo en este siglo sobria, justa y piadosamente (Tit. 2:12) mientras espera la venida de su Señor (Tit. 2:13). Su trabajo debe tener un triple propósito: glorificar a Dios (1 Co. 6:20), subvenir a sus propias necesidades, para no ser carga a nadie (1 Ts. 4:11-12) y poder ayudar a los que padecen necesidad (Ef. 4:28). Este trabajo debe ser llevado a cabo sosegadamente (2 Ts. 3:12), sin ansiedad (1 P. 5:7) ni avaricia (He. 13:5), por cuanto el Señor ha prometido su cuidado a todos los suyos (cf. Flp. 4:19). Por otra parte, hay la taxativa instrucción de que, por una parte, «si alguno no quiere trabajar, tampoco coma» (2 Ts. 3:10); por la otra: «El obrero es digno de su salario» (Lc. 10:7; 1 Co. 9:14; 1 Ti. 5:18).

Tracia. País mencionado únicamente en el segundo libro de los Macabeos en relación a un caballero tracio (2 Mac. 12:35) que salvó la vida del gobernador de Idumea, Gorgias, en una batalla contra Judas Macabeo, hacia el 163 a.C., durante el reinado de Antíoco IV Epífanes. En ese tiempo, Tracia correspondía aproximadamente a la actual Bulgaria, limitando con Macedonia, el Danubio, el Ponto Euxino, Propóntide y el mar Egeo. Los tracios eran famosos por su caballería y sus servicios fueron solicitados por griegos y romanos como mercenarios.

Traconite (gr. «rocosa»). Región al noreste del Mar de Galilea mencionada una sola vez al comienzo del ministerio de Juan el Bautista. La Traconite formaba, con Iturea, la tetrarquía de Felipe, hermano de Herodes Antipas, el tetrarca de Galilea (Lc. 3:1). Se extendía al sur de Damasco. Comprendía las rocas volcánicas que en nuestros días reciben el nombre de al-Laja'; al oeste incluía Ulatha y Paneas; al sur, los confines de Batanea y de Jebel Haurán.

Traducciones de la Biblia. Ver VERSIONES DE LA BIBLIA.

Transfiguración. Glorificación de Jesús en una montaña alta (Mt. 17:2; Mc. 9:2; Lc. 9:29). Jesús aparece aquí realizando las Escrituras y sus profecías sobre el Mesías, el siervo de Dios y el Hijo del hombre. Jesús adquiere el aspecto y el resplandor del personaje de la visión de Daniel (Dn. 10:1-14). Jesús escoge como testigos del acontecimiento a los que serán testigos de su agonía en Getsemaní: Pedro, Santiago y Juan, elegidos para descubrir el sentido divino de los acontecimientos que van a producirse. La transfiguración acontece en el contexto del rechazo oficial por las autoridades judías de Jesús, a raíz de lo cual se dirigió con sus discípulos hacia el extremo norte del país, a la zona de Cesarea de Filipos (Mt. 16:13). Allí, en contraste con la ceguera de Israel con respecto a su persona, recibió la confesión de Pedro de que Él era el Cristo, el Hijo del Dios viviente (Mt. 16:15-16). Inmediatamente después Jesús anuncia el rechazo y sufrimiento del que será objeto en Jerusalén, lo que Pedro se niega a aceptar (Mt. 16:21-23). A continuación viene el relato de la transfiguración, Jesús quiere prevenir a sus discípulos contra el escándalo de un Mesías sufriente, aunque por el momento los apóstoles no entienden nada. Para el Evangelio de Marcos la transfiguración es un anticipo y preludio de la resurrección.

Transjordania. Región palestina al otro lado del Jordán, comprendida entre este río y el desierto sirio al este, el monte Hermón hasta Damasco al norte y el wadi el-Hesa al sur. Comprende un enorme altiplano que se eleva de 643 a 1.286 m sobre el nivel del mar. La parte norte de Transjordania recibe el nombre de Basán, Batan en arameo. Era tierra de bosques y prados muy rica en ganados; se extendía hasta el río Yarmuk al sur. Desde el Jarmuc, al Jaboc, o acaso Wadi Hesban, se extendía la tierra de Galaad, muy diferente de Basán, geográficamente muy accidentada, con verdaderas montañas. Al este de Galaad se extendía del Jaboc al Arnón el país de Amón, que originalmente llegaba hasta el Jordán. Al sur de Galaad y Amón, limitado al norte por el río Arnón, se hallaba Moab. Su límite sur era Zered, hoy Wadi el Hesa. La más meridional de las unidades políticas de Transjordania era Edom, que ocupó el territorio entre el Zered y el golfo de 'Aqaba, aparte de su extensión al oeste de 'Araba.

Tres Tabernas. Localidad de la Vía Apia, a unos 16 km del Foro de Apio, y a 50 km de Roma, al que fue un grupo de cristianos para acoger al apóstol san Pablo, en su camino de Puteoli a la capital del Imperio, prob. en una señal de respeto (Hch. 28:15). Pablo, al ver esta muestra de aprecio, cobró ánimo y confianza. Probablemente derivaba su nombre de tres grandes posadas o casas de comidas para atender las necesidades de los viajeros en su camino a Roma. Se hallaba cerca de la moderna Cisterna, al pie de los Montes Albanos.

Tribu. La división en tribus se halla en numerosos pueblos antiguos, como entre los edomitas, ismaelitas, árabes, etc. (cf. Gn. 36:15, 19, 40). Las doce tribus de Israel fueron fundadas por los doce hijos de Jacob, con la excepción de José, de quien surgieron dos tribus, al adoptar Jacob como hijos a sus nietos (Gn. 48:5). Así, hubo en realidad trece tribus, quedando doce en el reparto de la tierra al considerar la de Leví como tribu dedicada al sacerdocio, y sin territorio propio, quedando esparcida por todo Israel. En la misma época de Jacob, la expresión «las doce tribus de Israel» incluía aún a Leví, en tanto que Efraín y Manasés eran consideradas como una sola tribu, bajo el nombre de José (Gn. 49:5, 22, 28; Nm. 26:28, cf. v. 57). Al hacerse la división de la tierra, los hijos de José recibieron territorios distintos (Jos. 17:14, 17), en tanto que Leví recibía al mismo Señor como herencia (Jos. 13:14, 33). Desde el punto de vista material, Leví recibió su parte con la entrega

de una porción de los sacrificios y de los diezmos (Nm. 18:20-21, 24; Dt. 18:1-5), y, por otra parte, recibió 48 ciudades con sus aldeas, repartidas entre todas las tribus (Jos. 21:1-2, 41).
La organización tribal estaba tan profundamente arraigada, que resistió todo el turbulento período de los Jueces (cf. Jue. 20:2; 21:3, 17), y sobrevivió al establecimiento de la monarquía. Los ancianos y los príncipes de las tribus ejercieron una gran influencia en la elección de ciertos reyes (1 Sam. 8:4; 10:20; 2 Sam. 3:17; 5:1); los soberanos los consultaban para los asuntos de importancia (1 R. 8:1; 20:7; 2 R. 23:1). El cisma nacional tuvo como marco la estructura tribal, y fue dirigido tanto contra la prepotencia de Judá como contra un rey impopular (1 R. 12:20-21). Cuando tuvo lugar la caída de Israel, y durante el exilio, los ancianos siguieron desempeñando un importante papel (Jer. 19:1; Ez. 8:1; 14:1; 20:1), si bien la misma organización tribal había quedado quebrantada debido a la destrucción de ambos reinos.

Tribulación. La palabra hebrea hace referencia al «aprieto» que uno siente cuando se halla sometido a situaciones de injusticia y opresión, lo cual deriva en angustia espiritual y psicológica. La espiritualidad hebrea gira en torno al Dios que libra de la tribulación (2 Cro. 15:4; 20:9; Neh. 9:27). Para el verdadero israelita esto significa que Yahvé es un Dios vivo, frente a los ídolos o falsos dioses, que tienen que ser llevados «sobre los hombros», y aunque alguien los invoque, no responden ni libran de la tribulación (Is. 46:7).
Por su parte, la espiritualidad cristiana, que nace de la experiencia de la angustia, aflicción y dolor de su Maestro, gira en torno a la asunción de la tribulación como un paso que es necesario atravesar por amor de Cristo y su palabra (Mt. 24:9; Jn. 16:33; Ro. 5:3). La tribulación es la experiencia general de los que quieran vivir piadosamente en Cristo Jesús (2 Ti. 3:12). Los primeros cristianos fueron esparcidos a causa de «tribulación que sobrevino en tiempos de Esteban» (Hch. 11:19). De esta manera, la tribulación no es simplemente considerada como una molestia o entorpecimiento del avance del mensaje evangélico, sino todo lo contrario, como una ocasión para el esparcimiento del mismo, al tiempo que, en manos de Dios, produce un más excelente peso de gloria en los creyentes (2 Co. 4:17). Por la fe y el poder divino, la tribulación se transforma en un medio de comunión con Cristo (Col. 1:24), de tal manera que los autores apostólicos pueden presentarse a sí mismos como «copartícipe en la tribulación y en el reino y en la perseverancia en Jesús» (Ap. 1:9). Jesús anunció para antes de su segundo advenimiento, como una señal precursora del mismo, una «gran tribulación como no ha habido desde el principio del mundo hasta

ahora, ni habrá jamás» (Mt. 24:21, 29; Mc. 13:19, 24), de la cual las persecuciones sufridas por la Iglesia han sido como anticipaciones (cf. Ap. 7:14).

Tribunal. En la antigüedad las puertas de acceso de la ciudad eran el lugar habitual para celebrar juicios, dirimir pleitos y administrar justicia, de ahí la expresión heb. «puerta de juicio» (cf. Dt. 16:18; 17:8; 21:19; 22:15; 25:6, 7; Rt. 4:1; 2 Sam. 15:2; 19:8; 1 R. 22:10; Job 29:7; Prov. 22:22; 24:7; Lam. 5:14; Am. 5:12; Zac. 8:16). El homicida involuntario tenía que presentarse a la puerta de la ciudad de refugio y exponer su caso a oídos de los ancianos del lugar (Jos. 20:4). La razón de esta costumbre se debe a que en la ciudades amuralladas las puertas eran la única vía de acceso a las mismas, y por tanto eran lugares muy concurridos y de fácil acceso para toda la gente; la integridad de los jueces y magistrados parecía más segura ante tan gran concurrencia pública. Con todo, los profetas denuncian la corrupción de los procesos debida al soborno, de modo que los jueces «a los pobres en la puerta hacen perder su causa» (Am. 5:12). «Aborreced el mal, y amad el bien, y poned juicio en la puerta» (Am. 5:15).
Por analogía se habla del «tribunal de Dios», corte último en la que todos comparecerán (Ro. 14:10). Este mismo tribunal es llamado «el tribunal de Cristo» (2 Co. 5:10), a quien el Padre ha dado todo juicio (Jn. 5:22, 27; cf. Mt. 25:31). Ante este tribunal, la vida y obra de los creyentes han de quedar manifiestas, para que cada uno «reciba según lo que haya hecho mientras estaba en el cuerpo, sea bueno o malo». Allí recibirán sus recompensas por su fidelidad al Señor. Todo lo que en sus vidas haya sido contrario a su voluntad les significará una pérdida (1 Co. 3:15).

Tribuno, lit. «capitán de mil», designa al comandante de un batallón compuesto por 1.000 soldados (Jn. 18:12; Hch. 21:31-37; 22:24-29; 23:10-22; 24:7, 22; 25:23), correspondiente al heb. *sar ha-alafim*, o «jefes de mil» (Nm. 31:14; 1 Sam. 8:12; 18:13; 1 Cro. 13:1; 15:2, etc.). En el ejército romano, el tribuno estaba al mando de una cohorte. En principio designó a los magistrados elegidos por las tribus de Roma en defensa de los intereses de la plebe, los cuales llegaron a gozar de máxima autoridad. Ver CAPITÁN, EJÉRCITO.

Trifena. Cristiana de Roma mencionada por san Pablo juntamente con Trifosa. Ambas habían trabajado mucho por el Señor (Ro. 16:12). Como el nombre de ambas procede de la misma raíz griega se ha creído que eran hermanas, pero es más probable que fueran diaconisas, precursoras del gran número de mujeres que posteriormente ministraron en la Iglesia de Roma (Eusebio, *Hist. Eccl.* 6, 43).

Trifosa. Cristiana romana cuyo nombre acompaña al de Trifena. Es posible que fueran parientes, o compañeras diaconisas. Pablo aprecia su trabajo, y la saluda (Ro. 16:12).

Trinidad, del lat. *trinus*, «triple». El vocablo Trinidad no se halla en ninguna parte de la Biblia, aparece por primera vez en el siglo II con Teófilo de Antioquía y después Tertuliano, para enseñar que el Dios único se revela en tres Personas: Padre, Hijo y Espíritu Santo, el misterio cristiano por excelencia. En el siglo siguiente la palabra es de uso general en Orígenes y otros autores.

La revelación de la Trinidad en el AT se desprende del concepto dinámico de revelación, el cual tenía que conducir necesariamente a aquello que implica ya cierta Trinidad, como es la comunicación de Dios mismo, y en las «personificaciones» de las acciones del poder divino sobre el mundo, por las que éstas se entienden como separadas de Dios, pero sin constituir ningún principio intermedio entre Dios y el mundo. Al llegar al NT vemos que éste no contiene ninguna doctrina formal ni sistemática acerca de la Trinidad, presenta la obra de salvación ligada a Jesús, como el gran revelador del Padre y camino de acceso a la comunión con Él en la santificación del Espíritu Santo. Sin embargo, la Trinidad se puede descubrir en un primer momento en la fórmula bautismal de Mt. 28:19 y en los enunciados sobre el Padre, el Hijo y el Espíritu Santo. En Juan y en la literatura epistolar apostólica hay una tendencia clara a agrupar las tros nombres en el mismo contexto; p. ej. «Un Espíritu, un Señor, un Dios y un Padre» (Ef. 4:4); «gracia del Señor Jesucristo, amor de Dios, comunión del Espíritu Santo» (1 Co. 13:13).

Los autores del NT cuando hablan simplemente de «Dios» se refieren el Dios del AT, el cual es el «Padre», tiene un Hijo y da su Espíritu (1 Co. 8:4). A menudo se utiliza la expresión «Dios nuestro Padre» (Ro. 1:7; 1 Co. 1:3; 2 Co. 1:2; Gál. 1:3; Ef. 1:2; Flp. 1:2; Col. 1:2; 1 Ts. 3:13; 2 Ts. 1:1, 2: Flm. 1:3), es decir, «Dios el Padre», o «nuestro Dios y Padre» (Gál. 1:4; Flp. 4:20). Las afirmaciones sobre el Hijo no se refieren a un mero mediador, sino al Salvador divino (Flp. 2:6). La divinidad preexistente del Hijo está clara en Juan, para quien «el Logos» ya existía en «el principio» (Jn. 1:1-18). El Espíritu no es presentado como un poder cósmico o religioso entre Dios y el mundo, sino que es dintintivamente el «Espíritu de Dios» (Lc. 4:18; Tit. 3:5ss.; 1 Co. 12:4, etc.). Nombres y atributos propios de Yahvé son atribuidos a él (Hch. 28:25, con Is. 6:9; y He. 3:7,9, con Éx. 17:7; Jer. 31:31, 34; He. 10:15,16), identificado como Dios (Hch. 5:3, 4), y Señor (2 Co. 3:17, 19). El Espíritu es omnisciente como Dios (1 Co. 2:10, 11; Is. 40:13, 14), omnipresente (Sal. 139:7; Ef. 2:17, 18; Ro. 8:26, 27), omnipotente (Lc. 1:35), eterno (He. 9:14).

Troas (gr. «llanura de Troya»). Ciudad y puerto importante de Asia Menor, en la costa del mar Egeo, frente a la isla de Tenedos. Era una próspera ciudad marítima, centro de comunicaciones entre Macedonia y Asia Menor. Se hallaba a unos 40 km al suroeste de la antigua Ilión o Troya. Pablo tuvo en ella la visión de un varón macedonio que le pedía ayuda (Hch. 16:8-11; 2 Co. 2:12), así comenzó la misión que le llevaría con el mensaje evangélico de Asia a Europa. Al volver de su tercer viaje misionero, el apóstol se quedó siete días en Troas (Hch. 20:1-7). Fue entonces cuando tuvo lugar el incidente de Eutico, el joven que se cayó de una ventana.

Trófimo (gr. «que alimenta», «nutritivo»). Cristiano de Éfeso, procedente de la gentilidad. Acompañó a Pablo de Grecia a Jerusalén (Hch. 20:4), donde los judíos de Asia acusaron falsamente a Pablo de haberlo introducido en el Templo, violando la Ley (Hch. 20:4; 21:29). En su última epístola, Pablo dice que había dejado a Trófimo enfermo en Mileto (2 Ti. 4:20). No se tienen más noticias de él.

Trogilio. Promontorio en el mar Egeo, formado por la parte occidental del monte Micale, al sudoeste de Éfeso y frente a la isla de Samos, de la que le separa un canal de 1,5 km de ancho. Al volver de su tercer viaje, Pablo, dirigiéndose a Jerusalén, hizo una breve escala de un día en Trogilio antes de llegar a Mileto (Hch. 20:15). No lejos del promontorio hay un ancladero llamado «Puerto de San Pablo».

Trompeta. Instrumento musical asociado a los grandes momentos históricos y cósmicos de la revelación divina. Por su poder de convocatoria se utilizaban las trompetas para transmitir las órdenes y actos. Había dos trompetas de plata para uso de los sacerdotes, dándose instrucciones para emitir diferentes llamadas para convocar a los príncipes, a toda la congregación, o para dar la alarma para la batalla (Nm. 10:1-10). Más tarde, durante la dedicación del Templo, Salomón dispuso a ciento veinte sacerdotes tocando trompetas (2 Cro. 5:12).
El *shofár* era una corneta o cuerno curvo de sonido claro y agudo (1 Cro. 15:28; 2 Cro. 15:14; Sal. 98:6; Is. 58:1; Os. 5:8). Se usaba en ocasiones de gozo y en las guerras. Se tocaba en el año del jubileo (Lv.

25:9); en las batallas (Job 29:25; Jer. 4:5; 6:1), y por los centinelas o guardianes (Ez. 33:6). Las murallas de Jericó se derrumbaron al toque final de las trompetas (Jos. 6:19). Al ser promulgada la Ley en el Sinaí, se oyó el fuerte sonido de un *shofár* que venía del monte; tan intenso que todo el pueblo se atemorizó (Éx. 19:16, 19; cf. He. 12:19).
En el NT las trompetas aparecen utilizadas por los ángeles en la segunda venida de Cristo, convocan a los elegidos para la inauguración de un nuevo año sin fin (Mt. 24:31). La voz de un arcángel y la «trompeta de Dios» (1 Ts. 4:16) tendrán a su cargo anunciar el día del Señor. El libro del Ap. anticipa una descripción muy minuciosa de la fiesta de las trompetas que precederá a la inauguración de la eternidad. El vidente oye el anuncio de siete trompetas (Ap. 8:2-9:14), y el sonido de la séptima es seguido del «clamor» de los elegidos (Ap. 11:15-19) que expresa la alegría del Año Nuevo definitivo que nunca terminará, por eso los santos «gritan con voz potente» su entusiasmo y su fe en el poder de Dios que introduce la eternidad de justicia en un mundo de maldad.

Trompetas, Fiesta de las. Se celebra el comienzo del año civil judío, que cae en el mes séptimo, Tisri (septiembre/octubre), recibido con «clamor», de donde deriva su nombre, pues hace referencia a la aclamación de alegría, la clarinada o toque de trompetas. El primer día debía ser «día de reposo, una conmemoración al son de trompetas, y una santa convocación». No debían hacer aquel día trabajo servil alguno, y debían ofrecer ofrenda encendida a Yahvé (Lv. 23:23-25). Todavía los judíos lo celebran hoy con el nombre tradicional de *Rôs Hashaná*. Es un día de alegría, aclamado por los judíos como el día de la creación; por ello oran y se preparan para que en esta fecha sean contados entre los justos; el saludo que utilizan para esta fiesta es: «Que seas incrito en el libro de la vida». En las sinagogas tradicionales el rabino y los cantores se visten de ropas blancas simbolizando pureza y renovación espiritual. Este día marca tanto el año nuevo judío como el inicio de un período de introspección conocido como los «días santísimos», que culminan con Yom Kippur, o «fiesta de la expiación», en el mismo mes. Según Maimónides el propósito de la Fiesta de las Trompetas era despertar a la gente de su letargo espiritual y prepararlo para la humillación del Día de la Expiación o Yom Kippur.
Parece ser que, primitivamente, se trataba de un toque de trompeta, que anunciaba la aparición de la luna nueva a todos los habitantes de la ciudad, para que nadie se equivocara en el calendario o cómputo de los días. En el NT la entrada triunfal de Cristo en Jerusalén (Lc. 19:37) fue, tanto para Él como para sus discípulos, una verdadera celebración de la fiesta del séptimo mes, los «clamores» del gentío responden claramente a los

clamores de la liturgia del Año Nuevo para anunciar la inauguración del año entrante, un año que no se renovará, que no tendrá fin, un año de gracia del Señor que desembocará directamente en la eternidad. En la misma línea de pensamiento, el apóstol Pablo asocia la resurrección de los santos con el toque de «la última trompeta» (1 Co. 15:52), que hace referencia a la Fiesta de las Trompetas, que inaugura la nueva creación no ya regulada por la caducidad del Sol y la Luna, sino por presencia inmediata de Dios (cf. Mt. 24:29; 2 P. 3:12; Ap. 22:5). La primera trompeta se tocaba en Pentecostés; la última en Ros Ha-shaná, mientras que la gran trompeta se tocaba en Yom Kippur, llamada *shofár hagadol* (Is. 27:13; cf. Mt. 24:31).

Trono. Asiento que denota la autoridad de una persona y que suele ser privativo de los soberanos (cf. Gn. 41:40), aunque a veces puede ser ocupado por un sumo sacerdote (1 Sam. 1:9), juez (Sal. 122:5), jefe militar (Jer. 1:15) o gobernador (Neh. 3:7). En el lugar santísimo, en medio de los querubines, estaba el trono de Yahvé, el rey invisible de Israel (Éx. 25:22). Por lo general, para indicar su realeza, el trono se cubría con un dosel y estaba colocado en un lugar elevado. Al de Salomón se accedía por seis escalones o gradas (1 R. 10:19; 2 Cro. 9:18). El trono de Yahvé es descrito «alto y sublime» (Is. 6:1). Los monarcas tenían asimismo tronos portátiles (1 R. 22:10). El mencionado trono de Salomón era una obra de arte con incrustaciones de marfil en madera recubierta de oro (1 R. 10:18-20; 2 Cro. 9:17-19). Su magnificencia sobrepasaba a la de los otros soberanos.

El rey ocupaba el trono real para las audiencias, para juzgar, para promulgar los decretos (1 R. 2:19; 7:7; 22:10; 2 R. 11:19; Jon. 3:6). Símbolo, pues, de poder supremo y dignidad, la mención del «trono» en relación a Dios denota su omnipotencia y gobierno (Sal. 9:5, 8; Ez. 1:26; He. 1:8; Ap. 1:4). En una imagen muy gráfica se dice que Yahvé «tiene su trono en los cielos» (Sal. 11:4; 103:19; Is. 66:1; Hch. 7:49; Ap. 4:2), que, por otra parte, y representativamente se encuentra en Jerusalén (Jer. 3:17) y su santo Templo (Jer. 17:12; Ez. 43:7). En el NT se habla del «trono de la gracia» (He. 4:16; 8:1; 12:2; Ap. 1:4; 3:21; 4:2; 5:1; 20:12; 21:3); que define la naturaleza del reino espiritual inaugurado por la predicación evangélica. Jesucristo comparte el trono, es decir, la autoridad, con Dios (He. 1:8; Ap. 3:21; 22:3); y a su vez hace que sus apóstoles escogidos compartan tronos escatológicos (Mt. 19:28; Lc. 22:30). Los veinticuatro ancianos de la visión celestial ocupaban otros tantos tronos en torno al trono divino (Ap. 4:4; 11:16), mostrando así la perfecta asociación y participación en la autoridad de los creyentes con Dios por medio de Cristo.

La expresión «trono de David» hace referencia a la dinastía inaugurada por este monarca, saludada con la bendición divina (2 Sam. 3:10; Jer. 22:2, 30; 36:30), que en la perspectiva mesiánica es una promesa del renacer futuro del gobierno de Israel (cf. Is. 9:7), que los autores del NT aplican a la persona de Jesús, que reconstruye el «trono de David», su padre (cf. Lc. 1:32, 69; Hch. 2:34; 13:34; 15:16).

Trueno. Junto al rayo, el relámpago y demás elementos de una tormenta, el trueno acompaña las teofanías de Dios en el AT; estuvo muy presente en la manifestación de Sinaí (Éx. 19:16; cf. Ap. 4:5). La voz de Yahvé es representada poéticamente por el trueno (Job. 37:2-5; 40:9; Sal. 29:3-9). En un pasaje se dice que Dios «responde en lo oculto del trueno» (Sal. 81:7; cf. Sal. 18:13; 2 Sam. 22:14).

A diferencia del politeísmo, la religión hebrea no diviniza los fenómenos atmosféricos, sino que los presenta como una manifestación del obrar divino en orden de continuidad con la gran obra de la creación: «Él hizo la tierra con su poder; estableció el mundo con su sabiduría y extendió los cielos con su inteligencia. Cuando Él emite su voz, se produce un tumulto de aguas en los cielos. Él hace subir la neblina desde los extremos de la tierra. Hace los relámpagos para la lluvia y saca el viento de sus depósitos» (Jer. 10:13; cf. Job 28:26; 38:25; Sal. 77:18; Eclo. 43:17). Al movimiento de la vara de Moisés hacia el cielo, Yahvé envió truenos y granizo sobre Egipto, intensificando así el horror de la séptima plaga (Éx. 9:23). Samuel invoca a Yahvé para que envíe truenos como una señal de su desaprobación de los pecados del pueblo (1 Sam. 12:17-19).

Después de la entrada triunfal de Jesús en Jerusalén, pidió a su Padre que glorificara su nombre. Entonces vino una voz del cielo, que fue interpretada por la multitud presente como un trueno (Jn. 12:28). En los escritos joánicos el trueno está siempre en conexión con la divinidad, especialmente en el Apocalipsis, que en número de siete logra su máxima potencialidad (cf. Ap. 4:5; 6:1; 8:5; 10:3, 4; 11:19; 14:2; 16:18; 19:6).

Tubal (heb. quizá «producción»). Hijo de Jafet y pueblo o tribu surgida de él (Gn. 10:2; 1 Cro. 1:5), que se menciona junto con Javán (Is. 66:19) y Mesec (Ez. 32:26; 38:2, 3; 39:1), del mismo linaje. Comerciaba con esclavos y metales en los mercados de Tiro (Ez. 27:13). Gog, enemigo del pueblo de Dios, era príncipe y soberano de Ros, Mesec y Tubal (Ez. 38:2, 3; 39:1).

Los descendientes de Tubal son los tibareni o tibarenoi, de los que habla Herodoto y que corresponden a los tabal de los asirios y a los tipal de los hititas. Trabajaban los metales y al parecer vivían en las costas meridionales del mar Negro. Josefo los identifica erróneamente con los íberos (*Ant.* 1, 6, 1), que Jerónimo entiende por españoles. En tiempo de Jenofonte, los tibareni eran una tribu independiente, después de haberse sacudido el yugo asirio.

Tubal-Caín. Hijo de Lamec, descendiente de Caín, con su esposa Zila. Fue el iniciador de la metalurgia del cobre y del hierro (Gn. 4:22).

Tumba. Los hebreos siempre sepultaban a sus muertos bien en fosas cubiertas de losas, bien en cuevas naturales o artificiales, cuando las condiciones locales favorecían este tipo de sepultura (Gn. 23:9; Is. 22:16; Mt. 27:60; Jn. 11:38). Las cavernas y grutas naturales eran prolongadas excavándolas más profundamente (Gn. 50:5). Las formaciones rocosas de los alrededores de Jerusalén están llenas de estas tumbas. La entrada de la cueva o de sus cámaras sepulcrales se cerraba con una gran piedra redonda que se hacía descender rodando hasta encajar en su sitio (Mt. 27:60), impidiendo así la entrada de chacales u otros animales carroñeros. Cada año, en el mes de Adar, se blanqueaba el exterior de los sepulcros, encalándolos (Mt. 23:27), no sólo para adornarlos, sino para advertir a los que pasaran por allí, a fin de que no los tocaran, lo que entrañaba una impureza legal. La tumba individual era cavada en el suelo de la cueva, y recubierta con una losa, o bien tallada como un nicho en la pared rocosa. Por lo general, no se usaban féretros. Ocasionalmente, las tumbas de los ricos contenían sarcófagos de piedra. La entrada a la cueva era en ocasiones muy elaborada, o, por el contrario, consistía en una sencilla columna (2 R. 23:17). Había un cementerio público para los pobres, y un lugar donde sepultar a los extranjeros (2 R. 23:6; Jer. 26:23; Mt. 27:7).

Túmulo. Elevación artificial de tierra o pila de piedras con la que los antiguos cubrían un sepulcro a modo de monumento. La frase heb. *gal abaním gadól*, traducida «gran montón de piedras», hace referencia a un túmulo funerario levantado sobre la tumba de una persona muerta en circunstancias extraordinarias. Tal fue el túmulo levantado sobre el sepulcro de Acán (Jos. 7:26); y del rey de Hai (Jos. 8:29). El mismo tratamiento recibió la sepultura de Absalón (2 Sam. 18:17).

Túnica. «Vestidura interna o interior». Por regla general tenía forma de camisa y cubría hasta los tobillos, por lo que era necesario un ceñidor. Estaba hecha de lino, y de lana para el invierno. El algodón era raro y sólo al alcance de los ricos. Estaba provista de mangas, largas o cortas, y de un escote. De color sobrio, las túnicas multicolores parecen estar relacionadas con la realeza, procedente del ámbito cultural babilónico. Año tras año, Ana confeccionaba a su hijo Samuel una túnica pequeña, y se la llevaba cuando iba con su marido para ofrecer el sacrificio anual (1 Sam. 2:19).

Entre los romanos la túnica que llegaba a los pies era conocida como túnica larga o tipo toga (*tunica talaris*). Una túnica sin mangas o con mangas cortas era conocida como *colobia*; la que dejaba el hombro derecho libre. Dorcas se dedicaba a hacer túnicas y mantos, esto es, vestidos interiores ceñidos al cuerpo, y vestidos externos, largos y sueltos (Hch. 9:39). Se decía de alguien que estaba «desnudo» cuando estaba sin «ropaje exterior» y sólo llevaba un ligero vestido interior, como en el caso de Pedro (Jn. 21:7).

Turbión. Por turbión se entiende un aguacero con viento fuerte, que se presenta repentinamente y es de corta de duración. Los escritores bíblicos hacen referencia a él en sentido metafórico como una tempestad o tromba de granizo violento que sacude la vida humana, frente a la cual el único refugio posible es Dios (Is. 4:6; 25;4; 28:2; Sal. 32:2).

Tutor. Persona encargada de cuidar a un menor de edad y administrar los bienes, como Mardoqueo lo fue de Ester (Est. 2:7), y Lisias de su pariente, el rey Antíoco V Eupátor (2 Mac. 11:1; 13:2; 14:2). El apóstol compara la situación de la humanidad previa a la venida de Cristo como un estado infantil bajo tutoría: «Entre tanto que el heredero es niño... está debajo de tutores y curadores hasta el tiempo señalado por el padre» (Gál. 4:2), que da lugar a la nueva dispensación de la gracia, caracterizada por la plena posesión de la herencia divina.

U

Ugarit. Antigua ciudad cananea portuaria, conocida en la actualidad como Ras Shamra, al norte de la franja sirio-palestina, a unos 16 km al norte de Lataquia, el puerto más importante de Siria, y a 40 km al suroeste de Antioquía. El nombre de Ugarit aparece citado por primera vez en un texto del siglo XVIII a.C. hallado en Mari. Los textos encontrados en el lugar tienen una importancia capital para las disciplinas bíblicas, ante todo su conexión con el estudio de la gramática hebrea. El descubrimiento de diccionarios y abedecedarios prueba que el actual orden del alfabeto hebreo se remonta, por los menos, al siglo XV a.C. y no al siglo VII como muchos sostenían. El vocabulario ugarítico ha disipado innumerables tinieblas lexicográficas. La expresión poética de Jue. 5:20: «Desde los cielos combatieron las estrellas; desde sus órbitas combatieron contra Sísara» puede explicarse más acertadamente como una metáfora tomada de la poesía ugarítica, en que se llama a la lluvia «los chubascos que las estrellas arrojan», aludiendo a la antigua creencia general de que la lluvia era un efluvio de las estrellas, luego, éstas lucharon con Sísara enviando la lluvia que impidió la maniobra de sus carros de guerra en la encharcada llanura de Esdrelón.

Ulai. Río de Persia llamado Eulaeus y Pasitigris por los geógrafos griegos y romanos de la antigüedad. Plinio dice que rodeaba la ciudad de Susa. En la actualidad recibe el nombre de Kerkha, un afluente del río Trigris. Otros lo identifican con el río Karun, que quizá en un tiempo estuvo unido a él. Allí tuvo Daniel la visión del carnero y del macho cabrío (Dn. 8:2-16).

Úlcera. Erupción inflamatoria cutánea que deriva en pústulas y sarpullido. Constituye la sexta plaga de Egipto inducida sobrenaturalmente (Éx. 9:8-11; cf. Dt. 28:27, 35), pero endémica en ese país desde septiembre a diciembre, al menos en tiempos modernos. Las úlceras aparecen en pocos días y pueden llegar a ser fatales.

La lepra producía ulceraciones (Lv. 13:18-20). La enfermedad de Ezequías estuvo caracterizada por una úlcera (2 R. 20:7; Is. 38:21), probablemente ántrax, una úlcera más grave que puede producir una septicemia. La aplicación de una masa de higos a la llaga fue el instrumento del que se sirvió Dios para obrar una maravillosa curación. Job fue atacado por una úlcera maligna de la cabeza a los pies (Job 2:7). Los forúnculos ordinarios son habituales en las regiones cálidas de Oriente durante la época de las lluvias; son repulsivas y dolorosas, pero no ponen la vida en peligro.

Unción. Rito de consagración mediante el uso de aceite. El primero de ellos mencionado en la Escritura se encuentra en Gn. 31:13, cuando Jacob ungió una piedra para hacer un voto a Dios. Se ungían los reyes y también los profetas (cf. Sal. 105:15; 1 R. 19:16). Para la unción de los sacerdotes se empleaba un aceite especial preparado según las instrucciones divinas (Éx. 30:30; 40:13). Con este mismo aceite fueron ungidos el tabernáculo y sus utensilios (Éx. 40:9, 10).

Los evangelios refieren dos ocasiones en que Jesús fue ungido. Primero, la pecadora en casa de Simón el fariseo, cuyo deber de cortesía hacia su huésped incluía derramar aceite sobre su cabeza, entonces la mujer le ungió los pies con perfume (Lc 7:38, 46). La víspera de la entrada en Jerusalén, María, hermana de Lázaro, repitió esta operación de respeto ungiendo a Jesús con nardo de gran precio, con escándalo de los discípulos (Mt. 26:6-13; Jn. 12:1-8). Pero Jesús aprobó a María y dio a su acto un significado nuevo y profético, refiriéndolo al uso de ungir los cadáveres con aromas; el gesto de la mujer venía a ser anticipación y signo del rito de sepultura que se practicaría sobre el cuerpo de Jesús después de su muerte en la cruz (Jn .19:40). En sentido espiritual, Jesús «fue ungido del Espíritu Santo y de poder» en el bautismo (Hch. 10:38). También el cristiano recibe una unción personal de parte de Dios (2 Co. 1:21;1 Jn. 2:20, 27).

Ungido, heb. *Mashíakj*, gr. *Christos*. En el AT designa a todo hombre que por la unción es consagrado a Yahvé. El rey, en especial, era el ungido de Yahvé (1 Sam. 12:3, 5; 24:7, 11; 26:9, 11, 16, 23; 2 Cro. 6:42; Is. 45:1). Este título nunca se aplica al Salvador futuro de Israel, sino hasta una época reciente, un siglo antes de los días de Cristo, cuando se comienza a asociar al «Esperado de las naciones» (Mt. 12:21; Ro. 15:12), concebido ya como rey. En el NT el título queda restringido a Jesús, que es *ho Christos*, «el Ungido», por antonomasia. Los Evangelios constatan que Jesús es el Ungido, es decir, el Mesías esperado, el Salvador del mundo (Mt. 11:1-6; 16:16-17; 23:10; Mc. 1:10; 8:29; Lc. 7:28; 9:20; Jn. 1:32-34; 4:25-27; 20:31; cf. también Hch. 10:38).

Unigénito (gr. «único engendrado»). En los escritos de Juan hace referencia a Jesucristo como «el unigénito Hijo de Dios» (Jn. 1:14, 18; 3:16, 18; 1 Jn. 4:9), para indicar su singularidad más que en su naturaleza de Hijo, aunque ambas ideas están ciertamente presentes. Él es el Hijo de Dios de una manera que nadie más es. En lo que respecta a Jesús, *unigénito* describe la relación absolutamente singular del Hijo con el Padre en su naturaleza divina. Indica que, como Hijo de Dios, Él era el único representante del ser y carácter de aquél que le envió (cf. Jn. 1:14, 18). En el original se omite el artículo determinado tanto delante de «unigénito» como delante de «Padre», y su ausencia en cada caso sirve para destacar la característica a que se hace referencia en los términos empleados. La palabra «engendrado» no implica un inicio de su filiación, no es un evento temporal, por muy remoto que se quiera, sino un hecho independiente del tiempo. El Hijo no vino a ser, sino que necesaria y eternamente es Hijo, del mismo modo que el Padre es eternamente Padre, y puesto que nunca ha dejado de ser Padre nunca ha habido un momento sin tener un Hijo. Él no es «después» del Padre», sino que uno hace al otro Padre e Hijo respectivamente desde la eternidad. El Hijo procede del

Padre, tiene su origen en el Padre, pero no hay que confundir «origen» con «principio»; el Hijo de Dios «nunca comenzó a ser»; es tan eterno como el Padre, pero tiene su origen en el Padre desde toda la eternidad.

Universo. Los hebreos carecen de un término para «universo», cuando quieren expresar la totalidad del mundo visible, hacen uso de la expresión «cielos y tierra» (Gn. 1:1; Prov. 8:26; Jer. 10:12). Para los griegos designa el mundo en su totalidad, reflejo de un orden. Según el pensamiento bíblico, el mundo entero, «los cielos y la tierra», ha sido creado por Dios (Gn. 1:1), a lo que siglos después se añadirá la aclaración «de la nada» (2 Mac. 7:28), para evitar cualquier desliz en sentido gentil o helénico, que hablaba de «emanación» a partir de una materia primordial. Lo que esta cláusula pretendía enseñar es que al lado de Dios no existía ninguna materia, independiente o subordinada, a partir de la cual creara el universo. Para los griegos el *cósmos* es una realidad cerrada y completa en sí misma, de la que forma parte la propia divinidad, para los hebreos, el cosmos es una realidad contingente, sometida a Dios, que domina sobre la totalidad del mundo producido por su palabra creadora.

Uña Aromática. Ingrediente que formaba parte de la composición del perfume sagrado. Al parecer era una sustancia muy olorosa. Aparece únicamente en Éx. 30:34. La mayoría de las versiones hebreas, los talmudistas y los intérpretes judíos creen que se trata del opérculo de la concha de un molusco, el estrombo o *Unguis odoratus*, que se encuentra en el océano Índico. Este opérculo es parecido a una uña, y despide perfume al ser quemado. Pero es difícil creer que se trate de esta criatura marina, clasificada entre los animales impuros, al carecer de escamas, y por tanto poco apta para ser tocada por los sacerdotes o usada en el santuario, aparte de que el olor que despide es poco agradable.

Ur de los Caldeos. Antigua ciudad de Sumeria de donde salieron Taré y Abraham para ir a Harán (Gn. 11:28, 31; 15:7; Neh. 9:7). Esteban consideraba que se encontraba en Mesopotamia (Hch. 7:2, 4). Debido a que hay varias ciudades que han usado la raíz Ur, los estudiosos han barajado varias posibilidades de identificación. La divergencia al respecto es mucha, pero la mayoría de los especialistas concuerdan que el Ur de la Biblia es el actual yacimiento arqueológico Tell al-Muqayyar (Irak), a 14 km al oeste de Nasiriyeh, entre la actual ciudad de Bagdad y el extremo del golfo Pérsico, al sur del curso bajo del río Eufra-

tes, en el borde del desierto de al-Hajarah. En la antigüedad, el río Eufrates fluía cerca de las murallas de la ciudad, controlando su salida al mar. La regresión marina ha hecho que sus ruinas yazcan ahora en el interior de Irak. El control de esta salida al mar facilitó el desarrollo comercial de la ciudad y su dominio político en la región. Al noreste, a no mucha distancia, se hallaba Uruk, y al suroeste Eridu.
Ur alumbró tres dinastías de gobernantes que, en distintas épocas, extendieron su poder por toda Sumer. En la primera mitad del siglo VI a.C., cuando Babilonia fue controlada por Persia, Ur comenzó a decaer. Hacia el siglo IV a.C., la ciudad fue prácticamente olvidada, quizá como resultado de un cambio en el curso del río Eufrates. En base a la cronología del texto masorético, la vida de Abraham transcurrió, al menos en parte, en la época del Nuevo Imperio sumero-acádico de Ur-Nammu. Podemos deducir que fue un hombre instruido y culto; aunque él y su familia eran semitas de origen, dedicados al pastoreo nómada, frente a la mayoría de la población sumeria de Ur, sedentaria y dedicada a la agricultura y al comercio.

Urbano (gr. «cortés»). Colaborador del apóstol Pablo, a quien éste envía saludos en su epístola a los Romanos (Ro. 16:9). Se desconocen más detalles de su vida.

Urías (heb. «luz [o fuego] de Yahvé»). Nombre de cuatro personajes del AT.

1. Uno de los treinta valientes o héroes del ejército de David (2 Sam. 23:39; 1 Cro. 11:41). Al igual que otros oficiales de David, Urías era extranjero, heteo, es decir, hitita. Su nombre y forma de hablar indican que había adoptado la religión de Israel (cf. 2 Sam. 11:11). Estaba casado con la bella Betsabé (2 Sam. 23:34). Su casa estaba junto al palacio real, desde cuya azotea David se fijó en su esposa y la deseó, hasta el punto de cometer adulterio con ella. En la primera guerra contra los amonitas Urías sirvió bajo el mando de Joab. David, procurando ocultar su hecho, ordenó el regreso del frente de Urías y le pidió que se reuniera con su esposa cuanto antes, pero no hizo como el rey esperaba, alegando que Joab y los suyos estaban acampados al aire libre (2 Sam. 11:11). David perdió la paciencia y tácitamente le condenó a muerte, al ordenar que fuese colocado en el frente más peligroso de la batalla (v. 17). Urías murió, en efecto, y Natán reprochó este crimen a David (2 Sam. 12:1-12).
2. Sacerdote durante el reinado de Acaz. Fue uno de los dos testigos elegidos por Isaías para constatar la fecha en que escribió una profecía en una tabla tocante a Maher-salal-jas-baz (Is. 8:2). El

monarca le encargó hacer el diseño de un altar asirio para construir uno idéntico en Jerusalén, el cual desplazó el altar de bronce que estaba delante del templo y lo puso en el lado norte de su altar. Del mismo modo, Urías secundó al rey en una serie de reformas en el culto judío con influencia asiria (cf. 2 R. 16:17-18; 23:11-12; 2 Cro. 28:23-25).

3. Profeta, hijo de Semaías, nativo de Quiriat-jearim y contemporáneo de Jeremías. Predijo la ruina del reino de Judá. Huyó a Egipto para escapar de la ira de Joacim, pero el rey hizo que fuera hallado y traído a Jerusalén, donde fue asesinado (Jer. 26:20-23).
4. Sacerdote, padre de Meremot, que participó como uno de los tesoreros del templo en tiempos de Esdras (Esd. 8:33; Neh. 3:4, 21). Prob. el mismo que estuvo junto a Esdras cuando éste leyó desde el púlpito la ley al pueblo (Neh. 8:3, 4).

Uriel (heb. «fuego [o luz] de Él [Dios]»). Nombre de varios personajes bíblicos.

1. Levita de la familia de Coat, descendiente de Coré (1 Cro. 6:24), jefe de los coatitas. Juntamente con 120 de sus hermanos asistió a la ceremonia del traslado del Arca de la Alianza, de la casa de Obed Edom a Jerusalén en tiempo de David (1 Cro. 15:5, 11).
2. Personaje oriundo de Gabaa, padre de Micaías, que fue la madre de Abías, rey de Judá (2 Cro. 13:2). En 2 Cro. 11:20 ella es llamada «Maaca hija de Absalón».
3. Nombre dado a un ángel o arcángel en la literatura apócrifa (2 Esd. 4:1, 36; 5:20; 10:28; Henoc, 20, 75:3).

Urim y Tumim. Estos misteriosos términos aparecen por primera vez en relación a la vestimenta del sumo sacerdote, concretamente del efod y del «pectoral del juicio», dentro del cual se colocaba el Urim y el Tumim (Éx. 28:28-30). El autor sagrado no ofrece ni una sola palabra respecto a su forma o naturaleza, pese a lo minucioso que aparece en la descripción de otros objetos o prendas; quizá esto se deba a que era un objeto perfectamente conocido de sus contemporáneos, no así con lectores posteriores, lo que deja su uso y destino sometido a conjeturas más o menos plausibles.

El Urim y el Tumim servían al sumo sacerdote para descubrir la voluntad divina en los casos dudosos que concernieran a la suerte de la nación. Algunos estudiosos presumen que el Urim servía para traer a la luz la culpabilidad del acusado, y el Tumim para establecer su inocencia. Con todo, sólo se menciona una vez en la historia de Israel, pese a que se hace referencia a casos singulares en que el pueblo «consultaba» a Yahvé (Jos. 9:14; Jue. 1:1; 20:18, 23, 27, 28), pero sin mencionar el Urim y el Tumim. Éste aparece en relación a la consulta del rey Saúl sobre el resultado de su enfrentamiento con los filisteos, para lo cual necesitaba saber si había pecado en él o en su hijo o el pueblo que obstaculizase el triunfo (1 Sam. 14:37-42).

Al retorno del exilio se constata que ningún sacerdote poseía el Urim y el Tumim (Esd. 2:63; Neh. 7:65). Josefo pretende que su uso no había cesado más que 200 años antes de su época (*Ant.* 3, 8, 9), pero los rabinos afirman que en el Templo de Zorobabel no hubo ni Urim ni Tumim.

Uruk. Nombre acadio de Erec (Gn. 10:10), una de las primeras ciudades de Mesopotamia, situada al este del lecho del Eufrates, en la línea del antiguo canal Nil, en una región de pantanos a 225 km al sureste de Bagdad. Durante el cuarto milenio a.C. fue el mayor asentamiento en todo el mundo, y en la primera parte del tercero aparece como un centro urbano importante en relación con las otras treinta ciudades-estado mesopotámicas. El mítico Gilgamesh fue gobernante de esta ciudad y también *lugal* o «gran hombre» de todas las otras.

Usura. Tasa a pagar por el préstamo y disfrute de un objeto, animal o suma de dinero. En el antiguo Oriente era corriente la práctica del préstamo a interés, cobrando hasta un tercio en géneros y un quinto del valor total si se trataba de dinero. En algunas tablillas de Nuzu llega hasta la mitad del capital prestado. En el código de Hammurabi se reconoce el préstamo de dinero a interés, pero se legisla sobre su porcentaje y se protege al deudor insolvente por causas de catástrofes naturales. El mismo espíritu se respira en la ley levítica (Lv. 25:35-38).

La Ley de Moisés prohibe al pueblo el cobro de intereses entre sí, en virtud de su hermandad (Éx. 22:24-26; Lv. 25:35-38; Dt. 23:19), pero se permitía respecto al extranjero (Dt. 23:20). Con ello se quiere evitar abusos y situaciones que fragmenten la fraternidad de la comunidad. Los términos hebreos no permiten presiones exactas acerca de su significado y no distinguen entre interés razonable y abusivo. Es evidente que la ley que prohíbe el cobro de interés y la práctica de la usura no es una ley absoluta y general, sino que se inscribe en el contexto de una economía de supervivencia sometida a los vaivenes de las castástrofes naturales —sequía, inundación, incendio, plagas, etc.— y humanas —guerras, violencia, robo, etc.—, con las que se quiere proteger al miembro caído en desgracia, obligado a recurrir circunstancialmente al préstamo de algún bien. En este caso, cobrarle algo por aquello que es necesario para su subsistencia es un atentado a la fraternidad

y un acto de violencia contra el débil (Lv. 25:35-38). El argumento teológico es que Dios liberó al pueblo de la esclavitud de Egipto cuando era débil y necesitado y le dio la tierra de Canaán (v. 39).
La prohibición de la usura está pensada como una medida de protección de aquellos miembros de la comunidad que, por una u otra causa, caen en desgracia y ruina económica y se ven obligados a recurrir a una ayuda. Es una ley de solidaridad y justicia frente a la opresión del débil (Prov. 28:8). A estos mismos principios obedecen las leyes sobre la condonación de la deuda y el año jubilar. Cuando alguien no podía pagar una deuda debía colocarse como siervo de su acreedor por un período determinado, pero en el año del jubileo las deudas debían ser perdonadas y devueltas las propiedades que habían sido vendidas (Lv. 25:10).
El sistema de préstamo a interés era una realidad en el mundo antiguo, y admisible en transacciones comerciales con margen de beneficio, lo que la ley condena es el espíritu de aprovechamiento y despojo del prójimo, el cobro de tasas abusivas, la incomprensión frente a situaciones imprevistas y difíciles que dejaban al deudor incapaz de responder a sus obligaciones. El hombre justo se distingue del resto, entre otras cosas, en que no presta con usura ni cobra intereses (Sal. 15:5; Jer. 15:10; Ez. 18:8, 13, 17), es decir, no especula con la necesidad ajena. También en la Iglesia cristiana la práctica de la usura fue severamente censurada durante siglos, basándose en las palabras de Jesús: «Dad prestado sin esperar ningún provecho» (Lc. 6:35). Entre otras cosas, se condenaba por constituir una explotación insolidaria en momentos circunstanciales de desgracia, calamidad y necesidades personales.

Uva. Producto de la vid, la uvas son usadas en sentido figurado en muchos pasajes bíblicos, p. ej. el mencionado pasaje de Isaías que contrasta las «uvas buenas» con las «silvestres» para referirse a las obras del pueblo elegido ajenas a los mandamientos divinos (Is. 5:2-4). En un imaginario semejante se expresa el profeta Oseas, cuando compara Israel con uvas halladas en el desierto, como el fruto temprano de una higuera primeriza, pero que en lugar de agradecer la provisión de Yahvé acudió al Baal de Peor, «se consagraron a la vergüenza y se volvieron tan detestables como aquello que les apasionaba» (Os. 9:10; cf. Dt. 32:8-35). Del Israel apóstata se dice que su vid procede de la vid de Sodoma, y de los campos de Gomorra, cuyas «uvas son uvas venenosas; sus racimos son amargos» (Dt. 32:32).
El refrán popular que decía «Los padres comieron las uvas agrias, y los dientes de los hijos sufren la dentera» (Ez. 18:2), hace referencia a la ley de causa y efecto moral extendido hasta los descendientes de los

culpables, semejante a la ley que se expresa en otro lugar como «castigo la maldad de los padres sobre los hijos» (Éx. 20:5; 34:7; Nm. 14:18; Dt. 5:9; Jer. 32:18) y que el profeta Jeremías interpreta en un sentido de responsabilidad individual a partir de la Nueva Alianza: «En aquellos días no dirán más: Los padres comieron las uvas agrias, y los dientes de los hijos sufren la dentera. Cada cual morirá por su propio pecado. Los dientes de todo hombre que coma las uvas agrias sufrirán la dentera» (Jer. 31:30).

Uz, Tierra de. Tierra natal de Job (Job 1:1). Estaba al este de Palestina (Job 1:3), en un desierto, aunque tenía terrenos cultivables y ciudades (Job 1:19). El profeta Jeremías la agrupa con la tierra de Filistea, Edom, Moab y Amón (Jer. 25:20). El libro de Lamentaciones la relaciona concretamente con Edom:« Gózate y alégrate, oh hija de Edom, tú que habitas en la tierra de Uz» (Lam. 4:21). Se supone que hay que ver en ella la región transjordánica que se halla entre Edom y Damasco (cf. Josefo, *Ant.* 1, 6, 4), en la Arabia Desierta de la geografía clásica, situación ésta que la dejaría expuesta a las incursiones de las tribus nómadas de sabeos y caldeos (Job 1:15, 17).

Uza (heb. «fuerza»). Nombre de cinco personas del AT, entre ellos:

1. Propietario de la casa donde reposó el Arca de la Alianza veinte años. Durante el traslado del Arca a Jerusalén, llevada sobre un carro tirado por bueyes, Uza sujetó el arca con su mano para evitar que cayera. Entonces, en el lenguaje del cronista, «el furor de Yahvé se encendió contra Uza, y lo hirió porque había extendido su mano al arca. Y murió allí, delante de Dios» (1 Cro. 13:7-14; 2 Sam. 6:3-11). Según la ley el arca hubiera debido ser llevada a hombros de levitas sin tocarla, pues este privilegio pertenecía exclusivamente al sumo sacerdote Aarón y sus descendientes (Nm. 4:15; cf. 1 Cro. 13:1-2). El acto reflejo de Uza, pese a su buen propósito, es considerado un atrevimiento, una temeridad, un error tocante al trato con los objetos sagrados. El suceso conmocionó a David, con una mezcla de terror y disgusto, y «llamó aquel lugar Perez-uza, hasta el día de hoy» (2 Sam. 6:8; 1 Cro. 13:11).
2. Propietario de un huerto adquirido por Manasés, rey de Judá. Manasés y su hijo Amón fueron sepultados en este huerto, cercano al palacio real (2 R. 21:18, 26; cf. 2 Cro. 33:20). Se desconoce su emplazamiento preciso.
3. Fundador de una familia de netineos, algunos de cuyos miembros volvieron de la cautividad en Babilonia con Zorobabel (Esd. 2:49; Neh. 7:51).

Uzal. Sexto hijo de Joctán, de la descendencia de Sem (Gn. 10:27; 1 Cro. 1:21), y epónimo de un lugar y de sus pobladores mencionado en Ezequiel 27:19, comerciando en hierro y especies con Tiro. El erudito judío Abraham Zakut afirmaba que Uzal corresponde a Sanaa, nombre de la capital del Yemen, antiguamente llamada Azál o Awzál. Lo mismo opina la tradición árabe musulmana. El cambio de nombre se explica por la llegada de abisinios, que cuando contemplaron Uzal/Azál quedaron tan asombrados por su belleza que dijeron «San'a», que en árabe sig. «bella». Ubicada en una región montañosa del centro de Yemen, a unos 120 km de la costa del mar Rojo, regada por arroyos que bajan de las montañas y mantienen huertos y campos de una gran belleza y riqueza. En la actual Sanaa aún viven miles de judíos, y muchos más extendidos en el territorio nacional.

Uzen-Seera. Población edificada por Seera, hija de Efraín (1 Cro. 7:24). Es mencionada junto con Bet-horón. Suele identificarse con Beit Sîrã, a 5 km al oeste-suroeste de Bet-horón la baja, y a 21 km al oeste-noroeste de Jerusalén, aunque muchos especialistas no admiten tal identificación.

Uzías (heb. «Yahvé es fortaleza»). Nombre de cinco personajes del AT, entre ellos el décimo monarca del reino separado de Judá (2 R. 15:13, 30-34), también llamado Azarías (2 R. 14:21; 15:1-8, 17-27; 1 Cro. 3:12). Sucedió a su padre Amasías hacia el año 785, unos años después de la gran derrota que sufriera a manos del rey de Israel. Uzías reinó ya en vida de su padre como corregente. Accedió al trono a la edad de 16 años (2 R. 14:21). Su reinado destaca en la historia de Judá, primero, por la larga duración de 52 años y, en segundo lugar, por elevar el reino del Sur a una potencia nacional fuerte y llevar a una prosperidad que no se conocía desde la muerte de Salomón. Con la ocupación y fortificación del puerto marítimo de Elat restableció el comercio con los países de ultramar (2 R. 14:22). A pesar de todo esto, el relato bíblico es relativamente breve (2 R. 14:21-22; 15:1-7; 2 Cro. 26:1-23), interesado como está en las implicaciones religiosas. Siguiendo los pasos de su padre, rindió culto a Yahvé, gracias a la influencia de un desconocido profeta llamado Zacarías (2 Cro. 26:5), pero dejó subsistir los lugares altos donde el pueblo ofrecía sacrificios a los ídolos. Al parecer, los éxitos militares y sociales lo ensoberbecieron, y asumió que podía entrar en el templo y quemar el incienso delante del altar, usurpando con esta acción las funciones sacerdotales (cf. Éx. 30:7, 8; Nm. 16:40; 18:7). El sumo sacerdote Azarías, con el apoyo de ochenta sacerdotes, hizo frente al monarca. Irritado, Uzías desafió a los sacerdotes. Como resultado del juicio divino, fue atacado de lepra en el instante, de la que no sanó nunca (2 R. 15:5; 2 Cro. 27:2). Su reinado duró 52 años, y murió alrededor del año 734 a.C. (2 R. 15:1-7; 2 Cro. 26). Los profetas Isaías, Oseas y Amós comenzaron sus labores antes de su muerte (Is. 1:1; 6:1; Os. 1:1; Am. 1:1).

V

Vaca. Palestina gozaba de excelentes pastos para la cría de ganado vacuno (Gn. 12:16; 32:15; 41:2; Dt. 7:13; 1 Sam. 6:7). La carne y la leche de vaca eran muy apreciadas en la alimentación (2 Sam. 17:29), aunque por regla general el pueblo sólo comía carne en ocasiones especiales. Como algo excepcional, Abraham sirvió carne de ternera a sus huéspedes (Gn. 18:7). La leche, por el contrario, era de consumo general y muy apreciada, pues con ella se hacían quesos, requesones y «mantequilla de vaca» (Dt. 32:14). Las vacas gordas o flacas simbolizan la fecundidad y carestía respectivamente (Gn. 41:4, 26-27). Eran famosas las vacas de Basán (cf. Dt. 32:14; Sal. 22:13; Ez. 39:18), con las que se compara a las mujeres de Samaria (Am. 4:1).
Las terneras, «sobre la que nunca se puso yugo» (Nm. 19:2), es decir, no sometidas a empleos profanos, podían ser sacrificadas en sacrificio con ocasión de la ratificación de un pacto (Gn. 15:9) y formaban parte del ceremonial de profesión de inocencia, cuando había un homicidio, y se desconocía al culpable. En este caso, el sacerdote se lavaba las manos con la sangre de la ternera sacrificada (Dt. 21:3). También se ofrecía como parte de los sacrificios de acción de gracias (Lv. 3:1). Las cenizas de la «vaca roja» servían para la preparación del agua de la purificación que quitaba la contaminación contraída por el contacto con un muerto (Nm. 19:2; He. 9:13). En circunstancias excepcionales se ofrecían vacas en holocausto a Yahvé (1 Sam. 6:14).

Vado, «cruce», «paso» de un río o de un monte que fácilmente puede ser cruzado a pie, p. ej. el «vado de Jaboc», cruzado por Jacob, sus dos mujeres, sus dos siervas y sus once hijos: «Los tomó y los hizo cruzar el río junto con todo lo que tenía» (Gn. 32:23). En el libro de Samuel hace referencia a un paso en las montañas de Micmas, entre los peñascos Boses y Sene (1 Sam. 14:4; Is. 10:29). Es frecuente la referencia a los vados del Jordán (Jos. 2:7; Jue. 3:28; 12:5, 6). Evidentemente estos pasos eran pocos en número y bien conocidos, aunque en la actualidad el Jordán se puede atravesar en cientos de lugares. Célebres eran los vados de Bet-bara. En ellos fueron convocados los hombres de Efraín por Gedeón para salir al encuentro de los madianitas cerrándoles el paso del Jordán (Jue. 7:24).

Vallado, «cerco», «seto». A diferencia del muro o pared construidos con materiales de piedra y argamasa, el seto o vallado estaba hecho con ramas y bardas que delimitaban las propiedades particulares de los campos. Servían para recoger el ganado como en un aprisco o redil. En ocasiones se traduce incorrectamente por «muro».

Valle. Traducción de varios términos que no se corresponden exactamente a lo que nosotros conocemos por valles, pues son pocos los lugares de Palestina que se asemejen a los valles de otros países. Dos de los términos traducidos «valle» se traducen asimismo «llanura» y se refieren a amplias llanuras entre los montes. Otras dos palabras se refieren a las estrechas cañadas o barrancas por las que discurren los torrentes en invierno; generalmente están secos en verano, y se conocen actualmente como *wadis*. Con todo, valles, vaguadas y torrenteras son numerosos entre las montañas de Palestina. Son los lugares ideales para el pasto del ganado (cf. 1 Cro. 27:29) y dedicados al cultivo (1 Sam. 6:13), convertidos en muchas ocasiones en lugares de enfrentamientos bélicos.

Valle de Josafat. Lugar donde Dios juzgará a todas las naciones al fin de los tiempos, según el profeta Joel (Jl. 3:2), las naciones enemigas de Israel, se entiende (Jl. 3:12); en especial las costeras: Tiro y Sidón, que contribuyeron a la destrucción de Israel (Jl. 3:4). Se identifica con el del Cedrón. Sin embargo, esta identificación es una mera suposición, basada en los pasajes citados y en Zac. 14:3, 4, que menciona el Monte de los Olivos. Ningún valle conocido ha llevado este nombre. El profeta Joel pudo haber escogido este nombre debido a su valor simbólico, por cuanto significa «Yahvé ha juzgado», y hace referencia a la victoria providencial del rey Josafat en el valle de Beraca sobre los ejércitos aliados de Edom, Moab y Amón. La creencia cristiana asocia este lugar con el Monte de los Olivos, de donde Jesucristo ascendió al cielo y donde reaparecerá como juez (cf. Hch. 1).

Valle del Rey. Lugar mencionado incidentalmente en dos ocasiones, una cuando Abraham volvía de derrotar a Quedarlaomer y a los reyes que estaban con él y el rey de Sodoma y Melquisedec salieron, «en el valle de Savé, que es el valle del Rey» (Gn. 14:17); y otra en la narración de la muerte de Absalón, el cual, «en vida había mandado erigir para sí un monumento que está en el valle del Rey» (2 Sam. 18:18), es decir, una tumba con una estela. Según Josefo, esta tumba se hallaba a unos 400 m de Jerusalén. Se ha identificado con el Cidrón, pero también se ha situado al norte de Jerusalén.

Vasti. Esposa de Asuero (nombre judío de Jerjes I), rey de Persia. Fue repudiada por éste por haber rehusado presentarse ante él y sus invitados durante un festín (Est. 1:3, 9-2:1). Este hecho llevó a Ester a ocupar su posición, como nueva esposa del monarca. Muchos historiadores y exegetas han intentado econtrar entra las mujeres de los reyes persas de la época en que sucedieron los hechos narrados en el libro de Ester una reina llamada más o menos aproximadamente Vasti, pero sin éxito. Es probable que Vasti fuese, pese a su belleza, una de las esposas de categoría inferior.

Velo. Traducción de una amplia terminología hebrea que denota un paño que cubre la cabeza y el rostro y a veces un manto amplio que envuelve todo el cuerpo. En la antigüedad el velo fue adoptado sólo en casos excepcionales, primeramente como una prenda de adorno (Cnt. 4:1, 3; 6:7), o en tiempo de boda (Gn. 24:65; 29:25). En las leyes asirias «velar a una mujer» ante testigos equivale a declararla solemnemente como esposa legítima. En el caso de Tamar, ésta se «veló» para no ser reconocida por su suegro (Gn. 38:14). La costumbre de desposarse con una mujer «velada» explica de algún modo el engaño de que fue víctima Jacob al consumar su matrimonio con Lea, pensando que era Raquel (Gn. 29:23-26).

En la vida cotidiana, las mujeres hebreas, casadas o solteras, aparecen en público a cara descubierta (Gn. 12:14; 24:16; 29:10; 1 Sam. 1:12). Sólo muy tarde en la historia se impuso la costumbre generalizada del velo en las mujeres, hasta el punto de hacerse ley, especialmente en Oriente. En el NT, Pablo argumenta al modo rabínico a favor del velo en la mujer en la reuniones de la comunidad. Establece que la mujer debe estar sometida al varón y llevar velo como señal de la autoridad que el marido tiene sobre su esposa y hasta por respeto a los ángeles (1 Co. 11:5, 6, 10).

Velo del Tabernáculo y del Templo. En ambos había dos velos o cortinas, uno a la entrada del el lugar santo (Éx. 26:36; 39:38; 40:5) y otro que ocultaba el lugar santísimo (Éx. 26:31; Lv. 4:6; 16:2; Nm. 4:5). La cortina para la entrada del Tabernáculo era material azul, de púrpura, de carmesí y de lino torcido, suspendida de cinco pilares de madera de acacia recubiertos de oro. El velo del santísimo también era de material azul, de púrpura, de carmesí y de lino torcido, pero estaba decorado con querubines, colgado sobre cuatro pilares de madera de acacia recubiertos de oro. Tanto en el templo de Salomón como en el postexílico se colocaron los dos velos rituales (2 Cro. 3:14; 1 Mac. 1:22; Josefo, *Ant.* 5, 5, 4). El segundo se desgarró violentamente «de arriba abajo» (He. 9:3), en el momento de la muerte de Jesús (Mt. 27:51; Mc. 15:38; Lc. 23:45), significando la abrogación del culto antiguo y, sobre todo, la entrada libre en el santuario celeste. El creyente en Cristo tiene libertad para entrar en el lugar Santísimo por la sangre de Jesús, por el camino nuevo y verdadero que Él ha consagrado para nosotros a través del velo, es decir, a través de su cuerpo (He. 10:19-21).

Venganza. En el lenguaje moderno, vengarse es tomarse el desquite de alguien, castigar una ofensa devolviendo mal por mal, en el bíblico designa en primer lugar cierto restablecimiento de la justicia, y, por tanto, una victoria sobre el mal. Se trata más de una retribución que de un inmoderado sentimiento de desquite. La primera vez que aparece en la Biblia es en relación a la promesa hecha por Dios a Caín: «Cualquiera que mate a Caín será castigado [vengado] siete veces» (Gn. 4:15). El espíritu injusto de la venganza se observa en el dicho de Lamec, que se constituye a sí mismo en norma y ley de desquite: «Si siete veces será vengado Caín, Lamec en verdad setenta veces siete lo será» (Gn. 4:24). Esto explica que en el ejercicio del deber de venganza, patrimonio de cada individuo o familia injuriada, evolucionó hacia la sustracción del individuo para confiarlo a la sociedad y, sobre todo, a Dios, el único vengador legítimo en justicia. La Ley de Moisés lo expresa clara y rotundamente: «No matarás» (Éx. 20:13). Nadie debe tomarse la justicia por su propia mano. A nadie le está permitido verter sangre humana por su propia cuenta para hacer venganza o saldar una cuenta pendiente, pues en este caso cometería asesinato. Y en el caso de la antigua institución del «vengador de la sangre» (Nm. 35:21), la ley la modificó y sometió a un estricto control judicial para prevenir los excesos de la pasión humana (cf. Dt. 19:6).

En el antiguo Israel los parientes de la víctima estaban autorizados a hacer expiar el crimen (cf. Nm. 27:10; Jue. 8:18-21; 2 Sam. 14:7-11). En un principio la venganza estaba moderada por lo que se conoce como «ley del talión»: «ojo por ojo y diente por diente» (Éx. 21:24); tratando de evitar así que cundiese el ejemplo del espírtu de Lamec. Es la primera legislación contra la escalada inmoderada de actos de venganza, mitigando así las «tendencias agresivas» del hombre.

En la sociedad nómada que formaba Israel en sus orígenes, los miembros del clan debían protegerse y defenderse mutuamente. En caso de homicidio un *goël*, o «pariente de sangre», vengaba al clan matando al asesino, que había arrebatado la vida de uno de sus miembros y profanado la tierra al derramar sangre humana (Nm. 35:33s.). De esta manera se salvaguardaba y restablecía la justicia.

A medida que Israel se fue organizando como nación y desarrollando un ordenamiento legal, la venganza quedó subordinanda al control de la autoridad (cf. Éx. 21:18-25; Dt. 19:15-21). Se permitía al inculpado acogerse a lo sagrado: «Refugiarse en el altar» (cf. Éx. 21:14), o pedir refugio en las «ciudades de asilo» (Nm. 35:25).

Verano. Los antiguos hebreos entendían por verano el tiempo de la siega, y en especial la temporada de la cosecha de frutos (2 Sam. 16:1; Is. 16:9; Jer. 8:20; 24:1ss.; 40:10, 12; 48:32; Am. 8:1, 2), concretamente de higos, que en Palestina ya están maduros para agosto, aunque los higos tempranos se recogen en el solisticio de verano (Is. 28:4; Miq. 7:1). Es la temporada más seca y caliente del año (cf. Sal. 32:4; Prov. 6:8; 10:5; 26:1; 30:35).

Verbo, gr. *Logos*. Término empleado por el Evangelio de Juan como título de Jesucristo, Hijo de Dios encarnado (Jn. 1:1,14); que, combinado con la palabra «vida», en relación con la humanidad (v. 4), da lugar al título compuesto: «Verbo de vida» (1 Jn. 1:1); y en otro lugar, en relación a su origen: «Verbo de Dios» (Ap. 19:13). Ver LOGOS.

Versiones de la Biblia. Debido a la diáspora judía y la extensión de la cultura helénica, el fenómeno no común de la traducción de un libro sagrado como la Biblia a otro idioma distinto al original hebreo, considerado igualmente sagrado, frente a los idiomas bárbaros y profanos de los gentiles, constituye una novedad significativa en el mundo religioso. La primera traducción del AT data del año 250 al 150 a.C. referida a la versión griega conocida por Septuaginta (LXX), usada preferentemente por los apóstoles en su labor misionera en los pueblos de habla griega. A medida que el griego popular fue perdiendo vigencia social, se fue sintiendo la necesidad de traducir la Biblia a lenguas más accesibles al pueblo. En el mundo occidental, el latín, lengua de la mayoría, fue el nuevo idioma de las traducciones populares de la Biblia. Así, el AT de los LXX y el NT griego traducidos al latín constituyen la "antigua latina" o *Vetus Latina*. Se trata de la primera traducción completa conocida hecha por la Iglesia. No se sabe bien si es una sola traducción con varias recensiones o un conjunto de diversas traducciones del texto griego, según opinan numerosos especialistas. Parece que se puede datar esta primera traducción latina hacia mediados o el tercio final del siglo II d.C. El lugar de las primeras traducciones bien puede haber sido el norte de África. Para mediados del siglo III d.C. se tendría ya un texto completo de la Biblia en latín. La necesidad de ver su texto depurado debido a la gran variedad de diferencias textuales de las antiguas versiones latinas inspiraron al papa Dámaso I los deseos de una mejora radical. La persona elegida para realizar la importante tarea fue san Jerónimo, quien culminó su famosa traducción en Palestina, conocida por Vulgata Latina. A medida que el cristianismo ganaba otras naciones y se abría a otros pueblos con otras lenguas, la Biblia fue traduciéndose a cada una de ellas, desde el copto, el sirio y el godo, hasta muchas lenguas tribales de la actualidad.

La historia de la traducción de la Biblia al idioma español comienza a la par que el nacimiento del idioma castellano en el siglo X. Como antecedentes tenemos las versiones en latín, del que procede el castellano. Como antecedentes también de la Biblia al castellano, durante la alta Edad Media, en España, comienzan a aparecer una serie de textos bíblicos los cuales son conocidos como *Biblias en mozárabe*. Algunos de estos textos importantes son: *El códice Legionense II* (del siglo X) que se conserva en León, siendo ésta la primera Biblia en mozárabe que se conoce. La *Biblia Románica* de Burgos (siglo XII). La *Biblia de Ávila* (siglo XII) que se conserva en la Biblioteca Nacional de Madrid. La *Biblia de la Colegiata de León* (siglo XII). Y del siglo XIII son el *Códice Emilianense* y la *Biblia de San Millán de la Cogolla*.

La famosa obra de Alfonso X el Sabio (1252-1284), rey de Castilla y León, *Grande e General Estoria*, contiene la primera gran traducción del AT. Se la llama *Biblia Alfonsina* o *Biblia Romanceada*. Fue publicada entre los años 1260 a 1280. En el siglo XV aparecen dos ediciones muy conocidas. Una, la Biblia de Alfonso V el Magnánimo, rey de Aragón (1416-1458); que es una traducción del AT vertida al castellano desde el hebreo y el latín. Dos, la conocida como *Biblia de la Casa de Alba* (1422-1433), una traducción al castellano del AT desde el hebreo, el arameo y el latín, hecha por el rabí Mosé Arregel de Guadalajara, un judío de Toledo.

En 1502 se empezó la *Biblia Políglota Complutense* o *de Alcalá*, concebida y realizada bajo los auspicios del cardenal Jiménez de Cisneros, arzobispo de Toledo. Fue impresa en seis volúmenes para 1517. El texto aparece en bloques de idiomas: hebreo, arameo, latín y griego, que aparece con un interlineal en latín. La monumental obra incluía un revolucionario diccionario hebreo-latino y viceversa, un léxico del NT y otros libros, y un diccionario etimológico de nombres propios, se inició con la publicación de los textos griego y latino del NT, finalizado el 10 de enero de 1514, siendo el texto griego el primero impreso en todo el mundo. Más adelante, la *Biblia Regia* o de *Amberes*, realizada bajo los auspicios del rey español Felipe II, fue una erudita revisión crítica y una importante ampliación de la Políglota Complutense.

En 1527 aparece la *Biblia de Quiroga*, producto del trabajo del cardenal Quiroga, quien tradujo el AT de la Vulgata Latina. Ante el avance del protestantismo en España la traducción bíblica al idioma vernacular queda detenida en pleno desarrollo por las severas medidas de la Inquisición española, que prohíbe de manera general todas las traducciones vulgares de la Escritura. En este contexto surgen las traducciones protestantes españolas, siempre publicadas en el extranjero:
Primera, el *Nuevo Testamento de Enzinas* (1543), vertido al castellano desde la edición crítica del texto griego de Erasmo de Rotterdam. Su autor, Francisco Enzinas (1520-1570), fue un humanista y reformador español, a quien Melanchthon le encargó la traducción del NT del griego al español. Le sigue la *Biblia de Ferrara* (1553), traducción al castellano de sólo el AT. Es una versión muy literalista desde el hebreo vertida al castellano ladino. La traducción fue realizada por unos judíos portugueses conocidos como Duarete Pinel (Abraham Usque) y Gerónimo de Vargas (Yom Tob Atias). De esta Biblia se realizaron en el año 1553 dos versiones, una erudita y otra más popular. Tercera, *Nuevos Testamentos de Juan Pérez de Pineda* (1556). Poco más de un decenio después aparece la *Biblia del Oso* (1569), considerada la obra magna del protestantismo español. Fue traducida desde los originales hebreo y griego por Casiodoro de Reina (1520-1594), siendo la primera traducción completa de la Biblia vertida al castellano. Estrechamente unida a ella es la *Biblia del Cántaro o Biblia de Valera* (1602), hecha por Cipriano Valera (1532), compañero de Casiodoro de Reina.
Después de un largo silencio de casi dos siglos, por fin es trasladada al castellano e impresa por primera vez en España una Biblia hecha por católicos. Eso fue tras publicarse el 13 de junio de 1757 un decreto de la Congregación del Índice y autorizado por el papa Benedicto XI, mediante el cual se daba permiso para traducir la Biblia a las lenguas populares, y también por otro decreto emitido por la Inquisición Española de 7 de enero de 1783. Esto dio lugar a que con el patrocinio del rey Carlos III el sacerdote católico de la orden de los escolapios, P. Scío de San Miguel, realizara una nueva versión en español. Esta versión conocida como *Biblia de Scío de San Miguel,* que se inició en el año 1790 y se terminó en el 1793, fue traducida desde la Vulgata Latina. Entre los años 1823 al 1825 se publicó la llamada *Biblia de Torres Amat*, también vertida al castellano desde la Vulgata Latina.
Hay que destacar la *Versión Moderna* (1893), traducción protestante realizada por el Dr. A Enrique B. Pratt, misionero presbiteriano en Colombia y México, hecha desde los originales hebreo y griego, elogiada por algunos autores que la consideran muy fiel a los idiomas originales; sin embargo su castellano es considerado como «duro» por carecer de

fluidez estilística. Enumerar con detalle aquí todas y cada una de las versiones de la Biblia en castellano que han sido publicadas durante el siglo XX sería muy extenso y cae fuera de los límites de un diccionario como el presente, por lo que remitimos a obras más especializadas.

Vestido. Junto al alimento y el cobijo, el vestido se cuenta entre las necesidades básicas del ser humano. Aparece a partir del pecado de Adán y Eva luego de un estado de desnudez. Al principio consistió de hojas de higuera (Gn. 3:7), la primera y más elemental de las prendas utilizadas por el hombre para cubrir sus partes. Como una muestra de cuidado, Dios reviste a su criatura pecadora con túnicas de piel animal, material mucho más durable (Gn. 3:21), y que conlleva la idea de sacrificio y muerte. Un animal tiene que morir en expiación para cubrir la falta del hombre. Este primer acto de vestir inaugura por parte de Dios una serie de actos semejantes a favor de su pueblo bajo el simbolismo del vestido. Así se dice que encontró a Israel en el terrible desierto, lo rodeó, lo cuidó y lo guardó como a la niña de sus ojos (Dt. 32:10). Como un esposo, extiende su manto sobre el pueblo para cubrir su desnudez y lo reviste «con lino fino y seda, y tela bordada» (Ez. 16:8-14). Yahvé comunica a Israel su propio esplendor y belleza perfecta (v. 13); pero Israel confió en su belleza como algo propio y se prostituyó a causa de su fama, de modo que se vistió de lujuria para prostituirse (vv. 16-17; cf. Os. 2:9ss.).
Sacerdotes, reyes, gobernadores, artesanos y pueblo en general se vestían de manera diferente según su condición social, su función y en razón de los distintos tiempos marcados por la comunidad, a saber, fiestas y celebraciones, tanto de carácter sagrado como profano.
En su función de Siervo Sufriente de Yahvé, Jesucristo fue despojado de sus vestidos (Mt. 27:35; Jn. 19:23), y entregado a la parodia de una investidura regia (Jn. 19:2ss.). En la cruz, Jesús quedó totalmente desnudo como para asemejarse más a la humanidad pecadora sin nada que la proteja. Pero con su resurrección de la muerte, Cristo se reviste con aquella gloria que tuvo con Dios antes que el mundo fuese (Jn. 17:5). En virtud de su fe y bautismo, el creyente está revestido de Cristo (Gál. 3:27; cf. Ro. 13:14), «vestido del nuevo» conforme a la imagen de aquel que lo creó (Col. 3:10). Es decir, el cristiano se viste de la gloria del Cristo resucitado, se asemeja a Él desde dentro. Con ese «vestido» tiene derecho a participar del banquete del reino de los cielos (cf. Mt. 22:11ss.), es reconocido como perteneciente al cielo, a la casa de Dios, a la familia del Padre celestial (Jn. 14:2).

Víctima. Generalmente animal destinado al sacrificio. La ofrenda de víctimas humanas no sólo estaba excluida en Israel, sino prohibida. El sacrificio de una víctima animal era obligatorio para expiar el pecado a modo de sustituto del culpable. De esta manera una sangre pagaba por otra (cf. Lv. 17:11). Una víctima expiatoria especial era el cordero pascual (cf. Éx. 12:1ss.), que libraba de la muerte, y que san Pablo relaciona con Cristo, «nuestro Cordero» (1 Co. 5:7).

Vid. Planta de tronco retorcido y largos sarmientos, originaria de Asia occidental, cultivada desde tiempos muy remotos en Oriente próximo (cf. Gn. 9:20, 21). La tierra y el clima de Palestina son adecuadas para su cultivo, que fue practicado desde el principio en Canaán (Gn. 14:18). La vid crecía en las llanuras de Filistea, Jezreel, Genesaret (1 R. 21:1) y prosperaba en las regiones accidentadas cercanas a Hebrón, Silo, Siquem (Nm. 13:23; Jue. 9:27; 21:20; Jer. 31:5), En-gadi (Cnt. 1:14), Hesbón, Eleale, Sibma al este del Jordán (Is. 16:8-10; Jer. 48:32) y en el Líbano (Os. 14.7).

Israel es comparada a una vid (Sal. 80:8-13) o viña (Is. 5). Dios la dispuso en una fértil ladera, plantándola con las más escogidas vides, y haciendo todo lo posible para su protección y rendimiento. Pero cuando se buscó fruto de ella, resultó que sólo daba uvas silvestres. Por esta razón, Dios quitó su vallado, abandonándola a los elementos y a ser hollada por todos; una imagen profética de Israel en su estado de apostasía.

Jesús se designa como la vid verdadera de la cual su Padre es el labrador (Jn. 15:1), al hacerlo, reivindica para sí el título de único dispensador de la vida auténtica y verdadera, al tiempo que destaca la necesidad de estar unido a Él. La vida no es otra que la vid divna, celestial, raíz y fundamento del nuevo pueblo de Dios, por esta razón, sus discípulos, la Iglesia en general, son los pámpanos que brotan y se alimentan de la savia de esa vid divina enviada y cuidada por el Padre. Él es el que trae salvación y el que cumple todas las esperanzas. La rama que no da fruto se corta, sucumbe a la muerte (Jn. 15:1-5).

Vida Eterna. Expresión muy común en el NT, cuyo equivalente en el AT se encuentra en Daniel 12:2. La vida eterna está precedida por la resurrección de los muertos (Lc. 14:14), y comprende la totalidad de la vida del cristiano, su recompensa y felicidad (Mt. 5:12); su recepción en las moradas eternas (Lc. 16:9). Es todo lo opuesto al castigo eterno (Mt. 19:29; 25:46). Para el apóstol Pablo, la vida eterna es la recompensa suprema a las buenas obras (Ro. 2:7; 1 Ti. 6:12, 19), el resultado de andar en la santidad de Cristo, el «fin» (Ro. 6:22), el premio (Gál. 6:8;

cf. 1 Co. 9:24; Flp. 3:14), y también el objeto de la fe (1 Ti. 1:16), y de la gracia salvífica (Ro. 5:21) y, por consiguiente, el objeto también de la esperanza (Tit. 1:2; 3:7; cf. Jud. 1:21).

A pesar de que la vida eterna pertenece al futuro, su esencia está indisolublemente unida a la vida presente. Así como el pecado reinó para muerte, así también la gracia reina por la justicia para vida eterna, por medio de Jesucristo, y aunque el cuerpo está muerto a causa del pecado, no obstante el espíritu vive a causa de la justicia (Ro. 5:21; 8:10; Gál. 3:21); así que la justicia está en relación con la vida (Ro. 5:18), de donde resulta la «justificación de vida, que constituye la esencia de la salvación en Cristo Jesús, nuestra vida (cf. Col. 3:3, 4; Flp. 1:21; Gál. 2:20; Ef. 3:17; 1 Co. 15:45), quien es formado en los creyentes (Gál. 4:19); que a su vez se convierten en miembros de su cuerpo (Ef. 5:30; Gál. 3:27; Col. 1:18, etc.). De todo esto resulta una vida gloriosa en el presente (Ro. 6:8; 2 Ti. 2:11, 12; Ro. 5:17, 21; 8:30; Ef. 2:5, 6). El Espíritu también da vida, pues es el «Espíritu de vida», que constituye uno de los elementos esenciales de la nueva vida (Ro. 8:2; cf. 2 Co. 3:17), que va conquistando lo que es mortal (2 Co. 5:4, 5; Ef. 1:14), empezando por el cuerpo (Ro. 8:11, 6, 10, 13). La vida eterna es el don de Dios en Cristo Jesús (Ro. 6:23), cuya «palabra de vida» (Flp. 2:16) ha vencido la muerte «y sacado a la luz la vida y la inmortalidad por medio del evangelio» (2 Ti. 1:10). De aquí se desprende que la «vida eterna» está estrechamente relacionada con la «novedad de vida» que se deriva de la comunión con Cristo (Ro. 6:4), y se distancia de la vida en la carne, para venir a formar parte de la vida del Señor resucitado y exaltado (Col. 3:1; cf. Ef. 1:19, 20; 1 P. 1:3).

Vigilias de la noche. Los judíos dividían la noche en tres vigilias de cuatro horas cada una, aunque hay quien piensa que lo hacían en cuatro, igual que los griegos y romanos, que dividían la noche en cuatro vigilias de tres horas cada una (cf. Mt. 14:25). En algunos textos se habla expresamente de la «cabeza» o «primera» de las vigilias (Lam. 2:19); la «vigilia intermedia» (Jue. 7:19), y la «vigilia de la mañana» (Éx. 14:24; 1 Sam. 11:11). El rey Herodes mandó prender a Pedro y le puso en la cárcel bajo la custodia de cuatro escuadras de cuatro soldados cada una (Hch. 12:4), lo que indica que la práctica romana ya era común en el ejército de Herodes. En el NT se mencionan las cuatro vigilias de la noche (Mt. 14:25; Mc. 6:48; Lc. 12:38).

Vino. Bebida muy común y popular en Palestina desde los primeros tiempos históricos (cf. Gn. 9:21). Por su efectos, su uso y abuso, el vino es tanto símbolo de alegría (Sal. 104:15) como de tristeza, nubla la razón (Os. 4:11), puede pervertir el juicio (Prov. 31:5; Is. 28:7), expone a la afrenta (Hab. 2:15, 16), intoxica, enferma (Os. 7:5); pero también da ánimo al amargado (Prov. 31:6; Is. 5, 11; Zac. 9:15; 10:7), en un atrevido antropomorfismo se llega a decir «que alegra a Dios y a los hombres» (Jue. 9:13). El vino era parte esencial de las libaciones u ofrendas derramadas a Yahvé (Lv. 23:13; Nm. 15:5).

En Palestina, como en todos los demás países mediterráneos, el vino ligero ha sido siempre un ingrediente básico en la dieta (Nm. 6:20; Dt. 14:26; 2 Cro. 2:15; Neh. 5:18; Mt. 11:19; 1 Ti. 3:8). El pan y el vino, bases de la alimentación, simbolizaban la comida como un todo (Sal. 104:14, 15; Prov. 4:17). Para poner en guardia contra los efectos nocivos de la embriaguez hay numerosos textos que estigmatizan la insensatez de la embriaguez (Prov. 20:1; 21:17; 23:30, 31; Hab. 2:5), la cual Dios juzga y castiga (1 Sam. 1:14-16; Is. 5:11, 17; Ro. 13:13; 1 Co. 5:11; 6:9-10; Gál. 5:21; Ef. 5:18; 1 P. 4:3). En las cartas Pastorales se dice que los responsables de las comunidades deben hacer un uso moderado del vino (1 Ti. 3:3) para evitar la insolencia y violencia que se suelen cometer bajo la influencia del vino (cf. 1 Ti. 3:8; Tit. 2:3).

El uso del vino en la última cena por parte de Jesús está indudablemente lleno de contenidos simbólicos y escatológicos tomados del AT. Los profetas enseñaban que los tiempos de la restauración postexílica se verían alegrados por un vino sumamente copioso (Am. 9:13; Jer. 31:12; Jl. 2:19, 24), de primera calidad (Os. 14, 8; Is. 25:6; Zac. 9:17) y dado gratuitamente (Is. 55:1). Por eso, Jesús tomó la copa, y habiendo dado gracias, les dio diciendo: «Bebed de ella todos; porque esto es mi sangre del pacto, la cual es derramada para el perdón de pecados para muchos» (Mt. 26:27-28).

Virgen. Persona que no ha tenido nunca relaciones sexuales; se dice generalmente de mujeres. Es traducción de dos términos hebreos y uno griego. El heb. *bethûlãh* por lo general significa virgen, desposada o no (Gn. 24:16; Éx. 22:15, 16, 17; Lv. 21; Dt. 22:23; Jue. 21, etc.). Se usa 49 veces en el AT; la LXX traduce *parthenos*. El otro término heb. *'almãh*, denota la joven no casada, pero en edad casadera. Apare siete veces en el AT. En Is. 7:14 se usa en relación con la profecía de Emanuel y ha sido objeto de muchas controversias. Para muchos *'almãh* sólo significa «muchacha» o «mujer joven», lo cual anularía el sentido de señal de carácter extraordinario que tiene para el profeta. Del uso del vocablo *'almãh* se desprende que siempre se refiere a una «doncella», «moza», o, en todo caso, «mujer soltera», nunca unida legítimamente a marido. Esto queda confirmado por la literatura ugarítica, en la que *glmt*, el término equivalente en ugarítico, nunca se usa de mujeres casadas, sino siempre de «mozas» o solteras. No hay ninguna otra palabra que se pueda usar con mayor propiedad para significar una mujer no unida a un hombre, pues *yaldah* sólo se refiere a niñas; *na'rah* es aplicable a todas las mujeres, y *bethûlãh*, que según algunos exegetas habría sido el término más adecuado, no sirve tampoco al no significar unívocamente una virgen. *'Almãh* es el único término heb. que significa inequívocamente una mujer soltera. En Is. 7:14 se afirma como una señal del Señor que una *'almãh* concebiría y tendría un hijo. Ahora bien, todo el contexto bíblico impide que ello deba entenderse como un acto inmoral de una mujer soltera. Esta señal se refiere evidentemente a la concepción contraída por una mujer soltera y pura.

El gr. *parthenos* significa estrictamente «virgen»; en el NT se usa de la Virgen María en el Evangelio de Mateo (1:23), citando Is. 7:14, que el evangelista toma como una predicción tipológica del nacimiento de Jesucristo de una Virgen. Jesús no ha sido engendrado por intervención de un hombre, sino que fue concebido por obra del Espíritu Santo, y nació de una mujer joven, virgen, llena de gracia y elegida por Dios para ser la Madre de su Hijo. Con la concepción virginal de Cristo, los autores apostólicos manifiestan que Cristo no es enteramente de esta humanidad, sino que el origen de su concepción es obra exclusiva de la acción del Espíritu Santo. Tomando carne verdadera en las entrañas de la Virgen María, es concebido, sin intervención de varón, «por obra del Espíritu Santo». No pertenece totalmente a esta creación (cf. He. 9:11): fruto primero de la nueva creación, «nuevo Adán», en él se dan las primicias de una renovación no ya absoluta, porque Cristo es del mundo y de los hombres, pero sí, en sentido profundamente cierto, una renovación que inaugura el ámbito de la novedad total y definitiva. El Espíritu Santo viene sobre María y el poder del Altísimo la cubre con su sombra (cf. Lc. 1:35) y la Palabra (no nacida de carne, ni de deseo carnal, ni de deseo de hombre: cf. Jn. 1:13) se hace hombre en su seno. En el AT hay claros precedentes de la concepción virginal como parte de la historia de la salvación. Varias figuras significativas de la historia de Israel nacieron como fruto directo de la acción de Dios: Isaac, Sansón y Samuel. En los umbrales de la historia evangélica nace milagrosamente Juan Bautista como digno precursor del Mesías. El niño de la casa de Acaz, el Emanuel, signo de la fidelidad de Dios en tiempos adversos (cf. Is. 7:14-17), supone un paso más en la tradición de los niños del antiguo Israel nacidos de mujer estéril. La solemnidad del oráculo, el nombre simbólico del niño, muestran que el profeta entrevé en este nacimiento una intervención singular de Dios en orden a la instauración del reino mesiánico. Los relatos de Mateo y Lucas lo verán cumplido en la concepción virginal de Jesús.

Visión, heb. *hazón*, término que se encuentra mayormente en los libros proféticos; casi siempre indica un medio de revelación y también el mensaje que se recibe a través de la visión (cf. Is. 1:1); sinónimo de «revelación» (2 Sam. 7:17; Job 4:13; Jl. 2:28). La Biblia no siempre distingue netamente entre visiones y sueños, pero señala la gran diferencia entre las visiones vanas (Jb. 20:8; Is. 29:7) y las visiones de los profetas de Yahvé. Las visiones pueden dirigirse a los sentidos por mediación de un objeto externo. Moisés vio la zarza ardiente (Éx. 3:3). Pueden también presentarse a la imaginación, sin el concurso de los sentidos. Ezequiel tuvo una visión de cuatro seres vivientes (Ez. 1:4-28). La visión se dirige en ocasiones sólo a la inteligencia. Un ejemplo es la revelación de las semanas (Dn. 9:20-27). Puede haber una combinación de las tres formas de visión (Hch. 10:9-20). Estos fenómenos sobrenaturales pueden darse de día o de noche, con o sin éxtasis, a veces por medio de un sueño (Hch. 16:9; 18:9; 2 Co. 12:1-4; Lc. 1:22; Mt. 17:9; Lc. 24:23; Hch. 26:19). Las visiones no están reservadas únicamente a los santos; hubo paganos que las tuvieron (Gn. 41:1-36; Nm. 24:4, 16; Dn. 2:3-23). El que recibe la visión está convencido de que Dios se dirige a él. Las Escrituras advierten en contra de las falsas visiones y señalan a quien lo reconozca lo vano de estas manifestaciones (Jer. 23:13-27; cf. Is. 8:19-20; Dt. 18:10-14).

Viuda. En heb. la palabra *almanáh* indica una mujer que al fallecer su marido pierde su posición social y económica, situación tanto más grave si no tenía hijos. Por esta razón, en el AT las viudas figuran entre los más pobres de la sociedad junto a los huérfanos (Is. 10:2; 47:9). En el momento del fallecimiento del esposo y como señal de duelo se quitaban las joyas, se ceñían el saco y se mesaban los cabellos, no ungiéndose la cabeza con perfume (Jdt. 10:3, 4; 16:7-8). En estas circunstancias, la mujer regresaba a la casa paterna y se sujetaba a la ley del levirato, la cual precisaba que el pariente varón más cercano procreara con ella un hijo en nombre de su finado esposo (cf. Gn. 38:11). Las viudas se vestían de una ropa especial que las distinguía (Gn. 38:14, 19). Por su fragilidad e indefensión, Dios se presenta como el protector de las viudas (Dt. 10:18; Sal. 68:5; 146:9; Prov. 15:25; Jer. 49:11) y exhorta a su pueblo a tener compasión de ellas y ordena que se le asigne una ayuda periódica con motivo de la ofrenda de las primicias (Dt. 26:10-12; Sal. 94:6-10; Eclo. 35:13-15). La Ley de Moisés y los profetas no dejan de exhortar a los

israelitas a tratar a las viudas con justicia. Dios castigará a los que las dañen (Éx. 22:22; Dt. 14:29; 16:11, 14; 24:17-21; Is. 1:17; Jer. 7:6; 22:3; Zac. 7:10; Mal. 3:5).
En el NT, especialmente en el Evangelio de Lucas, se aprecia esta misma predilección de Jesús hacia las viudas (Lc. 7:11-15; 18:3-5; 20:47; 21:2-4) y ataca a aquellos que atentan contra los recursos de ellas (Mc. 12:40). En la comunidad primitiva de Jerusalén las viudas forman un grupo aparte, cuyas necesidades son administradas por un grupo de siete diáconos, después de las primeras quejas de parcialidad por motivos étnicos (cf. Hch. 6:1ss.). Esta conciencia es tan fuerte que para el autor de la carta de Santiago, «la religión pura e incontaminada delante de Dios y Padre es ésta: visitar a los huérfanos y a las viudas en su aflicción, y guardarse sin mancha del mundo» (Stg. 1:27). En un tiempo en que la mortalidad masculina era alta por accidentes, conflictos o puro agotamiento, las viudas abundaban de un modo dramático y, sin duda, las primeras comunidades cristianas se hicieron cargo de esta situación aportando sus recursos a la ayuda y mantenimiento de las viudas desvalidas. En el caso del apóstol Pablo, éste pone como condición que tuvieran al menos 60 años y que hubieran sido esposas de un solo marido, además de «tener testimonio de buenas obras, tales como haber educado bien a sus hijos, haber ejercitado la hospitalidad, haber lavado los pies a los creyentes, haber socorrido a los atribulados, haber practicado toda clase de obra buena» (1 Ti. 5:9, 10). Por otra parte, cuando el mantenimiento de las viudas pudiera correr a cargo de los familiares, la Iglesia no debía asumir tal responsabilidad (1 Ti. 5:16); hay un indicio aquí de la tendencia de esquivar la responsabilidad individual con perjuicio de las finanzas de la Iglesia. Las viudas jóvenes no deben estar inscritas en la lista, «porque cuando sus pasiones las apartan de Cristo, quieren casarse» (vv. 11-15), lo que, juntamente con el dato anterior, «esposa de un solo marido», indica una mentalidad que prefiere que las viudas no vuelvan a casarse, de ahí también la condición de que los ministros se casen una sola vez (1 Ti. 3:2.12; Tit. 1:6; cf. 1 Co. 7:8, 40). Con todo, el mismo apóstol hace una concesión en el caso de «viudas jóvenes», a las que aconseja que vuelvan a casarse (1 Co. 7:39; 1 Ti. 5:14).

Vocación. Término de rico contenido en el vocabulario bíblico, tiene que ver tanto con la salvación general de la humanidad como con el proyecto vital de los individuos. En primer lugar hace referencia al «llamamiento» divino mediante el cual Dios invita y elige al ser humano para una tarea específica. Tal es el caso de Moisés y los profetas. Por

consiguiente, la vocación es un don que presupone la iniciativa de Dios y solicita una respuesta del hombre (2 Ti. 1:1, 9; He. 3:1; 2 Ped. 1:10). Dios, por propia iniciativa, dirige su amor y su gracia al hombre escogiéndolo desde antes de nacer (cf. Jer 1:5: Gál. 1:15).
En sentido amplio, es un llamamiento dirigido todo la humanidad con vistas a su salvación, porque Dios «no quiere que nadie se pierda, sino que todos procedan al arrepentimiento» (2 Ped. 3:9). En sentido restringido, la vocación es un don para una misión. Dios llama a cada uno al servicio de sus hermanos y del mundo, determinado por los dones particulares con que lo ha enriquecido. Por ejemplo, Bernabé y Pablo son apartados por el Espíritu Santo «para la obra a la que los he llamado» (Hch. 13:2). Todo cristiano ocupa en la Iglesia su propio lugar y realiza su propia misión por medio del don particular recibido del Espíritu Santo para ser «luz en medio de las tinieblas» (cf. Mt. 5:14; Flp. 2:15). La vocación específica obedece al mismo llamamiento del Espíritu Santo, que reparte a cada uno en particular un don como él designa con vistas al enriquecimiento global de la Iglesia (1 Co. 12:11,18-27). Es el Espíritu Santo quien suscita las vocaciones para bien y servicio del crecimiento del Cuerpo de Cristo. De esta manera, el misterio único e idéntico de la Iglesia se manifiesta y se realiza en la variedad de vocaciones, que son prueba de la riqueza infinita del Jesús glorificado (Ef. 4:8-13), que continúa viviendo en medio de su pueblo (Mt. 28:20).

Voto. Promesa hecha a Dios libremente para conseguir un favor o para agradecer alguno ya recibido. También se hace por razones de purificación moral o de propia entrega a Dios a modo de consagración. Los votos son un fenómeno muy común y extendido en la experiencia religiosa de todos los pueblos. El primer voto mencionado en la Biblia es el de Jacob en Bet-el. En este voto le prometió a Dios el diezmo de todos sus ingresos, y de levantarle un lugar de culto si Él lo bendecía en su viaje (Gn. 28:18-22). Moisés, pues, no introdujo la ley sobre los votos, sino que reguló su práctica. Ningún israelita estaba obligado a hacer votos, pero cuando se hacían voluntariamente, estaba la obligación de cumplirlos puntualmente (Dt. 23:21-23; Sal. 50:14; Ec. 5:4, 5; Nah. 1:15; etc). La Ley daba también instrucciones acerca de los casos excepcionales en los que fuera imposible su cumplimiento (cf. Nm. 30:2-14). Tanto hombres como mujeres podían hacer votos (Nm. 6:2; 30:3, 9-10). Los había incondicionales y condicionales. El primero era un juramento no ligado a ninguna petición determinada mediante el cual la persona ofrece sus dones y se ofrece a sí mismo para gloria de Dios sin esperar recompensa y que está obligado a cumplir. Una vez pronunciada, la palabra votiva tiene la misma fuerza de un juramento que, en la mayoría de los casos, no puede violarse (Nm. 30:2). El voto condicional generalmente va unido a una petición de cuya obtención depende el cumplimiento del voto. Si la oración no es escuchada, no queda obligación ninguna (cf. Gn. 28:18-22). Un voto especial, que de algún modo ofrece el sentido más profundo que el hombre puede dar a su voto, es el de la consagración durante un tiempo a Dios, tal era entre los hebreos el voto de ser nazareno (Nm. 6:2). Los votos jugaban un papel muy importante en la religiosidad hebrea (Job 22:27; Prov. 7:14; Sal. 22:25; 50:14; 56:12; 66:13; 116:14,16; 126:14; Is. 19:21; Hab. 1:15). Al llegar a los Evangelios llama la atención el silencio que guardan al respecto, pese a la frecuencia de los votos no sólo entre los judíos, sino también entre los griegos y romanos de la época. Solamente de Pablo se menciona el cumplimiento de un voto, al parecer relacionado con la consagración del nazareo (Hch. 18:18). La única mención del voto en labios de Jesús es para condenarlo, ya que, en un caso concreto, servía para sustraerse a la obligación de mantener a los padres (Mt. 5:33; Mc. 7:9-13). Ver NAZIREO.

Vulgata («divulgada», «difundida entre el pueblo»). Nombre dado a la versión latina de la Biblia realizada por san Jerónimo por encargo del papa Dámaso a finales del siglo IV, con vistas a acabar con la confusión que creaban las múltiples y fragmentarias versiones en uso. Jerónimo empezó su obra en Belén, entró en contacto con sabios rabinos con los cuales pudo estudiar el texto del AT con los mejores manuscritos. Por esta razón, Jerónimo pudo traducir los libros del AT utilizando por primera vez directamente el texto hebreo, excepto los Salmos, que tradujo del texto griego de la LXX. Para la traducción del NT utilizó como base un texto griego muy parecido al códice B («Vaticano») y la *Vetus Latina*. El vocabulario de esta última sólo se cambió cuando lo requería el sentido, pero muchas veces no se hizo más que retocarlo tan sólo para obtener una mayor elegancia de estilo. La *Vulgata* tardó mucho en imponerse en todo el mundo cristiano. Disponemos de más de 8.000 copias, pero ningún manuscrito del original de san Jerónimo. Con el correr de los años la *Vulgata* se vio sujeta a alteraciones (sustituciones de vocablos difíciles por vocablos fáciles, interpolaciones y correcciones, etc.); además de las numerosas variantes, provocadas a menudo por simples descuidos de los copistas. Por eso, en el período del Concilio de Trento había una gran variedad de recensiones de la *Vulgata*. En 1546 el concilio de Trento declaró la Vulgata «auténtica», es decir, que podía usarse como texto normativo de referencia con preferencia a otras versiones latinas, sin excluir el recurso a los textos originales, y promovió una edición oficial de la misma para el uso común. El texto de la *Vulgata*, y de la *Vetus Latina* detrás de él, tiene, como testigo, una gran importancia en estudios de crítica textual, como otras antiguas versiones, además de su gran papel en la transmisión de la Palabra de Dios en el mundo latino del pasado. Por ello tiene, además de un gran interés para la crítica, también un gran interés como legado histórico. Modernamente se han incorporado los avances y descubrimientos más recientes dando lugar a la *Neovulgata*.

W

Wadi. Término árabe que denota un cauce que sólo lleva agua durante la estación de las lluvias, o torrente (heb. *nahal*). Por lo general se trata de profundas barrancas o cañadas, aunque hay otros con pendientes suaves y valles anchos. Generalmente presentan una tabla de agua no muy profunda que favorece el mantenimiento de vegetación en su fondo, y que posibilita cavar pozos; en tal caso aparece lo que se conoce como oasis, un punto de vegetación en medio de la aridez, con palmeras y otros árboles que ofrecen sombra, lugar obligado de las caravanas para el aprovisionamiento de agua y reposo; eran imprescindibles en las rutas del pasado, constituyendo los puntos de apoyo de la red de comunicaciones del desierto.

Y

Yabné (heb. «Dios construye»). Ciudad filistea junto al Mediterráneo, entre Jope y Asdod, cuya muralla fue demolida por el rey Uzías (2 Cro. 26:6). Prob. es la misma ciudad que recibe el nombre de Yabneel en Jos. 15:11. En la historia tardía recibe el nombe de Jamnia (1 Mac. 4:15; 5:58; 10:69; 2 Mac. 12:8). En tiempos de Josué fue asignada a la tribu de Judá, pero no fue arrebatada a los filisteos hasta el reinado de Uzías (2 Cro. 26:6). En la época helenística, bajo el nombre de Jamnia, fue sometida por Judas Macabeo (142 a.C.) y definitivamente por Alejandro Janeo. En el 63 a.C. fue conquistada por Pompeyo e incorporada a la provincia romana de Siria (Josefo, *Guerras*, 1, 7, 7). El césar Augusto regaló la ciudad a su amigo Herodes el Grande (30 a.C.). Tras la destrucción de Jerusalén (70 d.C.) Yabné se convirtió en refugio de muchos judíos, hasta el punto de llegar a ser una de las ciudades más pobladas de Judea, lugar de residencia del Sanedrín y centro espiritual del judaísmo hasta el 135 d.C. Poseía una celebre escuela rabínica, cuyos doctores son mencionados a menudo en el Talmud; allí quedó seguramente fijado en forma definitiva el canon del AT. Es la actual Yebna.

Yahvé. Nombre propio de Dios en hebreo, compuesto por cuatro consonantes, YHVH, יְהֹוָה, se usa unas 6.800 veces, al lado de nombres más generales como *El-Elohim*, *El-Shaddai* y *Adonai*. Puesto que en heb. no se escribían las vocales hoy no podemos saber cómo pronunciar el nombre sagrado de Dios. Cuando los masoretas introdujeron las vocales hacía ya mucho tiempo que no se oía pronunciar jamás ese nombre, sin embargo, testimonios extrabíblicos confirman la pronunciación Yahvé. Es el nombre estrictamente personal de Dios en relación de la Alianza con Israel.
En cuanto a su significado se han dado varias respuestas, los estudios filológicos en general apuntan hacia una forma del verbo «ser» en hebreo, que en la forma verbal en primera persona que aparece en el texto sería «Yo soy» (Éx. 3.14). Era tenido por nombre sagrado y cualquiera que se atreviera a blasfemar su nombre debía morir (Lv. 24:16). Aunque no se sabe la fecha exacta en la que se abandonó el uso del nombre en los textos bíblicos, la mayoría de los especialistas considera que debió de haber sucedido en algún momento de la época posexílica. Tanto la Septuaginta como los documentos procedentes del judaísmo rabínico indican que, para la lectura pública, cada vez que se llegaba a un texto que contenía las consonantes YHVH, sustituían éstas, especialmente, por la palabra hebrea *Adonai*. En la Septuaginta, la palabra griega correspondiente es *Kyrios*.

Yahvista. Nombre que se da a una de las fuentes del Pentateuco y más especialmente, al más antiguo, el que, según esta teoría, dio origen a las partes narrativas. Este nombre obedece al hecho del uso preferente del término Yahvé en los textos llamados yahvistas.

Yarmuk. Afluente del río Jordán, en la ribera oriental, cerca del Mar de Galilea. No es mencionado en el AT, pero sí en la Misná, Plinio y otros lugares. Los pueblos de habla árabe le llaman Seriat el-Menadirah. Su cuenca forma un valle que va desde el Gebel el-Druz hasta el Jordán.

Yom Kipur (heb. «Día de la expiación o perdón», en el Talmud «El gran ayuno»). Ayuno solemne celebrado por los judíos antes de la luna nueva, en el cual no puede tomarse ningún alimento durante todo el día ni realizar ningún tipo de trabajo servil. Es celebrado el día 19 de

Tischri, que cae entre septiembre/octubre. En el AT la ceremonia distintiva del día consistía en la ofrenda de dos machos cabríos como rescate simbólico de los pecados (cf. Éx. 30;10; Lv. 23:27-31; 25:9; Nm. 29:7-11). La celebración del *Yom Kipur* en la actualidad se inicia en la sinagoga con la plegaria de "Todos los Votos", cuya composición se atribuye a los judíos españoles de tiempos del rey visigodo Recaredo. Los varones deben vestir de blanco en memoria del texto de Is. 1:18: «Aunque vuestros pecados sean como la grana, como la nieve serán emblanquecidos». Antes de acabar el servicio se hace sonar el cuerno de morueco, o Shofar, para anunciar el final del ayuno e indicar que Dios ha escuchado las oraciones y ha concedido el perdón de los pecados. Ver EXPIACIÓN, Día de la.

Yugo. Instrumento de madera empleado para uncir un par de bueyes o caballería a la lanza de la carreta o timón del arado, que se ajustaba, por su parte interior, generalmente curvada, a la cabeza o a la nuca de una pareja de bueyes para uncirlos a un carruaje o a un arado (Nm. 19:2). Era necesario que se adaptara bien al cuello de los animales. Un yugo pesado o de mala forma es realmente una tortura para los animales. Los animales que habían llevado yugo no eran válidos para ser ofrecidos en sacrificio (Nm. 19:2; Dt. 21:3; 1 Sam. 6:7).

También había yugos para transporte de cosas y objetos, por ejemplo ladrillos o fruta, utilizados por las personas, tal como se observa en las inscripciones egipcias y todavía se usa en algunos pueblos, especialmente para acarrear agua. Los cautivos de guerra a menudo eran apresados y atados a yugos, lo que aumentaba su sujeción y humillación ante el enemigo vencedor. La desobediencia a los preceptos de la Alianza se amenaza, entre otros males, con el terrible castigo de servir a los enemigos con yugo de hierro, hasta la extenuación (Dt. 28:48; cf. Jer. 28:14). En este caso, el «hierro» sirve para expresar la pesadez de la desgracia. La imagen del yugo vino a simbolizar todo tipo de sufrimientos y calamidades que se abaten sobre una persona (Lam. 1:14; 3:27; Is. 14:25). También impuestos gravosos (1 R. 12:4, 9-14; 2 Cro. 10:4ss.; Neh. 5:15). Por el contrario, romper el yugo es una señal de libertad (cf. Gn. 27:40; Jer. 2:20; 5:5; Nah. 1:13). Precisamente la liberación de la esclavitud egipcia es representada por la ruptura del yugo (Lv. 26:13, cf. Is. 9:4; 10:27; Ez. 34:27).

Tomar voluntariamente el yugo sobre uno mismo vino a expresar en el rabinismo la aceptación de la doctrina y mandamientos rabínicos. En este contexto hay que entender las palabras de Jesús respecto a tomar sobre sí su yugo, que es fácil y ligero de carga, frente a la multitud de preceptos de los fariseos (Mt. 11:29, 30), y de la Ley (Hch. 15:10). Ésta es la libertad con que Cristo libera, frente al yugo de la esclavitud (Gál. 5:1).

Z

Zabad (heb. «regalo»). Nombre de siete personajes del AT, entre ellos:

1. Uno de los soldados de David, de la tribu de Judá (1 Cro. 2:36, 37; 11:41).
2. Uno de los asesinos del rey Joás, rey de Israel; era hijo de Simeat la amonita (2 Cro. 24:25, 26). En 2 R. 12:2 recibe el nombre de Josacar. Conspiró juntamente con Jozabad, hijo de Simrit la moabita, lo que indica que los dos eran mitad judíos. Amasías, hijo del monarca asesinado, mandó matar a ambos (2 R. 14:5, 6; 2 Cro. 25:3).

Zabud (heb. «dado [por Dios]»). Nombre de dos personajes del AT.

1. Uno de los descendientes de Bigvai, que volvieron de la cautividad en Babilonia con Esdras (Esd. 8:14).
2. Hijo del profeta Natán, descrito como sacerdote principal y amigo del rey Salomón (1 R. 4:5), puesto de confianza ocupado anteriormente por Husai el arquita en el reinado de David (2 Sam. 15:37; 16:16; 1 Cro. 27:33).

Zabulón (heb. «habitación»). Sexto hijo de Jacob y Lea, y ancestro de la tribu del mismo nombre (Gn. 46:14; Nm. 26:26). Nada se sabe de Zabulón, salvo que Sacred, Elon y Jahelel fueron sus hijos y cabezas de tres familias tribales.

Zabulón. Tribu de. Esta tribu juega un rol importante en la historia más temprana de Israel. Al parecer, la tribu conquistó con facilidad su porción de tierra en Canaán. Durante el gobierno de Josué no reciben mención especial, mientras que durante el tiempo de los Jueces, sus hazañas son dignas de notar. En el Cántico de Débora, la tribu es especialmente alabada por haber expuesto su vida hasta la muerte en la batalla contra Madián (Jue. 5:18). Isacar y Zabulón, unidas por lazos íntimos de sangre, tenían una montaña sagrada común a ambas, el monte Tabor. Es posible que su asentamiento en estas regiones montañosas se remonte a mediados del segundo milenio a. C. Cuando el Génesis indica que Zabulón habitaba a orillas del mar, se refiere probablemente a que algunos de los miembros de esta tribu trabajaban como jornaleros en las ciudades costeras. Entre aquellos que siguieron a David a Hebrón para hacerlo rey habían 50.000 hombres de Zabulón bien armados, «dispuestos a prestar ayuda a David con todo el corazón» (1 Cro. 12:33).

Zacarías (heb. «Yahvé se ha acordado»). Nombre de más de 30 personajes del AT, entre ellos:

1. Hijo del sumo sacerdote Joiada e íntegro como su padre. Vivió durante el reinado de Joás, rey de Judá; dotado del Espíritu, reprochó al pueblo que hubiera abandonado a Yahvé después de la muerte de Joiada. Zacarías fue entonces lapidado en el patio del templo por orden del rey (2 Cro. 24:20-22). Es a este Zacarías que parece referirse Cristo al hablar de la sangre de los profetas derramada sobre la tierra (Lc. 11:51). Al estar el libro de Crónicas en último lugar en el canon judío, Zacarías aparece como el último mártir, siendo Abel el primero.
2. Decimoquinto rey de Israel (hacia el 743 a.C.), y último de la dinastía de Jehú. Accedió al trono de Samaria en el año 30 de Azazías, rey de Judá, y reinó durante seis meses. Hijo de Jeroboam II, murió a manos de Salum, que le sucedió (2 R. 14:29; 15:10). La predicción según la cual Jehú tendría descendientes en el trono sólo hasta la cuarta generación se cumplió en la accesión y muerte pronta de Zacarías (cf. 2 R. 10:30).
3. Profeta posterior a la cautividad de Babilonia y undécimo de los llamados profetas menores. Hijo de Berequías y nieto de Iddo (Zac. 1:1). La primera profecía de Zacarías que ha sido transmitida fue dada en Israel en el mes octavo del segundo año del reinado de Darío Histaspes, en el año 520 a.C. (Zac. 1:1; Esd. 4:24; 5:1), sólo dos meses después de que Hageo comenzara a profetizar (Hag. 1:1). Zacarías fue contemporáneo del gobernador Zorobabel, del sumo sacerdote Josué, y del profeta Hageo (Zac. 3:1; 4:6; 6:11; Esd. 5:1, 2). Juntamente con Hageo, exhortó a los principales de los judíos vueltos del exilio para que reanudaran la construcción del Templo. Parece evidente que nació en Babilonia, por cuanto los primeros deportados habían estado en tierra de Judá sólo 18 años, y Zacarías no empezó a profetizar a esta edad. Pertenecía indudablemente a la tribu de Leví, siendo a la vez profeta y sacerdote, lo mismo que Jeremías y Ezequiel. Según Neh. 12:1, 4, 7, Iddo, jefe de una familia sacerdotal, volvió de Babilonia con Zorobabel y Zacarías recibe el nombre de «hijo de Iddo» (Esd. 5:1; 6:14). Probablemente es la misma persona mencionada como jefe de la familia sacerdotal de Iddo (Neh. 12:16), donde se tendría la confirmación de que era de familia sacerdotal, y lo cual explicaría su gran interés por el templo y el culto, a la vez que se comprende el motivo de la impresión que su escrito deja en el lector.

4. Padre de Juan Bautista. Sacerdote de la estirpe de Abías. Su esposa Elisabet o Isabel, era descendiente de Aarón y pariente de María de Nazaret (Lc. 1:5, 36). No tenían hijos, porque Elisabet era estéril (vv. 6-7). Sucedió que habiéndole tocado el turno ofrecer el incienso, mientras ejercía esta función se le apareció un ángel, que le anunció que Dios le daría un hijo (v. 18), que prepararía al Señor un pueblo bien dispuesto de cara a la llegada del Mesías (vv. 13-17). Zacarías, dudando de esta asombrosa predicción, pidió una señal, que recibió en forma de mudez temporal en castigo a su incredulidad, hasta el cumplimiento de la promesa (vv. 18-22, 62-64). Cuando se cumplieron los días de su servicio, se fue a su casa. Días después, su mujer quedó encinta del futuro Juan el Bautista. Al ser circuncidado el niño, Zacarías recuperó el habla y, lleno del Espíritu Santo, entonó un canto de júbilo, profetizando acerca del Salvador (vv. 67-79).

Zacarías, Libro de. Undécimo de los Profetas Menores. La primera parte contiene 8 visiones (caps. 1-8), de las cuales la introducción (Zac. 1:1-6) da la clave, así como de todo el libro: «Volveos a mí, dice Yahvé de los ejércitos, y yo me volveré a vosotros» (Zac. 1:3).

Primera visión: Jines a caballo (Zac. 1:7-17), veloces e infatigables. Esta imagen muestra que Dios está atento a los acontecimientos sobre la tierra. A pesar de su silencio, tiene por Jerusalén un amor celoso y con una violenta cólera contra los opresores de su pueblo. Se reconstruirán el Templo y la ciudad y el país gozará de prosperidad. La primera visión constituye el preludio de las siete que siguen.

Segunda visión: los cuatro cuernos y los cuatro carpinteros (Zac. 1:18-21); significa que cada cuerno, es decir, cada potencia o cada nación que disperse a Judá será destruida.

Tercera visión: el varón con el cordel de medir (Zac. 2). Desarrollo del mensaje, confirmando la primera visión: reedificación de la ciudad. Jerusalén vendrá a ser una ciudad abierta, Yahvé mismo será para ella un muro de fuego y morará en medio de ella.

Cuarta visión: el sumo sacerdote Josué y Satanás (Zac. 3). La gracia de Dios arranca del fuego del juicio al sacerdocio contaminado e imperfecto, que es purificado y será perpetuado, si obedece. La restauración del sacerdocio, en la persona de Josué, anuncia el reinado mesiánico. El Mesías recibe el nombre de «mi siervo el Renuevo». Josué es una prefiguración del Renuevo, el Mesías, que será rey y sacerdote (Zac. 6:9-15).

Quinta visión: el candelero de oro y los dos olivos (Zac. 4). La luz del testimonio, muy débil después del exilio, no se apagará, por cuanto

Dios proveerá un aceite inagotable. Los dos olivos representan a Josué y a Zorobabel, instrumentos de Dios sobre el plano político. Zorobabel recibe la certidumbre de que tendrá, de parte del Espíritu, el poder necesario para acabar la reconstrucción del Templo.
Sexta visión: el rollo volador (Zac. 5:1-4), con la maldición que caerá sobre los malvados.
Séptima visión: la mujer dentro del efa (Zac. 5:5-11), continuación de la sexta visión. La iniquidad, personificada por la mujer, es arrojada del país a la tierra de Sinal, o sea, Babilonia.
Octava visión: los cuatro carros, que representan los cuatro vientos y que evocan el poder invisible de Dios (Zac. 6:1-8). Esta visión contiene la promesa de que el Señor cumplirá totalmente el plan bosquejado en las visiones anteriores.
Las visiones son interrumpidas por una nota histórica respecto a las preguntas de una delegación de Bet-el acerca de los ayunos (Zac. 7-8). Los judíos residentes en Bet-el, después de volver del cautiverio, no sabían si debían proseguir con los ayunos, por cuanto se estaba llevando a cabo la reconstrucción del Templo. Zacarías responde que el ayuno observado por formalismo no tiene valor alguno delante de Dios. Lo que importa es la obediencia a Su palabra (Zac. 7:4-7). Dios demanda justicia y verdad. La devastación del país y la deportación, castigos sobre la desobediencia, no debían suscitar lamentaciones, sino arrepentimiento y un despertamiento espiritual. Con todo, Dios ama a su pueblo con un gran amor. Les dará seguridad y santidad. Los ayunos se transformarán entonces en fiestas (Zac. 8:7-23).
La segunda parte (caps. 9-14) contiene profecías relativas al castigo divino que caerá sobre las naciones enemigas del pueblo de Dios. Jerusalén será milagrosamente preservada y verá la llegada de su Rey, el Mesías (Zac. 9). Exhortación a esperar en el Señor y a rechazar la idolatría y el ocultismo, fuentes de engaños y de desventuras (Zac. 10:1-2). El Señor dará a su pueblo la victoria en la batalla y liberará a Judá de todos sus opresores. Reunirá a Judá y a Efraín, restablecerá a este último en su país (Zac. 10:3-12). Pero estas inmensas bendiciones se verán diferidas porque el pueblo rechazará al verdadero pastor, vendido por 30 siclos de plata (Zac. 11:4-17). Las naciones se dispondrán a la batalla contra Jerusalén y contra Judá, pero Dios hará de Jerusalén una «copa que hará temblar» y «piedra pesada a los pueblos». Sus enemigos serán presa del aturdimiento. El Señor será la fuerza de su pueblo (Zac. 12:1-8). Jerusalén será preparada para este definitivo triunfo (Zac. 12:9-14:5) por su conversión al Mesías «a quien traspasaron» (Zac. 12:10-13:6) y por una prueba purificadora en medio de la tribulación (Zac. 13 7-14:5; cf. Dn.

7:25; 12:7). Habrá llegado «el día de Yahvé». Las naciones serán juzgadas y el pueblo de Yahvé prosperará; un residuo de todas las naciones subirá cada año a Jerusalén para adorar al Señor, el Rey (Zac:14:16).

Zafón (heb. «norte»). Una de las ciudades que Moisés dio a los gaditas en el valle del Jordán (Jos. 13:27). Perteneció al reino amorreo de Sehón, rey de Hesbón (vv. 17-21). Situada en la región septentrional de Sucot. Es mencionada en los documentos de la XIX dinastía egipcia, así como en una de las cartas de Tell el-Amarna. Es muy probable que se trate de la Zafón en que los hombres de Efraín atacaron a Jefté y sufrieron una derrota (Jue. 12:1-6).

Zaqueo. Jefe de los recaudadores de impuestos de la ciudad de Jericó. Siendo de pequeña estatura y queriendo ver el paso de Jesús se subió a un sicómoro para lograrlo (Lc. 19:1-10). Zaqueo era judío, a juzgar por el saludo de Jesús, «hijo de Abraham», lo cual no se puede interpretar con un significado espiritual, sino como el modo que Jesús tenía de indicarle que, a pesar del desprecio que sentían por él sus conciudadanos, por motivo de su oficio, Él le contaba entre los miembros del pueblo elegido, que no lo marginaba, ni minusvaloraba.

Zarcillos. Objetos utilizados como adornos en las orejas o en la nariz. Gral. eran de oro y tenían forma de un anillo. Las personas principales usaban zarcillos que tenían dibujos, algunos con formas relacionadas con las divinidades tutelares o familiares. Ése parece ser el caso de los zarcillos que Jacob recibió de su familia, porque él «los escondió al pie de la encina que había junto a Siquem» (Gn. 35:4). Del tipo más sencillo eran los zarcillos que Aarón utilizó para construir el becerro de oro, llevados tanto por hombres como mujeres y niños (Éx. 32:2-4). La costumbre de usar zarcillos en los hombres era particularmente notable entre los ismaelitas. Así, cuando Gedeón venció a los madianitas, pidió que se le diesen como botín los zarcillos de los muertos (Jue. 8:24-27; cf. Nm. 31:50).

Como adorno femenino constituía un regalo apreciable. Eliezer, el siervo de Abraham, obsequió a Rebeca un pendiente de oro que pesaba medio siclo (Gn. 24:21). Hablando poéticamente, el profeta Ezequiel describe el trato de Dios con Israel, como un esposo con su esposa: «Te adorné con joyas; puse brazaletes en tus manos y un collar en tu cuello. Puse un zarcillo en tu nariz, aretes en tus orejas y una corona de hermosura sobre tu cabeza» (Ez. 16:11-12).

El que tantos pueblos de la antigüedad, como los asirios, egipcios, madianitas, israelitas, usara zarcillos, entre otros adornos, no debe interpretarse como un gusto especial por la ornamentación, como motivado por un especial sentido estético o de la belleza, sino que hay que relacionarlo con prácticas religiosas, a modo de amuletos protectores, siguiendo prácticas idolátricas (cf .Gn. 35:4; Is. 3:20), sin olvidar que, en el caso de las mujeres, formaban parte de su dote y eran su particular herencia.

Zarza, heb. *senéh*, «zarza» espinosa que aparece en el bien conocido pasaje de Éx. 3:2-4 referida a la «zarza ardiente» donde Dios se manifestó a Moisés. Se trata de un arbusto espinoso de difícil identificación, pese al esfuerzo de muchos estudiosos para lograrlo. Muchos exégetas creen que es posible identificarla con la *acacia seyal,* pero de tamaño más pequeño. El heb. *senéh* parece ser equivalente al egipcio *senh,* la *acacia nilotica* común en la Península del Sinaí. Otros creen que *senéh* debe su nombre al monte santo de Sinaí, aunque no existe relación etimológica. Sea como fuere, Dios escogió la zarza para manifestarse a Moisés de manera indirecta, ya que la sola visión de la grandiosa majestad de Dios basta para matar a cualquiera (cf. Éx.10:28; Jue. 6:22; Is. 6:5). Llama la atención que Dios decida hacerse presente en un elemento humilde y común del desierto, pero lo más extraño de la elección es que la zarza y, por extensión, todas las plantas espinosas, disfrutaban de una baja apreciación entre los israelitas, signo y señal de la maldición de Dios por causa del pecado (cf. Gn. 3:18). Esta planta, *senéh,* sin embargo, es elevada a la categoría de signo revelador al recibir la presencia de un fuego que la hacía arder sin consumir. El fuego ha sido utilizado en general por todas las culturas de la historia como un elemento representativo de la divinidad. El fuego es un símbolo del poder y la majestad de Dios (cf. Dt. 5:24).

Zeba. Uno de los dos reyes madianitas siempre mencionado junto con Zalmuna, que comandaba una gran invasión de Palestina. La coalición madianita contaba con otros dos príncipes, Oreb y Zeeb, los cuales fueron hechos prisioneros y ejecutados por los hombres de Efraín. Pero Zeba y el otro monarca pudieron escapar cruzando el Jordán. Creyéndose a salvo, se pusieron a descansar junto con quince mil hombres que habían quedado de su enorme ejército. Gedeón no descansó y los sorprendió y se produjo una desbandada en la cual los dos reyes cayeron prisioneros. Gedeón los exhibió ante los ancianos de Suctor, que se habían burlado de él antes.

En el interrogatorio a los reyes quedó claro que éstos habían matado a los hermanos de Gedeón, por lo cual ordenó a su hijo que los ejecutara. El muchacho vaciló. Los reyes, entonces, pidieron a Gedeón que les matara él mismo, buscando morir a manos de alguien de su misma categoría. Así lo hizo Gedeón (Jue. 8:4-28; Sal. 83:12). La narración sugiere que la persecución de Zeba y Zalmuna fue un esfuerzo personal de Gedeón para lo cual no contaba con el apoyo de todas las tribus de Israel, aparentemente porque sus hermanos habían sido capturados por los madianitas, aunque no sabía si vivían hasta que los reyes confirmaron lo contrario.

Zebedeo. Pescador del Mar de Galilea, marido de Salomé y padre de Santiago el Mayor y de Juan (Mt. 4:21, 22). Prob. vivía en Betsaida o en sus inmediaciones. Zebedeo gozaba de una buena posición social, deshaogada y con siervos (Mc. 1:19, 20), como correspondía a lo que hoy llamaríamos un empresario del negocio de la alimentación. El pescado galileo estaba muy solicitado en Roma. Su hijo Juan era personalmente conocido del sumo sacerdote (Jn. 18:16) y podía asimismo hacerse cargo de la madre de Jesús (Jn. 19:27). Zebedeo no se opuso en absoluto a que sus hijos siguieran a Jesús, hasta su misma mujer, Salomé, seguía a Jesús y financiaba sus actividades misioneras (Mt. 27:56; Mc. 15:40).

Zebedeo sólo es nombrado por referencia a sus hijos. Lo más probable es que él también fuera discípulo de Juan el Bautista. No sabemos si después se sumó al discipulado de Jesús. A la luz de los datos evangélicos, es razonable suponer que murió poco después de la llamada de Juan y Santiago, lo que explicaría que Salomé acompañara a Jesús constantemente en el período final de su ministerio, estando presente en la crucifixión y en la tumba (Mt. 27:55, 56; Mc. 15:40; 16:1; cf. Mt. 25:20; Lc. 8:3).

Zela (heb. «costilla», «costado»). Ciudad asignada a la tribu de Benjamín (Jos.18:28), situada en el sudoeste del territorio de dicha tribu, entre Tarala y Elef. En ella se hallaba la tumba de Quis, padre de Saúl. David hizo llevar a ella los restos de Saúl y de su hijo Jonatán, para recibir digna sepultura en su propia tierra y en el panteón familiar (2 Sam. 21:14). Su localización es muy difícil, aunque se tiende a identificarla con Hirbet Seláh, que se halla al noroeste de Jerusalén.

Zelofehad. Padre de cinco hijas, sin heredero varón (Jos. 17:3). Murió durante la peregrinación por el desierto, entonces, sus hijas reclamaron a Moisés la tierra que había correspondido a su padre en el reparto del país de Canaán, aunque solamente los varones podían heredar (Nm. 26:33). Moisés, siguiendo instrucciones divinas, introdujo en la legislación una cláusula que concedía a las hijas la heredad del padre muerto sin hijos varones (Nm. 27:1-8). Esta ley tenía una cláusula complementaria: las herederas se debían casar dentro de la tribu paterna, a fin de que su patrimonio quedara dentro de la tribu (Nm. 36:1-12). El nombre de las hijas: Majla, Noa, Hogla, Milca y Tirsa, corresponden a las de ciudades, lo que implica que hubo cierta relación entre unas y otras.

Zelote (gr. «celoso»). Miembro de un partido de patriotas judíos, partidarios de la independencia de Roma. El movimiento nacionalista de los zelotes surgió como resultado de las actividades de Judas el Galileo, originario de Gamala, ciudad al este del lago de Tiberíades, y un fariseo llamado Sadoc. Su objetivo era una Judea independiente de Roma mediante la lucha armada. Los zelotes fueron la facción más radical del judaísmo de su época, enfrentándose frecuentemente a otras facciones judías como los fariseos o saduceos. Frente a la clase sacerdotal adoptaban una postura de crítica dura. Dentro del movimiento Zelota, una facción radicalizada conocida como los sicarios, se distinguió por su particular virulencia y sectarismo. Durante la guerra judía contra Roma del 66-73, los zelotes, dirigidos por Menahem, hijo de Judas el Galileo, tomaron el control de Jerusalén hasta que la ciudad fue tomada por los romanos, que destruyeron el Templo, y tres años más tarde ocuparon la fortaleza de Masada, el último refugio zelote, tras el suicidio de sus defensores.

A principios del siglo pasado fue común en algunos medios leer los Evangelios en clave zelota, equiparar los zelotas a los primeros cristianos. Jesús, fundador del cristianismo, fue crucificado por los romanos tal y como lo fueron numerosísimos zelotas; se hallaba rodeado de hombres que creían que estaba llamado a «restaurar el trono de Israel» (Hch. 1:6), y de sus discípulos uno se llamaba Simón el zelota, y no hay duda de que una parte de sus contemporáneos había visto en él un candidato a la «realeza» de la que habla Josefo. Se ha especulado también con que Judas Iscariote era «Judas el sicario», pero sin ninguna prueba. Lo que la historia nos dice es que los primeros cristianos no hicieron caso causa común con los zelotes en el momento de la guerra judía, sino que se refugiaron al otro lado del Jordán. Igualmente, hay que observar que los romanos no procedieron contra los discípulos de Jesús ante la persecución de Nerón.

Zelzah (heb. «sombra clara»). Lugar en la frontera de Benjamín donde se encontraba el sepulcro de Raquel. Se menciona únicamente en 1 Sam. 10:2 en relación a la unción de Saúl como rey por Samuel. La tumba de Raquel está al lado del camino de Belén a Jerusalén, a poco más de 1,5 km de la aldea de Beit Jala, que bien pudiera ser idéntica a Zelzah. La LXX traduce este nombre como una expresión de gozo por parte de los hombres que anunciaron el hallazgo de las asnas.

Zemaraim (heb. «doble vellón»). Nombre de dos lugares del AT.

1. Una de las antiguas ciudades cananeas asignada a la tribu de Benjamín, mencionada entre Bet-haarabá y Betel (Jos. 18:22), por lo que estaría en el valle del Jordán (Arabá), o entre las estribaciones montañosas de éste y Betel. Identificada frecuentemente con Khirbet es-Samrah, a 5 km al oeste del Jordán y a 6 km al norte de Jericó. Otra identificación más plausible: Rãs ez-Zeimara, en el monte, entre Taiyibeh y Rammûn.
2. Altura de la región montañosa de Efraín, desde cuya cumbre el rey Abías de Judá dirigió la palabra de las diez tribus antes de combatir contra ellas (2 Cro. 13:4). Es posible que se hallara al sur de Betel (2 Cro. 13:19). Es probable que este monte se hallara cerca de la población de Zemaraim.

Zenas, contracción de *Zênodoros*, «don de Zeus». Cristiano mencionado por el apóstol Pablo junto con Apolos (Tit. 3:13). Es descrito como «maestro de la ley», lo que indica que era un juriconsulto romano más bien que un doctor de la ley o rabino, y que tal vez por esa razón podía ser útil a Tito en la iglesia de Creta, lo que habría movido a Pablo a enviárselo con una recomendación (Tit. 3:13).

Zera (heb. «luz centelleante»). Nombre de siete personajes del AT, entre ellos:

1. Descendiente de Esaú, hijo de Reuel y jefe de una tribu edomita de Ismael (Gn. 36:3, 4, 13, 17; 1 Cro. 1:37).
2. Uno de los gemelos de Judá y Tamar; fundador de un clan (Nm. 26:20; Jos. 7:1, 17). Llamado Zara en Gn. 38:30; 46:12; Mt. 1:3. Sus descendientes fueron llamados zerahitas, ezrahitas e izrahitas (Nm. 26:20; 1 R. 4:31; 1 Cro. 27:8, 11). Un grupo de ellos se estableció en Jerusalén después de la cautividad (1 Cro. 9:6; Neh. 11:24).
3. Militar etíope o cusita, comandante en jefe de un numeroso ejército atacado por el rey Asa, rey de Judá; fue completamente vencido en Maresa (2 Cro. 14:8-14). Se ha intentado ver en él al faraón

Osorkón I u Osorkón II de la XXII dinastía de Egipto. La guerra entre Asa y Zera parece haber tenido lugar después del décimo (2 Cro. 14:1), o a principios del decimoquinto año del reinado de Asa (15:10), lo que coincidiría con Osorkón II, que comenzó a reinar al mismo tiempo que el rey de Judá.

Zered. Nombre de un torrente y de un valle que los israelitas atravesaron al final de los 38 años transcurridos en el desierto. El Zared marcó el final de las peregrinaciones del pueblo (Nm. 21:12; Dt. 2:13, 14); este torrente se hallaba al sur del Arnón. Probablemente se trata del wadi el-Hesã, a 22 km al sur del wadi el Kerak, que desemboca en el mar Muerto y que constituía la frontera entre la Gebalene e Idumea.

Zeres. Esposa de Amán, el enemigo de los judíos. Recomendó a su esposo que preparara una horca para Mardoqueo, pero cuando supo que éste era judío, profetizó la victoria del tío de Ester (Est. 5:10, 14; 6:13).

Zif (heb. «fluir»). Nombre de dos lugares y un personaje del AT.

1. Primogénito de Jehaleel, descendiente de Judá (1 Cro. 4:16). Tal vez sea el epónimo de la ciudad de Zi, situada en los montes de Judá.
2. Ciudad del extremo meridional de Judá (Jos. 15:24), identificada con ez-Zeifeh, al suroeste de Kurnûb. Al parecer su fundador fue Mesa, de los hijos de Caleb (1 Cro. 2:42).
3. Localidad en la región montañosa de Judá (Jos. 15:55), cerca del desierto de su nombre y de un bosque. En ella ocurrieron varios episodios durante la persecución de David por Saúl (1 Sam. 23:14, 15; 26:2). Roboam la fortificó y transformó en ciudad-fuerte (2 Cro. 11:8). Identificada con Tell Zîf, altura destacada, de 878 m de altura, a 6 km al sur-sureste de Hebrón.

Zif, Ziw (heb. «esplendor [de las flores abiertas]»). Segundo mes del año judío (1 R. 6:1, 37), aprox. el mes de abril-mayo. Este nombre, tal vez de origen cananeo, fue sustituido, después del exilio, por el de Iyar, perteneciente al calendario de Nippur (Babilonia).

Zigurat. Nombre dado en la antigua Mesopotamia a los edificios altos coronados por un templo. Verdadero templo-montaña el zigurat sagrado era una plataforma de hasta siete pisos diseñada como pirámide escalonada, en cuya cúspide se encontraba el templo consagrado a la divinidad principal de la ciudad. Durante siglos fue un tipo de templo común a sumerios, babilonios y asirios. La base podía ser de forma rectangular, oval o cuadrada. El interior del zigurat, no expuesto a la erosión de la intemperie, estaba construido de ladrillos hechos con arcilla secada al sol (debido a la falta de madera y piedra), mientras que la parte exterior estaba revestida de ladrillos cocidos, los cuales podían además estar vitrificados con diferentes colores. El acceso se realizaba a través de escaleras situadas en los lados del zigurat o que ascendían en espiral hasta la cima. Ejemplo de un gran y complejo zigurat es el dedicado a Marduk en Babilonia. Desafortunadamente, no ha quedado gran cosa de esta gran estructura, sepultada por más de 20 m de ruinas, pero las prospecciones arqueológicas y las noticias históricas que de él tenemos, nos hablan de un zigurat de siete niveles pintados de diferentes colores, coronado con un templo de bellas proporciones. La «Torre de Babel» bíblica puede estar basada en los zigurats de Mesopotamia. Los restos de Ezida en Borsippa, actualmente Birs Nimrud, son señalados tradicionalmente como la Torre de Babel, pero es imposible saberlo a ciencia cierta.

Zilpa (heb. «goteo [fragrante]»). Sierva en la casa de Labán, dada a Lea cuando ésta contrajo matrimonio con Jacob (Gn. 29:24). Cuando Lea dejó de dar a luz tras el nacimiento de Judá y viendo que Bilha, sierva de Raquel le estaba dando hijos a Jacob, pidió a éste que tuviera hijos con Zilpa en calidad de concubina; así nacieron Gad y Aser (Gn. 30:9-13; 35:26; 37:2; 46:18).

Zimram (heb. «celebrado», o quizá «antílope»). Primogénito de Abraham y Cetura (Gn. 25:2; 1 Cro. 1:32) y epónimo de una tribu de su descendencia y del territorio ocupado por ella. Se ha propuesto su identificación con los zamarenos, tribu del interior de Arabia, mencionada por Plinio.

Zimri (heb. «mi canción»). Nombre de varios personajes, entre ellos el quinto monarca del reino dividido de Israel, cuyo trono ocupó durante un breve período de siete días (885 a.C.). No se menciona el nombre de su padre. Aparece como comandante de la mitad de los carros de guerra de Ela, rey de Israel. Asesinó a su soberano, aniquilando, según la profecía, toda la casa de Baasa, y proclamándose rey de Tirsa. Enterados de lo sucedido, los combatientes proclamaron rey a Omri, jefe del ejército del palacio, que marchó contra el usurpador y se apoderó de Tirsa. Al ver que su capital había sido tomada, Zimri incendió su palacio y se suicidó (1 R. 16:8-20). Se ha supuesto que Zimri era descendiente de Saúl (1 Cro. 8:36) y que por ello quiso apoderarse del trono.

Zin. Desierto atravesado por los israelitas que se dirigían a Canaán. Zin estaba próximo al límite meridional de este país (Nm. 13:21). Cades-barnea, donde falleció Miriam, se hallaba en este desierto (Nm. 20:1; 27:14; 33:36; 34:3; Dt. 32:51; Jos. 15:1). Desde allí partieron los espías a reconocer la tierra (Nm. 13:1). También fue escenario del incidente de «aguas de la rencilla» (Nm. 27:14; Dt. 32:51). Constituía el límite de Edom al oeste y de Judá al sureste (Jos. 15:1-3). Formaba parte del desierto de Parán, al que tocaba cerca de Cades-barnea. No debe confundirse entre el desierto de Zin y el de Sin. Los términos heb. son muy diferentes.

Zoán. Antigua ciudad egipcia al este del delta, sobre la rama tanítica del Nilo, mencionada en varios lugares del AT. (Nm. 13:22; Sal. 78:12, 43 Is. 19:11, 13; 30:4; Ez. 30:14). Existía ya en la época de la VI dinastía. Los primeros reyes de la XII dinastía hicieron de ella su capital para detener las invasiones provenientes del este. Los hicsos fortificaron Zoán, que vino también a ser su capital, dándole el nombre de Avaris, del egipcio *Ha-awar* o *Pa-awar*. Después de la expulsión de los hicsos, Zoán fue descuidada, y luego restaurada por Seti I. Avaris, conocida más tarde como Tanis, fue el centro del culto al dios egipcio Seth. El sucesor de Seti I, Ramsés II, prosiguió la restauración de Zoán, estableciendo su residencia muy cerca de ella, en Per-Re'emasese, es decir, la ciudad de Ramsés. Moisés y el faraón del Éxodo se encontraron en Zoán (Sal. 78:12, 43). Entre la época de Isaías y la de Ezequiel, los asirios se apoderaron de Zoán (Is. 19:11, 13; cf. 30:4; Ez. 30:14). Los griegos le dieron el nombre de Tanis.

Zoar (heb. «pequeñez»). Una de las ciudades de la llanura o valle de Siddim, al sudeste del mar Muerto, y según parece la más pequeña de las cinco (Gn. 19:20, 22). Desde las alturas del Nebo se podía divisar la llanura hasta Zoar (Dt. 34:3). Uno de sus reyes estuvo entre los cautivos de Quedorlaomer (Gn. 13:10; 14:2, 8). Cuando cayó el juicio sobre Sodoma y Gomorra, Zoar fue perdonada a petición de Lot, que se refugió en ella (Gn. 19:20-23). Más allá de la ciudad se hallaba un monte y una cueva, donde se instalaron Lot y sus dos hijas (Gn. 19:30). Zoar existía aún en tiempos de Isaías y de Jeremías (Is. 15:5; Jer. 48:34; cf. Gn. 19:37). Moab y Zoar son mencionadas juntas, lo que permite pensar que Zoar se hallaba en la ribera oriental del mar Muerto. En la época de los Macabeos, Zoar formaba parte de un reino árabe cuya capital era Petra (Josefo, *Ant.* 13, 15, 4; 14, 1, 4).

Zora (heb. «avispa»). Ciudad de la llanura de Judá situada en la parte superior (Jos. 15:33), mencionada casi siempre con Estaol (Jue. 13:25; 16:31; 18:2, 8, 11; cf. 1 Cro. 2:53), conquistadas y ocupadas en principio por los danitas (Jos. 19:41), hasta el traslado de la mayoría de la tribu hacia el norte, quedando entonces anexionadas a Judá. Los danitas enviaron exploradores de Zora a buscar tierras para su tribu (Jue. 18:2, 8, 11).

Residencia de Manoa, padre de Sansón (Jue. 13:2), donde nació este futuro héroe de Israel y donde fue enterrado, «entre Zora y Estaol, en el sepulcro de su padre» (Jue. 16:31). Posteriormente, la ciudad fue fortificada por Roboam (2 Cro. 11:10), y repoblada por los hombres de Judá después del exilio (Neh. 11:29). Se identifica con la actual Sar'ah, que ocupa la cima de una colina alta en la zona norte del valle de Sorec (wadi es-Sarãr), a 22 km al oeste de Jerusalén.

Zorobabel (heb. «brote [o vástago] de Babilonia»). Príncipe de Judá y gobernador de Jerusalén. Nació, como su nombre indica, durante el exilio en Babilonia. Según se identifique o no con Sesbasar, fue uno de los primeros en regresar a Judá y el primer o segundo gobernador de Jerusalén en tiempo de Darío I. No se sabe a ciencia cierta la fecha de su nombramiento para tal cargo. Un primer contingente judío salió de Babilonia bajo la dirección de un personaje llamado Sesbasar, del que no podemos afirmar indudablemente que sea Zorobabel, a quien Ciro concedió el título de gobernador de la subprovincia de Judá, y además ordenó a su tesorero que devolviese a los judíos todo lo que Nabucodonosor había tomado de Jerusalén, consistente especialmente en los vasos sagrados del templo, y se los entregó a Sesbasar para que pudiera llevar a buen término la misión encomendada. Los exiliados erigieron un nuevo altar justo en el mismo lugar donde estuvo el templo original, en medio de las ruinas (Esd. 3:1-9), sobre el que ofrecieron sacrificios; a partir de esta fecha, el sistema de ritos quedó completamente restablecido. A continuación colocaron los cimientos del templo (Esd. 1:2; 5:16; 3:6, 10-13), en ruinas desde hacía 50 años, pero no se hicieron mayores avances durante quince o dieciséis años. Atraídos por la empresa judía, los samaritanos residentes en el lugar se ofrecieron a los judíos para colaborar en ella, pero fueron rechazados por Zorobabel, Josué y los demás jefes de las casas paternas de Israel. Agraviados en su honor, los samaritanos y colonos extranjeros en Samaria, hicieron todo lo posible para entorpecer la obra de edificación. Incluso recurrieron a medios legales para minar la autoridad de los judíos y su derecho a construir. Según la administración persa, Jerusalén dependía en lo político del gobernador de Samaria pero, al mismo tiempo, el edificio del templo y la peculiar vida religiosa judía gozaban del favor permanente del gobierno. En el año 520 los judíos pusieron manos a la obra. A pesar de los manejos, las intrigas y las obstrucciones de los samaritanos, pudieron consagrar el templo en el año 515 a. C., tras cuatro años y medio de trabajos. La construcción estuvo supervisada por Zorobabel y Josué. Los levitas de veinte años y mayores, sirvieron como capataces. Los cimientos del templo se pusieron durante una apropiada ceremonia con los sacerdotes vestidos con adecuados ornamentos y tocando las trompetas (cf. Esd. 6:14, 15; Hag. 1 y 2; Zac. 4). Este Templo fue frecuentemente llamado Templo de Zorobabel o Segundo Templo. Los dirigentes del pueblo judío abordaron, a continuación, la reconstrucción de las murallas de Jerusalén, pero se encontraron de nuevo con la hostilidad de los samaritanos, cuyas quejas ante la corte de Persia fueron escuchadas, durante el reinado de Artajerjes I (464-424 a. C.), quien dictó órdenes prohibiendo estrictamente a los judíos que prosiguieran los trabajos. Poco más sabemos de Zorobabel, prob. gobernó Judá hasta el año 515 a.C. por lo menos.

Zuzitas. Pueblo aborigen que habitaba en Ham, en la Transjordania, derrotado por el ejército coaligado de Quedorlaomer (Gn. 14:5). Representantes de los habitantes primitivos de la Edad de Piedra, anteriores a la oleada de invasiones semíticas, exterminados por los moabitas, que ocuparon su territorio. Algunos creen que son idénticos a los zomzomeos de Dt. 2:20, pero Ham se hallaba al norte del lugar que éstos ocuparon.